PRISMA-

13

Dr. P. M. Maas

WOORDENBOEK FRANS-NEDERLANDS

PRISMA-BOEKEN

133

DR. P. M. MAAS

FRANS NEDERLANDS WOORDENBOEK

UITGEVERIJ HET SPECTRUM N.V.

UTRECHT / ANTWERPEN

Negende druk, herzien door Drs. A.M. Maas

Omslag: C. van Dorland

VOORWOORD

Het samenstellen van een woordenboek, waarvoor een bepaalde omvang is voorgeschreven, biedt zijn eigenaardige moeilijkheden. De schrijver moet doorlopend de lust overwinnen, een bepaald woord, dat zelden voorkomt, op te nemen en zich van de andere kant geregeld afvragen, welke woorden en uitdrukkingen, ook uit de nieuwere tijd, in geen geval weggelaten mogen worden. Het resultaat van het compromis, dat hij noodzakelijkerwijze zal moeten treffen, moet zó zijn, dat de gebruiker de dictionaire zelden of nooit tevergeefs raadpleegt.

Ondergetekende hoopt en vertrouwt, dat het woordenboek in de vorm, die het uiteindelijk heeft gekregen, geschikt zal blijken te zijn voor school en kantoor en voor de grote schare ontwikkelde lezers, die bij het lezen van Franse boeken, kranten of tijdschriften zich van tijd tot tijd van een woordenboek bedienen. Graag zal hij welwillende op- en aanmerkingen ontvangen.

DR. P.M.MAAS

GEBRUIKSAANWIJZING

Het hoofdwoord wordt in uitdrukkingen vervangen door een liggend streepje, b.v. **caution** borg; *se porter* —, zich borg stellen.

Het teken ~ dient ter vervanging van het trefwoord in afgeleid trefwoord, b.v. **afficher** I aanplakken. **II** s'~ zich opdringen, waarbij s'~ dus betekent **s'afficher.**

- staat vóór de vrouwelijke uitgang, b.v. **acteur** *m*, **-trice** *v*, waarbij **-trice** betekent **actrice.**

De hoofdbetekenissen van een woord worden aangegeven door Arabische cijfers, b.v. **chaparder** *ov.w* 1 stelen; 2 stropen.

Romeinse cijfers geven de verschillende functies van een woord aan b.v. **cave** I *v* kelder enz. **II** *bn* hol, ingevallen.

GEBRUIKTE TEKENS EN AFKORTINGEN

†   het gedeelte van een samengesteld woord, waarachter dit teken staat, krijgt in het meervoud de meervoudsuitgang. Staat bij een samengesteld woord geen teken, dan is dit woord onveranderlijk.

arch.	architectuur	on.w	onovergankelijk werkw.
arg.	argot	ov.w	overgankelijk werkwoord
bn	bijv.naamwoord	pl.k.	plantkunde
bw	bijwoord	pop.	populair, volkstaal
chem.	chemie	qc.	quelque chose = iets
dial.	dialectisch	qn.	quelqu'un = iemand
dicht.	dichterlijk	scheepv.	scheepvaart
fam.	familiaar	scheik.	scheikunde
fig.	figuurlijk	spr.:	spreek uit
fot.	fotografie	spr.w	spreekwoord
gym.	gymnastiek	subj.	subjonctif
id.	idem	tlw	telwoord
iem.	iemand	tw	tussenwerpsel
iron.	ironisch	v	vrouwelijk
kind.	kindertaal	v.d.	van de
lett.	letterlijk	v.e.	van een
lw	lidwoord	v.h.	van het
m	mannelijk	vnw	voornaamwoord
med.	medisch	vv	voorvoegsel
mil.	militair	vw	voegwoord
muz.	muziek	vz	voorzetsel
mv	meervoud	ww	wederk. werkwoord
onp.w	onpersoonlijk werkwoord	wisk.	wiskunde
onr.	onregelmatig	zn	zelfstandig naamwoord

A

a *m* de letter a; *prouver par a + b*, duidelijk bewijzen; *ne savoir nl a ni b*, zeer onont- wikkeld zijn; A. = *Altesse* of *ampère* a.c. = *année courante;* A.C.F. = *Automobile Club de France;* A.E.F. = *Afrique Equatoriale Française;* A.I. = *Altesse Impériale;* A.R. = *Altesse Royale;* A.R.A. = *Assistance Routière Automobile* (Wegenwacht); *a/s* = *aux soins de* (per adres); A.S. = *Altesse Sérénissime.*

à *vz* aan, bij, op, te, naar, enz.; 1 a f s t a n d: *à deux heures de Paris,* op twee uur gaans van Parijs; 2 b e s t e m - m i n g: *un verre à vin,* een wijnglas; *une chambre à coucher,* een slaapkamer; 3 b e z i t: *ce livre est à moi,* dit boek is van mij; 4 d o e l: *je vais à Paris,* ik ga naar Parijs; *la chasse au lion,* de leeuwen- jacht; 5 m a n i e r: *à la nage,* al zwem- mend; *à la française,* op zijn Frans; *marcher à reculons,* achteruitlopen; 6 m i d- d e l, w ij z e: *pêcher à la ligne,* hengelen; *dessiner à la plume,* met de pen tekenen; *le moulin à vent,* de windmolen; 7 n a b ij - h e i d: *il demeure à deux pas d'ici,* hij woont hier vlak bij; *elle était assise à la fenêtre,* zij zat bij het venster; 8 p l a a t s: *il demeure à Rouen,* hij woont in Rouen; *il a une canne à la main,* hij heeft een wan- delstok in de hand; 9 p r ij s: *déjeuner à vingt francs,* voor 20 franken lunchen; 10 t ij d: *à midi,* om twaalf uur; 11 e l l i p- t i s c h: *au feu,* brand! *au secours,* hulp! *au voleur,* houdt de dief! 12 v o o r e e n o n- b e p a a l d e w ij s: *il cherchait à s'échapper,* hij trachtte te ontsnappen; *apprendre à lire,* leren lezen; *difficile à traduire,* moei- lijk te vertalen; *vous êtes à plaindre,* U bent te beklagen; *à vendre,* te koop.
abaissement *m* 1 verlaging (b.v. *des salaires*); 2 daling; 3 vernedering; 4 verval.
abaisser *ov.w* 1 verlagen; 2 laten zakken (*un store*); 3 vernederen; 4 terugschakelen. II s'~ 1 zakken; 2 gaan liggen (de wind); 3 zich verlagen.
abaliéner *ov.w* vervreemden, verkopen.
abalourdir *ov.w* verstompen, suf maken.
abalourdissement *m* verstomping, sufheid.
abandon *m* 1 het afstand doen van (b.v. *d'un droit*); 2 het verlaten; 3 de verlatenheid.
abandonnement = *abandon,* verwaarlozing.
abandonner I *ov.w* 1 -verlaten; 2 in de steek laten (b.v. *ses enfants*); 3 laten varen; 4 overdragen (b.v. *le pouvoir*); 5 overleveren. II *on.w* het opgeven. III s' ~ (à) 1 zich overgeven (aan); 2 moed verliezen.
abaque *m* 1 telraam; 2 grafiek.
abasourdir *ov.w* verbijsteren, verdoven.
abasourdissement *m* verbijstering, stomme verbazing.
abat *m* 1 het slachten; 2 neerslag.
abâtardir *ov.w* doen ontaarden.
abat-jour *m* 1 lampekap; 2 vallicht; 3 zonne- **abat-son** *m* klankbord. [scherm.
abatt/age *m* 1 het vellen van bomen; 2 het slachten van dieren. ~ement *m* 1 uitputting; 2 moedeloosheid. ~eur *m* hij, die velt; — *de besogne,* zwoeger, werkezel. ~oir *m* slachthuis.
abattre I *ov.w* 1 neerslaan, vellen, omhakken; 2 doden; 3 neerschieten (b.v. *un avion*); 4 verzwakken; 5 *son jeu* (fig.) kleur be- kennen. II s' ~ 1 vallen; 2 zich werpen (op); 3 gaan liggen (*le vent s'abat*).
abat-vent *m* schoorsteenkap, windscherm.
abat-voix *m* klankbord van een preekstoel.
abbatial [*mv ~aux*] *bn* tot abdij, abt of abdis behorend.
abbaye *v* abdij.

abbé *m* 1 alg. titel voor geestelijke; 2 abt.
abbesse *v* abdis.
abc *m* 1 alfabet; 2 abc-boekje; 3 grondbe- ginselen (b.v. *d'une science*).
abcéder *on.w* etteren.
abcès *m* abces, ettergezwel.
abdication *v* 1 het afstand doen van (b.v. *du trône*); 2 het neerleggen (b.v. *du pou- voir*).
abdiquer *ov.w* 1 afstand doen van (de troon); 2 neerleggen (b.v. *le pouvoir*).
abécédaire I *zn m* abc-boekje. II *bn* alfa- betisch.
abeille *v* bij; — *ouvrière,* werkbij.
aberration *v* 1 afdwaling; 2 aberratie v. h. licht; — *chromatique,* kleurschifting.
aberrer *on.w* afdwalen.
abêtir I *ov.w* dom maken. II s' ~ dom worden.
abêtissement *m* verstomping.
abhorrer *ov.w* verafschuwen, verfoeien.
abîm/e *m* afgrond; — *de science,* wonder van geleerdheid. ~er I *ov.w* 1 bederven; 2 ver- nietigen. II s'~ 1 bederven; 2 zich in de af- grond storten; 3 te gronde gaan; *abîmé de dettes,* tot over de oren in de schuld.
abject *bn* laag, gemeen. ~ion *v* laagheid, ge- meenheid.
abjuration *v* afzwering.
abjurer *ov.w* afzweren (b.v. *une religion*).
ablatif *m* zesde naamval in het Latijn.
ablation *v* het wegnemen (b.v. van een ge- zwel).
ablution *v* afwassing.
abnégation *v* zelfverloochening.
aboi *m* geblaf; *être aux* —*s,* ten einde raad zijn.
aboiement, abolement *m* geblaf.
abol/ir *ov.w* opheffen, afschaffen. ~ition *v* op- heffing, afschaffing. ~itionniste *m* voor- stander van de afschaffing der slavernij.
abominable *bn* afschuwelijk.
abomination *v* 1 afschuw; *avoir en* —, een hekel hebben aan; 2 afschuwelijke daad.
abominer *ov.w* verafschuwen, verfoeien.
abondamment *bw* overvloedig.
abondance *v* overvloed, weelde, rijkdom; *parler avec* —, vlot spreken; *parler d'* —, voor de vuist spreken; *corne d'* —, hoorn van overvloed; *de l'* — *du cœur la bouche parle* (spr.w), waar 't hart van vol is, loopt de mond van over.
abond/ant *bn* overvloedig. ~er *on.w* 1 over- vloedig voorkomen; 2 talrijk zijn (b.v. *la vigne abonde dans ce pays*).
abonné *m* abonnee.
abonnement *m* abonnement.
s'abonner à zich abonneren op.
abonnir *ov.w* verbeteren.
abord *m* landing, toegang; *de premier* — *de prime* —, *tout d'* —, reeds dadelijk; *d'un* — *facile,* gemakkelijk te benaderen; *les* —*s,* de omgeving.
abordable *bn* toegankelijk; *prix* —, schappe- lijke prijs.
abordage *m* 1 aanvaring; 2 het enteren.
aborder I *on.w* landen. II *ov.w* 1 aanvaren; 2 enteren; 3 bereiken; 4 aanspreken.
aborner *ov.w* afpalen.
aboucher *ov.w* 1 verbinden (*des tuyaux*); 2 personen met elkaar in gesprek brengen.
aboutir (à) *on.w* uitlopen op.
aboutissement *m* uitkomst.
aboyer *on.w* 1 blaffen; 2 iem. najouwen.
aboyeur *m* 1 blaffer; 2 schreeuwer.
abracadabra *m* onzin.
abrégé *m* uittreksel; *en* —, in 't klein.
abrégement *m* verkorting.
abréger *ov.w* af(ver)korten.
abreuvage, abreuvement *m* het drenken.

abreuver I *ov.w* drenken. II s' ~ drinken.

abreuvoir *m* drinkplaats.

abréviat/eur *m* verkorter. ~if, -ive *bn* verkortend. ~ion *v* afkorting.

abri *m* schuilplaats, schuilloopgraaf; *à l'— de,* beschut tegen; *mettre à l'— de,* beschermen tegen.

abricot *m* abrikoos. ~ier *m* abrikozeboom.

abriter I *ov.w* beschutten, beschermen. II s' ~ schuilen.

abrivent *m* bivakhut voor een schildwacht.

abrogation *v* afschaffing (v. een wet enz.).

abroger *ov.w* afschaffen (v. een wet enz.).

abrupt *bn* steil; *style* —, hortende, ruwe stijl.

abruptement *bw* onverwachts.

abruti *bn* stompzinnig, idioot.

abrut/ir *ov.w* 1 verdierlijken; 2 verstompen. ~issant *bn* geestdodend. ~issement *m* 1 verdierlijking; 2 stompzinnigheid.

absence *v* 1 afwezigheid; 2 gemis; — *d'esprit,* verstrooidheid.

absent *bn* 1 afwezig; *les* —*s ont toujours tort,* men behartigt nooit de belangen van degenen, die niet aanwezig zijn, om zich te verdedigen; 2 verstrooid.

absentéisme *m* absenteïsme, verzuim.

s'absenter zich verwijderen.

abside *v* apsis (*arch.*).

absinthe *v* absint.

absolu *bn,* -ment *bw* 1 volstrekt; 2 gebiedend (*ton* —); 3 onafhankelijk.

absolution *v* 1 absolutie; 2 vrijspraak.

absolutisme *m* stelsel, dat de onbeperkte macht van de soeverein predikt.

absolutiste *m* aanhanger v. h. absolutisme.

absorbant *bn* 1 opslorpend; 2 wat de aandacht in beslag neemt (*travail* —).

absorb/ement *m* het verdiept zijn in. ~er I *ov.w* inzuigen, inslorpen; — *l'attention,* de aandacht in beslag nemen; (*fig.*) verslinden (*la fortune*). II s' ~ dans zich verdiepen in.

absorbeur, -euse *bn* opslorpend.

absorption *v* opslorping, opname (in het bloed).

absoudre *ov.w* (*onr.*) 1 vrijspreken; 2 vergeven (*les péchés*). [dienst.

absoute *v* gebeden bij de lijkbaar na de lijk-

abstème *m* & *v* geheelonthouder(ster).

s'abstenir (*onr.*) zich onthouden van (b.v. van stemming).

abstention *v* onthouding (b.v. van stemmen).

abstentionniste *m* iemand, die zich onthoudt, die uit principe niet stemt.

abstergent I *zn m* zuiverend middel bij wonden. II *bn* zuiverend.

absterger *ov.w* (een wond) schoonmaken.

abstersif, -ive *bn* zuiverend.

abstersion *v* het schoonmaken van een wond.

abstin/ence *v* de onthouding (van voedsel, b.v. op r.-k. onthoudingsdagen); *jour d'*—, onthoudingsdag. ~ent I *zn m* geheelonthouder. II *bn* matig.

abstraction *v* abstractie; *faire — de,* buiten beschouwing laten, geen rekening houden met; *les* —*s,* verstrooidheid.

abstractivité *v* abstractievermogen.

abstraire I *ov.w* (*onr.*) abstraheren. II s' ~ zich verdiepen in, verstrooid zijn.

abstrait *bn* abstract, afgetrokken, verstrooid; *nombre* —, onbenoemd getal.

abstrus *bn* diepzinnig, moeilijk te begrijpen.

absurde I *bn* ongerijmd, belachelijk, onzinnig. II *zn: l'* ~ m het ongerijmde, onzinnige.

absurdité *v* ongerijmdheid, onzin.

abus *m* 1 misbruik; 2 vergissing, dwaling; — *de confiance,* misbruik van vertrouwen.

abus/er (de) I *on.w* misbruik maken van; *si je n'abuse pas de vos instants,* als ik u niet ophoud. II *ov.w* bedriegen, misleiden. III s' ~ zich vergissen. ~eur *m* bedrieger.

abusif, -ive *v* 1 verkeerd; 2 wederrechtelijk.

abuter *on.w* de bal enz. zo dicht mogelijk bij het doel gooien, om te zien, wie het eerst speelt.

abysse *m* (grote) onderzeese diepte.

---

acabit *m* kwaliteit, karakter, aard.

acacia *m* acacia (*pl.k.*).

académicien *m* lid van een academie (vooral van de Franse academie).

académ/ie *v* academie (genootschap van geleerden, kunstenaars of letterkundigen). *L'Institut de France* bestaat uit 5 academies: *l'académie française* (vooral letterkundig); — *des inscriptions et belles lettres* (historie en archeologie); — *des sciences morales et politiques* (wijsbegeerte, politiek, recht enz.); — *des sciences* (wiskunde, natuurkunde, scheikunde enz.); — *des beaux arts* (kunsten); *officier d'*—, bezitter v. d. Franse ridderorde voor kunstenaars, geleerden enz. ~ique *bn* academisch, gekunsteld (*style* —); *palmes* —*s,* de ridderorde van een *officier d'académie.*

acajou *m* 1 mahoniehout; 2 mahonieboom.

acanthe *v* 1 bereklauw; 2 arch. ornement.

accabl/ant *bn* 1 drukkend (*chaleur* —*e*); 2 overstelpend (*chagrin* —). ~ement *m* 1 verslagenheid; neerslachtigheid; 2 uitputting. ~er *ov.w* overladen, verpletteren, overstelpen (*de travail*); *accablé de douleur,* overstelpt door smart.

accalmie *v* 1 tijdelijke windstilte, tijdelijke rust; 2 het bedaren van pijn.

accaparement *m* het opkopen van goederen, om daardoor de markt te kunnen regelen.

accaparer *ov.w* 1 opkopen, om daardoor de markt te regelen; 2 inpalmen.

accapareur *m* opkoper.

accéder *on.w* 1 toegang hebben tot; 2 inwilligen (*à une demande*).

accélérat/eur, -trice *I bn* versnellend. II *zn* ~eur *m* gaspedaal. ~ion *v* versnelling.

accélérer I *ov.w* versnellen, verhaasten. II s' ~ sneller worden.

accent *m* 1 accent, klemtoon, tongval (— *picard*); 2 penseelstreek; 3 klinkerteken; — *aigu* ('); — *circonflexe* (^); — *grave* (`); 4 toon, stembuiging (— *de joie, de douleur*).

accentuation *v* het leggen van de klemtoon, versterking, het doen uitkomen.

accentuer I *ov.w* de klemtoon leggen op; scherper doen uitkomen; *des traits accentués,* scherpe trekken. II s' ~ duidelijker worden.

accept/able *bn* aannemelijk. ~ation *v* 1 aanneming; 2 het accepteren van een wissel. ~er *ov.w* 1 aannemen, aanvaarden; 2 accepteren van een wissel. ~eur *m* acceptant van een wissel (beter *tireur*).

acception *v* betekenis; — *figurée,* figuurlijke betekenis; — *propre,* eigenlijke betekenis; *sans — de personne,* zonder aanzien des persoons.

accès *m* 1 toegang; 2 aanval (van een ziekte); 3 vlaag (*de colère*).

access/ibilité *v* toegankelijkheid. ~ible *bn* toegankelijk; — *à,* gevoelig voor.

accession *v* 1 het komen tot (*au pouvoir*); 2 toetreding.

accessit *m* eervolle vermelding.

accessoire I *bn* bijkomstig. II *zn m* bijzaak, onderdeel; —*s de théâtre,* toneelrekwisieten.

accessoiriste *m* toneelmeester.

accident *m* 1 ongeluk; 2 toeval; *par* —, toevallig; 3 oneffenheid (*de terrain*); 4 toevallig teken (*muz.*). ~é I *bn* heuvelachtig, oneffen (*terrain* —); *vie* —*e,* veelbewogen leven; *style* —, ongelijke stijl. II *zn m* slachtoffer van een ongeluk.

accidentel(le) *bn* toevallig; *mort* —*le,* dood door een ongeval.

accidentellement *bw* toevallig.

accise *v* accijns.

acclam/ateur *m* toejuicher. ~ation *v* toejuiching; *par* —, bij acclamatie. ~er *ov.w* 1 toejuichen; 2 bij acclamatie kiezen.

acclimatation *v* het wennen aan een bepaald klimaat; *jardin d'*—, dieren- en plantentuin.

acclimatement *m* het wennen aan een klimaat.

acclimater *ov.w* aan een klimaat wennen.

accointance *v* omgang.

s'accointer vriendschap met iemand sluiten.

accolade *v* 1 omhelzing; 2 ridderslag; 3 accolade.

accommod/able *bn: querelle* —, twist, die bijgelegd kan worden. ~age *m* bereiding van spijzen. ~ant *bn* inschikkelijk, ~ation *v* inrichting; — *de l'œil*, accommodatie. ~ement *m* vergelijk. ~er I *ov.w* 1 inrichten, schikken (*une affaire*); 2 bereiden (*de la viande*); — *à toutes les sauces*, over de hekel halen; 3 passen, aanstaan, gelegen komen. II s'~ de tevreden zijn met.

accompagnateur *m*, -trice *v* begeleider(ster) (*muz.*).

accompagn/ement *m* 1 begeleiding (*muz.*); 2 toebehoren. ~er *ov.w* vergezellen, begeleiden (ook *muz.*).

accompli *bn* volmaakt, uitstekend; *fait* —, voldongen feit.

accomplir *ov.w* voltooien, vervullen, verwezenlijken, uitvoeren (*un projet*).

accomplissement *m* vervulling, voltooiing, verwezenlijking.

accord *m* overeenstemming, overeenkomst, harmonie (*muz.*); *d'* —, goed, afgesproken; *d'un commun* —, eenstemmig; *mettre d'* —, tot overeenstemming brengen; *tomber d'* —, het eens worden. ~able *bn* wat men tot overeenstemming kan brengen. ~age *m* het stemmen.

accordailles *v mv* verloving.

accordant *bn* bij elkaar passend, goed samenklinkend (*muz.*).

accordé(e) *m* of *v* verloofde.

accordéon *m* harmonika; *en* —, gevouwen als een harmonika.

accor/der I *ov.w* 1 tot overeenstemming brengen, 2 toestaan, verlenen; 3 doen overeenstemmen met (— *l'adjectif avec le substantif*); 4 stemmen (*muz.*); 5 toekennen. II s'~ het eens zijn, tot overeenstemming komen, overeenkomen met (*l'adjectif s'accorde avec le substantif*). ~deur *m* stemmer (*muz.*).

accore *bn* steil (v. kust).

accort *bn* vriendelijk, innemend, aardig.

accortise *v* innemendheid, vriendelijkheid.

accostable *bn* gemakkelijk toegankelijk, te (be)naderen.

accoster *ov.w* 1 aanleggen (bij) (— *un quai, un vaisseau*); 2 aanklampen, aanspreken.

accotement *m* berm.

accoter I *ov.w* steunen, stutten. II s'~ steunen.

accotoir *m* stut, schoor.

accouardir I *ov.w* laf maken. II s'~ laf worden.

accouchée *v* kraamvrouw.

accouch/ement *m* bevalling. ~er I *ov.w* bevallen. II *ov.w* verlossen (*une femme*).

accoucheur *m* verloskundige.

accoucheuse *v* verloskundige, vroedvrouw.

accoudement *m* het leunen op de elleboog.

('s)accouder leunen op de elleboog.

accoudoir *m* armleuning.

accouple *v* koppelriem voor jachthonden.

accouplement *m* 1 paring; 2 samenkoppeling.

accoupler I *ov.w* 1 (samen)koppelen; 2 doen paren. II s'~ een paar vormen, paren.

accourci *m* beknopte uitgave van een werk.

accourcir *ov.w* verkorten.

accourcissement *m* ver(he)korting.

accourir *on.w* (*onr.*) toesnellen; — *comme les poules au grain*, als de kippen er bij zijn.

accoutrement *m* bespottelijke kledij.

accoutrer I *ov.w* toetakelen (van kleding). II s'~ (*en*), zich toetakelen (als).

accoutumance *v* gewoonte.

accoutumé (à) *bn* gewoon (aan); *à l'*—*e*, gewoonlijk.

accoutumer I *ov.* gewennen, gewoon maken. II s'~ à zich wennen aan.

accréditer I *ov.w* 1 vertrouwen inboezemen; 2 in omloop brengen (*un bruit*); 3 een krediet verschaffen; 4 geloofsbrieven geven (— *un ambassadeur*). II s'~ geloof vinden, vertrouwen winnen (*la nouvelle s'accrédite*).

accréditif *m* kredietbrief.

accroc *m* 1 winkelhaak, scheur; 2 moeilijkheid (*dans une affaire*); 3 smet.

accroch/age *m* 1 het aanhaken; 2 aanrijding; 3 twist. ~er I *ov.w* 1 aanhaken, ophangen (b.v. *un tableau*); 2 aanrijden (*une auto*); — *une place*, een baan door list verkrijgen; — *l'attention*, de aandacht trekken. II s'~ blijven haken. s'~ à qn. iemand niet loslaten (*fig.*).

accroire (*onr.*) *s'en faire* —, zich veel inbeelden; *en faire* — *à qn.*, iem. iets wijs maken.

accroissement *m* groei, vermeerdering.

accroît *m* aanwas van een kudde.

accroître I *ov.w* (*onr.*) doen toenemen, vergroten. II *on.w* of *wederk.* ww toenemen. s'accroupir neerhurken.

accroupissement *m* het neerhurken.

accrue *v* aanwas van land.

accu *m* accu.

accueil *m* ontvangst; *faire (bon)* — goed ontvangen.

accueill/ant *bn* vriendelijk, hartelijk. ~ir *ov.w* (*onr.*) 1 ontvangen; 2 inwilligen.

accul *m* slop.

acculement *m* het in de engte drijven.

acculer I *ov.w* in de engte drijven; (*fig.*) in het nauw drijven, sprakeloos doen staan. II *on.w* achteroverhellen v. e. schip. III s'~ met de rug leunen tegen.

accumulateur *m* 1 iemand, die (geld) ophoopt; 2 accumulator.

accumul/ation *v* opeenhoping. ~er I *ov.w* 1 opstapelen; 2 verzamelen, sparen. II s'~ zich opstapelen.

accusable *bn* te beschuldigen.

accusateur *I zn m*, -trice *v* beschuldiger(ster), aanklager (-klaagster). II *bn* beschuldigend.

accusatif *m* vierde naamval.

accusation *v* beschuldiging, aanklacht; *acte d'*—, akte van beschuldiging.

accusé(e) *m* of *v* beschuldigde, beklaagde; — *de réception*, bericht van ontvangst.

accuser *ov.w* 1 beschuldigen, aanklagen (*ses péchés*); — *réception*, de goede ontvangst berichten; 2 doen uitkomen; *des traits accusés*, scherpe trekken.

acérage *m* het verstalen.

acérain *bn* staalachtig.

acerbe *bn* wrang, bitter.

acerbité *v* 1 wrangheid, bitterheid; 2 (*fig.*) strengheid.

acéré *bn* scherp (ook *fig.*).

acérer *ov.w* scherp maken.

acét/ate *m* azijnzuurzout. ~eux, -euse *bn* azijnachtig.

acétifier *ov.w* tot azijn maken (*du vin*).

acétylène *m* acetyleen.

achalandage *m* het beklanten, de klanten.

achalandé *bn* beklant.

achalander *ov.w* beklanten (b.v. een hotel).

acharné *bn* hardnekkig, verwoed, verbitterd.

acharnement *m* hardnekkigheid, verbittering.

acharner I *ov.w* ophitsen. II s'~ hardnekkig volhouden, zich hartstochtelijk overgeven aan (*au jeu*).

achat *m* 1 koop, aankoop, inkoop; 2 het gekochte voorwerp.

acheminement *m* het voorwaarts gaan, vordering. ~er I *ov.w* 1 doen voortbewegen; 2 verzenden. II s'~ zich begeven.

achetable *bn* koopbaar.

acheter *ov.w* 1 kopen; 2 omkopen; 3 (*pop.*) iem. voor de gek houden, beetnemen.

acheteur *m*, -euse *v* koper(koopster).

achevage *m* afwerking.

achevé *bn* volmaakt, onberispelijk (*modèle*—).

achèvement *m* 1 voltooiing; 2 nabewerking.

achever I *ov.w* 1 voltooien, beëindigen; 2 doden, de genadeslag geven; 3 oproken, opdrinken, opeten. II s'~ ten einde lopen.

achopp/ement *m* hinderpaal; *pierre d'*—, struikelblok. ~er *on.w* met de voet stoten tegen, struikelen (ook *fig.*).

achromatique *bn* achromatisch.

achromatisme *m* opheffing der kleurschifting.

achromatopsie *v* kleurenblindheid.

achrome *bn* kleurloos.

acide I *bn* zuur; *(fig.)* wrang, bitter. II *zn m* het zuur.

acidifier I *ov.w* zuur maken. II s' ~ zuur worden.

acid/ité *v* zuurheid. ~ule *bn* enigszins zuur. ~uler *ov.w* enigszins zuur maken.

acier *m* 1 staal; — *fondu*, gietstaal; — *de forge*, welstaal; *(fig.)* d'—, verhard, onwrikbaar *(un cœur d'acier)*; 2 het zwaard.

acié/rage *m*, ~ation *v* verstaling. ~er *ov.w* verstalen. ~eux, -euse *bn* staalachtig. ~ie *v* staalfabriek.

acolyte *m* 1 acoliet, helper bij de altaarplechtigheden; 2 handlanger, trawant, helper.

acompte *m* betaling in mindering; *paiement par* ~*s*, op afbetaling.

aconit *m* monnikskap *(pl.k.)*.

aconitine *v* vergif, bereid uit de wortel van de monnikskap.

acoquiner I *ov.w* verwennen. II s' ~ à verslaafd raken aan.

à-côté *m* bijkomstigheid.

à-coup *m* schok, ruk.

acoust/icien *m* kenner der akoestiek. ~ique I *bn* wat betrekking heeft op het gehoor; *cornet* —, gehoorapparaat; *nerf* —, gehoorzenuw; *tuyau* —, spreekbuis. II *zn v* 1 geluidsleer; 2 de akoestiek v. e. zaal enz.

acquéreur *m* koper (koopster).

acquérir *ov.w (onr.)* verkrijgen, verwerven, kopen; *bien mal acquis ne profite pas*, — gestolen goed gedijt niet; *un point (fait) acquis*, een uitgemaakte zaak; *il m'est (tout) acquis*, hij is mij genegen.

acquêt *m* het verkregen goed (in het huwelijk).

acquiescement *m* 1 toestemming; 2 berusting.

acquiescer *on.w (à)* 1 toestemmen; — *à un désir*, een verlangen inwilligen; 2 berusten.

acquis *m* 1 kennis; 2 bekwaamheid; 3 ervaring.

acquisition *v* 1 verwerving, het verworvene; 2 koop, aankoop.

acquit *m* 1 kwitantie; 2 vrijspraak; *pour* — voldaan (onder kwitantie); *par* — *de conscience, pour l'* — *de sa conscience*, om niet met zijn geweten in conflict te komen, voor alle zekerheid.

acquittable *bn* betaalbaar.

acquittement *m* 1 betaling; 2 het voor voldaan tekenen; 3 vrijspraak.

acquitter I *ov.w* 1 betalen, kwijten; 2 voor voldaan tekenen; 3 vrijspreken. II s' ~ 1 een schuld voldoen; 2 zich kwijten van, vervullen (b.v. *d'une mission*).

acre *v* oude Franse akkermaat van ongeveer 52 aren.

âcre *bn* wrang, bitter, scherp; *(fig.)* vinnig.

âcreté *v* wrangheid, bitterheid, scherpte; *(fig.)* vinnigheid.

acrimoni/e *v* wrangheid; *(fig.)* bitterheid. ~eux, -euse *bn* wrang; *(fig.)* bitter, bits.

acrobate *m* & *v* 1 koorddanser(es); 2 kunstenmaker (-maakster), acrobaat (acrobate).

acrobatie *v* 1 koorddanserskunst, acrobatiek; 2 staaltje van behendigheid.

acrobatique *bn* acrobatisch.

acropole *v* hoogste punt (burcht) der Griekse steden.

acrostiche *m* naamdicht (de beginletters der versregels vormen, verticaal gelezen, de naam van het onderwerp).

acte *m* 1 daad; 2 akte; 3 bedrijf in een toneelstuk; — *de foi*, geloofsgetuigenis; *prendre* —, nota nemen; *donner* —, een feit wettelijk constateren; *faire* — *de présence*, zich een ogenblik ergens vertonen; *faire* — *d'héritier*, optreden als erfgenaam; *les* —*s des Apôtres*, de Handelingen der Apostelen.

acteur *m*, *-trice v* 1 toneelspeler (-speelster); 2 iem. die een rol speelt in een zaak.

actif, -ive I *bn* 1 werkzaam, ijverig; *volx* ~*ve*, bedrijvende vorm; 2 snelwerkend *(un remède* —*)*. II *zn m* het bezit.

action *v* 1 handeling, daad; — *oratoire*, de gebarentaal v. e. redenaar; — *de grâces*, dankgebed; 2 beweging; 3 inwerking, uitwerking *(d'un remède* enz.); 4 gevecht; 5 aandeel; — *nominative*, aandeel op naam; — *privilégiée*, preferent aandeel; 6 rechterlijke vervolging.

actionnaire *m* aandeelhouder.

actionner *ov.w* 1 in beweging brengen, drijven; 2 in rechten aanspreken.

activation *v* verhoogde (scheikundige enz.) werking.

activer *ov.w* 1 versnellen, verhaasten, bespoedigen; 2 aanwakkeren *(le feu)*.

activité *v* 1 werkzaamheid, bedrijvigheid; *soldat* enz. *en* —, in werkelijke dienst; 2 werking.

actuaire *m* actuaris, wiskundig adviseur.

actualisation *v* verwezenlijking.

actualiser *ov.w* actueel maken.

actualité *v* actualiteit; *les* — *s* de gebeurtenissen van de dag; *film* —, journaal.

actuariat *m* het ambt van actuaris.

actuel, -elle *bn* 1 actueel, tegenwoordig; 2 werkelijk; *service* —, werkelijke dienst.

actuellement *bw* thans, nu, tegenwoordig.

acuité *v* 1 scherpte; 2 hevigheid *(d'une maladie)*; 3 scherpte *(d'un son)*.

acutangle *bn* scherphoekig (v. e. driehoek).

adage *m* spreuk, spreekwoord.

adagio I *bn* langzaam *(muz.)*. II *zn m* een langzaam muziekstuk.

adamantin *bn* hard en glanzend als diamant.

adapt/able *bn* aan te passen aan, aan te brengen aan. ~ation *v* 1 het aanbrengen; 2 aanpassing; 3 bewerking (van literair werk of muziekstuk).

adapter I *ov.w* 1 aanbrengen; 2 aanpassen; 3 bewerken of literair werk of muziekstuk. II s' ~ à passen bij, zich schikken naar.

adaptateur *m* hulpstuk.

addition *v* 1 optelling; 2 rekening (in restaurant of hotel). ~nable *bn* 1 aan te vullen; 2 wat toegevoegd kan worden. ~nel, -elle *bn* bijgevoegd, toegevoegd; *articles* —*s*, overgangsbepalingen; *centimes* —*s*, opcenten. ~ner *ov.w* optellen. ~neuse *v* rekenmachine.

adénoïde *bn* kliervormig.

adent *m* zwaluwstaart (houtverbinding).

adepte *m* 1 aanhanger van sekte of leer; 2 ingewijde (in wetenschap enz.).

adéquat *bn* overeenkomstig, synoniem.

adhér/ence/e *v* 1 het aankleven; 2 vergroeiing; 3 adhesie. ~t I *bn* vastgegroeid; *membre* —, gewoon lid. II *zn m* aanhanger, lid, volgeling (van leer of partij).

adhérer *on.w* 1 vergroeid zijn met, vastzitten; 2 aantreden, toetreden tot, zich aansluiten bij, het geheel eens zijn met (b.v. *à une doctrine)*.

adhés/if, -ive bn 1 klevend; *emplâtre* —, hechtpleister; 2 wat bijval uitdrukt. ~ion *v* 1 vergroeiing; 2 instemming, aansluiting.

adiante *m* venushaar *(pl.k.)*.

adieu I *tw* vaarwel, tot ziens. II *zn m* afscheid; *sans* —!, tot ziens!; *faire ses* —*x*, afscheid nemen.

Adige *m* Etsch (Adige) (rivier).

adipeux, -euse *bn* vettig.

adjacent *bn* belendend, aangrenzend; *angle* —, aanliggende hoek.

adjectif, -ive I *bn* bijvoeglijk. II *zn m* bijvoeglijk naamwoord.

adjoindre *ov.w (onr.)* toevoegen aan.

adjoint I *bn* adjunct-; *professeur* —, buitengewoon hoogleraar. II *zn m* helper; *le maire et ses* —*s*, burgemeester en wethouders.

adjonction *v* toevoeging. [houders.]

adjudant *m* adjudant.

adjudicataire *v* degene, die de goederen bij een veiling krijgt toegewezen of aan wie een aanbesteding gegund wordt.

adjudicateur *m*, -trice *v* 1 veilingmeester, afslager; 2 degene, die een aanbesteding gunt.

adjudication *v* 1 gunning; 2 aanbesteding; 3 veiling; — *au rabais*, bij afmijnen; — *à la surenchère*, bij opbod; — *judiciaire*, gerechtelijke verkoop.

adjuger *ov.w* 1 gunnen, toewijzen; 2 toekennen (*un prix*).

adjuration *v* 1 zeer dringend verzoek, smeekbede; 2 bezwering, toverformule.

adjurer *ov.w* 1 bezweren; 2 smeken.

adjuteur *m* adjutor, helper.

adjuvat *m* assistentschap (*med.*).

admettre *ov.w* (*onr.*) 1 toelaten, aannemen (b.v. *un élève, un membre*); 2 als waar aannemen; 3 toestaan, dulden, lijden.

administrat/eur *m*, -trice *v* 1 administrateur, -trice; 2 beheerder(ster). ~**if**, -**ive** *bn* het bestuur of beheer betreffende. ~**ion** *v* 1 beheer, bestuur, administratie; 2 gezamenlijk personeel; *conseil d'—*, raad van beheer. ~**ivement** *bw* langs administratieve weg.

administré *m* onderhorige.

administrer *ov.w* 1 besturen; 2 toedienen (*les sacrements, des coups*); 3 bedienen (*un malade*); 4 laten innemen (*un remède*).

admira/ble *bn* bewonderenswaardig. ~**teur** *m*, -trice *v* bewonderaar(ster). ~**tif**, -**ive** *bn* bewonderend; *point* —, uitroepteken. ~**tion** *v* bewondering.

admirer *ov.w* 1 bewonderen; 2 zich verwonderen over, eigenaardig vinden.

admissibilité *v* 1 toelaatbaarheid; 2 aannemelijkheid.

admissible *bn* toelaatbaar.

admission *v* 1 toelating; 2 het aannemen.

admixtion *v* toevoeging en menging (van geneesmiddelen).

admonestation *v* vermaning, berisping.

admonester *ov.w* streng vermanen, berispen.

admoniteur *m*, -trice *v* hij, zij, die een vermaning of berisping geeft.

admonitif, -**ive** *bn* vermanend.

admonition *v* vermaning, berisping.

adné *bn* samengegroeid.

adolescence *v* jongelingschap (van 14 tot 25 jaar).

adolescent(e) *m of v* jongeling, jongedochter.

adonis *m* 1 zeer knappe jongeman; 2 adonis (*pl.k.*). ~**er** I *ov.w* overdreven mooi maken. II s'~ zich opdirken.

adonné *à bn* verslaafd aan.

s'adonner *à* zich geheel overgeven aan, verslaafd raken aan.

adopt/able *bn* aannemelijk. ~**ant(e)** *m of v* hij (zij), die een kind aanneemt. ~**er** *ov.w* 1 (als kind) aannemen; 2 overnemen (*une opinion*); 3 goedkeuren (*une loi*). ~**if**, -**ive** *bn* 1 aangenomen (*fils* —); 2 die aanneemt (*père* —). ~**ion** *v* 1 het aannemen tot kind; 2 overname; *pays d'—*, tweede vaderland.

ador/able *bn* aanbiddelijk, verrukkelijk. ~**ateur** *m*, -trice *v* 1 aanbidder(-ster); 2 die op overdreven wijze houdt van. ~**ation** *v* 1 aanbidding; 2 grote verering, vurige liefde. ~**er** *ov.w* 1 aanbidden; 2 dol zijn op (b.v. — *la musique*).

adossement *m* het leunen.

adosser I *ov.w* met de rug (achterkant) zetten tegen, bouwen tegen. II s'~ *à*, met de rug leunen tegen.

adoub/ement *m* 1 ridderslag; 2 het opkalfateren. ~**er** *ov.w* 1 tot ridder slaan; 2 opkalfateren.

adoucir *ov.w* 1 zoet maken; 2 verzachten; 3 polijsten; 4 (*fig.*) lenigen (*la peine*).

adoucissage *m* het polijsten.

adoucissant *bn* verzachtend.

adoucissement *m* 1 verzachting; 2 leniging (— *de peine*).

adoucisseur *m*, -euse *v* polijster (van spiegels).

adresse *v* 1 handigheid; 2 slimheid; 3 adres; 4 verzoekschrift.

adresser I *ov.w* adresseren; — *la parole à qn.*,

het woord tot iemand richten. II s'~ *à* zich wenden tot, zich richten tot.

adroit *bn* handig, slim, geslepen.

adscrit *bn* er naast geschreven.

adulateur I *zn m*, -trice *v* lage vleier(-ster); flikflooier(-ster). II *bn* kruiperig, vleierig.

adulation *v* lage vleierij; flikflooierij.

adulatoire *bn* kruiperig; vleierig.

aduler *ov.w* op lage wijze vleien; kruipen voor.

adulte I *zn m of v* volwassene. II *bn* volwassen.

adultérateur *m* vervalser.

adultération *v* vervalsing (ook *fig.* — *d'un texte*).

adultère I *zn m* 1 echtbreuk, overspel; 2 *m of v* echtbreker (-breekster). II *bn* overspelig.

adultérer *ov.w* vervalsen.

adultérin I *bn* uit overspel geboren. II ~(e) *zn m of v* uit overspel geboren kind.

aduste *bn* gebrand, gebruind.

advenir *on.w* (*onr.*) toevallig gebeuren; *advienne que pourra*, er moge van komen (gebeuren), wat er wil.

adventice *bn* toevallig; *plante* —, in 't wild groeiende plant.

adventif, -**ive** *bn*: *biens—s*, goederen, door de vrouw verkregen na haar huwelijk.

adverbe *m* bijwoord.

adverbial [*mv* aux] *bn* bijwoordelijk.

adversaire *m* tegenstander, mededinger.

adversatif, -**ive** *bn* tegenstellend.

adverse *bn* tegen—; *avocat* —, advocaat v. d. tegenpartij; *fortune* —, tegenspoed; *partie* —, tegenpartij.

adversité *v* tegenspoed, ongeluk.

aérage *m* ventilatie, luchtverversing.

aération *v* ventilatie, luchtverversing.

aéré *bn* luchtig.

aérer *ov.w* luchten, ventileren.

aérien, -ne *bn* uit lucht (gas) bestaande; *un corps* —, gasvormig lichaam; 2 wat in de lucht geschiedt, voorkomt; *couche* —ne, luchtlaag; *défense* —ne, luchtafweer; *ligne* —ne, luchtlijn; *phénomène* —, luchtverschijnsel; *poste* —ne, luchtpost.

aérifère *bn* die de luchtaanvoer regelt (*tube* —).

aérification *v* verdamping.

aérifier *ov.w* doen verdampen.

aériser *ov.w* doen verdampen.

aérium *m* sanatorium voor luchtkuur.

aérochimique *bn*: *attaque* —, luchtaanval met gebruik van giftige gassen.

aérodrome *m* vliegveld.

aérodynamique *v* aërodynamica.

aérogare *v* luchthaven.

aérolithe *m* meteoorsteen.

aérologie *v* aërologie, studie v.d. hogere luchtlagen.

aéromètre *m* luchtdichtheidsmeter.

aéronaute *m* luchtschipper.

aéronautique I *bn* luchtvaartkundig. II *zn v* luchtvaartkunde.

aéronef *m* luchtschip.

aérophobe *bn* luchtschuw.

aérophobie *v* hoogtevrees.

aéroplane *m* vliegmachine.

aéroport *m* vlieghaven.

aéropostal [*mv* aux] *bn* wat betrekking heeft op de luchtpost.

aérostat *m* luchtballon, luchtschip.

aérostation *v* kunst of het bouwen of besturen van luchtschepen.

aérostatique I *bn* wat de luchtvaart betreft. II *zn v* aërostatica.

affabilité *v* vriendelijkheid, voorkomendheid, minzaamheid.

affable *bn* vriendelijk, voorkomend, minzaam.

affabulation *v* moraal v. e. fabel.

affadir *ov.w* flauw maken, misselijk maken.

affadissant *bn* wat flauw, misselijk maakt.

affadissement *m* 1 het flauw maken; 2 flauwheid.

affaiblir I ov.w verzwakken. II s' ~ verzwakken.
affaiblissant bn verzwakkend.
affaiblissement m verzwakking.
affaiblisseur m verzwakker (fotografisch bad).
affaire v 1 zaak; agent d'—, zaakwaarnemer; avoir — à, te doen hebben met; avoir — avec, zaken doen met; le chiffre d'—s, de omzet; les —s étrangères, buitenlandse zaken; être dans les —s, in zaken zijn; faire son — à qn., met iemand afrekenen, hem doden; j'en fais mon —, ik belast mij ermee; cela fait mon —, dat staat me aan, komt me goed te pas; — de goût, kwestie van smaak; un homme d'—s, zakenman, zaakwaarnemer; — d'honneur, duel, erezaak; hors d'—, buiten gevaar; — de temps, kwestie van tijd; se retirer des —s, zich uit de zaken terugtrekken; se tirer d'—, zich ergens uit redden; tirer qn. d'affaire, iem. uit moeilijkheden helpen; c'est toute une —, 't is niet gemakkelijk, 't is een hele drukte, een heel karwei; 2. gevecht.
affairé bn druk.
affairement m drukte.
s'affairer druk zijn.
affaiss/ement m 1 verzakking; 2 verslagenheid. ~er I ov.w doen verzakken; être affaissé sous, gebukt gaan onder. II s' ~ ineenzakken, gebukt gaan onder.
affaler I ov.w neerhalen v. e. scheepstouw. II s' ~ 1 aan lager wal geraken (v. e. schip); 2 zich laten vallen.
affamé bn uitgehongerd, hongerig; — de gloire, eerzuchtig.
affamer ov.w uithongeren.
affectation v 1 gebruik; 2 bestemming; 3 aanstellerigheid, gemaaktheid.
affecté bn gemaakt, voorgewend, overdreven.
affecter I ov.w 1 voorwenden, veinzen; 2 aannemen (une forme); 3 (— à) bestemmen voor; 4 ontroeren, treffen (son état m'a affecté); 5 veelvuldig gebruiken, voorliefde tonen voor (certaines expressions). II s' ~ ontroerd, getroffen worden.
affectibilité v lichtgeroerdheid.
affectif, -ive bn wat het gevoel betreft, gevoelig.
affection v 1 genegenheid; 2 aandoening (med.). ~né bn bemind; ton —(e) (briefslot), je toegenegene. ~ner ov.w liefhebben.
affectueux, -euse bn vriendelijk, toegenegen.
affectuosité v aanhankelijkheid.
affenage m het voederen van vee.
afférent bn toekomend (deel).
affermage m het (ver)pachten.
affermataire m pachter.
affermateur m, -trice v verpachter(ster).
affermer ov.w (ver)pachten.
affermir ov.w 1 vast, hard maken; 2 versterken, consolideren (le pouvoir).
affermissement m consolidatie, versterking.
afféité bn aanstellerig, gemaakt.
afféterie v aanstellerij, gemaaktheid.
affichage m het aanplakken van een aanplakbiljet.
affiche v aanplakbiljet; — lumineuse, lichtreclame; homme - —, sandwichman.
afficher ov.w 1 aanplakken; 2 openlijk tonen, te koop lopen met. II s' ~ zich opdringen, in de gaten willen lopen.
affichette v 1 reklamebiljet; 2 raamadvertentie.
afficheur m aanplakker.
affidé I bn vertrouwd. II zn m of -e v geheim agent, spion.
affilage m het slijpen, wetten.
affilé bn scherp; avoir la langue bien —e, niet op zijn mondje gevallen zijn; d'—e, aan een stuk door, onafgebroken.
affiler ov.w slijpen, wetten.
affileur m slijper.
affiliation v lidmaatschap, toelating als lid.
affilié(e) m of v lid; société —e, zustermaatschappij.

affiloir m slijpsteen, aanzetstaal, aanzetriem.
affinage m het zuiveren van metalen.
affiner ov.w zuiveren, verfijnen (b.v. le goût).
affinerie v plaats, waar men metalen zuivert.
affinité v overeenkomst, verwantschap, affiniteit.
affiquets m mv vrouwelijke sieraden.
affirmatif, -ive bn bevestigend.
affirmation v bevestiging, verzekering.
affirmative v het bevestigen; répondre par l'—, bevestigend antwoorden.
affirmer I ov.w bevestigen, verzekeren. II s' ~ bevestigd worden.
a(f)fistoler ov.w (pop.) opdirken.
affixe m voor- of achtervoegsel.
afflictif, -ive bn wat de lijfstraf betreft.
affliction v droefheid.
affligé bn 1 bedroefd; 2 bezocht (met kwaal of ziekte).
affligeant bn bedroevend.
affliger ov.w 1 bedroeven; 2 kwellen, teisteren (une épidémie affligea la ville).
afflouer ov.w (een schip) weer vlot brengen.
affluence v 1 toeloop v. volk; 2 het toevloeien van water, hoog water; 3 overvloed.
affluent m zijrivier.
affluer on.w stromen naar, toestromen.
afflux m: — du sang, bloedaandrang.
affolant bn radeloos makend.
affouillement m wegspoeling, ondermijning.
affouiller ov.w wegspoelen, ondermijnen, afbrokkelen (door water of wind).
affour(r)agement m het voeren v. h. vee.
affour(r)ager ov.w voeren van vee.
affranchi I bn vrijgelaten. II zn m, -e v vrijgelatene.
affranchir ov.w 1 (een slaaf) vrijlaten; 2 bevrijden; 3 vrijmaken (van kaart in het kaartspel); — une propriété, vrijmaken van lasten; 4 frankeren.
affranchissement m 1 vrijlating (der slaven); 2 bevrijding; 3 het vrijmaken van lasten; 4 frankering.
affranchisseur m bevrijder.
affre v grote angst.
affrètement m 1 bevrachting, vrachtcontract (v. e. schip); 2 het huren v. e. schip.
affréter ov.w 1 een schip huren; 2 bevrachten.
affréteur m 1 scheepsbevrachter; 2 huurder v. e. schip.
affreux, -euse bn afschuwelijk, afstotelijk.
affriander ov.w aantrekken, aanlokken (door geur of smaak; ook fig.).
affront m publieke belediging; faire — à, te schande maken.
affront/ement m het gelijkleggen. ~er ov.w 1 gelijkleggen; 2 trotseren (le danger). ~erie v het trotseren. ~eur m, -euse v bedrieger(ster).
affruiter I on.w vruchten dragen. II ov.w met vruchtbomen beplanten. III s' ~ vruchten geven.
affublement m dwaze, smakeloze kleding.
affubler ov.w toetakelen, dwaas aankleden.
affût m 1 affuit; 2 schuilplaats van jagers, om het wild te bespieden; être à l'—, op de loer liggen, op de gelegenheid loeren.
affûtage m het slijpen van gereedschappen.
affûter ov.w slijpen van gereedschappen.
affûteur m 1 slijper van gereedschappen; 2 jager, die op de loer ligt.
affutiaux m mv snuisterijen, kleine sieraden.
afin de vz ten einde te, om te.
afin que vw opdat (gevolgd door subj.).
africain bn Afrikaans. A ~(e) m of v Afrikaan(se).
afro-asiatique bn Afrika en Azië betreffend.
ag = argent (scheik.).
aga, agha m Turkse titel.
agaçant bn hinderlijk; ergerlijk; lastig; mine —e, uitdagend gezicht.
agace, agasse v (pop.) ekster.
agacement m 1 hinder; 2 prikkeling; — des nerfs, prikkeling der zenuwen.
agacer ov.w 1 prikkelen; 2 hinderen; 3 pla-

gen, sarren.

agacerie v koketterie.

agaillardir ov.w opvrolijken.

agame bn geslachtloos (pl.k.).

agami m trompetvogel.

agape v vriendenmaal.

agate v agaat.

agavé, agave m agave (pl.k.).

âge m 1 leeftijd, ouderdom; être entre deux —s, van middelbare leeftijd zijn; être d'— à, oud genoeg zijn om te; l'— ingrat, het begin der jongelingsjaren (vlegel-, bakvis-jaren); il ne paraît pas son — —, hij lijkt jonger dan hij is; quel — avez vous?, hoe oud bent u?; être sur l'—, op leeftijd zijn; 2 tijdperk; le moyen —, de middeleeuwen; l'— de la pierre, het stenen tijdperk; l'— d'or, de gouden eeuw.

âgé bn oud; — de 20 ans, 20 jaar oud.

agence v 1 agentschap, agentuur; 2 kantoor; — de voyage, reisbureau; — immobilière woningbureau.

agencement m 1 rangschikking, groepering; 2 inrichting; — des phrases, kunstige zins-bouw.

agencer ov.w rangschikken, groeperen.

agenda m aantekenboekje.

agenouillement m het knielen.

s'agenouiller knielen.

agenouilloir m knielbankje.

agent m 1 werkende kracht; 2 beambte; 3 agent; — d'affaires, zaakgelastigde; — de change, makelaar in effecten; — de liaison, verbindingsofficier; — de police, stads-agent; — provocateur, iemand, die opstand enz. uitlokt, om daardoor de autoriteiten gelegenheid te geven tot represailles.

agglomérat m agglomeraat (opeenhoping van verschillende delfstoffen).

agglomération v 1 het opeenhopen, opeen-hoping; 2 dicht bebouwde kom v.e. stad.

agglomérer ov.w opeenhopen, verzamelen.

agglutinant I bn klevend. II zn m kleef-, hechtmiddel.

agglutinatif, -ive bn klevend.

agglutiner ov.w hechten (une plaie).

aggravant bn verzwarend; circonstances —es, verzwarende omstandigheden.

aggravation v verzwaring.

aggraver I ov.w verergeren, verzwaren. II s'~ erger worden.

agile bn behendig, vlug, lenig.

agilité v behendigheid, vlugheid, lenigheid.

agio m opgeld.

agir on.w 1 handelen; — en, handelen als; il s'agit de, het gaat om, er is sprake van; il s'agit de savoir si, het is de vraag of; il s'agit bien de cela!, alsof het daarom ging!; 2 werken; 3 inwerken op.

agissant bn werkzaam.

agissements m -mv gedragingen.

agitateur m, -trice v opruier(-ster).

agitation v 1 onstuimigheid (de la mer); 2 onrust, zenuwachtigheid, gejaagdheid.

agité bn gejaagd, onrustig, zenuwachtig.

agiter ov.w 1 schudden; 2 roeren; 3 veront-rusten, zenuwachtig maken; 4 opzwepen; 5 bespreken (une question).

agneau [mv x] m 1 lam; 2 lamsvlees.

agnel m gouden Fr. munt uit de middel-eeuwen.

agnelet m lammetje.

Agnès v onschuldig, naïef meisje.

agnosticisme m leer, die verklaart, dat men van het bestaan en het wezen van God en de schepping niets kan weten.

agnostique m agnosticus.

agonie v 1 doodsstrijd; 2 het naderend einde (d'un règne); être à l'—, op sterven liggen.

agonir ov.w overstelpen, overladen met.

agonisant I bn stervend. II zn m stervende.

agoniser on.w op sterven liggen.

agrafe v 1 haak, die in een oog grijpt (van kleren); 2 gesp; 3 broche.

agrafer ov.w 1 vasthaken; 2 (pop.) vast-pakken.

agrainer ov.w graan strooien.

agraire bn wat de landerijen betreft; mesure —, maatregel op landbouwgebied.

agrandir ov.w 1 vergroten; 2 (fig.) veredelen (— l'âme).

agrandissement m vergroting, uitbreiding.

agrandisseur m vergrotingstoestel (fot.).

agréable bn aangenaam, vriendelijk; avoir pour —, goed vinden.

agréé m advocaat en procureur bij een handelsrechtbank.

agréer I ov.w aanvaarden, goedkeuren, aan-nemen; agréez, Monsieur, mes sentiments dévoués, hoogachtend. II on.w bevallen, behagen.

agrégation v 1 samenvoeging; 2 toelating als lid; 3 het examen voor agrégé.

agrégé(e) m of v iemand, die benoembaar is als lera(a)r(es) aan een lyceum enz.

agréger ov.w 1 samenvoegen; 2 toelaten als lid.

agrément m 1 toestemming; 2 vermaak, aar-digheid, genoegen; les arts d'—, kunsten, die men als tijdverdrijf beoefent (muziek, dans enz.); jardin d'—, siertuin.

agrémenter ov. w versieren.

agrès m mv tuigage, want v. e. schip.

agress/eur m aanvaller, aanrander. ~if, -ive bn aanvallend, hatelijk. ~ion v aanval, aan-randing. ~ivité v strijdlust.

agreste bn 1 landelijk; 2 ruw (mœurs —s).

agricole bn wat betrekking heeft op de land-bouw; ingénieur —, landbouwingenieur; produit —, landbouwprodukt.

agriculteur m landbouwer.

agriculture v 1 landbouw; 2 landbouwkunde.

agriffer I ov.w met de klauwen grijpen. II s'~ zich vastklemmen aan (met de klauwen).

agripper ov.w (gretig) grijpen.

agronome m landbouwkundige; ingénieur —, landbouwingenieur.

agronomie v landbouwkunde.

agronomique bn landbouwkundig.

agroupement m opeenhoping, massa.

agrouper I ov. w groeperen. II s'~te hoop lopen.

aguerrir ov.w 1 scholen voor de krijgsdienst; 2 harden (fig.).

aguerrissement m 1 het harden voor de strijd; 2 krijgshaftigheid.

aguets m mv het loeren, bespieden; être aux —, se tenir aux —, op de loer liggen.

ah! tw ha!; ach!; au!

s'aheurter (koppig) voet bij stuk houden.

ahi! tw au!

ahuri bn verbluft, verbijsterd.

ahurir ov.w overbluffen, verbijsteren.

ahurissement m stomme verbazing, ver-bijstering.

aide I v 1 hulp; à l'— de, met behulp van; à l'—, help!; venir en —, te hulp komen; 2 ~ m of v helper(ster); — de camp, adjudant (mil.); — maçon, opperman; — mémoire, m dun boekje, dat de belangrijkste gegevens v. e. wetenschap enz. bevat.

aider I ov.w helpen; — de sa bourse, bijstaan met geld. II on.w: — au succès, bijdragen tot.

aïe tw au!

aïeul, m, -e v grootvader, grootmoeder; les aïeux, de voorouders.

aigle I m 1 arend; 2 geniaal mens, hoogvlieger; l'— de Meaux = Bossuet. II v 1 wijfjes-arend; 2 vaandel, standaard.

aiglefin m schelvis.

aiglon m, -ne v adelaarsjong.

aigre bn 1 zuur; 2 schel; 3 bits.

aigre † -doux†, -ce bn zuurzoet.

aigrefin m 1 schelvis; 2 slimmerik; 3 oplichter.

aigrelet, -te bn een beetje zuur.

aigret, -te bn een beetje zuur.

aigrette v 1 zilverreiger; 2 bos reigerveren; 3 pluim (van helm enz.).

aigreur v 1 zuurheid; 2 bitsheid; 3 maagzuur.

aigrir I ov.w 1 zuur maken; 2 verbitteren.

II *on.w* zuur worden.
aigrissement *m* het verzuren.
aigu, -ë *bn* 1 scherp; 2 hevig (*douleur —ë*); *accent aigu* ('); *angle* —, scherpe hoek.
aiguail *m* dauw.
aiguillage *m* het verzetten der wissels.
aiguille *v* 1 naald; — *aimantée*, kompasnaald; — *à repriser*, stopnaald; — *à tricoter*, breinaald; 2 spits (b.v. van een toren); 3 top (b.v. van een berg); 4 spoorwegwissel.
aiguiller *ov.w* 1 een trein op een ander spoor brengen; 2 (*fig.*) richten.
aiguillerie *v* naaldenfabriek, -handel.
aiguilletage *m* het vastrijgen.
aiguilleter *ov.w* vastrijgen.
aiguillette *v* veter.
aiguilleur *m* wisselwachter.
aiguillier *m* naaldenkoker.
aiguillon *m* 1 prikstok, om ossen aan te zetten; 2 angel; 3 (*fig.*) prikkel.
aiguillonner *ov.w* 1 prikken met de prikstok; 2 aansporen, stimuleren.
aiguisage *m* het slijpen.
aiguiser *ov.w* 1 slijpen; 2 opwekken (*l'appétit*).
aiguiseur *m, -euse* *v* slijper(-ster).
aiguisoir *m* aanzetstaal.
ail *m* [*mv* ails of aulx] knoflook.
aile *v* 1 vleugel; *battre des* —s, klapwieken; *battre de l'* —, in verlegenheid zitten; *il ne bat plus que d'une* —, 't loopt op een eind met hem, hij is zijn grootste invloed kwijt; *rogner les* —s, kortwieken; 2 molenwiek; 3 neusvleugel; 4 spatbord van auto; 5 schoep.
ailé *bn* gevleugeld.
aileron *m* 1 vleugeluiteinde; 2 vin van sommige vissen; 3 rolroer (van vliegtuig).
ailette *v* vleugeltje.
ailier *m* vleugelspeler (bij voetbalspel).
ailleurs *bw* elders; *d'* —, overigens, bovendien; *par* —, aan de andere kant.
aimable *bn* beminnelijk, vriendelijk.
aimant I *zn* *m* 1 magneet; 2 iets aantrekkelijks. II *bn* liefhebbend.
aimanter *ov.w* magnetisch maken; *aiguille aimantée*, magneetnaald, kompasnaald.
aimer *ov.w* beminnen, houden van; *aimer à jouer*, graag spelen; *j'aime mieux jouer que d'étudier*, ik speel liever dan dat ik studeer.
aine *v* lies.
aîné(e) oudste, ouder; *je suis son aîné*, ik ben ouder dan hij.
aînesse *v: droit d'* —, eerstgeboorterecht.
ainsi *bw* zo, aldus; *ainsi soit-il*, amen; *ainsi que*, evenals, zoals.
air *m* 1 lucht, wind; *contes en l'* —, verzinsels; *en plein* —, *au grand* —, in de openlucht; *prendre l'* —, een luchtje scheppen; *promesse en l'* —, lichtzinnige belofte; 2 uiterlijk, voorkomen; *il a l'* — *content*, hij ziet er tevreden uit; *avoir l'* — de, lijken, schijnen, er uitzien; *prendre des* —s, voornaam, deftig doen; 3 wijs, lied; *l'* — *national*, het volkslied.
airain *m* 1 brons; *âge d'* —, bronzen tijdvak; *cœur d'* —, een hart van steen; 2 (*dicht.*) kanon, klok.
aire *v* 1 dorsvloer; 2 oppervlakte; 3 arendsnest.
ais *m* plank.
aisance *v* 1 gemak; *lieux, cabinets d'* —s, w.c.; 2 welstand.
aise I *zn* *v* 1 vreugde, tevredenheid; 2 gemak; *à l'* —, *à son* —, op zijn gemak; *à votre* —, geneer u maar niet!; *vous en parlez à votre* —, u hebt mooi praten; *en prendre à son* —, zich niet druk maken; *aimer ses* —s, van een gemakkelijk leventje houden. II *bn* blij, tevreden; *être bien* —, blij zijn.
aisé *bn* 1 gemakkelijk; 2 bemiddeld, welgesteld.
aisselle *v* oksel.
Aix-la-Chapelle, Aken.
ajonc *m* gaspeldoorn.

ajour *m* opening.
ajouré *bn* met openingen.
ajourer *ov.w* van openingen voorzien.
ajournement *m* 1 dagvaarding; 2 uitstel.
ajourner *ov.w* uitstellen.
ajouté *m* toevoegsel.
ajouter *ov.w* toevoegen; — *à*, vergroten, vermeerderen, iets toevoegen aan; — *foi à*, geloof hechten aan.
ajustage *m* 1 het afwerken v. d. onderdelen v.e. machine; 2 het pasklaar maken, monteren.
ajustement *m* 1 het pasklaar maken; 2 opschik, sieraad.
ajuster *ov.w* 1 zuiver stellen (*une balance*); 2 vastmaken, aanbrengen; 3 monteren (*une machine*); 4 mikken op; 5 kleden.
ajusteur *m* monteur, bankwerker.
alacrité *v* opgewektheid, vrolijkheid.
alambic *m* distilleerkolf.
alambiquer *ov.w* distilleren; *style alambiqué*, gekunstelde stijl.
alanguir I *ov.w* doen kwijnen. II *s'* ~ kwijnen.
alanguissement *m* kwijning, lusteloosheid.
alarmant *bn* verontrustend.
alarme *v* 1 alarm; *sonner l'* —, alarm blazen; 2 schrik; *les* —s, ongerustheid.
alarmer I *ov.w* 1 alarm slaan; 2 verontrusten. II *s'* ~ zich ongerust maken.
albâtre *m* albast.
albatros *m* albatros.
albinisme *m* gebrek aan of gemis v. d. kleurstof der huid.
albinos *m* (spreek de *s* uit!) albino.
album *m* album.
albumine *v* eiwitstof.
albumineux, -euse *bn* eiwithoudend.
alcade *m* Spaanse rechter of gemeentemagistraat.
alcali *m* alkali; — *volatil*, ammoniak.
alcalin *bn* alkalisch.
alcaliniser *ov.w* alkalisch maken.
alcée *v* stokroos (*pl.k.*).
alchimie *v* kunst v. d. omzetting van metalen (speciaal v. h. kunstmatig maken van goud). — *ique* *bn* wat de alchimie betreft. — *iste* *m* alchimist.
alcool *m* alcohol; — *à brûler*, brandspiritus; — *pur*, (*absolu*), zuivere alcohol.
alcoolique I *bn* 1 alcoholisch; 2 drankzuchtig. II *zn* *m* of *v* drankaard.
alcooliser *ov.w* alcoholisch maken.
alcoolisme *m* drankzucht.
alcoo(lo)mètre *m* alcoholmeter.
alcyon *m* ijsvogel.
aléa *m* toeval, risico.
aléatoire *bn* wisselvallig.
alène *v* els (van schoenmaker enz.).
alénier *m* elzenmaker.
alentour *bw* in de omtrek. *les* ~s *m* omtrek.
alérion *m* 1 kleine adelaar op wapenschild; 2 (soms) zweefvliegtuig (liever *planeur*)
alerte I *bn* vlug, bij de hand. II *zn* *v* alarm. III *tw* te wapen!, op!
alerter *ov.w* alarmeren; — *des troupes*, waarschuwen voor gevaar.
alésage *m* het uitboren.
aléser *ov.w* uitboren v. e. cilinder.
alester *ov.w* ballast over boord gooien.
alestir = **alester**.
alésure *v* boorsel.
alevin *m* pootvis.
alexandrin I *zn* *m* alexandrijn (12-lettergrepig vers). II *bn* Alexandrijns.
alezan *m* vos (paard); — *brûlé*, zweetvos; — *clair*, lichte vos; — *doré*, goudvos.
alfa *m* espartogras.
alfange *v* kromzwaard.
alganon *m* keten voor galeislaven.
algarade *v* heftige uitval.
algèbre *v* algebra; *c'est de l'* — *pour lui*, daar weet, begrijpt hij niets van.
algébrique *bn* algebraïsch.
algébriste *m* steilkundige.

algérien, -enne I *bn* Algerijns. II *zn* A~ *m*, -enne *v* Algerijn(se). III ~ne *v* stof met veelkleurige strepen.

algérois, -e I *bn* uit de stad Algiers. II *zn* A~ (e) bewoner (bewoonster) v.d. stad Algiers.

algide *bn: fièvre* —, koude koorts.

algue *v* alg (*pl.k.*).

alias anders gezegd.

alibi *m* alibi.

alibile *bn* voedzaam, voedend.

alibilité *v* voedzaamheid.

aliénabilité *v* vervreemdbaarheid.

aliénable *bn* vervreemdbaar.

aliénateur *m*, -trice *v* persoon, die vervreemdt.

aliénation *v* 1 vervreemding; 2 krankzinnigheid.

aliéné(e) *m* of *v* krankzinnige; *maison d'*—s, krankzinnigengesticht.

aliéner I *ov.w* 1 vervreemden; 2 benevelen (*la raison*); 3 afkerig maken; iem. van een ander vervreemden. II s' ~ van zich vervreemden.

aliénisme *m* wetenschap der geesteszieken.

aliéniste *m* arts voor geesteszieken; *médecin* —, arts voor geesteszieken.

alifère *bn* gevleugeld (van insekten).

aliforme *bn* vleugelvormig.

alignée *v* rij.

alignement *m* 1 plaatsen op een rij; 2 rooilijn.

aligner I *ov.w* in een rechte lijn plaatsen, richten; — *ses phrases*, overdreven verzorgd schrijven. II s' ~ 1 in een rij gaan staan; 2 (*pop.*) tegenover elkaar gaan staan, om te vechten.

aliment *m* voedsel. ~aire *bn* voedend; *canal* —, spijsverteringskanaal; *pâtes* —s, vermicelli, macaroni enz.; *plante* —, eetbare plant; *pension* —, jaargeld voor onderhoud. ~ateur, -trice *bn* voedend. ~ation *v* 1 bevoorrading; 2 voeding. ~er *ov.w* 1 voeden; 2 van voedsel voorzien, bevoorraden. ~eux, -euse *bn* voedzaam.

alinéa *m* alinea.

alité *bn* bedlegerig.

alisier *m* elsbesseboom.

alitement *m* 1 bedlegerigheid; 2 het te bed leggen.

aliter I *ov.w* iem. dwingen in bed te blijven. II s' ~ naar bed gaan (v. zieke).

alizé *m: vents* —s, passaatwinden.

allaitement *m* het zogen.

allaiter *ov.w* zogen.

allant *bn* beweeglijk, bedrijvig; *les allants et les venants*, de gaande en komende man.

alléchant *bn* aantrekkelijk, verleidelijk.

alléchement *m* aantrekkelijkheid, verleiding.

allécher *ov.w* aantrekken, verleiden.

allée *v* 1 laan; 2 gang; *les* — *s et venues*, het heen en weer lopen.

allégation *v* 1 bewering; 2 aanvoering.

allège *v* lichter (*scheepv.*).

allégeance *v* verlichting, verzachting.

allégement *m* 1 het lichter maken (*scheepv.*); 2 verlichting.

alléger *ov.w* 1 lichter maken (*scheepv.*); 2 verlichten, lenigen (*la douleur*).

allégir *ov.w.* dunner maken (b.v. v. e. plank).

allégorie *v* allegorie.

allégorique *bn* allegorisch, zinnebeeldig.

allégoriser *ov.w* door zinnebeelden voorstellen.

allègre *bn* opgeruimd, vlug.

allégresse *v* vreugde.

allégretto *bn* tamelijk snel (*muz.*).

allégro *bn* snel (*muz.*).

alléguer *ov.w* aanvoeren (*des raisons*).

alléluia *m* alleluja (loof God); *entonner l'*—, iemand op overdreven wijze prijzen.

allemand I *bn* Duits. II *zn* A~ *m*, ~e *v* Duitser(-se); *l'a*—, de Duitse taal.

allemande *v* 1 Duitse polka; 2 de wijs van deze polka.

aller I *on.w* (*onr.*) 1 gaan, lopen; — *à cheval*,

paardrijden; *comment allez-vous?*, hoe maakt u het?; *comme vous y allez* , wat draaf je door!, wat loop je hard van stapel!; *le commerce va*, de zaken gaan goed; — *au-devant de qn.*, iem. tegemoet gaan (uit beleefdheid); — *à la rencontre de qn.*, iem. tegemoet gaan; *il ya sans dire (de soi)*, het spreekt vanzelf; *laisser* —, laten waaien; — *loin*, het ver brengen; *au pis* —, in het ergste geval; — *prendre*, afhalen; — *à tâtons*, tastend voorwaarts gaan; — *au trot*, stapvoets gaan; — *son train*, zijn gang gaan; *rien ne va plus*, er wordt niet meer ingezet (bij hazardspelen); *ce travail ne va pas*, dit werk schiet niet op; — *et*, *vient*, heen en weer lopen; — *voir*, opzoeken; *allez-y!*, ga je gang!; *allons-y!*, vooruit!; *il y va de votre honneur*, het gaat om uw eer; *on y va!*, dadelijk, zo aanstonds!; *va donc!*, loop naar de maan!; 2 passen, goed staan; *cet habit vous va bien*, staat (past) u goed; *cela me va*, dat bevalt me, staat me goed aan; 3 dadelijk zullen, op het punt staan te: *le train va partir*, de trein zal dadelijk vertrekken, staat op het punt te vertrekken. II s'en ~ weggaan, heengaan, sterven (*le malade s'en va*). III zn *m* gaan; heenreis; *billet d'*— *et retour*, retourbiljet; *tant va la cruche à l'eau qu'à la fin elle se brise* (spr.w.), de kruik gaat zo lang te water, tot ze breekt.

alleu *m* erfleen.

alliable *bn* verbindbaar, verenigbaar.

alliacé *bn* knoflookachtig.

alliage *m* 1 mengsel van metalen; 2 vermenging.

alliance *v* 1 huwelijk; *anneau d'*—, trouwring; 2 verbond, liga; 3 vereniging.

allié I *zn m*, -e *v* 1 bondgenoot(-genote); 2 verwant(e). II *bn* verbonden, verwant.

allier I *ov.w* 1 verbinden; 2 vermengen; 3 (*fig.*) paren aan (— *la force à la bonté*). II s' ~ 1 een verbond sluiten; 2 zich door het huwelijk verbinden; *ces fleurs blanches s'allient bien avec ces tulipes rouges*, die witte bloemen staan goed bij die rode tulpen.

allier *m* vogelnet.

alligator *m* Amerikaanse krokodil.

allitération *v* alliteratie (herhaling v.d. zelfde letters of lettergrepen).

allocation *v* 1 goedkeuring v. e. uitgavepost; 2 toelage; — *d'attente*, overbruggingsgeld; — *familiale*, kinderbijslag. 3 volgorde der schuldeisers bij een faillissement.

allocution *v* (korte) toespraak.

allodial [*mv* aux] *bn* niet-leenroerig.

allogène *bn* van een ander ras.

allonge *v* 1 verlengstuk; 2 vleeshaak.

allongement *m* verlenging.

allonger 1 *ov.w* 1 verlengen, uitstrekken (*le bras*); 2 toebrengen (*un coup d'épée*); 3 aanlengen (*une sauce*). II *on.w* langer worden.

allopathe *m* allopaat.

allopathie *v* geneeswijze, die middelen aanwendt, die in strijd zijn met de natuur der ziekte.

allopathique *bn* allopathisch.

allouable *bn* wat toegekend kan worden.

allouer *ov.w* toekennen (*une indemnité*).

allumage *m* 1 het aansteken; 2 ontsteking (bij een motor).

allume-feu *m* vuuraanmaker.

allumer *ov.w* 1 aansteken; 2 doen ontbranden.

allumette *v* lucifer; — *bougie*, waslucifer.

allumeur *m* 1 lantaarnopsteker; 2 aansteker.

allumoir *m* aansteker.

allure *v* 1 gang, vaart, snelheid; 2 houding, manier van doen.

allusion *v* toespeling.

alluvial, -aux *bn* alluviaal.

alluvien, -enne *bn* = alluvial.

alluvion *v* aanslibsel.

alluvionnaire *bn* ontstaan tengevolge van aanslibbing (*sol* —).

alluvionnement *m* slibvorming.

almanach *m* almanak; *un — de l'an passé*, een oude zaak; iets, dat niet actueel meer is.

aloès *m* aloë (*pl.k.*).

aloi *m* 1 gehalte (van goud of zilver); 2 allooi; soort; *de mauvais —*, van slecht allooi.

alopécie *v* haaruitval.

alors I *bw* toen, dan; *jusqu'alors*, tot dan toe. II *vw —que*, terwijl, toen, wanneer, zelfs wanneer.

alose *v* elft.

alouate *m* brulaap.

alouette *v* leeuwerik; *attendre que les —s tombent toutes rôties*, wachten, tot de gebraden duiven je in de mond vliegen.

alourdir *ov.w* verzwaren.

alourdissement *m* logheid, dofheid.

aloyage *m* gehaltebepaling.

aloyau *m* lendestuk (van rund).

aloyer *ov.w* het gehalte geven aan goud of zilver.

alpaga *m* 1 kameelgeit uit Z.-Amerika; 2 wollen stof, van de vacht van deze geit gemaakt.

alpage *m* alpenweide.

alpe *v* hoge berg.

alpenstock *m* bergstok.

alpestre *bn* wat betrekking heeft op de Alpen (b.v. *flore —*).

alpha *m* eerste letter v. h. Griekse alfabet; *l'— et l'oméga*, het begin en het einde.

alphabet *m* 1 alfabet; 2 a.b.c.-boekje, eerste leesboekje.

alphabétique *bn* alfabetisch.

alphabétiser *ov.w* in alfabetische volgorde plaatsen.

alpicole *bn* in de Alpen groeiend (*plante —*).

alpin *bn* van wat in de Alpen leeft of groeit; *club —*, alpenclub; *chasseur —*, alpenjager (*mil.*).

alpinisme *m* bergsport.

alpiniste *m* bergbeklimmer.

alpique *bn* wat betrekking heeft op de Alpen.

alsacien, -enne I *bn* uit de Elzas. II *zn* A ∼ *m* Elzasser, ∼ne *v* vrouw uit de Elzas.

altérabilité *v* veranderlijkheid.

altérable *bn* veranderlijk.

altérant *bn* wat dorst opwekt.

altérateur *m*, **-trice** *v* iemand, die iets ten kwade wijzigt, vervalser.

altératif, -ive *bn* veranderend.

altération *v* 1 verandering; 2 vervalsing; 3 ontroering, ontsteltenis; 4 verhoging of verlaging v. e. muzieknoot.

altercation *v* twist, levendige woordenwisseling.

altérer *ov.w* 1 ten kwade veranderen; 2 vervalsen; 3 verkoelen (*l'amitié*); 4 dorstig maken; 5 oxyderen.

altern/ance *v* afwisseling. ∼ant *bn* afwisselend. ∼at *m* afwisseling. ∼ateur *m* wisselstroommachine, dynamo. ∼atif, -ive *bn* afwisselend; *courant —*, wisselstroom. ∼ative *v* 1 regelmatige afwisseling; 2 keus. ∼ativement *bw* om beurten, beurtelings.

alterne *bn*: *angles —s*, verwisselende binnen- of buitenhoeken.

alterner I *on.w* regelmatig afwisselen. II *ov.w* afwisselen.

altesse *v* hoogheid (titel).

altier, -ère *bn* hoogmoedig, trots.

altimètre *m* hoogtemeter.

altissime *bn* zeer hoog, zeer verheven.

altitude *v* hoogte (boven de zeespiegel).

alto *m* 1 altviool; 2 alttrompet.

altruisme *m* naastenliefde.

altruiste I *bn* menslievend. II *zn* *m* of *v* altruïst.

alude *v* *zie* alute.

alumelle *v* 1 lemmet; 2 schaafbeitel.

aluminaire *bn* aluin bevattend.

alumineux, -euse *bn* aluinaarde bevattend.

aluminium *m* aluminium.   [orden).

alumnat *m* noviciaat (bij sommige kloosteralun *m* aluin.

alunerie *v* aluinfabriek.

alunière *v* aluingroeve.

alvéole *m* 1 tandkas; 2 bijencel.

alvin *bn* van de onderbuik.

amabilité *v* vriendelijkheid, beminnelijkheid.

amadou *m* zwam.

amadouement *m* vleierij, het paaien.

amadouer *ov.w* overhalen door vleierij, paaien (— *des créanciers*).

amadoueur *m*, **-euse** *v* vleier(ster), flikflooier(ster).

amaigrir I *ov.w* vermageren, mager maken; II *on.w* en s'∼ vermageren; *régime amaigrissant*, vermageringskuur.

amaigrissement *m* vermagering.

amalgamation *v* het verbinden van kwik met een ander metaal.

amalgame *m* 1 amalgama, verbinding van kwik met een ander metaal; 2 zonderling mengsel; (— *de couleurs*).

amande *v* amandel; *pour avoir l'—, il faut casser le noyau* (*spr.w*), om iets te kunnen verdienen, moet men zich eerst moeite geven.

amandé I *bn*: *lait —*, amandelmelk. II *zn* *m* amandelmelk.

amandier *m* amandelboom.

amant *m*, **-e** *v* minnaar, minnares.

amarante I *zn* *v* amarant (*pl.k.*). II *bn* purperkleurig.

amariner I *ov.w* opnieuw bemannen (*scheepv.*). II s'∼ aan de zee wennen.

amarrage *m* 1 het vastmeren (*scheepv.*); 2 ligplaats (*scheepv.*); 3 knoop.

amarre *v* meerkabel.

amarrer *ov.w* vastmeren.

amaryllis *v* amaryllis (*pl.k.*).

amas *m* hoop, stapel.

amassement *m* opeenhoping, opstapeling.

amasser *ov.w* 1 opstapelen, opeenhopen; 2 verzamelen.

amasseur *m*, **-euse** *v* iemand, die oppot.

amateur *m* of *v* 1 liefhebber(ster) (— *de musique*); 2 dilettant, amateur.

amateurisme *m* amateurisme.

amatir *ov.w* dof, mat maken van goud, enz.

amazone I *zn* *v* 1 krijgshaftige vrouw; 2 paardrijdster; 3 amazonekostuum. II l'A ∼ de Amazonerivier.

ambages *v* *mv* veel omhaal van woorden; *parler sans —*, ronduit spreken.

ambassade *v* 1 gezantschap; 2 gezantschapspost; 3 gezantschapsgebouw; 4 boodschap, bericht.

ambassadeur *m*, **-rice** *v* 1 gezant(e); 2 boodschapper(-ster).

ambiance *v* omgeving.

ambiant *bn* omringend.

ambidextre *m* of *v* iem. die zich van beide handen even gemakkelijk bedient.

ambigu *m* 1 koude maaltijd; 2 tragi-komisch toneelstuk.

ambigu(ë) *bn* halfslachtig, dubbelzinnig.

ambiguïté *v* halfslachtigheid, dubbelzinnigheid.

ambitieux, -euse *bn* eerzuchtig; *style —*, gezochte, gezwollen, hoogdravende stijl.

ambition *v* eerzucht.

ambitionner *ov.w* najagen, sterk begeren.

amble *m* telgang; *aller l'—*, in telgang gaan.

ambleur, -euse *m* of *v* (*cheval*), telganger.

ambre *m* amber; — *jaune*, barnsteen.

ambré *bn* 1 naar amber ruikend; 2 met de kleur van barnsteen (*teint —*).

ambroisie *v* 1 godenspijs; 2 heerlijk gerecht.

ambrosien, -enne *bn* ambrosiaans.

ambulance *v* ambulance, -wagen.

ambulancier *m*, **-ère** *v* verpleger(verpleegster) in een veldhospitaal.

ambulant *bn* reizend, rondtrekkend.

ambulatoire *bn* zonder vaste zetel.

âme *v* 1 ziel, geest; *avoir qc. sur l'—*, iets op zijn geweten hebben; *bonne —*, goede ziel, sukkel; *les —s damnées*, de verdoemden; *chanter avec* —, met bezieling, gevoel zingen; *les* —*s bienheureuses*, de zaligen; *donner de l'* — *à*, bezielen; *se donner corps et* —, zich met hart en ziel geven; *homme sans* —, gevoelloos man; *rendre l'*—, de geest geven; *je ne vois* — *qui vive*, ik zie geen levende ziel; 2 bewoner (*ce village à 10.000* —*s*); 3 stapel v. e. viool; 4 inwendige v. d. loop van een kanon.

amélior/able *bn* wat verbeterd kan of moet worden. ~**ant** *bn* verbeterend. ~**ateur, -trice** *bn* verbeterend. ~**atif, -ive** *bn* verbeterend. ~**ation** *v* verbetering. ~**er** *ov.w* verbeteren.

aménagement *m* inrichting.

aménager *ov.w* 1 inrichten; 2 het houthakken —, de houtverkoop in een bos regelen.

amendable *bn* vatbaar voor verbetering.

amende *v* boete; *faire* — *honorable*, (openlijk) zijn schuld, ongelijk bekennen.

amender *ov.w* 1 amenderen (v. e. wetsvoorstel); 2 verbeteren.

amène *bn* zacht, lief (*caractère* —).

amener I *ov.w* 1 brengen, aanvoeren; 2 invoeren (*une mode*); 3 veroorzaken, met zich meebrengen; — *les voiles*, de zeilen strijken; — *son pavillon, ses couleurs*, zich overgeven; 4 voorgeleiden. II s' ~ (*pop.*) komen.

aménité *v* zachtheid, liefheid.

amenuiser *ov.w* dunner maken.

amer, -ère I *bn* 1 bitter; 2 droevig. II *zn m* bittertje (drank); *un* — *Picon*, bekende Franse bitter.

amérissage *m* zie amerrissage.

américain(e) I *bn* Amerikaans. II *zn* A ~ *m*,-e *v* Amerikaan(se).

amerrir *on.w* het op zee dalen v. e. watervliegtuig.

amerrissage *m* het dalen v. e. watervliegtuig.

amertume *v* 1 bitterheid; 2 verbittering, leed.

améthyste *v* amethist.

ameublement *m* ameublement.

ameublir *ov.w* 1 de grond losser maken; 2 omspitten.

ameublissement *m* het omspitten.

ameutement *m* het koppelen van jachthonden.

ameuter *ov.w* 1 jachthonden koppelen; 2 opruien.

ami(e) I *zn m* of *v* vriend, vriendin; *bon(ne) ami(e)*, minnaar, minnares (*fam.*); *chambre d'*—*s*, logeerkamer; — *de cœur*, boezemvriend; — *de collège*, schoolvriend; — *de la maison*, huisvriend; *les bons comptes font les bons* —*s* (*spr.w*), effen rekeningen maken goede vrienden. II *bn* 1 vriendschappelijk, bevriend; 2 gunstig (*des vents* —*s*).

amiable *bn* vriendelijk, vriendschappelijk; *arranger à l'* —, in de minne schikken.

amiante *m* 1 wit asbest; 2 steenvlas.

amical *bn* [*mv* aux] vriendschappelijk.

amicale *v* vereniging van sportlieden, van mensen, die hetzelfde beroep uitoefenen.

amict *m* schouderdoek van priesters.

amidon *m* 1 zetmeel; 2 stijfsel.

amiénois I *bn* uit Amiens. II *zn* A ~ *m*,-e *v* bewoner (bewoonster) van Amiens.

amincir I *ov.w* dunner, slanker maken. II s'~ dunner, slanker worden.

amincissement *m* het dunner worden (maken).

amiral *m* [*mv* aux] admiraal; *vaisseau* — admiraalsschip; *pavillon* —, admiraalsvlag.

amirauté *v* admiraliteit.

amissible *bn* verliesbaar.

amission *v* verlies.

amitié I *v* vriendschap; *faire, lier* — *avec qn.*, vriendschap met iemand sluiten; *prendre qn. en* —, vriendschap voor iem. opvatten; *faites-moi l'* — *de*, doe mij het genoegen; *les petits présents entretiennent l'* — (*spr.w*), kleine geschenken onderhouden de vriendschap. II —*s* beleefdheden, vriendelijkheden; *faites-lui mes* —, doe hem de groeten van mij.

ammoniac, -que *bn: sel*—, salmiak.

amnésie *v* geheugenverlies, -zwakte.

amnésique *bn* lijdend aan geheugenzwakte of -verlies.

amnicole *bn* wat leeft of groeit aan de waterkant (*plantes* —*s*).

amnistie *v* amnestie.

amnistier *ov.w* 1 amnestie verlenen; 2 vergeven.

amocher *ov.w* (*pop.*) wonden, verminken.

amodi/ataire *m* of *v* pachter(ster). ~**ateur** *m*, -trice *v* verpachter(ster). ~**ation** *v* verpachting. ~**er** *ov.w* verpachten.

amoindrir I *ov.w* verminderen. II s' ~ verminderen.

amoindrissement *m* vermindering.

amollir *ov.w* 1 week, zacht maken; 2 verslappen, verwijven.

amollissant *bn* verslappend.

amollissement *m* 1 verslapping, verwijving; 2 het week, slap worden.

amonceler *ov.w* ophopen, opstapelen.

amoncellement *m* het ophopen, opstapelen.

amont *m* stroomopwaarts gelegen helling, land; *en* — *de*, liggend boven.

amoral *bn* [*mv* aux] zonder gevoel voor zedelijkheid.

amorce *v* 1 lokaas, aas; 2 aanloksel, verleidelijkheid; 3 lont, slaghoedje.

amorcer *ov.w* 1 van aas voorzien; 2 aas in het water gooien; 3 lokken, verleiden; 4 beginnen, aanpakken (*une affaire*).

amorphe *bn* vormloos.

amorphie *v* vormloosheid.

amorti *bn* verzwakt.

amort/ir I *ov.w* 1 verzwakken, doen afnemen; 2 breken (*un coup*); 3 aflossen, delgen, afschrijven; 4 mals maken (*les viandes*). II s' ~ verflauwen, bedaren. ~**issable** *bn* aflosbaar. ~**issement** *m* 1 verzwakking; 2 afschrijving, delging. ~**isseur** *m* schokbreker van auto.

amour *m* 1 liefde; *pour l'* — *de Dieu*, ter liefde Gods, voor niets; 2 lieveling, schatje.

amouracher I *ov.w* iemand plotseling (tijdelijk) dol verliefd maken. II s' ~ de plotseling dol verliefd worden op.

amourette *v* (voorbijgaande) verliefdheid.

amoureux, -euse I *bn* (de) 1 verliefd (op); 2 verzot, dol op. II *zn m* of *v* minnaar(minnares).

amour-propre *m* eigenliefde.

amovibilité *v* afzetbaarheid.

amovible *bn* 1 afzetbaar; 2 verplaatsbaar.

ampérage *m* stroomsterkte.

ampèremètre *m* ampèremeter.

amphibie I *bn* in het water en op het land levend, tweeslachtig; *opération militaire* —, krijgsverrichting te water en op het land tegelijk. II *zn* v dier, dat op het land en in het water leeft.

amphibologie *v* dubbelzinnigheid.

amphibologique *bn* dubbelzinnig.

amphithéâtre *m* 1 amfitheater; *terrain en* —, oplopend terrein; 2 amfitheatersgewijze oplopende collegezaal.

amphitryon *m* gastheer (bij een diner).

amphore *v* oude Griekse vaas met twee oren.

ample *bn* 1 ruim, wijd; 2 overvloedig; *un* — *repas*, een uitgebreide maaltijd; *de plus* —*s détails*, nadere bijzonderheden.

ampleur *v* 1 ruimte, breedte; *prendre de l'*—, zich uitbreiden; 2 breedvoerigheid; 3 overvloed.

ampliatif, -ive *bn* aanvullend. [vloed.

ampliation *v* 1 uitbreiding, aanvulling; 2 duplicaat v. e. notarisakte.

amplifiant *bn* vergrotend.

amplificateur *m*, -trice *v* 1 overdrijver (overdrijfster); 2 *m* geluidsversterker; 3 *m* fotografisch vergrotingstoestel.

amplification *v* 1 vergroting; 2 opstel; 3 uitweiding, overdrijving.

amplifier *ov.w* 1 uitbreiden, vergroten; 2 uitvoerig behandelen; 3 overdrijven.

amplitude *v* amplitudo, slingerwijdte.

ampoule v 1 blaar; *ne pas se faire d'—s aux mains,* zich niet dood werken; 2 ampul, wijdbuikig flesje; 3 peer v. e. lamp.

ampoulé bn gezwollen (*style* —).

amputation v amputatie v. e. lichaamsdeel.

amputé I zn m, -e v geamputeerde. **II** bn afgezet.

amulette v amulet, talisman.

amunitionnement m het van munitie voorzien.

amunitionner ov.w van munitie voorzien.

amusant bn vermakelijk, prettig.

amusement m 1 vermaak; 2 tijdverdrijf.

amuser I ov.w 1 vermaken; 2 paaien. **II** s'~ zich vermaken; s'— *de qn.*, zich over iem. vrolijk maken.

amusette v 1 klein vermaak; 2 speelgoed.

amuseur m, -euse v iemand, die vermaakt.

amygdale v amandel (med.).

an m jaar; *il y a cent* —*s,* (het is) honderd jaar geleden; *trois fois l'*—, drie maal 's jaars; *le jour de l'*—, *le nouvel* —, nieuwjaarsdag, nieuwjaar; *avoir douze* —*s,* twaalf jaar oud zijn; *par* —, jaarlijks; *l'* — *de grâce,* het jaar onzes Heren; *l'* — *du monde,* het jaar sedert de schepping; *bon* —, *mal* —, gemiddeld per jaar. les ~*s* de ouderdom.

anabaptisme m leer der wederdopers.

anabaptiste m wederdoper.

anachorète m 1 kluizenaar; 2 iemand, die zeer teruggetrokken leeft.

anachorétisme m kluizenaarschap.

anachronique bn anachronistisch.

anachronisme m 1 fout tegen de tijdrekening; 2 iets, wat niet strookt met de gebruiken v. e. bepaalde tijd.

anacréontique bn bevallig, licht.

anagramme v anagram (het vormen v. e. nieuw woord, door omzetting v. d. letters).

anal [*mv* aux] bn wat de anus betreft.

analectes m mv bloemlezing.

analeptique I bn versterkend. **II** zn m versterkend middel.

analgésique (analgique) bn ongevoelig voor pijn.

analogie v overeenkomst, gelijkenis; *raisonner par* —, volgens de wetten der overeenkomst redeneren.

analogique bn analogisch, overeenkomstig.

analogue bn overeenkomstig, dergelijk.

analphabète m of v analfabeet (iem. die niet kan lezen of schrijven).

analphabétisme m analfabetisme.

analysable bn ontleedbaar.

analys/e v 1 ontleding, analyse; 2 uittreksel uit een boek enz.; 3 woord- of zinsontleding; *en dernière* —, alles wel beschouwd, ten slotte. ~**er** ov.w 1 ontleden, ontbinden; 2 een uittreksel maken. ~**eur** m ontleder. ~**te** m (vooral wiskundige) analyticus.

analytique bn analytisch.

ananas m ananas, -plant.

anapeste m anapest (versvoet, bestaande uit twee korte lettergrepen en één lange).

anarchie v 1 regeringloosheid; 2 verwarring, warboel, wanorde.

anarchique bn 1 anarchistisch, regeringloos; 2 wanordelijk.

anarchisme m stelsel der anarchisten.

anarchiste m anarchist.

anastigmat m anastigmaat (*fot.*).

anastigmate bn anastigmatisch (*fot.*).

anathématisation v kerkelijke ban.

anathématiser ov.w 1 in de kerkelijke ban doen; 2 vervloeken, sterk veroordelen.

anathème m 1 kerkelijke ban; 2 vervloeking, veroordeling; 3 iemand, die in de ban is.

anatidés m mv zwemvogels.

anatom/ie v 1 ontleedkunde; *faire l'* — *d'un cadavre,* ontleden; 2 gips- of wasreproduktie v. e. deel v. h. lichaam. ~**ique** bn ontleedkundig. ~**iser** ov.w ontleden. ~**iste** m ontleedkundige.

ancestral [*mv* aux] bn van de voorouders.

ancêtres m mv voorouders.

anchois m ansjovis.

ancien, -enne I bn 1 oud; 2 vorig, vroeger; *langues* —*nes,* oude talen; *l'* — *régime,* het Franse regeringsstelsel van vóór de Revolutie. **II** zn m oude; *les* —*s,* de oude Grieken of Romeinen; grijsaards.

anciennement bn vroeger, voorheen, eertijds.

ancienneté v 1 oudheid; 2 voorrang wegens leeftijd of dienstjaren (*avancement à l'*—).

ancillaire bn wat dienstboden betreft.

ancolie v akelei (*pl.k.*).

ancrage m ankerplaats.

ancre v anker (ook muur-, horloge-); *être à l'*—, voor anker liggen; *jeter, mouiller l'ancre,* het anker uitwerpen; *lever l'*—, het anker lichten; — *de salut,* laatste hoop, toevlucht.

ancrer ov.w ankeren, verankeren; —*é,* (*fig.*) vastgeworteld, genesteld.

andante I bn (*muz.*) matig, langzaam. **II** zn m un —, een langzaam muziekstuk.

andantino I bn (*muz.*) iets vlugger dan andante. **II** zn m: un —, een muziekstuk in dit tempo.

andouille v 1 worst; 2 sukkel.

andouiller m uitspruitsel v. e. gewei.

andouillette v worstje.

âne m ezel (ook *fig.*); — *bâté,* stomme ezel; *le pont aux* —*s,* de ezelsbrug; *dos d'*—, uitholling overdwars; *colline en dos d'*—, aan beide zijden glooiende heuvel; *toit en dos d'*—, zadeldak; *les chevaux courent les bénéfices et les* —*s les attrapent* (*spr.w*), de paarden, die de haver verdienen, krijgen ze niet; *faire l'*— *pour avoir du son,* de domme uithangen, om een ander er in te laten vliegen.

anéantir I ov.w 1 vernietigen; 2 uitputten. **II** s'~ vernietigd worden.

anéantissement m 1 vernietiging; 2 uitputting; 3 neerslachtigheid.

anecdote v anekdote.

anecdot/ier m anekdotenverteller of -verzamelaar. ~**ique** bn anekdotisch. ~**iser** on.w 1 bij elke voorkomende gelegenheid anekdoten vertellen; 2 anekdoten verzamelen.

anémie v bloedarmoede.

anémique bn bloedarm.

anémone v anemoon (*pl.k.*).

ânerie v stommiteit.

anéroïde bn: *baromètre* —, metaalbarometer.

ânesse v ezelin.

anesthésie v gevoelloosheid.

anesthésier ov.w verdoven, gevoelloos maken.

anesthésique I bn gevoelloos makend, pijnstillend. **II** zn m pijnstillend, verdovend middel.

anfractueux, -euse bn 1 bochtig; 2 oneffen (*route* —*se*).

anfractuosité v 1 bocht; 2 oneffenheid.

ange m engel; zeer lief, zachtzinnig persoon; *bon* —, helper; *comme un* —, beeldig, fraai; *être aux* —*s,* in verrukking zijn; — *déchu,* gevallen engel; — *gardien, tutélaire,* bewaarengel; *il passe un* —, er komt een dominee voorbij; *rire aux* —*s,* in zichzelf lachen.

angélique bn engelachtig.

angelot (angel) m 1 oude gouden Fr. munt; 2 Normandisch kaasje.

angélus m de Engel des · Heren, angelus.

angevin m uit Angers of Anjou.

angin/e v keelontsteking, angina; — *couenneuse,* difteritis; — *de poitrine,* angina pectoris. ~**eux, -euse** bn wat betrekking heeft op angina; *affection angineuse,* keelaandoening.

anglais I bn Engels; *à l'*—*e,* op zijn Engels, zonder afscheid te nemen. **II** zn m l'A—m, een Engelsman, Engelse; *l'a* —, de Engelse taal; *une* —*e,* soort vlugge dans; *des* —*es,* lange pijpekrullen.

angle m hoek; — *aigu,* scherpe hoek; — *droit,* rechte hoek; — *mort* (*mil.*), dode hoek; — *obtus,* stompe hoek.

Angleterre v Engeland.

anglican I *bn* anglicaans. II *zn m* anglicaan.

anglicanisme *m* leer der anglicaanse Kerk.

angliciser *ov.w* verengelsen (b.v. *un mot*).

anglicisme *m* Engelse uitdrukking; aan het Engels ontleende uitdrukking in een andere taal.

anglomane *m* overdreven bewonderaar van alles, wat Engels is.

anglomanie v overdreven zucht om Engelsen na te bootsen.

anglophile I *bn.* II *zn m* of v Engelsgezind(e).

anglophilie v Engelsgezindheid.

anglophobe I *bn* anti-Engels. II *zn m* iemand, die anti-Engels is.

anglophobie v anti-Engelse gezindheid.

anglo-saxon, -onne I *bn* Angelsaksisch. II *zn* A ~ *m,* -onne v Angelsaks (Angelsaksische).

angoissant *bn* benauwend, beangstigend.

angoisse v 1 angst, benauwdheid; *poire d'—,* wrange peer, bittere pil; 2 mondprop.

angoisser *ov.w* angstig maken, benauwen.

angora I *zn m* 1 angorakat; 2 angorageit; 3 angorakonijn. II *bn: chat* —, angorakat.

anguille v paling, aal; — *électrique,* sidderaal; — *de mer,* zeeaal; *nœud d'—,* vissersknoop; *il y a* — *sous roche,* er schuilt een adder onder het gras.

anguillère v palingvijver.

angulaire *bn* wat de hoek(en) betreft; *pierre* —, hoeksteen.

anguleux, -euse *bn* hoekig; *visage* —, scherpgetekend gezicht.

anhélation v kortademigheid.

anhéleux, -euse *bn* kortademig.

aniline v aniline.

animal [*mv* aux] I *zn m* dier; *quel* — !, wat een lomperd, vlegel!. II *bn* (*e*) dierlijk.

animalcule *m* microscopisch diertje.

animalier *m,* dierenschilder, beeldhouwer van dieren.

animalité v dierlijkheid.

animateur I *zn m,* -trice v 1 iem., die bezielt, gangmaker; 2 vervaardiger van tekenfilms. II *bn* bezielend.

animation v drukte, levendigheid.

animé *bn* 1 bezield, met een ziel, levend (*créature* —*e*); 2 levendig, druk; *dessin* —, tekenfilm.

animer I *ov.w* 1 leven geven; 2 bezielen; 3 aanvuren, aanmoedigen, aanzetten. II s' ~ zich opwinden.

animosité v 1 vijandschap; 2 wrok; 3 opwinding.

anis *m* anijs (*pl.k*).

anisette v likeur uit anijs.

Anjou *m* 1 Franse landstreek; 2 wijn uit die streek.

ankylose v gewrichtsstijfheid.

annal *bn* een jaar durend.

annales v *mv* (geschiedkundige) jaarboeken.

anneau [*mv* x] *m* 1 ring; — *de mariage,* trouwring; — *pastoral,* bisschopsring; 2 schakel v. e. ketting.

année v jaar; — *bissextile,* schrikkeljaar; *une grande* —, een beroemd wijnjaar; — *lumière,* lichtjaar; — *scolaire,* schooljaar.

annelé *bn* 1 gekruld; 2 met ringen.

anneler *ov.w* (haren) krullen.

annexe I *bn* bijgevoegd, bijgebouwd. II *zn* v 1 bijgebouw; 2 bijlage.

annexer *ov.w* inlijven.

annexion v inlijving, annexatie.

annihilation v vernietiging.

annihiler *ov.w* 1 vernietigen; 2 ongeldig maken (*un acte*).

anniversaire *m* 1 (ver)jaardag; 2 gedenkdag.

annonce v aankondiging, advertentie; *faire l'—de,* aankondigen; *faire insérer une* —, een advertentie plaatsen; — *lumineuse,* lichtreclame.

annoncer *ov.w* 1 aankondigen, verkondigen; 2 voorspellen; 3 aandienen; *l'affaire s'an-*

nonce mal, de zaak laat zich slecht aanzien

annonceur *m* aankondiger.

Annonciation v Maria-Boodschap.

annot/ateur *m,* -trice v hij, zij die verklarende aantekeningen maakt bij een werk. ~**ation** v verklarende aantekening. ~**er** *ov.w* verklarende aantekeningen maken.

annuaire *m* almanak, jaarboek; — *du téléphone,* telefoonboek.

annuel, -le *bn* 1 jaarlijks; 2 een jaar durend; *plantes* —*les,* éénjarige planten.

annuellement *bw* jaarlijks.

annuité v jaarlijkse rente en aflossing.

annulaire I *bn* ringvormig. II *zn m* ringvinger.

annulation v nietigverklaring, vernietiging.

annuler *ov.w* nietig verklaren, vernietigen.

anoblir *ov.w* in de adelstand verheffen.

anoblissement *m* verheffing in de adelstand; *lettres d'—,* adeldomsbrieven.

anodin I *bn* 1 pijnstillend; 2 gematigd, goedaardig (*critique* —*e*). II *zn m* verdovend, pijnstillend middel.

anomal [*mv* aux] *bn* onregelmatig.

anomalie v 1 onregelmatigheid; 2 ongerijmdheid.

ânon *m* ezeltje.

ânonner *on.w* hakkelen.

anonymat *m* anonimiteit.

anonyme *bn* 1 onbekend; 2 ongetekend; *société* —, naamloze vennootschap; *garder l'—,* zich niet bekend maken als schrijver.

anormal [*mv* aux] *bn* abnormaal.

anse v 1 hengsel, handvat, oor; *faire danser l'— du panier,* als de meester meer in rekening brengen dan het gekochte kost (van dienstpersoneel); 2 kleine baai.

antagonisme *m* 1 vijandschap; 2 wedijver; 3 tegenstrijdigheid.

antagoniste *m* tegenstander, tegenstrever.

antalgique *bn* verdovend, pijnstillend.

antan *m* 1 vorig jaar; *mais où sont les neiges d'—?,* waar is die goede, oude tijd gebleven?; 2 eertijds.

antarctique I *bn* de Zuidpool betreffend. II *zn: l'(Océan)* — *m* de Zuidelijke IJszee.

antécédemment *bw* van te voren.

antécédent I *bn* voorafgaand. II *zn m* 1 antecedent; 2 voorafgaande term v. e. evenredigheid. III *les* —*s,* het verleden.

antéchrist *m* 1 antichrist; 2 goddeloos mens, atheïst.

antédiluvien, -enne *bn* 1 antediluviaans; 2 zeer ouderwets.

antenne v 1 voelhoorn, spriet; 2 antenne.

antépénultième *bn en zn* v voorlaatste lettergreep.

antérieur *bn* 1 vroeger; 2 voorafgaand; *partie* —*e,* voorste gedeelte.

antérieurement *bw* eer, vroeger.

antériorité v het voorafgaan, eerder zijn.

anthologie v bloemlezing.

anthracite *m* antraciet.

anthrax *m* steenpuist.

anthropoïde I *bn* van aap, die op de mens gelijkt. II *zn m* mensaap.

anthropol/ogie v menskunde. ~**ogique** *bn* wat de menskunde betreft, antropologisch.

anthropologue *m* antropoloog.

anthropométrie v methode voor het identificeren van misdadigers, door het opmeten van verschillende lichaamsdelen.

anthropophage I *bn* mensenetend. II *zn m* menseneter.

anthropophagie v menseneterij.

antiaérien, -enne *bn canon* —, luchtafweergeschut.

antialcoolique *bn* antialcoholisch.

antichambre v wachtkamer; *faire* —, lang moeten wachten, voor men binnengelaten wordt.

antichar *bn* anti-tank; *fossé* —, tankgracht.

antichrétien, -enne *bn* antichristelijk.

anticipation v 1 het vooruitlopen op iets; 2 het vooruitzien (*d'une découverte*); *re-*

mercier par —, bij voorbaat danken.
anticipé *bn: veuillez agréer mes remerciements* —*s*, ontvang bij voorbaat mijn dank.
anticiper I *ov.w* vooruitlopen op (b.v. *le temps*); II *on.w:* — *sur ses revenus*, zijn inkomsten bij voorbaat opmaken.
anticlérical [*mv aux*] I *bn* antiklerikaal. II *zn m* antiklerikaal.
anticléricalisme *m* antiklerikalisme.
anticonstitutionnel, *-elle bn* ongrondwettelijk.
anticyclone *m* centrum van hoge luchtdruk.
antidate *v* vervroegde dagtekening.
antidater *ov.w* een vroegere dagtekening geven dan de ware, antidateren.
antidérapant I *bn* wat het slippen voorkomt. II *zn m* antislipmiddel.
antidétonant I *bn* knaldempend. II *zn m* knaldemper.
antidote *m* 1 tegengif; 2 (*fig.*) middel tegen.
antienne *v* antifoon; *chanter toujours la même* —, altijd hetzelfde liedje zingen.
antifébrile *bn* koortswerend.
antihumain *bn* tegen de mensheid gericht.
antihygiénique *bn* antihygiënisch.
antijuif, *-juive bn* anti-joods.
antilégal [*mv aux*] *bn* onwettig.
antilogie *v* tegenstrijdigheid.
antilogique *bn* onlogisch.
antilope *v* antiloop.
antimigraineux, *-euse bn* tegen de hoofdpijn.
antiministériel, *-elle bn* antiministerieel.
antinational [*mv aux*] *bn* onvaderlands.
antinévralgique *bn* tegen zenuwpijnen.
antinomie *v* tegenstrijdigheid.
antinomique *bn* tegenstrijdig.
antipape *m* tegenpaus.
antipathie *v* afkeer.
antipathique *bn* weerzinwekkend, afstotend.
antipatriotique *bn* onvaderlandslievend.
antipesteux, *-euse bn* pestbestrijdend (v. geneesmiddel).
antiphonaire *m* antifonarium.
antipode *m* 1 tegenvoeter; 2 tegengestelde.
antiprohibitionniste *m* tegenstander der drankwetten (in Amerika).
antiprotectionniste *m* tegenstander van beschermende invoerrechten.
antipyrine *v* koortsverdrijvend middel.
antiquaire *m* 1 oudheidkundige; 2 verzamelaar of verkoper van antiquiteiten.
antique I *bn* 1 zeer oud; 2 ouderwets; 3 uit de oudheid; 4 naar het voorbeeld der ouden (*style* —). II *zn v* 1 antiek kunstvoorwerp; 2 soort lettertype.
antiquité *v* 1 oudheid; 2 kunstvoorwerpen uit de oudheid; 3 oude voorwerpen.
antirationnel, *-elle bn* tegen de rede.
antiréglementaire *bn* antireglementair.
antireligieux, *-euse bn* antigodsdienstig.
antirépublicain *bn* antirepublikeins.
antirévolutionnaire *bn* antirevolutionair.
antisémite *m* jodenhater.
antisémitisme *m* jodenhaat.
antisepsie *v* bestrijding van besmetting.
antiseptique *bn* antiseptisch, bederfwerend, tegen besmetting.
antiseptiser *ov.w* antiseptisch maken.
antisocial [*mv aux*] *bn* onmaatschappelijk.
anti-sous-marin *bn* wat betrekking heeft op de strijd tegen onderzeeërs (*grenade*—*e*).
antisportif, *-ve bn* 1 tegen de sport; 2 onsportief.
antithermique *bn* de koorts verlagend (*med.*).
antithèse *v* tegenstelling.
antivénéneux, *-euse bn* wat betrekking heeft op tegengif.
antonyme *m* woord met tegenovergestelde betekenis: *bon et mauvais sont des antonymes.*
antre *m* hol, spelonk; (*fig.*) *l'*— *du lion*, het hol v. d. leeuw.
anus *m* aars.
anxiété *v* angst, ongerustheid.
anxieux, *-euse bn* angstig, ongerust.
aorte *v* grote slagader.

aortite *v* slagaderontsteking.
août *m* augustus.
aoûtage *m* 1 landarbeid in augustus; 2 oogst.
aoûter I *ov.w* doen rijpen. II s' ~ rijp worden.
apache *m* 1 Apache-Indiaan; 2 straatrover.
apaisement *m* 1 bevrediging, het tot rust komen, — brengen; 2 rust.
apaiser I *ov.w* 1 bevredigen; 2 kalmeren, sussen; 3 stillen. II s' ~ zich tevreden stellen, bedaren.
apanage *m* gebied, dat vorsten tijdelijk gaven aan familieleden.
aparté *m* 1 hetgeen een speler terzijde zegt op het toneel; 2 apartje.
apathie *v* onverschilligheid, lusteloosheid.
apathique *bn* onverschillig, lusteloos, sloom.
apé *m* aperitief.
apepsie *v* slechte spijsvertering.
aperceptible *bn* waarneembaar.
aperception *v* bewuste waarneming.
apercevable *bn* bemerkbaar.
apercevoir I *ov.w* bemerken, ontdekken, op grote afstand zien. II s' ~ de merken, gewaar worden.
aperçu *m* 1 kort overzicht; 2 oordeel.
apéritif I *bn* wat de eetlust opwekt. II *zn m* eetlust opwekkende drank.
apéro *m* aperitief.
apertement *bn* openlijk.
apesanteur *v* gewichtloosheid.
apetisser *ov.w* verkleinen.
à-peu-près *m* benadering.
apeurer *ov.w* bang maken.
aphone *bn* hees, zonder stem.
aphonie *v* heesheid, verlies v. d. stem.
aphorisme *m* korte, geestige spreuk.
apiculteur *m* imker.
apiculture *v* bijenteelt.
apiéceur *m*, *-euse v* stukwerker(-ster) (van kledingstukken).
apitoiement *m* medelijden.
apitoyé *bn* meewarig.
apitoyer I *ov.w* medelijden opwekken. II s' ~ medelijden krijgen, hebben met.
aplanat *m* aplanaat (fot. lens).
aplaner *ov.w* gladschaven.
aplanir I *ov.w* 1 vlak, gelijk maken; 2 uit de weg ruimen (— *des difficultés*). II s' ~ vlak worden, uit de weg geruimd worden.
aplanissement *m* het vlak-, platmaken.
aplatir I *ov.w* 1 platmaken; 2 vernederen. II s' ~ plat worden; (*fig.*) kruipen.
aplatissement *m* 1 het plat maken; 2 (*fig.*) kruiperigheid.
aplomb *m* 1 loodrechte stand; *d'* —, loodrecht; 2 het vallen v. e. stof of kledingstuk; 3 evenwicht; 4 durf, zelfvertrouwen.
Apocalypse *v* Boek der Openbaringen.
apocalyptique *bn* apocalyptisch; *style* —, duistere, te allegorische stijl.
apocope *v* weglating v. e. letter aan het eind v. e. woord.
apocryphe *bn* 1 door de Kerk voor onecht verklaard (*les évangiles* —*s*); 2 onbetrouwbaar, verdacht.
apodictique *bn* stellig, onweerlegbaar.
apogée *m* 1 punt, waar een planeet het verst v. d. aarde verwijderd is; 2 toppunt.
apolo/gétique I *bn* verdedigend. II *zn v* geloofsverdediging. ~**gie** *v* verdediging. ~**iste** *m* 1 verdediger; 2 geloofsverdediger.
apologue *m* leerfabel.
apoplectique I *bn* wat betrekking heeft op een beroerte. II *zn m* of *v* iemand, die aanleg heeft voor een beroerte.
apoplexie *v* 1 beroerte; 2 bloeding.
apostasie *v* geloofsafval.
apostasier *on.w* van het geloof afvallen.
apostat *bn* afvallig; *un* —, een afvallige.
aposter *ov.w* iem. op de loer zetten, posteren.
à *posteriori bn* achteraf bekeken.
apostille *v* 1 kanttekening; 2 aantekening a. d. voet v. e. geschrift; 3 aanbeveling bij een verzoekschrift.

apostiller *ov.w* 1 een aantekening, aanbeveling plaatsen bij geschrift of verzoekschrift.

apostolat *m* apostolaat.

apostolique *bn* apostolisch.

apostrophe *v* 1 het aanspreken, toespraak; 2 afkappingsteken (').

apostropher *ov.w* 1 aan-, toespreken; 2 een uitbrander geven.

apothéose *v* 1 vergoding; 2 verheerlijking; 3 schitterend sloteffect.

apothicaire *m* apotheker (*oud*); *compte d'—,* hoge rekening.

apôtre *m* 1 apostel; 2 verkondiger of verdediger v. e. leer; *faire le bon —,* de vrome uithangen, zich mooi voordoen.

apparaître *on.w* (*onr.*) 1 verschijnen; 2 plotseling verschijnen; 3 blijken.

appareil *m* 1 aanstalten; 2 pracht, praal; 3 toestel, 4 toefoontoestel; 5 verband (*med.*); *l'— respiratoire,* de ademhalingsorganen.

appareillage *m* 1 het zeilklaar maken; 2 prothese.

appareiller I *ov.w* 1 klaar-, gereed maken; 2 klaarzetten; 3 samenvoegen, bij elkaar zetten, paren. II *on.w* zich zeilklaar maken.

apparemment *bw* blijkbaar.

apparence *v* 1 uiterlijk, schijn; *en —,* schijnbaar; *sauver les —s,* de schijn redden; 2 waarschijnlijkheid.

apparent *bn* zichtbaar, duidelijk.

apparentage *m* verwantschap.

apparenter I *ov.w* vermaagschappen. II *s' ~* familie worden van.

apparier *ov.w* paren.

appariteur *m* 1 pedel; 2 bode.

apparition *v* 1 (onverwachte) verschijning; *il n'a fait qu'une —,* hij is maar kort gebleven; 2 spook.

appartement *m* 1 woning; 2 vertrek.

appartenir I *on.w* (*onr.*) 1 toebehoren; 2 behoren tot; 3 passen bij, eigen zijn aan. II *s' ~* zijn eigen baas zijn. III *onp. w: il ne vous appartient pas de,* het past u niet, ligt niet op uw weg te.

appas *m* aantrekkelijkheid.

appât *m* 1 lokaas; 2 aantrekkingskracht.

appâter *ov.w* 1 lokken; 2 vetmesten.

appauvrir *ov.w* verarmen, uitmergelen.

appauvrissement *m* verarming; uitmergeling.

appel *m* 1 roep, geroep; — *téléphonique,* telefoonoproep; 2 appel, het aflezen der namen; *sonner l'—,* appel blazen; 3 het oproepen van soldaten; *l'— de la classe,* het oproepen der lichting; 4 hoger beroep; *faire — à,* een beroep doen op.

appeler I *ov.w* 1 roepen; — *de la main,* wenken; — *au téléphone,* opbellen; 2 oproepen; — *sous les drapeaux,* onder de wapens roepen; — *en justice,* voor het gerecht dagen; 3 tot zich trekken; *ce tableau appelle tous les regards,* dit schilderij trekt aller aandacht; 4 noemen; *appeler un chat un chat,* de dingen bij hun naam noemen. II *on.w* in beroep gaan; *en — à,* zich beroepen op, zich verlaten op. III *s' ~* heten.

appellation *v* naam, benaming.

appendice *m* 1 aanhangsel; 2 wormvormig verlengsel v. d. blinde darm.

appendicite *v* blindedarmontsteking.

appentis *m* afdak.

appert: *il appert,* het blijkt.

appesantir I *ov.w* verzwaren, zwaar, log maken. II *s' ~* zwaar(der), log(ger) worden; *s' ~ sur un sujet,* lang bij een onderwerp blijven stilstaan, er op blijven hameren.

appesantissement *m* logheid, loomheid.

appéter *ov.w* begeren, verlangen naar.

appétissant *bn* lekker, aanlokkelijk.

appétit *m* 1 eetlust; *bon —!,* smakelijk eten!; *il n'est chère que d'—,* honger is de beste saus; *l'— vient en mangeant,* al etende krijgt men trek; hoe meer men bezit, hoe meer men verlangt; 2 begeerte.

applaud/ir I *ov.w* 1 toejuichen; 2 prijzen. II *on.w* (*à*), applaudisseren, zijn instemming betuigen met. III *s' ~* zich zelf gelukwensen, zich verheugen. ~**issement** *m* applaus, bijval. ~**isseur** *m,* -euse *v* hij, zij, die veel applaudisseert.

applicabilité *v* toepasselijkheid.

applicable *bn* 1 toepasselijk; 2 wat aangebracht, toegediend kan worden.

application *v* 1 toepassing, gebruik; 2 het aanbrengen, toedienen; *dentelle d'—,* opgewerkte kant; 3 ijver.

applique *v* oplegsel (applicatie).

appliquer I *ov.w* 1 aanbrengen (b.v. *des couleurs*); 2 opleggen (b.v. *de la dentelle*); 3 toedienen (*un soufflet*); 4 toepassen (*une règle*); 5 aanwenden (*un remède*). II *s' ~* zich toeëigenen. *s' ~ à* 1 zich toeleggen op; 2 van toepassing zijn op.

appoint *m* 1 tekort; 2 kleingeld.

appointage *m* het aanpunten.

appointements *m mv* vast salaris.

appointer *ov.w* (*un fonctionnaire*) bezoldigen.

appointir *ov.w* aanpunten.

apport *m* 1 inbreng (van echtgenoten of van een compagnon); 2 aanvoer.

apporter *ov.w* 1 brengen; 2 meebrengen; 3 inbrengen (in huwelijk of zaak); 4 aanvoeren (*des raisons*); 5 besteden.

apposer *ov.w* 1 aanbrengen; — *une clause,* een clausule toevoegen; 2 aanplakken; — *les scellés,* gerechtelijk verzegelen.

apposition *v* 1 het aanbrengen, aanplakken; 2 bijstelling.

appréciable *bn* 1 te waarderen; 2 aanzienlijk.

appréciateur *m,* -trice *v* hij, zij, die waardeert.

appréciatif, -ive *bn* waarderend.

appréciation *v* 1 schatting; 2 waardering; 3 oordeel.

apprécier *ov.w* 1 waarderen; 2 schatten.

appréhender *ov.w* vrezen, duchten; — *au corps,* arresteren.

appréhensible *bn* begrijpelijk.

appréhensif, -ive *bn* vreesachtig, beschroomd.

appréhension *v* 1 vrees; 2 het opnemen in de geest.

apprendre *ov.w* (*onr.*) 1 leren, studeren; 2 vernemen; 3 meedelen, berichten; 4 leren (onderwijzen); — *par cœur,* van buiten leren; *bien appris,* goed opgevoed.

apprenti *m,* -e *v* 1 leerjongen, -meisje; 2 beginneling(e).

apprentissage *m* leertijd; *être en —, mettre en —,* in de leer zijn, doen.

apprêt *m* 1 het opmaken van stoffen; 2 stijfsel; 3 bereiding; 4 gemaaktheid (b.v. van de stijl); *les —s,* voorbereidselen (*d'un voyage*).

apprêté *bn* gemaakt, opgesmukt.

apprêter I *ov.w* 1 opmaken van stoffen; 2 klaarmaken; 3 bereiden (*un plat*). II *s' ~* zich voorbereiden.

apprêteur *m,* -euse *v* 1 opmaker (opmaakster (van stoffen); 2 glasschilder.

approvois/ement *m* het temmen. ~**er** I *ov.w* 1 temmen; 2 handelbaarder maken. II *s' ~* 1 zich vertrouwd maken met, wennen aan (— *avec*); 2 tam worden. ~**eur** *m,* -euse *v* temmer(-ster).

approbateur I *zn m,* -trice *v* hij, zij, die goedkeurt. II *bn* goedkeurend.

approbatif, -ivement *bn* of *bw* goedkeurend.

approbation *v* 1 goedkeuring; 2 toestemming; 3 lof.

approchable *bn* te benaderen.

approchant I *bn* weinig verschillend, bijna gelijk. II *bw* ongeveer.

approche *v* 1 nadering; *d'une — facile,* gemakkelijk te naderen; *les —s d'une ville,* de toegang tot een stad; 2 —*s,* loopgraven enz., om bij belegerde vesting te komen.

approcher *ov.w* 1 dichterbij brengen, bijschuiven (*une chaise*). II (*de*) *on.w* 1 naderen; 2 benaderen. III *s' ~* de naderen.

approfondir *ov.w* 1 uitdiepen, dieper maken; 2 diep ingaan op (*une question*).

approfondissement *m* 1 het uitdiepen; 2 grondige bestudering.

appropriation *v* 1 het geschikt maken voor; 2 toeëigening.

approprier I *ov.w.* 1 schoonmaken, reinigen; 2 schikken, in overeenstemming brengen, aanpassen. II s' ~ zich toeëigenen.

approuver *ov.w* 1 goedkeuren; 2 prijzen, bijval schenken.

approvisionn/ement *m* 1 proviandering; 2 voorraad, proviand. ~er I *ov.w* bevoorraden. II s'~ zich van proviand voorzien, voorraad opdoen.

approximatif, -ive *bn* benaderend.

approximation *v* benadering, raming.

approximativement *bw* bij benadering.

appui *m* 1 steun, stut; *l'appui d'une fenêtre*, vensterbank; *point d'—*, (*mil.*) steunpunt; *à hauteur d'—*, op borsthoogte; 2 hulp.

appui-livres *m* boekensteun.

appui-main *m* schilderstok.

appui-tête *m* hoofdsteun (bij tandarts enz.).

appuyer I *ov.w* 1 steunen, stutten; 2 zetten tegen (*une échelle contre un mur*); 3 bouwen tegen. II *on.w appuyer sur un crayon*, op een potlood drukken; — *sur un mot*, de nadruk leggen op een woord; — *sur la gauche*, links aansluiten. III s' ~ steunen.

âpre *bn* 1 scherp; 2 wrang; 3 ruw, hobbelig; — *au gain*, tuk op winst; *caractère* —, vinnig karakter; *froid* —, vinnige koude.

après *vz bw* na; daarna; —, hierna; — *cela*, daarna; ci-après, hierna; — *coup*, te laat; — *quoi*, waarna; — *tout*, alles wel beschouwd; *crier* — *qn.*, iemand naschreeuwen; *courir* — *qn.*, iem. narennen; *jeter le manche* — *la cognée*, er de brui aan geven; — *nous le déluge*, (*spr.w*), na ons mag er gebeuren, wat er wil; — *la pluie le beau temps* (*spr.w*), na regen komt zonneschijn. d' ~ volgens, naar; *peindre* — *nature*, naar de natuur schilderen. ~ que *vw* nadat.

après-demain *bw* overmorgen.

après-dînert *m* tijd na het diner.

après-midi *m* namiddag.

après-soupert *m* tijd na het avondeten.

âpreté *v* 1 wrangheid; 2 scherpte; 3 bitterheid; 4 strengheid; 5 ruwheid, oneffenheid.

à priori *bw* vooraf.

apriorisme *m* redenering a priori.

à-propos *m* 1 het juiste ogenblik, het geschikte moment; 2 gevatheid; 3 gelegenheidsstuk, -gedicht.

apte (à) *bn* 1 geschikt voor, om; 2 bekwaam tot.

aptitude *v* geschiktheid, bekwaamheid.

apurer *ov.w* in orde bevinden v. e. rekening.

aquaplane *m* 1 plank, die in het water voortgetrokken wordt door een motorboot en waarop een persoon staat; 2 deze sport (planking).

aquarelle *v* waterverftekening.

aquareller *ov.w* waterverftekeningen maken.

aquarelliste *m* waterverfschilder.

aquatinte *v* nabootsing v. e. gewassen tekening.

aquatique *bn* in het water levend.

aqueduc *m* waterleiding, aquaduct.

aqueux, -euse *bn* waterig.

aquicole *bn* in het water levend.

aquifère *bn* waterhoudend.

aquilin *bn* nez —, arendsneus.

aquilon *m* hevige noordenwind.

Aquitaine *v* Aquitanië.

ara *m* Zuidamerikaanse papegaai.

arabe I *bn* Arabisch. II *zn* A~ *m* en *v* Arabier, Arabische; —, *m* Arabisch paard; 2 woekeraar; 3 Arabische taal.

arabesque *v* dooreengestrengelde bladeren en figuren (*arch.*).

arable *bn* bebouwbaar, beploegbaar.

arachide *v* apenoot.

arachnides *m* *mv* spinachtigen.

arac, arack *m* arak.

araignée *v* 1 spin; *toile d'*—, spinneweb 2 puthaak; 3 soort visnet.

aratoire *bn* landbouwkundig.

arbalète *v* oude stalen boog.

arbalétrier *m* boogschutter.

arbitrage *m* 1 scheidsrechterlijke uitspraak; 2 winst uit het verschil van wisselkoersen op verschillende beurzen.

arbitraire I *zn* willekeurig, despotisch. II *zn m* willekeur, despotisme.

arbitral [*mv* aux] *bn* scheidsrechterlijk.

arbitre *m* 1 scheidsrechter (ook bij sport); 2 heer en meester; *le libre* —, de vrije wil.

arbitrer *ov.w* 1 een scheidsrechterlijke uitspraak doen; 2 leiden v. e. voetbalmatch enz.

arborer *ov.w* (*le drapeau*) 1 de vlag planten, hijsen; 2 openlijk, opzichtig dragen.

arborescent *bn* boomvormig.

arboriculteur *m* boomkweker.

arboriculture *v* boomteelt.

arborisation *v* vertakking (in mineralen).

arboriser *ov.w* bomen kweken.

arbre *m* 1 boom; — *de la Croix*, kruishout; — *fruitier*, vruchtboom; — *généalogique*, geslachtsboom; (*pop.*) *monter à l'*—, crin lopen; *entre l'*— *et l'écorce il ne faut pas mettre le doigt* (*spr.w*), men moet zich niet in familietwisten mengen; *couper l'*— *pour avoir le fruit* (*spr.w*), de kip met gouden eieren slachten; 2 as (van machine); — *à cames*, nokkenas; — *coudé*, krukas; — *de transmission*, cardanas.

arbrisseau [*mv* x] *m* heester, boompje.

arbuste *m* kleine heester.

arc *m* boog; *lampe à* —, booglamp; — *de triomphe*, triomfboog; *avoir plusieurs cordes à son* —, verschillende pijlen op zijn boog hebben.

arcade *v* (*arch.*) boog.

arcanson *m* vioolhars.

arc-boutant† *m* steunboog (*arch.*).

arc-bouter I *ov.w* stutten door middel van steunbogen (*arch.*). II s'~ zich schrap zetten.

arc-en-ciel *m* regenboog.

archaïque *bn* verouderd (*mot, style* —).

archaïsme *m* verouderd woord, verouderde uitdrukking.

archal *m fil d'*—, koperdraad.

archange *m* aartsengel.

arche *v* 1 boog v. e. brug; 2 ark; — *de Noë*, (*fig.*) huis, waarin allerlei soorten mensen wonen.

archéolo/gie *v* oudheidkunde. ~gique *bn* oudheidkundig. ~gue *m* oudheidkundige.

archer *m* 1 boogschutter; 2 (vroeger) gerechts- of politiedienaar; *francs* —*s*, eerste geregelde infanterie (1448).

archet *m* 1 strijkstok; 2 drilboor.

archevêché *m* 1 aartsbisdom; 2 aartsbisschoppelijk paleis.

archevêque *m* aartsbisschop.

archi *vz* aarts-. ~comble *bn* stampvol. ~duc *m* aartshertog. ~ducal [*mv* aux] *bn* aartshertogelijk. ~duché *m* aartshertogdom. ~duchesse *v* aartshertogin. ~épiscopal [*mv* aux] *bn* aartsbisschoppelijk. ~épiscopat *m* 1 aartsbisschoppelijke waardigheid; 2 duur v. deze waardigheid. ~fou(folle) *bn* stapelgek. ~millionnaire *m* multimiljonair. ~pel *m* archipel. ~tecte *m* architect. ~tectonique I *bn* architectonisch. II *zn v* architectuur. ~tecture *v* bouwkunst. ~ves *v mv* archief, -ven. ~viste *m* archivaris.

arçon *m* zadelboog; *vider les* —*s*, uit het zadel vallen.

arctique *bn* tot de Noordpool behorend; *pôle* —, Noordpool; (*Océan glacial*) *arctique*, Noordelijke IJszee.

ardent (*bw* -emment) *bn* 1 brandend; *chambre* —*e*, rouwkapel; 2 hevig, vurig (*cheval* —); *fièvre* —*e*, hete koorts; 3 vlijtig, ijverig.

ardeur *v* 1 hitte, brandende warmte; 2 vuur,

geestdrift; 3 ijver.

ardoise v leisteen, lei.

ardoisé bn leikleurig.

ardoisière v leisteengroeve.

ardu bn 1 steil; 2 moeilijk.

arène v 1 arena, strijdperk; 2 (dicht.) fijn zand; les —s, de zandwoestijnen.

aréneux, -euse bn zandig.

aréole v kring (om de maan).

aréomètre m vochtweger.

aréopage m 1 rechtbank in het oude Athene; 2 verzameling van geleerden, rechters enz.

arête v 1 visgraat; 2 uitstekende hoek; 3 kam v. e. berg; 4 rib (v. e. kubus); 5 baard (van aren).

argent m 1 zilver; vif—, kwikzilver; 2 geld; — comptant, klinkende munt; accepter pour — comptant, voor goede munt aannemen; se trouver court d'—, in geldverlegenheid zitten; être cousu d'—, geld als water hebben; j'en suis pour mon —, dat geld ben ik kwijt; point d'—, point de Suisses (spr.w), geen geld, geen Zwitsers.

argenté bn 1 verzilverd; 2 zilverkleurig.

argent/er ov.w 1 verzilveren; 2 als zilver kleuren. —erie v zilverwerk, tafelzilver. ~eux, -euse bn rijk (pop.). —ier m 1 zilverkast; 2 (pop.) minister van financiën.

argentifère bn zilverhoudend.

argentin bn zilverachtig; voix —e, zilveren stem.

argentin I bn Argentijns. II zn A ~ m, -e v Argentijn(se).

argile v klei, leem.

argileux, -euse bn kleiachtig, leemachtig.

argot m 1 dieventaal, bargoens; 2 bijzondere taal van bepaalde groepen of beroepen.

argotique bn wat tot het argot behoort.

argousin m (pop.) politieagent, smeris.

arguer ov.w 1 — de faux, voor vals, onecht verklaren; 2 een conclusie trekken.

argument m 1 bewijs(grond); 2 korte inhoud v. e. boek enz. ~ation v bewijsvoering. ~er on.w redeneren, betogen.

Argus m 1 vorst uit de fabelleer met 100 ogen, waarvan er 50 altijd open waren; yeux d'A—, argusogen; 2 iemand aan wie niets ontsnapt; 3 spion.

aria m (pop.) narigheid.

aria v lied, melodie.

arianisme m ketterij van Arius.

aride bn dor, droog, onvruchtbaar.

aridité v dorheid, droogheid, onvruchtbaarheid.

arien, -ne I bn ariaans. II zn A ~ m, -ne v ariaan(se).

ariette v liedje.

aristocrate, aristo (pop.) m aristocraat.

aristo/cratie v 1 regering der aristocratie; 2 aristocratie. ~cratique bn aristocratisch.

arithméticien m, -enne v rekenkundige.

arithmétique I zn v rekenkunde. II bn rekenkundig.

arithmographe m rekenmachine.

arithmomètre m rekenmachine.

arlequin m 1 harlekijn; 2 iemand, die met alle winden meewaait; 3 kliekje.

arlequinade v 1 dolle grap; 2 belachelijk geschrift.

armagnac m soort cognac.

armateur m reder.

armature v 1 metalen geraamte; 2 anker v. e. magneet.

arme v 1 wapen; aux —s!, te wapen!; faire — de tout, alle mogelijke middelen aanwenden; faire des —s, schermen; fait d'—s, wapenfeit; — à feu, vuurwapen; fournir des —s contre, iem. wapens in de hand geven tegen; maître d'—s, schermmeester; passer par les —s, fusilleren; 2 legeronderdeel (het wapen der genie, der infanterie enz.); 3 krijgsdienst; faire ses premières —s, zijn eerste veldtocht maken; les voor schilden te doen; 4 wapen (b.v. van een stad).

armée v leger; — de l'air, luchtleger; — de

mer, zeemacht; — de terre, landleger; — permanente, régulière, het staande leger; — du Salut, Leger des Heils.

armement m 1 bewapening; 2 scheepsuitrusting.

armer I ov.w 1 wapenen, bewapenen; armé jusqu'aux dents, tot de tanden gewapend; 2 laden (un canon); 3 uitrusten (un vaisseau); 4 van ijzeren banden voorzien (une poutre); 5 sterken, gehard maken tegen (— contre la pauvreté); 6 tot ridder slaan (— qn. chevalier). II s'~ (de) zich wapenen met.

armistice m wapenstilstand.

armoire v kast; — frigorifique, koelkast; — à glace, spiegelkast.

armoiries v mv wapen (v. e. geslacht enz.).

armorial m wapenboek.

armoricain I bn Armorikaans (uit Bretagne). II zn A ~ m, ~e v Bretons(e).

armure v 1 harnas, wapenrusting; 2 magneetanker.

armurerie v wapensmederij, wapenwinkel.

armurier m wapensmid, wapenhandelaar.

aromate m welriekende plantaardige stof, kruiderij.

aromatique bn welriekend.

aromatiser ov.w welriekend maken, kruiden.

arôme m aroma.

aronde v zwaluwstaart; en queue d'—, in de vorm v. e. zwaluwstaart.

arpège m akkoord, waarvan men de noten na elkaar laat horen.

arpéger on.w arpeggio's spelen.

arpent m oude vlaktemaat (42 à 51 are).

arpenter ov. w 1 (la chambre) met grote stappen lopen door; 2 landmeten.

arpenteur m landmeter.

arqué bn gebogen.

arquebuse/e v haakbus (oud geweer). ~ier m soldaat, bewapend met haakbus.

arquer I ov.w ombuigen. II on.w doorbuigen, kromtrekken.

arrachage m het uittrekken, rooien.

arrachement m het uittrekken, lostrekken.

arrache-pied: d'—, bw aan één stuk.

arracher I ov.w uittrekken, losrukken, rooien; — la vie, het leven benemen; je ne peux lui — une parole, ik kan geen woord uit hem krijgen; — un aveu, een bekentenis afdwingen; — (un poids), met moeite opheffen. II s'~ (un livre) (om een boek) vechten.

arracheur m, -euse v die uittrekt enz.; — de dents, kiezentrekker; arracheuse de pommes de terre, aardappelrooimachine.

arrang/eable bn te schikken, te regelen. ~eant bn geschikt, coulant. ~ement m 1 regeling; 2 vergelijk; 3 arrangement, bewerking (muz.). ~er I ov.w 1 rangschikken; 2 regelen; 3 in orde brengen; 4 bewerken (muz.); 5 in der minne schikken; 6 (pop.) iem. toetakelen, aftuigen; 7 cela m'arrange, dat staat me aan, komt me goed uit. II s'~ 1 het eens worden, tot een vergelijk komen; 2 in der minne schikken; 3 zich schikken in. ~eur m bewerker.

arrenter ov.w (ver)pachten.

arrérages m mv achterstallige schuld of rente.

arrestation v arrestatie, hechtenis.

arrêt m 1 stilstand; chien d'—, staande jachthond; temps d'—, rustpoos; oponthoud, halte; temps d'—, rustpoos; oponthoud, halte; —, halt of verzoek; 2 arrest; maison d'—, gevangenis; mandat d'—, bevel tot inhechtenisneming; 3 vonnis, uitspraak; les —s, kamer-, kwartierarrest (mil.).

arrêté m besluit (— ministériel).

arrêter I ov.w 1 tegenhouden, ophouden, doen stilstaan; 2 in hechtenis nemen; 3 stuiten (un domestique); 6 vaststellen (un plan); 7 afsluiten (un compte); 8 bespreken (une chambre); 9 in de rede vallen. II on.w staan v. e. jachthond. III s'~ stilstaan, ophouden; s'— court, plotseling blijven staan of ophouden.

arrhes v mv 1 handgeld; 2 onderpand.

arriération v achterlijkheid.

arrière I bw terug; weg met, weg van hier!; *avoir vent* —, de wind in de rug hebben; *en* —, achteruit, terug, ten achter; *ligne arrière*, achterhoede (bij voetbal). II zn m 1 achtersteven; 2 achterspeler (bij voetbal).

arriéré I bn 1 achterlijk; 2 achterstallig. II zn m het achterstallige.

arrière/-ban† m het oproepen in krijgsdienst v. d. achterleenmannen. ~bouche† v achterste gedeelte v. d. mond. ~boutique† v kamer achter de winkel. ~fief† m achterleen. ~garde† v achterhoede. ~goût† m nasmaak. ~grand'mère† v overgrootmoede. ~grand-père† m overgrootvader. ~main† v 1 rug v. d. hand; 2 achterdeel v. e. paard; 3 backhand (bij tennis). ~neveu† m achterneef. ~nièce† v achternicht. ~pays m achterland. ~pensée† v bijgedachte, bijbedoeling. ~petit†-fils† m achterkleinzoon. ~petite†-fille† v achterkleindochter. ~petits-enfants m achterkleinkinderen. ~plan† m achtergrond.

arriérer I ov.w vertragen, uitstellen. II s'— achterkomen.

arrière-saison† v naseizoen.

arrière-train† m achterste deel v. e. dier.

arrimage m het stuwen v. d. lading.

arrimer ov.w stuwen v. d. lading.

arrimeur m stuwadoor.

arrivage m 1 het binnenkomen v. e. schip; 2 aanvoer van goederen.

arrivée v 1 aankomst; 2 plaats van aankomst.

arriver I on.w 1 aankomen; 2 vooruitkomen in de wereld; — *à*, slagen in; — *à ses fins*, zijn doel bereiken. II onp.w gebeuren, overkomen.

arriviste m iem., die met alle geweld carrière wil maken.

arrogance v aanmatiging, verwaandheid.

arrogant bn aanmatigend, verwaand.

s'arroger zich aanmatigen.

arrondir I ov.w rond maken, afronden; — *son bien*, zijn bezittingen vermeerderen; *une bourse arrondie*, een goed gevulde beurs. II s'—, (pop.), zich bedrinken.

arrondissement m 1 het afronden, ronding; 2 arrondissement (deel v. e. Fr. departement).

arros/age m begieting, besproeiing. ~ement m begieting, besproeiing. ~er ov.w begieten, besproeien; *le Rhin arrose cette province*, de Rijn stroomt door deze provincie. ~euse (~ automobile) v sproeiwagen.

arrosoir m gieter.

arsenal [mv aux] m 1 arsenaal, tuighuis; 2 marinewerf.

arsenic m arsenicum.

arsouille m schoft; gemeen, laag sujet.

art m 1 kunst; *les beaux* —s, de schone kunsten; *l'Académie des Beaux* —s, die bij Académie; *l'Ecole des Beaux* —s, Académie voor Beeldende Kunsten; *les* —s *d'agrément*, kunsten, die men uit liefhebberij beoefent; *les* —s *libéraux*, de vrije kunsten; *les* —s *mécaniques*, de ambachten; *les* —s *ménagers*, huishoudkunde; 2 bedrevenheid, handigheid; 3 *le grand* —, alchimie.

artère v 1 slagader; 2 grote verkeersweg.

artériel, -elle bn slagaderlijk (*sang* —); *la pression* —elle, de bloeddruk.

artério-sclérose v aderverkalking.

artérite v aderontsteking.

artésien, -enne bn uit Artois; *puits* —, artesische put.

arthrite v gewrichtsontsteking.

artichaut m artisjok (*pl.k.*).

article m 1 artikel (van wet, contract enz.); 2 (handels)artikel; —s *de Paris*, galanterieën; 3 (kranten-, tijdschrift)artikel (— de *fond*, hoofdartikel; 4 geloofsartikel (— de *foi*); à l'— *de la mort*, op het punt van sterven; 5 lidwoord; — *défini*, lidwoord

van bepaaldheid; — *indéfini*, lidwoord van onbepaaldheid; — *partitif*, delend lidwoord.

articul/aire bn wat betrekking heeft op de gewrichten. ~ation v 1 gewricht; 2 uitspraak. ~é bn geleed. ~er ov.w 1 (duidelijk) uitspreken; 2 uiteenzetten.

artifice m 1 list; 2 veinzerij; 3 kunstgreep; *feu d'*—, vuurwerk; *sans* —, onomwonden.

artificiel, -elle bn nagemaakt, kunstmatig; *fleurs* —elles, kunstbloemen.

artificieux, -euse bn slim, geslepen, sluw.

artillerie v artillerie; — *anti-aérienne*, luchtafweergeschut; — *anti-char*, anti-tankgeschut; — *d'assaut*, tankgeschut; — de *campagne*, veldgeschut; — *lourde*, zware artillerie; — *montée*, bereden artillerie.

artilleur m artillerist.

artisan m 1 ambachtsman, handwerksman; 2 (*fig.*)bewerker (*il a été l'— de mon malheur*).

artisanat m de ambachtslieden.

artiste I zn m kunstenaar; — *dramatique*, toneelspeler; — *lyrique*, operazanger. II bn wat bij de kunstenaar behoort.

artistique bn kunstzinnig, smaakvol.

arum m aronskelk (*pl.k.*).

arvicole m of de velden levend.

as m 1 aas (in kaartspel); 2 dobbelsteen met één oog; 3 mispunt; 4 (lucht)held, (sport)held.

asbeste m asbest.

ascendance v 1 het opklimmen, stijging; 2 voorgeslacht.

ascendant I bn opklimmend, stijgend; *ligne* —e, opklimmende geslachtslinie. II zn m 1 klimmende beweging v. e. planeet; 2 gezag, overwicht, invloed. III *les* —s, ouders, voorouders.

ascenseur m lift.

ascension I zn v 1 opstijging; 2 bestijging, beklimming. II l'A~ v 1 de Hemelvaart van Christus; 2 Hemelvaartsdag.

ascensionnel, -elle bn opwaarts, opstijgend; *force* —elle, stijgkracht.

ascensionner on.w bergbeklimmen.

ascensionniste m of v bergbeklimmer(-ster).

ascèse v ascese.

ascète m of v asceet.

ascétisme m ascetisch leven.

asiatique I bn Aziatisch. II zn A ~ m of v Aziaat, Aziatische.

Asie (l') v Azië; l'— *Mineure*, Klein-Azië.

asile m 1 wijkplaats, schuilplaats; 2 toevluchtsoord, toevlucht, tehuis (voor ouden van dagen enz.); — de *nuit*, nachtasiel; *sans* —, dakloos; *droit d'*—, asielrecht.

asine bn van ezels; *bête* —, ezel of ezelin.

askari m inheems soldaat uit O.-Afrika.

aspect m aanblik, gezicht, uiterlijk; *examiner sous tous ses* —s, van alle kanten bekijken.

asperge v 1 asperge (*pl.k.*); 2 tankversperring.

asperger ov.w besprenkelen.

aspergès m 1 wijwaterkwast; 2 Asperges-me (onderdeel der mis).

aspérité v 1 ruwheid, oneffenheid; 2 stuursheid; 3 stroefheid (van stijl).

aspersion v besprenkeling.

aspersoir m wijwaterkwast.

asphalt/age m asfaltering. ~e m 1 asfalt; 2 geasfalteerd trottoir. ~er ov.w asfalteren. ~eur m asfalteerder.

asphyx/iant bn verstikkend. ~ie v verstikking. ~ié I bn gestikt. II zn m, -e v iemand, die gestikt of bewusteloos is. ~ier ov.w doen stikken.

aspic m 1 adder; *langue d'*—, lastertong, kwaadspreker(-spreekster); 2 vlees of koude vis in gelei.

aspirant bn inzuigend; *pompe* —e, zuigpomp.

aspirant(e) m of v 1 candidaat(-date), aspirant(e); 2 kadet, adelborst.

aspirateur, -trice I bn opzuigend. II zn m stofzuiger.

aspiration v 1 het in-, opzuigen; 2 het aanblazen v. d. letter h; 3 inademing; 4 zielsverheffing, het streven.

aspiratoire *bn* in-, opzuigend.

aspiré *bn h —e*, aangeblazen h.

aspirer I *ov.w* 1 in-, opzuigen; 2 inademen; 3 de h licht uitspreken. II — (*à*) *on.w* streven naar, haken naar.

assagir I *ov.w* wijzer maken. II s' ~ wijzer worden.

assaillant I *bn* aanvallend. II *zn m* aanvaller.

assaillir *ov.w* (*onr.*) aanvallen.

assainir *ov.w* gezond maken.

assainissement *m* sanering, het gezond maken; — *monétaire*, geldzuivering.

assaisonnant *bn* kruidend; *plantes —es*, kruiden.

assaisonnement *m* 1 het kruiden; 2 kruiderij.

assaisonner *ov.w* kruiden (ook *fig.*).

assassin I *bn* moordend, dodend. II *zn m* moordenaar (met voorbedachten rade).

assassinant *bn* vervelend, vermoeiend.

assassinat *m* moord met voorbedachten rade.

assassiner *ov.w* 1 vermoorden (met voorbedachten rade); 2 vervelen.

assaut *m* 1 aanval, stormloop; *donner l'—*, stormlopen; *prendre une place d'—*, een vesting stormenderhand innemen; *char d'—*, tank; *troupes d'—*, stormtroepen; 2 scherm-, bokspartij; *faire — d'esprit*, wedijveren in geestigheid, vernuft.

assèchement *m* drooglegging.

assécher *ov.w* drooglegging.

assemblage *m* 1 het verzamelen, verzameling; 2 las, voeg, samenvoeging.

assemblée *v* vergadering.

assemblement *m* het verzamelen.

assembler I *ov.w* 1 verzamelen; 2 oproepen; 3 verbinden, samenvoegen. II s' ~ vergaderen, samenkomen.

assembleur *m*, -euse *v* hij, zij, die verzamelt, samenvoegt.

assener *ov.w* toebrengen (*un coup*).

assentiment *m* toestemming, goedkeuring.

assentir *on.w* goedkeuren, toestemming geven.

asseoir I *ov.w* (*onr.*) 1 neerzetten, doen zitten; 2 vestigen. II s'~ gaan zitten.

assermenter *ov.w* beëdigen.

assertion *v* bewering, verzekering, stelling.

asservir *ov.w* 1 onderwerpen; 2 tot slaaf maken; 3 bedwingen (*ses passions*).

asservissement *m* 1 slavernij; 2 onderwerping; 3 afhankelijkheid.

assesseur I *bn* toegevoegd. II *zn m* bijzitter, assessor.

assez *bw* 1 genoeg; 2 tamelijk, vrij.

assidu *bn* 1 vlijtig; 2 stipt, nauwgezet; 3 trouw (met helpen enz.).

assiduité *v* 1 ijver; 2 stiptheid.

assidûment *bw* *zie* assidu.

assiégé I *bn* belegerd. II *zn m*, -e *v* belegerde.

assiégeant I *bn* belegerend. II *zn m* belegeraar.

assiéger *ov.w* 1 belegeren; 2 (*fig.*) voortdurend lastig vallen.

assiette *v* 1 wijze, waarop men zit of geplaatst is; *n'être pas dans son —*, niet in zijn gewone doen zijn, zich niet prettig voelen; 2 ligging (b.v. *d'une poutre*); 3 etensbord; — *anglaise*, koude vleesschotel.

assiettée *v* bord vol.

assignat *m* assignaat (soort Fr. papiergeld tijdens de Revolutie).

assignation *v* dagvaarding.

assigner *ov.w* 1 dagvaarden; 2 afspreken, bepalen (*un rendez-vous*).

assimilable *bn* 1 vergelijkbaar; 2 omzetbaar, verteerbaar.

assimilateur, -trice *bn* wat omzet, doet verteren.

assimilation *v* 1 gelijkmaking; 2 omzetting, opneming.

assimiler I *ov.w* 1 gelijkmaken; *—à*, vergelijken met. II s'~ 1 zich gelijkstellen, vergelijken met; 2 in zich opnemen (*des ali-

ments*).

assis *bn* 1 gezeten; *être —*, zitten; 2 gelegen; *maison bien —e*, goed gelegen huis; 3 gevestigd, degelijk (*réputation bien —e*).

assise *v* 1 laag stenen; 2 *les —s*, criminele rechtbank; zitting van deze rechtbank.

assistance *v* 1 hulp, bijstand; — *publique*, burgerlijk armbestuur; 2 de aanwezigen.

assister I *ov.w* helpen, bijstaan. II — *à*, *on.w* bijwonen, meemaken.

association *v* 1 vereniging, bond, club; 2 samenhang (associatie) van begrippen; 3 samenwerking; 4 voetbalsport.

associé(e) *m* of *v* compagnon, vennoot.

associer I *ov.w* 1 tot compagnon nemen; 2 verbinden. II s'~ compagnonschap, vennootschap aangaan.

assoiffé *bn —de*, dorstig naar (*fig.*).

assombrir I *ov.w* 1 verduisteren; 2 (*fig.*) versomberen. II s'~ donker, somber worden.

assommant *bn* vermoeiend, vervelend.

assommer *ov.w* 1 doodslaan; 2 afranselen; 3 vernietigen; 4 (*fam.*) dodelijk vervelen.

assommoir *m* 1 ploertendoder, knuppel; 2 (*fam.*) kroeg.

assomption *v* ten hemelopneming van Maria; l'A ~ *v* Maria Hemelvaart (15 aug.).

assonance *v* assonantie (onvolkomen rijm, dat berust op de gelijkheid v. d. geaccentueerde klinker, b.v. paard, haat).

assonancé *bn* met assonantie (*vers —s*).

assorti *bn* bij elkaar passend.

assortiment *m* 1 sortering, assortiment; — *de couleurs*, kleurschikking; 2 collectie.

assortir I *ov.w* 1 sorteren; 2 van waren voorzien, bevoorraden; *être bien assorti*, goed gesorteerd zijn. II s'~ bij elkaar passen.

assoupir I *ov.w* 1 gedeeltelijk verdoven; 2 doen insluimeren; 3 doen bedaren, verlichten (*la douleur, la colère*). II s'~ insluimeren.

assoupissement *m* 1 insluimering; 2 grote achtelooheid.

assouplir *ov.w* 1 zacht, lenig maken; 2 handelbaar maken.

assouplissement *m* 1 het lenig maken; 2 het handelbaar maken.

assourd/ir *ov.w* 1 doof maken; 2 dempen (*un son*). ~issant *bn* oorverdovend. ~issement *m* het als doof worden.

assouv/ir *ov.w* 1 stillen (*la faim*); 2 koelen (*la colère*). ~issement *m* het stillen, koelen.

assujettir *ov.w* 1 onderwerpen; — *à*, dwingen tot; 2 vastmaken.

assujettissant *bn* 1 slaafs; 2 vernederend.

assujettissement *m* 1 onderwerping; 2 onderworpenheid, gebondenheid; 3 verplichting.

assumer *ov.w* op zich nemen.

assurance *v* 1 zelfvertrouwen, zelfverzekerdheid; 2 zekerheid; 3 verzekering; 4 verzekering (assurantie); —*s sociales*, sociale lasten.

assuré *bn* 1 zeker; 2 vast, ferm.

assurément *bw* zeker.

assurer I *ov.w* 1 verzekeren; 2 assureren; 3 de verzekering geven (— *qn. de qc.*); 4 vastzetten, bevestigen. II s'~ 1 assureren; 2 zich zekerheid verschaffen; s'— *de*, arresteren.

assureur *m* assuradeur.

aster *m* aster (*pl.k.*).

astérisque *m* verwijzingsteken (*).

astéroïde *m* 1 kleine planeet tussen Jupiter en Mars; 2 vallende ster; 3 meteoorsteen.

asthmatique *bn* astmatisch.

asthme *m* astma.

asticot *m* made.

asticoter *ov.w* treiteren (*fam.*).

astiquer *ov.w* oppoetsen.

astracan, astrakan *m* astrakan (fijne lamswol).

astral, -aux *bn* wat betrekking heeft op de sterren.

astre *m* 1 ster, hemellichaam; *l'— du jour*, zon; 2 zeer schone vrouw.

astreindre I *ov.w* (*à*) dwingen tot, nopen tot. II s'~ *à* zich binden tot, zich opleggen (s'— à des travaux).

astrictif, -ive bn samentrekkend; remède —, stopmiddel (med.).

astriction v samentrekking, het stoppen (med.).

astringent I bn wat samentrekt, stopt. **II** zn m samentrekkend middel, stopmiddel (med.).

astro/lâtre m sterrenaanbidder. ~lâtrie v sterrendienst. ~logie v sterrenwichelarij. ~logique bn astrologisch. ~logue m sterrenwichelaar. ~nautique v interplanetaire luchtvaart. ~nome m sterrenkundige. ~nomie v sterrenkunde. ~nomique bn astronomisch; chiffres —s, zeer hoge (astronomische) cijfers.

astuce v 1 sluwheid; 2 slim grapje.

astucieux, -euse bn sluw, geslepen.

asymétrie v ongelijkvormigheid.

asymétrique bn asymmetrisch.

atavisme m atavisme (verschijnen van eigenschappen van niet-onmiddellijke voorouders bij het nageslacht).

atelier m 1 werkplaats; 2 de werklieden v.e. werkplaats.

atermoyer ov.w 1 uitstellen (van betaling); 2 uitstellen, verschuiven.

athée I bn atheïstisch. **II** zn m godloochenaar.

athéisme m atheïsme.

athénée m 1 gebouw, waar geleerden enz. lezingen of cursussen geven; 2 h.b.s. (in België) en spoedig in Nederland.

athlète m 1 worstelaar enz. in de oudheid; 2 atleet, zeer sterk mens.

athlétique bn atletisch.

athlétisme bn atletiek.

atlante m mannenbeeld, dat een gedeelte v.e. gebouw ondersteunt (atlant).

atlantique bn atlantisch.

atlas m 1 halswervel; 2 atlas; 3 l'A~ gebergte in W.-Afrika.

atmosphère v 1 atmosfeer; 2 eenheid van luchtdruk.

atmosphérique bn atmosferisch.

atome m atoom.

atomique bn atomisch; bombe —, atoombom; énergie —, atoomenergie; poids —, atoomgewicht; théorie —, atoomtheorie.

atone bn 1 dof, uitdrukkingsloos (v.d. blik); 2 ongeaccentueerd (voyelle —).

atonie v zwakheid, slapte.

atour m (meestal: —s m mv) opschik (van vrouwen).

atout m troef (ook fig.).

âtre m haard.

atroce bn ontzettend, gruwelijk.

atrocité v gruwelijkheid.

atrophie v uittering.

atrophier (s'~) sterven door uittering.

attabler (s'~) aan tafel gaan.

attachant bn aantrekkelijk, boeiend.

attache v 1 band, riem; chien d'—, kettinghond; port d'—, thuishaven; tenir qn. à l'attache, iem. onder de duim houden; 2 paperclip; 3 gewrichtsverbinding; avoir des —s fines, fijne gewrichten hebben; 4 gehechtheid (avoir de l'— pour l'étude).

attaché m lid v. e. gezantschap.

attachement m 1 genegenheid, gehechtheid; 2 ijver (— au travail).

attacher I ov.w 1 vastmaken, vasthechten; — le grelot, de kat de bel aanbinden; 2 vestigen op (— ses yeux sur); 3 aan zich binden (— qn. par la reconnaissance); **II** s'~ à qn zich aan iem. hechten; s'— à qc., zich op iets toeleggen. **III** on.w aanbranden.

attaqu/ant m aanvaller. ~e v 1 aanval; — de nerfs, zenuwtoeval; — d'apoplexie, beroerte; être d'attaque, potig zijn; 2 inzet (muz.); 3 les —s, aanvalsloopgraven. ~er 1 ov.w 1 aanvallen, aanranden; — qn. en justice, iem. voor het gerecht dagen; 2 aantasten; 3 beginnen met, aanpakken (un travail); 4 inzetten (muz.). **II** s'~ à aanvallen, zich meten met.

attarder I ov.w vertragen, verlaten. **II** s'~

zich verlaten, zich te lang ophouden.

atteindre I ov.w (onr.) 1 treffen, raken; 2 aantasten (van ziekte); 3 bereiken; 4 inhalen. **II** on.w (~ à) reiken tot.

atteinte v 1 aanraking, slag, stoot; hors d'— buiten bereik; 2 ietsel, schade; porter — à, aanranden, aantasten, benadelen.

attelage m 1 het aanspannen (van dieren); 2 span.

atteler I ov.w 1 aanspannen; 2 aanhaken, koppelen (v. wagons enz.). **II** s'~ à zich inspannen voor.

attenant bn belendend.

attendant I bw: en —, in afwachting. **II** en que vw (met subj.) totdat.

attendre I ov.w wachten, verwachten, afopwachten; attendez-moi sous l'orme! (spr.w), morgen brengen!; tout vient à point à qui sait attendre (spr.w), geduld overwint alles; **II** on.w (après) wachten op. **III** s'~ (à), verwachten, rekenen op.

attendrir I ov.w 1 zacht maken; 2 ontroeren, vertederen. **II** s'~ ontroerd worden.

attendrissant bn ontroerend, treffend.

attendrissement m ontroering, vertedering.

attendu I vz wegens, gezien. **II** ~que vw aangezien.

attentat m aanslag.

attente v het wachten, verwachting; être dans l'—, in afwachting zijn; contre toute —, onverwachts; salle d'—, wachtkamer.

attenter (à) on.w een aanslag doen op.

attentif, -ive bn oplettend.

attention v 1 aandacht, oplettendheid; faire —, opletten; attention!, opgelet!; 2 attentie, voorkomendheid.

attentionné bn voorkomend.

atténuant bn verzachtend.

atténuation v verzachting, verzwakking.

atténuer ov.w verzachten, verzwakken.

atterrage m landingsplaats.

atterrer ov.w (fig.) terneerslaan, diep treffen.

atterrir on.w landen.

atterrissage m landing; — forcé, noodlanding; train d'—, landingsgestel.

atterrissement m aanslibsel.

atterrisseur m landingsgestel.

attestation v bewijs, getuigenis, verklaring.

attester ov.w getuigen, verklaren; en — les assistants, de omstanders tot getuigen roepen.

attiédir I ov.w 1 lauw maken, afkoelen; 2 (fig.) verflauwen. **II** s'~ lauw worden, verflauwen, afkoelen.

attiédissement m 1 afkoeling; 2 verflauwing.

attifer ov.w opdirken.

attique bn Attisch; sel —, Attisch zout.

attirail m 1 benodigdheden, uitrusting; 2 overtollige bagage, rompslomp.

attirant bn aantrekkelijk.

attirer I ov.w aantrekken, tot zich trekken (les regards); — l'attention, de aandacht trekken, vestigen op (à). **II** s'~ zich op de hals halen.

attis/age m het oppoken. ~ement m het oppoken. ~er ov.w 1 oppoken; 2 (fig.) aanstoken. ~eur m, -euse v aanstoker (-stookster). ~oir m pook.

attitré bn vast, gewoon (marchand —).

attitude v houding.

attouchement m aanraking.

attracteur, -trice bn wat aantrekt; force attractrice, aantrekkingskracht.

attractif, -ive bn wat aantrekt; force attractive, aantrekkingskracht.

attraction v 1 aantrekking, aantrekkingskracht; 2 les —s, attracties, genoegens.

attrait m 1 aantrekkelijkheid, bekoring; 2 neiging, smaak.

attrape v 1 strik; 2 valstrik, fopperij.

**attrape-mouches† m vliegenvanger.

attraper ov.w 1 vangen; attrape!, steek dat in je zak!; 2 bedriegen, beetnemen; 3 inhalen; 4 krijgen, oplopen; — une maladie, een ziekte oplopen; — un rhume, kou vatten; — le train, de trein halen; 5 be-

trappen; 6 weergeven, nabootsen.
attrayant *bn* aantrekkelijk.
attribuable *bn* toe te schrijven.
attribuer I *ov.w* 1 toekennen; 2 toeschrijven.
II s' ~ zich aanmatigen, opeisen.
attribut *m* 1 eigenschap, kenmerk; 2 zinnebeeld.
attristant *bn* bedroevend.
attrister I *ov.w* bedroeven. II s' ~ bedroefd worden.
attroupement *m* samenscholing.
attrouper I *ov.w* te hoop doen lopen. II s' ~ samenscholen.
aubade *v* muzikale hulde in de morgenuren.
aubaine *v* buitenkansje.
aube *v* 1 dageraad; 2 albe.
aubépine *v* meidoorn.
auberge *v* herberg.
aubergiste *m* herbergier.
aucun *vnw.* ~s, d' ~s sommigen; — *ne of ne* —, geen enkel, niemand.
aucunement *bw* geenszins.
audace *v* stoutmoedigheid, vermetelheid.
audacieux, -euse *bn* stoutmoedig, vermetel.
au-deçà *bw* aan deze zijde.
au-dedans *bw* van binnen.
au-dehors *bw* van buiten, naar buiten.
au-delà I *bw* aan gene zijde, aan de overzijde.
II *zn m* het hiernamaals.
au-dessous *bw* eronder.
au-dessus *bw* erboven.
au-devant de *vz* tegemoet.
audible *bn* hoorbaar.
audience *v* 1 audiëntie; *donner* — *à*, het oor lenen aan; 2 gerechtszitting; 3 gehoor.
auditeur *m*, **-trice** *v* toehoorder(es).
auditif, -ve *bn* wat het gehoor betreft.
audition *v* 1 het horen; 2 muziekuitvoering; 3 proefspel (van kunstenaar).
auditoire *m* 1 gehoorzaal; 2 toehoorders.
auge *v* 1 drinkbak voor vee; 2 kalkbak; 3 trog.
augment/able *bn* vermeerderbaar. ~**atif, -ive** *bn* vergrotend. ~**ation** *v* vergroting, verhoging (b.v. van salaris), vermeerdering. ~**er I** *ov.w* vergroten, verhogen, vermeerderen. II *on.w* vermeerderen, toenemen, stijgen. III s' ~ vermeerderen, toenemen, stijgen.
augure *m* 1 voorspelling, voorteken; *oiseau de bon, mauvais* —, gelukbrenger, ongeluksbode. 2 vogelwichelaar.
augurer *ov.w* voorspellen, voorzien.
auguste *bn* verheven, doorluchtig.
aujourd'hui *bw* 1 vandaag; 2 tegenwoordig.
aumôn/e *v* aalmoes; *faire l'*—, een aalmoes geven. ~**ier** *m* aalmoezenier. ~**ière** *v* beurs, die aan de gordel gedragen werd.
aunage *m* 1 het meten met de el; 2 ellemaal (van stoffen).
aunaie (aulnaie) *v* elzenbos.
1 aune *v* el; *au bout de l'*— *faut le drap* (*spr.w*), aan alles komt een eind; *l'homme ne se mesure pas à l'aune* (*spr.w*), men kan iem. niet beoordelen naar zijn grootte; *mesurer les autres à son aune*, anderen naar zich zelf beoordelen.
2 aune *m* 1 els; 2 elf.
auparavant *bw* naar te voren, eerst, vroeger.
auprès I *bw* er dicht bij. II ~**(de)** *vz* 1 (dicht)bij; 2 vergeleken met.
auréole *v* stralenkrans, aureool.
auriculaire I *bn* wat het oor betreft. II *zn m* pink.
aurifère *bn* goudbevattend.
aurifier *ov.w* (een tand) met goud plomberen.
auriste (auriculiste) *m* oorarts.
aurochs *m* oeros.
auroral [*mv aux*] *bn* van de dageraad.
aurore I *zn v* 1 dageraad, morgenrood (ook *fig.*); *dès l'*—, voor dag en dauw; 2 oosten. II *bn* goudgeel.
auscultation *v* onderzoek van hart of longen door luisteren.

ausculter *ov.w* hart of longen door luisteren onderzoeken.
auspice *m* voorteken; *sous d'heureux* —*s*, onder een gelukkig voorteken; *sous les* —*s de*, onder bescherming van.
aussi I *bw* 1 ook, eveneens; 2 — *que*, even . . . als, zo . . . als; — *bien que*, evenals; — *peu que*, evenmin als. II *vw* dan ook (voor aan de zin).
aussitôt I *bw* dadelijk. II ~**que** *vw* zodra.
austère *bn* streng, ernstig.
austérité *v* strengheid, boetvaardigheid.
austral [*mv aux*] *bn* zuidelijk.
Australie *v* Australië.
australien, -enne I *bn* Australisch. II *zn* A ~ *m*, -enne *v* Australiër(-ische).
autan *m* krachtige z.- of z.o.-wind.
autant I *bw* evenveel, zoveel; — *dire que*, je kunt even goed zeggen, dat; — *de gagné*, dat hebben we alvast; *en faire* —, hetzelfde doen; — *de têtes*, — *d'avis*, zoveel hoofden, zoveel zinnen; *d'*—, naar evenredigheid; *d'*— *mieux*, des te beter. II *d'*— (plus) que *vw* te meer, omdat. ~ que *vw* zo ver, als.
autarchie *v* zelfbestuur.
autel *m* altaar; *maître-autel*, hoofdaltaar.
auteur *m* 1 maker; 2 schrijver (schrijfster); *le droit d'*—, het auteursrecht; 3 bedrijver, dader.
authenticité *v* echtheid.
authentique *bn* echt, waar.
auto *v* auto. ~**biographie** *v* beschrijving van eigen leven. ~**bus** *m* autobus. ~**camion** *m* vrachtauto. ~**canon** *m* pantserauto met kanon. ~**car** *m* autocar. ~**chenille** *m* auto met rupsbanden. ~**chrome I** *bn* wat de natuurlijke kleuren weergeeft (*fot.*) II *zn v* kleurenfilm of fot. plaat. ~**crate** *m* alleenheerser. ~**cratie** *v* alleenheerschappij. ~**critique** *v* zelfkritiek. ~**didacte** *m* autodidact. ~**drome** *m* autorenbaan. ~**gire** *m* autogiro. ~**graphe I** *bn* eigenhandig geschreven. II *zn m* eigenhandig geschreven document v. e. schrijver. ~**graphie** *v* vermenigvuldigen van handschriften. ~**guidage** *m* automatische besturing. ~**guidé** *bn* — met automatische besturing. ~**mate** *m* 1 automaat; 2 onzelfstandig persoon. ~**mation** *v* automatisering. ~**matique** *bn* werktuiglijk. ~**mitrailleuse** *v* pantserauto, met mitrailleurs bewapend.
automnal [*mv aux*] *bn*: *fleurs* —*es*, herfstbloemen.
automne *m* herfst.
auto/mobile *v* automobiel; *canot* —, motorbootje. ~**mobilisme** *m* automobilisme. ~**mobiliste** *m* automobilist. ~**moteur, -trice** *bn* zelfbewegend. ~**nome** *bn* zelfstandig. ~**nomie** *v* zelfstandigheid.
autopsie *v* lijkschouwing.
autopsier *ov.w* lijkschouwen.
autorail *m* dieseltrein.
autorisation *v* vergunning, machtiging.
autoriser I *ov.w* machtigen, vergunning verlenen. II s' ~ de zich beroepen op.
autoritaire *bn* heerszuchtig.
autorité *v* 1 gezag; *d'*—, op eigen gezag; *cet écrivain fait* —, dat is een gezaghebbend schrijver; 2 gezaghebbend persoon.
auto/route *v* autoweg. ~**stop** *m* lift; *faire de l'*—, liften. ~**stoppeur** *m* lifter. ~**strade** *v* autosnelweg. ~**suggestion** *v* autosuggestie.
autour *m* havik.
autour I *bw* rondom, er om heen. II ~ de *vz* 1 rondom; 2 (*fam.*) ongeveer.
autre *bn* of *vnw* ander, anders; — *chose*, iets anders; *à d'*—*s*, maak dat anderen wijs!; *il n'en fait pas d'*—*s*, dat is weer echt iets voor hem; *de côté et d'*—, hier en daar; *j'en ai vu bien d'*—*s*, ik heb heel wat erger dingen meegemaakt; *parler de choses et d'*—*s*, over koetjes en kalfjes praten; *l'*—*dimanche*, verleden zondag; *entre* —*s*, onder anderen; *l'*—*jour*, onlangs; *l'un l'*—, *les uns les* —*s*, elkaar; *l'un et l'*—*s*, beiden;

d'un moment à l'—, elk ogenblik; *nous autres, Français*, wij, Fransen; *— part*, elders; *d'— part*, aan de andere kant; *de temps à —*, van tijd tot tijd; *tout —*, elk ander.

autrefois *bw* vroeger.

autrement *bw* anders.

autrichien, -enne I *bn* Oostenrijks. II *zn* A~ *m*, -enne *v* Oostenrijker(se).

autruche *v* struisvogel.

autrui *vnw* anderen, een ander.

auvent *m* afdak, luifel.

auvergnat I *bn* uit Auvergne. II A~ *m*, -e *v* bewoner(bewoonster) van Auvergne.

auxiliaire I *bn* hulp-. II *(verbe)* — *m* hulpwerkwoord.\

auxiliateur, -trice I *bn* helpend. II *zn m* of *v* helper(-ster).

aval *m* 1 benedenloop v. e. rivier; *en — (de)*, stroomafwaarts; 2 wisselborgtocht.

avalanche *v* lawine.

avaler *ov.w* opeten, verslinden, verzwelgen. *— la pilule*, door de zure appel heen bijten; *— sa langue*, zwijgen; *— de travers*, zich verslikken; *— des yeux*, met de ogen verslinden.

avaleur *m*, *-euse* *v* (fam.) gulzigaard.

avance *v* 1 voorsprong; *la belle — l*, wat schiet ik daar nu mee op!; 2 vooruitstekend gedeelte v. e. huis; 3 voorschot; 4 *faire des —s*, iem. (fig.) tegemoetkomen bij toenaderzoening enz.; *d'—*, *par —*, vooruit, bij voorbaat; *en —*, te vroeg.

avancé *bn* 1 uitgestoken *(la main —e)*; 2 vooruitgeschoven *(tranchée —e)*; 3 in vergevorderde staat *(travail —)*; 4 vooruitstrevend *(idées —es)*; 5 die de anderen voor is *(élève —)*; 6 overrijp *(pomme —e)*.

avancement *m* bevordering, vooruitgang.

avancer I *ov.w* 1 vooruitsteken; 2 voorschieten *(des gages)*; 3 beweren, naar voren brengen; 4 verhaasten, vervroegen. II *on.w* 1 voorwaarts gaan, vorderen; 2 voorlopen (van klok); 3 vooruitsteken; 4 opschieten, vorderingen maken. III s'~ naar voren komen, naderen.

avanie *v* vernedering.

avant I *vz* voor (tijd, rangorde, plaats); *— peu*, binnenkort; *— de*, alvorens. II *bw* 1 voor, tevoren, vooruit; *passer —*, voorgaan; 2 diep, ver; *bien — dans la nuit*, diep in de nacht; *— dans la forêt*, ver, diep in het bos; *— —*, voorwaarts; *se mettre en —*, zich opdringen. III ~ *que vw* voordat (met *subj.*). IV *zn m* 1 voorsteven v. e. schip; 2 het front; 3 voorhoedespeler (voetbal); *la roue —*, het voorwiel.

avantage *m* 1 voordeel, voorrecht; *j'al l'— de*, ik heb het voorrecht, genoegen; 2 extra erfdeel; 3 one in (tennis).

avantager *ov.w* bevoordelen, begunstigen.

avantageux, -euse *bn* 1 voordelig; 2 flatteus; 3 verwaand.

avant-/bras *m* voorarm. ~**centre** *m* middenvoor (voetbal). ~**court†** *v* voorhof. ~**coureur†** *zn m* of *bn* voorloper; *signe —*, voorteken. ~**dernier†, -ère†** *bn* voorlaatst. ~**garde†** *v* voorhoede. ~**goût†** *m* voorsmaak. ~**hier** *bw* eergisteren. ~**main†** *v* palm v. d. hand, voorhand v. e. paard. ~**port†** *m* buitenhaven. ~**poste†** *m* voorpost. ~**projet†** *m* voorontwerp. ~**propos** *m* voorbericht. ~**scène†** *v* voorgrond van toneel. ~**veille†** *v* twee dagen tevoren.

avare I *bn* gierig, zuinig. II *zn m* vrek.

avarice *v* gierigheid.

avaricieux, -euse *bn* gierig.

avarie *v* averij, schade.

avarié *bn* beschadigd.

avarier *ov.w* beschadigen.

avé (avé Maria) *m* 1 wees gegroet; 2 kraal v. d. rozenkrans.

avec I *vz* met, bij; *— ça l*, och kom!; *il a son père — lui*, bij zich; *distinguer d'—*, onderscheiden van. II *bw* erbij.

avenant *bn* vriendelijk, innemend.

avènement *m* 1 komst van Christus; 2 het aan de regering komen, troonsbestijging.

avenir *m* 1 toekomst; *à l'—*, voortaan; 2 nageslacht.

avent *m* advent.

aventure *v* avontuur; *à l'—*, op goed geluk af; *d'—*, *par —*, bij toeval; *dire la bonne —*, de toekomst voorspellen.

aventurer I *ov.w* wagen. II s'~ zich wagen.

aventureux, -euse *bn* avontuurlijk, onzeker.

aventurier *m*, *-ère* *v* avonturier(ster).

avenue *v* 1 toegang; 2 laan; 3 brede, met bomen beplante straat.

avéré *bn* bewezen *(un fait —)*.

avérer *ov.w* als waar erkennen, bevestigen.

avers *m* beeldzijde van munt.

averse *v* stortbui.

aversion *v* afkeer, walging; *prendre en —*, een afkeer krijgen van.

averti *bn* ingelicht, goed op de hoogte; *un homme — en vaut deux*, een gewaarschuwd man geldt voor twee.

avert/ir *ov.w* 1 waarschuwen; *tenez-vous pour averti l*, laat dat u gezegd zijn!; 2 verwittigen. ~**issement** *m* 1 waarschuwing; 2 bericht; *— au lecteur*, voorbericht. ~**isseur** I *bn* waarschuwend. II *zn m* 1 waarschuwer; toestel om te waarschuwen; *— d'incendie*, brandmelder; 2 toeter.

aveu *m* 1 bekentenis; *faire l'— de*, bekennen; 2 toestemming, goedkeuring; *homme sans —*, schooier; *de l'— de tout le monde*, zoals ieder erkent.

aveuglant *bn* verblindend.

aveugle I *bn* 1 blind; *à l'—*, blindelings; 2 totaal *(soumission —)*. II *zn m* of *v* blinde.

aveuglement *m* 1 verblinding; 2 blindheid.

aveuglément *bw* blindelings.

aveugler *ov.w* 1 verblinden; 2 blind maken; 3 stoppen v. e. lek.

aveuglette *à l'—*, blindelings.

aveulir *ov.w* verwijven, willoos maken.

aveulissement *m* verwijving, lamlendigheid.

aviateur *m*, *-trice* *v* vliegenier(ster).

aviation *v* vliegkunst.

aviculteur *m* vogelkweker.

aviculture *v* het kweken van vogels.

avide *bn* begerig, gretig.

avidité *v* 1 begerigheid; 2 gulzigheid.

avilir I *ov.w* 1 verlagen, vernederen; 2 (in prijs) verlagen. II s'~ zich verlagen.

avilissant *bn* verlagend, vernederend.

avilissement *m* 1 verlaging, vernedering; 2 prijsverlaging.

avion *m* vliegtuig; *— de chasse*, jachtvliegtuig; *— postal*, postvliegtuig; *— à réaction*, straalvliegtuig; *— de tourisme*, sportvliegtuig; *— de transport*, verkeersvliegtuig.

avionnette (aviette) *v* klein vliegtuig.

aviron *m* 1 roeiriem; 2 roeisport.

avis *m* 1 mening, oordeel; *autant de têtes, autant d'—*, zoveel hoofden, zoveel zinnen; *à mon —*, mijns inziens; *m'est —*, mij dunkt; *deux — valent mieux qu'un*, twee weten meer dan één; 2 raad; 3 waarschuwing, bericht; *— au lecteur*, voorbericht; *— au public*, aanplakbiljet; *sauf — contraire*, zonder tegenbericht.

aviser I *ov.w* 1 toevallig bemerken; 2 raden; 3 berichten. II s'~ de bedenken.

aviver *ov.w* 1 verlevendigen, verhelderen; *— une couleur*, een kleur ophalen; 2 opstoken *(le feu)*; 3 oppoetsen; 4 scherpen.

avocassier *m*, *-ère* *v* slecht advoca(a)t(e).

avocat *m* advocaat.

avoine *v* haver; *folle —*, wilde haver.

1 **avoir** *ov.w* 1 hebben, bezitten; *— 12 ans*, twaalf jaar zijn; *— pour agréable*, goedvinden; *il a beau dire*, hij heeft mooi praten; al praat hij nog zo; *— chaud*, warm zijn; *en — à*, het gemunt hebben op; *— froid*, koud zijn; *cette maison a 19 mètres de haut*, dit huis is 19 meter hoog; *— de la lecture*, belezen zijn; *— peur*, bang zijn; *qu'avez-*

vous?, wat mankeert u?; 2 krijgen; 3 dragen; ~ à:*j'ai à parler à cet homme*, ik moet die man spreken; *il n'a qu'à répondre*, hij hoeft maar te antwoorden. il y a er is, er zijn, enz.; *il y a un an*, een jaar geleden; *il y a longtemps*, lang geleden; *qu'y a-t-il?*, wat scheelt er aan?; *qu'y a-t-il pour votre service?*, wat is er van uw dienst?; *tant il y a*, zoveel is zeker.
2 avoir *m* 1 bezit; 2 credit.
avoisinant *bn* naburig, aangrenzend.
avoisiner *ov.w* grenzen aan.
avortement *m* mislukking.
avorter *on.w* mislukken.
avouable *bn* waarvoor men zich niet behoeft te schamen.
avoué *m* procureur.

avouer *ov.w* 1 bekennen; 2 als het zijne erkennen (*un ouvrage*); 3 goedkeuren.
avril *m* april; *poisson d'—*, aprilmop.
axe *m* 1 as, spil; 2 hoofdrichting.
axiome *m* axioma.
ayant† *cause m* rechtverkrijgende.
ayant† *droit* rechthebbende.
azalée *v* azalea (*pl.k.*).
azimut *m* azimut.
azote *m* stikstof.
azoté (azoteux, -euse) *bn* stikstof bevattend.
azur *m* 1 azuur-, lazuursteen; 2 het blauw v. d. hemel; *la Côte d'A—*, de Riviera; 3 hemel, lucht.
azuré *bn* hemelsblauw.
azyme *bn* ongedesemd (*pain —*); *Fête des Azymes*, joods paasfeest.

B

b *m*: *être marqué au b*, (van *boiteux* = mank, *borgne* = éénogig, *bossu* = gebocheld), getekend zijn; *ne savoir ni a ni b*, niets kennen, zeer onontwikkeld zijn; **Bon, Bonne** = Baron, Barones; **B.P.F.** = *bon pour francs*; **B.S.** = *Brevet Supérieur*, hoofdakte; **B.S.G.D.G.** = *breveté sans garantie du gouvernement*, gepatenteerd zonder waarborg der regering; **Bd, Bould.** = boulevard.
baba *bn rester —*, paf staan (*pop.*).
babeurre *m* karnemelk.
babil *m* 1 gebabbel; 2 kindertaal.
babill/age (babillement) *m* gebabbel. ~ard I *bn* praatziek. II *zn m*, -e *v* babbelaar(ster). III *m* (*pop.*) brief. ~er *on.w* babbelen.
bâbord *m* bakboord.
babouche *v* slof, muil.
bac *m* 1 veerpont; 2 kuip; 3 (*arg.*) baccalaureaat, eindexamen middelbare school.
baccalauréat *m* eerste universitaire graad in Frankrijk, ongeveer overeenkomende met het eindex. h.b.s. of gymnasium in Nederland; *— ès lettres, — ès sciences*, baccalaureaat in de letteren, in de wis- en natuurkunde.
baccara *m* baccarat (soort gokspel met kaarten).
bacchanal [*mv* aux] hels lawaai.
bacchanale *v* slemppartij.
bâche *v* 1 dekzeil, huif; 2 broeibak; 3 soort net.
bachelier *m*, -ère *v* iem. die in het bezit is van het baccalaureaatsexamen.
bâcher *ov.w* een dekzeil op iets leggen.
bachique *bn* aan Bacchus gewijd.
bachot *m* 1 klein bootje; 2 (*arg.*) baccalaureaat, eindexamen middelbare school.
bachotage *m* het drillen voor een examen.
bacille *m* bacil.
bâclage *m* 1 het afraffelen v. e. werk; 2 het sluiten v. e. venster of deur door middel v. e. stang.
bâcle *v* afsluitstang, -boom.
bâcler *ov.w* 1 afraffelen; 2 sluiten v. e. deur of venster door middel v. e. stang.
bacon *m* mager spek.
bactéri/e *v* bacterie. ~en, -enne *bn* bacterisch. ~ologie *v* bacteriologie.
badaud *m* kijkgraag. II *zn m* sufferd.
badauderie *v* het doelloos rondkijken, onnozelheid.
badigeon *m* (*pop.*) poeder.
badigeonneur *m* kladschilder.
badin I *bn* schalks. II *zn m*, -e *v* schalks persoon, grappenmaker(-maakster).
badinage *m* scherts, gekeuvel.
badiner *on.w* schertsen, genoeglijk keuvelen of schrijven.
badinerie *v* 1 grap, scherts; 2 kinderachtigheid, beuzelarij.

bafouer *ov.w* uitlachen, uitjouwen.
bafouillage *m* kletspraat (*fam.*).
bafouiller *ov.w* hakkelen (*fam.*).
bâfrer *ov.w* en *on.w* smullen, schransen (*pop.*).
bagage *m* bagage; *plier —*, 1 er tussen uitgaan; 2 sterven (*fam.*).
bagarre *v* (*fam.*) 1 herrie, gedrang; 2 rel, vechtpartij.
bagatelle *v* kleinigheid; *— l*, gekheid, onzin!
bagnard *m* galeiboef.
bagne *m* bagno.
bagnole *v* (slechte) kar of auto.
bagout (bagou) *m* radheid van tong.
bague *v* (vinger)ring; *jeu de —*, ringsteken.
baguenauder *on.w* prutsen.
baguenauderie *v* beuzelarij.
baguette *v* 1 stokje; *— divinatoire*, wichelroede; *— de fée*, toverstokje; *— de tambour*, trommelstok; 2 lang brood; 3 dirigeerstok; 4 (*fam.*) *—s*, steile haren.
baguettissant *m* wichelroedeloper.
baguier *m* juwelenkistje.
bah! *tw* och kom!, kom nou!
bahut *m* 1 klerenkist; 2 antiek buffet; 3 (*pop.*) taxi; 4 school.
bai *bn* roodbruin (van paarden).
baie *v* 1 baai (*scheepv.*); 2 deur-, vensteropening; 3 bes.
baignade *v* 1 het baden; 2 bad-, zwemplaats aan een rivier.
baigner I *ov.w* 1 doen baden; 2 begieten, dompelen in; *baigné de larmes*, in tranen badend; 3 stromen langs (*la mer baigne cette ville*). II *on.w* gedompeld zijn in, baden. III se ~ een bad nemen, zwemmen.
baigneur *m*, -euse *v* 1 bader (baadster); 2 badmeester, -juffrouw; 3 celluloid poppetje.
baigneuse *v* badmantel.
baignoire *v* 1 badkuip; 2 parterreloge (in schouwburg).
bail [*mv* baux] *m* huurceel; *donner à —*, verhuren, verpachten; *— à loyer*, huurcontract.
baille *v* 1 tob; 2 (*arg.*) oude schuit.
bâillement *m* gegaap, geeuw.
bailler *ov.w* (*oud*) geven; *vous me la baillez belle*, je maakt me wat wijs!
bâiller *on.w* 1 gapen, geeuwen; 2 op een kier staan.
bailleur *m*, -eresse *v* verhuurder(ster); *— de fonds*, geldschieter.
bâilleur *m*, -euse *v* gaper (gaapster).
bailli *m* baljuw.
bâillon *m* prop in de mond.
bâillonnement *m* het knevelen, het snoeren v. d. mond (ook *fig.*).
bâillonner *ov.w* knevelen, de mond snoeren (ook *fig.*).

bain m 1 bad; 2 badkuip, badinrichting; — *de me*, zeebad; *être dans le* —, er lelijk in zitten. les ~s badplaats, baden met geneeskrachtig water (*Aix-les-Bains*); *prendre les* —*s*, een badkuur houden.

baïonnette v bajonet.

baisemain m 1 handkus; 2 ~s groeten, complimenten.

baisement m voetkus (op Witte Donderdag of bij bezoek aan de paus).

baiser I *ov.w* kussen, zoenen; *je vous baise les mains*, uw dienaar; (*iron.*) daar pas ik voor! II *zn* m kus, zoen.

baiseur m, -euse v iemand, die veel en graag kust.

baisse v daling; *jouer à la* —, speculeren op het dalen der aandelenkoersen.

baissement m daling, vermindering.

baisser I *ov.w* 1 neerlaten, laten zakken enz.; — *l'oreille*, beteuterd staan, de moed verliezen; — *pavillon*, toegeven, de vlag strijken; — *un store*, een gordijn neerlaten; — *un tableau*, een schilderij lager hangen; — *la tête*, het hoofd buigen; — *le ton*, inbinden, een toontje lager zingen; — *la voix*, zachter spreken; 2 verlagen. II *on.w* zakken, dalen, verminderen; *ses actions baissent*, zijn invloed vermindert; *le jour baisse*, de avond valt; *le malade baisse*, de zieke gaat achteruit; *les marchandises baissent*, de waren slaan af; *le vent baisse*, de wind gaat liggen; *sa vue baisse*, zijn gezicht wordt minder. III se ~ zich bukken.

baissier m hij, die speculeert à la baisse.

bal [*mv* bals] m 1 bal; — *champêtre*, openluchtbal; — *blanc*, jongeluisbal; 2 danszaal *v* (*pop.*) wandeling. [zaal.

se balader (*pop.*) flaneren, slenteren.

baladeuse v 1 groentekar; 2 bijwagen.

baladin m clown, hansworst.

baladinage m 1 clownerie, potsenmakerij; 2 ordinaire mop.

baladiner *on.w* voor clown spelen, potsen maken.

balafre v 1 lange snede i. h. gezicht; 2 het litteken daarvan.

balafré *bn* met een litteken in het gezicht.

balai m 1 bezem; *donner un coup de* —, vegen, (*fig.*) personeel ontslaan; *faire* — *neuf*, er ijverig zijn (in den beginne); *rôtir le* —, een ongebonden leven leiden, boemelen; 2 vogelstaart; 3 staarteinde, -pluim.

balance v 1 weegschaal; *mettre la* —, vergelijken; *faire pencher la* —, de schaal doen overslaan; 2 evenwicht; 3 balans; *faire la* —, balans opmaken; 4 kreeftenet.

balancé m danspas.

balancement m 1 het schommelen; 2 aarzeling.

balancer I *ov.w* 1 heen en weer bewegen, schommelen; 2 (*fig.*) afwegen (*le pour et le contre*); 3 in evenwicht houden; 4 afsluiten (*un compte*); 5 een evenwicht vormen met, opwegen tegen; 6 (*pop.*) wegsturen, ontslaan. II *on.w* 1 aarzelen; 2 onzeker blijven. III se ~ 1 schommelen, wiegelen, waggelen; 2 tegen elkaar opwegen; *s'en* ~ er maling aan hebben.

balancier m 1 slinger v. e. klok; 2 balans v. e. machine; 3 balanceerstok.

balancines v *mv* (*arg.*) bretels.

balançoire v 1 schommel; 2 wip.

balayage m het vegen.

balayer *ov.w* 1 vegen; 2 voor zich uit drijven, verjagen (*le vent balaye les nuages*); schoonvegen (*le vent balaye le ciel*).

balayeur m, -euse v straatveger(-veegster).

balayeuse v veegmachine.

balayures v *mv* veegsel.

balbutiement m het stamelen, het stotteren.

balbutier I *on.w* stamelen, stotteren. II *ov.w* stamelend uitspreken (— *des excuses, un compliment*).

balbuzard m visarend.

balcon m balkon.

baldaquin m baldakijn, hemel v. e. bed.

Bâle Bazel.

baleine v 1 walvis; 2 balein.

baleinier m walvisvaarder.

balèvre v onderlip.

balise v baken, boei.

baliser *ov.w* betonnen, afbakenen.

balistique v ballistiek (leer der kogelbanen).

baliverne v kletspraat.

baliverner *on.w* kletspraatjes verkopen.

balkanique *bn* uit de Balkan.

ballade v ballade.

ballant I *bn* los neerhangend, zwaaiend (*aller les bras* —*s*); *voile* —*e*, loshangend zeil. II *zn* m het slingeren; *avoir du* —, slingeren.

balle v 1 bal (ook voetbal); *avoir la* — *belle*, een gunstige gelegenheid hebben; *prendre la* — *au bond*, de gelegenheid aangrijpen; *enfant de la* —, in het vak van zijn vader opgegroeid (speciaal van toneelspelers); *renvoyer la* —, het antwoord niet schuldig blijven; *à vous la* —, 't is uw beurt; 2 kogel; — *traçante*, lichtkogel; — *perdue*, verdwaalde kogel; — *à feu*, lichtkogel; 3 baal; *faire sa* — *de qc.*, iets uitzoeken; *marchandises de* —, bocht, rommelwaar; *porter la* —, als marskramer rondtrekken; 4 (*arg.*) frank, 5 (*arg.*) gezicht.

ballerine v balletdanseres.

ballet m ballet; *corps de* —, de gezamenlijke dansers(essen) b.v. van de opera.

ballon m 1 (met lucht gevulde) bal, voetbal; 2 luchtballon; — *captif*, kabelballon; — *d'essai*,— *pilote*, proefballon; *lancer un* — *d'essai*, een proefballonnetje oplaten; *gonfler un* —, een ballon vullen; *avoir du* —, licht dansen; 3 ronde berg in de Elzas (*le Ballon d'Alsace*); 4 rond(e) fles of glas.

ballot m 1 kleine baal; 2 (*pop.*) lomperd.

ballottage m herstemming.

ballotte v balletje.

ballotter I *ov.w* 1 heen en weer slingeren; 2 in herstemming brengen; 3 voor de gek houden. II *on.w* schudden, klapperen (b.v. van een deur).

ballottin m balletje.

balluchon (**baluchon**) m (*pop.*) pakje kleren of linnengoed.

balnéaire *bn* wat betrekking heeft op baden; *station* — v badplaats.

bâlois I *bn* uit Bazel. II *zn* B ~ m, -e v inwoner (inwoonster) van Bazel.

balourd I *bn* lomp, dom. II *zn* m, -e v lomperd, stommeling.

balourdise v lompheid, stommiteit.

balsamine v balsemien (*pl.k.*).

balsamique *bn* balsemachtig, welriekend.

balte *bn* Baltisch.

Baltique v (*la mer*) — Oostzee.

balustrade v balustrade, hek.

balustre m spijl van balustrade of hek.

balzan m paard met witte plekken boven de hoeven.

bambin m, -e v (*fam.*) kleuter.

bambochade v 1 schilderij met grappige voorstelling v. h. landleven; 2 fuif.

bamboche v 1 marionet; 2 uitspatting.

bambocher *on.w* (*pop.*) boemelen, zich overgeven aan uitspattingen.

bambocheur m, -euse v (*pop.*) boemelaar(ster).

bambou m bamboe.

ban m 1 proclamatie; *battre un* —, omroepen (met gebruikmaking van trom of bekken); — *de vendange*, bekendmaking door de omroeper, dat de wijnoogst begint; 2 oproeping der leenmannen; 3 tromgeroffel en hoorngeschal voor en na sommige mil. plechtigheden (b.v. officiersbeëdiging); (*ouvrir le* —, *fermer le* —); 4 kerkelijke huwelijksafkondiging; 5 verbanning; *mettre au* —, in de ban doen; *rupture de* —, het verlaten v. d. plaats van verbanning.

banal [*mv* aux] *bn* gewoon, alledaags, ordinair. [nair.

banalité v platheid, afgezaagdheid. [nair.

banane v banaan.

bananeraie v bananenplantage.

bananier *m* banaanboom.

banban I *bn* (pop.) mank. II *zn m,* -e *v* manke.

banc *m* 1 (zit)bank; *être sur les bancs,* school-gaan; — *d'œuvre,* kerkmeestersbank; 2 laag gesteenten; 3 zandbank (— *de sable);* 4 school (— *de poissons).*

bancal [*mv* als] *m* met kromme benen.

bandage *m* 1 het verbinden; 2 verband; 3 band om wiel; 4 breukband.

bandagiste *m* fabrikant of verkoper van verband, van breukbanden.

bande *v* 1 band, verband; — *molletière,* been-windsel; 2 kruisband om een krant; *mettre un journal sous* —, er een kruisband om doen; 3 biljartband; 4 filmband; 5 bende.

bandeau [*mv* x] *m* 1 blinddoek; *avoir un* — *sur les yeux,* verblind zijn; 2 verblinding *(le bandeau de l'erreur);* 3 hoofdband; — *royal,* diadeem; 4 gladde haren aan weers-zijden v. h. voorhoofd *(se coiffer en* —*x).*

bandelette *v* bandje, strookje, lintje.

bander *ov.w* 1 verbinden; — *les yeux,* blind-doeken; 2 spannen v. e. boog.

banderille *v* banderilla (van stierenvechters).

banderillo *m* stierenvechter, die banderilla's in de stier steekt.

banderole *v* 1 wimpel; 2 sigarebandje.

bandit *m* bandiet, schavuit.

banditisme *m* banditisme.

bandoulier (bandolier) *m* 1 bandiet; 2 smokkelaar (i. d. Pyreneeën).

bandoulière *v* draagriem; *porter en* —, schuin over de rug dragen.

banlieue *v* buitenwijken v. d. stad.

banlieusard *m* bewoner der banlieue; *(fam.)* forens.

banne *v* 1 kolenwagen; 2 dekzeil; 3 mand.

banner *ov.w* met een dekzeil dekken.

banneton *m* viskaar.

banni *m* balling.

bannière *v* 1 vaandel, banier; 2 scheepsvlag.

bannir *ov.w* 1 verbannen; 2 afleggen, van zich werpen *(la crainte, les soucis).*

bannissement *m* 1 verbanning; 2 balling-schap.

banque *v* 1 geld-, handelsbank; — *de circulation,* circulatiebank; — *de crédit,* leen-bank; — *d'escompte,* discontobank; — *régionale,* boerenleenbank; la B—de France, de Franse Bank; — *du sang,* bloedbank; 2 totale inzet v. e. speelbank; *faire sauter la* —, de hele inzet v.d. speelbankhouder winnen; *tenir la* —, de bank houden.

banqueroute *v* bankroet; *faire* —, bankroet gaan; — *simple,* niet-bedrieglijke bank-breuk.

banqueroutier *m,* -ère *v* bankroetier.

banquet *m* feestmaal.

banqueter *on.w* 1 deelnemen aan een banket; 2 goede sier maken.

banquette *v* 1 bank zonder leuning; 2 bank in treinen en trams; 3 stenen vensterbank.

banquier *m,* -ère *v* 1 bankier(ster); 2 bank-houder(ster) bij kansspel.

banquise *v* ijsbank.

baptème *m* doop, doopsel.

baptiser *ov.w* 1 dopen; 2 zegenen van schip enz.; — *du vin,* water in de wijn gieten.

baptismal [*mv* aux] *bn* wat betrekking heeft op de doop; *eau* —*e,* doopwater; *fonts baptismaux,* doopvont.

baptiste *m* doopsgezinde; *Saint Jean-B—,* H. Johannes de Doper.

baptistère *m* doopkapel.

baquet *m* 1 kuipje, kleine tobbe; 2 *(arg.)* bord.

bar *m* 1 zeebaars; 2 bar.

baragouin *m* koeterwaals.

baragouiner *ov.w* een taal slecht spreken, radbraken (— *le français).*

baraque *v* 1 tent; 2 kraam; 3 krot; 4 loods.

baraquement *m* tenten-, barakkenkamp.

baraquer I *ov.w* in tenten, barakken onder-brengen. II *on.w* legeren in barakken of tenten.

baratt/age *m* (barattement *m*) het karnen. ~e

v karn. ~er *ov.w* karnen. ~eur *m,* -euse *v* 1 karn; 2 karnmachine. ~on (baraton) *m* karnstok.

barbant *bn* (pop.) vervelend.

barbare I *bn* 1 barbaars, wreed, onmenselijk; 2 onbeschaafd. II *zn m* barbaar, onmens.

barbaresque I *bn* Barbarijs. II *zn* B— *m* Berber.

barbarie *v* 1 barbaarsheid, onmenselijkheid, wreedheid; 2 onbeschaafdheid.

barbariser *ov.w* barbaars maken.

barbarisme *m* barbarisme in de taal.

barbe *v* 1 baard; *agir à la* — *de qn.,* iets in iemands bijzijn doen, om hem te trotseren; *faire la* — *à qn.,* iem. de baas zijn; iem. scheren; *se faire la* —, zich scheren; *par ma* —, waarachtig! *porter toute sa* —, een volle baard dragen; *rire dans sa* —, in zijn vuistje lachen; 2 baard van korenaar of pen; 3 *vieille* —, ouwe sok; 4 schimmel.

barbeau [*mv* x] *m* 1 barbeel; 2 korenbloem; 3 *(pop.)* souteneur.

barbelé *bn* met weerhaken; *fil de fer* —, prikkeldraad.

barbet *m* 1 poedel; 2 smokkelaar in de Alpen.

barbiche *v* sik.

barbier *m* barbier.

barbifier *ov.w (fam.)* scheren.

barbillon *m* weerhaak.

barbon *m* oude man.

barbot/age *m* geploeter, geplas. ~er *on.w* 1 ploeteren, plassen; 2 door 't slijk waden; 3 blijven steken, de kluts kwijt zijn; 4 mom-pelen; 5 *(arg.)* stelen. ~eur I *m* 1 iem. die ploetert, plast; 2 tamme eend. II -euse *v* 1 speelpakje; 2 wasmachine. ~ière *v* eenden-poel.

barbouill/age *m* (barbouillis) *m* 1 kladschilderij; 2 onleesbaar schrift; 3 gebrabbel, wartaal. ~er I *ov.w* 1 bekladden, bevuilen; 2 klad-schilderen; 3 van streek brengen; 4 slecht schrijven (ook van stijl). II *on.w* brabbelen. ~eur *m,* -euse *v* 1 kladder (kladster); 2 klad-schilder(es); 3 slecht schrijver (schrijfster); 4 brabbelaar(ster).

barbouse *v (pop.)* baard.

barbu *bn* baardig.

barbue *v* griet (vis).

barcarolle *v* gondellied.

barcasse *v* barkas.

barda *m (pop.)* soldatenuitrusting.

barde *m* bard.

bardot (bardeau) *m* muilezel.

barème, barrème *m* boek met uitgewerkte berekeningen, schaal.

barge *v* 1 platboomd vaartuig; 2 rechthoeki-ge hooimijt; 3 grutto.

barguignage *m* aarzeling.

barguigner *on.w* aarzelen.

barguigneur *m,* -euse *v* weifelaar(ster).

baril *m* vaatje.

barillet *m* 1 klein vaatje; 2 revolvertrommel.

barilleur (barilier) *m* kuiper.

bariolage *m* bonte kleurenmenging.

bariolé *bn* bont.

baro/graphe *m* hoogtemeter v. vliegtuigen. ~mètre *m* barometer; — *enregistreur,* zelf-registrerende barometer. ~métrique *bn* barometrisch; *hauteur* —, barometerstand.

baron *m* baron.

baronne *v* barones.

baronnie *v* baronie.

baroque *bn* vreemd, grillig *(une idée* —*).*

baroscope *m* baroscoop.

barque *v* boot; — *de pêche,* vissersboot; *bien conduire sa* —, zijn zaken goed leiden; — *à rames,* roeiboot; — *à voile,* zeilboot.

barquette *v* 1 bootje; 2 taartje.

barrage *m* 1 versperring, (weg)afsluiting; *tir de* —, spervuur; 2 tol; 3 stuwdam.

barre *v* 1 staaf, stang; *une* — *de fer,* een on-verzettelijk man; *de l'or en* —*s,* baar goud; — *fixe,* rekstok; —*s parallèles,* brug (gym-nastiektoestel); 2 streep, muziekstreep; *jeu de* —*s,* overlopertje; *avoir* — *sur qn.,* de overhand op iem. hebben; 3 roerpen; *tenir la —*, het stuur houden; *un coup de —*, ruk aan het stuur; 4 rechtbank, balie; *comparaître à la —*, voor de rechter verschijnen; 5 hindernis bij riviermonding; *— de sable*, zandplaat; *port de —*, haven, die alleen bij vloed toegankelijk is; *— d'eau*, springvloed, vloedgolf.

barreau [*mv* x] *m* 1 stang, tralie; 2 balie, advocatenstand, -beroep.

barrer *ov.w* 1 afsluiten, versperren; *rue barrée*, afgesloten rijweg; 2 doorstrepen, doorhalen, een kruis zetten door (*un chèque*).

barrette *v* 1 baret; 2 kardinaalshoed; 3 bonnet.

barricade *v* barricade (straatversperring).

barricader I *ov.w* versperren. II se ~ zich achter een barricade verschansen; (*fig.*) zich in zijn kamer opsluiten.

barrière *v* 1 afsluiting, hek; 2 tolhek, slagboom; 3 natuurlijke grens; 4 hinderpaal.

barrique *v* okshoofd, fust (200 à 250 liter).

baryton *m* 1 bariton (*muz.*); 2 trompet.

barzoï *m* Russische windhond.

bas, basse I *bn* 1 laag; *en — âge*, op jeugdige leeftijd; *— allemand*, Nederduits; *chapeau —*, met de hoed af; *le — latin*, middeleeuws Latijn; *faire main —se*, plunderen; *faire main —se sur*, in beslag nemen, zich meester maken van; *ce malade est bien —*, die zieke is erg slecht; *marée —e*, eb; *messe —se*, stille mis; *officier —*, subaltern officier; *l'oreille —se*, met hangende pootjes; *la —se Seine*, de beneden-Seine; *temps —*, betrokken lucht; *traiter de haut en —*, geringschattend behandelen; *la —se ville*, de benedenstad; *avoir la vue —se*, bijziende zijn; 2 laag, gemeen; *mot, terme —*, gemeen of ordinair woord; *style —*, ordinaire stijl; 3 fluisterend; *à voix —se*, fluisterend. II *bw* laag; *à —*, weg met!; *à — les chapeaux*, hoeden af!; *à — les mains !*, handen thuis!; *parler —*, zachtjes spreken; *cet homme est — percé*, die man is geruïneerd; *couler —*, zinken; *en —*, beneden, naar beneden; *là-bas*, daar ginds; *ici-bas*, hier op aarde; *au —*, de, onderaan.

bas *m* 1 het onderste gedeelte; 2 kous; *— bleu*, blauwkous; 3 spaarpot (Ned. kous).

basalte *m* basalt.

basane *v* bezaanleer (*relier en —*).

basané *bn* door de zon verbrand, getaand, gebruind (*teint —*).

basaner *ov.w* bruinen, tanen (*— la peau*).

bas-côté *m* zijbeuk v. e. kerk.

bascule *v* 1 balans; 2 wip; *chaise à —*, schommelstoel; *système de —*, halfslachtige politiek; 3 (*arg.*) guillotine.

basculer *on.w* 1 wippen; 2 omslaan, vallen.

bas-dessus *m* mezzo-sopraan (*muz.*).

base *v* 1 basis, voet, grondslag; 2 uitgangspunt, ravitailleringscentrum (*mil.*); *— d'aviation*, *de sous-marins*, vlieg-, onderzeeërsbasis; *— de feux*, vuurbasis; *— d'opération*, operatiebasis; 3 base.

baser *ov.w* gronden, baseren.

bas-fond† *m* ondiepte in rivier of zee; *les —s*, onderste lagen der maatschappij.

basilic *m* koningshagedis.

basilique *v* basiliek.

basoche *v* procureurs, notarissen, deurwaarders.

basque *v* pand, slip.

basque *bn* Baskisch. B ~ *m* of *v* Baskiër, Baskische.

bas-relief† *m* bas-reliëf.

basse *v* 1 basstem; 2 baspartij; 3 baszanger, -speler; 4 bas (instrument); 5 ondiepe plaats boven zandbank.

basse†-cour† *v* 1 hoenderhof; 2 gevogelte i. d. hoenderhof.

basse†-fosse† *v* onderaardse gevangenis.

bassesse *v* 1 laagheid, gemeenheid; 2 lage afkomst.

basset *m* takshond; *cor de —*, lage klarinet.

basse†-taille† *v* 1 stem tussen bas en bariton;

2 zanger, die deze stem heeft.

bassin *m* 1 bekken, kom, collecteschaal; 2 schaal v. e. weegschaal; 3 vijver, dok; *— de carénage*, *— de radoub*, droogdok; 4 stroomgebied; 5 (steenkool, ijzer) laag; 6 bekken (lichaamsdeel).

bassine *v* ronde pan.

bassiner *ov.w* 1 verwarmen met een beddepan; 2 besproeien; 3 (*pop.*) vervelen.

bassinoire *v* 1 beddepan; 2 (*pop.*) knol (horloge); 3 (*pop.*) vervelend mens.

bassiste *m* bassist, cellist.

basson *m* 1 fagot; 2 fagottist.

bassoniste *m* fagottist.

baste (bast) *tw* basta!, genoeg!

bastide *v* landhuisje in Z.-Frankrijk.

bastille *v* (*oud*) burcht. B ~ staatsgevangenis van Parijs (tot 1789).

bastingage *m* verschansing (*scheepv.*).

bastion *m* bastion (*mil.*).

bastonnade *v* stokslagen.

bastringue *m* (*pop.*) kroegje.

bas-ventre† *m* onderbuik.

bat *m* bat (bij cricket gebruikt).

bât *m* pakzadel.

bataille *v* veldslag, strijd, twist; *champ de —*, slagveld; *livrer —*, slag leveren.

batailler *on.w* slag leveren, oorlog voeren, vechten, twisten.

batailleur I *zn m*, -euse *v* ruziezoeker(-ster), vechtjas. II *bn* twistziek, strijdlustig.

bataillon *m* bataljon.

bâtard I *bn* 1 bastaard-, onecht; 2 twee stijlen in zich verenigend (*architecture —e*). II *zn m*, -e *v* onecht kind.

bâtardise *v* bastaardij.

batave I *bn* Bataafs. II *zn* B ~ *m* of *v* Batavier, Bataafse.

bâté *bn* die een pakzadel draagt; *âne —*, stommeling.

bateau [*mv* x] *m* boot, schip; *— de blanchisseuses*, drijvende wasinrichting; *— citerne*, tankschip; *— feu*, lichtschip; *monter un — à qn.*, iem. beetnemen; *— de plaisance*, plezierboot; *— à rames*, roeiboot; *— de sauvetage*, reddingsboot; *— à vapeur*, stoomschip; *— à voiles*, zeilschip.

batelée *v* bootvol.

batel/er I *ov.w* per schuit vervoeren. II *on.w* goochelen. ~eur *m*, -euse *v* goochelaar(ster), kunstenmaker(-maakster). ~ier *m* schipper.

batellerie *v* binnenscheepvaart.

bâter I *ov.w* zadelen. II *on.w*: *l'affaire bâte bien, mal*, de zaak gaat goed, slecht.

bath *bn* (*pop.*) fijn, uitstekend.

bathyscaphe *m* diepzeeduiktoestel.

bathysphère *v* diepzeegebied.

bâti *m* 1 houten geraamte; 2 rijgdraad.

batifoler *on.w* ravotten (*fam.*).

bâtiment *m* 1 gebouw; 2 schip.

bâtir *ov.w* bouwen; *bâti à chaux et à sable*, stevig gebouwd zijn; *— en l'air*, *— des châteaux en Espagne*, luchtkastelen bouwen; *— sur du sable*, op zand bouwen; *pièce de théâtre mal bâtie*, slecht gecomponeerd toneelstuk.

bâtisse *v* metselwerk.

batiste *v* batist.

bâton *m* 1 stok; *battre l'eau avec un —*, vergeefse moeite doen; *sortir d'un emploi avec le — blanc*, zonder er iets van geworden te zijn; *— de chocolat*, reep chocolade; *— de cire*, pijp lak; *coup de —*, stokslag; *— de craie*, pijpje krijt; *jouer du —*, (*fam.*) stokslagen geven; *— de maréchal*, maarschalkstaf; *mettre des —s dans les roues*, een spaak in het wiel steken; *à —s rompus*, te hooi en te gras; *tour de —*, op oneerlijke wijze verkregen winst; *— de vieillesse*, steun in de oude dag; 2 streepje. ~ner *ov.w* 1 stokslagen geven; 2 doorhalen. ~net *m* stokje. ~nier *m* deken v. d. orde van advocaten.

battage *m* 1 het dorsen, het slaan; 2 dorstijd; 3 (*pop.*) lawaaierige reclame.

battant I *m* 1 klepel van deur; 2 deurvleugel

ouvrir la porte à deux —s, gastvrij zijn. II bn slaande; les —s et les battus, de overwinnaars en de overwonnenen; (tout) —neuf, splinternieuw; pluie —s, slagregen; porte —e, zelfsluitende deur; tambour —, met slaande trom.

batte v 1 klopper; 2 karnstok; 3 bat (bij balspelen).

battement m 1 het slaan, geklap, geklop; — des mains, handgeklap; — du pouls, du cœur, polsslag, hartslag, hartklopping; 2 tussentijd (une heure de —).

batterie v 1 batterij (mil.); dresser ses —s, zijn maatregelen nemen; — de campagne, veldbatterij; 2 batterijpersoneel; 3 trommelslag; 4 de slaginstrumenten; 5 rij, stel (— d'accumulateurs); keukengereedschap (— de cuisine); 6 vechtpartij.

batt/eur m, -euse v 1 vechtersbaas; 2 dorser; 3 drijver (op jacht); 4 — de pavé, straatslijper. ~euse v dorsmachine.

battoir m 1 wasklopper; 2 palet (bij kaatsspel); 3 (pop.) grote en brede hand.

battre I ov.w 1 slaan; — le blé, dorsen; — le briquet, vuur slaan; — la grosse caisse; de grote trom roeren; — la crème, karnen; suivre les chemins battus, gebaande wegen volgen (fig.); la mer bat les dunes, de zee slaat tegen de duinen; — le fer, het ijzer smeden; il faut — le fer, pendant qu'il est chaud (spr.w), men moet het ijzer smeden, als het heet is; — froid à qn., iemand koel bejegenen; — des habits, des tapis, kleren, tapijten kloppen; — monnaie, geld aanmunten, geld proberen te krijgen; le canon bat les murailles, het kanon beschiet de muren; — des œufs, eieren klutsen; — les oreilles à qn., iem. van het hoofd zaniken; — le pavé, straatslijpen; — pavillon, de vlag voeren; 2 verslaan (— l'ennemi); 3 doorlópen; — les bois, het wild opdrijven in de bossen; — la campagne, het land aflopen, doorslaan (fig.). II on.w 1 slaan, kloppen, klappen; — des ailes, klapwieken; il ne bat plus que d'une aile, hij is vleugellam (fig.); — des pieds, trappelen, stampvoeten; — en retraite, terugtrekken; — son plein, in volle gang zijn. III se ~ 1 vechten, strijden; se — en duel, duelleren; se — à l'épée, op de degen vechten; je m'en bats l'œil (pop.), ik lach er om, ik heb er maling aan; 2 zich slaan; se — les flancs, (vergeefse) moeite doen.

battu bn geslagen, begaan, bewerkt; chemin —, gebaande weg; lait —, karnemelk; yeux —s, ogen met blauwe kringen.

battue v drijfjacht.

bauches v mv (pop.) speelkaarten.

baudet m 1 ezel; 2 stommeling.

baudrier m draagband, schouderriem.

bauge v 1 leger v. e. wild zwijn; 2 krot.

baume m 1 balsem; 2 troost. [vuil bed.

bavard I zn m, — e v babbelaar(ster). II bn babbelachtig, praatziek. ~age m 1 gebabbel, geklets; 2 wissewasje. ~er on.w babbelen, kletsen.

bavarois I bn Beiers. II zn B~ m, -e v Beier(se).

bav/er on.w kwijlen. ~ette v slabbetje; tailler une —, een praatje maken.

baveux, -euse bn 1 kwijlerig; 2 vlekkerig, vettig.

bavure v braam.

bayer on.w gapen; — aux corneilles, staan te gapen.

bazar m 1 oosterse markt; 2 warenhuis; 3 (pop.) slecht onderhouden huis; 4 (pop.) klein huisraad en kleren.

bazarder (arg.) ov. w verkopen.

bazooka m soort anti-tankwapen.

béant bn gapend; demeurer bouche —e, met open mond staan kijken.

béarnais I bn uit Béarn; sauce —e, saus met eieren en gesmolten boter. II zn B~ m, -e v inwoner(inwoonster) van Béarn; le B—, Henri IV.

béat bn 1 kalm, rustig; 2 zalig.

béati/fication v zaligverklaring. ~fier ov.w zalig verklaren. ~fique bn zaligmakend. ~tude v gelukzaligheid, groot geluk; les 8 B—s, de 8 Zaligheden.

beau [mv x] (voor klinker of stomme h bel) **belle** I bn 1 mooi, schoon; le bel âge, de jeugd; bel et bien, kort en goed; à belles dents, gretig; l'échapper belle, er goed afkomen; coucher à la belle étoile, onder de blote hemel slapen; en faire de belles, streken uithalen; il fait beau (temps), 't is mooi weer; un —mangeur, een groot eter; au —milieu de, in het midden van; mourir de sa belle mort, een natuurlijke dood sterven; la belle plume fait le bel oiseau, kleren maken de man; Philippe le Bel, Philips de Schone; de plus belle, opnieuw; il y a — temps, lang geleden; 2 edel, verheven (une belle âme); 3 aanzienlijk; une belle fortune, een groot fortuin; le — monde, de uitgaande wereld; 4 groot (une belle peur); un bel âge, een hoge leeftijd; 5 zeker; un — jour, matin, op zekere dag, morgen. II bw vous avez — parler ..., al praat u nu nog zo ...; a — mentir qui vient de loin (spr.w), als iemand verre reizen doet, kan hij veel verhalen; le temps se met au —, het wordt mooi weer; tout —!, kalm wat! III zn m 1 het schone; schoonheid; 2 fat, modegek; faire le —, pronken, opzitten (v. hond). IV belle zn v 1 schone; la belle au bois dormant, de Schone Slaapster in het bos; 2 geliefde; 3 beslissende partij (jouer la belle).

beaucoup bw veel, erg; de —, verreweg.

beau†-fils m 1 schoonzoon; 2 stiefzoon.

beau†-frère (beauf') m zwager.

beaupré m boegspriet (scheepv.).

beauté v 1 schoonheid; 2 schone vrouw.

beaux-parents m schoonouders.

bébé m 1 baby; 2 pop.

bec m 1 snavel; avoir — et ongles, haar op de tanden hebben; tenir qn. le — dans l'eau, iem. aan het lijntje houden, lang laten wachten; 2 mond, bek; blanc-bec, melkmuil; avoir bon —, niet op zijn mondje gevallen zijn; fermer le — à qn., iemands mond snoeren; avoir le — gelé, met de mond vol tanden staan; cela lui a passé devant le —, dat is zijn neus voorbijgegaan; se prendre de — avec qn., met iem. twisten; 3 punt v. e. pen; 4 pit v. e. lamp (— de gaz); 5 mondstuk van muziekinstrument; 6 landtong.

bécane v (pop.) 1 karretje, fiets; 2 schrijfmachine.

bécarre m herstellingsteken (muz.).

bécass/e v 1 snip; 2 (fam.) domme vrouw. ~eau [mv aux] m 1 strandloper; 2 jonge snip.

bec†-de-lièvre m hazelip.

bêch/age m het spitten. ~e v spade, schop. ~er I ov.w 1 (om)spitten; 2 afkammen (fam.). II on.w blokken, ~eur m, -euse v 1 spitter(ster); 2 kwaadspreker(-spreekster); 3 blokker(-ster).

bécot m (fam.) kusje.

bécoter ov.w (fam.) kussen.

becquée (béquée) v snavelvol; donner la —, voeren van jonge vogels door de oude.

becqueter (béqueter) ov.w 1 (op)pikken; 2 trekkebekken; 3 (pop.) eten.

bedaine v dikke buik.

bédame tw drommels!

bedeau [mv aux] m koster.

bedole (bedolle) v (arg.) domoor.

bedon m 1 dikke buik; 2 dikbuik.

bedonner on.w een buikje krijgen (fam.).

bée bn gapend; rester bouche —, met open mond staan kijken.

beffroi m 1 klokketoren; 2 alarmklok.

bégaiement m het stotteren.

bégayer I on.w stotteren. II ov.w stamelen.

bégayeur m, -euse v stotteraar(ster).

bègue I bn stotterend. II zn m of v stotteraar.

béguter *on.w* mekkeren.

bégueule *v* (*fam.*) preutse vrouw.

bégueulerie *v* (*fam.*) preutsheid.

béguin *m* 1 beginnenmuts; 2 kindermutsje; 3 (*pop.*) kortstondige verliefdheid.

béguinage *m* begijnhof.

béguine *v* 1 begijntje; 2 kwezel.

beige *bn* beige (grijsbruin).

beignet *m* poffertje.

bêlement *m* geblaat.

bêler *on.w* blaten.

belette *v* wezel.

belge I *bn* Belgisch. II *zn* B ~ m of *v* Belg(ische).

bélier *m* 1 ram; 2 stormram.

bélière *v* bel v. d. belhamel.

bélinogramme *m* telegrafisch overgebracht beeld.

bélinographe *m* toestel voor het telegrafisch overbrengen van een beeld.

bêlître *m* 1 nietsnutter; 2 schooier, schelm.

bellâtre I *bn* popperig mooi. II *zn m* of *v* popperig mooie man of vrouw.

belle†-de-jour *v* winde (*pl.k.*).

belle†-fille† *v* 1 schoondochter; 2 stiefdochter.

belle†-mère† *v* 1 schoonmoeder; 2 stiefmoeder.

belles-lettres *v mv* letterkunde.

belle†-sœur† *v* schoonzuster.

belligérant I *bn* oorlogvoerend. II *zn m* oorlogvoerende.

belliqueux, -euse *bn* 1 oorlogszuchtig; 2 krijgshaftig.

bellot, -otte I *bn* 1 klein en lief, snoezig; 2 popperig mooi. II ~te *zn v* snoesje, snoepje.

belluaire *m* dierentemmer. [schatje.

belvédère *m* belvédère.

bémol *m* mol (*muz.*).

bénédicité *m* (Latijns) gebed voor de maaltijd.

Bénédictin *m*, -e *v* benedictijner monnik of kloosterzuster. ~e *v* fijne Franse likeur.

bénédiction *v* 1 zegen, zegening; — *nuptiale*, huwelijksinzegening; 2 gunst.

bénéfice *m* 1 winst; — *net*, nettowinst; — *brut*, brutowinst; 2 voordeel, voorrecht; *représentation à* —, benefietvoorstelling; — *d'inventaire*, voorrecht van boedelbeschrijving; *les chevaux courent les* —*s et les ânes les attrapent* (spr.w), de paarden, die de haver verdienen, krijgen ze niet; 3 prebende.

bénéfici/aire I *bn* wat betrekking heeft op de winst; *marge* —, winstmarge. II *zn m* of *v* 1 begunstigde; 2 erfgenaam (onder voorrecht van boedelbeschrijving). ~er *on.w* (*de*), genieten van, voordeel trekken uit.

benêt *m* uilskuiken, sufferd.

bénévole *bn* 1 welwillend; 2 vrijwillig.

bénignité *v* goedaardigheid.

bénin, -igne *bn* 1 goedaardig; 2 zacht (*remède* —), weldadig, gunstig (*influence*).

bénir *ov.w* zegenen, inzegenen, wijden; *eau bénite*, wijwater; *Dieu vous bénisse*, gezondheid! (bij niezen).

bénitier *m* wijwatervat; *se démener comme le diable dans un* —, rust noch duur hebben.

benne *v* 1 tenen mand; 2 korf voor de wijnoogst.

benoît *bn* schijnheilig.

benzine *v* benzine, nafta.

béquillard I *bn* met krukken lopend. II *zn m* krukkeman.

béquille *v* 1 kruk; 2 deurknop.

bercail *m* 1 schaapskooi; 2 schoot der Kerk; 3 vaderhuis; *ramener au* — *la brebis égarée*, het verloren schaap terugbrengen.

berceau [*mv* x] *m* 1 wieg; *dès le* —, van kindsbeen af; 2 bakermat; 3 prieel, overgroeid tuinpad.

berc/ement *m* gewieg. ~er *ov.w* 1 wiegen; 2 om de tuin leiden. ~euse *v* 1 wiegster; 2 wiegeliedje; 3 schommelstoel.

béret *m* (Baskische) muts.

berge *v* 1 oever; 2 berm.

berger *m*, -ère *v* 1 herder(in); 2 *m* herders-

hond. ~ette *v* 1 herderinnetje; 2 herderszang, -liedje; 3 kwikstaartje. ~ie *v* 1 schaapskooi; 2 herderszang. ~onnette *v* kwikstaartje.

berline *v* soort rijtuig.

berlingot *m* 1 rammelkast; 2 ulevel.

berlue *v* schemering voor de ogen; *avoir la* —, iets verkeerd beoordelen.

berme *v* berm.

berne *v* 1 spot; 2 *pavillon en* —, vlag halfstok.

berner *ov.w* 1 bespotten; 2 beetnemen.

berneur *m*, -euse *v* fopper(ster).

berrichon, -ne I *bn* uit Berry. II *zn* B ~ m, -onne *v* inwoner (inwoonster) van Berry.

berthe *v* melkbus.

besace *v* bedelzak; *porter la* —, bedelen.

bésef *bw* veel (*pop.*).

besicles *v mv* (oud soort) bril.

bésigue *m* soort kaartspel.

besogne *v* werk, arbeid; *abattre de la* —, veel werk verzetten; *aimer* — *faite*, een broertje dood hebben aan werken; *mettre la main à la* —, de hand aan de ploeg slaan; *plus de bruit que de* —, veel geschreeuw, maar weinig wol.

besogneux, -euse *bn* behoeftig.

besoin *m* 1 behoefte; *avoir* — *de*, nodig hebben; *je n'ai pas* — *de vous dire*, ik behoef u niet te zeggen; *faire* —, nodig zijn; *faire ses* —*s*, zijn behoeften doen; 2 nood, armoede, gebrek; *être dans le* —, gebrek lijden; *on connaît le véritable ami dans le* — (spr.w), in nood leert men zijn vrienden kennen; *au* —, desnoods, zo nodig.

bestiaire *m* 1 dierenvechter bij de Romeinen; 2 middeleeuws dierenboek.

bestial [*mv* aux] *bn* beestachtig.

bestialité *v* verdierlijking, beestachtigheid.

bestiaux *m mv* vee, veestapel.

bestiole *v* diertje.

bêta, -asse I *bn* dom. II *zn* stommeling (*pop.*).

bétail *m* vee; *menu* —, klein vee.

bête I *zn v* 1 dier, beest; — *à bon Dieu*, onzelieve-heersbeestje; *chercher la petite* —, vitten; — *s fauves*, rood wild; — *féroce*, verscheurend dier; *morte la* —, *mort le venin* (spr.w), een dode hond bijt niet; *les* —*s noires*, de wilde zwijnen; *c'est ma* — *noire*, ik kan hem niet luchten of zien; — *de somme*, lastdier; — *de trait*, trekdier; 2 domoor, uilskuiken; *bonne* —, goede sukkel; *faire la* —, zich van de domme houden; *pauvre* —, arme sukkel. II *bn* 1 dom; 2 flauw; 3 sukkelig; 4 suf.

bêtise *v* 1 domheid, stommiteit; 2 prul, kleinigheid.

béton *m* beton; — *armé*, gewapend beton.

bétonnage *m* betonwerk.

bétonnière *v* betonmolen.

betterave *v* beetwortel; — *à sucre*, suikerbiet.

betteravier, -ière I *bn industrie* —*ère*, beetwortelindustrie. II *zn m* kweker, bewerker van beetwortelen.

beuglant *m* (*pop.*) tingeltangel.

beuglement *m* geloei.

beugler I *on.w* 1 loeien; 2 krijsen. II *ov.w* brullen (van zanger).

beuh! *tw* bah!

beurre *m* boter; — *de cacao*, cacaoboter; *faire son* —, grof geld verdienen; — *noir*, gebraden boter; *petit* —, soort biscuit.

beurré *m* boterham.

beurrer *ov.w* met boter besmeren.

beurrerie *v* 1 boterfabricage; 2 boterfabriek.

beurrier, -ère I *zn m* wat betrekking heeft op boter. II *zn m*, -ère *v* boterverkoper(-verkoopster); — *m* botervlootje.

beuverie *v* drinkgelag.

bévue *v* flater, bok.

bi (bis) *vv* twee maal.

biais *m bn* schuin, scheef. II *zn m* schuinte, schuine stand, schuine richting; *de* —, *en* —, 1 schuin, scheef; *regarder qn. de* —, iem. van terzijde aankijken; 2 langs een omweg.

biaiser *on.w* 1 schuin lopen; 2 (*fig.*) omwegen

gebruiken.

bibelot *m* 1 snuisterij (op schoorsteen enz.); 2 ding van weinig waarde.

bibeloter *on.w* 1 snuisterijen kopen of verkopen; 2 knutselen.

bibeloteur *m*, -euse *v* snuisterijenkoper, -verkoper(-verkoopster), -verzamelaar(ster).

biberon *m* 1 zuigfles; 2 drinkebroer.

bible *v* bijbel; *papier* —, zeer dun boekpapier.

biblio/graphe *m* boekenkenner, boekbeschrijver. ~**graphie** *v* 1 boekbeschrijving; 2 literatuuropgave over een bepaald onderwerp. ~**graphique** *bn* bibliografisch. ~**mane** *m* boekengek. ~**manie** *v* overdreven liefhebberij voor boeken, verzamelwoede van boeken. ~**phile** *m* deskundig boekenliefhebber. ~**philie** *v* kennis van en liefde voor boeken. ~**thécaire** *m* of *v* bibliothecaris(-esse). ~**thèque** *v* 1 bibliotheek; — *vivante*, groot geleerde; 2 boekenkast.

biblique *bn* bijbels.

bicéphale *bn* tweehoofdig.

biceps *m* tweehoofdige armspier.

biche *v* hinde; *ventre de* —, witachtig bruin.

bicher *on.w* (*arg.*) *ça biche*, dat staat me aan, bevalt me!

bichette *v* 1 jonge hinde; 2 (*fam.*) schatje, lieveling.

bichonner *ov.w* mooi aankleden.

bi/colore *bn* tweekleurig. ~**concave** *bn* dubbelhol. ~**convexe** *bn* dubbelbol. ~**coque** *v* 1 slecht versterkte vesting; 2 stadje; 3 krot. ~**corne** I *bn* met twee punten. II *zn m* steek. ~**cycle** *m* ouderwetse fiets, waarvan het voorste wiel door pedalen werd voortbewogen. ~**cyclette** *v* fiets; *monter à* —, fietsen. ~**dent** *m* gaffel, tweetand. ~**denté** *bn* met twee tanden.

bidet *m* 1 klein rijpaardje; 2 zitbadje.

bidoche *v* (*pop.*) vlees.

bidon *m* 1 blik (voor petroleum enz.); 2 veldfles; 3 (*pop.*) buik.

bielle *v* drijfstang.

bien I *zn m* 1 het goede, welzijn, geluk; *les —s de l'âme*, de deugden; *les —s du corps*, de gezondheid; *les —s de l'esprit*, de talenten; *les —s éternels*, de eeuwige zaligheid; *faire le* —, weldoen; *grand — vous fasse*, wel bekome het u!; *homme de* —, rechtschapen man; *mener à* —, tot een goed einde brengen; *c'est pour son* —, het is voor zijn bestwil; *prendre en* — goed opnemen; *le* — *public*, het algemeen welzijn; *en tout* — *tout honneur*, in alle eer en deugd; *vouloir du* — *à qn.*, iem. goed gezind zijn; 2 bezitting, vermogen, goed; *avoir du* —, bemiddeld zijn; — *mal acquis ne profite pas* (*spr.w*), onrechtvaardig verkregen goed gedijt niet; — *s meubles et immeubles*, roerend en onroerend goed; *le* — *patrimonial*, het ouderlijk goed; *périr corps et* —*s*, met man en muis vergaan; *les* —*s au soleil*, de landerijen. II *bw* 1 goed; *être* — *avec qn.*, goed met iem. kunnen opschieten; *vous feriez* — *de...*, u zoudt goed doen...; *tout est* — *qui finit* — (*spr.w*), eind goed, al goed; *un monsieur très* —, een fatsoenlijk, knap, welgesteld man; *se porter* —, het goed maken; *je suis* — *ici*, ik heb het hier naar mijn zin; *tant* — *que mal*, zo goed en kwaad als het gaat; *il est* — *vu*, hij wordt geacht; 2 wel; *je le veux* —, graag, goed; 3 erg, zeer, veel (*bien cher, bien mieux*); 4 vele (*du, de la, des*), zeer veel. III *vw bien que* (met *subj.*), hoewel, ofschoon; *si bien que*, zodat.

bien-aimé *bn* en *zn* geliefd(e).

bien-être *m* 1 welzijn; 2 gevoel van welbehagen.

bien/faisance *v* liefdadigheid; *bureau de* —, bureau voor armenverzorging. ~**faisant** *bn* 1 liefdadig, weldadig; 2 heilzaam (*remède* —). ~**fait** *m* weldaad; *un* — *n'est jamais perdu* (*spr.w*), wie goed doet, goed ontmoet.

~**faiteur** *m*, -**trice** *v* weldoener(-ster).

bien-fondé *m* gegrondheid.

bien†-fonds *m* onroerend goed.

bienheureux, -**euse** *bn* gelukzalig.

biennal [*mv* aux] *m* 1 tweejarig; 2 tweejaarlijks.

bienséance *v* wellevendheid, fatsoen.

bienséant *bn* wellevend, fatsoenlijk.

bientôt *bw* spoedig, weldra; *à* —*!*, tot ziens!

bienveillance *v* welwillendheid, vriendelijkheid; *ayez la* — *de*, wees zo vriendelijk om te.

bienveillant *bn* welwillend, vriendelijk.

bienvenu *zn*: *être le, la, les bienvenu, e, s, es*, welkom zijn; *souhaiter la* —*e à*, welkom heten.

bière *v* 1 bier; — *blonde*, licht bier; — *brune*, donker bier; *ce n'est pas de la petite* —, dat is niet gering, geen kleinigheid!; 2 doodkist.

biffage *m* 1 het doorhalen; 2 doorhaling.

biffer *ov.w* doorhalen.

biffin *m* (*pop.*) 1 voddenraper; 2 infanterist.

bifteck *m* biefstuk.

bifurcation *v* tweesprong.

bifurquer I *ov.w* splitsen. II *on.w* (*se*) —, zich splitsen.

bigame *m* of *v* bigamie.

bigamie *v* bigamie.

bigarré *bn* bont.

bigot(e) I *bn* kwezelachtig. II *zn m*, -e *v* kwezel.

bigoterie *v* kwezelarij.

bigotisme *m* kwezelarij.

bigre! *tw* drommels!, sapperloot!

bihebdomadaire *bn* tweemaal per week.

bijou [*mv* x] 1 kleinood, juweel; 2 snoesje.

bijouterie *v* 1 juwelenzaak; 2 juwelen.

bijoutier *m* juwelier.

bilan *m* balans; *déposer son* —, zich failliet laten verklaren.

bilatéral [*mv* aux] *bn* 1 tweezijdig; 2 wederzijds bindend (*contrat* —).

bile *v* 1 gal; *échauffer la* — *à qn.*, iem. woedend maken; *épancher sa* —, zijn gal uitstorten; *se faire de la* —, zich ongerust maken, zich aantrekken; 2 toorn, verbittering; 3 (*pop.*) gezicht.

biler (se ~) (*pop.*) tobben.

bilieux, -**se** *bn* 1 galachtig; 2 opvliegend.

bilingue *bn* tweetalig.

billard *m* 1 biljart; 2 biljartzaal.

bille *v* 1 knikker, balletje, kogeltje; *jouer aux* —*s*, knikkeren; 2 biljartbal.

billebaude *v* verwarring.

billet *m* briefje; — *de banque*, bankbiljet; — *de concert*, entreebewijs voor concert; — *doux*, liefdesbriefje; — *de logement*, inkwartieringsbiljet; — *de loterie*, loterijbriefje; *billet à ordre*, promesse; — *de faire part*, kennisgeving (van verloving enz.); — *de spectacle*, toegangsbewijs voor schouwburg.

billevesée *v* kletspraat, beuzelarij.

billon *m* pasmunt.

billot *m* 1 hakblok; 2 halsblok (voor onthoofding); *j'en mettrais ma tête sur le* —, ik zou er mijn hoofd onder durven verwedden.

bimane *bn* tweehandig.

bimbelot *m* 1 kinderspeelgoed; 2 snuisterij.

bimbeloterie *v* 1 speelgoedfabriek, -handel 2 snuisterijenfabriek, -handel.

bimensuel, -**elle** *bn* halfmaandelijks.

bimestriel, -**elle** *bn* tweemaandelijks.

binaire *bn* tweevoudig.

biner *ov.w* twee missen op dezelfde dag lezen.

binette *v* (*fam.*) kop.

biniou *m* Bretonse doedelzak.

binocle *m* lorgnet, face-à-main.

binoculaire *bn* voor twee ogen.

bio/graphe *m* levensbeschrijver. ~**graphie** *v* levensbeschrijving. ~**graphique** *bn* biografisch. ~**logie** *v* levensleer, biologie. ~**logique** *bn* biologisch. ~**logiste** *v*, ~**logue** *m* bioloog.

biparti(e) *bn m* of *v*, **bipartite** *m* of *v* tweedelig;

gouvernement bipartite, tweepartijenrege-
ring.
bipède I *bn* tweevoetig, -potig. **II** *zn m* tweevoetig, -potig schepsel.
biplace *bn* met twee plaatsen.
biplan *m* tweedekker.
birbe *m* (*pop.*) ouwe sok.
birème *v* oude galei met aan beide zijden twee
rijen roeiers.
bis I *bn* grijsbruin; *pain* —, grijsbruin brood.
II *bw* nog eens! (in schouwburg enz.).
bisaïeul(e) *m* of *v* overgrootvader, -moeder.
bisannuel, -elle *bn* 1 tweejaarlijks; 2 tweejarig (*pl.k.*).
biscaïen, -enne I *bn* uit Biscaye. **II** *zn* B ~ m,
-enne *v* Biscayer, vrouw uit Biscaye.
biscornu *bn* 1 tweehoornig; 2 grillig, zonderling.
biscotin *m* beschuitje.
biscotte *v* beschuit, soort droog gebakje.
biscuit *m* 1 beschuit; *s'embarquer sans* —,
een onderneming beginnen zonder voldoende voorbereidingen; 2 soort koekje.
bise *v* 1 noordenwind; 2 winter.
biset *m* steenduif.
bisette *v* wilde eend.
bison *m*, -ne *v* bison.
bisontin *z* uit Besançon. **II** *zn* B ~ m, -e *v*
inwoner (inwoonster) van Besançon.
bisque *v* 1 kreeftesoep; 2 (*pop.*) slechte zin,
bisquer *on.w* (*pop.*) slechte zin hebben.
bissac *m* 1 knapzak; 2 bedelzak.
bis/secteur, -trice *bn* wat in twee gelijke delen
verdeelt (*ligne —trice*). ~**sectrice** *v* bissec-
trice. ~**section** *v* het in twee gelijke delen
verdelen. ~**er** *ov.w* twee maal (laten) herhalen. ~**sextil(e)** *bn: année —e,* schrikkeljaar.
bistouri *m* operatiemes.
bistourner *ov.w* verdraaien.
bistre *bn* donkerbruin.
bistro *m* 1 kroegbaas (*pop.*); 2 kroeg (*pop.*).
bisulce (bisulque) *bn* tweehoevig.
bitte *v* meerpaal.
bitter *m* bitter (drank).
bitumage *m* asfaltering.
bitume *m* 1 asfalt; 2 (*pop.*) trottoir.
bitumer *ov.w* asfalteren.
bitumineux, -euse (bitumeux, -euse) *bn* as-
faltachtig.
bivouac *m* 1 bivak; 2 bivakterrein; 3 bivak-
kerende troep.
bivouaquer *on.w* in de openlucht kamperen,
bivakkeren.
bizarre *bn* zonderling, vreemd, grillig.
bizarrerie *v* zonderlingheid, eigenaardigheid,
vreemdheid, grilligheid.
bizut, bizuth *m* (*arg.*) eerstejaarsleerling in
de hogere klassen v. h. M.O.
blackboulage *m* 1 het afwijzen voor een
examen; 2 het afstemmen.
blackbouler *ov.w* 1 afwijzen op een examen;
2 afstemmen.
black-out (spr.: *bla-out*) *m* verduistering
(*mil.*).
blafard *bn* bleek (*lueur —e*).
blague *v* 1 tabakszak; 2 mop; — *à part,* alle
gekheid op een stokje; *sans* —, zonder
gekheid; 3 grootspraak, bluf.
blaguer I *on.w* 1 moppen tappen; 2 snoeven,
bluffen. **II** *ov.w* iem. voor de gek houden.
blagueur *m*, -euse *v* 1 grappenmaker (-maak-
ster); 2 opsnijder.
blair *m* (*pop.*) neus.
blaireau [*mv* x] *m* 1 das (dier); 2 penseel
van dassehaar; 3 scheerkwast.
blairer *ov.w* (*pop.*) ruiken.
blâmable *bn* afkeurenswaardig.
blâme *m* afkeuring, berisping.
blâmer *ov.w* afkeuren, berispen.
blanc, -che [*mv* x] *bn* 1 wit; *les armes —ches,* de blanke wapenen; *cheval* —, schimmel; *fer-blanc,*
blik; *gelée —che,* rijp; *note —che,* halve
noot (*muz.*); *nuit —che,* slapeloze nacht;

pièche —che, zilverstuk; *sauce —che,* botersaus; *voix —che,* heldere stem; 2 onschuldig; *une âme —che,* een reine ziel; — *comme
neige,* onschuldig; 3 schoon; *papier* —, on-
beschreven papier; *donner carte —che à qn.,*
iem. de vrije hand laten; *billet* —, een niet
in de loterij; *linge* —, schoon linnengoed.
blanc *m* 1 het wit, de witte kleur enz.; *cartouche à* —, losse patroon; *chauffer à* —
witgloeiend maken; *laisser en* —, blanco
laten; *magasin de* —, lingeriezaak; *regarder
qn. dans le* — *des yeux,* iem. strak in de
ogen kijken; *saigner à* —, het vel over de
oren halen; *tirer à* —, met los kruit schieten; *voir tout en* —, alles v. d. goede kant
beschouwen; — *de volaille,* wit vlees van
gevogelte; 2 blanke; 3 blanketsel; 4 doelwit,
roos (*le blanc d'une cible*); *de but en* —,
onbedacht, zonder omwegen; 5 krijt aan
biljartkeu; 6 (*arg.*) cocaïne.
blanc†-bec† *m* melkmuil.
blanch/âtre *bn* witachtig. ~**e** *v* halve noot
(*muz.*). ~**eur** *v* witheid, blankheid. ~**iment**
m het bleken, het witten. ~**ir I** *ov.w* 1 wit
maken, witten; 2 bleken; 3 wassen; 4
schoonwassen (*fig.*). **II** *on.w* grijs worden
van haren. **III** *se ~* zich rechtvaardigen,
schoonwassen. ~**issage** *m* 1 het wassen; 2
het raffineren van suiker. ~**isserie** *v* wasinrichting. ~**isseur** *m*, -euse *v* 1 wasbaas,
-vrouw; 2 bleker(bleekster).
blanquette *v* witte, mousserende wijn.
blasé *bn* geblaseerd.
blaser *ov.w* afstompen, ongevoelig maken.
blason *m* 1 wapenschild, blazoen; *redorer
son* —, door een rijke burgersdochter te
trouwen zijn adel weer opbouwen;
2 wapenkunde.
blasphémateur *m*, -trice *v* godslasteraar(ster),
vloeker (vloekster).
blasphématoire *bn* godslasterlijk.
blasphème *m* godslastering, vloek.
blasphémer *ov.w* en *on.w* godslasterlijk uitslaan, vloeken.
blatier *m* korenhandelaar.
blé *m* 1 koren, graan; *manger son* — *en herbe,*
zijn verdiensten van tevoren opmaken; —
méteil, half tarwe, half rogge; — *noir,* boekweit; — *de Turquie,* maïs; *crier famine sur
un tas de* — (*spr.w*), klagen, terwijl men
rijk is; 2 korenveld.
bled *m* (*pop.*) armoedige plaats.
blême *bn* doodsbleek.
blêmir *on.w* lijkbleek worden.
blêmissement *m* verbleking.
blessant *bn* kwetsend, beledigend (*parole —e*).
blesser *ov.w* 1 wonden; 2 pijn doen (*le
soulier me blesse*); 3 onaangenaam aandoen
(van klanken, kleuren enz.); 4 (*fig.*) wonden, beledigen, kwetsen; 5 schaden.
blessure *v* wonde, smaad.
blet, blette *bn* beurs (van fruit).
blettir *on.w* beurs worden.
bleu I *bn* blauw; *bas-bleu,* blauwkous; *colère
—e,* hevige woede; *conte* —, sprookje.
II *zn m* 1 blauwe kleur; — *de Prusse,*
Pruisisch blauw; 2 blauwsel; *passer au* —,
door het blauwsel halen; (*fig.*) wegmoffelen,
spoorloos doen verdwijnen; 3 blauw gekookt visnat (*truite au bleu*); 4 blauwe
plek; 5 blauw werkpak; 6 rekruut; 7 *petit* —,
lichte landwijn; 8 groentje.
bleu/âtre *bn* blauwachtig. ~**et** *m* korenbloem. ~**ir I** *ov.w* blauw maken. **II** *on.w*
blauw worden.
blindage *m* pantsering.
blindé I *bn* gepantserd; *division —e,* pantser-
divisie. **II** *zn m* pantserwagen.
blinder *ov.w* pantseren.
bloc *m* 1 blok; *en* —, alles bij elkaar genomen; — *moteur,* motorblok; 2 stapel,
hoop; 3 politiek verbond; 4 (*fam.*) gevangenis.
bloc-film *m* filmpak.
blockhaus *m* soort fort, kazemat.

blocus *m* blokkade.

blond I *bn* blond; *bière —e*, licht bier; *courtiser la brune et la —e*, alle vrouwen het hof maken; *des épis —s*, goudgele aren. II *zn m* blonde kleur. *~asse bn* matblond. *~eur v* blondheid. *~in* I *bn* blondjurig. II *zn m, -e v* man of vrouw met blond haar. *~ir on.w* blond, geel worden (*le blé blondit*).

bloquer *ov.w* 1 blokkeren; 2 vastzetten (*bloquer les freins*); 3 een bal stoppen.

blottir (se) neerhurken, ineenduiken.

blouse *v* blouse, kiel.

blouser *ov.w* (*fam.*) er in laten lopen.

blouson *m* windjak; *~noir*, nozem.

blue-jean *m* spijkerbroek.

bluet *m* korenbloem.

bluette *v* klein, pretentieloos literair werkje.

bluffer *ov.w* overbluffen.

bluffeur *m, -euse v* bluffer (blufster).

bluter *ov.w* buiten van meel.

bluteau (**blutoir**) *m* meelbuil.

boa *m* 1 grote slang; 2 halsbont.

bobin/e *v* 1 spoel, garenklos; 2 *— d'induction*, inductieklos; 3 (*pop.*) facie, tronie. *~er ov.w* op een klos of spoel winden. *~euse v* machine, om garen te spoelen. *~oir m* spinnewiel.

bobo *m* pijn (*kindertaal*) (avoir (du) bobo).

bobsleigh *m* bobslee.

bocage *m* bosje.

bocager, -ère *bn* 1 in de bossen wonend (*nymphe —ère*); 2 met bosjes (*pays —*).

bocal [*mv aux*] *m* 1 bokaal; 2 stopfles; 3 goudviskom; 4 mondstuk van trompet enz.

boche I *bn* moffisch. II *zn m* of *v* mof (Duitser), moffin.

bock *m* 1 bierglas (van 1/4 liter); 2 glas bier.

bœuf *m* 1 os; — gras, paaos; *travailler comme un —*, als een paard werken; *nerf de —*, bullepees; *mettre la charrue devant le —*, de paarden achter de wagen spannen; *donner un œuf pour un —*, een spiering uitwerpen om een kabeljauw te vangen; 2 rund; 3 rundvlees.

Bohême I *v* Bohemen. II *b ~ v* de wereld van kunstenaars enz., die van de hand in de tand leven. III *b ~ m* kunstenaar, die van de hand in de tand leeft.

Bohémien *m, -enne v* Bohemer (Boheemse) b ~ *m, -ne v* 1 zigeuner; 2 kunstenaar, die van de hand in de tand leeft.

boire I *ov.w onr.* 1 (op)drinken; *après —*, boven zijn theewater; *qui a bu, boira*, de gewoonte is een tweede natuur; *chanson à —*, drinklied; *— à petites gorgées*, slurpen; *c'est la mer à —*, dat is onbegonnen werk; *ce n'est pas la mer à —*, zo moeilijk is het niet; *il boirait la mer et les poissons*, hij versmacht van dorst; *— comme un Suisse, un Polonais*, stevig drinken, zuipen; *— sec*, stevig drinken; *— à sa soif*, zoveel men lust; 2 slikken; *boire un affront, une insulte*, een belediging slikken; 3 opzuigen, opnemen; *ce papier boit*, dat papier vloeit; *— les paroles de qn.*, aan iemands lippen hangen; 4 verdrinken; *il a failli —*, hij is bijna verdronken. II *zn m* drank, het drinken.

bois *m* 1 hout; *abattre du —*, veel hout gooien bij het kegelen; *charger qn. de bois*, iem. stokslagen geven; *déménager à la cloche de —*, verhuizen, zonder zijn huur betaald te hebben; *— de construction*, timmerhout; *entre le — et l'écorce il ne faut pas mettre le doigt*, men moet zich niet in familieaangelegenheden mengen; *— de justice*, guillotine; *— de lit*, ledikant; *— de mai*, meidoorn; *train de —*, houtvlot; *trouver visage de —*, voor een gesloten deur komen; 2 vlaggestok; 3 schacht v. e. lans; 4 *les —d'un cerf*, het gewei; 5 bos; *sous —*, onder de bomen. *~age m* 1 het stutten van mijnen; 2 stutten in een mijn. *~é bn* bebost. *~ement m* bebossing. *~er ov.w* 1 met hout stutten; 2 bebossen; 3 betimmeren. *~erie v* betimmering, lambrizering.

Bois-le-Duc *m* 's-Hertogenbosch.

boisseau [*mv aux*] *m* oude maat van ± 13 liter; *mettre la lumière sous le —*, zijn licht onder de korenmaat zetten.

boisson *v* drank; *— forte*, sterke drank; *être pris de —*, dronken zijn; *poisson sans boisson est poison*, vis moet zwemmen.

boite *v* 1 drinkbaarheid van wijn; 2 landwijn, uit water en druivemoor, vruchten enz.

boite *v* 1 kist, doos; *— crânienne*, hersenpan; *— aux lettres*, brievenbus; *— de montre*, horlogekast; *— à musique*, speeldoos, tingeltangel; *dans les petites — les petits des — ont onguents*, klein maar dapper; *— à savon*, zeepdoos; *— de vitesse*, versnellingsbak; 2 tabaksdoos; 3 *— de nuit*, nachtkroeg.

boitement *m* gehink.

boiter *on.w* hinken, mank lopen.

boiteux, -se I *bn* kreupel, mank; *chaise —se*, wankele stoel; *vers —*, hinkend vers. II *zn m, -se v* manke, kreupele.

boîtier *m* 1 koffertje met vakjes (van chirurg enz.); 2 horlogekast.

bol *m* 1 kom; 2 bowl; 3 grote pil.

bolchev/ique *bn* bolsjewistisch. *~isation v* bolsjewisering. *~iser ov.w* bolsjewiseren. *~isme m* bolsjewisme. *~iste m* of *v* bolsjewiek.

bolée *v* komvol.

boléro *m* 1 soort Spaanse dans; 2 muziek v. d. bolero; 3 soort damesjasje, dameshoed.

bolet *m* boleet (plk.).

bolide *m* 1 meteoorsteen; 2 zeer snel lopend voertuig.

bolivien, -enne I *bn* Boliviaans. II *zn B ~ m, -enne v* Boliviaan(se).

bombance *v* goede sier, smulpartij, braspartij; *faire —*, smullen, brassen.

bombarde *v* 1 donderbus; 2 mortier.

bombardement *m* bombardement.

bombarder *ov.w* 1 bombarderen; 2 lastig vallen (*— qn. de demandes*); 3 onverwacht bevorderen (*— qn. chef de bureau*).

bombardier *m* bommenwerper; *—en piqué*, duikbommenwerper.

bombardon *m* koperen blaasinstrument.

bombasin *m* bombazijn.

bombe *v* 1 bom; *arriver comme une —*, onverwachts komen; *— atomique*, atoombom; *— d'avion*, vliegtuigbom; *— explosive*, brisantbom; *— incendiaire*, brandbom; *— sousmarine*, dieptebom; 2 *— glacée*, ijspudding; 3 *faire la —*, boemelen.

bombé *bn* bol.

bomber I *ov.w* bol maken (*— une chaussée*). II *on.w* bol staan.

bon, bonne I *bn* goed, geschikt, voordelig, gelukkig enz., *— ami*, *—ne amie*, geliefde; *souhaiter une —ne année*, een gelukkig nieuwjaar wensen; *— an, mal an*, door elkaar gerekend; *dire l'— aventure*, de toekomst voorspellen; *faire —ne chère*, goede sier maken; *à — compte*, goedkoop; *faire —ne contenance*, zich goed houden; *les —s comptes font les bons amis* (spr.w), effen rekeningen maken goede vrienden; *cela est — à dire*, dat kan je gemakkelijk zeggen; *— frais*, gunstige, krachtige wind (scheepv.); *à la —ne heure*, goed zo!; *de —ne heure*, vroeg; *les —s maîtres font les —s valets*, zo heer, zo knecht; *à bon marché*, goedkoop; *de — matin*, vroeg; *avoir —ne mine*, er goed uitzien; *— nombre*, heel wat; *pour de —*, voor goed, in ernst; *arriver — premier*, goede eerste zijn; *à quoi —*, waar dient het voor?; *le — ton*, beschaafde manieren; *tout de —*, voor goed, in ernst; *du — sens*, gezond verstand; *à — vin pas d'enseigne*, goede wijn behoeft geen krans. II *zn m* 1 het goede; de goede; *il y a du — dans cet ouvrage*, er is wat goeds in dat werk; *le — de l'histoire*, c'est que*, het aardige van de zaak is; 2 bon; *— de pain,* broodkaart. III *bw* goed, lekker enz.; *il fait — ici*, het is hier lekker; *tenir —*, zich goed houden, volhouden.

bonace *v* 1 windstilte; 2 kalmte, rust.

bonasse *bn* goedig, sullig.

bon†-bec† *m* iem. die niet op zijn mondje gevallen is.

bonbon *m* bonbon.

bonbonne *v* mandfles.

bonbonnerie *v* bonbonzaak.

bonbonnière *v* 1 bonbonschaaltje; 2 smaakvol ingericht huisje.

bon†-chrétien† *m* soort peer.

bond *m* sprong; *d'un —*, ineens; *prendre la balle au —*, de gelegenheid aangrijpen; *prendre la balle entre — et volée*, het goede ogenblik benutten; *faire faux —*, zijn beloften niet nakomen; *du premier —*, onmiddellijk.

bonde *v* 1 spon; 2 spongat.

bonder *ov.w* volproppen; *salle bondée*, stampvolle zaal.

bondieuserie *v* 1 *(fam.)* kwezelarij; 2 —*s*, godsdienstige beeldjes, - plaatjes.

bondir *on.w* (op)springen, huppelen; *faire — le cœur*, doen walgen.

bondissement *m* sprong, het (op)springen.

bondon *m* 1 spon; 2 klein soort Zwitsers kaasje.

bonheur *m* geluk; *jouer de —*, geluk hebben; *par —*, gelukkig, bij geluk.

bonhomie *v* 1 goedhartigheid; 2 onnozelheid, lichtgelovigheid.

bonhomme I *m* 1 goede man; 2 sul, sukkel; 3 jongetje, mannetje; *4 dessiner des bonshommes*, poppetjes tekenen; *il a fait son petit — de chemin*, hij heeft zoetjes aan zijn doel bereikt. II *bn* goedig, sullig.

boni *m* winst, overschot, batig saldo.

boniface I *bn* lichtgelovig, onnozel. II *zn m* sul, onnozele hals.

bonification *v* 1 verbetering; 2 korting.

bonifier *ov.w* 1 verbeteren *(des terres)*; 2 rente uitkeren.

boniment *m* toespraak (vooral van kwakzalvers, kermisklanten, marktkooplui enz.).

bonne *v* meid; — *d'enfants*, kindermeisje; — *à tout faire*, meisje alleen.

bonne†-maman† *v* grootmoeder.

bonnement *bw* eenvoudig, gewoon.

bonnet *m* 1 muts, kap; — *d'âne*, ezelssteek (voor domme jongens); *gros —*, hoge Piet; — *de nuit*, slaapmuts; *parler à son —*, in zichzelve praten; *prendre qc. sous son —*, iets uit de duim zuigen; — *rouge*, rode muts, door de revolutionairen ingevoerd in 1793; revolutionair; *avoir la tête près du —*, kort aangebonden zijn; *triste comme un — de nuit*, erg bedroefd; 2 netmaag.

bonneterie *v* 1 gebreide wollen goederen; 2 handel in gebreide wollen goederen, manufacturenzaak.

bonnetier *m*, -ère *v* fabrikant(e) van, handelaar (ster) in gebreide wollen goederen, manufacturier(ster).

bonnette *v* 1 kindermutsje; 2 voorzetlens *(fot.)*.

bon†-papa† *m* grootvader.

bonsoir goedenavond.

bonté *v* goedheid, welwillendheid; *ayez la — de*, wees zo goed om te.

boom *(spr.: boum) m* plotselinge prijsstijging.

boqueteau *[mv aux] m* bosje.

bord *m* 1 rand, kant, oever, boord; *avoir qc. sur le — des lèvres*, iets op de lippen hebben; *à pleins —s*, overvloedig; *virer de —*, het over een andere boeg gooien; 2 schip; *livre de —*, scheepsjournaal; *être du — de qn.*, iemands mening delen, tot zijn partij behoren.

bordage *m* het omboorden; 2 huid v, e. schip.

Bordeaux I *zn m* bordeauxwijn. II b~ *bn* paarsrood.

bordée *v* 1 volle laag (ook *fig.*); 2 laveergang; *courir, tirer une — (scheepv.)*, aan de rol

gaan.

Bordelais I *zn m*, -e *v* bewoner(bewoonster) v. Bordeaux en omstreken. II b~(e) *bn* uit Bordeaux of omstreken.

bordelaise *v* 1 vat voor bordeauxwijn van ongeveer 225 liter; 2 fles voor b.wijn.

border *ov.w* 1 omboorden; 2 omgeven, staan langs *(les arbres bordent la route)*; afzetten *(une plate-bande bordée de buis)*; 3 varen langs *(le navire borde la côte)*; 4 instoppen van lakens en dekens (— *un lit*).

borderie *v* kleine boerderij.

bordier *m* kleine boer.

bordure *v* 1 rand, zoom; 2 trottoirband; 3 lijst.

bore *m* borium.

boréal *[mv aux] bn* noordelijk; *aurore —e*, noorderlicht.

borgne I *bn* 1 eenogig; *troquer son cheval — contre un aveugle*, van de wal in de sloot raken; 2 gemeen, verdacht; *cabaret —*, verdachte kroeg; *maison —*, verdacht huis. II *zn m* éénoog; *au pays des aveugles les —s sont rois (spr.w)*, in het land der blinden is éénoog koning.

boriqué(e) *bn eau —e*, boorwater.

bornage *m* afbakening.

borne *v* 1 grenspaal, grenssteen, paaltje, steen langs een weg; — *kilométrique*, kilometerpaal; 2 les —s, grens; *dépasser les —s*, de perken te buiten gaan; *sans —s*, grenzeloos; 3 *(pop.)* kilometer.

borné *bn* 1 beperkt; 2 bekrompen *(fig.)*.

borner *ov.w* beperken, begrenzen.

bosquet *m* bosje.

bosse *v* 1 bult, bochel; 2 buil, knobbel; *avoir la — des langues*, een talenknobbel hebben; 3 verheffing in een terrein; 4 pleistermodel.

bosselage *m* drijfwerk.

bosseler *ov.w* 1 deuken; 2 tafelzilver van drijfwerk voorzien.

bosselure *v* deuk.

bossu I *bn* gebocheld. II *zn m*, -e *v* gebochelde; *rire comme un —*, schaterlachen.

bot(-e) *bn pied —*, horrelvoet.

botanique I *bn* plantkundig; *jardin —*, plantentuin. II *zn v* plantkunde.

botaniser *on.w* planten of kruiden zoeken.

botaniste *m* of *v* plantkundige.

botte *v* 1 bos *(botte de carottes)*; pak; 2 laars; —*s à éperons*, laarzen met sporen; —*s à l'écuyère*, rijlaarzen; *il a mis du foin dans ses —s*, hij heeft zijn schaapjes op het droge; *graisser ses —s*, zich gereed maken om te vertrekken; 3 degenstoot; 4 groot vat.

bottelage *m* het tot bossen binden.

botteler *ov.w* tot bossen binden.

bottelette *v* bosje.

botter *ov.w* 1 laarzen leveren, aantrekken; *chat botté*, gelaarsde kat; *singe botté*, belachelijk ventje; 2 trappen.

bottier *m* laarzenmaker; 2 laarzenverkoper.

bottin *m* adresboek.

bottine *v* laarsje, bottine.

bouc *m* 1 bok; — *émissaire*, zondebok; 2 sikje.

boucan *m (fam.)* lawaai, herrie.

boucaner *ov.w* roken (van vis of vlees).

boucanier *m* boekanier.

bouchage *m* het kurken, sluiting.

bouche *v* 1 mond, bek; *rester — béante*, met open mond staan kijken; *garder qc. pour la bonne —*, het lekkerste voor het eind bewaren; — *close!*, mondje dicht!; *rester — close*, met de mond vol tanden blijven staan; *avoir le cœur sur la —*, het hart op de tong hebben; *fermer la — à qn.*, iemand de mond snoeren; *fine —*, lekkerbek; *s'ôter les morceaux de la — pour qn.*, zich voor iemand het eten uit de mond sparen; *faire la petite —*, kieskeurig zijn; *être (porté) sur sa —*, van lekker eten houden; *provisions de —*, levensmiddelen; 2 opening, mond; — *à feu*, vuurmond; — *d'incendie*, brandkraan; 3 —*s*, riviermond.

bouchée v 1 hap, mondvol; *manger une —,* snel een maal gebruiken; 2 klein pasteitje.

boucher *ov.w* 1 dichtstoppen, afsluiten, kurken; *se — les oreilles,* zijn oren dichtstoppen; 2 versperren (*le passage*).

boucher *m* 1 slager; 2 beul; 3 slecht chirurg.

boucherie v 1 slagerij; 2 slachting, bloedbad.

bouche-trou† *m* noodhulp.

bouchon *m* 1 kurk, stop, plug; 2 dobber; 3 tak als uithangbord v. e. herberg; 4 herberg.

boucle v 1 ring; 2 gesp; *se serrer la —,* de buikriem aanhalen; 3 haarkrul; 4 grote bocht in een rivier; 5 looping van vliegtuig.

boucler *ov.w* 1 vastgespen; *— ses malles,* zijn koffers pakken; 2 krullen; 3 ring door de neus v. e. stier enz. doen; 4 *— la boucle,* een looping maken; 5 (*arg.*) in de bak gooien.

bouclier *m* 1 schild; *levée de —,* gewapende opstand; 2 beschermer, verdediger.

bouder I *on.w* mopperen, mokken, pruilen. II *ov.w* negéren.

bouderie v pruilerij.

boudeur, *-euse* I *bn* pruilerig, mopperig. II *zn m, -euse* v mopperaar(ster).

boudin *m* 1 bloedworst; *s'en aller en eau de —,* mislukken; 2 tabaksrol; 3 lange haarkrul; 4 (*pop.*) neus.

boudoir *m* kleine damessalon.

boue v modder, slijk; *bain de —,* modderbad; *bâtir sur la —,* op los zand bouwen; *âme de —,* lage ziel; *tirer qn. de la —,* iem. uit de modder halen (*fig.*).

bouée v boei, baken; *— lumineuse,* lichtboei; *— sonore,* geluidsboei; *— de sauvetage,* reddingboei.

boueur *m* vuilnisman.

boueux, *-euse* I *bn* modderig. II *zn m* (*pop.*) vuilnisman.

bouffarde v (*pop.*) grote pijp.

bouffe I *bn* komisch (*opéra —*). II *zn m* zanger die een komische operapartij zingt.

bouffée v 1 vlaag, rook, uitademing (*— de fumée, de vent*); 2 plotselinge opwelling.

bouffer *on.w* 1 opzwellen; 2 (*pop.*) schrokken.

bouffette v strik.

bouffi *bn* bol, opgeblazen, gezwollen (van stijl).

bouffir I *ov.w* opblazen. II *on.w* opzwellen.

bouffon, *-onne* I *bn* koddig, kluchtig. II *zn m* nar, potsenmaker.

bouffonner *on.w* platte grappen maken, dwaas doen.

bouffonnerie v zotte streek, grap.

bouge *m* 1 krot; 2 verdacht huis.

bougeoir *m* blaker.

bouger I *on.w* zich bewegen. II *ov.w* verplaatsen.

bougie v 1 waskaars; 2 sonde (*med.*); 3 bougie v. e. motor.

bougnat *m* (*pop.*) kolenhandelaar.

bougon I *zn m, -onne* v brompot. II *~, -onne bn* knorrig.

bougonner *on.w* (*fam.*) brommen, mopperen.

bougre I *zn m, -esse* v (*pop.*) schoft, vuil wijf; *bon —,* beste vent; *— d'idiot!,* driedubbele idioot! II *tw* verdraaid!

bougrement *bw* (*pop.*) erg, ontzettend.

boui-bout *m* (*pop.*) tingeltangel, verdacht huis.

bouif *m* (*pop.*) schoenlapper, schoenmaker.

bouillabaisse v Provençaalse vissoep.

bouille v 1 druivenkorf; 2 (*pop.*) gezicht.

bouilli *m* soepvlees.

bouilloire v waterketel; *— à sifflet,* fluitketel.

bouillir *on.w onr.* koken; *faire — de l'eau,* water koken; *la tête me bout,* mijn hoofd gloeit, ik ben opgewonden.

bouilloire v waterketel; *— à sifflet,* fluitketel.

bouillon *m* 1 bouillon; *— de culture,* reincultuur; *— d'onze heures,* giftdrank; *boire le —,* water binnen krijgen bij het zwemmen; een verlies lijden; 2 eenvoudig restaurant; 3 luchtbel; 4 onverkochte exemplaren.

bouillonnement *m* 1 het opborrelen; 2 opwinding.

bouillonner *on.w* 1 opborrelen; 2 bruisen (*le sang bouillonne*).

bouillotte v 1 waterstoof, -kruik; 2 keteltje.

boulanger *m, -ère* v bakker, bakkersvrouw. *~ère* v bakkerskar.

boulanger *ov.w* 1 kneden; 2 bakken.

boulangerie v 1 bakkerswinkel; 2 bakkerij; 3 het brood bakken; 4 bakkersbedrijf.

boulant *bn* *sables —s,* drijfzand.

boule v 1 bal, bol; *— d'eau chaude,* warmwaterstoof; *jeu de —s,* Frans balspel; *— de neige,* sneeuwbal; *faire la — de neige,* aangroeien als een sneeuwbal; *tenir pied à —,* geen voetbreed wijken; *— de signaux,* stormbal; 2 (*arg.*) kop; *perdre la —,* de kluts kwijt raken; 3 (*pop.*) roulette.

bouleau [*mv* x] *m* berk.

bouledogue *m* buldog.

bouler I *on.w* opzwellen. II *ov.w* over de grond rollen.

boulet *m* 1 kanonskogel; 2 kogel, door de ketting aan het been van dwangarbeiders vastgebonden; *traîner le —,* een blok aan het been hebben.

boulette v 1 balletje; 2 blunder (*fam.*).

boulevard *m* 1 brede wandelweg met bomen; 2 bolwerk. *~er on.w* over de grote Parijse boulevards slenteren. *~ier* I *zn m, -ière* v geregeld bezoeker(ster) der boulevards. II *bn* wat betrekking heeft op de boulevards of de boulevardiers (*argot —*).

bouleversant *bn* overdonderend, opwindend.

bouleversement *m* 1 verwoesting, omverwerping; 2 beroering, ontsteltenis.

bouleverser *ov.w* 1 omverwerpen, verwoesten; 2 in beroering, verwarring brengen.

boulier *m* telraam.

boulin *m* schroefbout.

boulonner *ov.w* met een bout bevestigen; 2 (*arg.*) werken.

boulot, -otte I *bn* vet en rond. II *zn m* (*pop.*) werk. *~ter* I *on.w* 1 (*pop.*) een gemakkelijk en rustig leven leiden; 2 *ça boulotte,* 't gaat zo'n gangetje. II *ov.w* (*arg.*) eten.

bouquet *m* 1 ruiker; 2 bosje (*— d'arbres*); 3 geur v. d. wijn; 4 slotstuk v. e. vuurwerk, slot, bekroning v. e. zaak; 5 minnedicht; 6 mannetje van haas of konijn.

bouquin *m* 1 oude bok; 2 mannetjeshaas of -konijn; 3 oud boek.

bouquin/er *on.w* 1 oude boeken zoeken of raadplegen; 2 (*fam.*) lezen. *~erie* v 1 handel in oude boeken; 2 verzamelwoede voor boeken. *~eur m, -euse* v 1 iem. die naar oude boeken snuffelt; 2 iem. die van oude boeken houdt. *~iste m* handelaar in oude boeken.

bourbe v modder, slijk (uit vijvers of moerbeux, *-euse* v modderig.   [rassen).

bourbier *m* modderpoel; *se mettre dans un —,* zich in een wespennest steken.

bourde v (*fam.*) 1 leugen, kletspraatje (*conter des —s*); 2 uitvlucht.

bourder *on.w* leugens, kletspraatjes vertellen.

bourdon *m* 1 pelgrimsstaf; 2 hommel; 3 bas v. e. orgel; 4 grote torenklok; 5 weglating van woorden door een drukker.

bourdonnement *m* 1 gegons; 2 gemompel, gebrom; 3 oorsuizing.

bourdonner I *on.w* 1 gonzen; 2 mompelen; brommen. II *ov.w* mompelen.

bourg *m* groot dorp (met markt). *~ade* v dorp met verspreide huizen. *~eois* I *zn m, -e v* burger(es); 2 gezeten burger(es); 3 baas, patroon; 4 *~e* v (*pop.*) echtgenote. II *bn* burgerlijk. *~eoisie* v burgerij, burgerstand; *droit de —,* burgerrecht.

bourge/on *m* 1 boomknop; 2 puist. *~onnement m* het uitbotten. *~onner on.w* 1 uitbotten; 2 puisten hebben.

bourgmestre *m* burgemeester in Nederland, Vlaanderen, Duitsland.

Bourgogne I v Bourgondië. II *~ m* bourgogne(wijn).

1 Bourguignon I *zn m, -onne* v Bourgondiër

(-sche). II b ∼, -onne *bn* Bourgondisch.
2 bourguignon *m* met uien en rode wijn bereid rundvlees.
bourrade *v* 1 stomp; 2 ruwe uitval.
bourrage *m* het volstoppen.
bourrasque *v* 1 rukwind; 2 vlaag (van woede, drift enz.); 3 plotselinge koortsaanval.
bourre *v* 1 vulsel van haar; 2 knop; 3 waardeloos ding.
bourreau [*mv* x] *m* 1 beul; 2 wreedaard, beul (*fig.*); — *d'argent*, verkwister.
bourrée *v* dans(wijs) uit Auvergne.
bourreler *ov.w* kwellen, pijnigen.
bourrelet *m* 1 tochtlat; 2 stootkussen.
bourrelier *m* zadelmaker.
bourrellerie *v* zadelmakerij.
bourrer I *ov.w* 1 opvullen (*un fauteuil*); 2 volstoppen; 3 stoppen (*une pipe*); 4 stompen; — *le crâne à qn.*, iem. zijn mening opdringen. II *ov.w* ∼ met elkaar vechten.
bourricot *m* ezeltje.
bourrin *m* (*fam.*) ezel, paard.
bourrique *v* 1 ezelin; 2 stommeling; 3 (*arg.*) politieman.
bourru *bn* 1 ruw; 2 nors (*d'un ton* —).
bourse *v* beurs (in alle betekenissen); — *de commerce*, warenbeurs; *coupeur de* —*s*, zakkenroller; *sans* — *délier*, met gesloten beurs; — *bien garnie*, goed gevulde beurs; — *de travail*, arbeidsbeurs; *cette femme tient la* —, die vrouw heeft de broek aan.
boursier *m* 1 beursman; 2 student, die een beurs heeft.
boursouflé *bn* gezwollen (*style* —).
boursouflure *v* 1 opzwelling; 2 gezwollenheid.
bousculade *v* gedrang.
bousculer *ov.w* 1 omvergooien, verdringen, oploopen tegen; 2 onheus behandelen, een uitbrander geven; 3 tot haast aanzetten.
bouse *v* koemest.
bousillage *m* (*fam.*) knoeiwerk.
bousiller *ov.w* (*fam.*) verknoeien.
bousin *m* (*pop.*) lawaai.
boussole *v* 1 kompas; (*fam.*) *perdre la* —, de kluts kwijt raken; 2 gids, richtsnoer.
boustifaille *v* (*pop.*) schranspartij, eten, levensmiddelen.
bout *m* 1 eind, punt, top, knop enz.; *le* — *de l'an*, het jaargetijde voor een overledene; *au* — *de*, aan het eind van; *aller jusqu'au* —, tot het eind volhouden; *au* — *de l'aune faut le drap* (*spr.w*), aan alles komt een eind; *d'un* — *à l'autre, de* — *en* —, van 't begin tot het eind; *à tout* — *de champ*, bij elke gelegenheid; *au* — *du compte*, per slot van rekening; *manger du* — *des dents*, kieskauwen; *rire du* — *des dents, des lèvres*, lachen als een boer, die kiespijn heeft; *savoir sur le* — *du doigt*, op zijn duimpje kennen; *avoir des yeux au* — *des doigts*, pienter zijn; *être à bout*, ten einde raad zijn; *à* — *de forces*, uitgeput; *joindre les deux* —*s*, rondkomen; *être au* — *de son latin*, ten einde raad zijn; *au* — *du monde*, ver weg; *montrer le* — *de son nez*, zich vertonen; *jusqu'au* — *des ongles, op ten top*; *à* — *portant*, vlak, bijna in 't gezicht; *je suis à bout de patience*, mijn geduld is uitgeput; *pousser à* —, het geduld doen verliezen; *venir à* — *de*, slagen; 2 eindje, stukje; *un* — *de femme*, een klein vrouwtje; *faire un* — *de toilette*, zich wat opknappen.
boutade *v* 1 gril; 2 geestige uitval.
boute-en-train *m* gangmaker in een gezelschap.
bouteille *v* fles; *c'est la* — *à encre*, dat is erg duister; — *isolante*, thermosfles.
bouteillon *m* veldketel (*mil.*).
boute-selle *m* signaal voor opzadelen.
boutique *v* 1 winkel; *arrière-boutique*, kamer achter de winkel; *adieu la* — *!*, 't is afgelopen!; *quelle* —*!*, wat een huishouden!; *toute la* —, de hele rommel; *fermer* —, zijn zaak aan de kant doen; *ouvrir* —, een zaak openen; 2 werkplaats; 3 viskaar; 4 keet.

boutiquier *m*, -ère *v* winkelier(ster).
boutoir *m* veegmes v. e. hoefsmid.
bouton *m* 1 knop (van bloemen, schel, deur enz.); *tournez le bouton*, *s.v.p.!*, binnen zonder kloppen! —*de réglage*, regelaar; 2 puist; 3 knoop; *mettre le* — *haut à qn.*, het iemand moeilijk maken; *serrer le* — *à qn.*, sterk aandringen, het mes op de keel zetten.
bouton†-d'or *m* boterbloem.
boutonn/er I *on.w* uitbotten. II *ov.w* dichtknopen. ∼**erie** *v* knopenhandel, -fabriek. ∼**eux, -euse** *bn* puisterig. ∼**ier** *m*, -ère *v* knopenmaker(-maakster), -verkoper(-verkoopster). ∼**ière** *v* 1 knoopsgat; 2 bloem in het knoopsgat, corsagebloem; *à la* — *fleurie*, met een bloem in het knoopsgat.
bouton†-pression *m* drukknoop.
bout†-rimé *m* gedicht met opgegeven rijm; ∼ *mv* verzen met opgegeven eindrijmen.
boutur/age *m* het stekken (*pl.k.*). ∼**e** *v* stek, loot. ∼**er** *ov.w* stekken.
bouverie *v* ossestal.
bouvier *m*, -ière *v* 1 ossenhoeder(-ster); 2 lomperd; 3 — *des Flandres*, bouvier.
bouvillon *m* jonge os.
bouvreuil *m* goudvink.
bovidés *m mv* runderachtigen.
bovin *bn* runderachtig.
box *m* afdeling in paardestal voor een paard, in garage voor een auto.
box/e *v* het boksen. ∼**er** *on.w* boksen. ∼**eur** *m* bokser.
boyau [*mv* x] *m* 1 darm; *corde à* —, darmsnaar v. viool enz.; *râcler le* —, krassen op een viool; *descente de* —*x*, breuk (*med.*); 2 slang a. e. pomp; 3 binnenband v. racefiets; 4 lange, smalle gang; 5 pijpenlade; 6 verbindingsloopgraaf.
boycott/age *m* boycot. ∼**er** *ov.w* boycotten. ∼**eur** *m*, -euse *v* boycotter(ster).
boy†-scout *m* padvinder, verkenner.
brabançon, onne *bn* 1 *zn* B ∼ *m*, -onne *v* Brabander, Brabantse. **B** ∼**onne** *v* het Belgisch volkslied.
bracelet *m* armband; — *de pied*, voetring; —*montre*, polshorloge.
brachial [*mv* aux] *bn* wat betrekking heeft op de arm; *muscle* —, armspier.
brachycéphale *bn* en *zn m of v* kortschedelig(e).
braconn/age *m* stroperij. ∼**er** *on.w* stropen (van jagers en vissers). ∼**ier** *m* stroper.
bractée *v* dekblad, schutblad (*pl.k.*).
brader *ov.w* uitverkopen.
braderie *v* uitverkoop.
braguette *v* gulp v. e. broek.
brai *m* hars.
braie *v* 1 luier; 2 (*oud*) broek.
braillard I *bn* schreeuwend. II *zn m*, -e *v* schreeuwbek.
braille *m* blindenschrift.
braill/ement *m* geschreeuw. ∼**er** *on.w* 1 hard en veel praten; 2 schreeuwen; 3 brullen (v. e. zanger). ∼**eur, -euse** I *bn* schreeuwend. II *zn m*, -euse *v* schreeuwbek.
braiment *m* gebalk v. e. ezel.
braire *on.w* balken.
brais/e *v* 1 gloeiend houtskool; *chaud comme* —, vurig; *bœuf à la braise*, gesmoord rundvlees; *être sur la* —, op hete kolen zitten; 2 houtskool. ∼**er** *ov.w* smoren (van vlees). ∼**ière** *v* stoofpan.
braisiller *on.w* flikkeren.
bramement *m* het schreeuwen v. h. hert.
bramer *on.w* schreeuwen v. h. hert.
brancard *m* 1 brancard; 2 boom v. e. rijtuig.
brancardage *m* het vervoeren per brancard.
brancardier *m* ziekendrager.
branchage *m* de takken.
branche *v* tak (van boom, rivier, wetenschap, geslacht enz.); afdeling; *s'accrocher à toutes les* —*s*, zich aan een strohalm vastklemmen; *sauter de* — *en* —, van de hak op de tak springen.

branchement *m* vertakking.

brancher I *on.w* op een tak zitten. II *ov.w* aansluiten (van gas, waterleiding).

branche†-ursine† *v* bereklauw (*pl.k.*).

branchies *v mv* kieuwen.

branchu *bn* met veel takken.

brande *v* heide(veld).

brandebourg *m* galon.

brandiller *ov.w* slingeren.

brandir *ov.w* zwaaien.

brandon *m* strofakkel; *allumer le — de la discorde*, tweedracht zaaien.

branlant *bn* waggelend, schommelend.

branle *m* 1 het schommelen, heen en weer gaande beweging, slingering (*— d'une cloche*); 2 *mettre en —*, in beweging brengen; *donner le —*, de eerste stoot geven; 3 hangmat; 4 rondedans.

branle-bas *m* 1 toebereidselen aan boord voor een zeegevecht; 2 opschudding.

branlement *m* schommeling, slingering, heen en weer gaande beweging.

branler I *ov.w* schudden, heen en weer bewegen (*— la tête*). II *on.w* waggelen, slingeren, wankelen, los zitten.

braque I *zn m* jachthond. II *bn* onbezonnen.

braquement *m* het richten v. e. kanon enz.

braquer *ov.w* richten van kanon, revolver.

bras *m* 1 arm; *— d'une chaise*, armleuning; *en — de chemise*, in zijn hemdsmouwen; *saisir à — le corps*, omvatten; *rester les — croisés*, werkeloos toezien; *couper — et jambes*, versteld doen staan, ontmoedigen; *— dessus, — dessous*, arm in arm; *avoir le — en écharpe*, de arm in een doek dragen; *à — raccourcis*, uit alle macht; *saisir par le —*, bij de arm grijpen; *avoir sur les —*, te zorgen hebben voor; *les — m'en tombent*, ik sta er versteld van; *à tour de —*, uit alle macht; 2 helper, arbeider.

braser *ov.w* solderen.

brasier *m* kolenvuur, vuurgloed.

brasiller I *ov.w* roosteren. II *on.w* lichten v. d. zee.

brassage *m* 1 het brouwen; 2 het omroeren.

brassard *m* band om de arm (bij rouw enz.).

brasse *v* 1 vadem (*scheepv.*); 2 zwemslag.

brassée *v* 1 arm vol; 2 zwemslag.

brasser *ov.w* 1 brouwen; *— des affaires*, veel zaken vlug, maar slordig opzetten; 2 omroeren.

brasserie *v* 1 brouwerij; 2 bierhuis, café.

brasseur *m* 1 bierbrouwer; 2 bierhandelaar.

brassière *v* kinderlijfje.

brasure *v* 1 soldeernaad; 2 het solderen; 3 soldeersel.

bravache *m* iemand, die de held uithangt, snoever.

bravade *v* opschepperij, snoeverij.

brave I *bn* 1 dapper (*homme —*); 2 braaf, fatsoenlijk (*— homme*). II *zn m* dappere.

braver *ov.w* 1 uitdagen, tarten; 2 trotseren.

bravoure *v* dapperheid, moed.

brayer *m* breukband.

break (*spr :* brèk) *m* brik.

brebis *v* 1 wijfjesschaap; *ramener la — égarée*, het verloren schaap terugbrengen; *qui se fait —, le loup le mange*, al te goed is buurmans gek; *à — tondue Dieu mesure le vent*, God geeft kracht naar kruis; 2 *geloovige; — galeuse*, schurftig schaap.

brèche *v* 1 bres; *battre en —*, een bres trachten te schieten in, (fig.) hevig aanvallen, bestrijden; *faire une — à un pâté*, aansnijden, aanspreken; *être sur la —*, op de bres staan; *mourir sur la —*, strijdend ten onder gaan; 2 haakel, afbreuk.

bredouillage *m* gebrabbel, gestamel.

bredouille I *zn v* pech. II *bn* platzak (*rentrer —*).

bredouiller *on.w* brabbelen, stamelen.

bredouilleur *m*, *-euse v* stotteraar(ster).

bref, *-ève I bn* kort; *ton —*, gebiedende toon. II *bw* kortom.

bref *m* 1 pauselijke brief; 2 kerkkalender.

brelan *m* 1 zwikken (kaartspel); 2 *avoir — zwik hebben (drie gelijke kaarten).

breloque *v* 1 snuisterij; 2 hangertje aan een horlogeketting; 3 signaal voor het inrukken.

brème *v* brasem.

Brésil *m* Brazilië.

brésilien, -enne I *bn* Braziliaans. II *zn* B ~ *m*, -enne *v* Braziliaan(se).

brésiller I *ov.w* verbrijzelen. II *on.w* verpulveren.

breveté I *bn* gediplomeerd, gepatenteerd. II *zn m* gediplomeerde.

breveter *ov.w* 1 diplomeren; 2 octrooi, patent verlenen.

bréviaire *m* 1 brevier; 2 geregelde lectuur.

brièveté *v* kortheid.

bribe *v* 1 brokstuk, overblijfsel v. e. maal; 2 losse woorden, die men opvangt uit een gesprek (~s).

bric-à-brac *m* 1 oud ijzer, oude meubelen enz.; *marchand de —*, uitdrager; 2 uitdragerswinkel.

brick *m* brik (*scheepv.*).

bricolage *m* geknutsel.

bricole *v* 1 slingerwerktuig uit de middeleeuwen; 2 dubbele vishaak; 3 draagband; 4 losse bandstoot bij biljarten; 5 karweitje; 6 bedrog, sluwe streek.

bricoler *on.w* (*fam.*) 1 allerlei baantjes hebben; 2 over de losse band spelen; 3 bedrog plegen, slinkse streken uithalen.

bricoleur *m* 1 knutselaar; 2 klusjesman.

bride *v* teugel, toom; *à — abattue, à toute — spoorslags, blindelings; *à cheval donné on ne regarde pas la —*, een gegeven paard kijkt men niet in de bek; *tenir la — haute*, de teugels kort houden, streng zijn; *lâcher la — à ses passions*, zijn hartstochten de vrije teugel laten; *tourner —*, de teugel wenden.

brider *ov.w* 1 intomen, teugelen; *— l'âne par la queue*, de paarden achter de wagen spannen; 2 beteugelen, breidelen.

bridge *m* 1 bridge; 2 brug (tussen tanden).

bridger *on.w* bridgen.

bridgeur *m*, *-euse v* bridgespeler(-speelster).

brie *m* kaas uit Brie.

brief, -ève *bn* kort.

brièvement *bw* kort, in weinig woorden.

brièveté *v* kortheid, beknoptheid.

briffer *ov.w* (*pop.*) eten.

brigade *v* 1 twee regimenten; 2 gespecialiseerde mil. eenheid (*— de chars*); 3 gendarmerieafdeling; 4 politieafdeling; *— des mœurs*, zedenpolitie; 5 afdeling werkvolk.

brigadier *m* 1 korporaal bij artillerie, cavalerie, gendarmerie; 2 brigadegeneraal.

brigand *m* struikrover, boef. ~age *m* 1 (struik)roverij; 2 geldafpersing, knevelarij. ~er *on.w* roven.

brigue *v* 1 slinkse streek; 2 kliek, partij.

briguer *ov.w* 1 door slinkse streken trachten te verkrijgen; 2 najagen.

brillant I *bn* schitterend, luisterrijk, levendig enz.; *une pensée —e*, een scherpzinnige gedachte; *une santé —e*, een uitstekende gezondheid; *un style —*, een levendige stijl. II *zn m* glans, schittering, vernuft, enz.

brillanter *ov.w* 1 tot briljant slijpen; 2 opsmukken (*le style*).

brillantine *v* brillantine.

briller *on.w* 1 schitteren; 2 uitmunten.

brimer *ov.w* plagen, ontgroenen.

brin *m* 1 sprietje, loot (*un — d'herbe*); 2 stukje, klein deeltje; *un — de paille*, strootje; *un — de pain*, een stukje brood; *faire un — de toilette*, zich wat opknappen.

brindille *v* takje, sprietje.

bringue *v* 1 stuk; 2 lange, slappe vrouw; 3 uitspatting.

brio *m* levendigheid, vuur.

brioche *v* 1 tulband; 2 flater (*fam.*).

brique *v* baksteen; — *de savon*, stuk zeep.

briquet/age *m* metselwerk van bakstenen. ~*er* *ov.w* bestraten met klinkers. ~*erie* *v* steenfabriek. ~*ier* *m* 1 steenbakker; 2 steenverkoper.

briquette *v* briket.

brisant *m* blinde klip.

brise *v* bries.

brisé *bn* 1 gebroken; 2 uit twee helften bestaande, toeslaand; *porte —e*, vouwdeur.

brise-bise *m* tochtstrip.

brisées *v mv* afgebroken takken; *aller sur les — de qn.*, iem. in het vaarwater zitten.

brise-glace *v* ijsbreker.

brise-lames *m* golfbreker.

brisement *m* het breken; — *de cœur*, diepe smart; — *des flots*, branding.

briser I *ov.w* 1 breken, vernielen, verbrijzelen; *brisé de fatigue*, doodop; *briser ses fers*, de vrijheid herwinnen; 2 vermoeien. II *on.w* breken; *brisons là*, laten we er niet verder over spreken.

brise-tout *m* breekal.

briseur *m* breker; — *d'images*, beeldenstormer.

brisure *v* breuk, barst.

britannique *bn* Brits.

broc *m* kan voor wijn, water enz.; *faire qc. de — en bouche*, iets onmiddellijk doen.

brocante *v* handel in oudheden.

brocanter *on.w* sjacheren; handelen in oudheden en curiositeiten.

brocanteur *m*, -euse *v* sjacheraar(ster); handelaar(ster) in oudheden en curiositeiten.

brocard *m* schimpscheut, bijtende spot.

brocarder *ov.w* bespotten, beschimpen.

brocardeur *m*, -euse *v* iem. die bespot, beschimpt.

brocart *m* brokaat.

brochage *m* het innaaien van boeken.

broche *v* 1 braadspit; *mettre à la —*, aan het spit steken; *faire un tour de —*, zich wat warmen; 2 broche (sieraad); 3 breinaald; 4 *mv* slagtanden v. e. wild zwijn.

broché *m* 1 het weven van tekeningen in de stof; 2 de stof, die uit dit procédé ontstaat.

brochée *v* het aan het spit gestoken vlees.

brocher *ov.w* 1 stikken met gouddraad enz.; 2 innaaien v. e. boek; 3 nagels slaan in het hoefijzer; 4 (*fam.*) afroffelen van huiswerk.

brochet *m* snoek.

brocheton *m* snoekje.

brochette *v* stokje om jonge vogels te voeren; *élever à la —*, vertroetelen.

brocheur *m*, -euse *v* innaaier(ster).

brochoir *m* hamer v. d. hoefsmid.

brochure *v* 1 het innaaien; 2 brochure.

brodequin *m* rijglaars; *chausser le —*, toneelspelen.

broder *ov.w* 1 borduren; *aiguille à —*, borduurnaald; 2 (een verhaal) opsieren, overdrijven.

broderie *v* 1 borduurwerk, borduursel; 2 versiersel (in verhaal of muziek).

brodeur *m*, -euse *v* borduurder(ster).

brome *m* bromium.

bromure *m* bromide.

bronche *v* bronchie.

bronchement *m* het struikelen.

broncher *on.w* 1 struikelen; *il n'est si bon cheval qui ne bronche* (*spr.w*), het beste paard struikelt wel eens; 2 zich bewegen, verroeren; *sans —*, met een stalen gezicht, zonder blikken of blozen; 3 zich vergissen'

bronchial [*mv* aux] *bn* bronchiaal.

bronchite *v* bronchitis.

bronchitique *m* of *v* bronchitislijder(es).

bronzage *m* het bronzen.

bronze *m* 1 brons; *cœur de —*, hart van steen; 2 (fig.) klok, kanon; 3 bronzen beeld.

bronzé *bn* 1 gebronsd; 2 getaand, gebruind.

bronzer I *ov.w* bronzen. II *se — een* bronskleur aannemen, zonnen.

bronzeur, bronzier *m* bronswerker.

brossage *m* het borstelen.

brosse *v* 1 borstel; — *à décrotter*, schoenborstel; *cheveux en —*, steilstaande haren; 2 scheerkwast; 3 schilderskwast; 4 varkensharen penseel.

brossée *v* 1 streek met borstel of penseel; 2 pak slaag, nederlaag.

brosser *ov.w* 1 borstelen; *se — le ventre* (*pop.*), er bekaaid afkomen; 2 wrijven (— *les membres*); 3 een pak slaag geven; 4 vlug en breed schilderen (— *un tableau*).

brosserie *v* borstelhandel, -fabriek.

brossier *m* borstelverkoper, -fabrikant.

brou *m* bolster; — *de noix*, bruine kleur, likeur bereid uit de notenbolster.

brou/ette *v* kruiwagen. ~*ettée* *v* kruiwagen vol. ~*etter* *ov.w* per kruiwagen vervoeren. ~*etteur, brouettier* *m* kruier.

brouhaha *m* lawaai, herrie.

brouillage *m* radiostoring.

brouillamini *m* wanorde, verwarring.

brouillard *m* 1 nevel, mist; *il fait du —*, het mist; *le — tombe*, het wordt mistig; *avoir comme un — sur les yeux*, alles wazig, vaag zien; 2 vloeipapier.

brouillasse *v* lichte mist, - nevel, motregen.

brouillasser *on.w* misten.

brouille *v* (500) onmin, oneenigheid.

brouiller I *ov.w* 1 verwarren, vermengen; — *le ciel*, de hemel verduisteren; — *des œufs*, eieren klutsen; — *du papier*, papier verknoeien; — *les cartes*, de kaarten schudden, verwarring stichten; 2 onmin brengen; *tweedracht zaaien tussen (— des amis)*; *être brouillé avec qn.*, in onmin met iem. zijn. II *se —* 1 donker worden, troebel worden; *le temps se brouille*, de lucht betrekt; 2 in de war raken (*se — avec qn.*); 3 in onmin raken met (*se — avec la justice*).

brouillon *m* klad (v. e. brief enz.).

brouillonner *ov.w* in het klad schrijven.

broussaille *v* doornen en distels i. e. bos; *sourcils, barbe en —*, borstelige wenkbrauwen, - baard; —*s*, struikgewas.

brousse *v* rimboe.

brouter *ov.w* grazen.

broutille *v* 1 rijshout; 2 kleinigheid, prul.

broyer *ov.w* 1 verbrijzelen; 2 fijnstampen, verpulveren; 3 malen en verdunnen van verf; 4 vlas, hennep braken.

broyeuse *v* 1 hennep-, vlasbraakster; 2 braakmachine.

bru *v* schoondochter.

bruant *m* geelgors.

brucelles *v mv* pincet.

Bruges Brugge.

bruine *v* motregen.

bruiner *onp.w* motregenen.

bruire *on.w* onr. ruisen, ritselen, suizen.

bruissement *m* geruis, geritsel, gesuis.

bruit *m* 1 geluid, lawaai, leven; *beaucoup de — et peu de besogne*, veel geschreeuw en weinig wol; *chasser à grand —*, jagen met de meute; *à petit bruit*, in het geheim; 2 gerucht, tijding; *il n'est — que de cela*, men spreekt nergens anders over; 3 opstandige beweging.

bruitage *m* geluidsdecor.

brûlage *m* het afbranden.

brûlant *bn* 1 brandend, heet; *question —e*, brandende kwestie; *il y a (un zèle —)*.

brûlé I *zn* *m* brandlucht; *ça sent le —*, het ruikt hier branderig, (fig.) dat gaat mis. II *bn* verbrand, aangebrand, gebrand; *cerveau —*, *tête —e*, heethoofd.

brûlée *v* pak slaag.

brûle-gueule m (*pop.*) neuswarmertje.
brûlement m het verbranden.
brûle-pourpoint, *à* —, op de man af.
brûl/er I *ov.w* 1 verbranden, branden; *prendre une place sans* — *une amorce,* een vesting zonder slag of stoot nemen; *brûler la cervelle,* voor de kop schieten; *se* — *à la chandelle,* tegen de lamp lopen; — *de l'encens devant qn.,* iem. vleien; — *les planches,* met vuur toneelspelen; — *du rhum,* punch maken; — *ses vaisseaux,* zijn schepen achter zich verbranden; 2 doen aanbranden; 3 overslaan; — *une étape,* ergens voorbij rennen zonder stil te staan; — *le pavé,* rennen; — *la politesse à qn.,* weggaan zonder te groeten; 4 distilleren (— *du vin*). II *on.w* 1 branden, in brand staan, aanbranden; *tu brûles,* je bent warm (bij spel); *les pieds lui brûlent,* hij zit op hete kolen; *le tapis brûle,* je hebt nog niet ingezet (bij spel); 2 hevig verlangen (*je brûle d'être à Paris*). —**erie** v (koffie)branderij, (likeur-, cognac)stokerij. —**eur** m likeur-, cognacstoker. —**is** m verbrand stuk bos, afgebrand stuk akker. —**oir** m koffiebrander (instrument). —**ot** m 1 brandschip; 2 sterk gekruid stuk vlees; 3 stokebrand, tweedrachtzaaier. —**ure** v brandwond.
brum/aille v mistig weer, (*pop.*) lichte mist. —**aire** m tweede maand v. d. republikeinse kalender (van 22 of 23 oktober tot 20 of 21 november). —**al** [*mv aux*] *bn* winters (*plantes —es*). —**asse** v lichte nevel of mist. —**asser** *onp.w: il* —, er hangt een lichte m. —**er** *onp.w* misten. —**eux, -euse** *bn* mistig, nevelachtig.
brun *bn* bruin; *bière* —*e,* donker bier; *courtiser la* —*e et la blonde,* alle vrouwen het hof maken. II *zn* m bruine kleur.
brunâtre *bn* bruinachtig.
brune v avondschemering; *à la* —, *sur la* —, tegen het vallen v. d. avond.
brunette v donker meisje.
brunir I *ov.w* 1 bruin maken; 2 polijsten. II *on.w* bruin, donker worden.
brunissage m het polijsten van metalen.
brunissure v 1 het polijsten, glans; 2 aardappelziekte.
brusque *bn* 1 plotseling; 2 levendig (*manière* —); 3 ruw, onbeschaafd (*ton* —).
brusquement *bw* plotseling.
brusquer *ov.w* 1 ruw, onbeschoft behandelen; 2 overhaasten, forceren (— *une affaire*).
brut *bn* 1 ruw; 2 onbeschaafd; 3 bruto.
brutal [*mv aux*] *bn* 1 beestachtig; 2 ruw, lomp.
brutaliser *ov.w* ruw behandelen.
brutalité v 1 ruwheid, dierlijkheid; 2 ruw, beestachtig woord of daad.
brute v 1 dier; 2 ruw, onbeschaafd mens; dom mens.
bruyant *bn* luidruchtig.
bruyère v 1 heidestruik; 2 heidevlakte.
buanderie v wasserij, washok.
buandier m, **-ère** v wasser, wasvrouw.
bubonique *bn* *peste* —, builenpest.
buccal [*mv aux*] *bn* wat de mond betreft.
bucéphale m 1 paradepaard; 2 knol.
bûche v 1 houtblok; 2 domoor.
bûcher m 1 houtstapel; 2 brandstapel.
bûch/er I *ov.w* 1 hout tot blokken slaan; 2 afblokken van steen; 3 (*pop.*) slaan. II *on.w* (*pop.*) blokken. III *se* — (*pop.*) met elkaar vechten. —**eron** m houthakker. —**eur** m, **-euse** v blokker(ster).
bucolique I *bn* landelijk, herderlijk. II *zn* v 1 herderszang; 2 oude rommel.
budget m budget, begroting.
buée v wasem, damp.
buer *on.w* wasemen.
buffet m 1 buffet; 2 stationsrestaurant.
buffetier m, **-ière** v buffethouder(ster) in stationsrestaurant.
buffle m 1 buffel; 2 buffelleer.
bugle m soort trompet.

buis m buksboom, palmtak; — *bénit,* palm, gewijd op Palmzondag.
buisson m 1 struik; — *ardent,* het brandend braambos (van Mozes); 2 struikgewas, kreupelbos; *battre les* —*s,* het wild opjagen, iets onderzoeken.
buissonneux, -euse *bn* vol struiken.
buissonnier, -ère *bn* dat zich ophoudt, terugtrekt in de kreupelbosjes; *faire l'école* —*ère,* spijbelen.
bulbe m of v bloembol.
bulbifère *bn* bollendragend.
bulgare I *bn* Bulgaars. II *zn* B ~ m of v Bulgaar(se).
bulldozer (*spr.: bull-do-zeur*) m bulldozer.
bulle I *zn* v 1 (lucht)bel; — *de savon,* zeepbel; 2 blaar; 3 zegel op een akte; 4 pauselijke bul. II *bn* *papier* —, ruw, geelachtig papier.
bulletin m 1 stembiljet; 2 rapport v. e. leerling; 3 reçu (— *de bagages*); 4 verslag, rapport, bericht.
buraliste m houder van tabaksbureau, postkantoor, betaalkantoor enz.
bure v 1 mijnschacht; 2 baai; 3 monnikspij.
bureau [*mv aux*] m 1 schrijfbureau; 2 kantoor, bureau; — *de bienfaisance,* armenzorgbureau; — *de placement,* verhuurkantoor; — *de poste,* postkantoor; — *de location,* plaatsbureau in schouwburg enz.; — *de tabac,* tabakswinkel; 3 afdeling, commissie, bestuur.
bureaucrate m bureaucraat.
bureaucratie v bureaucratie.
burette v 1 ampul (voor de mis); 2 olie- en azijnflesje; 3 oliespuitje.
burgrave m burggraaf.
burin m 1 graveernaald; 2 kopergravure; 3 tandenstoker.
buriner *ov.w* 1 etsen, graveren. II (*pop.*) *on.w* werken, ploeteren.
burineur m 1 etser, graveur 2 (*pop.*) harde werker, ploeteraar.
burlesque I *bn* grappig, koddig, boertig. II *zn* m het komische, boertige genre.
burnous m Algerijnse mantel.
buronnier m kaasmaker.
bus m autobus.
busard m kiekendief.
busc m balein.
buse v 1 buizerd; 2 uilskuiken, stommerd; 3 buis, kanaal.
busqué *bn* krom; *nez* —, haviksneus.
busquer *ov.w* 1 krom maken, buigen; 2 van baleinen voorzien.
buste m 1 bovenste gedeelte v. h. lichaam; 2 borstbeeld.
but m 1 doel; *de* — *en blanc,* onverwachts, ruwweg; *à* —, onbeslist; 2 doelpunt; *gardien de* —, keeper; 3 mikpunt.
buter I *on.w* 1 stoten, struikelen. II *ov.w* stutten (*un mur*). III *se* — 1 stoten, leunen; 2 hardnekkig, koppig volhouden.
butin m 1 buit; 2 winst; 3 vergaarde rijkdommen.
butiner *ov.w* en *on.w* 1 buit verzamelen; 2 al zoekend verzamelen.
butoir m stootblok.
butor m 1 roerdomp; 2 (*v.* butorde) sufferd, stommeling.
butte v 1 heuveltje; *la B* —, Montmartre; 2 kogelvanger.
butyreux, -euse *bn* boterachtig.
buvable *bn* drinkbaar.
buvande, buvante v zure landwijn.
buvard m, **-ère** v vloeipapier; 2 vloeiboek.
buverie v zuippartij.
buvetier m, **-ère** v waard(in).
buvette v 1 stationsrestaurant, koffiekamer in schouwburg; 2 drinkplaats (bij geneeskundige baden).
buveur m, **-euse** v 1 drinker(ster); 2 drinkebroer, drinkster.
buvoter *on.w* met kleine teugen drinken.
byronien, -enne *bn* volgens de stijl, de ideeën

van Byron.
Byzance v Byzantium.

byzantin *bn* byzantijns.

C

c *m*; c = *centime(s)*, *compte*; c.-à-d. = *c'est
à dire*; C.A.P. = *Certificat d'Aptitude
Professionnelle* = vakdiploma; C.E.C.A.
= *Communauté européenne du charbon
et de l'acier* = Europese Kolen- en Staal-
gemeenschap; cf. = *conférez* (vergelijk);
C.G. = *croix de guerre*; C.G.T. = *Confédération générale du Travail*; Ch (Chap.)
= *chapitre*; Cie = *compagnie*; Cte (C) =
compte; C/C = *compte courant*; Cte,
Ctesse = *comte*, *comtesse*; C.V. = *cheval-
vapeur*.

1 ça = cela; *c'est ça*, zo is het, juist; *comme
ci*, *comme —*, niet slecht, het gaat wel;
comme ça, zo.

2 çà *bw* hier; *çà et là*, hier en daar, heen en
weer (*courir —*); *tw*: *ah çà*, of *çà !*, zeg eens.

cabale *v* 1 kliek, partijgenoten; 2 kuiperij.

cabaler *on.w* samenspannen, konkelen.

cabaleur *m*, -euse *v* samenspanner(ster).

cabalistique *bn* 1 wat betrekking heeft op
bezweren (*formule —*); 2 duister van stijl.

caban *m* regenmantel met kap en mouwen.

cabane *v* 1 hut; 2 hok (*— à lapins*); 3
(*pop.*) gevangenis.

cabaner *on.w* in een hut leven.

cabanon *m* hutje.

cabaret *m* 1 herberg, kroeg; *— borgne*, verdachte kroeg; *pilier de —*, kroegloper;
2 tafeltje voor kopjes, glazen; 3 likeurstel,
theeservies enz.

cabaretier *m*, -ère *v* herbergier(ster).

cabas *m* boodschappentas.

cabestan *m* kaapstander (*scheepv.*).

cabillaud *m* kabeljauw.

cabine *v* 1 hut op schip, in luchtschip; 2 bad-
hokje; 3 kapiteinskajuit; 4 *— téléphonique*,
telefooncel.

cabinet *m* 1 kleine kamer, bureau; *— d'alsan-
ce*, w.c.; aller au —, naar de w.c. gaan;
— de bains, badkamer; *— de consultations*,
spreekkamer v. e. dokter; *— de débarras*,
rommelkamer; *— d'étude*, studeerkamer;
homme de —, iem. die een teruggetrokken
studieleven leidt; *— de toilette*, kleed-, was-
kamer; 2 ministerie; *chef de —*, minister-
president; 3 kastje met vakken; 4 wetenschappelijke collectie.

câble *m* 1 kabel; 2 telegram; 3 kabellengte.

câblé *m* gordijn-, schilderijenkoord.

câbleau, câblot *m* kleine kabel, tros.

câbler *ov.w* overseinen per kabel.

câblier *m* kabellegger (schip).

câblogramme *m* kabeltelegram.

cabochard *l bn* koppig. II *zn m*, -e *v* stijfkop.

caboche *v* 1 kopspijker; 2 (*fam.*) kop.

cabochon *m* koperen, verzilverde enz. meu-
belspijker.

cabosse *v* 1 buil; 2 cacaoboon.

cabosser *ov.w* deuken.

cabot *m* (*fam.*) 1 hond; 2 korporaal.

cabotage *m* kustvaart.

caboter *on.w* kustvaart drijven.

caboteur, cabotier *m* kustvaarder (man en
schip).

cabotin *m*, -e *v* 1 slecht toneelspeler(-speel-
ster); 2 rondreizend toneelspeler(-speel-
ster).

caboule *v* (*pop.*) hoofd.

caboulot *m* (*pop.*) ordinair café.

cabrer (se) I 1 steigeren; 2 opvliegen, zich
verzetten, in verzet komen. II *~ ov.w* optrekken v. e. vliegtuig.

cabri *m* geitje, bokje.

cabriole *v* luchtsprong, bokkesprong; *faire
la —*, zich gemakkelijk in de omstandigheden schikken.

cabrioler *on.w* bokkesprongen maken.

cabriolet *m* 1 sjees; 2 auto waarvan de kap
geopend kan worden.

cacahuète *v* apenootje.

cacao *m* cacao; *beurre de —*, cacaoboter.

cacaoyer, cacaotier *m* cacaoboom.

cacarder *on.w* gaggelen v. e. gans.

cacatoès *m* kakatoe.

cachalot *m* potvis.

cache *v* bergplaats, schuilhoek.

cache-cache *m*: *jouer à —*, verstoppertje
spelen.

cache-misère *m* wijde jas of mantel, waar-
onder men versleten kleren draagt.

cache-nez *m* dikke halsdoek.

cache-pot *m* omhulsel v. e. bloempot.

cache-poussière *m* stofjas.

cacher I *ov.w* verbergen. II se *~ de qc.*,
ergens niet voor uit willen komen.

cache-radiateur *m* hoes v. e. radiator.

cachet *m* 1 zegel, stempel; *lettre de —*, ge-
zegelde brief v. d. koning, die gewoonlijk
een bevel tot gevangenneming of verbanning bevatte; 2 kenmerk; 3 kaart (voor
lessen, baden enz.); *courir le —*, privaat-
lessen thuis geven; 4 ouwel, waarin een
geneesmiddel (*— de quinine*); 5 originaliteit. ~age *m* het verzegelen. ~er *ov.w* (ver-)
zegelen; *cire à —*, zegellak.

cachette *v* bergplaats, schuilhoek; *en —*,
in het geheim.

cachot *m* cachot.

cacographe *m* iem. die veel fouten schrijft.

cacographie *v* 1 slechte spelling; 2 slechte
stijl.

cacologie *v* slechte uitdrukking of taalcon-
structie.

cacophonie *v* wanklank.

cadastr/al [*mv aux*] *bn* kadastraal. ~e *m*
kadaster. ~er *ov.w* kadastreren.

cadavéreux, -euse *bn* lijkachtig, -kleurig.

cadavérique *bn* wat lijken betreft; *autopsie —*,
lijkschouwing.

cadavre *m* lijk; *— ambulant*, wandelend lijk.

cadeau [*mv x*] *m* geschenk; *les petits —x
entretiennent l'amitié* (*spr.w*), kleine geschenken onderhouden de vriendschap;
faire — de qc., iets ten geschenke geven.

cadenas *m* hangslot.

cadenasser *ov.w* met een hangslot sluiten.

cadence *v* maat, ritme.

cadencer *ov.w* maat, ritme brengen in;
pas cadencé, regelmatige pas.

cadet, -ette I *bn* 1 tweede (kind); 2 jongste
(kind). II *zn m*, -ette *v* 1 tweede kind;
2 jongste kind; *il est mon — de deux ans*,
hij is twee jaar jonger dan ik; *c'est le cadet
de mes soucis*, dat zal mij een zorg zijn; *c'est
mon —*, hij volgt op mij (wat geboortejaar
betreft); 3 jonge edelman vóór de Fr. Revolutie, die vrijwillig dienst deed in het
leger.

cadrage *m* film- of fotomontage.

cadran *m* wijzerplaat; *— solaire*, zonnewijzer; *faire le tour du —*, de klok rond
slapen.

cadre *m* 1 lijst; 2 frame v. e. fiets; 3 kader
(bij het leger); 4 (*fig.*) omlijsting, omgeving.

cadrer *on.w* passen bij, overeenkomen met.

caduc, -que *bn* 1 bouwvallig; 2 afgeleefd,
oud, zwak; 3 nietig (*legs —*); 4 *mal —*,

vallende ziekte.

caducité v 1 bouwvalligheid; 2 afgeleefdheid, zwakte; 3 nietigheid.

caecal bn: appendice —, blinde darm.

c.a.f. = coût, assurance, fret; (cif).

cafard I bn schijnheilig, huichelachtig. II zn m, -e v 1 schijnheilige, huichelaar(ster); 2 klikspaan (fam.); 3 neerslachtigheid; avoir le —, somber zijn.

cafarder on.w 1 schijnheilig doen; 2 klikken; 3 spioneren.

cafardise v schijnheiligheid, huichelarij.

café m 1 koffie; (— à la crème), koffie met weinig melk; (— au lait, koffie met veel melk; — noir, zwarte koffie; 2 koffiehuis.

café†-concert† m café-chantant, cabaret.

caféier m koffiestruik.

caféière v koffieplantage.

cafetier m caféhouder.

cafetière v koffiepot.

cage v 1 kooi; 2 (fam.) gevangenis; 3 soort koker; — d'un ascenseur, liftkoker; — d'escalier, trappenhuis; 4 viskaar; 5 horloge-, klokkekast.

cagna v (arg. mil.) 1 schuilplaats; 2 huis.

cagnard I bn (fam.) lui, vadsig. II zn m 1 luilak; 2 beschutte plaats.

cagnarder on.w (fam.) een lui leventje leiden.

cagnardise v (fam.) luiheid.

cagne v 1 straathond; 2 (arg.) leerling v. d. voorbereidende klas voor de Ecole normale supérieure.

cagneux, -euse bn jambes —euses, x-benen.

cagnotte v pot bij het spel.

cagot I bn schijnheilig. II zn m, -e v schijnheilige.

cagotisme m schijnheiligheid.

cahier m schrift.

cahin-caha bw (fam.) zo zo; met horten en stoten.

cahot m 1 schok; 2 moeilijkheid.

cahot/age m het schokken, stoten. ~ement I on.w schokken, stoten. II ~ ov.w 1 stoten, doen schudden; 2 kwellen. ~eux, -euse bn hobbelig (route —se).

caïeu, cayeu(x) m klister.

caille v kwartel.

caillé m gestremde melk.

caillement m het stremmen, stremsel.

cailler ov.w stremmen.

cailletage m geklets, gekakel.

cailleter on.w kletsen, babbelen, kakelen.

caillette v babbelaar, kletskous.

caillette v lebmaag.

caillot m gestolde massa (vooral van bloed).

caillou [mv x] m 1 kei-, kiezelsteen; 2 hindernis; 3 (pop.) schedel.

caillout/age m 1 het begrinten, begrinting; 2 soort porselein. ~er ov.w begrinten. ~eux, -euse bn bedekt met grint. ~is m grinthoop, -weg.

caiss/e v 1 kist; grosse —, grote trom; 2 kassa, kas; — d'épargne, spaarbank; faire sa —, kas opmaken; livre de —, kasboek; — des retraites (pour la vieillesse), pensioenfonds; 3 bloembak; 4 — du tympan, trommelholte. ~erie v kistenfabriek. ~ette v cassette, kistje. ~ier m, -ère v kassier(ster); caissière. ~on m 1 munitiewagen (mil.); 2 proviandwagen (mil.); 3 plafondvak; 4 caisson (voor dijkaanleg).

cajeput m kajapoetolie.

cajoler ov.w flikflooien, vleien.

cajoleur m, -euse v flikflooier(ster), vleier(ster).

cal [mv als] m eelt(knobbel).

calabre m dropje.

calaison v diepgang (scheepv.).

calamité v openbare ramp (hongersnood enz.).

calamiteux, -euse bn rampzalig, noodlottig.

calandre v 1 mangel; 2 glansmachine; 3 rooster voor de radiator v. e. auto.

calandrer ov.w 1 mangelen; 2 glanzen.

calandreur m, -euse v 1 glanzer(ster); 2 mangelvrouw.

calcaire I bn kalkachtig. II zn m kalkrots.

calcification v verkalking.

calcin m ketelsteen.

calcination v verkalking.

calciner ov.w 1 verkalken; 2 verschroeien.

calcul m 1 berekening, rekenkunde; — faux, verkeerde berekening; — infinitésimal, differentiaalrekening; — mental, hoofdrekenen; — des probabilités, waarschijnlijkheidsberekening; 2 gal-, niersteen.

calcul/able bn berekenbaar. ~ateur m, -trice v I bn berekenend. II zn m, -trice v rekenaar(ster). ~er ov.w 1 rekenen, berekenen; 2 regelen naar (— sur); règle à —, rekenliniaal; machine à —, rekenmachine.

calculeux, m, -euse v gal-, niersteenlijder(es).

cale v 1 ruim v. e. schip; il est à fond de —, hij zit op zwart zaad; 2 scheepshelling; — de construction, helling, waarop een schip gebouwd wordt; — flottante, drijvend dok; — sèche, droogdok; 3 lood aan een hengelsnoer; 4 het kielhalen; donner la —, kielhalen; 5 wig, spie.

calé bn (pop.) 1 rijk; 2 knap, geleerd.

calebasse v kalebas (pl.k.).

calebassier m kalebasboom.

calèche v kales (koets).

caleçon m onderbroek; — de bain, zwembroek; jeter le — à qn., iem. uitdagen tot een gevecht.

caléfaction v verwarming.

calembour m woordspeling.

calendaire m dodenregister.

calendes v mv 1e der maand bij de Romeinen; renvoyer aux — grecques, iets op de lange baan schuiven, zodat het niet plaats vindt; uitstellen tot sint-jutmis.

calendrier m kalender; — ecclésiastique, kerkkalender; ce n'est pas un saint de votre —, dat is geen vriend van u; vouloir réformer le —, iets willen veranderen, wat geen verbetering behoeft.

cale-pied† m pedaalriem (van fietsers).

calepin m notitieboekje.

caler I ov.w 1 vastzetten; 2 strijken, neerlaten van mast of zeil. II on.w 1 diep liggen v. e. schip; 2 afslaan v. e. motor (pop.). III se — les joues, veel eten.

calfat m kalfateraar.

calfatage m het kalfateren.

calfater ov.w kalfateren.

calfeutrer I ov.w reten, kieren dichtstoppen. II se — zich opsluiten.

calibre m 1 kaliber; 2 kalibermeter; 3 (fam.) karakter, soort, slag.

calibrer ov.w 1 het kaliber geven; 2 het kaliber meten.

calice m kelk (ook bloemkelk); boire le — (jusqu'à la lie), de lijdenskelk tot op de bodem ledigen.

calicot m 1 katoen; 2 winkelbediende in modezaak.

calife m kalief.

califourchon (à) I bw schrijlings. II zn m lievelingsidee, stokpaardje (fam.).

câlin bn vleierig lief; aanhalig.

câlinement m aanhaligheid, liefkozing.

câliner I ov.w aanhalen, liefkozen. II se — een lui leventje leiden.

câlinerie v aanhaligheid, liefkozing.

calleux, -euse bn eeltig.

calli/graphe m of v schoonschrijver(-schrijfster). ~graphie v 1 schoonschrijfkunst; 2 werkstuk v. e. schoonschrijver. ~graphier ov.w schoonschrijven. ~graphique bn wat betrekking heeft op schoonschrijven.

calm/ant I bn kalmerend. II zn m kalmerend middel. ~e I bn kalm, rustig. II zn m kalmte, rust, vrede. ~er I ov.w kalmeren, geruststellen, tot bedaren brengen. II se — bedaren; kalm, rustig worden. ~ir on.w (scheepv.) rustig worden, gaan liggen v. d.

wind.

calomniateur, -trice I *bn* lasterlijk. II *zn m*, -trice *v* lasteraar(ster).

calomnie *v* laster.

calomnier I *on.w* lasteren. II *ov.w* belasteren.

calomnieux, -euse *bn* lasterlijk.

calorie *v* calorie.

calorifère I *bn* warmte verspreidend, - geleidend. II *zn m* centrale verwarming.

calorimètre *m* calorimeter.

calorique *m* warmte.

calot *m* 1 politiemuts (*fam.*); 2 (*pop.*) oog.

calotin, calottin *m* 1 zwartrok (scheldnaam voor priesters); 2 klerikaal.

calotte *v* 1 kardinaals-, priestermutsje; 2 (*fam.*) geestelijkheid (*scheldwoord*); 3 oorvijg; 4 — *des cieux*, hemelgewelf.

calotter *ov.w* een oorvijg geven.

calqu/age *m* het calqueren. ~e *m* 1 gecalqueerde tekening; — *bleu*, blauwdruk; 2 slaafse navolging; 3 leenwoord. ~er *ov.w* 1 calqueren; 2 slaafs navolgen. ~oir *m* calqueerstift.

calter (**calter**) *on.w* (*pop.*) 'm smeren.

calvados *m* ciderbrandewijn (uit het departement Calvados).

Calvaire *m* 1 Calvarieberg; 2 kruisheuvel (b.v. in Bretagne).

calvinisme *m* calvinisme.

calviniste I *zn m* of *v* calvinist(e). II *bn* calvinistisch.

calvitie *v* kaalhoofdigheid.

camaïeu [*mv* x] *m* 1 camee; 2 eenkleurige schildering in verschillende tonen.

camail *m* schoudermanteltje van bisschoppen en kardinalen.

camarade *m* of *v* makker, kameraad, vriend (-in); *faire* —, de handenom hoogsteken als teken van overgave.

camaraderie *v* kameraadschap.

camard I *bn* platneuzig. II *zn m*, -e, *v* iem. met een platte neus; *la* —*e*, Magere Hein.

camarilla *v* hofkliek.

cambial [*mv* aux] *bn* wat de wisselhandel betreft (*droit* —).

cambiste *m* wisselhandelaar.

cambouis *m* vuil en dik geworden machine-olie of wagensmeer.

cambrer I *ov.w* krommen, welven. II *se* — een hoge borst opzetten.

cambriol/age *m* inbraak. ~er *ov.w* 1 inbreken. ~eur *m* inbreker.

cambrousard *m* boer, boerenkaffer.

cambrouse *v* (*pop.*) platteland.

cambrure *v* welving, kromming.

cambuse *v* 1 kombuis (*scheepv.*); 2 (*pop.*) kroeg, krot.

came *v* kam v. e. kamrad.

camée *m* 1 camee; 2 schilderij in grijze tinten.

caméléon *m* 1 kameleon; 2 mens zonder princiepen, weerhaan.

camélia *m* camelia (*pl.k.*).

camelot *m* 1 soort wollen stof; 2 straatventer; 3 —*s du roi*, leden der koningsgezinde partij.

camelote *v* 1 prulwaar, bocht; 2 prulwerk.

cameloter *on.w* 1 venten; 2 prulwerk maken.

camembert *m* camembert(kaas).

camera, caméra *v* filmopnametoestel.

camerlingue *m* kardinaal, die de paus vervangt.

camion *m* 1 vrachtwagen, -auto; — *grue*, kraanwagen; — *citerne*, tankwagen; 2 speldje. ~ner *ov.w* per vrachtwagen of -auto vervoeren. ~nette *v* kleine vrachtauto, bestelauto. ~neur *m* vrachtrijder.

camisole *v* damesborstrok.

camomille *v* kamille (*pl.k.*).

camouflage *m* vermomming, camouflage (*mil.*).

camoufler *ov.w* vermommen, camoufleren (*mil.*).

camp *m* 1 kamp, gekampeerd leger; *aide de* —, adjudant; *asseoir, dresser un* —, een

kamp opslaan; *ficher le* —, zijn biezen pakken; *lever le* —, het kamp opbreken, zijn biezen pakken; *lit de* —, veldbed; — *d'instruction*, — de *manœuvres*, oefenkamp; — *retranché*, versterkt kamp; — *volant*, verkennersafdeling, zigeunertroep; *être en* — *volant*, ergens tijdelijk gevestigd zijn; 2 kampplaats voor duel.

campagnard I *bn* landelijk, boers (*manières* —*es*) II *zn m*, -e *v* buitenman, boer(in).

campagne *v* 1 platteland; *à la* —, buiten; *battre la* —, het veld afzoeken (van jagers en verkenners); *en rase* —, op het vlakke veld; *armée de* —, veldleger; *maison de* —, landhuis; 2 veldtocht; *entrer en* —, ten strijde trekken; *plan de* —, krijgsplan; 3 seizoen.

campanile *m* 1 open, losstaande kerktoren; 2 klokketorentje.

campanule *v* klokje (*pl.k.*).

campement *m* 1 het kamperen; 2 kamp, legerplaats; 3 troep kwartiermakers.

camper I *on.w* kamperen. II *ov.w* 1 doen kamperen; 2 in de steek laten; — *là qn.*, iem. in de steek laten; 3 zetten; — *son chapeau sur une oreille*, zijn hoed op één oor zetten. III *se* — (*sur une chaise*), ongegeneerd gaan zitten.

campeur *m*, -euse *v* kampeerder(ster).

camphre *m* kamfer.

camping *m* het kamperen; *faire du* —, kamperen.

campos *m*: *donner* —, vrij geven (*fam.*).

camus *bn* 1 platneuzig; 2 stomverbaasd (*fam.*).

canaille I *bn* gemeen, laag. II *zn v* 1 plebs, janhagel; 2 schoft, ploert.

canaillerie *v* ploertenstreek.

canal [*mv* aux] 1 kanaal, gracht; 2 buis; — *pour le gaz*, gasbuis; — *digestif*, spijsverteringskanaal; 3 tussenkomst, middel.

canalisation *v* 1 kanalisering; 2 kanalen-, buizen-, dradennet.

canaliser *ov.w* 1 kanaliseren; 2 centraliseren.

canapé *m* 1 canapé; 2 sneetje belegd geroosterd brood.

canard *m* 1 eend; 2 vals bericht; 3 valse noot; 4 stukje suiker in koffie enz.; 5 (*pop.*) paard; 6 (*pop.*) krant.

canardeau [*mv* aux] *m* eendje.

canardière *v* 1 eendenkom; 2 eendenkooi.

canari *m* kanarie.

cancan *m* 1 kletspraatje, laster; 2 soort dans.

cancaner 1 kwaken (v. e. eend); 2 lasteren; 3 de cancan dansen.

cancanier *m*, -ère *v* lasteraar(ster).

cancer *m* kanker, -gezwel.

cancéreux, -euse I *bn* kankerachtig. II *zn m*, -euse *v* kankerlijder(es).

cancre *m* 1 krab, zeekreeft; 2 luie leerling.

candélabre *m* kroonkandelaar.

candeur *v* onschuld, reinheid, kinderlijkheid.

candi *m* kandij.

candidat *m* kandidaat.

candidature *v* kandidatuur; *poser sa* —, zich kandidaat stellen.

cane *v* wijfjeseend.

caner *on.w* (*pop.*) 1 waggelen als een eend; 2 toegeven, terugkrabbelen; 3 (*pop.*) bang zijn.

caneton *m* eendje.

canette *v* kan voor bier enz.

canevas *m* 1 stramien; 2 ontwerp, schets.

caniche *m* poedel.

caniculaire *bn* van de hondsdagen (*chaleur* —).

canicule *v* hondsdagen.

canif *m* zakmes.

canin *bn* wat betrekking heeft op honden; *dent* —*e*, hoektand; *faim* —*e*, honger als een paard.

caniveau [*mv* x] *m* gootje, geul.

cannage *m* het stoelen matten.

canne *v* 1 wandelstok; — *à épée*, degenstok;

— *à pêche*, hengel; **2** riet; — *à sucre*, suikerriet.

canné *bn* van riet (*chaise —e*).

canneler *ov.w* groeven.

cannelle *v* kaneel.

cannelle (**cannette**) *v* tapkraan aan vat enz.

canner *ov.w* stoelen matten.

canneur *m*, *-euse v* stoelenmatter(ster).

cannibale *m* **1** kannibaal; **2** wreedaard, woesteling (*pop.*).

cannibalisme *m* **1** kannibalisme; **2** wreedheid, woestheid.

canoë *m* kano.

canoëiste *m* kanovaarder.

canon *m* **1** kanon; *chair à —*, kanonnevlees; *coup de —*, kanonschot; *pièce de —*, stuk geschut; *faire taire le —*, het geschut tot zwijgen brengen; **2** loop van geweer enz.; — *rayé*, getrokken loop; **3** decreet v. e. concilie; **4** kerkwettelijke regel; **5** deel der mis vanaf Prefatie tot Communie; **6** de boeken der H. Schrift; **7** soort muziekstuk. ~*ial* [*mv aux*] *bn* volgens de canon. ~*icat m* kanunnikschap. ~*ique bn* volgens de kerkelijke regelen; *droit —*, kerkelijk recht. ~*isation v* heiligverklaring. ~*iser ov.w* **1** heilig verklaren; **2** bovenmatig prijzen, ophemelen (*fam.*). ~*nade v* geschutvuur. ~*ner ov.w* beschieten met kanonnen. ~*nier m* kanonnier. ~*nière v* **1** kanonneerboot; **2** schietgat.

canot *m* boot; — *de sauvetage*, reddingboot. ~*age m* roeisport. ~*er ov.w* roeien. ~*ier m* roeier.

cantabile *m* zangerige melodie.

cantal *m* kaas uit Auvergne.

cantaloup *m* (*fam.*) inwoner van Auvergne.

cantate *v* zangstuk.

cantatrice *v* beroemde zangeres.

cantharide *v* Spaanse vlieg.

cantilène *v* **1** langzaam gezang; **2** romance.

cantine *v* kantine.

cantinier *m*, *-ère v* kantinehouder(ster); *-ère*, marketentster.

cantique *m* geestelijk lied; — *des —s*, Hooglied.

canton *m* kanton (deel v. e. departement).

cantonade *v coulisse*; *parler à la —*, spreken tot iemand, die verondersteld wordt achter de schermen te staan.

canton/al [*mv aux*] *bn* wat betrekking heeft op het kanton. ~*nement m* **1** kantonnement; **2** kanton. ~*ner I ov.w* inkwartieren. **II** *on.w* kantonneren (*mil.*). **III** *se ~* zich opsluiten. ~*nier m* wegwerker.

canulant *bn* vervelend (*pop.*).

canuler *ov.w* vervelen (*pop.*).

caoutchouc *m* **1** rubber; **2** overschoen; **3** slangenmens.

cap *m* **1** kaap; — *de Bonne Espérance*, Kaap de Goede Hoop; **2** steven; *mettre le — sur*, stevenen, varen naar; **3** hoofd; — *à —*, onder vier ogen; *de pied en —*, van top tot teen.

capable *bn* (de) in staat (tot), bekwaam, bevoegd, geschikt.

capacité *v* **1** bekwaamheid, geschiktheid, bevoegdheid; **2** inhoud.

caparaçon *m* schabrak.

cape *v* **1** cape, kapmantel; *n'avoir que la — et l'épée*, van arme adel zijn; *roman de — et d'épée*, 17e eeuwse avonturenroman; *rire sous —*, in zijn vuistje lachen; **2** dekblad van sigaren; **3** tegenzeil.

capétien, *-enne* **I** *bn* Capetingisch. **II** *zn m* Capetinger.

capillaire *bn* wat betrekking heeft op de haren; *vaisseaux —s*, haarvaten.

capillarité *v* capillariteit.

capitaine *m* **1** kapitein; **2** veldheer; **3** captain (sport).

capital [*mv aux*] **I** *bn* **1** voornaamste, belangrijk; *lettre —e*, hoofdletter; *péché —*, hoofdzonde; **2** dood-; *peine —e* de doodstraf. **II** *zn m* **1** kapitaal; **2** hoofdzaak.

capitalisation *v* kapitaalvorming.

capitaliser I *ov.w* te gelde maken. **II** *on.w* sparen, oppotten.

capitalisme *m* **1** kapitalisme; **2** de kapitalisten.

capitaliste *m* kapitalist.

capiteux, *-euse bn* koppig (van drank).

capitole *m* capitool.

capitonnage *m* het opvullen, watteren.

capitonner *ov.w* opvullen, watteren.

capitulaire *bn* wat betrekking heeft op een kapittel; *les —s*, verordeningen der Karolingers.

capitulard *m* (*fam.*) lafaard.

capitulation *v* overgave (van stad enz.).

capitule *m* hoofdje (*pl.k.*).

capituler *on.w* zich overgeven.

capon, *-onne* **I** *bn* laf, bang. **II** *zn m*, *-onne v* bangerd, lafaard.

caponner *on.w* (*pop.*), bang, laf zijn.

caporal [*mv aux*] *m* **1** korporaal; *le petit —*, bijnaam van Napoleon I; **2** gewone rooktabak.

caporalisme *m* militair bewind.

capot *m* **1** mantel met kap; **2** motorkap.

capot *bn* **1** *rester —*, geen slag maken (i.e. kaartspel); *faire —*, alle slagen maken; **2** sprakeloos, verstomd.

capotage *m* het kantelen.

capote *v* **1** mantel met kap; **2** kapotjas (*mil.*); **3** dameshoed; **4** kap van open auto.

capoter 1 omslaan, over de kop slaan (van auto's of vliegtuigen); **2** de kap opzetten (bij open auto).

capricant *bn* onregelmatig (*pouls —*).

caprice *m* **1** gril, kuur; **2** verliefdheid.

capricieux, *-se bn* grillig, wispelturig.

capricorne *m* **1** Steenbok (sterrenteken); **2** boktor.

caprin *bn* geiten-; *race —e*, geitenras.

capsulage *m* het capsuleren.

capsulaire *bn* doosvormig (*pl.k.*).

capsule *v* **1** zaaddoos; **2** capsule (*med.*); **3** slaghoedje (*mil.*).

capsuler *ov.w* van een capsule voorzien.

capsulerie *v* capsulesfabriek.

captage *m* (*d'une source*), het opvangen en geleiden v. h. water v. e. bron.

captation *v* het verkrijgen door list.

capter *ov.w* **1** het opvangen en geleiden v. h. water v. e. bron; **2** een radiobericht opvangen.

captieux, *-euse bn* listig.

capt/if, *-ive* **I** *bn* gevangen, geboeid, gebonden (*ook fig.*); *ballon —*, kabelballon. **II** *zn m*, *-ive v* gevangene. ~*ivant bn* boeiend (*roman —*). ~*iver ov.w* winnen (*les cœurs*); bocien (*l'attention*), pakken. ~*ivité v* gevangenschap. ~*ure v* **1** gevangenneming; **2** inbeslagneming; **3** het buitmaken v. e. schip. ~*urer ov.w* **1** gevangennemen; **2**-buit maken; **3** in beslag nemen.

capuche *v* kap.

capuchon *m* **1** kap; **2** schoorsteenkap.

capucin *m* **1** kapucijn (kloosterling); **2** haas (jagerstaal); — *hygrométrique*, weermannetje.

capucinade *v* platte, ordinaire preek.

capucine *v* **1** zuster uit de kapucijnenorde; **2** Oostindische kers (*pl.k.*).

caque *v* haringvat; *la — sent toujours le hareng*, men verraadt altijd zijn afkomst; *se serrer comme des harengs en —*, als haring in ton zitten.

caquer *ov.w* **1** haring kaken; **2** haring in een vat doen.

caquet *m* **1** gekakel v. e. kip; **2** gebabbel; *rabattre le — de qn.*, iem. de mond snoeren; *les —s* kwaadsprekerij.

caquetage *m* **1** gekakel; **2** gebabbel.

caqueter *on.w* **1** kakelen v. e. kip; **2** babbelen.

caqueteur, *-euse v* babbelaar(ster).

car *vw* want.

car *m* touringcar.

carabe *m* loopkever.

carabin *m* 1 (*oud*) soldaat v. d. lichte cavalerie; 2 student i. d. medicijnen (*fam.*).

carabine *v* karabijn.

carabiné *bn* geweldig, hevig.

carabinier *m* (*oud*) karabinier (*mil.*).

caracoler *on.w* 1 wenden v. e. paard; 2 springen, huppelen.

caractère *m* 1 letterteken; 2 karakter; *montrer du* —, karakter, moed tonen; 3 merk, kenmerk; 4 titel, waardigheid (— *de roi*).

caractériser *ov.w* kenschetsen, kenmerken.

caractéristique *bn* kenmerkend.

caractérologie *v* karakterkunde.

carafe *v* karaf; *avoir la* —, een noodlanding maken; *tenir en* —, lang laten wachten.

carafon *m* karafje.

carambolage *m* het maken v. e. carambole.

caramboler *on.w* een carambole maken.

caramel *m* karamel.

carapace *v* schild, pantser (van schildpadden enz.).

caraque *v* 1 soort chocolade; 2 *porcelaine* —, kraakporselein.

carat *m* karaat; *sot à vingt-quatre* —*s*, driedubbele idioot.

caravane *v* karavaan.

caravanier *m* kameeldrijver.

caravansérail *m* 1 pleisterplaats voor karavanen; 2 (*fig.*) plaats, die veel bezocht wordt door vreemdelingen van allerlei nationaliteiten.

caravelle *v* karveel (*scheepv.*).

carbon/e *m* koolstof. ~é *bn* koolstofhoudend. ~ifère *bn* koolhoudend. ~ique *bn: acide* —, koolzuur. ~isation *v* verkoling. ~iser *ov.w* verkolen. ~nade *v* karbonade. ~yle *m* carbolineum.

carbur/ateur *m* vergasser. ~ation *v* verbinding met koolstof. ~e *m* carbid. ~é *bn* koolstofhoudend. ~er *ov.w* vergassen.

carcan *m* 1 halsbeugel v. d. schandpaal; 2 (*pop.*) knol.

carcasse *v* 1 geraamte; 2 (*fam.*) menselijk lichaam; 3 vorm (b.v. van een lampekap); 4 romp v. e. schip.

carcinomateux, -euse *bn* kankerachtig.

carcinome *m* kanker.

cardage *m* het kaarden.

cardan *m* cardan.

card/e *v* kaarde. ~er *ov.w* kaarden. ~eur *m*, -euse *v* 1 kaarder(ster); 2 -euse *v* kaardmachine.

cardiaque I *bn* wat betrekking heeft op het hart. II *zn m v* of hartlijder(es).

cardinal [*mv* aux] I *bn* voornaamste; *nombres* —*aux*, hoofdtelwoorden; *points* —*aux*, de vier windstreken; *vertus* —*es*, de hoofddeugden. II *zn m* kardinaal.

cardinalat *m* kardinalaat.

cardiographe *m* cardiograaf (instrument, dat de hartslagen registreert).

cardiologie *v* kennis v. h. hart.

cardite *v* hartontsteking.

carême *m* vasten; *arriver comme mars* (*marée*) *en carême*, goed te pas komen; *la mi-carême*, halfvasten; *observer le* —, de vastenwet naleven; *rompre le* —, zich niet aan de vastenwet houden; *visage de* —, vermagerd, bleek gezicht.

carême-prenant *m* de drie dagen vóór Aswoensdag.

carénage *m* 1 het kalfateren; 2 dok, helling.

carence *v* ontbering, gemis.

carène *v* romp onder de waterlijn (*scheepv.*).

caréner *ov.w* schoonmaken of repareren v. d. romp onder de waterlijn.

caresse *v* liefkozing, streling.

caresser *ov.w* 1 liefkozen, strelen, aaien; *la bouteille*, graag drinken; — *les épaules de qn.*, iem. afranselen; 2 koesteren (— *des espérances*).

cargaison *v* scheepslading.

cargo-boat† (*cargo*) *m* vrachtschip.

cargue *v* geitouw (*scheepv.*).

carguer *ov.w* geien van zeilen.

cariatide (caryatide) *v* vrouwenbeeld, dat als schoorzuil dient.

caricatural [*mv* aux] *bn* karikaturaal.

caricature *v* 1 karikatuur; 2 (*fam.*) belachelijk persoon.

caricaturer *ov.w* een karikatuur maken.

caricaturiste *m* karikatuurtekenaar of -schilder.

carie *v* 1 tandcariës; 2 beeneter; 3 brand in graan; 4 rotting v. h. hout.

carier *ov.w* aantasten van tanden. II se ~ wegrotten.

carillon *m* 1 carillon; 2 het spelen v. h. carillon; *faire du* —, veel lawaai maken; 3 klokgelui; 4 soort harmonika.

carillonnement *m* 1 het spelen v. h. carillon; 2 klokgelui.

carillonner *on.w* 1 het carillon bespelen; 2 hard luiden; 3 veel lawaai maken.

carillonneur *m* beiaardier.

carlin *m* mopshond.

carlingue *v* cockpit, passagiersruimte v. vliegtuig.

carmagnole *v* 1 revolutionaire rondedans uit 1793; 2 lied bij deze dans.

carme *m* karmeliet (pater).

carmélite I *zn v* karmelietes. II *bn* lichtbruin.

carmin *m* karmijn.

carnage *m* slachting, bloedbad.

carnassier, -ère I *zn m* vleesetend, verscheurend. II ~*s zn m mv* vleesetende dieren.

carnassière *v* weitas.

carnation *v* vleeskleur.

carnaval [*mv* als] *m* 1 tijd van Driekoningen tot Aswoensdag; 2 dagen onmiddellijk voor Aswoensdag; de carnavalsfeesten op die dagen.

carne *v* 1 uitstekende hoek; 2 (*pop.*) slecht vlees.

carné *bn* vleeskleurig.   (*vlees*.)

carnet *m* 1 zakboekje; — *de bal*, balboekje; 2 tien - of vijfrittenkaart (métro); 3 — *de passage*, douanetriptiek.

carnivore I *bn* vleesetend. II *zn m* vleesetend dier.

carogne *v* *zie* charogne.

carolingien, -enne I *bn* Karolingisch. II C ~ *zn m* Karolinger.

carotte *v* 1 wortel; *tirer une* — *à qn.*, iem. iets aftroggelen; *vivre de* —*s*, zuinig leven; 2 rol pruimtabak.

carotter *ov.w* bedriegen, aftroggelen.

carotteur *m*, -euse *v* bedrieger(ster).

carpe *v* karper.

carpeau [*mv x*] *m*, carpette *v* jonge karper.

carpette *v* karpet.

carquois *m* pijlkoker; *avoir vidé son* —, al zijn gal uitgespuwd hebben.

carre *v* 1 hoek, kant; 2 bodem v. e. hoed; 3 schouderbreedte.

carré *bn* vierkant; *épaules* —*es*, brede schouders; *homme* — (*par la base*), man uit één stuk; *mètre* —, vierkante meter; *racine* —*e*, vierkantswortel; *partie* —*e*, feestje van twee echtparen; *réponse* —*e*, beslist antwoord.

carré *m* 1 vierkant; *élever au* —, in de macht verheffen; 2 vierkant stuk; — *de lard*, dobbelsteentje spek; 3 tuinbed; 4 trapportaal; 5 slagorde i. d. vorm v. e. vierkant; 6 eetzaal van zeeofficieren.

carreau [*mv x*] *m* 1 vierkant, ruit; 2 vloertegel, stenen vloer; *demeurer*, *rester sur le* —, op de plaats gedood worden; 3 ruiten i. h. kaartspel; 4 glasruit; *se tenir à* —, zich rustig houden; 5 opslagplaats.

carrée *v* 1 hemel v. e. ledikant; 2 (*arg.*) kamer.

carrefour *m* kruispunt; *manières de* —, ordinaire manieren; *langue de* —, straattaal.

carrel/age *m* stenen vloer. ~er *ov.w* 1 met tegels bevloeren; 2 schoenlappen.

carrelet *m* 1 kruisnet; 2 schol; 3 paknaald.

carreleur *m* reizend schoenlapper.

carrelure *v* het verzolen.

carrément *bw* openhartig, ronduit.

carrer I *ov.w* 1 vierkant maken; 2 in het

kwadraat brengen. II se ~ 1 op zijn gemak
gaan zitten; 2 gewichtig doen.

carrier *m* 1 eigenaar v. e. steengroeve; 2 arbeider daarin.

carrière *v* 1 loopbaan; *embrasser une —*, een loopbaan kiezen; 2 strijdperk, renbaan; *donner — à*, de vrije teugel laten; *entrer dans la —*, een moeilijke onderneming beginnen; 3 steengroeve.

carriole *v* overdekt rijtuigje op twee wielen.

carros/sable *bn* berijdbaar voor wagens, auto's enz. (*route*). ~se *m* deftige koets; *rouler —*, paard en wagen houden, erg rijk zijn. ~ser *ov.w* 1 per koets vervoeren; 2 voorzien v. e. carrosserie. ~serie *v* 1 fabriek van koetswerk (ook van auto's); 2 het koetswerk (ook van auto's). ~sier *m* 1 carrosseriefabrikant; 2 wagenmaker; 3 koetspaard.

carroussel *m* 1 ringrijden van ruiters; 2 plaats, waar dit geschiedt; 3 draaimolen.

carrure *v* 1 schouderbreedte; 2 krachtige lichaamsbouw.

cartable *m* 1 tekenportefeuille; 2 schooltas; 3 vloeiboek.

carte *v* 1 speelkaart; *voir le dessous des —s*, achter de schermen kijken; *fausse —*, slechte kaart; *filer la —*, een kaart wegmoffelen; *jouer aux —s*, kaarten; *jouer —s sur table*, open spel spelen; *jouer sa dernière —*, zijn laatste troef uitspelen; *mêler, battre les —s*, de kaarten schudden; *perdre la carte*, de kluts kwijtraken; *retourner une —*, een kaart draaien; *tirer les —s à qn.*, iem. de kaart leggen; *faire des tours de —*, kunstjes met kaarten doen; 2 stukje karton; *donner — blanche*, de vrije hand laten; — *d'électeur*, kiezerskaart; — *grise*, eigendomsbewijs van auto of motor; — *postale*, briefkaart; — *de visite*, visitekaartje; 3 landkaart; *dresser la — d'un pays*, een land in kaart brengen; — *muette* blinde kaart; — *nautique*, zeekaart; *avoir perdu la —*, niet weten, waar men is; — *routière*, wegenkaart; 4 — (*de restaurant*), menu, wijnkaart; *dîner à la —*, zijn eigen diner volgens de spijskaart samenstellen; *demander la —*, het menu vragen.

cartel *m* 1 uitdaging tot een duel; 2 wandklok; 3 kartel.

carte†-lettre† *v* postblad.

carter *m* kettingkast.

carte†-vue† *v* prentbriefkaart.

cartilage *m* kraakbeen.

cartilagineux, -euse *bn* kraakbeenachtig.

cartographe *m* tekenaar van landkaarten.

cartographie *v* het tekenen van landkaarten.

cartomancie *v* waarzeggerij uit speelkaarten.

cartomancien *m*, **-enne** *v* iem. die de kaart legt.

carton *m* 1 karton; — *bitumé*, asfaltpapier; 2 kartonnendoos; 3 kartonnen portefeuille; 4 schets voor een schilderij; 5 kartonnen schietschijf.

cartonnage *m* 1 het kartonneren; 2 fabriek van kartonnen voorwerpen; 3 kartonnen band.

cartonner *ov.w* innaaien in karton.

cartonnerie *v* kartonfabriek.

cartonneur *m*, **-euse** *v* innaaier(ster) van boeken.

cartonnier *m*, **-ère** *v* kartonfabrikant(e); -verkoper(-verkoopster).

carton-paille *m* strokarton.

cartoon *m* filmpje uit een tekenfilm.

cartouche *m* patroon; — *à blanc*, losse patroon.

cartouchière *v* patroontas.

cartulaire *m* oorkondenverzameling.

caryopse *m* graanvrucht.

cas *m* 1 geval; *au — où*, voor het geval dat; *en — de besoin*, zo nodig; — *de conscience*, gewetensvraag; *être dans le —*, in de gelegenheid zijn om; *le — échéant*, als het geval zich voordoet; — *fortuit*, toeval; —

de guerre, reden tot oorlog; *se mettre dans un mauvais —*, erin lopen; *en tout —*, in elk geval; 2 waarde; *faire grand — de*, veel waarde hechten aan; *faire peu de — de*, geen acht slaan op; 3 naamval.

casanier, -ère I *bn* huiselijk. II *zn m*, **-ère** *v* huismus.

casaque *v* 1 soort damesjapon; 2 jasje van jockey; *tourner —*, van partij veranderen.

cascade *v* waterval.

cascader *on.w* 1 watervallen vormen; 2 (*pop.*) een losbandig leven leiden, boemelen.

cascadeur *m*, **-euse** *v* (*fam.*) boemelaar(ster).

cascatelle *v* kleine waterval.

case *v* 1 negerhut; 2 vak van koffer, meubel; 3 ruit van schaak-, dambord; 4 (*fam.*) huis.

caséeux, -euse *bn* kaasachtig.

caséine *v* kaasstof.

casemate *v* kazemat.

caser *ov.w* 1 opbergen, in vakken plaatsen; 2 een betrekking bezorgen.

caserne *v* 1 kazerne; 2 gekazerneerde troep; 3 — (*à locataires*), huurkazerne.

casernement *m* kazernering.

caserner *ov.w* kazerneren.

cash *bn* contant.

casier *m* 1 kast met vakken voor papieren enz.; 2 doos met vakken; — *judiciaire* (*vierge*), (blanco) strafregister.

casino *m* casino (in badplaatsen).

casque *m* 1 helm; — *protecteur*, valhelm; 2 koptelefoon (ook voor radio); *avoir le —* (*arg.*), een kater hebben.

casqué *bn* met een helm op.

casquette *v* 1 pet; 2 bij het spel verloren geld (*arg.*).

cassage *m* het breken.

cassant *bn* 1 breekbaar; 2 bits, gebiedend.

cassante *v* (*arg.*) tand.

cassation *v* 1 nietigverklaring; *cour de —*, hof van cassatie; 2 degradatie v. e. militair.

casse *v* 1 het breken; 2 het gebroken voorwerp; *payer la —*, de schade vergoeden; 3 letterkast.

cassé *bn* 1 gebrekkig; 2 bevend.

casse-cou *m* 1 waaghals; 2 gevaarlijke plaats.

casse-croûte *m* 1 zeer eenvoudig maal, schaft; 2 eenvoudig eethuis.

casse-gueule *m* (*arg.*) 1 slechte brandewijn; 2 zeer ordinair bal.

cassement *m* 1 het breken; 2 vermoeidheid.

casse-noisettes *m* notekraker.

casse-pipes *m* schiettent; *aller au —*, ten oorlog trekken.

casser I *ov.w* 1 breken, stukslaan, stukmaken; — *une croûte*, een stukje eten; — *la gueule à qn.*, (*fam.*), iem. op zijn gezicht slaan; — *les os à qn.*, iem. afranselen; — *la tête à qn.*, iem. de hersens inslaan; *à tout —*, onbeschrijfelijk; — *les vitres*, niets ontzien; 2 nietig verklaren (— *un arrêt, un jugement*); 3 afzetten, ontslaan; — *qn. aux gages*, iem. ontslaan; — *un militaire*, aan een mil. straf onderwerpen; 4 (*arg.*) sterven; (ook — *sa pipe*). II *on.w* breken. III se — 1 breken; *se — le cou*, zijn nek breken; *se — le nez*, op zijn neus vallen, geen succes hebben; *se — la tête à*, zich afsloven, om te.

casserole *v* 1 braadpan; 2 (*arg.*) verklikker, politieagent; 3 (*arg.*) prostitutie; 4 (*pop.*) horloge.

casse-tête *m* 1 knots, ploertendoder; 2 vermoeiend werk; 3 vermoeiend lawaai.

cassette *v* koffertje.

casseur *m*, **-euse** *v* iem., die breekt; — *d'assiettes*, lawaaischopper.

cassis I *m* 1 zwarte bes; 2 zwartebessestruik; 3 bessenbrandewijn. II uitholling overdwars.

cassure *v* scheur, breuk.

castagnettes *v mv* kleppers.

caste *v* kaste; *l'esprit de —*, kastegeest.

castor *m* bever.

castrer *ov.w* castreren.

casualité *v* toevalligheid.

casuel, -elle I *bn* toevallig. II *zn m* veranderlijke inkomsten.

casuiste *m* moralist, die zich ophoudt met het oplossen van gewetensvragen.

casuistique *v* onderdeel der theologie, dat zich ophoudt met het oplossen van gewetensvragen.

cataclysme *m* grote ramp, grote overstro- [ming.

catacombes *v* catacomben.

catadioptre *m* reflector (auto).

catafalque *m* katafalk.

catalepsie *v* toestand van gevoelloosheid en verstijving der ledematen.

cataleptique *bn* wat betrekking heeft op de catalepsie (*sommeil* —).

catalogue *m* catalogus.

cataloguer *ov.w* catalogiseren.

cataphote *m* reflector (auto).

cataplasme *m* pap (*med.*).

catapult/e *v* 1 katapult; 2 starttoestel voor vliegtuigen. **~er** *ov.w* een vliegtuig starten door middel v. e. katapult.

cataracte *v* 1 hoge waterval; 2 staar (*med.*).

catarrhal *ov.w* [*mv aux*] *bn* catarraal.

catarrhe *m* 1 catarre; 2 zware verkoudheid.

catastrophe *v* ramp.

catastrophique *bn* catastrofaal.

catéch/iser *ov.w* 1 godsdienstonderwijs geven aan; 2 de les lezen. **~isme** *m* 1 godsdienstonderwijs; 2 catechismus.

catéchiste *m* of *v* godsdienstonderwijzer(es).

catéchuménat *m* tijd v. h. doopleerling zijn.

catéchumène *m* of *v* doopleerling.

catégorie *v* afdeling, klasse, soort.

catégorique *bn* 1 onvoorwaardelijk, afdoend; *impératif* —, plicht; 2 duidelijk, stellig.

caterpillar *m* rupsband.

cathédrale I *zn v* kathedraal. II *bn*: *verre* —, kathedraalglas.

catherinette *v* jong meisje, dat op de feestdag van de H. Catharina feestelijk het feit herdenkt, dat ze dat jaar 25 jaar geworden is.

cathode *v* kathode.

cathodique *bn*: *rayons* —*s*, kathodestralen.

catho/licisme *m* katholicisme. **~licité** *v* 1 katholieke godsdienst; 2 de katholieken. **~lique** I *bn* katholiek. II *zn m of v* katholiek.

cati *m* glans van stoffen.

catilinaire *v* felle satire, - redevoering, - uitval.

catimini (en —) *bw* (*fam.*) heimelijk.

catin (catau) *v* publieke vrouw.

catir *ov.w* een stof glanzen.

catiss/age *m* het glanzen van stoffen. **~eur** *m*, **-euse** *v* glanzer(ster) van stoffen.

cattleya *v* bekende orchidee.

caucasien, **-enne** I *bn* Kaukasisch. II *zn* C **~**, *m*, **-enne** *v* Kaukasiër, -sische.

cauchemar *m* nachtmerrie.

caudal [*mv aux*] *bn* nageoire —*e*, staartvin.

causal *bn* oorzakelijk.

causalité *v* oorzakelijkheid.

causatif, **-ive** *bn* oorzaak aanduidend.

cause *v* 1 oorzaak; *à* — *de*, wegens; — *première*, grondoorzaak; — *suprême*, God; 2 reden; *pour* —, terecht; 3 proces, (recht-) zaak; *une* — *célèbre*, een opzienbarend proces; *faire* — *commune*, gemene zaak maken; *parler en connaissance de* —, met kennis van zaken spreken; *avoir gain de* —, het pleit winnen; *la* — *publique*, het algemeen belang.

causer *ov.w* 1 veroorzaken; 2 praten; — *littérature*, over literatuur praten; 3 te veel praten, kletsen.

causerie *v* 1 het praten; 2 genoeglijk gesprek; 3 gemoedelijke voordracht.

causette *v* (*fam.*) praatje (*faire la* — *avec qn.*).

causeur *m*, **-euse** *v* prater(praatster), babbelaar(ster).

causeuse *v* tweepersoonscanapé.

causse *m* kalkplateau bij de Cevennen.

causticité *v* spotzucht.

caustique *bn* 1 bijtend; 2 satirisch, scherp.

cauteleux, **-euse** *bn* sluw, uitgeslapen.

cautère *m* brand-, bijtmiddel; *c'est un* — *sur*

une jambe de bois, dat middel is nutteloos.

cautérisation *v* het dicht branden, -schroeien.

cautériser *ov.w* dichtbranden, -schroeien.

caution *v* 1 borgtocht, waarborg; *sujet à* —, onbetrouwbaar; 2 borg; *se porter* —, zich borg stellen. **~nement** *m* borgstelling. **~ner** *ov.w* borg blijven voor.

cavalcade *v* ruiterstoet, -optocht.

cavalcader *on.w* paardrijden.

cavale *v* 1 (*dicht.*) merrie; 2 (*arg.*) vlucht.

cavaler I *on.w* (*pop.*) hardlopen. II *ov.w* vervelen. III *se* **~** (*arg.*) vluchten.

cavalerie *v* cavalerie.

cavalier I *zn m* 1 ruiter; 2 cavalerist; 3 heer, die dame begeleidt, danser; *beau* —, knappe, slanke jongeman; 4 paard i. h. schaakspel. II **~**, **-ère** *bn* 1 wat op paardrijden betrekking heeft; *piste* —*e*, ruiterpad; 2 te vrij (*air* —); 3 onbeschaamd (*réponse* —*e*).

cavalière *v* 1 amazone; 2 danseres.

cavatine *v* opera-aria voor één stem, zonder herhaling.

cave I *v* 1 kelder; 2 wijnkelder; de wijn uit die kelder; *il a une bonne* —, hij heeft een goed voorziene wijnkelder; 3 likeurstel. II *bn* hol, ingevallen (*joues* —*s*).

caveau [*mv* x] *m* 1 keldertje; 2 grafkelder.

caver I *ov.w* uitholen, ondergraven. II *on.w* inzetten bij spel. III *se* **~** inzetten.

caverne *v* 1 grot, hol; 2 holte.

caverneux, **-euse** *bn* 1 vol holen; 2 hol, dof.

caviar *m* kaviaar.

caviste *m* keldermeester.

cavité *v* holte.

ce, **cet**, **cette**, **ces** *vnw* deze, die, dit, dat; *ces messieurs*, *dames*, de heren, dames (bij aanspreking); *sur ce* daarop.

cé *m* (*arg.*) zilver.

céans *bw* hier binnen, hier in huis.

ceci *vnw* dit.

cécité *v* blindheid.

cédant(e) *m of v* degene, die afstand doet.

céder I *ov.w* 1 afstaan, afstand doen van; *le* — *à qn.*, onderdoen voor iemand; — *le pas à qn.*, iem. als zijn meerdere erkennen, voor iem. wijken; 2 verkopen, overdoen. II *on.w* bezwijken, toegeven, zwichten.

cédille *v* teken onder de c voor a, o of u, indien de c als s moet worden uitgesproken.

cèdre *m* ceder.

cédule *v* 1 schuldbekentenis; 2 aanslagbiljet.

cégétiste *m of v* lid van de c(onfédération) g(énérale) du (travail).

ceindre *ov.w* omr. omringen, omgorden (*une épée*); — *le diadème*, de koninklijke waardigheid aanvaarden; — *la tiare*, tot paus gekozen worden.

ceinture *v* 1 ceintuur, gordel; *se mettre*, *se serrer la* —, zich iets ontzeggen; 2 middel v. h. lichaam; 3 ceintuurbaan; 4 band om een wiel.

ceinturer *ov.w* omgorden, omringen, om het middel grijpen.

ceinturon *m* sabelriem.

cela *vnw* dat.

céladon I *m* 1 zeegroen, lichtgroen; 2 smachtend minnaar. II *bn* lichtgroen, zeegroen.

célébrant *m* dienstdoend priester.

célébration *v* viering; het opdragen v. d. mis.

célèbre *bn* beroemd.

célébrer *ov.w* 1 vieren; 2 prijzen, verheerlijken, roemen; 3 plechtig voltrekken; — *la messe*, de mis opdragen.

célébrité *v* beroemdheid (ook persoon).

celer *ov.w* verzwijgen, verbergen.

célérette *v* houten kinderfietsje.

célérité *v* snelheid.

céleste *bn* hemels; *le Père* —, de Hemelse Vader; *esprits* —*s*, hemelbewoners.

Célestin *m* monnik der celestijner orde.

célibat *m* celibaat.

célibataire *m of v* vrijgezel(lin).

cellier *m* wijnkelder.

cellophane *v* cellofaan.

cellote v (*fam.*) cel.

cellulaire *bn* uit cellen gevormd, cellulair; *voiture —*, dievenwagen.

cellule v cel (van kloosterlingen, gevangenen, bijen enz.); — *photo-électrique*, foto-elektrische cel.

celluloid *m* celluloid.

cellulose v cellulose.
                    [taal.

celtique I *bn* Keltisch. II *zn m* de Keltische

celui, celle, ceux, celles *vnw celui-ci, celle-ci* enz., deze; *celui-là, celle-là* enz., die.

cénacle *m* 1 zaal v. h. Laatste Avondmaal; 2 kring van gelijkdenkende kunstenaars.

cendre v as; *mettre, réduire en —*, in de as leggen. les —s 1 het stoffelijk overschot; 2 as der gewijde palmtakken; *recevoir les —s*, een askruisje krijgen; *Mercredi des —s*, Aswoensdag.

cendré *bn* askleurig; *blond —*, asblond.

cendreux, -euse *bn* vol as.

cendrier *m* 1 asbak; 2 aslade.

Cendrillon v assepoester; *c—*, vieze dienstbode.

Cène v 1 Laatste Avondmaal; 2 Avondmaal der protestanten.

cenelle v hulstbes.

cénobite *m* kloosterling.

cénotaphe *m* grafmonument zonder lijk.

cens *m* cijns.

censé geacht (*tout le monde est — connaître la loi*).

censément (*pop.*) om zo te zeggen.

censeur *m* 1 censor; 2 criticus; 3 iem., die censuur uitoefent; 4 studiesurveillant op een lyceum.

censurable *bn* laakbaar.

censure v 1 censuur; 2 kritiek; 3 afkeuring.

censurer *ov.w* hekelen, veroordelen.

cent I *tlw* honderd; *faire les —coups*, allerlei dolle streken uithalen; *faire les — pas*, heen en weer lopen; *trois pour —*, drie percent. II *zn m* 1 honderdtal (*trois —s d'œufs*); 2 cent.

centaine v honderdtal.

centaure *m* centaur (half mens, half paard).

cent/enaire I *bn* honderdjarig. II *zn m* of v honderdjarige. III *m* eeuwfeest. ~**ennal** *bn* wat alle honderd jaren gebeurt.

centésimal [*mv aux*] *bn* in honderd delen verdeeld (*échelle —*).

centi/are *m* centiare. ~**ème** I *bn* honderdste. II *zn m* honderdste deel. ~**grade** *bn* in honderd graden verdeeld (*thermomètre —*). ~**gramme** *m* centigram. ~**litre** *m* centiliter. ~**ime** *m* honderdste gedeelte v. e. frank. ~**mètre** *m* centimeter.

centrage *m* bepaling v. h. middelpunt.

central [*mv aux*] *bn* centraal, voornaamste; *gare —e*, hoofdstation; *halles —es*, de Hallen.

centr/ale v centrale (— *électrique*). ~**alisateur, -trice** *bn* centraliserend. ~**alisation** v centralisatie. ~**aliser** *ov.w* centraliseren.

centre *m* middelpunt, centrum (ook i. d. Kamer); — *de gravité*, zwaartepunt.

centrer *ov.w* het middelpunt bepalen.

centri/fugation v het centrifugeren. ~**fuge** *bn* middelpuntvliedend. ~**fuger** *ov.w* centrifugeren. ~**fugeuse** v centrifuge.

centuple I *bn* honderdvoudig; *au —*, honderdvoudig. II *zn m* honderdvoud.

centupler *ov.w* verhonderdvoudigen.

centurie v eenheid van 100 burgers bij de Romeinen.

centurion *m* honderdman.

cep *m* 1 boei; 2 wijnstok.

cépage *m* soort wijnstok.

cépée v 1 uitlopers (*pl.k.*); 2 jong hout.

cependant *bw* 1 echter, toch, evenwel; 2 intussen.
               [tussen.

céphalalgie v hoofdpijn.

céphalique *bn* wat het hoofd betreft.

cérame *m* vaas van gebakken aardewerk.

céramique I *bn* wat het pottenbakken betreft (*art —*). II *zn* v pottenbakkerskunst.

céramiste *m* pottenbakker.

cerbère *m* ruw, streng portier of bewaker.

cerceau [*mv* x] *m* hoepel;

cerclage *m* het omleggen van een hoepel.

cercle *m* 1 cirkel; *faire —*, in een kring gaan staan, zitten; 2 hoepel v. e. vat; 3 vat; 4 vergadering, club, sociëteit.

cercler *ov.w* van hoepels voorzien.

cercueil *m* lijkkist.

céréale I *zn* v graangewas. II ~(**e**) *bn* wat op graangewassen betrekking heeft.

cérébral [*mv aux*] *bn* wat betrekking heeft op de hersens.

cérémon/ial [*mv aux*] *m* ceremonieel. ~**le** v 1 plechtigheid; *maître des —s*, ceremoniemeester; 2 beleefdheid, plichtpleging; *dîner sans —*, huiselijk, gemoedelijk diner; *faire des —s*, overdreven complimenten maken; *visite de —*, beleefdheidsvisite. ~**iel, -elle** *bn* plechtstatig, beleefd. ~**ieux, -euse** *bn* overdreven beleefd.

cerf *m* 1 hert; 2 hardloper.

cerf†-volant† *m* 1 vlieger; 2 vliegend hert.

cerisaie v kerseboomgaard.

cerise v 1 kers; 2 (*pop.*) pech (*avoir la —*); 3 kersrood (*des étoffes cerise*).

cerisette v 1 gedroogde kers; 2 drank, uit kersen bereid.

cerisier *m* kerseboom.

cerne *m* 1 jaarring van bomen; 2 kring om de ogen, om wond.

cerner *ov.w* 1 een kring maken om (*un arbre*); 2 omsingelen, omringen; *yeux cernés*, ogen met blauwe kringen.

certain I *bn* 1 zeker, vast, waar; 2 zeker (een of ander), sommige; *il est d'un — âge*, hij is niet zo jong meer. II *zn m* het zekere. III ~**s** sommigen.

certes *bw* zeker.

certificat *m* 1 getuigschrift, verklaring; — *d'études*, getuigschrift, dat men met succes de lagere school doorlopen heeft; — *de propriété*, eigendomsbewijs; — *de vie*, attestatie de vita; 2 garantie; *la température est un — de longue vie*.

certi/fication v waarmerking. ~**fier** *ov.w* (voor waar) verklaren, verzekeren. ~**tude** v zekerheid.

céruléen, -enne *bn* blauwachtig.

céruse v loodwit.

cerveau [*mv* x] *m* hersenen, brein; — *brûlé*, heethoofd; — *creux*, dromer; *se creuser le —*, zich suf denken; *le vin monte au —*, de wijn stijgt naar het hoofd; *un rhume de —*, neusverkoudheid.

cervelas *m* cervelaatworst.

cervelet *m* kleine hersenen.

cervelle v hersenen; *brûler la —*, voor de kop schieten; — *de lièvre*, vergeetachtig mens.

cervical [*mv aux*] *bn* wat betrekking heeft op nek of hals; *vertèbre —e*, halswervel.

cervoise v bier der oude Galliërs.

césar *m* keizer, vorst.

césarien, -enne I *bn* wat Julius Caesar of een keizer betreft; *opération —enne*, keizersnede. II *zn m*, —**enne** v aanhanger(-ster) van Caesar, v. e. absoluut heerser.

césarisme *m* absolute monarchie.

cessation v het ophouden, stopzetting.

cesse v rust; *sans —*, onophoudelijk.

cesser I *ov.w* ophouden met, staken. II *on.w* eindigen, ophouden.

cessibilité v vervreemdbaarheid.

cessible *bn* vervreemdbaar.

cession v overdracht, afstand; *faire — de*, overdragen.

cessionnaire *m* of v iem., aan wie iets wordt overgedragen.

c'est-à-dire (c. à d.) d.w.z., nl.

césure v cesuur (rust in de maat v. e. vers).

cétacé *m* walvisachtige.

cévenol(e) I *bn* uit de Cevennen. II *zn* C~ *m*, -e v bewoner(bewoonster) v. d. Cevennes.

chablis *m* beroemde witte wijn.

chabot *m* pos (vis).

chabraque (schabraque) v dekkleed v. e. paard.

chacal [mv als] m jakhals.

chaconne (chacone) v chaconne (oude dans).

chacun vn.w ieder, elk, iedereen.

chafouin bn (fam.) 1 mager, klein; 2 geslepen, sluw (mine —e).

chagrin I bn verdrietig, triest. II zn m 1 verdriet; 2 soort leer.

chagrinant bn wat verdriet doet.

chagriner ov.w bedroeven, verdriet aandoen.

chahut m (arg.) 1 lawaai, ruzie; 2 ordinaire dans.

chahuter I on. w (arg.) lawaai schoppen. II ov. w in de war schoppen; un professeur chahuté, een leraar, onder wiens les het rumoerig is.

chai (chais) m wijnkelder.

chaîne v 1 ketting, keten; — d'arpenteur, meetketting (10 m); briser ses —s, de vrijheid veroveren; condamner à la —, tot galeistraf veroordelen; faire la —, elkaar iets aanreiken; — de montagne, bergketen; travailler à la —, aan de lopende band werken; 2 schering.

chaînette v kettinkje; point de —, kettingsteek.

chaînier, chaîniste m kettingmaker.

chaînon m schakel.

chair v 1 vlees; entre cuir et —, onderhuids; vendeur de — humaine, slavenhandelaar; en — et en os, in levende lijve; ni — ni poisson, geen vis en geen vlees; avoir la — de poule, kippevel hebben; 2 vruchtvlees; 3 menselijke natuur, lichaam; 4 les —s (d'un tableau), het naakt.

chaire v 1 spreekgestoelte, preekstoel; 2 het preken; 3 de H. Stoel; 4 leerstoel.

chaise v stoel; — longue, sofa; — à porteurs, draagstoel; — de poste, postkoets.

chaisier m, **-ère** v 1 stoelenmaker(-maakster); 2 verhuurder(verhuurster) van stoelen.

chaland m 1 aak; 2 klant.

chalcographe m graveur.

chalcographie v 1 graveerkunst; 2 gravure.

châle m sjaal, omslagdoek.

chalet m (houten) landhuisje.

chaleur v 1 warmte, hitte; il fait une — atroce, étouffante, suffocante, torride, het is snikheet; 2 vuur, ijver, opwinding.

chaleureux, -euse bn hartelijk, warm, levendig (style —).

châlit m ledikant.

challenge m 1 wedstrijd om een wisselprijs; 2 wisselprijs.

challenger ov.w de houder v. e. wisselprijs uitdagen.

chaloupe v sloep; — canonnière, kanonneerboot.

chalumeau [mv x] m 1 schalmei; 2 blaaspijp; — oxhydrique, — oxyacétylénique, brander (voor lassers, schilders).

chalut m sleepnet.

chamailler (se) (luidruchtig) twisten, ruzie maken.

chamaillerie v ruzie.

chamarrer ov.w met versierselen bedekken, opdirken.

chamarrure v 1 het opdirken, opgedirktheid; 2 smakeloze versieringen.

chambard m lawaai, het omvergooien (pop.).

chambardement m het omverhalen (pop.).

chambarder I ov.w (pop.) omvergooien, -halen. II on.w (pop.) lawaai maken.

chambellan m kamerheer; grand —, opperkamerheer.

chambertin m beroemde rode bourgognewijn.

chambouler ov.w overhoophalen, omvergooien (arg.).

chambranle m lijst v. deur of venster.

chambre v 1 kamer; — d'amis, logeerkamer; — à coucher, slaapkamer; garder la —, zijn kamer houden; — garnie, gemeubileerde kamer; ouvrier en —, thuiswerker; pot de —, nachtspiegel; robe de —, kamerjas; 2

plaats, waar men zich verenigt, om te beraadslagen; — des députés, Tweede Kamer; 3 holte; — à air, binnenband; — de combustion, verbrandingskamer; — d'une écluse, sluiskolk; — d'une torpille, kamer v. e. torpedo.

chambrée v de soldaten v. e. soldatenkamer.

chambrelan m thuiswerker.

chambrer I on.w dezelfde kamer bewonen. II ov.w 1 in een kamer opsluiten; 2 op kamertemperatuur brengen (van wijn).

chambrette v kamertje.

chambrière v kamermeisje.

chameau [mv x] m 1 kameel; 2 scheepskameel; 3 mispunt, lammeling.

chamelier m kameeldrijver.

chamois I zn m 1 gems; 2 gemzeleer. II bn lichtgeel. — a ge m het soepel maken van huiden. ~er ov.w huiden soepel maken. ~erie v zeemtouwerij. ~eur m zeemtouwer, -handelaar.

chamotte v gebakken klei.

champ m 1 akker, veld, terrein; — d'aviation, vliegveld; — de bataille, slagveld; prendre la clef des —s, het hazepad kiezen; se battre en champ-clos, duelleren; courir les —s, in de vrije natuur rondzwerven; — de course, renbaan; — magnétique, magnetisch veld; — de Mars, exercitieveld; — de mines, mijnenveld (mil.); — de repos, kerkhof; — de tir, schietbaan (mil.); vie des —s, landleven; 2 beeld op matglas of in zoeker van fototoestel of filmcamera (entrer dans le —, sortir du —); 3 à bout de —, ten einde raad; à tout bout de —, bij elke aanleiding; sur-le-champ, dadelijk.

Champagne v streek in Frankrijk.

champagne m champagnewijn; — frappé, in ijs gekoelde champagne; fine (—), fijne champagne.

champagniser ov.w drank mousserend maken.

champe v (fam.) champagne.

champenois (se) bn uit Champagne. II zn C— m, -e v bewoner(bewoonster) van Champagne.

champêtre bn landelijk; bal —, openluchtbal; garde —, veldwachter.

champignon m 1 paddestoel; pousser comme un —, groeien als kool; 2 kleren-, hoedenstander; 3 wild vlees.

champignonniste m paddestoelenkweker.

champignonnière v paddestoelenkwekerij.

champion m 1 kampioen, overwinnaar; 2 (fig.) voorvechter.

championnat m kampioenschap.

chancard m (pop.) boffer, geluksvogel.

chance v 1 kans, waarschijnlijkheid; (calculer les —s); courir sa —, een kansje wagen; 2 geluk, bof; il a de la —, hij boft; bonne —!, veel succes!

chancelant bn 1 wankelend, onvast op de benen; 2 besluiteloos, wankel (santé —e).

chanceler on.w 1 wankelen, waggelen; 2 weifelen, aarzelen.

chancelier m kanselier.

chancelière v 1 vrouw v. d. kanselier; 2 voetenzak.

chancellerie v 1 kanselarij; grande —, administratie v. h. legioen van eer; 2 ministerie van justitie.

chanceux, -euse bn 1 fortuinlijk, die boft; 2 riskant.

chancir on.w schimmelen.

chancissure v schimmel.

chancre m 1 zweer; 2 (fig.) kanker; 3 boomkanker.

chancreux, -euse bn kankerachtig.

chandail m 1 trui; 2 damesjumper.

Chandeleur v Maria Lichtmis.

chandelier m 1 kandelaar; 2 (arg.) souteneur; 3 (arg.) neus.

chandelle v 1 (vet)kaars; à la —, bij kaarslicht; devoir une belle, fière — à qn., reden tot dankbaarheid tegenover iem. hebben; économiser des bouts de —, krenterig, overdreven zuinig zijn; brûler la — par les deux *bouts,* zijn fortuin er door draaien, zijn gezondheid verwoesten; *le jeu ne vaut pas la* —, het sop is de kool niet waard; *monter en* —, loodrecht stijgen; 2 ijskegel; 3 drup a. d. neus; 4 (*arg.*) politieagent; 5 fles (*arg.*).

chanfrein *m* 1 bles v. e. paard; 2 voorhoofd v. e. paard.

change *m* 1 ruil, wisseling; *donner le* —, op een dwaalspoor brengen; *gagner au* —, beter worden v. e. ruil; *prendre le* —, zich laten bedriegen; 2 wisselhandel; *agent de* —, makelaar in effecten; *bureau de* —, wisselkantoor; *lettre de* —, wissel; 3 wisselkoers; 4 commissie v. d. wisselaar; 5 wisselkantoor.

changeant *bn* veranderlijk.

chang/ement *m* verandering; — *de vitesses,* versnelling (bij auto's); — *à vue,* plotselinge ommekeer. ~er I *ov.w* 1 veranderen; 2 ruilen, wisselen; — *son cheval borgne pour un aveugle,* een slechte ruil doen; 3 verschonen. II *on.w* veranderen; — *de visage,* verbleken, blozen; — *de face,* een ander aanzien krijgen. III *se* ~ 1 zich veranderen; 2 zich verschonen.

changeur *m* geldwisselaar.

chanoine *m* kanunnik.

chanoinesse *v* naam van soort kloosterzusters.

chanson *v* lied; — *à boire,* drinklied; — *de geste,* middeleeuws heldendicht; —*! que tout cela !,* praatjes!; *l'air ne fait pas la* —, schijn bedriegt; *il en a l'air et la* —, hij is precies, zoals hij lijkt te zijn.

chanson/ner *ov.w* een spotlied maken op. ~nette *v* liedje. ~nier I *m* liederenboek. II *m,* -ère *v* 1 liederencomponist(e); 2 liedjeszanger(es).

chant *m* 1 zang, gezang, lied; — *du coq,* hanegekraai; — *du cygne,* zwanezang; — *nuptial,* bruiloftslied; 2 plechtig gedicht; 3 zang (onderdeel v. e. gedicht).

chantage *m* geldafdreiging, chantage.

chantant *bn* 1 zingend; 2 waar men zingt (*café* —); 3 gemakkelijk te zingen.

chantepleure *v* 1 soort gieter; 2 kraan.

chanter *ov.w* 1 zingen, loven van vogels; — *une antienne à qn.,* iem. iets verwijten; *il chante toujours la même chanson, le même refrain,* hij zingt altijd hetzelfde liedje; *le coq chante,* de haan kraait; *faire* — *qn.,* iem. geld afpersen; *la porte chante,* de deur piept; 2 zangerig declameren, voorlezen; 3 bezingen, verheerlijken.

chanterelle *v* 1 e-snaar van viool; 2 lokvogel; 3 hanekam, cantharel (*pl.k.*).

chanteur *m,* -euse *v* zanger(es); *maître* —, aartsafperser; *oiseaux* —*s,* zangvogels.

chantier *m* 1 werkplaats in de openlucht, scheepstimmerwerf; *avoir un ouvrage sur le* —, een werk onder handen hebben; 2 stelling voor vaten; 3 kolen-, houtopslagplaats.

chantonnement *m* het neuriën.

chantonner *ov.* en *on.w* neuriën.

chantoung *m* shantoengzijde.

chantourner *ov.w* uitsnijden.

chantre *m* 1 (koor)zanger; 2 dichter.

chanvre *m* hennep.

chanvrier *m,* -ère *v* hennepwerker(ster).

chaos (*spr.:* ka-ó) *m* 1 baaierd; 2 verwarring.

chaotique *bn* chaotisch.

chapard/age *m* (kleine) diefstal. ~er *ov.w* 1 stelen; 2 stropen. ~eur *m,* -euse *v* 1 dief, dievegge; 2 stroper.

chape *v* 1 koorkap; 2 mantel met kap; *sous* —, heimelijk; 3 bedekking, deksel, kap.

chapeau (*mv x*) *m* 1 hoed; *donner un coup de* — *à qn.,* de hoed voor iem. afnemen; *obtenir le* —, kardinaal worden; 2 hoedje v. e. paddestoel; 3 kop v. e. krantartikel; 4 gratificatie voor een zeekapitein.

chapechute *v* buitenkansje.

chapelain *m* 1 aalmoezenier v. e. vorst; 2 geestelijk bedienaar v. e. kapel.

chapelet *m* 1 rozenkrans, rozenhoedje; *égrener un* —, een rozenhoedje bidden (de kralen door de vingers laten glijden); *défiler un* —, alles zeggen wat men op het hart heeft; 2 reeks (— *d'injures*); 3 snoer.

chapelier *m,* -ère *v* 1 hoedenmaker(-maakster); 2 hoedenverkoper(-verkoopster).

chapelière *v* hoedenkoffer.

chapelle *v* 1 kapel; — *ardente,* rouwkapel; 2 gouden misbenodigdheden.

chapellerie *v* 1 hoedenwinkel; 2 hoedenfabriek; 3 hoedenhandel.

chapelure *v* paneermeel. ·

chaperon *m* 1 kapje; *le petit C— rouge,* Roodkapje; — *de moine,* monnikskap (*pl.k.*); 2 begeleidster, begeleider van jongedame.

chaperonner *ov.w* 1 (een valk) met een kapje bedekken; 2 een jongedame vergezellen, terwijl men een oogje op haar houdt.

chapiteau [*mv x*] *m* 1 kapiteel; 2 kroonlijst v. e. meubel; 3 helm v. e. distilleertoestel.

chapitre *m* 1 hoofdstuk; 2 kapittel; *avoir voix au* —, een stem in het kapittel hebben; 3 onderwerp.

chapitrer *ov.w* streng berispen, kapittelen.

chapon *m* 1 kapoen; 2 met knoflook bestreken korst brood.

chaque *vnw* ieder, elk.

char *m* 1 Romeinse strijdwagen, - zegekar; 2 kar, wagen; — *à bancs,* janplezier; — *funèbre,* lijkkoets; — *d'assaut,* aanvalstank; — *de combat,* gevechtswagen.

charabia *m* wartaal.

charade *v* 1 lettergreepraadsel; 2 duistere taal.

charbon *m* 1 kool, houtskool (— *de bois*); *être sur les* —*s,* in een kritieke situatie verkeren; *amasser des* —*s ardents sur la tête de qn.,* gloeiende kolen op iemands hoofd stapelen; *faire du* —, bunkeren; 2 brand (in koren); 3 miltvuur; 4 koolspits. ~nage *m* het ontginnen v. e. kolenmijn. ~ner I *ov.w* 1 doen verkolen; 2 met houtskool zwart maken, vol tekenen. II *on.w* verkolen. ~nerie *v* kolenopslagplaats. ~neux, -euse *bn* 1 koolachtig; 2 miltvuurachtig. ~nier, -ère I *bn* wat betrekking heeft op kool. II *zn m* 1 kolenbrander; — *est maître chez lui,* ieder is de baas in zijn eigen huis; 2 kolenhandelaar; 3 kolenschip.

charcuter *ov.w* 1 op onhandige wijze vlees in stukken snijden; 2 onhandig opereren.

charcuterie *v* 1 spekslagerij; 2 vleeswaren.

charcutier *m* spekslager.

chardon *m* 1 distel; 2 ijzeren punt op muur.

chardonneret *m* 1 distelvink, putter; 2 (*arg.*) gendarme.

charge *v* 1 last (ook *fig.*); lading, vracht; *bateau de* —, vrachtschip; *être à charge* tot last zijn; *prendre à sa* —, zich belasten met; 2 ambt, betrekking; waardigheid; 3 opdracht, taak; *avoir* — *d'âmes,* met de zielzorg belast zijn; 4 aanval, bestorming; 5 aanvalssignaal; 5 lading van vuurwapen; elektrische lading; 6 aanklacht, bewijs van schuld; *témoin à* —, getuige, die tegen de beschuldigde getuigt; 7 karikatuur; 8 grapje, fopperij.

chargé I *bn* 1 beladen, geladen; 2 overladen, overdreven; *ciel* —, betrokken lucht; *langue* —*e,* beslagen tong; *lettre* —*e,* brief met aangegeven waarde. II *zn m* iem., die belast is met; — *d'affaires,* zaakgelastigd; — *de cours,* lector.

chargement *m* 1 het laden; 2 lading; 3 het aantekenen v. e. brief.

charg/er *ov.w* 1 laden, beladen, bevrachten; — *une pipe,* de pijp stoppen; 2 aanvallen, te lijf gaan; 3 belasten met, opdragen aan (— *de*); 4 overladen, overstelpen; — *la mémoire,* het geheugen overladen (— *qn. d'injures, de coups,* met scheldwoorden overstelpen); 4 afrossen; 5 getuigen tegen (— *un accusé*); 6 aantekenen van brieven (— *une lettre*); 7 overdrijven; 8 te veel berekenen (— *un compte*). ~eur *m*, -euse *v* 1 (scheeps)bevrachter(-ster); 2 patroonhouder.

chariot *m* 1 wagen; *le grand C—*, de Grote Beer; *le petit C—*, de Kleine Beer; 2 soort kinderwagen; 3 *d'atterrissage*, landingstoestel.

charitable *bn* liefdadig, menslievend.

charité *v* 1 liefde tot God en zijn evenmens, naastenliefde; 2 liefdadigheid; — *bien ordonnée commence par soi-même*, ieder is zichzelf het naast; *bazar de —*, fancy-fair; 3 aalmoes; *dame de —*, armenbezoekster; *faire la —*, een aalmoes geven; *fille de —*, liefdezuster v. e. orde, gesticht door de H. Vincentius à Paulo (1607).

charivari *m* 1 ketelmuziek; 2 lawaai; 3 valse muziek.

charlatan *m* 1 kwakzalver, marktkoopman, die geneesmiddelen verkoopt; 2 opsnijder, ~erie *v* 1 kwakzalverij; 2 opsnijderij. ~esque *bn* kwakzalverachtig. ~isme *m* kwakzalverij.

Charlemagne *m* Karel de Grote.

Charlot *m* Charly Chaplin.

charlotte *v* 1 appelmoes, omgeven door taartrand; 2 — *russe*, slagroom, omgeven door biscuits.

charmant *bn* bekoorlijk, innemend.

charme *m* 1 bekoring, aantrekkelijkheid; 2 betovering; *se porter comme un —*, het uitstekend maken, zo gezond zijn als een vis; 3 hagebeuk.

charmer *ov.w* 1 betoveren; 2 bekoren; 3 lenigen (*la douleur*), verdrijven (*l'ennui*).

charmeur *m*, -euse *v* 1 tovenaar; iem. die betovert; 2 bekoorlijk, innemend persoon; -euse *v* soort zijde.

charmille *v* prieel, laantje van hagebeuken.

charnel, -elle *bn* zinnelijk, vleselijk.

charnier *m* 1 bewaarplaats voor vlees; 2 knekelhuis; 3 grote opeenhoping van lijken.

charnière *v* 1 scharnier; 2 postzegelplakkertje.

charnu *bn* vlezig (ook van vruchten).

charogne *v* kreng.

charpente *v* 1 getimmerte; *bois de —*, timmerhout; 2 beendergestel; 3 bouw, opzet v. e. literair werk.

charpenter *ov.w* 1 timmeren, bewerken; 2 (onhandig) kerven; 3 in elkaar zetten, het plan opmaken v. e. literair werk.

charpenterie *v* timmerwerk, timmermanskunst.

charpentier *m* timmerman.

charpie *v* pluksel (voor wonden).

charretée *v* karrevracht.

charretier I *zn m*, -ère *v* voerman, karreman, -vrouw; *jurer comme un —*, vloeken als een ketter. II *bn*: *porte —ère*, karrepoort; *voie —ère*, wijde tussen de wielen.

charrette *v* kar met twee wielen; — *à bras*, handkar.

charriage *m* vervoer per wagen.

charrier *ov.w* 1 per wagen vervoeren; 2 meesleuren; 3 kruien v. e. rivier; 4 overdrijven (*pop.*); 5 voor de gek houden.

charroi *m* 1 vervoer per wagen; 2 mil. konvooi.

charron *m* wagenmaker. ~nage *m* het wagenmaken. ~nerie *v* wagenmakerij.

charroyer *ov.w* per wagen vervoeren.

charroyeur *m* voerman.

charrue *v* ploeg; *cheval de —*, sterk, maar dom persoon; *mettre la — avant* (*devant*) *les bœufs*, het paard achter de wagen spannen.

charte (chartre) *v* handvest, charter; *école des —s*, beroemde Fr. school voor de studie van handschriften.

chartiste *m* leerling of oud-leerling v. d. école des chartes.

chartre *v* kerker, gevangenis.

chartreuse *v* 1 klooster der kartuizers; 2 klein afgelegen landhuis; 3 beroemde likeur.

chartreux *m*, -euse *v* 1 kartuizer monnik of

zuster; 2 blauwgrijze kat.

chartrier *m* 1 oorkondenverzameling; 2 chartermeester; 3 charterkamer, oorkondenarchief.

chasse *v* 1 jacht; — *à courre*, lange jacht; *donner la —*, achtervolgen, jacht maken op; — *au lion*, leeuwejacht; *permis de —*, jachtakte; *qui va à la —*, *perd sa place*, opgestaan, plaats vergaan; 2 jachtterrein; 3 het gedode wild; 4 korps jachtvliegers; 5 — *d'eau*, waterspoeling.

châsse *v* 1 relikwiekast; 2 montuur (b.v. van bril).

chassé *m* danspas.

chasse-clous *m* drijver (voor spijkers).

chassé-croisé *m* 1 soort danspas; 2 ruil van betrekking tussen twee personen.

chasselas *m* witte druif.

chasse-marée *m* 1 vissersschuit (kustvaarder); 2 viskar.

chasse-mouches *m* 1 vliegenklap; 2 vliegennet.

chasse-neige *m* 1 sneeuwploeg; 2 sneeuwstorm.

chassepot *m* oud soort Fr. geweer.

chasser *ov.w* 1 verjagen, wegjagen; — *le mauvais air*, spuien; 2 uitdrijven, indrijven v. e. spijker; 3 jagen; *bon chien chasse de race*, de appel valt niet ver v. d. boom; — *sur les terres d'un autre*, onder iemands duiven schieten; 4 *le vent chasse du nord*, de wind waait uit het noorden.

chasseresse *v* jageres.

chasseur *m*, -euse *v* 1 jager, jageres; 2 licht bewapend militair; — *alpin*, alpenjager; 3 jager (schip of vliegtuig); 4 piccolo.

châssis *m* 1 lijst, raam (b.v. van een venster); — *à tabatière*, schuin dakraam; 2 glasraam voor broeibak; 3 onderstel v. e. auto.

chaste *bn* kuis, zedig, rein.

chasteté *v* kuisheid, zedigheid, reinheid.

chasuble *v* kazuifel. ~erie *v* vervaardiging van, handel in kerksieraden. ~ier *m* vervaardiger van, handelaar in kerksieraden.

chat *m*, chatte *v* 1 kat, poes; *appeler un —*, — *un —*, het kind bij zijn naam noemen; *il n'y a pas un —*, er is geen sterveling; — *fourré*, rechter, advocaat; *avoir un — dans la gorge*, hees zijn; *une musique de —*, valse muziek; *réveiller le — qui dort*, slapende honden wakker maken; *à bon — bon rat* (*spr.w*), baas boven baas, leer om leer; *échaudé craint l'eau froide* (*spr.w*), een ezel stoot zich geen tweemaal aan dezelfde steen; *le — parti, les souris dansent* (*spr.w*), als de kat van honk is, dansen de muizen; 2 *chats de saule*, katjes; 3 plotselinge heesheid (*pop.*).

châtaign/e *v* 1 (tamme) kastanje; — *de cheval*, wilde kastanje; 2 (*pop.*) vuistslag. ~eraie *v* kastanjebosje. ~ier *m* (tamme) kastanjeboom.

châtain *bn* kastanjebruin.

château [*mv* x] *m* 1 kasteel, slot; — *d'eau*, waterleiding; *bâtir des —x en Espagne*, luchtkastelen bouwen; — *de cartes*, kaartenhuis; — *fort*, vesting; 2 groot landhuis; 3 benaming van bordeauxwijnen.

châteaubriand *m* gebakken biefstuk met gebakken aardappelen.

châtelain *m* kasteelheer. ~e *v* -vrouw.

châtelet *m* kasteeltje.

chat†-huant† *m* katuil.

châtier *ov.w* 1 straffen, kastijden; *qui aime bien, châtie bien*, een verstandig vader spaart de roede niet; 2 kuisen (*le style*).

chatière *v* 1 kattegat; 2 katteval.

châtiment *m* straf, kastijding, tuchtiging; — *corporel*, lijfstraf.

chatoiement *m* weerschijn van stof.

chaton *m* 1 katje; 2 gevatte edelsteen; 3 katje van bomen.

chatonner *ov.w* (een edelsteen) zetten.

chatouillement *m* 1 het kietelen, kieteling; 2 vleierij, streling.

chatouiller *ov.w* 1 kietelen; 2 strelen, vleien.

chatouilleur, -euse *bn* 1 kietelend; 2 kietelig; 3 lichtgeraakt.

chatoyant *bn* met weerschijn.

chatoyer *on.w* weerschijn hebben.

chattemite *v faire la —*, kruiperig, erg lief doen.   [snoepgoed.

chatterie *v* 1 overdreven liefheid; 2 lekkernij,

chaud I *m* warmte, hitte; *avoir —*, warm zijn; *il y faisait —*, 't ging er heet toe; *il fait —*, het is warm; *tenir un plat au —*, een schotel warm houden. II *bn* heet, warm; *tomber de flèvre en — mal*, van de regen in de drop komen; *flèvre —e*, ijlkoorts; *nouvelle toute —e*, kersvers nieuws; *pleurer à —es larmes*, hete tranen schreien; *avoir le sang —*, warmbloedig zijn; *tête —e*, heethoofd.

chaude *v* 1 warm vuurtje; 2 het op gloeihitte brengen.

chaud†-froid† *m* koude wildschotel met saus of mayonaise.

chaudière *v* grote ketel.

chaudron *m* 1 (koperen) ketel; 2 rammelkast (piano). ~nerie *v* 1 koperslagerij; 2 keukengereedschap, koperwerk. ~nier *m*, -ère *v* koperslager, handelaar(ster) in keukengereedschap of koperwerk.

chauffage *m* het stoken, verwarming; *bois de —*, brandhout; *— urbain*, stadsverwarming.

chauffard *m (fam.)* woeste chauffeur, zondagsrijder.

chauffe *v* verwarming, hitte.

chauffe-bain† *m* geiser v. e. bad. ~eau *m* warmwaterreservoir in keuken enz. ~pieds *m* stoof. ~plat† *m* komfoor.

chauffer I *ov.w* 1 verwarmen, stoken; 2 verhaasten, warm houden (*— une affaire*); *— un élève*, een leerling klaarstomen. II *on.w* warm worden; *cela chauffe*, de poppen zijn aan het dansen.

chauff/erette *v* stoof. ~rie *v* stookkamer. ~eur *m* 1 stoker; 2 chauffeur. ~euse *v* lage stoel bij het vuur.

chaumage *m* het wegsnijden, uitrukken v. d. stoppels.

chaume *m* 1 stoppels; 2 stoppelveld; 3 stro v. h. dak; 4 hut.

chaumer *m* v en *on.w* de stoppels uittrekken.

chaumière *v* met riet bedekte hut.

chaumine *v* hutje.

chaussée *v* 1 rijweg; 2 opgehoogde weg door moerassige streek; 3 dam, dijk; *les ponts et —s*, waterstaat.

chausse-pied† *m* schoenlepel.

chausser I *ov.w* 1 schoenen, kousen aantrekken; 2 schoeisel maken, leveren. II *ov.* en *on.w* passen, zitten; *ces souliers me chaussent bien*, die schoenen zitten me goed; *cela me chausse*, dat staat me aan. III *se —* zijn schoenen aantrekken.

chausses *v mv* broek tot de knieën (*haut de —*) of de voeten (*bas de —*).

chausse-trape† *v* 1 voetangel; 2 list.

chaussette *v* sok.

chausseur *m* schoenmaker.

chausson *m* 1 slof; 2 rond gebak, gevuld met jam enz.; *— aux pommes*, appelbol.

chaussure *v* schoeisel; *trouver — à son pied*, iets van zijn gading vinden.

chaut (chaloir) *peu m'en chaut*, het kan me weinig schelen.

chauve *bn* kaal, onbehaard; *l'occasion est —*, de gelegenheid is niet gunstig.

chauve†-souris *v* vleermuis.

chauvin I *bn* chauvinistisch. II *zn m*, -e *v* chauvinist(e).

chauvinisme *m* chauvinisme.

chauvir *on.w* de oren spitsen.

chaux *v* kalk; *être bâti à — et à sable*, een sterk gestel hebben; *— éteinte*, gebluste kalk; *lait de —*, witkalk; *— vive*, ongebluste kalk.

chavirement *m* het omslaan v. e. schip.

chavirer I *on.w* omslaan v. e. schip. II *ov.w* omgooien, het onderst boven keren.

chéchia *m* rode soldatenmuts van Fr. troepen in Afrika.

chef *m* 1 *(oud)* hoofd; 2 directeur, chef; *— de bord* gezagvoerder; *commandant en —*, opperbevelhebber; *— de cuisine*, eerste kok; *de son —*, op eigen gezag; *— d'entreprise*, bedrijfsleider; *— d'équipe*, ploegbaas; *— de file*, (*mil.*) vleugelman, leider; *— d'orchestre*, dirigent; *— de train*, hoofdconducteur; 3 artikel, punt; *— d'accusation*, voornaamste punt van beschuldiging.

chef†-d'œuvre *m* 1 *(oud)* meesterstuk v. e. gezel; 2 meesterwerk.

chef†-lieu† *m* hoofdplaats van departement, arrondissement enz.

cheftaine (chefetaine, chevetaine) *v* leidster der padvinders.

chelem (schelem) *m* slem (in kaartspel); *être —*, geen slag maken, geen spel krijgen.

chemin *m* weg; *— battu*, drukke weg; routine; *— de la croix*, kruisweg; *aller le droit —*, recht door zee gaan; *en —*, onderweg; *— faisant*, onderweg; *faire son —*, slagen, carrière maken; *— de fer*, spoorweg; soort hazardspel; *— forestier*, bosweg; *montrer le —*, het voorbeeld geven; *— du paradis*, moeilijke weg; *— de table*, loper; *— vicinal*, kleine of dorpsweg; *qui trop se hâte reste en —* (*spr.w*), haastige spoed is zelden goed.

chemineau [*mv* x] *m* 1 werkzoekende zwerver; 2 landloper.

cheminée *v* 1 schoorsteen; *sous la —*, in het geheim; 2 schoorsteenmantel; 3 lampeglas; 4 smalle, steile weg tussen rotsen.

cheminement *m* het voortgaan.

cheminer *on.w* voortgaan, lopen.

cheminot *m* spoorwegarbeider, -beambte.

chemis/e *v* 1 hemd; *changer de —*, zich verschonen; *mettre qn. en —*, iem. ruïneren; 2 papieren map; 3 bekleding. ~erie *v* hemdenfabriek, -winkel. ~ette *v* dameblouse. ~ier *m*, -ère *v* hemdenmaker(-maakster), -verkoper(-verkoopster).

chênaie *v* eikenbosje.

chenal *m* [*mv* aux] vaargeul.

chêne *m* 1 eik; 2 eikehout.

chêne†-liège† *m* kurkeik.

chenet *m* haardijzer.

chènevière *v* hennepakker.

chènevis *m* hennepzaad.

chenil *m* 1 hondehok; 2 krot.

chenille *v* 1 rups; 2 rupsketting.

chenu *bn* 1 grijs (van haar); 2 besneeuwd; 3 zonder takken (*arbre —*); 4 (*pop.*) zeer fijn (*vin —*).

cheptel *m* 1 veepacht; 2 veestapel.

chèque *m* cheque; *— postal*, postcheque; *— de virement*, girobiljet.

chéquier *m* chequeboek.

cher, -ère I *bn* 1 lief, dierbaar; 2 duur, kostbaar. II *bw* duur.

chercher *ov.w* 1 zoeken; *chercher la petite bête*, vitten; *— midi à quatorze heures*, spijkers op laag water zoeken; 2 halen (*aller — le médecin*); *envoyer —*, laten halen; 3 komen op; (*pop.*) reiken; *— dans les cent francs*, dat zal wel op 100 fr. komen; 4 *— à*, trachten, proberen.

chercheur I *zn m*, -euse *v* zoeker(-ster); *— d'or*, goudzoeker. II *bn* zoekend.

chère *v* 1 onthaal; 2 kost, maaltijd; *faire bonne —*, lekker eten, goede sier maken.

chéri I *bn* dierbaar, geliefd. II *zn m*, -e *v* lieveling, schat.

chérir *ov.w* beminnen, liefhebben.

chérot *bn (fam.)* duur.

cherry *m* sherry.

cherté *v* duurte.

chérubin *m* 1 cherubijn; 2 lief kind.

chétif *bn* 1 zwak; 2 armoedig, nietig.

cheval [*mv* aux] *m* 1 paard; *à — sur le fleuve*, op beide oevers; *— de bataille*, stokpaardje; *— blanc*, schimmel; *— aux de bois*, draaimolen; *il n'est si bon — qui ne bronche* (*spr.w*), het beste paard struikelt wel eens; — *de course*, renpaard; à — donné on ne regarde pas à la dent, (la bride) (*spr.w*), een gegeven paard ziet men niet in de bek; — *de labour*, ploegpaard; *monter à —*, te paard stijgen, paardrijden; *l'œil du maître engraisse le —* (*spr.w*), het oog v. d. meester maakt het paard vet; à — *sur les principes*, beginselvast zijn; — *de retour* (*pop.*), recidivist; — *de sang*, volbloed paard; — *de selle*, rijpaard; — *de trait*, trekpaard; *travailler comme un —*, werken als een paard; 2 cavalerist; 3 paard, bok (*gym.*); 4 paardekracht. ~ement *m* stut, schoorbalk. ~er *ov.w* stutten, schoren. ~eresque *bn* ridderlijk. ~erie *v* ridderschap. ~er *m* 1 (schilders)ezel; 2 schraag; 3 pijnbank; 4 werkbank; 5 kam v. e. viool. ~ier *m* ridder; — *errant*, dolende ridder; — *d'industrie*, oplichter; — *de la Légion d'honneur*, ridder v. h. Legioen van eer. ~ière *v* 1 riddervrouw; 2 grote zegelring. ~in *bn* wat het paard betreft; *race —e*, paarderas.

chevauchée *v* rit te paard.

chevaucher *on.w* 1 paardrijden; 2 elkaar gedeeltelijk bedekken.

chevelu I *bn* 1 behaard; 2 langharig. II *zn m* wortelhaar.

chevelure *v* 1 haardos; 2 staart v. e. komeet.

chevet *m* 1 hoofdeinde v. h. bed; *épée de —*, wapen, dat men altijd onder zijn bereik had; *livre de —*, lievelingsboek; 2 peluw; 3 gedeelte v. e. kerk achter het koor.

chevêtre *m* halster.

cheveu [*mv* x] *m* hoofdhaar; *couper, fendre un — en quatre*, muggeziften; *faire dresser les —x*, de haren te berge doen rijzen; *se prendre aux —x*, elkaar in de haren vliegen; *raisonnement tiré par les —x*, onlogische redenering; *saisir l'occasion aux —x*, de koe bij de horens vatten.

chevillard *m* slager.

cheville *v* 1 enkel; *ne pas aller à la — de qn.*, niet in iemands schaduw kunnen staan; 2 vioolsleutel; 3 haak; — *ouvrière*, de spil, waarom alles draait; 4 stoplap (*dicht.*).

cheviller I *ov.w* met bouten verbinden. II *on.w* stopwoorden gebruiken (*dicht.*).

cheviotte *v*, cheviot *m* soort laken.

chèvre *v* 1 geit; *ménager la — et le chou*, de kool en de geit sparen; 2 bok (*werkt.*).

chevreau [*mv* x] *m* 1 geitje; 2 geiteleer.

chèvrefeuille *m* kamperfoelie (*pl.k.*).

chevrette *v* 1 geitje; 2 reegeit; 3 garnaal.

chevreuil *m* reebok.

chevrier *m*, -ère *v* geitenhoeder(-ster).

chevrillard *m* jonge reebok.

chevron *m* 1 dakspar; 2 streep op mouw.

chevronner *ov.w* voorzien van daksparren.

chevrot/ant *bn* beverig van stem (*voix —e*). ~ement *m* het beven v. d. stem. ~er *on.w* 1 beven v. d. stem; 2 jongen krijgen (van geit). ~in *m* 1 gelooid geiteleer; 2 geitekaas. ~ine *v* grove hagelkorrel (van jagers).

chewing-gum *m* kauwgom.

chez *vz* 1 bij, naar (iem. thuis); *chez moi, soi*, thuis; *aller — qn.*, naar iemands huis gaan; *avoir un — soi*, een thuis hebben; 2 bij (in iemands land); *il est de — nous*, hij komt uit onze streek; 3 bij (in iemands persoon); — *lui ce n'est pas étrange*, dat is bij hem niet vreemd.

chialer (*pop.*) schreien, grienen, janken.

chiasse *v* slakken van metalen.

chic I *bn* 1 chic, tip-top; 2 edelmoedig, sportief (*se montrer — envers qn.*). II *zn m* keurigheid, zwier; *de —*, zonder voorbeeld, uit het hoofd.

chicane *v* 1 advocatenstreek, uitvlucht, haarkloverij; 2 proces; 3 advocatenbent; 4 zigzagloopgraaf.

chicaner I *on.w* haarkloverijen, chicanes gebruiken, vitten. II *ov.w* betwisten.

chicaneur *m*, -euse *v* vitter(ster); iem., die zich bedient van haarkloverijen.

chicard *m* (*pop.*) chique vent.

chiche *bn* gierig, karig; — *de*, karig met; *pois —s*, grauwe erwten.

chichi *m* 1 vals haar; 2 lawaai, herrie (*pop.*); 3 aanstellerij, kouwe drukte (*pop.*).

chicorée *v* 1 cichorei(plant); — *de Bruxelles*, witlof; 2 uitbrander (*arg.*).

chicot *m* stronk.

chien *m*, -enne *v* 1 hond; *être — avec qn.*, hardvochtig, gierig tegenover iem. zijn; *être comme un — à l'attache*, geen enkele vrijheid hebben; *bon — chasse de race* (*spr.w*), de appel valt niet ver van de boom; *coiffé à la —*, met ponyhaar; *le — du commissaire*, de secretaris v. d. commissaris; *se regarder en —s de faïence*, elkaar strak en boos aankijken; — *de garde*, waakhond; *entre — et loup*, tussen licht en donker; *métier de —*, hondebaantje; *mourir comme un —*, sterven, zonder de laatste H. Sacramenten ontvangen te hebben; *qui veut noyer son —, l'accuse de la rage* (*spr.w*), wie een hond wil slaan, kan gemakkelijk een stok vinden; *piquer un —*, een uiltje knappen; *recevoir qn. comme un — dans un jeu de quille*, iem. lomp ontvangen; *rompre les —s*, een gesprek afbreken; *ne pas valoir les quatre fers d'un —*, niets waard zijn; — *de temps* (*temps de —*), hondeweer; — *ne de vie*, hondeleven; *vivre comme — et chat*, als kat en hond leven; 2 haan v. e. geweer.

chiendent *m* moeilijkheid.   [momming.

chienlit *m* (*fam.*) 1 carnavalsmasker; 2 ver

chien†-loup† *m* wolfshond.

chienner *on.w* jongen krijgen (v. honden).

chiennerie *v* schoftenstreek.

chiffe *v* 1 slechte stof, prulgoed; 2 slappeling.

chiffon I *zn m* lomp, vod; — *de papier*, vodje papier; — *d'enfant*, lief kindje. II — *s* strikjes en lintjes.

chiffon/age *m* het kreuken. ~er I *ov.w* 1 verkreukelen; 2 hinderen, ergeren. II *on.w* voddenrapen. ~ier *m*, -ère *v* 1 voddenraper (-raapster); 2 ladenkast.

chiffr/age *m* becijfering. ~e *m* 1 cijfer; 2 bedrag; — *d'affaires*, omzet; 3 codecijfer, geheimschrift, lettercombinatie v. e. slot; 4 monogram. ~er I *ov.w* cijferen, rekenen. II *ov.w* 1 nummeren (*des pages*); 2 omzetten in cijferschrift (— *un télégramme*); 3 becijferen (*une basse*) (*muz.*). III *se —* bedragen. ~eur *m* goed cijferaar.

chignole *v* 1 boor; 2 rammelkast (*pop.*).

chignon *m* haarwrong, -toet.

chimère *v* hersenschim.

chimérique *bn* hersenschimmig.

chimie *v* scheikunde.

chimique *bn* scheikundig.

chimiste *m* scheikundige.

Chine I *v* China. II *ch— m* Chinees papier, porselein.

chiné *bn* veelkleurig, gebloemd.

chiner *ov.w* 1 bont weven; 2 hekelen, belachelijk maken (*pop.*); 3 werken (*arg.*); 4 op straat venten (*arg.*).

chineur *m*, -euse *v* 1 venter, marskramer (*arg.*); 2 sjacheraar, klerenkoopman (*arg.*); 3 spotter(ster).

chinois I *bn* Chinees; *ombres —es*, Chinese schimmen. II *zn* C~ *m*, -e *v* Chinees(-ese). III *m* Chinese taal.

chinoiserie *v* 1 Chinees snuisterijtje; 2 kleingeestige maatregel.

chiot *m* jonge hond.

chiourme *v* de galeiboeven.

chiper *ov.w* (*pop.*), gappen, afkapen.

chipeur *m*, -euse *v* gapper(ster).

chipie *v* (*pop.*) feeks.

chipolate *v* 1 uienragoût; 2 worstje.

chipoter *on.w* (*fam.*) 1 zeuren met werk; 2 kieskauwen; 3 afdingen.

chipoteur *m*, -euse *v*, chipotier *m*, -ère *v* (*fam.*) 1 kieskauwer(ster); 2 pingelaar(ster).

chique *v* tabakspruim.

chiquenaude *v* knip voor de neus.

chiquer *on.w* 1 pruimen; 2 eten *(pop.)*; 3 slaan *(pop.)*; 4 liegen, doen alsof *(arg.)*.

chiqueur *m* pruimer.

chiromancie *v* het handlezen.

chiromancien *m*, -enne *v* iem. die de toekomst voorspelt na handlezen.

chirurg/ical *[mv aux]*, chirurgique *bn* chirurgisch, ~ie *v* chirurgie, ~ien *m* chirurg.

chlorate *m* chloraat.

chlore *m* chloor.

chlorhydrate *m* chloride.

chlorique *bn* acide —, chloorzuur.

chloro/forme *m* chloroform. ~former *ov.w* in slaap maken door middel van chloroform, ~phylle *v* bladgroen.

chlorose *v* bleekzucht.

chlorotique I *bn* bleekzuchtig, II *zn m* of *v* lijder(es) aan bleekzucht.

chlorure *m* chloride; — *d'ammonium*, salmiak; — *de sodium* keukenzout.

chloruré *bn* chloorhoudend.

choc *m* schok, botsing, treffen van twee legers; *troupes de —*, stoottroepen.

chocolat I *zn m* chocolade; *bâton de —*, reep chocolade. II *bn (arg.)* naïef, lichtgelovig, ~erie *v* chocoladefabriek, -winkel, ~ier *m*, -ère *v* chocoladefabrikant(e); winkelier(ster) in chocolade, ~ière *v* chocoladeketel.

chœur *m* koor, rei; *enfant de —*, koorknaap.

choir *on.w onr*, vallen.

choisir *ov.w* kiezen.

choix *m* keus, keur; *au —*, naar keus; *avoir le —*, mogen kiezen; *avoir l'embarras du —*, niet weten, wat men kiezen moet; *des marchandises de —*, prima waren.

choléra *m* 1 cholera; 2 naarling, kreng *(pop.)*.

cholérique I *bn* choleraachtig. II *zn m* of *v* choleralijder(es).

chôm/age *m* 1 rusttijd, tijdelijke stilstand v. e. werk; 2 werkeloosheid. ~er *I on.w* 1 niet werken op een feestdag; 2 werkeloos zijn. II *ov.w* de feestdag van een heilige vieren door niet te werken. ~eur *m*, -euse *v* werkeloze.

chop *m* ribbetje.

chope *v* 1 bierglas, -kruik; 2 de inhoud v. h. glas of de kruik.

choper *ov.w (pop.)* gappen.

chopin *m* 1 buitenkansje *(arg.)*; 2 kleine diefstal *(arg.)*.

chopine *v* oude drankmaat van een halve liter ongeveer.

chopper *on.w* 1 een misstap doen (v. e. meisje) *(pop.)*; 2 met de voet ergens tegen aan stoten.

choquer *ov.w* 1 stoten, een schok geven, botsen; — *les verres*, klinken; 2 ergeren.

choral *[mv als] I bn* wat een koor betreft; *société —*, zangvereniging. II *zn m* koraal.

chorée *v* sint-vitusdans.

chorégraphie *v* dans-, balletkunst.

chorégraphique *bn: art —*, danskunst.

choriste *m* koorzanger.

chorographie *v* beschrijving v. e. land.

chorus *m* refrein, koor; *faire —*, in koor herhalen; *(fig.)* het eens zijn met.

chose I *v.* 1 zaak, ding; *autre —*, iets anders; *pas grand'chose*, niet veel bijzonders; *la même —*, hetzelfde; *parler de —s et d'autres*, over koetjes en kalfjes praten; *peu de —*, niet veel bijzonders; *la — publique*, de staat; *quelque —*, iets; *devenir quelque chose*, het wer brengen. II *m* dings, hoe heet hij ook weer?

chou *[mv x] m* 1 kool; — *blanc*, poedel bij kegelen, mislukking; —*x de Bruxelles*, spruitjes; *chou†-fleur†*, bloemkool; — *frisé*, boerenkool; — *de Milan*, savooiekool; *chou†-navet†*, koolraap; *aller planter ses —x*, buiten stil gaan leven; 2 soes; — *à la crème*, roomsoes; 3 schatje, lieveling.

chouan *m* royalistisch opstandeling in Bretagne en de Vendée tijdens de Fr. Revolutie.

chouannerie *v* opstand der chouans.

chouchou *m*, -oute *v* lieveling.

choucroute *v* zuurkool.

chouette I *zn v* kerkuil. II *bn* lief, aardig, leuk.

choyer *ov.w* vertroetelen.

chrême *m* chrisma, H. Olie.

chrestomathie *v* bloemlezing.

chrétien, -enne I *bn* christelijk; *parlez —!*, spreek duidelijke taal!; *le roi Très C—*, de koning van Frankrijk. II *zn C~ m*, -enne *v* christen, christin.

chrétienté *v* christenheid.

Christ *m* Christus; kruisbeeld.

christianiser *ov.w* kerstenen.

christianisme *m* christendom.

chromage *m* het verchromen.

chromate *m* chromaat.

chromatique I *bn* 1 wat betrekking heeft op kleuren; 2 chromatisch; *gamme —*, chromatische toonladder. II *zn v* kleurenleer, coloriet.

chromatisme *m* het gekleurd zijn, kleurschifting.

chrome *m* chroom.

chromer *ov.w* verchromen.

chromique *bn: acide —*, chroomzuur.

chromo *m* of *v* gekleurde plaat. ~lithographie *v* 1 steendruk in kleuren; 2 gekleurde plaat. ~some *m* chromosoom, ~typographie, ~typie *v* kleurendruk.

chronicité *v* het chronisch karakter v. e ziekte.

chronique I *zn v* 1 kroniek; 2 dagelijkse rubriek i. e. krant; 3 geruchten; — *scandaleuse*, lasterpraatjes, II *bn* chronisch.

chroniqueur *m* 1 kroniekschrijver; 2 overzichtschrijver.

chrono/gramme *m* vers, waarvan sommige letters een cijfer voorstellen; de gezamenlijke cijfers vormen een jaartal. ~logie *v* tijdrekenkunde. ~logique *bn* tijdrekenkundig, chronologisch. ~mètre *m* chronometer. ~métrer *ov.w* de tijd opnemen; — *une course*. ~métreur *m* tijdopnemer. ~métrie *v* tijdmeting.

chrysanthème *m* chrysanthemum *(pl.k.)*.

chuchot/ement *m* gefluister. ~er *ov* en *on.w* fluisteren. ~erie *v* gefluisterd gesprek. ~eur I *zn m*, -euse *v* fluisteraar(ster). II *bn* fluisterend. ~is *m* gefluister.

chuinter *on.w* 1 het krassen v. d. uil; 2 het uitspreken v. d. ch *(cher)* en i *(je)*.

chut! *tw* sst!

chute *v* 1 val, het afvallen *(feuilles)*, het uitvallen *(cheveux)*; — *d'eau*, waterval; *la — du premier homme*, de zondeval; *la — du jour*, het vallen v. d. avond; *la — du rideau*, het vallen v. h. scherm; 2 mislukking, val *(la — d'une pièce de théâtre, d'un auteur)*; 3 resten stof, snippers papier, die na het knippen afvallen; 4 slot v. e. vers of muziekstuk.

chuter I *on.w (pop.)* 1 vallen; 2 down gaan bij kaarten. II *ov.w* stilte roepen, sussen.

Chypre I *v* Cyprus. II *m* 1 wijn uit Cyprus; 2 fijne parfum.

ci *bw* = *ici*, hier; *ce livre-ci*, dit boek; *4 livres à 5 francs, ci 20 francs*, is samen; *ci-après*, hierna; *ci-contre*, hiernevens; *ci-dessous*, hieronder; *ci-dessus*, hierboven; *ci-devant*, voorheen; *un ci-devant*, een aanhanger v. h. Ancien Régime; *ci-gît*, hier ligt (begraven); *ci-joint, ci-inclus*, hierbij, ingesloten; *par-ci par-là, de-ci de-là*, hier en daar.

cibige *v (arg.)* sigaret.

cible *v* 1 schietschijf; 2 mikpunt *(fig.)*.

ciboire *m* ciborie.

ciboule *v* soort knoflook.

ciboulette *v* soort knoflook.

ciboulot *m (fam.)* hoofd.

cicatri/ce *v* litteken. ~cule *v* littekentje. ~sant *bn* helend, wonden genezend. ~sation *v* het helen, dichtgaan v. e. wond. ~ser *ov.w* 1 helen v. e. wond; 2 helen *(fig.)*.

cicerone *m* gids.

cidre *m* Normandische appelwijn, cider.

cidrerie v ciderfabriek.   [cider.

cidrier, -ère bn wat betrekking heeft op de

ciel [mv cieux] m 1 hemel, lucht; le — s'éclair-cit, de lucht klaart op; élever qn. jusqu'au —, iem. hemelhoog prijzen, ophemelen; le feu du —, de bliksem; grâce au —, god-dank; ô ciel!, hemeltje lief!; à — ouvert, in de openlucht; remuer — et terre, hemel en aarde bewegen; — sombre, bewolkte lucht; tomber du —, als geroepen komen; 2 hemel v. e. ledikant, v. e. schilderij (mv ciels); 3 klimaat (vivre sous un beau —) (mv ciels); 4 gewelf v. e. steengroeve (mv ciels).

cierge m 1 waskaars; devoir un beau — à qn., veel aan iem. te danken hebben; droit comme un —, kaarsrecht; — pascal, paas-kaars; 2 (arg.) spion; 3 (arg.) agent.

cigale v cicade.

cigalière v zonnig terrein met veel cicades.

cigare m sigaar; — brun, zware sigaar; — blond, lichte sigaar.

cigarette v sigaret.

cigarière v sigarenmaakster.

cigogne v ooievaar.

ciguë v 1 waterscheerling, dolle kervel (pl.k.); 2 gif, uit deze plant bereid; boire la —, de gifbeker ledigen.

cil m ooghaar, wimper.

cilice m haren boetekleed, -gordel.

cillement m het knipperen met de ogen, knipogen.

ciller ov. en on.w met de ogen knipperen, knipogen; je n'ose — devant lui, ik durf in zijn bijzijn mijn mond niet open te doen.

cime v 1 top, kruin; 2 toppunt (fig.).

ciment m 1 cement; 2 hechte band.

cimenter ov.w 1 met cement verbinden; 2 be-vestigen, bezegelen (— la paix).

cimentier m cementwerker.

cimeterre m kromme oosterse sabel.

cimetière m begraafplaats, kerkhof.

cimier m 1 helmkam; 2 lendestuk.

cinabre m vermiljoenrood.

ciné m (fam.) bioscoop.

cinéaste m cineast (maker v. films).

cinégraphique bn wat betrekking heeft op het maken van films of de filmkritiek.

ciné/ma m bioscoop. ∼mathèque v filmo-theek, bewaarplaats voor films. ∼mato-graphe m 1 filmkunst; 2 bioscoop. ∼mato-graphie v het projecteren van bewegende beelden. ∼matographier ov.w filmen.

cinéaire bn urne —, urn.

ciné-roman m roman, ontleend aan een film.

cinétique bn wat de beweging betreft.

Cingalais I zn m, -e v bewoner(bewoonster) van Ceylon. II c∼ bn uit Ceylon.

cinglage m afstand, die een schip in 24 uur aflegt (dagreis).

cingler I on.w varen, zeilen, koers zetten naar. II ov.w striemen, geselen.

cinglon m striemende slag.

cinq tlw vijf.

cinquantaine v 1 vijftigtal; 2 gouden bruiloft.

cinquante tlw vijftig.

cinquantenaire m 1 gouden feest; halve-eeuw-feest; 50e verjaardag; 2 vijftigjarige.

cinquantième I bn vijftigste. II zn m vijftigste deel.

cinquième I bn vijfde. II zn m vijfde deel. III v bij het M.O. de vijfde klas van boven af.

cinquièmement bw ten vijfde.

cintre m 1 boog v. e. gewelf; plein —, rond-boog; loges du —, bovenste loges; 2 ruimte boven het toneel.

cintrer ov.w 1 welven, krommen; 2 (arg.) geven.

cirage m 1 het boenen; het poetsen van schoenen; 2 schoensmeer.

circoncire ov.w besnijden.

circoncision v besnijdenis.

circonférence v omtrek.

circonflexe bn omgebogen; accent — (^).

circonlocution v omschrijving, omhaal van woorden.

circonscription v 1 omschrijving; 2 district; — électorale, kiesdistrict.

circonscrire ov.w onr. omschrijven.

circonspect bn bedachtzaam, omzichtig, voorzichtig.

circonspection v bedachtzaamheid, voor-zichtigheid.

circonstance v omstandigheid.

circonstancié bn uitvoerig, gedetailleerd.

circonstanciel, -elle bn van de omstandig-heden afhangend; complément —, bijwoor-delijke bepaling; proposition —elle, bij-woordelijke bijzin.

circonstancier ov.w (un fait) verhalen me vermelding van alle bijzonderheden.

circonvenir ov.w onr om de tuin leiden.

circuit m 1 omweg; 2 omhaal; 3 rondrit, -vlucht; 4 elektrische stroom; court- —, kortsluiting.

circulaire I bn kring-, cirkelvormig; mouve-ment —, rondgaande beweging, kringloop; raisonnement —, redenering in een kringe-tje; regard —, blik om zich heen; scie —, cirkelzaag; voyage —, rondreis. II zn v circulaire.

circulation v 1 omloop; banque de —, cir-culatiebank; mettre en —, in omloop brengen; la — du sang, de bloedsomloop; 2 verspreiding van ideeën; 3 verkeer, pas-sage; — interdite, verkeer gestremd.

circulatoire bn wat de bloedsomloop betreft; appareil —, aderenstelsel; troubles —s, storingen in de bloedsomloop.

circuler on.w 1 rondlopen, rondgaan, stro-men (le sang circule dans les veines); 2 in om-loop zijn; 3 heen en weer gaan, -rijden; 4 zich verspreiden, rondgaan (le bruit circule).

circumpolaire bn om de pool (région —).

cire v 1 was; jaune comme —, zo geel als saffraan (van gelaatskleur); manier qn. comme de la — molle, alles met iemand kunnen doen; — à modeler, boetseerwas; cela va comme de —, dat sluit als een bus, zit als gegoten; 2 waskaars; 3 lak; — à cacheter, zegellak; bâton de —, pijp lak; 4 oorsmeer; vuil in de oren.

ciré m oliejas.

cirer ov.w boenen, met was inwrijven, poet-sen van schoenen; toile cirée, wasdoek.

cireur m, -euse v 1 schoenpoetser(ster), in-wrijver (inwrijfster) v. vloeren enz. II -euse v boenmachine.

cireux, -euse bn wasachtig.

cirque m 1 circus; 2 arena bij de Romeinen; 3 keteldal; 4 (pop.) Tweede Kamer.

cirrus m wolkenkam.

cis vv aan deze kant.

cisaille(s) v (mv) snoeischaar, metaalschaar.

cisalpin bn aan deze zijde der Alpen (van Rome uit gerekend).

ciseau [mv x] m beitel; une paire de —x, een schaar.

cisèlement m het krenten van druiven.

ciseler ov.w 1 beitelen, ciseleren; 2 nauw-gezet verzorgen (son style).

ciseleur m ciseleur (vervaardiger van ge-dreven metaalwerk).

ciselure v 1 het drijven van metalen; 2 ge-dreven werk.

cisjuran bn aan deze zijde van de Jura.

cisoires v mv metaalschaar.

cisrhénan bn aan deze zijde v. d. Rijn.

Cistercien I zn m, -enne v cisterciënzer mon-nik of kloosterzuster. II ∼, -enne bn wat betrekking heeft op de cisterciënzers.

citadelle v citadel.

citadin m stedeling.

citateur I zn m, -trice v iem. die vaak ande-ren citeert. II m verzameling citaten.

citation v 1 citaat; 2 dagvaarding v. e. deur-waarder; 3 — (à l'ordre du jour), eervolle vermelding bij dagorder v. militair.

cité v 1 oudste stadsgedeelte (la — de Paris); 2 de inwoners v.e. stad; 3 stad; la — céleste,

het hemels paradijs; *droit de* —, burgerrecht; — *sainte*, Jeruzalem; 4 zeer grote
stad; 5 stadswijk; — *ouvrière*, arbeiders-
wijk; — *universitaire*, universiteitswijk van
Parijs.

citer *ov.w* 1 aanhalen, citeren; 2 aanvoeren
van feiten; 3 voor de rechter dagvaarden;
4 bij mil. dagorder vermelden.

citérieur *bn* aan deze zijde.

citerne *v* regenbak; *wagon-citerne*, tank-
wagon; *camion-citerne*, vrachtwagen met
tank voor vloeistoffen (water, olie enz.).

cithare *v* citer.

cithariste *m* of *v* citerspeler(-speelster).

citoyen *m*, **-enne** *v* 1 burger(es); *un drôle de*
—, een rare snuiter; 2 tijdens de Fr. Revolutie aanspreektitel, die monsieur verving.

citoyenneté *v* burgerschap.

citron I *zn m* citroen; — *pressé*, — *à l'eau*,
citroenkwast. II *bn* citroengeel.

citron/nade *v* citroenkwast. ~**né** *bn* bereid
met citroen. ~**nelle** *v* citroenbrandewijn.
~**ner** *ov.w* citroensap toevoegen, inwrijven
met citroensap (— *un poisson*). ~**nier** *m*
citroenboom.

citrouille *v* pompoen *(pl.k.)*.

civet *m* ragoût van wild met wijn en uien;
— *de lièvre*, hazepeper.

civette *v* civetkat.

civière *v* draagbaar.

civil I *bn* 1 burgerlijk; *cause* —*e*, civiele zaak;
discordes —*es*, burgertwisten; *droits* —*s*,
burgerrechten; *état* —, burgerlijke stand;
guerre —*e*, burgeroorlog; 2 beleefd, beschaafd. II *zn m* burger in tegenstelling met
geestelijke of militair; *en* —, in burger-
kleding.

civilisateur, -trice I *bn* beschavend. II *zn m*,
-trice *v* beschaver (beschaafster).

civilisation *v* 1 het beschaven; 2 beschaving.

civiliser *ov.w* beschaven.

civilité *v* beleefdheid, beschaafdheid, wellevendheid; *faire des* —*s*, complimenten
maken.

civique *bn* burgerlijk; *droits* —*s*, burgerrechten; *garde* —, burgerwacht, nationale
reserve.

civisme *m* burgerzin.

clabauder *on.w* 1 zonder reden blaffen;
2 kwaadspreken; 3 uitvaren, kijven.

clabaudeur *m*, **-euse** *v* 1 schreeuwer (schreeuwster); 2 kwaadspreker(-spreekster).

clair I *bn* 1 klaar, helder; *argent* —, gereed
geld; — *comme le jour*, zonneklaar; 2 licht;
des yeux bleu —, lichtblauwe ogen; 3 dui-de-
lijk. II *bw*: *semer* —, dun zaaien; *j'y vois* —
maintenant, nu snap ik het; *on ne voit plus*
clair, ik kan niet goed meer zien. III *zn m*
licht, helderheid; — *de lune*, maneschijn;
il fait —, het is dag; *tirer une affaire au* —,
een zaak ophelderen.

clairet *m* lichtrode wijn.

clairette *v* mousserende witte wijn.

claire†-voie† *v* 1 traliewerk, omheining met
openingen; 2 rij ramen boven in het schip
van gotische kerken; *à* —, met openingen, opengewerkt.

clairière *v* 1 open plek in een bos; 2 dunne
plek in een weefsel.

clair†-obscur† *m* effect op een schilderij,
waarbij een gedeelte in het volle licht staat,
terwijl de rest donker is.

clairon *m* 1 hoorn; 2 hoornblazer.

claironner *on.w* op de hoorn blazen; *voix*
claironnante, doordringende, schelle stem.

clair/semé *bn* dun *(blé* —, *cheveux* —*s)*. ~-
voyance *v* 1 helderziendheid; 2 doorzicht,
inzicht. ~**voyant** *bn* 1 helderziend; 2 scherp-
ziend; 3 scherpzinnig.

clamer *ov.w* uitroepen, uitschreeuwen.

clameur *v* geschreeuw, geraas.

clampin *m (fam.)* treuzelaar, luilak.

clan *m* 1 Schotse of Ierse stam; 2 kliek.

clandestin *bn* heimelijk, klandestien.

clandestinité *v* 1 heimelijkheid; 2 onder-

gronds verzet tijdens oorlog; 3 de leden
v. d. ondergrondse.

clapet *m* klep; — *de piston*, zuigerklep.

clapier *m* konijnehol; *lapin de* —, tam
konijn.

clapir (se) in het hol gaan (van konijnen).

clapotage *m*, **clapotement** *m*, **clapotis** *m*
gekabbel van golven.

clapoter *on.w* kabbelen van golven.

clapoteux, -euse *bn* kabbelend.

clapper *on.w* smakken.

claquant *bn* 1 klappend, klapperend; 2 *(pop.*
vermoeiend.

claque I *v* 1 klap; 2 claque (mensen, die
betaald worden om te applaudisseren);
3 overschoen. II *m* opvouwbare hoge hoed.

claquedent *m*, **claquefaim** *m* arme stakker,
hongerlijder.

claquement *m* geklap, het klappen.

claquemurer I *ov.w* in een kamer opsluiten.
II se ~ zich in zijn kamer opsluiten.

claquer I *on.w* 1 klappen; — *des dents*, klappertanden; — *des mains*, in de handen
klappen; *faire* — *son fouet (fam.)*, zich
gewichtig voordoen; 2 *(fam.)* barsten,
springen; 3 *(pop.)* sterven; 4 *(pop.)* mislukken; 5 *(pop.)* — *du bec*, honger hebben.
II *ov.w* 1 een klap geven; 2 toejuichen;
3 *(pop.)* vermoeien; 4 *(pop.)* verkopen.

claqueter *on.w* klepperen van ooievaars.

claquette *v* klepper, ratel; *danse à* —*s*,
tapdans.

clarifiant *bn* heldermakend, klarend.

clarifier *ov.w* helder maken, klaren van
vloeistoffen.

clarine *v* koe-, schapebel.

clarinet/te *v* 1 klarinet; 2 klarinettist; 3 *(arg.)*
geweer. ~**tiste** *m* klarinettist.

clarisse *v* claris (kloosterzuster).

clarté *v* 1 licht, helderheid; 2 duidelijkheid.

classe *v* 1 klas, klasse; *la rentrée des* —*s*, het
begin van het nieuwe schooljaar; 2 school-
tijd, les; *faire la* —, les geven; *faire ses* —*s*,
school gaan; 3 stand; 4 rang; 5 mil. lichting; 6 klasse van planten of dieren.

classement *m* rangschikking, klassement.

classer *ov.w* rangschikken, classificeren.

classeur *m* 1 hij, die indeelt, rangschikt;
2 map voor papieren.

classicisme *m* classicisme.

classification *v* het indelen in klassen, classi-
ficatie.

classifier *ov.w* classificeren, indelen in klassen.

classique I *bn* 1 klassiek, voortreffelijk;
2 klassiek (van schrijvers uit oudheid en
17e eeuw); *les langues* —*s*, Latijn en Grieks;
3 wat de school betreft; *livre* —, school-
boek. II *zn m* 1 groot, klassiek schrijver;
2 schrijver uit de 17e eeuwse school v. h.
classicisme.

clause *v* clausule; —*or*, goudclausule.

claustral [*mv* aux] *bn* van het klooster.

claustration *v* opsluiting in een klooster.

claustrer *ov.w* opsluiten i. e. klooster.

clavecin *m* klavecimbel.

claveciniste *m* klavecimbelspeler.

clavelée *v* schapepokken.

claveter *ov.w* vastnagelen.

clavette *v* bout, pin.

clavicule *v* sleutelbeen.

clavier *m* 1 klavier v. piano enz.; 2 **sleutel**-

clavin *m* wijn *(arg.)*.   [ring.

clayère *v* oesterpark.

clayonner *ov.w* van rijshout voorzien.

clearing *m* clearing.

clef (clé) *v* 1 sleutel; *prendre la* — *des champs*,
er vandoor gaan; *fermer à* —, op slot doen;
mettre les — *s sur la fosse*, v. e. erfenis afzien; *mettre sous* —, achter slot doen; *la* —
d'un pays, sterke grensvesting; *mettre la* —
sous la porte, met de noorderzon vertrekken; 2 sleutel = verklaring, oplossing; 3
sleutel *(muz.)* (— *de sol* enz.); 4 sleutel v. e.
muziekinstrument; 5 sleutel voor schroe-

ven; — *anglaise*, Engelse sleutel; 6 sleutel,
van geheimschrift; 7 — *de voûte*, sluitsteen.
clématite *v* clematis *(pl.k.)*,
clémence *v* vergevingsgezindheid, goedertierenheid,
clément *bn* goedertieren, vergevingsgezind,
genadig; *ciel* —, zacht klimaat; gunstig
weer; gunstig lot.
clenche, clenchette *v* klink.
cleptomane *m of v* kleptomaan,
cleptomanie *v* kleptomanie, zucht tot stelen.
clerc *m* 1 klerk bij notaris, wetgeleerde enz.;
2 toekomstig geestelijke, die de kruinschering heeft ontvangen; 3 geleerde.
clergé *m* geestelijkheid; — *régulier*, kloosterlingen; — *séculier*, wereldgeestelijken.
clergeon *m* koorknaap.
clergie *v* kennis, voorrecht der klerken,
clérical *[mv* aux] I *bn* geestelijk, kerkelijk.
II *zn m* klerikaal (iem, die de geestelijkheid
een rol wil laten spelen in het openbare
leven).
cléricalisme *m* de denkwijze der klerikalen.
clic! *tw* klik! klak!
clich/age *m* het maken v, e, cliché. —ё *m* 1
cliché; 2 fotonegatief; 3 gemeenplaats. —er
ov.w een cliché maken, —erie *v* atelier, waar
men cliché's maakt; clichéfabriek. —eur *m*
clichémaker.
client *m* 1 klant; 2 patiënt; 3 *(arg.)* bestolene.
clientèle *v* klanten, cliënten.
clignement *m* het knipogen, knipoogje.
cligner I *ov.w (les yeux)*; de ogen half sluiten. II *on.w*: — *des yeux*, knipogen.
clignotement *m* het knipperen met de ogen.
clignoter *on.w* geregeld met de ogen knipperen.
clignoteur *m* 1 knipperlicht; 2 richtingaanwijzer.
climat *m* 1 klimaat; 2 landstreek; 3 ziels-
gesteltenis.
climatérique *bn* kritiek (van een bepaalde
leeftijd) *(année* —).
climatique *bn* het klimaat betreffend; *station*
—, herstellingsoord.
climatiser *ov.w* de lucht in een kamer of zaal
zuiver houden.
climatiseur *m* koelcel.
climatologie *v* klimaatkunde.
climatologique *bn* klimaatkundig.
clin *m (d'œil)* knipoogje; *en un* — *d'œil*, in
een oogwenk.
clinicien *m* klinist *(med.)*.
clinique I *bn* klinisch *(med.)*. II *zn v* 1 onderwijs in de geneeskunde aan het ziekbed;
2 kliniek.
clinquant *m* klatergoud (ook *fig.*),
clipper *m* 1 groot zeilschip; 2 transatlantisch
vliegtuig.
clique *v* 1 kliek, bent; 2 ~s *mv* klompen;
prendre ses —*s et ses claques*, vertrekken
met alles, wat men bezit.
cliqueter *on.w* kletteren, rinkelen.
cliquetis *m* gekletter, gerinkel,
cliquette *v* 1 klepper; 2 *(arg.)* oor; 3 *(arg.)*
been.
clivage *m* het kloven van diamanten,
cliver *ov.w* (diamanten) kloven.
cloaque *m* 1 riool, vuilnisput; 2 modderpoel;
3 *(fig.)* poel *(de vices)*.
clochard *m (pop.)* vagebond.
cloche *v* 1 klok; *déménager à la* — *de bois*,
met stille trom vertrekken; *qui n'entend
qu'une* —, *n'entend qu'un son (spr.w.)*,
bij een geschil moet men beide partijen
horen; 2 stolp; — *à fromage*, kaasstolp;
— *à plongeur*, duikerklok; 3 blaar.
clochement *m* het hinken,
cloche-pied *bw* op één been; *sauter à* —,
hinken.
clocher *m* 1 (klokke)toren; 2 parochie;
3 geboorteplaats; *aller revoir son* —, zijn
geboorteplaats gaan opzoeken; *n'avoir vu
que son* —, weinig van het leven afweten;
esprit de —, kleinsteedsheid, bekrompen-

heid.
clocher *on.w* 1 hinken; 2 niet geheel in orde
zijn; *ce vers cloche*, er ontbreekt iets aan
de maat van dat vers; *il y a qc. qui cloche*,
er hapert iets aan,
clochette *m* klok, kleppen, luiden v, e, klok.
clocheton *m* klokje.
clochette *v* 1 klokje; 2 klokje *(pl.k.)*,
cloison *v* (tussen)schot; — *étanche*, waterdicht schot *(scheepv.)*, —né *bn* in afdelingen
verdeeld, beschoten. —ner *ov.w* afschutten.
cloître *m* 1 kloostergang; 2 klooster.
cloîtrer I *ov.w* 1 in een klooster opsluiten;
2 opsluiten. II *se* ~ in een klooster gaan,
zich opsluiten *(fig.)*.
clope *v (arg.)* gedoofd sigarettepeukje,
clopin-clopant *bw* strompelend.
clopiner *on.w* strompelen,
cloporte *m (arg.)* portier.
cloque *v* (brand)blaar.
clore *ov.w onr.* 1 (af)sluiten; — *un compte*,
een rekening afsluiten; — *un marché*, een
koop sluiten; *à huis clos*, met gesloten deuren; *rester bouche close*, met de mond vol
tanden staan; *trouver porte close*, voor een
gesloten deur komen; 2 omringen, omheinen.
clos *m* 1 omheind bouwland, erf; 2 wijngaard.
closeau *[mv* x] *m*, closerie *v* 1 kleine boer-
derij; 2 kleine wijngaard.
closier *m*, -ère *v* (kleine) boer(in),
clôture *v* 1 omheining; tuinmuur; 2 sluiting.
clôturer *ov.w* omheinen, afsluiten.
clou *m* 1 spijker; *un* — *chasse l'autre (spr.w)*,
de een zijn dood is de ander zijn brood,
nieuwe zorgen doen de oude vergeten; —
à crochet, duim; *gras comme un* —, broodmager; *clou de girofle*, kruidnagel; *river
son* — *à qn.*, iem, de mond snoeren; *suspendre qc. à un* —, iets niet meer gebruiken;
cela ne vaut pas un —, dat is geen cent
waard; 2 aantrekkingspunt, voornaamste
attractie; *c'était le* — *de la soirée*, het was
de clou v.d. avond; 3 *(pop.)* „ome jan" (bank
van lening); 4 steenpuist; 5 *(pop.)* politiepost; 6 *(pop.)* machine, auto enz. in slechte
staat. ~age *m*, ~ement *m* het vastspijkeren. ~er *ov.w* 1 vastspijkeren; 2 kluisteren
(aan bed); 3 vastzetten, de mond snoeren,
~ter *ov.w* met spijkers beslaan; *passage
clouté*, met spijkers beslagen oversteekplaats. ~tier *m* spijkerfabriek, -handel.
~tier *m* spijkerfabrikant, handelaar in spijkers. ~tière, ~ière *v* spijkerbak.
clown *m*, -esse *v* clown.
clownerie *v* 1 de gezamenlijke clowns;
2 clownsstreek.
clownesque *bn* clownachtig.
club *m* 1 sociëteit, club; 2 golfstok.
clubman *[mv* clubmen] *m* 1 lid v. e. club;
2 geregeld sociëteitsbezoeker.
cluse *v* rotskloof,
co, col, com, con mede,
coaccusé *m* medebeschuldigde.
coach *m* 1 postkoets; 2 auto met twee deuren
en vier ramen.
co/acquéreur *m* medekoper, ~action *v* dwang.
~adjuteur *m* coadjutor (ambtswaarnemer)
v, e, bisschop. ~adjutrice *v* plaatsvervangend abdis. ~adjuvant *bn* helpend. ~agulant
bn stollend, ~agulation *v* stolling. ~aguler
I *ov.w* doen stollen. II *se* ~ stollen. ~alisé
bn verbonden; *les* —*s* de verbondenen. ~ali-
ser [se] een bondgenootschap sluiten, zich
verbinden, samenspannen. ~alition *v* verbond, vakverbond, samenspanning,
coaltar *m* koolteer.
coassement *m* gekwaak v, d, kikker.
coasser *on.w* 1 kwaken v, d, kikker; 2
schreeuwen; 3 kuipen, samenspannen.
coauteur *m* 1 iem, die met een ander samen
een boek schrijft; 2 medeplichtige,
cobalt *m* kobalt,
cobaye *m* 1 Guinees biggetje, marmot[je]; 2

(*fam.*) proefkonijn.

cobelligérant I *bn* medeoorlogvoerend. II *zn m* medeoorlogvoerende.

cobra *m* brilslang.

cocagne *v* mât de —, mast voor het mastklimmen; *pays de* —, luilekkerland.

cocaïne *v* cocaïne.

cocaïnomane *m* of *v* cocaïnist(e).

cocarde *v* kokarde.

cocardier *m, -ère v.* iem. die v. h. leger, uniformen enz. houdt.

cocasse *bn* belachelijk, zot.

cocasserie *v* zotternij.

coccinelle *v* onze-lieve-heersbeestje.

coche *m* grote diligence; *manquer le* —, een goede gelegenheid laten voorbijgaan (de boot missen).

coche *v* 1 zeug; 2 kep (insnijding).

cocher I *zn m* koetsier. II *ov.w* inkepen.

cochère *bn v: porte* —, inrijpoort.

cochet *m* jonge haan.

cochevis *m* kuifleeuwerik.

cochon *m* 1 varken, zwijn (ook *fig.*); — *des blés*, hamster; — *d'Inde*, Guinees biggetje, marmot[je]; — *de lait*, speenvarken; — *de mer*, bruinvis; 2 varkensvlees.

cochonner *ov.w* (*pop.*) verknoeien.

cochonnerie *v* vuiligheid, smerige streek.

cochonnet *m* varkentje.

cocktail *m* cocktail-party.

coco *m* 1 kokosnoot; 2 aanspreektitel voor lieve kleine jongen (*mon petit* —); 3 kerel; *un joli, vilain* —, een fielt; 4 (*pop.*) cocaïne.

cocon *m* pop van rups.

cocorico *m* kukeleku.

cocotier *m* kokospalm.

cocotte *v* 1 ijzeren pan; 2 oogliidontsteking; 3 mond- en klauwzeer; 4 vrouw van lichte zeden.

coction *v* 1 het koken; 2 spijsvertering.

code *m* 1 wetboek; — *pénal*, wetboek van strafrecht; 2 voorschriften, regels; 3 code.

codébiteur *m, -trice v* medeschuldenaar (-schuldenares).

codétenu *m* medegevangene.

codex *m* receptenboek van apothekers.

codicille *m* aanhangsel van een testament, dat dit wijzigt.

codifier *ov.w* tot een wetboek verenigen.

codirecteur *m, -trice v* mede-directeur(trice).

coéducation *v* gemeenschappelijke opvoeding van jongens en meisjes.

coefficient *m* coëfficiënt.

coéquation *v* belastingomslag.

coéquipier *m, -ère v* teamgenoot(-genote)

coercible *bn* samendrukbaar (b.v. van lucht).

coercition *v* dwang.

cœur *m* 1 hart (in verschillende betekenissen); *aller au* —, ontroeren; *les battements, les pulsations du*—, de slagen v. h. hart; *de bon, de grand, de tout son* —, van ganser harte, graag; *à contre cœur*, tegen de zin; *si le* — *vous en dit*, als u er zin in hebt; *au* — *de l'été*, in het hartje v. d. zomer; *avoir le* — *gros*, verdrietig zijn; *homme de* —, rechtschapen, moedig man; *loin des yeux, loin du* — (*spr.w*), uit het oog, uit het hart; *avoir le* — *sur la main*, het hart op de tong hebben; *mal au* —, misselijkheid; *je veux en avoir le* — *net*, ik wil er het mijne van hebben; *à* — *ouvert*, openhartig; *avoir le* — *à l'ouvrage*, in zijn werk opgaan; *par* —, uit het hoofd; *dîner par* —, niet eten; *peser sur le* —, verdriet doen; *prendre à* —, ter harte nemen; 2 harten (bij kaartspel).

co/existant *bn* tegelijk bestaand. ~**existence** *v* het gelijktijdig bestaan, -voorkomen. ~**exister** *on.w* gelijktijdig bestaan, -voorkomen.

coffrage *m* 1 bekisting (van loopgraven); 2 carter van machine.

coffre *m* 1 koffer; kist; *les* —*s de l'Etat*, de schatkist; 2 boei; — *d'amarrage*, meerboei; 3 borst (*avoir le* — *solide*).

coffre†-fort† *m* 1 brandkast; 2 (*arg.*) ge-

vangeniswagen.

coffrer *ov.w* (*fam.*) in de gevangenis stoppen.

coffret *m* koffertje, kistje; — *à bijoux*, juwelenkistje.

coffretier *m* kisten-, koffermaker.

cognac *m* cognac.

cogne *m* (*arg.*) politieagent.

cognée *v* grote bijl; — *de bûcheron*, houthakkersbijl; *jeter le manche après la cognée*, alles in de steek laten.

cogner I *ov.w* slaan, inslaan. II *on.w* kloppen, stoten. III *se* ~ (*pop.*) vechten.

cognition *v* kenvermogen.

cohabitation *v* het samenleven, -wonen van twee personen, inwoning.

co/habiter *on.w* samenwonen als man en vrouw. ~**hérence** *v* samenhang. ~**hérent** *bn* samenhangend. ~**héritier** *m, -ère v* medeerfgenaam(-gename). ~**hésif, -ive** *bn* samenvoegend.

cohésion *v* cohesie.

cohorte *v* 1 cohorte bij de Romeinen (het tiende gedeelte v. e. legioen); 2 legerschaar.

cohue *v* mensenmassa, gedrang.

coi, coite *bn* rustig, kalm; *se tenir* —, zich koest houden.

coiffant *m: chapeau qui a un bon* —, hoed die goed staat.

coiffe *v* 1 vrouwenmuts, -kap; 2 helm van pasgeboren kinderen; 3 voering v. e. hoed.

coiffé *bn* 1 gekapt; 2 met een muts of kap op; *être* — *d'un chapeau*, een hoed op hebben; *être né* —, met de helm geboren zijn; 3 ingenomen met (*être* — *d'une personne*).

coiff/er I *ov.w* 1 het hoofd bedekken met (— *d'un chapeau*); 2 kappen; *coiffer sainte Catherine*, op haar 25e jaar nog niet getrouwd zijn; *s'habiller comme un chien coiffé*, er bespottelijk uitzien. II *se* ~ 1 zich het hoofd bedekken, zijn hoed opzetten; 2 zijn haren doen, zich kappen; 3 weglopen met, ingenomen zijn met (*de* —). ~**eur** I *zn m, -euse v* kapper(-ster). II *-euse v* kaptafel. ~**ure** *v* 1 hoofddeksel; 2 kapsel.

coin *m* 1 hoek; *connaître dans les* —*s*, door en door kennen; — *de feu*, huisgasje, gemakkelijke leuningstoel; *les quatre* —*s du monde*, overal; *regarder qn. du coin de l'œil*, iem. tersluiks aankijken; — *de terre*, lapje grond; 3 wig; 4 muntstempel.

coincer *ov.w* met wiggen vastzetten; —*la bulle*, (*pop.*) niets doen.

coïncid/ence *v* samenloop van omstandigheden. ~**ent** *bn* gelijktijdig, samenvallend. ~**er** *on.w* samenvallen.

coin-coin *m* kwak-kwak (gekwaak v. e. eend).

coinculpé *m* medebeschuldigde.

cointéressé *m* medebelanghebbende.

coitte, couette *v* veren bed.

coke *m* cokes.

col *m* 1 kraag, boord; *faux* —, losse boord, 2 hals van fles enz.; 3 bergpas.

colback *m* kolbak.

col†-bleu† *m* (*fam.*) zeeman.

colégataire *m* medeërfgenaam.

coléoptère *m* kever.

colère I *zn v* woede, toorn; *se mettre en* —, woedend worden. II *bn* opvliegend, driftig.

coléreux, -euse, colérique *bn* driftig.

colibri *m* kolibrie.

colifichet *m* 1 snuisterij, kleinigheidje, prul; 2 vogelkoekje.

colimaçon *m* huisjesslak; *escalier en* —, wenteltrap.

colin *m* waterhoentje. [spelen.

colin-maillard *m: jouer à* —, blindemannetje

colique *v* buikpijn, koliek; *aimer comme la* —, kunnen missen als kiespijn; *avoir la* — (*fam.*), bang zijn; *donner la* — (*fam.*), veel verdriet doen.

colis *m* kist, pak, zak met waren; — *postal*, postpakket.

collabora/teur *m, -trice v* 1 medewerker(ster); 2 collaborateur (iem. die samenwerkt met

de vijand). ~tion v 1 medewerking; 2 colla-boratie (samenwerking met de vijand). ~tionniste m voorstander van collaboratie.
collaborer on.w 1 medewerken (aan); 2 colla-boreren.
collage m 1 het behangen; 2 het lijmen; 3 het klaren (van wijn).
collant bn 1 klevend, plakkend; 2 nauwsluitend; 3 (fam.) opdringerig, taai.
collapsus m plotselinge lichamelijke inzinking.
collatéral [mv aux] I bn zijdelings, zijwaarts; ligne —e, zijlinie (van geslacht); parents —aux, zijverwanten; nef —e, zijbeuk; points —aux, de windstreken tussen de vier hoofdwindstreken (b.v. n.o., z.w.). II zn m, ~e v zijverwant(e). III bn zijbeuk.
collation v 1 vergelijking v. d. kopie met het origineel; 2 lichte middag- of avondmaaltijd.
collationnement m het collationeren.
collationner I ov.w teksten vergelijken (collationeren). II on.w een collatie gebruiken.
colle v 1 lijm; — de pâte, stijfsel; — de poisson, vislijm; 2 vraagstuk, strikvraag; 3 tentamen.
collecte v 1 collecte; 2 gebed tijdens de mis na het epistel.
collecteur I zn m collectant; — d'ondes, antenne. II bn: égout —, hoofdriool.
collectif, -ive I bn gezamenlijk, gemeenschappelijk; billet —, gezelschapsbiljet; II zn m verzamelwoord (b.v. la foule, la troupe). ~ion v verzameling. ~ionner ov.w verzamelen (des timbres-poste). ~ionneur m, -euse v verzamelaar(ster). ~ivement bw gezamenlijk. ~ivisme m collectivisme (systeem, dat alle produktiemiddelen aan de staat wil brengen). ~iviste I zn m wat betrekking heeft op het collectivisme. II zn m collectivist. ~ivité v gemeenschap.
collège m 1 college; — électoral, kiescollege; 2 gemeentelijke middelbare school; — de France, een universiteit te Parijs.
collégial [mv aux] bn 1 wat een college betreft; église —e, stiftskerk.
collégien m, -enne v h.b.s.'er, gymnasiast(e).
collègue m collega.
coller I ov.w 1 plakken, lijmen; — son front aux vitres, zijn neus tegen de ruiten drukken; — qn. sur place, aan de grond nagelen; avoir les yeux collés sur, strak kijken naar; 2 klaren (van wijn); 3 (fam.) iem. tot zwijgen brengen; 4 schoolhouden; 5 laten zakken voor een examen; 6 (fam.) geven; — une beigne à qn., iem. een klap in het gezicht geven. II on.w 1 vastplakken, kleven; voiture qui colle au sol, vastliggende wagen; ça colle!, afgesproken!; 2 nauw sluiten, spannen (ce pantalon colle sur la jambe).
col/lerette v kraagje. ~let m 1 kraag; prendre qn. au —, iem. bij de kraag pakken; — monté, waanwijs mens; 2 hals van tand; 3 wildstrik; 4 pelerine. ~leter I ov.w bij de kraag pakken. II on.w (wild)strikken zetten. III se — vechten, elkaar in de haren vliegen. ~leteur m strikkenzetter.
colleur m 1 aanplakker, lijmer, behanger; 2 (arg.) examinator.
collier m 1 halsband; coup de —, grote krachtsinspanning, moedige poging; cheval franc du —, paard, dat flink trekt; homme franc du —, doortastend man, rondborstig man; — de misère, slavenwerk, armoede; tirer à plein —, uit alle macht trekken; 2 halssnoer; 3 halsstuk.
colliger ov.w verzamelen.
colline v heuvel.
collision v botsing, aanvaring, aanrijding; entrer en —, in botsing komen; 2 handgemeen, gevecht.
collocation v 1 uitdelingslijst bij faillissement; 2 rangschikking.
colloïdal [mv aux] bn lijmachtig.
colloïde bn lijmachtig.

colloque m samenspraak, forum.
colloquer ov.w 1 plaatsen; 2 iets aansmeren.
collusion v samenspanning.
collusoire bn (heimelijk) afgesproken.
colmatage m inpoldering.
colocataire m medehuurder.
colomb/e/o v duif (dicht.). ~ier m 1 duiventil; 2 groot formaat papier (93 cm bij 63 cm). ~in I bn violet-rood. II zn ~e v duivemest. ~ophile m duivenmelker.
colon m 1 kolonist, planter; 2 pachtboer.
colonage m deelbouw.
colonel m kolonel.
colonelle v kolonelsvrouw.
colon/ial, -aux I bn koloniaal. II zn ~e v koloniale infanterie. III m koloniaal. ~ie v kolonie. ~isateur I zn m, -trice v iem. die koloniseert. II bn koloniserend. ~isation v kolonisatie. ~iser ov.w koloniseren.
colonnade v zuilenrij.
colonne v 1 kolom, zuil; les —s d'Hercule, straat van Gibraltar; — vertébrale, ruggegraat; 2 colonne (mil.); cinquième —, vijfde colonne; 3 steunpilaar (fig.).
colophane v (viool)hars.
color/ant I bn kleurend. II zn m kleurstof. ~ation v 1 het kleuren; 2 kleur. ~é bn 1 gekleurd; 2 met een hoge kleur; 3 kleurrijk, briljant (style —). ~er I ov.w 1 kleuren; 2 verbloemen. II se ~ een kleur krijgen. ~iage m het kleuren (v. e. tekening enz.). ~ier ov.w kleuren met verf enz. ~is m 1 de kunst v. h. kleuren; 2 koloriet, kleurenrijkdom. ~iste m 1 kolorist, kleurenkunstenaar.
colossal, -aux bn geweldig, kolossaal.
colosse m 1 zeer groot standbeeld; 2 zeer groot mens of dier (kolossus).
colport/age m het venten; — ssur ov.w 1 venten; 2 verspreiden, rondstrooien (un bruit). ~eur m marskramer, venter.
coltiner ov.w sjouwen.
coltineur m sjouwer.
columbarium, columbaire m bewaarplaats voor lijkurnen.
colza m koolzaad.
coma m 1 diepe slaap; 2 bewusteloosheid vóór de dood.
combat m strijd, gevecht; — d'avant-garde, voorhoedegevecht; — de générosité, wedijver in edelmoedigheid; mettre hors de —, buiten gevecht stellen; livrer —, slag leveren; — naval, zeegevecht; — de taureaux, stieregevecht.
combat/if, -ive bn strijdlustig. ~ivité v strijdlust. ~tant m 1 vechter, strijder; 2 kemphaan. ~tre ov.w bestrijden.
combien bw 1 hoeveel; 2 hoe.
combinaison v 1 combinatie, vereniging; 2 samenstelling, verbinding; 3 plan, berekening; 4 damesondergoed (hemd en broek aan elkaar); 5 overall.
combiner ov.w 1 verbinden; 2 beramen, elkaar zetten (un plan).
comble I zn m 1 toppunt; pour — de, tot overmaat van; de fond en —, geheel en al; 2 kap v. e. gebouw; les —s, de hanebalken. II bn boordevol; la mesure est —, de maat loopt over.
combler ov.w 1 volmeten (une mesure); 2 dichtgooien; 3 geheel vervullen (les désirs); 4 overladen, overstelpen met.
combustibilité v brandbaarheid.
combustible I bn brandbaar. II zn m brandstof.
combustion v verbranding.
comédie v 1 blijspel; — d'intrigue, klucht; — de mœurs, zedenschildering in blijspelvorm; secret de —, geheim, dat aan iedereen bekend is; 2 schouwburg; 3 jouer la —, komedie spelen, veinzen.
comédien I zn m, -enne v 1 blijspelspeler (-speelster); 2 komediant. II bn gemaakt, aanstellerig.
comestible I bn eetbaar. II zn m voedsel.
cométaire bn wat de kometen betreft.

comète v 1 komeet, staartster; 2 smal lintje.

comices m mv 1 volksvergadering bij de Romeinen; 2 vergadering; — *agricoles*, landbouwcongres.

comique I bn 1 komisch; 2 wat het blijspel betreft; *poète* —, blijspeldichter; *acteur* —, blijspelspeler. II zn m 1 het komische; 2 blijspelschrijver, -speler.

comité m comité, commissie, bestuur, raad; — *électoral*, kiesvereniging; *en petit* —, in besloten kring; — *de lecture*, comité van kunstenaars, dat aangeboden toneelstukken na lezing accepteert of weigert.

comitial, comicial [mv aux] bn wat betrekking heeft op volksvergaderingen; *mal* —, vallende ziekte.

comma m dubbele punt.

command/ant m 1 bevelhebber; 2 majoor; 3 titel van kapitein v. d. oorlogsschip; ~e v 1 bestelling, order, opdracht; *pleurs de* —, krokodilletranen; *fête, jeûne de* —, verplichte feestdag, -vastendag; *faire une* —, een bestelling doen; *livrer sur* —, op bestelling leveren; 2 stuurinrichting, kracht-overbrenging, aandrijving. ~ement m 1 bevel, commando; 2 gezag; 3 dagvaarding, bevelschrift; 4 gebod (*les* —*s de Dieu*). ~er I ov.w 1 bevelen; 2 het bevel voeren over (— *nue armée*); 3 afdwingen (— *le respect*); 4 bestellen; 5 beheersen (*le fort commande la ville*). II on.w 1 bevelen, heersen over; 2 beheersen (— *à ses passions*). ~erie v commandeurschap. ~eur m; — *de la Légion d'Honneur*, commandeur in het legioen van eer. ~itaire I zn m (stille) vennoot. II bn: *associé* —, stille vennoot. ~ite v 1 commanditaire vennootschap; 2 de door de commanditaire vennoten gestorte sommen. ~iter ov.w geld steken in. ~o m kleine gevechtseenheid.

comme I bw 1 als, zoals, evenals; — *ça*, zo; — *qui dirait*, om zo te zeggen; — *il faut*, zoals het hoort; *il est* — *mort*, hij is als dood; — *si*, alsof; *c'est tout* — (*fam.*), het komt op hetzelfde neer; 2 wat!, hoe!; *il est bête!*, wat is hij dom! II vw 1 daar; 2 juist toen.

commémor/aison v gedachtenis der heiligen. ~atif, -ive bn ter nagedachtenis; *jour* —, herdenkingsdag. ~ation v herdenking; — *des morts*, Allerzielen. ~er ov.w herdenken.

commençant m beginneling.

commencement m begin, aanvang.

commencer I ov.w beginnen, het begin vormen van. II on.w (*à, de*), beginnen (te); — *par*, beginnen met.

commende v prebende.

commensal [mv aux] m disgenoot.

commensurabilité v meetbaarheid.

commensurable bn onderling meetbaar.

comment I bw 1 hoe?, wat?; *comment allez-vous?*, hoe gaat het met u?; — *donc!*, ach kom!; 2 waarom. II tw wat!

commentaire m 1 commentaar, verklarende aantekeningen; *cela n'a pas besoin de* —, dat heeft geen uitleg nodig!; 2 op- of aanmerking; *sa conduite prête aux* —*s*, zijn gedrag geeft aanleiding tot praatjes.

commentateur m, **-trice** v commentator.

commenter ov.w uitleggen, becommentariëren.

commérage m kletspraat.

commerçable bn verhandelbaar.

commerçant I bn handeldrijvend. II zn m, ~e v koopman(vrouw), handelaar(ster).

commerce/m 1 handel; *chambre de* —, kamer van koophandel; *code de* —, wetboek van koophandel; — *de détail*, kleinhandel; — *extérieur*, buitenlandse handel; *faire le* — *de*, handelen in; — *de gros*, groothandel; *le haut* —, de grote kooplieden; — *intérieur*, binnenlandse handel; 2 omgang; 3 zaak. ~er on.w handelen. ~ial [mv aux] bn commercieel. ~ialiser ov.w in de handel brengen. ~ialité v verhandelbaarheid.

commère v 1 meter; 2 moedertje, vrouwtje; 3 kletskous; 4 actrice, die in een revue, samen met de compère, de verschillende tafereien inleidt.

commérer on.w (*fam.*) kletsen, babbelen.

commettre I ov.w onr. 1 begaan, bedrijven; 2 in gevaar brengen (*sa réputation*); 3 — *qn. à*, belasten met, aanstellen; 4 toevertrouwen. II se ~ zich inlaten met, zich compromitteren.

comminatoire bn dreigend; *lettre* —, dreigbrief.

commis m bediende, klerk, kantoorbediende; — *voyageur*, handelsreiziger.

commisération v medelijden.

commissaire m commissaris; — *de police*, commissaris van politie.

commissaire†-priseur† m vendumeester.

commissariat m 1 bureau v. d. commissaris; 2 ambt v. d. commissaris.

commission v 1 opdracht; 2 boodschap; 3 commissie; 4 commissiehandel; 5 commissieloon.

commissionnaire m 1 commissionair, makelaar; 2 kruier, boodschaploper.

commissionner ov.w 1 opdracht geven tot kopen of verkopen; 2 aanstellen.

commodat m bruikleen.

commode I bn 1 gemakkelijk, geriefelijk; 2 toegeeflijk, inschikkelijk. II bw. -ément

commodité I v gerief, gemak. II ~s mv w.c.

commotion v 1 schok (ook *fig.*); — *cérébrale*, hersenschudding; 2 opschudding.

commuable bn wat verzacht kan worden (van straf).

commuer ov.w verzachten (van straf).

commun I bn 1 gemeenschappelijk; *d'un* — *accord*, *d'une* — *une voix*, eenstemmig; *avoir* — *en* —, gemeen hebben; *faire cause* —, gemene zaak maken; *lieu* —, gemeenplaats; *maison* —*e*, gemeentehuis; *nom* —, gemeen naamwoord; *le sens* —, het gezond verstand; *cela n'a pas le sens* —, dat is onzin; 2 gewoon, alledaags; 3 plat, ordinair. II zn m 1 de meerderheid der mensen; 2 volksklasse. III ~s m mv 1 w.c. 2 bijgebouwen. ~al [mv aux] I bn gemeentelijk. II zn ~aux mv gemeentegronden. ~ard m aanhanger v. d. Parijse Commune (1871). ~auté v 1 gemeenschap; 2 gemeenschappelijkheid; 3 broederschap. ~e I v gemeente. II C~ opstand te Parijs in 1871. ~ément bw gewoonlijk. ~iant m, ~e v communicant(e). ~icable bn mededeelbaar. ~icant bn met elkaar in verbinding staande. ~icateur, -trice bn verbindend. ~icatif, -ive bn 1 mededeelzaam; 2 aanstekelijk (*rire* —). ~ication v 1 mededeling; *donner* — *de*, mededelen; 2 omgang; *moyen de* —, middel van verkeer; *être en* — *avec*, in verbinding staan met; 3 telefonische aansluiting (gesprek). ~ier ov.w 1 communiceren; 2 zich één gevoelen. II ov.w de communie uitdelen. ~ion v 1 communie (eucharistie); 2 communie (laatste deel der mis); 3 gelijke gezindheid; — *des saints*, gemeenschap der heiligen.

communiqué m communiqué.

communiquer I ov.w mededelen, overleggen, overbrengen (*une maladie*). II on.w 1 van gedachten wisselen; 2 in verbinding staan. III se ~ zich mededelen aan, zich uiten.

communisme m communisme.

communiste I bn communistisch. II zn m of v communist(e).

commutateur m schakelaar, stroomwisselaar.

commutatif, -ive bn wat ruil betreft.

commutation v 1 verandering; 2 verlichting (van straf.

compacité v dichtheid.

compact bn dicht.

compagn/e v 1 gezellin; 2 echtgenote. ~ie v 1 gezelschap; *la bonne* —, de nette stand; *dame, demoiselle de* —, juffrouw van gezelschap; *fausser* —, weggaan, niet komen; —

de perdreaux, koppel patrijzen; *tenir — à*, gezelschap houden; *voyager de —*, gezamenlijk reizen; 2 compagnie *(mil.)*; 3 maatschappij; *et — (et Cie)*, en Co; 4 religieuze orde; *la — de Jésus*, de jezuïetenorde. ~on *m* 1 kameraad, metgezel; — *d'armes*, wapenbroeder; *bon —*, vrolijke klant; — *d'étude*, studievriend; *de pair à —*, op gelijke voet; — *de voyage*, reisgenoot; 2 *(oud)* gezel; 3 werkman, opperman. ~onnage *m* 1 leertijd v. e. gezel; 2 vakvereniging van werklieden.

comparable *bn (à)* te vergelijken met.

comparaison *v* vergelijking; *degrés de —*, trappen van vergelijking; *en — de*, *par — à*, vergeleken met; *par —*, vergelijkenderwijs; — *n'est pas raison* (spr.w), iedere vergelijking gaat mank.

comparaître *on.w onr. (devant le tribunal)*, voor de rechtbank verschijnen.

c omparant *m* comparant.

comparatif, -ive I *bn* vergelijkend. II *zn m* vergrotende trap.

comparer *ov.w* vergelijken.

comparse *m* of *v* 1 figurant(e); 2 medewerker (-ster), die een onbeduidende rol speelt.

compartiment *m* 1 vak(je), afdeling; 2 spoorwegcoupé.

comparution *v* het verschijnen voor de rechtbank.

compas *m* 1 passer; 2 scheepskompas; *avoir le — dans l'œil*, goed afstanden kunnen schatten; 3 *(pop.)* benen. ~sé *bn* afgemeten *(démarche —e)*. ~sement *m* 1 het afmeten; 2 afgemetenheid.

compasser *ov.w* 1 afmeten; 2 een bestek uitzetten *(scheepv.)*; 3 wikken en wegen.

compassion *v* medelijden.

compatibilité *v* verenigbaarheid, overeenstemming.

compatible *bn* verenigbaar, overeenstemmend *(caractères —s)*.

compatir *on.w (à)* medelijden hebben met.

compatissant *bn* medelijdend.

compatriote *m* of *v* landgenoot(-genote).

compendieux, -euse *bn* beknopt.

compendium *m* uittreksel, kort overzicht.

compensateur, -trice *bn* vereffenend.

compensation *v* vereffening, vergoeding, schadeloosstelling; *cela fait —*, dat weegt tegen elkaar op.

compenser *ov.w* vereffenen, vergoeden.

compère *m* 1 peter; 2 handlanger; 3 inleider v. e. revuescène; 4 kerel; *un rusé —*, een geslepen kerel.

compétence *v* bevoegdheid.

compétent *bn* 1 bevoegd; 2 bekwaam.

compéter *on.w* 1 toekomen; 2 behoren tot de bevoegdheid.

compétiteur *m*, -trice *v* mededinger(ster).

compétition *v* 1 mededinging; 2 competitie.

compilateur *m*, -trice *v* compilator.

compilation *v* compilatie.

compiler *ov.w* compileren.

complainte *v* 1 klaaglied; 2 klacht.

complaire I *on.w onr* behagen. II se ~ à behagen scheppen in.

complaisance *v* 1 inschikkelijkheid, vriendelijkheid, welwillendheid; *ayez la — de*, wees zo vriendelijk om te; 2 welbehagen.

complaisant *bn* welwillend, gediensttig.

complément *m* 1 aanvulling, complement; 2 bepaling; — *direct*, lijdend voorwerp; — *indirect*, meewerkend of oorzakelijk voorwerp.

complémentaire *bn* aanvullend; *angle —*, complement v. e. hoek.

complet, -ète I *bn* 1 volledig, compleet; 2 vol *(tramway —)*; *ça serait —!*, dat moest er nog bijkomen!; *thé —*, thee met koekjes, bonbons enz. II *zn m* kostuum; — *veston*, colbertkostuum; *au (grand) —*, volledig, voltallig.

complètement I *m* aanvulling. II *bw* volledig.

compléter *ov.w* aanvullen, volledig maken.

complexe I *bn* ingewikkeld, samengesteld. II *zn m* 1 het ingewikkelde; 2 complex (van gevoelens enz.).

complexion *v* 1 gestel; 2 aard.

complexité *v* ingewikkeldheid.

complication *v* 1 ingewikkeldheid; 2 complicatie (bij ziekte); *les —s*, verwikkelingen.

complice I *bn (de)* medeplichtig (aan). II *zn m* of *v* medeplichtige.

complicité *v* medeplichtigheid.

complies *v mv* completen (een der kerkelijke getijden).

compliment *m* 1 compliment; 2 plechtige toespraak; 3 kindertoespraakje, -versje op een verjaardag enz.

complimenter *ov.w* begroeten, gelukwensen, zijn compliment maken.

complimenteur *m*, -euse *v* vleier(ster), iem. die te veel complimenten maakt.

compliqué *bn* ingewikkeld.

compliquer I *ov.w* ingewikkeld maken. II se ~ ingewikkeld worden.

complot *m* komplot, samenzwering.

comploter I *ov.w* beramen. II *on.w* een komplot smeden, samenspannen.

comploteur *m* samenzweerder.

componction *v* berouw tegenover God.

comportement *m* gedrag.

comporter I *ov.w* 1 dulden, nodig maken; 2 meebrengen. II se ~ zich gedragen.

composacées *v mv* samengesteldbloemigen.

composant *m* samenstellend deel.

composé I *bn* 1 samengesteld; 2 gemaakt, bestudeerd; *visage —*, gelegenheidsgezicht; *maintien —*, bestudeerde houding. II *zn m* samengesteld woord, lichaam.

composer I *ov.w* 1 samenstellen; 2 componeren van muziek, samenstellen v. e. literair werk, maken van schilderij of beeldhouwwerk; 2 een passend gezicht trekken, een passende houding aannemen (— *son visage*, — *son attitude*). II *on.w* 1 huiswerk, proefwerk maken; 2 een schikking treffen.

compositeur *m*, -trice *v* 1 componist(e); 2 letterzetter(ster); 3 *amiable —*, bemiddelaar.

composition *v* 1 samenstelling, verbinding; 2 compositie *(muz.)*; 3 huiswerk; 4 geestesprodukt (opstel, dichtwerk enz.); 5 het letterzetten, zetwerk; 6 vergelijk.

compost *m* gemengde mest (compost). ~age *m* gemengde bemesting. ~er *ov.w* 1 gemengd bemesten; 2 afstempelen. ~eur *m* veranderbare stempel.

compote *m* 1 soort ragoût; 2 vruchtenmoes; *en —*, bont en blauw geslagen.

compotier *m* compoteschaal.

compréhens/ibilité *v* begrijpelijkheid. ~ible *bn* begrijpelijk. ~if, -ive *bn* begrijpend. ~ion *v* begrip, bevattingsvermogen.

comprendre *ov.w onr.* 1 begrijpen, vatten, verstaan; *cela se comprend*, dat spreekt vanzelf; *je n'y comprends rien*, ik begrijp er niets van; 2 omvatten, bestaan uit; *y compris*, met inbegrip van; *non compris*, niet inbegrepen.

compresse *v* kompres *(med.)*.

compress/eur *bn* samendrukkend; *rouleau —*, wals (voor wegen). ~ibilité *v* samendrukbaarheid. ~ible *bn* samendrukbaar. ~ion *v* 1 samendrukking, compressie (bij motor); 2 personeelsvermindering; 3 onderdrukking, dwang.

comprimé *m* pastille, tablet.

comprimer *ov.w* 1 samendrukken, samenpersen; 2 bedwingen, beteugelen.

compromettant *bn* compromitterend.

compromettre *ov.w onr.* 1 compromitteren, in opspraak brengen; 2 in gevaar, in verlegenheid brengen.

compromis *m* 1 schikking, vergelijk; 2 onderwerping aan arbitrage.

compromission *v* het compromitteren van zichzelf of anderen.

comptabilité *v* boekhouding; — *en partie double*, dubbel boekhouden.

comptable I *zn m* boekhouder; *officier* —, officier van administratie. II *bn* rekenplichtig; *machine* —, telmachine.

comptant I *bn* contant; *prendre pour argent* —, voor gereede munt aannemen; *vendre au* —, contant verkopen. II *zn m*; *du comptant*, contant geld. III *bw*; *payer* —, contant betalen.

compte *m* 1 rekening; *à* —, op afrekening; *au bout de* —, *en fin de* —, *tout* — *fait*, per slot van rekening; — *courant*, rekening-courant; *de* — *à demi*, voor gezamenlijke rekening; *donner son* — *à un domestique*, een knecht betalen en ontslaan; *mettre en ligne de* —, in aanmerking nemen; *en être quitte à son* —, er goedkoop afkomen; *prendre qc. à son* —, iets op zijn verantwoording nemen; *régler, solder son* —, afrekenen; *tenir les* —*s*, de boeken bijhouden; 2 *il a son* —, hij heeft zijn verdiende loon; *faire son* —, de, rekenen op; *le* — *n'y est pas*, het komt niet uit; *à bon* —, goedkoop; *les bons* —*s font les bons amis*, effen rekeningen maken goede vrienden; *erreur ne fait pas* —, men moet niet profiteren van een foutieve berekening (*spr.w*); *au* — *rond*, rond getal; 3 rekenschap; *demander* —, rekenschap vragen; *rendre* —, rekenschap geven.

compte-gouttes *m* flacon —, druppelflesje.

compter I *ov.w* 1 tellen; 2 betalen; 3 rekenen, in rekening brengen (*il compte cet article trop cher*); *je compte venir sous peu*, ik ben van plan binnenkort te komen. II *on.w* 1 rekenen op (*sur*); 2 tellen, rekenen; *donner sans* —, met milde hand geven; 3 rekening houden met (*il faut* — *avec ses amis*); 4 meetellen (*une syllabe qui ne compte pas*).

compte†-rendu† *m* verslag.

compte-tours *m* toerenteller.

compteur *m*, -euse *v* 1 teller(ster); 2 gas-, water-, elektriciteitsmeter.

comptoir *m* 1 toonbank; 2 bank; 3 handelskantoor (i. h. buitenland).

compulser *ov.w* doorsnuffelen, nazoeken.

comt/al [*mv* aux] *bn* grafelijk. ~e *m* graaf. ~é *m* graafschap. ~esse *v* gravin.

con *zn m* (ook *bn*) 1 schaamdeel; 2 (*pop.*) idioot; *faire le* —, de idioot uithangen.

concasser *ov.w* in stukken hakken, - slaan.

concave *bn* holrond, concaaf.

concavité *v* holheid.

concéder *ov.w* verlenen, toestaan.

concentration *v* concentratie, samentrekking; *camp de* —, concentratiekamp.

concentrationnaire *bn*: *la vie* —, het leven i. e. concentratiekamp.

concentr/é *bn* 1 geconcentreerd; 2 gesloten van karakter, II *zn m* concentraat, erts. ~er *ov.w* 1 concentreren, samentrekken; 2 indampen; 3 — *sa colère*, zijn woede opkroppen. ~ique *bn* concentrisch.

concept *m* begrip. ~ible *bn* denkbaar, begrijpelijk. ~if, -ive *bn*: *faculté* — é, begripsvermogen.

conception *v* 1 bevruchting; *l'Immaculée Conception*, de Onbevlekte Ontvangenis; 2 begrip, opvatting.

concernant *v* omtrent, betreffend.

concerner *ov.w* betreffen.

concert *m* 1 concert; 2 overeenstemming, eensgezindheid; — *de louanges*, eenstemmige lof; II *bw*: *de* —, eenstemmig.

concerter I *ov.w* beramen, op touw zetten. II *on.w* samen spelen. III *se* ~ samen overleggen.

concertiste *m* of *v* concertspeler(-speelster).

concerto *m* concertmuziek voor solo-instrument met begeleiding van orkest.

concession *v* 1 concessie; 2 toegeving (bij debat enz.).

concessionnaire *m* houder v. e. concessie.

concevable *bn* begrijpelijk, denkbaar.

concevoir *ov.w* 1 bevrucht worden; 2 begrijpen; 3 bedenken, uitvinden.

concierge *m* of *v* portier, huisbewaarder-(ster).

conciergerie *v* 1 portierswoning; 2 portiersambt; 3 C—, bekende gevangenis te Parijs.

concile *m* concilie.

conciliabule *m* 1 vergadering van schismatieke prelaten; 2 geheime samenkomst.

concili/ant *bn* verzoenend. ~ateur *m*, -trice *v* verzoener(ster), bemiddelaar(ster). ~ation *v* verzoening, schikking. ~atoire *bn* verzoenend, bemiddelend. ~er I *ov.w* verzoenen. II *se* ~ verwerven, verkrijgen.

concis *bn* beknopt, bondig (*style* —).

concision *v* beknoptheid, bondigheid.

conclave *m* 1 vergadering der kardinalen ter verkiezing v. e. paus; 2 zaal, waar deze kardinalen vergaderen.

concluant *bn* overtuigend, afdoend.

conclure *ov.w onr.* 1 afsluiten, een eind maken aan; 2 besluiten uit, een gevolgtrekking maken, een conclusie trekken.

conclusif, -ive *bn* gevolgtrekkend.

conclusion *v* 1 slot, einde; 2 het sluiten van (— *d'un mariage*); 3 gevolgtrekking, conclusie.

concombre *m* komkommer.

concomitant *bn* bijkomstig, begeleidend, samengaand; *sons* —*s*, bijtonen.

concordance *v* overeenstemming, overeenkomst.

concordant *bn* overeenstemmend.

concordat *m* 1 concordaat (verdrag v. d. paus met een vorst of land over geestelijke zaken); 2 akkoord bij faillissement.

concorde *v* eendracht; *rétablir la* —, de eendracht herstellen.

concorder *on.w* kloppen, overeenstemmen.

concourir *on.w onr.* 1 samenlopen; samenvallen van tijd; 2 medewerken; 3 wedijveren, mededingen.

concours *m* 1 toeloop van volk; 2 medewerking; 3 samenloop (— *de circonstances*); 4 vergelijkend examen; 5 wedstrijd; — *agricole*, landbouwtentoonstelling; — *général*, jaarlijkse wedstrijd tussen de beste leerlingen der hoogste klasse der Parijse lycea; — *hippique*, paardentoonstelling; *hors* —, buiten mededinging.

concret, -ète *bn* 1 vast, dik (*huile* —*e*); 2 concreet.

concrétion *v* het stollen, dik worden; verharding; — *biliaire*, galsteen.

concrétionner (se) vast worden.

concrétiser *ov.w* vaste vorm geven.

concubin *m*, -e *v* iem. die in concubinaat concubinage *m* concubinaat. [leeft.

concupiscence *v* begeerlijkheid.

concurr/emment *bw* 1 gezamenlijk, gelijktijdig; 2 (*avec*) in concurrentie met. ~ence *v* 1 wedstrijd, mededinging; *être en* — *avec*, in strijd zijn met; 2 concurrentie; *faire* — *à*, concurreren; *pouvoir soutenir la* —, kunnen concurreren; *jusqu'à* — *de*, tot een bedrag van. ~encer *ov.w* beconcurreren.

concurrent *m* 1 concurrent; 2 mededinger.

concussion *v* afpersing door ambtenaar of magistraat.

condamn/able *bn* afkeurenswaardig. ~ation *v* 1 veroordeling; 2 afkeuring; *passer* —, ongelijk bekennen. ~atoire *bn* veroordelend. ~é *m*, -e *v* veroordeelde. ~er *ov.w* 1 veroordelen; 2 afkeuren; 3 opgeven (v. e. zieke).

condensable *bn* verdichtbaar.

condensateur *m* condensator.

condensation *v* verdichting, condensatie.

condenser *ov.w* 1 verdichten, condenseren; 2 beknopt weergeven.

condescendance *v* inschikkelijkheid, toegevendheid, neerbuigende vriendelijkheid.

condescendant *bn* inschikkelijk, toegevend, neerbuigend vriendelijk.

condescendre *on.w* toegeeflijk zijn, zich verwaardigen te.
condiment *m* kruiderij, specerij.
condisciple *m* of *v* medeleerling(e).
condition *v* 1 voorwaarde; *acheter qc. à —*,
iets kopen onder voorwaarde, dat men het
mag teruggeven, als het niet bevalt; 2 rang,
stand; 3 omstandigheid; 4 toestand; *être en
bonne —*, in goede conditie zijn, lichamelijk
fit zijn; 5 betrekking, dienst; *être en — chez
qn.*, bij iem. in dienst zijn.
conditionnel, -elle I *bn* voorwaardelijk. II *zn*
m voorwaardelijke wijs.
conditionnement *m* verpakking.
conditionner *ov.w* 1 als voorwaarde stellen;
bedingen; 2 fabriceren onder inachtneming
van goede omstandigheden (*ces étoffes
n'ont pas été bien conditionnées*); 3 ver-
pakken van goederen op smaakvolle of
praktische wijze; 4 het verzorgen v. d.
temperatuur en de vochtigheidsgraad v. d.
lucht in een zaal.
condoléance *v* rouwbeklag.
condor *m* condor.
conduct/eur, -trice I *bn* geleidend; *fil —*, ge-
leidraad. II *zn m*, *-trice v* 1 leidsman,
-vrouw; *— de chameaux*, kameeldrijver;
2 conducteur; 3 leider v. e. werk, opzichter;
— des ponts et chaussées, opzichter bij de
waterstaat; 4 geleider van warmte enz. ~i-
bilité *v* geleidingsvermogen. ~ible *bn* geleidend. ~ion *v* 1 geleiding; 2 het pachten,
huren.
conduire I *ov.w onr.* 1 leiden, begeleiden, geleiden, brengen; 2 besturen, mennen (*une
auto, une voiture*); *— bien sa barque*, zijn
zaken goed besturen; *permis de —*, rijbewijs; 3 aanvoeren (*une armée*), dirigeren
(*un orchestre*). II se ~ zich gedragen.
conduit *m* buis, pijp, goot, kanaal.
conduite *v* 1 het leiden, leiding; *faire la — à
qn.*, iem. een eindje wegbrengen; 2 leiding,
bestuur, besturing; *— intérieure*, gesloten
auto; 3 aanvoering; *avoir la — d'une armée*,
een leger aanvoeren; 4 gedrag; 5 leiding van
buizen (*— d'eau, de gaz*).
cône *m* 1 kegel; *— tronqué*, afgeknotte
kegel; 2 denappel.
confection *v* 1 het maken, vervaardiging;
2 confectie.
confectioner *ov.w* maken, vervaardigen.
confectionneur *m*, **-euse** *v* kledingfabri-
kant(e).
confédération *v* 1 statenbond; *— helvétique*,
de Zwitserse bondsstaat; 2 bond; *Confédération générale du travail* (C.G.T.),
arbeidersbond in Frankrijk.
confédéré I *bn* verbonden. II *zn m* bondgenoot.
confédérer *ov.w* verenigen in een bondgenootschap.
conférence *v* 1 conferentie, beraadslaging;
2 tekstvergelijking; 3 voordracht, lezing
op populaire toon; *maître de —s*, lector.
conférencier *m*, *-ère v* spreker(spreekster).
conférer I *ov.w* 1 vergelijken; *cf. = conférez* = vergelijk; 2 verlenen (*un titre*)
toedienen (*le baptême*). II *on.w* beraadslagen, confereren.
confesse *v*: *aller à —*, gaan biechten.
confesser I *ov.w* 1 biechten (*ses péchés*);
2 biecht horen; 3 bekennen; 4 belijden (*—
sa foi*). II se ~ biechten.
confesseur *m* 1 biechtvader; 2 belijder (uit de
tijd der kerkvervolgingen)
confession *v* 1 biecht; 2 bekentenis; 3 geloofsbelijdenis.
confessional [*mv* aux] *m* biechtstoel.
confessionnal, -elle *bn* wat de geloofsbelijdenis betreft, confessioneel.
confiance *v* 1 vertrouwen; *digne de —*, betrouwbaar; *homme de —*, vertrouwd man,
vertrouwensman; *inspirer de la —*, vertrouwen inboezemen; *place de —*, vertrou-
wenspositie; 2 zelfvertrouwen.

confiant *bn* 1 goedgelovig; 2 vol zelfvertrouwen.
confidence *v* vertrouwelijke mededeling;
mettre qn. dans la —, iem. in vertrouwen
nemen; *en —*, in vertrouwen.
confident *m*, *-e v* vertrouweling(e).
confidentiel, -elle *bn* vertrouwelijk.
confier I *ov.w* toevertrouwen. II se ~ à zijn
vertrouwen stellen in.
configuration *v* uiterlijke vorm.
configurer *ov.w* de vorm geven aan.
confinement *m* opsluiting.
confiner I *on.w* (*à*) grenzen aan. II *ov.w*
opsluiten.
confins *m mv* grenzen.
confire *ov.w onr.* inmaken, konfijten.
confirmand *m*, *-e v* vormeling(e).
confirmatif, -ive *bn* bevestigend.
confirmation *v* 1 bevestiging; 2 het vormsel.
confirmatoire *bn* bekrachtigend.
confirmer *ov.w* 1 bevestigen; 2 het vormsel
toedienen; 3 (*pop.*) een oorvijg geven.
confiscation *v* 1 verbeurdverklaring; 2 de
verbeurd verklaarde goederen.
confiserie *v* 1 banket-, suikerbakkerij; 2 ban-
ket-, suikergoedwinkel; 3 banket, taartjes,
suikergoed; 4 fabriek van sardines in blik.
confiseur *m*, *-euse v* suiker-, banketbakker
(-ster).
confisquer *ov.w* verbeurd verklaren, in beslag nemen.
confiture *v* vruchtengelei, jam.
confiturerie *v* jamfabriek.
confiturier I *m*, *-ère v* 1 jamfabrikant(e);
2 jamverkoper(-verkoopster). II *m* jampot.
conflagration *v* 1 brand; 2 algemene beroering (opstand, oorlog).
conflit *m* botsing, strijd, conflict.
confluent I *bn* ineenlopend. II *zn m* samen-
vloeiing van twee stromen.
confluer *on.w* samenvloeien.
confondre I *ov.w* 1 verwarren; 2 vermengen;
3 beschamen, verwonderen, verlegen maken; *voilà qui me confond*, ik sta er verstomd van. II se ~ 1 zich vermengen;
2 verward, verlegen worden; 3 se — *en
excuses*, zich uitputten in verontschuldi-
gingen.
conform/e (*à*) *bn* 1 overeenkomstig; *être — à*,
overeenkomen met; 2 gelijkluidend; *pour
copie —*, voor gelijkluidend afschrift. ~é-
ment *bw* overeenkomstig. ~er I *ov.w* 1 vormen; 2 schikken naar, regelen naar. II se ~
à zich schikken naar. ~isme *m* het zich
onderwerpen aan de heersende gebruiken
en regels. ~ité *v* overeenkomst; *en — de*,
overeenkomstig.
confort *m* 1 hulp, bijstand; 2 gerief, gemak,
comfort. ~able I *bn* geriefelijk, gezellig,
comfortabel. II *zn m* 1 gerief; 2 gewatteerde
leunstoel; 3 pantoffel. ~ant *bn* versterkend.
con/fraternel, -elle *bn* collegiaal. II *bw*
~ellement. ~fraternité *v* collegialiteit. ~
frère *m* collega. ~frérie *v* broederschap,
gilde.
confrontation *v* 1 gelijktijdige ondervraging;
2 vergelijking van geschriften.
confronter I *ov.w* 1 gelijktijdig ondervragen;
2 geschriften vergelijken. II *on.w* grenzen
aan.
confus I *bn* 1 verward, onduidelijk, vaag;
2 verlegen. II *bw* -ément.
confusion *v* 1 verwarring, wanorde; 2 verlegenheid, beschaamdheid; 3 toeloop van
mensen; *en —*, in overvloed.
congé *m* 1 verlof, vakantie; 2 afscheid, ontslag; *donner — à qn.*, iem. ontslaan; *recevoir son —*, ontslag krijgen; 3 geleidebrief
(voor drank enz.)
congédiement *m* wegzending, ontslag.
congédier *ov.w* wegzenden, ontslaan.
congélation *v* bevriezing, stolling.
congeler *ov.w* doen bevriezen, doen stollen;
crédits congelés, bevroren kredieten.
congénère I *bn* gelijksoortig. II *zn m* soort-

genoot.
congénital [mv aux] bn erfelijk (maladie —e).
congest/if, -ive bn wat betrekking heeft op congestie. ~ion v bloedaandrang, congestie. ~ionner ov.w bloedaandrang veroorzaken.
conglomérer ov.w samenhopen.
conglutinant, c onglutinatif, **-ive** bn samenklevend.
conglutination v het samenkleven.
conglutiner ov.w aaneenlijmen.
congratulation v felicitatie.
congratuler ov.w feliciteren.
congre m zeepaling.
congréganiste bn behorend tot een kloostercongregatie (école —).
congrégation v 1 kloostercongregatie; 2 vereniging van leken, die onder leiding v. e. priester bepaalde godsdienstige oefeningen houden (congregatie); 3 college van kardinalen, dat een bepaalde taak heeft.
congrès m congres (in alle betekenissen).
congressiste m lid v. e. congres.
congru I bn 1 nauwkeurig, juist passend; 2 toereikend; portion —e, juist voldoende om te kunnen leven. II bw congrûment.
congruence v congruentie.
congruent bn 1 congruent; 2 passend.
congruité v gepastheid, geschiktheid.
conicité v kegelvorm.
conifères m mv coniferen (pl.k.).
conique bn kegelvormig.
conjectural [mv aux] bn hypothetisch.
conjecture v hypothese, veronderstelling.
conjecturer ov.w veronderstellen, vermoeden.
con/joindre ov.w onr. 1 samenvoegen; 2 in de echt verbinden. ~joint I bn nauw verbonden. II zn m echtgenoot. ~jointement bw samen, in overeenstemming. ~joncteur m stroomverbreker. ~jonctif, -ive bn 1 verbindend; 2 voegwoordelijk. ~jonction v 1 gemeenschap; 2 voegwoord. ~joncture v 1 samenloop van omstandigheden; 2 gelegenheid; 3 conjunctuur.
conjugable bn vervoegbaar.
conjugaison v vervoeging.
conjugal [mv aux] bn echtelijk.
conjugué bn gekoppeld.
conjuguer ov.w 1 vervoegen; 2 samenvoegen.
conjungo m (pop.) huwelijk.
con/jurateur m samenzweerder. ~juration I v samenzwering. II ~s mv smeekbeden. ~juré I bn samenzwerend. II zn m, -e v samenzweerder(-zweerster). ~jurer I ov.w 1 smeken; 2 bezweren; 3 zweren. II on.w samenzweren. III se ~ samenzweren.
connaissable bn kenbaar.
connaissance I v 1 kennis; parler en — de cause, met kennis van zaken spreken; faire — avec qn., faire la — de qn., kennis met iemand maken; c'est une personne de ma —, het is een kennis van me; être en pays de —, in bekend gezelschap zijn; 2 kennis = bekende; il est de ma —, het is een kennis van me; 3 bewustzijn. II ~s mv kennis = wetenschap.
connaissement m cognossement (scheepv.).
connaisseur, -euse I bn: œil —, kennersblik. II zn m, -euse v kenner(-ster).
connaître I ov.w onr. 1 kennen; ne — ni Dieu ni diable, aan God noch gebod geloven; je ne le connais ni d'Eve ni d'Adam, ik ken hem totaal niet; — son monde, zijn mensen kennen; il ne se connaît plus, hij is buiten zich zelf; 2 weten; — qc. à un sujet, heel wat van een onderwerp afweten; il n'y connaît pas grand'chose, hij weet er niet veel van. II on.w berechten, tot rechtspreken bevoegd zijn; — d'une affaire, een zaak moeten berechten. III se ~ à verstand hebben van.
connard m (pop.) beroerling.
conne bn (arg.) dood.
conner ov.w (arg.) doden.
connectif, -ive bn verbindend.
connétable m (oud) hoogste officier in

Frankrijk.
connexe bn samenhangend, verwant.
connexion v samenhang (— des idées).
connexité v samenhang, verwantschap.
connivence v medeplichtigheid.
conque v 1 oorholte; 2 spiraalvormige schelp.
conquérant m, -e v veroveraar(ster).
conquérir ov.w onr. 1 veroveren; 2 voor zich winnen (— les cœurs).
conquête v verovering; faire la — de, veroveren; air de —, zelfvoldaan gezicht.
consacrant m priester, die de mis leest.
consacré bn 1 gewijd; 2 geijkt.
consacrer I ov.w 1 wijden; 2 — à, toewijden aan; 3 consacreren (van wijn en brood tijdens de consecratie); 4 ijken (l'usage a consacré ce mot). II se ~ zich wijden.
con/sanguin bn verwant van vaders kant. ~sanguinité v verwantschap van vaders kant.
consciemment bw bewust.
conscien/ce v 1 geweten; pour acquit de —, om zich niets te verwijten te hebben; en mon âme et —, oprecht; avoir qc. sur la —, iets op zijn geweten hebben; directeur de —, geestelijk leidsman, biechtvader; examen de —, gewetensonderzoek; se faire — de qc., ergens een gewetenszaak van maken; avoir la — large, een ruim geweten hebben; liberté de —, vrijheid van geweten; la main sur la —, met de hand op het hart; avoir la — nette, een zuiver geweten hebben; 2 plichtsgevoel; 3 bewustzijn, kennis. ~cieux, -euse bn plichtsgetrouw, nauwgezet.
conscient bn bewust.
con/scription v loting voor de mil. dienst. ~scrit m 1 loteling, dienstplichtige; 2 groentje.
consécration v 1 consecratie; 2 inwijding, inzegening; 3 bekrachtiging.
consécutif, -ive bn achtereenvolgend; — à, volgend op, ten gevolge van; proposition —ive, gevolgaanduidende bijzin.
consécution v opeenvolging.
conseil m 1 raad(geving); 2 raadgevend lichaam; — d'Etat, Raad van State; — de famille, familieraad; — de guerre, krijgsraad; — des ministres, ministerraad; — municipal, gemeenteraad; le président du —, de minister-president; — de révision, keuringsraad (mil.); 3 raadsman; 4 besluit, plan (les — s de Dieu).
conseiller ov.w (aan)raden.
conseiller m raadsman, raadslid; — municipal, gemeenteraadslid; — fiscal, belastingconsulent.
conseilleur m, -euse v raadgever(-geefster).
consentement m toe-, instemming; du — de tous, met algemeen goedvinden.
consentir I on.w onr.(à) toestemmen; qui ne dit mot consent (spr.w), wie zwijgt stemt toe. II ov.w goedkeuren, toestaan.
conséquemment bw 1 bijgevolg; 2 — à, overeenkomstig.
conséquence v 1 gevolgtrekking; 2 gevolg; en —, bijgevolg; 3 belang; tirer à —, van belang zijn; sans —, onbelangrijk.
conservat/eur, -trice I bn 1 conservatief; 2 wat behoudt, beschermt. II zn m, -trice v 1 conservatief; 2 titel v. e. ambtenaar (conservator); — des eaux et forêts, opperhoutvester; — des hypothèques, hypotheekbewaarder. ~ion v behoud, het bewaren. ~oire I bn behoudend; mesure —, maatregel tot behoud. II zn m grote inrichting voor kunst (b.v. — de musique).
conserve v 1 ingelegde vruchten enz.; de —, samen; aller de —, samen gaan; naviguer de —, samen varen.
conserver I ov.w 1 bewaren, behouden; bien conservé, jeugdig voor zijn leeftijd; 2 conserveren van vruchten enz. II se ~ 1 zich in acht nemen; 2 in stand blijven.
conserverie v conservenfabriek.
considérable bn aanzienlijk, belangrijk.
considération I v 1 aanzien, achting; agréez

l'assurance de ma —, hoogachtend; 2 overweging, nauwkeurig onderzoek; *en — de*, met het oog op, wegens; *prendre en —*, in aanmerking nemen. II ~s *m* beschouwingen, overdenkingen.

considérément *bw* bedachtzaam, omzichtig.

considérer *ov.w* 1 achten; 2 beschouwen, overwegen; *tout bien considéré*, alles wel beschouwd.

consignateur *m*, *-trice v* iem. die goederen in bewaring geeft.

consignation *v* in consignatie geven van goederen of geld.

consigne *v* 1 order aan schildwacht (consigne); 2 arrest, schoolblijven; 3 bagagedepot; 4 onderpand (bij lening).

consigner *ov.w* 1 in bewaring geven, deponeren; 2 vermelden; 3 arrest geven, school laten blijven; — *qn. à sa porte*, iem. de toegang tot zijn huis weigeren; 4 voorlopig berekenen (— *un emballage*).

consist/ance *v* 1 vastheid, dichtheid; 2 duurzaamheid. ~**ant** *bn* 1 vast; 2 standvastig. ~**er** *on.w* (*en, dans*) bestaan uit, in.

consistoire *m* 1 consistorie (vergadering van paus en kardinalen); 2 kerkeraad.

consol/able *bn* troostbaar. ~**ant** *bn* troostend. ~**ateur** I *zn m*, *-trice v* trooster(es). II *bn* troostend. ~**ation** *v* troost, vertroosting, troostend woord.

console *v* vooruitspringend s-vormig steunsel voor beelden, balkons enz. (console).

consoler *ov.w* troosten.

consolidation *v* versterking, bevestiging, consolidatie.

consommateur *m*, *-trice v* 1 consument(e); 2 cafébezoeker(-ster).

consommation *v* 1 voltooiing, voleindiging; *la — des siècles*, het einde der wereld; 2 verbruik; 3 consumptie.

consommé I *bn* volmaakt, bedreven. II *zn m* krachtige vleesbouillon.

consommer I *ov.w* 1 verbruiken, verteren; 2 voltooien, volbrengen. II *on.w* drinken in een café. III se ~ verbruikt worden.

consomptible *bn* verteerbaar.

consomption *v* uittering, tering.

conson/ance *v* welluidende samenstemming van klanken. ~**ant** *bn* welluidend samenklinkend. ~**ne** *v* medeklinker. ~**ner** (consoner) *on.w* welluidend samenklinken.

consort I *m* gemaal (echtgenoot). II ~s *m mv* deelgenoten i. e. zaak; consorten (ongunstig).

conspir/ant *bn* samenwerkend. ~**ateur** *m*, *-trice v* samenzweerder(-zweerster). ~**ation** *v* samenzwering, -spanning; — *du silence*, het doodzwijgen. ~**er** I *on.w* 1 samenzweren, -spannen; 2 samenwerken. II *ov.w* beramen.

conspuer *ov.w* uitjouwen, honen.

constamment *bw* voortdurend, doorlopend.

constance *v* standvastigheid, bestendigheid.

constant *bn* 1 standvastig, onveranderlijk, bestendig; 2 zeker (*fait —*).

constatation *v* constatering, vaststelling.

constater *ov.w* constateren, vaststellen.

constellation *v* sterrenbeeld.

constellé *bn* bezaaid met sterren.

consteller *ov.w* met sterren bezaaien (ook met ridderordes enz.).

consternation *v* ontsteltenis.

consterné *bn* ontsteld, verslagen.

consterner *ov.w* hevig doen ontstellen.

constipation *v* hardlijvigheid.

constiper *ov.w* verstoppen.

constituant I *bn* samenstellend; *partie —e*, bestanddeel. II *zn* C ~**e** *v* grondwetgevende vergadering van 1789.

constitué *bn* 1 samengesteld; *homme bien —*, iem. met een sterk gestel; 2 geplaatst, uitgezet (van geld).

constitu/er I *ov.w* 1 samenstellen, vormen; 2 toekennen (*une dot*); 3 aanstellen als, benoemen tot. II se ~ *prisonnier*, zich

overgeven, zich zelf aangeven. ~**tif**, **-ive** *bn* samenstellend; *élément —*, bestanddeel. ~**tion** *v* 1 samenstelling; 2 toekenning (— *d'une rente, d'une dot*); 3 gestel; 4 grondwet; 5 regel v. e. kloosterorde. ~**tionnel**, **-elle** *bn* 1 grondwettig; 2 voortkomend uit het gestel.

constriction *v* samentrekking, het samendrukken, constringent *bn* samendrukkend.

construct/eur *m* bouwer, maker, constructeur. ~**if**, **-ive** *bn* (op)bouwend. ~**ion** *v* 1 bouw, het bouwen; *bois de —*, timmerhout; *chantier de —*, werf; 2 gebouw; 3 constructie, zinsbouw; 4 wisk. constructie.

construire *ov.w onr.* 1 bouwen, construeren; 2 wisk. constructie maken.

consul *m* consul. ~**aire** *bn* consulair. ~**at** *m* consulaat.

consultant I *bn* consulterend. II *zn m* cliënt van advocaat, dokter.

consultatif, **-ive** *bn* raadgevend; *avoir voix —ive*, een adviserende stem hebben.

consultation *v* 1 consult, raadpleging; 2 spreekuur v. e. dokter; *cabinet de —*, spreekkamer v. e. dokter; 3 advies.

consulter I *ov.w* 1 raadplegen; 2 rekening houden met (— *ses forces*). II *on.w* beraadslagen.

consumer I *ov.w* 1 vernietigen; 2 verteren. II se ~ wegteren, zich uitputten.

contact *m* 1 aanraking, contact; — *à cheville*, stopcontact; *point de —*, raakpunt (*wisk.*); aanrakingspunt; *prendre le — avec l'ennemi*, voeling krijgen met de vijand; — *de terre*, aardleiding; 2 omgang.

contagi/eux, **-euse** *bn* besmettelijk, aanstekelijk (*exemple —*). ~**on** *v* besmetting, aanstekelijkheid (*du rire*). ~**onner** *on.w* besmetten. ~**osité** *v* besmettelijkheid.

contamination *v* 1 besmetting; 2 bezoedeling.

contaminer *on.w* 1 besmetten; 2 bezoedelen.

conte *m* verhaal, vertelsel; — *bleu*, — *de fées*, sprookje; — *de peau (vieille) femme*, bakerpraatje; — *à dormir debout*, sterk verhaal; *les —s de ma Mère l'Oie*, de sprookjes van Moeder de Gans; — *à rire*, grappig verhaal.

contemplatif, **-ive** *bn* beschouwend (*ordre —*).

contemplation *v* beschouwing, bespiegeling.

contempler *ov.w* beschouwen.

contemporain I *zn m*, *-e v* tijdgenoot(-genote). II *bn* hedendaags, uit dezelfde tijd.

contempteur *m*, *-trice v* verachter(-ster).

contenance *v* 1 inhoud; 2 oppervlakte; 3 houding; *faire bonne —*, zich goed houden; *perdre —*, zijn streek raken.

contenant *m* het voorwerp, dat inhoudt.

contenir I *ov.w onr.* 1 bevatten, inhouden; 2 bedwingen, tegenhouden, in toom houden; *un caractère contenu*, een beheerst karakter. II se ~ zich bedwingen, inhouden.

content *bn* 1 tevreden; *manger tout son —*, zich dik eten; *être — de sa petite personne*, met zich zelf ingenomen zijn; 2 blij.

contentement *m* 1 tevredenheid; — *passe richesse*, tevredenheid gaat boven rijkdom; 2 vreugde, blijdschap.

contenter I *ov.w* tevredenstellen, voldoen. II se ~ de zich tevredenstellen met.

contentieux, **-euse** I *bn* 1 betwist, betwistbaar; 2 twistziek. II *zn m* geschil.

contention *v* 1 inspanning; 2 geschil, twist, debat.

contenu I *zn m* inhoud. II *bn* ingehouden, bedwongen (*colère —e*); *caractère —*, gesloten karakter.

conter *ov.w* vertellen, vertellen; *il nous en conte*, hij maakt ons wat wijs; *en — à qn.*, iem. iets wijsmaken; — *des sornettes*, kletspraatjes verkopen.

contest/able *bn* betwistbaar. ~**ation** *v* 1 geschil; *sans —*, zonder tegenspraak; 2 geschil, twist; *entrer en —*, een twist beginnen; *mettre en —*, bestrijden, betwisten. ~**e** *v*: *sans —*, ontegenzeglijk. ~**er** I *ov.w* betwis-

ten, bestrijden. II *on.w* twisten.
conteur I *zn m*, -euse *v* verteller(-ster). II *bn* graag vertellend, praatziek.
contexte *m* samenhang v. d. tekst.
contexture *v* 1 weefsel; 2 samenhang.
contigu(ë) *bn* aangrenzend.
contiguïté *v* belending.
continence *v* kuisheid.
continent I *bn* 1 kuis; 2 voortdurend; *fièvre —e*, aanhoudende koorts. II *zn m* vasteland; *l'Ancien C—*, de Oude Wereld; *le Nouveau C—*, de Nieuwe Wereld.
continental [*mv* aux] *bn* tot het vasteland behorend; *blocus —*, continentaal stelsel.
contingence I *v* toevalligheid. II *~s mv* toevallige gebeurtenissen.
contingent I *bn* toevallig. II *zn m* 1 aandeel; 2 lichting (*mil.*).
contingenter *ov.w* contingenteren.
continu *bn* aanhoudend, doorlopend; *courant —*, gelijkstroom; *fièvre —e*, aanhoudende koorts; *proportion —e*, gedurige evenredigheid. *~ateur m*, *-trice v* voortzetter(-ster). *~ation v* voortzetting, vervolg. *~el, -elle bn* voortdurend, doorlopend. *~er I ov.w* 1 voortzetten, vervolgen, doorgaan met; 2 verlengen, doortrekken (*un mur*); 3 vernieuwen, verlengen (*un bail*). II *on.w* (à of de) doorgaan (met), voortduren. *~ité v* 1 voortduring; 2 samenhang.
continûment *bw* doorlopend, voortdurend
contorsion *v* 1 verdraaiing; 2 gelaatsverwringing.
contorsionniste *m* slangemens.
contour *m* omtrek.
contourner *ov.w* 1 lopen om; 2 omtrekken; 3 verdraaien; *attitude contournée*, gemaakte houding.
contractant I *bn* contracterend. II *zn m* contractant.
contracter I *ov.w* 1 doen samentrekken, doen inkrimpen; 2 (af)sluiten, een verbintenis aangaan; *— un bail*, een contract sluiten; *— des dettes*, zich in schulden steken; 3 krijgen, oplopen, enz.; *— une habitude*, een gewoonte aannemen; *— une maladie*, een ziekte oplopen. II *se —* inkrimpen, samentrekken.
contractif, -ive *bn* samentrekkend.
contractile *bn* samentrekbaar.
contractilité *v* samentrekbaarheid.
contraction *v* samentrekking, inkrimping.
contractuel, -elle *bn* contractueel.
contracture *v* spierverstijving.
contra/dicteur *m* tegenspreker. *~diction v* 1 tegenspraak; *esprit de —*, geest van tegenspraak; 2 tegenstrijdigheid; 3 onverenigbaarheid. *~dictoire bn* tegenstrijdig.
contraignable *bn* aan rechtsdwang onderworpen.
contraindre *ov.w onr.* 1 dwingen, noodzaken; 2 bedwingen, inhouden (*sa colère*).
contraint *bn* gedwongen, gemaakt.
contrainte *v* 1 dwang; *— par corps*, gijzeling; *user de —*, dwangmiddelen gebruiken; 2 gedwongenheid; *sans —*, ongedwongen.
contraire (à) I *bn* 1 tegengesteld, strijdig met; 2 schadelijk; 3 tegen-; *vent —*, tegenwind; *sort —*, tegenspoed. II *zn m* het tegenovergestelde, het tegendeel; *au —*, integendeel; *au — de*, in tegenstelling met.
contrairement (à) *bw* in tegenstelling met.
contralto, contralto *m* 1 alt(stem); 2 alt (zangeres).
contrapontiste, contrepointiste *m* contrapuntist (*muz.*).
contrariant *bn* 1 tegenstrevend; *esprit —*, dwarsdrijver; 2 vervelend, wat de zaak in de war stuurt (*une pluie —e*).
contrarier *ov.w* 1 tegenwerken, dwarsbomen; 2 hinderen; *voilà qui me contrarie*, dat vind ik vervelend; *avoir l'air contrarié*, zuur kijken; *— des couleurs*, contrasterende kleuren tegenover elkaar zetten.

contrariété *v* 1 tegenstelling; *— d'intérêts*, belangentegenstelling; 2 teleurstelling; 3 moeilijkheid, onaangenaamheid.
contraste *m* tegenstelling, contrast.
contraster *on.w* een tegenstelling vormen.
contrat *m* overeenkomst, contract; *— de mariage*, huwelijkscontract; *— notarié*, notarieel contract.
contravention *v* overtreding.
contravis *m* tegenadvies.
contre I *vz* tegen; *là —*, daartegen; *par —*, daarentegen; *laisser la porte tout —*, de deur aan laten staan. II *zn m* 1 het tegen; *le pour et le —*, het voor en tegen; *aller du pour au —*, van het ene uiterste in het andere vallen; 2 klots bij biljartspel. *~accusation† v* tegenbeschuldiging. *~alizé† m* antipassaat. *~allée† v* zijlaan. *~amiral* [*mv* aux] *m* schout-bij-nacht (*scheepv.*). *~appel† m* tweede appèl, contra-appèl (*mil.*). *~attaque† v* tegenaanval. *~attaquer ov.w* opwegen tegen. *~bande v* smokkelarij, smokkelwaren; *faire la —*, smokkelen; *marchandises de —*, smokkelwaar; *personnage de —*, binnendringer. *~bandier m, -ère v* smokkelaar(ster). *~bas* ber: *en —*, lager gelegen. *~basse v* 1 (contra)bas; 2 contrabassist. *~batterie v* 1 tegenbatterij; 2 tegenmaatregel. *~battre ov.w* een vijandelijke beschieting beantwoorden. *~biais* (en) *bw* in tegengestelde richting. *~boutant† m* stut, steun. *~bouter, ~buter ov.w* stutten. *~carrer ov.w* tegenwerken, dwarsbomen. *~champ m* filmopname, opgenomen in een richting, tegengesteld aan de vorige. *~cœur* (à) I *bw* met tegenzin. II *zn m* haardplaat. *~coup m* terugslag. *~courant† m* tegenstroom. *~danse v* contradans. *~défense v* tegenweer. *~digue† v* steundijk. *~dire I ov.w onr.* tegenspreken, in tegenspraak zijn met. II *se —* zich zelf tegenspreken. *~disant bn* die graag tegenspreekt. *~dit m* verweerschrift; *sans —*, ontegenzeglijk.
contrée *v* landstreek.
contre/enquête† v tegenonderzoek. *~espionnage m* contraspionage. *~expertise† v* tegenonderzoek. *~façon v* namaak, nabootsing. *~facteur m* namaker. *~faction v* namaak, nabootsing. *~faire ov.w* 1 nabootsen, namaken; 2 veranderen (*sa voix*); 3 voorwenden (*— la douleur*). *~faiseur m, -euse v* nääper(nääpster). *~fait m* 1 nagemaakt; 2 misvormd. *~fenêtre† v* dubbel raam. *~fiche† v* schoor. *~fil* (à) *bw* tegen de draad in. *~fort m* 1 schoormuur; 2 uitloper v. e. gebergte; 3 hielstuk. *~haut* (en —) *bw* hoger gelegen. *~jour m* vals licht; à —, met de rug naar het licht. *~maître m* opzichter, meesterknecht. *~mandement m* tegenorder, afbestelling. *~mander ov.w* een tegenbevel geven, afbestellen. *~manifestation† v* tegenmanifestatie. *~manœuvre† v* tegenbeweging. *~marche v* mars in richting, tegengesteld aan de oorspronkelijke. *~marque v sortie* (kaartje, dat men ontvangt, als men de schouwburg enz. even verlaat; dit kaartje dient dan als nieuw toegangsbewijs). *~mesure* (à) *bw* tegen de maat in. *~mur† m* steunmuur. *~offensive v* tegenoffensief. *~opération† v* tegenoperatie. *~partie v* 1 tegendeel; 2 tegenwaarde. *~pente† v* tegenhelling. *~peser ov.w* opwegen tegen, een tegenwicht vormen. *~pied† m* tegendeel; *prendre le — d'une opinion*, het tegendeel beweren. *~poids m* tegenwicht. *~poil* (à) 1 tegen de haren in (*étriller un cheval —*); *raser —*, opscheren; 2 tegen de draad in; *prendre une affaire —*, verkeerd aanpakken; *esprit —*, opstandige geest. *~point m* contrapunt. *~pointe v* scherp v. d. punt v. d. sabelrug. *~pointer ov.w* een batterij richten tegen een andere. *~poison m* tegengif. *~porte† v* tochtdeur. *~pression v* tegendruk. *~projet m* tegenplan. *~proposition v* tegen-

contrer—copain 72

voorstel.

contrer ov.w doubleren (bridge).

contre/-rail† m contrarail. ~**-révolution†** v contrarevolutie. ~**-révolutionnaire** m voorstander van-, medewerker aan een contrarevolutie. ~**seing** m medeondertekening. ~**sens** m 1 tegengestelde, tegenovergestelde betekenis; 2 verkeerde zijde; *à* —, tegen de draad in, averechts. ~**signature** v medeondertekening. ~**signer** ov.w medeondertekenen. ~**temps** m tegenvaller, tegenspoed, strop; *à* —, te onpas. ~**-tirer** ov.w een afdruk maken van een tekening enz. ~**-torpilleur†** m torpedojager (*mil.*). ~**type†** m filmpositief, gemaakt v. e. ander positief. ~**valeur†** v tegenwaarde. ~**vapeur** v tegenstoom. ~**venir** (à) on.w overtreden (v. e. politievoorschrift enz.). ~**vent** m ventsterluik. ~**vérité** v onwaarheid. ~**visite†** v tweede onderzoek (*med.*), ter controle v. h. eerste. ~**voie** (à) bw aan de verkeerde kant v. d. trein.

contribuable I bn belastingplichtig. II zn m of v belastingplichtige.

contribuant m bijdrager.

contribuer on.w 1 bijdragen; 2 medewerken.

contributif, -ive bn wat de belasting betreft; *part —ive*, aanslag.

contribution v 1 bijdrage; 2 belasting.

contristant bn bedroevend.

contrister ov.w bedroeven.

contrit bn berouwvol.

contrition v berouw; *acte de* —, akte van berouw; — *imparfaite*, onvolmaakt berouw.

contrôlable bn controleerbaar.

contrôle m 1 controle, toezicht; 2 plaats van controle; 3 waarmerk op goud en zilver; 4 tegenregister; 5 naamlijst; 6 kritiek.

contrôler ov.w 1 controleren; 2 waarmerken (van goud of zilver); 3 inschrijven in het tegenregister; 4 kritiseren.

contrôleur m, -**euse** v 1 controleur, -euse; 2 controletoestel; 3 vitter.

contrordre m tegenbevel.

controuver ov.w verzinnen.

controversable bn betwistbaar.

controverse v twist (vooral over godsdienstige onderwerpen).

controverser ov.w twisten (vooral over godsdienstige onderwerpen).

controversiste m theoloog, die godsdienstige geschilpunten behandelt.

contumace v verstek; *condamner par* —, bij verstek veroordelen.

contus bn gekneusd; *plaie —e*, kneuzing.

contusion v kneuzing.

contusionner ov.w kneuzen.

convaincant bn overtuigend.

convaincre ov.w overtuigen.

convaincu bn 1 overtuigd; 2 schuldig bevonden.

convalescence v beterschap, herstel (*med.*).

convalescent(e) I bn herstellend. II zn m, -**e** v herstellende zieke.

convenable bn 1 fatsoenlijk, behoorlijk, gepast; 2 geschikt (*le moment* —).

convenance I v 1 overeenkomst, gelijkheid; 2 fatsoen; *mariage de* —, berekend huwelijk, waarbij stand en geld een eerste rol spelen; 3 gepastheid, geschiktheid, gading; *trouver qc. à sa* —, iets naar zijn gading vinden; 4 beschikking; *avoir à sa* —, beschikken. II ~**s** mv beschaafde gebruiken, regels der beleefdheid (*respecter les* —s).

convenir I on.w onr. (vervoegd met *avoir*) 1 lijken, aanstaan, bevallen; 2 passen, voegen, geschikt zijn. II (vervoegd met *être*): 1 overeenkomen, het eens worden (*nous sommes convenus du prix*); 2 erkennen, toegeven (*je conviens que j'ai tort*); 3 overeenstemmen, het eens zijn. III onp.w: *il convient*, het is raadzaam, passend.

convention I v 1 verdrag, overeenkomst, afspraak; *une — verbale*, een mondelinge afspraak; *une — tacite*, een stilzwijgende afspraak; 2 wat gebruikelijk is, de gewone manier van doen, conventie; *langage de* —, gewone omgangstaal. II ~**s** mv bepalingen v. e. verdrag.

conventionnel, -elle bn overeengekomen, gebruikelijk.

conventualité v kloosterleven.

conventuel, -elle bn kloosterlijk (*la vie* —elle).

convergence v 1 het samenkomen in een punt van lichtstralen enz.; 2 overeenkomst, gemeenschappelijkheid; — *d'efforts*, gemeenschappelijke inspanning.

convergent bn in één punt samenkomend, convergerend; *feux —s*, vuur, dat op één punt is gericht.

converger on.w op één punt gericht zijn, - samenkomen.

convers bn: *frère* —, lekebroeder, werkbroeder; *sœur* —e, lekezuster, werkzuster.

conversation v gesprek, conversatie; *avoir de la* —, gezellig kunnen praten; *changer la* —, het gesprek op een ander onderwerp brengen.

converser on.w 1 praten, converseren; 2 zwenken (*mil.*).

conversion v 1 bekering; 2 verandering, omzetting; 3 zwenking; 4 conversie (van rente).

converti m, -**e** v bekeerlinge); *prêcher un* —, iem. proberen te overtuigen van iets, waarvan hij reeds overtuigd is.

convertibilité v omzetbaarheid, verwisselbaarheid.

convertible bn 1 omzetbaar, verwisselbaar; 2 herleidbaar (*fraction* —).

convertir ov.w 1 bekeren; 2 omzetten, veranderen; 3 inwisselen; 4 converteren.

convertissable bn 1 omzetbaar; 2 inwisselbaar; 3 bekeerbaar.

convertissement m inwisseling.

convertisseur m 1 bekeerder; 2 stroomwisselaar.

convexe bn bol.

convexité v bolheid, rondheid.

conviction v overtuiging; *pièce de* —, bewijsstuk.

convié m gast.

convier ov.w uitnodigen.

convive m of v gast (aan tafel).

convocation v oproeping.

convoi m 1 trein; — *de marchandises*, goederentrein; — *de voyageurs*, reizigerstrein; 2 konvooi (*mil.*); 3 lijkstoet; 4 koopvaardijvloot.

convolement, convoyage m konvooiering.

convoiter ov.w begeren.

convoiteux, -euse bn (de) begerig naar.

convoitise v begeerlijkheid, hebzucht.

convol m nieuw huwelijk.

convoler on.w hertrouwen.

convolvulus m winde (*plk.*).

convoquer ov.w op-, bijeenroepen.

convoyer ov.w konvooieren.

convoyeur m 1 begeleidend schip; 2 begeleider v. e. konvooi; 3 lopende band.

convulsé bn verwrongen, krampachtig vertrokken (*visage* —).

convulsif, -ive bn krampachtig.

convulsion v stuip(trekking), kramp.

convulsionner ov.w krampachtig doen samentrekken.

cooccupant m medebewoner.

coolie m koelie.

co/opérateur m, -**trice** v medewerker(ster). ~**opératif, -ive** I bn samenwerkend. II zn -**ive** v coöperatie. ~**opération** v samenwerking, coöperatie. ~**opérer** on.w medewerken. ~**optation** v het aanvullen van leden v. e. vereniging door de leden zelf. ~**opter** ov.w aannemen v. e. nieuw lid door de leden v. d. vereniging zelf. ~**ordination** v coördinatie, rangschikking, samenwerking. ~**ordonnées** mv v coordinaten. ~**ordonner** ov.w ordenen, rangschikken, coördineren.

copain m (*fam.*) maat, kameraad.

coparticipation v deelgenootschap.

copeau [mv x] m spaander, krul; vin de —x, wijn die geklaard wordt op spaanders.

copie v 1 afschrift; livre de copie de lettres (copie-lettres, m), kopieboek; 2 netwerk v. e. leerling; 3 kopij om te drukken; 4 reproduktie v. e. kunstwerk; 5 filmafdruk; 6 nabootsing; 7 evenbeeld.

copier ov.w 1 kopiëren; 2 overschrijven, in het net schrijven; 3 namaken, een reproduktie maken; 4 nabootsen.

copieux, -euse bn overvloedig (repas —).

copilote m tweede piloot.

copiste m namaker, maker van reprodukties.

coposséder ov.w samen bezitten.

copossesseur m medebezitter.

copossession v medebezit.

copra (coprah) m kopra.

copropriétaire m of v medeëigenaar(-eigenares).

copropriété v gemeenschappelijk eigendom.

copulatif, -ive bn verbindend.

copulation v paring.

copule v koppelwerkwoord.

coq m 1 haan (ook van fazanten enz.); au chant du —, bij het krieken v. d. dag; fier comme un —, zo trots als een pauw; le — gaulois, de Gallische haan; — d'Inde, kalkoense haan; avoir des mollets de —, spillebenen hebben; être comme un — en pâte, een herenleventje leiden; le — du village, haantje de voorste, jongen, waar alle meisjes achteraan lopen; être rouge comme un —, zo rood zijn als een kalkoense haan; 2 weerhaan; 3 scheepskok.

coq-à-l'âne m onsamenhangende taal; faire des —, van de hak op de tak springen.

coquard m 1 oude haan; 2 ouwe gek; 3 stomp op het oog.

coque v 1 eierschaal; sortir de sa —, pas komen kijken; œuf à la —, zacht gekookt ei; 2 dop; — de noix, notedop; 3 cocon; 4 romp van schip of vliegtuig; 5 haarstrik.

coquelicot m klaproos.

coqueluche v 1 kinkhoest; 2 lieveling, favoriet.

coqueluchon m kap; — de moine, monnikskap (pl.k.).

coquemar m waterketel.

coquerie v scheepskeuken, kombuis.

coqueriquer on.w kraaien v. d. haan.

coquet, -ette I bn behaagziek, koket. II zn -ette v kokette vrouw.

coqueter on.w koketteren.

coquetier m 1 eier-, kippenhandelaar; 2 eierdopje.

coquetière v eierkoker.

coquetterie v koketterie, behaagzucht.

coquillage m 1 schelpdier; 2 schelp.

coquille v 1 schelp; faire payer ses —s, iem. afzetten; rentrer dans sa —, in zijn schulp kruipen; 2 schaal (— d'œuf); dop (— de noix); sortir de sa —, pas komen kijken; — de noix, notedop (klein vaartuig); 3 schotel i. d. vorm v. e. schelp; 4 papierformaat (56 bij 44 cm); 5 drukfout.

coquin I zn m, -e v schelm, schurk; — de sort !, wat een pech! II bn guitig.

coquinerie v schelmenstreek.

cor m 1 hoorn; — anglais, althobo; à — et à cri, met veel lawaai, met alle geweld; emboucher le —, de hoorn aan de mond zetten; au son du —, bij het hoorngeschal; 2 hoornblazer; 3 likdoorn; 4 tak v. e. gewei.

corail [mv aux] m koraal.

corailleur m koraalvisser.

corallien, -enne bn wat koraal betreft (formation —enne).

coralliforme bn koraalvormig.

corallin bn koraalrood.

corbeau [mv x] m 1 raaf; 2 doodbidder, aanspreker; 3 zwartrok (priester); 4 muuranker.

corbeille v 1 korf; — de fleurs, bloemenmand; — de fruits, vruchtenmand; — à

---

ouvrage, handwerkmandje; 2 bloemperk; 3 — (de mariage), geschenken van de bruidegom voor zijn bruid.

corbeillée v korfvol.

corbi m (pop.) lijkkoets.

corbillard m lijkkoets.

corbillon m korfje.

corbleu tw drommels!

cordage m touwwerk.

corde v 1 touw, koord; avoir plus d'une — à son arc, meer dan één pijl op zijn boog hebben; friser la —, met de hakken over de sloot komen; montrer la —, kaal zijn van kleding, geen hulpmiddelen meer hebben; — à nœuds, geloadladder; sauter à la —, touwtje springen; — à sauter, springtouw; tabac en —, gerolde pruimtabak; tenir la — de binnenbaan hebben (van paarden, wielrenners); in het voordeel zijn; usé jusqu'à la —, tot op de draad versleten; 2 strop; mériter la —, de strop verdienen; se présenter la — au cou, zich op genade of ongenade overgeven; un homme de sac et de —, een galgeaas; 3 snaar; instrument à —s, snaarinstrument; toucher la — sensible, de gevoelige snaar raken; —s vocales, stembanden; 4 koorde.

cordé bn hartvormig.

cordeau [mv x] m 1 richtlijn; 2 lont.

cordée v 1 palingreep; 2 bergbeklimmers van één touw.

cordel/er ov.w vlechten. ~ette v touwtje. ~ier m franciscaner monnik. ~ière v 1 gordelkoord (van monniken, om kamerjapon enz.); 2 franciscanes; 3 snoer.

corder ov.w 1 draaien als touw; 2 een touwtje binden om; 3 besnaren (une raquette).

corderie v 1 touwslagerij; 2 touwhandel.

cordial [mv aux] I bn 1 hartversterkend; 2 hartelijk. II zn m hartversterkend middel.

cordialité v hartelijkheid.

cordier m 1 touwslager; 2 touwverkoper; 3 staartstuk van strijkinstrument.

cordieu! tw drommels!

cordiforme bn hartvormig.

cordillère v bergketen.

cordon m 1 touw(tje), koord, snoer, band; — - bleu, bekwame keukenmeid; délier les —s, de veters losmaken; le grand — de la Légion d'Honneur, ordeteken van grootkruis i. h. Legioen van Eer; — médullaire, ruggemerg; — nerveux, zenuwdraad; — de soulier, schoenveter; tenir les —s de la bourse, de koorden v. d. beurs in handen hebben; tirer le —, aan het touw trekken, om de deur te openen (b.v. van een concierge); 2 grasrand; 3 bomenrij; 4 troepenlinie, rij.

cordonner ov.w tot koord vlechten.

cordonnerie v 1 schoenwinkel; 2 schoenmakerij.

cordonnet m tres van gouddraad enz.

cordonnier m 1 schoenmaker; 2 schoenwinkelier; 3 schoenreparateur; les — sont les plus mal chaussés (spr.w), men doet dikwijls voor anderen dingen, die men voor zich zelf nalaat.

coreligionnaire m of v geloofsgenoot (-genote).

coriace bn 1 taai (viande —); 2 taai, volhoudend; 3 gierig.

coriacité v taaiheid.

Corinthe v Corinthe; raisin de —, krent.

Corinthien I zn m, -enne v Corinthiër, -ische. II bn -enne Corinthisch.

cormoran m aalscholver.

cornac m 1 kornak; 2 gids; 3 leidsman.

cornard m 1 horendrager; 2 (pop.) bedrogen echtgenoot.

corne v 1 horen, gewei; — d'appel, toeter; — d'automobile, autohoren; bêtes à —s, hoornvee; faire porter des —s à un mari, een echtgenoot bedriegen; 2 hoorn (stof); bouton de —, hoornen knoop; manche en — de cerf, hertshoornen heft; 3 punt;

chapeau à trois —s, driepuntige steek; 4 schoenhoren; 5 ezelsoor (v. boek); 6 gaffel (*scheepv.*); 7 voelhoren, spriet.

corné *bn* hoornachtig.

cornée *v* hoornvlies.

corneille *v* kraai; — *d'église*, torenkraai; *bayer aux —s*, lanterfanten.

cornélien, -enne *bn* op de wijze van Corneille.

cornement *m* oortuiting.

cornemuse *v* doedelzak.

cornemuseur *m* doedelzakspeler.

corner I *on.w* 1 op een horen blazen; 2 tuiten der oren (*les oreilles me cornent*). II *ov.w* 1 omvouwen v. e. visitekaartje; 2 rondbazuinen; 3 (*pop.*) met de horens stoten. III *se* ~ hoornachtig worden.

cornet *m* 1 toeter, horentje; — *acoustique*, geluidshoren voor doven; — *à pistons*, klephoren; — *de postillon*, posthoren; 2 dobbelbeker; 3 inktkoker; 4 hoornblazer.

cornette I *v* 1 nonnenkap; 2 cavalieriestandaard; 3 (*fam.*) telefoon. II *m* kornet.

cornettiste *m* kornetblazer.

corneur *m* hoornblazer.

corniche *v* 1 kroonlijst; *route en* —, weg langs een steile berghelling; 2 (*arg.*) voorbereidende klas v. d. mil. academie te Saint Cyr.

cornichon *m* 1 augurk; 2 sufferd.

cornier, -ère *bn* op de hoek (*poteau* —).

corniste *m* hoornblazer.

cornouille *v* kornoelje (*pl.k.*).

cornu *bn* 1 gehoornd; 2 dwaas.

corollaire *m* gevolg, uitvloeisel.

corolle *v* bloemkroon.

coronal, -aux I *bn* wat het voorhoofd betreft (*os-*). II *zn m* voorhoofdsbeen.

corporal [*mv aux*] *m* corporale (*R.K.*).

corporat/if, -ive *bn* wat een vereniging, gilde enz. betreft; *esprit* —, gildegeest. ~ion *v* vereniging, gilde, bond, genootschap. ~isme *m* gildewezen, corporatief systeem.

corporel, -elle *bn* lichamelijk; *infirmités* —elles, lichaamsgebreken; *peine* —elle, lijfstraf.

corps *m* 1 lichaam (= lijf); *se donner* — *et âme*, zich met hart en ziel geven; — *de baleine*, keurslijf; *périr* — *et biens*, met man en muis vergaan; *un bourreau de son* —, iem. die zijn gezondheid niet ontziet; *saisir qn. à bras le* —, iem. om het middel grijpen; — *à* —, man tegen man; *à son* —*défendant*, tegen wil en dank; *avoir le diable au* —, zich aanstellen; vechten als een bezetene; *un drôle de* —, een rare kerel; *à* —*perdu*, blindelings; 2 lichaam (= voorwerp); *les —célestes*, de sterren, de planeten; — *du délit*, corpus delicti; *donner* — *à une idée*, een denkbeeld verwezenlijken; *prendre l'ombre pour le* —, schijn voor werkelijkheid nemen; 3 lijk; 4 hoofdgedeelte v. e. gebouw; — *de garde*, hoofdwacht; — *de logis*, hoofdgebouw; 5 stof; — *simple*, element; 6 omvang, dikte; *prendre du* —, dik worden; 7 korps; — *de ballet*, gezamenlijke dansers en danseressen b.v. v. d. opera; — *diplomatique*, de diplomaten bij een mogendheid; — *franc*, vrijkorps; — *législatif*, wetgevende vergadering; — *médical*, de artsen; *venir en* —, gezamenlijk komen.

corps à corps *m* gevecht van man tegen man.

corpulence *v* gezetheid, dikte.

corpulent *bn* gezet, dik.

corpuscule *m* klein lichaampje.

correct *bn* 1 juist; 2 onberispelijk, correct. ~*eur m*, -*trice v* hij, zij, die de drukproeven corrigeert (corrector). ~*if*, -*ive* I *bn* verbeterend. II *zn m* verbeterend middel. ~*ion v* 1 verbetering; *maison de* —, verbeteringsgesticht; *sauf* —, als ik het wel heb; 2 straf; 3 juistheid, zuiverheid (— *du style*); 4 onberispelijkheid, netheid. ~*ionnel*, -elle I *bn* betrekking hebbend op lichte vergrijpen (*peine —elle*). II ~elle *v* (*tribunaal* —), rechtbank voor lichte vergrijpen (politierechter).

corrélat/if, -ive I *bn* een wederzijdse logische betrekking hebbend. II *zn m* een woord, dat in logische betrekking tot een ander staat. ~*ion v* logisch verband.

correspond/ance *v* 1 overeenkomst, overeenstemming; 2 betrekking, verstandhouding; 3 briefwisseling, ingekomen stukken; 4 aansluiting (v. trein enz.); 5 overstapkaartje. ~*ancier m*, -*ière v* handelscorrespondent(e). ~*ant* I *bn* overeenkomstig; *angles* —s, overeenkomstige hoeken. II *zn m* 1 zakenrelatie; 2 wetenschappelijke relatie v. e. academie enz. ~*re on.w* 1 in verbinding staan; 2 correspondentie voeren; 3 overeenkomen; 4 beantwoorden aan.

corridor *m* gang.

corrigé *m* verbeterd werk.

corriger I *ov.w* 1 verbeteren; 2 bestraffen. II *se* ~ zijn gedrag, leven beteren.

corrigeur *m* zetter, die de door de corrector aangegeven fouten verbetert.

corrigible *bn* voor verbetering vatbaar.

corrobor/ant I *bn* versterkend. II *zn m* versterkend middel. ~*atif*, -ive *bn* versterkend. ~*ation v* versterking. ~*er ov.w* versterken.

corrodant I *bn* bijtend, invretend. II *zn m* bijtend, invretend middel.

corroder *ov.w* uitbijten, aantasten.

corroi *m* leerbereiding.

corroierie *v* 1 leerbereiding; 2 leertouwerij.

corrompre I *ov.w* 1 bederven; 2 verminken (*un texte*); 3 omkopen. II *se* ~ bederven.

corrosif, -ive I *bn* bijtend. II *zn m* bijtmiddel.

corrosion *v* uitbijting.

corroy/age *m* 1 het leertouwen; 2 het gloeiend smeden van ijzer. ~*er ov.w* 1 leer touwen; 2 ijzer gloeiend smeden. ~*eur m* leertouwer.

corrupt/eur, -trice I *bn* verderfelijk. II *zn m*, -trice *v* bederver(bederfster), verleider(verleidster). ~*ibilité v* bederfelijkheid; 2 omkoopbaarheid. ~*ible bn* 1 bederfelijk; 2 omkoopbaar. ~*ion v* 1 bederf; 2 verdorvenheid; 3 omkoping.

corsage *m* lijfje van japon.

corsaire *m* 1 kaperschip; 2 kaper, zeerover; 3 beurschuimer; 4 driekwart damesbroek.

corsé *bn* krachtig, sterk; *vin* —, volle wijn.

corselet *m*: — *de mailles*, maliënkolder.

corser *ov.w* krachtig maken; spannend maken.

corset *m* korset.

corsetier *m*, -ère *v* korsettenmaker(-maakster).

cortège *m* 1 optocht, stoet; — *funèbre*, rouwstoet; 2 nasleep, gevolg.

corton *m* bekende wijn uit de Côte d'Or.

corvéable *bn* verplicht tot herendiensten.

corvée *v* 1 herendienst; 2 corvee (*mil.*); 3 de soldaten, die corvee hebben; 4 verschrikkelijk karwei.

corvette *v* korvet (*scheepv.*).

coryphée *m* 1 balletmeester, aanvoerder v. e. koor; 2 uitblinker.

cosaque *m* 1 kozak; 2 hardvochtig mens, wildeman.

cosignataire *m* medeondertekenaar.

cosmétique I *bn* bevorderlijk voor de schoonheid. II *zn m* schoonheidsmiddel, haarmiddel.

cosmique *bn* kosmisch.

cosmo/gonie *v* leer v. d. vorming v. h. heelal. ~*graphe m* kosmograaf. ~*graphie v* kosmografie (beschrijving v. h. astronomische systeem). ~*graphique bn* kosmografisch. ~*logie v* kosmologie (kennis der wetten, die het heelal regeren). ~*polie* 1 *zn m* wereldburger. II *bn* als een wereldburger, kosmopolitisch. ~*politisme m* kosmopolitisme, wereldburgerschap.

cosse *v* dop van peulvruchten.

cosser *on.w* 1 elkaar met de horens stoten (van rammen); 2 vechten.

cossu *bn* rijk, welgesteld.

costal [*mv aux*] *bn* wat tot de ribben behoort.

costaud, costeau [*mv x*] *bn* (*arg.*) sterk, potig.

costum/e *m* 1 klederdracht; 2 kostuum, pak. ~é *bn: bal* —, gekostumeerd bal. ~er *ov.w* kleden. ~ier *m*, -ère *v* 1 kostuummaker (-naaister); 2 kostuumverkoper(-verkoopster); 3 kostuumverhuurder(-verhuurster); 4 kostuumbewaarder(-bewaarster) in schouwburg.

cotangente *v* cotangens (*wisk.*).

cotation *v* notering.

cote *v* 1 belastingaanleg; *faire une* — *mal taillée*, een vergelijk treffen; 2 notéring. — *officielle*, officiële beursnotering; — *de clôture*, slotkoers; 3 peil, waterstand; 4 letter, cijfer voor archiefstukken.

côte *v* 1 rib; — à —, zij aan zij; *rompre les* —*s à qn.*, iem. afranselen; *serrer les* —*s à qn.*, iem. achter de broek zitten; *se tenir les* —*s*, zijn buik vasthouden v. h. lachen; *on lui voit les* —*s*, men kan zijn ribben tellen; 2 helling; *la Côte d'Or*, gebergte in midden-Frankrijk; *la Côte de l'Or*, de Goudkust; *la Côte d'Azur*, de Riviera; *à mi-côte*, halverwege de helling; 3 kust; *faire* —, *aller à la* —, schipbreuk lijden voor de kust; *être à la* —, zonder geld zitten; op zwart zaad zitten; 4 scherpe kant, ribbe; *étoffe à* —*s*, geribde stof.

côté *m* zijde, kant; *à* — *de*, naast; *le* — *d'un angle*, het been v. e. hoek; *de l'autre* —, aan de andere kant; *de* — *et d'autre*, *de tous* —*s*, van-, naar alle kanten; *bas* —, zijbeuk; *de ce* —, aan deze kant; *de* —, ter zijde; *du* — *de*, aan de kant van, in de richting van; *le* — *faible*, zwak, zwakke punt; *laisser de* —, weglaten; *mettre de* —, ter zijde leggen, opsparen; *je me range de votre* —, ik ben het met u eens; *mettre les* —*s d'un triangle*, de zijden v. e. driehoek; *voir de quel* — *vient le vent*, de kat uit de boom kijken.

coteau [*mv* x] *m* 1 heuveltje; 2 helling, beplant met wijnstokken.

côtelé *bn* geribd.

côtelette I *v* ribbetje. II —*s* bakkebaarden.

coter *ov.w* 1 nummeren, merken; 2 aanslaan in de belasting; 3 aangeven van peil of hoogte; 4 noteren (aan de beurs); *valeurs cotées à la bourse*, effecten, die in de officiële beursnotering zijn opgenomen; *il est bien coté*, hij staat goed aangeschreven.

coterie *v* kliek; *esprit de* —, kliekgeest.

côtier, -ère I *bn* wat de kust betreft; *bâtiment* —, kustvaarder; *navigation* -ère, kustvaart. II *zn m* kustvaartuig.

cotillon *m* soort dans.

cotisation *v* contributie, bijdrage.

cotiser I *ov.w* hoofdelijk omslaan. II *se* — bijdragen, geld bij elkaar leggen.

cotissure *v* kneuzing van vrucht.

coton *m* 1 katoen; *fil de* —, naaigaren; 2 watten; *il file un mauvais* —, hij is er slecht aan toe. ~nade *v* katoenen stof. ~nerie *v* katoenplantage. ~neux, -euse *bn* 1 wollig; 2 melig (v. vruchten); 3 kleurloos (v. stijl). ~nier, -ère I *bn* wat de katoen betreft; (*industrie* -ère). II *zn m* katoenboom.

coton-poudre *m* schietkatoen.

côtoyer *ov.w* gaan, rijden enz. langs.

cotre *m* kotter (*scheepv.*).

cotte *v* 1 boerinnenrok; 2 — *de mailles*, maliënkolder.

cou, col *m* hals; *mettre à qn. la bride sur le* —, iem. te veel vrijheid laten; *se casser*, *se rompre le* —, zijn nek breken; — *de cigogne*, geranium; *couper le* —, onthoofden; *se jeter au* — *de qn.*, iem. om de hals vallen; *prendre ses jambes à son* —, er van door gaan; *tordre le* —, worgen, de nek omdraaien.

couard I *bn* laf. II *zn m* lafaard.

couardise *v* lafheid.

couchage *m* 1 beddegoed; 2 slaapplaats.

couchant I *bn* 1 ondergaand (*soleil* —); 2 *chien* —, staande hond. II *zn m* 1 het

westen; 2 de oude dag.

couche *v* 1 bed, legerstede; 2 luier; 3 laag; 4 bevalling (meestal *mv*); *faire ses* —*s*, bevallen; *fausse* —, miskraam.

couchée *v* nachtverblijf.

coucher I *ov.w* 1 in bed leggen; 2 neerleggen; — *sur le carreau*, doden; *la pluie a couché les blés*, de regen heeft het koren platgeslagen; 3 opleggen van kleuren; 4 opschrijven, vermelden; 5 aanleggen, mikken (— *en joue*). II *on.w* slapen, overnachten; *chambre à* —, slaapkamer; — *sur la dure*, op de harde grond slapen; — *à la belle étoile*, onder de blote hemel slapen. III *se* — 1 naar bed gaan; *allez vous* — !, loop naar de maan!; *comme on fait son lit*, *on se couche* (spr.w), boontje komt om zijn loontje; *être couché*, in bed liggen; *se* — *comme (avec) les poules*, met de kippen op stok gaan; 2 ondergaan van zon enz.; *le soleil est couché*, de zon is onder; 3 gaan liggen.

coucher *m* 1 het naar bed gaan; 2 ondergang van zon enz.; 3 het gebruik v. e. bed (*payer 500 francs pour le* —); 4 bed, legerstede; 5 het te bed liggen.

couchette *v* 1 klein bed; 2 krib, kooi.

couci-couci (couci-couça) *bw: Comment allez-vous? Couci-couci*, 't gaat wel, tamelijk goed.

coucou *m* 1 koekoek; 2 koekoekklok; 3 sleutelbloem.

coude *m* 1 elleboog; *jouer des* —*s*, zich een weg banen; *lever, hausser le* —, graag drinken; *il ne se mouche pas du* —, hij doet de dingen goed; 2 bocht van weg of straat.

coudée *v* elleboogslengte; *avoir ses coudées franches*, vrij spel hebben.

cou†-de-pied *m* wreef.

couder *ov.w* ombuigen.

coudoiement *m* het stoten met de elleboog.

coudoyer *ov.w* 1 aanstoten met de elleboog; 2 omgaan met, in aanraking komen met.

coudraie *v* hazelaarsbosje.

coudre *ov.w onr.* naaien; *bouche cousue!*, mondje dicht!; *machine à* —, naaimachine.

coudrier, coudre *m* hazelaar.

couenne *v* 1 zwoord; 2 sukkel.

couette *v* 1 veren bed; 2 staartje.

couic! *tw* piep!; *faire* —, doodgaan.

couillon *m* zie con.

coulage *m* 1 gieten van metaal; 2 weken van was; 3 het weglopen van vloeistoffen; 4 verspilling, wat er aan de strijkstok blijft hangen.

coulamment *bw* vloeiend.

coulant I *bn* 1 vloeiend, stromend; *nœud* —, lus; *style* —, vlotte stijl; 2 vlot, coulant, handelbaar. II *zn m* schuifring.

coule *v* 1 vermorsing, verspilling; *être à la* — (*fam.*), uitgeslapen zijn, goed bij zijn; 2 pij.

coulé *m* 1 binding (*muz.*); 2 doorstoot bij biljarten; 3 slepende danspas.

coulée *v* 1 lopend schrift; 2 stroom, het wegstromen; 3 het gieten van metaal.

couler I *on.w* 1 stromen, vloeien; — *de source*, van een leien dakje gaan; 2 glijden, voortgaan; — *sur qc.*, ergens overheen glijden; *des vers qui coulent bien*, vloeiende verzen; 3 lekken, druipen; *ce tonneau coule*, dit vat lekt; *son nez coule*, zijn neus lekt; *la chandelle coule*, de kaars druipt; 4 zinken v. e. schip (— *bas*); 5 voorbijgaan; 6 verrotten v. d. vruchten door regen (*la vigne a coulé*); 7 doorstoten bij biljarten. II *ov.w* 1 gieten van metalen; — *une statue*, een standbeeld gieten; 2 in de week zetten (*la lessive*); 3 in de grond boren (— *bas un navire*); 4 doorbrengen (*ses jours*); 5 laten glijden, stoppen; — *un billet dans la main de qn.*, iem. een briefje in de hand stoppen, laten glijden; — *à l'oreille*, influisteren; 6 — *une pièce de théâtre*, een toneelstuk doen vallen.

couleur I *v* 1 kleur; *changer de* —, verbleken,

blozen; *homme de* —, kleurling; — *voyante*, opzichtige kleur; 2 verf; —*s à l'eau*, waterverf; —*s à l'huile*, olieverf; 3 leugentje. II ~*s mv* 1 livrei; 2 vlag.

couleuvre *v* slang; — *à collier*, ringslang; *avaler des* —*s*, beledigingen slikken.

coulis I *zn m* gezeefde saus of bouillon; — *d'écrevisses*, kreeftesoep. II *bn: vent —*, tocht.

coulisse *v* 1 sleuf, sponning; *table à —*, inschuiftafel; 2 toneelcoulisse; *dans les* —*s*, achter de schermen; 3 plaats, verzameling van niet-officieel erkende beursmakelaars.

coulisser *on w* schuiven.

couloir *m* nauwe gang, wandelgang; *intrigues de* —*s*, kuiperijen van politici.

couloire *v* vergiet.

coup *m* 1 stoot, slag, steek, schot, enz.; daad, streek; — *d'air*, kou tengevolge van tocht; *après* —, achteraf; *donner un — de balai*, even bijvegen; — *de bourse*, beursoperatie; *faire les cent* —*s*, een losbandig leven leiden; *donner un — de chapeau*, zijn hoed afnemen; — *de chien*, gemene streek; — *du ciel*, gelukkige, buitengewone gebeurtenis; — *de colère*, vlaag van woede; — *de coin*, hoekschop; — *sur* —, keer op keer; — *de dent*, beet; — *de dés*, worp met dobbelstenen; *faire* — *double*, twee stuks wild in één keer schieten; twee vliegen in één klap slaan; — *d'éperon*, spoorslag; — *d'essai*, proefstuk; — *d'État*, staatsgreep; *sans* — *férir*, zonder slag of stoot; — *de flèche*, pijlschot; — *de force*, gewelddaad; — *de fortune*, gelukkig toeval; — *de foudre*, bliksemschicht, plotselinge verliefdheid; — *de fouet*, zweepslag; — *franc*, vrije trap bij voetbal; — *de grâce*, genadeslag, genadeschot; — *de Jarnac*, gemene streek; *donner un — de main*, een handje helpen; — *de maître*, meesterlijke zet; *monter le* —, bedriegen; — *de mer*, stortzee; *avoir du — d'œil*, een zuiver oordeel hebben, kijk hebben; *jeter un — d'œil*, een blik werpen; *donner un — de peigne*, even de haren opkammen; *percé de* —*s*, doorboord met kogels; — *de pied*, trap; *le — de pied de l'âne*, een trap achterna; — *de poing*, vuistslag, stomp; *porter* —, effect hebben; — *de réparation*, strafschop bij voetbal; — *de sang*, beroerte; — *de soleil*, zonnesteek; — *de sonnette*, ruk aan de bel; *sur le* —, dadelijk; *à — sûr*, zeker; — *de tête*, gril, inval, kopbal (bij voetballen); — *de théâtre*, onverwachte wending; — *de téléphone*, — *de fil*, telefoontje, telefonische oproep; *tenir le* —, weerstand bieden; — *de tonnerre*, donderslag; *tout à* —, plotseling; *tout d'un* —, ineens; *à tout* —, telkens; *tué sur le* —, op slag gedood; — *de vent*, windstoot; 2 zet; — *monté*, doorgestoken kaart; *monter un — à qn.*, iem. er in laten lopen, bedriegen; *du premier* —, dadelijk; *cela vaut le* —, dat is de moeite waard; 3 teug; *d'un seul* —, ineens; *boire à petits* —*s*, met kleine teugen drinken; *le — de l'étrier*, het glaasje op de valreep.

coupable *bn* schuldig, misdadig.

coupage *m* het versnijden van wijn.

coupant *m* de snede.

coup†-de-poing *m* 1 boksbeugel; 2 kleine zakrevolver.

coupe *v* 1 beker (ook als sportprijs); — *de challenge*, wisselbeker; *il y a loin de la — aux lèvres* (spr.w), men moet de dag niet prijzen voor het avond is; 2 snede, het snijden, maaien, omhakken; *la — des cheveux*, het haarknippen; *la — des foins*, de hooioogst; — *sombre*, houthakkerij, waarbij genoeg bomen gespaard worden, om schaduw te laten; 3 snit; 4 doorsnede; 5 cesuur van verzen; 6 couperen van kaarten; *être sous la — de qn.*, afhankelijk van iem. zijn; 7 Spaanse slag bij het zwemmen.

coupé *m* 1 gesloten rijtuig met twee plaatsen; 2 spoorwegwagon met een bank; 3 soort

danspas; 4 gekapte bal bij tennis.

coupe/-bourse *m* beurzensnijder. ~**-cigares** *m* sigarenknipper. ~**-circuit** *m* zekering. ~**-feu** *m* brandgang in bos. ~**-file** *m* perskaart. ~**-gazon** *m* grassnijder. ~**-gorge** *m* moordhol, gevaarlijke, beruchte plaats. ~**-jarret†** *m* 1 struikrover, bandiet; 2 gewetenloos persoon.

coupé-lit† *m* slaapcoupé.

coupe-ongles *m* nageltang.

coupe-papier *m* 1 papiersnijmachine; 2 vouwbeen.

coupe-pâte *m* deegmes.

couper I *ov.w* 1 snijden, doorsnijden, knippen, afknippen, maaien, hakken, omhakken; — *les ailes*, kortwieken; — *la bourse à qn.*, iem. beroven; — *un bras*, een arm amputeren; — *à travers champs* zijn weg nemen dwars door de velden, de kortste weg nemen; — *les cheveux*, de haren knippen; — *la communication*, afbellen; — *le courant*, de elektrische stroom verbreken; — *court à*, een eind maken aan; — *la gorge à qn.*, iem. de hals afsnijden, vermoorden; — *l'herbe sous les pieds de qn.*, iem. het gras voor de voeten wegmaaien; — *les lignes*, de linies doorbreken; — *les ponts*, de bruggen achter zich verbranden; — *la retraite*, de terugtocht afsnijden; — *le sifflet à qn.*, iem. de hals afsnijden, iem. de mond snoeren; — *dans le vif*, in het vlees snijden; afdoende maatregelen nemen; — *les vivres*, de aanvoer van levensmiddelen beletten; iem. de gewone steun onthouden; 2 verdelen; — *en deux*, in tweeën delen; 3 vermengen, versnijden (— *le vin*); 4 couperen van kaarten. II se ~ 1 zich snijden; 2 afgebroken worden; 3 zich tegenspreken.

couperet *m* 1 hakmes; 2 mes v. d. guillotine.

couperose *v* 1 rode puisten en vlekken in het gezicht; 2 sulfaat, vitriool.

couperosé *bn* vlekkerig en puisterig in het gezicht.

coupeur *m*, *-euse* *v* 1 coupeur, coupeuse; 2 zakkenroller(-ster).

coupe-vent *m* windbreker.

coupe-verre *m* glassnijder.

couplage *m* schakeling, koppeling.

couple I *v* 1 paar; 2 koppelriem. II *m* 1 paar (echtpaar, mannetje en vrouwtje); 2 paar (bij elkaar horende mensen enz.); 3 koppel van krachten.

coupler *ov.w* koppelen.

couplet *m* couplet, strofe.

coupole *v* 1 gewelf v. e. koepel; 2 koepel.

coupon *m* 1 coupon (van stof); 2 coupon (rentebewijs); 3 toegangsbewijs voor schouwburgloge; 4 *coupon-réponse postal*, antwoordcoupon.

coupure *v* 1 insnijding; 2 bankbiljet; 3 coupure, schrapping, weglating; 4 onderbreking, afsluiting v. d. elektrische stroom.

cour *v* 1 binnenplaats; — *d'honneur*, hoofdplein v. e. kasteel; 2 hof(houding); *la — céleste*, de hemelhof; *côté* —, zijde v. h. toneel, rechts v. d. toeschouwers; *faire la* —, het hof maken; *la — du roi Pétaud*, een huishouden van Jan Steen; *plénière*, vergadering van vazallen, bijeengeroepen door de Fr. koning; *tenir* — *plénière*, een zeer groot gezelschap ontvangen; 3 (gerechts)hof; — *d'appel*, hof van appel; — *d'assises*, gerechtshof; — *de cassation*, hof van cassatie; — *des comptes*, Rekenkamer.

courage *m* 1 dapperheid, moed; *prendre son — à deux mains*, de stoute schoenen aantrekken; 2 ijver, goede wil.

courageux, *-euse* *bn* dapper, moedig, flink.

couramment *bw* 1 vlot, vloeiend; *cet article se vend* —, dit artikel wordt vlot verkocht; *parler* —, vloeiend spreken; 2 gewoonlijk, dagelijks.

courant I *bn* vloeiend, stromend, lopend; *compte* —, rekening-courant; *chien* —

jachthond; *écriture —e*, lopend schrift; *idées —es*, gangbare meningen; *main —e*, trapleuning; *mois —*, lopende maand; *monnaie —*, gangbare munt; *prix —*, marktprijs, prijscourant. **II** *zn m* 1 loop, stroom; *— d'air*, tocht, luchtstroom; *être au —*, op de hoogte zijn; *— alternatif*, wisselstroom; *— continu*, gelijkstroom; *marin*, zeestroming; *se mettre au —*, zich op de hoogte stellen; *tenir au —*, op de hoogte houden; 2 lopende maand; *le dix — (ct)*, de 10e dezer.

courante *v* 1 lopend schrift; 2 oude dans; 3 *(fam.)* diarree.

courbatu *bn* stijf.

courbature *v* stijfheid.

courb/e I *bn* gebogen, krom. **II** *zn v* kromme lijn. **~ement** *m* kromming. **~er I** *ov.w* krommen, buigen; *— la tête*, het hoofd buigen. **II** *on.w* buigen, krommen. **III** *se ~* zich buigen, bukken. **~ure** *v* kromming, bocht.

coureur *m* 1 hardloper, harddraver, renner; *— de cafés*, kroegloper; *— de femmes, de filles*, vrouwenjager; *— de places*, baantjesjager; 2 loopjongen; 3 straatslijper, zwerver; 4 strandloper (vogel).

courge *v* pompoen.

courir I *on.w onr.* hard lopen, hollen, rennen; *— après qn.*, iem. achterna hollen; *— après le succès*, succes najagen; *le bruit court*, het gerucht gaat; *— à sa perte*, zijn ondergang tegemoet snellen; *par le temps qui court*, tegenwoordig. **II** *ov.w* 1 jacht maken op (*— le cerf*); 2 najagen (*— les honneurs*); 3 doorlopen (*— les champs*); *— les rues*, aan iedereen bekend zijn (v. nieuws); 4 druk bezoeken, aflopen; *— les bals*, alle bals aflopen; 5 lopen; *— le danger*, gevaar lopen.

courlieu *m* [mv x], **courlis** *m* wulp.

couron/ne *v* 1 kroon (in alle betekenissen); *abdiquer la —*, afstand doen v. d. troon; *discours de la —*, troonrede; *joyaux de la —*, kroonjuwelen; *triple —*, tiara; 2 krans; *— lunaire*, kring om de maan; *— du martyre*, martelaarskrans; *— mortuaire*, grafkrans; *— solaire*, kring om de zon; 3 haar buiten de kruinschering (v. monniken); 4 uitstekend gedeelte van vestingwerk; 5 formaat papier (36 à 46 cm.). **~né** *bn* 1 bekroond, gekroond; 2 bekranst. **~nement** *m* 1 kroning, kroningsfeest; 2 bekroning, voltooiing; 3 kroonlijst, kap van gebouw. **~ner** *ov.w* 1 kronen; 2 bekronen; *la fin couronne l'œuvre* (spr.w), eind goed, al goed; 3 bekransen, omkransen, omringen, beheersen (*les collines couronnent la vallée*).

courre *on.w* (oud) hardlopen; *chasse à —*, lange jacht.

courrier *m* 1 renbode, koerier; 2 postwagen, schip, dat post vervoert; 3 post; *dépouiller son —*, de post nazien; *par retour du —*, per omgaande; 4 kroniek in een krant; 5 afstand; *avion long- —*, lange-afstandsvliegtuig.

courriériste *m* kroniekschrijver in een krant.

courroie *v* leren riem; *serrer la — à qn.*, iem. kort houden; *— de transmission*, drijfriem.

courroucer *ov.w* boos maken, vertoornen.

courroux *m* toorn (dicht.); *le — de la mer*, de woede der golven.

cours *m* 1 loop (van zon, maan, sterren, rivier enz.); *donner — à*, de vrije loop laten; *— d'eau*, rivier, beek; *en — de route*, onderweg; *le — des saisons*, de wisseling der jaargetijden; *le — de la vie*, de levensloop; *prendre son —*, ontspringen; 2 wandelplaats; 3 cursus, college; *faire un —*, college geven; *suivre les — d'un professeur*, college lopen bij een professor; 4 leerboek; 5 omloop, prijs, koers; *le — de la Bourse*, de beurskoers; *les bruits qui ont —*, die in omloop zijnde geruchten; *— du change*, wisselkoers; *cette monnaie n'a plus —* ,dit geld is niet gangbaar meer.

course *v* 1 het hardlopen, ren; *— de haies*, hordenloop; *— d'obstacles (steeple-chase)*, hindernisren; *pas de —*, looppas; *— plate*, vlakkebaanren; 2 wedstrijd, wedren enz.; *champ de —s*, baanterrein; *cheval de —*, renpaard; *—s de chevaux*, paardenrennen; *— de demi-fond*, wedstrijd op de korte baan; *— de fond*, langebaanwedstrijd; *— de relais*, estafetteloop; 3 reis, tocht; 4 boodschap (*faire des —s*); 5 loop (*la — du soleil*); 6 kaapvaart; 7 slag (van zuiger).

coursier *m* 1 renpaard; 2 molenvaart.

court I *bn* kort, beknopt; *être (à) — d'argent*, slecht bij kas zijn; *le dîner est un peu —*, er is te weinig eten; *avoir l'haleine —e*, kortademig zijn; *avoir la mémoire —e*, kort van memorie zijn; *sauce —e*, onvoldoende saus; *tenir qn. de —*, iem. kort houden; **II** *bw*: *arrêter —*, plotseling doen stilstaan; *couper —*, een einde maken; *rester (tout) —*, blijven steken; *tourner —*, een scherpe draai nemen, plotseling van richting veranderen; *tout —*, kortaf. **III** *zn m* tennisbaan.

courtage *m* commissieloon.

courtaud I *bn*: *chien —*, hond met afgesneden oren en staart. **II** *zn m*, *—e v* kort en dik persoon.

court†-circuit† *m* kortsluiting.

courtepointe *v* gestikte deken.

courtier *m* makelaar, agent.

courtine *v* (oud) bedgordijn.

courtisan *m* hoveling, vleier. **~e** *v* geestige, elegante vrouw v. lichte zeden.

courtiser *ov.w* het hof maken, vleien; *— les Muses*, dichten.

courtois *bn* hoffelijk, beleefd. **~ie** *v* hoffelijkheid, beleefdheid.

court-vêtu† *bn* met korte rokken.

couru *bn* 1 gezocht; 2 zeker.

cousette *v* (fam.) naaistertje.

couseuse *v* naaister.

cousin *m*, *~e v* 1 neef; nicht; *— germain*, volle neef; 2 vriend; *être —s*, goede vrienden zijn; 3 mug; 4 *— de*, verwant met. **~age** *m* neef en nicht zijn. **~e** *v* nicht. **~er I** *ov.w* neef en nicht noemen. **II** *on.w ensemble*, met elkaar op kunnen schieten.

coussin *m* kussen.

coussinet *m* 1 kussentje; 2 lager.

cousu *bn* genaaid; *— d'or*, schatrijk.

cousue-main *v* (fam.) met de hand gerolde sigaret.

coût *m* kosten.

couteau [mv x] *m* 1 mes; *— de chasse*, hartsvanger; *— à découper*, voorsnijmes; *— à éplucher*, aardappelmesje; *guerre au —*, strijd op leven en dood; *jouer du —*, zijn mes trekken; *— à papier*, vouwbeen; 2 mes van balans; 3 brandijzer (voor paarden).

coutelas *m* 1 groot keukenmes; 2 korte, brede sabel.

coutelier *m* messenfabrikant, -verkoper.

coutellerie *v* 1 messenfabriek; 2 messenwinkel; 3 snijdende voorwerpen, zoals messen, scharen enz.; 4 messenfabricage.

coût/er *on.w* kosten; *aveu qui coûte*, pijnlijke bekentenis; *— cher*, duur zijn, duur te staan komen; *coûte que coûte*, tot elke prijs, het koste, wat het wil; *— la vie*, het leven kosten; *il m'en coûte de*, het valt mij zwaar. **~eux, -euse** *bn* duur, kostbaar.

coutil *m* 1 beddetijk; 2 dril.

coutre *m* kouter.

coutum/e *v* 1 gewoonte, gebruik; *avoir — de*, gewoon zijn; *de —*, gewoonlijk; *une fois n'est pas —*, eenmaal is geen maal; *passé en —*, tot gebruik geworden; 2 gewoonterecht. **~ier** *bn* 1 (de) gewoon; *droit —*, gewoonterecht. **II** *zn m* boek, waarin wetten zijn verzameld, die ontleend zijn aan het gewoonterecht.

couture *v* 1 het naaien, naaikunst; *la haute —*, zeer chique kleding naar de nieuwste

mode; 2 naad; *battre à plate —*, totaal
verslaan; 3 litteken.

couturier *m* dameskleermaker.

couturière *v* naaister; *répétition des —s*,
laatste repetitie voor de generale.

couvaison *v* broedtijd.

couvée *v* 1 de eieren, die een vogel uitbroedt;
2 broedsel; 3 (*fam.*) het hele gezin.

couvent *m* 1 klooster; 2 meisjespensionaat.
geleid door zusters.

couver *I ov.w* 1 (uit)broeden; 2 broeden op,
(*fig.*) beramen; *un dessein*, een plan beramen; *— une maladie*, een ziekte onder de
leden hebben; *— des yeux*, met de ogen
verslinden. II *on.w* smeulen (ook *fig.*).

couvercle *m* deksel; *il n'est si méchant pot
qui ne trouve son —* (*spr.w*) (*pop.*), de lelijk-
ste vrouw krijgt nog wel een man.

couvert I *zn m* 1 tafelbestek, *mettre le —*, de
tafel dekken; *un — d'argent*, een zilveren
couvert; 2 huisvesting; *le vivre et le —*, kost
en inwoning; 3 briefomslag; 4 bescherming,
beschutting; *sous le — de la loi*, gedekt door
de wet; *à — de*, beschut tegen. II *~ (de) bn*
1 bedekt met, bezaaid met; 2 bedekt;
parler à mots —s, in bedekte termen spreken; *pays —*, beboste streek; *temps —*, betrokken weer; *rester —*, zijn hoed ophouden; 3 gekleed; 4 gedekt (*il est — par
les ordres de ses supérieurs*). *~e v* 1 glazuur;
2 soldatendeken. *~ure v* 1 deken; 2 dakbedekking (pannen enz.); 3 boekomslag;
4 dekking; *troupes de —*, dekkings-, grens-
troepen; 5 schijn, voorwendsel; 6 dekking
(op de beurs); *faire la —*, dekking geven;
être à —, gedekt zijn.

couveuse *v* 1 broedkip, broedse kip; 2 broedmachine; 3 couveuse.

couvi *bn: œuf —*, half bebroed, bedorven ei.

couvoir *m* broednest, broedplaats.

couvre-chef† *m* hoofddeksel. **~feu†** *m*
avondklok (oud), ten teken, dat de vuren
gedoofd moesten worden. **~joint†** *m* 1
voegkalk; 2 voeglat. **~lit†** *m* sprei. **~pied†**
m 1 voetendeken; 2 sprei. **~plat†** *m* deksel
v. e. schotel. **~radiateur†** *m* radiatorhoes.
~selle† *m* zadeldek. **~théière†** *m* theemuts.

couvreur *m* leidekker.

couvrir I *ov.w onr.* 1 (*de*), be-, toe-, overdekken; *— d'éloges*, erg prijzen; *— d'étoffe*,
bekleden; *— le feu*, het vuur afdekken;
— une maison, een huis met leien, pannen
enz. dekken; *— un malade*, een zieke toe-
dekken; 2 beschermen, dekken; *— une
armée*, een leger dekken; *— l'échec*, schaak
afwenden, door een stuk tussen de koning
en het aanvallende stuk te plaatsen; 3 dekken van kosten; 4 verbergen, bewimpelen
(*— ses projets*); 5 dekken (beschermen);
— un subordonné, een ondergeschikte
dekken; 6 opwegen tegen, dekken (*les
recettes couvrent les dépenses*); 7 kleden,
8 afleggen (*une distance*); 9 ophogen v. e.
bod (*— une enchère*); 10 overstemmen (*le
bruit*). II *se ~* 1 (warm) kleden; 2 zijn
hoed opzetten; 3 betrekken v. d. lucht
(*le ciel se couvre*); 4 zich overdekken met,
zich overladen met, zich bezoedelen met;
5 zich verbergen; *se — d'un prétexte*, zich
achter een voorwendsel verschuilen.

covendeur *m* medeverkoper.

cow-boy† *m* cowboy.

cowpox *m* koepokken.

coyote *m* prairiewolf.

crabe *m* krab.

crac! *tw* krak!

crach/at *m* 1 spuug, fluim; 2 ridderkruis. **~e-
ment** *m* gespuw, het spuwen; *— de sang*,
bloedspuwing. **~er** I *ov.w* spuwen; *— du
coton*, een droge keel hebben; *— des injures*,
scheldwoorden uitbraken; *c'est son portrait
tout craché*, hij is het sprekend; *— ses pou-
mons*, t.b.c. hebben. II *on.w* 1 spuwen; *—
au nez*, in het gezicht spuwen; 2 spatten (*la
plume crache*); 3 vonken van elektr. leiding.

~eur *m*, **-euse** *v* spuwer(-ster). **~in** *m* fijne,
doordringende regen. **~oir** *m* spuwbak,
kwispedoor; *tenir le —* (*pop.*), aan één stuk
doorpraten. **~oter** *on.w* vaak spuwen.

crado *bn* (*arg.*) vuil.

craie *v* krijt; *bâton de —*, pijpje krijt; *marquer à la —*, een streepje aan de balk zetten.

crailler *on.w* krassen v. e. kraai.

craindre *ov.w onr.* (met *subj.*) 1 vrezen, bang
zijn; *craignant Dieu*, godvruchtig; *je crains
pour sa vie*, ik vrees voor zijn leven; 2 niet
kunnen tegen; *le tabac craint l'humidité*,
tabak kan niet tegen vocht.

crainte I *zn v* vrees, ontzag; *la crainte de
Dieu*, de vreze des Heren. II *vw: de — que*
(met *subj.*), de —, uit vrees, dat (van).

craintif, -ive *bn* bang, vreesachtig.

cramoisi I *bn* karmijnrood. II *zn m* karmijn.

crampe *v* kramp.

crampillon *m* kram.

cramp/on *m* 1 kram; 2 hechtwortel; 3 (*fam.*)
lastig persoon, van wie men niet af kan
komen. **~onner** I *ov.w* 1 krammen; 2 (*pop.*)
lastig vallen, niet loslaten. II *se ~* zich vastklemmen, -vastklampen. **~onnet** *m* klem-
metje.

cran *m* 1 keep, kerf, gaatje in riem; *baisser
d'un —*, een toontje lager zingen; *descendre
d'un —*, achteruitgaan; *monter d'un —*,
vooruitgaan; *— de sûreté*, rust van geweer
enz.; 2 lef, stoutmoedigheid (*fam.*).

crân/e I *zn m* 1 schedel; 2 kranige, kordate
kerel. II *bn* kranig. *~er on.w* opscheppen.
~erie *v* kranigheid, doortastendheid. **~eur**
m, -euse *v* opschepper(ster), braniemaker
(-maakster); **~ien, -enne** *bn* wat de schedel
betreft; *os —s*, schedelbeenderen. **~iologie**
v schedelleer.

crapaud *m* 1 pad; *avaler un —*, iets zeer ver-
velends moeten doen, -slikken; *laid comme
un —*, foeilelijk; *— volant*, gierzwaluw;
2 lage leuningstoel; 3 kleine vleugel
(piano); 4 jochie, ventje (*fam.*). **~ière** *v* 1
paddenest; 2 vochtige, modderige plek.
~ine *v: pigeons à la —*, gekloofde, op een
rooster gebraden duiven.

crapouillot *m* 1 loopgraafmortier; 2 projectiel
voor de crapouillot.

crapoussin *m* 1 (*pop.*) lelijk klein mormel;
2 (*fam.*) dreumes.

crapul/e *v* 1 liederlijkheid; 2 grauw; 3 smeerlap, schoft. **~erie** *v* liederlijkheid, gemeenheid. **~eux, -euse** *bn* liederlijk, gemeen.

craque *v* leugen, opsnijderij (*fam.*). **~lage** *m*
het maken van gecraqueleerd (van barstjes
voorzien) porselein. **~lé** I *bn* met gebarsten
glazuur (*porcelaine —e*). II *zn m* de barstjes
van porselein. **~ler ov.w* (porselein) van
barstjes voorzien. **~lin** *m* 1 krakeling; 2
(*fam.*) zwak, nietig mannetje. **~lure** *v* barstje
in vernis of verf. **~ment** *m* gekraak. **~on.w*
1 kraken, knarsen; 2 klepperen v. ooievaars.
craquètement *m* 1 gekraak, geknars; 2 ge-
klepper v. d. ooievaar; 3 het klappertanden.
craqueter *on.w* 1 herhaald zachtjes kraken;
2 klepperen van ooievaars.

craqueur *m*, -euse *v* (*pop.*) leugenaar(leuge-
naarster), opsnijder(opsnijdster).

crasse I *zn v* 1 vuil; 2 laag, gemeen; *être né dans
la —*, van zeer lage afkomst zijn; 3 gierigheid; 4 metaalslakken; 5 gemene streek
(*faire une — à qn.*). II *bn* vuil, kras, grof;
une ignorance —, grove onwetendheid.

crasser *ov.w* vuil maken. II *se ~* vuil
worden.

crasseux, -euse I *bn* 1 vuil, smerig; 2 zeer
gierig. II *zn m* 1 viezerd, vuilpoets; 2 vrek.

crassier *m* berg slakken.

cratère *m* 1 krater; 2 wijnschaal in de oudheid.

cravache *v* karwats, rijzweep.

cravacher *ov.w* met de karwats slaan.

cravate *v* 1 das; *tenir qn. à la —*, iem. trachten te worgen; *— de chanvre* (*fam.*), strop;
2 wimpel; 3 lint v. e. ridderorde.

cravater *ov.w* een das omdoen.
crawl *m* crawlslag.
crayeux, -euse *bn* krijtachtig, -houdend.
crayon *m* 1 potlood; — *d'ardoise*, griffel; 2 potloodtekening; 3 manier van tekenen;
crayonnage *m* potloodtekening, krijttekening.
crayonner *ov.w* 1 tekenen met potlood of krijt; 2 schetsen.
crayonneur *m* slecht tekenaar.
crayonneux, -euse *bn* potlood-, krijtachtig.
créance *v* 1 vertrouwen, geloof; *attacher* —, *donner* —, geloof hechten; *digne de* —, geloofwaardig; *lettres de* —, geloofsbrieven; 2 schuldvordering.
créancier *m*, **-ère** *v* schuldeiser(es).
créateur I *zn m*, **-trice** *v* schepper, uitvinder (uitvindster), maker(maakster); *le C—*, God. II *bn* scheppend.
création *v* 1 schepping, uitvinding; 2 — (*d'un rôle*), eerste uitbeelding v. e. toneel-, filmrol; 3 oprichting, instelling.
créature *v* 1 schepsel; 2 verachtelijk persoon; 3 beschermeling, protégé.
crécelle *v* 1 ratel in de kerk (voor Goede Vrijdag); 2 ratel (speelgoed); 3 ratel (iem. die veel praat); *voix de* —, schreeuwerige stem.
crécerelle *v* torenvalk.
crèche *v* 1 krib; 2 kinderbewaarplaats.
crécher *on.w* (arg.) wonen.
crédence *v* 1 credenstafel; 2 dientafel.
crédibilité *v* geloofwaardigheid.
crédit *m* 1 krediet, vertrouwen; *acheter à* —, op krediet kopen; — *agricole*, landbouwkrediet; — *en blanc*, blanco krediet; *établissement de* —, bank; *faire* — *à qn.*, iem. krediet geven; — *foncier*, grondkrediet(bank); *lettre de* —, kredietbrief; — *municipal*, stadsbank van lening; *ouvrir un* — *à qn.*, iem. een krediet openen; *porter une somme, un article au* — *de qn.*, een som op iemands credit boeken; 2 gezag, invloed (*avoir du* —).
créditer *ov.w* crediteren.
créditeur *m* crediteur; *compte* —, creditrekening; *solde* —, creditsaldo.
credo *m* geloofsbelijdenis, beginsel.
crédule *bn* lichtgelovig.
crédulité *v* lichtgelovigheid.
créer *ov.w* 1 scheppen; 2 uitvinden; 3 instellen, oprichten; 4 benoemen; 5 het eerst uitbeelden (— *un rôle*); 6 in de weg leggen (— *des obstacles*).
crémaillère *v* 1 haak (om een ketel op te hangen); *pendre la* —, een diner geven, als men een nieuwe woning betrekt; 2 stelhout, -ijzer; *chemin de, fer à* —, tandradbaan.
crémation *v* lijkverbranding.
crématoire *bn*: *four* —, lijkoven.
crème *v* 1 room; (*fig.*) het puikje; — *fouettée*, slagroom; — *à la glace*, roomijs; *la* — *de la* —, het puikje, de fijne lui; 2 vla; 3 — *de riz*, rijstebrij; 4 soort likeur uit planten (— *de menthe*); 5 kosmetiek, huidzalf als schoonheidsmiddel; 6 vel op melk; 7 soep.
crém/er *on.w* romen. **~erie** *v* winkel in zuivelprodukten, melkinrichting. **~et** *m* soort roomkaas. **~eux, -euse** *bn* roomhoudend (*lait* —). **~ier** *m*, **-ière** *v* verkoper(verkoopster) van zuivelprodukten.
créne/au [*mv* x] *m* 1 kanteel, tinne; 2 schietgat. **~lage** *m* het kartelen, kartelrand. **~lé** *bn* 1 gekanteeld; 2 gekarteld, getand. **~ler** *ov.w* 1 van kantelen voorzien; 2 uittanden. **~lure** *v* 1 kanteelwerk; 2 gekerfde rand.
créole I *bn* Creools. II *zn* C~ *m* of *v* Creool-(se).
créosote *v* creosoot.
créosoter *ov.w* met creosoot insmeren.
crêpe I *v* flensje. II *m* 1 krip; — *de Chine*, soort dikke gekroesde zijde; 2 rouwband, floers.
crêpelé, crêpelu *bn* gekroesd, gekruld.
crêpelure *v* het kroes-,gekruld zijn van haren.

crêper I *ov.w* kroezen, krullen. II *se* ~ kroes worden; *se* — *le chignon*, elkaar in de haren vliegen.
crépi *m* pleisterkalk.
crépine *v* 1 soort franje; 2 sproei, rooster.
crépinette *v* platte worst.
crép/ir *ov.w* bepleisteren. **~issage** *m* bepleistering. **~issure** *v* muurbepleistering.
crépit/ant *bn* 1 knetterend; 2 piepend (v. d. borst). **~ation** *v* geknetter. **~ement** *m* geknetter. **~er** *on.w* 1 knetteren; 2 piepen v. d. borst).
crépu *bn* gekruld, kroezig.
crépure *v* het kroezig zijn.
crépusculaire *bn* wat de schemering betreft; *animaux, papillons* —*s*, nachtdieren, -vlinders.
crépuscule *m* schemering, ochtendgloren.
cresson *m* waterkers; — *alénois*, tuinkers; — *des prés*, pinksterbloem.
crésus *m* rijkaard.
crétacé *bn* krijtachtig.
crête *v* 1 kam v. d. haan; *baisser la* —, een toontje lager zingen, de moed laten zinken; *dresser, lever la* —, overmoedig worden; 2 top, bergkam, nok; *mettre du blé en* —, koren in de vorm v. e. piramide opstapelen; 3 kop v. e. golf.
crêteler *on.w* kakelen v. e. kip.
crétin *m* 1 stommeling, ezel; 2 lijder aan kropziekte. **~erie** *v* stommiteit. **~isme** *m* 1 stompzinnigheid; 2 kropziekte.
crétois I *bn* Kretenzisch. II *zn* C~ *m*, -e *v* Kretenzer(Kretenzische).
cretonne *v* cretonne.
creusage, creusement *m* het uithollen, graven.
creuser I *ov.w* 1 uithollen, graven; *le travail creuse l'estomac*, werken wekt de eetlust op, maakt hongerig; *le chagrin a creusé ses joues*, het verdriet heeft hem vermagerd; 2 grondig bestuderen (— *un sujet*). II *se* ~ *la tête, le cerveau*, zich het hoofd breken.
creuset *m* smeltkroes.
creux, -euse I *bn* hol, diep; *assiette* —*se*, diep bord; *cervelle, tête* —*se*, leeghoofd; *joues* —*es*, ingevallen wangen; *mer* —*se*, holle zee; *rivière* —*se*, diepe rivier; *trouver buisson* —, geen wild vinden; *ventre* —, lege maag; *yeux* —, holle ogen. II *zn m* holte, diepte; *avoir un bon* —, een diepe basstem hebben; *se sentir un* — *dans l'estomac*, een holle maag hebben. III *bw*: *sonner* —, hol klinken.
crevaison *v* (*fam.*) het springen v. e. band
crevasse *v* kloof, barst.
crevasser I *ov.w* doen barsten. II *se* ~ barsten.
crève-cœur *m* hartzeer.
crever I *on.w* 1 barsten, springen; *la bombe a crevé*, de bom is gebarsten; — *de rage*, — *de jalousie, d'orgueil*, barsten van woede, jaloezie, hoogmoed; 2 sterven v. e. dier (creperen v. e. mens); — *de faim, de soif*, sterven van honger, dorst; *un pneu crevé*, een lekke band; — *de rire*, stikken v. h. lachen; 3 een lekke band krijgen (*il a crevé trois fois*). II *ov.w* 1 doen barsten, doorbreken (*l'eau a crevé la digue*); 2 uitsteken (— *un œil*); *ça crève les yeux*, dat springt in het oog. III *se* ~ springen, barsten; *se* — *de travail*, zich doodwerken.
crevette *v* garnaal.
crevettier *m* garnalennet.
cri *m* 1 kreet, gil, geschreeuw; *le* — *du cœur*, de stem v. h. hart; *le* — *de la conscience*, de stem v. h. hart; *le dernier* —, het nieuwste snufje; *à grands* —*s*, luidkeels; *le* — *public*, de openbare mening 2 het weeklagen (*le* — *des opprimés*).
criaill/er *on.w* 1 geluid van fazant, pauw; 2 (*fam.*) schreeuwen, kijven. **~erie** *v* geschreeuw, geduw. **~eur, -euse** *v* schreeuwbek, schreeuwster, kijver(kijfster).
criant *bn*: *une injustice* —*e*, een schreeuwende onrechtvaardigheid.

criard bn 1 schreeuwerig; *dettes —es*, dringende schulden; 2 schel; *voix —e*, schelle stem; *couleurs —es*, schelle, opzichtige kleuren.

cribl/age m het zeven. ~e m zeef; *passer au —*, zeven. ~er ov.w zeven; *crible de blessures*, overdekt met wonden; *criblé de dettes*, tot over de oren in de schuld. ~eur m, -euse v zever(zeefster). ~ure v wat van het graan in de zeef achterblijft.

cric I zn m 1 krik, dommekracht; 2 (arg.) cognac, brandewijn. II tw krak!

cricri m krekel.

criée v: *vendre à la —*, bij opbod verkopen; *vente à la —*, verkoping bij opbod.

crier I on.w 1 schreeuwen; *— à l'assassin*, moord roepen; *— à l'injustice*, schreeuwen, dat men onrechtvaardig behandeld wordt; *— au feu*, brand roepen; *— au secours*, hulp roepen; *— à tue-tête*, luidkeels schreeuwen; 2 gillen; 3 knarsen, piepen, kraken. II ov.w 1 schreeuwen, roepen; *— famine*, zijn nood klagen; *— misère*, over zijn ellende klagen; *— vengeance*, om wraak roepen; 2 omroepen *(un objet perdu)*; 3 bij opbod verkopen; 4 rondbazuinen; *— qc. sur les toits*, iets aan de grote klok hangen.

crieur m, -euse v 1 schreeuwer(ster); 2 straatventer(ster); 3 — publié, omroeper.

crim/e m 1 misdaad; *— d'État*, hoogverraad; *imputer qc. à —*, iets als een misdaad aanrekenen; *— de lèse-majesté*, majesteitsschennis; *voir du — à tout*, alles als een ernstige daad aanrekenen, alles ernstig opnemen; 2 de misdadigers. ~inaliser m kenner v. h. strafrecht. ~inalité v misdadigheid. ~inel I zn m, -elle misdadiger(-ster). II bn misdadig; strafrechterlijk; *affaire —elle*, strafzaak. ~inologie v wetenschap der misdaden.

crin m lang haar aan hals en staart van sommige dieren, paardehaar; *un brave à tous —s*, een zeer dapper man; *cheval à tous —s*, paard, waarvan manen en staart niet gekort zijn; *être comme un —*, prikkelbaar zijn; *homme à tous —s*, man met lange haren en baard; *matelas en —*, paardeharen matras.

crincrin m slechte viool.

crinière v 1 manen; 2 haarbos op helm; 3 lange, woeste haren.

crinoline v 1 paardeharen stof; 2 rok daarvan; 3 hoeprok.

crique v 1 kreek; 2 scheur.

criquet m 1 sprinkhaan; 2 mager, goedkoop paardje; 3 schraal mannetje.

crise v 1 crisis; *— ministerielle*, kabinetscrisis; 2 hevige aanval v. e. ziekte; *— de larmes*, huilbui; *— de nerfs*, zenuwtoeval.

crispation v samentrekking (*— des muscles*); *donner des —s*, op de zenuwen werken.

crisper ov.w 1 samentrekken; 2 ongeduldig, tureluurs maken.

crissement m geknars.

crisser on.w knarsen, knarsetanden.

cristal [mv aux] m 1 kristal; 2 (dicht.) helderheid (*d'un ruisseau*).

cristallerie v 1 het maken van kristal; 2 kristalfabriek.

cristallin I bn kristalhelder; *lentille —e*, ooglens. II zn m ooglens.

cristallisation v kristalvorming.

cristalliser I ov.w tot kristal maken. II on.w of se ~ kristalliseren.

cristallisoir m kristalliseerbak.

cristallographie v kristalbeschrijving.

cristalloïde bn kristalvormig.

critérium m 1 kenmerk, toets; 2 beoordelingswedstrijd.

criticisme m kennisleer.

critiqu/able bn aanvechtbaar. ~e I bn 1 kritisch; *esprit —*, kritische geest; *examen —*, kritisch onderzoek; 2 kritiek, beslissend; *le moment —*, het beslissende ogenblik; *l'âge —*, overgangsleeftijd bij vrouwen. II zn m

1 criticus, recensent; *un — d'art*, een kunstcriticus; 2 vitter. III v kritiek; *la — est aisée et l'art est difficile*, de beste stuurlui staan aan wal; *— d'art*, kunstkritiek; 2 hekeling; 3 de critici. ~er ov.w 1 recenseren, beoordelen; 2 hekelen. ~eur m vitter, criticaster.

croassement m gekras van raven en kraaien.

croasser on.w krassen van kraaien en raven.

croc 1 haak, bootshaak; *— de boucher, de viande*, vleeshaak; *moustaches en —*, snor met opstaande punten; *pendre son épée au —*, het leger verlaten; *pendre, mettre qc. au —*, ergens voorlopig mee uitscheiden; 2 hoektand van roofdieren; 3 (arg.) tand.

croc†-en-jambe m het beentje lichten.

croche I bn krom. II zn v achtste noot; *double —*, zestiende noot; *triple —*, tweeendertigste noot.

croche-pied† m het beentje lichten.

crocher ov.w aanhaken.

crochet m 1 haakje, haak; *être aux —s de qn.*, op iemands kosten leven; 2 stok met haak v. e. voddenraper; 3 loper (om slot te openen); 4 het teken [ ]; 5 haaknaald; *faire du —*, haken; 6 haakwerk; 7 swing (bij boksen); 8 omweg, plotselinge draai; 9 giftand; 10 haarkrul bij de slapen. ~able bn wat met een loper kan geopend worden (*serrure —*). ~age m het openen v. e. slot met een loper. ~er ov.w 1 openen met een loper; 2 haken. ~eur m 1 pakjesdrager; 2 inbreker, die zich v. e. loper bedient.

crochu bn krom, gebogen (*nez —*); *avoir les mains (doigts) crochu(e)s*, lange vingers hebben.

crocodile m krokodil.

crocus m krokus.

croire I ov.w onr. geloven, menen, denken; *à ce que je crois*, naar ik meen; *à l'en croire*, als men hem geloven mag; *je le crois honnête homme*, ik houd hem voor een eerlijk man; *je lui crois beaucoup de fantaisie*, ik geloof, dat hij veel fantasie heeft; *croyez m'en*, heus. II on.w geloven; *c'est à n'y pas —*, 't is ongelooflijk.

croisade v 1 kruistocht; *partir pour la —*, ter kruistocht trekken; 2 volksbeweging tegen een misbruik.

croisé m kruisvaarder.

croisé bn gekruist; *rester les bras —s*, werkeloos toekijken; *feu —*, kruisvuur; *mots —s*, kruiswoordraadsel; *race —e*, gekruist ras; *étoffe —e*, gekeperde stof.

croisée v 1 venster, raam; 2 dwarsbeuk, transept; 3 kruispunt.

croisement m 1 het kruisen; 2 kruispunt; 3 kruising (van twee rassen).

croiser I ov.w 1 kruisen; *— les bras*, werkeloos toezien; *— la baïonnette*, de bajonet vellen; *— des races*, rassen kruisen; 2 doorstrepen; 3 tegenkomen. II se ~ 1 ter kruisvaart gaan; 2 elkaar ontmoeten.

croisette v kruisje.

croiseur m kruiser (scheepv.); (—) cuirassé, pantserkruiser.

croisière v 1 patrouillevaart van oorlogsschepen; 2 kruisende schepen; 3 kruispunt; 4 pleziertocht; 5 onderzoekingstocht.

croisillon m 1 dwarshout v. e. kruis; 2 dwarsbeuk, transept.

croissance v groei.

croissant I zn m 1 wassende maan; 2 Turkse vlag; 3 het Turkse rijk; 4 broodje i. d. vorm v. e. halve maan. II bn groeiend, toenemend, wassend.

croisure v kruising van rijmen.

croît m vermeerdering v. h. vee in een kudde door geboorte.

croître I on.w onr. groeien, wassen (van water), lengen (der dagen); toenemen; *mauvaise herbe croît toujours* (spr.w), onkruid vergaat niet. II ov.w vergroten, verhogen, doen toenemen.

croix v kruis; *chemin de la —,* kruisweg; *faire une — à la cheminée,* een streepje aan de balk zetten; *la Croix du Sud,* het Zuiderkruis (sterrenbeeld); *la descente de —,* de kruisafneming; *— funéraire,* grafkruis; *— gammée,* hakenkruis; *mettre en —,* kruisigen; *— pectorale,* borstkruis (b.v. van bisschoppen); *— ou pile,* kruis of munt; *prendre la —,* ter kruisvaart gaan; *la Croix-Rouge,* het Roode Kruis; *faire le signe de la C—,* een kruisteken maken.

cromesquis m wild-, kreeftcroquetje.

cromlech m loodrecht staand druïdisch steenmonument in Bretagne.

crône m kraan *(scheepv.).*

croquant I bn knappend. **II** zn m boerenpummel.

croquante v kletskop (koekje).

croque-madame, croque-monsieur m warme kaassandwich.

croquembouche v gebakje met knappende korst.

croque-mitaine† m boeman.

croque-mort† m *(pop.)* aanspreker, lijkdrager.

croquenot m *(pop.)* schoen.

croque-note† m *(fam.)* slecht muzikant.

croquer I on.w knappen. **II** ov.w.1 opknabbelen, oppeuzelen; *— un héritage, une fortune,* een erfenis, een fortuin er door draaien; *— le marmot,* lang wachten; *— une note,* een noot overslaan; 2 schetsen; *(joli) à —,* snoezig.

croquet m 1 kletskop (koekje); 2 croquetspel.

croquette v 1 croquet; 2 chocoladeflik.

croqueur m, *-euse* v iem. die opeet, oppeuzelt.

croquignole v 1 knapkoekje; 2 knip voor de neus.

croquis m schets, ontwerp, plan.

crosse v 1 kromstaf; 2 kolfspel; *chercher des —s à qn.,* ruzie zoeken; 3 kolf v. e. geweer; *coups de —,* kolfslagen; *mettre le — en l'air,* zich overgeven; 4 kolfstok, hockeystick; 5 omgebogen eind.

crosser I on.w kolven. **II** ov.w ruw, minachtend bejegenen. **III** se ~ vechten.

crosseur m 1 kolfspeler; 2 iem. die een ander ruw bejegent, mishandelt.

crotte v 1 keutel, drol; 2 modder, straatvuil.

crotter I ov.w bemodderen. **II** se ~ onder de modder komen.

crottin m paardevijg.

croulement m instorting.

crouler on.w instorten.

croulier, -ère bn mul, los.

croup m kroep *(med.).*

croupe v 1 kruis v. e. paard; *monter en —,* achter iemand op een paard zitten; 2 bergkruin.

croupetons (à) bw gehurkt.

croupier m croupier (bij een speelbank).

croupière v staartriem van paard; *tailler des —s à qn.,* het iem. lastig maken.

croupion m stuit.

croupir on.w 1 stilstaan en daardoor bederven van water; 2 vervuilen; *— dans le vice,* zich in het slijk wentelen *(fig.).*

croupissement m 1 stilstand; 2 vervuiling.

croust/ade v warm, knappend pasteitje. ~**illant** bn knappend *(gâteau —).* ~**ille** v 1 korstje; 2 kleine maaltijd, hapje; 3 dun gebakken aardappelschijfje. ~**iller** on.w 1 korstjes brood eten; 2 knappen. ~**illeux -euse** bn schuin (v. boeken enz.).

croûte v 1 korst; *casser la (une) —,* een stukje eten; 2 roof v. e. wond; 3 slecht schilderij; *le marché aux —s,* schilderijenverkoop in de openlucht te Parijs.

croûteux, -euse bn korstig.

croûton m 1 korstje; 2 geroosterd stukje brood (soldaatje).

croy/able bn ge oofwaardig. ~**ance** v 1 geloof; 2 mening, gevoelen. ~**ant** m gelovige.

cru I zn m 1 gewas (vooral wijngewas); *un grand —* een beroemd wijnmerk; 2 plaats, waar een gewas, wijn groeit; *vin du —,* wijn, die men drinkt in de streek, waar hij verbouwd wordt; *de son —,* eigengemaakt, van eigen vinding. **II** bn 1 rauw; *monter —,* zonder zadel rijden; 2 hard, schril *(couleurs —es, lumière —e)*; 3 onbewerkt, ruw *(de la soie —e)*; 4 onverteerbaar, onrijp; 5 onwelvoeglijk, ruw, schuin *(anecdote —e).*

cruauté v wreedheid.

cruch/e v 1 kruik; *tant va la — à l'eau qu'à la fin elle se brise,* de kruik gaat zo lang te water, tot ze breekt *(spr.w)*; 2 sufferd. ~**ée** v kruikvol. ~**ette** v kruikje. ~**on** m kruikje.

cruci/al [mv aux] bn kruisvormig. ~**féracées** v kruisbloemigen. ~**fère** bn een kruis dragend. ~**fié** m: le C—, Jezus Christus. ~**fiement** m kruisiging. ~**fier** ov.w 1 kruisigen; 2 kastijden; 3 grieven, kwellen. ~**fix** m kruisbeeld. ~**fixion** v kruisiging. ~**forme** bn kruisvormig.

crudité v 1 rauwheid, ongaarheid; 2 ruw, ongepast woord of uitdrukking.

crue v 1 groei; 2 was v. h. water.

cruel, -elle bn wreed.

cruiser m groot jacht.

crûment bw ruw, onomwonden.

crustacé I bn met een schaal. **II** zn m schaaldier.

crypte v 1 grafkelder onder een kerk; 2 onderaards gedeelte v. e. kerk.

cryptogames m mv sporeplanten.

cryptogramme m stuk in geheimschrift.

cryptographie v geheimschrift.

cubage m inhoudsbepaling.

cubain m en Cubaans, **II** zn C~ m, ~e v Cubaan(se).

cub/e I zn m 1 kubus; 2 derde macht. **II** bn: *un mètre —,* een kubieke meter. ~**er** ov.w 1 tot de derde macht verheffen; 2 de inhoud schatten in kubieke meters (— *du sable*); 3 een inhoud hebben v. e. bepaald aantal kubieke meters *(le tonneau cube 100 litres).* ~**iqué** bn 1 kubusvormig; 2 kubiek; *racine —,* derdemachtswortel. ~**isme** m kunstschool v. h. kubisme. ~**iste** m aanhanger v. h. kubisme.

cubitus m ellepijp.

cucurbite v distilleerkolf.

cueill/age m, cuellaison v, cueille v 1 het plukken, de pluk; 2 pluktijd. ~**e-fruits** m plukmand. ~**ette** v vruchtenoogst. ~**eur** m, *-euse* v plukker(-ster). ~**ir** ov.w onr 1 plukken; *— un baiser,* een kus stelen; *— des lauriers,* lauweren oogsten; 2 *(fam.)* inrekenen, arresteren. ~**oir** m 1 plukmand 2 plukschaar.

cuill/er, cuillère v 1 lepel; *— à bouche,* eetlepel; *héron —,* lepelaar; *— à pot,* pollepel; *— à potage,* soeplepel; 2 snoeklepel. ~**érée** v lepelvol. ~**eron** m holte v. e. lepel.

cuir m 1 leer; *— à rasoir,* aanzetriem; 2 (dikke) huid; *entre — et chair,* tussen vel en vlees; *— chevelu,* schedelhuid; 3 uitspraakfout.

cuirass/e v 1 borstharnas; *défaut de la —,* gevoelige plek; 2 pantser v. e. schip, van sommige dieren. ~**é** bn 1 gepantserd *(navire —)*; 2 gehard, ongevoelig. **II** zn m pantserschip. ~**ement** m pantsering. ~**er** ov.w 1 pantseren; 2 harden. ~**ier** m kurassier.

cuire I ov.w onr.1 koken, bakken, stoven; *un dur à —,* een onmakkelijk heer; *cuit à point,* juist goed gaar; 2 bakken van stenen en aardewerk; *terre cuite,* terra cotta; 3 doen rijpen. **II** on.w 1 koken, stoven, bakken, braden; 2 branden, steken; *les yeux me cuisent,* mijn ogen branden, steken. **III** onp.w: *il vous en cuira,* dat zal je opbreken!

cuisage m het kolen branden.

cuisant bn 1 gemakkelijk kokend; 2 schrijnend *(douleur —e)*; 3 grievend.

cuisin/e v 1 keuken; *batterie de —,* keukengereedschap; *chef de —,* chef-kok; *— roulante,* keukenwagen; 2 kookkunst; *livre de*

—, kookboek; 3 het eten, voedsel; — *bourgeoise*, burgerpot; *faire la* —, koken; 4 gekonkel, kuiperijen. ~er I *on.w* koken. II *ov.w* 1 klaar maken, in elkaar zetten; 2 listig verhoren. ~ier *m* 1 kok; 2 kookboek. ~ière *v* 1 keukenmeid; 2 keukenfornuis; 3 braadtrommel.

cuisse *v* 1 dij; *se croire sorti de la — de Jupiter*, prat zijn op zijn afkomst, verwaand zijn; 2 bout van vlees of gevogelte.

cuisseau [*mv* x] *m* kalfslendestuk.

cuisson *m* 1 het koken, bakken, braden, stoven; — *du vernis*, het glazuren; 2 gaarheid; 3 stekende pijn.

cuissot *m* bout van groot wild.

cuistre *m* schoolfrik, kwast.

cuistrerie *v* schoolvosserij, kwasterigheid.

cuite *v* 1 het bakken van stenen, aardewerk enz.; 2 baksel; 3 stuk in de kraag; *prendre une* —, zich bedrinken.

cuivrage *m* het verkoperen.

cuivre I *m* 1 koper; 2 kopergravure. II ~s *mv* de koperinstrumenten v. e. orkest.

cuivré *bn* 1 koperkleurig; 2 *voix —e*, metalen stem.

cuivrer *ov.w* verkoperen.

cuivrerie *v* koperen voorwerp.

cuivreux, -euse *bn* koperachtig.

cul *m* 1 achterste, gat (*pop.*); — *par-dessus tête*, onderste boven; *montrer le* —, gescheurde kleren hebben, de rug toedraaien. er van door gaan; 2 ondereind, achtereind, bodem; *le* — *d'une bouteille*, de bodem v. e. fles; *le* — *d'un navire*, de achtersteven v. e. schip.

culasse *v* 1 stootbodem v. e. kanon; 2 cilinderkop.

culbute *v* 1 buiteling; 2 zware val; 3 ondergang, val (*fig.*).

culbuter I *ov.w* 1 omverwerpen; 2 onder de voet lopen (— *un ennemi*). II *on.w* tuimelen, vallen.

culbuteur *m* tuimelaar.

culbutis *m* hoop door elkaar geworpen voorwerpen.

cul-de-basse-fosse *m* onderaardse, vochtige kerker.

cul-de-four *m* gewelf v. e. nis.

cul-de-jatte *m* 1 lamme; 2 iem. zonder benen.

cul-de-lampe *m* slotvignet.

cul-de-sac *m* blinde steeg.

culée *v* landhoofd v. e. brug; 2 boomstronk.

culer *on.w* achteruitlopen v. e. schip; *le vent cule*, de wind is gedraaid, zodat we hem nu in de rug hebben.

culière *v* staartriem v. e. paard.

culinaire *bn* wat het koken betreft; *art* —, kookkunst.

culminant I *bn* hoogste; *point* —, hoogste punt; hoogtepunt; toppunt; culminatiepunt v. e. hemellichaam.

culmination *v* culminatie.

culminer *on.w* culmineren, in het culminatiepunt staan.

culot *m* 1 vuil onder in een pijp; 2 laatste broedsel van vogels; 3 laatste kind uit een gezin; 4 laagst geplaatste in een wedstrijd; 5 lef, durf.

culotte *v* 1 (korte) broek; — *de peau*, oudgediende (soldaat); *cette femme porte la* —*s*, die vrouw heeft de broek aan; *tailler des* —*s à un navire*, een schip op de vlucht jagen; 2 verlies bij het spel.

culotter *ov.w* 1 iem. een broek aandoen; 2 een pijp doorroken.

culpabilité *v* schuld.

culte *m* 1 eredienst; 2 godsdienst; 3 verering.

cul-terreux *m* (*fam.*) boer.

cultivable *bn* bebouwbaar.

cultivateur I *zn m*, -trice *v* 1 landbouwer (-ster); 2 lichte ploeg. II *bn* landbouwend.

cultivé *bn* 1 bebouwd; 2 ontwikkeld, beschaafd.

cultiver *ov.w* 1 bebouwen; 2 kweken; 3 be-

oefenen (*les sciences*); 4 vriendschap onderhouden met (*ses amis*); *c'est un homme à* —, je moet die man te vriend houden; 5 ontwikkelen (*la mémoire*), beschaven.

cultuel, -elle *bn* wat de eredienst betreft.

cultural [*mv* aux] *bn* wat de landbouw betreft.

culture *v* 1 bouw, bebouwing; — *alterne*, wisselbouw; — *maraîchère*, tuinbouw; 2 teelt; 3 bouwland; 4 ontwikkeling, beschaving, opvoeding; — *physique*, lichaamsontwikkeling; 5 beoefening (— *des lettres*).

culturel, -elle *bn* cultureel.

cumin *m* komijn; *liqueur de* —, kummel.

cumul *m* cumulatie.

cumulard *m* (*pop.*) iem. die verscheidene ambten gelijktijdig bekleedt.

cumuler *ov.w* (*des emplois*) gelijktijdig verschillende ambten bekleden.

cumulus *m* stapelwolk.

cunéiforme *bn*: *écriture* —, spijkerschrift.

cupide *bn* begerig, inhalig, hebzuchtig.

cupidité *v* hebzucht, inhaligheid, begerigheid.

cuprifère *bn* koperhoudend.

cuprique *bn* koperachtig.

curabilité *v* geneeslijkheid.

curable *bn* geneeslijk.

curaçao *m* curaçao (soort likeur).

curage, curement *m* het schoonmaken.

curatelle *v* curatorschap, curatele.

curateur *m*, -trice *v* curator(trice).

curatif, -ive *bn* genezend.

cure *v* 1 zorg (oud); *n'avoir* — *de rien*, zich nergens om bekommeren; *avoir* — *d'âmes*, zielzorg uitoefenen; 2 (*med.*) kuur; 3 genezing; 4 pastoorschap; 5 pastorie.

curé *m* pastoor

cure-dent(s) *m* 1 tandestoker; 2 bajonet.

curée *v* 1 de ingewanden en het bloed v. h. wild, dat men aan de jachthonden geeft; 2 verdeling v. d. buit; — *des places*, baantjesjagerij.

cure-ongles *m* nagelmesje.

cure-oreille† *m* oorlepeltje.

curer I *ov.w* schoonmaken (*un égout, un fossé*); — *le bois*, dode takken enz. verwijderen. II *se* ~ *les oreilles*, zijn oren schoonmaken.

cureur *m* putjesschepper, baggerman.

curial [*mv* aux] *bn* wat de pastorie of pastoor betreft; *maison* —*e*, pastorie.

curie *v* 1 onderdeel v. e. Romeinse stam; 2 zetel v. d. senaat; 3 pauselijke curie.

curieux, -euse *bn* I 1 nieuwsgierig; 2 weetgierig; 3 eigenaardig, zonderling. II *zn m* 1 nieuwsgierige; 2 het zonderlinge, eigenaardige.

curiosité *v* 1 nieuwsgierigheid; 2 weetgierigheid; 3 merkwaardigheid, zeldzaamheid, bezienswaardigheid.

curiste *v* iem. die een kuur maakt in een badplaats.

cursif, -ive I *bn* lopend (van schrift). II *zn* -ive *v* lopend schrift.

curvatif, -ive *bn* omkrullend (*feuille* —*ive*)

curviligne *bn* kromlijnig.

custode *v* 1 altaargordijn; 2 overste van sommige kloosters; 3 achterruit v. e. auto.

cutané *bn* wat betrekking heeft op de huid.

cuticule *v* opperhuid.

cutter *m* kotter (*scheepv.*).'

cuvage *m* het gisten v. d. wijn in een kuip.

cuvaison *v* = cuvage.

cuve *v* tobbe, kuip; — *de vendange*, wijnkuip.

cuveau [*mv* x] *m* kuipje.

cuvée *v* kuipvol; *contes de la même* —, verhalen uit dezelfde bron, koker.

cuveler *ov.w* beschoeien v. e. mijnschacht.

cuver I *on.w* gisten van wijn in de kuip. II *ov.w* — *son vin*, zijn roes uitslapen.

cuvette *v* 1 waskom; 2 terreininzinking, kom.

cuvier *m* wastobbe.

cyanure *v* cyanide.

cyclable *bn* berijdbaar voor fietsen; *trottoir* — of *piste*—, fietspad.

cycle *m* 1 cyclus, kringloop; — *lunaire*, maancyclus (19 jaar); — *solaire*, zonnecyclus (28 jaar); *le* — *carlovingien*, de serie epische gedichten over Karel de Grote en zijn helden; 2 rijwiel; *salon du* —, jaarlijkse rijwieltentoonstelling.

cyclique *bn* wat betrekking heeft op een cyclus (*poèmes* —s); *maladie* —, telkens terugkerende ziekte.

cyclisme *m* wielersport.

cycliste I *bn* wat betrekking heeft op wielrijden; *course* —, wielerwedstrijd. II *zn m* of *v* wielrijder(-ster).

cyclone *m* wervelstorm, cycloon.

cyclopéen, -enne *bn* uit de tijd der cyclopen, geweldig.

cyclotourisme *m* rijwieltoerisme.

cygne *m* zwaan; *le* — *de Cambrai*, Fénelon; *en col de* —, sierlijk gebogen.

cylindrage *m* het walsen, het mangelen, het rollen.

cylindre *m* 1 cilinder (ook van motor of stoommachine), rol; *passer au* —, mange-

len; — *à vapeur*, stoomwals; 2 (*oud*) hoge hoed.

cylindrée *v* cilinderinhoud van motoren.

cylindrer *ov.w* 1 de vorm geven v. e. cilinder; 2 mangelen, walsen, rollen.

cylindrique *bn* cilindervormig.

cymbale *v* bekken, cimbaal.

cymbalier *m* cimbaalspeler, bekkenist.

cynégétique I *bn* wat de jacht betreft (*l'art* —). II *zn v* jachtkunst.

cynique I *bn* cynisch. II *zn m* cynicus.

cynisme *m* cynisme, schaamteloosheid.

cynodrome *m* baan voor windhonden.

cyprès *m* cipres (*pl.k.*).

cyprière *v* cipressenbos.

cypriote I *bn* Cyprisch. II *zn* C~ *m* of *v* bewoner(bewoonster) van Cyprus.

cystique *bn* wat de blaas of galblaas betreft; *calcul* —, galsteen; *conduit* —, galbuis.

cystite *v* blaasontsteking.

cytise *m* gouden regen (*pl.k.*).

czar *m*, -ine *v* tsaar; tsarina.

czaréwitch *m* tsarevitsj.

D

d *m*. D = 500 (romeins cijfer); *le système* —, de kunst om zich door moeilijkheden heen te slaan; N.D. = *Notre Dame* = Onze Lieve Vrouw; D.M. = *docteur médecin* = doctor i. d. medicijnen; d° = dito; dr = *docteur* = doctor; dt = *doit* = debet.

dab *m* (*arg.*) vader, baas; ~*esse* moeder, bazin. ~s *m mv* ouders.

d'acc (*fam.*) *tw* afgesproken.

dactylo/(graphe) *m* of *v* typist(e). ~graphie *v* het typen. ~graphier *ov.w* typen. ~logie *v* het spreken met de vingers, ~stenographe *v* steno-typiste.

dada *m* paard (*kindertaal*); *c'est son* —, dat is zijn stokpaardje.

dadais *m* sufferd, onnozele hals.

dague *v* 1 dolk; 2 eerste gewei v. e. hert.

daguerréotype *m* 1 eerste vorm van foto (op metalen plaat); 2 camera, waarmee deze foto's werden opgenomen.

daguerréotypie *v* het vervaardigen van daguerréotypes.

daguet *m* éénjarig hert.

dahlia *m* dahlia.

daigner *ov.w* zich verwaardigen te; de goedheid hebben te.

daim *m* 1 damhert; 2 hertsleer, zeemleer; 3 stommeling.

dais *m* baldakijn, troonhemel; — *de verdure*, bladerdak, prieel.

dallage *m* tegelvloer.

dalle *v* 1 vloersteen, tegel; 2 moot.

daller *ov.w* met tegels plaveien.

dalmatique *v* dalmatiek (wit bovenkleed van diakens en subdiakens).

daltonien, -enne I *bn* kleurenblind. II *zn m*, -enne *v* kleurenblinde.

daltonisme *m* kleurenblindheid.

damas *m* 1 damast; 2 damascener zwaard.

damasquiner *ov.w* ijzer of staal inleggen met goud of zilver.

damasquineur *m* damasceerder.

damas/sé *bn* 1 gebloemd, damasten; 2 gedamasceerd. ~ser *ov.w* met bloemen doorweven. ~serie *v* damastweverij. ~seur *m*, -euse *v* damastwever(-weefster).

dame I *zn v* 1 dame; — *de charité*, deftige dame, die armen bezoekt; — *de compagnie*, juffrouw van gezelschap; *faire la grande* —, de deftige dame uithangen; *mourir pour sa* —, sterven voor zijn geliefde (in de middeleeuwen v. e. ridder); *Notre Dame*, Onze Lieve Vrouw; — *du palais*, hofdame; 2 dam (in damspel); *aller à* —, een dam

halen; *jeu de* —s, damspel; *jouer aux* —s, dammen; 3 dame (in schaakspel); 4 vrouw (bij kaartspel). II *tw* drommels!

damet-jeannet *v* grote, dikke mandfles.

damer *ov.w* een damsteen tot dam maken; *damer le pion à qn.*, iem. de loef afsteken.

dameret *m* fat, saletjonker.

damier *m* dambord; *étoffe en* —, geruite stof.

dammar *v* soort hars.

damnable *bn* verfoeilijk, verdoemenswaardig.

damnation *v* verdoemenis.   [schandelijk.

damné I *zn m* verdoemde; *souffrir comme un* —, verschrikkelijk lijden. II ~, -e *bn* verdoemd, vervloekt; *être l'âme* — *e de qn.*, iem. met hart en ziel zijn toegewijd; *le* — *coquin !*, die vervloekte schurk!

damner *ov.w* verdoemen; *faire* — *qn.*, iem. razend maken.

damoiseau [*mv* x] *m* saletjonker.

dancing *m* openbare danszaal.

dandin *m* sukkel, sufferd.

dandinement *m* wiegelende gang.

dandiner I *on.w* een slingerende gang hebben, schommelen. II *se* ~ wiegelen, waggelen (b.v. van eenden).

dandy *m* dandy. ~ysme *m* het overdrijven van elegante manieren en conversatie.

danger *m* gevaar; *conjurer le* —, het gevaar bezweren; *en* — *de mort*, in levensgevaar; *hors de* —, buiten gevaar.

dangereux, -euse *bn* gevaarlijk.

danois, -e I *bn* Deens. II *zn* D~ *m*, -e *v* Deen(se). III d ~ *m* 1 Deense taal; 2 deense dog.

dans *vz* 1 *plaats*: in, uit, op; *prendre* — *l'armoire*, uit de kast nemen; *l'escalier*, op de trap; *une île*, op een eiland; *fumer* — *une pipe*, uit een pijp roken; *la rue*, op straat; *le temps*, indertijd; *boire* — *un verre*, uit een glas drinken; 2 *tijd*: over, binnen; *un an*, over een jaar; *la quinzaine*, over 14 dagen; 3 *gesteldheid*: in; *être* — *l'abattement*, neerslachtig zijn; *être* — *le doute*, in twijfel verkeren; *être* — *l'embarras*, in verlegenheid zitten; ~ *l'intention de*, met de bedoeling te; *la lune est* — *son plein*, het is volle maan; 4 o m g e v i n g: in, bij, op; ~ *l'armée*, bij het leger; *être* — *les ordres*, kloosterling zijn; — *un voyage*, op een reis.

dans/ant *bn* 1 *soirée* ~e, avondpartijtje, waarop gedanst wordt; 2 opwekkend tot dansen, fijn (*une valse* ~e). ~e *v* 1dans; — *de saint Guy*, vitusdans; *mener la* —, de stoot geven; 2 danswijs; 3 (*pop.*) pak slaag, standje. ~ I *on.w* dansen; *son cœur danse*, zijn hart popelt; *faire — les écus*, het geld laten rollen; *quand le chat est absent, les souris dansent* (spr.w), als de kat van honk is, dansen de muizen; *du vin à faire —*, zeer zure wijn; *faire — qn. sans violon*, iem. een pak slaag geven. II *ov.w* dansen (— *une valse*). ~eur *m*, -euse *v* danser(es).

dantesque *bn* dantesk.

Danube *m* Donau.

dard *m* 1 werpspies; 2 angel; 3 tong v. e. slang; 4 pijlvormig ornament; 5 korte vruchttak van appel- en pereboom.

darder *ov.w* werpen; *le soleil darde ses rayons*, de zon zendt, werpt haar stralen; — *ses regards sur qn.*, zijn blik op iem. vestigen.

dardillon *m* 1 angeltje; 2 punt v. e. vishaak.

dare-dare *bw* in allerijl, op stel en sprong.

darne *v* moot v. grote vis, zoals zalm enz.

dartois *m* amandelbroodje.

dartre *v* dauwworm, huiduitslag.

datation *v* datering.

dat/e *v* datum, dagtekening; *faire —*, een keerpunt vormen; *nouvelle de fraîche —*, recent nieuws; *payable à un mois de —*, betaalbaar op een maand zicht; *de vieille —*, oud. ~er I *ov.w* dateren. II *on.w* 1 dagtekenen; 2 *de*, vanaf; *une toilette, qui date*, een ouderwets toilet; 2 een keerpunt vormen. ~erie *v* pauselijke kanzelarij. ~eur *bn: timbre —*, datumstempel.

datif *m* 3e naamval.

datte *v* dadel; *des —s!* (*pop.*), niks, hoor!

dattier *m* dadelpalm.   [vlees.

daube *v* 1 smoren van vlees; 2 gesmoord

dauber *ov.w* 1 smoren van vlees; 2 vuistslagen geven; 3 bespotten (ook — *sur*).

daubeur *m*, -euse *v* spotter(-ster); kwaadspreker(-spreekster).

dauphin *m* 1 Franse kroonprins; 2 dolfijn (vis).

dauphine *v* vrouw v. d. Franse kroonprins.

dauphinelle *v* ridderspoor (*pl.k.*).

dauphinois, -e I *bn* uit de Dauphiné. II *zn* D~ *m*, ~e *v* bewoner (bewoonster) v. d. Dauphiné.

daurade *v* goudbrasem.

davantage *bw* 1 meer; 2 langer.

de *vz* 1 van, over; *disposer —*, beschikken over; *parler —*, spreken over; 2 aan; *ce côté*, aan deze kant; *mourir —*, sterven aan; *la pensée — ses parents*, de gedachte aan zijn ouders; 3 aan het; *flatteurs d'applaudir !*, en de vleiers aan het applaudisseren!; 4 als; *traiter — lâche*, als een lafaard behandelen; 5 door; *aimé — tous*, door allen bemind; *suivi — ses amis*, gevolgd door zijn vrienden; 6 bij; *la bataille — Waterloo*, de slag bij Waterloo; — *préférence*, bij voorkeur; 7 in; *boire d'un seul trait*, in één teug leegdrinken; 8 naar; *avide — gloire*, begerig naar roem; *le chemin — Paris*, de weg naar Parijs; *la soif — l'or*, de dorst naar goud; 9 (onvertaald) *assez d'argent*, genoeg geld; *une bouteille — vin*, een fles wijn; *fromage — Hollande*, Hollandse kaas; *de jolies fleurs*, mooie bloemen; *long d'un mètre*, een meter lang; *une montre d'argent*, een zilveren horloge; *pas d'argent*, geen geld; *la ville — Paris*, de stad Parijs; 10 op; *jaloux —*, jaloers op; 11 met; *couvert — gloire*, bedekt met roem; *un écrivain — talent*, een schrijver met talent; *frapper de l'épée*, met de degen treffen; *se nourrir —*, zich voeden met; *saluer — la main*, met de hand groeten; 12 (om te); *il est difficile —*, het is moeilijk, om te; *c'est une honte — mentir*, het is een schande, te liegen; 13 tegen; *abriter —*, *protéger —*, beschermen tegen; 14 tot, voor; *l'amour — la patrie*, de liefde tot het vaderland; 15 uit; *il est de France*, hij komt uit Frankrijk; *tirer de l'eau du puits*, water putten

uit de put; 16 volgens; — *son propre aveu*, volgens zijn eigen bekentenis; 17 voor; *la crainte — la mort*, de vrees voor de dood; *quoi — nouveau?*, wat is er voor nieuws?

dé *m* 1 dobbelsteen (— *à jouer*); *jouer aux —s*, dobbelen; — *chargé*, *pipe*, valse (verzwaarde) dobbelsteen; *tenir le — de la conversation*, het hoogste woord voeren; 2 dominosteen; 3 vingerhoed (— *à coudre*).

dead-heat *m: faire —*, gelijk eindigen van paarden in een wedren.

déambulatoire *m* omgang achter het koor v. e. kerk.

déambuler *on.w* rondlopen, wandelen.

débâcle *v* 1 het kruien, losgaan v. h. ijs; 2 ineenstorting, ondergang.

débâcler I *ov.w:* — *un port*, een haven ontruimen (de niet-geladen schepen verwijderen). II *on.w* kruien van een rivier.

débagouler *ov.w* (*pop.*) uitbraken (— *des injures*)

déballage *m* 1 het uitpakken; 2 uitgepakte goederen; 3 vliegende winkel; 4 goederen in een vliegende winkel.

déballer I *ov.w.* uitpakken. II *se* ~ (*arg.*) 1 zich uitkleden; 2 naar de w.c. gaan.

déballeur *m* venter, reizend koopman.

débandade *v* wilde vlucht, algemene verwarring; *à la —*, wanordelijk.

débander I *ov.w* 1 het verband wegnemen van (— *une plaie*); 2 ontspannen v. e. boog. II *se* ~ zich verspreiden.

débanquer *ov.w* al het geld v. d. bankhouder winnen.

débaptiser *ov.w* een andere naam geven.

débarbouill/age *m* het wassen v. h. gezicht. ~er I *ov.w* het gezicht wassen. II *se* ~ 1 zijn gezicht wassen; 2 (*fam.*) zich door een moeilijkheid heenslaan.

débarcadère *m* 1 losplaats van schepen, steiger; 2 spoorwegstation (van aankomst).

débardage *m* het lossen.

débarder *ov.w* 1 lossen; 2 gekapt hout uit bos -, stenen uit groeve vervoeren.

débardeur *m* bootwerker, losser.

débarquement *m* 1 ontscheping; 2 het lossen van waren; *quai de —*, perron van aankomst.

débarquer I *ov.w* 1 lossen, ontschepen; 2 iem. lozen. II *on.w* aan wal gaan, landen; *un nouveau débarqué*, een pas aangekomene, nieuweling; *au débarqué*, bij het uit de trein stappen, bij het landen.

débarras *m* 1 bevrijding, verlichting; 2 rommelkamer.

débarrasser I *ov.w* 1 opruimen (— *une chambre*, *une table*); bevrijden (— *d'un fardeau*). II *se* ~ de zich bevrijden van, zich ontdoen van (*se* — *de son par-dessus*).

débarrer *ov.w* de afsluitboom, de grendel wegnemen.

débat *m* woordenwisseling, debat; *les —s d'un procès*, de openbare behandeling v. e. proces.

débattre I *ov.w* bespreken, debatteren over; — *le prix*, afdingen. II *se* ~ *contre*, worstelen tegen (— *la misère*).

débauchage *m* het aanzetten tot staking.

débauch/e *v* 1 onmatigheid in eten en drinken; 2 losbandigheid; *vivre dans la —*, een losbandig, liederlijk leven leiden. ~é I *bn* losbandig, liederlijk. II *zn m*, ~e *v* losbandige man of vrouw. ~er I *ov.w* 1 op het slechte pad brengen; 2 overhalen tot staken; 3 arbeiders ontslaan. II *se* ~ tot losbandigheid vervallen.

débectant *bn* (*pop.*) walgelijk.

débet *m* debet.

débile *bn* zwak, tenger.

débilité *v* zwakheid, uitputting.

débiliter *ov.w* verzwakken, uitputten.

débit *m* 1 verkoop (in het klein), omzet; 2 aftrek; *d'un — facile*, wat veel aftrek vindt, gemakkelijk verkoopbaar is; 3 winkel voor rookartikelen (— *de tabac*); —

voor drankwaren (— *de vin*); 4 debetzijde; 5 verval van rivier; 6 gas-, elektriciteits-verbruik in een bepaalde tijd; 7 wijze van spreken (*avoir le — facile*). ~ant *m* klein-handelaar, slijter. ~er *on.w* 1 in het klein verkopen, slijten; 2 in omloop brengen (— *des nouvelles*); 3 voordragen, zeggen (— *un rôle*); 4 vertellen (— *des mensonges*); 5 hout, stenen, vlees enz. in stukken hakken; 6 een hoeveelheid water, gas, elektriciteit leveren in een bepaalde tijd; 7 op de debetzijde boeken.

débiteur *m*, **-euse** *v* 1 verteller(ster), verspreider(ster) (— *de nouvelles*, — *de mensonges*); 2 iem. die in een winkel de klanten naar de kassa brengt om te betalen.

débiteur *m*, **-trice** *v* schuldenaar(schuldenares).

déblai I *m* afgraving. II ~s *mv* afgegraven grond.

déblaiement *m* het afgraven, het opruimen.

déblatérer I *ov.w* uitkramen (— *des sottises*). II *on.w* (— *contre*) heftig uitvaren tegen.

déblayer *ov.w* afgraven, opruimen; — le terrain, de moeilijkheden uit de weg ruimen.

déblocage *m* 1 ontzet v. e. belegerde stad; 2 het vrijmaken v. d. weg.

débloquer I *ov.w* 1 ontzetten v. e. belegerde stad; 2 vrijmaken v. d. weg; 3 deblokkeren van banksaldo's enz.

déboire *m* 1 vieze nasmaak na drinken; 2 teleurstelling, verdriet.

déboisement *m* ontbossing.

déboiser *ov.w* ontbossen.

déboîtement *m* ontwrichting.

déboîter I *ov.w* ontwrichten, losmaken uit. II *on.w* voorsorteren.

débonder I *ov.w* de spon halen uit (een vat); — *son cœur*, *se* —, zijn hart luchten. II *on.w* weg-, overstromen.

débonnaire *bn* goedig; *Louis le* —, Lodewijk de Vrome.

débord *m* 1 zoom van weg, slootkant; 2 het overlopen van gal.

débordant *bn* 1 overlopend; 2 (*fig.*) uitbundig, overweldigend (*joie* —*e*).

débordé *bn* losbandig; — *de travail*, overladen met werk.

débordement *m* 1 overstroming; 2 uitspatting; 3 stortvloed (— *de paroles, d'injures*).

déborder I *on.w* overstromen, buiten de oevers treden; overlopen. II *ov.w* 1 uitsteken buiten; 2 de rand, zoom afnemen; 3 overvleugelen, overstelpen; 4 omsingelen, een omtrekkende beweging maken (*mil.*).

débosseler *ov.w* uitdeuken.

débotté *m*, **débotter** *m* het ogenblik v. h. uittrekken v. d. laarzen; het ogenblik van aankomst.

débotter *ov.w* de laarzen uittrekken.

débouché *m* 1 uitgang, einde; 2 afzetgebied.

déboucher I *ov.w* 1 ontkurken, openen; 2 doorsteken v. e. pijp. II *on.w* 1 uitkomen op een meer open ruimte (*la rue débouche sur la place*); 2 uitmonden van rivier.

déboucler I *ov.w* 1 losgespen; 2 vrijlaten v. e. gevangene; 3 de krullen uit haren halen. II *se* ~ uit de krul gaan.

débouler *on.w* 1 plotseling opspringen voor de jager van haas of konijn; 2 tuimelen (— *dans l'escalier*).

déboulonner *ov.w* 1 losschroeven; 2 omlaaghalen (— *une réputation*).

débouquement *m* 1 het varen uit een zeestraat; 2 zeestraat, -engte.

débouquer *ov.w* uit een zeestraat, -engte varen.

débourber *ov.w* uit de modder halen, uitbaggeren.

débourrer I *ov.w* leeghalen (— *une pipe*). II *se* ~ magerder worden.

débours *m mv* voorschot, onkosten; *rentrer dans ses* —, de onkosten eruit halen.

débourser *ov.w* uitgeven.

debout *bw* 1 staande, rechtop; *debout!*, opstaan!; *dormir* —, omvallen v. d. slaap; *contes à dormir* —, onzinnige verhalen; *mourir* —, al strijdend, midden in zijn werk sterven; *rester* —, blijven staan, - bestaan; *ça ne tient pas* —, dat is onzin; 2 *avoir le vent* —, tegenwind hebben.

déboutonner I *ov.w* losknopen; *rire à ventre déboutonné*, zijn buik vasthouden v. h. lachen; *manger à ventre déboutonné*, tot barstens toe eten. II *se* ~ de kleren losknopen; zeggen wat men denkt.

débraillé I *bn* 1 slordig (v. kleren); 2 ongegeneerd. II *zn m* slordigheid in kleding.

débrancher *ov.w* 1 uitschakelen (van elektriciteit); 2 uitrangeren.

débrayage *m* ontkoppeling; *pédale de* —, koppelingspedaal.

débrayer *ov.w* ontkoppelen.

débridé *bn* ongebreideld, teugelloos.

débrider *ov.w* 1 onttomen (— *un cheval*); *sans* —, aan één stuk door, zonder ophouden; 2 losmaken; 3 (*arg.*) openen, het vuur openen.

débris *m mv* overblijfselen, puinhopen.

débrouillage *m*, **débrouillement** *m* ontwarring.

débrouillard *bn* (*fam.*) bij de hand, zich gemakkelijk door moeilijkheden wetend te slaan.

débrouiller I *ov.w* ontwarren, ophelderen. II *se* ~ 1 zich door moeilijkheden heenslaan; 2 opklaren (ook *fig.*).

débrutir *ov.w* ruw bewerken, afslijpen, polijsten.

débucher, **débûcher** I *on.w* uit het woud komen (van wild). II *ov.w* uit het woud jagen, opjagen van wild. III **débuché** *zn m* 1 het tevoorschijn komen v. h. wild; 2 hoorngeschal op dat moment.

débusquer *ov.w* verdrijven.

début *m* 1 begin, eerste optreden; *dès le* —, van het begin af; 2 aanvangsworp of -zet, om te zien, wie beginnen mag bij een spel.

débutant *m*, **-e** *v* beginneling(e).

débuter *ov.w* 1 beginnen, voor het eerst optreden; 2 gooien, zetten om te zien, wie bij het spel mag beginnen.

deçà *av* aan deze kant; *en* —, aan deze kant; — *et delà*, hier en daar, heen en weer; *au* —, aan deze zijde van.

décachetage *m* het ontzegelen.

décacheter *ov.w* ontzegelen.

décade *v* 1 tiental; 2 periode van tien dagen.

décadence *v* verval, ondergang.

décadent *bn* decadent, in verval; *les* —*s*, de kunstenaars uit de school v. h. symbolisme.

décagone *m* tienhoek.

décagramme *m* decagram.

décaissement *m*, **décaissage** *m* het uitpakken uit een kist.

décaisser *ov.w* 1 uitpakken uit een kist; 2 uitbetalen.

décalage *m* 1 het wegnemen v. d. stutten; 2 verplaatsing, het verzetten (v. d. klok).

décalaminer *ov.w* ontkolen.

décalcifier *ov.w* van kalk ontdoen.

décaler *ov.w* 1 de stutten wegnemen; 2 verzetten van klok of tijd.

décalitre *m* decaliter.

décalogue *m* de Tien Geboden.

décalquage *m*, **décalque** *m* afdruk, overdruk; ~ *ov.w* overdrukken; *papier à* —, calqueerpapier.

décamètre *m* decameter.

décamper *on.w* 1 het kamp opbreken; 2 zijn biezen pakken.

décanal [*mv* aux] *bn* wat de waardigheid van deken betreft.

décanat *m* decanaat, dekenschap.

décantation *v*, **décantage** *m* het decanteren, langzaam overschenken van water.

décanter *ov.w* decanteren, langzaam overschenken van water.

décapitation *v* onthoofding.

décapiter *ov.w* onthoofden.

décapotable *bn*: *auto* —, met afneembare kap.

décapoter *ov.w* (*une auto*) de kap afnemen.
décarburer *ov.w* van kool zuiveren.
décarêmer (se) vlees eten na afloop v. d. vasten; (*fig.*) zijn schade inhalen.
décarreler *ov.w* de tegels opbreken.
décarrir *ov.w* (*pop.*) vluchten.
décasyllabique *bn* tien-lettergrepig.
décati *bn* verlept, afgetakeld.
décatir *ov.w* 1 (— *une étoffe*) ontglanzen; 2 doen verleppen.
décaver *ov.w* al het geld v. e. speler winnen.
décéder *on.w* overlijden.
décèlement *m* ontdekking, ontmaskering.
déceler *ov.w* tonen, verraden.
décembre *m* december.
décemment *bw* fatsoenlijk, netjes.
décence *v* fatsoen, welgevoeglijkheid.
décennal [*my aux*] *bn* 1 tienjarig; 2 tienjaarlijks.
décent *bn* fatsoenlijk, welgevoeglijk.
décentralisateur, -trice *bn* decentraliserend.
décentralisation *v* decentralisatie.
décentraliser *ov.w* decentraliseren.
décentrer *ov.w* decentreren van lenzen.
déception *v* teleurstelling.
décerner *ov.w* 1 toekennen (— *un prix*); 2 uitvaardigen.
décès *m* overlijden.
décevant *bn* 1 teleurstellend; 2 bedrieglijk.
décevoir *ov.w* 1 teleurstellen; 2 bedriegen.
déchaînement *m* ontketening, losbarsting; het woeden (— *de la tempête*).
déchaîner I *ov.w* ontketenen (ook *fig.*). II se ~ losbarsten, woeden.
déchanter *on.w* een toontje lager zingen.
déchaperonner *ov.w* de kap van b.v. een jachtvalk, een muur afnemen.
décharge *v* 1 ontlading; 2 ontheffing, verlichting; *pour la — de sa conscience*, om zijn geweten te ontlasten; 3 rechtvaardiging; *témoin à —*, getuige, die het voor de beschuldigde opneemt; 4 het ontladen, lossing (*la — d'une voiture*); 5 kwijting, kwitantie; *porter en —*, in mindering brengen; 6 het losbranden van vuurwapenen; 7 rommelkamer (ook *chambre de —*); 8 vuilnisbelt; 9 afwatering; *tuyau de —*, afvoerbuis; 10 dwarsstang, gewelfboog.
déchargement *m* ontlading.
déchargeoir *m* afwatering.
décharger I *ov.w* 1 ontladen (van elektriciteit); 2 ontheffen, verlichten; — *sa conscience*, zijn geweten ontlasten; — *sa bile*, zijn gemoed luchten; 3 rechtvaardigen (— *un accusé*); 4 lossen, ontladen; 5 kwijtschelden, kwiteren (— *un compte*); 6 afschieten (— *une arme à feu*); 7 ontladen (— *un fusil*); 8 laten weglopen. II *on.w* afgeven van kleuren. III se ~ 1 zich ontlasten; 2 afgaan van vuurwapen; 3 afgeven van stoffen; 4 zich kwijten (van); 5 se — *de qc. sur qn.*, iets aan iem. overlaten.
déchargeur *m* losser.
décharné *bn* ontvleesd, zeer mager.
décharner *ov.w* van vlees ontdoen, vermageren.
déchaumage *m* het onderploegen v. d. stoppels.
déchaumer *ov.w* de stoppels onderploegen (— *un champ*); licht ploegen.
déchausser I *ov.w* 1 de schoenen uittrekken (— *qn.*); 2 de fundamenten, de wortels blootleggen (— *un arbre, un mur*). II se ~ zijn schoenen uittrekken; *ses dents se déchaussent*, de wortels van zijn tanden liggen bloot.
déchausseuse *v* ploeg, in gebruik op wijnakkers.
dèche *v* (*pop.*) armoede, ellende.
déchéance *v* 1 verlies v. c. recht, vervallenverklaring; 2 afzetting v. d. koning, 3 (zonde)val (*la — de l'homme*).
déchet *m* 1 afval; (— *de route*, hoeveelheid van zekere waren, waarvan men aanneemt, dat ze tijdens het vervoer verloren gaat;

2 vermindering, daling.
décheveler *ov.w* iemands haren in de war maken.
déchevêtrer *ov.w* de halster afdoen.
déchiffrable *bn* ontcijferbaar.
déchiffrage *m*, **déchiffrement** *m* ontcijfering.
déchiffrer *ov.w* 1 ontcijferen; 2 van het blad spelen of zingen; 3 oplossen.
déchiffreur *m*, -euse *v* 1 goed ontcijferaar; 2 iem. die goed v. h. blad speelt of zingt; 3 iem. die goed is in het oplossen van raadsels.
déchiquetage *m* het verscheuren.
déchiqueter *ov.w* verscheuren, verknippen, onhandig snijden (van vlees); *feuille déchiquetée*, gekorven blad; *style déchiqueté*, stijl, die zich bezondigt aan te korte zinnen.
déchir/ant *bn* hartverscheurend. ~ement I *m* verscheuring; — *de cœur*, hevig verdriet. II ~s *mv* verdeeldheid. ~er I *ov.w* 1 verscheuren; 2 teisteren, wonden (— *le cœur*); 3 slopen (— *un bateau*); 4 belasteren. II se ~ scheuren. ~ure *v* scheur.
déchoir *on.w* *onr.* achteruitgaan, vervallen; *ange déchu*, gevallen engel.
déchristianisation *v* ontkerstening.
déchristianiser *ov.w* ontkersten.
déciare *m* deciare.
décidé *bn* beslist, vastberaden, vastbesloten.
décidément *bw* beslist, vast, waarlijk.
décider I *ov.w* 1 beslissen; 2 doen besluiten te (— *qn. à partir*). II *on.w* — *de*, beslissen over. II se ~ besloten worden; *se — à*, besluiten te.
décigrade *m* decigraad.
décigramme *m* decigram.
décilitre *m* deciliter.
décimal [*mv aux*] I *bn* tiendelig; *fraction* —*e*, tiendelige breuk; *système* —, decimaal systeem. II *zn* ~*e v* 1 tiendelige breuk; 2 decimaal.
décimalité *v* tiendeligheid.
décime *v* 1 geldstuk van 10 centimes; 2 10 opcenten (b.v. op belasting).
décimer *ov.w* 1 decimeren (van elke tien man er een doden); 2 veel slachtoffers maken onder, teisteren (*les maladies décimèrent la population*).
décimètre *m* 1 decimeter; 2 decimeterliniaal.
décimo *bw* ten tiende.
décintrage *m*, **décintrement** *m* het wegnemen tijdens de bouw of het wegnemen van de houten bogen v. e. gewelf.
décintrer *ov.w* de houten bogen v. e. gewelf tijdens de bouw wegnemen.
décisif, -ive *bn* 1 beslissend; 2 beslist (*ton*).
décision *v* 1 beslissing, besluit; 2 beslistheid, vastberadenheid.
décisivement *bw op* beslissende wijze, beslist.
déclamateur I *zn m*, -trice *v* 1 declamator (-trice); 2 hoogdravend schrijver(schrijfster) of redenaar(ster). II *bn* hoogdravend, bombastisch.
déclamation *v* 1 declamatie, voordrachtskunst; 2 hoogdravendheid, bombast.
déclamatoire *bn* hoogdravend, bombastisch.
déclamer I *ov.w* voordragen, declameren. II *on.w* (*contre*) uitvaren tegen.
déclaratif, -ive *bn* verklarend.
déclaration *v* 1 verklaring; — *de guerre*, oorlogsverklaring; 2 liefdesverklaring.
déclarer I *ov.w* 1 verklaren; 2 aangeven (— *un enfant*); 3 aangeven bij de douane; 4 uitspreken (— *une faillite*). II se ~ 1 uitkomen voor zijn mening; 2 uitbreken enz.; *l'hiver se déclare*, de winter breekt aan; *la maladie s'est déclarée*, de ziekte is uitgebroken, heeft zich geopenbaard; *l'orage se déclare*, het onweer barst los; 3 zijn liefde verklaren; 4 zich schuldig verklaren.
déclass/é I *bn* gezonken, beneden zijn stand geraakt. II *zn m* iem. die beneden zijn stand is geraakt; verlopen sujet. ~ement *m* 1 het schrappen v. d. lijst der marinelichting; 2 achteruitgang in stand; 3 waardeverminde-

ring van geld of aandelen. ~er ov.w 1 van
de lijst der marinelichting schrappen; 2 achteruit doen gaan in stand; 3 in waarde doen
verminderen van geld of aandelen.

déclenchement m het oplichten van de klink.

déclencher I ov.w 1 de klink oplichten (— une
porte); 2 inzetten (mil.) (— une attaque).
II se ~ ingezet worden (l'attaque se dé-
clenche).

déclencheur m ontspanner (b.v. van fototoestel).

déclic m veer, knip, druk op de knop (fot.);
— automatique, zelfontspanner.

déclin m einde, ondergang; vermindering;
le — de l'âge, de levensavond; le — des
forces, het afnemen der krachten; le — du
jour, het vallen v. d. avond; le — de la lune,
het laatste kwartier; être sur son —, achteruitgaan, aftakelen. ~able bn verbuigbaar.
~aison v 1 verbuiging; 2 declinatie v. e. ster.
~ation v helling. ~atoire bn wrakend. ~e-
ment m helling. ~er I on.w 1 verminderen,
afnemen; 2 ondergaan, dalen (v. e. ster);
3 afwijken (v. e. magneetnaald). II ov.w
1 verbuigen; 2 afslaan, weigeren; 3 wraken;
4 opgeven (— son nom).

déclinquer ov.w ontwrichten.

déclive I bn hellend. II zn v: en —, hellend.
~er on.w hellen. ~ité v helling.

déclore ov.w onr. ontsluiten.

déclouer ov.w de spijkers halen uit.

décochement m het afschieten v. e. pijl.

décocher ov.w 1 afschieten (— une flèche);
2 geven, toeslingeren; — un trait, een
steek onder water geven.

décoction v 1 het afkoken van kruiden of
planten; 2 afkooksel.

décoiffer ov.w 1 de haren in de war brengen;
2 de capsule v. e. kurk doen (— une
bouteille).

décolérer on.w ophouden boos te zijn; ne pas
—, boos blijven.

décollage m het loskomen v. d. grond (van
vliegmachine).

décollation v onthoofding.

décollement m het losgaan van gelijmde
dingen.

décoller I on.w 1 loskomen v. d. grond (van
vliegmachine); 2 (pop.) weggaan, II ov.w
1 losmaken van iets, dat gelijmd is; 2 onthoofden. III se ~ losgaan.

décolletage m 1 het decolleteren; 2 lage hals.

décolleté m lage hals; en grand —, in groot
avondtoilet (van dames).

décolleter ov.w laag uitsnijden.

décolorant I bn ontkleurend. II zn m ont-
kleuringsmiddel, bleekmiddel.

décoloration v verkleuring.

décoloré bn verkleurd, verschoten.

décolorer I ov.w ont-, verkleuren. II se ~
verschieten, verbleken.

décombrement m het opruimen.

décombrer ov.w puin op-, wegruimen.

décombres m mv puin.

décommander ov.w 1 afbestellen, 2 afzeggen
(— un dîner).

décomposable bn ontleedbaar.

décomposé bn 1 ontbonden, vergaan; 2 verwrongen, vertrokken (van gezicht).

décomposer I ov.w 1 ontleden; 2 bederven.
II se ~ 1 ontleed worden; 2 bederven,
tot ontbinding overgaan; 3 verwringen
van gezicht.

décomposition v 1 ontleding; 2 ontbinding;
3 het verwrongen zijn (— des traits).

décompression v ontspanning, vermindering
van spanning.

décomprimer ov.w ontspannen, de spanning
verminderen.

décompte m 1 korting, aftrek; trouver du —,
minder ontvangen dan men dacht; een
teleurstelling boeken; 2 afrekening.

décompter I ov.w korten, aftrekken; II on.w
1 van slag zijn v. e. klok; 2 zijn eisen
matigen.

déconcertant bn verbijsterend.

déconcerter ov.w in de war brengen, verbijsteren.

déconfit bn ontdaan, in de war, beteuterd.

déconfiture v 1 nederlaag; 2 faillissement.

déconfort m ontmoediging.

décongeler ov.w ontdooien.

déconseiller ov.w afraden.

déconsidération v verlies van aanzien.

déconsidérer ov.w de achting doen verliezen,
in aanzien doen dalen.

déconstruire ov.w onr. afbreken.

déconvenue v tegenslag, pech.

décor m 1 versiering; 2 decoratie van toneel,
filmstudio; pièce à — s, decorstuk; peintre
en — s, decoratieschilder; 3 mooie omgeving; 4 schijn. ~ateur, -trice I bn wat de
decoratie betreft (peintre —). II zn m 1 de-
cormaker, decorschilder; 2 stoffeerder. ~a-
tif, -ive bn versierend, decoratief; personnage —, deftig persoon, die een vergadering
of feest opluistert door zijn tegenwoordigheid. ~ation v 1 versiering; 2 decor; 3 ridderorde. ~er ov.w 1 versieren; 2 decoreren.

décortication v ontschorsing.

décortiquer ov.w 1 de schors wegnemen;
2 pellen (— du riz).

décorum m fatsoen, decorum (garder le —).

découcher on.w buitenshuis slapen.

découdre I ov.w onr. 1 lostornen; 2 de buik
openrijten. II on.w: en —, handgemeen
worden. III se ~ losgaan van naad.

découler on.w 1 wegvloeien; la sueur découle
de son front, het zweet stroomt hem van het
voorhoofd; 2 voortvloeien uit (fig.).

découpage m 1 het wegsnijden; 2 het uitsnijden, -knippen, -hakken; 3 het verdelen
v. e. filmscenario in scènes.

découpe = découpure.

découper I ov.w 1 in stukken snijden, voor-
snijden; couteau à —, voorsnijmes; four-
chette à —, voorsnijvork; 2 uitknippen,
uitsnijden, uithakken, uitzagen. II se ~
aftekenen; le clocher se découpait sur le ciel,
de toren stak af tegen de lucht.

découpeur m snijder, voorsnijder.

découpeuse v snijmachine.

découplé m, découpler ov.w het loskoppelen
der jachthonden.

découplé bn wel gemaakt, goed gebouwd.

découpoir m 1 snijmachine; 2 steekbeitel.

découpure v 1 het uitknippen, -snijden,
-hakken, -zagen; 2 uitknipsel; 3 insnijding
v. e. blad; 4 insnijding v. d. kust.

décourag/eant bn ontmoedigend. ~ement m
moedeloosheid. ~er I ov.w ontmoedigen.
II se ~ de moed verliezen.

découronnement m het ontnemen v. d. kroon.

découronner ov.w 1 ontkronen; 2 — un arbre,
de bovenste takken v. e. boom verwijderen.

décours m 1 afnemen der maan; 2 afnemen
v. e. ziekte.

décousu I bn 1 losgetornd; 2 onsamenhangend (style —). II zn m gebrek aan samenhang.

décousure v losgetornde naad.

découvert I bn onbedekt; pays —, streek
met weinig bossen; la tête —e, blootshoofds. II à —, bw: combattre à —, met
open vizier strijden; être à —, ongedekt
zijn. III zn m onbedekte plaats.

découverte v ontdekking; aller à la —, op
ontdekking uitgaan.

découvreur m, -euse v ontdekker(ster).

découvrir I ov.w onr. 1 ontdekken; 2 zien,
bemerken; 3 ontbloten, het deksel, de (be)-
dekking wegnemen; — son jeu, zich in de
kaart laten kijken; — une maison, het dak
v. e. huis nemen; — un panier, het deksel
v. e. mand oplichten; 4 openbaren, blootleggen (son cœur). II se ~ 1 de hoed afnemen; 2 zich dunner kleden; 3 zich bloot-

woelen; 4 ophelderen van weer; 5 zich
blootgeven (i. e. gevecht); 6 zich openbaren,
zijn gevoelens laten blijken; 7 geld voorschieten; 8 zichtbaar worden.

décrasser I *ov.w* 1 schoonmaken, reinigen;
2 beschaven, ontgroenen; 3 iem. in de
adelstand verheffen. II se ~ 1 zich reinigen;
2 omhoog komen, terwijl men van lage
afkomst is.

décrassoir *m* stofkam.

décréditer *ov.w* in diskrediet brengen.

décrépir *ov.w* (kalk) afbikken.

décrépit *bn* afgeleefd.

décrépitation *v* geknetter.

décrépiter *ov.w* knetteren.

décrépitude *v* afgeleefdheid.

décret *m* decreet, verordening, besluit.

décréter *ov.w* decreteren, verordenen.

décrier *ov.w* in diskrediet brengen.

décrire *ov.w onr.* beschrijven.

décrochage *m*, **décrochement** *m* het af-, loshaken.

décrocher *ov.w* 1 af-, loshaken; van de haak
nemen (telefoon); *bailler à se — la mâchoire*, zijn kaken uit elkaar gapen; 2 behalen
(van prijs).

décroche(z)-moi-ça *m* (*pop.*) 1 oude kleren;
2 uitdrager; 3 uitdragerswinkel.

décroiser *ov.w: — les jambes*, de benen niet
langer kruisen.

décroissement *m*, **décroissance** *v* vermindering, afneming.

décroît *m* het afnemen der maan.

décroître *on.w onr.* verminderen, afnemen; *la
rivière décroît*, het water v. d. rivier valt.

décrott/age *m* het schoonmaken, poetsen.
~er *ov.w* 1 poetsen, schoonmaken; 2 beschaven, ontwikkelen. ~eur *m* schoenpoet-
ser. ~euse *v*, ~oire *v* schoenborstel. ~oir
m voetschrapper.

décrue *v* val v. h. water.

déçu *bn* teleurgesteld.

déculotter *ov.w* (*pop.*) de broek uittrekken.

décuple I *bn* tienvoudig. II *zn m* tienvoud.

décupler *ov.w* vertienvoudigen, (*fig.*) vergroten (verdubbelen).

décurion *m* hoofdman over tien bij de Romeinen.

décuvage *m*, **décuvaison** *v* overbrenging v. d.
wijn van de kuip naar het vat.

décuver *ov.w* de wijn overbrengen v. d. kuip
naar het vat.

dédaigner *ov.w* minachten, verachten, ver-
smaden; *— de*, het beneden zich achten.

dédaigneux, -euse *bn* minachtend.

dédain *m* minachting.

dédale *m* doolhof.

dédalen, -enne *bn* onontwarbaar.

dedans I *bw* (er) binnen, erin, van binnen;
il a donné —, hij is erin gelopen; *en —*, van
(naar) binnen; *là —*, daarbinnen; *mettre —*,
erin laten lopen, bedriegen, in de gevangenis zetten; *par —*, binnenin; *personne en —*,
in zichzelf gekeerd mens. II *zn m* het binnenste, inwendige; *au —*, van binnen.

dédica/ce *v* 1 opdracht v. e. boek; 2 kerkwijding; 3 feest der kerkwijding. ~cer *ov.w*
een opdracht in een boek schrijven (*— un
livre*). ~toire *bn* de opdracht bevattend
(*épître —*).

dédier *ov.w* 1 inwijden v. e. kerk; 2 opdragen
v. e. boek.

dédire I *ov.w onr.* logenstraffen, verloochenen. II se ~ zijn woord herroepen; zijn
woord niet houden.

dédit *m* herroeping.

dédommagement *m* schadeloosstelling; *en —
de*, als schadeloosstelling voor.

dédommager *ov.w* schadeloosstellen; *— de*,
schadeloosstellen voor.

dédoublement *m* 1 het verenigen van twee
helften tot een geheel; 2 splitsing, halvering.

dédoubler *ov.w* 1 de voering wegnemen;
2 splitsen, halveren; 3 aanlengen.

déductif, -ive *bn* deductief.

déduction *v* 1 korting, aftrek; *— faite de*, na
aftrek van; 2 gevolgtrekking; 3 deductie.

déduire *ov.w onr.* 1 aftrekken (v. kosten.)
2 uiteenzetten; 3 afleiden.

déesse *v* godin.

défâcher (se) weer goed worden, als men
boos is geweest.

défaillance *v* 1 zwakheid; 2 flauwte; *tomber
en —*, flauwvallen; 3 tekortkoming.

défaillant *bn* 1 zwak, verzwakkend; 2 in
zwijm vallend; 3 uitstervend (van geslacht).

défaillir *on.w onr.* 1 ontbreken; 2 in zwijm
vallen.

défaire I *ov.w onr.* 1 vernietigen, los maken
enz.; *— un ballot*, een baal openmaken;
ses cheveux sont défaits, zijn haren zijn in
de war; *— une couture*, een naad lostornen;
— l'ennemi, de vijand totaal verslaan;
— un lit, een bed omwoelen; *— sa malle*,
zijn koffer uitpakken; *— un nœud*, een
knoop losmaken; *— les vis*, de schroeven
losdraaien; *un visage défait*, een ontsteld
gelaat; 2 vermageren, verzwakken (*la
maladie l'a défait*); 3 bevrijden, ontdoen
van. II se ~ de zich ontdoen van; *se —
d'un domestique*, een knecht ontslaan; *se —
d'un ennemi*, een vijand ombrengen. III se
~ 1 verzwakken, vermageren; 2 losgaan.

défaite *v* 1 nederlaag; 2 afzet, aftrek; 3 uitvlucht.

défalcation *v* korting, aftrekking.

défalquer *ov.w* korten, aftrekken.

défausser *ov.w* weer rechtbuigen.

défaut *m* 1 gebrek; *il a les —s de ses qualités*,
hij heeft de gebreken, die een gevolg zijn
van zijn goede hoedanigheden; *— corporel*,
lichaamsgebrek; 2 het ontbreken; *à — de*,
bij gebrek aan; *être en —*, falen; *faire —*,
ontbreken; *mettre en —*, op een dwaalspoor brengen; *prendre en —*, op een fout
betrappen; 3 verstek; *condamner par —*,
bij verstek veroordelen; *donner —*, verstek
laten gaan; 4 zwakke plaats; *— des côtes*,
plaats, waar de ribben eindigen.

défaveur *v* ongenade.

défavorable *bn* ongunstig.

défavorisé *bn* misdeeld.

défectibilité *v* onvolmaaktheid.

défectible *bn* onvolmaakt.

défectif, -ive *bn* onvolledig; *verbe —*, werkwoord, dat bepaalde vormen mist.

défection *v* afvalligheid; *faire —*, afvallen,
afvallig worden.

défectueux, -euse *bn* gebrekkig.

défectuosité *v* gebrekkigheid.

défendable *bn* verdedigbaar.

défendeur *m*, **-eresse** *v* verweerder(-ster) in
rechten.

défendre I *ov.w* 1 verdedigen; *à son corps
défendant*, tegen wil en dank; 2 beschermen, beschutten; *— du froid*, tegen de
koude beschermen; 3 verbieden, ontzeggen;
— sa maison à qn., iem. de toegang tot zijn
huis ontzeggen. II se ~ 1 zich verdedigen;
2 zich beschermen, beschutten; *se — de la
pluie*, zich beschermen tegen de regen; 3 ná-
laten, zich ontzeggen, zich onthouden; *je ne
saurais m'en défendre*, ik kan het niet ná-
laten; 4 loochenen, ontkennen; *je ne m'en
défends pas*, ik ontken het niet.

défens/e I *v* 1 verdediging; *— passive*, lucht-
beschermingsdienst; *sans —*, weerloos;
2 verbod; *— de fumer*, het is verboden
te roken; 3 slagtand; 4 verdediger in ten
proces. II ~s *mv* 1 verdedigingswerken;
2 verweermiddelen (recht). ~eur *m* 1 verdediger; 2 beschermer; 3 advocaat. ~if,
-ive I *bn* verdedigend. II *zn -ve* v verdediging, tegenweer; *être, se tenir sur la —ve*,
in het defensief zijn, een verdedigende houding aannemen.

défensivement *bw* verdedigend.

défér/ence *v* eerbied, inschikkelijkheid. ~ent
bn inschikkelijk, gehoorzaam. ~er I *ov.w*
1 verlenen, opdragen, toekennen (*— des*

honneurs); 2 aangeven bij de rechtbank, aanklagen. II *on.w* zich schikken naar (— *à l'usage*), voldoen aan (— *à un ordre*).

déferlement *m* het breken der golven.

déferler I *ov.w* (de zeilen) ontplooien. II *on.w* breken van golven.

déferrer *ov.w* 1 van ijzerbeslag ontdoen; — *un cheval*, het hoefbeslag v. e. paard wegnemen; 2 van zijn stuk brengen.

défeuillaison *v* bladerval.

défeuiller I *ov.w* ontbladeren. II se ~ de bladeren verliezen.

défi *m* 1 uitdaging; *mettre qn. au — de faire qc.*, iem. uitdagen, tarten, iets te doen.

défiance *v* wantrouwen, argwaan.

défiant *bn* wantrouwend, achterdochtig.

déficeler *ov.w* het touw doen van.

déficience *v* tekortkoming.

déficient *bn* onvoldoend, onvolwaardig.

déficit *m* tekort; *couvrir un —*, 'n t. dekken.

défier I *ov.w* uitdagen, tarten, trotseren (— *le danger*). II se ~ de wantrouwen.

défiger *ov.w* vloeibaar maken.

défigurer *ov.w* 1 verminken; 2 verdraaien.

défilade *v* het voorbijtrekken.

défilage *m* het uitrafelen.

défilé *m* 1 bergpas; 2 het voorbijtrekken.

défiler I *ov.w* 1 een draad halen uit, uitrafelen; 2 beveiligen voor kanonvuur. II *on.w* defileren, voorbijtrekken. III se ~ (*pop.*) er van doorgaan.

déflocher *ov.w* uitrafelen.

défini *bn* bepaald; *article —*, lidwoord van bepaaldheid; *passé —*, tweede verleden tijd.

défin/ir *ov.w* 1 bepalen, vaststellen; 2 definiëren. ~**issable** *bn* bepaalbaar. ~**tif, -ive** *bn* beslissend; *sentence —ive*, eindvonnis; *en —ive*, per slot van rekening. ~**tion** *v* bepaling, definitie. ~**tivement** *bw* voor goed, definitief.

déflagration *v* ontploffing.

déflation *v* 1 deflatie; 2 het gaan liggen v. d. wind.

défleurir I *on.w* de bloesem verliezen. II *ov.w* de bloesem doen vallen.

défloraison *v*, **défleuraison** *v* het vallen der bloemen of bloesems.

déflorer *ov.w* 1 iets van zijn nieuwheid, zijn frisheid beroven; 2 verkrachten, ontmaagden.

défoliation *v* bladerval.

défonçage *m*, **défonçement** *m* 1 het inslaan; 2 het diep omwerken v. e. akker.

défoncer *ov.w* 1 inslaan v. d. bodem (— *un tonneau*); 2 dieper inzakken, gaten maken in (— *une route*); 3 diep omwerken v. e. akker.

défonceuse *v* zware ploeg.

déformation *v* mis-, vervorming.

déformer *ov.w* 1 misvormen, vervormen; 2 verdraaien (— *les faits*).

défournage *m*, **défournement** *m* het uit de oven halen.

défourner *ov.w* uit de oven halen.

défraîchir *ov.w* van zijn frisheid beroven, verflensen; *articles défraîchis*, verlegen goederen.

défrayer *ov.w* iem. vrijhouden; — *la conversation*, de conversatie gaande houden, het onderwerp v. e. gesprek zijn.

défrich/able *bn* ontginbaar. ~**age** *m*, ~**ement** *m* 1 ontginning; 2 ontgonnen land. ~**er** *ov.w* ontginnen. ~**eur** *m* ontginner.

défrisement *m* het ontkrullen van haren.

défriser *ov.w* 1 ontkrullen; 2 (*pop.*) teleurstellen.

défroncer *ov.w* gladstrijken; — *les sourcils*, weer een vrolijk gezicht trekken.

défroque *v* 1 nagelaten kleren v. e. monnik; 2 armoedige nagelaten goederen; 3 afleggertje.

défroqué *m* weggelopen priester.

défroquer I *ov.w* priester- of monnikskleed er afleggen. II se ~ het priesterschap er aan geven.

défrusquer *ov.w* (*pop.*) ontkleden.

défunt I *bn* overleden. II *zn m*, -e *v* overledene.

dégagé *bn* 1 vrij, ongedwongen; 2 wolkenloos (*ciel —*); 3 slank.

dégagement *m* 1 lossing, inlossing; 2 vrijmaking; 3 losheid, ongedwongenheid; 4 uitgang, gang; *porte de —*, geheime-, nooddeur.

dégager I *ov.w* 1 inlossen; — *sa parole*, zijn belofte houden; 2 vrij-, losmaken, bevrijden; — *qn. de sa parole*, iem. van zijn woord ontslaan; — *une voie*, een weg vrij maken; — *un passage*, een doorgang vrij maken; — *un vaisseau*, een schip vlot maken; — *la taille*, de lichaamsvormen goed laten uitkomen; — *une odeur*, een lucht afgeven. II se ~ de 1 zich vrijmaken, bevrijden uit; 2 opstijgen uit (van geur); 3 opklaren (*le ciel se dégage*); 4 volgen uit (*un fait qui se dégage*).

dégainer I *ov.w* uit de schede trekken. II *on.w* het zwaard ter hand nemen.

déganter (se) zijn handschoenen uittrekken.

dégarnir I *ov.w* ontdoen, ontbloten; — *une chambre*, de meubels uit een kamer weghalen; — *un arbre*, een boom snoeien; *bouche dégarnie*, tandeloze mond; — *un vaisseau*, een schip onttakelen. II se ~ 1 lichtere kleren aantrekken; 2 bladeren, haren verliezen; 3 leeglopen (v. e. zaal).

dégât *m* schade, verwoesting.

dégauchir *ov.w* 1 vlak maken; 2 beschaven.

dégazonner *ov.w* van gras ontdoen.

dégel *m* dooi.

dégelée *v* (*fam.*) pak slaag.

dégèlement *m* ontdooiing.

dégeler I *ov.w* ontdooien. II *onp.w* dooien.

dégénération *v* ontaarding, degeneratie.

dégénérer *on.w* ontaarden, degenereren.

dégingandé *bn* slingerend (*allure —e*).

dégingandement *m* slingerende gang, slungelachtigheid.

dégivrer *ov.w* ijsafzetting op autoruit of vliegtuigvleugel verwijderen, of tegengaan.

déglaçage *m* 1 het ijsvrij maken van wegen; 2 het ontglanzen van papier.

déglacer *ov.w* 1 van ijs ontdoen; 2 verwarmen (*un voyageur*); 3 ontglanzen van papier.

déglinguer *ov.w* (*fam.*) stukmaken.

déglutir *ov.w* inslikken.

déglutition *v* het inslikken.

dégobillage *m* (*pop.*) het braken.

dégobiller *ov.* en *on.w* (*pop.*) braken.

dégommer *ov.w* 1 ontgommen; 2 ontslaan, aan de dijk zetten (*fam.*).

dégonfiard *m* (*pop.*) iemand, die zijn woord niet houdt.

dégonflement *m* het leeglopen (— *d'un pneu*).

dégonfler I *ov.w* 1 leeg laten lopen; 2 opluchten (— *le cœur*). II. *on.w* zijn woord niet houden. III se ~ 1 leeg lopen; 2 (*fam.*) weifelen, bang zijn; 3 (*arg.*) bekennen, verraden.

dégorgement *m* afvloeiing, uitstorting.

dégorgeoir *m* 1 afloop voor water; 2 bekopener (hengelaarsinstrument).

dégorger I *ov.w* 1 uitbraken; 2 doorsteken v. e. buis, doorspoelen. II *on.w* 1 overlopen; 2 uitmonden.

dégoter *ov.w* (*fam.*) 1 neerschieten; 2 (*pop.*) overtreffen; 3 (*pop.*) vervangen, ontslaan.

dégourdi *bn* 1 lenig; 2 bijdehand.

dégourdir *ov.w* 1 lenig maken; se ~ *les jambes*, zich wat vertreden; 2 ontbolsteren, vrijer maken (— *un jeune homme*); 3 lauw maken.

dégoût *m* 1 walging, tegenzin; 2 verdriet.

dégoûtant *bn* walgelijk, misselijk, onuitstaanbaar.

dégoûté (de) *bn* vies van, kieskeurig; *faire le —*, de neus optrekken.

dégoûter *ov.w* 1 de eetlust ontnemen, doen walgen, afkerig maken; 2 vervelen. II se ~ (de) een afkeer, hekel krijgen aan.

dégouttement *m* het druipen, het druppelen.

dégoutter *on.w* lekken, druipen.

dégrad/ant *bn* onterend, vernederend. **~ation** *v* 1 verval, vernedering, verdorvenheid; 2 ontzetting uit burgerrechten (— *civique*); 3 verlaging in mil. rang (— *militaire*); 4 schade, beschadiging; 5 nuancering van kleuren, lichtovergang. **~er** *ov.w* 1 degraderen, in rang verlagen; 2 het burgerrecht ontnemen; 3 verlagen, onteren, vernederen; 4 beschadigen, ver016;vernielen; 5 uit laten lopen van kleuren.

dégrafer I *ov.w* loshaken. II **se ~** de haakjes van eigen kleren losmaken.

dégraissage *m*, **dégraissement** *m* 1 ontvetting; 2 het ontvlekken.

dégraisser *ov.w* 1 ontvetten, het vet afscheppen van (— *un bouillon*); 2 ontvlekken; 3 (*arg.*) stelen.

dégraisseur *m*, **-euse** *v* iem. die stoffen, kleren ontvlekt.

degré *m* 1 graad (in verschillende betekenissen); *brevet de premier* —, *de second* —, hulp-, hoofdakte; *brûlure du premier* —, brandwond in de eerste graad; — *de latitude*, — *de longitude*, breedte-, lengtegraad; — *de parenté*, graad van verwantschap; *prendre ses* —*s*, zijn universitaire examens maken. 2 trede, sport; *par* —*s*, trapsgewijs; —*s de comparaison*, trappen van vergelijking.

dégréement *m*, **dégréage** *m* onttakeling (*scheepv.*).

dégréer *ov.w* onttakelen (*scheepv.*).

dégressif, -ive *bn* afnemend.

dégringolade *v* 1 val, tuimeling; 2 (*arg.*) dood.

dégringoler I *on.w* tuimelen. II *ov.w* afhollen (— *un escalier*).

dégrisement *m* ontnuchtering (ook *fig.*).

dégriser *ov.w* 1 ontnuchteren; 2 de ogen openen.

dégrossir *ov.w* 1 ruw bewerken, de hoofdvorm geven; 2 ontbolsteren, beschaven.

dégrossissage *m*, **dégrossissement** *m* 1 het ruw bewerken, het geven v. d. hoofdvorm; 2 het beschaven.

déguenillé I *bn* in lompen gehuld. II *zn m* schooier.

déguerpir I *on.w* de benen nemen, zich wegpakken. II *ov.w* 1 afzien van, weigeren (— *un héritage*); 2 ontruimen.

déguerpissement *m* 1 het afzien van; 2 ontruiming.

dégueulasse *bn* (*pop.*) misselijk, weerzinwekkend.

dégueuler *ov.* en *on.w* (*pop.*) (uit)braken, (*arg.*) een medeplichtige aanbrengen.

déguisé *bn* vermomd.

déguisement *m* 1 vermomming; 2 veinzerij (*parler gens*).

déguiser *ov.w* 1 vermommen, verkleden; 2 verbergen (— *ses sentiments*), veranderen, verdraaien (— *sa voix*).

dégust/ateur *m* proever van wijn en likeuren. **~ation** *v* het proeven van wijnen of likeuren. **~er** *ov.w* 1 proeven (v. dranken); 2 genieten (v. spijzen enz.).

déhancher (**se**) 1 de heup ontwrichten; 2 waggelend, schommelend lopen.

déharnacher *ov.w* (*un cheval*) een paard onttuigen.

dehors I *bn* buiten, naar buiten, eruit; *au* —, van, naar buiten, uitwendig; *coucher* —, buitenshuis overnachten; *de* —, van buiten; *de* — *en dedans*, van buiten naar binnen; *en* —, van, naar buiten; *la porte s'ouvre en* —, de deur opent naar buiten; *mettre* —, wegjagen, de deur uitzetten; *par* —, van buiten, buiten om; *mettre toutes voiles* —, alle zeilen bijzetten. II *vz : au* (of *en*) — *de*, buiten; *par* —, buitenom. III *zn m* 1 buitenkant; 2 uiterlijk, schijn; *mv* uiterlijk voorkomen; *juger par les* —, naar de schijn oordelen; *sauver les* —, de schijn redden.

déi/cide I *bn* godmoordend. II *zn m* 1 godmoordenaar; 2 godmoord. **~fication** *v* ver-

goding, vergoddelijking. **~fier** *ov.w* vergoddelijken. **~sme** *m* deïsme. **~ste** *m* deïst. **~ité** *v* godheid.

déjà *bw* al, reeds; *comment s'appelle-t-il* —?, hoe heet hij ook weer?

déjanter *ov.w* (een band) v. d. velg halen.

déjection *v* ontlasting.

dejet/é *bn* krom. **~er** I *ov.w* krom maken. II **se ~** krom worden. **~tement** *m* het kromtrekken.

déjeuner I *zn m* 1 ontbijt (*petit* —); — *de soleil*, stof, die gemakkelijk verschiet; 2 twaalfuurtje, lunch; — *dînatoire*, uitgebreide warme lunch; 3 ontbijtservies. II *on.w* 1 ontbijten; 2 lunchen.

déjeuneur *m*, **-euse** *v* iem. die ontbijt of luncht.

déjouer *ov.w* verijdelen.

déjuger I *ov.w* herroepen (— *un arrêt*). II **se ~** op een beslissing terugkomen.

delà I *bw: au-delà, en-delà, par delà* 1 aan gene zijde, aan de andere zijde; 2 daarenboven, nog meer (*j'ai reçu des livres et au-delà*); *deçà et* —, heen en weer, hier en daar. II *vz: au* — *de*, *par* —, aan gene zijde van, van de overzijde van. III *zn m: l'au-delà*, het hiernamaals.

délabré *bn* bouwvallig, vervallen, zwak.

délabrement *m* bouwvalligheid, verval, achteruitgang (— *de la santé*).

délabrer *ov.w* tot verval brengen, bederven, knakken (— *la santé*).

délacer *ov.w* losrijgen.

délai *m* 1 termijn, tijd; *à bref* —, binnen korte tijd; 2 uitstel; *sans* —, onmiddellijk.

délaissement *m* 1 het verlaten, in de steek laten; 2 verlatenheid; 3 afstand van recht of goederen.

délaisser *ov.w* 1 verlaten, in de steek laten; 2 afstand doen van goederen of rechten.

délaiter *ov.w* (boter) uitkneden.

délaiteuse *v* boterkneedmachine.

délardement *m* het uitsnijden van spek.

délarder *ov.w* 1 spek uitsnijden; 2 afronden.

délassement *m* ontspanning, afleiding.

délasser I *ov.w* ontspannen, vermaken. II **se ~** zich ontspannen, uitrusten.

délateur *m*, **-trice** *v* aanbrenger(ster), verklikker(ster).

délation *v* het aanbrengen, verklikken.

délaver *ov.w* 1 (uit)wassen (b.v. van aquarel); 2 verregenen, doorweken.

délayage *m*, **délayement** *m* verdunning.

délayer *ov.w* verdunnen.

délébile *bn* uitwisbaar (*encre* —).

délect/able *bn* zeer aangenaam, heerlijk. **~ation** *v* genot. **~er** I *ov.w* verheugen, bekoren. II **se ~** à genoegen scheppen in.

délég/ataire *m* of *v* iem. aan wie men een vordering of eis overdraagt. **~ateur** *m*, **-trice** *v* iem. die een vordering of eis overdraagt. **~ation** *v* 1 overdracht van een eis of vordering; 2 volmacht; 3 commissie van afgevaardigden. **~ué** *m* afgevaardigde, vertegenwoordiger. **~uer** *ov.w* 1 afvaardigen; 2 overdragen van macht enz.

délester *ov.w* van ballast ontdoen (— *la nacelle d'un ballon*).

délétère *bn* schadelijk, dodelijk.

délibératif, -ive *bn* betogend; *avoir voix -ive*, stemgerechtigd zijn.

délibération *v* 1 beraadslaging; 2 beslissing, besluit.

délibér/é I *bn* vastberaden, zelfbewust (*air* —); *de propos* —, met opzet. II *zn m* beraadslaging van rechters achter gesloten deuren. **~ément** *bw* vastberaden, zelfbewust. **~er** *on.w* 1 beraadslagen; 2 bij zich zelf overleggen.

délicat *bn* 1 fijn, heerlijk, lekker (*mets* —); 2 fijn gemaakt (*ouvrage* —); 3 moeilijk, hachelijk (*situation* —*e*); 4 fijngevoelig, nauwgezet, gewetensvol; 5 teer, tenger, zwak; 6 kieskeurig; 7 lichtgeraakt.

délicatesse v 1 fijnheid, uitgezochtheid, lekkerheid van spijzen; 2 fijnheid van werk; 3 moeilijkheid, hachelijkheid; 4 fijngevoeligheid, nauwgezetheid; 5 teerheid, tengerheid; 6 kieskeurigheid; 7 lichtgeraaktheid.

délices v mv genoegens, genot; *jardin de —,* lustoord.

délicieux, -euse bn heerlijk, lekker.

délié I bn 1 dun, fijn; *taille —e,* slanke gestalte; 2 schrander, scherpzinnig, leep, uitgeslapen; *esprit —,* schrandere geest. II *zn m* ophaal van schrift.

délier ov.w 1 losmaken; *sans bourse —,* zonder een cent te betalen; 2 ontslaan (*délier d'un serment*).

délimitation v begrenzing.

délimiter ov.w begrenzen, afbakenen.

délinéament m schets, omtrek.

délinéer ov.w de omtrek schetsen.

délinquant m delinquent.

délirant bn 1 ijlend; 2 uitbundig, dol.

délire m 1 ijlkoorts, het ijlen; 2 geestdrift, verrukking; 3 razernij, waanzin.

délirer on.w ijlen.

délit m misdrijf, overtreding, delict; *le corps du —,* het corpus delicti; *prendre en flagrant —,* op heterdaad betrappen.

délivrance v 1 bevrijding; 2 bevalling; 3 afgifte, uitreiking.

délivrer ov.w 1 bevrijden; 2 verlossen (*une femme*); 3 uitreiken, afgeven.

déloger I on.w verhuizen, weggaan; — *sans tambour ni trompette,* met de stille trom vertrekken. II *ov.w* (fam.) wegjagen, verdrijven (— *l'ennemi*).

délonquer (s) *(pop.)* z. ontkleden.

déloyal [mv aux] bn oneerlijk, ontrouw.

déloyauté v oneerlijkheid, trouweloosheid.

delta m delta (bij riviermond).

déluge m 1 zondvloed; *après nous le —,* wie dan leeft, wie dan zorgt; *cela date du —,* dat is oude kost; 2 stortvloed; *un — de larmes,* een vloed van tranen; *un — d'injures,* een stroom van scheldwoorden.

déluré bn bijdehand, gewiekst.

délurer ov.w ontgroenen, ontbolsteren.

délustrer ov.w ontglanzen.

démagogie v demagogie.

démagogique bn demagogisch, opruiend.

démagogue m demagoog.

démaigrir on.w dikker worden.

démailloter ov.w de luiers afdoen van.

demain bw morgen; *de — en huit,* en quinze, over 8, over 14 dagen; *la guerre de —,* de toekomstige oorlog; *l'homme de —,* het komende geslacht.

demande v 1 verzoek, vraag; *à la — de,* op verzoek van; *article de —,* veel gevraagd artikel; *il y a peu de — en cet article,* dit artikel wordt weinig gevraagd; — *en mariage,* huwelijksaanzoek; *l'offre et la —,* vraag en aanbod; *à sotte —, sotte réponse (spr.w)* een gek kan meer vragen dan honderd wijzen kunnen antwoorden; 2 bestelling; 3 vordering, eis; — *en divorce,* eis tot echtscheiding; 4 verzoekschrift.

demander I ov.w 1 vragen, verzoeken; — *l'aumône, la charité,* om een aalmoes vragen; — *son chemin,* naar de weg vragen; — *le médecin,* de dokter laten komen; *je ne demande pas mieux,* dat is juist, wat ik graag wou; *heel graag; on vous demande,* men vraagt naar u, men heeft u nodig; 2 bestellen; 3 vorderen, eisen; — *compte, raison, rekenschap vragen;* 4 — *qn.,* iem. te spreken vragen. II *se* ~ zich afvragen.

demandeur m, **-eresse** v eiser(es).

demandeur m, **-euse** v vrager(vraagster).

démangeaison v 1 jeuking; 2 veel zin.

démanger on.w jeuken; *la langue lui démange,* hij kan niet langer zijn mond houden.

démant/èlement m 1 het ontmantelen; 2 ontmanteling. ~**eler** ov.w ontmantelen.

démantibuler ov.w onbruikbaar maken v. e. machine.

démaquiller I ov.w reinigen van blanketsel of schmink. II se ~ zich afschminken.

démarcatif, -ive bn wat de afbakening betreft; *ligne —ive,* grenslijn.

démarcation v afbakening, begrenzing; *ligne de —,* grenslijn.

démarche v 1 gang; 2 stap, poging.

démarier ov.w 1 wettelijk (echt)scheiden; 2 uitdunnen van planten (— *des carottes*)

démarquer on.w 1 v. e. merk ontdoen (— *du linge*); 2 op handige wijze plagiëren.

démarrage m 1 het losgooien van scheepskabels; 2 vertrek, start; 3 het plotseling weglopen v. e. renner.

démarrer I ov.w de kabels losgooien. II on.w 1 vertrekken; starten (van b.v. renners); 2 plotseling weglopen van renners.

démarreur m starter.

démasquer ov.w ontmaskeren; — *ses batteries,* zijn plannen bekend maken.

démâtage m, **démâtement** m het neerhalen of verliezen v. d. mast.

démâter I ov.w de mast(en) wegnemen, -breken. II on.w de mast(en) verliezen.

démêlé m twist, geschil; *avoir des —s avec la justice,* in aanraking komen met de justitie.

démêler ov.w 1 ontwarren; se — de, zich redden uit; 2 ophelderen; 3 herkennen, onderscheiden, doorzien; — *qn. dans la foule,* iem. in de menigte herkennen, onderscheiden; 4 *je n'ai rien à — avec vous,* ik heb niets met u te maken; *avoir qc. à — avec qn.,* een appeltje met iem. te schillen hebben.

démembrement m versnippering, verbrokkeling.

démembrer ov.w 1 in stukken snijden; 2 versnipperen, verbrokkelen, verdelen.

déménag/ement m verhuizing. ~**er I** ov.w verhuizen. II on.w verhuizen; *sa tête déménage,* zijn hoofd is op hol. ~**eur** m verhuizer.

démence v 1 krankzinnigheid; 2 dwaasheid, dwaas gedrag.

démener (se) spartelen, te keer gaan; *se — comme un possédé, se — comme le diable dans un bénitier,* te keer gaan als een bezetene; 2 zich uitsloven, zich weren.

dément I bn krankzinnig. II *zn m,* ~**e** v krankzinnige.

démenti m ontkenning, logenstraffing (*donner un —*); *il en a eu le —,* hij heeft de kous op de kop gekregen.

démentir I ov.w onr. 1 ontkennen, loochenen; 2 logenstraffen; 3 tegenspreken; 4 verloochenen (*son caractère*). II se ~ 1 zich zelf tegenspreken; 2 zich verloochenen.

démérite m tekortkoming, fout, het laakbare.

démériter on.w iets laakbaars doen; verkeerd handelen; — *de,* — *auprès de,* tekortkomen jegens.

démesuré bn bovenmatig, grenzeloos.

démesurément bw bovenmatig.

démettre I ov.w 1 ontwrichten, verstuiken; 2 ontslaan, afzetten. II se ~ 1 verstuiken, ontwrichten; 2 ontslag nemen.

démeublé bn zonder meubels; *bouche démeublée,* tandeloze mond.

démeublement m 1 het weghalen der meubels; 2 het meubelloos zijn.

démeubler ov.w de meubels weghalen.

demeur/ant m 1 rest; *au —,* overigens; 2 bewoner; 3 overlevende. ~**er** v 1 woning, verblijf; *à —,* voor goed; *la — de l'âme,* het lichaam; *la — céleste,* de hemel; *la dernière —,* het graf; 2 uitstel; *mettre qn. en — de,* iem. aanmanen te; *il y a péril en la —,* er is gevaar bij uitstel; *être en — de,* in staat zijn te. ~**er** on.w 1 wonen, verblijven; 2 blijven; — *court,* blijven steken; *où en sommes-nous demeurés?,* waar zijn we gebleven?

demi I bn half; *trois heures et —e,* half vier; *midi et —,* half één overdag; *minuit et —,* half één 's nachts; *une demi-heure,* een half uur; *une heure et demie*, anderhalf uur; *à fourbe, fourbe et demi* (*spr.w*), baas boven baas; *le demi-centre*, de spil (bij voetbal). II *zn m* 1 halve; 2 glas bier van ong. een halve liter; 3 halfspeler (bij voetbal). III ~e *v* het halve uur (*sonner les* —*s*). IV *à* —, *bw* half.

demi/-bas *m* kniekous. ~-**cercle**† *m* halve cirkel. ~**circulaire**† *bn* halfcirkelvormig. ~**deuil**† *m* lichte rouw. ~**dieu**† *m* halfgod. ~**finale**† *v* halve eindstrijd. ~**fond** *m* middenafstand (*course de* —; *coureur de* —). ~**frère**† *m* halfbroer. ~**jour** *m* schemerlicht.

démilitariser *ov.w* demilitariseren.

demi/-mondaine† *v* vrouw van lichte zeden. ~**monde** *m* de vrouwen van verdachte zeden. ~**mort**† *bn* half dood. ~**mot**: *entendre à* —, maar een half woord nodig hebben (om te begrijpen).

déminer *ov.w* mijnen ruimen.

demi/-pause† *v* halve maat rust (*muz.*). ~**pension**† *v* halve kost. ~**pièce**† *v* 1 half vat wijn; 2 halve lap stof. ~**reliure**† *v* band met leren rug. ~**saison** *v*: *paletot de* —, demi. ~**sang** *m* halfbloed paard. ~**savoir** *m* oppervlakkige kennis. ~**sœur**† *v* halfzuster. ~**solde**† *v*: *officier en* —, officier op half salaris, op wachtgeld. ~**sommeil** *m* eerste slaap. ~ - **soupir** † *m* achtste rust (*muz.*).

démission *v* ontslag, ontslagneming, aftreden; *donner sa* —, ontslag nemen.

démissionnaire I *bn* aftredend; die zijn ontslag heeft ingediend, heeft gekregen; (*ministre* —). II *zn m* of *v* aftredend lid, ontslagen persoon.

démissionner *on.w* ontslag nemen.

demi/-tasse† *v* kleintje koffie. ~**teinte**† *v* halftint. ~**tour**† *m* halve draai; *faire* —, rechtsomkeert maken.

démobilisation *v* demobilisatie.

démobiliser *ov.w* demobiliseren.

démocrate I *bn* democratisch. II *zn m* of *v* democraat(-crate).

démocratie *v* democratie.

démocratique *bn* democratisch.

démocratiser *ov.w* democratiseren

démodé *bn* uit de mode, ouderwets.

démographie *v* volksbeschrijving.

demoiselle *v* 1 juffrouw; — *d'honneur*, bruidsmeisje; *rester* —, ongetrouwd blijven; 2 libel; 3 straatstamper; 4 (*arg.*) fijn sas.

démol/ir *ov.w* 1 slopen, afbreken, vernietigen; 2 (*pop.*) neerslaan. ~**issage** *m* 1 het afbreken, slopen; 2 vernietigende kritiek. ~**isseur** *m* sloper. ~**ition** I *v* afbraak, sloping, vernietiging. II ~**itions** *mv* puin.

démon *m* 1 duivel, boze geest; *faire le* —, een leven maken als een oordeel; 2 guitig kind.

démonétiser *ov.w* (geld) buiten omloop stellen.

démoniaque I *bn* van de duivel bezeten. II *zn m* of *v* iem. die van de duivel bezeten is.

démonstrateur *m*, -**trice** *v* uitlegger(-ster), verklaarder(-ster).

démonstratif, -**ive** *bn* 1 betogend, overtuigend; 2 zijn gevoelens uitend, hartelijk; 3 *pronom* —, aanwijzend voornaamwoord.

démonstration *v* 1 bewijs, betoog; 2 betoging; 3 betuiging van vriendschap enz.; 4 schijnbeweging (*mil.*).

démont/able *bn* uit elkaar te nemen. ~**age** *m* het uit elkaar nemen, demonteren. ~**er** I *ov.w* 1 uit het zadel werpen; 2 uit elkaar nemen; 3 het bevel ontnemen; 4 in de war brengen, uit het veld slaan; *une mer démontée*, een onstuimige zee. II *se* ~ 1 uit elkaar genomen kunnen worden; 2 van zijn stuk raken.

démontr/abilité *v* bewijsbaarheid, aantoonbaarheid. ~**able** *bn* bewijsbaar, aantoonbaar. ~**er** *ov.w* bewijzen, aantonen, demonstreren.

démoralisateur, -**trice** I *bn* zedenbedervend, demoraliserend. II *zn m*, -**trice** *v* zedenbederver(-bederfster).

démoralisation *v* zedenbederf, demoralisatie.

démoraliser I *ov.w* 1 bederven v. d. zeden; 2 ontmoedigen, demoraliseren.

démordre *on.w* 1 loslaten na bijten; 2 opgeven, afzien; *il n'en démord pas*, hij geeft niet op, blijft op zijn stuk staan.

démoulage *m* het uit de vorm halen.

démouler *ov.w* uit de vorm halen.

démunir I *ov.w* ontdoen van, beroven van. II *se* ~ uit handen geven, zich ontbloten (*se* — *d'argent*).

démuseler *ov.w* 1 de muilkorf afdoen; 2 ontketenen (— *les passions*).

dénatalité *v* geboortevermindering.

dénatter *ov.w* losvlechten van haren.

dénaturalisation *v* het ontnemen v. d. nationaliteit.

dénaturaliser I *ov.w* de nationaliteit ontnemen. II *se* ~ zijn nationaliteit verliezen.

dénaturation *v* onbruikbaarmaking (b.v. voor consumptie).

dénaturé *bn* 1 ontaard; 2 onnatuurlijk; 3 onbruikbaar gemaakt, gedenatureerd.

dénaturer *ov.w* 1 onbruikbaar maken voor consumptie, denatureren; 2 vervalsen, verdraaien (— *une parole*); — *une dépêche*, een telegram verminken; 3 doen ontaarden.

dénégation *v* ontkenning, loochening.

déni *m* weigering; — *de justice*, rechtsweigering.

dénicher I *ov.w* 1 uit het nest halen (— *des oiseaux*, nesten uithalen); 2 opsporen, iemands huis, verblijfplaats vinden; 3 verjagen, verdrijven. II *on.w* 1 het nest verlaten; 2 er van door gaan.

dénicheur *m* 1 nestenuithaler; 2 opspoorder.

denier *m* 1 duit (oude munt van $^1/_{12}$ sou); 2 penning; — *à Dieu*, godspenning; — *de Saint Pierre*, St.-Pieterspenning; —*s publics*, staatsinkomsten, openbare middelen; *argent placé au* — *vingt*, (*oud*) geld, dat is uitgezet tegen 5%.

dénier *ov.w* 1 ontkennen; 2 ontzeggen.

dénigrant *bn* afbrekend, geringschattend.

dénigrement *m* het afbreken, bekladden.

dénigrer *ov.w* afbreken, bekladden.

déniveler *ov.w* ongelijk van hoogte maken.

dénivellation *v*, **dénivellement** *m* hoogteverschil.

dénombrement *m* 1 opsomming; 2 telling.

dénombrer *ov.w* 1 opsommen; 2 tellen.

dénominateur *m* noemer v. e. breuk.

dénominatif, -**ive** *bn* benoemend.

dénomination *v* benaming, benoeming.

dénommer *ov.w* noemen.

dénoncer *ov.w* 1 aangeven (— *un criminel*); 2 aanzeggen, aankondigen (— *la guerre*); 3 opzeggen (— *un traité*).

dénonciateur *m*, -**trice** *v* aanbrenger(-ster).

dénonciation *v* 1 aangifte, aanklacht; 2 aankondiging; 3 opzegging.

dénoter *ov.w* te kennen geven, aanduiden, verraden (*ses paroles dénotent le bon sens*).

dénouement *m* ontknoping.

dénouer *ov.w* ontknopen, losknopen, ontwarren; *les langues se dénouent*, de tongen komen los.

dénoyauter *ov.w* ontpitten.

denrée *v* (eet)waar.

dens/e *bn* dicht. ~**ité** *v* dichtheid.

dent *v* 1 tand, kies; *déchirer à belles* —*s*, belasteren; *manger du bout des* —*s*, kieskauwen; — *canine*, hoektand; *avoir une* — *contre qn.*, het op iemand gemunt hebben; *coup de* —, laster; — *creuse*, holle kies; *ne pas desserrer les* —*s*, halsstarrig zwijgen; *grosse* —, kies; — *incisive*, snijtand; *avoir mal aux* —*s*, kiespijn hebben; *n'avoir pas de quoi se mettre sous les* —*s*, niets te eten hebben; — *de l'œil*, oogtand (hoektand uit bovenkaak); *rire du bout de*

—*s*, lachen als een boer, die kiespijn heeft; — *de sagesse*, verstandskies; *être sur les* —*s*, doodop zijn; 2 tand van rad, kam, blad enz.; 3 bergpiek (*la Dent du Midi*); 4 slagtand (— *d'éléphant*).

dentaire *bn* wat betrekking heeft op tanden of kiezen; *nerf* —, tandzenuw.

dentale *v* tandletter.

dent†-de-lion *v* paardebloem.

denté *bn* getand.

dentelé *bn* getand.

denteler *ov.w* uittanden.

dentel/le *v* kant. ~**lerie** *v* 1 het maken van kant; 2 kantwinkel. ~**lière** *v* kantwerkster.

dentelure *v* gekartelde rand.

denter *ov.w* (een rad) van tanden voorzien.

denticule *m* tandje.

dentier *m* vals gebit.

dentifrice I *bn* wat de verzorging der tanden betreft (*poudre* —). II *zn m* tandmiddel.

dentine *v* tandbeen.

dentiste *m* tandarts.

dentition *v* periode v. h. krijgen en uitvallen der tanden bij kinderen.

dentu *bn* met tanden.

denture *v* 1 gebit; 2 tandwerk van kamrad.

dénudation *v* 1 het blootleggen, blootliggen der tanden; 2 kaalheid.

dénuder *ov.w* ontdoen, beroven.

dénué *bn* ontbloot.

dénuement *m* armoede, gebrek.

dénuer *ov.w* beroven, ontbloten.

dénutrition *v* ondervoeding.

dépannage *m* het herstel v. e. weigerend mechanisme (auto's, vliegmachines enz.).

dépanner *ov.w* een weigerend mechanisme herstellen (auto's, vliegmachines enz.).

dépanneur *m* hersteller v. h. mechanisme van auto's, vliegmachines enz.

dépaquetage *m* het uitpakken.

dépaqueter *ov.w* uitpakken.

dépareiller *ov.w* iets wegnemen of breken van dingen, die bij elkaar horen (b.v. een kopje v. e. servies).

déparer *ov.w* ontsieren.

déparler *on.w* (*fam.*) 1 *il ne déparle pas*, hij praat al maar door; 2 slecht spreken.

départ *m* 1 vertrek; start; *être sur son* —, op het punt staan te vertrekken; *faux* —, valse start; — *lancé*, vliegende start; *point de* —, uitgangspunt, punt van vertrek; 2 scheiding.

département *m* 1 ministerie; 2 deel van Frankrijk (Frankrijk bestaat uit 94 departementen); *les* —*s*, de provincie (in tegenstelling met Parijs).

départemental [*mv* aux] *bn* departementaal.

départir *ov.w onr.* 1 verdelen, uitdelen; 2 scheiden.

dépassement *m* overschrijding (— *de crédits*).

dépasser *ov.w* 1 inhalen en voorbijgaan; 2 overschrijden, te buiten gaan; — *les bornes*, de perken te buiten gaan; 3 overtreffen, hoger zijn; 4 (*fam.*) verwonderen.

dépaver *ov.w* opbreken (— *une rue*).

dépaysé *bn* 1 uit het vaderland verwijderd; 2 niet op zijn gemak, verlegen, de kluts kwijt; *se trouver* — *dans une société*, zich niet op zijn gemak voelen in een gezelschap.

dépayser *ov.w* 1 in een ander land, een andere omgeving overplaatsen; 2 in de war brengen; 3 om de tuin leiden.

dépècement *m*, **dépeçage** *m* het in stukken snijden (— *d'un poulet*).

dépecer *ov.w* in stukken snijden.

dépeceur *m* 1 iem. die de gevogelte enz. in stukken snijdt; 2 sloper van schepen.

dépêche *v* 1 ambtelijke mededeling; 2 telegram; *dépêche-mandat*, telegr. postwissel.

dépêcher I *ov.w* 1 snel afdoen (— *un travail*, — *un déjeuner*), bespoedigen; 2 snel zenden; 3 naar de andere wereld helpen. II *se* ~ zich haasten.

dépeigner *ov.w* iemands haren in de war brengen.

dépeindre *ov.w onr.* beschrijven.

dépenaillé *bn* haveloos, in lompen; *figure* —*e*, vervallen gelaat.

dépendance *v* 1 afhankelijkheid; 2 bijgebouw, dépendance.

dépendant *bn* afhankelijk.

dépendre I *ov.w* afnemen van hetgeen hangt. II *on.w* (de) 1 afhangen (van); *cela dépend*, dat hangt er van af; 2 behoren tot, bij.

dépens *m mv* kosten; *aux* — *de*, ten koste van.

dépens/e *v* 1 uitgave(n); 2 provisiekamer; 3 gas-, elektriciteits-, waterverbruik in een bepaalde tijd. ~**er** I *ov.w* 1 uitgeven, verteren; 2 verspillen, verkwisten (— *ses forces*). II se ~ 1 uitgegeven, verspild worden; 2 zijn krachten verspillen, zich niet sparen. ~**ier**, -**ère** I *bn* verkwistend. II *zn m*, -**ère** *v* 1 geldverspiller(ster); 2 bottelier, keldermeester(es).

déperdition *v* verlies, verval, afneming.

dépérir *on.w* kwijnen, afnemen, vervallen (*les sciences dépérissent, sa santé dépérit*).

dépérissement *m* kwijning, verzwakking, verval.

dépeuplement *m* ontvolking.

dépeupler *ov.w* ontvolken; — *un étang*, een vijver leegvissen; — *une forêt*, veel bomen uit een bos halen.

dépilage *m* ontharing.

dépiler *ov.w* ontharen.

dépiquage *m*, **dépicage** *m* het dorsen.

dépiquer *ov.w* 1 dorsen; 2 lostornen.

dépister *ov.w* 1 op het spoor komen (ook *fig.*); 2 van het spoor brengen, het spoor bijster maken.

dépit *m* spijt, verdriet, ergernis; *en* — *de*, in weerwil van.

dépiter *ov.w* ergeren, verdrietig maken.

déplacé *bn* misplaatst; *personne* —*e*, ontheemde.

déplacement *m* 1 ver-, overplaatsing; *frais de*, reis-, verhuiskosten; 2 waterverplaatsing v. e. schip.

déplacer I *ov.w* 1 ver-, overplaatsen; 2 water verplaatsen. II se ~ van plaats veranderen.

déplaire I *ov.w onr.* mishagen, niet aanstaan; *ne vous en déplaise*, met uw verlof; *n'en déplaise à* . . , al vindt . . . het niet goed. II se ~ zich niet vermaken, zich vervelen.

déplaisant *bn* onaangenaam (*manières* —*es*).

déplaisir *m* misnoegen, verdriet.

déplantage *m* déplantation *v* verplanting.

déplanter *ov.w* verplanten, verpoten.

déplâtrer *ov.w* ontpleisteren.

dépliant *m* vouwblad, folder, opvouwbare kaart.

déplier *ov.w* ontvouwen, openvouwen.

déplisser *ov.w* de plooien maken uit.

déploiement *m* ontplooiing, ontwikkeling, tentoonspreiding; *le* — *d'une armée*, het in slagorde scharen v. e. leger; — *de forces*, machtsvertoon.

déplomber *ov.w* 1 v. d. (douane)loodjes ontdoen; 2 de vulling uit een kies verwijderen.

déplorable *bn* betreurenswaardig, ellendig.

déplorer *ov.w* betreuren.

déployer *ov.w* 1 ontplooien, ontvouwen, uitspreiden; — *les ailes*, de vleugels uitslaan; *rire à gorge déployée*, luidkeels lachen; 2 tentoonspreiden; 3 in slagorde scharen.

déplumer *ov.w* plukken van gevogelte.

dépolir *ov.w* mat, dof maken (*le verre*).

dépolissage *m*, **dépolissement** *m* het mat, dof maken.

dépopulation *v* ontvolking.

déport *m* onbevoegdverklaring van zich zelf, b.v. door rechter; *sans* —, onmiddellijk.

déportation *v* verbanning naar een strafkolonie.

déporté *m* gedeporteerde.

déportements *m mv* misdragingen, uitspattingen.

déporter *ov.w* naar een strafkolonie verbannen.

déposant I *bn* getuigend. II *zn m* 1 getuige; 2 inlegger van geld, depositogever.

dépose *v* het wegnemen.

déposer *ov.w* 1 neerleggen, neerzetten; 2 wegzetten, wegleggen; 3 deponeren, in bewaring geven; — *une marque de fabrique*, een fabrieksmerk deponeren; *marque déposée*, gedeponeerd merk; 4 afzetten, ontslaan; 5 afstand doen van (— *la couronne*); 6 een bezinksel vormen (v. wijn); 7 — *son bilan*, zijn faillissement aanvragen.

dépositaire *m* en *v* bewaarder(ster), depothouder(ster); — *d'un secret*, iemand, aan wie men een geheim heeft toevertrouwd.

déposition *v* 1 — *de croix*, kruisafneming; 2 afzetting; 3 getuigenis; 4 indiening.

déposséder *ov.w* 1 het bezit ontnemen (— *un propriétaire*); 2 afzetten.

dépossession *v* onteigening.

dépôt *m* 1 het neerzetten, neerleggen enz.; 2 het in bewaring geven, deponeren; 3 deposito, inleg, pand; 4 bewaarplaats, remise; — *mortuaire*, lijkenhuis; *mandat de* —, bevel tot aanhouding; — *des tramways*, tramremise; 5 depot (*mil.*); 6 abces; 7 bezinksel; 8 huis van bewaring te Parijs.

dépoter *ov.w* 1 (een plant) uit de pot nemen; 2 overgieten (— *du vin*).

dépotoir *m* 1 vuilnisbelt; 2 fabriek, waar men vuil en afval verwerkt.

dépoudrer *ov.w* van poeder, stof ontdoen.

dépouille *v* 1 afgevallen, afgestroopte huid; 2 omhulsel; — *mortelle*, stoffelijk overschot; 3 oogst; 4 nalatenschap; 5 buit.

dépouillement *m* 1 vervelling, het afstropen; 2 beroving, het ontdoen van; 3 berooide toestand, kaalheid; 4 het nazien, het opmaken v. c. overzicht; — *du scrutin*, stemopneming.

dépouiller I *ov.w* 1 afstropen v. d. huid; 2 beroven, ontdoen, afleggen; — *toute honte*, alle schaamte afleggen; — *ses vêtements*, de kleren uittrekken; — *le vieil homme*, de oude Adam afleggen; 3 nazien, 'opmaken; — *le scrutin*, de stemmen opnemen. II se ~ 1 (de) zich ontdoen van; 2 vervellen; 3 de bladeren verliezen; 4 zich uitkleden; 5 bezinken (wijn).

dépourvir *ov.w onr.* ontbloten.

dépourvu *bn* ontbloot; — *d'esprit*, zonder verstand; *au* —, onverhoeds; *prendre au* —, overvallen.

déprav/ation *v bederf*; *des mœurs*, zedenbederf. —é I *bn* be-, verdorven. II *zn m*, ~e *v* verdorven mens. ~er *ov.w* be-, verderven.

déprécation *v* smeekgebed, afsmeking.

déprécatoire *bn* afsmekend.

dépréciateur, -trice I *bn* verlagend, geringschattend. II *zn m*, -trice *v* iem. die neerhaalt, afkamt.

dépréciation *v* 1 geringschatting; 2 waardevermindering, depreciatie.

déprécier *ov.w* 1 geringschatten, verneneren, afkammen; 2 in waarde doen dalen.

déprédateur I *zn m*, -trice *v* 1 plunderaar(ster); 2 fraudepleger(-pleegster), verduisteraar(ster). II *bn* verduisterend.

déprédation *v* 1 plundering, verwoesting; 2 geldverduistering.

déprendre I *ov.w onr.* losmaken. II se ~ de zich losmaken van.

dépressif, -ive *bn* 1 neerdrukkend, ontmoedigend; 2 een inzinking veroorzakend (*fièvre —tve*).

dépression *v* 1 inzinking (ook *fig.*); 2 neerslachtigheid, ontmoediging; 3 daling v. d. luchtdruk, depressie; 4 waardevermindering, daling der prijzen, gedruktheid v. d. markt.

déprim/ant *bn* neerdrukkend, vernederend. ~é *bn* neerslachtig, lusteloos. ~er *ov.w* 1 neerdrukken; 2 verneneren, verlagen.

depuis I *vz* 1 sedert, sinds; 2 vanaf; — *peu*, sinds kort. II *bw* sedertdien. III *vw* — *que*, sinds.

dépur/atif, -ive I *bn* bloedzuiverend. II *zn m* bloedzuiverend middel. ~ation *v* zuivering. ~atoire *bn* bloedzuiverend. ~er *ov.w* zuiveren.

députation *v* 1 (af)gezantschap; 2 lidmaatschap der Tweede Kamer.

député *m* 1 afgezant; 2 lid der Tweede Kamer; *Chambre des* —*s*, Tweede Kamer.

députer *ov.w* afvaardigen.

déraciné I *bn* ontworteld. II *zn m* iem. die zijn geboorteland heeft verlaten.

déracinement *m* ontworteling.

déraciner *ov.w* 1 ontwortelen; 2 uitroeien.

dérager *on.w* uitrazen; *il ne dérage pas*, hij blijft woedend.

déraidir *ov.w* 1 lenig, buigzaam maken; 2 handelbaar maken.

déraillement *m* ontsporing.

dérailler *on.w* 1 ontsporen; 2 van het goede pad raken (*fig.*).

dérailleur *m* versnelling v. e. fiets.

déraison *v* onverstand. ~nable *bn* onverstandig. ~ner *on.w* onzin uitkramen, doordraven.

dérangé *bn* stuk, kapot, defect; *avoir le cerveau* —, niet goed bij zijn hoofd zijn.

dérangement *m* 1 verwarring, wanorde; 2 storing, stoornis; 3 wangedrag.

déranger I *ov.w* 1 verzetten, verplaatsen; 2 stuk, defect maken; 3 diarree veroorzaken (*ces fruits dérangent le corps*); 4 storen; *ne vous dérangez pas*, blijf zitten. II se ~ 1 zich moeite geven, zich laten storen; 2 stuk gaan, defect raken; 3 in wanorde geraken; 4 een losbandig leven gaan leiden.

dérap/age *m* het slippen. ~er *on.w* slippen

dératé *bn* zonder milt; *courir comme un* —, rennen als een bezetene.

dérater *ov.w* de milt wegnemen.

dératiser *ov.w* ontratten.

derby *m* 1 grote paardenrennen te Epsom en te Chantilly (— *français*); 2 hardloperschoen; 3 licht, vierwielig rijtuig.

derechef *bw* opnieuw.

déréglé *bn* 1 onregelmatig (*pouls* —); 2 zedeloos, losbandig.

dérèglement *m* 1 ongeregeldheid, wanorde; 2 losbandigheid, zedeloosheid.

dérégler *ov.w* 1 van streek brengen; 2 losbandig maken; 3 van slag brengen, onnauwkeurig doen lopen (— *une horloge*).

déréliction *v* geestelijke verlatenheid.

dérider I *ov.w* 1 de rimpels doen verdwijnen; 2 opmonteren (— *le front*). II se ~ 1 de rimpels verliezen; 2 opgewekter worden.

dérision *v* spot; *tourner en* —, belachelijk maken.

dérisoire *bn* belachelijk; *prix* —, spotprijs.

dérivatif, -ive I *bn* afleidend. II *zn m* afleidend middel.

dérivation *v* 1 afleiding; 2 omleiding van rivier; 3 afwijking van richting (v. kogel), afdrijving van koers (*scheepv.*).

dérive *v* 1 afdrijving van koers van schip of vliegmachine; *aller à la* —, afdrijven; 2 zwaard v. e. schip.

dérivé *m* afgeleid woord.

dériver I *ov.w* 1 van wal steken; 2 afdrijven; 3 voortvloeien, ontstaan, voortkomen. II *ov.w* 1 afleiden v. e. woord; 2 aftakken.

dermatologie *v* leer der huidziekten.

dermatologiste *m* of *v* huidspecialist(e).

dermatose *v* huidziekte.

derme *m* lederhuid.

dermite *v* huidontsteking.

dernier, -ère I *bn* 1 laatste; *avoir le* —, het laatste woord hebben; *la dernière chose*, het laatste; *rendre le* — *devoir*, de laatste eer bewijzen; *en* — *lieu*, ten laatste, ten slotte; *dernière nouveauté*, nieuwste mode; *rendre le* — *soupir*, de geest geven; *le* — *venu*, de laatstgekomene; 2 vorig; *dimanche* —, verleden zondag; 3 hoogste; *au* — *point*, in de hoogste graad; *c'est du* *ridicule*, het is hoogst, uiterst belachelijk; **4** laagste (*le — des hommes*). II *zn m*, -ère *v* laatste.

dernièrement *bw* onlangs.

dernier †-né † *m*, dernière-née *v* laatstgeborene.

dérobé *bn* geheim; *escalier —*, geheime trap; *heures —es*, snipperuurtjes; *à la —e*, heimelijk, tersluiks.

dérober I *ov.w* **1** stelen, roven; — *un baiser*, een kus stelen; — *un secret*, een geheim ontfutselen; **2** onttrekken, ontrukken (— *qn. au danger*); **3** verbergen; — *sa marche*, zijn middelen geheim houden; — *la vue à qn.*, iem. het uitzicht belemmeren. II *se* — **1** zich onttrekken (aan), zich verbergen; **2** wegsluipen, de benen nemen; **3** *les jambes, les genoux se dérobaient sous lui*, de benen weigerden hun dienst, zijn knieën knikten.

dérog/ation *v* inbreuk. **~atoire** *bn* wat inbreuk maakt. **~er** *on.w* **1** (à) inbreuk maken op; **2** iets doen in strijd met zijn waardigheid of stand.

dérouillage *m*, **dérouillement** *m* het ontdoen van roest.

dérouiller *ov.w* **1** van roest ontdoen; **2** beschaven, ontwikkelen; **3** lenig maken.

déroulage *m*, **déroulement** *m* het ontrollen.

dérouler I *ov.w* **1** ontrollen; **2** ontwikkelen (— *ses plans*). II *se* — **1** zich ontrollen; **2** zich ontvouwen (*le paysage se déroulait devant nos yeux*); **3** zich afspelen (*l'action se déroule*).

déroute *v* **1** wanordelijke vlucht; *mettre en —*, op de vlucht drijven; **2** ondergang.

dérouter *ov.w* **1** op een verkeerd spoor brengen; **2** in de war brengen, uit het veld slaan.

derrick *m* boortoren.

derrière I *vz* achter. II *bw* achter, achteraan; *par —*, van achteren; *sens devant —*, achterstevoren. III *zn m* achterzijde, achterste deel, achterste; *montrer le —*, vluchten, zijn woord breken; *porte de —*, achterdeur; *les —s d'une armée*, de achterhoede; *assurer ses —s*, zich in de rug dekken.

dès I *vz* sedert, sinds, vanaf, reeds in; — *1700*, reeds in 1700; — *la pointe du jour*, bij 't krieken v. d. dag; — *à présent*, van nu af aan. II *vw* ~ que zodra.

désabusement *m* ontgoocheling.

désabuser I *ov.w* uit de dwaling helpen. II *se* ~ zijn dwaling inzien.

désaccord *m* **1** ongelijke stemming van muziekinstrumenten; **2** onmin, onenigheid; *être en —*, het oneens zijn, in onmin leven.

désaccorder *ov.w* **1** ontstemmen; **2** onmin brengen tussen.

désaccoupler *ov.w* loskoppelen.

désaccoutumance *v* af-, ontwenning.

désaccoutumer I *ov.w* doen afwennen. II *se* ~ afwennen.

désachalandage *m* verlies van klanten.

désachalander *ov.w* klanten doen verliezen.

désaffectation *v* het onttrekken aan de oorspronkelijke bestemming.

désaffecter *ov.w* aan de oorspronkelijke bestemming onttrekken.

désaffection *v* afkeer, ongenegenheid.

désaffectionner *ov.w* vervreemden.

désagréable *bn* onaangenaam.

désagrégation *v* het uiteenvallen.

désagréger I *ov.w* uiteen doen vallen. II *se* ~ uiteenvallen.

désagrément *m* **1** onaangenaamheid, last; **2** misnoegen.

désajustement *m* het uit elkaar halen, de-montage (*d'une machine*).

désajuster *ov.w* in de war maken.

désaltérant *bn* de dorst lessend.

désaltérer I *ov.w* lessen. II *se* ~ zijn dorst lessen.

désamarrer *ov.w* losmaken (*scheepv.*).

désappareiller *ov.w* aftakelen.

désappointement *m* teleurstelling.

désappointer *ov.w* teleurstellen.

désapprendre *ov.w onr.* verleren.

désapprobateur, -trice I *bn* afkeurend. II *zn m*, -trice *v* hij, zij, die afkeurt.

désapprobation *v* afkeuring.

désappropri/ation *v* onteigening, vervreemding. **~er** *ov.w* onteigenen.

désapprouver *ov.w* afkeuren, veroordelen.

désarçonner *ov.w* **1** uit het zadel lichten; **2** van zijn stuk brengen, de mond snoeren.

désargenté *bn* (*fam.*) zonder geld.

désargenter *ov.w* ontzilveren, van het verzilversel ontdoen.

désarm/ant *bn* ontwapenend (*fig.*). **~ement** *m* ontwapening. **~er I** *ov.w* **1** ontwapenen; — *un fusil*, een geweer in de rust zetten; — *un navire*, een schip onttakelen; **2** bedaren, stillen (— *la colère*). II *on.w* **1** de wapens neerleggen; **2** de bewapening verminderen.

désarroi *m* verwarring, wanorde, opschudding; *en —*, verward, in de war.

désarticulation *v* **1** ontwrichting; **2** afzetting in het gewricht.

désarticuler *ov.w* **1** ontwrichten, verstuiken; **2** afzetten in het gewricht.

désassemblage *m*, **désassemblement** *m* het uit elkaar nemen.

désassembler I *ov.w* uit elkaar nemen. II *se* ~ uit elkaar gaan.

désassimilation *v* uitscheiding.

désassimiler *ov.w* uitscheiden.

désastre *m* ramp.

désastreusement *bw* rampzalig.

désastreux, -euse *bn* rampzalig.

désavantag/e *m* nadeel. **~er** *ov.w* benadelen. **~eux**, -euse *bn* nadelig, onvoordelig.

désaveu [*mv* x] *m* ontkenning, verloochening.

désavouable *bn* loochenbaar.

désavouer *ov.w* **1** ontkennen, loochenen; — *un livre*, ontkennen, dat men de schrijver v. e. boek is; — *un enfant*, een kind niet als het zijne erkennen; **2** veroordelen, afkeuren; **3** herroepen.

désaxer *ov.w* uit zijn evenwicht brengen (*fig.*).

descellement *m* ontzegeling.

desceller *ov.w* ontzegelen.

descendance *v* **1** afkomst; **2** nakomelingschap.

descendant I *bn* afdalend; *ligne —e*, afdalende lijn; *marée —e*, eb. II *zn m*, -e *v* afstammeling(e).

descendre I *ov.w* **1** naar beneden halen, -brengen, laten zakken; **2** afdalen (*l'escalier*); **3** neerschieten (*un avion*); **4** afzetten, aan land zetten (*van reizigers*). II *on.w* **1** af-, neerdalen, dalen, naar beneden gaan; — *d'un arbre*, uit een boom klimmen; — *de cheval*, van het paard stijgen; *la mer descend*, het wordt eb; — *en soi-même*, in zich zelve keren; — *à terre*, aan wal gaan; — *au tombeau*, sterven; — *de voiture*, uit een rijtuig stappen; **2** landen; **3** afstappen in een hotel; **4** afstammen, afkomstig zijn; **5** aftrekken v. d. wacht.

descente *v* **1** daling, af-, neerdaling enz.; — *de la Croix*, kruisafneming; — *de voiture*, het stappen uit een rijtuig; **2** landing, inval (— *des Normands*); **3** huiszoeking (*de justice*); **4** afvoerpijp; **5** breuk (*med.*); **6** het zakken v. h. water; **7** helling; **8** kleedje, mat; — *de lit*, kleedje voor het bed.

descript/eur *m* beschrijver. **~ible** *bn* te beschrijven. **~if, -ive** *bn* beschrijvend; *géométrie —ive*, beschrijvende meetkunde. **~ion** *v* beschrijving.

déséchouer *ov.w* vlot maken (*scheepv.*).

désemballer *ov.w* uitpakken.

désembourber *ov.w* **1** uit de modder halen; **2** uit de ellende halen.

désemparer *ov.w* ontredderen; *navire désemparé*, ontredderd schip. II *on.w* het veld ruimen; *sans —*, onmiddellijk.

désemplir I *ov.w* (gedeeltelijk) leeg maken. II *on.w: sa maison ne désemplit pas*, er zijn altijd veel mensen in zijn huis.

désemprisonner ov.w uit de gevangenis halen.
désencadrer ov.w uit de lijst halen.
désenchaîner ov.w v. d. ketenen bevrijden.
désenchantement m ontgoocheling, teleurstelling.
désenchanter ov.w ontgoochelen, teleurstellen.
désenchanteur, -eresse bn ontgoochelend, teleurstellend.
désencombrement m het uit de weg ruimen.
désencombrer ov.w uit de weg ruimen.
désenfiler I ov.w doen slinken, leeg laten lopen. II on.w slinken. III se ~ slinken.
désengager ov.w ontslaan v. e. verplichting.
désenivrer I ov.w ontnuchteren. II se ~ nuchter worden.
désennuyer ov.w de verveling verdrijven.
désenrhumer ov.w van verkoudheid genezen.
désensibiliser ov.w minder lichtgevoelig maken (fot.).
désensorceler ov.w de betovering opheffen.
désentoilage m verdoeking.
désentoiler ov.w verdoeken.
désentortiller ov.w uit de war maken.
déséquilibré I bn onevenwichtig. II zn m, ~e v onevenwichtig persoon.
déséquilibrer ov.w het evenwicht doen verliezen (ook fig.).
déséquiper ov.w onttakelen (scheepv.).
désert I bn eenzaam, verlaten; rue —e, uitgestorven straat. II zn m 1 woestijn, wildernis; prêcher dans le —, voor dovemansoren spreken; 2 (arg.) deserteur.
déserter I ov.w verlaten; — la bonne cause, de goede zaak in de steek laten. II on.w 1 deserteren; 2 overlopen (— à l'ennemi).
déserteur m 1 deserteur; 2 iem. die zijn partij in de steek laat.
désertion v 1 desertie; 2 verandering van partij.
désespéramment bw wanhopig.
désespérance v wanhoop.
désespérant bn wanhopend, wanhopig.
désespéré I bn 1 wanhopig; 2 hopeloos. II zn m, -e v wanhopige; se battre en —s als razenden vechten; courir comme un —, rennen als een bezetene.
désespérément bw wanhopig.
désespérer I on.w (de) wanhopen (aan). II ov.w tot wanhoop, brengen. III se ~ wanhopig, diep bedroefd zijn.
désespoir m wanhoop, vertwijfeling; je suis au —, het spijt me erg; faire qc. en — de cause, een laatste redmiddel beproeven; il est le — de sa famille, hij brengt zijn familie tot wanhoop, hij is de schandvlek van zijn familie; mettre au —, wanhopig maken.
déshabillage m ontkleding.
déshabillé m ochtendjapon (negligé).
déshabiller I ov.w 1 ontkleden; 2 uitkleden (afzetten). II se ~ zich uitkleden.
déshabituer ov.w afwennen. II se ~ de ontwennen aan.
déshérité m arme, misdeelde.
déshéritement m onterving.
déshériter ov.w onterven.
déshonnête bn onfatsoenlijk, onbetamelijk.
déshonnêteté v onbetamelijkheid.
déshonneur m schande.
déshonorant bn onterend, smadelijk.
déshonorer ov.w 1 onteren; 2 ontsieren.
déshypothéquer ov.w vrijmaken van hypotheek (— une maison).
désignatif, -ive bn aanwijzend.
désignation v aanwijzing.
désigner ov.w 1 aanwijzen, aanduiden; 2 bepalen (— l'heure et le lieu).
désillusion v ontgoocheling.
désillusionner ov.w ontgoochelen.
désinence v uitgang v. e. woord.
désinfect/ant I bn desinfecterend, ontsmettend. II zn m ontsmettingsmiddel. ~er ov.w ontsmetten. ~eur m ontsmetter. ~ion v

ontsmetting.
désintégration v ontbinding.
désintégrer ov.w ontbinden.
désintéressé bn 1 geen belang hebbend bij (il est — dans cette affaire); 2 belangeloos, onbaatzuchtig.
désintéressement m onbaatzuchtigheid.
désintéresser I ov.w schadeloosstellen. II se ~ de geen belangstelling meer hebben voor, afzeggen.
désinviter ov.w een uitnodiging herroepen, afzeggen.
désinvolte bn ongedwongen, los, vrij.
désinvolture v ongedwongenheid, (te) vrije manier.
désir m verlangen, wens. [manieren.
désirable bn wenselijk, begerenswaardig.
désirer ov.w verlangen, wensen; se faire —, op zich laten wachten; ce travail ne laisse rien à —, dit werk laat niets te wensen over; le Désiré des Nations, de Messias.
désireux, -euse (de) bn verlangend (naar, om te).
désistement m afstand, afzien v. e. recht.
désister se (de) afstand doen van, afzien van.
désobéir ov.w niet gehoorzamen.
désobéissance v ongehoorzaamheid.
désobéissant bn ongehoorzaam.
désobligeamment bw onvriendelijk.
désobligeance v onvriendelijkheid.
désobligeant bn onvriendelijk.
désobliger ov.w onvriendelijk behandelen, voor het hoofd stoten, een ondienst doen.
désobstruction v het opruimen, vrij maken.
désobstruer ov.w opruimen, vrij maken.
désœuvré I bn werkeloos, zich gauw vervelend. II zn m werkeloze.
désœuvrement m werkeloosheid, ledigheid.
désolant bn droevig, treurig, naar.
désolation v 1 verwoesting, vernieling; 2 diepe droefheid, verslagenheid.
désolé bn diep bedroefd, verslagen.
désoler ov.w 1 verwoesten, vernielen; 2 diep bedroeven.
désopilant bn dol vermakelijk.
désopiler ov.w de verstopping wegnemen (med.); — la rate, (fam.) doen gieren v. h. lachen.
désordonné bn 1 slordig; 2 buitensporig; 3 losbandig.
désordonner ov.w in wanorde, verwarring brengen.
désordre m 1 verwarring, wanorde; en —, in de war; 2 losbandigheid; 3 opstand, woeling; 4 stoornis (med.).
désorganis/ateur, -trice bn desorganiserend. ~ation v desorganisatie, verwarring, wanorde. ~er ov.w desorganiseren, verwarring stichten, ontwrichten, verwoesten.
désorientation v verwarring.
désorienter ov.w 1 uit de koers, van de weg brengen; 2 in de war, van de wijs brengen.
désormais bw voortaan.
désosser ov.w 1 van beenderen of graten ontdoen; 2 uit elkaar halen, ontleden.
despote I zn m dwingeland. II bn tiranniek.
despotique bn despotisch, tiranniek.
despotisme m dwingelandij.
dessaisir (se) de afstand doen van (se — d'un titre), uit handen geven.
dessaisissement m afstand.
dessalé bn 1 ontzout; 2 bijdehand, sluw.
dessaler ov.w 1 minder zout maken; 2 (pop.) ontgroenen, ontbolsteren.
dessangler ov.w van de riemen ontdoen (— un cheval).
desséchant bn uitdrogend (vent —).
dessèchement m 1 uitdroging; 2 droogmaking.
dessécher ov.w 1 (uit)drogen; 2 droogleggen; 3 uitmergelen, doen vermageren; 4 ongevoelig maken (— le cœur).
dessein m 1 bedoeling, plan; dans le — de, met de bedoeling, om te; à —, met opzet; 2 ontwerp, schets (— d'un tableau).
desseller ov.w afzadelen.
dessemeler ov.w ontzolen.
desserre v het openen v. d. beurs; dur à la —,

een slechte betaler zijn.

desserrer *ov.w* 1 ontspannen (v. e. boog); 2 losmaken, -draaien (— *un écrou*), -rijgen; *ne pas — les dents*, geen mond opendoen.

dessert *m* dessert.

desserte *v* 1 het aan tafel overgebleven eten; 2 waarneming v. d. dienst in een parochie; 3 dientafeltje.

dessertir *ov.w* een juweel uit de vatting nemen.

desservant *m* waarnemend geestelijke.

desservir *ov.w onr*. 1 de tafel afnemen; 2 de dienst in een parochie waarnemen; 3 de verbinding onderhouden tussen, aandoen (van trein enz.); 4 benadelen, schaden.

dessicatif, -ive I *bn* opdrogend. II *zn m* opdrogend middel.

dessication *v* (op)droging.

dessiller *ov.w*: — *les yeux à qn.*, iem. de ogen openen, iem. zijn dwaling doen inzien.

dessin *m* 1 tekening, tekenkunst; —*s animés*, tekenfilm; — *d'imitation*, handtekenen; — *linéaire*, lijntekenen; *les arts du* —, architectuur, beeldhouwkunst, schilderen, tekenen, enz.; 2 ontwerp, plan; 3 patroon.

dessinateur *m*, -trice *v* tekenaar(ster).

dessiner I *ov.w* 1 tekenen; — *d'après nature*, naar de natuur tekenen; — *à la plume*, met de pen tekenen; 2 doen uitkomen (— *les formes*). II se ~ uitkomen tegen, zich aftekenen tegen *(se — sur)*.

dessoucher *ov.w* van boomstronken ontdoen.

dessoûler I *ov.w* ontnuchteren. II *on.w* nuchter worden.

dessous I *bw* onder, eronder; *au-dessous*, daarbeneden; *ci-dessous*, hieronder; *de* —, onderst; *vêtement de* — on, ondergoed; en —, van onderen; *là-dessous*, daaronder; *mettre* —, op de grond werpen; *par-dessous*, onderlangs, onderdoor; *sens dessus* —, ondersteboven. II *vz*: *au — de*, onder; *au — de zéro*, onder nul; *de* —, van onder; *par* —, onderdoor. III *zn m* onderste deel, onderkant; *avoir le* —, het onderspit delven; — *de bouteilles*, flessenbakje; — *de-bras*, sousbras; *le* — *des cartes*, het fijne v. d. zaak; — *de plat*, tafelmatje; *dessous-de-table*, geld onder de tafel. IV *mv* onderkleding.

dessuinter *ov.w* (wol) ontvetten. [goed.

dessus I *bw* boven, daarboven, erop; *au-dessus*, boven, erboven; *ci-dessus*, hierboven; *de* —, bovenste; *habit de* —, bovenkleed; *rang de* —, bovenste rij; *mettre le doigt* —, de spijker op de kop slaan; *en* —, van boven; *là-dessus*, daarboven; *par-dessus*, er over heen; *sens* — *dessous*, ondersteboven; *avoir le vent* —, boven de wind zijn. II *vz*: *au— de*, boven; *il est au-dessus de la médisance*, hij is boven laster verheven; *par-dessus*, overheen; *par-dessus le marché*, op de koop toe. III *zn m* 1 bovenkant; bovenste deel, bovenzijde; — *de lit*, sprei; — *de la main*, rug v. d. hand; *le* — *du panier*, het neusje v. d. zalm; — *du pied*, wreef; — *d'une table*, tafelblad; 2 voordeel, overhand; *avoir le* —, de overhand hebben.

destin *m* lot, noodlot.

destinataire *m v* geadresseerde.

destination *v* bestemming, plaats van bestemming.

destinée *v* 1 noodlot; 2 leven.

destiner *ov.w* bestemmen.

destituable *bn* afzetbaar.

destituer *ov.w* ontslaan, afzetten.

destitution *v* ontslag, afzetting.

destroyer *m* snelle torpedojager.

destruct/eur, -trice I *bn* vernielend, verwoestend. II *zn m*, -trice *v* vernieler(ster). ~ibilité *v* vernielbaarheid. ~ible *bn* vernielbaar. ~if, -ive *bn* vernielend, verwoestend. ~ion *v* vernieling, verwoesting. ~ivité *v* vernielzucht.

désuet, -ète *bn* verouderd, in onbruik geraakt *(mot* —).

désuétude *v* onbruik; *tomber en* —, in on-

bruik geraken.

désun/i *bn* verdeeld, onenig. ~ion *v* 1 verdeeldheid, tweedracht; 2 scheiding. ~ir *ov.w* 1 tweedracht zaaien; 2 scheiden.

détach/age *m* ontvlekking. ~é *bn* 1 los; *note* —*e*, niet verbonden noot; 2 onverschillig, ongedwongen *(air—)*. ~ement *m* 1 losmaking, het los zijn, onthechting; 2 detachement *(mil.)*. ~er I *ov.w* 1 losmaken, scheiden; 2 detacheren *(mil.)*; 3 afwenden (— *les yeux*); 4 toedienen (— *un coup de poing*); 5 doen uitkomen (— *les contours*); 6 onthechten aan aardse goederen; 7 ontvlekken. II se ~ 1 losgaan; 2 zich afzonderen; 3 naar voren komen (van figuren enz. op schilderij); 4 aftekenen, afsteken tegen; 5 te voorschijn komen.

détail *m* 1 bijzonderheid; 2 verkoop in het klein; *vendre en* —, *au* —, in het klein verkopen; 3 opsomming, gedetailleerde beschrijving.

détaillant I *bn* in het klein verkopend *(marchand* —). II *zn m* kleinhandelaar.

détailler *ov.w* 1 in stukken hakken (— *un bœuf)*; 2 in het klein verkopen; 3 in details vertellen.

détaler I *ov.w* goederen uit de etalage nemen. II *on.w* er van door gaan.

détaxe *v* vermindering of kwijtschelding van belasting of rechten.

détecteur *m* detector.

détection *v* opsporing.

détective I *m* 1 detective; 2 soort fototoestel.

déteindre I *ov.w onr*, doen verkleuren, - verschieten. II *on.w* 1 verkleuren, verschieten; 2 afgeven van kleuren.

dételage *m* het uitspannen.

dételer *ov.w* uitspannen.

détendre *ov.w* 1 ontspannen (ook *fig*.); 2 de gasdruk verminderen.

détenir *ov.w onr*. 1 vasthouden, bij zich houden, onrechtmatig in bezit houden; 2 gevangen houden.

détente *v* 1 trekker van geweer enz.; *presser la* —, de trekker overhalen; 2 ontspanning (ook *fig*.); *il est dur à la* —, hij is op de penning, hij geeft niet graag.

détenteur *m*, -trice *v* houder(ster).

détention *v* 1 bezit, onrechtmatig bezit; 2 gevangenschap, hechtenis.

détenu *m*, -e *v* gevangene.

détergent *m* synthetisch wasmiddel.

détérioration *v* bederf, beschadiging.

détériorer *ov.w* bederven, beschadigen.

détermin/able *bn* bepaalbaar. ~ant *zn* I bepalend; 2 beslissend. ~atif, -ive *bn* bepalend, bepalingaankondigend *(pronom* —). ~ation *v* 1 vaststelling, bepaling (— *d'une date*); 2 beslissing, besluit; 3 vastberadenheid. ~é *bn* 1 bepaald, vastgesteld; 2 vastberaden, dapper; 3 — à vastbesloten te. ~ément *bw* 1 met beslistheid; 2 vastberaden. ~er I *ov.w* 1 bepalen, vaststellen; 2 ~ à doen besluiten te; 3 beslissen, besluiten. II se ~ bepaald worden, se ~ à besluiten tot, - te.

déterré *m*, -e *v* opgegraven lijk; *avoir l'air d'un* —, er uit zien als de dood.

déterrement *m* opgraving.

déterrer *ov.w* 1 opgraven; 2 opsporen.

déterreur *m* 1 opgraver; 2 opspoorder.

détersif, -ive *bn* zuiverend, reinigend *(med.)*.

détersion *v* zuivering, reiniging *(med.)*.

détest/able *bn* afschuwelijk, verfoeilijk, zeer slecht *(temps* —). ~ation *v* afschuw, verfoeiing. ~er *ov.w* verfoeien, verafschuwen, een hekel hebben aan.

détirer *ov.w* uitrekken.

déton/ant *bn* ontplofbaar; *mélange* —, ontplofbaar mengsel. ~ateur *m* ontstekingsmiddel, schokbuis, slaghoedje. ~ation *v* knal, ontploffing. ~er *on.w* (plotseling) ontploffen.

détonner *on.w* 1 vals zingen, klinken; 2 vloeken, uit de toon vallen, lelijk afsteken.

détordre I *ov.w* losdraaien. **II se ~ le bras,**
de arm verrekken.

détorsion *v* het losdraaien.

détortiller *ov.w* ontwarren.

détour *m* 1 bocht; 2 omweg; *sans —,* onomwonden, recht door zee.

détourné *bn* 1 afgelegen, stil *(rue —e);* 2 zijdelings, verdraaid, slinks; *chemin —,* omweg;
reproche —, bedekt verwijt; *sens —,* over-
drachtelijke betekenis; *voie —e,* slinkse
streek.

détournement *m* 1 verduistering van geld;
2 schaking, ontvoering; 3 omlegging v. e.
weg; 4 *— de pouvoir,* gezagsmisbruik.

détourner I *ov.w* 1 afwenden (*— les yeux*);
afleiden (*— une rivière*); 2 verdraaien (*le
sens d'un mot*); 3 afbrengen, afhouden;
4 verduisteren van geld; 5 schaken, ontvoeren. **II se ~** 1 zich afwenden, afwijken;
2 een omweg maken, zijwaarts afslaan.

détracteur *m,* **-trice** *v* die *(fig.)* afbreekt,
kwaadspreker(-spreekster).

détraction *v* het afbreken, kwaadspreken.

détraqué I *bn* geestelijk gestoord, in de war,
lichamelijk gebroken. **II** *zn m,* **-e** *v* geestelijk
gestoorde, gek, (lichamelijk) wrak.

détraquer *ov.w* in de war maken, defect
maken, van gang brengen (*— une pendule*).

détrempe *v* 1 tempera (waterverf met lijm en
eiwit); 2 temperaschildering; 3 het ontharden van staal.

détremper *ov.w* 1 verdunnen; 2 ontharden
van staal; 3 doorweken.

détresse *v* ellende, angst, nood.

détresser *ov.w* losvlechten.

détriment *m* schade, nadeel; *au — de,* ten
nadele van, ten koste van.

détroit *m* 1 straat, zeeëngte; 2 bergpas.

détromper *ov.w* de ogen openen.

détrôner *ov.w* onttronen.

détrousser *ov.w* uitschudden, uitplunderen.

détrousseur *m* straatrover.

détruire *ov.w onr.* vernielen, vernietigen.

dette *v* schuld; *être accablé, criblé, perdu de
—s,* tot over de oren in de schulden zitten;
— flottante, vlottende schuld; *payer sa — à
la nature,* sterven; *payer sa — à son pays,*
zijn mil. dienst vervullen; *payer sa — à la
société,* de doodstraf ondergaan; *— publique,* staatsschuld; *la — de la reconnaissance,*
de plicht tot dankbaarheid; *qui paye ses
dettes, s'enrichit,* wie zijn schulden betaalt,
wordt niet arm *(spr.w).*

deuil *m* 1 rouw, rouwtijd; *faire son — de qc.,*
ergens van afzien; *ongles en —,* nagels met
rouwranden; *plonger dans le —,* in rouw
dompelen; *porter le — de qn.,* over iem.
in de rouw zijn; *prendre le —,* de rouw
aannemen; 2 lijkstoet; 3 rouwfloers.

deux *tlw* 1 twee; *cela est clair comme —
— font quatre,* dat is zonneklaar; *en —
mots,* in een paar woorden; *l'un des —,* een
van beiden; *à — pas d'ici,* hier vlakbij;
piquer des —, de sporen geven; 2 tweede;
le — janvier, de tweede januari.

deuxième *tlw* tweede; *au —,* op de tweede
verdieping.

deuxièmement *bw* ten tweede.

deux-mâts *m* tweemaster.

deux-quatre *m* twee-kwartsmaat.

dévaler I *ov.w* naar beneden laten zakken,
neerlaten. **II** *on.w* naar beneden gaan,
-stromen, afdalen.

dévaliser *ov.w* uitplunderen, van geld enz.
beroven.

dévaliseur *m,* **-euse** *v* plunderaar(ster).

dévalorisation *v* waardevermindering.

dévaloriser *ov.w* in waarde verminderen.

dévaluation *v* devaluatie.

dévaluer *ov.w* devalueren.

devancement *m* het van te voren gaan,
vooruitgaan; *— d'appel,* vervroegde in-
diensttreding.

devancer *ov.w* 1 voor iem. of iets uitlopen;
2 voorafgaan; 3 voorkomen, voorbijstreven.

devancier *m,* **-ère** *v* voorganger(ster); *les —s,*

de voorouders.

devant I *vz* voor (plaats), in tegenwoordigheid van; *au-devant de,* tegemoet; *par-
devant notaire,* in tegenwoordigheid v. e.
notaris; *passer — une maison,* langs een
huis gaan; *— que,* voor (tijd). **II** *bw* 1 er-
voor, vooraan, vooruit, voorop; *marcher
—,* vooruit-, vooroplopen; *par-devant,*
van voren; *passez —!,* gaat u voor!; 2 tevoren; *ci-devant,* voorheen. **III** *zn m* voorste gedeelte, voorzijde; *porte de —,* voor-
deur; *prendre les —s,* vooruitlopen, een
voorsprong nemen; het initiatief nemen.

devanture *v* uitstalkast, etalage.

dévastateur I *zn m,* **-trice** *v* verwoester(-ster).
II *bn* verwoestend.

dévastation *v* verwoesting.

dévaster *ov.w* verwoesten.

dévein/ard *m* pechvogel. **~e** *v* pech.

développateur *m* ontwikkelaar *(fot.).*

développ/ement *m* 1 ontwikkeling; 2 het loswikkelen, ontvouwen; 3 uitwerking, door-
voering v. e. thema; 4 ontwikkeling *(fot.).*
~er *ov.w* 1 ontwikkelen; 2 loswikkelen, ontvouwen; 3 uitwerken; 4 ontwikkelen *(fot.).*

devenir I *on.w* worden; *que deviendra-t-
il?,* wat zal er van hem worden, terecht
komen? **II** *zn m* wording, ontstaan.

dévergondage *m* losbandigheid, schaamteloosheid.

dévergondé *bn* schaamteloos, zedeloos.

dévergonder (se) schaamteloos optreden.

déverguer *ov.w* de zeilen v. d. ra's doen.

déverrouiller *ov.w* ontgrendelen.

devers *vz* bij, naar, naar de kant van; *retenir
des papiers par-devers soi,* papieren onder
zijn berusting houden; *par-devers le juge,*
tegenover, in tegenwoordigheid v. d. rechter.

dévers I *bn* uit het lood, scheef. **II** *zn m*
schuine ligging, helling.

déverser I *ov.w* scheef, uit het lood zijn.
II *ov.w* uitstorten. **III se ~** 1 kromtrekken;
2 zich uitstorten, uitstromen.

déversoir *m* overlaat, overloop.

dévêtir *ov.w* ontkleden. **II se ~** zich uitkleden.

déviateur, -trice *bn* afwijkend.

déviation *v* 1 afwijking; 2 omgelegde weg.

dévidage *m* het afhaspelen.

dévider *ov.w* afhaspelen, tot een kluwen winden; *— un rosaire,* een rozenkrans door
zijn vingers laten glijden.

dévidoir *m* haspel.

dévier I *on.w* afwijken. **II** *ov.w* van de rechte
weg afbrengen, afwenden (*— les soupçons*).

devin *m,* **-eresse** *v* waarzegger(ster).

devin/able *bn* te raden. **~er** *ov.w* 1 raden; 2
voorspellen; 3 doorzien. **~ette** *v* raadseltje;
poser une —, een raadsel opgeven. **~eur** *m,*
-euse *v* rader(raadster).

dévirer *ov.w* terugdraaien.

devis *m* bestek.

dévisager *ov.w* 1 brutaal, strak aankijken;
2 het gelaat verminken.

devise *v* 1 devies, lijfspreuk, wapenspreuk;
2 papiergeld.

dévissage *m* het losschroeven.

dévisser *ov.w* losschroeven.

dévoiement *m* buikloop.

dévoilement *m* ontsluiering, onthulling.

dévoiler *ov.w* ontsluieren, onthullen.

devoir I *ov.w* 1 verschuldigd zijn, te danken
hebben (*je lui dois mon bonheur*); 2 schuldig
zijn (*je lui dois cent florins*); 3 moeten;
4 zullen (*il ne devait pas revoir ses parents*).
II se ~ behoren te, moeten zijn; *cela se
doit,* dat behoort zo; *un roi se doit à son
peuple,* een koning behoort voor zijn volk
te leven. **III** *zn m* 1 plicht; *rentrer dans son
—,* tot de gehoorzaamheid terugkeren; *se
mettre en — de,* beginnen te; *rendre ses
—s à qn.,* bij iemand zijn opwachting
maken; *rendre les derniers —s à qn.,* iem.
de laatste eer bewijzen; 2 **—s,** huiswerk.

dévolt/age *m* vermindering der elektr. spanning. ~er *ov.w* de elektr. spanning verminderen.

dévolu *bn* vervallen.

dévolution *v* overdracht van recht.

devon *m* draaiend kunstvoeg (spinner).

dévorateur, -trice *bn* verslindend.

dévorer *ov.w* verslinden, verscheuren, verteren; — *un affront*, een belediging slikken; *l'ennui le dévore*, hij verveelt zich dood; — *ses larmes*, zijn tranen inhouden; — *son patrimoine*, zijn ouderlijk erfdeel er door draaien; *le remords le dévore*, de wroeging verteert hem; *une soif qui dévore*, een kwellende dorst; — *des yeux*, met de ogen verslinden.

dévoreur *m*, -euse *v* verslinder(ster) (— *de livres*).

dévot I *bn* vroom, godsdienstig. II *zn m*: *faux* —, schijnheilige.

dévotion *v* vroomheid; *être à la — de qn.*, iem. met hart en ziel zijn toegewijd; *faire ses* —*s*, biechten en communiceren.

dévoué *bn* toegewijd; *votre* —, uw toegenegen.

dévouement *m* toewijding, verknochtheid.

dévouer I *ov.w* (toe)wijden, offeren. II se ~ zich toewijden, zich opofferen; *les soldats se dévouaient pour la patrie*, de soldaten offerden hun leven voor het vaderland.

dévoyer I *ov.w* van de weg afbrengen (*voyageur dévoyé*); van het goede pad brengen. II se ~ de verkeerde weg opgaan.

dextérité *v* handigheid, vaardigheid.

dextrine *v* dextrine.

dia! haar! (uitroep van voerlieden, om de paarden naar links te doen gaan); *n'entendre ni à huhau (à hue) ni à dia*, niet naar rede luisteren.

diabète *m* suikerziekte.

diabétique I *bn* diabetisch. II *zn m* of *v* lijder(es) aan suikerziekte.

diable I *zn m* 1 duivel; *au —!*, weg met!; *le —, c'est que*, het ellendige is, dat; *c'est le — pour*, het is een heksentoer om; *loger le — dans sa bourse*, geen rooie cent hebben; *avoir le — au corps*, zeer zijrig zijn, als bezeten zijn; *se démener comme le — dans un bénitier*, te keer gaan als een bezetene; *ne craindre ni Dieu ni —*, nergens bang voor zijn; *envoyer qn. au —*, iem. naar de duivel wensen; *le — soit de l'homme*, de duivel hale de man; *faire le — à quatre*, een hels lawaai maken; *va-t'en au —!*, loop naar de duivel!; *voilà le —*, dat is juist de moeilijkheid; 2 kerel; *bon —*, goeie knul; *pauvre —*, arme drommel; 3 transportwagentje met twee wielen voor b.v. koffers; 4 klein kacheltje, om o.a. kastanjes te poffen; 5 (*arg.*) brandkast. II *tw: diable!*, duivels!, drommels!; *que —!*, wat drommels!

diabl/ement *bw* duivels, buitengewoon. ~erie *v* 1 duivelskunst; 2 wildheid (b.v. van kinderen). ~esse *v* duivelin. ~eteau [*mv* x] *m*, diabloteau [*mv* x] *m* duiveltje. ~otin *m* 1 duiveltje; 2 levendig kind, woelwater.

diabolique *bn* 1 duivels; 2 moeilijk.

diacon/al [*mv aux*] *bn* diaconisch. ~at *m* diaconaat, diakenschap. ~esse *v* diacones.

diadème *m* diadeem.

diagnose *v* kunst v. h. stellen v. e. diagnose.

diagnostic *m* diagnose.

diagnostiquer *ov.w* een diagnose stellen.

diagonal I [*mv aux*] *bn* diagonaal. II *zn* -e *v* diagonaal.

diagramme *m* diagram.

dialectal [*mv aux*] *bn* dialectisch.

dialect/e *m* dialect. ~icien *m*, -enne *v* iem. die zeer scherp redeneert. ~ique I *bn* wat tot de redeneerkunst behoort. II *zn v* redeneerkunst. ~ologie *v* dialectstudie.

dialog/ique *bn* geschreven in de vorm v. e. samenspraak. ~isme *m* dialoogkunst. ~ue *m* samenspraak, dialoog. ~uer *on.w* 1 een

samenspraak houden; 2 dialogen schrijven. ~uiste *m* schrijver van filmdialogen.

diamant *m* 1 diamant; — *brut*, ruwe diamant. *édition* —, boek van zeer klein formaat; 2 legaat of geschenk voor de executeur bij een erfenis.

diamantaire I *bn* diamantachtig. II *zn m* 1 diamantwerker; 2 diamanthandelaar.

diamanté *bn* van diamanten voorzien.

diamanter *ov.w* doen schitteren als diamant.

diamantifère *bn* diamant bevattend.

diamétral [*mv aux*] *bn* de middellijn volgend; *ligne —e*, middellijn.

diamétralement *bw* lijnrecht; — *opposés*, lijnrecht tegenover elkaar staand.

diamètre *m* middellijn; doorsnede.

diane *v* reveille (*mil.*); *battre, sonner la —*, de reveille slaan, blazen.

diantre *tw* drommels!

diapason *m* 1 stemvork; 2 omvang v. d. stem of een instrument; 3 peil, stemming.

diaphane *bn* doorschijnend, doorzichtig.

diaphanéité *v* doorschijnendheid, doorzichtigheid.

diaphorétique I *bn* het zweten bevorderend. II *zn m* zweetmiddel.

diaphragme *m* 1 middenrif; 2 neusbeen; 3 tussenschot van vruchten; 4 lensopening.

diaphragmer *on.w* diafragmeren.

diapositive *v* diapositief.

diapré *bn* bont.

diaprer *ov.w* bont, veelkleurig maken.

diaprure *v* veelkleurigheid, bontheid.

diarrhée *v* diarree.

diathermie *v* bestraling (*med.*).

diatonique *bn* opklimmend met hele en halve tonen.

diatribe *v* spotschrift, scherpe kritiek.

dicline *bn* eenslachtig (*pl.k.*).

dicotylédone *bn* tweezaadlobbig (*pl.k.*).

dictame *m* balsem (*fig.*).

dictamen *m* inspraak, ingeving.

dictateur *m* dictator.

dictatorial [*mv aux*] *bn* dictatoriaal.

dictature *v* dictatuur.

dictée *v* 1 het dicteren; *écrire sous la —*, het gedicteerde opschrijven; 2 dictee.

dicter *ov.w* 1 dicteren; 2 voorzeggen; 3 ingeven; 4 voorschrijven, opleggen.

dicteur *m* dicteerder.

diction *v* zegging, voordracht.

dictionnaire *m* woordenboek.

dicton *m* spreekwijze, spreuk.

didactique I *bn* lerend, didactisch. II *zn v* onderwijskunst.

didactyle *bn* tweevingerig.

diélectrique *bn* isolerend.

dièse *m* kruis (*muz.*).

dièter *ov.w* een halve toon verhogen.

diète *v* 1 dieet; *mettre à la —*, op dieet stellen; — *lactée*, melkdieet; 2 rijksdag.

diététique I *bn* een dieet betreffend. II *zn v* 1 voedingsleer; 2 hygiëne.

diéticien *m*, -ne *v* diëtist(e).

Dieu *m* God, godheid; *l'argent est son —*, het geld is zijn afgod; *chacun pour soi et — pour tous* (spr.w), ieder voor zich en God voor allen; *ne craindre ni — ni diable*, nergens bang voor zijn; *ce que femme veut, le veut* (spr.w), de wil v. d. vrouw is wet; *la Fête-Dieu*, het H. Sacramentsfeest; *homme de —*, priester, heilig mens; *l'homme propose et — dispose* (spr.w), de mens wikt, maar God beschikt; *Hôtel-Dieu*, hospitaal; gasthuis; *Dieu merci, grâce à —*, God zij dank; *plût à —*, gave God; *recevoir le bon —*, communiceren; *trêve de —*, godsvrede.

diffam/ant *bn* lasterlijk, onterend. ~ateur, -trice I *bn* lasterlijk. II *zn m*, -trice *v* lasteraar(ster). ~ation *v* laster, eerroof. ~atoire *bn* lasterlijk; *écrit —*, smaadschrift.

diffamer *ov.w* belasteren.

différemment *bw* verschillend.

différence *v* verschil, onderscheid.

différenciation v het onderscheiden.
différencier ov.w onderscheiden.
différend m geschil; *partager le* —, van beide kanten wat toegeven.
différent bn 1 verschillend; 2 verscheiden.
différentiel, -elle bn; *calcul* —, differentiaalrekening.
différentielle v differentiaal (wisk.).
différer I ov.w uitstellen; *sans* —, zonder verwijl, onmiddellijk. II on.w verschillen.
difficile bn 1 moeilijk; 2 lastig (*un homme* —); kieskeurig.
difficulté v 1 moeilijkheid; 2 bezwaar, tegenwerping; *soulever une* —, een tegenwerping maken; 3 geschil, verschil van mening.
difficultueux, -euse bn zwaar op de hand, zwaartillend.
difforme bn mismaakt.
difformité v mismaaktheid, lelijkheid.
diffracter ov.w breken van lichtstralen.
diffractif, -ive bn (straal)brekend.
diffraction v straalbreking.
diffus bn 1 verspreid, verstrooid (*lumière* —*e*); 2 langdradig, breedsprakig (*style* —). ~**ément** bw 1 verspreid, verstrooid; 2 langdradig, breedsprakig. ~**er** ov.w 1 verspreiden, verstrooien (*— la lumière*), verbreiden (*— une nouvelle*); 2 uitzenden (per radio). ~**eur** m 1 diffusieketel; 2 lamp met verstrooid licht; 3 luidspreker. ~**ible** bn verstrooibaar. ~**ion** v 1 verspreiding, verbreiding, verstrooiing; 2 langdradigheid, breedsprakigheid; 3 radio-uitzending.
digérable bn verteerbaar.
digérer ov.w 1 verteren; 2 overdenken, overwegen; 3 verkroppen, slikken, geduldig dragen (*— une offense*).
digeste bn (*fam.*) gemakkelijk verteerbaar.
digestibilité v verteerbaarheid.
digestible bn gemakkelijk verteerbaar.
digestif, -ive I bn de spijsvertering bevorderend; *appareil* —, spijsverteringsorganen. II zn m spijsverteringsmiddel.
digestion v spijsvertering.
digital [mv aux] bn wat de vingers betreft; *empreinte* —e, vingerafdruk.
digitale v vingerhoedskruid.
digité bn 1 gevingerd; 2 handvormig samengesteld (*pl.k.*).
digitiforme bn vingervormig.
digitigrades m mv teengangers.
digne bn (de) 1 waardig; — *d'envie*, benijdenswaardig; — *de foi*, geloofwaardig; — *de la punition*, strafwaardig; 2 deftig.
dignitaire m hoogwaardigheidsbekleder.
dignité v 1 waardigheid; 2 deftigheid.
digon m wimpelstok.
digressif, -ive bn uitweidend.
digression v uitweiding.
digue v dam, dijk; *opposer des* —*s à*, een dam opwerpen tegen (fig.).
dilacération v het vaneen scheuren.
dilacérer ov.w vaneenscheuren.
dilapidateur, -trice I bn verkwistend. II zn m, -trice v verkwister(ster).
dilapidation v verkwisting, verspilling.
dilapider ov.w verkwisten, verspillen.
dilat/abilité v uitzettingsvermogen. ~**able** bn uitzetbaar. ~**ation** v uitzetting. ~**er** I ov.w 1 uitzetten; *yeux dilatés*, opengesperde ogen; 2 verheugen, verblijden; — *le cœur*, het hart verheffen. II se — uitzetten.
dilatoire bn vertragend, uitstel beogend.
dilection v tedere, vrome liefde.
dilemme m dilemma.
dilettante m (mv —**s** of dilettanti) kunstliefhebber (als amateur).
dilettantisme m kunstliefde.
diligemment bw 1 spoedig; 2 zorgvuldig.
diligence v 1 vlijt, ijver, spoed; *faire* —, zich haasten; *en* —, met spoed; 2 zorgvuldigheid; 3 diligence; — *d'eau*, trekschuit.
diligent bn ijverig, nijver, naarstig.
diluer ov.w verdunnen.
dilution v verdunning.

diluvial [mv aux] bn diluviaal.
diluvien, -enne bn wat betrekking heeft op de zondvloed; *pluie* —*enne*, wolkbreuk.
diluvium m diluvium.
dimanche m zondag; *air de* —, opgeruimd gezicht; — *gras*, laatste zondag voor de vasten; — *de Quasimodo*, eerste zondag na Pasen; — *des Rameaux*, Palmzondag.
dîme v tiende (belasting).
dimension v afmeting; *prendre ses* —*s*, zijn maatregelen nemen.
diminuer I ov.w verminderen, verkleinen, verlagen (*— le prix*). II on.w verminderen, kleiner, zwakker worden; *les jours diminuent*, de dagen worden korter; — *de prix*, in prijs dalen.
diminutif, -ive I bn verkleinend. II zn m 1 verkleinwoord; 2 verkleining, miniatuur.
diminution v vermindering, verkleining, verlaging (*— de prix*).
dimorphe bn tweevormig.
dinatoire bn wat een diner vervangt (*déjeuner* —).
dinde v 1 wijfjeskalkoen; 2 domme, onnozele vrouw.
dindon m 1 kalkoense haan; 2 domme man; *être le* — *de la farce* het kind v. d. rekening zijn. ~**neau** [mv x] m jonge kalkoen. ~**ner** ov.w (*fam.*) beetnemen, bedriegen.
dîner I m middagmaal. II on.w; — *en ville*, uit eten gaan; — *d'un faisan*, bij het middagmaal fazant eten; *donner à* —, een diner geven; *j'en airdîné*,ik heb er te maag van vol.
dinette v 1 kleine maaltijd; 2 poppenservies.
dîneur m, -euse v 1 eter (eetster), gast; 2 veeleter(-eetster).
diocésain bn diocesaan.
diocèse m (aarts)bisdom.
dioptrique v leer der straalbreking.
diphtérie v difteritis.
diphtongue v tweeklank.
diplom/ate m diplomaat. ~**atie** v diplomatie. ~**atique** I bn 1 diplomatiek; *corps* —, de gezamenlijke diplomaten bij een regering; 2 wat diploma's betreft; *texte* —, nauwkeurige tekstuitgave. II zn v oorkondenleer, handschriftenkennis.
diplôme m diploma, akte, bul.
diplômé bn gediplomeerd.
dipode bn tweevoetig.
diptère m tweevleugelig insekt.
diptyque m tweeluik.
dire I ov.w onr. 1 zeggen, vertellen; *c'est à* —, d.w.z.; *pour ainsi* —, om zo te zeggen; *aussitôt dit, aussitôt fait*, zo gezegd, zo gedaan; *c'est beaucoup* —, dat is sterk; *si le cœur vous en dit*, als u zin hebt; *comme qui dirait*, als het ware; *dites donc !*, zeg eens!; *ou pour mieux* —, of beter gezegd; *sans mot* —, zonder iets te zeggen; *qui ne dit mot, consent* (spr.w), wie zwijgt, stemt toe; *on dirait d'un fou*, het is net, of hij gek is; *les on-dit, les qu'en dira-t-on*, de publieke mening, de praatjes der mensen; *il n'y a pas à* —, ontegenzeglijk; *qu'est-ce à* —?, wat betekent dat?; *que veut* — *cela?*, wat betekent dat?; *cela va sans* —, dat spreekt vanzelf; *soit dit entre nous*, tussen ons gezegd; *soit dit en passant*, in het voorbijgaan gezegd; *c'est tout dit*, dat is alles; *à vrai* —, om de waarheid te zeggen; 2 opzeggen (*— sa leçon*); 3 afspreken; *c'est dit*, dat is afgesproken; 4 bevelen; *vous n'avez qu'à* —, u hoeft slechts te bevelen. II on.w declameren. III se ~ 1 bij zich zelf zeggen; 2 zich uitgeven voor; *cela se dit*, zo zegt men; *cela ne se dit pas*, dat zegt men niet. IV zn m het zeggen, wat men zegt; *au* — *de*, volgens.
direct I bn rechtstreeks; *complément* —, lijdend voorwerp; *ligne* —*e*, rechte linie; *train* —, doorgaande trein. II zn m rechte stoot (bij boksen).
directeur I zn m, -**trice** v directeur(-trice); — *de conscience*, geestelijk leidsman, biechtvader. II bn leidend.

direction v 1 richting; 2 leiding; 3 stuur-inrichting van auto.

directive v richtlijn, richtsnoer.

directoire m 1 Directoire (bestuur in Frank-rijk van 1795-1799); 2 raad van beheer.

director/at m 1 directeurschap; 2 duur v. h. directeurschap. ~**ial** [mv aux] bn 1 wat de directeur of directrice betreft; 2 wat het Directoire betreft.

dirigeable I bn bestuurbaar (ballon —). II zn m luchtschip.

dirigeant I bn leidend, heersend. II zn m leider, machthebber.

dirigeoir m (arg.) fietsstuur.

diriger ov.w leiden, besturen.

dirigisme m geleide economie.

discernable bn te onderscheiden.

discernement m 1 onderscheid(ing); 2 onder-scheidingsvermogen, doorzicht.

discerner ov.w onderscheiden.

disciple m leerling, volgeling; les —s d'Em-maüs, de Emmausgangers.

disciplin/aire I bn wat de tucht betreft. II zn m soldaat v. e. tuchtklasse. ~e v 1 tucht; — scolaire, schooltucht; compagnie de —, strafcompagnie; 2 gesel; se donner la —, zich geselen. ~é bn onder tucht staande. ~er ov.w aan tucht wennen, - onderwerpen.

discobole m discuswerper.

discontinu bn telkens onderbroken.

discontinuation v onderbreking; sans —, on-ophoudelijk, zonder onderbreking.

discontinuer on.w ophouden.

discontinuité v afbreking, onderbreking.

disconvenance v wanverhouding; — d'âge, ongelijkheid in leeftijd van b.v. man en vrouw.

disconvenir on.w onr. 1 niet passen, niet aan-staan; cela ne me disconvient pas, dat staat me wel aan; 2 ontkennen.

discord bn ontstemd (piano —).

discordance v wanklank, gebrek aan harmo-nie, oneenigheid.

discord/ant bn 1 onharmonisch, vals klin-kend; 2 niet overeenstemmend, niet bij elkaar passend; couleurs —es, vloekende kleuren. ~e v tweedracht; pomme de —, twistappel.

discorder on.w 1 ontstemd zijn (muz.); 2 het oneens zijn.

discothèque v grammofoonplatenverzame-ling.

discoureur m, -euse v veelprater(-praatster).

discourir on.w onr. 1 praten, uitweiden; 2 kletsen, babbelen.

discours m 1 redevoering; — de réception, eerste rede van een nieuw academielid; 2 ge-sprek; 3 taal, rede; les parties du —, de rededelen.

discourtois bn onbeleefd, onhoffelijk.

discrédit m 1 verlies van krediet; 2 verlies van vertrouwen, - van achting.

discréditer ov.w in diskrediet brengen.

discret, -ète bn 1 bescheiden; 2 voorzichtig, bedachtzaam, behoedzaam; 3 stilzwijgend.

discrètement bw 1 bescheiden; 2 voorzichtig, bedachtzaam, behoedzaam; 3 stilzwijgend.

discrétion v 1 bescheidenheid; vin à —, wijn zoveel als men belieft; se rendre à —, zich onvoorwaardelijk overgeven; être à la — de qn., aan iem. overgeleverd zijn; 2 be-dachtzaamheid, voorzichtigheid; âge de —, leeftijd des onderscheids; avec —, voor-zichtig; 3 stilzwijgendheid.

discriminant bn onderscheidend.

discrimination v onderscheidingsvermogen.

discriminer ov.w onderscheiden.

disculpation v rechtvaardiging.

disculper I ov.w rechtvaardigen, vrijpleiten. II se ~ zich vrijpleiten.

discursif, -ive bn gevolgtrekkend; méthode —ive, deductieve methode.

discussion v redetwist, bespreking; cela est sujet à —, dat is nog de vraag.

discutable bn betwistbaar.

discutailler on.w (fam.) bekvechten.

discut/er I ov.w 1 bespreken; 2 nauwkeurig onderzoeken, overwegen. II on.w rede-twisten. ~eur, -euse bn van redetwisten houdend, graag in de contramine zijnde (caractère —).

disette v schaarste, gebrek (— de vivres); — de pensées, gedachtenarmoede.

diseur m, -euse v 1 hij, zij, die zegt; — de bonne aventure, waarzegger(-ster); — de bons mots, moppentapper; 2 declamator, -trice; 3 grootspreker(-spreekster).

disgrâc/e v 1 ongenade; tomber dans la — de, in ongenade vallen bij; 2 ongeluk. ~ié bn 1 in ongenade, uit de gunst; 2 misdeeld.

disgracier ov.w in ongenade doen vallen.

disgracieux, -euse bn 1 onbevallig; 2 on-aangenaam.

disjoindre ov.w onr. scheiden.

disjoint bn degré —, interval van niet op elkaar volgende noten (b.v. c-e).

disjoncteur m stroomonderbreker.

disjonction v scheiding.

dislocation v 1 ontwrichting, het uiteen-vallen (la — d'un empire); 2 verstuiking, ontwrichting; 3 ontbinding v. e. leger, v. e. optocht; 4 (aard)verschuiving.

disloquer I ov.w 1 ontwrichten, verbrokkelen (— un empire); 2 verstuiken, ontwrichten; 3 ontbinden v. e. leger, v. e. optocht; 4 uit elkaar nemen (— une machine). II se ~ 1 ontwricht worden; 2 los gaan; 3 uiteen-vallen, verbrokkelen.

disparaître on.w onr. 1 verdwijnen; 2 sterven.

disparate I bn onvereenigbaar, niet bij elkaar passend; couleurs —s, schreeuwende kleu-ren. II zn v tegenstelling, wanverhouding

disparition v verdwijning.

dispendieux, -euse bn kostbaar, duur.

dispensaire m polikliniek, armenapotheek.

dispensateur m, -trice v uitdeler(-deelster).

dispensation v uitdeling, uitreiking.

dispense v vrijstelling, ontheffing, dispensatie.

dispenser I ov.w 1 vrijstellen, ontheffen, ontslaan; 2 uitdelen, uitreiken. II se ~ de de vrijheid nemen, iets niet te doen; zich ergens van ontslagen achten.

dispersement m verstrooiing, verspreiding.

disperser I ov.w verspreiden, verstrooien. II se ~ zich verspreiden, uiteengaan.

dispersif, -ive bn verstrooiend, verspreidend.

dispersion v 1 verstrooiing, verspreiding; 2 kleurschifting.

disponibilité v 1 beschikbaarheid; mettre un officier en —, een officier op non-activiteit stellen. 2 beschikbare dingen, - gelden.

disponible bn 1 beschikbaar; 2 op non-actief.

dispos bn fris, opgewekt.

disposant m, -e v iem. die een donatie schenkt.

disposer I ov.w 1 rangschikken, plaatsen; 2 voorbereiden (— qn. à la mort); 3 in orde maken, gereed maken. II on.w 1 be-schikken over (— de); 2 beslissen. III se ~ à zich gereed maken, om te.

dispositif m 1 inrichting, samenstelling; 2 mil. opstelling; 3 beslissing.

disposition v 1 plaatsing, rangschikking, in-richting; 2 beschikking; avoir à sa —, te zijner beschikking hebben; 3 aanleg; 4 ge-steldheid, stemming, vatbaarheid voor ziekten; 5 toebereidselen, maatregelen.

disproport/ion v wanverhouding, oneven-redigheid. ~ionné bn onevenredig, ongelijk. ~ionner ov.w onevenredig maken.

disputailler on.w (fam.) katvechten, einde-loos over onbelangrijke dingen redetwisten.

dispute v twist, woordenwisseling, twistge-sprek; il est hors de — que, het is buiten kijf, dat.

disputer I on.w 1 redetwisten, twisten; 2 — de, wedijveren. II ov.w betwisten; — le terrain à qn., de vijand het terrein betwis-ten; zijn mening handhaven. III se ~ 1 elkaar betwisten, wedijveren; 2 twisten.

disputeur *m*, -euse *v* iem. die graag redetwist.

disqualification *v* uitsluiting v. e. wedstrijd.

disqualifier *ov.w* van wedstrijden uitsluiten.

disque *m* 1 discus; 2 schijf (van zon of maan); 3 grammofoonplaat; 4 signaalschijf.

dissecteur *m* ontleder.

dissection *v* ontleding, lijkopening.

dissemblable *bn* ongelijk, verschillend.

dissemblance *v* ongelijkheid, verschil.

dissémination *v* verspreiding (vooral van rijpe zaden).

disséminer *ov.w* verspreiden, verstrooien.

dissension *v* verdeeldheid, onenigheid, twist.

dissentiment *m* onenigheid, verschil van mening.

disséquer *ov.w* 1 ontleden, opensnijden v. e. lijk; 2 uitpluizen.

dissert*ateur* *m* langdradig spreker of schrijver. ~ation *v* verhandeling. ~er *on.w* een verhandeling schrijven, uitweiden.

dissidence *v* afscheiding, scheuring (in een partij).

dissident I *bn* afwijkend, andersdenkend. II *zn m* afgescheidene.

dissimilation *v* dissimilatie.

dissimilitude *v* ongelijkheid.

dissimulateur *m*, -trice *v* veinzer(ster); huichelaar(ster).

dissimulation *v* veinzerij, huichelarij.

dissimulé *bn* geveinsd, huichelachtig.

dissimuler *ov.w* 1 verbergen; 2 ontveinzen.

dissipateur *m*, -trice *v* verkwister(ster), doordraaier(ster).

dissipation *v* 1 verkwisting; 2 losbandigheid; 3 verstrooiing; 4 verstrooidheid; 5 verdamping (— d'un nuage).

dissipé *bn* 1 losbandig; 2 verstrooid, speels.

dissiper I *ov.w* 1 doen verdwijnen, uiteenjagen (*le soleil dissipe les nuages*); 2 verbrassen, verkwisten (— *son bien*). II *se* ~: *le brouillard se dissipe*, de mist trekt op.

dissociable *bn* scheidbaar (chem.).

dissociation *v* scheiding van samenstellende elementen (chem.).

dissocier *ov.w* scheiden in ionen (chem.).

dissolu *bn* losbandig, zedeloos.

dissolu/bilité *v* oplosbaarheid. ~tion *v* 1 oplossing; 2 ontbinding, verbreking (— *d'un mariage*); 3 losbandigheid, zedeloosheid.

dissolvant I *bn* 1 oplossend; 2 zedenbedervend (*livre* —). II *zn m* oplossend middel.

dissonance *v* wanklank, vals akkoord.

dissonant *bn* vals klinkend, ontstemd.

dissoner *on.w* vals klinken, een wanklank vormen.

dissoudre *ov.w onr.* 1 oplossen; 2 ontbinden (— *un mariage*); 3 opheffen (— *un parti*).

dissous, -oute *bn* 1 opgelost; 2 ontbonden.

dissuader *ov.w* (van een plan) afbrengen, ontraden.

dissuasion *v* het v. e. plan afbrengen, het ontraden.

dissyllabe I *bn* tweelettergrepig. II *zn m* tweelettergrepig woord.

dissyllabique *bn* tweelettergrepig.

dissymétrie *v* asymmetrie.

distance *v* 1 afstand; *tenir à* —, op een afstand houden; 2 tussentijd, verschil.

distancer *ov.w* 1 voorbijkomen, achter zich laten; 2 overtreffen; 3 diskwalificeren.

distant *bn* 1 verwijderd; 2 koel, gereserveerd.

distendre *ov.w* uitrekken.

distension *v* uitrekking, spanning.

distill/ateur *m* likeur-, cognacstoker. ~ation *v* 1 overhaling, distillatie; 2 distillaat. ~atoire *bn*: *appareil* —, distilleertoestel. ~er I *ov.w* 1 overhalen, distilleren; 2 uitstorten, verspreiden. II *on.w* afdruppelen. ~erie *v* 1 distilleerderij; 2 beroep van distillateur.

distinct *bn* 1 duidelijk, helder; 2 verschillend.

distinctif, -ive *bn* onderscheidend, kenmerkend; *signe* —, onderscheidingsteken; *trait* —, kenmerk.

distinction *v* 1 onderscheid; *sans* — *de personne*, zonder aanzien des persoons;

2 eer(bewijs), consideratie; 3 verdienste; *un officier de* —, een verdienstelijk officier; 4 beschaafdheid, gedistingeerdheid.

distingué *bn* 1 voortreffelijk, verdienstelijk; 2 beschaafd, voornaam.

distinguer *ov.w* 1 onderscheiden; 2 karakteriseren, het kenmerk zijn van; 3 opmerken

distordre *ov.w* verdraaien.

distors *bn* verdraaid, verwrongen.

distorsion *v* verdraaiing, verwringing.

distraction *v* 1 verstrooidheid; 2 ontspanning, afleiding; 3 scheiding, splitsing; 4 verduistering.

distraire I *ov.w onr.* 1 verstrooien, ontspanning-, afleiding bezorgen; 2 scheiden, splitsen; 3 verduisteren. II *se* ~ 1 gescheiden worden; 2 zich ontspannen, afleiding vinden; 3 opgeven (*se* — *d'un projet*).

distrait *bn* verstrooid.

distrayant *bn* verstrooiend, afleiding bezorgend.

distribuable *bn* ver-, uitdeelbaar.

distribu/er *ov.w* 1 verdelen, uitdelen; — *des lettres*, brieven bezorgen; — *des prix*, prijzen uitreiken; 2 ver-, indelen, inrichten. ~teur *m*, -trice *v* 1 uitdeler, uitreiker, verspreider, stroomverdeler; 2 — *de vapeur*, stoomregulator; 3 — *automatique*, automaat. ~tif, -ive *bn* verdelend, uitdelend. ~tion *v* 1 verdeling, uitdeling, uitreiking; — *de prix*, prijsuitreiking; 2 bestelling, bezorging van brieven; 3 indeling, inrichting, schakeling.

district *m* district.

dit I *bn* 1 afgesproken (*c'est une chose* —*e*); 2 bijgenaamd (*Charles* — *le Téméraire*). II *zn m* 1 spreuk; 2 gezegde; 3 middeleeuwse vertelling.

dithyrambe *m* 1 Bacchuszang; 2 geestdriftig lyrisch gedicht; 3 overdreven lof.

diurnal I [*mv aux*] *bn* dagelijks. II [*mv aux*] *zn m* dagelijks gebedenboek.

diurne *bn* dagelijks, wat in een dag geschiedt; *fleur* —, dagbloem; *papillon* —, dagvlinder.

diva *v* beroemde zangeres.

divagateur, -trice *bn* afdwalend.

divagation *v* 1 afdwaling; 2 geraaskal, onzinnige taal; 3 het buiten de oevers treden.

divaguer *on.w* 1 af-, ronddwalen, rondzwermen; 2 buiten de oevers treden; 3 raaskallen, onzin praten.

divan *m* divan; *divan-lit*, divanbed.

divergence *v* 1 het uiteenlopen van lijnen, van stralen; 2 verschil (— *d'opinions*).

divergent *bn* 1 uiteenlopend; 2 verschillend.

diverger *on.w* 1 uiteenlopen van lijnen of stralen; 2 verschillen, afwijken.

divers *bn* verschillend(e), verscheiden; *faits* —, gemengd nieuws.

divers/ement *bn* verschillend, anders. ~ifier *ov.w* afwisselen, afwisseling brengen in. ~ion *v* 1 afleiding; 2 afleidende beweging (*mil.*). ~ité *v* 1 afwisseling, verscheidenheid; 2 verschil.

divertir I *ov.w* afleiden, vermaken. II *se* ~ zich vermaken; *se* ~ de zich vrolijk maken over.

divertissant *bn* vermakelijk.

divertissement *m* 1 vermaak; 2 zang- of dansnummer tijdens pauze.

divette *v* operette- of café-chantantzangeres.

dividende *m* 1 deeltal; 2 dividend; 3 aandeel in een faillissement.

divin *bn* 1 goddelijk; 2 verrukkelijk, hemels enz. II *zn m* het goddelijke.

divinat/eur, -trice *bn* waarzeggend. ~ion *v* wichelarij, waarzeggerij. ~oire *bn* betrekking hebbend op waarzeggerij, wichelarij; *baguette* —, wichelroede.

divini/sation *v* vergoddelijking. ~ser *ov.w* 1 vergoddelijken, vergoden; 2 verheerlijken. ~té *v* 1 goddelijkheid, goddelijke natuur; 2 heidense god(in); 3 beminde, aangebedene.

divis *bn* verdeeld; *par* —, deelsgewijs. ~er

ov.w 1 verdelen; 2 delen; 3 onenigheid, tweedracht zaaien. ~*eur m* deler; *commun* —, gemene deler; *le plus grand commun* —, de grootste gemene deler. ~*ibilité v* deelbaarheid. ~*ible bn* deelbaar. ~*ion v* 1 deling; 2 verdeling; 3 deel; 4 divisie; 5 verdeeldheid; 6 afdeling. ~*ionnaire I bn* tot een divisie behorend. II *zn m* divisiegeneraal.

divorce *m* 1 echtscheiding; 2 scheiding.

divorcer *on.w* 1 (echt)scheiden (— *d'avec sa femme*); 2 breken met.

divulgateur, -trice I *bn* verspreidend (van nieuws, v. e. geheim). II *zn m*, -trice *v* verspreider(ster) van nieuws, v. e. geheim.

divulgation *v* verspreiding (— *d'un secret*).

divulguer *ov.w* verspreiden (— *un secret*).

dix I *tlw* 1 tien; *je vous l'ai dit déjà* — fois, ik heb het je al vaak gezegd; 2 tiende (*Charles dix, le dix novembre, chapitre dix*). II *zn m un dix*, een tien i. h. kaartspel. ~**cors** *m* zesjarig hert. ~**huit** *tlw* 1 achttien; 2 achttiende. ~**huitième** I *tlw* achttiende. II *zn m* achttiende deel. ~**ième** I *tlw* tiende. deel. ~**neuf** I *tlw* 1 negentien; 2 negentiende. ~**neuvième** I *tlw* negentiende. II *zn m* negentiende deel. ~**sept** *tlw* 1 zeventien; 2 zeventiende. ~**septième** I *tlw* zeventiende. II *zn m* zeventiende deel.

dizain *m* tienregelig couplet.

dizaine *v* 1 tiental; 2 tiende v. d. rozenkrans.

djinn *m* geest (in Arabië).

do *m* do (*muz.*).

doche *v* (*arg.*) moeder.

docile *bn* 1 gedwee, volgzaam, gehoorzaam, mak; 2 leerzaam.

docilité *v* 1 gedweeheid, volgzaamheid, gehoorzaamheid, makheid; 2 leerzaamheid.

dock *m* 1 ontlaadplaats voor schepen; 2 pakhuis; 3 dok; — *flottant,* drijvend dok.

docker *m* dokwerker.

docte *bn* geleerd.

docteur *m* 1 doctor; — *en droit, ès lettres, ès sciences,* doctor in de rechten, in de letteren, in de wis- en natuurkunde; *être reçu* —, promoveren; — *de la loi,* een Israël, schriftgeleerde; — *de l'Eglise,* kerkleraar; 2 dokter (*med.*).

doctissime *bn* zeer geleerd (schertsend).

doctor/al [*mv aux*] *bn* 1 doctoraal; 2 schoolmeesterachtig. ~**at** *m* doctorstitel, doctoraat; *passer son* —, promoveren. ~**esse** *v* vrouwelijke dokter.

doctrinal [*mv aux*] *bn* leerstellig.

doctrine *v* leer, geloofsleer, leerstelsel.

document *m* document, bewijsstuk, oorkonde. ~**aire** I *bn* de aard v. e. bewijsstuk hebbend. II *zn m* documentaire film. ~**ation** *v* documentatie, het staven met documenten. ~**er** *ov.w* documenteren; met documenten staven.

dodécaphonie *v* twaalftonig stelsel.

dodécaphonisme *m* twaalftonig stelsel.

dodeliner, dodiner *ov.w* 1 heen en weer wiegelen (*un enfant*); 2 knikkebollen.

dodo *m* bed (kindertaal); *aller au* —, naar bed gaan; *faire* —, slapen.

dodu *bn* mollig.

dog-cart† *m* dog-car.

doge *m* doge (van Venetië).

dogmat/ique I *bn* 1 leerstellig; 2 stellig (*ton* —). II *zn m* dogmaticus. III *v* geloofsleer. ~**iser** *on.w* 1 leerstellingen onderwijzen; 2 op besliste toon spreken. ~**iseur** *m* iem. die over alles een beslist oordeel heeft. ~**isme** *m* 1 leerstelligheid; 2 verzekering op besliste toon.

dogme *m* dogma, geloofspunt.

dogre *m* vissersplink.

dogue *m* 1 dog; *être d'une humeur de* —, slecht gehumeurd zijn; 2 bullebak.

doguin *m* jonge dog.

doigt *m* vinger, vingerdikte; (*doigt*) *annulaire,* ringvinger; — *auriculaire, petit* —, pink; *savoir sur le bout du* —, op zijn duimpje kennen; *être à deux* —*s de sa*

perte, op de rand v. d. afgrond zijn; *donner sur les* —*s à qn.*, iem. op de vingers tikken avoir *de l'esprit jusqu'au bout du* —, veel verstand hebben, zeer geestig zijn; — *de gant,* vinger v. e. handschoen; *gros* —, grote teen; *j'en mettrais les* —*s au feu,* ik zou er mijn hand voor in het vuur willen steken; *mettre le* — *dessus,* de spijker op de kop slaan; — *du milieu,* middelvinger; *montrer qn. du* — *au* —, iem. met de vinger nawijzen, openlijk bespotten; *s'en mordre les* —*s,* er berouw over hebben; *se mettre le* — *dans l'œil,* zich schromelijk vergissen; *ne faire œuvre de ses dix* —*s,* niets uitvoeren; *les* —*s du pied,* de tenen; *un* — *de vin,* een slokje wijn.

doigté *m* 1 aanslag (*muz.*); 2 vingerzetting (*muz.*); 3 handigheid.

doigter *on.w* de vingers op een instrument zetten.

doit *m* debet; — *et avoir,* debet en credit.

dolage *m* het schaven.

dolce *bw* zacht (*muz.*).

dolcissimo *bw* zeer zacht (*muz.*).

doléances *v mv* klachten; *présenter ses* — *à qn.,* zijn beklag bij iem. doen.

dolent *bn* klagend.

doler *ov.w* schaven.

dolichocéphale I *bn* langschedelig. II *zn m* langschedelige.

dolmen *m* Bretons hunnebed.

dolomitique *bn: Alpes* —*s,* Dolomieten.

dom *m* titel van o.a. benedictijnen en kartuizers.

domaine *m* 1 gebied; *tomber dans le* — *public,* vrij van auteursrechten worden, gemeengoed worden; 2 domein; — *de l'Etat,* staatsdomein; 3 landgoed; 4 eigendomsrecht.

domanial [*mv aux*] *bn* tot een domein behorend.

dôme *m* 1 koepel(dak); — *des cieux,* hemelgewelf; — *de verdure,* bladerdak; 2 dom; 3 ronde top van vulkanisch gebergte.

domesticité *v* 1 dienstbaarheid; 2 huispersoneel; 3 tamheid, het huisdier zijn.

domestique I *bn* 1 huiselijk; 2 binnenlands (*guerres* —*s*); 3 tam; *animaux* —*s,* huisdieren. II *zn m* of *v* 1 knecht, dienstbode. III *m* huis-, dienstpersoneel.

domestiquer *ov.w* tot huisdier maken.

domicil/e *m* woonplaats, woning, domicilie; — *à* aan huis; *établir son* —, zich vestigen; *sans* —, zonder vaste woonplaats. ~**iaire** *bn* wat de woning betreft; *visite* —, huiszoeking. ~**ié** *bn* woonachtig. ~**ier** (se) zich vestigen.

dominant *bn* overheersend, voornaamste.

dominante *v* 1 hoofdtrek; 2 grote quint.

dominateur, -trice I *bn* heerszuchtig. II *zn m*, -trice *v* heerser(es).

domination I *v* overheersing, heerschappij. II ~*s mv* de Machten (eerste orde der engelenhiërarchie).

dominer I *on.w:* — *sur,* heersen over; overheersen. II *ov.w* beheersen, uitsteken boven (*cette montagne domine la ville*).

dominicain *m,* -e *v* dominica(a)n(es).

dominical [*mv aux*] *bn* wat de Heer betreft; *l'Oraison* —*e,* het Onze Vader; 2 wat de zondag betreft; *lettre* —*e,* zondagsletter.

dominicale *v* zondagspreek.

domino *m* 1 maskeradekostuum; 2 gemaskerde op een bal masqué; 3 dominospel, -steen; *jouer aux* —*s,* domineren.

dommage *m* schade; *c'est* — *que* (*met subj.*), het is jammer, dat; *dommages et intérêts, dommages-intérêts,* schadevergoeding.

dommageable *bn* nadelig, schadelijk.

domptable *bn* te temmen, tembaar.

domptage *m,* **domptement** *m* het temmen.

dompter *ov.w* 1 temmen; 2 onderwerpen (*des villes*), bedwingen, beteugelen (*sa colère*).

dompteur *m,* -euse *v* temmer(-ster).

don *m* 1 gift, schenking; — *gratuit,* vrijwillige gift; 2 gave, aanleg; *les —s de Bacchus*, de wijn; *les —s de Cérès*, het koren; *les —s de Flore*, de bloemen; *les —s de la Fortune*, de rijkdom; *avoir le —des langues*, een talenknobbel hebben; *avoir le — des larmes*, kunnen schreien, wanneer men wil; *les —s de la nature*, de natuurlijke begaafdheden; 3 heer, don.

donat/aire *m of v* begiftigde. **~eur** *m*, -**trice** *v* schenker(ster), gever(geefster). **~ion** *v* schenking, gift.

donc *I vw* dus. II *bw* dan, toch; *allons —!*, och kom!; *comment —!*, hoe heb ik het nu!

donjon *m* slottoren.

donn/ant *bn* mild, vrijgevig, goedgeefs; *donnant, donnant*, gelijk oversteken. **~e** *v* het geven van kaarten; *fausse —*, *maldonne*, het verkeerd geven. **~ée** *v* gegeven.

donner *I ov.w* geven, schenken enz.; *l'assaut*, bestormen; *— bataille*, slag leveren; — *le bonjour*, groeten; — *la chasse*, achtervolgen, jacht maken op; — *un combat*, een gevecht leveren; — *un coup d'épaule*, een handje helpen; — *sa démission*, ontslag vragen; *je vous le donne en dix, en vingt*, ik zet het u; — *à entendre*, te verstaan geven; — *le jour*, — *la vie*, het leven schenken; — *sa main*, zijn hand schenken; — *une maladie*, een ziekte overbrengen; — *la mort*, doden; — *un œuf pour avoir un bœuf*, een spierinkje uitwerpen om een kabeljauw te vangen; — *une pièce*, een stuk op laten voeren; — *la question*, op de pijnbank leggen; *cela donne à réfléchir*, dat geeft te denken; — *un roman*, een roman uitgeven, schrijven; — *un résultat*, resultaat opleveren; — *vue sur*, uitzien op II *on.w*: — *au but*, het doel raken; — *contre*, stoten op, tegen; — *dans un piège*, in een hinderlaag vallen, in de val lopen; *le vent donne dans les voiles*, de wind blaast in de zeilen; *l'alcool donne dans la tête*, alcohol stijgt naar het hoofd; *le soleil me donne dans les yeux*, de zon schijnt me in de ogen; *ne savoir où — de la tête*, geen raad weten; — *sur*, uitzien op; — *sur l'ennemi*, de vijand aanvallen; — *sur les nerfs*, zenuwachtig maken. III *se* ~: — *des airs*, groot, gewichtig doen; *se* — *l'air de*, doen, alsof; *se* — *un chapeau neuf*, zich een nieuwe hoed aanschaffen; *se* — *pour*, zich uitgeven voor; *se* — *du bon temps*, een vrolijk leventje leiden.

donneur *m*, -**euse** *v* gever(geefster), iem. die graag geeft; — *de sang*, donor.

dont *vnw* wiens, waarvan, van wie, wier; *la manière —*, de wijze, waarop; *ce —*, datgene waarvan, -waarover.

doper *ov.w* (*un cheval*) een paard een opwekkend middel geven, zodat het harder rent.

doping *m*, **dopage** *m* het geven v. e. opwekkend middel aan een paard, aan een sportman.

dorade *v* goudvis, -brasem.

doré *bn* verguld, goudgeel; *la jeunesse —e*, de rijke jongelui; *langue —e*, fluwelen tong; — *sur tranche*, verguld op snee.

dorénavant *bw* voortaan.

dorer *ov.w* 1 vergulden; — *la pilule*, de pil vergulden; — *sur tranche*, op snee vergulden; 2 met eigeel bestrijken.

doreur, -**euse** *I bn* verguldend (*ouvrier —*). II *zn m*, -**euse** *v* vergulder(ster).

dorien, -**enne** *I bn* Dorisch. II *zn* D ~ *m*, -**enne** *v* Doriër, Dorische.

dorloter *ov.w* vertroetelen.

dorm/ant *I bn* 1 slapend; *eau —e*, stilstaand water; 2 vast, onbeweeglijk; *chassis —*, raam, dat niet geopend kan worden; *pont* —, vaste brug. II *zn m* 1 slaper; 2 vast raam. **~eur** *I m*, -**euse** *v* slaper(slaapster), langslaper(-slaapster). II -**euse** *v* 1 oorknop; 2 slaapstoel. **~ir** *on.w onr.* slapen; *laisser* — *une affaire*, een zaak laten rusten; — *debout*, omvallen v. d. slaap; *un conte à* — *debout*,

een onzinnig verhaal; *qui dort dîne*, wie slaapt, heeft geen honger (spr.w); *il n'est pire eau que l'eau qui dort* (spr.w), stille waters hebben diepe gronden; *laisser — des fonds*, fondsen renteloos laten liggen; — *comme une marmotte*, — *comme une souche*, slapen als een os; — *la grasse matinée*, en gat in de dag slapen; *ne — que d'un œil*, licht slapen, wantrouwen koesteren; — *sur les deux oreilles*, vast slapen, zich veilig, zeker wanen; — *à poings fermés*, vast slapen; — *d'un profond sommeil*, vast slapen; — *pour toujours*, dood zijn. **~itif**, -**ive** *I bn* slaapverwekkend. II *zn m* slaapmiddel. **~ition** *v* dood der H. Maagd.

dorsal [*mv* aux] *bn* wat de rug betreft; *épine —e*, ruggegraat; *vertèbre —e*, ruggewervel

dortoir *m* slaapzaal.

dorure *v* 1 verguldsel; 2 het vergulden.

doryphore *m*, **doryphora** *m* coloradokever.

dos *m* rug, keerzijde; *en — d'âne*, naar beide zijden aflopend; *avoir bon —*, een brede rug hebben; *courber le —*, buigen, bukken, toegeven; *être sur le —*, in bed liggen; *mettre tout sur son —*, al zijn geld aan kleren besteden; *mettre qn. sur le — de qn.*, iets aan ander op zijn dak schuiven; *se mettre qn. à —*, iem. tegen zich innemen; *monter sur le — de qn.*, iem. lastig vallen; *le — d'un papier*, de keerzijde v. e. papier; *j'en ai plein le —*, ik heb er de buik van vol; *tourner le —*, de rug toekeren, de hielen lichten.

dos/age *m* dosering. **~e** *v* dosis. **~er** *ov.w* doseren, afpassen.

dossard *m* rugnummer.

dossier *m* 1 leuning v. e. stoel; 2 achterwand v. e. rijtuig; 3 dossier.

dossière *v* draagriem v. e. paard.

dot *v* bruidschat (ook van kloosterzuster).

dotal [*mv* aux] *bn* wat de bruidschat betreft.

dotation *v* 1 schenking; 2 jaargeld; 3 gezamenlijke inkomsten v. e. ziekenhuis.

doter *ov.w* 1 een bruidschat schenken; 2 begiftigen; 3 inkomsten schenken aan een ziekenhuis, kerk enz.

douaire *m* weduwgift.

douairière *v* 1 weduwe in het bezit v. e. weduwgift; 2 deftige weduwe.

douan/e *v* 1 douanebeambten; 2 douanekantoor; 3 in- en uitvoerrechten. **~ier** *I zn m* douanebeambte. II *bn* -**ère** wat de douane betreft; *union* —, **ère**, tolunie.

douar *m* Arabisch tentenkamp.

doublage *m* 1 het voeren v. e. stof; 2 metalen buitenhuid v. e. schip; 3 (vertaalde) filmtekst in de landstaal.

doubl/e *I zn m* 1 dubbel; *bière —*, zwaar bier; *comptabilité en partie —*, dubbel boekhouden; — *emploi*, onnodige herhaling; — *fripon*, aartsschurk; *être à — sens*, een dubbele betekenis hebben; *fermer une porte à —tour*, een deur op het nachtslot doen; 2 dubbelhartig (*âme —*). II *zn m* 1 het dubbele, tweevoud; 2 doorslag, kopie, duplikaat; 3 oude Fr. munt; 4 dubbelganger. III *bw*: *voir —* dubbel zien. **-é** *m* 1 verguld of verzilverd metaal; 2 stoot v. d. losse band (biljart). **~ement** *I zn m* verdubbeling. II *bw* dubbel. **~er** *I ov.w* 1 verdubbelen; *la classe*, blijven zitten; — *le pas*, de pas versnellen; 2 dubbelvouwen, -leggen; 3 voorbijrijden, -varen; omvaren; — *un cap*, om een kaap varen; — *un vaisseau*, een schip v cor bij varen, 4 voeren (v. kleding); 5 een buitenhuid aan een schip; 6 vervangen (v. e. toneel- of filmspeler); 7 het (vertaalde) tekst maken bij een film. II *on.w* 1 verdubbelen. **~et** *m* 1 valse steen; 2 gelijke worp; 3 dubbele lens; 4 twee verschillende woorden, die van hetzelfde woord zijn afgeleid. **~eur** *m*, -**euse** *v* twijnder(ster). **~on** *m* 1 Spaanse gouden munt; 2 drukfout (door herhaling). **~ure** *v* 1 voering; 2 vervangend toneelspeler.

douceâtre *bn* 1 met een weeë zoete smaak;

2 (*fig.*) zoetelijk.

doucement I *bw* 1 zacht, zachtjes; 2 kalm, langzaam (*marcher* —); 3 tamelijk, niet al te best. II *tw* kalmpjes aan!

doucereux, -euse *bn* 1 weeïg zoet; 2 (*fig.*) zoetelijk, zoetsappig.

doucet, -ette I *bn* lief, zoet. II *zn* ~ette *v* veldsla.

douceur I *v* 1 zoetheid; 2 zachtheid, zachtzinnigheid, zachtmoedigheid; 3 liefelijkheid, bevalligheid, genot. II ~s *mv* 1 suikergoed; 2 fooien, verval; 3 vleiende, lieve woordjes.

douch/e *v* 1 stortbad; 2 teleurstelling. ~er *ov.w* 1 een douche geven; 2 bekoelen (b.v. van geestdrift). ~eur *m*, -euse *v* hij, zij, die een douche neemt.

doucir *ov.w* slijpen, polijsten.

doucissage *m* het slijpen, het polijsten van metaal of spiegelglas.

doué *bn* begaafd, begiftigd met (— *de*).

douer *ov.w* (*de*) begiftigen (met).

douille *v* 1 patroonhuls; 2 fitting.

douillet, -ette I *bn* 1 zacht, mollig (*lit* —); 2 kleinzerig, kouwelijk, week, verwend. II *zn* ~ette *v* gewatteerd kindermanteltje.

douleur *v* 1 pijn; 2 smart; *pour un plaisir, mille* —s (*spr.w*), het leven biedt meer leed dan lief; *avoir des* —s, reumatiek hebben.

douloureusement *bw* 1 pijnlijk; 2 smartelijk, droevig.

douloureux, -euse *bn* 1 pijnlijk; 2 droevig, smartelijk.

doute *m* twijfel, onzekerheid; *mettre, révoquer qc. en* —, iets in twijfel trekken; *sans* —, ongetwijfeld, zeker; *sans aucun* —, stellig, zeker; *avoir des* —*s sur*, vermoedens hebben.

douter (**de**) I *on.w* twijfelen (aan); *ne* — *de rien*, voor niets terugdeinzen. II *se* ~ (**de**) vermoeden; *je m'en doutais*, ik vermoedde het wel, ik dacht het wel.

douteur *m*, -euse *v* twijfelaar(ster).

douteux, -euse *bn* twijfelachtig, onzeker; *four* —, zwak licht, schemerlicht.

douve *v* 1 duig; 2 sloot, gracht.

Douvres Dover (stad in Engeland).

doux, **douce** I *bn* 1 zoet; 2 zacht, zachtzinnig, zachtmoedig; — *comme un agneau*, zo mak als een lam; *billet* —, minnebriefje; *prix* —, matige prijs; *vent* —, matige wind; 3 liefelijk, bevallig, aangenaam, heerlijk; *faire les yeux* — *à qn.*, iem. verliefd aankijken. II *bw filer* —, zoete broodjes bakken. III *tw tout* — !, kalm aan!, zacht wat! IV *zn m* het zoete zoet.

douz/ain *m* 1 oude zilveren Fr. munt (stuiver); 2 twaalfregelig gedicht. ~aine *v* dozijn; twaalftal (ongeveer twaalf); *à la* —, bij het dozijn. ~e *tw* 1 twaalf; 2 twaalfde (*Louis* —; *le* — *janvier*). ~ième I *tw* twaalfde; II *zn m* twaalfde deel. ~ièmement *bw* ten twaalfde.

doxologie *v* lofzang ter ere van God.

doyen *m*, -enne *v* 1 oudste in jaren of dienst-tijd; 2 deken; 3 voorzitter v. e. faculteit.

doyenné *m* 1 waardigheid v. d. deken; 2 woning v. d. deken.

draconien, -enne *bn* draconisch, overdreven streng.

dragage *m* uitbaggering.

dragée *v* 1 suikeramandel (snoepje gebruikt bij doopfeesten); *tenir la* — *haute à qn.*, iem. lang laten wachten, alvorens men iets geeft; 2 fijne jachthagel, (*pop.*) blauwe boon; 3 gemengd zaad.

drageoir *m* bonbondoos.

drageon *m* wortelloot.

dragon *m* 1 draak; 2 dragonder; 3 streng, onhandelbaar persoon; — *de vertu*, overdreven deugdzame, preutse vrouw; 4 feeks.

dragonne *v* sabelkwast.

drague *v* 1 baggermachine, -molen; 2 sleepnet.

draguer *ov.w* 1 uitbaggeren; 2 schelpen, schelpdieren vissen met een sleepnet; 3 mijnen opruimen.

draguer I *zn m* 1 baggerman; 2 — *de mines*, mijnenveger. II *bn* baggerend; *bateau* —, baggerschuit, baggermolen.

dragueuse *v zie* drague.

drain *m* draineerbuis.

drainage *m* drainage, ontwatering.

drainer *ov.w* draineren, droogleggen.

draineur *m* drooglegger, draineur.

drais/ienne *v* oudste model fiets. ~ine *v* inspectiewagentje voor de spoorlijnen.

dramatique *bn* 1 wat betrekking heeft op toneelwerken; *auteur* —, toneelschrijver; *acteur* —, toneelspeler; 2 aangrijpend, ontroerend.

dramatiser *ov.w* 1 voor het toneel bewerken (— *un roman*); 2 dramatisch voorstellen.

dramaturge *m* toneelschrijver.

dramaturgie *v* toneelschrijfkunst.

drame *m* 1 toneelspel; 2 drama; — *lyrique, opera*; 3 vreselijke gebeurtenis, ramp.

drap *m* laken; *être dans de beaux* —*s*, er lelijk inzitten; — *de lit*, beddelaken; *se mettre entre deux* —*s*, tussen de lakens kruipen; — *mortuaire*, doodskleed; *selon le* — *la robe* (*spr.w*), wie 't breed heeft, laat het breed hangen; *tailler en plein* —, het er goed van nemen.

drapeau [*mv* x] *m* 1 vlag; — *blanc*, vlag der Bourbons, witte vlag, *le* (*drapeau*) *tricolore*, de vlag der Franse republiek; *être sous les* —*x*, in militaire dienst zijn; *se ranger sous le* — *de qn.*, iemands partij kiezen; 2 luier.

drapement *m*, **drapage** *m* het draperen.

drap/er I *ov.w* 1 met laken (vooral rouwkleed) bedekken; 2 kleding smaakvol doen neerhangen (— *une statue*); 3 bespotten; *se* — *dans* zich hullen in. ~erie *v* 1 lakenfabriek; 2 het weven van laken; 3 sierlijk neerhangend kleed, draperie. ~ier *m* 1 lakenhandelaar; 2 lakenfabrikant, -wever. ~ière *v* lakenspeld.

drastique I *bn* snel en sterk werkend (van purgeermiddel). II *zn m* snel en sterk werkend purgeermiddel.

dreadnought *m* zwaar slagschip.

drelin! drelin! tingeling!

dressage *m* dressuur, het africhten.

dresser I *ov.w* 1 oprichten; rechtop zetten; — *l'oreille*, de oren spitsen; 2 opmaken, gereedmaken; — *un chapeau*, een hoed opmaken; — *un lit*, een bed opmaken; — *la table*, de tafel dekken; 3 opwerpen, oprichten; — *une batterie*, een batterij opwerpen; — *ses batteries*, zijn maatregelen nemen; 4 opstellen, opmaken (— *un acte*); — *un plan*, een plan opmaken; 5 africhten, dresseren; 6 recht maken (*une bordure*), plat maken (*une pierre*), glad maken (*une glace*); — *une hale*, een heg bijknippen. II *se* ~ zich oprichten; *se* — *sur la pointe des pieds*, op de tenen gaan staan; *les cheveux se dressaient sur sa tête*, de haren rezen hem te berge.

dresseur *m* africhter.

dressoir *m* aanrechttafel, dressoir.

dribbler *ov.w* dribbelen (voetbal).

drille I *m* (*oud*) soldaat; *bon* —, goeie vent; *vieux* —, ouwe losbol; -schuinsmarcheer-der. II ~s *v mv* (*fam.*) papierlompen.

drive (*spr.* draïv) *m* drive (tennis).

driver *ov.w* een drive geven (tennis).

drogu/e *v* 1 bestanddeel van verfwaren, apothekersmiddelen, scheikundige stoffen; 2 (slecht) geneesmiddel; 3 slechte waar. ~er *ov.w* 1 veel geneesmiddelen geven; 2 (*fam.*) lang wachten. ~erie *v* 1 drogerijen; 2 drogisterij. ~eur *m* dokter, die veel medicijnen geeft. ~iste *m* drogist.

droit I *bn* 1 recht; — *comme un cierge*, kaarsrecht; *avoir le corps* —, *la taille* —, recht van lijf en leden zijn; *un coup* —, een directe (boksen); *se tenir* —, rechtop staan; 2 oprecht, rechtschapen; *avoir le cœur* — ,oprecht, rechtschapen zijn; 3 schrander; *avoir le sens* —, *l'esprit* —, een helder verstand hebben; 4 rechts; *être le bras* — *de qn.*, iemands rechterhand zijn. II *bw* 1 recht, rechtuit; *aller* — *au but*, recht op het doel afgaan; *marcher* —, rechtuit lopen, zijn plicht doen; *tout* —, rechtuit; 2 verstandig, juist; *juger* —, juist oordelen; *raisonner* —, verstandig redeneren.

droit *m* recht; *à bon* —, met recht; *avoir le* — *de*, être en — *de*, het recht hebben, om; — *d'aînesse*, eerstgeboorterecht; *donner* — *à* gelijk geven aan; — *d'entrée*, invoerrecht; *étudiant en* —, student in de rechten; *faire son* —, in de rechten studeren; *faire valoir son* —, zijn recht doen gelden; *force n'est pas* — (*spr.w*), geweld is geen recht; *les* —*s de l'homme*, de rechten v. d. mens; *le* — *du plus fort*, het recht v. d. sterkste; —*s de présence*, presentiegelden; *revenir de* —, rechtens toekomen; —*s de sortie*, uitvoerrechten; *à tort ou à* —, terecht of ten onrechte; — *de vote*, kiesrecht.

droite *v* 1 rechterzijde; *à* — *et à gauche*, van-, naar-, aan alle kanten; *tourner à* —, rechts afslaan; 2 rechterzijde van de Kamer; 3 rechtervleugel v. e. leger; 4 rechterhand; 5 rechte lijn.

droitier, -ère I *bn* rechtshandig. II *zn m, -ère v* rechtshandig persoon. III (*fam.*) lid der rechterzijde v. d. Kamer.

droiture *v* 1 rechtschapenheid, oprechtheid; 2 schranderheid; — *de jugement*, gezond oordeel; — *d'esprit*, schranderheid van geest.

drôlatique *bn* grappig.

drôle I *bn* grappig, koddig. II *zn m* of *v* 1 grappenmaker, snaak; *un* — *de corps*, een rare kerel; *une* — *d'aventure*, een eigenaardig avontuur; *une* — *d'idée*, een gek idee; 2 schurk.

drôlerie *v* (*fam.*) grap, klucht.

drôlesse *v* gemene meid, straatmeid, slet.

drôlet, -ette *bn* tamelijk grappig.

dromadaire *m* dromedaris.

dronte *m* dodaars.

drosser *ov.w* doen afdrijven.

dru I *bn* 1 sterk, flink; 2 dicht (*pluie* —*e*); 3 vrolijk, levendig. II *bw* dicht opeen (*semer* —).

druide *m*, **-esse** *v* Keltisch priester(es).

druidique *bn* druïdisch.

druidisme *m* godsdienst der druïden.

du = *de le*.

dû, due I *bn* verschuldigd. II *zn m* het verschuldigde.

dual/isme *m* 1 dualisme; 2 twee staten onder één vorst. **~iste** I *bn* volgens het dualisme. II *zn m* dualist. **~ité** *v* tweeheid, vereniging van twee verschillende eigenschappen.

dubitatif, -ive *bn* twijfelend, wat twijfel uitdrukt.

dubitation *v* opgeworpen twijfel.

duc *m* 1 hertog; *grand* —, groothertog; 2 ooruil; *grand* —, oehoe; *moyen* —, ransuil; *petit* —, steenuil; 3 vierwielig rijtuig met twee plaatsen en achterplaats voor een bediende.

ducal [*mv aux*] *bn* hertogelijk.

ducat *m* dukaat.

ducaton *m* oud zilveren geldstuk.

duché *m* hertogdom; *duché-pairie*, gebied, waaraan de titel van hertog en pair was verbonden.

duchesse *v* 1 hertogin; 2 deftig doende dame; 3 rustbed met leuning; 4 soort sappige peer.

ductile *bn* 1 rekbaar; 2 meegaand, soepel.

ductilité *v* rekbaarheid.

duègne *v* 1 oude dame die (in Spanje) toezicht op jong meisje houdt; 2 lastige oude vrouw.

duel *m* duel; *se battre en* —, duelleren.

duelliste *m* iemand, die graag duelleert.

duettiste *m* of *v* iem. die in een duet speelt of zingt.

duetto *m* klein duet voor twee stemmen of instrumenten.

dulcifiant *bn* verzachtend.

dulcification *v* verzachting, het aanzoeten.

dulcifier *ov.w* verzachten, aanzoeten.

dulcifier *ov.w* 1 beminde, geliefde.

dum-dum *v* dum-dumkogel.

dûment *bw* behoorlijk.

dumping *m* dumping.

dune *v* duin.

dunette *v* kampanje (*scheepv*).

Dunkerque Duinkerken.

duo *m* 1 duet; 2 gelijktijdig spreken van twee personen (— *d'injures*).

duodé/cennal [*mv aux*] *bn* twaalfjarig. **~cimal** [*mv aux*] *bn* twaalftallig. **~cimo** *bw* ten twaalfde. **~nite** *v* ontsteking van de twaalfvingerige darm. **~num** *m* twaalfvingerige darm.

dupe *v* bedrogene; gemakkelijk te bedriegen persoon; *être la* — *de qn.*, door iem. bedrogen worden.

dup/er *ov.w* bedriegen, beetnemen, foppen. **~erie** *v* bedriegerij, fopperij. **~eur** *m*, **-euse** *v* bedrieger(-ster), fopper(-ster).

duplicat/a *m* afschrift, duplicaat. **~eur** *m* duplicator. **~if, -ive** *bn* verdubbelend. **~ion** *v* verdubbeling. **~ure** *v* dubbelvouwing.

duplicité *v* 1 dubbelheid; 2 dubbelhartigheid.

duquel [*mv desquels*] *vnw* = *de lequel*.

dur I *bn* 1 hard, moeilijk, zwaar; *être* — *à la détente*, op de duiten zijn; *mer* —*e*, woelige zee; *hiver* —, strenge winter; *temps* —*s*, slechte tijden; *avoir la tête* —*e*, dom zijn, een harde kop hebben; *vie* —*e*, hard, zwaar leven; *voix* —*e*, schorre stem; 2 hardvochtig, ruw; *cœur* —, ongevoelig hart. II *bw*: *entendre* —, hardhor g zijn; *travailler* —, hard werken. III *zn* — *v: coucher sur la* —*e*, op de harde grond slapen.

durée *v* duur, duurzaamheid, tijd.

durable *bn* duurzaam, blijvend.

duramen *m* kernhout.

durant *vz* gedurende, tijdens.

durcir I *ov.w* hard maken, verharden. II *on.w* hard worden. III *se* ~ hard worden.

durcissement *m* hardwording, verharding.

durée *v* duur, duurzaamheid.

durer *on.w* 1 duren; 2 lang duren (*le temps lui dure*); 3 duurzaam, houdbaar zijn (*vin qui dure*); 4 blijven; *ne pouvoir* — *en place*, niet stil kunnen zitten; *faire feu qui dure*, zuinig zijn; zijn gezondheid sparen.

duret, -ette *bn* een beetje hard.

dureté I *v* 1 hardheid; 2 hardvochtigheid. II ~*s mv* harde woorden.

durillon *m* eeltknobbel.

duvet *m* 1 dons; 2 vlasharen op kin; 3 donzen matras; 4 vruchtpluis.

duveté, duveteux, -euse *bn* donzig.

duveter (*se*) met dons bedekt worden.

dynamique I *bn* dynamisch. II *zn v* leer der krachten (dynamica).

dynamisme *m* dynamiek, stuwkracht; — *vital*, voortvarendheid.

dynamit/e *m* het opblazen door middel van dynamiet. **~e** *v* dynamiet. **~er** *ov.w* opblazen door middel van dynamiet. **~erie** *v* dynamietfabriek. **~eur** *m*, **-euse** *v* 1 dynamietfabrikant; 2 bedrijver(bedrijfster) van aanslagen met dynamiet.

dynamo *v* dynamo. **~électrique** *bn* elektrodynamisch. **~mètre** *m* dynamometer. **~métrie** *v* dynamometrie (het meten van krachten).

dynastie *v* vorstenhuis.

dynastique *bn* wat een vorstenhuis betreft. *politique* —, politiek, die het regerende vorstenhuis wil handhaven.

dyne *v* eenheid van kracht.

dysenterie *v* dysenterie, buikloop.

dysentérique I *bn* wat dysenterie betreft. II *zn m* of *v* lijder(es) aan dysenterie.

dyspepsie *v* slechte spijsvertering.

dyspeptique I *bn* wat de slechte spijsvertering betreft. **II** *zn m* of *v* lijder(es) aan dyspepsie.

dyssymétrie *v* asymmetrie.
dyssymétrique *bn* asymmetrisch.

E

e *m*; *e fermé*, gesloten e (zoals in thee); — *muet*, stomme e; — *ouvert*, open e (zoals in vet); E (Em.) = *Eminence* = Eminentie; **e.v.** = *en ville*; etc. = *et caetera* = en zo voorts; Exc. = *Excellence* = Excellentie; ex. = *exemple* = voorbeeld.

eau [*mv* x] **l** *v* 1 water; *Administration des Eaux et Forêts*, administratie, die de stromen, vijvers en bossen v. d. staat beheert; — *bénite*, wijwater; l'— *m'en vient à la bouche*, het water komt me in de mond; *buveur d'eau*, droog persoon; — *de Cologne*, reukwater; *coup d'épée dans l'—*, vergeefse poging; — *dormante*, stilstaand water; *faire —*, lek zijn; *faire de l'—*, water innemen; *se jeter à l'—*, zich verdrinken; *médecin d'— douce*, slechte dokter; *mettre à l'—*, te water laten; *mettre de l'—dans son vin*, zijn eisen matigen, water bij de wijn doen; *nager entre deux —x*, beide partijen willen sparen; *il n'est pire — que l'— qui dort* (*spr.w*), stille waters hebben diepe gronden; — *de pluie*, regenwater; — *potable*, — *à boire*, drinkwater; — *de source*, bronwater; *tant va la cruche à l'— qu'à la fin elle se brise* (*spr.w*), de kruik gaat zo lang te water, tot ze breekt; *tirant d'—*, diepgang; *voie d'—*, lek; 2 regen; 3 meer, rivier, zee; 4 zweet; *être en —*, nat bezweet zijn; 5 sap van vruchten; 6 glans van edelstenen. **II** *—x mv* 1 waterwerken (*les grandes —x de Versailles*); 2 mineraal bronwater; — *minérale*, mineraal bronwater; *prendre les —x*, de baden gebruiken, een badkuur houden; *ville d'—x*, badplaats; 3 regenval, sneeuwval; 4 zog; *être dans les —x de qn.*, in iemands zog varen.

eau†-de-vie *v* 1 cognac; 2 brandewijn.
eau†-forte† *v* ets.

ébahi *bn* verbaasd, verbluft, onthutst; *il resta tout —*, hij stond stomverbaasd te kijken.

s'ébahir verbaasd staan.

ébahissement *m* (stomme) verbazing.
ébarber *ov.w* afvijlen.

ébarb/oir *m* schraapmes. **~ure** *v* schraapsel.
ébats *m mv* gestoei, vermaak; *prendre ses —*, zich verlustigen, zich vermaken.

ébattre (s') zich vermaken, stoeien, dartelen.
ébaubi *bn* (*fam.*) verstomd, verbluft.
ébauhir (s') stom verbaasd zijn.

ébauchage *m* het ontwerpen, het schetsen.
ébauche *v* 1 ontwerp, schets; 2 zwakke poging.

ébaucher *ov.w* ontwerpen, schetsen; — *un sourire*, zwakjes, onmerkbaar glimlachen.
ébauchoir *m* 1 steekbeitel; 2 boetseerstift.
ébaudir (s') zich vermaken.

ébène *v* ebbehout, *cheveux d'—*, pikzwarte haren.

ébénier *m: faux —*, gouden regen.
ébéniste *m* meubelmaker, schrijnwerker.
ébénisterie *v* 1 meubelhandel; 2 het meubelmaken, meubelmakersvak.

éberluer *ov.w* verbluft, verstomd doen staan.
éblouir I *ov.w* 1 verblinden; 2 overbluffen. **II** s'~ zich laten verblinden.

éblouissant *bn* verblindend.
éblouissement *m* 1 verblinding; 2 duizeling.
ébonite *v* eboniet.

éborgner *ov.w* 1 een oog uitsteken; 2 de onnodige knoppen verwijderen.

ébouillant/age *m* het dompelen in kokend water. **~er** *ov.w* in kokend water dompelen,

met kokend water overgieten

éboul/ement *m* instorting, bergstorting. **~er I** *ov.w* doen instorten. **II** *on.w* instorten. **III** s'~ instorten. **~eux, -euse** *bn* gemakkelijk instortend of verzakkend (*terrain —*). **~is** *m* puin.

ébourgueter *ov.w* de bladknoppen verwijderen.
ébourgeonnement, ébourgeonnage *m* het verwijderen der overtollige boomknoppen.
ébouriffant *bn* overbluffend, ongelooflijk.
ébouriffer *ov.w* 1 (de haren) in de war maken; 2 stom verbaasd doen staan, schokken, doen schrikken.

ébranchage, ébranchement *m* het verwijderen van overtollige takken.
ébrancher *ov.w* van takken ontdoen, snoeien.
ébrancheur *m* snoeier.
ébranchoir *m* snoeimes.

ébranlement *m* 1 schok, trilling; 2 ontroering, schok; 3 het wankelen (*fig.*).
ébranler I *ov.w* 1 doen schudden, doen trillen; 2 ontroeren, schokken; 3 aan het wankelen brengen, ondermijnen (— *la santé*). **II** s'~ 1 zich in beweging zetten (*le train s'ébranle*); 2 wankelen; 3 schudden; 4 ontroerd worden.

ébrécher *ov.w* 1 hoeken maken in (— *un couteau*); 2 verminderen, een bres slaan in.
ébriété *v* dronkenschap.
ébrouement *m* gesnuif van paarden.
ébrouer I *ov.w* uitspoelen. **II** s'~ snuiven van paarden.

ébruitement *m* verspreiding v. e. gerucht.
ébruiter *ov.w* verspreiden van nieuws.
ébullition *v* 1 het koken; *point d'—*, kookpunt; 2 beroering, opschudding.

éburné, éburnéen, -enne *bn* 1 ivoorachtig, 2 ivoorkleurig; *substance —e*, tandivoor.
écacher *ov.w* pletten, kneuzen; *nez écaché*, stompe neus.

écaillage *m* 1 het afschrappen der schubben v. e. vis; 2 het openen v. e. oester.
écaille *v* 1 schub v. e. vis; 2 schaal (b. v. v. e. oester); 3 schild v. d. schildpad; 4 schildpad(stof); 5 schilfer; *les —s lui sont tombées des yeux*, de schellen zijn hem v. d. ogen gevallen.

écailler I *ov.w* 1 (een vis) afschrappen; 2 oesters openen. **II** s'~ afschilferen.
écailler *m*, **-ère** *v* oesterverkoper(-verkoopster).

écailleux, -euse *bn* 1 schubbig; 2 schilferig.
écale *v* schil, dop, bolster; — *d'œuf*, eierschaal.

écaler *ov.w* doppen, ontbolsteren.
écarlate I *zn v* 1 scharlaken; 2 scharlaken stof. **II** *bn* scharlakenkleurig.

écarquiller *ov.w* 1 uitspreiden (— *les jambes*); 2 opensperren (— *les yeux*).
écart *m* 1 afwijking v. d. weg; *faire un —*, een zijsprong maken (v. e. paard); 2 afgelegen plek, afgelegen gedeelte v. e. dorp of stad; 3 verschil, afstand; *à l'—*, op een afstand, terzijde; *mettre à l'—*, ter zijde leggen; *tenir à l'—*, erbuiten houden; 4 uitspatting, buitensporigheid.

écarté I *bn* afgelegen. **II** *zn m* écarté (kaart-écarteler *v* vierendelen.   [spel).
écartement *m* 1 het op zij schuiven, ter zijde stelling; 2 afstand, uitwijking, afwijking; — *des rails*, spoorbreedte.
écarter *ov.w* 1 uitspreiden (— *les jambes*); 2 verwijderen, op een afstand houden (— *la foule*); 3 van de rechte weg afbrengen;

4 afwenden (— *un malheur*), wegnemen, bezweren (— *un danger*), uit de weg ruimen.

ecclésiastique I *bn* kerkelijk. II *zn m* geestelijke.

écervelé *bn* dom, lichtzinnig, onbezonnen.

échafaud *m* 1 schavot; 2 guillotine; 3 doodstraf; 4 steiger; 5 podium, stellage.

échafaudage *m* 1 steigerwerk; 2 het opslaan v. e. steiger; 3 breedvoerige redenering.

échafauder I *on.w* een steiger oprichten. II *ov.w* opbouwen, in elkaar zetten (— *un roman*).

échalas *m* 1 stok, om planten te steunen; 2 lang en schraal persoon (bonestaak).

échalasser *ov.w* planten met stokken steunen.

échallier, échalier, échalis *m* staketsel.

échalote *v* sjalot.

échancrer *ov.w* rond uitsnijden.

échancrure *v* 1 ronde uitsnijding; 2 kustinham.

échang/e *m* 1 ruil, (ver)wisseling; *en — de*, in ruil voor; *roue d'—*, reserveweil; 2 handel; *libre-échange*, vrijhandel. ~**eable** *bn* ruilbaar. ~**er** *ov.w* ruilen, wisselen, uitwisselen.

échanson *m* schenker.

échansonnerie *v* schenkers v. d. koning.

échantillon *m* monster, staal; — *sans valeur*, monster zonder waarde; *donner un — de son savoir-faire*, zijn bekwaamheid tonen.

échantillonnage *m* 1 het maken van stalen; 2 stalencollectie.

échantillonner *ov.w* stalen maken.

échappatoire *v* uitvlucht.

échappé *m* ontsnapte.

échappée *v* 1 uitstapje, onbezonnen streek; 2 kort ogenblik (— *de beau temps*); 3 opening, doorkijk (— *de vue*); 4 speling; 5 ontsnappingspoging (wielersport).

échappement *m* 1 ontsnapping; 2 uitlaat van motor; — *libre*, open knalpot; 3 echappement (in klok of horloge).

échapper I *on.w* ontsnappen, uit de handen vallen; *laisser — l'occasion*, de gelegenheid laten voorbijgaan; — *à la mort*, aan de dood ontsnappen; *ce mot m'a échappé*, dat woord is mij ontgaan; *ce mot m'est échappé*, dat woord is mij ontvallen; *la patience m'échappe*, ik verlies mijn geduld. II *ov.w*: *il ne l'échappera pas*, hij zal de dans niet ontspringen; *l'— belle*, er goed afkomen; — *la mort*, de dood ontkomen; — *un verre*, een glas laten vallen. III s'~ 1 ontsnappen; 2 zijn zelfbeheersing verliezen; 3 uitlopen (sport).

écharde *v* splinter.

écharner *ov.w* het vlees v. e. huid halen.

écharpe *v* 1 sjerp; 2 draagband; *porter le bras en —*, de arm in een doek dragen; *en —*, schuin, overdwars; *prendre en —*, schuin inrijden op; onder flankvuur nemen.

écharper *ov.w* 1 ernstig wonden; 2 in de pan hakken.

échasse *v* 1 stelt; *être monté sur des —s* gemaakt, hoogdravend spreken; 2 steigerpaal; 3 strandruiter (vogel).

échassier *m* steltloper (vogel).

échaudage *m* het begieten met heet water.

échaudé I *zn m* soes. II *bn* 1 verschrompeld; 2 met heet water overgoten, gebrand; *chat — craint l'eau froide* (spr.w), een ezel stoot zich geen twee maal aan dezelfde steen.

échaudement *m* verschrompeling.

échauder *ov.w* 1 met heet water begieten; 2 branden met kokende vloeistof; 3 in het nauw brengen; 4 (een koper) afzetten; 5 witten.

échaudoir *m* wasplaats in een abattoir.

échaudure *v* brandwond, veroorzaakt door kokende vloeistof.

échauffant *bn* 1 verhittend; 2 verstoppend (med.); 3 verhit (fig.).

échauffement *m* 1 verhitting; 2 verstopping (med.); 3 begin van gisting van granen of meel; 4 opwinding.

échauffer *ov.w* 1 verhitten; 2 verstopping

veroorzaken; 3 opwinden, prikkelen; — *la bile à qn.*, iem. kwaad maken.

échauffourée 1 stoutmoedige mislukte onderneming; 2 schermutseling.

échauguette *v* 1 wachttoren; 2 kraaienest (scheepv.).

échéance *v* vervaldag; *à courte —*, op kort zicht; *à longue —*, op lang zicht.

échéant *bn* vervallend; *le cas —*, als het geval zich voordoet.

échec I *zn m* 1 tegenslag, nederlaag; 2 schaak; *l'— du berger*, herdersmat; *donner, faire —*, schaak geven; — *et mat*, schaakmat; — *perpétuel*, eeuwig schaak. II ~**s** *mv* schaakspel, -stukken; *jouer aux —s*, schaken. III *bn* schaak; *être —*, schaak staan.

échelette *v* raddertje.

échelle *v* 1 ladder; — *de corde*, touwladder; *faire la courte — à qn.*, iem. op zijn schouders laten klimmen; *monter à l'—*, happen, op de kast zitten; — *sociale*, maatschappelijke ladder; *tirer l'— après qn., qc.*, erkennen, dat men het iem. niet kan verbeteren, iets niet verbeteren kan; 2 schaal, peil, reeks; *sur une vaste —*, in het groot; 3 toonladder; — *des couleurs*, kleurengamma; — *mobile*, glijdende schaal.

échelon *m* 1 sport v. e. ladder; 2 rang, trap; *par —s*, trapsgewijze; 3 echelon (mil.).

échelonner *ov.w* 1 van afstand tot afstand plaatsen, echelonneren (mil.); 2 regelmatig over een zekere periode verdelen.

écheniller *ov.w* van rupsen vernietigen.

écheniller *m* rupsenverdelger.

écheveau [*mv* x] *m* 1 streng; 2 ingewikkelde zaak; *démêler l'— d'une affaire*, een zaak ontwarren.

échevelé *bn* 1 verward (van haar); 2 wild (*danse —e*).

écheveler *ov.w* de haren in de war maken.

échevellement *m* het in de war maken van haren.

échevin *m* wethouder.

échevinage *m* 1 wethouderschap; 2 de gezamenlijke wethouders.

échevinal [*mv* aux] *bn* wat de wethouder(s) betreft.

échine *v* ruggegraat; *avoir l'— souple*, kruiperig zijn; *frotter l'—*, afrossen.

échinée *v* rugstuk v. e. varken.

échiner I *ov.w* 1 de ruggegraat breken; 2 slaan, doden; 3 afbeulen. II s'~ zich afbeulen.

échiqueté *bn* geruit.

échiquier *m* 1 schaakbord; 2 kruisnet.

écho I *m* echo; *se faire l'— d'une nouvelle*, een nieuwtje rondbazuinen; *trouver un —*, instemming vinden. II ~**s** *mv* allerlei in een krant.

échoir *on.w* 1 ten deel vallen; *le cas échéant*, als het geval zich voordoet; 2 vervallen van wissels enz.

échoppe *v* 1 pothuis, kraam; 2 etsnaald; 3 keet.

échopper *ov.w* met de etsnaald graveren.

échotier *m, -ère* *v* redacteur(-trice), belast met de nieuwtjes, het allerlei.

échou/age *m* 1 stranding (scheepv.); 2 strandplaats (scheepv.). ~**ement** *m* 1 stranding; 2 mislukking. ~**er** I *on.w* 1 stranden; 2 mislukken; 3 zakken voor een examen. II *ov.w* op het strand zetten. III s'~ stranden.

écimer *ov* de toppen van planten wegsnijden.

éclabouss/ement *m* bespatting met modder. ~**er** *ov.w* 1 met modder bespatten; 2 de ogen uitsteken. ~**ure** *v* modderspat.

éclair *m* 1 bliksemstraal, weerlicht; —*s de chaleur*, weerlicht; *il fait des —s*, het weerlicht; — *d'un canon*, vuurstraal, mondvuur; *passer comme un —*, als de bliksem voorbijgaan; *rapide comme un —*, bliksemsnel; *guerre —*, bliksemoorlog; *fermeture —*, ritssluiting; 2 lichtstraal, flikkering; — *de génie*, geniale inval.

éclairage *m* verlichting; *gaz d'—*, lichtgas.

éclairagiste *m* verlichtingsspecialist.

éclaircie *v* 1 open plek in de wolken, opklaring; 2 open plek in een bos.

éclaircir *I ov.w* 1 licht(er) maken, opklaren; 2 polijsten, glanzend maken, oppoetsen; 3 aanlengen (— *une sauce*); uitdunnen (— *un bois*); — *les rangs*, de gelederen dunnen; 4 ophelderen, duidelijk maken. II s'~ opklaren. ~**issage** *m* 1 het glanzen, polijsten; 2 uitdunning. ~**issement** *m* opheldering.

éclairé *bn* ontwikkeld, verlicht (*esprit* —).

éclairement *m* 1 verlichting; 2 opheldering.

éclairer *I ov.w* 1 verlichten (ook *fig.*); 2 onderrichten, leren; 3 bijlichten; 4 verkennen ten behoeve van (— *une armée*). II *on.w.* licht geven, schitteren, fonkelen. III *onp. w*: *il éclaire*, het weerlicht, het bliksemt. IV s'~ 1 verlicht worden; 2 verlicht, ontwikkeld worden; 3 verkennen.

éclaireur *m* 1 verkenner (*mil.*); 2 padvinder.

éclanche *v* schaapsbout.

éclat *m* 1 scherf (— *d'obus*); splinter; *voler en —s*, in stukken vliegen; 2 uitbarsting, knal; — *de joie*, opwelling van vreugde; — *de rire*, schaterlach; *rire aux —s*, schaterlachen; —*s de voix*, luid geschreeuw; 3 schandaal, ruchtbaarheid; *faire de l'—*, opzien baren; *craindre l'—*, schandaal vrezen; 4 schittering (*l'— du soleil*); *l'— des fleurs*, de glans, de schoonheid der bloemen; 5 roem (*action d'—*).

éclatant *bn* 1 schitterend; 2 beroemd, schitterend, luisterrijk; 3 hard, schel (*son* —).

éclatement *m* het springen, het ontploffen.

éclater *on.w* 1 barsten, springen; 2 uitbreken (*la guerre a éclaté*); 3 losbarsten, uitbarsten; — *de rire*, in lachen uitbarsten; — *en injures*, in scheldwoorden uitbarsten; 4 schitteren; 5 versplinteren.

éclectique *I bn* eclectisch. II *zn m* eclecticus.

éclecticisme *m* systeem v. d. eclecticus.

éclipse *v* zons- of maansverduistering; *phare à* —, vuurtoren met flikkerlicht; 2 vermindering, afwezigheid.

éclipser *ov.w* 1 verduisteren; 2 onzichtbaar maken; 3 in de schaduw stellen (*fig.*).

écliptique *v* zonneweg (ecliptica).

éclisse *v* 1 spaan; 2 spalk.

éclisser *ov.w* (— *une jambe*), spalken.

éclope *I zn m*, *-e v* kreupele, hinkende, gewonde. II *bn* kreupel, hinkend, gewond.

écloper *ov.w* kreupel maken, verminken.

éclore *on.w* 1 uit het ei komen; 2 ontluiken; *des fleurs fraîches écloses*, pas ontloken bloemen; 3 aanbreken v. d. dag; 4 bekend worden van een plan.

éclosion *v* 1 het uit het ei komen; 2 ontluiking; 3 het bekend worden v. e. plan.

éclus/age *m* het schutten v. e. schip. ~**e** *v* sluis; — *à sas*, schutsluis. ~**er** *ov.w* 1 afsluiten met een sluis; 2 schutten. ~**ier** *m*, **-ère** *v* sluiswachter(-ster).

écœurant *bn* walgelijk, ergerlijk.

écœurement *m* walging.

écœurer *ov.w* doen walgen.

écoinçon, écoinson *m* 1 hoeksteen; 2 hoekkast.

école *v* 1 school (in versch. betekenissen); *auto*—, rijschool; — *des beaux arts*, academie voor beeldende kunsten; — *de bataillon*, bataljonsschool; *être à bonne* —, een goede leerschool hebben; *faire l'*— *buissonnière*, spijbelen; — *des Chartes*, school voor handschriftkunde; *prendre le chemin de l'*—, de langste weg nemen; — *de compagnie*, compagniesschool; — *de droit*, rechtskundige faculteit; *faire* —, school maken; *l'*— *française*, de Franse (schilders)school; — *de guerre*, hogere krijgsschool; *haute* —, hoge rijschool; — *ménagère*, huishoudschool; — *normale*, normaalschool (voor onderwijzers); — *normale supérieure*, opleidingsschool voor leraren; — *polytechnique*, polytechnische school (voor inge-

nieurs, artillerie- en genieofficieren); — *primaire*, lagere school; — *primaire supérieure*, uloschool; — *professionnelle*, ambachtsschool; *le quartier des —s*, de studentenwijk (*Quartier latin*); — *secondaire*, middelbare school; *sentir l'*—, schoolmeesterachtig zijn; *voiture—* — leswagen; 2 blunder, flater.

écolier *I zn m*, *-ère v* 1 scholier; *chemin des* —*s*, de langste weg; 2 beginneling; *faute d'—*, domme fout. II *bn*: *manières —es*, schooljongensmanieren.

éconduire *ov.w onr.* afschepen.

économat *m* ambt of kantoor v. d. huisbeheerder.

économe *I bn* zuinig, spaarzaam. II *zn m* huisbeheerder, administrateur v. e. klooster, gesticht enz. (econoom).

économie *v* 1 zuinigheid (*avoir de l'*—, zuinig zijn); 2 besparing, spaargeld; *faire des —s*, sparen; 3 huishoudkunde; 4 economie; — *commerciale*, bedrijfsleer; — *politique*, staathuishoudkunde; — *dirigée*, geleide economie.

économique *bn* 1 wat het beheer v. e. huishouden, klooster, gesticht enz. betreft; 2 staathuishoudkundig; 3 zuinig.

économiser *I ov.w* spaarzaam zijn met, bezuinigen op; — *ses forces*, zijn krachten sparen; — *son temps*, zijn tijd goed indelen. II *on.w* sparen, overleggen. [enz.

économiseur *m* bespaarder van gas, benzine

économiste *m* staathuishoudkundige.

écoper *I ov.w* hozen. II *on.w* (*pop.*) een uitbrander, slagen krijgen.

écorçage, écorchement *m* het ontdoen v. d. schors.

écorce *v* 1 schors; 2 schil; 3 korst (— *terrestre*); 4 het uiterlijk.

écorcer *ov.w* v. d. schors ontdoen, schillen.

écorch/é *m* anatomische voorstelling van mens of dier zonder huid. ~**ement** *m* het villen. ~**er** *ov.w* 1 villen; — *l'anguille par la queue*, bij het eind beginnen; 2 ontvellen (*bras écorché*); 3 villen, afzetten; 4 — *les oreilles*, het gehoor kwetsen; 5 'radbraken (— *une langue*); ~**erie** *v* 1 vilderij; 2 afzetterszaak. ~**eur** *m* 1 vilder; 2 afzetter. ~**ure** *v* schram, ontvelling, schaafwond.

écorner *ov.w* 1 de horens afbreken; *vent à* — *les bœufs*, hevige storm; 2 de hoeken afbreken; 3 verminderen, aanspreken; — *ses revenus*, zijn kapitaal aanspreken.

écornifler *ov.w* door klaploperij verkrijgen.

écornifl/erie *v* klaploperij.

écornifleur *m*, **-euse** *v* klaploper(-loopster).

écossais (e) *I zn* Schots; *douche —e*, afwisselende koud- en warmwaterdouche; *hospitalité —e*, grote onbaatzuchtige gastvrijheid. II *zn E.~ m*, ~*v* Schot(se); III *m* Schotse taal. **écossaise** *v* Schotse polka.

Ecosse (l') *v* Schotland.

écosser *ov.w* doppen (*des pois*).

écosseur *m*, **-euse** *v* hij, zij, die dopt.

écot *m* 1 gelag; *payer son* —, zijn aandeel bijdragen om een gezelschap te vermaken; 2 tafelgezelschap.

écoufle *m* 1 kiekendief (vogel); 2 vlieger.

écoul/ement *m* 1 het weglopen, afvloeien van water; 2 het wegtrekken v. e. menigte; 3 afzet van waren; 4 het vlieden v. d. tijd. ~**er** *I ov.w* verkopen, van de hand doen. II s'~ 1 weglopen, afvloeien; 2 wegtrekken v. e. menigte; 3 voorbijgaan, vlieden v. d. tijd.

écourter *ov.w* 1 een staart korten; 2 te kort knippen (— *les cheveux*); 3 bekorten.

écoute *v* 1 schoot (*scheepv.*); 2 plek waar men kan luisteren zonder gezien te worden; *être aux —s*, staan te luisteren; 3 luisterpost; *restez à l'*—!, blijf aan uw radiotoestel!; 4 oor van wild zwijn.

écouter *I ov.w* 1 luisteren (naar); *n'*— *que d'une oreille*, slechts met een half oor luisteren; *s'*— *parler*, met veel zelfbehagen spreken; 2 verhoren, inwilligen (— *une* *prière*): 3 gehoor geven aan; te rade gaan bij (— *sa raison*). II s'~ te veel aandacht schenken aan zijn kwalen.

écouteur m, -euse v 1 luisteraar(ster); 2 luistervink; 3 telefoonhoorn, koptelefoon.

écoutille v dekluik (*scheepv.*).

écrabouillage m, écrabouillement m het verpletteren, vermorzelen.

écrabouiller ov.w (*pop.*) verpletteren, vermorzelen.

écran m 1 schermpje, dat men in de hand hield om zich te beschermen tegen de hitte v. e. haard; 2 haardscherm; 3 projectiescherm; *à l'—*, op het witte doek.

écrasant bn verpletterend.

écrasement, écrasage m verplettering.

écraser I ov.w 1 verpletteren, vermorzelen, platdrukken; *nez écrasé*, platte neus; *coup écrasé*, smash (tennis); 2 vernietigen, in de schaduw stellen; 3 overrijden; 4 overladen, overstelpen; *écrasé de travail*, overladen met werk; 5 (*pop.*) *en* —, maffen. II s'~ verpletterd worden, te pletter vallen.

écré/mage m afroming. ~**mer** ov.w 1 afromen; 2 van iets het beste nemen. ~**meuse** v ontromer. ~**moir** m roomlepel.

écrêter ov.w 1 de kam ontnemen (— *un coq*); 2 afschieten v. h. bovenste deel (— *un bastion*); 3 de hoogte verminderen (— *une côte*); 4 vlak maken (— *une route*).

écrevisse v 1 rivierkreeft; 2 grote smidstang; 3 Kreeft (sterrenbeeld).

écrier (s') uitroepen.

écrin m juwelenkistje.

écrire ov.w onr. schrijven, opschrijven; — *comme un chat*, een keukenmeidenhand hebben; *c'était écrit*, het moest zo zijn; *il est écrit*, het staat vast; *par écrit*, schriftelijk; *il sait* —, hij heeft een goede stijl.

écrit m 1 geschrift; 2 akte, overeenkomst.

écriteau [mv x] m opschrift, bordje.

écritoire v inktkoker, schrijfgereedschap.

écriture v 1 schrift, handschrift, schrijfkunst, schrijfwijze; — *anglaise*, schuinschrift; — *de chat*, keukenmeidenpootje; *une jolie* —, een mooie hand; *l'E— sainte, les saintes E—s*, de H. Schrift; 2 stijl; 3 ~s mv boekhouding, correspondentie; *commis aux —s*, boekhouder.

écrivaill/er on.w slecht schrijven, prulwerk maken. ~**eur** m (*fam.*) veelschrijver (zonder talent).

écrivain m schrijver, schrijfster (van boeken); *femme* —, schrijfster.

écrivass/er on.w slecht schrijven, prulwerk maken. ~**ier** m, -ère v (*fam.*) veelschrijver (-schrijfster), schrijver zonder talent.

écrou m 1 moer; 2 bewijs van gevangenneming; *lever l'—*, uit de gevangenis ontslaan.

écrouelleux, -euse I bn lijdend aan klier- gezwellen. II zn m, -euse v lijder(es) aan kliergezwellen.

écrouer ov.w achter slot en grendel zetten.

écroulement m 1 instorting; 2 ineenstorting (— *de ses espérances*); vernietiging, verlies.

écrouler (s') 1 instorten, ineenstorten; 2 te gronde gaan.

écroûter ov.w van de korst ontdoen.

écru bn niet geprepareerd; *toile* —*e*, ongebleekt linnen; *fil* —, ongewassen garen.

écu m 1 oude zilveren munt (daalder, ter waarde van 3 of 6 francs); *il a des* —*s*, hij zit er goed bij; *mettre* — *, potten; il n'a pas un* —*vaillant*, hij is straatarm; 2 schild; 3 wapenschild; 4 middelste gedeelte v. h. borstschild van insekten.

écueil m klip.

écuelle v kom, nap; *arriver à l'—* *lavée*, de hond in de pot vinden; *manger à la même* —, gelijke belangen hebben.

écuellée v komvol, napvol.

écum/age m het afschuimen. ~**ant** bn 1 schuimend; 2 schuimbekkend. ~**e** v 1 schuim; — *de mer*, meerschuim; 2 uitvaagsel (schuim). ~**er** I ov.w afschuimen; — *la marmite de qn.*, tafelschuimen; — *les mers*, zeeschuimen; — *des nouvelles*, op nieuwtjes lopen. II ov.w 1 schuimen; 2 schuimbekken. ~**eur** m: — *de marmite*, tafelschuimer; — *de mer*, zeerover. ~**eux, -euse** bn schuimend. ~**oire** v schuimspaan.

écurage m het schoonmaken, de reiniging.

écurer ov.w schoonmaken, reinigen; — *un fossé*, een sloot uitbaggeren; — *son chaudron*, gaan biechten.

écureuil m eekhoorn.

écureur m, -euse v schoonmaker(-maakster).

écurie v paardestal; *cette chambre est une* —, die kamer is vuil, die kamer lijkt wel een stal; *c'est un cheval à l'—*, dat kost doorlopend geld aan onderhoud; *fermer l'—* *quand les chevaux sont dehors*, de put dempen, als het kalf verdronken is; *homme qui sent l'—*, ordinaire man.

écusson m 1 wapenschildje; 2 uithangbord; 3 dekplaatje op sleutelgat; 4 beenschub.

écussonner ov.w 1 oculeren; 2 van wapenschild voorzien.

écussonnoir m oculeermes.

écuyer m 1 schildknaap; 2 voorsnijder (— *tranchant*); *grand* — *tranchant*, opper- voorsnijder; 3 stalmeester; *grand* —, opper- stalmeester; 4 ruiter, pikeur, kunstrijder. **écuyère** v paardrijdster, amazone, kunstrijd- ster; *bottes à l'—*, rijlaarzen.

eczéma m uitslag.

eczémateux, -euse I bn wat uitslag betreft. II zn m, -euse v lijder(es) aan uitslag.

éden m lusthof, paradijs.

édénien, -enne, édénique bn paradijsachtig.

édenté bn tandeloos.

édenter ov.w 1 de tanden v. e. persoon breken of uittrekken; 2 de tanden v. e. kam, een zaag enz. breken.

édicter ov.w uitvaardigen (van wetten).

édicule m gebouwtje, kiosk.

édifiant bn stichtelijk.

édificateur m bouwer, stichter.

édification v bouw, stichting.

édifice m (groot) gebouw.

édifier ov.w 1 bouwen, stichten, oprichten; 2 stichten (*fig.*); 3 inlichten.

édile m 1 Romeins magistraat, belast met het toezicht op de openbare gebouwen; 2 stadsbestuurder v. e. grote stad.

édilité v 1 ambt v. d. Rom. aedilis; 2 lichaam, dat in de grote steden toezicht houdt op gebouwen, wegen enz.

édit m edict.

éditer ov.w uitgeven.

éditeur, -trice I bn uitgevend. II zn m, -trice v uitgever(uitgeefster).

édition v 1 uitgave; 2 oplaag; *maison d'—s*, uitgeversmaatschappij.

éditorial [mv aux] I bn van de uitgever, van de redactie. II zn m artikel v. d. uitgever, v. d. redactie.

édredon m 1 eiderdons; 2 dekbed.

éduca/bilité v opvoedbaarheid. ~**ble** bn op- voedbaar. ~**teur** m, -trice v opvoeder(ster). ~**tif, -ive** bn 1 opvoedend; 2 onderwijs- kundig. ~**tion** v 1 opvoeding; *être sans* —, *manquer d'—*, onopgevoed, onbeschaafd zijn; *faire l'—* *de*, opvoeden; *maison d'—*, instituut, internaat; — *professionnelle*, vakopleiding; 2 het kweken.

édulcoration v verzoeting.

édulcorer ov.w 1 verzoeten; 2 (*fig.*) verzach- ten.

éduquer ov.w (*fam.*) (een kind) opvoeden.

effaçable bn uitwisbaar.

effacement, effaçage m 1 uitwissing; 2 ver- getelheid, teruggetrokkenheid.

effacé bn 1 uitgewist; 2 teruggetrokken, bescheiden.

effacer I ov.w 1 uitwissen, uitgeven; 2 door- halen, schrappen; 3 uitdelgen (— *un péché*); 4 overtreffen, overschaduwen. II s'~ 1 uitgewist worden; 2 op de achter-

grond blijven; 3 verbleken, verdwijnen.
effaré *bn* ontsteld, ontdaan, verschrikt.
effarement *m* ontsteltenis, schrik.
effarer *ov.w* doen ontstellen, verschrikken.
effarouchant *bn* schrikaanjagend.
effaroucher *ov.w* bang maken, afschrikken.
effectif, -ive I *bn* werkelijk. II *zn m* werkelijk aantal soldaten.
effectuer *ov.w* verwezenlijken, uitvoeren; — *un payement*, een betaling doen; — *une promesse*, een belofte volbrengen.
effémination *v* verwekelijking, verwijfdheid.
efféminé *bn* verwijfd.
efféminer *ov.w* verwekelijken.
effervescence *v* 1 opbruising; 2 gisting; 3 onstuimigheid; *l'— des passions*, het vuur der hartstochten.
effervescent *bn* 1 bruisend; 2 vurig.
effet I *m* 1 gevolg, uitwerking; 2 indruk, effect; *il me fait l'— d'être malade*, hij lijkt mij ziek te zijn; 3 daad; *en —*, inderdaad; *plus de paroles que d'—*, veel geschreeuw en weinig wol; *à cet —*, daartoe; 4 effect bij verschillende spelen; 5 arbeidskracht; 6 wissel, handelspapier, effect; — *négociable*, verhandelbaar effect; —*s publics*, staatspapieren. II —*s mv* goederen, meubelen, kleren.
effeuillage *m* het ontbladeren.
effeuillaison *v* het vallen der bladeren.
effeuillement *m* het ontbladerd zijn.
effeuiller I *ov.w* 1 ontbladeren; 2 het ontdoen van kroonbladeren. II s' ~ zijn bladeren, zijn kroonbladeren verliezen.
efficace *bn* doeltreffend, afdoend.
efficacité *v* kracht, werkdadigheid.
efficient *bn* daadwerkelijk.
effigie *v* afbeelding, beeldenaar; *exécuter qn. en —*, in plaats v. d. misdadiger ter dood te brengen, hem vervangen door een pop.
effil/age *m* het uitrafelen. ~é I *bn* mager en lang. II *zn m* franje. ~er *ov.w* 1 uitrafelen; 2 uitdunnen van haren. ~ochage *m* het uitrafelen. ~ocher, ~oquer *ov.w* uitrafelen. ~ochure, ~ure *v* rafel.
effilanqué *bn* broodmager.
effilanquer *ov.w* uitmergelen.
effleurement *m* effleurage *m* het even aanraken, het strijken langs.
effleurer *ov.w* even aanraken, strijken-, scheren langs; — *un sujet*, een onderwerp even aanroeren.
effloraison *v* het in bloei komen.
efflorescence *v* 1 het in bloei komen; 2 verwering; 3 uitslag (v. d. huid).
efflorescent *bn* 1 bloeiend; 2 verwerend; 3 vlammend.
effluent I *bn* uitstromend. II *zn m* uitstromende vloeistof.
effluve *m* uitwaseming.
effondrement *m* 1 omgraving v. d. grond; 2 instorting, ineenstorting.
effondrer I *ov.w* 1 omgraven; 2 doen inzakken; 3 instoten, intrappen. II s' ~ instorten, inzakken.
efforcer (s') zich inspannen, pogen.
effort *m* 1 inspanning, poging; — *de l'eau*, drang v. h. water; *faire tous ses —s*, al zijn krachten inspannen; 2 verrekking; *se donner un —*, zich verrekken; 3 breuk.
effraction *v* inbraak.
effraie *v* kerkuil.
effrangement *m* het uitrafelen.
effranger I *ov.w* uitrafelen. II s' ~ uitrafelen.
effrayant *bn* verschrikkelijk, verbazend, geweldig.
effrayer I *ov.w* verschrikken. II s' ~ verschrikken, bang worden.
effréné *bn* teugelloos, mateloos, ongebreideld, losbandig.
effritement *m* 1 uitmergeling v. d. grond; 2 afbrokkeling, verwering.
effriter I *ov.w* 1 uitmergelen v. d. grond; 2 verbrokkelen, verweren. II s' ~ 1 uitgemergeld worden; 2 verbrokkelen, verweren.

effroi *m* schrik, ontzetting.
effronté I *bn* brutaal, schaamteloos. II *zn m* ~e *v* schaamteloze, brutale man of vrouw.
effrontément *bw* brutaal, schaamteloos.
effronterie *v* brutaliteit, schaamteloosheid.
effroyable *bn* vreselijk, verschrikkelijk.
effusion *v* 1 uitstorting, het vergieten (— *de sang*); 2 ontboezeming, hartelijkheid, warmte; *avec —*, hartelijk; — *de colère*, uitbarsting van woede.
égaiement *m* opvrolijking.   [den.
égailler (s') zich verstrooien, zich verspreiegal [*mv aux*] I *bn* 1 gelijk; 2 gelijkmatig (*caractère —*); 3 effen (*terrain —*); 4 onverschillig; *cela m'est —*, dat is me onverschillig, laat me koud; *c'est —*, het doet er niet toe. II *zn m* gelijke; *à l'— de*, evenals, zoals; *sans —*, zonder weerga; *traiter avec qn. d'— à —*, met iem. omgaan als met zijn gelijke. ~able *bn* te evenaren. ~ement *bw* 1 gelijk; 2 eveneens, ook. ~er *ov.w* 1 gelijk zijn aan; 2 evenaren; 3 gelijk maken; 4 gelijkstellen met. ~isation *v* gelijkmaking. ~iser *ov.w* 1 gelijkmaken; 2 effenen. ~itaire I *bn* de gelijkheid der mensen voorstaand. II *zn m* voorstander van gelijkheid. ~ité *v* 1 gelijkheid; 2 gelijkmatigheid (*d'humeur*); 3 effenheid; 4 gelijkvormigheid.
égard *m* 1 oplettendheid, beleefdheid; *avoir — à*, rekening houden met; 2 welwillendheid; *à l'— de*, ten opzichte van, wat betreft; *en — à*, gelet op; *à tous* (*les*) —*s*, in ieder opzicht.
égar/ement *m* 1 het verdwalen; 2 verlies; 3 afdwaling; 4 verstandsverbijstering (— *de l'esprit*); 5 losbandigheid, buitensporigheid. ~er I *ov.w* 1 op een dwaalspoor brengen, doen dwalen; 2 wegmaken; 3 verbijsteren. II s' ~ 1 verdwalen; 2 afdwalen; 3 in de war raken, buiten zich zelf raken.
égayant *bn* vrolijk, opvrolijkend.
égayer *ov.w* 1 opvrolijken; 2 losser maken (— *le style*); 3 uitdunnen.
égide *v* bescherming (*l'— des lois*).
églantier *m* wilde roos.
églantine *v* bloem v. d. egelantier.
église *v* 1 kerk; *gueux comme un rat d'—*, arm als Job; *pilier d'—*, trouwe kerkganger; 2 Kerk; *les gens d'E—*, de geestelijken; *E— militante*, strijdende Kerk; *Père de l'E—*, kerkvader; *retrancher de l'E—*, in de ban doen; 3 geestelijke stand.
églogue *v* kleine herderszang.
égocentrique *bn* egocentrisch.
égoïne *v* handzaag.
égoïsme *m* egoïsme.
égoïste I *zn m* of *v* egoïst(e). II *bn* egoïstisch.
égorg/ement *m* vermoording, slachting. ~er *ov.w* 1 de keel afsnijden; 2 vermoorden; 3 ruïneren, te gronde richten; 4 afzetten. ~eur *m* moordenaar.
égosiller (s') lang en hard schreeuwen.
égotisme *m* 1 eigendunk, zelfingenomenheid; 2 gewoonte, om zich steeds met zich zelf bezig te houden.
égotiste *m* 1 iem. met veel eigendunk; 2 iem. die zich steeds met zich zelf bezig houdt.
égout *m* 1 riool; *rat d'—*, rioolruimer; 2 drop, het afdruipen; 3 verzamelplaats van gepeupel.
égoutier *m* rioolruimer.
égout/tage, ~tement *m* 1 het uitdruipen; 2 het verwijderen van overtollig water, drooglegging. ~ter *ov.w* 1 laten uitdruipen (— *du linge*); 2 droogleggen (— *un terrain*). ~toir *m* 1 vergiet; 2 druiprek voor flessen; 3 droogrekje (*fot.*). ~ture *v* de laatste druppels, b.v. uit een fles.
égrainage *m* zie égrenage.
égrainer *ov.w* zie égrener.
égrappage *m* het afristen van druiven.
égrapper *ov.w* afristen.
égrappiller *ov.w* = égrapper.
égrappoir *m* instrument voor het afristen van druiven.

égratigner *ov.w* 1 krabben; 2 licht omploegen; 3 licht beschadigen; 4 krenken.

égratignure *v* 1 krab, schram; 2 kwetsing der eigenliefde.

égrenage *m* 1 het uitkorrelen van graan, pellen; 2 het afristen.

égrener *ov.w* 1 graan uitkorrelen, pellen; 2 afristen; — *un chapelet*, de kralen v. e. rozenkrans door zijn vingers laten glijden.

égreneuse *v* afristmachine voor maïs en katoen.

égrillard *bn* dartel, uitgelaten, schuin.

égriser *ov.w* (diamanten) ruw slijpen.

égrugeoir *m* vijzel.

égruger *ov.w* fijnstampen b.v. van suiker.

égyptien, -enne I *bn* Egyptisch. II *zn* E ~ *m*, -enne *v* Egyptenaar, Egyptische. III ~ *m* Egyptische taal.

eh! *tw* hè!, wel!; *eh bien*, welnu.

éhonté *bn* schaamteloos.

eider *m* eidergans, -eend.

éjaculation *v* 1 uitstorting; 2 schietgebed.

éjaculer *ov.w* uitspuiten.

éjectable *bn* uitwerpbaar; *siège* — ,schietstoel.

éjecter *ov.w* uitwerpen.

éjecteur *m* uitwerper van geweer.

éjection *v* uitwerping, lozing, ontlasting.

éjointer *ov.w* kortwieken.

élaboration *v* het be-, ver-, uitwerken.

élaborer *ov.w* be-, ver-, uitwerken.

élaguer *ov.w* 1 (bomen) uitdunnen; 2 een literair werk bekorten, besnoeien.

élagueur *m* snoeier, uitdunner van bomen.

élan *m* 1 aanloop; *prendre son* —, een aanloop nemen; 2 sprong; 3 geestdrift, vuur, elan (*l'— des troupes*); 4 opwelling (— *du cœur*); 5 drang, streven; 6 eland.

élancé *bn* slank.

élancement *m* 1 het vooruit springen, 2 steek, stekende pijn; 3 zielsverheffing; verzuchting tot God.

élancer I *ov.w* krachtig vooruitstoten, -drijven. II *on.w* steken (van wond enz.). III s' ~ 1 vooruit snellen, toeschieten; *il s'élança sur son cheval*, hij wierp zich op zijn paard; 2 zich verheffen tot (*son âme s'élançait vers Dieu*); 3 slank worden, opschieten.

élargir *ov.w* 1 verbreden, verwijden; 2 (een gevangene) vrijlaten; 3 verruimen (*fig.*).

élargissement *m* 1 verwijding, verbreding; 2 vrijlating v. e. gevangene; 3 genoegen, vreugde.

élasticité *v* rekbaarheid, veerkracht.

élastique I *bn* rekbaar, veerkrachtig; *avoir une conscience* —, een ruim geweten hebben; *gomme* —, gomelastiek. II *zn m* elastiek(je).

élater, élatère *m* kniptor.

élavé *bn* vaal.

elbeuf *m* naam v. e. soort laken.

eldorado *m* dorado.

électeur *m*, -trice *v* 1 kiezer(es); 2 keurvorst(in).

élect/if, -ive *bn* verkozen. ~**ion** *v* verkiezing. ~**oral** [*mv* aux] *bn* wat betrekking heeft op een verkiezing; *loi* —*e*, kieswet; *prince* —, oudste zoon v. d. keurvorst. ~**orat** *m* 1 kiesrecht; 2 waardigheid v. e. keurvorst; 3 keurvorstendom.

électri/cien *m* elektricien. ~**cisme** *m* elektriciteitsverschijnselen. ~**cité** *v* elektriciteit. ~**fication** *v* elektrificatie. ~**fier** *ov.w* elektrificeren. ~**que** *bn* 1 elektrisch; 2 bezielend. ~**sable** *bn* elektriseerbaar. ~**sant** *bn* 1 elektriserend; 2 bezielend. ~**sation** *v* elektrisering, het elektrisch zijn of worden. ~**ser** *ov.w* 1 elektriseren; 2 bezielen.

électro/-aimant† *m* elektromagneet. ~**cardiogramme** *m* film v. d. elektrisch opgenomen hartslag. ~**chimie** *v* elektrochemie. ~**chimique** *bn* elektrochemisch. ~**choc** *m* shock (*méd.*). ~**cuter** *ov.w* terechtstellen door middel v. d. elektrische stroom. ~**cuteur, -trice** *bn* dodend door elektriciteit (*courant* —).

~**cution** *v* elektrokutie (dood door elektrische stroom). ~**de** *v* elektrode. ~**dynamique** I *zn v* elektrodynamica. II *bn* elektrodynamisch. ~**dynamisme** *m* elektriciteitsverschijnselen. ~**gène** *bn* elektriciteit ontwikkelend. ~**lyse** *v* ontleding door elektriciteit. ~**lyser** *ov.w* door elektriciteit ontleden. ~**magnétique** *bn* elektromagnetisch. ~**magnétisme** *m* elektromagnetisme. ~**métallurgie** *v* elektrische metaalbewerking. ~**mètre** *m* elektrometer. ~**moteur** *m* elektromotor. ~**moteur, -trice** *bn* elektriciteit opwekkend.

électron *m* elektron.

électronique I *bn* betrekking hebbend op elektronen. II *zn v* elektronenleer.

électrophone *m* pick-up met ingebouwde versterker.

électroscope *m* elektroscoop.

électroscopie *v* elektroscopie.

électrotechnique I *bn* elektrotechnisch. II *zn v* elektrotechniek.

électrothérapie *v* geneeswijze met behulp van elektriciteit.

électuaire *m* likkepot (geneesmiddel).

élégamment *bw* bevallig, elegant.

élégance *v* bevalligheid, sierlijkheid, elegante manieren.

élégant I *bn* bevallig, sierlijk, elegant. II *zn m*, ~e *v* fat, modegek.

élégiaque I *bn* elegisch. II *zn m* elegiedichter.

élégie *v* treurzang, treurdicht.

élément *m* 1 element (verschillende betekenissen); *les quatre* —*s*, lucht, vuur, aarde en water; 2 grondslag; 3 beginsel.

élémentaire *bn* 1 bij de grondstof behorend; *corps* —, enkelvoudig lichaam; 2 eenvoudig, de hoofdzaken betreffend; *livre* —, boek, dat de beginselen v. e. wetenschap bevat, boek voor beginners.

éléphant *m* olifant.

éléphanteau [*mv* x] *m* jonge olifant.

éléphantesque *bn* (*fam.*) geweldig.

éléphantiasis *v* olifantsziekte.

éléphantin *bn* olifantachtig.

élevable *bn* opvoedbaar.

élevage *m* het fokken.

élévat/eur, -trice I *bn* optrekkend, ophijsend. II *zn m* 1 optrekkende spier; 2 lift; 3 elevator; 4 scheepskameel. ~**ion** *v* 1 hoogte, verhevenheid (— *de terrain*); 2 opheffing v. d. hostie; 3 verheffing; E— *de la Croix*, het feest der Kruisverheffing; — *de la voix*, stemverheffing; — *à la puissance*, machtsverheffing; 4 bevordering; 5 verhevenheid, grootheid; — *d'âme*, zielegrootheid; — *de style*, verhevenheid van stijl; 6 verhoging (— *du prix*); 7 richtingshoek v. e. kanon; 8 (op)stijging. ~**ion de** opheffend, opvoerend; *pompe* —, zuigperspomp.

élève *m of v* 1 leerling(e); 2 jong dier, dat door een fokker wordt verzorgd; 3 jonge plant of boom.

élevé *bn* 1 opgevoed; *bien* —, beschaafd; *mal* —, onbeschaafd, ongemanierd; 2 hoog; 3 verheven.

élever I *ov.w* 1 opheffen (— *un fardeau*); verheffen (— *la voix*); verhogen (— *un mur*); — *les prix*, de prijzen verhogen, doen stijgen (— *la température*); 2 bouwen (— *une maison*); 3 oprichten; 4 bevorderen; 5 opvoeden, fokken; 6 verheffen (— *le cœur*); 7 — *jusqu'aux nues*, hemelhoog prijzen; 8 (in een macht) verheffen. II s' ~ 1 zich verheffen; *le brouillard s'élève*, de mist trekt op; 2 opslaan van prijzen; 3 opsteken v. d. wind; 4 (— *contre*) zich verzetten tegen, opstaan tegen; 5 gesticht worden; 6 bedragen; *le prix s'élève à dix francs*, de prijs bedraagt tien franken.

éleveur I *m*, -euse *v* fokker(ster). II -euse *v* couveuse.

elfe *m* elf.

élider *ov.w* de slotklinker vervangen door een apostrof (b.v. de veranderen in d').

élier *ov.w* (*des vins*) aftappen, voorzichtig

overgieten.
éligibilité *v* verkiesbaarheid.
éligible *bn* verkiesbaar.
éliminateur, -trice *bn* verwijderend.
élimination *v* verwijdering, schrapping, uit-schakeling.
éliminatoire *bn* wat schrapping, verwijdering ten gevolge heeft; *épreuve* —, voor-, afvalwedstrijd.
éliminer *ov.w* 1 verwijderen; 2 schrappen (— *un candidat*); 3 verdrijven (— *un poison*); 4 elimineren (*wisk.*).
élire *ov.w onr.* (ver)kiezen; — *domicile,* zich vestigen.
élision *v* vervanging van slotklinker door apostrof (zie *élider*).
élite *v* keur, bloem; *d'*—, zeer bekwaam, hoogstaand.
élixir *m* elixer.
elle *vnw* zij, haar.
ellébore *v* nieskruid; — *noir,* kerstroos.
ellip/se *v* 1 ellips; 2 weglating v. e. woord. ~sographe *m* ellipspasser. ~soïdal [*mv aux*] *bn* ellipsvormig. ~ticité *v* ellipsvorm. ~tique *bn* 1 elliptisch; 2 met een weglating.
Elme *m: feu Saint Elme,* sint-elmsvuur.
élocution *v* wijze van uitdrukking, voordracht, stijl; *avoir l'*— *facile,* zich gemakkelijk weten uit te drukken.
éloge *m* lof, lofrede; — *funèbre,* lijkrede; *faire l'*— *de,* prijzen.
élogieux, -euse *v* prijzend (*paroles —euses*).
éloigné *bn* ver, verwijderd.
éloignement *m* 1 afstand, verwijdering; *en* —, in de verte, in het .verschiet; 2 afkeer.
éloigner *I ov.w* 1 verwijderen (— *une pensée,* een gedachte van zich afzetten; — *une lame*); 2 weg-jagen, verdrijven; 3 vervreemden; 4 uit-stellen, vertragen. II s' ~ zich verwijderen.
élonger *ov.w* varen langs.
éloquemment *bw* welsprekend.
éloquence *v* welsprekendheid.
éloquent *bn* welsprekend.
élu I *bn* verkozen, gekozen. II *zn m* 1 ge-kozene; 2 uitverkorene.
élucidation *v* verklaring, opheldering.
élucider *ov.w* verklaren, ophelderen.
élucubrer *ov.w* (een werk) samenstellen ten koste van veel nachtarbeid.
éluder *ov.w* handig vermijden.
élusion *v* ontduiking.
Elysée *m* 1 verblijf der zaligen; 2 lustoord; 3 paleis v. d. Fr. president.
élyséen, -enne *bn* betrekking hebbend op het verblijf der zaligen.
elzévir *m* 1 oude uitgave van Elzevier; 2 let-tertype.
elzévirien, -enne *bn* 1 uitgegeven door de Elzeviers; 2 in elzevierformaat.
émaciation *v* sterke vermagering.
émacié *bn* erg mager.
émail [*mv aux*] *m* 1 brandverf, glazuur; 2 emailwerk; 3 tandglazuur; 4 bontheid, kleurenpracht. ~lage *m* het emailleren. ~ler *ov.w* 1 brandschilderen, emailleren; 2 met veel kleuren tooien (*les fleurs émaillent la prairie*). ~lerie *v* emailleerkunst. ~leur *m* brandverfschilder. ~lure *v* 1 email-leerkunst; 2 brandschilderwerk.
émanation *v* 1 uitwaseming, uitdamping; 2 uitvloeisel.
émancipateur, -trice *I bn* vrijmakend. II *zn m,* -trice *v* vrijmaker(-maakster).
émancipation *v* 1 vrijmaking; 2 mondigver-klaring; 3 gelijkstelling in rechten.
émanciper *ov.w* 1 vrijmaken; 2 mondig ver-klaren; 3 gelijke rechten geven.
émaner *on.w* 1 uitvloeien, uitstromen; 2 uit-gaan van, voortkomen uit, voortvloeien uit.
émarger *ov.w* 1 afsnijden, verkleinen v. d. rand; 2 een kanttekening maken; 3 voor ontvangst tekenen.
émasculation *v* castratie.
émasculer *ov.w* castreren.
embâcle *m* ijsdam in een rivier.

emballage *m* verpakking.
emballement *m* opwinding, drift.
emballer I *ov.w* 1 inpakken; 2 bezielen, meeslepen; 3 in de gevangenis zetten; 4 (*arg.*) een vuistslag geven. II s' ~ 1 op hol slaan; 2 opvliegen; 3 enthousiast worden.
emballeur *m* 1 pakker; 2 (*fam.*) bedrieger; 3 (*fam.*) opsnijder, snoever.
embarbouiller I *ov.w* 1 vuil maken; 2 in de war brengen. II s' ~ in de war raken.
embarcadère *m* 1 steiger (voor het insche-pen); 2 station van vertrek.
embarcation *v* kleine roeiboot, - stoomboot, klein zeilscheepje; *mettre les* —*s à la mer,* de boten uitzetten.
embardée *v* plotselinge zwenking van schip, auto, enz.
embargo *m* 1 embargo; 2 beslaglegging, ver-schijningsverbod van boeken, tijdschriften.
embarquement *m* inscheping.
embarquer I *ov.w* 1 inschepen, inladen; 2 aan boord krijgen (— *une lame*); 3 betrekken in. II *on.w* 1 aan boord gaan, in een wagen, een trein stappen; 2 op reis gaan; 3 over het dek slaan (*la mer embarque*). III s' ~ 1 zich inschepen, in een wagen of trein stappen; 2 zich wikkelen in (— *dans un procès*); *qui s'est embarqué, doit achever,* wie a heeft gezegd, moet ook b zeggen.
embarras *m* 1 versperring, hindernis; — *de voitures,* verkeersopstopping; *faire de l'*—, voornaam, gewichtig doen; 2 verlegenheid, verwarring, moeilijkheid; *l'*— *du choix,* moeilijke keus; — *gastrique,* maagstoornis; *se trouver dans l'*—, in geldnood zitten.
embarrassant *bn* 1 hinderlijk; 2 moeilijk.
embarrassé *bn* 1 verlegen; 2 in moeilijkheid, in geldverlegenheid; 3 zwaar (hoofd).
embarrasser I *ov.w* 1 versperren (— *une rue*); 2 hinderen; 3 in verlegenheid brengen; 4 in de bewegingen belemmeren (*habits, souliers qui embarrassent*). II s' ~ 1 ver-legen worden; 2 in verwarring raken; *s'* ~ *dans un discours,* de draad kwijt raken; 3 s' ~ *de,* zich bekommeren om.
embauch/age *m* 1 indienstneming, aanwer-ving van troepen; 2 opwekking tot desertie of tot overlopen naar de vijand. ~er *ov.w* 1 in dienst nemen; 2 vijandelijke soldaten tot overlopen trachten te bewegen. ~eur *I m,* -euse *v* persoon, die in dienst neemt. II *m* ronselaar, werver.
embaumement *m* balseming.
embaumer I *ov.w* 1 balsemen; 2 met heer-lijke geuren vullen (— *une chambre*). II *on.w* een heerlijke geur verspreiden.
embaumeur *m* iem. die balsemt.
embecquer *ov.w* jonge vogels voeren; — *l'hameçon,* het aas aan de haak slaan.
embéguiner I *ov.w* 1 een beginjenmuts op-zetten; 2 het hoofd op hol brengen. II s' ~ de gek, verliefd worden op.
embellie *v* kalmte na rukwind, tijdelijke op-klaring.
embellir I *ov.w* 1 verfraaien, mooier maken; 2 opsmukken, overdrijven (v. e. verhaal). II *on.w* mooier worden. III s' ~ mooier worden.
embellissement *m* 1 verfraaiing; 2 opsmuk-king v. e. verhaal.
emberlificoter *ov.w* (*pop.*) verwarren.
embesogné *bn* druk bezet.
embêtant *bn* (*fam.*) vervelend.
embêtement *m* (*fam.*) 1 verveling, onaange-naamheid; 2 moeilijkheid, verdriet.
embêter I *ov.w* (*pop.*) vervelen, plagen. II (*pop.*) s' ~ zich stom vervelen.
emblavage *m* het bezaaien met koren.
emblave *v* korenveld.
emblaver *ov.w* met koren bezaaien.
emblavure *v* korenveld.
emblée (d') *bw* in het begin, dadelijk; *prendre une ville d'*—, een stad stormenderhand [nemen]
emblématique *bn* zinnebeeldig.
emblème *m* 1 zinnebeeld; 2 kenteken.

embobiner *ov.w* 1 om een klos of spoel winden; 2 *(fam.)* inpalmen.

emboire I *ov.w onr.* besmeren, inwrijven met was of olie. II s'~ dof worden.

emboîtage *m* 1 het inpakken; 2 het in de band zetten v. e. boek; 3 losse band v. e. boek; 4 het uitjouwen v. e. toneelspeler of redenaar.

emboîter *ov.w* 1 inpakken; 2 in een band zetten; 3 ineenschuiven; — *le pas*, vlak achter elkaar lopen, iem. getrouw navolgen; 4 uitjouwen v. e. redenaar of toneelspeler.

embolie *v* embolie *(med.)*.

embonpoint *m* gezetheid; *prendre de l'—*, dik worden.

embosser (s') dwars gaan liggen v. e. schip.

embouche, **embauche** *v* vetweide.

embouch/er *ov.w* 1 aan de mond zetten (— *un instrument*); — *la trompette*, hoogdravend spreken; 2 iem. de woorden in de mond geven; 3 *être mal embouché*, vuile taal spreken, ruw in de mond zijn. ~**oir** *m* mondstuk v. e. muziekinstrument. ~**ure** *v* 1 mond van rivier; 2 mondstuk v. h. bit v. e. paard; 3 mondstuk v. e. muziekinstrument; 4 wijze, waarop men het blaasinstrument aan de mond zet,—waarop men blaast.

embouer *ov.w* met modder bevuilen.

embouquer *on.w* een zeeëngte binnenvaren.

embourber I *ov.w* 1 in de modder zetten, rijden (— *une voiture*); 2 iem. in een slechte zaak betrekken. II s'~ 1 in de modder blijven steken; 2 zich in moeilijkheden storten, zich vastwerken.

embourgeoiser (s') verburgerlijken.

embouteillage *m* 1 het bottelen; 2 blokkade v. e. haven; 3 verkeersopstopping.

embouteiller *ov.w* 1 bottelen; 2 blokkeren; 3 het verkeer versperren.

emboutir *ov.w* 1 uitkloppen (*cuivre embouti*); 2 met metaal bekleden; 3 met veel geweld aanrijden (— *une auto*).

emboutissage *m* het uitkloppen van metalen.

emboutissoir *m* hamer voor het uitkloppen van metalen.

embranchement *m* 1 vertakking; 2 kruispunt; 3 zijtak v. e. spoorweg; 4 hoofdafdeling v. e. wetenschap, -v. h. dierenrijk.

embrancher *ov.w* (wegen, buizen) samenvoegen.

embrasement *m* 1 hevige brand, vuurzee; 2 oproer.

embraser *ov.w* 1 in brand steken; 2 fel verlichten; 3 in vuur en vlam zetten; — *les cœurs*, de harten doen ontgloeien.

embrassade *v* omhelzing.

embrassement *m* omhelzing.

embrasser *ov.w* 1 omhelzen; 2 kussen; 3 omringen, omgeven; 4 omvatten; *qui trop embrasse, mal étreint (spr.w)*, men moet niet te veel hooi op zijn vork nemen; 5 kiezen, aangrijpen; — *l'occasion*, de gelegenheid aangrijpen; — *un parti*, partij kiezen.

embrasseur *m*, **-euse** *v* iem. die graag kust.

embrasure *v* 1 venster-, deuropening; 2 schietgat voor kanonnen.

embrayage *m* 1 koppeling; 2 koppelingsmechanisme.

embrayer *ov.w* koppelen.

embrayeur *m* koppelings(mechanisme).

embrigadement *m* 1 het verenigen tot brigades; 2 indeling.

embrigader *ov.w* 1 tot brigades verenigen; 2 indelen.

embrocher *ov.w* 1 aan het spit steken; 2 aan de degen rijgen.

embrouillamini *m* verwarring.

embrouillement *m* verwarring.

embrouiller I *ov.w* verwarren, verwarring stichten. II s'~ in de war raken, de kluts kwijt raken.

embroussaillé *bn* 1 vol struiken; 2 verward.

embrumer *ov.w* 1 in mist hullen; 2 somber, triest maken.

embrun *m* 1 nevelige lucht; 2 fijne spatten der golven.

embrunir *ov.w* 1 bruin maken; 2 donker maken, versomberen.

embry/ologie *v* leer der ontwikkeling en v. h. ontstaan der kiem. **-ologique** *bn* betrekking hebbend op de embryologie. **-on** *m* kiem, embryo. **-onnaire** *bn* betrekking hebbend op de kiem; *état —*, staat van wording.

embu I *bn* dof. II *zn m* doffe kleur.

embûche *v* hinderlaag; *tendre des —s*, hinderlagen leggen.

embuer I *ov.w* beslaan (— *une vitre*), met wasem bedekken. II s'~ beslaan.

embuscade *v* 1 hinderlaag; *dresser, mettre une —*, een hinderlaag leggen; *se mettre en —*, zich verdekt opstellen; 2 troep, die in hinderlaag ligt.

embusquer I *ov.w* in hinderlaag leggen. II s'~ 1 zich in hinderlaag leggen; 2 een ongevaarlijk baantje krijgen tijdens een oorlog.

éméché *(fam.)* aangeschoten.

émendation *v* tekstverbetering.

émender *ov.w* verbeteren (— *un texte*).

émeraude *v* 1 smaragd; 2 smaragdgroen (*vert d'—*).

émergence *v* 1 het opduiken; 2 uittreding v. e. lichtstraal; *point d'—*, punt van uittreding v. e. lichtstraal, punt, waar een bron ontspringt.

émergent *bn* uit het water opduikend, te voorschijn komend, uittredend (*rayons —s*).

émerger *on.w* 1 opduiken, uit het water te voorschijn komen, uitsteken boven (*le clocher émerge des arbres*); 2 ontspringen v. e. bron; 3 te voorschijn komen, duidelijk worden (*la vérité émerge*).

émeri *m* amaril, smergel; *bouchon à l'—*, geslepen stop; *toile d'—*, schuurlinnen.

émerillon *m* dwergvalk.

émerillonné *bn* vrolijk, levendig.

éméritat *m* emeritaat.

émérite *bn* 1 rustend; 2 zeer bekwaam.

émersion *v* het opduiken, het droogvallen van land.

émerveill/ement *m* verbazing. **~er** *ov.w* verbazen, verstomd doen staan.

émétique I *bn* wat doet braken (*poudre —*). II *zn m* braakmiddel.

émetteur I *zn m*, **-trice** *v* emittent(e). II *m* zender (radio). III *bn* uitzendend; *poste —, station —trice*, zendstation.

émettre *ov.w* 1 uitgeven, in omloop brengen; 2 uitstralen, uitzenden (— *des rayons*); 3 uiten, te kennen geven (— *une opinion*); — *un vœu*, een gelofte afleggen.

émeute *v* opstand, oproer, muiterij.

émeutier I *zn m*, **-ère** *v* opruier(ster), muiter. II *bn* opruiend.

émiett/ement *m* 1 verkruimeling; 2 verbrokkeling. **~er** *ov.w* 1 verkruimelen; 2 verbrokkelen. II s'~ 1 tot kruimels worden; 2 afbrokkelen.

émigrant I *zn m* landverhuizer, emigrant. II *bn* verhuizend, emigrerend.

émigration *v* 1 landverhuizing, emigratie 2 landverhuizers; 3 vogeltrek.

émigré *m*, **-e** *v* uitgewekene.

émigrer *ov.w* 1 zijn land voor goed verlaten, emigreren; 2 trekken van vogels.

émincé *m* in dunne plakjes gesneden vlees.

émincer *ov.w* in dunne plakjes snijden.

éminemment *bw* uitstekend, in de hoogste mate, voortreffelijk.

éminence *v* 1 hoogte; 2 voortreffelijkheid, uitstekendheid; 3 *E—*, Eminentie.

éminent *bn* 1 hoog, uitstekend (*lieu —*); 2 uitstekend, voortreffelijk.

éminentissime *bn* zeer verheven (van kardinalen).

émissaire I *zn m* 1 geheime bode; 2 afvoerkanaal. II *bn*: *le bouc —*, de zondebok.

émission *v* 1 uitgifte (van aandelen); 2 uitstraling (— *de chaleur*); 3 lozing (— *d'uri-*

ne); — *sanguine*, aderlating; 4 voortbrenging; — *de voix*, geluidgeving; 5 uitzending (radio); *poste d'—*, zendstation.

emmagasinage, emmagasinement *m* het opslaan van waren in een pakhuis.

emmagasiner *ov.w* 1 opslaan van waren in een pakhuis; 2 ophopen, verzamelen.

emmaillotement *m* inbakering.

emmailloter *ov.w* 1 inbakeren; 2 inwikkelen, strak inrijgen.

emmanch/er *ov.w* 1 een steel zetten aan; 2 op touw zetten. ~**ure** *v* armsgat.

emmêler I *ov.w* verwarren. II s'~ verward raken.

emménagement *m* het vervoeren en plaatsen van meubels in een nieuwe woning.

emménager I *on.w* zijn meubelen overbrengen naar een nieuwe woning. II *ov.w* installeren. III s'~ 1 een nieuwe woning inrichten; 2 meubels kopen.

emmener *ov.w* wegbrengen, wegvoeren, meenemen.

emmenotter *ov.w* de handboeien aandoen.

emmerder *ov.w* 1 bevuilen; 2 (*pop.*) treiteren, erg vervelen.

emmitonner *ov.w* 1 warm instoppen; 2 om de tuin leiden.

emmitoufler I *ov.w* warm instoppen. II s'~ zich warm instoppen.

emmurer *ov.w* (een stad) ommuren.

émoi *m* 1 ontroering; 2 onrust, zorg; *mettre en —*, in rep en roer brengen.

émollient I *bn* verzachtend. II *zn m* verzachtend middel (*med.*).

émolument *m* 1 voordeel, winst, bijkomende inkomsten; 2 ~**s** *mv* traktement.

émond/age, ~**ement** *m* het snoeien. ~**er** *ov.w* snoeien. ~**es** *v.mv* gesnoeide takken. ~**eur** *m* snoeier. ~**oir** *m* snoeimes.

émotif, -ive *bn* 1 wat gemoedsaandoeningen betreft; 2 gemakkelijk te ontroeren.

émotion *v* 1 ontroering, aandoening; 2 gisting, beroering.

émotionner I *ov.w* ontroeren. II s'~ ontroerd worden.

émotivité *v* gevoeligheid, het spoedig ontroerd zijn.

émott/age, ~**ement** *m* het breken der kluiten. ~**er** *ov.w* kluiten breken. ~**eur** *m*, -**euse** *v* kluitenbreker(-breekster).

émoucher *ov.w* vliegen wegjagen (— *un cheval*).

émoudre *ov.w onr.* slijpen op een slijpsteen.

émoulage *m* het slijpen op een slijpsteen.

émouleur *m* slijper.

émoulu *bn* geslepen; *se battre à fer —*, met scherpe wapens vechten; *frais —*, kersvers; *frais — de l'université*, pas van de universiteit af.

émousser *ov.w* 1 minder scherp, stomp maken; 2 afstompen, verzwakken.

émoustiller *ov.w* (*fam.*) opvrolijken.

émouvant *bn* ontroerend, aangrijpend.

émouvoir I *ov.w onr.* 1 bewegen, in beweging brengen, aanzetten; — *la bile à qn.*, iem. boos maken; *le vent émeut les flots*, de wind zweept de golven op; — *le pouls*, de pols versnellen; — *à la sédition*, aanzetten tot oproer; 2 ontroeren, aangrijpen. II s'~ 1 in beweging komen; 2 ontroerd, onrustig, opgewonden worden; *le peuple commence à s'—* het volk begint oproerig te worden.

empaill/age, ~**ement** *m* 1 het matten van stoelen; 2 het opzetten van dieren. ~**er** *ov.w* 1 (stoelen) matten; 2 (dieren) opzetten. ~**eur** *m*, -**euse** *v* opzetter(ster) van dieren.

empaler *ov.w* spietsen (lijfstraf).

empanacher *ov.w* met een pluim versieren.

empanner *ov.w* bijdraaien (*scheepv.*).

empaquetage *m* het inpakken.

empaqueter *ov.w* 1 inpakken; 2 (*pop.*) arresteren.

emparer (s') zich meester maken, bemachtigen.

empât/e *bn* 1 kleverig; 2 vet, pafferig, log; *langue empâtée*, dikke tong. ~**ement** *m* 1

---

kleverigheid; 2 pafferigheid, logheid. ~**er** *ov.w* 1 kleverig maken; 2 pafferig maken; 3 vetmesten (— *une poule*); 4 met deeg bestrijken of vullen; 5 verf opleggen in verschillende lagen.

empaumer *ov.w* 1 een bal met de palm v. d. hand of met een racket opvangen en terugslaan; 2 handig en flink aanpakken (— *une affaire*); 3 inpalmen.

empaumure *v* 1 palm v. e. handschoen; 2 kroon v. h. gewei v. e. hert.

empêchement *m* verhindering, beletsel.

empêcher I *ov.w* beletten, verhinderen; — *qn. de faire qc.*, iemand beletten, iets te doen; — *la vue*, het uitzicht belemmeren. II s'~ de nalaten; *il ne put s'— de rire*, hij kon niet nalaten te lachen.

empêcheur *m*, -**euse** *v* hij, zij die belet.

empeigne *v* het bovenleer van schoenen.

empeloter *ov.w* een kluwen maken van, opwinden (— *du fil*).

empennage *m* 1 stabilisatievlak van luchtschip of vliegtuig; 2 vleugel van vliegtuigbom.

empenner *ov.w* van veren voorzien.

empereur *m* 1 keizer; 2 zwaardvis.

emperler *ov.w* beparelen.

empesage *m* het stijven.

empesé *bn* 1 gesteven; 2 gemaakt.

empeser *ov.w* stijven (v. goed).

empeseur *m*, -**euse** *v* stijver(stijfster).

empester *ov.w* 1 besmetten met pest; 2 verpesten.

empêtrer I *ov.w* 1 de poten vastbinden; 2 (ver)wikkelen, betrekken (— *qn. dans une affaire*). II s'~ zich verwikkelen (— *dans une affaire*), verward raken.

emphase *v* 1 gezwollenheid, hoogdravendheid; 2 klem op een woord.

emphatique *bn* 1 gezwollen, hoogdravend; 2 met de klemtoon.

emphytéose *v* erfpacht.

empierrement *m* verharding v. e. weg.

empierrer *ov.w* verharden (v. e. weg).

empiétement *m* inbreuk.

empiéter I *ov.w* zich op onwettige wijze toeeigenen. II *on.w* (sur) inbreuk maken op, in iemands rechten treden; *la mer empiète sur les côtes*, de zee slaat stukken van de kust af.

empiffrer I *ov.w* (*pop.*) volproppen (met voedsel). II s'~ zich volproppen.

empilement, empilage *m* opstapeling.

empiler *ov.w* 1 opstapelen; 2 (*arg.*) bedriegen.

empileur *m* persoon, die opstapelt.

empire *m* 1 keizerrijk, rijk; *premier —*, keizerrijk van Napoleon I *second —*, keizerrijk van Napoleon III; 2 macht, heerschappij; *avoir de l'— sur ses passions*, zijn hartstochten weten te beheersen; *style —*, stijl uit het eerste keizerrijk.

empirer I *ov.w* erger maken. II *on.w* erger worden.

empirique *bn* empirisch.

empirisme *m* 1 ervaringsleer; 2 kwakzalverij.

empiriste *m* empirisch filosoof of arts.

emplacement *m* 1 bouwgrond; 2 plaats, waar een gebouw of stad vroeger stond.

emplâtre *m* 1 pleister; 2 sukkel; 3 (*pop.*) oorvijg.

emplette 1 inkoop; 2 het gekochte.

emplir *ov.w* 1 vullen; 2 vervullen (— *de joie*).

emploi *m* 1 gebruik; — *abusif*, misbruik; *faire double —*, nodeloos herhalen, dubbel boeken; 2 werk, bezigheid; *donner de l'— à qn.*, iem. werk verschaffen; 3 ambt, post.

employ/able *bn* bruikbaar. ~**é** *m*, -*e* *v* beambte, ambtenaar (ambtenares), bediende, loontrekkende. ~**er** *ov.w* 1 gebruiken, besteden; — *le vert et le sec*, alles in het werk stellen, om zijn doel te bereiken; 2 in dienst hebben; 3 iem. als kruiwagen gebruiken, zich van iem. bedienen. II s'~ zich bezighouden. ~**eur** *m*, -**euse** *v* werkgever(-geefster).

empocher *ov.w* 1 in de zak steken; 2 krijgen,

oplopen (— *des coups*).
empoignade *v* (*fam.*) heftige ruzie.
empoignant *bn* aangrijpend.
empoigne *v* 1 het grijpen; 2 greep; *acheter à la foire d'—*, gappen.
empoigner *ov.w* 1 grijpen, pakken; 2 arresteren; 3 boeien, aangrijpen.
empointer *ov.w* 1 rijgen; 2 (*pop.*) plagen.
empois *m* stijfselpap.
empoisonnement *m* vergiftiging.
empoisonner *ov.w* 1 vergiftigen (ook *fig.*); *cette odeur empoisonne toute la chambre*, die lucht verpest de hele kamer; 2 bederven; 3 slecht eten geven.
empoisonneur *I zn m*, *-euse v* 1 giftmenger (-mengster); 2 (zeden)bederver(-bederfster); 3 slechte kok. II *bn* vergiftigend.
empoisser *ov.w* met pek besmeren.
empoissonnement *m* het uitzetten van vis.
empoissonner *ov.w* vis uitzetten in.
emporté *bn* driftig, opvliegend.
emportement *m* drift, opvliegendheid; *les —s de la jeunesse*, de jeugdige uitspattingen.
emporte-pièce *m* ponsmachine; *à l'—*, bijtend, raak, scherp.
emporter *I ov.w* 1 wegnemen, meenemen, wegdragen, wegvoeren; *ce liquide emporte les taches*, die vloeistof verwijdert vlekken; *ce remède emporte la fièvre*, dat geneesmiddel verdrijft de koorts; 2 veroveren; 3 doen sterven, wegrukken (*une grave maladie l'a emporté*); 4 meesleuren (*une passion qui emporte qn.*); *être emporté par les vagues*); 5 behalen (*— un avantage*); *I'— sur*, het winnen van, overtreffen. II *s'—* 1 driftig worden; 2 op hol slaan v. e. paard.
empotage, empotement *m* het plaatsen in potten, het inmaken in potten.
empoter *ov.w* in potten plaatsen (van planten), inmaken.
empourprer *ov.w* purper, vuurrood kleuren.
empoussiérer *ov.w* bedekken met stof.
empreindre *ov.w onr.* drukken in, prenten in, afdrukken.
empreinte *v* 1 indruk, afdruk; *— digitale*, vingerafdruk; 2 teken, kenmerk, stempel.
empressé *bn* 1 druk bezig, haastig, bedrijvig; 2 gedienstig, galant; *agréez mes civilités —es*, hoogachtend.
empressement *m* 1 ijver, werkzaamheid; 2 gedienstigheid, bereidwilligheid.
empresser (*s'*) 1 zich haasten; 2 zich bejiveren; *s'— auprès de qn.*, naar iemands gunst dingen.
emprise *v* 1 beslaglegging; 2 invloed, vat.
emprisonnement *m* gevangenneming, -schap, gevangenisstraf.
emprisonner *ov.w* gevangen nemen, in de gevangenis zetten, opsluiten.
emprunt *m* 1 lening; *nom d'—*, schuilnaam; *vertu d'—*, schijndeugd; 2 het geleende; 3 ontlening.
emprunté *bn* 1 geleend; *nom —*, valse naam; 2 gemaakt, aanstellerig; *manières —es*, aanstellerige manieren; *visage —*, gelegenheidsgezicht; 3 verlegen; 4 ontleend.
emprunter *ov.w* 1 ~ à lenen van; 2 ~ à (de) ontlenen aan; 3 ontvangen, krijgen (*la lune emprunte sa lumière du soleil*); 4 zich bedienen van, gebruik maken van; *— le bras de qn.*, gebruik maken van iemands hulp; 5 aannemen (*— le masque de la vertu*).
emprunteur *m*, *-euse v* 1 lener(leenster); 2 iem. die graag leent.
empuantir *ov.w* verpesten.
empyrée *I zn m* 1 hoogste hemel. II *bn*: *le ciel —*, de zevende hemel.
émulation *v* wedijver.
émule *I m* of *v* mededinger(dingster). II *bn* mededingend.
émuls/if, -ive I *bn* oliegevend (*pl.k.*). II *zn m* oliehoudend zaad. ~*ion v* emulsie. ~*ionner* *ov.w* tot emulsie maken.
en *I vz* 1 aan; *en tête*, aan het hoofd; 2 al; *— forgeant on devient forgeron*, al doende

leert men; 3 als een: *agir — héros*, als een held handelen; 4 in: *— deux ans*, in twee jaar: *— France*, in Frankrijk; *— 1900*, in 1900; *— plein champ*, in het open veld; *diner — ville*, buitenshuis eten; 5 met: *bordé — or*, met goud afgezet; 6 naar: *aller — France*, naar Frankrijk gaan; 7 op; *— sabots*, op klompen; 8 over; *d'aujourd'hui en quinze*, over veertien dagen; 9 te; *venir —aide*, te hulp komen; 10 tot; *de mal — pis*, van kwaad tot erger; 11 van; *montre — or*, horloge van goud, gouden horloge. II *vnw* ervan, erover, enz.; *c'— est assez*, dat is genoeg; *il n'— croyait pas ses yeux*, hij geloofde zijn ogen niet; *il s'— faut de beaucoup*, het scheelt veel; *je m'— tiens à ce que j'ai dit*, ik houd me aan hetgeen ik gezegd heb; *je vous — prie*, als 't u belieft; *où — sommes-nous?*, waar zijn we gebleven?; *— vouloir à*, boos zijn, kwalijk nemen. III *bw* ervandaan, weg; *il — vient hij komt tot erger*; *s'— aller*, weggaan; *— venir aux injures*, elkaar gaan uitschelden.
enamourer *I ov.w* verliefd maken. II *s'~* verliefd worden.
encablure *v* kabellengte (*scheepv.*).
encadr/ement *m* 1 het om-, inlijsten; 2 omlijsting, lijst; 3 encadrering (*mil.*). ~*er ov.w* 1 in-, omlijsten; 2 omringen, omgeven; 3 in het leger opnemen, encadreren (*mil.*). ~*eur m* lijstenmaker.
encager *ov.w* 1 in een kooi opsluiten; 2 gevangen zetten.
encaissable *bn* invorderbaar.
encaissage *m* het in bakken plaatsen van planten.
encaisse *v* kasgeld.
encaissé *bn* met hoge oevers, met hoge bermen; *chemin —*, holle weg; *ville —e*, door hoogten omgeven stad.
encaissement *m* 1 inning; 2 het in bakken plaatsen van planten.
encaisser *ov.w* 1 in een kist pakken; 2 innen; 3 krijgen, ontvangen (*— un soufflet*).
encaisseur *m* wisselloper, incasseerder.
encan *m* veiling bij opbod (*vendre à l'—*)
encanailler (*s'*) zich met schooiers, met gemeen volk afgeven.
encapuchonner *ov.w* met een kap bedekken.
encaquement *m* het haringkaken.
encaquer *ov.w* haring kaken.
encaqueur *m*, *-euse v* haringkaker(-kaakster).
encarrer *on.w* (*fam.*) binnenkomen.
encartage *m* 1 bijgevoegd blad; 2 het tussenvoegen van een blad.
encarter, encartonner *ov.w* 1 een blad tussenvoegen; 2 op een kaart bevestigen (*des boutons, des épingles*).
en-cas, encas *m* 1 iets, dat van tevoren is klaargemaakt voor geval van nood (vooral van spijzen); 2 lichte maaltijd; 3 grote parasol, die ook als paraplu kan dienen.
encaserner *ov.w* in een kazerne onderbrengen.
encastrement *m* keep, sponning.
encastrer *ov.w* invatten.
encaustique *v* boenwas, wrijfwas.
encaustiquer *ov.w* met boenwas in wrijven
encavement *m* het kelderen van wijn.
encaver *ov.w* wijn kelderen.
enceindre *ov.w onr.* omringen.
enceinte *v* ringmuur, omheining, omwalling
encens *m* 1 wierook; 2 (grote) lof. ~*ement m* bewieroking. ~*er ov.w* 1 bewieroken; 2 erg vleien. ~*eur m* vleier, iem. die lof toezwaait. ~*oir m* wierookvat; *donner de l'— à qn.*, *casser à qn. l'— sur le nez*, iem. erg vleien
encéphalique *bn* de hersens betreffend.
encéphalite *v* hersenontsteking.
encercl/ement *m* omsingeling. ~*er ov.w* 1 met een hoepel omgeven; 2 omsingelen.
enchaînement *m* 1 het ketenen; 2 aaneenschakeling, verband (*l'— des idées*).
enchaîner *ov.w* 1 ketenen; 2 bedwingen (*— la*

fureur); 3 winnen (— *les cœurs*); 4 kluisteren, doen bevriezen (— *une rivière*), onbeweeglijk maken, binden (— *la langue*); 5 aaneenschakelen, logisch op elkaar laten volgen (— *des idées*); 6 snel antwoorden.

enchanté *bn* 1 verrukt, aangenaam; 2 betoverd; *la flûte —e*, de toverfluit; 3 verrukkelijk, betoverend; *jardin —*, lusthof.

enchant/ement *m* 1 betovering; 2 bekoring; 3 iets verrukkelijks, verrukking. ~er *ov.w* 1 betoveren; 2 bekoren, in verrukking brengen. ~eur I *zn m*, -eresse *v* tovenaar(tovenares). II ~, -eresse *bn* bekoorlijk, verrukkelijk.

enchâsser *ov.w* 1 in een reliekschrijn zetten; 2 vatten (— *un diamant*); 3 inlassen.

enchâssure *v* vatting, montuur.

enchatonner *ov.w* (een edelsteen) zetten.

enchausser *ov.w* met stro afdekken.

enchemiser *ov.w* inkaften (— *un livre*).

enchère *v* opbod; *folle —*, rouwkoop; *mettre, vendre aux —s*, bij opbod verkopen; *mise aux —s*, openbare verkoping.

enchér/ir I *ov.w* 1 het bod verhogen (— *une maison*); 2 duurder maken. II *on.w* 1 duurder worden; 2 — *sur*, hoger bieden, (*fig.*) overtreffen. ~issement *m* prijsverhoging. ~isseur *m* opbieder; *le dernier et plus offrant —*, de hoogste en laatste bieder; *fol —*, iem. die een dwaas opbod doet.

enchevalement *m* het stutten v. e. huis enz.

enchevêtrement *m* verwarring.

enchevêtrer *ov.w* 1 een halster omdoen; 2 verwarren, vermengen.

encirer *ov.w* met was inwrijven.

enclave *v* enclave.

enclaver *ov.w* 1 insluiten; 2 met bouten of spieën vastmaken; 3 inmetselen.

enclencher *ov.w* koppelen.

enclin (à) *bn* geneigd tot.

enclore *ov.w onr.* omheinen, omgeven.

enclos *m* omheinde ruimte, erf.

enclouage *m* het vernagelen v. e. kanon.

enclouer *ov.w* vernagelen.

enclume *v* aambeeld; *se trouver entre l'— et le marteau*, tussen twee vuren zitten; *remettre un ouvrage sur l'—*, een werk omwerken; *il a le cœur dur comme une —*, hij heeft een hart van steen.

encoche *v* 1 insnijding, keep; 2 werkbank van klompenmaker.

encochement *m* het inkepen.

encocher *ov.w* inkepen.

encoffrer *ov.w* opbergen in een kist, geldkist.

encoignure *v* 1 hoek; 2 hoekkast, hoekmeubel.

encollage *m* 1 het lijmen; 2 lijm, stijfsel, pap.

encoller *ov.w* met lijm, gom, pap insmeren.

encolleur I *m*, -euse *v* plakker(-ster). II -euse *v* plakmachine.

encolure *v* 1 hals v. e. paard; 2 halswijdte; 3 uiterlijk, voorkomen.

encombrant *bn* 1 in de weg staand; 2 hinderlijk, vervelend.

encombre *m* hindernis, beletsel; *sans —*, zonder ongelukken. [versperring.

encombrement *m* belemmering, (verkeers)-

encombrer *ov.w* belemmeren, versperren.

encontre (à l'~): *aller à l'— de qn.*, tegen iemand ingaan, iem. tegenwerken; *à l'— de*, in tegenstelling met.

encorder (s') *zich tegelijk met andere bergbeklimmers vastbinden aan een touw.*

encore I *bw* 1 nog; 2 nogeens, alweer; 3 ook; *non seulement … mais encore*, niet alleen…, maar ook; 4 dan en dan; *ce n'est cher, encore est-il mauvais*, die wijn is duur en dan is hij nog slecht ook (op de koop toe); 5 *encore … si*, als … tenminste. II ~*que* *vw* (met *subj.*) hoewel, ofschoon.

encorner *ov.w* met de horens stoten.

encourageant *bn* be-, aanmoedigend.

encouragement *m* be-, aanmoediging.

encourager *ov.w* 1 aanmoedigen; 2 bevorderen.

encourir *ov.w onr.* zich op de hals halen.

encrassement *m* 1 het vuil worden; 2 het vuil maken; 3 vuil.

encrasser I *ov.w* vuil maken. II *s'* ~ 1 zich vuil maken; 2 zich encanailleren.

encre *v* inkt; *c'est la bouteille à l'—*, dat is een duistere zaak; — *de Chine*, oostindische inkt; *écrire de bonne — à qn.*, iem. een brief op poten schrijven; — *d'imprimerie*, drukinkt; *noir comme l'—*, pikzwart; — *sympathique*, onzichtbare inkt.

encr/er *ov.w* met inkt insmeren. ~eur *bn: rouleau —*, inktrol. ~ier *m* inktkoker.

encroûté *bn* 1 met een korst bedekt; 2 met mortel bestreken; 3 vol (van).

encroûtement *m* 1 aankorsting; 2 bestrijking met mortel; 3 verstomping van verstand.

encroûter I *ov.w* 1 met een korst bedekken; 2 met mortel bestrijken. II *s'* ~ 1 een korst krijgen; 2 dom worden, er achterlijke of domme gewoontes of meningen op na gaan houden.

encuvage, encuvement *m* het in een kuip doen.

encuver *ov.w* in een kuip doen.

encyclique *v* encycliek, zendbrief.

encyclopédie *v* encyclopedie; — *vivante*, veelweter.

encyclopédique *bn* alle wetenschappen omvattend (*esprit —*).

encyclopédiste *m* 1 medewerker aan een encyclopedie; 2 medewerker aan de 18e eeuwse Fr. Encyclopédie.

endaubage *m* 1 het smoren; 2 vlees in blik.

endauber *ov.w* smoren.

endémie *v* inheemse ziekte.

endémique *bn* eigen aan een bepaalde streek (van ziekten).

endenté *bn* met tanden; *homme bien —*, iemand met een goede eetlust.

endettement *m* het schulden maken.

endetter I *ov.w* in schulden steken. II *s'* ~ schulden maken.

endeuiller *ov.w* in rouw dompelen.

endêver *ov.w* (*fam.*) zich ergeren; *faire —*, pesten.

endiablé *bn* 1 van de duivel bezeten; 2 dol, razend, wild (*musique —g*); *être — de*, verzot zijn op.

endiabler *on.w* (*fam.*) razen, woedend zijn.

endiamanté *bn* met diamanten bezet.

endiguement *m*, **endigage** *m* indijking.

endiguer *ov.w* indijken.

endimancher I *ov.w* zondagse, feestelijke kleren aantrekken. II *s'* ~ zijn zondagse, feestelijke kleren aantrekken.

endive *v* 1 andijvie; 2 (*mv*) brussels lof.

endivisionner *ov.w* 1 tot divisies verenigen; 2 aan een divisie toevoegen.

endoctriner *ov.w* onderrichten, tot zijn leer of partij bekeren, overhalen.

endolorir *ov.w* pijn doen.

endolorissement *m* pijn, pijnlijkheid.

endommager *ov.w* beschadigen.

endormant *bn* 1 slaapverwekkend; 2 vervelend.

endormeur *m*, -euse *v* 1 stom vervelend mens; 2 bedrieger(ster).

endormi *bn* 1 ingeslapen; 2 suf, loom.

endormir I *ov.w onr.* 1 in slaap maken; 2 paaien, bedriegen door valse voorspiegelingen; 3 verdoven, doen bedaren; 4 stom vervelen, doen bedaren. II *s'* ~ inslapen (ook *fig.*).

endos, endossement *m* endossement.

endosser *ov.w* 1 aantrekken; 2 endosseren, overdragen; 3 een ronde rug geven aan een boek; 4 op zich nemen.

endosseur *m* endossant (van wissel).

endroit *m* 1 plek, plaats; *à l'— de*, ten opzichte van; *par son bel —*, van zijn goede zijde; *de bon —*, uit goede bron; *par —s*, hier en daar; *le petit —*, een zekere plaats; 2 woonplaats; 3 rechte zijde v. e. stof.

enduire *ov.w onr.* insmeren, bestrijken.

enduit *m* 1 smeersel, olie, zalf; 2 pleisterlaag.

endurance *v* uithoudingsvermogen, taaiheid.

endurant *bn* geduldig, lijdzaam.

endurc/i *bn* 1 verstokt (*pécheur* —); 2 ingeworteld (*haine* —*e*); 3 ongevoelig. **~ir** I *ov.w* 1 hard maken; 2 harden, gehard maken; 3 ongevoelig maken. II s'~ 1 hard worden; 2 gehard worden; 3 zich wennen aan. **~issement** *m* 1 harding; 2 verharding, verstoktheid; 3 ongevoeligheid.

endurer *ov.w* verduren, verdragen, lijden.

énergétique *bn* wat kracht betreft.

énergie *v* 1 kracht; 2 geestkracht, wilskracht; 3 arbeidsvermogen.

énergique *bn* 1 krachtig; 2 wilskrachtig.

énergumène *m of v* 1 bezetene; 2 dolleman, woesteling; 3 dweper.

énerv/ant *bn* 1 verslappend, uitputtend (*chaleur* —); 2 vervelend. **~ation** *v* verslapping, uitputting. **~é** *bn* slap, uitgeput, moe. **~ement** *m* 1 verslapping; 2 verveling; 3 zenuwafmatting. **~er** *ov.w* 1 verslappen, verzwakken, de zenuwen afmatten; 2 prikkelen.

enfaîtement *m* nokbedekking.

enfaîter *ov.w* 1 de nok v. e. dak met pannen of lood dekken; 2 tot de rand vullen.

enfance *v* 1 kindsheid (tot ongeveer 12 jaar); *dès sa tendre* —, van kindsbeen af; 2 de kinderen; 3 kindsheid van oude mensen; *tomber en* —, kinds worden; 4 kinderachtigheid (*faire des* —*s*).

enfant I *zn m of v* 1 kind; — *adoptif*, aangenomen kind; — *de l'amour*, onecht kind; — *d'Apollon*, dichter; — *de la balle*, iem. die van kind af in het bedrijf is geweest; *vous êtes bien bon* — *de*, u bent wel erg onnozel om te; *faire l'*—, kinderachtig doen; *ne faites pas l'*—!, doe niet zo onnozel; — *de Mars*, krijger; — *de Paris*, geboren Parijzenaar; *c'est l'*— *son père*, het is sprekend zijn vader; *l'*— *prodigue*, de verloren zoon; — *terrible*, kind, persoon dat (die) zijn ouders of anderen compromitteert, door er allerlei dingen uit te flappen, die niet verteld mochten worden; 2 afstammeling (*les* — *s d'Adam*); 3 gevolg (*la paresse est l'*— *du luxe*). II *bn*: il est bien —, hij is erg kinderachtig.

enfantement *m* 1 baring, bevalling; 2 voortbrenging (— *d'un ouvrage*).

enfanter *ov.w* 1 baren; 2 voortbrengen, (een plan) maken.

enfantillage *m* 1 kinderachtigheid; 2 beuzelarij.

enfantin *bn* 1 kinderlijk; 2 kinderachtig.

enfariner *ov.w* met meel bestrooien; *gueule, bouche enfarinée*, goedgelovigheid, misplaatst vertrouwen.

enfer I *m* 1 hel; *aller, mener un train d'*—, met een razende vaart rijden; *jouer un jeu d'*—, zeer grof spelen; *métier d'*—, hondebaantje; *les peines de l'*—, de helse smarten; 2 de duivels; 3 hevige smart; *avoir l'*— *dans le cœur*, door berouw gefolterd worden. II ~s *mv* onderwereld.

enfermé *m* muffe lucht; *sentir l'*—, muf ruiken.

enfermer *ov.w* 1 opsluiten, wegsluiten; 2 in een gevangenis, in een gekkenhuis sluiten; 3 omringen; 4 bevatten.

enferrer I *ov.w* met een degen doorboren. II s'~ 1 zich in een zwaard storten; 2 zich vastpraten.

enfieller *ov.w* 1 vergallen; 2 verbitteren.

enfièvrement *m* koortsachtigheid.

enfiévrer *ov.w* 1 koortsig maken; 2 sterk opwinden, overprikkelen.

enfilade *v* 1 rij, reeks; *chambres en* —, in elkaar lopende kamers; 2 lengtevuur.

enfilage *m* het enfileren beschieten.

enfilée *v* = enfilade

enfiler *ov.w* 1 een draad in een naald steken, een draad door kralen halen; — *des perles*, parels rijgen, zijn tijd verknoeien; 2 inslaan (v. e. weg); 3 met een degen doorsteken; 4 enfilerend vuur geven.

enfleur *m*, **-euse** *v* aanrijger(ster).

enfin *bw* 1 eindelijk; 2 kortom.

enflammé *bn* 1 brandend, vlammend (ook *fig.* — *de colère*); 2 ontstoken (van wond).

enflammer I *ov.w* 1 in brand steken, doen ontbranden; 2 verhitten (— *le sang*); 3 doen ontsteken (— *une plaie*); 4 aanvuren, doen ontbranden (— *la colère*), bezielen; 5 ergeren, boos maken. II s'~ 1 ontbranden, vlam vatten; 2 ontsteken in liefde enz.

enflé *bn* 1 gezwollen; 2 ijdel, trots.

enfler I *ov.w* 1 doen zwellen (— *une rivière*), opblazen (*un ballon*), vullen; — *sa voix*, zijn stem uitzetten; 2 vergroten, vermeerderen; — *le courage*, de moed aanwakkeren; — *un compte*, een rekening opvoeren; 3 overdrijven, aandikken (— *un récit*). II s'~ 1 zwellen (*les voiles s'enflent*), groter worden; 2 hoogmoedig worden.

enfleurer *ov.w* de geur van bloemen geven.

enflure *v* 1 opzwelling; 2 gezwollenheid, hoogmoed.

enfoncé *bn* diepliggend (*yeux* —*s*), diep, hol.

enfoncement *m* 1 het inslaan (— *d'un clou*), het openbreken, intrappen; 2 diepte, holte, bocht; 3 achtergrond van schilderij.

enfoncer I *ov.w* 1 inslaan, openbreken, intrappen; — *son chapeau sur la tête*, zijn hoed diep in de ogen zetten; 2 indrijven (— *les éperons*), indrukken; 3 doorbreken (*mil.*); 4 inprenten. II *on.w* zinken, zakken; *se laisser* —, zich laten overbluffen. III s'~ 1 zinken, zakken; *s'*— *dans les livres*, zich in de boeken verdiepen; 2 zich te gronde richten.

enfonçure *v* deuk, holte.

enfouir *ov.w* 1 in de grond stoppen, begraven; 2 verbergen.

enfouissement *m* begraving, bedelving.

enfouisseur *m* (schat)begraver.

enfourcher *ov.w* 1 schrijlings (op een paard) gaan zitten; — *sa bécane*, op zijn fiets stappen; — *son dada*, zijn stokpaardje berijden; 2 op een hooivork steken.

enfourchure *v* 1 kruis v. e. broek; 2 gaffel v. e. stam.

enfourner *ov.w* 1 in de oven stoppen; 2 aanpakken (— *une affaire*).

enfourneur *m* iem. die in de oven stopt (inschieter).

enfreindre *ov.w onr.* overtreden.

enfuir (s') *onr.w* 1 (ont)vluchten; 2 voorbijgaan, vlieden; 3 lekken, ontvloeien, verkoken.

enfumer *ov.w* 1 met rook vullen; 2 zwart maken met rook, bewalmen; 3 door rook verdrijven (— *des abeilles*).

enfûtage *m* het fusten.

enfûtailler *ov.w* fusten.

engagé *m* vrijwilliger.

engageant *bn* vriendelijk, innemend.

engagement *m* 1 verbintenis, verplichting; *faire face, honneur à ses* —*s*, zijn verplichtingen nakomen; 2 verloving; 3 verpanding; 4 vrijwillige dienstneming als soldaat; 5 mil. schermutseling.

engager I *ov.w* 1 verpanden; 2 verbinden, verplichten; 3 in dienst nemen; 4 — *à*, uitnodigen om te; 5 verwikkelen, brengen in; 6 aangaan, beginnen; — *le feu*, het vuur openen; *ses capitaux*, zijn kapitaal in een zaak steken; 7 overhalen, doen besluiten. II s'~ 1 zich verbinden, zich verplichten; 2 dienst nemen; 3 zich begeven; *s'*— *dans un sentier*, een pad inslaan.

engainer *ov.w* 1 in de schede steken; 2 als een schede omvatten (*pl.k.*).

engamer *on.w* de haak inslikken (van vissen).

engazon/nement *m* het bedekken, bezaaien met gras. **~ner** *ov.w* met gras bezaaien, -bedekken.

engeance *v* 1 ras; 2 gespuis, tuig.

engeancer (de) *ov.w* opschepen (met).

engelure *v* kloof; —*s aux mains*, winterhanden; —*s aux pieds*, wintervoeten.

engendrement *m* verwekking.

engendrer *ov.w* 1 verwekken; 2 voortbrengen, ten gevolge hebben.

engerbage *m* 1 het tot schoven binden; 2 het opstapelen van vaten.

engerber *ov.w* 1 tot schoven binden; 2 opstapelen van vaten.

engin *m* toestel, apparaat, instrument, werktuig; —*s de guerre*, oorlogstuig; — *blindé*, pantserwagen; — *spécial* geleid projectiel.

englober *ov.w* 1 verenigen; 2 omvatten.

engloutir *ov.w* 1 verzwelgen; 2 verspillen.

engloutissement *m* verzwelging.

engluer *ov.w* 1 met lijm insmeren; 2 met een lijmstok vangen; 3 lijmen (*fig.*).

engommer *ov.w* gommen.

engorgement *m* verstopping (ook *med.*).

engorger *ov.w* verstoppen.

engouement *m* 1 verstopping (*med.*); 2 overlading der maag; 3 overdreven bewondering.

engouer I *ov.w* verstoppen, verstikken. II s'— de weglopen met.

engouffrer *ov.w* in een afgrond storten, verzwelgen.

engouler *ov.w* (*pop.*) opslokken.

engourdir *ov.w* verstijven.

engourdissement *m* 1 verdoving, verstijving; 2 traagheid v. d. geest.

engrain *m* zaaikoren.

engrainer *ov.w* = engrener.

engrais *m* 1 mest; — *chimique*, kunstmest; 2 vetweide. —*sement*, —*sage m* 1 het vetmesten; 2 het vet worden. —*ser* I *ov.w* 1 vetmesten; 2 mesten; 3 met vet besmeuren; 4 verrijken. II *on.w* dik worden. —*seur m* vetweider.

engrangement *m* het in de schuur brengen.

engranger *ov.w* in de schuur brengen.

engravement *m* 1 het vastzitten v. e. boot; 2 verzanding v. e. haven.

engraver *ov.w* 1 (een schip) op het droge zetten; 2 met grint bedekken.

engrenage *m* raderwerk, kamraderen; *c'est un* —, daar kom je niet uit.

engrènement *m* 1 het met koren voorzien v. e. molen; 2 het vetmesten door middel van graan.

engrener *ov.w* 1 de molen voorzien van graan; 2 vetmesten met graan; 3 aan het rollen brengen (— *une affaire*); *qui bien engrène, bien finit* (spr.w), een goed begin is het halve werk; 4 schoven in een dorsmachine doen.

engrenure *v* 1 het in elkaar grijpen van twee kamraderen; 2 schedelnaad.

engueulement *m*, **engueulade** *v* (*pop.*) het uitschelden.

engueuler *ov.w* (*pop.*) uitschelden, afsnauwen.

enguignonné *m* pech hebbend.

enguirlander *ov.w* 1 omkransen; 2 (*fam.*) met mooie woorden om de tuin leiden; 3 uitschelden, afsnauwen.

enhardir *ov.w* stoutmoedig maken.

enharnacher *ov.w* 1 (een paard) optuigen, 2 toetakelen.

enherber *ov.w* tot grasland maken, met gras bezaaien.

énigm/atique *bn* raadselachtig. —*e v* raadsel; *le mot de l'*—, de oplossing.

enivrant *bn* 1 bedwelmend; 2 verleidelijk.

enivrement *m* 1 het zich bedrinken; 2 dronkenschap; 3 bedwelming, opgewondenheid.

enivrer I *ov.w* 1 dronken maken; 2 bedwelmen. II s'— zich bedrinken.

enjambée *v* grote stap.

enjambement *m* enjambement.

enjamber I *ov.w* stappen over (— *un fossé*). II *on.w* 1 met grote passen lopen; 2 zich een gedeelte toeëigenen van eens anders grond (— *sur le champ d'un voisin*); 3 doorlopen v. e. vers in het volgende.

enjaveler *ov.w* (*le blé*) op hopen leggen.

enjeu [*mv* x] *m* inzet.

enjoindre *ov.w onr.* bevelen.

enjôler *ov.w* paaien, inpalmen.

enjôleur *m*, -euse *v* mooiprater(-praatster)

enjolivement *m* verfraaiing.

enjoliver *ov.w* 1 verfraaien; 2 opsmukken.

enjolivure *v* klein versiersel.

enjoué *bn* opgeruimd.

enjouement *m* opgeruimdheid.

enjuguer *ov.w* een juk opleggen.

enlacement *m* ineenvlechting.

enlacer *ov.w* 1 ineenvlechten; 2 — *qn. dans ses bras*, iem. omhelzen.

enlaidir I *ov.w* lelijk maken. II *on.w* lelijk worden.

enlaidissement *m* verlelijking.

enlèvement *m* 1 het wegnemen; 2 schaking

enlever *ov.w* 1 wegnemen, -halen, -voeren; 2 schaken; 3 wegmaken (— *une tache*); 4 tot geestdrift brengen, pakken (— *l'auditoire*); 5 stelen; 6 overrompelen (— *un poste*); 7 optillen, opheffen, oplichten; 8 wegrukken (door ziekte); 9 vlug afdoen, vlot spelen; 10 (*pop.*) beknorren.

enlevure *v* reliëf van beeldhouwwerk.

enligner *ov.w* op één lijn plaatsen.

enliser (s') wegzakken in drijfzand, vast komen te zitten (b.v. van auto).

enluminer *ov.w* 1 kleuren; 2 versieren met gekleurde tekeningen; 3 vuurrood maken.

enlumineur *m* verluchter van handschriften.

enluminure *v* 1 verluchting; 2 gekleurde prent; 3 hoogrode kleur; 4 bombast.

enneigement *m* besneeuwing.

enneiger *ov.w* be-, insneeuwen.

ennemi I *zn m*, -e *v* vijand(in); — *mortel*, doodsvijand. II *bn* vijandig, vijandelijk; *couleurs* —*es*, niet bij elkaar passende kleuren; *vent* —, tegenwind.

ennoblir *ov.w* veredelen.

ennoblissement *m* veredeling.

ennuager (s') bewolkt worden.

ennui I *m* verveling. II —*s mv* verdriet, zorgen.

ennuy/ant *bn* vervelend. —*er* I *ov.w* 1 vervelen; 2 lastig vallen. II s'— zich vervelen; *s'— de*, verlangen naar. —*eusement bw* vervelend, lastig. —*eux*, -euse *bn* vervelend, lastig.

énoncé *m* inhoud, uiteenzetting, vermelding.

énonc/er *ov.w* uiteenzetten, uitdrukken, vermelden. —*iatif*, -ive *bn* verklarend. —*iation v* vermelding, verklaring.

enorgueillir I *ov.w* trots, hoogmoedig maken. II s'— de trots zijn op.

énorm/e *bn* geweldig, ontzaglijk, —*ement bw* buitengewoon, uitermate. —*ité v* 1 geweldigheid, ontzaglijkheid; 2 stommiteit.

enquérir (s') *onr.* onderzoeken.

enquête *v* onderzoek; — *judiciaire*, getuigenverhoor.

enquêter *ov.w* een onderzoek instellen.

enquêteur *m*, -euse *v* 1 onderzoeker(-ster); 2 armenbezoeker(-ster).

enquinauder *ov.w* (*pop.*) beduvelen.

enquiquiner *ov.w* (*fam.*) plagen, pesten.

enracinement *m* het wortel schieten.

enraciner I *ov.w* wortel doen schieten. II s'— wortel schieten.

enragé I *bn* 1 dol (*chien* —); 2 dol, razend, woedend; *être* — *de*, dol, verzot zijn op. II *zn m* bezetene, dolleman.

enrageant *bn* om dol te worden.

enrager *on.w* woedend zijn; *j'enrage*, 't is om dol te worden; *faire* — *qn.*, iem. razend maken.

enraiement, enrayement *m* remming.

enrayage *m* het zetten van spaken.

enrayer *ov.w* 1 spaken zetten in; 2 remmen; 3 stuiten (— *une maladie*); 4 de eerste vore

enrayoir *m* reminrichting. [ploegen,

enrayure *v* 1 eerste vore; 2 remketting, -schoen.

enrégimenter *ov.w* 1 tot een regiment vormen; 2 bij een regiment indelen; 3 aanwerven voor een partij.

enregistrement *m* 1 inschrijving; 2 aangifte van bagage; 3 registratie; 4 opname (film, grammofoon).

enregistrer *ov.w* 1 inschrijven; *faire — ses bagages*, zijn bagage aangeven; 2 opnemen (grammofoonplaten, film).

enregistreur, -euse *bn* optekenend; *catsse —euse*, kasregister.

enrhumer I *ov.w* verkouden maken. II s'~ verkouden worden.

enrichi I *bn* (sinds korte tijd) rijk geworden. II *zn m* nieuwe rijke.

enrichir I *ov.w* 1 rijk maken, verrijken; 2 versieren. II s'~ rijk worden.

enrichissement *m* 1 verrijking; 2 sieraad.

enrôlement *m* dienstneming.

enrôler I *ov.w* 1 aanwerven van soldaten; 2 in dienst nemen; 3 werven voor een partij. II s'~ 1 in mil. dienst treden; 2 zich aansluiten bij een partij.

enroué *bn* hees, schor.

enrouement *m* heesheid, schorheid.

enrouer I *ov.w* hees, schor maken. II s'~ hees, schor worden.

enrouiller I *ov.w* doen roesten. II s'~ roesten.

enroulement *m*, enroulage *m* 1 oprolling, winding, krul; 2 spiraalvormige versiering (*arch.*).

enrouler *ov.w* oprollen.

enrubanner *ov.w* met linten tooien.

ensablement *m* 1 verzanding; 2 zandverstuiving.

ensabler *ov.w* 1 verzanden; 2 op het zand zetten v. e. schip.

ensacher *ov.w* (graan) in zakken doen.

ensanglanter *ov.w* met bloed bevlekken, bebloeden; *— la scène*, bloed doen vloeien op het toneel.

ensavonner *ov.w* inzepen.

enseignant *bn* onderwijzend; *corps —*, onderwijzend personeel.

enseigne I *v* 1 uithangbord; *— à bière*, slecht schilderij, - portret; *être logés à la même —*, in dezelfde ongunstige omstandigheden verkeren; *coucher à l'— de la lune, de la belle étoile*, onder de blote hemel slapen; *— lumineuse*, lichtbak; *à bon vin il ne faut point d'—* (spr.w), goede wijn behoeft geen krans; 2 kenteken, kenmerk; 3 vaandel, standaard; *combattre sous les —s de*, tot iemands partij horen, iemands mening delen; *—s déployées*, met vliegende vaandels; *à tell(e)s —(s) que*, het beste bewijs is, dat. II *m* 1 (*oud*) vaandrig; 2 luitenant ter zee 2e klasse.

enseignement *m* 1 onderwijs; *être dans l'—*, bij het onderwijs zijn; *— libre*, bijzonder onderwijs; *— primaire*, lager onderwijs; *— professionnel*, vak-, ambachtsonderwijs; *— secondaire*, middelbaar onderwijs; *— supérieur*, hoger onderwijs; 2 les.

enseigner *ov.w* 1 onderwijzen, onderrichten; 2 wijzen (*— le chemin*).

ensemble I *bw* samen, tegelijk. II *zn m* 1 geheel; 2 eenheid, eenstemmigheid; 3 japon en mantel.

ensemblier *m* binnenhuisarchitect.

ensemencement *m* het in-, bezaaien.

ensemencer *ov.w* in-, bezaaien.

enserrer *ov.w* bevatten, omvatten, insluiten.

ensevelir I *ov.w* 1 in een lijkwade wikkelen; 2 begraven; 3 bedelven; 4 verbergen (*— un secret*). II s'~ 1 begraven worden; 2 zich begraven, zich afzonderen; s'*— dans la retraite*, zich uit de wereld terugtrekken.

ensevelissement *m* het begraven, begrafenis.

ensiforme *m* zwaardvormig.

ensiler, ensiloter *ov.w* (graan) in silo's doen.

ensoleil/lé *bn* zonnig. ~ler *ov.w* 1 doen schitteren; 2 vrolijk maken.

ensommeillé *bn* slaperig.

ensorcel/ant *bn* betoverend. ~er *ov.w* 1 beheksen, betoveren; 2 bekoren, verleiden. ~eur *m*, -euse *v* tovenaar(tovenares), heks.

ensorcellement *m* 1 beheksing, betovering; 2 verleidelijkheid, bekoring.

ensoufrer *ov.w* zwavelen.

ensuite *bw* vervolgens, daarna.

ensuivre (s') *onr. onp. w: il s'ensuit*, daaruit volgt.

entacher *ov.w* besmetten, bezoedelen.

entaille *v* 1 keep, insnijding; 2 diepe snijwond.

entailler *ov.w* kerven.

entaillure *v* = entaille.

entame, entamure *v* eerste snede van een stuk vlees of brood.

entassement *m* opeenhoping.

entasser *ov.w* opeenhopen, opstapelen; *feuilles entassées*, dicht op elkaar staande bladeren.

ente *v* 1 ent; 2 geënte boom; 3 penseelsteel.

entendement *m* verstand, oordeel, inzicht.

entendeur *m* iem. die verstaat, begrijpt; *à bon — salut; à bon — demi mot suffit* (spr.w), een goed verstaander heeft maar een half woord nodig.

entendre I *ov.w* 1 horen; *à l'—*, naar zijn zeggen; *— à demi*, maar half horen; *— dur*, hardhorig zijn; 2 luisteren naar; 3 een verhoor afnemen; 4 begrijpen; *— à demi-mot*, dadelijk snappen; *laisser —* laten doorschemeren; 5 verhoren (*— une prière*); 6 verstaan; *qu'entendez-vous par là?*, wat bedoelt u daarmee?; 7 verstand hebben van, kennen (*— son métier*); 8 willen, eisen, verlangen (*j'entends que — vous fassiez votre devoir*). II *on.w* (*— à*), luisteren naar. III s'~ 1 elkaar horen, - verstaan; 2 gehoord worden; 3 vanzelf spreken; *cela s'entend*, dat spreekt vanzelf; 4 het eens zijn; *ils s'entendent bien*, zij kunnen het goed met elkaar vinden; *ils s'entendent comme larrons en foire*, zij spelen onder een hoedje; 5 verstand hebben van (*s'— à*) (*il s'entend à la musique*).

entendu I *bn* 1 afgesproken, overeengekomen; *bien —*, natuurlijk; 2 bekwaam, verstandig; *prendre un air —*, een gezicht trekken, alsof men er alles van afweet. II *zn m*; *faire l'—*, gewichtig doen, net doen, alsof men er alles van afweet.

enténébrer *ov.w* in duisternis hullen.

entente *v* 1 betekenis; *à double —*, dubbelzinnig; 2 begrip, verstand; 3 overeenstemming, overeenkomst; 4 E—, verbond van Frankrijk, Engeland, Rusland enz. tegen Duitsland en Oostenrijk (1e wereldoorlog).

enter *ov.w* 1 enten; 2 aanbreien (*— des bas*); 3 grondvesten; 4 aaneenvoegen.

entérite *v* darmontsteking.

enterrement *m* 1 begrafenis; 2 begrafenisstoet; 3 begrafeniskosten.

enterrer I *ov.w* 1 in de grond stoppen, bedelven, kuilen; *— un secret*, een geheim goed bewaren; *— ses talents*, zijn talenten begraven; 2 begraven v. e. dode; *il a enterré tous scs fils*, hij heeft al zijn zoons overleefd; 3 beëindigen, uitluiden (*— le carnaval*); 4 naar de andere wereld helpen (*ce médecin enterre tous ses malades*); 5 in de doofpot stoppen (*— une affaire*). II s'~ 1 zich begraven; 2 bedolven worden.

en-tête[t] *m* hoofd v. e. brief, opschrift.

entêté *bn* koppig.

entêtement *m* koppigheid.

entêter *ov.w* 1 naar het hoofd stijgen, duizelig maken; *vin qui entête*, koppige wijn; 2 naar het hoofd stijgen (hoogmoedig maken).

enthousias/me *m* geestdrift, vervoering. ~mer I *ov.w* bezielen, vervoeren. II s'~ *pour* dwepen met. ~te *bn* geestdriftig.

entiché *bn* (de) 1 behept, besmet met; 2 ingenomen met.

entichement *m* overdreven voorliefde, gehechtheid.

enticher *ov.w* een verkeerde voorliefde voor iets bijbrengen.

entier, -ère I *bn* 1 heel, geheel, volkomen;

cheval —, niet gecastreerde hengst; *tout* —, geheel en al; *homme tout* —, man, die zich geheel aan zijn taak wijdt; *nombre* —, geheel getal; 2 onbuigzaam, halsstarrig. II *zn m: en* —, geheel en al.

entièrement *bw* geheel en al, volkomen.

entité *v* wezen.

entoiler *ov.w* 1 op linnen plakken; 2 met een dekzeil bedekken.

entoir *m* entmes.

entomo/logie *v* insektenleer. ~**logique** *bn* insektenkundig. ~**logiste** *m* insektenkenner. ~**phage** I *bn* insektenetend. II *zn m* insekteneter.

entonnage *m*, **entonnement** *m*, **entonnaison** *v* het in vaten of tonnen gieten.

entonner *ov.w* 1 in vaten of tonnen gieten; 2 naar binnen gieten, hijsen; 3 aanheffen (v. e. lied).

entonnoir *m* 1 trechter; *en* —, trechtervormig; *vallée* —, keteldal; 2 granaattrechter; 3 *(pop.)* keelgat.

entorse *v* 1 verstuiking; 2 verdraaiing; *donner une* — *à un texte*, een tekst verdraaien.

entortillage *m* 1 omwikkeling, het wikkelen; 2 gedraai; 3 verwardheid.

entortillement *m* 1 omwikkeling; 2 verwardheid, duisterheid of stijl.

entortiller *ov.w* 1 omwikkelen; 2 verward uitdrukken (— *ses pensées*); 3 met mooie woorden paaien.

entour *m* omgeving (vaak *les entours*); *à l'* —, rondom, in het rond; *à l'* — *de*, rondom, om . . . heen.

entourage *m* 1 rand, hetgeen omringt; 2 omgeving (personen).

entourer *ov.w* omgeven, omringen.

entournure *v* armsgat; *gêné dans les* —*s*, slecht op zijn gemak.

en-tout-cas *m* grote parasol, die ook als paraplu kan dienen.

entr'accorder (s') het onderling eens zijn, in goede verstandhouding leven.

entr'accuser (s') elkaar beschuldigen.

entr'acte *m* 1 pauze tussen twee bedrijven; 2 tussenspel.

entr'admirer (s') elkaar bewonderen.

entr'aide *v* wederzijdse hulp.

entr'aider (s') elkaar helpen.

entrailles *v mv* 1 ingewanden; *le fruit de vos* —, de vrucht van uw schoot (uit het weesgegroet); 2 het binnenste, de schoot (*les* — *de la terre*); 3 gevoel, liefde; *homme sans* —, ongevoelig man; — *de père*, vaderliefde, vaderhart; 4 kinderen; *ses propres* —, zijn eigen vlees en bloed.

entr'aimer (s') elkaar beminnen.

entrain *m* 1 levendigheid, opgewektheid, ijver; 2 vaart, gang (*l'* — *d'une pièce de théâtre*); *sans* —, lusteloos.

entraînant *bn* meeslepend.

entraînement *m* 1 wegvoering, het mee-, voortslepen; 2 de meeslepende kracht (*l'* — *des passions*); 3 training.

entraîn/er *ov.w* 1 meeslepen, wegvoeren, meesleuren; 2 meeslepen (fig.), verleiden; 3 met zich mee brengen; 4 trainen; 5 gang maken. ~**eur** *m* 1 trainer; 2 gangmaker.

entrant *m* 1 binnenkomende; 2 nieuweling.

entr'apercevoir *ov.w* vaag waarnemen, half zien. ~**appeler** (s') elkaar roepen.

entrave *v* kluisterpaal, belemmering.

entraver *ov.w* 1 hinderen, belemmeren; 2 *(arg.)* spreken, begrijpen.

entr'avertir (s') elkaar waarschuwen.

entre *vz* 1 tussen; — *deux âges*, van middelbare leeftijd; *l'arbre et l'écorce il ne faut pas mettre le doigt* (spr.w), men moet zich niet in familietwisten mengen; *suspendre* — *ciel et terre*, ophangen; *être enfermé* — *quatre murs*, in de gevangenis zitten; *nager* — *deux eaux*, onder water zwemmen; — *la poire et le fromage*, bij het dessert; *prendre qn.* — *ses bras*, iem. in zijn armen nemen; —

quatre planches, in de doodkist; *regarder qn.* — *les yeux*, iem. strak aankijken; *être* — *deux vins*, aangeschoten zijn; 2 onder, te midden van; — *autres*, onder anderen; — *quatre yeux*, onder vier ogen; *soit dit* — *nous*, onder ons gezegd en gezwegen; — *tous*, in de hoogste mate; 3 *d'* —, uit, van, onder; *l'un d'* — *vous*, een van u.

entrebaillement *m* kier.

entrebailler *ov.w* op een kier zetten.

entrebattre (s') elkaar slaan.

entre-choquer I *ov.w* klinken. II *s'* ~ tegen elkaar stoten.

entrecôte *v* ribstuk.

entrecouper *ov.w* 1 doorsnijden; 2 onderbreken.

entrecroisement *m* kruising.

entre-croiser (s') elkaar kruisen.

entre-déchirer (s') 1 elkaar verscheuren; 2 kwaadspreken van elkaar.

entre-détruire (s') *onr.* elkaar vernietigen.

entre-deux *m* 1 middenstuk; 2 tussenzetsel.

entre-donner (s') elkaar geven.

entrée *v* 1 ingang, toegang; 2 het binnentreden, -trekken, -varen enz., intrede; *l'* — *à l'Académie*, de toelating als lid tot de Fr. Academie; *l'* — *d'un acteur*, het opkomen van een toneelspeler; *joyeuse* —, blijde inkomste; — *en possession*, inbezitneming; 3 entree (toegangsgeld); — *de faveur*, vrijkaart; 4 begin (*l'* — *de l'automne*); 5 invoer; *droit d'* —, invoerrecht; 6 eerste gang aan een diner.

entrefaite *v: sur ces entrefaites*, ondertussen, inmiddels.

entrefermer *ov.w* half sluiten.

entrefilet *m* klein krantenberichtje.

entre-frapper (s') elkaar slaan.

entre-haïr (s') elkaar haten.

entre-heurter (s') tegen elkaar stoten.

entrelacement *m* dooreenvlechting.

entrelacer *ov.w* dooreen-, ineenvlechten.

entrelacs *m* vlechtwerk, loofwerk.

entrelarder *ov.w* larderen; *viande entrelardée*, doorregen vlees.

entre-ligne† *m* 1 ruimte tussen twee regels; 2 tussenregel.

entre-luire *on.w onr.* even schijnen, gloren v. d. dageraad.

entremêler *ov.w* dooreenmengen.

entremets *m* licht tussengerecht.

entremetteur I *m*, -**euse** *v* bemiddelaar(ster). II -**euse** *v* koppelaarster.

entremettre (s') *onr.* tussen beide komen.

entremise *v* bemiddeling, tussenkomst.

entre-nuire (s') *onr.* elkaar benadelen.

entrepont *m* tussendek.

entreposer *ov.w* opslaan in een entrepot.

entreposeur *m* 1 entrepothouder; 2 depothouder van artikelen, waarvan de staat het monopolie bezit, zoals tabak.

entrepositaire *m* iem. die goederen in entrepot heeft.

entrepôt *m* opslagplaats, pakhuis.

entre-pousser (s') elkaar duwen.

entreprenant *bn* ondernemend.

entreprendre I *ov.w onr.* 1 ondernemen, beginnen; 2 aannemen (van werk, levering enz.); 3 aanvallen; 4 bespotten; 5 zoeken te winnen; 6 aantasten; 7 onder handen nemen. II *on.w* — *sur*, contre aanmatigen, inbreuk maken op; — *sur*, contre la vie de *qn.*, iem naar het leven staan.

entrepreneur *m*, -**euse** *v* 1 aannemer(-neemster); 2 ondernemer(-neemster).

entrepris *bn* verlegen.

entreprise *v* 1 onderneming; 2 aanneming; *donner à l'* —, aanbesteden; 3 aanslag, inbreuk.

entrer I *on.w* 1 binnengaan, -komen, -rijden, -varen; — *en chaire*, de preekstoel beklimmen; *faire* — *un clou dans un mur*, een spijker in een muur slaan; — *en colère*, woedend worden; — *dans le commerce*, in de handel gaan; — *en condition*, in dienst treden; — *en convalescence*, aan de beterhand zijn; — *en correspondance avec qn.*, een briefwisseling met iem. aangaan; — *dans le détail*, in bijzonderheden afdalen; — *dans une famille*, door een huwelijk in een familie komen; *faire — qc. dans un livre*, iets in een boek opnemen; — *en guerre*, een oorlog beginnen; — *en. matière*, terzake komen, beginnen; — *en religion*, in het klooster gaan; — *au service*, soldaat worden; — *au service de qn.*, in iemands dienst treden; — *dans la vie*, het levenslicht aanschouwen; 2 deelnemen aan, treden in; — *dans les idées de qn.*, iemands gevoelens delen, in iemands gedachten treden; 3 deel uitmaken van; *il entre dix mètres d'étoffe dans cette robe*, er gaan 10 meter stof in die japon; *boisson où il entre du sucre*, drank die suiker bevat. II *ov.w* 1 binnenbrengen, binnenrijden enz.; 2 invoeren, importeren; 3 boeken.

entre-rail *m* ruimte tussen de rails.

entre-regarder I *ov.w* toevallig kijken. II s' ~ elkaar aankijken.

entresol *m* tussenverdieping.

entresoutenir (s') *onr.* elkaar steunen.

entretemps *m* tussentijd.

entre/tenir *m*, -euse *v* hij, zij, die iem. onderhoudt. ~tenir I *ov.w onr.* 1 onderhouden; — *la paix*, de vrede bewaren; 2 een onderhoud hebben, spreken. II s' ~ *avec qn.*, zich met iem. onderhouden. ~tien *m* 1 onderhoud; 2 onderhoud (gesprek).

entretoise *v* dwarshout, verbindingsijzer.

entre-tuer (s') elkaar doden.

entre-voie *v* ruimte tussen twee spoorbanen.

entrevoir *ov.w onr.* 1 vaag-, even zien; 2 vaag voorzien (— *un malheur*).

entrevue *v* samenkomst, afgesproken onderhoud.

entr'ouvert *bn* op een kier.

entr'ouvrir I *ov.w onr.* 1 van elkaar schuiven (— *les rideaux*); 2 half openen, op een kier zetten. II s' ~ op een kier gezet worden, half opengaan.

énumératif, -ive *bn* optellend, -sommend.

énumération *v* opsomming.

énumérer *ov.w* opsommen, optellen.

envahir *ov.w* 1 een inval doen in, binnenrukken, overweldigen; 2 zich verspreiden over, overstromen, aantasten, bevangen (van koude), bedekken (van planten).

envahissement *m* 1 inval, overweldiging; 2 uitbreiding, overstroming, het uitbreken, overwoekering.

envahisseur *m* overweldiger.

envasement *m* verzanding, onbruikbaar worden door aanslibbing (van haven).

enveloppage, enveloppement *m* het omwikkelen, omwinding, omslag.

enveloppe *v* 1 omwindsel; 2 omslag, enveloppe; 3 buitenkant; 4 voorkomen, schijn.

envelopper I *ov.w* 1 in-, omwikkelen, omhullen; 2 verbergen (— *ses pensées*); 3 omsingelen; 4 betrekken (— *qn. dans une affaire*). II s' ~ de zich wikkelen in.

envenimement *m* 1 vergiftiging; 2 verbittering.

envenimer *ov.w* 1 vergiftigen, infecteren; 2 verbitteren; 3 aanstoken.

enverguer *ov.w* aan de ra bevestigen (— *la voile*).

envergure *v* 1 zeilbreedte; 2 vlucht, vleugelbreedte (van vliegmachine); 3 uitgestrektheid; 4 omvang van geest, sterkte v. d. wil.

envers *vz* jegens.

envers *m* keerzijde, verkeerde zijde; *à l'* —, verkeerd, het onderstboven.

envi *m: à l'* —, om strijd, om het hardst.

enviable *bn* benijdenswaardig.

envie *v* 1 afgunst, nijd; *faire* —, nijd, jaloezie opwekken; *porter* — *à*, benijden; 2 zin, lust, trek; *avoir* — *de*, lust hebben tot; *mourir d'* — *de*, branden van verlangen, om te; 3 dwangnagel; 4 moedervlek.

envier *ov.w* 1 benijden; 2 sterk verlangen, hevig begeren.

envieusement *bw* afgunstig.

envieux, -euse I *bn* afgunstig. II *zn m, -euse v* afgunstige.

environ *bw* ongeveer, omstreeks. II *zn m: à l'* —, in het rond. ~nant *bn* omringend. ~ner *ov.w* omringen, omgeven; — *une place*, een vesting omsingelen. ~s *m mv* omstreken, omtrek.

envisager *ov.w* 1 in het gezicht zien; 2 beschouwen, overwegen.

envoi *m* 1 verzending, toezending; 2 zending, pakket; 3 opdracht (slotcouplet v. e. ballade); 4 aftrap (voetbal).

envoisiné *bn: être bien, mal* —, goede, kwade buren hebben.

envol *m* het opstijgen (v. e. vliegmachine).

envolée *v* 1 het wegvliegen, vlucht; 2 drang naar het hogere.

envolement *m* het wegvliegen.

envoler (s') 1 wegvliegen; 2 vluchten, ontsnappen; 3 snel voorbijgaan, vervliegen.

envoyé *m* (af)gezant.

envoyer I *ov.w onr.* 1 zenden, sturen, af-, weg-, uitzenden; — *un baiser*, een kus toewerpen; — *chercher*, laten halen; — *qn. dans l'autre monde*, iem. naar de andere wereld helpen; — *qn. à la mort*, iem. de dood inzenden; — *promener, coucher, paître qn.*, iem. op ruwe wijze wegsturen; 2 aftrappen (— *le ballon*). II s' ~ (*pop.*) gebruiken, nemen (*s'* — *un verre*).

envoyeur *m*, -euse *v* afzender(ster).

enwagonner *ov.w* in wagons laden.

épagneul *m* patrijshond.

épais, -aisse *bn* 1 dik, dicht; *avoir la langue* — *se*, moeilijk spreken; 2 grof, log, stompzinnig.

épaisseur *v* 1 dikte; 2 dichtheid; 3 grofheid, logheid, stompzinnigheid.

épaissir I *ov.w* 1 verdikken; 2 dichter maken. II *on.w* of s' ~ dichter of dikker worden.

épaississement *m* 1 verdikking; 2 verdichting.

épanchement *m* 1 overvloeiing, uitstorting; 2 ontboezeming.

épancher *ov.w* 1 uitgieten; — *du sang*, bloed vergieten; 2 uitstorten (— *son cœur*).

épandre *ov.w* verspreiden; uitstrooien.

épanouir I *ov.w* 1 doen ontluiken; 2 opvrolijken, doen stralen (— *le visage*). II s' ~ 1 ontluiken; 2 stralen, vrolijk worden (*son visage, son cœur s'épanouit*).

épanouissement *m* 1 het ontluiken; 2 opheldering, het stralen (van gelaat), vrolijkheid.

épargnant *m*, -e *v* spaarder(ster).

épargne *v* 1 spaarzaamheid; 2 het sparen; — *de peine*, besparing van moeite; — *de temps*, tijdsbesparing; *caisse d'* —, spaarbank; 3 spaargeld (*vivre de ses* —*s*).

épargner *ov.w* sparen, besparen (ook *fig.*).

éparpillement *m* verstrooiing, verspreiding.

éparpiller *ov.w* verstrooien, verspreiden.

épars *bn* verstrooid, verspreid; *cheveux* —, losse, woeste haren.

épatant *bn* (*fam.*) kras, buitengewoon.

épate *v* (*pop.*): *faire de l'* —, drukte maken, branie schoppen.

épaté *bn* 1 plat (*nez* —); 2 (*fam.*) verstomd.

épatement *m* 1 platheid; 2 (*fam.*) stomme verbazing.

épater I *ov.w* 1 de voet breken (— *un verre*); 2 (*fam.*) verbazen, perplex doen staan. II s' ~ 1 languit vallen; 2 paf staan.

épateur *m* (*fam.*) branieschopper.

épaul/ard *m* zwaardvis. ~e *v* schouder; *jac. par-dessus l'* —, iets slordig doen; *graisser les* —*s à qn.*, iem. afrossen; *marcher des* —*s*, trots lopen; *prêter l'* — *à qn.*, iem. een handje helpen; *regarder qn. par-dessus l'* —, iem. over de schouder, - minachtend aankijken; *avoir la tête enfermée dans les* —*s*, een korte hals hebben. ~ée *v* 1 schouderstoot; 2 schoudervracht. ~ement *m* 1 borstwering; 2 steunmuur. ~er *ov.w* 1 (een geweer) in de aanslag brengen; 2 v. e. borstwering voorzien; 3 helpen.

épaulette *v* 1 schouderstuk; 2 epaulet; *gagner l'—*, als beloning voor moed tot officier bevorderd worden; 3 schoudervulling.

épave *v* 1 voorwerp, waarvan de eigenaar onbekend is; 2 wrakstuk, strandgoed; *droit d'—*, strandrecht; 3 wrak (mens); 4 overblijfsel (*les —s d'une fortune*).

épée *v* degen, zwaard; *— de chevet*, stokpaardje; *des coups d'— dans l'eau*, vruchteloze pogingen; *danse des —s*, zwaarddans; *homme d'—*, soldaat; *passer au fil de l'—*, over de kling jagen; *à la pointe de l'—*, met geweld; *poursuivre l'— dans les reins*, op de voet achtervolgen.

épeler *ov.w* spellen.

épellation *v* het spellen.

éperdu *bn* buiten zich zelf, radeloos.

éperdument *bw* hevig, hartstochtelijk.

éperlan *m* spiering.

éperon *m* 1 spoor (in versch. betekenissen); *donner des —s, presser de l'—*, de sporen geven; 2 golfbreker; 3 uitloper van gebergte.

éperonner *ov.w* 1 de sporen geven; 2 sporen aandoen (*— un coq*); 3 aansporen; 4 rammen (*scheepv.*).

épervier *m* 1 sperwer; 2 werpnet.

éphémère *bn* 1 één dag durend; 2 kortstondig.

épi 1 aar; 2 waterkering.

épiage *m* aarvorming.

épicarpe *m* vruchthuid.

épice *v* specerij; *pain d'—(s)*,-(peper)koek.

épicentre *m* aardbevingscentrum.

épic/er *ov.w* kruiden. ~**erie** *v* 1 specerijen, kruidenierswaren; 2 kruidenierswinkel; 3 handel in specerijen, - in kruidenierswaren. ~**ier** *m*, -ère *v* kruidenier(ster).

épicurien, -enne I *bn* epicuristisch, zinnelijk. II *zn m*, -enne *v* epicurist(e).

épidém/icité *v* epidemisch karakter. ~**ie** *v* epidemie. ~**iologie** *v* leer der besmettelijke ziekten. ~**ique** *bn* 1 epidemisch; 2 om zich heen grijpend, aanstekelijk.

épiderme *m* opperhuid.

épier I *ov.w* bespieden, afluisteren, afkijken; *— l'occasion*, op een gelegenheid loeren. II *on.w* aren schieten.

épieu [*mv* x] *m* jachtspies.

épieur *m*, -euse *v* bespieder(-ster), afkijker (-ster), afluisteraar(ster).

épigastre *m* maagstreek.

épiglotte *v* strotklep.

épigone *m* 1 iem. van het tweede geslacht; 2 slaafd navolger.

épigrammatiste *m* puntdichter.

épigramme *v* 1 puntdicht; 2 hatelijkheid.

épigraphe *v* 1 opschrift; 2 motto.

épilage *m*, **épilation** *v* ontharing.

épilepsie *v* vallende ziekte.

épileptique I *bn* 1 lijdend aan vallende ziekte, bij vallende ziekte behorend; 2 woest. II *zn m* of *v* lijder(es) aan vallende ziekte.

épiler *ov.w* ontharen, haren uittrekken.

épileur *m*, -euse *v* ontharder(-ster).

épilogue *m* 1 slotwoord, naschrift, -rede; 2 slot.

épilogu/er I *on.w* vitten. II *ov.w* afkeuren, aanmerkingen maken op.

épinard *m* spinazie; *plat d'—s*, slecht, te groen schilderij.

épine *v* 1 stekel, doorn; *être sur des —s*, op hete kolen zitten; *tirer une — du pied*, iem. uit de zorgen helpen, uit de verlegenheid redden; *— blanche*, meidoorn; 2 heester met dorens; 3 moeilijkheid; 4 *— dorsale*, ruggegraat.

épineux, -euse *bn* 1 stekelig, doornig; 2 netelig.

épingl/e *v* speld, haarspeld, waskniper; *coup d'—*, speldeprik (*fig.*); *— de sûreté*, veiligheidsspeld; *tiré à quatre —s*, onberispelijk gekleed; *tirer son — du jeu*, zich handig uit

een netelige zaak terugtrekken; *cela ne vaut pas une —*, dat is mij geen cent waard; *chercher une — dans une botte de foin*, een naald in een hooiberg zoeken, iets onmogelijks beproeven; *vrage en — à cheveux*, haarspeldbocht; 2 speldengeld, handgeld. ~**er** *ov.w* vast-, opspelden; *velours épinglé*, fijn geribd fluweel. ~**erie** *v* 1 speldenfabriek; 2 speldenhandel.

épinière *bn* tot de ruggegraat behorend; *moelle —*, ruggemerg.

Epiphanie *v* Driekoningen.

épique *bn* episch.

épiscopal [*mv* aux] *bn* bisschoppelijk.

épiscopat *m* 1 bisschoppelijke waardigheid; 2 gezamenlijke bisschoppen (episcopaat); 3 tijd, gedurende welke een bisschop zijn waardigheid uitoefent.

épisode *m* episode, gebeurtenis.

épisodique *bn* episodisch, bijkomstig.

épistolaire *bn* tot een brief behorend; *style —*, briefstijl.

épistolier *m*, -ère *v* iem. die veel of goed brieven schrijft.

épitaphe *v* grafschrift.

épithalame *m* bruiloftsgedicht.

épithète *v* benaming, toevoegsel.

épître *v* 1 brief; 2 brief in verzen; 3 epistel.

éploré *bn* badend in tranen, treurig, droevig.

éployer *ov.w* uitspreiden, ontplooien.

épluchage, **épluchement** *m* 1 het schoonmaken van groenten; 2 het schillen van aardappelen; 3 het uitpluizen (ook *fig.*); 4 het verwijderen van overtollige vruchten.

éplucher *ov.w* 1 groenten schoonmaken; 2 (aardappels) schillen; 3 uitpluizen, napluizen (ook *fig.*); 4 overtollige vruchten uit een plant verwijderen.

éplucheur *m*, -euse *v* 1 schoonmaker(-maakster) van groenten; 2 aardappeljasser(-jasster); 3 uitpluizer(-pluister).

épluchure *v* 1 afval, schillen; 2 pluis.

épointer *ov.w* de punt breken, stomp maken.

éponge *v* 1 spons; *passer l'— sur*, de spons over iets halen, iets vergeten en vergeven; 2 sponsdier.

éponger *ov.w* 1 afsponsen; 2 wegwerken. II s'~ afwissen (s' — *le front*).

épopée *v* epos.

époque *v* 1 tijdstip; *faire —*, een belangrijk feit vormen; 2 tijdperk.

épouffer (s') er van door gaan.

épouiller *ov.w* ontluizen.

époumoner (s') zich hees praten, zich buiten adem schreeuwen.

épous/e echtgenote. ~**ée** *v* bruid. ~**er** *ov.w* 1 trouwen met, huwen; 2 tot de zijne maken (*une opinion*), zich aansluiten bij (*un parti*), aannemen (*la forme*). ~**eur** *m* trouwlustige.

épouss/et/age *m* het afstoffen. ~**er** *ov.w* 1 afstoffen; 2 (*fam.*) afrossen, slaan. ~**te** *v* borstel, boender.

épouvantable *bn* verschrikkelijk, ontzettend, afschuwelijk.

épouvantail *m* 1 vogelverschrikker; 2 schrikbeeld.

épouvante *v* schrik, ontzetting, ontsteltenis; *jeter dans l'—*, met schrik slaan.

épouvanter *ov.w* schrik aanjagen, met schrik slaan.

époux *m* echtgenoot.

épreindre *ov.w onr.* uitpersen.

épreinte *v* buikpijn.

éprendre (s') *onr.* (de) verliefd worden op, hartstochtelijk gaan beminnen.

épreuve *v* 1 proef(neming); *faire l'— de*, beproeven; *mettre à l'—*, op de proef stellen; *à l'— de*, bestand tegen; 2 beproeving; 3 rit, wedstrijd; 4 examen; *—s écrites*, schriftelijk examen; 5 afdruk, proefblad; *— négative (fot.)*, negatief; *— positive (fot.)*, positief; 6 drukproef.

épris *bn* verliefd.

éprouver *ov.w* 1 beproeven, op de proef stellen; 2 ondervinden, voelen.

éprouvette v reageerbuisje.

épucer ov.w vlooien.

épuis/able bn uitputbaar. ~ant bn uitputtend. ~ement m 1 uitputting; 2 uitpomping, bemaling. ~er I ov.w 1 leegpompen, droogmaken, leegscheppen; 2 uitputten; livre épuisé, uitverkocht boek. II s'~ 1 uitgeput worden; 2 uitverkocht raken. ~ette v 1 schepnet; 2 hoosvat.

épurat/if, -ive, ~oire bn zuiverend.

épuration v zuivering.

épure v 1 projectietekening; 2 afgewerkte tekening.

épurement m zuivering (vooral fig.).

épurer ov.w zuiveren.

équanimité v gelijkmoedigheid.

équarr/ir ov.w 1 vierkant maken, hakken enz.; 2 villen. ~issage, ~issement m 1 het vierkant maken, hakken enz.; 2 het villen. ~isseur m vilder. ~issoir m 1 vilderij; 2 vildersmes; 3 slagbeitel.

équateur m evenaar.

équation v vergelijking; — à trois inconnues, vergelijking met drie onbekenden.

équatorial [mv aux] bn wat de evenaar betreft; ligne —e, evenaar.

équatorien, -enne I bn uit Ecuador. II zn E ~, m, ~enne v bewoner(bewoonster) van Ecuador.

équerr/age m tweevlakshoek. ~e v winkelhaak; cette grange n'est pas d'—, die schuur staat niet haaks, in het lood. ~er ov.w haaks maken.

équestre bn wat het paardrijden betreft; statue —, ruiterstandbeeld.

équiangle bn gelijkhoekig.

équidistant bn op gelijke afstand.

équilatéral [mv aux] bn gelijkzijdig.

équi/libre m evenwicht; — européen, Europees evenwicht; perdre l'—, zijn evenwicht verliezen. ~librer ov.w in evenwicht brengen; esprit bien équilibré, evenwichtige geest. ~libriste m evenwichtskunstenaar, koorddanser.

équin bn wat betrekking heeft op het paard; pied —, horrelvoet.

équinoxe m nachtevening.

équinoxial [mv aux] bn: ligne —e, evenaar.

équipage m 1 bemanning, equipage; 2 eigen rijtuig; 3 reisuitrusting, paarden, bedienden enz.; 4 legertrein; 5 kleding.

équipe v ploeg (werklieden, sport); — de football, voetbalelftal; chef d'—, ploegbaas, aanvoerder v. e. sportploeg.

équipée v dwaze onderneming, onbezonnen streek.

équipement m 1 uitrusting; 2 bemanning.

équiper ov.w 1 uitrusten (van leger, schip); 2 bemannen; 3 optuigen v. e. paard; 4 monteren.

équipier m teamgenoot.

équitable bn rechtvaardig, billijk.

équitation v rijkunst.

équité v rechtvaardigheid, billijkheid.

équi/valence v gelijkwaardigheid. ~valent I bn gelijkwaardig. II zn m 1 gelijk bedrag, gelijke waarde, - hoeveelheid; 2 woord of uitdrukking van dezelfde betekenis. ~valoir on.w onr. (à) gelijke waarde hebben, opwegen tegen. ~voque I bn 1 dubbelzinnig; 2 verdacht. II zn v 1 dubbelzinnigheid; 2 woordspeling; 3 misverstand. ~voquer on.w 1 op dubbelzinnige wijze spreken of schrijven; 2 woordspelingen maken.

érable m ahorn, esdoorn (pl.k.).

éradication v uitroeing, ontworteling.

éraflement m het schrammen, schaven.

érafler ov.w schrammen, schaven.

éraflure v schram, schaafwond.

éraill/er ov.w 1 omkrullen v. h. ooglid; yeux éraillés, ogen, waarvan het ooglid omgekruld is, rood ontstoken ogen; 2 uitrafelen; 3 schor maken; voix éraillée, schorre stem. ~ure v 1 uitrafeling; 2 schram.

ère v 1 jaartelling; 2 tijdperk.

érection v 1 oprichting; 2 instelling; 3 het stijf worden.

éreintant bn afmattend.

éreintement m 1 het afmatten; 2 het afbreken (van kritiek).

éreinter ov.w 1 afmatten; 2 afrossen; 3 afbreken.

éreinteur m criticus, die altijd afbreekt.

érémitique bn wat de kluizenaars betreft (vie —).

éréthisme m 1 overprikkeldheid; 2 hevige hartstocht.

ergot m 1 spoor v. e. haan; se dresser sur ses —s, op zijn achterste poten gaan staan; 2 brand in het koren; 3 stift, pen.

ergotage m, **ergotement** m, **ergoterie** v haarkloverij, vitterij.

ergoter on.w haarkloven, vitten.

ergoteur, -euse I bn vitterig, haarklovend. II zn m, ~euse v vitter(vitster), haarklover (-kloofster).

éricacées v mv heideachtige.

ériger I ov.w 1 oprichten; 2 vestigen; 3 verheffen. II s'~ 1 opgericht worden; 2 s'~ en, zich opwerpen tot, zich uitgeven voor.

ermit/age m 1 kluizenaarswoning; 2 afgelegen landhuis. ~e m kluizenaar.

érosif, -ive bn uitschurend, wegvretend, bijtend.

érosion v uitschuring, wegvreting.

érotique bn 1 wat liefde betreft; 2 zinnelijk, ,,schuin''.

érotisme m ziekelijk liefdesverlangen.

errance v het dwalen, zwerven.

errant bn dwalend, dolend; tribus —es, nomadenstammen; chevalier —, dolende ridder; le Juif —, de wandelende jood.

errata m lijst der te verbeteren drukfouten.

erratique bn 1 ongeregeld (fièvre —); 2 dwalend, zwervend; bloc —, zwerfblok.

erratum m aanduiding v. e. drukfout.

erre v gang, vaart; aller à grand-erre, à belle —, veel vaart hebben; grote uitgaven doen; aller sur les —s de qn., iem. navolgen.

errements m mv gewone manier van doen.

err/er on.w 1 dwalen, dolen, zwerven; 2 zich vergissen, dwalen. ~eur v 1 dwaling; induire en —, op een dwaalspoor brengen; 2 vergissing; — de calcul, rekenfout; sauf —, vergissingen voorbehouden, als ik mij niet vergis. ~oné bn verkeerd.

érubescent bn rood wordend.

éructation v oprisping, boer.

éructer on.w boeren.

érudit I bn geleerd. II zn m geleerde.

érudition v geleerdheid.

éruptif, -ive bn 1 vulkanisch; 2 vergezeld van uitslag (fièvre —ive).

éruption v 1 vulkanische uitbarsting; 2 uitslag, puistjes, vlekken.

ès vz = en les; docteur — lettres, doctor in de letteren; docteur — sciences, doctor in de wis- en natuurkunde.

esbigner (s') (pop.) de benen nemen, 'm smeren.

esbroufe v (pop.) kale opschepperij.

esbroufer ov.w (pop.) overbluffen door dik te doen.

esbroufeur m, **-euse** v (pop.) kouwe druktemaker, opschepper.

escabeau [mv x] m, **escabelle** v krukje, voetenbankje.

escadre v eskader, smaldeel.

escadrille v escadrille.

escadron m eskadron.

escalade v 1 beklimming; 2 bestorming met stormladders; 3 inklimming (van inbrekers).

escalader ov.w 1 bestormen met stormladders; 2 overklimmen; 3 beklimmen.

escale v 1 aanlegplaats, aanleghaven; faire —, een haven binnenlopen; 2 landingsplaats van vliegtuigen; sans —, zonder tussenlanding.

escalier m trap; — en colimaçon, — tournant, wenteltrap; — dérobé, geheime trap; —

roulant, roltrap.

escalope *v* lapje (vlees), mootje (vis); — *de veau*, kalfsoester.

escamotable *bn* intrekbaar; *train d'atterris-sage* —, intrekbaar landingsgestel.

escamot/age *m* het wegmoffelen, ontfutselen. ~er *ov.w* 1 wegmoffelen, ontfutselen; 2 inslikken van woorden. ~eur *m*, -euse *v* 1 goochelaar(ster); 2 zakkenroller(ster).

escampativos (*fam.*) *m mv: faire* —, een slippertje maken, er heimelijk tussenuit gaan.

escampette *v: prendre la poudre d'* — (*pop.*), vluchten, het hazepad kiezen.

escapade *v* 1 dolle streek, uitspatting; 2 ontsnapping; 3 plichtsverzuim.

escarbille *v* sintel.

escarcelle *v* buidel; *fouiller à l'*—, in de beurs tasten.

escargot *m* 1 huisjesslak; 2 alikruik; *aller comme un* —, zeer langzaam opschieten; *escalier en* —, wenteltrap.

escargotière *v* 1 slakkenkwekerij; 2 schotel, bereid met slakken.

escarmouche *v* schermutseling (ook *fig.*).

escarmoucher *on.w* schermutselen (ook *fig.*).

escarmoucheur *m* schermutselaar.

escarpe I *v* binnenglooiing v. e. fortgracht. II *m* (*arg.*) beroepsmoordenaar, dief, die zo nodig een moord bedrijft.

escarpé *bn* 1 steil; 2 moeilijk.

escarpement *m* steile helling.

escarpin *m* dansschoentje.

escarpolette *v* schommel.

eschatologie *v* leer der dingen, die komen na de dood.

escient *m: à bon* — welbewust, met opzet; *à mon* —, met mijn medeweten.

esclaffer (s') schaterlachen.

esclandre *m* schandaal; *faire un* —, iem. in het openbaar een standje geven.

esclavage *m* 1 slavernij; 2 onderworpenheid, afhankelijkheid; 3 halssnoer.

esclave I *bn* slaafs. II *zn m* of *v* slaaf, slavin.

escogriffe *m* (*fam.*) lange slungel.

escomptable *bn* verdisconteerbaar.

escompte *m* disconto.

escompter *ov.w* 1 disconteren; 2 van te voren opmaken (— *un héritage*); 3 door uitspattingen verwoesten (— *sa vie*).

escopette *v* (oude) buks.

escorte *v* konvooi, geleide, gevolg; *faire* —, begeleiden.

escorter *ov.w* begeleiden, beschermen.

escouade *v* escouade (deel v. e. sectie).

escourgée *v* soort karwats.

escourgeon, écourgeon *m* wintergerst.

escrime *v* schermkunst; *faire de l'*—, schermen; — *à l'épée*, degenschermen; — *au fleuret*, floretschermen.

escrimer *on.w* 1 schermen; 2 redetwisten. II s' ~ (à) zich (zonder veel succes) inspannen.

escrimeur *m* schermer.   [nen.

escroc *m* oplichter, handige bedrieger.

escroquer *ov.w* oplichten.

escroquerie *v* oplichterij.

esculape *m* dokter.

espace *m* 1 ruim; 2 ruimte, afstand, tijdruimte; — *vital*, „Lebensraum".

espacement *m* 1 afstand tussen twee voorwerpen, tussenruimte; 2 ruimte tussen woorden en regels (spatiëring).

espacer *ov.w* 1 plaatsen met tussenruimte(s); 2 spatiëren; 3 een tijd laten verlopen tussen.

espada *m* stierendoder.

espadon *m* 1 tweesnijdend slagzwaard; 2 sabel; 3 zwaardvis.

espadrille *v* gymnastiekschoen.

espagnol, -e I *bn* Spaans. II *zn* E ~ *m*, -e *v* Spanjaard, Spaanse. III *m* het Spaans.

espagnolette *v* spanjolet.

espalier *m* 1 leiboom; 2 muur met leibomen.

espèce *v* 1 soort, aard; *l'* — *humaine*, het menselijk geslacht; *de toute* —, allerlei; 2 geval; *l'* —, in het onderhavige geval; 3 baar geld; *en* —*s sonnantes*, in klinkende munt;

4 gedaante; *communier sous les deux* —*s*, communiceren onder de gedaanten van brood en wijn.

espérance *v* hoop, verwachting; *être hors d'* —, *sans* —, door de dokter opgegeven zijn; *une jeune fille, qui a des* —*s*, een jong meisje, dat geld te wachten heeft.

espérantiste I *bn* wat betrekking heeft op Esperanto. II *zn m* of *v* beoefenaar(ster) van Esperanto.

espérer I *ov.w* hopen, verwachten. II *on.w* ~ en vertrouwen op.

espiègle I *bn* guitig, olijk. II *zn m* of *v* guit, snaak. ~rie *v* guitenstreek.

espion *m*, -ne *v* 1 spion(ne); 2 spionnetje.

espionnage *m* spionage.

espionner *ov.w* bespioneren, bespieden.

esplanade *v* voorplein.

espoir *m* 1 hoop, verwachting; *dans l'* — *de*, in de hoop te; 2 persoon, in wie men zijn hoop stelt.

esprit I *m* 1 geest = ziel; *rendre l'*—, de geest geven; 2 geest = ingeving Gods, bovennatuurlijke kracht; *l'* — *de Dieu*, de geest Gods; 3 geest = onstoffelijk wezen; —*s célestes*, engelen; —*s de ténèbres*, — *immondes*, duivelen; *le malin* —, de duivel; 4 geest = spook, elf enz.; — *frappeur*, klopgeest; 5 geest = verstand, talent, oordeel, begrip, schranderheid, geestigheid enz.; *avoir de l'*—, geestig zijn; *avoir l'* — *juste*, een gezond verstand hebben; *faire de l'*—, geestig willen zijn; *homme d'*—, geestig man; *perdre l'*—, het verstand verliezen; *trait d'*—, geestige zet; 6 aanleg; *avoir l'* — *du commerce*, handelsgeest, aanleg voor de handel hebben; 7 geest = overheersende trek (*l'* — *du siècle*); 8 geest = zin, betekenis (*l'* — *des lois*); 9 geest = bedoeling v. e. werk, schrijver enz.; *entrer dans l'* — *de son rôle*, zijn rol goed opvatten; 10 geest = aard, karakter; — *turbulent*, onrustige aard; 11 geest = denkend wezen; — *fort*, vrijdenker; 12 geest = vluchtige stof; — *de vin*, spiritus. II ~s *m mv* 1 gemoederen, geesten; *échauffer les* —*s*, de gemoederen verhitten; 2 geesten; —*s vitaux*, levensgeesten; *perdre ses* —*s*, het bewustzijn verliezen; *reprendre ses* —*s*, weer bijkomen.

esquif *m* licht bootje.

Esquimau [*mv* x] I *m* Eskimo. II e ~ tricotpakje.

esquint/ant (*fam.*) *bn* vermoeiend. ~er *ov.w* (*fam.*) erg vermoeien, afmatten.

esquisse *v* schets.

esquisser *ov.w* schetsen; — *un sourire*, even glimlachen; — *un geste*, een vaag gebaar maken, een begin v. e. gebaar maken.

esquive *v* het ontwijken v. e. steek of slag.

esquiver I *ov.w* ontwijken (ook *fig.*). II s' ~ ontsnappen, ongemerkt ontkomen.

essai *m* 1 proef, beproeving; *coup d'*—, proefstuk; *faire l'* — *de*, beproeven; 2 keuring van metalen; 3 verhandeling.

essaim *m* 1 zwerm (bijen); 2 menigte, drom.

essaimage *m* het zwermen van bijen.

essaimer *on.w* 1 zwermen van bijen; 2 wegtrekken, verhuizen (*fam.*).

essangeage *m* het in de week zetten van was.

essanger *ov.w* in de week zetten van was.

essarter *ov.w* ontginnen; struiken en bomen verwijderen, nadat de bomen gekapt zijn.

essarts *m mv* ontgonnen land.

essayage *m* het passen.

essayer I *ov.w* 1 proberen, beproeven; — *du vin*, wijn proeven; 2 passen (— *un vêtement*); 3 keuren, toetsen (— *de l'or*). II *on.w* (— *de*) 1 proberen (te), trachten (te); 2 de proef nemen met (— *d'un remède*). III s' ~ à zijn krachten beproeven, trachten.

essayeur I *m* toetser, keurder van eedle metalen. II *m*, -euse *v* passer(-ster) van kleren.

essayiste *m* schrijver van letterk. verhandelingen.

essence v 1 het wezen; 2 vluchtige olie; 3 benzine; 4 extract.

essentiel, -elle I bn 1 wezenlijk; 2 noodzakelijk; 3 vluchtig (*huile —elle*). **II** zn m hoofdzaak, het voornaamste.

essentiellement bw 1 wezenlijk; 2 bijzonder, in hoge mate; *recommander —*, bijzonder aanbevelen.

essieu [*mv* x] m as.

essor m 1 vlucht; *prendre son —*, opvliegen (*lett.*); zich verheffen, zich vrijmaken; 2 ontwikkeling. uitbreiding.

essorer ov.w aan de lucht blootstellen om te drogen (*— du linge*).

essoreuse v wringer.

essoucher ov.w de boomstronken verwijderen.

essoufflement m het buiten adem zijn.

essouffler I ov.w buiten adem brengen. **II** s' — buiten adem raken.

essuie/-glace† m ruitenwisser van auto. ~**main(s)** m handdoek. ~**meuble†** m stofdoek. ~**pieds** m deurmat. ~**plume†** m inktlap. ~**verres** m glazenlap.

essuy/age m het schoonmaken, afdrogen, afvegen. ~**er** ov.w 1 schoonmaken, afvegen, afdrogen; 2 lijden, doorstaan; *— un affront*, een belediging ondergaan; *— une perte*, een verlies lijden; *— un refus*, een weigering krijgen; *— le premier feu*, de vuurdoop ondergaan; *— une tempête*, een hevige storm doorstaan.

est m oosten; *vent d'—*, oostenwind; *longitude —*, oosterlengte.

estacade v paalwerk (in rivier, haven enz.).

estafette v renbode.

estafilade v houw, snede.

estafilader ov.w iem. een houw, snede (vooral in het gezicht) geven.

estame v sajet.

estaminet m herberg, klein café; *pilier d'—*, kroegloper.

estampage m stempeling, afdruk.

estamp/e v 1 plaat, gravure; 2 stempel. ~**er** ov.w 1 stempelen; 2 (*pop.*) afzetten. ~**eur** m stempelaar. ~**illage** m afstempeling. ~**ille** v stempel. ~**iller** ov.w stempelen.

estarie, **starie** v ligtijd v. e. schip.

esthète m of v minnaar (minnares) v. schoonheid en kunst.

esthéticien m, -**enne** v kenner(-ster) van schoonheid, estheticus.

esthétique I zn v schoonheidsleer, esthetica. **II** bn smaakvol, esthetisch.

estim/able bn achtens-, prijzenswaardig. ~**ateur** m schatter. ~**atif, -ive** bn schattend: *devis —*, kostenberekening, raming. ~**ation** v schatting, begroting. ~**atoire** bn wat betrekking heeft op een schatting.

estime v 1 achting; *être en grande —*, hoog geacht worden; 2 goede naam; *être perdu d'—*, zijn goede naam kwijt zijn, slecht aangeschreven staan; 3 gegist bestek (*scheepv.*).

estimer ov.w 1 (hoog)achten; 2 schatten, ramen; 3 geloven, menen, van mening zijn.

estivage m 1 het overbrengen v. h. vee naar de bergweiden gedurende de zomer; 2 de tijd, die het vee 's zomers op de bergweiden doorbrengt; 3 het vaststouwen der lading.

estival [*mv* aux] bn zomers.

estivant m zomergast op badplaats.

estiver I on.w de zomer op de bergweiden doorbrengen (van vee). **II** ov.w het vee 's zomers naar de bergweiden brengen.

estoc m 1 lange degen (*oud*); *frapper d'—*, steken; 2 boomstronk.

estocade v 1 degenstoot; 2 onverwachte ruwe aanval.

estomac m 1 maag; *avoir un — d'autruche*, een maag van ijzer hebben; *avoir l'— creux*, een lege maag hebben; *peser sur l'—*, zwaar op de maag liggen; *sentir son — dans les talons*, uitgehongerd zijn; 2 maagstreek; 3 durf (*avoir de l'—*).

estomaquer I ov.w onaangenaam verrassen, overdonderen. **II** s' — 1 zich ergeren; 2 zich

---

hees praten of schreeuwen.

estome v (*fam.*) maag.

estompe v 1 doezelaar; 2 gedoezelde tekening.

estomper ov.w 1 doezelen; 2 de omtrekken vervagen; 3 verzachten, minder grof maken (*— un récit*).

Estonie v Estland.

estonien, -enne I bn Estlands. **II** zn E ~ m, -**enne** v Estlander, Estlandse.

estourbir (*pop.*) ov.w mollen, doden.

estrade v 1 weg (*oud*); *battre l'—*, op verkenning uitgaan, de wegen onveilig maken, door reizigers uit te schudden; 2 verhoging, podium.

estropié bn kreupel, verminkt.

estropier ov.w 1 kreupel maken, verminken; 2 verminken (*un mot*), radbraken (*une langue*).

estuaire m 1 inham, die bij eb droogloopt; 2 brede riviermond.

esturgeon m steur (vis).

et vw en.

établ/age m stalgeld. ~**e** v veestal. ~**er** ov.w op stal zetten.

établi m werkbank.

établir I ov.w 1 vestigen, oprichten enz.; *— un camp*, een kamp opslaan; *— un compte*, een rekening opmaken; *— un fait*, een feit vaststellen, staven; *— les fondements*, de grondslagen leggen; *— un juge*, een rechter aanstellen; *— une machine*, een machine monteren; *une réputation établie*, een gevestigde reputatie; *— des troupes*, troepen opstellen; *il est établi que*, het staat vast; 2 een betrekking bezorgen (*— un fils*); 3 uithuwelijken. **II** s' ~ zich vestigen; s' — *au coin du feu*, bij de haard gaan zitten.

établissement m 1 stichting, oprichting, vestiging enz.; *l'— d'un compte*, het opmaken v. e. rekening; *l'— d'un fait*, het vaststellen, de staving v. e. feit; *l'— d'une règle*, de vaststelling v. e. regel; 2 instelling, inrichting; *— des bains*, badinrichting; *— de crédit*, kredietinstelling; 3 het bezorgen v. e. positie, het uithuwelijken (*l'— de ses enfants*); 4 nederzetting, kolonie.

étage m 1 verdieping; 2 staat, rang; *gens de bas —*, mensen van lage stand; 3 geologische laag; 4 trap(raket). ~**ment** m trapsgewijze plaatsing, -ligging. ~**r** ov.w trapsgewijs plaatsen.

étagère v etagère.

étai m 1 stut, schoor; 2 stag (*scheepv.*); 3 steun (*fig.*).

étaim m fijnste kaardwol.

étain m tin; *feuilles d'—*, bladtin.

étal [*mv* aux of als] m 1 vleesbank; 2 slagerij.

étal/age m 1 uitstalling; 2 tentoonspreiding, het pronken met (*— de science*, *faire — de*, pronken met (*faire — de sa richesse*). ~**ager** ov.w uitstallen. ~**agiste** m 1 verkoper met stalletje op straat; 2 etaleur.

étale bn: *mer —*, stille zee (noch eb, noch vloed); *navire —*, stilliggend schip; *vent —*, gelijkmatige wind.

étaler I ov.w 1 uitstallen, tentoonspreiden; *— son jeu*, zijn kaarten openleggen; pronken met (*— sa science*); 2 uitspreiden, -smeren; 3 (*fam.*) laten vallen. **II** s' ~ 1 uitgestald worden; 2 pronken, zich laten bewonderen; 3 languit gaan liggen (s' — *sur l'herbe*); 4 (*fam.*) vallen.

étalier m, -**ère** v vleesverkoper(-verkoopster) voor rekening v. e. slager.

étalon m 1 hengst; 2 muntstandaard; *—or*, goudstandaard; 3 standaardmaat, -gewicht.

étalonn/age, ~**ement** m ijking, ijk. ~**er** ov.w ijken. ~**eur** m ijker.

étamage m vertinning.

étambot m achtersteven (*scheepv.*).

étamer ov.w vertinnen.

étameur m vertinner.

étamine v 1 zeefdoek; *passer à l'—*, streng onderzoeken; 2 etamine (wollen weefsel); 3 meeldraad.

étamper *ov.w* gaten slaan in ijzer, ponsen.
étamure *v* vertinsel.
étanche *bn* waterdicht.
étanchéité *v* waterdichtheid.
étanchement *m* 1 lessing van dorst; 2 stelping van bloed; 3 het dichten v. e. lek; 4 het waterdicht maken.
étancher *ov.w* 1 lessen; 2 stelpen; 3 dichten (v. e. lek); 4 waterdicht maken.
étançon *m* stut, schoor.
étançonnement *m* het stutten, schoren.
étançonner *ov.w* stutten, schoren.
étang *m* vijver.
étape *v* 1 rustplaats, pleisterplaats, het rusten op een pleisterplaats of halte; 2 dagmars, afstand tussen twee rustplaatsen.
état *m* 1 toestand, staat; *en — de*, in staat te; *— d'âme*, zielsgesteldheid; *tenir à en bon —*, onderhouden; *faire — de*, op iets rekenen; *en — de grâce*, in staat van genade; *hors d'— de*, niet in staat te; *— de nature*, natuurstaat; 2 stand, beroep; *— civil*, burgerlijke stand; *— militaire*, militaire stand; *le tiers —*, de derde stand; 3 staat, voet, waarop men leeft; *tenir un grand —*, op grote voet leven; 4 staat = lijst; *— de services*, staat van dienst; 5 staat; *coup d'Etat*, staatsgreep; *homme d'—*, staatsman; *raison d'—*, politieke reden; 6 staf; *— major*, generale staf; 7 *—s mv* Staten; *— généraux*, Staten-Generaal.
étatisme *m* staatssocialisme.
étatiste *m* aanhanger v. h. staatssocialisme.
état†-major† *m* staf (*mil.*).
étau [*mv* x] *m* bankschroef; *être pris, serré comme dans un —*, in de klem zitten.
étayage, étayement *m* het stutten, schoren.
étayer *ov.w* 1 stutten, schoren; 2 ondersteu-et caetera (etc.) enz. [nen (*fig.*).
été *m* zomer; *en —*, 's zomers; *— de la Saint Martin*, zomerse dagen, die vaak begin november voorkomen; opleving bij een grijsaard; *se mettre en —*, zomerse kleren aantrekken.
éteignoir *m* 1 domper (ook *fig.*); 2 slaapmuts (*pop.*).
éteindre I *ov.w onr.*1 blussen (*— le feu*); *— la chaux*, kalk blussen; 2 uitdoven; 3 minder helder maken van kleuren (*— les couleurs d'un tableau*); 4 lessen (*— la soif*); 5 uitroeien (*— une race*); 6 delgen (*— une dette*); 7 verdoven, bedwingen (*— une révolte*), beteugelen (*— son amour*). II *s' ~* 1 uitgaan, uitdoven (*la lumière s'est éteinte*); 2 minder helder worden; 3 uitsterven v. e. ras; 4 gestild worden; 5 wegsterven (*la voix s'éteint*); 6 langzaam sterven, wegkwijnen.
éteint *bn* 1 uitgedoofd (*volcan —*); 2 geblust (*chaux —e*); 3 dof (*couleur —e*); 4 mat, dof (*voix —e*); 5 uitgestorven (*race —e*).
étendage *m* 1 drooglijnen; 2 droogschuur, rek.
étendard *m* standaard, vaandel; *lever l'— de la révolte*, in opstand komen.
étendoir *m* 1 droogstok -lijn; 2 droogplaats.
étendre I *ov.w* 1 uitbreiden, vergroten; 2 uitstrekken, uitspreiden, uitleggen; *— du beurre*, boter smeren; *— qn. par terre*, iem. op de grond werpen; *— la vue sur*, zijn blik laten gaan over; *— un tapis*, een kleed uitleggen; 3 verdunnen (*— du vin avec de l'eau*); 4 uitrekken. II *s' ~* 1 zich uitstrekken, zich uitrekken; 2 uitrekken; 3 zich verbreiden; 4 *— sur*, uitweiden over.
étendu *bn* 1 uitgestrekt; 2 uitgespreid (*alles —es*); 3 met water verdund (*vin —*).
étendue *v* 1 uitgestrektheid, uitgebreidheid, omvang; 2 lengte, tijdsduur.
éternel, -elle I *bn* eeuwig; *la Ville —elle*, Rome. II *zn* E*— m* God.
éternellement *bw* eeuwig.
éterniser I *ov.w* 1 zeer lang laten duren; 2 vereeuwigen. II *s' ~* 1 zich vereeuwigen; 2 zeer lang duren; 3 ergens zeer lang blijven.
éternité *v* 1 eeuwigheid; *de toute —*, sinds

onheuglijke tijden; 2 zeer lange tijd.
éternuement *m* genies.
éternuer *on.w* niezen.
étésien *m* noordenwind in de Middell. Zee.
étêter *ov.w* de top v. e. boom verwijderen.
éteuf *m* kaatsbal; *renvoyer l'—*, de bal terugkaatsen.
éther *m* 1 ether; 2 (*dicht.*) lucht.
éthér/é *bn* etherisch; *âme —e*, reine ziel; *la voûte —e*, het uitspansel. ~**isation** *v* verdoving door middel van ether. ~**iser** *ov.w* verdoven door middel van ether. ~**isme** *m* verdoving door middel van ether. ~**omane** *m* of *v* persoon, verslaafd aan ether. ~**omanie** *v* verslaafdheid aan ether.
éthique I *bn* zedenkundig. II *zn v* zedenleer.
ethnique *bv* 1 heidens; 2 wat volk of ras betreft.
ethno/**graphe** *m* beschrijver van landen en volkeren. ~**graphie** *v* land- en volkenkunde. ~**graphique** *bn* etnografisch. ~**logie** *v* volkenkunde. ~**logique** *bn* volkenkundig. ~**logue, ~logiste** *m* volkenkundige.
éthologie *v* zedenbeschrijving.
étiage *m* laagste stand v. h. water.
étincel/**ant** *bn* schitterend. ~**er** *on.w* 1 vonken; 2 fonkelen, schitteren. ~**le** *v* vonk. ~**lement** *m* 1 het vonken; 2 fonkeling, schittering.
étiolement *m* 1 spichtigheid van planten; 2 verbleking; 3 verzwakking v. d. geest.
étioler I *ov.w* 1 spichtig doen worden van planten; 2 doen verbleken. II *s' ~* 1 spichtig opgroeien van planten; 2 bleek worden; 3 wegkwijnen.
étiologie *v* leer der ziekteoorzaken.
étique *bn* mager, spichtig.
étiquetage *m* het voorzien van etiketten.
étiqueter *ov.w* van etiketten voorzien.
étiquette *v* 1 etiket; 2 hofetiquette, ceremonieel; 3 beschaafde omgangsvormen; *manquer à l'—*, tegen de omgangsvormen zondigen; 4 kruisnet.
étirable *bn* rekbaar.
étirer I *ov.w* rekken. II *s' ~* zich uitrekken.
étisie *v* sterke vermagering, uittering.
étoc *m* 1 klip; 2 boomstronk.
étoffe *v* 1 stof (voor kleding); 2 stof (onderwerp b.v. voor een brief); 3 aanleg, geschiktheid; slag; 4 materiaal.
étoffé *bn* 1 vet, dik, mollig; 2 krachtig (*style —*); 3 vol (van stem); 4 ruim (van kleed).
étoffer *ov.w* 1 stof verschaffen voor; 2 dikker, gezetter maken; 3 spannender maken.
étoile *v* 1 ster; *une —*, een (toneel-, film)ster; *— du berger, du matin, du soir*, Venus; *coucher à la belle —*, *à l'enseigne de l'—*, onder de blote hemel slapen; *— filante*, vallende ster; 2 gesternte; *être né sous une bonne —*, onder een gelukkig gesternte geboren zijn; 3 ridderorde in stervorm; 4 plein, waarop verschillende wegen stervormig samenkomen; 5 sterretje (*); 6 bles; 7 generaalster.
étoilé *bn* 1 bezaaid met sterren (*ciel —*); *bannière —e*, de Stars and Stripes; 2 stervormig; 3 stervormig gebarsten.
étoilement *m* stervormige barst.
étoiler *ov.w* 1 met sterren bezaaien; 2 een stervormige barst maken.
étole *v* stool.
étonn/**amment** *bw* verwonderlijk, verbazend. ~**ant** *bn* 1 verwonderlijk; 2 buitengewoon.
étonnement *m* verwondering.
étonner I *ov.w* verwonderen, verbazen. II *s' ~* zich verwonderen.
étouffant *bn* verstikkend, benauwd.
étouffée *v* het stoven, het smoren.
étouffement *m* benauwdheid.
étouffer I *ov.w* 1 verstikken, doen stikken; 2 uitdoven; 3 onderdrukken, dempen (*une révolte*), smoren (*la voix*); 4 in de doofpot stoppen. II *on.w* stikken; *on étouffe ici*, het is hier om te stikken.
étouffeur *m* worger.

étouffoir *m* 1 doofpot; 2 demper v. e. piano; 3 benauwde zaal.

étoupe *v* werk, poetskatoen; *mettre le feu aux —s*, de poppen aan het dansen maken.

étouper *ov.w* breeuwen.

étoupille *v* lont.

étoupiller *ov.w* van lont(en) voorzien.

étourderie *v* 1 onbezonnenheid, lichtzinnigheid; 2 onbezonnen daad.

étourdi I *bn* 1 onbezonnen, lichtzinnig; *à l'—e*, onbezonnen, lichtzinnig; 2 duizelig. II *zn m* onbezonnene, wildzang.

étourdiment *bw* onbezonnen, lichtzinnig.

étourd/ir I *ov.w* 1 verdoven; *— la douleur*, de pijn verminderen; 2 duizelig maken; 3 vermoeien, gek maken, doof maken (*cet enfant m'étourdit*); 4 even braden; 5 stillen (*— la faim*). II s'~ 1 bedwelmd, verdoofd, gevoelloos worden; 2 afleiding zoeken, om zijn verdriet te vergeten. ~issant *bn* 1 oorverdovend; 2 overstelpend, verbluffend. ~issement *m* 1 verdoving, bedwelming; 2 duizeling; 3 verbazing, ontsteltenis; 4 afleiding, om zijn leed te vergeten.

étourneau [*mv* x] *m* 1 spreeuw; 2 onbezonnen jonge man.

étrange *bn* vreemd, eigenaardig, zonderling.

étranger, -ère I *bn* 1 vreemd (= buitenlands); 2 vreemd (niet tot de familie of een gezelschap behorend); 3 niet behorend bij. II *zn m*, -ère *v* vreemdeling(e). III *m* de vreemde, het buitenland.

étrangeté *v* vreemdheid, zonderlingheid, eigenaardigheid.

étranglé *bn* 1 te nauw, te eng; 2 gesmoord (*voix —e*); 3 bekort, te beknopt (*discours —*).

étranglement *m* 1 worging; 2 vernauwing, beklemming, engte.

étrangler I *ov.w* 1 worgen; 2 beklemmen; 3 in de doofpot stoppen; 4 te gronde richten. II *on.w* stikken; *— de soif*, versmachten van dorst. III s'~ 1 zich worgen; 2 elkaar worgen; 3 stikken; 4 nauwer worden.

étrangleur *m*, -euse *v* worger(-ster).

étrave *v* voorsteven.

être *on.w* 1 zijn, bestaan; *cela ne sera pas*, dat zal niet gebeuren; *c'est cela*, juist; *c'est que*, dat komt, omdat; *n'est-ce pas?*, nietwaar?; *— dix*, met zijn tienen zijn; *le temps n'est plus que*, de tijd is voorbij, dat; 2 liggen, staan, zitten; 3 koppelwerkwoord (*il est malade; il est médecin*); 4 hulpwerkwoord van vijl, van de lijdende vorm (*il est resté; il s'est lavé; il était surpris par l'orage*); 5 (met à) *— à l'agonie*, op sterven liggen; *il est à craindre*, het is te vrezen; *c'était à qui remporterait la victoire*, zij streden om het hardst om de overwinning; *c'est à lui de parler*, het is zijn beurt om te spreken; *je suis à vous*, ik ben tot uw dienst; 6 (met de) *— de la partie*, van de partij zijn; 7 (met y) *je n'y suis pour rien*, ik heb er geen schuld aan; *vous y êtes*, gij hebt het geraden; 8 (met en) *j'en suis pour mon argent*, ik ben mijn geld kwijt; *il n'en est rien*, er is niets van waar; *où en sommes-nous?*, waar zijn wij gebleven?

être *m* 1 het bestaan; 2 de werkelijkheid; 3 wezen; *l'Etre suprême*, het Opperwezen.

étrécir *ov.w* vernauwen.

étrécissement *m* vernauwing.

étreindre *ov.w onr.*1 omarmen; 2 samentrekken vaster aanhalen; 3 drukken.

étreinte *v* 1 omarming, omsingeling; 2 het vaster aanhalen; 3 druk.

étrenne *v* 1 geschenk, vooral op Nieuwjaar en Kerstmis; 2 handgeld; 3 eerste gebruik.

étrenner I *ov.w* 1 geschenken geven; 2 de eerste koop doen bij een koopman; 3 voor het eerst gebruiken (*— un costume*). II *on.w* 1 het eerste geld beuren op een dag; 2 (*pop.*) een pak slaag, een uitbrander krijgen.

êtres *m mv*: *les — d'une maison*, de inrichting, verdeling v. e. huis.

étrier *m* stijgbeugel; *coup de l'—*, glaasje op de valreep; *courir à franc —*, het paard de vrije teugel laten; *avoir le pied à l'—*, gereed zijn, om te vertrekken, de voet in de stijgbeugel hebben (*fig.*); *vider les —s*, zandruiter worden; *tenir l'— à qn.*, de stijgbeugel voor iem. vasthouden, iem. in het zadel helpen (*fig.*).

étrille *v* roskam. ~er *ov.w* 1 roskammen; 2 afrossen, toetakelen; 3 (*fam.*) afzetten.

étriqué *bn* smal, te nauw.

étriquer *ov.w* 1 te nauw maken (*— un habit*); 2 niet voldoende uitwerken (*— un sujet*).

étroit *bn* 1 nauw, eng; *amitié —e*, innige vriendschap; *être logé à l'—*, te klein behuisd zijn; *vivre à l'—*, armoedig leven; 2 bekrompen (*idées —es*); 3 streng, strikt; *discipline —e*, strenge tucht; *sens —*, strikte zin.

étroitesse *v* 1 nauwheid, smalheid; 2 bekrompenheid.

étude *v* 1 studie; *homme sans —*, onontwikkeld man; *maître d'—s*, surveillant; 2 etude (*muz.*); 3 studiezaal; 4 kantoor van notaris, deurwaarder, advocaat; 5 gekunsteldheid; *sans —*, ongekunsteld.

étudiant *m*, -e *v* student(e).

étudier I *ov.w* bestuderen; *douleur étudiée*, voorgewende, geveinsde smart. II *on.w* studeren. III s'~ à zich toeleggen op.

étui *m* etui, koker, foedraal.

étuve *v* 1 zweetbad; 2 droogoven.

étuver *ov.w* 1 stoven; 2 in een droogoven zetten; 3 uitstomen.

étymolo/gie *v* woordafleiding. ~gique *bn* wat woordafleiding betreft (*dictionnaire —*). ~giste *m* kenner v. d. woordafleidingen.

eucharistie *v* het H. Sacrament.

eugénique *v* leer v. d. rasverbetering.

euh! *tw* hm, hm!, zo zo!

eunuque *m* eunuch.

euphémie *bn* welbloemend.

euphémisme *m* verbloemende, verzachtende uitdrukking.

euphon/ie *v* welluidendheid. ~ique *bn* om de welluidendheid te verhogen.

eurafricain *bn* Europa en Afrika betreffend.

Eurasien *m*, -enne *v* Indo.

européen, -enne I *bn* Europees. II *zn* E~ *m*, -enne *v* Europeaan(se).

euscarien, -enne, euskarien, -enne I *bn* Baskisch. II *zn* E~ *m*, -enne *v* Baskiër, Baskische.

euthanasie *v* pijnloze dood.

eux *vnw m mv* zij, hen.

e.v. = *en ville*.

évacuant, évacuatif, -ive I *bn* afvoerend, ontlastend (*med.*). II *zn m* ontlastend middel (*med.*).

évacuation *v* 1 ontlasting; 2 ontruiming.

évacuer *ov.w* 1 ontlasten, lozen; 2 afvoeren (*— des blessés*); 3 ontruimen, verlaten.

évadé I *bn* ontsnapt. II *zn m* ontsnapte (gevangene).

évader (s') 1 ontsnappen (*— de la prison*); 2 een uitvlucht vinden.

évaluable *bn* te schatten.

évaluation *v* schatting, begroting.

évaluer *ov.w* schatten, begroten.

évanescent *bn* geleidelijk verdwijnend, vervliegend.

évangé/liaire *m* evangelieboek. ~lique *bn* 1 evangelisch; 2 protestants. ~lisateur *m*, -trice *v* evangelieprediker(ster). ~lisation *v* evangelieprediking. ~liser *ov.w* het evangelie prediken aan. ~liste *m* evangelist.

évangile *m* evangelie; *côté de l'—*, evangeliekant v. h. altaar; *parole d'—*, zekere waarheid.

évanouir (s') 1 verdwijnen, vervliegen; 2 flauw vallen, in zwijm vallen.

évanouissement *m* 1 verdwijning; 2 bezwijming.

évapor/able *bn* verdampbaar. ~ateur *m* ver-

dampingstoestel. ~ation v verdamping. ~a-
toire bn wat de verdamping betreft; appareil
—, verdampingstoestel. ~é I bn lichtzinnig.
II zn m, -e v lichtzinnige man, - vrouw. ~er
I ov.w 1 doen verdampen; 2 (pop.) ontfutselen. II s'~ 1 verdampen; 2 lichtzinnig
worden; 3 verdwijnen, vervliegen.

évasé bn wijd open; nez —, neus met wijde
évasement m verwijding.   [neusgaten.
évaser ov.w verwijden.
évasif, -ive bn ontwijkend.
évasion v ontsnapping.
évasivement bw ontwijkend.
évasure v wijde opening.
évêché m 1 bisdom; 2 bisschoppelijke waardigheid; 3 bisschoppelijk paleis.
éveil m 1 het op zijn hoede zijn; être en —,
op zijn hoede zijn; tenir en —, opmerkzaam
doen blijven; 2 waarschuwing, wenk,
alarm; donner l'— à qn., iem. een wenk
geven, waarschuwen.
éveillé bn schrander, levendig, vrolijk.
éveiller ov.w 1 wekken; il ne faut pas — le
chat qui dort (spr.w), men moet geen slapende honden wakker maken; 2 opwekken;
l'attention, de aandacht trekken.
éveilleur m, -euse v wekker(ster).
événement m 1 gebeurtenis; 2 uitslag, afloop;
3 ontknoping v. e. litterair werk.
évent m 1 open lucht; mettre à l'—, luchten;
tête à l'—, lichtzinnig persoon; 2 mufheid,
verschaaldheid; 3 luchtkanaal; 4 spuitgat
van walvissen.
éventail m waaier. ~lerie v 1 fabriek van
waaiers; 2 handel in waaiers. ~lier m handelaar in waaiers. ~liste m 1 fabrikant van
waaiers; 2 handelaar in waaiers; 3 waaier-
schilder.
éventé bn 1 verschaald; 2 lichtzinnig.
éventer I ov.w 1 luchten; 2 volbrassen (—
une voile); 3 doen verschalen; 4 verijdelen;
5 de lucht krijgen (van wild); 6 — une mine,
een mijn ontdekken en buiten werking
stellen, lont ruiken. II s'~ 1 zich koelte
toewaaien; 2 verschalen.
éventrer 1 de buik openscheuren, -snijden;
2 met geweld openen, openbreken.
éventualité v mogelijkheid, gebeurlijkheid.
éventuel, -elle I bn mogelijk, wisselvallig.
II zn m emolumenten. ~lement bw bij voorkomende gelegenheid.
évêque m bisschop.
évertuer (s') zijn best doen, zich inspannen,
zich afsloven.
évidage, évidement m uitholling, openwer-
king.
évidemment bw klaarblijkelijk, natuurlijk.
évidence v duidelijkheid, zekerheid; mettre
en —, op de voorgrond plaatsen, duidelijk
laten uitkomen; se rendre à l'—, zich gewonnen geven.
évident bn duidelijk, vanzelfsprekend.
évider ov.w uithollen, openwerken.
évier m gootsteen.
évinc/ement m verdringing. ~er ov.w 1 verdringen; 2 iem. ontzetten uit zijn bezit.
évit/able bn te vermijden. ~ement m uitwijking; gare d'—, rangeerterrein.
éviter ov.w vermijden, ontwijken; évitez qu'il
ne vous voie, zorg er voor, dat hij je niet ziet.
évocateur, -trice bn wat voor de geest brengt,
wat herinneringen oproept (un style —).
évocation v 1 bezwering; 2 herinnering, het
zich weer voor de geest halen.
évoluer on.w 1 manoeuvreren, zwenkingen
uitvoeren; 2 zich ontwikkelen; 3 van mening veranderen.
évolution v 1 manoeuvre, zwenking; 2 ontwikkeling. ~nisme m evolutieleer. ~niste m
aanhanger der evolutieleer.
évoquer ov.w 1 bezweren; 2 voor de geest
roepen; 3 een zaak naar een andere rechtbank verwijzen (— une affaire).
évulsion v uittrekking.

ex vz gewezen, vroeger (ex-officier).
exacerbation v verergering v. e. ziekte.
exacerber ov.w verergeren v. e. pijn.
exact bn 1 juist, nauwkeurig; l'heure —e,
de juiste tijd; les sciences —es, de exacte
wetenschappen; 2 stipt, nauwgezet; 3 une
diète —e, een streng dieet.
exactement bw nauwkeurig, juist, stipt.
exact/eur m uitzuiger. ~ion v 1 invordering
(b.v. van belastingen); 2 afpersing, knevelarij.
exactitude v 1 nauwkeurigheid, juistheid;
2 stiptheid, nauwgezetheid.
exagérateur m, -trice v, exagéreur m, -euse v
overdrijver(-drijfster)
exagér/atif, -ive bn overdreven, overdrijvend.
~ation v overdrijving. ~é I bn overdreven.
II zn m het overdrevene. ~ément bw overdreven. ~er ov.w overdrijven.
exaltation v 1 verheerlijking; 2 vervoering,
bezieling, zielsverrukking; 3 overspanning;
4 verkiezing tot paus; 5 (tijdelijk) opgewekt gevoel.
exalté bn 1 overspannen, opgewonden. II zn
m, -e v overspannen, opgewonden persoon.
exalter I ov.w 1 verheerlijken; hemelhoog
prijzen; 2 overprikkelen, overspannen; 3 in
vervoering brengen, verrukken; — les
esprits, de gemoederen doen ontvlammen.
II s'~ zich opwinden, in vuur raken.
examen m 1 onderzoek; à l'—, bij nader inzien; 2 examen; — d'entrée, toelatings-
examen; — de passage, overgangsexamen;
— de sortie, eindexamen; être reçu à un —,
voor een examen slagen; être refusé à un —,
voor een examen zakken.
examinateur m, -trice v examinator(-trice).
examiner ov.w 1 onderzoeken; 2 examineren;
3 opnemen, onderzoekend aankijken.
exaspér/ant bn ergerlijk. ~ation v 1 verbittering; 2 verergering, crisis in een ziekte. ~er
I ov.w 1 verbitteren; 2 verergeren van ziekte, pijn. II s'~ 1 zich ergeren; 2 erger
exaucement m verhoring.   [worden.
exaucer ov.w verhoren.
excavateur m graafmachine.
excavation v 1 uitgraving; 2 holte.
excaver ov.w uitgraven.
excédant bn 1 overschietend; 2 afmattend;
3 lastig.
excédent m overschot, teveel, overmaat; —
démographique bevolkingsoverschot.
excéder I ov.w 1 te boven gaan, overschrijden
(— son pouvoir); 2 overtreffen; 3 afmatten,
vermoeien; 4 vervelen, lastig vallen. II s'~
1 zich te buiten gaan; 2 zich uitputten,
zich afmatten.
excellemment bw uitmuntend, uitstekend.
excellence v 1 uitmuntendheid, voortreffelijkheid; par —, bij uitstek; 2 E—, Excellentie.
excellent bn uitmuntend, uitstekend.
excellentissime bn allervoortreffelijkst.
exceller on.w uitmunten.
excentricité v 1 uitmiddelpuntigheid, het ver
v. h. centrum liggen; 2 zonderlingheid.
excentrique I bn 1 uitmiddelpuntig, afgelegen, ver v. h. centrum gelegen; 2 zonderling. II zn m zonderling.
excepté I vz uitgezonderd; — les enfants
(onveranderlijk), uitgezonderd de kinderen.
II bn uitgezonderd; les enfants —s (veranderlijk), uitgezonderd de kinderen.
excepter ov.w uitzonderen.
exception v uitzondering; à l'— de, met uitzondering van; par —, bij uitzondering.
exceptionnel, -elle bn uitzonderlijk, buitengewoon. ~lement bw 1 bij wijze van uitzondering; 2 buitengewoon.
excès m 1 overmaat, uiterste; à l'—, uitermate, hoogst; 2 buitensporigheid, uitspatting; 3 overdrijving; — de douleur, overdreven smart; pousser à l'—, overdrijven;
— de pouvoir, machtsoverschrijding; — de
travail, overmatige arbeid.

excessif, -ive bn overdreven, buitensporig.
excessivement bw uiterst, bovenmatig.
exciper (de) on.w zich beroepen (op).
excipient m bindmiddel.
exciser ov.w wegsnijden.
excision v wegsnijding.
excitabilité v prikkelbaarheid.
excitable bn prikkelbaar. [middel.
excitant I bn opwekkend. II zn m opwekkend
excitateur, -trice I bn opwekkend, prikkelend. II zn m, **-trice** v ophitser(-ster), aanstoker(aanstookster).
excitatif, -ive bn opwekkend, prikkelend.
excitation v 1 opwekking, prikkeling; 2 aansporing; 3 ophitsing, opruiing.
exciter ov.w 1 opwekken, prikkelen; 2 aanvuren, aanmoedigen; 3 ophitsen (— un chien), opruien; 4 verwekken (— la soif).
exclamatif, -ive bn uitroepend; point —, uitroepteken.
exclamation v uitroep; point d'—, uitroepteken.
exclamer I on.w uitroepen. II s' ~ uitroepen.
exclure ov.w onr uitsluiten, wegjagen.
exclusif, -ive bn 1 uitsluitend; vente —ive, alleenverkoop; 2 eenzijdig.
exclusion v uitsluiting; à l' — de, met uitsluiting van.
exclusivement bw uitsluitend, niet inbegrepen (du mois de janvier au mois de mars —).
exclusivité v 1 het aparte; 2 eenzijdigheid; 3 alleenverkoop, alleenvertoningsrecht.
excommuni/cation v kerkelijke ban. ~er ov.w in de kerkelijke ban doen.
excré/ment m 1 uitwerpsel; 2 uitvaagsel. ~ter ov.w uitscheiden. ~tion v uitscheiding.
excroissance v uitwas.
excursion v 1 uitstapje, tochtje; 2 inval; 3 uitweiding. ~ner on.w een tochtje maken. ~niste m maker v. e. plezierreisje, toerist.
excusable bn vergeeflijk, te verontschuldigen.
excuse v verontschuldiging; faire des —s, excuus vragen; faites —, neem me niet kwalijk; — valable, geldig excuus.
excuser I ov.w verontschuldigen; excusez du peu!, alsof het niets was! II s' ~ zich verontschuldigen; qui s'excuse, s'accuse (spr.w), wie zich zelf verontschuldigt, geeft toe, dat hij schuldig is.
exeat m 1 verlof aan een priester, om het bisdom te verlaten; 2 verlof, om niet op school te komen.
exécr/able bn verfoeilijk, afschuwelijk. ~ation v 1 afschuw; avoir en —, verfoeien; 2 uitvaagsel, gruwel; 3 verwensing, vervloeking. ~er ov.w verafschuwen, verfoeien.
exécutable bn uitvoerbaar.
exécutant m, -e v speler(speelster) op concert.
exécuter ov.w 1 uitvoeren, volbrengen; 2 uitvoeren van muziek, zang enz.; 3 maken (— une statue); 4 terechtstellen; 5 gerechtelijk verkopen (van de goederen v. e. schuldenaar). II s' ~ besluiten, iets tegen zijn zin te doen, zich in iets schikken.
exécuteur m, -trice v uitvoerder(-ster); — testamentaire, uitvoerder v. e. testament; — des hautes œuvres, beul.
exécutif, -ive I bn uitvoerend; pouvoir —, uitvoerende macht. II zn m uitvoerende macht.
exécution v 1 uitvoering; 2 het maken; 3 uitvoering van muziek, zang enz.; 4 capitale, terechtstelling; 5 gerechtelijke verkoop.
exécutoire bn 1 uitvoerbaar; 2 invorderbaar.
exégèse v uitlegging, tekstverklaring.
exégète m bijbelverklaarder.
exégétique bn wat tekstverklaring betreft.
exemplaire I bn voorbeeldig. II zn m exemplaar.
exemple m voorbeeld; à l' — de, in navolging van; prendre — sur, een voorbeeld nemen aan; sans —, ongehoord; servir d'—, tot voorbeeld strekken; par —, 1 bij voorbeeld; 2 nu nog mooier!

exempt bn 1 vrijgesteld (— du service militaire); 2 bevrijd (— de soucis).
exempté I bn vrijgesteld. II zn m iemand, die vrijgesteld is (un — de service).
exempter ov.w vrijstellen, ontheffen.
exemption v vrijstelling, ontheffing.
exerçant bn praktizerend (médecin —).
exercer I ov.w 1 africhten (— des recrues); 2 oefenen (— le corps); 3 uitoefenen, beoefenen; 4 op de proef stellen (— la patience). II s' ~ zich oefenen.
exercice m 1 oefening; faire l'—, exerceren; 2 lichaamsbeweging; prendre de l'—, beweging nemen; 3 uitoefening, beoefening, bediening, ambt.
exfoliation v afschilfering.
exfolier I ov.w 1 een plant van zijn bladeren ontdoen; 2 afschilferen. II s' ~ afschilferen.
exhalaison v uitwaseming.
exhalation v uitwaseming.
exhaler I ov.w 1 uitwasemen, uitademen; — le dernier soupir, de laatste adem uitblazen; 2 uiten (— des plaintes); luchten (— sa douleur); uitbraken (— sa bile). II s' ~ 1 zich verspreiden, opstijgen; 2 zijn gemoed luchten (s'— en injures).
exhaussement m op-, verhoging.
exhausser ov.w op-, verhogen.
exhausteur m benzinepomp.
exhaustif, -ive bn 1 uitputtend; 2 een onderwerp uitputtend, diepgaand (étude —ive).
exhaustion v 1 uitpomping; 2 uitputting.
exhérédation v onterving.
exhéréder ov.w onterven.
exhib/er ov.w 1 vertonen, overleggen; 2 ten toon spreiden. ~ition v 1 vertoning, overlegging; 2 tentoonspreiding; 3 tentoonstelling, demonstratie; faire —, te koop lopen met. ~itionniste m naaktloper.
exhilarant bn hilariteit verwekkend.
exhortation v aansporing, vermaning.
exhorter ov.w aansporen, vermanen.
exhumation v opgraving.
exhumer ov.w 1 opgraven; 2 voor de dag brengen, opdiepen.
exig/eant bn veeleisend. ~ence v 1 eis; 2 aanmatiging. ~er ov.w eisen, vereisen.
exigibilité v invorderbaarheid.
exigible bn opeisbaar, invorderbaar.
exigu(ë) bn klein, bekrompen, eng, gering.
exiguïté v kleinheid, bekrompenheid.
exil m 1 ballingschap; 2 verbanningsoord; 3 onaangename verblijfplaats; 4 aarde, menselijk leven tegenover de hemel en het hemels leven.
exilé m, -e v banneling(e).
exiler I ov.w verbannen. II s' ~ in ballingschap gaan.
exinscrit bn aangeschreven (van cirkel).
existant I bn bestaand. II zn m de mens zelf.
existence v 1 bestaan; 2 leven, levenswijze; 3 aanwezige voorraad.
existentialisme m moderne wijsbegeerte, verdedigd door Heidegger, Sartre e.a.
existentialiste I bn existentialistisch. II zn m existentialist.
existentiel, -elle bn wat betrekking heeft op het bestaan.
exister I on.w bestaan, leven. II zn m bestaan.
exit m aanduiding, dat de toneelspeler het toneel moet verlaten.
ex-libris m boekmerk.
exode v uittocht.
exonder (s') droogvallen.
exonération v vrijstelling.
exonérer ov.w vrijstellen.
exorbitant bn buitensporig, overdreven.
exorbité bn uitpuilend (van ogen).
exorc/isation v bezwering. ~iser ov.w 1 bezweren; 2 streng vermanen. ~iseur m bezweerder. ~isme m bezwering. ~iste m duivelbanner.
exorde m aanhef v. e. rede.
exotérique bn openbaar, openlijk.
exotique bn uitheems.

exotisme m uitheemsheid.
expansibilité v uitzetbaarheid van gassen.
expansible bn uitzetbaar.
expansif, -ive bn 1 uitzetbaar; 2 mededeelzaam, uitbundig.
expansion v 1 uitzetting; 2 vergroting; 3 uitbreiding (— d'un pays); 4 verbreiding (— d'une doctrine); 5 mededeelzaamheid, behoefte, om zich te uiten.
expansionniste m voorstander van uitbreiding van zijn land.
expansivité v mededeelzaamheid, behoefte, om zich te uiten.
expatriation v het verlaten v. h. vaderland, het verdreven worden uit het vaderland.
expatrier I ov.w uit het vaderland verdrijven. II s' ~ zijn vaderland verlaten.
expectant bn afwachtend; médecine —e, geneeskunde, die de natuur zoveel mogelijk haar gang laat gaan.
expectatif, -ive bn hoopgevend.
expectation v afwachting.
expectative v afwachting; être dans l'—, een afwachtende houding aannemen.
expector/ant I bn slijmoplossend. II zn m slijmoplossend middel. ~ation v het opgeven van slijm. ~er ov.w slijm opgeven.
expédient I m uitweg, redmiddel; être fertile en —s, vindingrijk; op weg te weten. II —(de) bn dienstig, raadzaam, passend.
expédier ov.w 1 af-, ver-, toezenden; 2 verhaasten, snel afdoen; 3 afschepen; 4 een kopie maken; écriture expédiée, lopend schrift; 5 naar de andere wereld helpen.
expéditeur m, -trice v 1 afzender(-ster); 2 expediteur.
expéditif, -ive bn voortvarend, doortastend.
expédition v 1 ver-, af-, toezending; 2 zending; 3 uitvoering; homme d'—, voortvarend mens; 4 krijgstocht, ontdekkingsreis, expeditie; 5 afschrift.
expéditionnaire I m 1 verzender, expediteur; 2 klerk, die afschriften maakt. II bn 1 afschriften makend (commis —); 2 wat betrekking heeft op een krijgstocht (armée —).
expéditivement bw voortvarend.
expérience v 1 proef, proefneming; sujet d'—, proefdier; 2 ondervinding, ervaring; par —, bij ondervinding, proefondervindelijk.
expériment/al [mv aux] bn proefondervindelijk; sciences —es, ervaringswetenschappen. ~ateur m, -trice v proefnemer(-neemster). ~ation v proefneming. ~é bn ervaren. ~er I ov.w beproeven, proeven nemen met. II on.w proeven nemen.
expert I m deskundige; —comptable, accountant. II bn bedreven, deskundig.
expertement bw handig.
expertis/e v 1 deskundig onderzoek, schatting; 2 rapport v. e. deskundige. ~er ov.w deskundig onderzoeken, taxeren.
expiateur, -trice bn verzoenend.
expiation v boetedoening; l'— suprême, de doodstraf.
expiatoire bn verzoenend; sacrifice —, zoenoffer.
expier ov.w uitboeten, boeten voor.
expirant bn 1 stervend; 2 verdwijnend, uitstervend.
expiration v 1 uitademing; 2 vervaltijd, einde van een termijn.
expirer I ov.w uitademen. II on.w 1 sterven, de laatste adem uitblazen; 2 eindigen v. e. termijn, vervallen.
explétif, -ive I bn aanvullend (mot —). II zn m aanvullend woord.
explicable bn verklaarbaar.
explicateur I bn uitleggend, verklarend. II zn m uitlegger, verklaarder.
explicatif, -ive bn verklarend, uitleggend.
explication v verklaring, uitlegging; demander une — à qn., iem. rekenschap vragen.
explicite bn klaar, duidelijk, uitdrukkelijk.
explicitement bw in duidelijke bewoordingen, uitdrukkelijk.

expliquer I ov.w uitleggen, verklaren. II s' ~ 1 verklaard worden; 2 rekenschap geven; je ne me l'explique pas, het is mij niet duidelijk, ik begrijp dat niet.
exploit m 1 heldendaad; 2 (ironisch) lichtzinnige daad; 3 exploot.
exploit/able bn ontginbaar, bebouwbaar. ~ant I zn m 1 ondernemer; 2 ontginner. II bn exploot doende (huissier —). ~ation v 1 beheer, ontginning, exploitatie; 2 geëxploiteerd bos, landgoed enz.; 3 uitbuiting. ~er I ov.w 1 beheren, ontginnen, exploiteren; 2 uitbuiten; 3 ten nutte maken, partij trekken van. II on.w dagvaarden, exploot doen. ~eur m, -euse v uitbuiter(-ster).
explor/able bn te onderzoeken. ~ateur m, -trice v ontdekker(-ster), ontdekkingsreiziger(-ster). ~ation v 1 onderzoeking; voyage d'—, ontdekkingsreis; 2 onderzoek (med.). ~er ov.w 1 onderzoeken, doorzoeken, een ontdekkingsreis doen in; 2 nauwkeurig onderzoeken (med.).
exploser on.w ontploffen.
exploseur m mijnontsteker.
explosible bn ontplofbaar.
explosif, -ive I bn ontploffend, ontplofbaar. II zn m springstof.
explosion v 1 ontploffing; faire —, ontploffen; 2 uitbarsting (fig.) (— de la colère).
export/able bn exporteerbaar. ~ateur m exporteur. ~ation v 1 export; 2 geëxporteerde goederen. ~er ov.w uitvoeren, exporteren.
exposant m, -e v 1 inzender(ster) op een tentoonstelling; 2 exponent (wisk.).
exposé m uiteenzetting, verslag.
exposer I ov.w 1 tentoonstellen, uitstallen, vertonen; — un criminel, een misdadiger aan de kaak stellen; — le saint sacrement, het H. Sacrament uitstellen; 2 blootstellen, plaatsen; maison exposée au midi, op het zuiden liggend huis; — à l'air, luchten; — sa vie, zijn leven in de waagschaal stellen; 3 uiteenzetten (— ses idées); 4 te vondeling leggen; 5 belichten (fot.). II s' ~ à zich blootstellen aan.
exposition v 1 uitstalling, tentoonstelling; — universelle, wereldtentoonstelling; l'— du saint sacrement, de uitstelling v. h. H. Sacrament; l'— d'un criminel, het aan de kaak stellen v. e. misdadiger; 2 blootstelling, plaatsing, ligging; — au midi, ligging op het zuiden; l'—à l'air, het luchten; l'— d'un tableau, de plaatsing v. e. schilderij ten opzichte v. h. licht; 3 uiteenzetting; 4 het te vondeling leggen; 5 belichting (fot.); temps d'—, belichtingstijd.
exprès, -esse I bn uitdrukkelijk, duidelijk. II zn m speciale koerier. III bw opzettelijk; faire —, opzettelijk, expres doen.
express I zn m sneltrein. II bn snel (train —, bateau —); colis —, pakje per expresse bestelling.
expressément bw uitdrukkelijk.
expressif, -ive bn vol uitdrukking, veelbetekenend.
expression v 1 uitdrukking (in alle betekenissen); réduire à sa plus simple —, tot de eenvoudigste vorm herleiden, zoveel mogelijk verkorten of verkleinen (réduire un pays à sa plus simple —); réduire une fraction à sa plus simple —, een breuk vereenvoudigen; 2 uitpersing.
expressionn/isme m expressionisme (kunstrichting). ~iste m expressionist.
expressivement bw vol uitdrukking, veelbetekenend.
exprimable bn uit te drukken.
exprimer ov.w 1 uitdrukken; 2 uitpersen. II s' ~ zich uitdrukken.
expropriation v onteigening.
exproprier ov.w onteigenen.
expugnable bn inneembaar, bestormbaar.
expulsé m verdrevene, uitgewezene.
expulser ov.w 1 verdrijven, verjagen, het land uitzetten; 2 lozen, afvoeren (med.).

expulsif, -ive *bn* afvoerend, uitdrijvend (*med.*); *douleurs* —*ives*, barensweeën.

expulsion *v* 1 verdrijving, verjaging, het uit het land zetten; 2 lozing, afvoer (*med.*).

expurgation *v* zuivering (v. e. boek).

expurger *ov.w* (een boek) zuiveren.

exquis *bn* uitgezocht, fijn, puik, heerlijk.

exquisité *v* uitgezochtheid, fijnheid.

exsangue *bn* bloedeloos, bloedarm.

exsud/ant *bn* zweet veroorzakend. ~at *m* uitzweetsel. ~ation *v* uitzweting. ~er *ov.w* uitzweten.

extase *v* 1 extase, geestverrukking; 2 opgetogenheid.

extasier (s') 1 in extase, in geestverrukking geraken; 2 opgetogen worden.

extatique *bn* 1 extatisch; 2 diep (*joie* —).

extenseur *m* broekpers.

extensibilité *v* rekbaarheid.

extensible *bn* rekbaar.

extensif, -ive *bn* uitbreidend.

extension *v* 1 uitbreiding; *prendre de l'*—, zich uitbreiden; *par* —, in ruimer betekenis; 2 uitrekking, het uitstrekken.

exténuant *bn* afmattend.

exténuation *v* afmatting, uitputting.

exténuer *ov.w* afmatten, uitputten.

extérieur *bn* 1 uitwendig, uiterlijk; 2 buitenste; 3 buitenlands (*commerce* —).

extérieurement *bw* uitwendig, van buiten.

extériorité *v* uitwendigheid.

exterminateur, -trice *bn* verderf brengend, uitroeiend; *l'ange* —, de engel des verderfs.

extermination *v* uitroeiing; *guerre d'*—, vernietigingsoorlog.

exterminer I *ov.w* uitroeien, vernietigen, verdelgen. II s' ~ (*fam.*) zich kapot werken.

externat *m* 1 externaat; 2 assistentschap van med. studenten in een ziekenhuis.

externe I *bn* 1 uitwendig; *angle* —, buitenhoek; *influence* —, invloed van buiten; 2 extern (niet-inwonend). II *zn m* of *v* 1 niet-inwonende leerling(e); 2 med. student(e), die assisteert in een ziekenhuis.

exterritorialité *v* het niet aan de wetten van een vreemd land onderworpen zijn; van gezant of con(s.l); exterritorialiteit.

extincteur I *m* snelblusapparaat; — *mousse*, schuimblusapparaat. II ~, -trice *bn* blussend.

extinctif, -ive *bn* 1 blussend; 2 vernietigend, annulerend.

extinction *v* 1 blussing; 2 uitdoving; 3 uitsterving; 4 verlies (— *de la voix*); 5 delging (*l'* — *d'une dette*); 6 het doen verdwijnen, afschaffing, verdelging.

extinguible *bn* blusbaar.

extirpateur *m* uitroeier, verdelger.

extirpation *v* uitroeiing, verdelging.

extirper *ov.w* uitroeien, verdelgen.

extorquer *ov.w* afdwingen, afpersen.

extorsion *v* afpersing.

extra I *m* 1 iets extra's; *plat d'*—, extra schotel; *vin d'*—, extra wijn; 2 hulp (knecht, dienstbode). II *bn* buitengewoon (*un vin* —). III *bw* 1 buitengewoon (*extra-fin*); 2 buiten (*extra-parlementaire*).

extra-conjugal [*mv* aux] *bn* buitenechtelijk.

extracteur *m* 1 uittrekker; 2 patroontrekker.

extractible *bn* uittrekbaar.

extraction *v* 1 het (uit)trekken; (— *d'une dent*); 2 het delven, het winnen (kolen, petroleum); 3 worteltrekking; 4 afkomst.

extrader *ov.w* uitleveren.

extradition *v* uitlevering.

extra-fin† *bn* zeer fijn, prima.

extraire *ov.w* *onr* 1 uittrekken (— *une dent*); 2 delven, winnen; 3 ontlenen; 4 halen uit (— *de la prison*); 5 worteltrekken.

extrait *m* 1 extract; 2 uittreksel.

extra-/légal [*mv* aux] *bn* onwettig. ~-muros *bw* buiten (de muren van) een stad. ~-ordinaire *bn* 1 buitengewoon; *ambassadeur* —, buitengewoon gezant; 2 zonderling, eigenaardig. ~-réglementaire† *bn* buiten het reglement om. ~-sec† *bn* —, wijn, die nog minder zoet is dan een *vin sec.*

extravagance *v* buitensporigheid, dwaasheid, onzinnigheid; *dire des* —s, onzin vertellen.

extravagant *bn* buitensporig, onzinnig.

extravaguer *on.w* onzin praten, gekke dingen doen.

extrême I *bn* 1 uiterst, laatst; *l'*— *gauche*, de uiterste linkervleugel in het parlement; *l'*— *droite*, de uiterste rechtervleugel; 2 buitengewoon, zeer groot (*douleur* —, *joie* —); 3 in uitersten vervallend, overdreven; *être* — *en tout*, steeds in uitersten vervallen. II *zn m* 1 uiterste. tegenstelde; *les* —s *se touchent* (spr.w), de uitersten raken elkaar; 2 buitenspeler. III *bw* :*à l'*—, tot het uiterste; *pousser à l'*—, tot het uiterste drijven.

extrêmement *bw* buitengewoon, uiterst.

extrême-onction *v* het H. Oliesel.

extrémité I *v* 1 einde; 2 uiterste; *être à l'*—, op het uiterste liggen; *pousser à l'*—, tot het uiterste drijven; 3 overdrijving; 4 buitensporigheid. II *mv* handen en voeten.

extrinsèque *bn* 1 uiterlijk; 2 nominaal.

exubérance *v* 1 overvloed, weelderigheid; 2 gezwollenheid van stijl.

exubérant *bn* 1 overvloedig, weelderig; 2 uitbundig, opgewonden; 3 gezwollen (*style* —).

exulcération *v* verzwering.

exulcérer *ov.w* het begin van een verzwering veroorzaken.

exultation *v* gejuich, jubel, grote blijdschap.

ex-voto *m* ex-voto, gelofte-gift.

F

f *m* of *v*; **F** (**Fr**) = *frère* = broeder, frater; **fab.** = *franco à bord* = franco-boord; **fr°** franco; **fl.** = *florin(s)* = gulden(s); **f°** = folio; **F.M.I.** = *Fonds monétaire international* = Int. Monetair Fonds. **fob.** = *free on board* = franco-boord; **fr.** = *franc(s)* = frank.

fable *v* 1 fabel; 2 F—, fabelleer; 3 verzinsel; 4 voorwerp van spot, van ergernis (*il est la* — *de la ville*); 5 handeling v. e. litt. werk.

fabliau, fableau [*mv* x] *m* Frans volksverhaaltje in verzen uit de 12e of 13e eeuw.

fablier *m* fabelboek.

fabricant *m* fabrikant.

fabricateur *m*, -trice *v* maker(maakster), vervaardiger(-ster) (in ongunstige zin).

fabrication *v* 1 fabricage; 2 fabrikaat.

fabricien, fabricier *m* kerkmeester.

fabrique *v* 1 fabriek; *marque de* —, fabrieksmerk; 2 het vervaardigen, maaksel; *de mauvaise* —, van slecht maaksel; 3 *conseil de* —, kerkeraad.

fabriquer *ov.w* fabriceren, vervaardigen.

fabul/eusement *bw* 1 fabelachtig; 2 ongelooflijk (— *riche*). ~-eux, -euse *bn* 1 fabelachtig, denkbeeldig; 2 ongelooflijk (fabelachtig). ~iste *m* fabeldichter.

façade *v* 1 voorgevel; 2 uiterlijk, schijn.

face *v* 1 gezicht, gelaat, voorkomen, aanzien, gedaante; *à la* — *de*, ten aanschouwe van; *une* — *de carême*, een bleek gelaat; *changer de* —, van aanzien veranderen; *en* —, openlijk, in het gezicht; *en* — *de*, tegenover; *la maison d'en* —, het huis aan de overkant; —

à —, van aangezicht tot aangezicht; *faire* — *à*, gekeerd zijn naar, het hoofd bieden aan; *faire* — *à ses engagements*, zijn verplichtingen nakomen; *portrait de* —, van voren gezien portret; *regarder en* —, in het gezicht kijken; *sauver la* —, de schijn redden; *volture de* —, tegenligger; 2 buitenzijde, voorzijde (*la* — *de la maison*); 3 beeldzijde v. e. munt; *pile ou* —, kruis of munt; 4 oppervlakte (*la* — *de l'eau*); 5 kant, zijde; *considérer sous toutes ses* —*s*, van alle kanten bekijken.

face†-à-main *m* lorgnet met steel.

facétie *v* grap, mop.

facétieusement *bw* grappig, koddig.

facétieux, -euse *bn* grappig, koddig.

fac/ette *v* facet, vakje. ~**etter** *ov.w* in facetten slijpen (— *un diamant*).

fâché *bn* 1 boos, kwaad; — *contre*, boos op; 2 *je suis* —, het spijt me.

fâcher I *ov.w* boos maken, ontstemmen. II *se* ~ kwaad-, boos worden, zich ergeren.

fâcherie *v* onenigheid, twist, gekibbel.

fâcheux I *bn* 1 droevig, verdrietig, jammer; *il est* — *que*, het is jammer, dat; 2 ergerlijk, onaangenaam, hinderlijk; *un* — *troisième*, derde persoon, die te veel is. II *zn m* lastig, hinderlijk mens.

facial [*mv aux*] *bn* wat het gelaat betreft; *angle* —, gelaatshoek; *chirurgie* —*e*, gelaatschirurgie.

faciès *m* 1 gelaat, gelaatsuitdrukking; 2 uiterlijk.

facile *bn* 1 gemakkelijk; 2 vlug (*esprit* —); 3 vloeiend, los (*style* —); 4 toegeeflijk, inschikkelijk, gediensig (*caractère* —); 5 toegevend; *femme* —, vrouw van lichte zeden.

facilité *v* 1 gemakkelijkheid; 2 vlugheid (— *d'esprit*); 3 losheid, vloeiendheid (— *de style*); 4 inschikkelijkheid, gediensigheid; 5 toegevendheid, luchtigheid (*femme d'une grande* —).

faciliter *ov.w* vergemakkelijken.

façon I *v* 1 manier, wijze; *de la bonne* —, duchtig; *de cette* —, op die manier; *de* — *que*, zodat; *c'est une* — *de parler*, bij wijze van spreken; 2 uiterlijk, voorkomen; 3 soort (*une* — *d'écrivain*); 4 plichtpleging (*sans* —); 5 werk, maaksel; 6 maakloon; *travailler à* —, werken tegen maakloon; 7 snit, vorm. II —*s mv* complimenten.

faconde *v* welbespraaktheid.

façonnage, façonnement *m* bewerking, fatsoenering.

façonner *ov.w* 1 bewerken; 2 bewerken v. d. grond; 3 beschaven, vormen (— *l'esprit*); 4 — *à*, wennen aan.

façonnier, -ère I *bn* complimenteus. II *zn m*, -ère *v* maakloonwerker(-ster).

**fac-similé† *m* kopie.

fact/age *m* 1 bezorging van waren, bestelling van brieven; 2 bezorg-, bestelloon; 3 dienstverrichting. ~**eur** *m* 1 brievenbesteller; 2 witkiel; 3 commissionair; 4 fabrikant van muziekinstrumenten; 5 factor.

factice *bn* kunstmatig.

factieux, -euse I *bn* oproerig. II *zn m*, -euse *v* oproermaker(-maakster).

faction *v* 1 wacht (*mil.*); *être en* —, op wacht staan; 2 het lang wachten; 3 oproerige partij.

factionnaire *m* schildwacht.

factorerie *v* factorij.

factotum *m* manusje-van-alles.

factum *m* schotschrift, verweerschrift.

factur/e *v* 1 bewerking, vervaardiging; 2 factuur. ~**er** *ov.w* in factuur brengen. ~**ier** *m* 1 facturist; 2 factuurboek ✕.

facultatif, -ive *bn* naar verkiezing, op verzoek.

facultativement *bw* naar verkiezing.

faculté I *v* 1 bevoegdheid, recht; 2 vermogen, gave, macht, bekwaamheid; 3 faculteit; *la* — *de médecine* (*la Faculté*), de dokters. II —*s mv* 1 geldmiddelen, vermogen; 2 aanleg, vermogens.

fada *m* dwaas, sufferd.

fad/aise *v* flauwiteit. ~**asse** *bn* erg flauw. ~**e** *bn* flauw, smakeloos; *couleur* —, bleke kleur. ~**eur** *v* flauwheid, flauwiteit.

fading *m* fading (*radio*).

faffes *v mv* (*arg.*) bankpapier.

fafiot *m* (*pop.*) 1 bankbiljet; 2 kinderschoentje.

fagne *v* bergmoeras.

fagot *m* 1 takkenbos; *débiter des* —*s*, kletspraatjes verkopen; — *d'épines*, nurks; *sentir le* —, naar de mutsaard rieken; *vin de derrière les* —*s*, de beste wijn v. d. wijnbouwer; 2 bundel, pak.

fagoter I *ov.w* 1 tot takkenbossen binden; 2 toetakelen. II *se* ~ (*fam.*) zich toetakelen, zich opdirken.

fagotin *m* 1 takkenbosje; 2 hansworst.

faiblard (*fam.*) *bn* zwakjes.

faible I *bn* 1 zwak (in versch. betekenissen) (*enfant*—; *caractère* —, *esprit* —); *du thé* —, slappe thee; *du vin* —, lichte wijn; 2 gering, klein; *une* — *quantité*, een geringe hoeveelheid; *un* — *revenu*, een klein inkomen. II *zn m* 1 zwak persoon, zwakkeling; 2 zwakke plaats; *le* — *d'une place*, de zwakke plaats v. e. vesting; 3 zwak; *avoir du* — *pour*, een zwak hebben voor; *prendre qn. par son* —, iem. in zijn zwak tasten.

faiblesse *v* 1 zwakheid, zwakte; 2 geringheid (*la* — *d'une fortune*); 3 flauwte.

faiblir *on.w* 1 verzwakken; 2 gaan liggen v. d. wind; 3 verslappen, wankelen.

faïenc/e *v* plateelwerk, aardewerk. ~**erie** *v* plateelfabriek, handel in plateel.

faïencier *m* plateelfabrikant, handelaar in plateel.

failli *m* gefailleerde.

faill/ibilité *v* feilbaarheid. ~**ible** *bn* feilbaar. ~**ir** *on.w onr.* 1 falen; 2 ontbreken, in de steek laten, ten einde lopen; *le cœur lui faut*, de moed ontzinkt hem; *le jour commence à* —, de dag loopt ten einde; *sa mémoire lui a failli*, het geheugen liet hem in de steek; 3 te kort schieten (— *à son devoir*); 4 bijna; *il a failli tomber*, hij is bijna gevallen; 5 failliet gaan.

faillite *v* 1 faillissement; *faire* —, failliet gaan; 2 mislukking, ineenstorting.

faim *v* 1 honger; *une* — *de loup, une* — *canine*, honger als een paard; *la* — *chasse le loup du bois* (*spr.w*), honger is een scherp zwaard; *manger à sa* —, zijn buik vol eten; 2 begeerte, zucht (— *de gloire*).

faine *v* beukenootje.

fainéant I *bn* nietsdoend, lui; *les rois* —*s*, de laatste koningen uit het huis der Merovingers. II *zn m* nietsdoener, luilak.

fainéanter *on.w* nietsdoen, luieren.

fainéantise *v* nietsdoen, luiheid.

faire I *ov.w onr.* 1 maken, voortbrengen, bouwen, vervaardigen, schrijven enz.; — *de nécessité vertu*, van de nood een deugd maken; — *des petits*, jongen krijgen; 2 leveren, verschaffen; — *les fonds d'une entreprise*, de geldmiddelen voor een onderneming verschaffen; 3 doen, verrichten enz.; — *attention*, opletten; — *l'aumône*, een aalmoes geven; *aussitôt dit, aussitôt fait*, zo gezegd, zo gedaan; *grand bien vous fasse*, wel bekome het u!; *chemin faisant*, onderweg; — *défaut*, ontbreken; — *son droit*, in de rechten studeren; — *faillite*, failliet gaan; — *la guerre*, oorlog voeren; — *la leçon à qn.*, iem. de les lezen; — *une lecture*, een lezing houden; — *maigre*, geen vlees eten op onthoudingsdag; — *naufrage*, schipbreuk lijden; — *la paix*, vrede sluiten; — *part de*, meedelen; *une lettre de part*, een huwelijks-, verlovings-, overlijdensannonce; — *partie de*, deel uitmaken van; — *saillie*, uitsteken; *une sottise*, een dwaasheid uithalen; — *le tour du monde*, een reis om de wereld maken; 4 zeggen, antwoorden; *bien, fit-il*, goed, zei hij; 5 vormen, africhten, ondertrichten; — *l'oiseau*, een valk africhten; — *des soldats*, soldaten africhten; 6 inrichten, schoonmaken, in orde brengen; — *la chambre*, de kamer schoonmaken, -in orde maken; — *les chaussures*, de schoenen poetsen; — *sa barbe*, zich scheren; — *le lit*, het bed opmaken; 7 nabootsen, doen alsof; — *le malade*, zich ziek houden; — *le mort*, zich dood houden; 8 uitmaken, veroorzaken; — *l'admiration de tous*, aller bewondering opwekken; 9 krijgen; — *ses dents*, tanden krijgen; 10 — *du bois*, hout halen; — *de l'eau*, water innemen; 11 afleggen; — *du 80 à l'heure*, 80 km per uur afleggen; — *son chemin*, slagen; 12 voorstellen, spelen voor (— *un personnage*); — *le généreux*, de edelmoedige uithangen; 13 een prijs vragen (— *un objet 100 francs*). II *hulp.w* laten, doen; — *travailler qn.*, iem. laten werken. III *onp.w: il fait beau, mauvais*, het is mooi, slecht weer; *il fait bon ici*, het is hier lekker; *il fait du vent*, het waait. IV (se) ~1 gedaan, gemaakt enz. worden; 2 zich wennen (*se ~ à*); 3 worden; *se — vieux*, oud worden; *se — soldat*, soldaat worden; 4 *comment se fait-il?*, hoe komt het? V *zn m* 1 het doen; 2 de wijze van schilderen, beeldhouwen enz.

faire-part *m: une lettre de* —, een geboorte-, verlovings-, huwelijks-, overlijdensaankondiging.

faisable *bn* doenlijk.

faisan m 1 fazant; 2 (*pop.*) oplichter. ~**deau** [*mv* x] *m* jonge fazant. ~**der** *ov.w* adellijk laten worden. ~**derie** *v* fazantekooi. ~**e**, ~**de** *v* wijfjesfazant.

faisceau [*mv* x] *m* 1 bundel; — *lumineux*, lichtbundel; 2 geweerrot; 3 pijlenbundel met bijl van de Romeinen en de fascisten.

faiseur *m*, -**euse** *v* 1 maker(maakster); — *d'esprit* grappenmaker; 2 intrigant(e), opschepper(-ster).

fait I *bn* 1 gemaakt; *habits tout —s*, confectiegoederen; 2 gebouwd; *être — de sa personne*, welgevormd zijn; 3 — *à*, gewend aan; 4 geschikt, passend; 5 volwassen. II *zn m* 1 daad; *les —s et gestes*, het doen en laten; *prendre sur le —*, op heter daad betrappen; *les hauts —s*, de heldendaden; 2 iets bepaalds; *ceci n'est pas mon —*, dit is niets voor mij; 3 feit; *au —, ter zake; de —*, werkelijk; *de ce —*, uit dien hoofde; *du — de*, wegens, ten gevolge van; *en — de*, in zake; *être au — de qc.*, van iets op de hoogte zijn; *être sûr de son —*, zeker zijn van hetgeen men beweert; — *s divers*, gemengd nieuws; *le — est que*, het is een feit, dat; *venir au —*, ter zake komen; 4 *tout à —*, geheel; 5 *si* —, ja, jawel.

faîtage *m* nok, nokbalk.

faîte *m* 1 nok; 2 top; 3 toppunt.

faîtière I *zn v* 1 nokpan; 2 dakvensertje. II *bn* wat de nok betreft; *lucarne —*, dakvenster.

fait-tout, faitout *m* keukenpot.

faix *m* last (ook *fig.*).

falaise *v* steile kust, steile rots aan zee.

fallacieusement *bw* bedrieglijk.

fallacieux, -**euse** *bn* bedrieglijk.

falloir I *onp.w onr.* 1 moeten; *il (vous) faut partir, il faut que vous partiez*, gij moet vertrekken; *comme il faut*, zoals het hoort; *il le faut, het moet*; 2 nodig hebben, nodig zijn; *il me faut de l'argent*, ik heb geld nodig; *il faut beaucoup de courage pour gravir ce mont*, er is veel moed nodig, om die berg te beklimmen. II *s'en ~ schelen; il s'en faut de beaucoup*, het scheelt veel; *tant s'en faut que*, wel verre, dat; *il s'en faut de peu, peu s'en faut*, het scheelt weinig.

falot I *zn m* 1 stoklantaarn; 2 (*arg.*) krijgsraad. II *bn* 1 bespottelijk; 2 bleek, dof.

falsi|**cateur**, -**trice** I *bn* vervalsend. II *zn m*, -**trice** *v* vervalser(-ster). ~**cation** *v* vervalsing. ~**er** *ov.w* vervalsen.

faluche *v* studentenmuts.

famé *bn* befaamd; *bien* —, te goeder naam bekend; *mal* —, berucht.

famélique I *bn* hongerlijdend. II *zn m* hongerlijder.

fameusement *bw* (*fam.*) geweldig, verbazend.

fameux, -**euse** *bn* 1 befaamd, beroemd; 2 geweldig, verbazend; 3 uitstekend (*un vin —*).

familial [*mv aux*] *bn* van de familie, van het gezin; *réunion —e*, familiereünie.

familiariser I *ov.w* wennen. II *se ~ 1 gemeenzaam worden; 2 wennen; 3 zich eigen maken (*se — avec une langue*).

familiarité *v* vertrouwelijkheid, familiariteit.

familier, -**ère** I *bn* 1 gemeenzaam, vertrouwd, vertrouwelijk; 2 vrij; 3 bekend, eigen; *voix —ère*, bekende stem; 4 alledaags; *les —s d'une maison*, de huisvrienden.

familièrement *bw* vertrouwelijk.

famille *v* 1 gezin; *père de* —, huisvader; *vie de* —, gezinsleven; 2 de kinderen v. e. gezin (*avoir de la* —); 3 familie; 4 huis, geslacht; *un fils de* —, jongeman van goeden huize; 5 geslacht (*pl.k.; dierk.*).

famine *v* hongersnood; *crier* —, zijn nood klagen; *salaire de* —, hongerloon.

fanal [*mv aux*] *m* 1 scheepslantaarn; 2 vuurbaken, kustlicht; 3 koplicht van auto of locomotief; 4 (*fig.*) baken.

fanat|**ique** I *zn m* fanaticus, dweper. II *zn m* fanaticus, dweper. ~**iser** *ov.w* dweepziek maken. ~**isme** m 1 geestdrijverij; 2 overdreven bewondering.

fanchon *m* hoofddoekje.

fane *v* 1 gevallen blad; 2 loof.

faner *ov.w* 1 het gemaaide gras omkeren, om het tot hooi te laten worden; 2 doen verwelken; 3 doen verbleken, -verschieten.

fanfan m (*fam.*) klein kind.

fanfare *v* 1 militaire muziek; 2 trompetgeschal; 3 fanfarekorps; 4 snoeverij.

fanfaron, -**onne** I *bn* opschepperig, snoevend. II *zn m*, -**onne** *v* 1 snoever, opschepper (-ster); 2 lafaard, die zich als held voordoet.

fanfaronnade *v* snoeverij, opschepperij.

fanfaronner *on.w* snoeven, opscheppen.

fange *v* modder, slijk (ook *fig.*).

fangeux, -**euse** *bn* modderig.

fanion *m* vaantje.

fantaisie *v* 1 fantasie, verbeeldingskracht; 2 gril; 3 fantasie (*muz.*).

fantaisiste *bn* grillig, fantastisch.

fantasmagorie *v* 1 schimmenspel; 2 zinsbetovering.

fantasque *bn* 1 grillig; 2 zonderling, eigenaardig (*costume —*).

fantassin *m* infanterist.

fantastique *bn* 1 wat de verbeelding betreft; 2 fantastisch, onbeschrijfelijk (mooi).

fantoche *m* 1 marionet; 2 belachelijk individu.   [achtig

fantomatique, fantômal [*mv aux*] *bn* spook-

fantôme m 1 spook, geestverschijning; *le vaisseau* —, de Vliegende Hollander; 2 hersenschim, illusie; 3 mager mens.

faon *m* jong hert, reekalf.

faonner *on.w* jongen werpen (van hinde enz.).

faquin *m* brutale druktemaker, windbuil.

farandole *v* rondedans van Provençaalse oorsprong.

farandoler *on.w* de farandole dansen.

faraud (*pop.*) I *bn* fatterig, opgedirkt. II *zn m* fat.

farce I *zn v* 1 klucht; 2 grap, mop; *faire une — à qn.*, iem. een poets bakken; 3 gekruid en gehakt vlees, waarmee men gevogelte, vis enz. opvult. II *s — mv: faire ses —s*, de bloemetjes buiten zetten, aan de zwier gaan. III *bn* grappig.

farceur, -**euse** *v* grappenmaker(-maakster).

farcir *ov.w* 1 gevogelte, vis enz. opvullen met gekruid en gehakt vlees; 2 (*fig.*) doorspekken met (de).

farcissure *v* vulsel.

fard m 1 schmink; 2 veinzerij; *parler sans* —, onbewimpeld spreken, spreken zonder er

doekjes om te winden.
farde v 1 baal koffie van 185 kg; 2 last;
3 bundel papieren.
fardeau [*mv* x] *m* last (ook *fig.*).
farder I *ov.w* 1 schminken, blanketten; 2 verbloemen, bemantelen; 3 opsmukken. II
on.w 1 drukken (van last); 2 ver-, inzakken.
faribole v ijdele praatjes, zotteklap.
farin/acé *bn* meelachtig. ~age *m* maalgeld.
~e v meel; — *lactée*, melkpoeder; *de la
même* —, van hetzelfde slag. ~er *ov.w* met
meel bestrooien. ~eux, -euse I *bn* meelachtig, melig. II -eux *zn m mv* meelspijzen.
~ier *m* meelhandelaar.
farniente *m* zalig nietsdoen.
faro *m* Brussels bier.
farouch(e) *m* rode klaver.
farouche *bn* 1 wild, ongetemd (*bête* —);
2 (mensen)schuw; 3 ruw, barbaars, wreed.
fascicule *m* 1 aflevering; 2 armvol (gras).
fascinage *m* rijswerk.
fascine v takkenbos, rijshout.
fasciner *ov.w* 1 fascineren, (door aankijken)
tot zich trekken; 2 betoveren, inpalmen;
3 van takkenbossen of rijshout voorzien.
fascisme *m* fascisme, dictatuur.
fasciste *m* fascist.
faséole v boon.
faste I *m* 1 pracht, praal; 2 hovaardij, uiterlijk vertoon. II ~s *mv* geschiedboeken.
fastidieusement *bw* vervelend.
fastidieux, -euse *bn* vervelend.
fastueusement *bw* praalziek.
fastueux, -euse *bn* praalziek, prachtlievend,
rijk.
fat I *zn m* 1 fat, verwaande kwast; 2 onbeduidend mens. II *bn* verwaand, fatterig.
fatal [*mv* als] *bn* 1 onvermijdelijk, beslissend;
l'heure —*e*, het stervensuur; 2 noodlottig,
coup —, dodelijke slag. ~isme *m* noodlots-
leer. ~iste I *zn m* fatalist. II *bn* fatalistisch
~ité v 1 noodlot, onvermijdelijkheid;
2 ramp.
fatigant *bn* vermoeiend, vervelend.
fatigue v 1 vermoeidheid; *accablé de* —,
doodmoe; 2 vermoeiend werk; *cheval de*
—, werkpaard; *pantalon de* —, werkbroek.
fatigué *bn* moe, vermoeid.
fatiguer I *ov.w* 1 vermoeien; 2 bewerken
(— *la terre*); 3 aanmaken (— *la salade*);
4 vervelen; *je suis fatigué de vous avertir
sans cesse*, het verveelt mij, u voortdurend
te moeten waarschuwen. II *on.w* 1 zich
aftobben, zich afsloven; 2 te veel te dragen
hebben (*poutre qui fatigue*).
fatras *m* woordenkraam, omhaal.
fatuité v verwaandheid, ingebeeldheid.
fatum *m* noodlot.
faubourg *m* 1 voorstad; 2 buitenwijk.
faubourien, -enne I *bn* wat betrekking heeft
op volksbuurten (*accent* —). II *zn m*, -enne
v bewoner(bewoonster) v. e. voorstad of
buitenwijk.
fauch/age/m het maaien. ~aison v maaitijd,
~ard *m* snoeimes. ~e I *zn* v maaitijd. II *bn*
(*pop.*) geruïneerd, platzak. ~ée v 1 het door
een maaier op één dag gemaaide; 2 hetgeen
een maaier kan maaien, zonder zijn zeis te
wetten. ~er I *ov.w* 1 afmaaien; 2 wegmaaien, vernietigen. II *on.w* 1 (een vuurwapen) spreiden; 2 (*pop.*) stelen. ~eur I *m*,
-euse v 1 maaier(ster); 2 hij, zij, die weg-
maait, vernietigt. II -euse v maaimachine.
~eux, ~eur v hooiwagen (spin). ~on *m*
kleine zeis. ~ure v het maaien.
faucille v sikkel.
faucillon *m* kleine sikkel.
faucon *m* valk.
faucon/neau [*mv* x] *m* jonge valk. ~nerie v
1 het africhten van valken; 2 valkejacht;
3 plaats, waar men valken grootbrengt.
~nier *m* valkenier; *grand* —, oppervalke-
nier aan het Fr. hof.
faufil *m* rijgdraad.
faufiler I *ov.w* 1 vastrijgen; 2 binnensmokke-

len. II se ~ binnendringen.
faufilure v rijgsel.
faune I v faun. II v 1 dierenwereld; 2 werk
over de dieren van een bepaald land.
faunesque *bn* faunachtig.
faunique *bn* wat de dierenwereld betreft.
fauss/aire *m* vervalser. ~ement *bw* vals. ~er
I *ov.w* 1 vervalsen; — *sa parole*, zijn woord
schenden; — *compagnie à qn.*, iem. in
de steek laten; 2 verdraaien (*fig.*); 3 verwringen, verdraaien, krom buigen; 4 vals
spelen of zingen (— *une note*); 5 een verkeerde richting geven aan (— *l'esprit de
qn.*). II *on.w* vals spelen of zingen. ~et *m*
1 kopstem; 2 zanger met kopstem. ~eté v
1 valsheid; 2 onjuistheid, onwaarheid.
faute v 1 gebrek, het ontbreken; *avoir — de*,
gebrek hebben aan; *faire* —, ontbreken;
ne pas se faire — de, niet nalaten te — *de*,
bij gebrek aan; — *de mieux*, bij gebrek aan
beter; 2 fout, schuld, misslag; *être en* —,
schuld hebben; *c'est sa propre* —, het is zijn
eigen schuld.
fauter *on.w* (*pop.*) een misstap doen, een fout
begaan.
fauteuil *m* leun-, armstoel; — *académique*,
zetel in de Fr. Academie; — *de bicyclette*,
fietsstoeltje; — *d'orchestre*, stalles; *occuper
le* —, een vergadering leiden.
fauteur *m*, -trice v aanstichter(-ster), aan-
stoker(aanstookster).
fautif, -ive *bn* 1 foutief; 2 schuldig; 3 onbetrouwbaar (*mémoire* —*ive*).
fautivement *bw* verkeerd.
fauve I *bn* rossig; *les bêtes* —*s*, de wilde
dieren, het rood wild. II *zn m* 1 rossige
kleur; 2 wild dier.
fauverie v wildedierenafdeling in dierentuin
of beestenspel.
fauvette v bastaardnachtegaal.
faux v zeis.
faux, fausse I *bn* 1 vals = onwaar, onjuist,
verkeerd; —*se alarme*, loos alarm; —*se
couche*, miskraam; — *jour*, vals licht; —*se
départ*, valse start; *faire* —*se route*, verdwalen; 2 vals = schijnbaar; —*se porte*, geheime deur; —*se attaque*, schijnaanval; 3
vals = nagemaakt; —*se clef*, loper; 4 vals
= onoprecht; 5 vals = verkeerd, misplaatst; —*se honte*, valse schaamte; 6 vals
= onwelluidend; *une note* —*se*, een valse
noot. II *bw chanter* —, vals zingen; *jouer* —,
vals spelen; III *zn m* 1 het valse, het on-
juiste; 2 vervalsing, valsheid in geschrifte.
faux-fuyant† *m* uitvlucht.
faux-monnayeur† *m* valse munter.
faveur v 1 gunst; *à la — de la nuit*, onder begunstiging van de duisternis; *billet de* —,
vrijbiljet; *en — de*, ten gunste van; *prix de*
—, speciale prijs; *les* —*s*, de liefdesgunsten
van een vrouw; 2 zijden lintje.
favorable *bn* gunstig.
favori, -ite I *bn* geliefkoosd; *jeu* —, lieve-
lingsspel; *mot* —, stopwoordje. II *zn m*
1 gunsteling; 2 bakkebaard; 3 paard, dat
favoriet is bij wedrennen. III -ite v maîtresse.
fayot *m* (*arg.*) boon.
favoriser *ov.w* begunstigen.
fayard, foyard *m* beuk.
fébrifuge I *bn* koortsverdrijvend. II *zn m*
koortsverdrijvend middel.
fébrile *bn* koortsig, koortsachtig (ook *fig.*).
fébrilité v koortsigheid.
fécal [*mv* aux] *bn* wat betrekking heeft op
uitwerpselen.
fèces v *mv* 1 droesem; 2 menselijke uitwerpselen.
fécond *bn* vruchtbaar. ~ant, ~ateur, -trice *bn*
vruchtbaar makend. ~er *ov.w* 1 vruchtbaar
maken; 2 bevruchten. ~ité v vruchtbaarheid.
fécul/e v aardappelmeel, zetmeel. ~ence v 1
rijkdom aan zetmeel; 2 drabbigheid. ~ent
I *bn* 1 zetmeelhoudend; 2 drabbig. II *zn m*
zetmeelhoudende groente. ~erie v aard-

appelmeelfabriek. ~ier m aardappelmeel-fabrikant.

féd/ral [mv aux] bn verbonden. ~alisme m stelsel v. e. statenbond. ~aliste I bn betrek-king hebbend op een statenbond, federalis-tisch. II zn m voorstander v. e. statenbond. ~atif, -ive bn betrekking hebbend op een statenbond. ~ation v 1 statenbond; 2 vak-verbond. ~é I bn verbonden. II zn m sol-daat der commune in 1871. ~er ov.w tot een (staten)bond verenigen.

fée I zn v 1 fee; conte de —s, sprookje; 2 zeer bevallige, geestige vrouw; vieille —, ouwe tang. II bn betoverd.

féerie v 1 sprookjeswereld; 2 toverachtig schouwspel; 3 feeënspel.

féerique bn sprookjesachtig, overachtig.

feindre I ov.w onr. veinzen, doen alsof. II on.w enigszins kreupel zijn (v. e. paard).

feinte v 1 veinzerij; 2 verdichting.

feinter on.w een schijnbeweging maken (sport).

feintise v veinzerij.

feld-maréchal [mv aux] m veldmaarschalk.

feldspath m veldspaat.

fêlé bn gebarsten; tête —e, iem. die niet goed bij het hoofd is.

fêler I ov.w doen barsten. II se ~ barsten.

félibre m Provençaals dichter.

félibrige m Provençaalse dichtersschool.

félicitation v gelukwens.

félicité v gelukzaligheid, groot geluk.

féliciter ov.w gelukwensen.

félidés m mv katachtigen.

félin I bn katachtig. II zn m katachtig dier.

félon, -onne I bn verraderlijk. II zn m ver-rader.

félonie v verraad.

fêlure v barst, scheur.

femelle v 1 vrouwelijk. II zn v wijfje.

fémin/in I bn vrouwelijk. II zn m vrouwelijk geslacht (taalkunde), het vrouwelijke. ~iser ov.w vrouwelijk maken, verwijfd maken. ~isme m vrouwenbeweging. ~iste m of v aanhanger(-ster) v. h. feminisme. ~ité v v vrouwelijkheid.

femme v vrouw; — de chambre, kamermeisje, kamenier; — de charge, huishoudster; — de ménage, werkvrouw; — de tête, kordate vrouw.

femmelette v 1 zwak, tenger vrouwtje; 2 verwijfde man, oud wijf.

fémur m dijbeen.

fenaison v 1 hooioogst; 2 hooitijd.

fendage m het splijten.

fendant I bn opschepperig. II zn m m 1 groot-spreker, opschepper; 2 slag met het scherp v. h. zwaard.

fenderie v het splijten van ijzer.

fendeur m klover (van hout enz.).

fendillé bn vol barstjes.

fendillement m het barsten.

fendiller I ov.w vol kleine barstjes maken. II se ~ kleine barsten krijgen.

fendre I ov.w splijten, kloven; — l'air, de lucht doorklieven; un bruit qui fend la tête, een oorverdovend lawaai; — un cheveu en quatre, haarkloven; — le cœur, het hart breken; — la foule, door de menigte drin-gen; geler à pierre —, vriezen, dat het kraakt. II se ~ 1 barsten, splijten; 2 een uitval doen (bij schermen); 3 afdokken, betalen (pop.).

fenêtrage, fenestrage m vensterwerk.

fenêtre v venster; à la —, voor het raam; fausse —, blind raam; jeter son argent par la —, zijn geld verspillen.

fenil m, fenière v hooischuur, -zolder.

fenouil m venkel (pl.k.).

fente v 1 spleet, kloof, barst; 2 uitval bij het schermen.

féodal [mv aux] bn feodaal, wat betrekking heeft op het leenstelsel.

féodalité v leenstelsel, leenverhouding.

fer I m 1 ijzer; l'âge du —, het ijzeren tijd-

perk; chemin de —, spoorweg; — doux week ijzer; — forgé, gesmeed ijzer; santé de —, ijzeren gestel; 2 zwaard, degen; croiser le —, het zwaard kruisen, duelleren; 3 hoef-ijzer; tomber les quatre —s en l'air, op de rug vallen; 4 ijzeren werktuig; — à friser, krulijzer; — à repasser, strijkijzer; — à souder, soldeerbout; 5 punt (v. e. lans, v. e. pijl). II ~s mv 1 boeien, ketenen; jeter dans les —s, in de gevangenis werpen; 2 gevangenschap, slavernij.

fer/-blanc m blik. ~blanterie v blikslagerij, het vak van blikslager. ~blantier m blik-slager.

férial [mv aux] bn wat werkdagen, behalve de zaterdag, betreft; jour —, werkdag.

férie v werkdag (behalve zaterdag).

férié bn: jour —, rust-, feestdag.

férir ov.w (oud) slaan; sans coup —, zonder slag of stoot.

fermage m pachtsom.

fermail m [mv aux] gesp, haak.

fermant bn sluitend; à jour —, bij het vallen v. d. avond.

ferme I bn 1 vast, stevig; la terre —, het vaste-land; être — sur ses jambes, vast op zijn benen staan; d'une main —, met vaste hand; 2 krachtig, flink (parler d'un ton —); 3 vastbesloten; 4 vast (beurs). II bw: tenir —, volhouden. III tw ferme !, volhouden!, houd moed!, houd je goed!

ferme zn v 1 huurcontract; donner à —, ver-pachten; prendre à —, pachten; 2 boer-derij, pachthoeve; ferme-modèle, model-boerderij; 3 verpachting v. e. belasting.

ferment m gist. ~ation v gisting. ~er on.w gisten (ook fig.).

fermer I ov.w 1 sluiten, afsluiten; — la bouche à qn., iem. de mond snoeren; — boutique, zijn zaak opheffen; — à clef, op slot doen; — à double tour, op het nacht-slot doen; dormir à portes fermées, slapen als een roos; — la porte sur qn., de deur achter iemand dichtdoen; — les yeux, in-slapen, sterven; — les yeux sur qc., iets door de vingers zien; 2 omheinen (— un jardin); omgeven, omringen (— une ville de murailles). II on.w sluiten; — mal, slecht sluiten. III se ~ gesloten worden.

fermeté v 1 vastheid, stevigheid; 2 standvas-tigheid, vastberadenheid.

fermeture v sluiting, slot.

fermier m, -ère v pachter(-ster).

fermoir m slot (van boek), sluiting (van por-temonnaie), beugel (van tas).

féroce bn 1 wild, verscheurend (bête —); 2 wreed.

férocité v 1 wildheid; 2 wreedheid.

ferrage m 1 het beslaan van paarden; 2 het in de boeien slaan.

ferraill/e v oud ijzer. ~er on.w 1 slecht scher-men; 2 duelleren op degen of sabel; 3 twis-ten, krakelen. ~eur m 1 handelaar in oud ijzer; 2 beginnend schermer; 3 vechters-baas; 4 twistziek man.

ferré bn 1 met ijzer beslagen; bâton —, berg-stok; voie —e, spoorweg; 2 doorkneed (être — sur un sujet); 3 ijzerhoudend (eau — e); chemin —, verharde weg.

ferrer ov.w 1 (met ijzer) beslaan (— un cheval); 2 aanslaan v. e. vis.

ferret m nestel v. e. veter.

ferreur m werkman, die paarden beslaat.

ferreux, -euse bn ijzerhoudend.

ferrifère bn ijzerhoudend.

ferronnerie v 1 ijzerfabriek; 2 klein ijzerwerk.

ferronnier m, -ère v verkoper(verkoopster) van klein ijzerwerk.

ferroviaire bn van de spoorwegen.

ferrugineux, -euse bn ijzerhoudend.

ferrure v ijzerbeslag.

ferry-boat m veerpont voor treinen.

fertil/e bn vruchtbaar. ~isant bn vruchtbaar-makend. ~isation v het vruchtbaar maken. ~iser ov.w vruchtbaar maken. ~ité v vruchtbaarheid.

féru *bn* gewond; — *d'amour*, dolverliefd.

férule *v* plak; *être sous la* —, onder de plak zitten.

ferv/emment *bw* vurig. ~**ent I** *bn* 1 vurig; 2 ijverig. II *zn m* vurig bewonderaar.

ferveur *v* 1 vuur, innigheid; 2 grote ijver.

fesse *v* bil; *donner sur les* —*s à qn.*, iem. een pak voor de broek geven.

fessée *v* pak voor de broek.

fesse-mathieu† [*mv* x] *m* 1 woekeraar; 2 gierigaard.

fesser *ov.w* voor de broek geven.

festin *m* feestmaal.

festiner I *ov.w* onthalen. II *on.w* 1 een feestmaal houden; 2 pret maken.

festival [*mv* als] *m* muziekfeest.

festivité *v* feest.

feston *m* 1 guirlande; 2 feston; 3 architectonische versiering.

festonner *ov.w* 1 met guirlandes, loofwerk versieren; 2 festonneren; 3 (over de weg) zwabberen.

festoyer I *ov.w* feestelijk ontvangen. II *on.w* fuiven.

fêtard *m* fuifnummer, pretmaker.

fête *v* 1 feest; *la Fête-Dieu*, Sacramentsdag; *faire — à qn.*, iem. feestelijk ontvangen; *faire la* —, fuiven; *se faire une — de qc.*, zich op iets verheugen; *il n'est pas tous les jours* —, het is niet alle dagen kermis; — *des Fous*, narrenfeest in de middeleeuwen; 2 naamdag; *souhaiter la — à qn.*, iem. op zijn naamdag gelukwensen.

fêter *ov.w* 1 vieren; 2 feestelijk ontvangen.

fétiche *m* 1 fetisch, mascotte; 2 persoon of voorwerp, waarvoor men een blinde verering koestert.

fétichisme *m* 1 fetischdienst; 2 blinde verering.

fétide *bn* stinkend.

fétidité *v* stank.

fétu *m* 1 strohalm; 2 prul.

feu [*mv* x] **I** *zn m* 1 vuur; — *d'artifice*, vuurwerk; *le — du ciel*, de bliksem; *craindre qn. comme le* —, erg bang voor iem. zijn; *c'est le — et l'eau*, zij zijn water en vuur; *faire du* —, vuur aanleggen; *faire — qui dure*, zijn gezondheid sparen; *feu-follet*, dwaallichtje; *jeter — et flamme*, vuur en vlam spuwen; *mettre le pot au* —, de soep opzetten; *mettre à — et à sang*, te vuur en te zwaard verwoesten; *j'en mettrais ma main au* —, ik zou er mijn hand voor in het vuur willen steken; *F— Saint-Elme*, sint-elmsvuur; *prendre* —, vuur vatten; *n'y voir que du* —, er geen steek van begrijpen; 2 brand; *au* —!, brand!; *jeter des cris de* —, wanhopige kreten uitstoten; 3 vuur van geweer, kanon enz.; *arme à* —, vuurwapen; *bouche à* —, vuurmond; *coup de* —, schot; *être entre deux* —*x*, tussen twee vuren zitten; *faire* —, vuur geven; 4 haardstede, gezin; 5 dood op de brandstapel (*condamner au* —); 6 ster, maan, meteoor; 7 licht v. e. schip, kustlicht; 8 lamp v. e. voertuig; — *arrière*, achterlicht; — *stop*, stoplicht; — *de position*, stadslicht, navigatielicht; —*x de croisement*, dimlicht. 9 warmte, gloed; 10 licht (*les* —*x du jour*); 11 hevigheid, vuur; 12 geestdrift, vuur; 13 uitslag, branderigheid. II ~x *mv*: — *de Bengale*, bengaals vuur. III ~ *bn* wijlen; — *la princesse*, *la feue princesse*, wijlen de prinses.

feudataire *m* leenman

feuill/age *m* gebladerte. ~**aison** *v* het bladeren krijgen. ~**e** *v* 1 blad (versch. betekenissen); — *morte*, dor blad; — *de placage*, fineer; *trembler comme une* —, beven als een riet; — *volante*, vlugschrift; 2 vel; 3 lijst; — *de paye*, loonstaat; — *de présence*, presentielijst; — *de route*, marsorder. ~**é** *bn* bebladerd. ~**ée** *v* 1 bladerdak; 2 veldlatrine. ~**morte** *bn* gele kleur als van dode bladeren. ~**er** *on.w* bladeren krijgen. ~**et** *m* 1

blad v. e. boek; 2 boekmaag. ~**etage** *m* bladerdeeg. ~**eté** *m* bladerdeeg. ~**eter** *ov.w* 1 doorbladeren; 2 — *de la pâte*, bladerdeeg maken. ~**eton** *m* feuilleton. ~**etonniste** *m* feuilletonschrijver. ~**ette** *v* vat van ong. 125 liter.

feuillu *bn* bladerrijk.

feutrage *m* 1 het maken van vilt; 2 bevilten.

feutre *m* 1 vilt; 2 vilten hoed.

feutrer *ov.w* 1 bevilten; *à pas feutrés*, sluipend, geruisloos; *en termes feutrés*, in bedekte termen; 2 opvullen (— *une selle*).

feutrier *m*, -**ère** *v* viltwerker(-ster).

fève *v* boon; *gâteau de la* —, driekoningenkoek; *donner un pois pour avoir une* — (*spr.w*), een spierinkje uitwerpen om een kabeljauw te vangen.

février *m* februari.

fez *m* fez.

fi! foei!; — *donc!*, foei!; *faire — de*, de neus optrekken voor, maling hebben aan.

fiacre *m* aapje, huurrijtuig.

fiançailles *v mv* verloving.

fianc/é *m*, -**e** *v* verloofde. ~**er I** *ov.w* verloven. II *se* ~ zich verloven.

fiasco *m* mislukking; *faire* —, vallen v. e. toneelstuk, mislukken.

fiasque *m* wijdbuikige Italiaanse fles met lange hals, omgeven door vlechtwerk.

fibre *v* 1 vezel; 2 gevoelige snaar.

fibreux, -euse *bn* vezelig.

fibrille *v* vezeltje.

fibrilleux, -euse *bn* vezelig.

ficaire *v* speenkruid.

ficel/age *m* het vastbinden met touw. ~**é** *bn* vastgebonden met touw; *être mal* — (*fam.*), slecht gekleed zijn. ~**er** *ov.w* vastbinden met touw, een touw doen om (— *un paquet*). ~**ier** *m* 1 rol touw; 2 (*pop.*) gladde jongen.

ficelle *v* 1 touwtje; 2 (*pop.*) gladde jongen; 3 kneep foefje; 4 (*arg.*) boei.

ficellerie *v* 1 touwfabriek; 2 touwhandel.

fichaise *v* 1 prul; 2 onnozelheid.

fichant *bn* (*pop.*) beroerd, vervelend.

fiche *v* 1 pin, spie; — *de contact*, stekker; 2 kaart, velletje voor aantekeningen; 3 speelmerk, fiche.

ficher I *ov.w* 1 met de punt slaan in; 2 (*arg.*) geven, doen, gooien enz. (ook *fiche*) (verl. deelw. *fichu*); *fiche-moi le camp*, smeer 'm, loop naar de bliksem; — *qn. dedans*, iem. erin laten lopen; — *une gifle*, een oorveeg geven; *je t'en fiche*, kun je begrijpen; *fiche-moi la paix*, laat me met rust; — *qn. à la porte*, iem. de deur uitgooien. II *se* ~; *se* — *de qc.*, lak hebben aan iets; *je m'en fiche*, ik heb er maling aan, het kan me geen steek schelen.

fichier *m* 1 ficheskast; 2 fichesdoos; 3 verzameling fiches.

fichtre! *tw* drommels!

fichtrement *bw* (*fam.*) erg, verduiveld.

fichu I *bn* (*pop.*) 1 beroerd, slecht; 2 weg, naar de maan. II *zn m* hals-, hoofd-, schouderdoek.

fictif, -ive *bn* 1 ingebeeld, fictief; 2 overeengekomen (*valeur —ive*).

fiction *v* verzinsel, fictie.

fidèle I *bn* 1 trouw; 2 betrouwbaar; II *zn* ~**s** *m mv* gelovigen.

fidélité *v* 1 trouwheid, getrouwheid; 2 betrouwbaarheid.

fiduciaire *bn* zonder intrinsieke waarde; *monnaie* —, bankpapier.

fief *m* leen(goed); — *électoral*, kiesdistrict, waar men zeker is van de meerderheid der stemmen.

fieffé *bn* 1 in leen hebbend; 2 volslagen, aarts-; *fripon* —, aartsschurk.

fieffer *ov.w* met een leen begiftigen.

fiel *m* 1 gal; 2 wrok; 3 bittere smart.

fielleux, -euse *bn* bitter (ook *fig.*).

fiente *v* drek, mest.

fienter *on.w* drek lozen (van dieren).

fier (se ~ à) vertrouwen op.

fier, -ère I *bn* 1 trots, hooghartig; 2 fier, edel (*âme* —*ère*); 3 moedig, vermetel; 4 verduiveld, geweldig (*un* — *coquin*). II *zn m* *faire le* —, zich groot houden.

fièrement *bw* 1 trots; 2 moedig; 3 geducht.

fierté *v* 1 trots, hooghartigheid; 2 fierheid, adeldom, verhevenheid; 3 moed, vermetelheid.

fièvre *v* 1 koorts; — *cérébrale*, hersenvliesontsteking; — *typhoïde*, tyfus; *tomber de* — *en chaud mal*, van de regen in de drop komen; 2 gisting, opwinding.

fiévreusement *bw* koortsachtig, zenuwachtig.

fiévreux, -euse *bn* koortsachtig, zenuwachtig.

fifre *m* 1 kleine houten dwarsfluit; 2 pijper.

fifrelin *m* (*fam.*) kleinigheid.

fifrer *on.w* op de dwarsfluit spelen.

figement *m* stolling.

figer I *ov.w* doen stollen; *un sourire figé*, een stijf, gedwongen lachje. II *se* ~ stollen.

fignolage *m* (*pop.*) gepeuter.

fignoler *ov.w* (*pop.*) overdreven zorg besteden aan.

figue *v* vijg; *faire la* — *à qn.*, iem. uitsliepen, iem. voor de gek houden; *moitié* —, *moitié raisin*, half goed, half slecht, half willens, half onwillens.

figuier *m* vijgeboom.

figuline *v* terra-cotta aardewerk.

figur/ant *m* figurant. ~*atif*, -*ive bn* figuurlijk, zinnebeeldig; *plan* —, grondtekening.

figurativement *bw* zinnebeeldig, figuurlijk.

figuration *v* 1 voorstelling, afbeelding; 2 de gezamenlijke figuranten.

figure *v* 1 vorm, gedaante; *sous la* — *de*, in de vorm van; 2 gezicht, uiterlijk, gelaatsuitdrukking; *faire bonne, mauvaise* —, een goed, slecht figuur slaan; 3 pop in het kaartspel; 4 voorafbeelding; 5 dans-, stijl-, wiskundige figuur.

figuré I *bn* 1 met afbeeldingen; 2 figuurlijk; *le sens* —, de figuurlijke betekenis; 3 beeldrijk (*style* —). II *zn m* figuurlijke betekenis; *au* —, in figuurlijke betekenis.

figurément *bw* figuurlijk.

figurer I *ov.w* afbeelden, voorstellen. II *on.w* 1 een rol spelen, op de voorgrond treden; 2 voorkomen; 3 voor figurant spelen. III *se* ~ zich voorstellen, zich verbeelden.

figurine *v* beeldje.

fil *m* 1 draad, vezel, telefoondraad; — *à broder*, borduurgaren; *avoir qn. au bout du* —, met iem. per telefoon spreken; — *à coudre*, naaigaren; *donner un coup de* —, opbellen; *donner du* — *à retordre*, vele te doen geven, last bezorgen; *aller de droit* —, recht door zee gaan; — *de fer*, ijzerdraad; *par* —, telegrafisch; *perdre le* —, de draad kwijtraken; — *de perles*, parelsnoer; — *à plomb*, schietlood; — *télégraphique*, telegraafdraad; *tenir les* —*s*, het heft in handen houden; *ne tenir qu'à un* —, aan een zijden draadje hangen; —*s de la Vierge*, herfstdraden; 2 loop v. h. leven, v. e. rivier; 3 snede, scherpe kant; *passer au* — *de l'épée*, over de kling jagen; *donner le* — *à*, aanzetten.

filage *m* het spinnen.

filament *m* 1 vezel; 2 gloeidraad.

filamenteux, -euse *bn* vezelig, draderig.

filandière *v* spinster; *les sœurs* —*s*, de schikgodinnen.

filandre *v* 1 vleesvezel; 2 herfstdraad.

filandreux, -euse *bn* 1 vezelig, draderig (*viande* —*euse*); 2 langdradig. [ster.

filant *bn: étoile* —*e*, vallende, verschietende

filasse *v* gehekeld vlas of hennep; *cheveux de* —, vlasharen.

filateur *m* eigenaar v. e. spinnerij.

filature *v* 1 spinnerij; 2 het spinnen; 3 het volgen, nagaan van misdadigers.

file *v* rij, gelid; *à la* —, achter elkaar; *à la (en)* — *indienne*, achter elkaar; *chef de* —, vleugelman; *s'embrouiller dans les feux de* — (*fam.*), van zijn stuk raken; *feu de* —, ge-

lederenvuur.

filé *m* 1 garen; 2 goud- of zilverdraad.

filer I *ov.w* 1 spinnen; — *doux*, zoete broodjes bakken; 2 doorbrengen; — *ses jours*, zijn leven slijten; — *des jours d'or et de soie*, een kalm en gelukkig leven lijden; 3 vieren (*scheepv.*); — *un câble*, een kabel vieren; — *huit nœuds*, acht knopen lopen; 4 zachtjes laten zwellen en weer af laten nemen (— *un son*); 5 volgen, nagaan (— *un voleur*). II *on.w* 1 wegvloeien; 2 walmen; 3 ervandoorgaan; — *à l'anglaise*, er stiekem tussenuitgaan, vertrekken zonder afscheid te nemen.

filerie *v* spinnerij, lijnbaan.

filet *m* 1 net; *faire qn. dans ses* —*s*, iem. in zijn strikken weten te vangen; 2 draadje; *sa vie ne tient qu'à un* —, zijn leven hangt aan een zijden draadje; 3 straaltje, stroompje, scheut; — *de voix*, schraal stemmetje; — *de vinaigre*, scheutje azijn; 4 tongriem; *avoir le* — *bien coupé*, goed v. d. tongriem gesneden zijn; 5 helmdraad; 6 dunne plak; — *de bœuf*, ossehaas; 7 rand v. e. muntstuk; 8 lijstje; 9 (schroef)draad (— *de vis*).

filetage *m* 1 het trekken v. e. schroefdraad; 2 het stropen met netten of strikken.

fileter *ov.w* schroefdraden maken.

fileterie *v* naaigarenfabriek.

fileur *m*, -*euse v* 1 spinner(-ster); 2 eigenaar (eigenares) van spinnerij; 3 iem. die een verdachte of misdadiger nagaat.

filial [*mv aux*] *bn* kinderlijk (*amour* —).

filiale *v* dochteronderneming, filiaal.

filiation *v* 1 afstamming, afkomst; 2 samenhang (van ideeën).

filière *v* 1 trekplaat, -ijzer (voor het trekken van draad); 2 schroefsnijmachine; 3 gewone weg, serie formaliteiten, om tot een bepaald resultaat te komen; *la* — *administrative*, de ambtelijke weg; 4 borderel.

filigrane *m* 1 filigraanwerk (van goud, zilver of glas); 2 watermerk.

filigraner *ov.w* 1 tot filigraanwerk maken; 2 voorzien v. e. watermerk.

filigraniste *m* filigraanwerker.

filin *m* tros (*scheepv.*).

fille *v* 1 dochter; *la* — *aînée des rois de France*, de universiteit; *la* — *aînée de l'Eglise*, Frankrijk; 2 ongetrouwd meisje; *rester* —, ongetrouwd blijven; *vieille* —, oude vrijster; 3 meisje (*jeune* —, *petite* —); 4 meid; — *d'auberge*, kelnerin; — *de ferme*, boerenmeid; 5 publieke vrouw (— *de joie*, — *publique*); 6 non in sommige ordes.

fillette *v* (klein) meisje.

filleul *m*, -*e v* petekind; — *de guerre*, soldaat aan het front, door een liefdadige dame als „petekind" aangenomen.

film *m* film; — *éducatif*, onderwijsfilm; — *sonore*, geluidsfilm. ~*er ov.w* verfilmen. ~*ologie v* filmkunde. ~*othèque v* filmverzameling, filmotheek.

filoir *m* spinmachine.

filon *m* 1 (mijn)ader; 2 baantje, buitenkansje; *avoir un riche* —, een baan hebben.

filou *m* schurk, bedrieger, valsspeler.

filoutage *m* bedrog, zakkenrollerij, vals spel.

filouter *ov.w* zakkenrollen, vals spelen.

filouterie *v* bedrog, schurkenstreek.

fils *m* 1 zoon; *les* — *d'Apollon*, de dichters; *le* — *de Dieu*, de zoon; *le* — *de l'homme*, Jezus Christus; *un* — *de famille*, een jongeman van goeden huize; *les* — *de Mars*, de krijgslieden; *de père en* —, van vader op zoon; *c'est le* — *de son père*, het is sprekend zijn vader; *tel père, tel* — (*spr.w*), de appel valt niet ver van de boom; 2 afstammeling; 3 kloosterling; *les* — *de saint Benoît*, de benedictijnen, *les* — *de saint Ignace*, de jezuïeten.

filtrage *m* filtrering.

filtration *v* 1 filtrering; 2 het doorsijpelen van water.

filtre *m* 1 filter; 2 gefiltreerde koffie.

filtrer I *ov.w* filtreren. II *on.w* doorsijpelen van water.

fin I *zn* v 1 einde; *à la —*, eindelijk, ten slotte; *en — de compte*, per slot van rekening; *la — couronne l'œuvre (spr.w)*, eind goed, al goed; *faire une —*, zijn leven veranderen, een geregeld leven gaan leiden, gaan trouwen; *faire une bonne —*, goed afsterven; *— juin*, ultimo juni; *mener à bonne —*, afmaken; *mettre — à*, een eind maken aan; *prendre —*, eindigen; *tirer à sa —*, ten einde lopen; *toucher à sa —*, op sterven liggen; 2 doel, oogmerk; *arriver, en venir à ses —s*, zijn doel bereiken; *à cette —*, daarom; *la — justifie les moyens*, het doel heiligt de middelen; *les —s dernières, les quatre —s de l'homme*, de vier uitersten. II *m* 1 fijn linnengoed; 2 fijn goud of zilver; 3 het fijne; *le — du —*, het allerfijnste; 4 slimmerd, loze vos. III *bn* 1 fijn; *la —e fleur*, de bloem, de keur; *herbes —es*, fijngehakte groenten; *pluie —e*, fijne regen, motregen; 2 fijn, zuiver; *pierre —e*, echte steen, edelsteen; 3 fijn, uitstekend (*un vin —*); 4 geestig; schrander (*physionomie —e*); 5 slank (*taille —e*); 6 slim, leep; *un — renard, un — matois*, een loze vos; *bien — qui le prendra*, je zult heel slim moeten zijn, om hem te vangen; *plus — que lui n'est pas bête*, laat hem maar lopen; 7 laatst, diep; *le — fond*, het diepste; *le — mot*, het laatste woord, het fijne v. d. zaak. IV *bw* fijn; *prendre une bille trop —*, een bal te fijn spelen (biljart).

final [*mv* als] *bn* 1 wat het eind betreft, laatste; 2 doelaanwijzend; *proposition —e*, doelaanwijzende bijzin.

finale, final *m* finale (*muz.*).

finalement *bw* ten slotte.

financ/e I *v* 1 geldvak (*entrer dans la —*); 2 financiers, kapitalisten; *la haute —*, de geldaristocratie, de kapitalistenwereld. II *—s mv* financiën. *—ement m* financiering. *—er* I *ov.w* financieren. II *on.w* (*fam.*) afdokken. *—ier, -ère* I *bn* financieel. II *zn m* financier, kapitalist. *—ièrement bw* financieel.

finass/er *on.w* (*fam.*) draaien, slimme streken aanwenden. *—erie v* (*fam.*) draaierij, slimmigheidje. *—eur m, -euse v* (*fam.*) draaier(-ster), iem. die slimmigheidjes uithaalt. *—ier m, -ère v* (*fam.*) draaier(ster); iem. die slimmigheidjes uithaalt.

finaud I *bn* sluw, slim, uitgeslapen. II *zn m, -e v* slimmerd, uitgeslapen persoon.

finauderie *v* list, slimheid, uitgeslapenheid.

fine *v* goede cognac.

fines *v mv* kleine steenkool uit de Noordfranse kolenmijnen.

finesse *v* 1 fijnheid; 2 lekkere smaak; 3 geestigheid, schranderheid; 4 slankheid; 5 slimheid; 6 nuance (*les —s d'une langue*).

finet, -ette *bn* sluw, slim.

fingard *bn* koppig, weerspannig.

fini I *bn* 1 beperkt; 2 aarts-, volleerd (*un fripon —*); 3 afgeleefd, uitgeleefd. II *zn m* 1 afwerking, voortreffelijkheid; 2 het eindige.

finir I *ov.w* 1 (be)eindigen, afmaken, voltooien, nabewerken; *— ses jours*, zijn laatste levensdagen slijten, sterven; *— un plat*, een gerecht opeten; *— un verre*, een glas leegdrinken; 2 afmaken, doden (*— un ennemi*). II *on.w* 1 eindigen, aflopen, uitscheiden, ophouden; *il a fini par payer*, ten slotte heeft hij betaald; *il finira mal*, het zal slecht met hem aflopen; 2 *— en*, uitgaan op (*ce mot finit en x*); 3 *en —; en — avec*, een eind maken aan.

finissage *m* afwerking.

finisseur *m*, -euse *v* afwerker(-ster).

finlandais I *bn* Fins. II *zn* F *~ m*, *~e v* Fin(se).

Finlande *v* Finland.

fiole *v* 1 flesje; 2 (*arg.*) tronie, snuit, smoel.

fion *m* (*pop.*) keurige afwerking; *donner le coup de —*, keurig afwerken.

fiord, fjord *m* fjord.

fioriture *v* muzikale versiering.

firmament *m* uitspansel.

firme *v* firma, firmanaam.

fisc *m* 1 staatskas; 2 fiscus.

fiscal [*mv* aux] *bn* wat de staatskas of de belastingen betreft.

fiscalité *v* belastingwezen, -wetten.

fiss/ile *bn* splijtbaar. *~ion v* splitsing (*la — de l'atome*). *~ure v* spleet, barst.

fiston *m* (*pop.*) zoon, ventje.

fistule *v* fistel (*med.*).

five-o'clock *m* five-o'clockthee.

fixage *m* 1 het vastmaken; 2 het fixeren (*fot.*).

fixateur *m* 1 fixeermiddel (*fot.*); 2 fixeerspuit.

fixatif *m* fixatief (voor tekeningen).

fixation *v* 1 het vastmaken; 2 vaststelling (*la — de l'heure*); 3 het fixeren (*fot.*).

fixe I *bn* vast, onveranderlijk; *beau —*, bestendig weer; *idée —*, dwangvoorstelling; *regard —*, strakke blik. II *zn m* vast inkomen. III *tw* sta! (*mil.*).

fixe-cravate *m* dassenhouder.

fixer *ov.w* 1 vastmaken, bevestigen. 2 fixeren (van tekening, pastel); 3 vestigen; *— les yeux sur*, zijn blik vestigen op; 4 vaststellen, bepalen; *— une heure*, een uur vaststellen; *— le prix*, de prijs bepalen; 5 strak aankijken; 6 trekken (*— l'attention*); 7 prenten (*— qc. dans la mémoire*).

fixité *v* vastheid, strakheid (*la — du regard*).

flabelle, flabelliforme *bn* waaiervormig.

flac! *tw* klets!, plomp!

flache *v* 1 rotsspleet; 2 kuil in weg of straat.

flacon *m* 1 stopfles; 2 fles.

flaconnage *m* stel flacons.

flaconnier *m* 1 flaconmaker; 2 flaconetui.

fla-fla *m* (*pop.*) 1 het zoeken naar effecten in de schilderkunst; 2 poeha, bluf.

flagell/ants *m mv* flagellanten, geselaars. *~ation v* geseling. *~er ov.w* geselen (ook *fig.*).

flageoler *on.w* knikken (van knieën).

flageolet *m* 1 octaaffluit; 2 witte boon; 3 spillebenen.

flagorn/er *ov.w* flikflooien, op lage wijze vleien. *~erie v* flikflooierij, lage vleierij. *~eur m, -euse v* flikflooier(ster), lage vleier(ster).

flagrant *bn* in het oog springend, duidelijk, klaarblijkelijk; *en — délit*, op heter daad.

flair *m* 1 reuk v, e. hond; 2 reukzin, fijne neus; *avoir du —*, een fijne neus hebben.

flairer *ov.w* 1 ruiken; 2 vermoeden (ruiken).

flamand I *bn* Vlaams. II *zn* F *~ m*, *~e v* Vlaming, Vlaamse.

flamant, flammant *m* flamingo.

flambage *m* het zengen.

flambant *bn* vlammend; *tout — neuf*, spiksplinternieuw.

flambard, flambart *m* 1 zondagsroeier (*pop.*); 2 kustvaartuig voor de visserij; 3 vrolijke frans, branieschopper.

flambeau [*mv* x] *m* 1 toorts, fakkel; *le — du jour*, de zon; *le — de la nuit*, de maan; *retraite aux —x*, fakkeloptocht; 2 licht, kaars; *allumer le — de l'hymen*, trouwen; 3 hoge kandelaar.

flambée *v* vlammend houtvuurtje.

flambement *m* het vlammen.

flamb/er I *on.w* vlammen, branden; *être flambé*, verloren, geruïneerd zijn. II *ov.w* zengen, afbranden, schroeien (*— un poulet*). *~erge v* degen; *mettre — au vent*, de degen trekken. *~oiement m* het vlammen. *~oyant bn* vlammend, schitterend; *style —*, laatgothische stijl. *~oyer on.w* vlammen, schitteren.

flamingant *m* vurig voorstander der Vlaamse beweging.

flamme *v* 1 vlam; *les —s éternelles*, de hellestraf; *livrer aux —s*, tot de brandstapel veroordelen; *—s de Bengale*, bengaals vuur; 2 vuur, geestdrift; 3 (*dicht.*) liefde; 4 wimpel; 5 lansvaantje.

flammèche v vonk.
flammette v wimpeltje.
flan m 1 room-, eiertaart; 2 muntplaatje;
3 à la —, slordig.
flanc m 1 flank, zijde, zijkant; se battre les
—s, zich vergeefs inspannen; être sur le —,
te bed liggen, uitgeput zijn; prêter le —, de
flank ongedekt laten, zich blootstellen;
2 moederschoot.
flanc†-gardef v flankdekking.
flancher on.w (pop.) wijken, zwichten.
Flandre v Vlaanderen.
flandrin m (fam.) lange slungel.
flanelle v flanel.
flân/er on.w 1 slenteren; 2 zijn tijd verbeuzelen, luilakken. ~erie v 1 het slenteren; 2 het
luilakken. ~eur m, -euse v slenteraar(ster).
~ocher on.w (fam.) slenteren.
flanquement m flankering.
flanquer ov.w 1 flankeren; 2 geven, toedienen;
— un soufflet, een oorvijg geven; 3 gooien,
werpen; — à la porte, de deur uitgooien.
flanqueur m soldaat die tot de flankdekking,
tot een zijpatrouille behoort.
flapi bn (pop.) uitgeput, doodmoe.
flaque v plas.
flaquer ov.w (pop.) water, wijn enz. kletsen.
flasque I bn slap, week. II zn m wieldop.
flatt/er I ov.w 1 vleien; 2 strelen, aaien; 3 flat-
teren (— un tableau); 4 strelen (fig. —
l'oreille). II se ~ 1 zich vleien; 2 zich iets
inbeelden (il se flatte d'être vainqueur). ~e-
rie v vleierij. ~eur I zn m, -euse v vleier-
(ster). II bn vleiend. ~eusement bw vleiend.
flatulence v winderigheid.
flatulent bn winderig.
flavescent bn geelachtig.
fléau [mv x] m 1 dorsvlegel; 2 hefboom v. e.
balans; 3 gesel, plaag (le — de la guerre).
flèche I zn v 1 pijl, schicht; faire — de tout
bois, alle middelen aanwenden, om zijn doel
te bereiken; la — du Parthe, hatelijkheid bij
het afscheid nemen; 2 punt, spits; — de
mer, dolfijn; 3 tong v. e. balans; 4 zijde
spek; 5 richtingaanwijzer. II bn (arg.) platzak.
fléché bn versierd met pijlen.
fléchette v pijltje.
fléchir I ov.w 1 buigen (— les genoux);
2 vertederen, vermurwen. II on.w 1 doorbuigen; 2 wijken; 3 zwichten, toegeven.
fléchissement m 1 het doorbuigen; 2 daling,
achteruitgang.
flegmatique bn 1 flegmatisch; 2 slijmerig.
flegme m 1 flegma; 2 slijm.
flemme v (pop.) luiheid; battre la (sa) —, tirer
sa —, luieren.
flet m bot (vis).
flétan m heilbot.
flétrir I ov.w 1 doen verwelken, oues flétries,
fletse wangen; 2 brandmerken (ook fig.);
3 onteren, belasteren. II se ~ verwelken.
flétrissure v 1 brandmerk; 2 schandvlek;
3 het verwelken.
flette v vlet.
fleur I v 1 bloem, bloesem; être en —s, in
bloei staan; — de lis, lelie der Bourbons;
— printanière, lentebloem; les quatre —s,
soort hoestdrankje; semer des — s sur la
tombe de qn., een dode prijzen; — de soufre,
zwavel; 2 vruchtenwas; 3 frisheid, glans;
à la — de l'âge, in de bloei van het leven;
4 bloem, kleur, puikje; 5 sieraad, bloemrijke uitdrukking (les — s de l'éloquence);
6 oppervlakte; à — d'eau, aan de oppervlakte van het water; avoir les yeux à — de
tête, uitpuilende ogen hebben; à — de peau,
aan de opperhuid, oppervlakkig (fig.). II ~s
mv schimmel, waas op wijn of bier.
fleurage m 1 gebloemd patroon; 2 aardappelmeel (— de pommes de terre).
fleuraison v 1 bloei; 2 bloeitijd.
fleurdeliser ov.w met de Franse lelie ver-
fleurer on.w geuren, rieken.   [sieren.
fleuret m 1 floret; 2 floretzijde; 3 mijnboor.

fleurette v 1 bloempje; 2 minnepraat, flirt;
conter —, het hof maken.
fleur/i bn 1 bloeiend, in bloei; barbe —e,
witte baard; la boutonnière —e, met een
bloem in het knoopsgat; Pâques —e, Palmpasen; 2 fris, gezond (teint —); 3 bloemrijk
(style —). ~ir I ov.w met bloemen versieren.
II on.w bloeien (ook fig.). ~issant bn
bloeiend, met bloemen bedekt. ~iste I zn m
1 bloemkweker; 2 handelaar in bloemen.
II bn wat kunstbloemen betreft; ouvrière
—, maakster van kunstbloemen. ~on m 1
bloemvormig arch. sieraad; 2 bloem- of
bladvormig vignet; 3 bloempje v. e. bloeiwijze.
fleuronner ov.w versieren met bloemvormige
arch. sieraden.
fleuve m stroom, rivier.
flexibilité v 1 buigzaamheid; 2 lenigheid van
geest; 3 gedweeheid.
flexible bn 1 buigzaam; 2 lenig; 3 gedwee.
flex/ion v buiging. ~ueux, -euse bn met veel
buigingen, met veel krommingen. ~uosité v
bochtigheid.
flibust/e v vrijbuiterij. ~er I on.w vrijbuiten.
II ov.w afgappen, ontstelen. ~erie v 1 vrijbuiterij; 2 oplichterij. ~ier m 1 vrijbuiter;
2 oplichter.
flic m (pop.) politieagent.
flic-flac tw klits klats, klets.
flingot m (pop.) geweer, spuit.
flingue v vuurwapen.
flinguer ov.w (arg.) doden.
flirt m 1 het flirten; 2 flirt (persoon). ~age m
het flirten. ~er on.w flirten, ~eur m, -euse v
flirter(ster).
floc I zn m kwastje. II tw boem!, pats!
floche I bn pluizig, wollig. II zn v kwastje ter
versiering.
flocon m vlok; — s d'avoine, havervlokken.
floconner on.w in vlokken neervallen.
floconneux, -euse bn vlokkig.
floraison v 1 bloei; 2 bloeitijd.
floral [mv aux] bn wat betrekking heeft op
bloemen; Jeux —aux, letterkundige wedstrijden te Toulouse.
flore v 1 plantenwereld; 2 plantenbeschrij-
ving.
floréal m achtste maand v. h. republikeinse
jaar (van 20 of 21 april tot 19 of 20 mei).
florès m faire —, uitblinken, veel opgang
maken.
flori/cole bn levend op bloemen. ~culture v
bloementeelt. ~fère bn bloemendragend.
~lège m bloemlezing.
florin m florijn, gulden.
florissant bn bloeiend (fig.).
flot I m 1 golf; 2 opkomend water, vloed;
3 stroom; à —s, bij stroom; 4 vlot (bn)
remettre à —, weer vlot maken; se remettre
à —, er weer bovenop komen; 5 houtvlot.
II ~s mv 1 zee; 2 menigte.
flott/abilité v drijfvermogen. ~able bn drijf-
vend. ~age, flot m vervoer per vlot.
flottaison v waterspiegel; ligne de —, waterlijn.
flottant bn 1 drijvend; ligne —e, vissnoer met
dobber; moteur —, zwevende motor; 2
wapperend, golvend, wijd (robe —e); 3 besluiteloos; 4 vlottend (dette —e).
flottard m adelborst.
flotte I v 1 vloot; — aérienne, luchtvloot;
2 dobber; 3 (pop.) water, regen. II ~s mv
(pop.) des —s, een hele boel.
flottement m 1 het drijven; 2 golvende beweging v. h. front v. e. marcherende troep;
3 aarzeling, besluiteloosheid.
flotter on.w 1 drijven; 2 golven, wapperen;
3 weifelen, dobberen; 4 (pop.) regenen.
flotteur m 1 houtvlotter; 2 drijver (van hengel, van watervliegtuig); 3 vlotter (van
flottille v flottielje.   [carburator].
flou I bn wazig, onscherp (fig.). II zn m wa-
zigheid (bij schilderen, fotograferen, film).
flouer ov.w (fam.) bedotten, ontrollen, stelen.

fluctu/ant *bn* onvast, onbestendig, wisselend. ~**ation** *v* wisselvalligheid, veranderlijkheid, het op- en neergaan. ~**er** *on.w* op- en neergaan, wisselvallig zijn. ~**eux, -euse** *bn* wisselvallig, ongestadig.

fluet, -ette *bn* teer, tenger.

fluid/e I *bn* 1 vloeibaar of gasvormig; 2 vloeiend (*style* —). II *zn m* 1 niet-vaste stof; 2 fluïdum. ~**ifier** *ov.w* vloeibaar maken. ~**ité** *v* vloeibaarheid, gasvormigheid.

fluorescence *v* fluorescentie.

fluorescent *bn* fluorescerend; *tube* —, TL-buis.

flût/e I *v* 1 fluit; — *à bec* (—*douce*), blokfluit; *jeu de* —*s*, fluitregister v. e. orgel; *jouer de la* — op de fluit spelen; — *de Pan*, herdersfluit; *petite* —, piccolo; *ce qui vient de la* —, *s'en va par le tambour* (*spr.w*), zo gewonnen, zo geronnen; 2 fluit-speler; 3 lang broodje (fluit); 4 lang en nauw champagneglas; 5 lange wijnfles. II ~*s mv* 1 benen (*fam.*); *jouer de ses* —*s*, ertussen-uitgaan, 'm smeren; 2 *des* —*s!*, morgen brengen! ~**é** *bn* zacht en helder (als een fluit); *voix* —*e*, zachte en hoge stem. ~**eau** [*mv* **x**] *m* fluitje.

flût/er *on.w* 1 fluitspelen; 2 fluiten v. d. merel; 3 (*pop.*) drinken, hijsen. **flûtiste** *m* of *v*, flûteur *m*, -euse *v* fluitist(e).

fluvial [*mv* **aux**] *bn* de rivieren betreffend.

fluviatile *bn* de rivieren betreffende.

flux *m* 1 stroom; — *de paroles*, woorden-vloed; — *de sang*, dysenterie; 2 vloed.

fluxion *v* 1 gezwel; — *de poitrine*, longontsteking; 2 méthode *des* —*s*, differentiaalrekening.

foc *m* fok (*scheepv.*)

focal [*mv* **aux**] *bn* wat het brandpunt betreft; *distance* —*e*, brandpuntsafstand.

foehn *m* föhn.

foène, foëne, fouëne *v* aalgeer.

foetal [*mv* **aux**] *bn* wat de foetus betreft.

foetus *m* foetus, lichaamsvrucht.

foi *v* 1 geloof; *n'avoir ni* — *ni loi*, God noch gebod kennen; *profession de* —, geloofs-belijdenis; 2 gegeven woord; *ma* —, *par ma* —, *sur ma* —, op mijn woord; *donner* —, zijn woord geven; 3 vertrouwen; *ajouter* — *à*, geloof hechten aan; *digne de* —, geloof-waardig; 4 trouw; *bonne* —, goede trouw; *de bonne* —, te goeder trouw; *mauvaise* —, kwade trouw.

foie *m* lever; *avoir les* —*s*, (*pop.*), in de rats zitten; — *gras*, ganzelever.

foin I *m* 1 hooi; *être bête à manger du* —, zo dom als een ezel zijn; *avoir du* — *dans ses bottes*, er goed bij zitten; 2 te maaien gras; *faire les* —*s*, maaien; *rhume des* —*s*, hooi-koorts; 3 (*pop.*) herrie (*faire du* —). II *tw* weg met!, ik heb maling aan!

foire *v* 1 kermis, jaarmarkt; 2 jaarbeurs; 3 (*pop.*) hevige diarree; 4 (*fam.*) angst.

foirer *on.w* 1 (*pop.*) hevige diarree hebben; 2 in de rats zitten; 3 ketsen van vuurwapens; 4 niet pakken v. e. schroef.

foireux, -euse I *bn* 1 hevige diarree hebbend (*pop.*); 2 laf. II *zn m*, -euse *v* lafbek.

fois *v* keer, maal; *une* — *pour toutes*, eens en voor altijd; *à la* —, tegelijk; *des* —, soms, misschien; *y regarder à deux* —, zich twee maal bedenken; *toutes les* — *que*, telkens als; *une* — *que*, zodra.

foison *v* overvloed; *à* —, in overvloed.

foisonnement *m* 1 het krioelen; 2 het over-vloedig voorkomen; 3 het uitzetten.

foisonner *on.w* 1 krioelen; 2 in overvloed voorkomen; *cette province foisonne en blé*, er is overvloed van koren in deze streek; 3 uitzetten.

fol, folle *bn* = fou.

folâtre *bn* uitgelaten, dartel, speels.

folâtrer *v* dartelen, stoeien.

folâtrerie *v* dartelheid, uitgelatenheid.

foli/acé *bn* bladachtig. ~**aire** *bn* wat de bla-deren betreft. ~**ation** *v* 1 bladstand; 2 het uitlopen der bladeren.

folichon *bn* (*fam.*) uitgelaten, dartel.

folichonner *on.w* dartelen, stoeien.

folichonnerie *v* (*fam.*) 1 daad van iem. die uitgelaten is; 2 leuk, vrolijk gezegde.

folie *v* 1 krankzinnigheid; 2 dwaasheid, bui-tensporigheid, dwaze streek (*faire des* —); *aimer à la* —, hartstochtelijk beminnen; 3 landhuisje, buitenplaatsje.

folié *bn* bebladerd.

folio *m* 1 blad; 2 nummer v. e. bladzijde.

foliole *v* 1 blaadje v. e. samengesteld blad; 2 kelkblad; 3 bloemblad.

folklor/e *m* folklore. ~**ique** *bn* folkloristisch. ~**iste** *m* folklorist.

folle *bn* = fou.

follement *bw* dwaas, gek.

follet, -ette *bn*: *poil* —, vlasharen v. e. baard, donsveertjes; *feu* —, dwaallichtje.

folletage *m* bladziekte v. d. wijnstok.

fomentateur *m*, -trice *v* onruststoker(-stook-ster), aanstoker(aanstookster).

fomentation *v* broeiing (*med.*).

fomenter *ov.w* 1 pappen, broeien; 2 aansto-ken, aanwakkeren (— *des troubles*).

fonçage *m* 1 het inheien van palen; 2 het inzetten v. e. bodem in een vat; 3 delving, boring.

fonçailles *v mv* 1 bodemduigen v. e. ton; 2 onderlaag v. e. bed.

foncé *bn* donker.

foncement *m* 1 het boren v. e. put; 2 het voor-zien v. e. bodem; 3 het inheien van palen.

foncer I *ov.w* 1 een bodem zetten in een vat of ton; 2 (een put) boren; 3 een paal in-heien; 4 donker maken. II *on.w* zich storten op. III *se* — donker worden.

foncier, -ère *bn* 1 wat de bodem, de grond betreft; 2 grondig, voornaamste; *qualité* —*ère*, grondeigenschap.

foncièrement *bw* in de grond, door en door.

fonction *v* 1 ambt, beroep, functie; *faire* — *de*, dienstdoen als; *relever de ses* —*s* ontslaan; 2 ambtsbezigheden, werk-zaamheden; 3 lichaamsverrichting. ~**naire** *m* of *v* ambtenaar (ambtenares). ~**na-risme** *m* ambtenarij. ~**nel, -elle** *bn* func-tioneel. ~**nement** *m* werking, werkwijze. ~**ner** *on.w* werken, lopen (*cette machine fonctionne bien*).

fond *m* 1 bodem; *aller à* —, zinken; *sans* —, bodemloos; *de* — *en comble*, van onder tot boven; 2 grondsop (*le* — *d'une bouteille*); 3 achterkant, achterste gedeelte; *au* — *de*, in het diepst van, achterin; 4 achtergrond v. e. schilderij; 5 kern, wezen v. e. zaak; *à* —, grondig; *au* —, eigenlijk; 6 uithoudings-vermogen, taaiheid; *course de* —, lange afstandsrit; 7 diepste, verborgenste; *au* — *du cœur*, in het diepst v. h. hart; *aller au* — *des choses*, de dingen grondig doen.

fondamental [*mv* **aux**] *bn* wezenlijk, voor-naamste; *pierre* —*e*, grondsteen.

fondant I *bn* sappig, in de mond smeltend. II *zn m* 1 fondant; 2 smeltmiddel.

fonda/teur *m*, -trice *v* stichter(-ster), oprich-ter(-ster). ~**tion** *v* 1 fundament, grondslag; 2 stichting, oprichting.

fondé I *bn* 1 gemachtigd, bevoegd; *être* — *à*, bevoegd zijn te; 2 gegrond (*une accusation* —*e*). II *zn m:* — *de pouvoirs*, procuratie-houder, gevolmachtigde.

fondement *m* 1 fundament, grondslag; 2 grond; *sans* —, ongegrond; 3 anus.

fonder *ov.w* 1 grondvesten; 2 stichten, op-richten; 3 gronden.

fonderie *v* 1 smelterij, gieterij; 2 het gieten van metalen.

fondeur *I zn m*, -euse *v* metaalgieter(-ster), -smelter(-ster), wassmelter(-ster). II -euse *v* gietmachine.

fondre I *ov.w* 1 smelten; 2 gieten; 3 mengen, doen samensmelten (van kleuren). II *on.w* 1 smelten; 2 — *sur*, zich werpen op, aan-vallen, overvallen; 3 (*fam.*) vermageren.

fondrière v 1 modderpoel, moeras; 2 kuil, kloof.

fonds m 1 grond; 2 kapitaal; *placer son argent à — perdu*, zijn geld op lijfrente beleggen; *— publics*, effecten; 3 zaak; 4 voorraad, schat.

fondu m 1 ineensmelting, uitlopen van kleuren; 2 geleidelijk verschijnen of wegvloeien v. e. filmbeeld.

fondue v toespijs, bestaande uit gesmolten kaas, boter, kruiden en kirsch.   [achtig.

fongueux, -euse bn zwamachtig, sponsfontaine** v 1 bron; *— de Jouvence*, verjongingsbron; 2 put; 3 fontein.

fontainerie v fabriek, winkel, die kranen, fonteintjes enz. verkoopt en zich belast met het aanleggen van waterleidingen.

fontainier m verkoper van kranen, fonteintjes, aanlegger van waterleidingen.

fonte v 1 het smelten; 2 het gieten; 3 gietijzer (*fer de —*); 4 pistoolholster.

fontis, fondis m (grond)verzakking.

fonts m mv doopvont (*les — baptismaux*); *tenir sur les —*, ten doop houden.

football m voetbal (ook *—association*); *jouer au —*, voetballen.

footballeur m voetballer.

footing m wandelsport.

for m gerecht, rechtsgebied; *le — intérieur*, het geweten.

forage m 1 boring; 2 oude belasting op de wijn.

forain I bn 1 vreemd, buitenlands; 2 wat kermissen of jaarmarkten betreft; *marchand —*, kermiskoopman. II zn m kermiskoopman, acteur in kermistenten.

forban m 1 vrijbuiter; 2 bandiet.

forçage m 1 het dwingen; 2 het trekken v. e. plant; 3 overwicht v. e. munt.

forçat m 1 galeiboef; 2 dwangarbeider; 3 slaaf (v. h. werk).

force I zn v 1 kracht; *— ascensionnelle*, stijgkracht; *— d'esprit*, geestkracht, scherpzinnigheid; *— motrice*, — drijfkracht; *— portative*, draagvermogen; *prendre une ville de vive —*, een stad stormenderhand innemen; *un tour de —*, een krachttoer; *de toutes ses —s*, uit alle macht; 2 macht, geweld; *à — de travailler il a réussi*, door hard te werken, is hij geslaagd; *à — de bras*, door mensenhanden (niet door machines); *agent de la — publique*, agent van politie; *les —s aériennes*, de luchtmacht; *la — des choses*, de drang der omstandigheden; *n'est pas droit* (spr.w), macht is geen recht; *faire — de rames*, uit alle macht roeien; *— lui fut de se rendre*, hij was wel gedwongen, zich over te geven; *maison de —*, tuchthuis; *— majeure* overmacht; *user de —*, geweld gebruiken II bw zeer veel, een hoop.

forcé bn 1 gemaakt (*un rire —*); 2 geforceerd (*une marche —e*); 3 gedwongen; *atterrissage —*, noodlanding; *travaux —s*, dwangarbeid; 2 verbogen.

forcément bw 1 met geweld; 2 noodzakelijk.

forcené I bn waanzinnig, dol, woedend. II zn m, -e v waanzinnige, dolleman.

forceps I m v verlostang.

forcer I ov.w 1 openbreken, forceren (*— une porte*); 2 stormenderhand veroveren; 3 dwingen (*— à*); noodzaken, afdwingen (*— le respect*); *avoir la main forcée*, gedwongen zijn, iets tegen zijn zin te doen; 4 verdraaien, geweld aandoen; *— le sens d'un mot*, de betekenis van een woord verdraaien; 5 verkrachten. II se ~ 1 zich overspannen, zich te veel inspannen; 2 zich geweld aandoen. III on.w 1 klemmen v. e. deur; 2 *— de voiles*, alle zeilen bijzetten.

forcerie v broeikas.

forcir on.w dik worden (*fam.*).

forclusion v vervallenverklaring v. e. recht.

forer ov.w doorboren.

forestier, -ère bn wat de wouden betreft; *garde —*, boswachter.

foret m (dril)boor.

forêt v woud, bos; *— vierge*, oerwoud.

foreur m boorder.

foreuse v boormachine.

forfaire (à) on.w onr zondigen tegen, te kort schieten; *— à ses engagements*, zijn verplichtingen niet nakomen.

forfait m 1 misdaad; 2 overeenkomst tot het leveren van goederen of het verrichten van werk tegen een vastgestelde prijs.

forfaitaire bn voor een aangenomen som.

forfaiture v 1 misdrijf v. e. ambtenaar in functie; 2 misdrijf v. d. leenman tegen de leenheer.

forfanterie v opsnijderij.

forficule v oorworm.

forge v 1 smidse; 2 ijzergieterij.

forgeable bn smeedbaar.

forgeage, forgement m het smeden.

forger ov.w 1 smeden; *en forgeant on devient forgeron* (spr.w), al doende leert men; 2 verzinnen, uit de duim zuigen; 3 valse documenten maken.

forgeron m smid.

forgeur m 1 smeder; 2 verzinner.

forjeter I on.w uitspringen (b.v. van een muur). II on.w uitbouwen.

forlancer ov.w opjagen (van wild).

formage m vormgeving.

formaliser (se) ... de zich ergeren aan.

formalisme m vormendienst, vormelijkheid ~**iste** bn vormelijk. ~**ité** v formaliteit.

format m formaat.

formateur m, **-trice** v vormer(-ster).

formation v vorming, formatie; *— de combat*, slagorde.

forme I v 1 vorm; *en bonne et due —*, volgens de regels; 2 uiterlijk, schijn (*juger sur la —*); 3 gedaante, snit, leest, bol v. e. hoed; *chapeau haut de —*, hoge hoed; 4 regeringsvorm (*— monarchique*); 5 lichamelijke conditie; *être hors de —*, niet in vorm zijn (bij sport); 6 dok. II *— s* mv manieren, omgangsvormen; *observer les —s*, de omgangsvormen in acht nemen; *manquer de —s*, slechte manieren hebben.

formel, -elle bn uitdrukkelijk, stellig.

former ov.w 1 vormen; 2 stichten, oprichten (van zaak enz.); 3 vormen = opvoeden, drillen (*— la jeunesse, — des soldats*); 4 vormen = uitmaken; 5 vormen = nemen; *— une résolution*, een besluit nemen.

formication v kriebeling.

formidable bn: ontzaglijk, geweldig, geducht.

formique bn: *acide —*, mierezuur.

formulaire m 1 formulierenboek, receptenboek; 2 geloofsbelijdenis.

formule v formule, formulier.

formuler ov.w formuleren, duidelijk uitdrukken, inkleden.

forni/cateur m, **-trice** v ontuchtige. ~**cation** v ontucht. ~**quer** on.w ontucht bedrijven.

fors vz (oud) behalve (*tout est perdu, fors l'honneur*).

fort I bn 1 sterk, krachtig; *un esprit —*, een vrijdenker; *— comme un Turc*, sterk als een beer; *boissons —es*, sterke drank; *place —e*, vesting; 2 dik; 3 aanzienlijk, groot (*une — somme*); 4 moeilijk, zwaar (*une — tâche, une terre —e*); 5 knap, scherpzinnig, handig; *une — tête*, een knappe kop; 6 onstuimig, hevig; *une — mer*, een onstuimige, hoge zee. II bw 1 krachtig, sterk; *aller un peu —*, een beetje overdrijven; *crier —*, hard schreeuwen; *sentir —*, sterk ruiken; 2 zeer, erg. III zn m 1 fort; 2 de sterke, de machtige; *les —s de la Halle*, de lastdragers der Hallen; 3 midden, hartje (*au — de l'orage, au — de l'hiver*); 4 sterke zijde (*l'histoire est mon —*); 5 kracht; *le — de l'âge*, de kracht v. h. leven; 6 sterkste plek; *le — du navire*, het midden v. h. schip; 7 leger, b.v. van een wolf.

forteresse v vesting; *— volante*, vliegend fort.

fortifiant I bn versterkend. II zn m versterkend middel.

fortification v 1 het versterken; 2 versterkingskunst; 3 vestingwerk.

fortifier ov.w versterken.

fortin m klein fort.

fortiori (à) bw des te meer.

fortuit bn toevallig.

fortune v 1 toeval, kans; dîner à la — du pot, eten, wat de pot schaft; 2 geluk (bonne —), ongeluk (mauvaise —); bonnes —s, succes in de liefde; 3 lot, fortuin; officier de —, officier, die als soldaat zijn loopbaan is begonnen; revers de —, tegenspoed; tenter —, zijn geluk beproeven; 4 Fortuna; 5 fortuin; faire —, fortuin maken.

fortuné bn 1 gelukkig, door de fortuin begunstigd; 2 rijk, gefortuneerd.

forure v boorgat, gat v. e. sleutel.

fosse v 1 kuil, gat; — d'aisances, beerput; 2 grafkuil; — commune, algemeen graf; avoir un pied dans la —, met één been in het graf staan; 3 holte; — nasale, neusholte; 4 mijnschacht.

fossé m 1 sloot; 2 kloof (fig.).

fossette v 1 knikkerkuiltje; 2 kuiltje in de wangen.

fossil/e I bn 1 versteend; 2 erg verouderd. II zn m verstening. ~isation v verstening. ~iser I ov.w doen verstenen. II se ~ verstenen.

fossoyage m het delven v. e. kuil of graf.

fossoyer ov.w omringen met sloten.

fossoyeur m doodgraver.

fou I bn, folle v (voor een mannel. woord, dat begint met klinker of stomme h fol) 1 gek; 2 dwaas, zot; une brise folle, een veranderlijke bries; un — rire, een onbedaarlijke lach; 3 dol; — de, dol op; un chien —, een dolle hond; 4 buitensporig, overmatig; un succès —, een uitbundig succes. II zn m, folle v 1 gek; — furieux, dolleman; plus on est de —s, plus on rit (spr.w), hoe meer zielen, hoe meer vreugd; 2 nar; la fête des —s, het middeleeuwse narrenfeest; 3 raadsheer (bij schaakspel).

fouaille v deel v. h. wilde zwijn, dat men aan de honden geeft.

fouailler ov.w veel en hard met de zweep slaan.

foucade v bui, vlaag.

fouchtra! tw verdorie!

foudre I zn v 1 bliksem; coup de —, bliksemslag, liefde op het eerste gezicht; comme la —, blimsemsnel. II m 1 un — de guerre, vechtjas, geducht krijger; 2 okshoofd, fust.

foudroiement m het treffen door de bliksem, het neerslaan enz. (zie foudroyer).

foudroy/ant bn 1 verpletterend, vernietigend; 2 een snelle dood veroorzakend; apoplexie —e, beroerte, die een plotselinge dood ten gevolge heeft; poison —, snelwerkend vergif. ~er I ov.w 1 treffen (v. d. bliksem); 2 vernietigen, wegmaaien (b.v. un régiment); 3 plotseling doden (b.v. door elektrische schok); 4 neerslaan. II on.w bliksemen.

fouée v 1 vogeljacht 's nachts met behulp van licht; 2 takkenbos; 3 ovenvuur.

fouet m 1 zweep; coup de —, zweepslag (ook med.); donner le —, een pak slaag geven, geselen; faire claquer son —, zich laten gelden; 2 gesel; 3 (fig.) staartveren.

fouet/tard m: le Père F—, Zwarte Piet. ~tée v afstraffing. ~tement m het slaan, het striemen, het kletteren.

fouetter ov.w 1 met de zweep slaan; 2 afstraffen, kastijden; il n'y a pas de quoi — un chat, het is de moeite niet waard, om er over te spreken; avoir bien d'autres chiens (chats) à —, wel wat anders te doen hebben; 3 striemen (v. d. wind), kletteren (v. d. regen); 4 geselen (ook fig.); 5 klutsen, kloppen; crème fouettée, slagroom.

fougasse v landmijn.

fouger on.w omwoelen v. d. grond.

foug/eraie v met varens begroeide plek. ~ère v varen (pl.k.). ~erole v kleine varen.

fougue v vuur, onstuimigheid, drift; mât de —, bezaansmast.

fougueux, -euse bn vurig, onstuimig, driftig.

fouille v opgraving.

fouille-au-pot m koksjongen.

fouiller I ov.w 1 opgraven, opdelven; 2 doorzoeken; 3 fouilleren; 4 diep uitbeitelen; style fouillé, uiterst nauwkeurige stijl. II on.w zoeken in, snuffelen in.

fouilleur m graver, snuffelaar.

fouilleuse v vrouw, die bij douane of politie andere vrouwen fouilleert.

fouillis m warboel, gewriemel.

fouinard I zn m (pop.) snuffelaar, onbescheidene, slimmerd. II bn (pop.) nieuwsgierig. onbescheiden, slim.

fouine v 1 steenmarter; 2 slimmerd; 3 hooivork, gaffel.

fouiner on.w (pop.) 1 in andermans zaken snuffelen; 2 er stilletjes van door gaan.

fouineur, -euse = fouinard.

fouir ov.w graven, omwroeten.

fouissement m gewroet, het graven.

fouisseur, -euse I bn geschikt voor graven (patte —euse). II zn -eur m graafdier.

foulage m 1 het vollen v. stof; 2 het doordrukken.

foulant bn: pompe —e, perspomp.

foulard m 1 soort zijde; 2 zijden hals- of zakdoek.

foule v 1 menigte; en —, in groten getale; 2 het gros der mensen; se tirer de la —, boven het gros der mensen uitsteken, op de voorgrond treden. [man.

foulée v 1 spoor v. e. dier; 2 pas v. e. sport-

fouler I ov.w 1 persen; 2 vollen v. stof; 3 doordrukken; 4 (ver)trappen, de voet zetten op; — aux pieds, vertrappen; — le sol natal, de geboortegrond betreden; 5 verstuiken, verzwikken; 6 onderdrukken. II se ~ (la rate), zich uitsloven.

foul/erie v 1 vollerij; 2 volmolen; 3 druivenperserij. ~eur m, -euse v volder(-ster).

foulque v waterhoen, meerkoet.

foulure v verstuiking, verzwikking.

four m 1 oven; — à bachot, drilschool voor opleiding voor het baccalauréat; ce n'est pas pour lui que chauffe le —, dat is niet voor hem bestemd, weggelegd; — à chaux, kalkoven; 2 fiasco, echec; faire —, mislukken; cette pièce est un —, dat stuk is een prul; 3 petit —, gebakje.

fourbe I zn m bedrieger. II bn vals, bedrieglijk. ~erie v schelmenstreek, bedrog. ~ir ov.w polijsten, poetsen. ~issage, ~issement m het polijsten, oppoetsen. ~isseur m zwaardveger.

fourbu bn uitgeput, doodop.

fourche v 1 hooi-, mestvork, gaffel; 2 tweesprong; 3 vork v. e. fiets; 4 —s patibulaires, galg.

fourch/é bn gevorkt. ~ée v hooivork vol. ~er on.w zich vertakken; la langue lui a fourché hij heeft zich versproken.

fourchet m 1 vork met twee tanden; 2 klauwzeer; 3 vork v. e. tak. ~te v vork vol. ~te v 1 vork; une belle —, een flinke eter; déjeuner à la —, warme lunch; — du Père Adam, de vingers; 2 vorkbeen.

fourch/on m 1 tand v. e. vork; 2 gaffel v. e. boom. ~u bn gevorkt, gespleten; pied —, gespleten hoef, bokspoot. ~ure v gaffel, vork, tweesprong.

fourgon m 1 bagagewagen, legerwagen; 2 pook. ~ner on.w 1 pook v. e. oven; 2 onderstaande halen.

fourgue, fourgat m (arg.) heler.

fourmi v mier; avoir des —s, niet stil kunnen staan of zitten.

fourmilier m miereneter.

fourmilière v mierenhoop; 2 menigte.

fourmill/ement m 1 gekrioel; 2 jeuk, kriebeling. ~er on.w 1 krioelen; 2 kriebelen.

fournage *m* bakloon.

fournaise *v* 1 gloeiende oven; 2 vuurzee.

fourneau [*mv* x] *m* 1 oven; *haut* —, 'hoogoven; 2 fornuis; — *à charbon*, kolenfornuis; — *à gaz*, gasfornuis; — *à pétrole*, petroleumstel; 3 — *économique*, gaarkeuken; 4 — *d'une pipe*, kop v. e. pijp; 5 (*pop.*) stommeling.

fournée *v* 1 ovenvol; 2 personen, die tegelijk benoemd worden in dezelfde functie; 3 veroordeelden, die gedurende de Fr. Revolutie tegelijk naar het schavot werden gevoerd.

fourni *bn* 1 dicht (*barbe* —*e*); 2 welvoorzien (*magasin bien* —).

fournier *m* 1 ovenhouder; 2 ovenstoker.

fournil *m* bakhuis.

fourniment *m* uitrusting v. e. soldaat.

fournir/ir I *ov.w* 1 voorzien van, leveren; 2 verschaffen (— *des renseignements*); 3 afleggen, volbrengen (— *une course*). II *on.w* 1 leveren; 2 voorzien in (— *aux besoins*). III *se* — *chez qn.*, zijn inkopen doen bij iem. ~issement *m* inleg. ~isseur *m* leverancier. ~iture *v* 1 levering, leverantie; 2 benodigdheden; 3 toekruiden bij sla.

fourrage *m* veevoer.

fourrager I *on.w* 1 foerageren; 2 rommelen (— *dans des papiers*). II *ov.w* verwoesten.

fourrag/ère I *zn v* 1 hooiweide; 2 foeragewagen; 3 vangsnoer (*mil.*). II *bn* tot veevoeder dienend. ~eur *m* 1 foerageur (*mil.*); 2 plunderaar.

fourré I *m* 1 kreupelhout. II *bn* 1 dicht begroeid; 2 met bont gevoerd; 3 verguld, verzilverd; 4 *langue* —*e*, bereide ossetong; *bonbon* —, gevulde bonbon.

fourreau [*mv* x] *m* 1 schede, foedraal; 2 nauwe japon.

fourrer *ov.w* 1 steken, stoppen; — *son nez dans*, zijn neus steken in; 2 met bont voeren. II *se* — 1 zich verbergen; 2 zich indringen.

fourre-tout *m* 1 rommelkamer; 2 soepele ruime reistas.

fourreur *m* 1 bontwerker; 2 bontverkoper.

fourrier *m* 1 foerier; 2 voorbode.

fourrure *v* bont, pels.

fourvoiement *m* af-, verdwaling.

fourvoyer I *ov.w* 1 doen verdwalen; 2 op een dwaalspoor brengen. II *se* — 1 verdwalen; 2 zich vergissen.

foyer I *m* 1 haard (ook *fig.*); 2 haardkleedje; 3 huiselijke haard, haardstede; 4 foyer in schouwburg; 5 brandpunt. II ~s *mv* vaderland, haardsteden.

frac *m* (heren)rok.

fracas *m* lawaai, geratel, misbaar.

fracasser *ov.w* verbrijzelen.

fraction *v* 1 het breken (v. h. brood); 2 breuk; — *décimale*, tiendelige breuk; 3 gedeelte. fraction/naire *bn: nombre* —, gebroken getal. ~ner *ov.w* in delen splitsen, versnipperen.

fracture *v* 1 het breken; 2 breuk.

fracturer *ov.w* openbreken (— *un coffre-fort*).

fragile *bn* 1 breekbaar; 2 zwak; 3 gemakkelijk te verleiden.

fragilité *v* 1 breekbaarheid; 2 zwakheid.

fragment *m* 1 scherf; 2 fragment.

fragmentaire *bn* fragmentarisch.

fragmentation *v* het in stukken verdelen.

fragmenter *ov.w* in stukken verdelen.

frai *m* 1 viskuit; 2 het kuitschieten; 3 pootvis.

fraîche I *bn* zie frais. II *zn v* 1 avondkoelte; 2 briesje.

fraîchement *bw* 1 pas; — *cueilli*, pas geplukt; 2 koel (*accueillir qn.* —).

fraîcheur *v* 1 koelte; 2 koude; *attraper une* —, een kou vatten; 3 frisheid, helderheid; 4 briesje.

fraîchir *on.w* 1 aanwakkeren v. d. wind; 2 fris worden v. h. weer.

frairie *v* 1 smulpartij; 2 volksfeest.

frais, fraîche *bn* 1 fris = koel; 2 fris, vers;

des troupes —*es*, verse troepen; *du pain* —, vers brood; 3 recent (*de* —*e date*).

frais *m* frisse lucht; *prendre le* —, een luchtje scheppen.

frais *m mv* kosten; *faux* —, onvoorziene onkosten; *faire ses* —, zijn onkosten goed maken; *se mettre en* —, onkosten maken, zijn best doen; *à peu de* —, zonder veel kosten, zonder veel moeite.

fraise *v* 1 aardbei; 2 geplooide kraag uit de 16e en 17e eeuw; 3 freesboor.

frais/er *ov.w* frezen. ~eur *m* frezer. ~euse *v* freesmachine.

fraisier *m* aardbeiplant.

fraisière *v* aardbeienkwekerij.

fraisoir *m* freesboor.

frambois/e *v* framboos. ~er *ov.w* geurig maken met frambozensap. ~ier *m* frambozestruik.

framée *v* werpspies der Franken.

franc *m* frank.

franc, franche I *bn* 1 vrij; — *arbitre*, vrije wil; — *de port*, franco; *ville* —*che*, vrije stad; 2 openhartig, vrijmoedig; 3 zuiver, echt (*vin* —); —*che aversion*, oprechte afkeer; *moineau* —, huismus. II *franc bw* ronduit.

franc, franque I *bn* Frankisch. II *zn* F ~ *m*, F ~*que v* Frank, Frankische.

français I *bn* Frans. II *zn* F ~ *m*, F ~*e v* Fransman, Française. III *zn m* Fr. taal.

franchement *bw* openhartig, vrijmoedig.

franchir *ov.w* overstappen, overspringen; — *des difficultés*, moeilijkheden overwinnen; — *le pas*, de beslissende stap doen.

franchise *v* 1 openhartigheid, vrijmoedigheid; 2 vrijdom, vrijheid; 3 vrijstelling; — *de port*, portvrijdom; 4 asielrecht.

franchiss/able *bn* overkomelijk. ~ement *m* het overschrijden, het overklimmen.

francien *m* middeleeuws dialect van Parijs en omstreken.

francique *zn m* en *bn* Frankisch.

francisation *v* verfransing.

franciscain I *bn* franciscaans. II *zn m*, ~*e v* franciscaner, franciscanes.

franciser *ov.w* verfransen.

francisque *v* strijdbijl der Franken.

franc†-maçon† *m* vrijmetselaar.

franc-maçonnerie *v* vrijmetselarij.

franco *bw* franco.

franco/-allemand † *bn* Frans-Duits. ~phile I *bn* fransgezind. II *zn m* of *v* fransgezinde. ~phobe I *bn* anti-Frans. II *zn m* of *v* iem. die anti-Frans is. ~phone *bn* Frans sprekend.

franc-parler *m* openhartigheid.

franc†-tireur† *m* vrijschutter, partisaan.

frange *v* franje.

frangin *m*, -e *v* broer, zuster (*pop.*).

frangipane *v* 1 soort parfum; 2 amandelpas; 3 dikke room met amandelgeur.

franquette *v: à la bonne* —, zonder complimenten.

frappage *m* het slaan.

frappant *bn* treffend, sprekend.

frappe *v* 1 het slaan van munten; 2 aanslag op schrijfmachine, doorslag (bij meer dan één); *faute de* —, tikfout.

frappe-devant *m* voorhamer.

frappement *m* het slaan.

frapper I *ov.w* 1 slaan; — *une monnaie*, een munt slaan; — *du pied*, schoppen; 2 treffen; — *les yeux*, in het oog vallen, indruk maken; 3 met ijs koelen (— *du vin*). II *on.w* kloppen, slaan (— *à la porte*). III *se* — bang zijn (*un malade qui se frappe*).

frappeur *m*, -euse *v* hij, zij, die slaat, klopt.

frasque *v* kuur, streek.

fratern/el, -elle *bn* broederlijk. ~ellement *bw* broederlijk. ~isation *v* verbroedering. ~iser *on.w* verbroederen. ~ité *v* 1 broederlijke liefde; 2 broederschap.

fratricide I *bn* broedermoord betreffend. II *zn m* broedermoordenaar.

fraud/e *v* 1 bedrog; 2 smokkelarij; *introduire*

en —, binnensmokkelen. ~er I *ov.w* bedriegen. II *on.w* bedrog plegen. ~eur *m, -euse v* bedrieger(-ster), smokkelaar(ster).

frauduleusement *bw* bedrieglijk.

frauduleux, -euse *bn* bedrieglijk.

frayer I *ov.w* banen. II *on.w* 1 kuit schieten; 2 omgaan met. III se ~ zich banen.

frayeur *v* angst, afgrijzen, schrik.

fredaine *v* (*fam.*) onbezonnen jeugdstreek.

fredonner *ov.* en *on.w* neuriën.

fredonnement *m* geneurie.

frégate *v* fregat.

frein *m* 1 toom, teugel; 2 gebit; *ronger son* —, zich verbijten; 3 rem; — *à tambour*, trommelrem; — *à vide*, vacuümrem; — *dans le moyeu*, terugtraprem; — *de secours*, noodrem. ~age *m* 1 het remmen; 2 de remmen. ~er *ov.* en *on.w* remmen.

frelampier *m* 1 lampenaansteker in een klooster; 2 nietsnut.

frelatage, frelatement *m* vervalsing.

frelater *ov.w* vervalsen.

frêle *bn* 1 breekbaar; 2 zwak, teer, tenger.

frelon *m* horzel.

freluche *v* 1 zijden kwastje; 2 onbeduidend iets; 3 herfstdraad.

freluquet *m* saletjonker.

frémir *on.w* 1 sidderen, rillen, beven; 2 ritselen, trillen, bruisen.

frênaie *v* essenbosje, essenlaan.

frêne *m* 1 es; 2 essehout.

fréné/sie *v* waanzin, razernij, dolle woede; *avec* —, hartstochtelijk. ~**tique** *bn* 1 razend, woedend, dol; 2 uitbundig, geestdriftig (*applaudissements* —*s*).

fréquemment *bw* dikwijls.

fréquence *v* herhaling, veelvuldigheid.

fréquent *bn* herhaald, veelvuldig. ~**ation** *v* 1 omgang; 2 herhaald bezoek.

fréquenter I *ov.w* 1 dikwijls bezoeken; *une rue fréquentée*, een drukke straat; 2 omgaan met. II ~ *chez* *qn* dikwijls bezoeken.

frère *m* 1 broer, broeder; — *d'armes*, wapenbroeder; — *consanguin*, halfbroer; —*s jumeaux*, tweelingbroers; 2 frater, broeder; — *mineur*, minderbroeder.

frérot *m* (*fam.*) broertje.

fresque *v* fresco.

fret *m* 1 bevrachting v. e. schip; 2 vrachtloon; 3 vracht, lading.

frètement *m* 1 het verhuren v. e. schip; 2 het uitrusten v. e. schip.

fréter *ov.w* 1 een schip verhuren; 2 een schip uitrusten.

fréteur *m* verhuurder v. e. schip.

frétillant *bn* spartelend.

frétillement, frétillage *m* het spartelen, het huppelen.

frétiller *on.w* spartelen, huppelen, kwispelen.

frétillon *m* (*fam.*) woelwater.

fretin *m* 1 katvis; 2 uitschot, zootje.

frett/e *v* ijzeren ring of band. ~**er** *ov.w* met een ijzeren ring of band beslaan.

friable *bn* brokkelig.

friand I *bn* 1 verzot op lekkernij; 2 lekker. II *zn* 1 lekkerbek; 2 soort gebakje. ~**ise** *v* 1 lekkerbekkerij; 2 snoepgoed, suikerwerk.

fric *m* (*arg.*) geld; *faire un fric-frac* (*arg.*), inbreken.

fricandeau [*mv* **x**] *m* gelardeerd(e) vis of vlees.

fricass/ée *v* 1 vleesragoût; 2 oude dans; 3 mengelmoes. ~**er** *ov.w* 1 stukjes vlees als ragoût toebereiden; 2 verbrassen, verkwisten. ~**eur** *m* slechte kok.

fricatif, -ive, *bn* wrijvend.

friche *v* braakland; *laisser en* —, braak laten liggen.

fricot *m* (*pop.*) (opgestoofd) eten.

fricoter I *on.w* (*pop.*) 1 smullen; 2 ongeoorloofde winst maken. II *ov.w* 1 vlees als ragoût bereiden; 2 zijn geld er door draaien.

fricoteur *m, -euse v* (*pop.*) 1 lekkerbek; 2 iem. die ongeoorloofde winst maakt; 3 lijn-

trekker.

friction *v* 1 wrijving; 2 haarwassing met reukwater; 3 oneinigheid.

frictionner *ov.w* (in)wrijven.

frigid/aire *m* koelkast. ~**e** *bn* koud. ~**ité** *v* koude.

frigo *m* (*pop.*) 1 bevroren vlees; 2 koelkast.

frigorifère *m* koelruimte.

frigorifier *ov.w* koelen v. vlees enz.

frigorifique *bn* verkoelend.

frileux, -euse *bn* kouwelijk.

frimaire *m* 3e maand v. d. republik. kalender (21 nov.-20 dec.).

frimas *m* rijp; *les* —, de winter.

frime *v* (*pop.*) 1 schijn; *pour la* —, voor de grap; 2 gezicht.

frimousse *v* (*fam.*) gezicht.

fringale *v* geeuwhonger.

fringant *bn* vurig (*cheval* —).

fringuer 1 *on.w* dansen, huppelen. II *ov.w* kleden.

fripe *v* (*pop.*) 1 eten, kost (*travailler pour sa* —); 2 boterhambeleg.

friper *ov.w* 1 verkreukelen; 2 (*pop.*) opschrokken.

friperie *v* 1 oude kleren en meubelen; 2 uitdragerij.

fripier *m, -ère v* uitdrager(-draagster).

fripon, -onne I *bn* schelms. II *zn m, -ne v* schelm, schurk.

friponnerie *v* schelmen-, schurkenstreek.

fripouille *v* (*pop.*) schurk, schooier.

fripouillerie *v* schurkenstreek.

frire *ov.w* en *on.w* bakken, braden.

frisage *m* het krullen.

frisco *bn* (*fam.*) vers.

frise *v* 1 fries; 2 baai.

Frise (la) *v* Friesland.

frisé *bn* gekruld; *chou* —, boerenkool.

friselis *m* geritsel.

fris/er I *ov.w* 1 krullen; 2 scheren, strijken langs; — *la quarantaine*, naar de veertig lopen; — *la prison*, gevaar lopen in de gevangenis te komen. II *on.w* krullen. ~**ette** *v* krulletje. ~**oir** *m* krultang.

frison, -onne I *bn* Fries. II *zn F* —*m, -onne v* Fries, Friezin.

frisquet, -ette I *bn* frisjes. II *bw* (*pop.*) *il fait* —, het is frisjes.

frisson *m* huivering, rilling; *donner le* —, doen rillen. ~**nement** *m* rilling. ~**ner** *on.w* huiveren, rillen.

frisure *v* 1 het krullen; 2 gekrulde haren.

frit I *bn* gebakken. II *zn m* gebakken aardappel. ~**ure** *v* 1 het bakken; 2 bakvet; 3 gebakken vis. ~**urerie** *v* winkel v. gebakken vis. ~**urier** *m, -ère v* verkoper(verkoopster) van gebakken vis.

Fritz *m* (*fam.*) Duits soldaat.

frivole I *bn* 1 nietig, beuzelachtig; 2 oppervlakkig, kleingeestig. II *zn m* oppervlakkigheid.

frivolité *v* 1 beuzelarij, nietigheid; 2 soort kantwerk (frivolité).

froc *m* 1 pij; *prendre le* —, in het klooster gaan; 2 monnikskap; 3 (*pop.*) broek.

frocard *m* (*pop.*) monnik.

froid I *bn* 1 koud; *cela me laisse* —, dat laat me koud; 2 koel. II *bw battre* — *à qn.*, iem. koel ontvangen. III *zn m* 1 koude; *j'ai* —, ik ben koud; *il fait* —, het is koud; *il n'a pas* — *aux yeux*, hij is voor geen kleintje vervaard; *il fait un* — *de loup*, het is verschrikkelijk koud; *prendre* —, kou vatten; 2 koelheid; *jeter un* —, een plotselinge stilte veroorzaken (b.v. in een vergadering). ~**ement** *bw* 1 koud; 2 koel. ~**eur** *v* 1 koude; 2 koelheid. ~**ir** *on.w* koud worden. ~**ure** *v* koude.

froiss/ement *m* 1 het verfrommelen; 2 tegenstrijdheid; 3 beleiding. ~**er** *v* 1 verkreukelen, verfrommelen; 2 kneuzen; 3 kwetsen (*fig.*). II se ~ de zich ergeren aan, zich beleidigd voelen door. ~**ure** *v* kreuk.

frôlement *m* lichte aanraking.

frôler *ov.w* licht aanraken, strijken langs.

fromage *m* kaas; — *de cochon*, hoofdkaas; — *glacé*, roomijspudding; — *d'Italie*, preskop; *entre la poire et le* —, aan het einde v. d. maaltijd.

fromager, -ère *I bn* wat kaas betreft (*industrie* —*ère*). II *zn m*, -ère *v* kaasverkoper (-verkoopster) -maker(-maakster).

fromagerie *v* 1 kaasmakerij; 2 kaashandel.

froment *m* tarwe.

fronce *v* vouw, plooi.

froncement *m* fronsing, rimpeling.

froncer *ov.w* 1 fronsen, rimpelen; 2 plooien.

froncis *m* de plooien.

frondaison *v* 1 het uitkomen der bladeren; 2 loof.

fronde *I v* slinger. II F∼ *v* burgeroorlog tijdens de minderjarigheid van Lodewijk XIV.

frond/er *ov.w* 1 slingeren; 2 hekelen. ∼**eur** *m* 1 slingeraar; 2 aanhanger der Fronde; 3 vitter, tegenspreker.

front *I zn m* 1 voorhoofd; 2 hoofd; *courber le* —, het hoofd buigen; 3 top, kruin (*le* — *d'une montagne*); 4 front, voorkant; *faire* —, het hoofd bieden; 5 (politiek) front; 6 onbeschaamdheid. II *de* — ∼ *bw* 1 van voren; 2 naast elkaar, tegelijkertijd; *mener de* —, gelijktijdig doen, - uitvoeren.

frontal [*mv aux*] *bn* wat het voorhoofd betreft; *os* —, voorhoofdsbeen.

frontalier, -ère *bn* van de grens.

frontière *I zn v* grens. II *bn* van de grens; *ville* —, grensstad.

frontispice *m* 1 voorgevel; 2 titelplaat; titelblad met vignette.

fronton *m* driehoekige of halfronde gevelversiering boven de ingang v. e. gebouw.

frott/age *m* het wrijven, het boenen. ∼**ée** *v* 1 (*pop.*) pak slaag; 2 schurft. ∼**ement** *m* 1 wrijving; 2 wrijving (*fig.*), onenigheid.

frotter *I ov.w* 1 boenen, wrijven; *se* — *les yeux*, zich de ogen uitwrijven; 2 afrossen, afranselen. II *on.w* wrijven tegen. III *se* —: *se* — *à* (*fam.*), aanvallen; *qui s'y frotte, s'y pique*, het is geen katje, om zonder handschoenen aan te pakken.

frott/eur *m* vloerenboener. ∼**is** *m* 1 dunne, doorschijnende kleurlaag; 2 (*arg.*) biljart.

frottoir *m* 1 wrijflap; 2 wrijfborstel; 3 strijkvlak v. luciferdoos.

frou-frou *m* geritsel van bladeren en kleren; *faire du* —, kouwe drukte maken.

froufrouter *on.w* ritselen, ruisen.

froussard (*pop.*) *I zn m* lafbek. II *bn* laf.

frousse *v* (*pop.*) grote angst, nale.

fructidor *m* 12e maand v. d. republ. kalender (van 18 of 19 aug.-16 of 17 sept.).

fructif/ère *bn* vruchtdragend. ∼**iant** *bn* vruchtgevend. ∼**ication** *on.w* 1 vrucht dragen; 2 winst opleveren.

fruct/ose *m* vruchtensuiker. ∼**ueux**, -*euse bn* 1 vruchtdragend; 2 winstgevend.

frugal [*mv aux*] *bn* sober.

frugalité *v* soberheid.

frugivore *I bn* vruchtetend. II *zn m* vruchteneter.

fruit *m* 1 vrucht (ook *fig.*); *arbre à* —, vruchtboom; — *à noyau*, steenvrucht; — *à pépins*, pitvrucht; — *sec*, gedroogde vrucht; mislukkeling; — *défendu*, verboden vrucht; 2 kind; 3 opbrengst; *sans* —, vergeefs.

fruité *bn* smakend naar de vrucht (*vin* —).

fruit/erie *v* 1 fruitbewaarplaats; 2 fruithandel; 3 fruitwinkel. ∼**ier** *I bn* vruchtdragend; *arbre* —, vruchtboom. II *zn m* 1 fruit-, groenteverkoper; 2 fruitkelder. ∼**ière** *v* fruitverkoopster.

frumentaire *bn* wat koren betreft.

frusques *v. mv* (*pop.*) oude kleren, - meubelen.

frusquin *m* (*pop.*) bezittingen, boeltje.

fruste *bn* 1 afgesleten; 2 *style* —, ongepolijste stijl.

frustration *v* 1 beroving; 2 frustratie.

frustrer *ov.w* 1 beroven; 2 teleurstellen.

fuégien, -enne *I bn* Vuurlands. II *zn* F∼ *m*, -enne *v* Vuurlander, Vuurlandse.

fugace *bn* vluchtig; verschietend (*couleur* —).

fugacité *v* 1 vluchtigheid; 2 vergankelijkheid.

fugit/if, -ive *I bn* 1 voortvluchtig; 2 voorbijgaand, vergankelijk, vluchtig. II *zn m*, -ive *v* vluchteling(e). ∼**ivement** *bw* vluchtig.

fugue *v* 1 fuga (*muz.*); 2 (*fam.*) slippertje.

fuir *I on.w* *onr.* 1 vluchten; 2 wijken (*front qui fuit*); 3 lekken. II *ov.w* *onr* ontvluchten, vermijden (— *le danger*).

fuite *v* 1 vlucht; 2 lek; 3 het lekken; 4 uitvlucht.

fulgurant *bn* bliksemend.

fulguration *v* weerlicht zonder donder.

fulgurer *on.w* schitteren, flikkeren.

fuligineux, -euse *bn* roetachtig.

fulmicoton *m* schietkatoen.

fulmin/ant *bn* 1 de bliksem slingerend (*Jupiter* —); 2 heftig uitvarend. ∼**ation** *v* 1 slingering v. d. ban; 2 knal. ∼**er** *ov.w* slingering v. d. ban. II *on.w* heftig uitvaren.

fumage *m* 1 het roken v. vis enz.; 2 het mesten.

fume-cigare, **fume-cigarette** *m* sigare-, sigarettepijpje.

fumée *v* 1 rook, damp; *il n'y a pas de feu sans* — (*spr.w*), geen rook zonder vuur; 2 ijdelheid; 3 —*s*, bedwelming, dronkenschap; 4 —*s*, verblinding.

fumer *on. en ov.w* 1 roken, dampen; 2 (*pop.*) woedend zijn; 3 roken van vis enz.; 4 bemesten.

fumerie *v* 1 rookgewoonte; 2 opiumkit.

fumet *m* 1 geur (van eten, wijn); 2 lucht van wild.

fum/eur *m*, -euse *v* roker(rookster). ∼**eux**, -euse *bn* 1 walmend; 2 bedwelmend, zwaar (*vin* —); 3 verward, onduidelijk.

fumier *m* mest.

fumiger *ov.w* beroken.

fumist/e *m* 1 schoorsteenveger; 2 (*pop.*) bedrieger. ∼**erie** *v* 1 beroep v. schoorsteenveger; 2 (*pop.*) bedriegerij, grappenmakerij.

fumoir *m* 1 rooksalon; 2 rokerij.

fumure *v* bemesting.

funambule *m* of *v* koorddanser(es).

funèbre *bn* 1 wat begrafenis, dood, lijk betreft; *oraison* —, lijkrede; *pompes* —*s*, begrafenisvereniging; 2 somber, doods.

funér/ailles *v mv* begrafenis. ∼**aire** *bn* wat de begrafenis betreft; *drap* —, lijkkleed.

funeste *bn* 1 dodelijk; 2 noodlottig, rampzalig.

funiculaire *I bn* met kabels werkend; *chemin de fer* —, kabelbaan. II *zn m* kabelbaan.

funin *m* want.

fur *m*: *au* — *et à mesure*, naarmate.

furet *m* 1 fret; 2 snuffelaar, speurhond (*fig.*).

furet/age *m* 1 konijnejacht met de fret; 2 het snuffelen. ∼**er** *on.w* 1 jagen met een fret; 2 snuffelen. ∼**eur** *m*, -euse *v* 1 jager met een fret; 2 snuffelaar(ster).

fureur *v* 1 woede, razernij; *entrer en* —, woedend worden; 2 (tijdelijke) krankzinnigheid; 3 hartstocht; *faire* —, furore maken; — *du jeu*, speelwoede; 4 bezieling.

furibond *bn* woedend.

furie *v* 1 woede, razernij; *entrer en* —, woedend worden; 2 onstuimigheid, onstuimige moed; 3 helleveeg, furie.

furieusement *bw* 1 woedend; 2 (*fam.*) verbazend (— *riche*).

furieux, -euse *bn* 1 woedend, razend; 2 dol; 3 hevig (*vent* —); 4 geweldig.

furioso *bn* (*muz.*) met woede.

furole *v* dwaallicht.

furoncle *m* steenpuist.

furtif, -ive *bn* steels, heimelijk.

furtivement *bw* heimelijk, steels.

fusain *m* 1 houtskool; 2 houtskooltekening.

fusainiste, **fusainiste** *m* houtskooltekenaar.

fuseau [*mv x*] *m* 1 spil; *jambes en* —, spillebenen; 2 kantklos.

fusée *v* 1 vuurpijl; 2 ontstekingsbuis; raket;

avion —, raketvliegtuig; — *engin*, aandrijf-raket.

fuselage *m* frame, romp (v. e. vliegtuig).

fuselé *bn* 1 spilvormig; 2 dun uitlopend (*doigts* —*s*).

fuser *on.w* 1 wegsmelten, vervloeien; 2 branden zonder te ontploffen (van kruit); 3 knetterend uiteenspatten.

fusibilité *v* smeltbaarheid.

fusible I *bn* smeltbaar. II *zn m* smeltveiligheid, zekering.

fusil *m* 1 geweer; *coup de* —, geweerschot, te hoge rekening; — *pneumatique*, windbuks; 2 vuurslag; *battre le* —, vuur slaan; 3 aanzetstaal; 4 schutter.

fusilier *m* fuselier.

fusill/ade *v* geweervuur. ∼ement *m* het fusilleren. ∼er *ov. w.* fusilleren. ∼eur *m* hij die fussilleert.

fusion *v* 1 het smelten; 2 samensmelting, vereniging, fusie. ∼nement *m* vereniging, fusie. ∼ner *ov.w* verenigen, samensmelten. ∼niste *m* voorstander van fusie op politiek of

industrieel gebied.

fustigation *v* geseling.

fustiger *ov.w* 1 geselen; 2 hekelen.

fustigeur *m*, -euse *v* geselaar(ster).

fût *m* 1 fust; — *perdu*, fust inbegrepen; 2 lade v. e. vuurwapen; 3 orgelkast; 4 handvat van boor, zaag enz.

futaie *v* 1 bos van hoogopgaand hout, dat bestemd is om gehakt te worden; 2 grote boom.

futaille *v* vat.

futé *bn* geslepen.

futil/e *bn* 1 nietig, onbeduidend; 2 beuzelachtig. ∼ité *v* 1 nietigheid; 2 beuzelarij.

futur I *bn* toekomstig. II *zn m* 1 toekomende tijd; 2 toekomst. III *m*, -e *v* aanstaande (bruidegom of bruid). ∼isme *m* futurisme. ∼iste I *bn* futuristisch. II *zn m* of *v* aanhanger(ster) v. h. futurisme.

fuyant I *bn* 1 vluchtend; 2 verdwijnend (*jour* —); 3 wijkend (*front* —). II *zn m* verschiet.

fuyard I *bn* vluchtend. II *zn m* vluchteling.

G

g *m*; **G. C.** = *grand-croix* = grootkruis; **G.O.** = *grand-officier* = grootofficier; **G.M.T.** Greenwichtijd; **G.V.** = *grande vitesse* = ijlgoed.

gabardine *v* gabardine.

gabare *v* 1 lichter; 2 grote aak; 3 groot treknet.

gabari(t) *m* 1 model; 2 voorgeschreven vorm; 3 doorrijhoogte.

gabelle *v* zoutbelasting (van 1340-1789).

gabelou *m* scheldnaam voor douanekommiezen en belastingambtenaren.

gabion *m* schanskorf (*mil.*). ∼ner *ov.w* met schanskorven beschermen.

gable, gâble *m* puntgevel.

gâchage *m* het vermorsen, het verknoeien, knoeiboel.

gache *v* (*fam.*) baantje.

gâche *v* 1 kalkschop; 2 schootplaat v. e. slot.

gâcher *ov.w* vermorsen, verknoeien.

gâchette *v* 1 spanveer v. e. geweer; 2 sluitveer v. e. slot.

gâch/eur *m* knoeier, morser, prutser. ∼is *m* 1 mortel; 2 knoeiboel; 3 verwarring.

gadoue *v* 1 straatvuil; 2 fecaliën, als mest gebruikt.

gaélique I *bn* Keltisch. II *zn m* het Keltisch.

gaffe *m* (*arg.*) cipier.

gaffe *v* 1 bootshaak; 2 flater.

gaffer I *ov.w* aanhaken met een bootshaak. II (*fam.*) *on.w* een flater begaan.

gaffeur *m*, -euse *v* (*fam.*) bokkenschieter (-ster).

gaga (*fam.*) I *bn* kinds; II *zn m* iem. die kinds is.

gage *m* 1 (onder)pand; *laisser pour* —, verliezen; *mettre en* —, verpanden; 2 blijk, bewijs; 3 waarborg; 4 pand (bij spel); 5 *les* —*s*, het loon; *être aux* —*s de*, in loondienst zijn van.

gag/er *ov.w* 1 wedden; 2 bezoldigen. ∼erie *v: saisie-gagerie*, beslaglegging. ∼eur *m*, -euse *v* wedder(-ster). ∼eure *v* weddenschap.

gagiste *m* 1 toneeltrekkende (die geen knecht is); 2 stafmuzikant.

gagnable *bn* te winnen.

gagnant *m* winnaar (bij spel of loterij).

gagne-pain *m* 1 kostwinner; 2 kostwinning.

gagne-petit *m* scharenslijper.

gagner I *ov.w* 1 verdienen; — *le ciel*, vroom leven; — *gros*, veel verdienen; — *sa vie*, de kost verdienen; 2 winnen; — *du terrain*, veld winnen; 3 oplopen v. e. ziekte (— *un rhume*); 4 bereiken; — *les champs*, het

hazepad kiezen; — *le large*, zee kiezen; 5 omkopen, op zijn hand krijgen (— *un témoin*); 6 aangrijpen, overvallen, bevangen. II *on.w* 1 winnen, er beter op worden; 2 weiden; 3 zich uitbreiden (*le feu gagne*); 4 vooruitgaan; — *au vent*, oploeven. III se ∼ 1 verkregen -, verdiend worden; 2 opgelopen worden (van ziekte).

gagneur *m*, -euse *v* winnaar, winnares.

gai I *bn* 1 vrolijk, opgeruimd; 2 lichtelijk aangeschoten; *avoir le vin* —, een vrolijke dronk hebben; 3 met speelruimte. II *tw* kop op!, wees eens vrolijk! ∼ement *bw* vrolijk, opgeruimd. ∼eté *v* vrolijkheid; *de* — *de cœur*, moedwillig, goedsmoeds.

gail, gaille *m* of *v* (*pop.*) paard.

gaillard I *bn* 1 vrolijk, opgewekt; 2 flink; 3 gewaagd, een beetje schuin. II *zn m* 1 flinke vent, vrolijke kwant; 2 plecht.

gaillarde *v* 1 lichtzinnige vrouw; 2 galjard (8 puntsletter); 3 oude dans; 4 muziek bij deze dans.

gaillardise *v* 1 dartelheid, vrolijkheid; 2 schuin praatje.

gailletins *m mv* nootjeskolen.

gaillette *v* nootjeskolen.

gain *m* 1 winst; *avoir* — *de cause*, zijn zaak winnen; 2 het winnen; 3 verdienste.

gaine *v* 1 schede, foedraal; 2 step-in; 3 onderstel (b.v. van klok).

gain/erie *v* 1 fabriek van foedralen, scheden; 2 handel in scheden, foedralen; 3 schedewerk. ∼ier *m* schedenmaker.

gala *m* galafeest; *soirée de* —, gala-avond; *habit de* —, galakleding.

galactomètre *m* melkweger.

galamment *bw* hoffelijk, galant, voorkomend.

galant I *bn* 1 hoffelijk, galant; *intrigue* —*e*, liefdesavontuur; 2 keurig, net; 3 van lichte zeden (*femme* —*e*). II *zn m* verliefde man; *vert* —, oude vrouwengek.

galanterie *v* 1 hoffelijkheid; 2 galanterie tegenover dames; 3 de elegante dames; 4 voorkomendheid, kleine geschenken.

galantin *m* belachelijke vrouwengek.

galantine *v* koud vlees met gelei.

galapiat *m* (*fam.*) deugniet, vagebond.

galbe *m* 1 omtrek, vorm v. e. gebouw, beeld enz.; 2 menselijk figuur.

galbeux, -euse *bn* 1 met mooie rondingen; 2 (*fam.*) fijn, elegant.

gale *v* 1 schurft; *n'avoir pas la* — *aux dents*, veel eten; 2 kwaadspreker(-spreekster), kreng.

galée *v* galei.

galéjade *v* grap, opsnijderij.

galéjer *on.w* opsnijden.

galère *v* 1 galei; *que diable allait-il faire dans cette —?*, waar bemoeide hij zich ook mee?; 2 galeistraf; 3 slavenleven.

galerie *v* 1 gaanderij, zuilengang; 2 overdekt balkon; 3 schilderijenverzameling; 4 album met tekeningen en portretten; 5 galerij in schouwburg; 6 de omstanders, het publiek; 7 mijngang.

galérien *m* galeiboef; *vie de —*, hondeleven.

galerne *v* w.n.w. wind op de Fr. kust v. d. Atlantische Oceaan.

galet *m* 1 strandkei, kiezel in rivier; 2 rolletje, wieltje.

galetas *m* 1 zolderkamer; 2 ellendig krot.

galette *v* 1 platte koek; 2 scheepsbeschuit; 3 *(pop.)* geld.

galetteux, -euse *bn* *(pop.)* rijk.

galeux, -euse *bn* schurftig.

galfâtre *m* *(fam.)* nietsnutter.

Galice *v* Galicië (Spanje).

Galicie *v* Galicië (Oostenrijk).

galicien, -enne I *bn* Galicisch (Spanje en Oostenrijk). II *zn* G~ *m*, -enne *v* Galiciër, -sche.

galiléen, -enne I *bn* Galilees. II G~ *m*, -enne *v* Galileeër, -se.

galimafrée *v* 1 ragoût van vleesresten; 2 slecht bereide spijs.

galimatias *m* onzin, wartaal.

galion *m* galjoen *(scheepv.)*.

galipette *v* *(fam.)* 1 luchtsprong; 2 zotheid.

galle *v* galnoot; — *du chêne*, eikegalnoot.

gallican I *bn* gallicaans. II *zn m* gallicaan.

gallicanisme *m* gallicanisme.

gallicisme *m* typische Fr. uitdrukking.

gallinacés *m* hoenderachtigen.

gallique *bn* Gallisch.

gallo-belge *bn* Frans-Belgisch.

gallois I *bn* uit Wales. II *zn* G~ *m*, -e *v* inwoner(inwoonster) van Wales.

gallomanie *v* overdreven bewondering voor alles, wat Frans is.

gallon *m* gallon.

gallophobe I *bn* de Fransen hatend. II *zn m* of *v* iem. die de Fransen haat.

gallophobie *v* haat tegen de Fransen.

gallo-romain *bn* Gallo-Romeins.

gallot *m* Frans, dat in Bretagne gesproken wordt.

galoche *v* 1 klompschoen; 2 grote tol.

galon *m* 1 galon, tres, boordsel; *quand on prend du —*, *on n'en saurait trop prendre* (*spr.w*), als je iets neemt, als je op je zelf roemt, moet je het goed doen.

galonner *ov.w* van een galon voorzien.

galop *m* 1 galop; *prendre le —*, beginnen te galopperen; 2 soort dans; 3 *(fam.)* uitbrander. ~ade *v* gegaloppeer. ~ant *bn* galopperend; *phtisie —e*, vliegende tering.

galoper I *on.w* 1 galopperen; 2 rennen, hollen. II *ov.w* 1 (een paard) de galop laten aannemen (— *un cheval*); 2 *(fam.)* kwellen.

galopeur *m*, -euse *v* galopdanser(es).

galopin *m* 1 loopjongen; 2 koksjongen; 3 brutale aap, rakker.

galurin *m* *(pop.)* hoed.

galvan/ique *bn* galvanisch. ~isation *v* galvanisering. ~iser *ov.w* galvaniseren. ~isme *m* galvanisme.

galvano *m* langs elektr. weg verkregen cliché.

galvanomètre *m* galvanometer.

galvauder I *ov.w* 1 verknoeien; 2 te grabbel gooien, onteren. II se ~ 1 zich zelf weggooien, zijn naam te grabbel gooien.

galvaudeux *m*, -euse *v* 1 schooier(-ster), leegloper(-loopster); 2 versjouwer van wijnvaten.

gambade *v* luchtsprong.

gambader *on.w* dansen, huppelen.

gambe *v*: *viole de gambe*, viola da gamba.

gambette 1 tureluur *(vogel)*; 2 *(pop.)* been.

gambiller *(fam.)* *on.w* 1 al zittend met de

benen slingeren; 2 *(arg.)* dansen.

gambit *m* gambiet.

gamelle *v* 1 eetketel; 2 soldatenkeuken.

gamin *m*, -e *v* 1 kwajongen, guit, ondeugend meisje; 2 straatjongen. ~er *on.w* kwajongensstreken uithalen. ~erie *v* kwajongensstreek.

gamme *v* toonladder; *changer de —*, uit een ander vaatje tappen; *chanter sa — à qn.*, iem. de waarheid zeggen; — *de couleurs*, kleurengamma.

gammé *bn*: *croix —e*, hakenkruis.

ganache *v* 1 onderkaak v. e. paard; 2 *(fam.)* sukkel, domoor.

gandin *m* fat.

gandinerie *v*, gandinisme *m* fatterigheid.

gang *m* misdadigersbende.

Gange *m* Ganges.

ganglion *m* zenuwknoop, peesknoop.

gangrène *v* 1 koudvuur; 2 boomkanker; 3 kanker *(fig.)*, bederf.

ganren/é *bn* 1 aangetast door koud vuur; 2 verdorven. ~er *ov.w* 1 koud vuur veroorzaken; 2 verderven.

gangster *m* gangster.

gangsterisme *m* gangsterdom.

ganse *v* bandje, koord.

gant *m* handschoen; — *de boxe*, bokshandschoen; *se donner les —s*, zich zelf de eer geven; *jeter le —*, de handschoen toewerpen; *prendre des —s*, voorzichtig te werk gaan; *relever le —*, de uitdaging aannemen; *cela me va comme un —*, dat past me precies.

gantelet *m* ijzeren handschoen.

ganter I *ov.w* iem. handschoenen aantrekken; *ces gants me gantent bien*, die handschoenen passen me goed; — *du sept*, maat 7 voor handschoenen hebben; *cela me gante* *(fam.)*, dat past me net. II se ~ handschoenen aantrekken, - kopen.

gant/erie *v* 1 handschoenenvak; 2 handschoenenhandel; 3 handschoenenfabriek; 4 handschoenenwinkel. ~ier *m*, -ère *v* 1 handschoenenmaker(-maakster); 2 handschoenenverkoper(-verkoopster).

garage *m* garage, fietsenbergplaats.

garagiste *m* garagehouder.

garance I *zn v* meekrap. II *bn* rood.

garancer *ov.w* met meekrap rood verven.

garancière *v* meekrapveld.

garant *m* borg; *se porter —*, de, borg blijven voor. ~ie *v* waarborg, garantie; *donner des —s*, zekerheid verschaffen.

garantir *ov.w* 1 garanderen, instaan voor; 2 — *de*, beschutten tegen.

garce *v* deerne.

garçon *m* 1 jongen; 2 jongeman, kerel; *bon —*, aardige vent; 3 vrijgezel; *rester —*, niet trouwen; 4 kelner; 5 knecht; — *de courses*, loopjongen; — *tailleur*, kleermakersknecht.

garçon/ne *v* vrijgevochten meisje, „halve jongen". ~net *m* jongetje.

garçonnière *v* 1 „halve jongen"; 2 vrijgezellenkamer, -woning.

gardable *bn* houdbaar.

garde I *v* 1 bewaking, bescherming, hoede, toezicht; *être, se tenir sur ses —s*, op zijn hoede zijn; *mettre en —*, oppassen; 2 wacht, waarschuwen voor; *prendre —*, oppassen; 2 wacht, lijfwacht; *corps de —*, hoofdwacht; *être de —*, de wacht hebben; — *nationale*, burgerwacht; — *d'honneur*, erewacht; *monter la —*, de wacht betrekken; *relever la —*, de wacht aflossen; *officier de —*, officier v. d. wacht; 3 gevest; 4 afweerhouding bij boksen, schermen enz.; 5 rug v. e. boek. II *m* 1 gardesoldaat, soldaat v. d. lijfwacht; 2 bewaker, wachter; — *forestier*, boswachter; — *messier*, oogstbewaker.

garde/-à-vous *m* in de houding *(mil.)*. ~†-barrière *m* of *v* baanwachter(ster). ~-boue *m* spatbord. ~†-boutique *m* winkeldochter. ~-cendre(s) *m* roede voor de haard, om as te beletten in de kamer te vallen. ~†-champêtre† *m* veldwachter. ~†-chasse(†) *m* jachtopziener. ~-côte† m kustwachter (ook schip). ~-crotte m spatbord. ~-feu m vuurscherm. ~-fou† m borstwering, leuning v. e. brug. ~-†-frein(†) m remmer. ~-†-magasin(†) m magazijnmeester. ~-main(†) m onderlegger. ~-†-malade† m of v ziekenverpleger(-verpleegster). ~-manche(†) m morsmouw. ~-manger m vliegenkast. ~-meuble(†) m meubelbewaarplaats. ~-nappe (†) m tafelmatje.

gardénia m gardenia (pl.k.).

garde†-port(†) m havenmeester.

garder I ov.w 1 bewaren, houden; — la chambre, de kamer houden; — le silence, het stilzwijgen bewaren; 2 bewaken, behoeden, passen op; — une poire pour la soif, een appeltje voor de dorst bewaren; Dieu vous garde, God behoede u!; 3 nakomen; — les commandements de Dieu. II on.w oppassen voor (gardez qu'on ne vous voie). III se ~ 1 oppassen, vermijden; 2 zich in acht nemen voor (se — du froid).

garderie v 1 bos, waarover een jachtopziener toezicht houdt; 2 kinderbewaarplaats.

garde-rivière(†) m rivierpolitie.

garde-robe† v 1 kleerkamer; 2 alle kleren v. e. persoon; 3 w.c.

gardeur m, -euse v hoeder(-ster).

garde†-voie(†) m baanwachter.

garde-vue m zonneklep.

gardien I bn beschermend; ange —, bewaarengel. II zn m, -enne v 1 bewaker(bewaakster); — de but, keeper; — de la paix, Parijse politieagent; 2 gardiaan.

gardon m voorn.

gare v 1 station; — aérienne, luchthaven; — de marchandises, goederenstation; — terminus, eindstation; 2 vluchthaven.

gare! tw pas op!

garenne I v 1 konijneberg, -hol; 2 verboden visplaats in rivier. II m wild konijn.

garer I ov.w binnenloodsen, stallen, parkeren. II se ~ 1 uitwijken; 2 oppassen.

gargantua m veelvraat.

gargantuesque bn eigen aan Gargantua (aan een reus, aan een grote eter).

gargariser (se) gorgelen.

gargarisme m gorgeldrank.

gargot/e v 1 kleine goedkope herberg; 2 slechte, onzindelijke eetgelegenheid. ~er ov.w slecht, onzindelijk koken of eten.

gargotier m, -ère v houder(-ster) van slechte gaarkeuken of herberg.

gargouill/e v waterspuwer. ~ement m het borrelen van spijs, dranken of gas in maag enz. ~er on.w 1 borrelen (in maag enz.); 2 in het water ploeteren.

gargouillis m het kletteren van water.

gargue v (pop.) smoel.

garnement m: mauvais —, deugniet.

garni I bn voorzien, gemeubileerd (chambre —e). II zn m gemeubileerde kamer of huis.

garnir I ov.w 1 voorzien van (— de); 2 bezetten, vullen (— une rue); 3 versterken; 4 garneren, versieren; 5 stofferen (— un fauteuil); 6 optuigen (— un cheval); 7 meubelen. II se ~ 1 zich vullen (la salle se garnit); 2 zich instoppen tegen (se — contre le froid).

garnison m garnizoen.

garnissage m het bezetten, versterken, garneren, stofferen, optuigen, meubelen (zie garnir).

garnisseur m, -euse v stoffeerder(-ster).

garniture v 1 versiersel, belegsel; 2 garnituur, stel; — de foyer, haardstel; 3 opvulsel van stoel; 4 pakking.

garrot m 1 schoft van dier; 2 knevel.

garrotter ov.w knevelen.

gars m (fam.) jongen, jongeman.

gascon, -onne I bn 1 Gascons; 2 opschepperig. II zn G~ m, -onne v 1 Gascogner, Gasconse; 2 opsnijder(-ster).

gascon/isme m Gasconse uitdrukking of uit-

spraak. ~nade v opsnijderij. ~ner on.w 1 met een Gascons accent spreken; 2 opsnijden.

gaspill/age m verkwisting. ~er ov.w verkwisten; — son temps, zijn tijd verspillen. ~eur, -euse I bn verkwistend. II zn m, -euse v verkwister(-ster).

gaster m maag, buik.

gastrique bn van de maag; suc —, maagsap.

gastrite v ontsteking v. h. maagvlies.

gastro-entérite v maag-darmontsteking.

gastrolâtre I bn op lekker eten gesteld. II zn m of v smulpaap.

gastro/logie v kookkunst. ~manie v overdreven liefde voor lekker eten.

gastronome m gastronoom, lekkerbek.

gastronomie v kunst van lekker eten.

gastronomique bn wat lekker eten betreft.

gâté I bn 1 bedorven; 2 verwend. II zn m het bedorven gedeelte.

gâteau [mv x] m 1 koek; — des Rois, driekoningenkoek; 2 voordeel, buit; partager le —, de buit delen.

gâte-métier(†) m onderkruiper.

gâte-papier(†) m prulschrijver.

gâter ov.w 1 bederven; — le métier, onder de prijs werken; 2 verwennen.

gâterie v verwennerij.

gâte-sauce(†) m 1 slechte kok; 2 koksjongen.

gâteur m, -euse v verwenner(-ster).

gâtine v ondoordringbare, moerassige en onvruchtbare grond.

gauch/e I bn: 1 links; 2 onhandig. II bw: à —, links, naar links; de —, links, van links. III zn v 1 linkerhand; 2 linkerzijde (ook in de Kamer); prendre la —, links houden. ~er m, -ère v linkshandig persoon. ~erie v onhandigheid. ~ir I on.w 1 kromtrekken; 2 uitwijken, om een slag te ontwijken. II ov.w 1 krom maken; 2 de uiteinden der vleugels v. e. vliegtuig laten zakken. ~issement m het kromtrekken.

gaucho m Argentijnse veehoeder.

gaudissant m banaal, luidruchtig-vrolijk

gaudriole v gewaagde mop.

gaufrage m het drukken van figuren op stoffen of leer. [type.

gaufr/e v 1 honingraat; 2 wafel. ~er ov.w drukken van figuren op stoffen of leer. ~ette v wafeltje. ~ier m wafelijzer.

gaulage m het afslaan van vruchten.

Gaule v Gallië.

gaul/e v 1 lange stok, gard; 2 hengelstok. ~ée v de afgeslagen vruchten. ~er ov.w (vruchten) afslaan. ~ette v kleine gard. ~is m lange tak.

gaulois I bn 1 Gallisch; 2 wat schuin. II zn G~ m, -e v Galliër, Gallische.

gauloiserie v gewaagde mop.

gaupe v 1 slons; 2 (arg.) pet.

gauss/er (se) (de) voor de gek houden. ~erie v spotternij. ~eur, -euse I bn spottend. II zn m, -euse spotter(ster).

gavage m het volproppen.

gave m bergstroom in de Pyreneeën.

gaveau [mv x] m of v lid v. e. werkliedenvereniging.

gaver ov.w 1 vetmesten; 2 volproppen (met eten of kennis).

gavotte v soort dans.

gavroche m straatjongen.

gaz m gas; — de combat, gifgas; — d'éclairage, lichtgas; employé du —, gasfitter; mettre les —, gas geven.

gaze v gaas.

gazé m slachtoffer van gifgas.

gazéifier ov.w gasvormig maken, vergassen.

gazéiforme bn gasvormig.

gazelle v gazelle.

gazer I ov.w 1 met gaas bedekken; 2 bewimpelen; 3 vergassen; 4 schroeien in een gasvlam. II on.w hard rijden van auto's; ça gaze, dat gaat gesmeerd.

gazette v 1 krant; 2 kletskous.

gazeux, -euse bn 1 gasachtig, -vormig; 2 gas-,

koolzuurhoudend; *eau —e,* spuitwater.

gazier *m* gasfitter.

gazomètre *m* gashouder.

gazon *m* 1 kort gras; 2 grasveld. ~**nant** *bn* grasachtig. ~**née** *v* grasveld. ~**nement**, ~**nage** *m* het bezoden. ~**ner** *ov.w* bezoden.

gazouill/ement *m* 1 gekweel; 2 gemurmel v. e. beek. ~**er** *on.w* 1 kwelen; 2 murmelen; 3 beginnen te praten van kinderen. ~**is** *m* 1 gekweel; 2 gemurmel.

geai *m* vlaamse gaai.

géant I *bn* reusachtig. II *zn m* reus; *à pas de —,* met reuzenschreden.

géhenne *v* 1 hel; 2 straf op de pijnbank; 3 diepe smart.

geignard *m, -e v;* **geigneur** *m, -euse v* (*pop.*) griener, dreiner, zeurder.

geignement *m* gegrien, gedrein.

geindre *on.w* *onr* kermen, grienen, zeuren.

geisha *v* Japanse zangeres en danseres.

gel *m* vorst.

gélatine *v* gelatine.

gélatineux, -euse *bn* gelatineachtig.

gelé *bn* (*pop.*) dronken.

gelée *v* 1 vorst; *— blanche,* rijp; 2 vleesgelei; 3 vruchtengelei.

geler I *ov.w* bevriezen. II *on.w* bevriezen. III *on.w* vriezen; *il gèle à pierre fendre,* het vriest, dat het kraakt.

gélif, -ive *bn* wat door de vorst splijt.

gelinotte *v* hazelhoen.

gélivure *v* spleten in bomen of stenen, veroorzaakt door de vorst.

gelure *v* het bevriezen van lichaamsdelen.

gémeaux *m mv* Tweelingen (sterrenbeeld).

géminé *bn* gepaard, twee aan twee.

gémir *on.w* 1 zuchten, kermen, kreunen; *faire — la presse,* veel publiceren; 2 huilen v. d. wind.

gémissant *bn* zuchtend, kermend, kreunend.

gémissement *m* gezucht, gekerm, gekreun.

gémisseur *m, -euse v* (*fam.*) huilebalk.

gemm/age *m* het insnijden van dennen, om hars te winnen. ~**ation** *v* 1 knopvorming; 2 tijd der knopvorming.

gemme *v* 1 edelsteen; 2 knop; 3 hars.

gemmé *bn* versierd met edelstenen.

gemmer I *on.w* knop dragen. II *ov.w* dennen insnijden, om hars te winnen.

gemmifère *bn* 1 edelstenen bevattend; 2 knopdragend.

génal [*mv* aux] *bn* wat de wangen betreft.

gênant *bn* lastig, hinderlijk.

gencive *v* tandvlees (meestal *mv*).

gendarme *m* 1 veldwachter; 2 (*fam.*) manwijf; 3 kleine fout in edelsteen; 4 (*pop.*) bokking.

gendarmerie *v* 1 de gendarmen; 2 kazerne der gendarmen.

gendre *m* schoonzoon.

gêne *v* 1 last, hinder; 2 verlegenheid, stijfheid; *sans —,* ongegeneerd; 3 geldverlegenheid; *vivre dans la —,* in kommervolle omstandigheden leven; 4 pijnbank, foltering (*oud*).

gêné *bn* 1 verlegen, gegeneerd; 2 in geldverlegenheid; 3 gehinderd in zijn bewegingen; *silence —,* pijnlijke stilte.

généalogie *v* 1 stamboom; 2 geslachtkunde.

généalogiste *m* geslachtkundige.

gêner I *ov.w* 1 hinderen, in verlegenheid brengen; 2 in geldverlegenheid brengen; 3 drukken op, verhinderen (*ces droits gênent le commerce*); 4 (*oud*) folteren. II se ~ 1 zich generen; 2 zich behelpen.

général [*mv* aux] I *bn* algemeen. II *bw:* en ~, in het algemeen. III *zn m* 1 het algemene; 2 generaal; *— de brigade,* generaal-majoor; *— de division,* luitenant-generaal.

généralat *m* generaalschap.

générale *v* 1 generaalsvrouw; 2 alarm (*mil.*); 3 generale repetitie.

généralisateur, -trice *bn* generaliserend.

généralisation *v* generalisatie.

généraliser *ov.w* generaliseren.

généralissime *m* opperbevelhebber.

généralité *v* 1 algemeenheid; 2 meerderheid.

générateur, -trice I *bn* voortbrengend; *idée —trice,* grondgedachte; *son —,* hoofdtoon. II *zn m* 1 stoomketel; 2 generator.

génératif, -ive *bn* voortbrengend.

génération *v* 1 voortplanting; 2 geslacht.

génératrice *v* dynamo.

génér/eusement *bw* edelmoedig. ~**eux, -euse** *bn* 1 edelmoedig; 2 moedig; 3 vrijgevig, mild; 4 vruchtbaar; 5 vol (*vin —*).

générique I *bn* wat tot geslacht of soort behoort. II *zn m* eerste gedeelte v. e. film, waarin de titel en de namen der medewerkenden vermeld worden.

générosité *v* 1 edelmoedigheid; 2 mildheid, vrijgevigheid; 3 volheid van wijn; 4 ~**s** weldaden, milde gaven.

genèse *v* ontstaan, wording.

genêt *m* brem.

génétique I *bn* wat de wording, de voortplanting betreft. II *zn v* afstammingsleer.

génétiste *m* iem. die de voortplanting van planten en dieren bestudeert of regelt.

gêneur *m, -euse v* lastpost.

genevrette *v* genevrette *v* jeneverbessenwijn.

genévrier *m* jeneverbes(sestruik).

génial [*mv* aux] *bn* vernuftig, geniaal.

génialité *v* genialiteit.

génie *m* 1 geest, genius; 2 gave (eigenschap en persoon); 3 aanleg; 4 het eigenaardige karakter (*le — d'une langue*); 5 genie (*mil.*); 6 geniekorps.

genièvre *m* 1 jeneverbessestruik; 2 jeneverbes; 3 jenever.

genièvrerie *v* jeneverstokerij.

génisse *v* vaars.

génital [*mv* aux] *bn* van de voortplanting.

génitif *m* tweede naamval.

génois(e) I *bn* uit Genua. II *zn m* soort koekje. III G ~, *mv* — G Genuees, -se.

genou [*mv* x] *m* 1 knie; *à genou(x),* geknield; 2 (*fam.*) kaal hoofd. ~**illère** *v* 1 kniestuk van harnas; 2 kniebeschermer.

genre *m* 1 geslacht; 2 soort, manier, wijze (*— de vie*); 3 manier(en); *avoir mauvais —,* slechte manieren hebben; *faire du —,* aanstellerige manieren hebben; 4 genre-schilderkunst; 5 stijl, schrijftrant; 6 taalkundig geslacht.

gens *m* *v mv* 1 lieden, mensen; *— de bien,* rechtschapen mensen; *— d'église,* geestelijken; *— d'épée,* edelen, krijgslieden; *— de lettres,* letterkundigen; *— de mer,* zeelui; *— de robe,* advocaten, magistraten; *— de sac et de corde,* schooiers; 2 bedienden; 3 volkeren; *droit des —,* volkenrecht.

gent *v* geslacht, ras; *la — marécageuse,* het kikkervolkje; *la — moutonnière,* de meelopers; *la — de plume,* de schrijvers.

gentiane *v* gentiaan (*pl.k.*).

gentil, -ille I *bn* lief, aardig; II *zn m* heiden (tegenover de joden).

gentil/homme [*mv* gentilshommes] *m* edelman. ~**hommerie** *v* (*fam.*) adcl. ~**hommière** *v* landhuis v. e. kleine edelman.

gentilité *v* heidendom.

gentillesse *v* aardigheid, liefheid.

gentillet, -ette *bn* snoezig.

gentiment *bw* aardig, lief.

génuflecteur, -trice I *bn* kruiperig. II *zn m, -trice v* kruiperig iemand.

génuflexion *v* kniebuiging. ~**désien** *m* landmeter. ~**désique** *bn* landmetkundig. ~**désie** *v* landmeetkunde. ~**graphe** *m* aardrijkskundige. ~**graphie** *v* aardrijkskunde. ~**graphique** *bn* aardrijkskundig.

géode *v* aardrijkskundige. ~**génie** *v* leer v. h. ontstaan der aarde. ~**logie** *v* aardkunde. ~**logique** *bn* aardkundig. ~**logue** *m* aardkundige. ~**mètre** *m* meetkundige. ~**métrie** *v* meetkunde; *— analytique,* anal. meetkunde; *— descriptive (projective),* beschrijvende meetkunde; *— dans l'espace,* stereometrie; *— plane,* vlakke

geôle *v* gevangenis.

geôlier *m, -ère v* cipier, cipiersvrouw.

meetkunde. ~**métrique** bn 1 meetkundig; 2 nauwkeurig. ~**physique** v natuurk. aardrijkskunde.

géorgique bn wat de akkerbouw betreft.

gérance v beheer; conseil de — holding trust.

géranium m geranium (pl.k.).

gérant m beheerder.

gerbage m het in schoven plaatsen.

gerbe v schoof, garve; — de fleurs, bos bloemen.

gerber ov.w 1 in schoven binden; 2 opstapelen van vaten; 3 (arg.) veroordelen.

gerc/e v 1 kloof, barst, spleet; 2 mot. ~**er** I ov.w splijten. II on.w springen van handen.

gerçure v barst, kloof in huid.

gérer ov.w beheren.

gerfaut m giervalk.

germain I bn 1 Germaans; 2 vol; cousins —s, volle neven. II G ~ m, -e v Herman(na). III G ~ m Germaan.

germanique bn Germaans.

german/iser ov.w verduitsen. ~**isme** m Duitse uitdrukking. ~**iste** m beoefenaar der Germaanse talen.

germano/phile I bn pro-Duits. II zn m vriend der Duitsers. ~**phobe** I bn anti-Duits. II zn m vijand der Duitsers.

germe v 1 kiem; 2 beginsel.

germer on.w kiemen (ook fig.), ontstaan.

germinal [mv aux] I bn wat de kiem betreft. II zn m 7e maand v. d. republ. kalender (van 21 of 22 maart tot 19 of 20 april).

germin/ateur, -trice bn ontkiemend; pouvoir —, kiemkracht. ~**ation** v ontkieming.

gérondif m in het Fr. tegenw. deelw., voorafgegaan door en.

géronte m (fam.) ouwe sok.

gésir on.w onr. liggen; ci-gît, hier ligt begraven.

gestation v zwangerschap.

geste I m 1 gebaar, beweging; 2 daad; beau —, edele daad. II v heldendaad; chanson de —, oud-Fr. heldendicht; les faits et —s, het doen en laten.

gesticulation v het maken van gebaren.

gesticuler on.w (veel) gebaren maken.

gestion v beheer.

gestionnaire m beheerder.

geyser m heetwaterbron.

ghetto m getto.

gibecière v 1 weitas; 2 schooltas.

gibelet m kleine boor.

giberne v patroontas.

gibet m 1 galg; 2 kruishout.

gibier m wild; — de potence, galgeaas.

giboulée v slagregen, bui.

giboyer on.w jagen.

giboyeux, -euse bn wildrijk.

gibus m klakhoed.

gicler on.w spatten, gutsen.

gicleur m sproeier (van motor).

gifle v oorvijg.

gifler ov.w een oorvijg geven.

gigantesque bn reusachtig.

gigogne bn in elkaar passend; table —, minitafeltje.

gigot m 1 schape-, lams-, reebout; 2 pofmouw; 3 achterpoot van paard; 4 (fam.) been. ~**er** on.w met de benen spartelen. ~**euse** v trappelzak.

gigue v 1 reebout; 2 soort Engelse dans; 3 muziek hierbij; 4 (pop.) been.

gilde v gild.

gilet m vest; — de corps, borstrok, flanel.

giletier m, -**ère** v vestenmaker(-maakster).

gille m 1 hansworst; 2 sul, sukkel.

gindre, geindre m bakkersknecht, die het brood kneedt.

gingembre m gember.

gingivite v tandvleesontsteking.

ginglard m (pop.) zuur wijntje.

ginguer on.w springen, dartelen.

ginguet, -ette bn (fam.) een beetje zuur (vin —).

giorno (à) bw: éclairé à —, schitterend ver-

---

licht.

girafe v giraffe.

girande v 1 'springfontein; 2 bundel vuurpijlen.

girandole v 1 = girande; 2 kroonluchter; 3 diamanten oorhanger.

giration v draaiing.

giratoire bn draaiend.

girofle v kruidnagel (ook clou de —).

giroflée v muurbloem.

giron m schoot.

girondin I bn 1 uit de Gironde; 2 Girondijns. II zn G ~ m Girondijn.

girouette v 1 windwijzer, weerhaan (ook fig.).

gisant I bn liggend. II zn m liggend standbeeld.

gisement m laag; — de houille, steenkolenlaag.

gitan m, -e v zigeuner(in).

gîte m 1 woonplaats, legerstede; 2 leger v. e. haas.

gîter I on.w 1 overnachten, verblijf houden; 2 legeren (van dieren). II ov.w onderdak geven.

givr/age m laag rijp. ~**e** m rijp, rijm.

givrer ov.w met rijp bedekken.

glabre bn onbehaard, glad (menton —).

glaçant bn ijskoud, verstijvend (ook fig.: accueil —).

glace v 1 ijs; être de —, koel zijn; rompre la —, het ijs breken (fig.); 2 spiegelruit, spiegelglas; 3 spiegel; 4 ruit, raampje.

glacé bn 1 ijskoud; 2 koel (accueil —); 3 geglansd (gants —s).

glacer ov.w 1 doen bevriezen, verstijven; 2 koelen (— du champagne); 3 stollen (— le sang); 4 angstig maken, doen ijzen; 5 met suiker bedekken; 6 glaceren, glanzen.

glacerie v 1 spiegelglasfabriek; 2 ijsfabriek; 3 ijshandel.

glaciaire bn wat ijs of gletschers betreft; période —, ijstijd.

glacial [mv aux] bn 1 ijskoud; 2 koel (fig.).

glaci/er m 1 gletscher; 2 ijsverkoper; 3 glasfabrikant. ~**ère** v 1 ijskelder, ijskast (ook fig.); 2 ijsmachine.

glacis m 1 helling, glooiing; 2 doorschijnende verflaag.

glaçon m 1 ijsschots; 2 ijspegel; 3 zeer koel [persoon.

glaçure v glazuur.

gladiateur m zwaardvechter.

glaïeul m gladiolus, zwaardielie.

glaire v 1 rauw eiwit; 2 slijm.

glais/e v leem, klei. ~**eux, -euse** bn leemachtig.

glaisière v leemgroeve.

glaive m 1 zwaard; 2 oorlog.

glanage m het aren lezen.

gland m eikel. ~**age** m 1 recht van eikels rapen; 2 recht, om varkens in een woud de eikels te laten vreten.

glande v klier.

glandulaire bn kliervormig.

glandule v kliertje.

glan/e v 1 handvol aren; 2 tros peren. ~**ement** m het aren lezen. ~**er** ov.w aren lezen. ~**eur** m, -**euse** v arenlezer(-leester). ~**ure** v nagelezen aren.

glapir on.w 1 janken; 2 krijsen.

glapissement m 1 gejank; 2 gekrijs.

glas m gelui v. d. doodsklok.

glauque bn zeegroen.

glèbe v 1 aardkluit; 2 bouwland.

glissade v 1 het (uit)glijden; 2 glijbaan; 3 glijpas bij dans.

glissage m het van de bergen laten glijden van gehakt hout.

glissant bn glad; sentier —, gevaarlijk, glibberig pad (fig.).

glissement m het glijden.

gliss/er I on.w 1 glijden; — des mains, uit de handen glijden; 2 uitglijden; 3 licht over iets heengaan; 4 afglijden, afstuiten; 5 glijbaantje spelen. II ov.w 1 laten glijden (— une lettre à la poste); — à l'oreille, influisteren; 2 (in)steken, schuiven, stoppen. III se ~ sluipen. ~eur I *m*, -euse *v* hij, zij, die glijdt. II *m* zweefvliegtuig.

global [*mv* aux] *bn* globaal.

globe *m* 1 bal; — *de l'œil*, oogbal; 2 bol; — *terrestre*, aardbol, globe; 3 stolp; 4 ballon v. e. lamp.

globulaire *bn* bolvormig.

globule *m* 1 bolletje; 2 korreltje, pilletje (*med.*); 3 bloedlichaampje.

globuleux, -euse *bn* 1 bolvormig; 2 uit bolletjes, bloedlichaampjes bestaande.

gloire *v* 1 roem, eer; *mettre sa* — *à*, zijn eer stellen in; 2 stralenkrans om hoofd v. e. afbeelding v. e. heilige.

gloria *m* 1 gloria (deel v. d. mis); 2 koffie of thee met cognac.

gloriette *v* tuinhuisje, prieeltje.

glorieusement *bw* roemvol.

glorieux, -euse I *bn* 1 roemrijk, roemvol; 2 roemruchtig; 3 verwaand. II *zn m* verwaand persoon.

glorifi/cation *v* verheerlijking. ~er I *ov.w* 1 verheerlijken, roemen; 2 tot de hemelse zaligheid roepen. II se ~ zich beroemen.

gloriole *v* verwaandheid, ijdelheid.

glos/e *v* 1 tekst- of woordverklaring; 2 spottende opmerking. ~er I *on.w* woord- of tekstverklaring geven. II *ov.w* aanmerkingen maken op, bekritiseren.

glossaire *m* verklarende woordenlijst.

glotte *v* stemspleet.

glou-glou *m* 1 geklok v. vloeistof in e. fles; 2 gekakel van kalkoen.

glouglouter, glougloter *on.w* 1 klokken v. vloeistof in e. fles; 2 kakelen v. kalkoen.

gloussement *m* gekakel v. e. kip.

glousser *on.w* kakelen.

glouton, -onne I *bn* gulzig. II *zn m* 1 gulzigaard, slokop; 2 veelvraat (dier).

gloutonnerie *v* gulzigheid.

glu *v* vogellijm.

gluant *bn* 1 kleverig; 2 opdringerig.

glucose *v* glucose.

gluer I *ov.w* 1 met vogellijm bestrijken; 2 kleverig maken. II *on.w* kleverig zijn.

glutinatif, -ive *bn* hechtend.

glutineux, -euse *bn* 1 lijmachtig; 2 kleverig.

glutinosité *v* kleverigheid.

glycérine *v* glycerine.

glycine *v* blauwe regen.

glyptique *v* steengraveerkunst.

gnangnan, gnan-gnan I *bn* lamlendig, vadsig. II *zn m* vadsig, lamlendig persoon.

gneiss *m* gneis.

gnognote *v* (*pop.*) prullewaar, bocht.

gnole, gniole (*arg.*) I *zn v* 1 cognac; 2 opstopper. II *bn* (*fam.*) onnozel, idioot.

gnome *m* aardmannetje, kabouter.

gnomique *bn* in kernspreuken.

gnon *m* (*pop.*) opstopper.

gnosti/cisme *m* gnosticisme. ~que *m* 1 gnostiek; 2 aanhanger der gnostiek.

gnou *m* gnoe (dier).

go (tout de) *bw* zo maar, onmiddellijk.

goal *m* 1 keeper; 2 keeper.

gobelet *m* 1 beker; 2 goochelbeker; *joueur de* —*s*, bedrieger.

gobelin *m* 1 kwelgeest; 2 wandtapijt.

gobelott/er, gobeloter *on.w* (*fam.*) 1 pimpelen; 2 fuiven. ~eur *m* (*pop.*) pimpelaar.

gobe-mouches *m* 1 vliegenvanger (*vogel*); 2 onnozele sul, die men alles kan wijsmaken.

gober *ov.w* 1 inslikken, opzuigen; — *l'appat*, zich laten beetnemen; 2 lichtvaardig geloven; 3 (*pop.*) gek zijn op.

goberger (se) 1 aan de zwier gaan, de bloemetjes buiten zetten; 2 gewichtig doen.

gobeter *ov.w* pleisteren.

gobetis *m* pleisterkalk.

gobeur I *zn m*, -euse *v* slokop. II *bn* lichtgelovig.

gobichonner *on.w* feest vieren, uit zijn.

godage *m* valse plooi.

godaille *v* (*pop.*) slemperij, brasserij.

godailler *on.w* (*fam.*) zwelgen.

godan(t) *m* bedrog; *donner dans le* —, zich laten beetnemen.

godasse *v* (*pop.*) schoen.

goddam *m* scheldwoord voor Engelsen.

godelureau [*mv* x] *m* saletjonker.

godet *m* 1 tumbler; 2 verfbakje; 3 pijpekop.

godiche I *bn* onhandig, onnozel. II *zn m* of *v* onhandige, onnozele man of vrouw.

godichon, -onne *zie* godiche.

godiller *on.w* wrikken.

godillot *m* lompe schoen.

goéland *m* grote zeemeeuw.

goélette *v* 1 zeezwaluw; 2 schoener.

goémon *m* zeegras, wier.

gogo *m* onnozele hals.

gogo (à) *bw* volop.

goguenard I *bn* spottend. II *zn m* spotvogel.

goguenarder *on.w* spotten.

goguenardise *v* spotternij.

goguenot, gogueneau [*mv* x] *m* 1 (*pop.*) nachtspiegel; 2 w.c.

goguette *v* (*fam.*) grappig verhaal; *être en* —(*s*), iets aangeschoten zijn.

goinfre *m* slokop.

goinfrer *on.w* (*fam.*) schrokken.

goinfrerie *v* gulzigheid.

goitre *m* kropgezwel.

golfe *m* golf, baai.

gommage *m* het gommen.

gomme *v* gom; — *arabique*, arabische gom; — *élastique*, gomelastiek.

gommer *ov.w* 1 gommen; 2 uitgommen.

gommeux, -euse I *bn* gomachtig. II *zn m* (*pop.*) modegek, fat.

gommier *m* gomboom.

gond *m* deurhengsel; *sortir de ses* —*s* (*fam.*), driftig worden.

gondole *v* gondel.

gondoler I *on.w* uitzetten, kromtrekken. II se ~ 1 uitzetten, kromtrekken; 2 zich doodlachen.

gondolier *m* gondelier.

gonfalon, gonfanon *m* lansvaantje.

gonflé *bn* 1 opgeblazen, opgezwollen; — *de chagrin*, overstelpt door smart; 2 (*pop.*) moedig, vastberaden.

gonfl/ement *m* 1 het opzwellen, opzwelling; 2 vulling v. e. ballon, oppompen v. e. fietsband. ~er I *ov.w* vullen (— *un ballon*); oppompen (— *un pneu*), opblazen, doen zwellen. II se ~ 1 zwellen; 2 een hoge borst opzetten.

goniomètre *m* hoekmeter.

goniométrie *v* hoekmeting.

gonne *v* 1 ton, vat; 2 teerton.

gonze *m*, -esse *v* (*arg.*) man, vrouw.

goret *m* 1 big; 2 smeerpoes.

gorge *v* 1 keel; *crier à pleine* —, luidkeels schreeuwen; *couper la* —, de hals afsnijden; *faire rentrer à qn. les mots dans la* —, iem. dwingen te zwijgen of zijn woorden terug te trekken; *rendre* —, braken; 2 bovenborst, boezem; 3 bergengte; 4 groef.

gorgée *v* slok.

gorgeon *m* (*arg.*) wijn.

gorger *ov.w* volproppen, overladen.

gorgerette *v* kraagje.

gorille *m* gorilla.

gosier *m* keel, strot; *avoir le* — *pavé*, goed tegen warm of zeer gekruid eten kunnen; *à plein* —, luidkeels.

gosse *m* of *v* (*pop.*) jongetje, meisje.

gothique I *bn* gotisch. II *zn m* 1 gotische architectuur; 2 gotische taal. III *v* gotisch schrift.

goton *v* 1 boerenmeisje; 2 slet.

gouache *v* gouache.

gouacher *ov.w* gouaches maken.

gouaille *v* spot.

gouaill/er *ov.* en *on.w* (*fam.*) spotten, bespotten. ~erie *v* (*fam.*) spotternij.

gouailleur, -euse *bn* (*fam.*) spottend, spotziek.

gouape *v* (*pop.*) 1 lanterfanter; 2 smeerlap.

gouaper *on.w* 1 lanterfanten; 2 kroeglopen.
gouapeur *m*, -euse *v* 1 lanterfanter; 2 smeer-lap.
goudron *m* teer. ~nage *m* het teren. ~ner *ov.w* teren. ~neur *m* teerder. ~neux, -euse **I** *bn* teerachtig. **II** *zn* -euse *v* teermachine.
gouet *m* aronskelk (*pl.k.*).
gouffre *m* 1 afgrond; 2 draaikolk.
gouge *v* holle beitel, guts.
goujat *m* 1 schoft, ploert; 2 opperman.
goujaterie *v* 1 schofterigheid; 2 ploerten-goujon *m* grondel (*vis*).   [streek.
goulée *v* slok, hap.
goulet *m* nauwe haveningang.
goulot *m* nauwe hals van fles of karaf; — *d'étranglement*, bottleneck.
goulu **I** *bn* gulzig; *pois* —, peul. **II** *zn m* schrokop, veelvraat.
goulûment *bw* gulzig.
goum *m* 1 Arabische stam of familie; 2 af-deling Arabische ruiters.
goumier *m* Arabische ruiter.
goupil *m* oude naam voor de vos.
goupille *v* spie.
goupillon *m* wijwaterkwast.
gourd *bn* verkleumd.
gourde *v* 1 veldfles; 2 domoor (*pop.*).
gourdin *m* knuppel.
gourer *ov.w* (*arg.*) bedriegen.
gourgandine *v* vrouw van lichte zeden.
gourmade *v* vuistslag, slag in het gezicht.
gourmand **I** *bn* gulzig, van lekkere spijzen houdend. **II** *zn m*, -e *v* lekkerbek.
gourmander *ov.w* een standje geven, hard-vochtig behandelen.
gourmandise *v* 1 gulzigheid, lekkerbekkerij; 2 lekkernij.
gourme *v* dauwworm.
gourmer **I** *ov.w* vuistslagen geven. **II** *se* ~ 1 vechten; 2 deftig, vormelijk doen.
gourmet *m* lekkerbek, fijnproever.
gourmette *v* schakelketting.
gousse *v* peulvrucht.
gousset *m* vestzakje; *avoir le* — *vide*, geen cent op zak hebben.
goût *m* 1 smaak (in verschillende betekenis-sen); *c'est à mon* —, dat bevalt me; 2 stijl; 3 neiging; 4 (*pop.*) lucht.
goûter **I** *ov.w* 1 proeven; 2 smaken, houden van (— *la musique*) 3 goedkeuren. **II** *on.w* 1 proeven; 2 het goûter gebruiken; 3 — *de*, kennis maken met, beproeven (— *d'un métier*). **III** *zn m* het goûter (omstreeks 5 uur).
goutt/e **I** *zn v* 1 druppel; 2 een beetje (*boire une* — *de vin*); 3 (*fam.*) klein glaasje; *boire la* —, een borreltje drinken; 4 jicht. **II** *bw ne . . . goutte*, niets, geen steek (*ne voir*, *n'entendre* —). ~elette *v* druppeltje. ~er *on.w* druipen, druppelen.
goutteux, -euse **I** *bn* aan jicht lijdend. **II** *zn m*, -euse *v* jichtlijder(es).
gouttière *v* 1 dakgoot.
gouvernable *bn* bestuurbaar.
gouvern/ail *m* roer, stuur; — *de profondeur*, hoogteroer. ~ant **I** *bn* besturend. **II** *zn m* bestuurder.
gouvernante *v* 1 gouverneursvrouw; 2 kin-derjuffrouw; 3 huishoudster.
gouverne *v* richtsnoer.
gouvernement *m* 1 bestuur; 2 gouverneurs-functie; 3 G~ paleis v. d. gouverneur. ~al [*mv* aux] *bn* wat bestuur betreft.
gouverner **I** *ov.w* 1 regeren, besturen; 2 op-voeden. **II** *on.w* naar het roer luisteren.
gouverneur *m* 1 gouverneur, landvoogd; 2 directeur; 3 huisonderwijzer.
grabat *m* 1 slecht bed; 2 ziekbed; *être sur le* —, geruïneerd zijn.
grabataire *bn* bedlegerig.
grâce *v* 1 gunst; *bonnes* —*s*, welwillendheid; *être en* — *auprès de qn.*, bij iem. in de gunst staan; 2 genade, gratie; *coup de* —, ge-nadeslag; *de* — *!*, als je blieft!; *faire* —, schenken; 3 gratie, bevalligheid; *de bonne*

—, gewillig; *de mauvaise* —, met tegenzin; 4 dank; *actions de* —, dankgebed; — *à Dieu*, goddank; *rendre* —(*s*), dank weten, - zeggen.
gracier *ov.w* genade schenken aan.
gracieusement *bw* 1 bevallig; 2 gratis.
gracieuseté *v* beleefdheid, minzaamheid.
gracieux, -euse *bn* 1 bevallig; 2 vriendelijk (*accueil* —); 3 gratis (*à titre* —).
gracile *bn* tenger.
gracilité *v* tengerheid.
gradation *v* gradatie, trapsgewijze opklim-ming.
grade *m* 1 rang, graad; 2 $1/_{360}$ v. e. cirkel-omtrek.
gradé **I** *bn* van iem. die in het leger een rang heeft onder die van officier. **II** *zn m* iem. met een rang onder die van officier.
gradin *m* 1 trapje; 2 bank v. e. amfitheater.
gradu/ation *v* schaal, graadverdeling, gra-duatie. ~é **I** *bn* 1 in graden verdeeld; 2 op-klimmend in moeilijkheid. **II** *zn m* iem. met een universitaire titel.
graduel, -elle **I** *bn* in moeilijkheid opklim-mend of afdalend. **II** *zn m* 1 graduaal (trap-gezang); 2 graduale.
graduellement *bw* trapsgewijs.
graduer *ov.w* 1 in graden verdelen; 2 in moeilijkheid laten opklimmen.
grafigner *ov.w* (*pop.*) krabben.
graill/ement *m* schorheid. ~er *on.w* met hese stem spreken. ~on *m* 1 kliekje; 2 fluim. ~onner *on.w* rochelen.
grain *m* 1 graankorrel graan; — *de café*, koffieboon; 2 korreltje (— *de sable*); 3 kraal v. rozenkrans; 4 beetje; 5 grein (oud gewicht); 6 windvlaag, stortbui; *veiller au* —, het gevaar voorzien en zijn maatregelen nemen; 7 ongelijkheid van oppervlakte (draad, korrel, enz.); 8 *les* —*s*, het graan.
graine *v* zaad; *mauvaise* —, schoft, ploert; *monter en* —, zaad schieten; *ouwe vrijster worden (fam.); prendre de la* —, een voor-beeld nemen. ~terie *v* zaadhandel. ~tier *m* zaadhandelaar.
grainier *m* zaadhandelaar.
graissage *m* het smeren.
graisse *v* 1 vet, vetheid; *la* — *ne l'étouffe pas*, *ne l'empêche pas de courir*, hij is mager; *prendre de la* —, dik worden; 2 smeer.
graisser *ov.w* 1 invetten, smeren, oliën; — *la patte à qn.*, iem. omkopen; 2 met vet bevuilen.
graisseur *m* smeerder.
graisseux, -euse *bn* vettig, vetachtig.
gramen *m* gras.
graminacées *v* grasgewassen.
graminée *v* grasgewas.
gramm/aire *v* spraakkunst; *classes de* —, laagste klassen v. e. middelb. school. ~al-rien *m* taalkundige. ~atical [*mv* aux] *bn* spraakkunstig. ~atiste *m* „schoolmeester".
gramme *m* gram.
grand **I** *bn* 1 groot; *un* — *âge*, een hoge ouderdom; —*es eaux*, hoog water; — *parleur*, grote prater; 2 hevig, sterk; —*s amis*, dikke vrienden; — *blessé*, zwaar ge-wonde; — *chaud*, hevige warmte; — *silence*, diepe stilte; 3 volwassen; *les* —*es personnes*, de grote mensen; 4 voornaam; *le* — *monde*, de hogere standen; 5 opper-groot-; *grand-duc*, groothertog; — *rabbin*, opperrabbijn; 6 geheel; *il fait* — *jour*, het is klaarlichte dag; *au* — *jour*, in het open-baar; 7 flink; *un* — *mangeur*, een flink eter; *un* — *parleur*, een druk prater; *un travailleur*, een flink werker. **II** *zn m* 1 aan-zijnlijk persoon; 2 volwassen persoon; 3 het edele. **III** *bw*: *voir* —, alles groot zien; *en* —, in het groot.
grand-chose (ne) niet veel (zaaks).
grand-croix *v* grootkruis.
grand-ducal† [*mv* aux] *bn* groothertogelijk.
grand†-duché† *m* groothertogdom.

grande†-duchesse† v groothertogin.

grandement bw erg, grotelijks.

grandet, -ette bn tamelijk groot.

grandeur v 1 grootte; 2 grootheid; 3 verhevenheid, macht; du haut de sa —, minachtend; 4 G ~ Hoogheid, Hoogwaardige Excellentie (titel v. bisschop).

grandiloquence v gezwollenheid, hoogdravendheid.

grandiloquent bn gezwollen, hoogdravend.

grandiose I bn groots. II zn m het grootse.

grand/ir ov.w groot worden, groeien. II ov.w groter maken, verheffen (fig.), edeler maken. ~issement m vergroting. ~issime bn (fam.) zeer groot.

grand/†-livre† m grootboek. ~†-maman† v grootmoeder (kindertaal). ~†-mère† v grootmoeder.

grand/-messe† v hoogmis. ~†-oncle† m oudoom. ~†-papa† m grootvader (kindertaal). ~-peine (à) met moeite. ~†-père† m grootvader.

grand-route †, openbare weg.

grands-parents m mv grootouders.

grand-tante† v oudtante.

grange v schuur.

granit m graniet.

graniteux, -euse bn granietachtig.

granivore I bn zaad-, graanetend. II zn m zaadetende v vogel.

granul/aire bn korrelig. ~e v 1 korreltje; 2 pilletje. ~er ov.w tot korrels maken. ~eux, -euse bn korrelig. ~ie v snel verlopende t.b.c. ~iforme bn korrelvormig.

graphie v schrijfwijze.

graphique I bn wat tekenen of letters betreft; dessin —, 't lijntekenen. II zn m 1 lijntekening; 2 grafische voorstelling.

graphite m potlood.

graphologie v grafologie.

grappe v tros.

grappiller I on.w (druiven) nalezen. II ov. en on.w sjacheren, kleine winstjes behalen.

grappill/eur m 1 nalezer (van wijn); 2 sjacheraar. ~on m trosje.

grappin m dreg.

gras, grasse I bn vet; jours —, dagen, waarop men vlees mag eten (r.-k.); terre —se, vruchtbare grond; mardi —, vastenavond; plante —, vetplant; dormir la —se matinée, een gat in de dag slapen. II zn m vet. III bw faire —, vlees eten; parler —, brouwen, schuine moppen vertellen.

grasset bn aan de dikke kant.

grasseyement m gebrouw (het uitspreken v.d. letter r met een keelgeluid).

grasseyer on.w brouwen.

grassouillet, -ette bn mollig.

gratification v toelage.

gratifier ov.w begunstigen, begiftigen.

gratin m 1 aanzetsel; 2 bereiding met paneermeel; 3 (pop.) de deftige lui.

gratiner I ov.w aanbakken. II ov.w met paneermeel bakken.

gratis bw gratis.

gratitude v dankbaarheid.

grattage m het afkrabben, afkrabsel.

gratte v 1 krabijzer; 2 (fam.) oneerlijke kleine winsten (faire de la —).

gratte/-ciel m wolkenkrabber. ~dos m rugkrabber. ~papier m pennelikker, slecht schrijver. ~pieds m ijzeren deurmat.

gratter I ov.w 1 krabben, afkrabben; 2 uitkrabben, raderen; 3 (pop.) een wagen inhalen; 4 (pop.) werken. II on.w 1 zachtjes kloppen (— à la porte); 2 (fam.) stiekem kleine winsten maken.

gratteur m kradberr, (pop.) scheermes.

grattoir m raderen, (pop.) scheermes.

gratture v afkrabsel.

gratuit bn 1 gratis, kosteloos (ook à titre —); 2 ongegrond, zonder reden.

gratuité v kosteloosheid.

gravats m mv gruis.

grave I bn 1 ernstig; 2 laag (muz.); accent —, het teken `; 3 zwaar. II zn m 1 diepe toon; 2 het ernstige.

gravel/age m begrinting. ~er ov.w met zand en grint bedekken. ~eux, -euse bn 1 vermengd met grint; 2 gravelachtig; 3 schuin.

gravelle v niersteen, blaassteen.

graver ov.w 1 graveren; 2 prenten (— dans sa mémoire).

graveur m graveur.

gravier m 1 grint, grof zand met kiezel; 2 niergruis.

gravillon m fijn grint.

gravillonner ov.w met fijn grint bedekken.

gravir ov.w (met moeite) beklimmen.

gravitation v zwaartekracht.

gravité v 1 ernst; 2 deftigheid; 3 zwaarte, zwaarheid van geluid; 4 zwaarte; centre de —, zwaartepunt.

gravure v 1 prent, plaat; — sur bois, houtgravure; — au burin, kopergravure; — de modes, modeplaat; 2 het graveren.

gré m 1 zin, wil; à son —, naar zijn zin; bon — mal —, goedschiks of kwaadschiks; de bon —, vrijwillig; de mauvais —, tegen zijn zin; de — à —, in der minne; 2 dank; savoir — à, dank weten aan.

gréage m het optuigen.

grec, grecque I bn Grieks. II zn G ~ m, -que v Griek, Griekse.

Grèce v Griekenland.

gréciser ov.w vergrieksen.

gredin m, -e v schurk, gemene meid.

grédinerie v 1 ploertenstreek; 2 ploertigheid.

gréement m tuig (scheepv.).

gréer ov.w optuigen.

greffage m het enten.

greffe I zn v 1 ent; 2 het enten. II m griffie.

greff/er ov.w enten. ~eur m enter.

greffier m 1 griffier; 2 (pop.) kat.

greffoir m entmes.

grégaire bn 1 grégarien, -enne bn in kudden levend; esprit —, kuddegeest.

grège bn ruw (van zijde).

grégeois bn: feu —, grieks vuur.

grégorien, -enne bn gregoriaans.

grêle I bn 1 schraal, spichtig, mager; 2 zwak en schril (van geluid). II zn v hagel.

grêl/é bn 1 door de hagel vernield; 2 pokdalig. ~er I onp.w hagelen. II ov.w vernielen door de hagel, verhagelen.

grêlon m hagelsteen.

grelot m 1 rinkelbel, fietsbel; attacher le —, de kat de bel aanbinden; 2 dolle pret.

grelotter on.w huiveren, rillen.

grenade v 1 granaatappel; 2 granaat; — incendiaire, brandbom.

grenader ov.w met granaten bestoken.

grenadier m 1 granaatboom; 2 granaatwerper; 3 grenadier.

grenage m het korrelen.

grenaille v fijne geweerhagel.

grenaison v korrelvorming.

grenat I bn granaatrood. II zn m granaatsteen.

gren/é bn korrelig. ~er I on.w in het zaad schieten. II ov.w tot korrels maken.

grèneterie v zaadhandel, grutterij.

grènetier m zaadhandelaar, grutter.

grenier m 1 (graan)zolder; 2 korenschuur (fig.).

grenouill/e v 1 kikvors; homme - — kikvorsman; 2 kas; manger la —, ermet de kas van doorgaan; ~ère v 1 kikkerpoel; 2 ondiep rivierbad.

grenu bn 1 vol korrels (épi —); 2 korrelig.

grès m 1 zandsteen; 2 pottenbakkersklei; 3 keuls aardewerk.

gréseux, -euse bn zandsteenachtig.

grésière v zandsteengroeve.

grésil m fijne hagel. ~lement m 1 het (fijn) hagelen; 2 het knetteren. ~ler I onp.w (fijn) hagelen; II on.w knetteren. III ov.w verschroeien.

grésillon m kolengruis.

gressin *m* klein stokbroodje.

grève *v* 1 strand; 2 werkstaking; *faire —, se mettre en —,* staken.

grever *ov.w* belasten, bezwaren.

gréviste *m* werkstaker.

gribouill/age *m* 1 kladschilderij; 2 slecht schrift. ~er *on.* en *ov.w* 1 kladschilderen; 2 slecht schrijven.

gribouillis *m* onleesbaar schrift.

grief *m* grief.

grièvement *bw* ernstig (— *blessé*).

griffade *v* krab.

griffe *v* 1 klauw; *coup de —,* slag met de klauw, scherpe zet; *à la — on reconnaît le lion (spr.w),* aan het werk herkent men de meester; 2 naamstempel; 3 (*pop.*) hand.

griffon *m* 1 griffioen; 2 lammergier; 3 soort jachthond; 4 snoekhaak; 5 minerale bron.

griffon/age *m* 1 gekrabbel; 2 slecht leesbaar schrift. ~er *ov.w* neerkrabbelen. ~eur *m* krabbelaar.

griffu *m* met klauwen.

griffure *v* slag met de klauw.

grignotement *m* geknabbel.

grignoter *ov.w* opknabbelen.

grigou (*pop.*) I *bn* vrekkig. II *zn m* vrek.

gril *m* rooster; *être sur le —,* op hete kolen zitten.

grillade *v* geroosterd stuk vlees.

grillage *m* 1 het roosteren; 2 traliewerk.

grille *v* 1 hek; 2 traliewerk; 3 kolenrooster; 4 geruit patroon voor kruiswoordpuzzels.

griller I *ov.w* 1 van tralies voorzien; 2 achter slot en grendel zetten; 3 roosteren; 4 verbranden; 5 branden van koffie; 6 uitdrogen, verdorren. II *on.w* 1 *je grille, ik stik* (van de warmte); 2 branden van verlangen, popelen (— *d'impatience*).

grillon *m* krekel.

grimac/e *v* 1 grimas; 2 aanstellerij. ~er *on.w* 1 gezichten trekken; 2 zich aanstellen. ~ier, -ère I *bn* aanstellerig. II *zn m*, -ère *v* aanstellerig persoon.

grimage *m* het grimeren.

grimaud *bn* knorrig.

grime *m* 1 belachelijke grijsaard op toneel; 2 de rol van deze grijsaard; 3 slecht leerling.

grimer I *ov.w* grimeren. II se ~ zich grimeren.

grimoire *m* 1 toverboek; 2 duistere taal; 3 duister boek; 4 onleesbaar schrift.

grimper *on.w* klimmen, klauteren.

grimpeur *m* 1 klimmer; 2 klimvogel.

grincement *m* geknars, gepiep.

grincer *on.w* knarsen, piepen.

gringalet *m*, -ette *v* kleine magere man of vrouw. [vrouw.

griotte *v* morel.

griottier *m* morelleboom.

grippe *v* griep; *prendre en —,* een hekel krijgen.

grippé *bn* grieperig.

grippeminaud *m* huichelaar.

gripper *ov.w* 1 grijpen, pakken; 2 afkapen.

grippe-sou(†) *m* duitendief, vrek.

gris I *bn* 1 grijs; *papier —,* filtreerpapier; 2 aangeschoten; II *zn m* grijze kleur; *petit —,* soort bont; — (*de*) *perle,* parelgrijs.

grisaille *v* schilderij in grijze kleuren.

grisailler *on.w* grijs worden.

grisâtre *bn* grijsachtig.

grisbi *m* (*arg.*) geld.

gris/er I *ov.w* 1 dronken maken; 2 bedwelmen. II se ~ (*fam.*) zich half dronken drinken. ~erie *v* 1 lichte roes; 2 (*fig.*) roes, bedwelming.

grisette *v* 1 grijze stof; 2 koket naaistertje.

grison, -onne I *bn* grijs. II *zn m* 1 grijsaard; 2 grauwtje.

grisonner *on.w* grijs worden.

grisou *m* mijngas.

grive *v* lijster.

grivelé *bn* grijs en wit gevlekt.

griveler *ov.* en *on.w* 1 op oneerlijke manier verdienen; 2 iets in een café gebruiken, zonder geld te hebben om te betalen.

grivois *bn* schuin.

grivoiserie *v* schuine mop, - taal.

grog, *m* grog.

grogn/ard I *bn* brommerig. II *zn m* oude gardesoldaat van Napoleon. ~ement *m* geknor, gebrom. ~er *on.w* 1 knorren v. e. varken, grommen v. e. beer.

grogneur, -euse *I bn* brommerig. II *zn m*, -euse *v* knorrepot, brommer(ster).

grognon I *bn* brommerig. II *zn m* brompot.

groin *m* 1 varkenssnoet; 2 (*fam.*) gemene snuit.

grole, grolle *v* 1 kauw, roek; 2 (*pop.*) schoen.

grommeler *on.w* mopperen.

grondement *m* gebulder, gerommel.

gronder I *on.w* 1 mopperen, brommen; 2 grommen v. e. beer; 3 bulderen, razen, rommelen. II *ov.w* beknorren.

grond/erie *v* uitbrander. ~eur, -euse I *bn* knorrig. II *zn m*, -euse *v* brompot.

gros, -osse I *bn* 1 dik; 2 ruw, grof; *jouer — jeu,* grof spelen, veel wagen; *mer —se,* ruwe zee; — *temps,* hondeweer; 3 groot, belangrijk, hevig, erg; —*se dent,* kies; — *bonnet,* aanzienlijk man, iem. van hoge stand; —*se fièvre,* zware koorts; *avoir le cœur —,* verdriet hebben; 4 —*se,* zwanger. II *zn m* 1 gros, belangrijkste (deel) (*le — d'une armée*); 2 *commerce de —,* groothandel. III *bw* grof, veel (*gagner —, jouer —*).

groseille *v* aalbes; — *à maquereau,* kruisbes.

groseillier *m* aalbessestruik.

grosse *v* 1 gros (12 dozijn); 2 afschrift.

grossement *bw* in grote trekken.

grosserie *v* 1 grove ijzerwaren; 2 groothandel; 3 zilveren vaatwerk.

grossesse *v* zwangerschap.

grosseur *v* 1 grootte, dikte; 2 gezwel.

grossier, -ère *bn* ruw, grof.

grossièrement *bw* ruw, grof.

grossièreté *v* ruwheid, grofheid, lompheid.

gross/ir I *ov.w* 1 vergroten, dikker maken; 2 overdrijven. II *on.w* groter -, dikker worden. ~issement *m* vergroting.

grossiste *m* grossier.

grotesque I *bn* belachelijk. II *zn m* 1 belachelijk persoon; 2 het belachelijke.

grotte *v* grot.

grouillant *bn* wemelend (*foule —e*).

grouillement *m* gewemel, gekrioel.

grouiller I *on.w* 1 wemelen, krioelen; 2 (*pop.*) zich bewegen. II se ~ (*pop.*) zijn handen uitsteken, zich haasten.

groupe *m* groep.

groupement *m* groepering.

grouper *ov.w* 1 samenvoegen; 2 groeperen.

gruau [*mv* x] *m* grof, gort, grutten; — *d'avoine,* havermout.

grue *v* 1 kraanvogel; *faire le pied de —,* lang moeten wachten; 2 (hijs)kraan; 3 (*fam.*) snol.

gruger *ov.w* 1 opknabbelen; 2 uitzuigen (*fig.*), arm maken.

gruyère *m* gruyèrekaas.

gué *m* doorwaadbare plaats.

guéable *bn* doorwaadbaar.

guéer *ov.w* doorwaden.

Guelfes *m* Welfen.

guenill/e *v* lomp, vod. ~on *m* vodje.

guenipe *v* (*fam.*) slons, slet.

guenon *v* 1 langstaartaap; 2 apin; 3 aartslelijke vrouw.

guêpe *v* wesp.

guêpier *m* wespennest.

guère [*ne*] *bw* nauwelijks, bijna niet.

guéret *m* omgeploegde, niet bezaaide akker.

guéridon *m* rond tafeltje met één poot.

guér/ir I *ov.w* 1 genezen. II *on.w* herstellen, genezen. ~ison *v* genezing.

guérissable *bn* geneeslijk.

guérisseur *m* genezer.

guérite *v* 1 schildwachthuisje; 2 strandstoel.

guerre *v* 1 *bureaux de la — (la Guerre),* ministerie van oorlog; *conseil de —,* krijgs-

raad; *faire la — à*, oorlog voeren met;
foudre de —, ijzervreter; *gens de —*, krijgslieden; *de — lasse*, strijdensmoe; *nom de —*,
aangenomen naam; *petite —*, manœuvres;
—sainte, heilige oorlog - krijgstocht; *— éclair*, Blitzkrieg; *qui terre a, — a, (spr.w)*
veel koeien, veel moeien; 2 krijgskunst.

guerrier, -ère I *bn* 1 wat de oorlog betreft;
2 oorlogszuchtig, krijgshaftig. II *zn m -ère v* krijgsman, krijgshaftige vrouw.

guerroy/ant *bn* oorlogszuchtig. ~er *on.w* oorlog voeren. ~eur I *bn* oorlogszuchtig. II *zn
m* vechtersbaas.

guet *m* het loeren; *faire le —*, op de loer
staan; *avoir l'œil au —*, een oogje in het
zeil houden.

guet†-apens *m* hinderlaag, valstrik.

guêtre *v* slobkous.

guêtron *m* lage slobkous.

guetter *ov.w* bespieden, beloeren; — *l'occasion*, op een gelegenheid loeren.

gueulard *m (pop.)* 1 schreeuwer; 2 smulpaap.

gueule *v* 1 bek, muil; 2 *(pop.)* smoel, bek,
gezicht; *ta — !*, hou je smoel; *-s cassées*,
oorlogsgewonden met zwaar verminkte gezichten; *fine —*, lekkerbek; *casser la — à
qn.*, iem. op zijn gezicht slaan; 3 mond,
opening v. e. voorwerp.

gueule†-de-loup *v* leeuwebek *(pl.k.)*.

gueuler *(pop.) on.w* schreeuwen.

gueuleton *m (pop.)* smulpartij.

gueuletonner *on.w (pop.)* smullen.

gueus/aille *v* schooiers. ~ard *m (fam.)*
schooier, schurk. ~er *on.w* bedelen.

gueuserie *v* 1 schooiersmanieren; 2 bedelarij.

gueux, -euse I *bn* arm, schooierig. II *zn m,
-euse v* 1 schooier(ster), bedelaar(ster);
2 schurk, smeerlap; 3 geus.

gugusse *m* circusclown.

gui *m* 1 vogellijm; 2 giek.

guichet *m* 1 loket; 2 kleine deur, die aangebracht is in een grote.

guichetier *m* cipier.

guide I *m* 1 gids; — *montagnard*, berggids;
2 gids = boek. II *v* leidsel.

guide-âne† *m* ezelsbruggetje.

guider I *ov.w* 1 leiden; 2 besturen (— *une
auto*). II se ~ *sur* zich richten naar.

guiderope *m* sleeptouw v. e. ballon.

guidon *m* 1 stuur v. e. fiets; 2 richtvaan;
3 vizierkorrel.

guign/ard I *bn* pech hebbend. II *zn m* pechvogel. ~e *v* 1 kriek; 2 pech.

guigner I *on.w* loeren, gluren. II *ov.w* 1 gluren naar; 2 loeren op (— *un emploi*).

guignol *m* poppenkast; *le Grand G—*,
schouwburg, waar griezelstukken worden
gespeeld.

guignon *m* pech.

guillemet *m* aanhalingsteken. ~er *ov.w* tussen
aanhalingstekens zetten.

guilleret, -ette *bn* 1 vrolijk, dartel; 2 gewaagd, pikant.

guillotine *v* 1 guillotine, valbijl; *fenêtre à —*
schuifraam; 2 doodstraf.

guillotiner *ov.w* onthoofden door middel
v. d. guillotine.

guimbarde *v* 1 rammelkast v. e. rijtuig; 2
17e eeuwse dans.

guimpe *v* kap met bef van nonnen.

guinche *v (pop.)* bal.

guindage *m* het ophijsen.

guindas *m* windas.

guindé *bn* aanstellerig, gemaakt.

guinder I *ov.w* 1 ophijsen; 2 opschroeven.
II se ~ aanstellerig spreken.

guinderesse *v* hijstouw.

guinée *v* 1 guinje; 2 katoentje.

guinguette *v* buitenherberg.

guirlande *v* slinger van bloemen of bladeren.

guirlander *ov.w* 1 slingers maken; 2 met
slingers versieren.

guise *v* manier, wijze; *en — de*, bij wijze van.

guitare *v* gitaar; *c'est toujours la même —*
het is altijd hetzelfde liedje.

guitariste *m* of *v* gitaarspeler(-speelster).

gustatif, -ive *bn* wat de smaak betreft.

gustation *v* het proeven.

guttural [*mv aux*] *bn* wat de keel betreft;
son —, keelklank.

gymnas/e *m* 1 gymnastieklokaal; 2 gymnasium. ~iarque, ~te *m* gymnastiekleraar.

gymnastique I *bn* gymnastisch. II *zn v* gymnastiek.

gymnique *v* worstelkunst.

gynécologie *v* leer der vrouwenziekten.

gynécologue, gynécologiste *m* vrouwenarts.

gypse *m* gips.

gypseux, -euse *bn* gipsachtig.

gyrostat *m* lichaam, dat snel om zijn as
wentelt.

H

(*H =H aspirée)

toneelspelers)

h *v.: — muette*, stomme h; *h v.: — aspirée*
(woorden die met deze *h* beginnen, kunnen
niet met voorgaande worden verbonden en
het lidwoord van bepaaldheid er voor is
steeds *le* òf *la*; in het algemeen wordt ze
niet uitgesproken). H.P. = *horse-power* =
paardekracht.

ha 1 tw 1 ha! (verwondering); 2 haha!
(vrolijkheid); 3 hè! (verlichting).

habanera v dans, afkomstig uit Havanna.

habile I *bn* handig, knap, bekwaam. II *zn m*
handig man. ~té *v* handigheid, knapheid,
bekwaamheid.

habilitation *v* bevoegdverklaring.

habilité *v* bevoegdheid.

habiliter *ov.w* bevoegd verklaren.

habillage *m* 1 het aankleden; 2 het bereiden,
het schoonmaken.

habillement *m* kleding, uitrusting.

habiller *ov.w* 1 kleden, aankleden; *costume
habillé*, gekleed kostuum; 2 kleren maken
voor, - leveren aan; 3 goed zitten, staan;
4 bereiden, schoonmaken (van gevogelte,
vis enz.); 5 in elkaar zetten (— *une montre*).

habilleur *m, -euse v* aankleder(-kleedster) (v.

habit *m* 1 kleding, kleed; *les —s*, de kleren;
2 (ook — *noir*) rok; — *vert*, rok van
academielid; 3 habijt, geestelijk kleed;
prendre l'—, in het klooster gaan; *l'— ne
fait pas le moine (spr.w)*, de kleren maken
de man niet.

habitable *bn* bewoonbaar.

habitant *m, -e v* bewoner(bewoonster); *les
—s de l'air*, de vogels; *les —s des bois*, de
wilde dieren; *les —s m mv (pop.)* ongedierte.

habitat *m* woonplaats, vindplaats, groei-
plaats. ~ion *v* 1 woning, woonplaats; 2 het
bewonen.

habiter *ov.w* bewonen. II *on.w* wonen.

habitu/de *v* 1 gewoonte; *avoir l'— de*, gewoon
zijn om te; *d'—*, gewoonlijk; *par —*, uit
gewoonte; 2 gestel. ~é I *bn: — à*, gewoon
aan. II *zn m* stamgast, vaste bezoeker. ~el,
-elle *bn* gewoon. ~ellement *bw* gewoonlijk.
~er I *ov.w: — à*, wennen aan. II s'~ *à* zich
wennen.

*hâbl/er *on.w* opsnijden. *~erie *v* opsnijderij
*~eur *m, -euse v* opsnijder(-ster), groot-
spreker(-spreekster).

*hachage, hachement *m* 1 het hakken;

2 haksel.
*hache v bijl; — *d'armes*, strijdbijl.
*haché bn fijngehakt (*de la viande* —e).
*hache-légumes m groentehakmes.
*hacher ov.w 1 hakken, fijnhakken; 2 vernielen (door de hagel); 3 inkerven; 4 telkens onderbreken (— un discours).
*hachereau [mv x] m, ***hachette** v bijltje.
*hachis m gehakt.
*hachoir m 1 hakbord; 2 hakmes; — *mécanique*, vleesmolen.
*hachur/e v arcering. ~er ov.w arceren.
*hagard bn verwilderd, wild.
hagio/graphe m beschrijver v. levens v. heiligen. ~graphie v beschrijving v. levens v. heiligen.
*haie v haag, heg, horde; *course de* —s, hordenloop.
haïe! tw hu!, vort!
*haillon m lomp, vod. *~neux, -euse bn sjofel, in lompen gehuld.
*haine v 1 haat; *avoir en* —, haten; *en* — *de*, uit haat tegen; 2 afkeer; *prendre en* —, een hekel krijgen aan.
*haineusement bw haatdragend, nijdig.
*haineux, -euse bn haatdragend, nijdig.
*haïr ov.w 1 haten; 2 een hekel hebben aan.
*haire v haren boetekleed.
*haïssable bn verfoeilijk.
*halage m het jagen (scheepv.); *chemin de* —, jaagpad.
*hâle m 1 zonnegloed; 2 droge, warme wind; 3 bruine kleur.
*hâlé bn gebruind, taankleurig, gebronsd.
haleine v 1 adem; *hors d'*—, buiten adem; *courte* —, kortademigheid; *ouvrage de longue* —, langdurig werk; *perdre* —, buiten adem raken; *reprendre* —, weer op adem komen; *tenir en* —, aan het werk houden; 2 windzuchtje.
halener ov.w 1 de adem van iem. ruiken; 2 de lucht krijgen v. wild (v. honden); 3 de lucht krijgen (fig.), in de gaten krijgen.
*haler ov.w 1 hijsen (scheepv.); 2 voorttrekken v. e. schip.
*hâler ov.w 1 bruin maken, tanen; 2 verschroeien.
*halètement m gehijg.
*haleter ov.w hijgen.
*haleur m man, die schip voorttrekt.
*hallage m marktgeld.
hallali m jachtkreet of hoorngeschal, dat aangeeft, dat het hert afgejaagd is.
*halle v (overdekte) markt; — *au poisson*, vismarkt; *les dames de la* —, de koopvrouwen der Parijse Hallen.
*hallebarde v hellebaard; *il pleut des* —s, het regent pijpestelen.
*hallebardier m hellebaardier.
*hallier m dicht struikgewas.
hallucinat/ion v zinsbegoocheling, visioen. ~oire bn wat zinsbegoocheling betreft.
halluciné I bn aan zinsbegoocheling lijdend. II zn m, -e v iem. die geregeld droomgezichten heeft.
*halo m kring om zon, maan, om lichtend voorwerp op foto's.
halographie, halologie v kennis v. zouten.
*halot m konijnehol.
*halte I zn v 1 stilstand, rustplaats; *faire* —, halt houden; 2 halte, stopplaats. II *tw* — *!*, halt!; — *là!*, wacht even!, schei uit!
haltère m halter.
*hamac m 1 hangmat; 2 kooi (scheepv.).
*hameau [mv x] m gehucht.
hameçon m vishaak; *mordre à l'*—, erin vliegen.
*hampe v 1 vlaggestok; 2 steel v. penseel; 3 bloemstengel.
*hamster m hamster.
*hanap m grote drinkbeker.
*hanche v heup; *le poing sur la* —, de handen in de zijde (uitdagende houding).
*handicap m 1 voorgift bij wedstrijd; 2 achterstand. *~er ov.w 1 de voorgiften regelen;

2 benadelen.
*hangar m loods, wagenschuur.
*hanneton m 1 meikever; 2 lichtzinnig, onbezonnen mens.
*hanse v de Hanze.
*hanter I ov.w 1 omgaan met, druk bezoeken; *dis-moi qui tu hantes, je te dirai qui tu es* (spr.w), waar men mee verkeert, wordt men mee geëerd; 2 achtervolgen; *maison hantée*, spookhuis. II on.w: — *chez qn.*, bij iem. in- en uitlopen.
*hantise v 1 omgang; 2 obsessie, spookbeeld.
*happe v kram.
*happement m 1 het happen; 2 het grijpen.
*happer ov.w 1 happen; 2 grijpen.
*haquenée v hakkenei.
*harangue v 1 toespraak; 2 geleuter; 3 vervelende terechtwijzing.
*haranguer ov.w toespreken.
*harangueur m 1 redenaar; 2 slecht spreker.
*haras m paardenfokkerij.
harassement m afmatting.
harasser ov.w afmatten.
*harc/èlement m kwelling. *~eler ov.w 1 teisteren, kwellen; 2 lastig vallen.
*harceleur, -euse I bn kwellend. II zn m, -euse v kweller(-ster).
*harde v 1 kudde wild; 2 koppelriem v. honden; 3 koppel honden.
*harder ov.w (honden) koppelen.
*hardes v mv kledingstukken, spullen.
*hardi bn 1 stoutmoedig, stout, onverschrokken; 2 brutaal.
*hardiesse v 1 stoutmoedigheid, onverschrokkenheid; 2 brutaliteit.
*hareng m haring; — *saur*, bokking; *sec comme un* —, lang en mager, schraal; *serrés comme des* —s, op elkaar gepakt. *~aison v 1 haringvisserij; 2 tijd der haringvisserij.
*~ère v 1 vis-, haringverkoopster; 2 ordinair wijf, viswijf.
*harengerie v haringmarkt.
*haret m wilde kat.
*hargneux, -euse v twistziek, nijdig.
*haricot m 1 schapevlees; 2 boon; — *vert*, snijboon, prinsesseboon; — *beurre*, prinsesseboon.
*haridelle v magere knol.
harmonica m 1 glasharmonika; 2 mondharmonika.
harmonie v 1 harmonie, samenklank; 2 muziektheorie; 3 welluidendheid; 4 eendracht; 5 goede verhouding; 6 harmoniegezelschap.
harmonieusement bw 1 in goede verhoudingen; 2 welluidend.
harmonieux, -euse bn 1 in goede verhoudingen; 2 welluidend.
harmonique bn harmonisch; *son* —, bijtoon.
harmoniser ov.w 1 een begeleiding schrijven bij een melodie; 2 met elkaar in overeenstemming brengen.
harmonium m huisorgel.
*harnachement m 1 het optuigen; 2 tuig.
*harnacher ov.w 1 optuigen; 2 opdirken.
*harnais m paardetuig; *cheval de* —, koetspaard.
*haro m afkeurend geschreeuw; *crier* — *sur*, luide afkeuren.
harpagon m vrek.
*harpe v harp.
*harpie v harpij, helleveeg.
*harpin m bootshaak.
*harpiste m of v harpspeler(-speelster).
*harpon m 1 harpoen; 2 enterhaak; 3 gevelanker. *~nage, *~nement m het harpoeneren. *~ner ov.w harpoeneren. *~neur m harpoenier.
*hart m strop, galg.
*hasard m 1 toeval, kans; *à tout* —, op goed geluk af; *er moge gebeuren, wat er wil; au* —, op goed geluk af; *jeu de* —, kansspel; 2 gevaar; *au* — *de*, op gevaar af van.
*hasardé bn 1 gewaagd; 2 schuin.
*hasarder I ov.w wagen, op het spel zetten. II on.w: — *de*, wagen te.

*hasard/eux, -euse *bn* 1 gewaagd; 2 vermetel.
*~ise *v* waaghalzerij.
*hase *v* wijfjeshaas.
hast *m* schacht, lans.
*haste *v* speer.
*hastiaire *m* speerdrager.
*hâte *v* haast, spoed; *à la —, en —, en toute
—,* inderhaast.
*hâtelet *m* klein spit.
*hât/er I *ov.w* verhaasten, versnellen (— *le
pas).* II se ~ zich haasten. *~if, -ive *bn*
1 vroegtijdig, vroegrijp, vroeg ontluikend
(fleur—ive); 2 haastig gemaakt *(travail—).*
*hâtivement *bw* haastig, vroegtijdig.
*hauban *m* hoofdtouw (scheepv.), want
(scheepv.). *~er *ov.w* met touwen vastzetten (scheepv.).
*haubert *m* pantserhemd.
*hausse *v* 1 rijzing, stijging; 2 opzet v. geweer of kanon; 3 onderlegsel.
*hausse-col *m* ringkraag.
*haussement *m* verhoging; — *d'épaules,*
schouderophaling.
*hauss/er I *ov.w* 1 verhogen, ophogen; — *le
ton,* een hoge toon aanslaan; — *la voix,*
de stem verheffen; 2 opheffen, optrekken;
3 opslaan *(— les prix);* 4 ophalen (— *les
épaules).* II *on.w* stijgen, rijzen, hoger
worden in prijs. III se ~ op zijn tenen gaan
staan.
*haussier *m* iem. die à la hausse speculeert.
*haut I *bn* 1 hoog; —*e bourgeoisie,* deftige
burgerij; *en — lieu,* (van) hogerhand; —*e
trahison,* hoogverraad; 2 boven *(le haut-
Rhin);* 3 rechtop, opgeheven; *porter la tête
—e,* het hoofd in de nek dragen; *l'épée —e,*
met opgeheven degen; 4 luid; *à —e voix;*
5 aanmatigend *(ton —);* 6 vol; *la — e mer,*
volle zee; 7 geweldig, sterk, fel; — *en
couleur,* fel gekleurd. II *zn m* hoogte, top;
tomber de son —, languit vallen, stom verbaasd staan; *traiter de — en bas,* minachtend behandelen; *le Très-Haut,* de Almachtige. III —*e v* de hoge wereld *(les gens de la
haute).* IV *bw* 1 hoog; *en —,* boven, naar
boven; *d'en —,* van boven; *en — de,* bovenaan; *là-haut,* daarboven, in de hemel; *le
prendre —,* een hoge toon aanslaan; 2 luid
(parler—). *~ain *bn* hooghartig, hoogmoedig, uit de hoogte.
*hautbois *m* 1 hobo *(muz.);* 2 hobospeler.
*hautboïste *m* hoboïst.
*haut†-de-chausse† *m* (oude) kniebroek.
*haut†-de-forme *m* hoge hoed.
*haut†-contre *v* hoge tenorstem.
*hautement *bw* 1 openlijk; 2 trots; 3 op
voortreffelijke wijze, glansrijk.
*hauteur *v* 1 hoogte; — *du pôle,* poolshoogte; *tomber de sa —,* languit vallen,
op zijn neus kijken; 2 trots *(parler avec —);*
3 hoogmoed, voortreffelijkheid, verhevenheid; 4 *être à la — d'une tâche,* tegen een
taak opgewassen zijn.
*haut†-fond† *m* ondiepte. *~†-fourneau†
[mv x] *m* hoogoven. *haut-le-cœur *m* wal-
gelijkheid; 2 walging. *~-parleur† *m* luidspreker. *~-pendu† *m* donkere wolk, die
regen of wind voorspelt. *~†-relief† *m*
haut-relief.
*hauturier, -ère *bn* buitengaats, in volle zee
(navigation —ère).
*havane I *zn m* tabak of sigaren uit Havanna.
II *bn* bruin (als havanna).
*hâve *bn* bleek, mager.
*havre *m* natuurlijke haven, die bij eb droog
loopt.
*havresac *m* 1 ransel; 2 gereedschapszak.
*hé! *tw* hei daar!, hé!
*heaume *m* helm.
*heaumier *m* helmmaker.
hebdomadaire I *bn* wekelijks. II *zn m* weekblad.
hebdomadier *m*, -ère *v* pater of zuster, die de
weekdienst heeft.
hébergement *m* huisvesting.

héberger *ov.w* herbergen.
hébétant *bn* versuffend, verstompend.
hébété *bn* suf, verstompt.
hébétement *m* sufheid, stompzinnigheid.
hébéter *ov.w* afstompen, versuffen.
hébétude *v* afstomping der hersenen.
hébr/aïque *bn* Hebreeuws. ~aïser *on.w* Hebreeuws studeren. ~eu *bn* I Hebreeuws.
II *zn* H~ *m* Hebreeër.
hécatombe *v* bloedbad, slachting.
hect/are *m* hectare. ~ogramme *m* hectogram.
~olitre *m* hectoliter. ~omètre *m* hecto-
meter.
hégémonie *v* overwicht.
*hein! *tw* he!
*hélas *v* helaas!
*héler *ov.w* 1 praaien (scheepv.); 2 aanroepen.
hélianthe *m* zonnebloem.
hélianthème *m* zonneroosje.
hélice *v* 1 schroef; 2 huisjesslak.
héliciculture *v* slakkenteelt.
hélicoïdal [*mv* aux] *bn* schroefvormig.
hélicoïde *m* spiraalvormig.
hélicon *m* bashoorn.
hélicoptère *m* hefschroefvliegtuig.
héligare *v* vliegveld voor helikopters.
hélio/centrique *bn* met de zon als middelpunt.
~chromie *v* kleurenfotografie. ~graphie *v*
1 zonbeschrijving; 2 lichtdruk. ~gravure *v*
lichtdruk. ~scope *m* zonnekijker. ~
thérapie *v* genezing door zonlicht. ~trope
m heliotroop *(pl.k.).*
hellénique *bn* Helleens.
hellénisation *v* het vergrieksen.
helléniser *ov.w* vergrieksen.
helléniste *m* kenner v. h. Grieks.
helminthe *m* ingewandsworm.
*hem *tw* hum!, pst!
hématie *v* rood bloedlichaampje.
hématologie *v* leer v. h. bloed.
hémicycle *m* 1 halve cirkel; 2 half-cirkel-
vormige zaal; 3 halfrond.
hémisphère *m* 1 halve bol; 2 halfrond.
hémisphérique *bn* halfrond.
hémistiche *m* half vers.
hémo/globine *v* rode kleurstof v. h. bloed.
~pathie *v* bloedziekte. ~phile *m* iem. die
vlug en lang bloedt (,,bloeder").
hémophilie *v* ziekte der ,,bloeders".
hémoptysie *v* bloedspuwing.
hémorragie *v* bloeduitstorting.
hémorroïdes *v mv* aambeien.
*hennir *on.w* hinniken.
*hennissement *m* gehinnik.
hépatique *bn* wat de lever betreft.
hépatisme *m* leveraandoening.
hépatite *v* leverontsteking.
heptagone *m* zevenhoek.
heptamètre *m* heptameter.
héraldique *bn* wapenkundig.
héraldiste *m* wapenkundige.
*héraut *m* heraut.
herb/acé *bn* gras-, kruidachtig. ~age *m* 1
gras; 2 weide; 3 ~s kruiden. ~ager I *m*
vetweider. II *ov.w* vetweiden.
herbe *v* 1 gras; *couper l'— sous le pied de qn.,*
iem. het gras voor de voeten wegmaaien;
2 kruid; *mauvaise — croît toujours,* onkruid vergaat niet; —*s marines,* algen, wier;
3 groen graan; *un avocat en —,* een advocaat in de dop; *manger son blé en —,* zijn
inkomen van tevoren opmaken.
herb/er *ov.w* (witgoed) op het gras uitstrekken om te bleken. ~erie *v* groentemarkt.
~eux, -euse *bn* grazig.
herbicide I *bn* onkruid verdelgend. II *zn m*
middel tegen onkruid.
herb/ier *m* herbarium. ~ivore I *bn* planten-
etend. II *zn m* planteneter.
herboris/ateur *m* plantenverzamelaar. ~a-
tion *v* het verzamelen v. planten. ~er *on.w*
planten verzamelen. ~ter *m* drogist. ~terie
v drogisterij.
herbu *bn* grazig.

*hère m 1 (pauvre) —, arme drommel; 2 jong hert.
héréditaire bn erfelijk; prince —, erfprins.
hérédité v erfelijkheid.
hérésie v ketterij.
hérétique I bn ketters. II zn m of v ketter(se).
*hérisser I ov.w oprichten, opzetten (v. haren); cheveux hérissés, rechtop staande haren; 2 vol maken met; hérissé de difficultés, vol moeilijkheden. II se ~ te berge rijzen v. haren; 2 woedend worden.
*hérisson m 1 egel; 2 lastig persoon; 3 spaanse ruiter (versperring).
héritage m 1 het erven; 2 erfenis; 3 erfgoed.
hériter ov. en on.w erven.
héritier m, -ère v erfgenaam(-gename).
hermaphrodite I bn tweeslachtig. II zn m of v tweeslachtig wezen.
hermétique bn hermetisch, luchtdicht.
hermine v 1 hermelijn; 2 hermelijnbont.
*herniaire bn wat een breuk betreft.
*hernie v 1 breuk (med.); 2 uitpuiling v. e. binnenband door de buitenband.
*hernieux, -euse I bn aan een breuk lijdend. II zn m, -euse v breuklijder(es).
héroï-comique bn komisch van inhoud en verheven van toon.
héro/ïne v heldin. ~ïque bn heldhaftig; remède —, paardemiddel. ~ïsme m heldhaftigheid.
*héron m reiger.
*héronnière v reigersnest.
*héros m held; le — d'une fête, de jubilaris.
*hersage, hersement m het eggen.
*hers/e v 1 eg; 2 valpoort; 3 bovenlicht v. toneel. *~er ov.w eggen.
*herseur m, -euse v egger(-ster).
hésitation v aarzeling.
hésiter on.w aarzelen, weifelen.
hétéro/clite bn 1 afwijkend; 2 zonderling. ~gène bn ongelijksoortig. ~généité v ongelijksoortigheid. ~morphe bn van ongelijke vorm bij dezelfde soort.
*hêtraie v beukenbos.
*hêtre m 1 beuk; 2 beukehout.
*heu! tw he!
heure v 1 uur; l'— du berger, het schemeruurtje voor geliefden; demander l'—, vragen, hoe laat het is; la dernière —, het uur v. d. dood; — indue, ongeschikt uur; quart d'—, kwartier; passer un mauvais quart d'—, een benauwd ogenblik doorbrengen; le quart d'— de Rabelais, het ogenblik van betalen; quelle — est-il?, hoe laat is het?; 2 ogenblik; 3 tijd; venir à l'—, op tijd komen; — d'été, zomertijd. II bw: à la bonne—, goed zo, mij goed; de bonne —, vroeg; à cette —, thans; à toute —, ieder ogenblik; tout à l'—, straks. III les —s, de getijden; livre d'—s, getijdenboek.
heureusement bw 1 gelukkig; 2 gunstig (villa — située).
heureux, -euse I bn gelukkig; mémoire —se, goed geheugen. II zn m gelukkig mens.
*heurt m schok, stoot, duw.
*heurté bn schreeuwend (couleurs —es).
*heurtement m het stoten.
*heurt/er I ov.w 1 stoten tegen, duwen tegen; 2 wonden, kwetsen (— l'amour-propre). II on.w kloppen op een deur. III se ~ 1 zich stoten; 2 met elkaar in botsing komen; 3 elkaar tegenwerken, - dwarsbomen. *~oir m 1 deurklopper; 2 stootblok (voor treinen).
hévéa v heveaboom.
hexagone m zeshoek.
hexamètre m hexameter.
hiatus m gaping, hiaat.
hibern/al [mv aux] bn winters; repos —, winterslaap. ~ation v winterslaap.
hiberner on.w een winterslaap houden.
*hibou [mv x] m 1 uil; 2 mensenschuw mens.
*hic m: voilà le — !, daar zit 'm de kneep!
*hideur v afschuwelijkheid, afzichtelijkheid.
*hideusement bw afzichtelijk.

*hideux bn afschuwelijk, afzichtelijk.
hiémal [mv aux] bn van de winter.
hiémation v overwintering.
hier bw gisteren, niet lang geleden.
*hiérarchie v rangopvolging.
*hiérarchique bn volgens de hiërarchie; par la voie —, langs hiërarchische weg.
hiératique bn priesterlijk.
hiéroglyphe m 1 hiëroglyfe; 2 onleesbaar schrift; 3 onbegrijpelijke zaak.
hilarant bn opwekkend tot lachen; gaz —, lachgas.
hilare bn 1 vrolijk; 2 lachverwekkend.
hilarité v (plotselinge) vrolijkheid.
Hindou m Hindoe.
*hinterland m achterland.
hippiatre m paardenarts.
hippiatrie v paardengeneeskunde.
hippique bn wat paarden betreft (concours —, sport —).
hippisme m paardesport.
hippo/campe m zeepaardje. ~drome m 1 renbaan voor wagenrennen in de oudheid; 2 paardenspel; 3 renbaan. ~griffe m legendarisch dier, half paard, half griffioen. ~logie v studie-, kennis v. h. paard. ~mobile bn door paard(en) voortbewogen. ~potame m 1 nijlpaard; 2 reus. ~technie v het fokken -, het africhten v. paarden.
hirondeau [mv x] m jonge zwaluw.
hirondelle v 1 zwaluw; — de mer, sterntje, zeezwaluw; une — ne fait pas le printemps (spr.w), een zwaluw maakt nog geen lente; 2 rivierstoombootje; 3 (fam.) schoorsteenveger, kastanjeverkoper te Parijs.
hirsute bn 1 ruig, borstelig (barbe —); 2 grof, lomp, bars.
hispanique bn Spaans.
hispanisant m hispanoloog.
hispano-américain bn Spaans-Amerikaans (la guerre —e).
hisser ov.w hijsen (scheepv.).
histoire v 1 geschiedenis, historie; — naturelle, natuurlijke historie; — sainte, bijbelse geschiedenis; — universelle, algemene geschiedenis; peintre d'—, historieschilder; 2 verhaal; c'est une autre —, dat is wat anders; conter des —s, leugens vertellen; 3 drukte (faire des —s); 4 onaangenaamheid, moeilijkheid (avoir des —s avec qn.).
histologie v weefselleer.
historicité v juistheid.
historié bn: lettres —es, met vignetten of krullen versierde letters.
historien m historieschrijver.
historiette v verhaaltje.
historio/-graphe m geschiedschrijver (door de koning benoemd). ~graphie v kunst v. d. geschiedschrijver.
historique I bn historisch. II zn m geschiedkundig overzicht.
histrion m 1 kluchtspeler; 2 potsenmaker.
hiver m winter; l'— de la vie, de ouderdom; conter soixante —s, zestig jaren tellen.
hivern/age m 1 overwintering; 2 winterverblijfplaats; 3 het omploegen voor de winter; 4 regentijd in de tropen. ~al [mv aux] bn v. d. winter; station —e, winterverblijfplaats voor vee. ~er I zn on.w overwinteren. II ov.w ploegen voor de winter.
*hobereau [mv x] m 1 landedelman; 2 boomvalk.
*hoc m: cela lui est —, dat is binnen.
*hoche v kerf aan kerfstok.
*hochement m het schudden (— de tête).
*hochepot m hutspot.
*hochequeue m kwikstaartje.
*hocher ov.w afschudden, schudden.
*hochet m 1 rammelaar; 2 speelgoed.
hoir m erfgenaam. ~ie v erfenis.
*holà tw hola!, afgelopen!; mettre le — à, een stokje steken voor.
*holding m trust.
*hold-up m gewapende overval.
*hollandais I bn Nederlands, Hollands. II zn

H ~ *m*, -e *v* Hollander(-se), Nederlander (-se). III *m* het Nederlands.

*Hollande *v* Nederland, Holland.

*hollande I *m* 1 edammer kaas; 2 geschept papier. II *v* 1 Hollands linnen; 2 Hollands porselein; 3 Hollandse aardappel.

holocauste *m* offer.

*homard *m* grote zeekreeft.

*homardier *m* kreeftenvisser.

hombre *m* kaartspel (omber).

homélie *v* 1 leerrede; 2 (vervelende) zeden-preek.

homéopathe *m* homeopaat.

homéopathie *v* homeopatie.

homérique *bn* homerisch (*rire* —).

homicide I *m* 1 moordenaar; 2 manslag, moord. II *bn* moordend, dodend.

homilétique *v* welsprekendheid v. kansel-redenaar.

hommage I *m* eerbetoon, hulde; *faire —
d'un livre*, een boek ten geschenke geven; *rendre —*, hulde brengen. II ~s groeten, plichtplegingen.

hommagé *bn: terre* —, leengoed.

homme *m* 1 mens; *l'— des bois*, orang-oetan; *dépouiller le vieil* —, de oude mens afleggen; *l'— propose, Dieu dispose (spr.w)*, de mens wikt, maar God beschikt; 2 man, heer; *— d'affaires*, zaakwaarnemer; *— de bien*, rechtschapen man; *— de guerre*, militair; *— de lettres*, schrijver, literator; *— de loi*, advocaat, magistraat; *— du monde*, man v. d. wereld; *— de paille*, stroman; *— de peine*, sjouwer; *— de robe*, magistraat; 3 man = echtgenoot (*fam.*); 4 soldaat (*armée de mille hommes*).

homme-jet *m* straaljagerpiloot.

hommet-sandwich† *m* sandwichman.

homo/centrique *bn* concentrisch. ~gène *bn* gelijksoortig, homogeen. ~généité *v* gelijk-soortigheid. ~loguer *ov.w* bindend verkla-ren, officieel vaststellen. ~nyme I *m* gelijk-luidend. II *zn m* 1 gelijkluidend woord; 2 naamgenoot. ~phone *bn* gelijkklinkend.

*hon! uitroep v. ontevredenheid.

*hongrer *ov.w* castreren v. e. paard.

*Hongrie *v* Hongarije.

*hongrois I *bn* Hongaars. II *zn* H ~ *m*, -e *v* Hongaar(se). III *m* het Hongaars.

honnête *bn* 1 eerlijk; *— homme*, eerlijk man; 2 fatsoenlijk, rechtschapen; 3 beleefd; *un — homme* —, een beleefd man.

honnêteté *v* 1 eerlijkheid; 2 fatsoenlijkheid, rechtschapenheid; 3 beschaafdheid.

honneur *m* 1 eer, eerbewijs; *affaire d'* —, duel; *faire — à un repas*, een maaltijd eer aan-doen; *faire — à une signature*, zijn verplich-tingen nakomen; *légion d'* —, Fr. ridder-orde; *parole d'* —, erewoord; *place d'* —, ereplaats; *rendre* —, eer bewijzen; 2 ere-ambt; *demoiselle d'* —, bruidsmeisje; *garçon d'* —, bruidsjonker.

*honnir *ov.w* honen, smaden; *honni soit qui mal y pense*, schande over hem, die er kwaad van denkt (devies v. d. orde v. d. Kouseband).

honorabilité *v* 1 achtbaarheid; 2 betrouw-baarheid.

honorable *bn* 1 achtbaar, achtenswaardig, fatsoenlijk; *faire amende* —, zijn ongelijk bekennen; 2 betrouwbaar; 3 Edelachtbaar.

honor/aire I *bn* ere-, erelid. II *zn* ~aires *mv* honorarium. ~er *ov.w* 1 (ver)-eren; 2 tot eer strekken, een sieraad zijn van; 3 (een honorarium) betalen.

honorifique *bn* eervol.

*honte *v* schande, schaamte; *avoir —*, zich schamen over; *faire — à*, tot schande strekken; *vous en serez pour votre courte* —, gij zult de kous op de kop krijgen.

*hont/eusement *bw* schandelijk. *~eux, -euse *bn* 1 beschaamd (*— de*); *pauvre* —, stille arme; 2 schandelijk; 3 verlegen.

*hop! *tw* vooruit!, hoepla!

hôpital [*mv* aux] *m* 1 gasthuis, gratis zieken-

huis voor armen; *réduire à l'* —; ruïneren; 2 ziekenhuis.

*hoquet *m* hik. *~er *on.w* hikken.

*hoqueton *m* overrok.

horaire I *bn* wat het uur betreft. II *zn m* dienstregeling v. treinen enz.; rooster.

*horde *v* horde, bende.

*horion *m* slag, stomp.

horizon *m* horizon (ook *fig.*).

horizontal [*mv* aux] *bn* horizontaal.

horizontalité *v* horizontale ligging.

horloge *v* klok; *être réglé comme une* —, een man v. d. klok zijn.

horloger, -ère I *bn* wat klokken, uurwerken betreft (*industrie* —*ère*). II *zn m* klokken-, horlogemaker, klokken-, horlogeverkoper.

horlogerie *v* 1 horlogemakerswerk; 2 horlo-loge-, klokkenhandel, -winkel; 3 uurwer-ken, horloges, klokken.

hormis *vz* behalve.

hormone *v* hormoon.

horométrie *v* tijdmeting.

horoscope *m* horoscoop, toekomstvoorspel-ling; *tirer l'* —, een horoscoop trekken.

horreur *v* 1 afschuw, afgrijzen; *avoir en* —, een afschuw hebben van; *être en* —, ver-afschuwd worden; *quelle* —*!*, wat af-schuwelijk!; 2 afschuwelijkheid, verfoei-lijkheid, gruwel; 3 afschuwelijke daad, ge-meen woord; 4 ijzing, huivering; 5 af-zichtelijk, vuil, lelijk mens.

horr/ible *bn* afschuwelijk, afgrijselijk, gruwe-lijk, verschrikkelijk. ~ifier *ov.w* met af-schuw slaan. ~ifique *bn* afgrijselijk, ver-schrikkelijk. ~ipiler *bn* ijselijk. ~ipilation *v* 1 kippevel; 2 grote ergernis. ~ipiler *ov.w* 1 kippevel bezorgen; 2 ergeren.

*hors *vz* 1 buiten; *— de*, buiten; *— de combat*, buiten gevecht; *— concours*, buiten mededinging; *— d'ici!*, eruit!, pak je weg!; *— ligne*, buitengewoon; *mettre — la loi*, buiten de wet plaatsen; *— de prix*, erg duur; *— de propos*, te onpas; *— de soi*, buiten zich zelve; *— d'usage*, afgedankt, onbruik-baar; 2 behalve.

*hors-bord *m* boot met buitenboordmotor.

*hors-d'œuvre *m* hors d'oeuvre.

*horse-power *m* (HP) paardekracht.

*hors/-la-loi *m* buiten de wet geplaatst per-soon. *~~texte *m* buitentekstplaat.

hortensia *m* hortensia (*pl.k.*).

horticole *bn* wat de tuinbouw betreft.

horticulteur *m* tuinier.

horticulture *v* tuinbouw.

hosanna *m* 1 hosanna; 2 juichkreet.

hospice *m* 1 hospitium (waar kloosterlingen onderdak verschaffen aan reizigers); 2 ge-sticht, weeshuis, oudemannenhuis enz.

hospitalier, -ère *bn* gastvrij; *sœur* —*ère*, liefdezuster. II *zn v* liefdezuster.

hospitaliser *ov.w* opnemen in een gesticht.

hospitalité *v* gastvrijheid; *donner l'* —, gast-vrijheid verlenen.

hostie *v* 1 offerdier; 2 hostie.

hostile *bn* vijandig; *— à*, gekant tegen.

hostilité *v* vijandigheid, tegenkanting.

hôte *m*, -esse *v* 1 gastheer, gastvrouw; *hôtesse de l'air*, stewardess; 2 hotelhouder, waard; 3 gast; *table d'* —, open tafel tegen vastgestelde prijs en op een bepaald uur; 4 bewoner; *les — des airs*, de vogels.

hôtel *m* 1 groot herenhuis, openbaar ge-bouw; *— de ville*, stadhuis; 2 hotel; *maître d'* —, hofmeester, oberkelner, eerste be-diende in een herenhuis.

hôtel†-Dieu *m* groot ziekenhuis.

hôtelier *m*, -ère *v* hotelhouder(-ster).

hôtellerie *v* logement.

*hotte *v* draagkorf.

*hotter *ov.w* vervoeren in een draagkorf.

*houache *v* kielzog.

*houblon *m* hop.

*houblonner *ov.w* met hop brouwen.

*houblonnier *m* hopverbouwer.

*houblonnière *v* hopveld.

*houe *v* hak (soort houweel).
*houement *m* het bewerken met de hak.
*houer *ov.w* bewerken met de hak.
*houill/e *v* steenkool; — *blanche*, witte steenkool. *~er, -ère *bn* 1 wat steenkool betreft; 2 steenkool bevattend (*terrain* —).
*houillère *v* kolenmijn.
*houilleur *m* mijnwerker.
*houilleux, -euse *bn* steenkool bevattend.
*houl/e *v* deining. *~er *on.w* deinen.
*houlette *v* 1 herdersstaf; 2 het beroep v. herder; 3 tuinschopje.
*houleux, -euse *bn* 1 hol (v. d. zee); 2 rumoerig, opgewonden.
*houp! *tw* hop!
*houppe *v* 1 kwast; 2 kuif; 3 boomtop.
*houpper *ov.w* kwasten maken; — *de la laine*, wol kammen.
*houppette *v* kwastje.
*hourdis, hourdage *m* ruw metselwerk.
*houri *v* 1 hoeri; 2 zeer schone vrouw.
*hourra I *tw* hoera! II *zn m* gejuich.
*hourvari *m* 1 kreet der jagers, die de honden terugroepen; 2 lawaai; 3 tegenvaller.
*housard *m* huzaar.
*houspiller *ov.w* 1 door elkaar rammelen; 2 plagen.
*houssage *m* het afstoffen.
*houssaie *v* hulstbos.
*housse *v* 1 hoes; 2 dekkleed.
*housser *ov.w* afstoffen.
*houssiner *ov.w* uitkloppen v. kleden.
*houssoir *m* stoffer, plumeau.
*houx *m* hulst.
*hoyau [*mv* x] *m* hak (soort houweel).
*huard *m* zeearend.
*hublot *m* patrijspoort.
*huche *v* 1 broodkist; 2 trog.
*hucher *en on.w* roepen v. jagers.
*hue! *tw* hot!
*hu/ée *v* gejoel, gejouw. *~er I *ov.w* uitjoelen, uitjouwen. II *on.w* krassen v. e. uil.
*huguenot *m*, -e *v* hugenoot(-ote).
*huhau! *tw* hot!
huilage *m* het oliën.
huile I *v* — *de cotret* (*fam.*), stokslagen; — *de graissage*, smeerolie; *jeter de l'* — *dans le feu*, olie in het vuur doen, ophitsen; *peint à l'*—, met olieverf geschilderd; — *de rose*, rozenolie; *les saintes* —*s*, het H. Oliesel; *verser de l'* — *sur les plaies*, troosten. II *mv les* —*s* (*fam.*), de autoriteiten, de hoge lui.
huil/er *ov.w* oliën, smeren. ~erie v 1 olieslagerij, -fabriek; 2 oliemagazijn.
huileux, -euse *bn* 1 olieachtig; 2 vet.
huilier *m* 1 olie-en-azijnstel; 2 olieslager; 3 oliehandelaar.
huis *m* (*oud*) deur; *à* — *clos*, met gesloten deuren. ~serie *v* deurlijst.
huissier *m* 1 portier; 2 deurwaarder.
*huit [*tw* 1 acht; 2 achtste (*le* — *mai*).
*huitain *m* achtregelig vers.
*huitaine *v* acht dagen.
*huitième I *v* achtste. II *zn m* of *v* achtste. III *v* achtste (laagste) klas v. e. lyceum.
huitièmement *bw* ten achtste.
huître *v* 1 oester; — *perlière*, pareloester; *raisonner comme une* —, dom redeneren; 2 domoor, uil.
*huit-reflets *m* (*pop.*) hoge hoed.
huîtrier, -ère I *bn* wat oesters betreft. II *zn* -ère *v* oesterbank.
*hulotte *v* bosuil.
*hum! hm! (twijfel, ongeduld).
humain I *bn* 1 menselijk; *respect* —, menselijk opzicht; 2 menslievend. II *zn* ~s *m mv* de mensen.
humanis/ation *v* het handelbaar maken, beschaving. ~er I *ov.w* handelbaar maken, beschaven. II s'~ handelbaar -, zachtmoedig worden.
human/isme *m* humanisme. ~iste I *bn* humanistisch. II *zn m* humanist. ~itaire *bn* menslievend, het belang der mensheid betreffend. ~itarisme *m* het bevorderen v. h. welzijn

der mensen.
humanité I *v* 1 mensdom; 2 menselijke natuur. II ~s *v mv* 1 studie der klassieken; 2 de drie hoogste klassen v. e. gymnasium; *faire ses* —*s*, het gymnasium aflopen.
humble I *bn* 1 nederig; 2 bescheiden, schamel. II *zn mv: les* —*s*, de nederigen, de armen.
humectation *v* bevochtiging.
humecter I *ov.w* bevochtigen. II s' ~ vochtig worden; *s'*— *le gosier*, drinken.
*humer *ov.w* opsnuiven, opzuigen, inhaleren.
huméral [*mv* aux] *bn* van de schouder.
humérus *m* opperarmbeen.
humeur I *v* 1 (lichaams)vocht (bloed, gal enz.); 2 humeur, stemming; — *noire*, zwartgalligheid, pessimisme; *être de bonne* —, de *mauvaise* —, goed -, slecht gehumeurd zijn. II —*s froides*, klieren.
humid/e I *bn* vochtig, nat. II *zn m* het vocht. ~ifier *ov.w* vochtig maken. ~ité *v* vochtigheid; *craint l'*—, droog bewaren.
humili/ant *bn* vernederend. ~ation *v* vernedering. ~er *ov.w* 1 vernederen; 2 verootmoedigen.
humilité *v* nederigheid, ootmoed.
humoriste *m* humoristisch schrijver.
humoristique *bn* humoristisch.
humour *m* humor.
humus *m* teelaarde.
*hune *v* mars (*scheepv.*).
*hunier *m* marszeil.
*huppe *v* 1 kuif; 2 hop (vogel).
*huppé *bn* 1 gekuifd; 2 (*fam.*) rijk, hooggeplaatst.
*hure *v* 1 afgesneden kop v. wild zwijn, zalm; 2 (*pop.*) gezicht.
*hurlement *m* gehuil, gejank, gebrul.
*hurler I *on.w* 1 janken, huilen (v. wolven, v. honden); 2 brullen, schreeuwen; — *avec les loups*, huilen met de wolven in het bos. II *ov.w* uitbrullen (— *des injures*).
*hurleur, -euse I *bn* huilend, brullend, schreeuwend. II *zn m* brulaap.
*hurluberlu *m* dolleman, wildebras.
*huron *m* lomperd, halve wilde.
*hussard *m* huzaar.
*hussarde *v* soort Hongaarse dans; *à la* —, zonder omslag.
*hutte *v* 1 hutje; 2 draagbaar jachthutje.
*hutter (se) zich een hut bouwen.
hyacinthe *v* 1 (*oud*) hyacint; 2 roodgele edelsteen.
hybrid/ation *v* kruising. ~e I *bn* bastaard, gekruis. II *zn m* kruising.
hybrider *ov.w* kruisen.
hydrate *m* hydraat.
hydrater *ov.w* met water verbinden.
hydraulicien *m* waterbouwkundige.
hydraulique I *bn* wat water betreft, waterbouwkundig. II *zn v* hydraulica.
hydravion *m* watervliegtuig.
hydro/aéroport *m* basis v. watervliegtuigen. ~céphale I *bn* met een waterhoofd. II *zn m* of v iem. met een waterhoofd. ~céphalie *v* het hebben v. e. waterhoofd. ~fuge *bn* vochtwerend. ~gène *m* waterstof; *bombe à* —, waterstofbom. ~glisseur *m* glijboot. ~graphe *m* kenner v. kusten, zeeën, eilanden. ~graphie *v* 1 topografie v. eilanden, kusten, zeeën; 2 de wateren v.e. streek; 3 waterbouwkunde. ~mètre *m* regenmeter. ~phile *bn* wateraantrekkend. ~phobe I *bn* aan watervrees lijdend. II *zn m* of v lijder(es) aan watervrees. ~phobie *v* watervrees. ~pisie *v* waterzucht. ~plane *m* glijboot. ~pneumatique *bn* werkend met behulp v. water en samengeperst gas (*frein* —). ~scope *m* bronnenzoeker. ~scopie *v* het ontdekken v. bronnen. ~statique *v* hydrostatica. ~thérapie *v* behandeling v. zieken met behulp v. koud of warm water.
hyène *v* hyena.
hygiène *v* gezondheidsleer, zorg voor de gezondheid.

hygiénique *bn* hygiënisch.
hygiéniste *m* hygiënist.
hygro/mètre *m* vochtigheidsmeter. ~métrie *v*
het bepalen v. d. vochtigheidsgraad.
~scope *m* weermannetje. ~scopie *v* =
hygrométrie.
hymen *m*, hyménée *m* huwelijk.
hyménoptères *m mv* vliesvleugeligen.
hymne I *m* 1 lofzang; 2 lied; — *national*,
volkslied. II *v* hymne.
hyperbole *v* 1 woordoverdrijving; 2 dwarse
kegelsnede.
hyperborée, hyperboréen, -enne *bn* uit het
hoge noorden (*peuples* —*s*).
hypersensibilité *v* overgevoeligheid.
hypersensible *bn* overgevoelig.
hypertension *v* verhoogde bloeddruk.
hypn/ose *v* hypnose. ~otique I *bn* hypnotisch.
II *zn m* slaapmiddel. ~otiser *ov.w* hypnoti-
seren. ~otisme *m* hypnotisme.
hypo/condriaque I *bn* zwaarmoedig. II *zn*

m of v zwaarmoedig persoon. ~condrie *v*
zwaarmoedigheid. ~cras *m* kruidenwijn.
~crisie *v* schijnheiligheid, huichelachtigheid. ~crite I *bn* schijnheilig, huichelachtig.
II *zn m of v* schijnheilige, huichelaar(ster).
~dermique *bn* onderhuids. ~gastre *m* onderbuik. ~gastrique *bn* wat de onderbuik
betreft. ~stase *v* 1 bezinksel; 2 wezen. ~
statique *bn* een persoon vormend. ~tension
v te lage bloeddruk. ~ténuse *v* hypotenusa.
~thécable *bn* verhypotheekbaar. ~thécaire
bn hypothecair; *caisse* —, hypotheekbank.
~thèque *v* hypotheek. ~théquer *ov.w* een
hypotheek nemen op; *être mal hypothéqué*,
er slecht aan toe zijn. ~thèse *v* hypothese.
~thétique *bn* hypothetisch. ~trophie *v*
ondervoeding.
hystérie *v* hysterie.
hystérique I *bn* hysterisch. II *zn m of v*
hysterisch persoon.

I

i *m*; *Ibid.*, op dezelfde plaats; *droit comme
un i*, recht als een kaars.
Iambe I *m* jambe. II ~s *m mv* satirisch gedicht.
ibère *bn* Iberisch.
Ibérie *v* Iberië.
ibidem *bw* op dezelfde plaats.
ibis *m* ibis (vogel).
iceberg *m* ijsberg.
ichnographie *v* plattegrond.
ichtyo/cole *v* vislijm. ~logie *v* kennis der vissen. ~logique *bn* wat de vissen betreft. ~
logiste *m* kenner der vissen. ~phage I *bn*
visetend. II *zn m of v* visetend dier.
ici *bw* hier; *ici-bas*, hier op aarde; *d'* — *là*,
in die tussentijd; *hors d'* —!, eruit!; *jusqu'*—,
tot nu toe; *par* —, hierheen, hierlangs.
icone *m* Russisch heiligenbeeld.
iconoclaste *m* beeldenbestormer.
iconographie *v* 1 kennis -, beschrijving v.
beelden, schilderijen, platen enz.; 2 plaat-
werk met afbeeldingen hiervan; 3 verzameling portretten v. beroemde personen.
iconographique *bn* op de iconografie betrekking hebbend.
icono/lâtre *m* beeldenaanbidder. ~lâtrie *v*
beeldendienst. ~logie *v* verklaring v. beelden, standbeelden.
ictère *m* geelzucht.
ictérique I *bn* geelzuchtig. II *zn m of v*
lijder(es) aan geelzucht.
ictus *m* aanval (*med.*).
idéal [*mv aux* of *als*] I *bn* 1 ideaal; 2 ideëel.
II *zn m* ideaal.
idéal/isation *v* idealisering. ~iser *ov.w* ideali-
seren. ~isme *m* idealisme.
idéaliste I *bn* idealistisch. II *zn m* idealist.
idée *v* 1 voorstelling, begrip; *il n'en a pas* —,
hij heeft er geen begrip van; 2 idee, denkbeeld, gedachte; *l'* — *me venait de*, de gedachte kwam bij mij op om te; — *fixe*,
dwangvoorstelling; 3 hoofd, geest; *avoir
dans l'* — *que*, zich verbeelden, zo'n idee
hebben dat; 4 *une* — (*pop.*), een beetje.
idem *bw* eveneens.
identification *v* vereenzelviging, identificatie.
identifier I *ov.w* 1 vereenzelvigen; 2 de identiteit vaststellen. II s'*~* één worden met,
overeenstemmen met.
identique *bn* gelijk.
identité *v* gelijkheid, identiteit; *carte, pièce
d'*—, identiteitsbewijs.
idéographie *v* beeldschrift.
idéologie *v* 1 ideeënleer; 2 hersenschimmen.
idéologique *bn* ideologisch.
idéologue *m* ideoloog, dromer.

idiomatique *bn* tot het taaleigen behorend.
idiome *m* 1 taal; 2 taaleigen; 3 dialect.
idiosyncrasie *v* eigenaardigheid, eigenaardige
neiging.
idiot I *bn* idioot, onnozel, dwaas. II *zn m*,
-e *v* idioot(idiote), onnozele hals, dwaas.
idiot/ie *v* zwakzinnigheid, dwaasheid, onnozelheid. ~isme *m* eigenaardige uitdrukking uit een taal.
idolâtr/e I *bn* 1 afgodisch; 2 verzot op, over
dreven beminnend. II *zn m of v* afgoden-
dienaar(-dienares). ~er *ov.w* vergoden, op
overdreven wijze beminnen.
idolâtrie *v* 1 afgoderij; 2 overdreven liefde.
idole *v* 1 afgod; 2 oogappel.
idylle *v* idylle.
idyllique *bn* idyllisch.
if *m* taxus (naaldboom).
igloo *m* sneeuwhut der Eskimo's.
ignare I *bn* onwetend. II *zn m of v* ongeletterd persoon.
igné *bn* van vuur, door vuur gevormd.
ignicole *m* vuuraanbidder.
ignition *v* verbranding.
ignivore *bn* vuuretend; *charlatan* —, vuur-
vreter.
ignoble *bn* laag, gemeen, schandelijk.
ignominie *v* oneer, schande.
ignominieusement *bw* smadelijk, schandelijk.
ignominieux, -euse *bn* smadelijk, schandelijk.
ignorance *v* onwetendheid; — *crasse*, grove
onkunde.
ignorant *bn* onwetend.
ignorantissime *bn* (*fam.*) oliedom.
ignoré *bn* onbekend.
ignorer *ov.w* niet kennen, niet weten.
iguane *m* leguaan.
il *vnw* hij, het, er.
île *v* eiland.
Ile-de-France *v* oude provincie met Parijs als
hoofdstad.
îlet *m*, îlette *v* eilandje.
Iliade *v* Ilias.
illégal [*mv aux*] *bn* onwettig.
illégalité *v* onwettigheid.
illégitime *bn* 1 onwettig (*enfant* —); 2 ongeoorloofd, onjuist (*conclusion* —).
illégitimité *v* onwettigheid.
illettré I *bn* ongeletterd. II *zn m of v* 1 onge-
letterde; 2 analfabeet(-bete).
illibéral [*mv aux*] *bn* bekrompen.
illicite *bn* onwettig, ongeoorloofd.
illico *bw* onmiddellijk.
illimitation *v* onbegrensdheid.
illimité *bn* onbegrensd, onbeperkt.
illisibilité *v* onleesbaarheid.

illisible *bn* onleesbaar.

illogique *bn* onlogisch.

illogisme *m* ongerijmdheid.

illuminateur *m* verlichter.

illumination *v* 1 verlichting; 2 feestelijke verlichting; 3 ingeving.

illumin/é *m* ziener, dweper. **~er I** *ov.w* 1 verlichten; 2 feestelijk verlichten; 3 de geest verlichten. **II** *on.w* illumineren.

illusion *v* illusie, zinsbedrog, hersenschim; *faire — à,* bedriegen; *se faire —,* zichzelf iets wijsmaken.

illusionner I *ov.w* verblinden, voorspiegelen. **II s'~** zich zelf iets wijsmaken.

illusionniste *m* goochelaar.

illusoire *bn* denkbeeldig.

illustrateur *m* illustrator.

illustration *v* 1 illustratie, verluchting, plaat; 2 beroemd persoon; 3 luister.

illustre *bn* vermaard, beroemd.

illustr/e *bn* geïllustreerd. **II** *zn m* geïllustreerd blad. **~er I** *ov.w* 1 illustreren, verluchten; *carte postale illustrée,* prentbriefkaart; 2 beroemd maken. **II s'~** zich onderscheiden.

illustrissime *bn* allerdoorluchtigst.

illutation *v* modderbad.

ilot *m* 1 eilandje; *— de sauvetage,* reddingsvlot; 2 blok huizen.

ilote *m* verschoppeling.

ilotie *v*, **ilotisme** *m* slavernij.

imag/e *v* 1 afbeelding, afbeeldsel, schilderij beeld, plaat, plaatje, prentje; *— mortuaire,* bidprentje; 2 symbool, beeld; 3 beeld-(spraak). **~é** *bn* beeldrijk. **~erie** *v* 1 prentenfabriek; 2 prentenhandel. **~ier, -ère** *I* *bn* wat prenten betreft (*industrie —ère*). **II** *zn m* prentenmaker, -verkoper.

imaginable *bn* denkbaar.

imaginaire *bn* denkbeeldig, ingebeeld.

imaginatif, -ive *bn* vernuftig, met verbeeldingskracht.

imagination *v* 1 verbeelding, verbeeldingskracht; 2 hersenschim, inbeelding.

imaginative *v* (*fam.*) verbeeldingskracht.

imaginer I *ov.w* 1 zich voorstellen; uitdenken, uitvinden. **II s'~** zich verbeelden, denken.

imago *v* volkomen insekt.

iman, imam *m* mohammedaans priester of vorst.

imbattable *bn* onverslaanbaar.

imbécil/e I *bn* stompzinnig, dom, onnozel. **II** *zn m* of *v* stompzinnig, dom mens; onnozele hals. **imbécillité** *v* stompzinnigheid, domheid, onnozelheid.

imberbe *bn* 1 baardeloos; 2 piepjong.

imbiber *ov.w* nat maken, doorweken.

imbibition *v* doorweking, het nat maken.

imbrisable *bn* onbreekbaar.

imbroglio *m* 1 verwarring; 2 toneelstuk met een ingewikkelde intrige.

imbrûlable *bn* onbrandbaar.

imbu (de) *bn* doortrokken van, vol met.

imbuvable *bn* ondrinkbaar.

imit/able *bn* navolgbaar. **~ateur, -trice I** *bn* nabootsend. **II** *zn m, -trice* *v* nabootser(ster). **~atif, -ive** *bn* nabootsend. **~ation** *v* 1 nabootsing, navolging van; *l'I— de Jésus Christ,* de Navolging van Christus; 2 namaak.

imiter *ov.w* 1 nabootsen, navolgen; 2 namaken; 3 sterk lijken op.

immaculé *bn* vlekkeloos, onbevlekt; *l'I —e Conception,* de Onbevlekte Ontvangenis.

immanent *bn* innerlijk, in zich zelf bestaand, - handelend.

immangeable *bn* oneetbaar.

immanquable *bn* onvermijdelijk, onfeilbaar.

immatérialité *v* onstoffelijkheid.

immatériel, -elle *bn* onstoffelijk.

immatériellement *bw* onstoffelijk.

immatricul/ation *v* inschrijving; *plaque d'—,* nummerplaat. **~e** *v* 1 stamboek; 2 inschrijving in de lijst der deurwaarders.

~er *ov.w* inschrijven in het stamboek, - in een register.

immaturité *v* onrijpheid.

immédiat *bn* onmiddellijk.

immelmann *m* figuur uit de luchtacrobatiek.

immémorable, immémorial [*mv aux*] *bn* onheuglijk.

immense *bn* onmetelijk, ontzaglijk, geweldig.

immensément *bw* ontzaglijk, geweldig.

immensité *v* 1 onmetelijkheid, ontzaglijkheid; 2 oneindige ruimte.

immensurable *bn* onmeetbaar.

immergent *bn* invallend (van lichtstraal).

immerger *ov.w* onderdompelen.

immérité *bn* onverdiend.

imméritoire *bn* onverdienstelijk.

immersion *v* in-, onderdompeling.

immesurable *bn* onmeetbaar.

immeuble I *bn* onroerend. **II** *zn m* onroerend goed; *— (à appartements)* of *— collectif,* flatgebouw.

immigr/ant *m* landverhuizer, die een land binnenkomt. **~ation** *v* nederzetting van vreemdelingen, immigratie. **~é** *m* immigrant. **~er** *on.w* zich in een land nederzetten, immigreren.

imminence *v* nabije dreiging (*l'— du danger*).

imminent *bn* 1 onmiddellijk dreigend; 2 aanstaand (*départ —*).

immiscer I *ov.w* mengen. **II s'~** dans zich bemoeien met, zich mengen in.

immixtion *v* inmenging.

immobile *bn* 1 onbeweeglijk; 2 onverzettelijk.

immobilier, -ère *bn* onroerend.

immobilisation *v* 1 het onbeweeglijk maken; 2 het blokkeren v. effecten.

immobiliser *ov.w* 1 onbeweeglijk maken; 2 tot staan brengen; 3 blokkeren.

immobilité *v* onbeweeglijkheid.

immodéré *bn* onmatig, bovenmatig.

immodeste *bn* oneerbaar, onbetamelijk. **~ie** *v* oneerbaarheid, onbetamelijkheid.

immol/ateur *m* offeraar. **~ation** *v* 1 het offeren; 2 slachting, bloedbad. **~er** *ov.w* 1 offeren, opofferen; 2 doden, slachten.

immond/e *bn* 1 vuil, onrein; *l'esprit —,* de duivel; 2 laag, weerzinwekkend. **~ice** *v* 1 onreinheid; 2 *les —s,* het straatvuil.

immoral [*mv aux*] *bn* onzedelijk.

immoralité *v* onzedelijkheid.

immortaliser I *ov.w* onsterfelijk maken. **II s'~** zich onsterfelijk maken.

immortel, -elle I *bn* onsterfelijk. **II** *zn m* onsterfelijke; *les 40 I—s,* de leden der Fr. Academie. **III -elle** *v* strobloem.

immortellement *bw* op onsterfelijke wijze.

immotivé *bn* ongemotiveerd.

immuabilité *v* onveranderlijkheid.

immuable *bn* onveranderlijk.

immun/isation *v* het onvatbaar maken voor besmettelijke ziekten. **~iser** *ov.w* onvatbaar maken. **~ité** *v* 1 vrijdom, vrijstelling; 2 onvatbaarheid; 3 onschendbaarheid.

immutabilité *v* onveranderlijkheid.

impact *m* schok, stoot; *point d'—,* trefpunt v. e. projectiel.

impair I *bn* 1 oneven; 2 ongepaard. **II** *zn m* onhandigheid, flater.

impalpabilité *v* ontastbaarheid.

impalpable *bn* ontastbaar.

impardonnable *bn* onvergeeflijk.

imparfait I *bn* 1 onvoltooid; 2 onvolledig; 3 onvolmaakt. **II** *zn m* 1 het onvolledige; 2 het onvoltooide; 3 het onvolmaakte; 4 verleden tijd.

imparité *v* 1 onevenheid; 2 ongelijkheid.

impartageable *bn* onverdeelbaar.

impartial [*mv aux*] *bn* onpartijdig.

impartialité *v* onpartijdigheid.

impartir *ov.w* toestaan, verlenen.

impasse *v* 1 slop; *être dans une —,* geen uitweg uit een moeilijkheid weten; 2 het snijden bij kaarten (*faire une —*).

impassibilité *v* 1 onbewogenheid, onaandoenlijkheid; 2 onvatbaarheid voor lijden.

impassible *bn* 1 onbewogen, onaandoenlijk; 2 onvatbaar voor lijden.

impati/emment *bw* ongeduldig. ~ence *v* ongeduld; *avoir des* —*s*, niet stil kunnen zitten, - staan. ~ent *bn* 1 ongeduldig; — *de*, verlangend te; 2 niet verdragend (— *du joug*). ~enter I *ov.w* ongeduldig maken. II s'~ ongeduldig worden.

impayable *bn* onbetaalbaar.

impeccable *bn* 1 zondeloos; 2 onfeilbaar; 3 vlekkeloos, onberispelijk.

impécuniosité *v* geldgebrek, berooidheid.

impénétrabilité *v* ondoordringbaarheid.

impénétrable *bn* 1 ondoordringbaar; 2 ondoorgrondelijk.

impénit/ence *v* onboetvaardigheid. ~ent I *bn* onboetvaardig. II *zn m*, -e *v* onboetvaardige.

impenses *v mv* onderhouds- of verbeteringskosten.

impératif, -ive I *bn* gebiedend. II *zn m* gebiedende wijs.

impérativement *bw* op gebiedende toon.

impératrice *v* keizerin.

imperceptibilité *v* onmerkbaarheid.

imperceptible *bn* onmerkbaar.

imperfection *v* 1 onvolmaaktheid; 2 onvoltooidheid; 3 onvolledigheid.

impérial [*mv* aux] *bn* keizerlijk.

impériale *v* 1 zitplaats op diligence, omnibus, tram, wagon; 2 sik (baard).

impérialisme *m* imperialisme.

impérialiste *m* imperialist.

impérieux, -euse *bn* gebiedend.

impériosité *v* gebiedend karakter.

impérissable *bn* onvergankelijk.

impéritie *v* onbekwaamheid.

imperméab/iliser *ov.w* ondoordringbaar maken voor vocht. ~ilité *v* ondoordringbaarheid. ~le I *bn* ondoordringbaar. II *zn m* regenjas.

impermutable *bn* onverwisselbaar.

impersonnalité *v* onpersoonlijkheid.

impersonnel, -elle *bn* onpersoonlijk.

impertinemment *bw* onbeschaamd, brutaal.

impertinence *v* onbeschaamdheid, brutaliteit.

impertinent *bn* onbeschaamd, brutaal.

imperturbabilité *v* onverstoorbaarheid.

imperturbable *bn* onverstoorbaar.

impétration *v* verkrijging.

impétrer *ov.w* verkrijgen.

impétueusement *bw* woest, onstuimig.

impétu/eux, -euse *bn* woest, onstuimig. ~osité *v* woestheid, onstuimigheid, drift.

impie I *bn* goddeloos. II *zn m* of *v* goddeloze.

impiété *v* 1 goddeloosheid; 2 snoodheid; 3 oneerbiedigheid.

impitoyable *bn* onbarmhartig, hardvochtig.

implacabilité *v* onverzoenlijkheid, onverbiddelijkheid.

implacable *bn* onverzoenlijk, onverbiddelijk.

implantation *v* inplanting.

implanter I *ov.w* inplanten, ingang doen vinden. II s'~ ingang vinden.

implexe *bn* ingewikkeld.

implication *v* verwikkeling.

implicite *bn* stilzwijgend inbegrepen; *foi* —, blind geloof.

impliquer *ov.w* 1 betrekken in, wikkelen in (— *dans*); 2 bevatten, insluiten.

implorateur *m*, -trice *v* smekeling(e)

imploration *v* smeking, aanroeping.

implorer *ov.w* smeken, aanroepen.

imployable *bn* onbuigbaar.

impoli *bn* onbeleefd.

impolitesse *v* onbeleefdheid.

impopulaire *bn* onpopulair.

impopularité *v* onpopulariteit.

importable *bn* invoerbaar.

importance *v* 1 belangrijkheid, gewicht; 2 aanzien, gezag; 3 zelfgenoegzaamheid.

important I *bn* 1 belangrijk, gewichtig; 2 aanzienlijk, invloedrijk; 3 zelfgenoegzaam. II *zn m* 1 hoofdzaak; 2 verwaand persoon;

---

faire l'—, gewichtig doen.

importateur *m*, -trice *v* importeur.

importation *v* import, invoer.

importer I *ov.w* invoeren. II *on.w*: *n'importe*, dat doet er niet toe; *n'importe qui*, onverschillig wie; *peu importe*, het doet er weinig toe; *qu'importe?*, wat doet het er toe? III *onp.w* van belang zijn; *il importe que* (met *subj.*), het is van belang, dat.

importun I *bn* lastig, ongelegen, hinderlijk. II *zn m* lastig mens, ongenode gast. ~er *ov.w* lastig vallen, hinderen. ~ité *v* lastigheid, hinderlijkheid, opdringerigheid.

imposable *bn* belastbaar.

imposant *bn* indrukwekkend.

impos/é *m* aangeslagene in de belasting. ~er I *ov.w* 1 belasten; 2 opleggen; — *le respect*, eerbied afdwingen; tot zwijgen brengen. II *on.w* (eerbied, vrees) afdwingen; *en* —, bedriegen, wijs maken. III s'~ 1 zich opleggen; 2 voor de hand liggen. ~ition *v* 1 oplegging (— *des mains*); 2 belasting.

impossibilité *v* onmogelijkheid.

impossible I *bn* onmogelijk. II *m* het onmogelijke.

impost/eur *m* bedrieger. ~ure *v* bedrog.

impôt *m* belasting; — *du sang*, dienstplicht.

impotent *bn* 1 gebrekkig, door het missen v. een der ledematen; 2 zich moeilijk bewegend (*vieillard* —).

impratica/bilité *v* 1 onuitvoerbaarheid; 2 onbegaanbaarheid. ~ble *bn* 1 onuitvoerbaar; 2 onbegaanbaar.

imprécation *v* verwensing, vervloeking.

imprécatoire *bn* vervloekend.

imprécis *bn* onnauwkeurig, onduidelijk. ~ion *v* onnauwkeurigheid, onduidelijkheid.

imprégn/able *bn* doorweekbaar. ~ation *v* doortrekking. ~é (de) *bn* doortrokken van, doordrongen van, vol van.

imprégner I *ov.w* doortrekken, verzadigen. II s'~ de doordrongen worden van.

imprenable *bn* onneembaar.

imprescriptible *bn* onaantastbaar.

impression *v* 1 indruk; 2 afdruk; 3 het drukken v. e. boek; 4 grondverf. ~nabilité *v* vatbaarheid voor indrukken. ~nable *bn* vatbaar voor indrukken. ~nant *bn* indrukwekkend. ~ner I *ov.w* 1 indruk maken op; 2 inwerken op. ~nisme *m* impressionnisme. ~niste *m* impressionnist.

imprévis/ible, imprévoyable *bn* niet te voorzien. ~ion *v* gemis v. vooruitziende blik.

imprévoyance *v* zorgeloosheid, onvoorzichtigheid, onbedachtzaamheid.

imprévoyant *bn* zorgeloos, onvoorzichtig, onbedachtzaam.

imprévu I *bn* onvoorzien, onverwacht. II *zn m* het onvoorziene; *en cas d'—*, in onvoorziene omstandigheden.

imprim/é *m* drukwerk. ~er *ov.w* 1 drukken (van boeken, platen); 2 drukken, indrukken, afdrukken (— *ses pas dans le sable*); 3 in de grondverf zetten; 4 (een beweging) meedelen (— *un mouvement*); 5 inprenten, inboezemen. ~erie *v* 1 boekdrukkunst; 2 drukkerij. ~eur *m* 1 drukker; 2 drukkersknecht. ~euse *v* drukmachine.

improbabilité *v* onwaarschijnlijkheid.

improbable *bn* onwaarschijnlijk.

improbateur, -trice *bn* afkeurend.

improbatif, -ive *bn* afkeurend.

improbation *v* afkeuring.

improbité *v* oneerlijkheid.

improductif, -ive *bn* onvruchtbaar, renteloos.

improductivité *v* onvruchtbaarheid, renteloosheid.

impromptu I *bw* onvoorbereid, voor de vuist. II *bn* onverwacht, geïmproviseerd. III *zn m* voor de vuist gemaakt, gezongen of opgezegd gedichtje, liedje; *d l'—*, onvoorbereid.

imprononçable *bn* onuitspreekbaar.

impropre *bn* 1 oneigenlijk; 2 — *à*, ongeschikt voor.

impropriété *v* 1 onjuistheid; 2 ongeschikt-

heid.
improuvable *bn* onbewijsbaar.
improvis/ateur *m*, **-trice** *v* improvisator(trice).
~**ation** *v* geïmproviseerd vers, toespraak
enz. ~**er** *ov*. en *on.w* improviseren, voor de
vuist voordragen.
improviste (à l') *bw* onverwachts.
imprudence *v* onvoorzichtigheid.
imprudemment *bw* onvoorzichtig.
imprudent *bn* onvoorzichtig.
impubliable *bn* niet uit te geven.
impudemment *bw* brutaal, onbeschaamd.
impudence *v* brutaliteit, onbeschaamdheid.
impudent *bn* brutaal, onbeschaamd.
impud/eur *v* schaamteloosheid, grote onbeschaamdheid, ~**icité** *v* onkuisheid, ~**ique** *bn*
onkuis.
impuissance *v* machteloosheid, onmacht.
impuissant *bn* machteloos, onmachtig.
impulsif, -ive *bn* 1 voort-, aandrijvend; *force*
—*ive*, stuwkracht; 2 impulsief, gehoor-
gevend aan een eerste opwelling.
impuls/ion *v* 1 aandrijving, stoot; 2 drang,
opwelling. ~**ivité** *v* het toegeven aan een
eerste opwelling.
impun/ément *bw* ongestraft, straffeloos. ~**i**
bn ongestraft. ~**ité** *v* straffeloosheid.
impur *bn* 1 onzuiver; 2 onkuis, onzedelijk.
impureté *v* 1 onzuiverheid; 2 onkuisheid,
onzedelijkheid.
imputa/bilité *v* toerekenbaarheid. ~**ble** *bn*
1 toerekenbaar, toe te schrijven; 2 — *sur*,
af te trekken van, over te brengen op.
imputation *v* 1 toerekening, toeschrijving;
2 beschuldiging; 3 verrekening, afschrijving.
imputer *ov.w* 1 wijten, toeschrijven; 2 afschrijven, in mindering brengen, overschrijven.
imputrescible *bn* onbederfbaar.
inabordable *bn* ontoegankelijk, ongenaakbaar; *prix* —, buitensporige prijs.
inabrité *bn* onbeschut.
inabrogeable *bn* onvervreemdbaar.
inacceptable *bn* onaannemelijk.
inaccessibilité *v* ontoegankelijkheid, onge-
naakbaarheid.
inaccessible *bn* 1 ongenaakbaar, ontoegankelijk; 2 ongevoelig.
inaccompli *bn* onvervuld.
inaccordable *bn* onverenigbaar.
inaccoutumé *bn* 1 ongewoon; 2 — *à*, niet
gewend aan.
inachevé *bn* onvoltooid.
inactif, -ive *bn* werkeloos, ledig.
inaction *v* werkeloosheid, ledigheid.
inactivité *v* werkeloosheid, ledigheid; *congé*
d'—, non-activiteitsverlof.
inactuel, -elle *bn* niet actueel.
inadéquat *bn* onvolledig.
inadmissi/bilité *v* ontoelaatbaarheid, onaan-
nemelijkheid. ~**ble** *bn* ontoelaatbaar, onaannemelijk.
inadvertance *v* onoplettendheid, vergissing.
inaliénabilité *v* onvervreemdbaarheid.
inaliénable *bn* onvervreemdbaar.
inalliable *bn* onverenigbaar.
inaltérabilité *v* onveranderlijkheid.
inaltérable *bn* onveranderlijk.
inamovibilité *v* onafzetbaarheid.
inamovible *bn* onafzetbaar.
inanimé *bn* levenloos, onbezield; *regards* —*s*,
doffe blik.
inanité *v* nutteloosheid, ijdelheid.
inapaisable *bn* niet te bevredigen; *soif* —,
onlesbare dorst.
inapaisé *bn* onbevredigd.
inaperçu *bn* onbemerkt.
inapplicable *bn* ontoepasselijk.
inapplication *v* luiheid, gebrek aan ijver.
inappliqué *bn* lui.
inappréciable *bn* 1 zeer klein; 2 onwaar-
deerbaar. ~**e** *bn* niet gewaardeerd.
inapprivoisable *bn* ontembaar.
inapte *bn* ongeschikt, onbekwaam.
inaptitude *v* ongeschiktheid, onbekwaamh.

inarticulé *bn* onverstaanbaar, onduidelijk.
inassimilable *bn* onverteerbaar.
inassouvi *bn* ongestild, onbevredigd (*désir* —).
inattaquable *bn* onaanvechtbaar, onaantastbaar (*droit* —).
inattendu *bn* onverwacht.
inattentif, -ive *bn* onoplettend.
inattention *v* onoplettendheid.
inaugural [*mv* aux] *bn* wat inwijding, opening betreft; *discours* —, inaugurele rede.
inaugurateur *m*, **-trice** *v* inwijder(ster).
inauguration *v* inwijding, opening, onthulling v. e. standbeeld.
inaugurer *ov.w* inwijden, openen, onthullen.
inauthenticité *v* onechtheid.
inauthentique *bn* onecht.
inavouable *bn* niet te bekennen, schandelijk.
inavoué *bn* onbekend, verborgen.
incalculable *bn* onberekenbaar.
incandesc/ence *v* 1 witgloeihitte; *lampe à* —,
gloeilamp; 2 zeer grote opgewondenheid;
l' — *des passions*, het vuur der hartstochten.
~**ent** *bn* 1 witgloeiend; 2 zeer opgewonden.
incantation *v* bezwering.
incapable *bn* 1 onbekwaam, niet in staat te
(— *de*); 2 onbevoegd.
incapacité *v* 1 onbekwaamheid; 2 onbevoegdheid.
incarcération *v* gevangenzetting.
incarcérer *ov.w* gevangen zetten, opsluiten.
incarnat I *zn m* rozerode kleur. **II** *bn* roze-
rood.
incarnation *v* vleeswording.
incarner I *ov.w* vlees doen worden; *le diable*
incarné, de baarlijke duivel; *ongle incarné*,
in het vlees gegroeide nagel; *c'est la pru-*
dence incarnée, het is de voorzichtigheid
zelve. **II** *s'* — vlees -, mens worden.
incartade *v* 1 dolle streek; 2 uitval.
incassable *bn* onbreekbaar.
incendiaire I *zn m of v* brandstichter(ster). **II**
bn 1 brandstichtend; *bombe* —, brandbom;
2 opruiend (*écrit* —).
incendie *m* brand.
incendi/é I *bn* afgebrand. **II** *zn m*, **-e** *v* slachtoffer v. e. brand. ~**er** *ov.w* 1 in brand ste-
ken; 2 in vuur en vlam zetten.
incertain I *bn* 1 onzeker; 2 veranderlijk
(*temps* —); 3 vaag. **II** *zn m* het onzekere.
incertitude *v* 1 onzekerheid; 2 veranderlijkheid.
incessamment *bw* 1 onophoudelijk; 2 onmiddellijk, binnenkort.
incessant *bn* onophoudelijk, aanhoudend.
incessibilité *v* onvervreemdbaarheid.
incessible *bn* onvervreemdbaar.
inceste *m* 1 bloedschande; 2 bloedschender.
incestueux, -euse *bn* bloedschendig.
inchangé *bn* onveranderd.
inchoatif, -ive *bn* het begin der handeling
uitdrukkend.
incid/emment *bw* toevallig. ~**ence** *v* 1 inval;
angle d'—, invalshoek; 2 bijkomstigheid.
~**ent** *m* 1 voorval; 2 bijkomstige omstandigheid.
incinération *v* lijkverbranding.
incinérer *ov.w* verassen.
inciser *ov.w* insnijden.
incis/if, -ive I *bn* 1 insnijdend; 2 raak, scherp
(*critique* —*ive*), **II** -**ives** *v mv* (*dents*) *in-*
cisives, snijtanden. ~**ion** *v* insnijding.
incitateur *m*, **-trice** *v* opruier(ster), aanhitser-
(ster).
incit/ation *v* 1 aansporing; 2 opruiing. ~**er**
ov.w 1 aansporen; 2 opruien, aanhitsen.
incivil *bn* onbeleefd. ~**isé** *bn* onbeschaafd.
~**ité** *v* 1 onbeleefdheid; 2 onbeleefde daad.
incivique *m* iem. die handelt in strijd met de
burgerplicht.
incivisme *m* gebrek aan burgerplicht.
inclém/ence *v* 1 onbarmhartigheid; 2 guurheid. ~**ent** *bn* 1 streng, onbarmhartig; 2
guur.
inclinaison *v* 1 helling; 2 inclinatie.
inclin/ation *v* 1 buiging; — *de tête*, hoofd-

knik; 2 neiging; *mariage d'*—, huwelijk uit liefde; 3 *(fam.)* geliefde. ~er I *ov.w* 1 doen hellen; 2 buigen (— *la tête*). II *on.w* 1 (over)hellen; 2 — *à*, geneigd zijn tot. III s'~ 1 hellen; 2 zich buigen; 3 — *devant*, zijn hoofd buigen voor, bewonderen.

inclure *ov.w onr.* insluiten.

inclus ingesloten; *ci*—, hierbij, hiernevens. ~*if*, -ive *bn* insluitend. ~*ion v* insluiting. ~*ivement* *bw* ingesloten, incluis.

incoercible *bn* onbedwingbaar.

incognito I *bw* incognito, onbekend. II *zn m*: *garder l'*—, zijn naam niet bekend maken.

incohérence *v* gebrek aan samenhang.

incohérent *bn* onsamenhangend.

incolore *bn* kleurloos.

incomber *ov.w* passen bij; *cette tâche m'incombe*, die taak rust op mij.

incombustibilité *v* onbrandbaarheid.

incombustible *bn* onbrandbaar.

incomestible *bn* oneetbaar.

incommensurabilité *v* onmeetbaarheid.

incommensurable *bn* onmeetbaar.

incommodant *bn* hinderlijk, lastig.

incommode *bn* hinderlijk, lastig.

incommodé *bn* ongesteld.

incommodément *bw* ongemakkelijk, hinderlijk.

incommoder *ov.w* 1 lastig vallen, hinderen; 2 ongesteld maken.

incommodité *v* 1 hinder, last; 2 lichte ongesteldheid.

incomparabilité *v* onvergelijkelijkheid.

incomparable *bn* onvergelijkelijk.

incompatibilité *v* onverenigbaarheid.

incompatible *bn* onverenigbaar.

incompétence *v* onbevoegdheid.

incompétent *bn* onbevoegd.

incomplet, -ète *bn* onvolledig.

incompréhensible *bn* onbegrijpelijk.

incompréhensif, -ive *bn* niet begrijpend.

incompréhension *v* het niet begrijpen.

incompris *bn* onbegrepen.

inconcevable *bn* onbegrijpelijk.

inconciliabilité *v* onverenigbaarheid.

inconciliable *bn* onverenigbaar.

inconditionné *bn* onvoorwaardelijk.

inconduite *v* wangedrag.

inconfort *m* ongerief.

inconfortable *bn* ongeriefelijk.

incongru *bn* onbetamelijk, ongepast, lomp. ~*ité* *v* onbetamelijkheid, ongepastheid.

incongrûment *bw* ongepast, onbetamelijk.

inconnaissable *bn* onkenbaar.

inconnu I *bn* 1 onbekend; 2 ongekend. II *zn m*, -e *v* de onbekende. III *zn m* het onbekende.

inconsci/emment *bw* onbewust. ~*ence* *v* bewustheid. ~*ent* I *bn* onbewust. II *zn m* het onbewuste.

inconséqu/emment *bw* op tegenstrijdige wijze. ~*ence* *v* 1 het handelen in strijd met eigen beginselen; 2 onbezonnenheid. ~*ent* *bn* 1 tegenstrijdig; 2 onbezonnen.

inconsidéré *bn* onbezonnen, onbedachtzaam.

inconsidérément *bw* op onbezonnen wijze.

inconsistance *v* 1 onvastheid; 2 onbestendigheid, wispelturigheid.

inconsistant *bn* 1 onvast; 2 onbestendig, wispelturig.

inconsolable *bn* ontroostbaar.

inconsolé *bn* ongetroost.

inconst/ance *v* onstandvastigheid, onbestendigheid, wispelturigheid. ~*ant* *bn* onstandvastig, onbestendig, wispelturig.

incontest/abilité *v* onbetwistbaarheid. ~*able* *bn* onbetwistbaar. ~*é* *bn* onbetwist.

incontinence *v* 1 onbezadigdheid; 2 onmatigheid; 3 onkuisheid.

incontinent *bn* 1 onbezadigd; 2 onmatig; 3 onkuis. II *bw* dadelijk, onmiddellijk.

incontrôlable *bn* oncontroleerbaar.

inconvenance *v* ongepastheid.

inconvenant *bn* ongepast.

inconvénient *m* bezwaar, nadeel.

inconvertible *bn* onverwisselbaar.

incoordination *v* gebrek aan samenwerking.

incorporation *v* inlijving, indeling.

incorporel, -elle *bn* onlichamelijk.

incorporer *ov.w* inlijven, indelen.

incorrect *bn* 1 onnauwkeurig; 2 onbehoorlijk.

incorrection *v* 1 onnauwkeurigheid; 2 ongepastheid.

incorrigibilité *v* onverbeterlijkheid.

incorrigible *bn* onverbeterlijk.

incorrupt/ibilité *v* 1 onbederfelijkheid; 2 onomkoopbaarheid. ~*ible* *bn* 1 onbederfelijk; 2 onomkoopbaar.

incréd/ibilité *v* ongeloofbaarheid. ~*ule* I *bn* ongelovig. II *zn m* of *v* ongelovige. ~*ulité* *v* ongeloof, ongelovigheid.

incriminable *bn* 1 vervolgbaar; 2 laakbaar.

incrimination *v* beschuldiging.

incriminer *ov.w* 1 beschuldigen; 2 laken.

incroyable I *bn* ongelofelijk. II *zn m mv*: *les I—s*, aanstellerige fatten der royalistische partij onder het Directoire (1795-1799).

incroyant I *bn* ongelovig. II *zn m* ongelovige.

incrustation *v* het inleggen, ingelegd werk.

incruster I *ov.w* inleggen. II s'~ 1 vast roesten; 2 blijven plakken.

incub/ateur *m* broedmachine. ~*ation* *v* 1 uitbroeding; 2 broedtijd; 3 incubatie (*med.*). ~*er* *ov.w* uitbroeden.

inculcation *v* inprenting.

inculp/ation *v* beschuldiging, ~*é m*, -e *v* beschuldigde. ~*er* *ov.w* beschuldigen.

inculquer *ov.w* inprenten.

inculte *bn* 1 onbebouwd; onverzorgd (*barbe* —); 2 onontwikkeld, onbeschaafd.

incultivable *bn* onbebouwbaar.

incunable *m* wiegedruk.

incurabilité *v* ongeneeslijkheid.

incurable *bn* ongeneeslijk.

incurie *v* zorgeloosheid.

incuri/eux, -euse *bn* niet weetgierig, onverschillig. ~*osité* *v* gebrek aan weetgierigheid, onverschilligheid.

incursion *v* 1 inval; 2 ontdekkingstocht.

Inde I *v* Indië; *les* —*s orientales*, Oost-Indië; *les* —*s occidentales*, West-Indië. II *m* indigo.

indébrouillable *bn* onontwarbaar.

indécemment *bw* onbetamelijk.

indécence *v* onbetamelijkheid.

indécent *bn* onbetamelijk.

indéchiffrable *bn* onontcijferbaar, onleesbaar, onbegrijpelijk.

indécis *bn* 1 onbeslist; 2 besluiteloos; 3 onduidelijk, vaag.

indécision *v* besluiteloosheid.

indéclinabilité *v* onverbuigbaarheid.

indéclinable *bn* onverbuigbaar.

indécomposable *bn* onontleedbaar.

indécrottable *bn* 1 niet te reinigen (*souliers* —*s*); 2 onverbeterlijk.

indéfectibilité *v* onvergankelijkheid.

indéfectible *bn* onvergankelijk.

indéfendable *bn* onverdedigbaar.

indéfini *bn* onbepaald; *article* —, onbepaald lidwoord; *passé* —, volt. tegenw. tijd.

indéfinissable *bn* 1 niet te bepalen; 2 onverklaarbaar.

indéfrichable *bn* onontginbaar.

indéfrisable I *bn* niet-ontkrullend. II *zn v* permanent-wave.

indélibéré *bn* onberaden.

indélicat *bn* onkies.

indélicatesse *v* 1 onkiesheid; 2 onkiese daad.

indémaillable *bn* niet ladderend.

indemne *bn* 1 zonder schade; 2 zonder letsel.

indemnisation *v* schadeloosstelling.

indemniser *ov.w* schadeloosstellen.

indemnit/aire *m* of *v* schadeloosgesteld persoon. ~*é v* 1 schadeloosstelling; — *parlementaire*, salaris v. parlementsleden; 2 toelage.

indémontrable *bn* onbewijsbaar.

indéniable *bn* onloochenbaar.

indénouable *bn* onontknoopbaar.

indépend/amment *bw* 1 onafhankelijk; 2 behalve, boven. ~*ance* *v* onafhankelijkheid

~ânt *bn* onafhankelijk.
indéracinable *bn* onuitroeibaar.
indescriptible *bn* onbeschrijfelijk.
indésirable I *bn* ongewenst. II *zn m* ongewenste vreemdeling.
indestructibilité *v* onverwoestbaarheid.
indestructible *bn* onverwoestbaar.
indéterminable *bn* onbepaalbaar.
indétermin/ation *v* 1 onbepaaldheid; 2 besluiteloosheid. ~é *bn* 1 onbepaald; 2 besluiteloos.
indévot I *bn* ongodsdienstig. II *zn m* ongodsdienstig persoon.
indévotion *v* ongodsdienstigheid.
index *m* 1 wijsvinger; 2 inhoudsopgave v. e. boek; 3 Index.
indicateur, -trice I *bn* aanwijzend; *poteau —,* wegwijzer. II *zn m* 1 spoorboekje, gids; 2 meter (*— de vitesse*); 3 verklikker.
indicatif, -ive I *bn* aanwijzend; *plaque —ive,* naambordje. II *zn m* 1 aantonende wijs; 2 herkenningsmelodie.
indication *v* 1 aanwijzing, aanduiding; 2 inlichting; 3 vingerwijzing.
indice *m* 1 kenteken, aanwijzing; 2 index (*— des prix*).
indicible *bn* onuitsprekelijk (*joie —*).
indiction *v* 1 bijeenroeping v. e. concilie; 2 vaststelling, voorschrift.
indien, -ienne I *bn* 1 Indisch; 2 Indiaans. II *zn* I~ *m,* -enne *v* 1 Indiër(sche); 2 Indiaan(se). III -enne *v* gedrukt katoen.
indiennerie *v* 1 fabriek v. gedrukt katoen; 2 gedrukt katoen.
indifférence *v* onverschilligheid. ~ent I *bn* onverschillig. II *zn m* onverschillig persoon; *faire l'—,* onverschillig doen.
indigence *v* armoede, gebrek.
indigène I *bn* inlands, inheems. II *zn m* of *v* inlander(se); inboorling(e).
indigent I *bn* arm, behoeftig. II *m* arme, behoeftige.
indigeste *bn* 1 moeilijk verteerbaar; 2 verward, ondoordacht, taai.
indigestion *v* slechte spijsvertering; *avoir une — d'une chose,* iets moe zijn.
indignation *v* verontwaardiging.
indign/e *bn* onwaardig. ~er I *o.v.w* iemands verontwaardiging opwekken. II s'~ de verontwaardigd zijn, worden over.
indignité *v* 1 onwaardigheid; 2 belediging.
indigo I *m* indigo. II *bn* indigoblauw.
indiquer *ov.w* aanduiden, aanwijzen.
indirect *bn* 1 zijdelings; *voie —e,* omweg; 2 onrechtstreeks; *complément —,* meewerkend of oorzakelijk voorwerp; *contribution —e,* indirecte belasting; *discours —,* indirecte rede.
indiscernable *bn* niet te onderscheiden.
indiscipline *v* gebrek aan (krijgs)tucht.
inddiscipliné *bn* tuchteloos.
indiscret, -ète I *bn* 1 onbescheiden; 2 loslippig. II *zn m,* -ète *v* 1 onbescheiden persoon; 2 babbelkous.
indiscrètement *bw* onbescheiden.
indiscrétion *v* 1 onbescheidenheid; 2 loslippigheid, het verraden v. e. geheim.
indiscutable *bn* onbetwistbaar.
indispensable *bn* onontbeerlijk, onvermijdelijk.
indisponibilité *v* het niet beschikbaar zijn
indisponible *bn* niet beschikbaar.
indisposer *o.v.w* 1 ongesteld maken; 2 — *contre,* innemen tegen.
indisposition *v* ongesteldheid.
indissolu/bilité *v* 1 onverbreekbaarheid; 2 onoplosbaarheid. ~ble *bn* 1 onoplosbaar; 2 onverbreekbaar.
indistinct *bn* onduidelijk.
individu *m* wezen, persoon.
individualisme *m* individualisme (leer, die het individu stelt boven de gemeenschap).
individu/aliste I *bn* individualistisch. II *zn m* individualist. ~alité *v* persoonlijkheid. ~el, -elle *bn* persoonlijk.

indivisibilité *v* ondeelbaarheid.
indivis/ible *bn* ondeelbaar. ~ion *v* onverdeelheid, gemeenschappelijk bezit.
indocil/e *bn* 1 ongezeglijk; 2 onleerzaam. ~ité *v* 1 ongezeglijkheid; 2 onleerzaamheid.
indolemment *bw* vadsig, traag.
indolence *v* vadsigheid, traagheid.
indolent *bn* vadsig, traag.
indolore *bn* pijnloos.
indomptable *bn* ontembaar.
indu *bn* 1 onbehoorlijk, ongepast; 2 ontijdig; 3 niet verschuldigd.
indubitable *bn* ontwijfelbaar.
inducteur, -trice *bn* wat inductie betreft; *courant —,* inductiestroom.
inductif, -ive *bn* van het bijzondere tot het algemene opklimmend (*méthode —ive*).
induction *v* 1 het opklimmen v. h. bijzondere tot het algemene; 2 inductie (*elektr.*); *bobine d'—,* inductieklos.
induire *ov.w onr* 1 brengen, leiden; *— en erreur,* op een dwaalspoor brengen; 2 afleiden; 3 elektr. stroom opwekken.
induit *m* anker (*el.*).
indulgence *v* 1 toegeeflijkheid, inschikkelijkheid; 2 aflaat; *— plénière,* volle aflaat.
indulgent *bn* toegeeflijk, inschikkelijk.
indûment *bw* onrechtmatig, op ongeoorloofde wijze.
industrial/iser *ov.w* industrialiseren. ~isme *m* stelsel, dat de industrie beschouwt als het voornaamste maatschappelijke doel.
industrie *v* 1 nijverheid; 2 vak, ambacht, beroep; 3 handigheid, vaardigheid.
industriel, -elle I *bn* industrieel, wat nijverheid betreft; *art —,* kunstnijverheid; *école —elle,* ambachtsschool. II *zn m* industrieel.
industri/eusement *bw* 1 handig, bekwaam; 2 vlijtig. ~eux, -euse *bn* 1 handig, bekwaam; 2 vlijtig.
inébranlable *bn* onwankelbaar, onverzettelijk.
inéchangeable *bn* niet te ruilen.
inédit I *bn* 1 niet gedrukt, niet uitgegeven; 2 nieuw, ongewoon, nooit gezien. II *zn m* onuitgegeven werk.
inéducable *bn* niet op te voeden.
ineffabilité *v* onuitsprekelijkheid.
ineffable *bn* onuitsprekelijk.
ineffaçable *bn* onuitwisbaar.
inefficac/e *bn* ondoeltreffend, zonder uitwerking (*remède —*). ~ité *v* ondoeltreffendheid, het zonder uitwerking zijn.
inégal [*mv* aux] *bn* ongelijk, ongelijkmatig.
inégalité *v* ongelijkheid, ongelijkmatigheid.
inélégant *bn* onelegant.
inéligibilité *v* onverkiesbaarheid.
inéligible *bn* onverkiesbaar.
inéluctable *bn* onvermijdelijk.
inemployable *bn* onbruikbaar.
inemployé *bn* ongebruikt.
inepte *bn* 1 onbekwaam; 2 dwaas.
ineptie *v* 1 onbekwaamheid; 2 dwaasheid.
inépuisable *bn* onuitputtelijk.
inéquitable *bn* onbillijk.
inert/e *bn* traag, willoos. ~ie *v* 1 traagheid, willoosheid; 2 lijdelijk verzet.
inespéré *bn* onverwacht.
inesthétique *bn* onesthetisch.
inestimable *bn* onschatbaar.
inévitable *bn* onvermijdelijk.
inexact *bn* 1 onnauwkeurig; 2 niet op tijd.
inexactitude *v* onnauwkeurigheid, slordigheid.
inexaucé *bn* onverhoord.
inexhaustible *bn* onuitputtelijk.
inexcusable *bn* niet te verontschuldigen.
inexécutable *bn* onuitvoerbaar.
inexercé *bn* ongeoefend.
inexistant *bn* niet bestaand.
inexistence *v* het niet bestaan.
inexorabilité *v* onverbiddelijkheid.
inexorable *bn* onverbiddelijk.
inexpéri/ence *v* onervarenheid. ~menté *bn* 1 onervaren; 2 nog niet toegepast.
inexpiable *bn* niet uit te boeten.

inexplicable *bn* onverklaarbaar, vreemd.
inexploitable *bn* onontginbaar.
inexploité *bn* onontgonnen.
inexplorable *bn* niet te onderzoeken.
inexploré *bn* nog niet doorzocht (*région —e*).
inexplosible *bn* onontplofbaar.
inexpressible *bn* niet uit te drukken.
inexpressif, -ive *bn* uitdrukkingloos.
inexprimable *bn* onuitsprekelijk (*joie —*).
inexpugnable *bn* onneembaar (*forteresse —*).
inextensible *bn* onrekbaar.
inextinguible *bn* onblusbaar; *rire —*, onbedaarlijk gelach.
inextirpable *bn* onuitroeibaar.
inextricable *bn* onontwarbaar.
infaillibilité *v* onfeilbaarheid.
infaillible *bn* onfeilbaar.
infaisable *bn* ondoenlijk.
infamant *bn* onterend.
infâme I *bn* 1 eerloos, schandelijk; 2 vuil, vies. II *zn m* of *v* eerloze, schandelijk mens.
infamie *v* 1 schande, eerloosheid; 2 schanddaad.
infant *m*, **-e** *v* koninklijke prins(es) in Spanje en Portugal.
infanterie *v* voetvolk.
infanticide I *zn m* kindermoord. II *m* of *v* kindermoordenaar(ares). III *bn* schuldig aan kindermoord (*mère —*).
infantile *bn* wat kinderen betreft; *maladie —*, kinderziekte.
infatigable *bn* onvermoeibaar.
infatu/ation *v* dwaze eigenliefde, - ingenomenheid. **~er** I *ov.w* verzot -, verwaand maken. II s'**~** de verzot worden op, een overdreven voorliefde opvatten voor.
infécond *bn* onvruchtbaar.
infécondité *v* onvruchtbaarheid.
infect *bn* 1 stinkend; 2 walgelijk, gemeen.
infecter I *ov.w* 1 verpesten, met stank vervullen; 2 bederven, verpesten; 3 besmetten. II *on.w* stinken.
infecti/eux, -euse *bn* besmettelijk (*maladie —se*). **~on** *v* 1 besmetting; 2 afschuwelijke stank; 3 (zeden)bederf.
inférieur I *bn* 1 onderste (*lèvre —e*); benedenste; *la Seine —e*, de beneden-Seine; 2 lager, kleiner, geringer; — *à*, lager dan, minder dan. II *zn m, -e v* ondergeschikte.
infériorité *v* 1 minderheid; 2 minderwaardigheid; 3 ondergeschiktheid.
infernal [*mv aux*] *bn* hels; *un bruit —*, een hels lawaai; *machine —e*, helse machine.
infertile *bn* onvruchtbaar.
infertilité *v* onvruchtbaarheid.
infester *ov.w* onveilig maken, een plaag zijn voor.
infidèle I *bn* 1 ontrouw; 2 ongelovig; 3 onjuist (*récit —*). II *zn m* ongelovige.
infidélité *v* 1 ontrouw; 2 onjuistheid; 3 oneerlijke daad; 4 ongelovigheid.
infime *bn* 1 onderst, laagst; 2 zeer klein.
infimité *v* nietigheid, kleinheid.
infini I *bn* oneindig; *un temps —*, een lange tijd. II *zn m* het oneindige; *à l'infini*, tot in het oneindige; 2 oneindig (*fot.*).
infiniment *bw* 1 oneindig; 2 ten zeerste, uiterst.
infinité *v* 1 oneindigheid; 2 zeer groot aantal.
infinitésimal [*mv aux*] *bn* uiterst klein; *calcul —*, differentiaalrekening.
infinitif *m* onbepaalde wijs.
infinitude *v* oneindigheid.
infirmatif, -ive *bn* vernietigend.
infirmation *v* vernietiging.
infirme I *bn* gebrekkig, zwak, ziekelijk. I *zn m* of *v* gebrekkige, zwakke, ziekelijke.
infirmer *ov.w* 1 vernietigen (*— une sentence*); 2 aanvechten, ontzenuwen.
infirmerie *v* ziekenzaal, hospitaal.
infirmier *m*, **-ère** *v* ziekenverpleger (-verpleegster); *infirmière-major*, hoofdzuster.

infirmité *v* 1 zwakheid; 2 gebrek; 3 onvolkomenheid, onvolmaaktheid.
infixe *m* tussenvoegsel.
inflamma/bilité *v* ontvlambaarheid. **~ble** *bn* ontvlambaar. **~tion** *v* 1 ontvlamming; 2 ontsteking. **~toire** *bn* gepaard met ontsteking (*fièvre —*).
inflation *v* 1 inflatie; 2 grote verhoging (*— des prix*). **~niste** I *bn* wat inflatie betreft. II *zn m* voorstander v. inflatie.
infléchir I *ov.w* zachtjes buigen. II s'**~** zachtjes buigen.
inflexibilité *v* 1 onbuigbaarheid; 2 onbuigzaamheid, onverzettelijkheid.
inflex/ible *bn* 1 onbuigbaar; 2 onbuigzaam, onverzettelijk. **~ion** *v* 1 buiging; 2 stembuiging; 3 buigingsvorm.
infliger *ov.w* (straf) opleggen.
inflorescence *v* bloeiwijze.
influençable *bn* te beïnvloeden.
influence *v* invloed.
influencer *ov.w* beïnvloeden.
influent *bn* invloedrijk.
influer (sur) *on.w* invloed hebben op.
in-folio *m* 1 folioformaat; 2 foliant.
informateur *m*, **-trice** *v* iem. die de inlichtingen geeft.
information *v* 1 gerechtelijk onderzoek, getuigenverhoor; 2 inlichting; *prendre des —s, aller aux —s*, inlichtingen inwinnen.
informe *bn* 1 vormeloos; 2 wanstaltig.
informé *m* onderzoek.
informer I *ov.w* inlichten. II *on.w* een gerechtelijk onderzoek instellen (*— contre qn.*). III s'**~** de informeren naar, onderzoek doen naar.
infortun/e *v* ongeluk, tegenspoed. **~é** I *bn* ongelukkig. II *zn m, -e v* ongelukkige.
infortune *v* ongeluk, tegenspoed.
infortuné I *bn* ongelukkig. II *zn m, -e v* ongelukkige.
infracteur *m* overtreder.
infraction *v* overtreding.
infranchissable *bn* onoverkomelijk.
infrangible *bn* onbreekbaar.
infrarouge *bn* infra-rood.
infréquenté *bn* weinig bezocht, niet druk (*chemin —*).
infructueusement *bw* vergeefs, vruchteloos.
infructu/eux, -euse *bn* 1 onvruchtbaar; 2 vruchteloos. **~osité** *v* vruchteloosheid.
infumable *bn* niet te roken.
infus *bn* aangeboren.
infuser *ov.w* ingieten, laten trekken.
infusibilité *v* onsmeltbaarheid.
infusible *bn* onsmeltbaar.
infusion *v* 1 het ingieten; 2 aftreksel.
ingambe *bn* vlug ter been.
ingénier (s') op middelen zinnen.
ingénieur *m* ingenieur.
ingénieusement *bw* vernuftig, vindingrijk.
ingénieux, -euse *bn* vernuftig, vindingrijk.
ingéniosité *v* vernuftigheid, vindingrijkheid.
ingénu I *bn* naïef, ongekunsteld. II *zn m* naïef persoon. III **~e** *v* onschuldig, naïef meisje op toneel.
ingénuité *v* naïviteit, ongekunsteldheid.
inglorieux, -euse *bn* roemloos.
ingouvernable *bn* niet te regeren.
ingrat *bn* 1 ondankbaar; 2 onvruchtbaar, dor; 3 lelijk (*figure —e*); *l'âge —*, vlegeljaren, bakvistijd. **~itude** *v* 1 ondankbaarheid; 2 ondankbare daad.
ingrédient *m* bestanddeel.
ingression *v* inval.
inguéable *bn* ondoorwaadbaar.
inguérissable *bn* ongeneeslijk.
inhabil/e *bn* 1 onbekwaam, onhandig; 2 onbevoegd. **~eté** *v* onbekwaamheid, onhandigheid. **~ité** *v* onbevoegdheid.
inhabitable *bn* onbewoonbaar.
inhabité *bn* onbewoond.
inhabituel, -elle *bn* ongewoon.
inhalateur *m* inhaleertoestel.
inhalation *v* inademing, inhalatie.

inhaler *ov.w* inademen, inhaleren.
iuharmonieux, -euse *bn* onharmonisch.
inhér/ence *v* het onafscheidelijk verbonden zijn. ~**ent (à)** *bn* onafscheidelijk verbonden met.
inhibition *v* 1 verbod; 2 remming; 3 ontwenning.
inhospitalier, -ère *bn* ongastvrij.
inhospitalièrement *bw* ongastvrij.
inhumain *bn* onmenselijk.
inhumanité *v* onmenselijkheid.
inhumation *v* begrafenis.
inhumer *ov.w* begraven.
inimaginable *bn* ondenkbaar.
inimitable *bn* onnavolgbaar.
inimitié *v* vijandschap.
ininflammable *bn* onontvlambaar.
inintelligemment *bw* op domme wijze.
inintelligent *bn* dom, onverstandig.
inintelligib/ilité *v* onbegrijpelijkheid, onverstaanbaarheid. ~**le** *bn* onbegrijpelijk, onverstaanbaar.
intéressant *bn* onbelangrijk.
ininterrompu *bn* onafgebroken.
inique *bn* onrechtvaardig, onbillijk.
iniquité *v* onrechtvaardigheid, onbillijkheid.
initial [*mv* aux] *I bn* wat het begin betreft; *lettre* —*e,* beginletter; *vitesse* —*e,* beginsnelheid. II *zn* —*è v* beginletter.
initiateur, -trice *I bn* baanbrekend, de weg bereidend. II *zn m,* -trice *v* baanbreker(-breekster), wegbereider(ster).
initiation *v* inwijding, inleiding.
initiative *v* initiatief, eerste stoot; *prendre l'*—, de eerste stoot geven; *syndical d'*—, vereniging tot bevordering v. h. vreemdelingenverkeer.
initier *ov.w* inwijden, inleiden.
inject/é *bn* met bloed belopen. ~**er** *I ov.w* inspuiten. II s'~ (met bloed) belopen.
injecteur, -trice *I bn* voor inspuiting dienend. II *zn m* injectiespuit.
injection *v* inspuiting, injectie.
injonction *v* bevel.
injouable *bn* onspeelbaar.
injudicieusement *bw* onoordeelkundig.
injudicieux, -euse *bn* onoordeelkundig.
injur/e *v* 1 onrecht; 2 schade; 3 belediging; 4 scheldwoord. ~**ier** *ov.w* 1 beledigen; 2 uitschelden. ~**ieusement** *bw* honend, op beledigende wijze. ~**ieux,** -euse *bn* honend, beledigend.
injuste *I bn* onbillijk, onrechtvaardig. II *zn m* 1 onrecht; 2 onrechtvaardige.
injustice *v* onrechtvaardigheid, onbillijkheid.
injustifié *bn* ongerechtvaardigd.
inlassable *bn* onvermoeibaar.
innavigable *bn* onbevaarbaar.
inné *bn* aangeboren.
innéité *v* het aangeboren zijn.
innocemment *bw* 1 onschuldig; 2 onnozel.
innocence *v* 1 onschuld; 2 ongevaarlijkheid; 3 onnozelheid.
innocent *I bn* 1 onschuldig; 2 ongevaarlijk; 3 onnozel. II *zn m,* -e *v* 1 onschuldige; 2 onnozele; *les I*—*s,* de Onnozele Kinderen.
innocenter *ov.w* onschuldig verklaren.
innocuité *v* onschadelijkheid.
innombrable *bn* ontelbaar, talloos.
innommable *bn* niet te noemen, laag.
innovateur, -trice *I bn* iets nieuws invoerend, baanbrekend. II *zn m,* -trice *v* baanbreker(-breekster), iem. die iets nieuws invoert.
innovation *v* nieuwigheid.
innover *I ov.w* (iets nieuws) invoeren. II *on.w* invoeren (van nieuwigheden).
inobéissance *v* ongehoorzaamheid.
inobservable *bn* onwaarneembaar.
inobserv/ance *v* het niet naleven. ~**ation** *v* het niet nakomen (van verplichtingen).
inobservé *bn* niet waargenomen.
inoccupation *v* ledigheid, het niet bezet zijn.
inoccupé *bn* 1 werkeloos; 2 onbezet.
in-octavo *I bn* octavo. II *zn m* boek in octavoformaat.

inocul/ateur *m,* -trice *v* inenter(ster). ~**ation** *v* inenting. ~**er** *ov.w* inenten.
inodore *bn* reukeloos.
inoffensif, -ive *bn* onschadelijk, ongevaarlijk.
inofficiel, -elle *bn* onofficieel.
inond/able *bn* inundeerbaar. ~**ation** *v* 1 overstroming; 2 stroom, stortvloed (van mensen). ~**er** *ov.w* 1 onder water zetten, overstromen; 2 overstromen (*fig.*).
inopérable *bn* niet te opereren.
inopiné *bn* onverwacht.
inopinément *bw* onverwachts.
inopportun *bn* ongelegen, ontijdig.
inopportunément *bw* ongelegen, ontijdig.
inopportunité *v* ongelegenheid, ontijdigheid.
inorganique *bn* anorganisch.
inoubliable *bn* onvergetelijk.
inouï *bn* ongehoord.
inoxydable *bn* roestvrij.
in petto *bw* bij zich zelf, in het geheim.
inqualifiable *bn* schandelijk.
in-quarto *I bn* kwarto-formaat. II *zn m* boek in kwarto.
inquiet, -ète *bn* onrustig, ongerust.
inquiétant *bn* verontrustend.
inquiéter *I ov.w* verontrusten. II s'~ de zich ongerust maken over.
inquiétude *v* onrust, ongerustheid.
inquisiteur *I bn* onderzoekend (*regard* —). II *zn m* inquisiteur.
inquisition *v* 1 inquisitie; 2 onderzoek.
insaisissable *bn* 1 onaantastbaar; 2 onbegrijpelijk; 3 onmerkbaar.
insalubre *bn* ongezond.
insalubrité *v* ongezondheid.
insane *bn* gek.
insanité *v* 1 waanzin; 2 onzin.
insatiabilité *v* onverzadelijkheid.
insatiable *bn* onverzadelijk.
insatisfaction *v* onvoldaanheid.
insatisfait *bn* onvoldaan.
insaturable *bn* onverzadigbaar.
insaturé *bn* onverzadigd.
insciemment *bw* zonder het te weten.
inscription *v* 1 inschrijving; *prendre ses* —*s,* zich in laten schrijven als student; 2 inschrift, opschrift.
inscr/ire *I ov.w en onr.* inschrijven. II s'~ zich laten inschrijven, zijn naam op een intekenlijst zetten. ~**it** *I bn* ingeschreven. II *zn m:* — *maritime,* matroos, aangewezen voor de zeemilitie.
insécable *bn* ondeelbaar.
insect/arium *m* insectarium. ~**e** *m* insekt. ~**icide** *I bn* insecten dodend. II *zn m* insektenmiddel. ~**ivore** *I bn* insecten etend. II*zn m* insekteneter.
insécurité *v* onveiligheid.
insémination *v* kunstmatige bevruchting.
insensé *I bn* onzinnig, dwaas. II *zn m* gek.
insensibilateur *m* pijnverdovend middel.
insensibilisation *v* het verdoven, het onder narcose brengen.
insensibilité *v* ongevoeligheid, gevoelloosheid.
insensible *bn* 1 ongevoelig, gevoelloos; 2 onmerkbaar.
inséparable *bn* onafscheidelijk.
insérer *ov.w* zetten (in), plaatsen (in), stoppen (in).
insertion *v* 1 opname, plaatsing (in een krant); 2 invoeging, aanhechting.
insidieusement *bw* verraderlijk, arglistig.
insidieux, -euse *bn* verraderlijk, arglistig; sluipend (van ziekte).
insigne *I bn* hoog, buitengewoon (*faveur* —), aarts-. II *zn* rang-, kenteken, insigne.
insignifiance *v* onbeduidendheid.
insignifiant *bn* onbeduidend, nietig.
insincère *bn* onoprecht.
insincérité *v* onoprechtheid.
insinu/ant *bn* innemend. ~**ation** *v* 1 het voorzichtig inbrengen (b.v. van een instrument in een wond); 2 insinuatie, verdachtmaking. ~**er** *I ov.w* 1v oorzichtig inbrengen; 2 in-

blazen (— *une calomnie*), bedekt te kennen geven. II s' ~ zich indringen.

insipide *bn* smakeloos, flauw (ook *fig.*).

insipidité *v* smakeloosheid, flauwheid.

insistance *v* het aanhouden, .de aandrang.

insister *on.w* aanhouden, aandringen; drukken op (— *sur un point*).

insociabilité *v* eenzelvigheid, ongezelligheid.

insociable *bn* eenzelvig, ongezellig.

insolation *v* 1 zonnesteek; 2 zonnebad.

insolemment *bw* brutaal, onbeschaamd.

insolence *v* brutaliteit, onbeschaamdheid.

insolent *bn* 1 brutaal, onbeschaamd; 2 buitengewoon, ongelooflijk (*bonheur* —).

insolite *bn* ongewoon.

insolubilité *v* onoplosbaarheid.

insoluble *bn* onoplosbaar.

insolvabilité *v* onvermogen om te betalen.

insolvable *bn* niet tot betalen in staat.

insomnie *v* slapeloosheid.

insondable *bn* 1 onpeilbaar; 2 ondoorgrondelijk.

insonore *bn* 1 klankloos; 2 geluiddempend.

insouci/ance *v* zorgeloosheid. ~ant *bn* zorgeloos. ~eux, -euse (de) *bn* onbekommerd (om).

insoumis *bn* weerspannig, ononderworpen.

insoumission *v* weerspannigheid, ononderworpenheid.

insoupçonnable *bn* 1 niet te vermoeden; 2 boven iedere verdenking verheven.

insoupçonné *bn* buiten verwachting, nooit gedacht.

insoutenable *bn* 1 onhoudbaar; 2 onverdraaglijk.

inspect/er *ov.w* inspecteren, aandachtig bekijken. ~eur *m*, -trice *v* inspecteur(trice). ~ion *v* 1 inspectie; 2 bezichtiging; 3 ambt van inspecteur(trice).

inspectorat *m* 1 ambt v. inspecteur(trice); 2 duur van dit ambt.

inspirateur, -trice I *bn* bezielend. II *zn m*, -trice *v* aanzetter(ster), bezieler(ster).

inspir/ation *v* 1 inademing; 2 ingeving, bezieling. ~er *ov.w* 1 inademen; 2 ingeven; 3 bezielen.

instabilité *v* onstandvastigheid.

instable *bn* onvast, onstandvastig.

installation *v* 1 bevestiging in een ambt; 2 vestiging; 3 inrichting.

installer I *ov.w* 1 in een ambt bevestigen; 2 plaatsen, vestigen; 3 inrichten. II s' ~ 1 op zijn gemak gaan zitten; 2 zich vestigen, zich inrichten.

instamment *bw* dringend.

instance *v* 1 dringend verzoek; *avec* —, met aandrang; 2 rechtsvordering; aanleg; *de (en) première* —, in eerste aanleg.

instant I *m* ogenblik; *à l'*—, ogenblikkelijk; *à chaque* —, ieder ogenblik. II *bn* dringend.

instantan/é I *bn* 1 kort; 2 plotseling (*mort* —*e*). II *zn m* momentopname (*fot.*). ~éité *v* 1 kortstondigheid; 2 het plotseling optreden. ~ément *bw* ogenblikkelijk.

instar (à l') op de wijze van, in navolging van.

instauration *v* instelling.

instigateur *m*, -trice *v* aanstoker(-stookster).

instigation *v* ophitsing, het aanstoken.

instinct *m* instinct; *par* —, instinctmatig.

instinctif, -ive *bn* instinctmatig.

instituer *ov.w* 1 oprichten, instellen, stichten; 2 benoemen.

institut *m* 1 kloosterregel; 2 kloosterorde; 3 geleerd of letterkundig genootschap; l'I— (*de France*), de 5 Fr. Academies; 4 inrichting. ~eur *m*, -trice *v* 1 stichter(es); 2 onderwijzer(es). ~ion *v* 1 oprichting, instelling, stichting; 2 inrichting, instelling 3 kostschool, instituut; 4 benoeming (— *d'un héritier*).

instr/ucteur I *m* instructeur (*mil.*); *juge* —, rechter v. instructie. ~uction *v* 1 onderricht; onderwijs; 2 africhting (*mil.*); 3 voorlopig onderzoek (*recht.*); *juge d'* —, rechter v. instructie. ~uire *ov.w onr* 1 onderrichten,

onderwijzen; 2 africhten; 3 verwittigen, op de hoogte houden.

instruit *bn* knap, geleerd.

instrument *m* 1 werktuig; 2 muziekinstrument; — *à cordes*, strijkinstrument; — *à vent*, blaasinstrument; 3 bewijsstuk, akte.

instrumental [*mv aux*] *bn* instrumentaal.

instrumentation *v* zetting (*muz.*).

instrumenter I *on.w* akten enz. opmaken. II *ov.w* voor orkest bewerken.

instrumentiste *m* bespeler v. e. instrument.

insu: *à l'insu de*, buiten weten van; *à mon* —, buiten mijn weten.

insubordination *v* weerspannigheid.

insubordonné *bn* weerspannig.

insuccès *m* mislukking.

insuffisamment *bw* onvoldoende.

insuffisance *v* 1 onvoldoendheid; 2 onbekwaamheid.

insuffisant *bn* 1 onvoldoende; 2 onbekwaam.

insulaire I *bn* op een eiland wonend, een eiland vormend. II *zn m* of *v* eilandbewoner(-bewoonster).

insuline *v* insuline (*med.*).

insult/ant *bn* beledigend. ~e *v* 1 belediging; 2 aanval, overrompeling.

insulter I *ov.w* 1 overrompelen, aanvallen; 2 beledigen, honen. II *on.w* spotten met, een belediging zijn voor.

insulteur *m* belediger.

insupportable *bn* 1 onverdraaglijk (*douleur* —); 2 onuitstaanbaar.

insurgé I *bn* oproerig, opstandig. II *zn m* oproerling, opstandeling.

insurger (s') in opstand komen.

insurmontable *bn* onoverkomelijk.

insurpassable *bn* onovertrefbaar.

insurrection *v* opstand.

insurrectionnel, -elle *bn* oproerig, opstandig.

intact *bn* ongeschonden, gaaf, ongerept.

intangible *bn* onvoelbaar, ontastbaar.

intarissable *bn* onuitputtelijk (*source* —).

intégral [*mv aux*] *bn* volkomen, volledig; *calcul* —, integraalrekening.

intégralité *v* totaalheid.

intégrant *bn* wezenlijk (*partie* —*e*).

intègre *bn* onomkoopbaar, rechtschapen.

intégrité *v* 1 ongeschondenheid; 2 volledigheid; 3 onomkoopbaarheid, rechtschapenheid.

intellect *m* verstand. ~if, -ive *bn* verstandelijk. ~ion *v* het begrijpen. ~ualisme *m* leer, die aan het verstand een grotere waarde toekent dan aan het gevoel en de wil. ~uel, -elle I *bn* verstandelijk, geestelijk. II *zn m* intellectueel.

intellig/emment *bw* verstandig, oordeelkundig. ~ence *v* 1 verstand; 2 kennis (*l'— des affaires*); 3 verstandhouding.

intellig/ent *bn* verstandig, schrander. ~ibilité *v* verstaanbaarheid, begrijpelijkheid.

intelligible *bn* verstaanbaar, begrijpelijk.

intempérance *v* onmatigheid.

intempérant *bn* onmatig.

intempérie *v* wisselvalligheid v. h. weer.

intempestif, -ive *bn* te onpas, ontijdig.

intenable *bn* onhoudbaar.

intendance *v* 1 beheer, toezicht; 2 intendance.

intendant *m* 1 beheerder; 2 intendant (*mil.*).

intense *bn* hevig, sterk, fel.

intensément *bw* hevig, sterk, fel.

intensif, -ive *bn* hevig, krachtig.

intensifier *ov.w* krachtiger maken, versterken.

intensité *v* kracht, hevigheid; — *d'un courant électrique*, stroomsterkte.

intensivement *bw* hevig, krachtig.

intenter *ov.w* aandoen (— *un procès*).

intention *v* bedoeling, voornemen; *à l'*— *de*, ten gunste van, ten gunste van; *l'— est réputée pour le fait*, de wil geldt voor de daad.

intentionné *bn*: *bien* —, met goede bedoelingen; *mal* —, met kwade bedoelingen.

intentionnel, -elle *bn* opzettelijk.

interallié I *bn* tussen bondgenoten. II *zn m* bondgenoot.

intercal/aire *bn* ingelast; *jour* —, schrikkeldag. ~**ation** *v* inlassing, inschakeling. ~**er** *ov.w* inlassen, tussenvoegen, inschakelen.

intercepter *on.w* tussen beide komen.

intercepter *ov.w* onderscheppen.

intercepteur *m* jachtvliegtuig.

interception *v* onderschepping.

intercesseur *m* bemiddelaar, middelaar.

intercession *v* bemiddeling, voorspraak.

interchangeable *bn* verwisselbaar.

intercontinental [*mv* aux] *bn* tussen twee continenten.

intercostal [*mv* aux] *bn* tussen de ribben.

intercutané *bn* onderhuids.

interdépartemental [*mv* aux] *bn* tussen departementen.

interdépend/ance *v* onderlinge afhankelijkheid. ~**ant** *bn* onderling afhankelijk.

inter/diction *v* 1 verbod; — *de sortie*, uitvoerverbod; 2 schorsing; 3 het onder curatele stellen. ~**dire** *ov.w onr* 1 verbieden; 2 schorsen, suspenseren; 3 onder curatele stellen; 4 van zijn stuk brengen, sprakeloos maken. ~**dit** I *zn m* schorsing (v. e. priester). II *bn* 1 geschorst; 2 verboden; 3 sprakeloos, onthutst.

intéressant *bn* interessant, belangwekkend, aantrekkelijk (*personne* —*e*); *position* —*e*, zwangerschap; *prix* —, voordelige prijs.

intéressé I *bn* 1 gemoeid bij, betrokken in (— *dans une affaire*); 2 baatzuchtig, egoïstisch. II *zn m* belanghebbende, belangstellende.

intéresser I *ov.w* 1 belang inboezemen; 2 deelgenoot maken (in een zaak); 3 aangaan, raken; 4 boeien (*ce livre m'intéresse*); 5 aandoen, kwetsen (*med.*). II s' ~ 1 belangstellen in (*s'* — *à*); 2 tussen beide komen, partij kiezen.

intérêt *m* 1 eigenbelang; *par* —, uit berekening; *il y a* —(*pop.*) terecht; 2 interest, rente —*composé*, samengestelde interest; *dommages et* —, schadevergoeding; 3 belangstelling; 4 aantrekkelijkheid; 5 aandeel.

interfoliage *m* het doorschieten met papier.

interfolier *ov.w* met papier doorschieten.

intérieur I *bn* inwendig, innerlijk, binnen-; *cour* —*e*, binnenplaats; *navigation* —*e*, binnenscheepvaart. II *zn m* 1 het inwendige, het innerlijke, het binnenste; 2 gezinsleven, huiselijke haard; 3 binnenland; *ministre de l'I*—, minister v. Binnenlandse Zaken.

interim *m* tussentijd; *par* —, waarnemend.

interjection *v* tussenwerpsel.

interjeter *ov.w*: — *appel*, in hoger beroep gaan.

interligne *v* 1 ruimte tussen twee regels; 2 wat tussen twee regels geschreven is.

interligner *ov.w* 1 tussen twee regels schrijven; 2 ruimte laten tussen twee regels.

interlinéaire *bn* tussen twee regels.

interlocuteur *m*, -**trice** *v* 1 persoon, die met iem. spreekt; 2 aangesprokene.

interlope *bn* 1 wat smokkelen betreft; *commerce* —, sluikhandel; 2 verdacht (*maison* —).

interloquer *ov.w* van zijn stuk brengen, verlegen maken.

interlude *v* tussenspel (*muz.*).

intermède *m* tussenspel.

intermédiaire I *bn* tussenliggend; *gare* —, tussenstation; *temps* —, tussentijd. II *zn m* 1 tussenkomst, bemiddeling; 2 overgang; 3 tussenpersoon, bemiddelaar.

interminable *bn* eindeloos.

intermission *v* tussenpoos (*med.*).

intermittence *v* tijdelijk uitblijven en zich weer openbaren v. e. verschijnsel.

intermittent *bn* tijdelijk uitblijvend en weer beginnend; *fièvre* —*e*, wisselkoorts; *pouls* —, onregelmatige polsslag.

intermoléculaire *bn* tussen de moleculen.

internat *m* 1 internaat; 2 het intern zijn van leerlingen; 3 ambt der inwonende assistenten in een ziekenhuis; 4 duur van dit ambt;

5 de gezamenlijke assistenten.

internation/al [*mv* aux] I *bn* internationaal; *droit* —, volkenrecht. II *zn m* internationaal (sportman). ~**ale** *v* 1 intern. socialistische arbeidersvereniging; 2 lied dezer vereniging. ~**aliser** *ov.w* internationaal maken. ~**alisme** *m* internationalisme. ~**alité** *v* intern. karakter.

interne I *bn* 1 inwendig; *angle* —, binnenhoek; 2 innerlijk; 3 inwonend. II *zn m* 1 intern leerling; 2 inwonend assistent in een ziekenhuis. ~**ment** *m* opsluiting, opname in een gesticht.

interner *ov.w* 1 interneren, opsluiten; 2 opnemen in een gesticht.

internonce *m* internuntius.

interoculaire *bn* tussen de ogen.

interparlementaire *bn* interparlementair.

interpellateur *m*, -**trice** *v* interpellant(e).

interpell/ation *v* 1 aanroeping v. notaris enz.; 2 interpellatie. ~**er** *ov.w* 1 toespreken, aanroepen; 2 interpelleren.

interplanétaire *bn* tussen de planeten.

interpolateur *m*, -**trice** *v* iem. die tussenvoegt, inlast.

interposer I *ov.w* 1 leggen, plaatsen tussen; 2 tussen beide doen komen. II s' ~ 1 zich plaatsen tussen; 2 tussen beide komen.

interposition *v* 1 plaatsing tussen; 2 tussenkomst, bemiddeling.

interprét/able *bn* verklaarbaar. ~**ateur**, -**trice** I *bn* verklarend, uitleggend. II *zn m*, -**trice** *v* uitlegger(ster), verklaarder(ster).

interprétatif, -**ive** *bn* verklarend, uitleggend.

interprétation *v* 1 verklaring, uitlegging; 2 vertolking v. e. toneelrol enz.

inter/prète *m of v* 1 tolk; 2 vertaler; 3 uitlegger, verklaarder; 4 vertolker van toneelstuk of muziekstuk. ~**préter** *ov.w* 1 vertalen; 2 uitleggen, verklaren; 3 vertolken (van toneelstuk of muziekstuk).

interrègne *m* tussenregering.

interrogat/eur, -**trice** I *bn* vragend. II *zn m*, -**trice** *v* ondervrager(-vraagster). ~**if**, -**ive** *bn* vragend; *pronom* —, vragend voornaamwoord. ~**ion** *v* vraag, ondervraging; *point d'* —, vraagteken. ~**oire** *m* ondervraging, verhoor.

interroger *ov.w* 1 ondervragen, verhoren; 2 mondeling examineren; 3 raadplegen.

inter/rompre *ov.w* 1 afbreken, onderbreken; — *la communication*, afbellen; 2 in de rede vallen. ~**rupteur**, -**trice** I *bn* onderbrekend, storend. II *zn m*, -**trice** *v* iem. die in de rede valt. III *zn m* schakelaar, onderbreker. ~**ruptif**, -**ive** *bn* onderbrekend. ~**ruption** *v* 1 onderbreking, staking, storing; *sans* —, onafgebroken; 2 het in de rede vallen.

interscolaire *bn* tussen leerlingen van verschillende scholen.

intersection *v* snijding, kruising; *ligne d'*—, snijlijn; *point d'*—, snijpunt.

interstellaire *bn* tussen de sterren.

interstice *m* 1 tussenruimte, voeg; 2 tussentijd.

intertropical [*mv* aux] *bn* tussen de keerkringen liggend of groeiend.

interurbain I *bn* intercommunaal (*téléphone* —). II *zn m* of inter (*fam.*) interc. telefoon.

intervalle *m* 1 afstand, tussenruimte; 2 tussentijd; *par* —*s*, van tijd tot tijd; *sans* —, onophoudelijk; 3 interval (*muz.*).

intervenir *on.w onr.* 1 tussen beide komen, bemiddelend optreden; 2 zich voordoen, tot stand komen.

intervention *v* tussenkomst, bemiddeling; — *chirurgicale*, chirurgisch ingrijpen.

interversion *v* omkering, verwisseling.

intervertir *ov.w* omkeren, verwisselen.

intervertissement *m* omkering, verwisseling.

interview *m* interview. ~**er** I *ov.w* interviewen. II *zn m* interviewer.

intestat *bn* zonder testament.

intestin I *bn* 1 inwendig; 2 binnenlands; *guerre* —*e*, burgeroorlog. II *zn m* darm; — *grêle*, dunne darm; *gros* —, dikke darm.

intestinal [*mv* aux] *bn* wat ingewanden betreft; *vers —aux*, spoelwormen.

intimation *v* dagvaarding; 2 bevel.

intime I *bn* 1 innerlijk; 2 innig; 3 vertrouwelijk; *ami —*, boezemvriend; 4 gezellig. II *zn m* of *v* boezemvriend(in).

intimé *m* gedaagde (vooral in hoger beroep).

intimer *ov.w* 1 gelasten; 2 dagvaarden.

intimid/ateur, -trice *bn* vreesaanjagend. ~**ation** *v* vreesaanjaging. ~**er** I *ov.w* bang maken, vrees aanjagen, verlegen maken. II s'~ bang worden.

intimité *v* 1 het binnenste; 2 innigheid; 3 vertrouwelijkheid, vertrouwelijke omgang; 4 gezelligheid.

intitul/é *m* opschrift, titel. ~**er** I *ov.w* (be)titelen. II s'~ zich noemen.

intolérable *bn* onverdraaglijk, onuitstaanbaar.

intolérance *v* onverdraagzaamheid.

intolérant *bn* onverdraagzaam.

intonation *v* 1 aanhef, inzet; 2 stembuiging.

intoxicant *bn* vergiftigend (*gaz —*).

intoxication *v* vergiftiging.

intoxiquer *ov.w* vergiftigen.

intraduisible *bn* onvertaalbaar.

intraitable *bn* onhandelbaar.

intransigeance *v* onverzettelijkheid, onverzoenlijkheid, het niet willen schipperen.

intransigeant *bn* onverzoenlijk, niet bereid te schipperen.

intransitif, -ive *bn* onovergankelijk.

intransportable *bn* onvervoerbaar.

intraveineux, -euse *bn* in de aderen (*injection —euse*).

intrépide *bn* stoutmoedig, onverschrokken.

intrépidité *v* stoutmoedigheid, onverschrokkenheid.

intrigailler *on.w* konkelen.

intrigailleur *m*, -**euse** *v* konkelaar(ster).

intrig/ant I *bn* kuipend. II *zn m*, -e *v* konkelaar(ster), intrigant(e). ~**ue** *v* 1 kuiperij, intrigue, gekonkel; 2 handeling van toneelstuk of roman; 3 geheime liefde.

intriguer I *on.w* konkelen, kuipen. II *ov.w* nieuwsgierig maken, bevreemden.

intrinsèque *bn* innerlijk.

introducteur *m*, -**trice** *v* inleider(ster), invoerder(ster).

introd/uctif, -ive *bn* inleidend. ~**uction** *v* 1 inleiding; 2 introductie; 3 het inbrengen. ~**uire** I *ov.w onr.* 1 binnenleiden; 2 inleiden; 3 introduceren; 4 inbrengen; 5 invoeren (— *une mode*). II s'~ 1 binnendringen, -sluipen; 2 insluipen (b.v. van een misbruik).

introït *m* Introïtus (deel der mis).

intronisation *v* 1 verheffing tot de troon; 2 wijding, inhuldiging.

introniser *ov.w* 1 wijden, inhuldigen; 2 invoeren, ingang doen vinden (— *une mode*).

introspectif *bn* introvert.

introspection *v* zelfbeschouwing.

introuvable *bn* onvindbaar.

intrus I *bn* indringend. II *zn m*, -e *v* indringer(ster). ~**ion** *v* indringing.

intuitif, -ive *bn* intuïtief.

intuition *v* intuïtie, ingeving.

intumescence *v* opzwelling.

intumescent *bn* opzwellend.

inusable *bn* onverslijtbaar.

inusité *bn* ongebruikelijk.

inutil/e *bn* 1 nutteloos; 2 vergeefs, onnodig. ~**isable** *bn* onbruikbaar. ~**isé** *bn* ongebruikt. ~**iser** *ov.w* onbruikbaar maken. ~**ité** *v* 1 nutteloosheid; 2 onnodigheid; 3 onbruikbaarheid.

invaincu *bn* onoverwonnen.

invalidation *v* ongeldigverklaring.

invalide I *bn* 1 verminkt, invalide; 2 ongeldig. II *zn m* invalide. III *les I—s*, het Hôtel des Invalides te Parijs.

invalider *ov.w* ongeldig verklaren.

invalidité *v* 1 invaliditeit; 2 ongeldigheid.

invariabilité *v* onveranderlijkheid.

invariable *bn* onveranderlijk.

invasion *v* 1 inval; 2 het uitbreken, optreden v. e. ziekte; 3 uitbreiding.

invectiv/e *v* scheldwoord. ~**er** I *on.w* schelden. II *ov.w* uitschelden (*fam.*).

invendable *bn* onverkoopbaar.

invendu I *bn* onverkocht. II *zn m* onverkocht artikel.

inventaire *m* inventaris, boedelbeschrijving.

inventer *ov.w* 1 uitvinden; 2 verzinnen.

inventeur *m*, -**trice** *v* 1 uitvinder(ster); 2 ontdekker(ster).

invent/if, -ive *bn* vindingrijk. ~**ion** *v* 1 uitvinding; 2 ontdekking; 3 verzinsel.

inventorier *ov.w* inventariseren.

invérifiable *bn* niet na te gaan.

invers/e I *bn* omgekeerd, tegenovergesteld; *à l'—de*, in tegenstelling met. II *zn m* het tegendeel, het tegenovergestelde. ~**ement** *bw* omgekeerd; — *proportionnel*, omgekeerd evenredig. ~**er** *ov.w* omzetten. ~**ion** *v* woordomzetting, omkering.

invertébré *bn* ongewerveld.

invertir *ov.w* omkeren.

investigateur, -trice I *bn* onderzoekend, navorsend. II *zn m*, -trice *v* onderzoeker(ster).

investigation *v* onderzoek, nasporing.

investir *ov.w* 1 bekleden; — *qn. de sa confiance*, iem. zijn vertrouwen schenken; 2 omsingelen (— *une place forte*).

investissement *m* omsingeling.

investiture *v* 1 belening; 2 bekleding met een kerkelijke waardigheid.

invétéré *bn* ingeworteld.

invétérer (s') inwortelen.

invincibilité *v* onoverwinnelijkheid.

invincible *bn* onoverwinnelijk.

inviolabilité *v* onschendbaarheid.

inviolable *bn* onschendbaar.

inviolé *bn* ongeschonden.

invisi/bilité *v* onzichtbaarheid. ~**ble** *bn* 1 onzichtbaar; 2 niet thuis, niet te spreken.

invitant *bn* verleidelijk, aanlokkelijk.

invit/ation *v* uitnodiging. ~**e** *v* 1 invite (bij kaartspel); 2 zachte wenk. ~**é** *m* gast, genodigde. ~**er** I *ov.w* 1 uitnodigen; 2 aansporen, opwekken tot (— *à*). II s'~ zich zelf uitnodigen, ongevraagd komen.

invocation *v* aanroeping.

involontaire *bn* onvrijwillig, onwillekeurig, onopzettelijk.

invoquer *ov.w* 1 aan-, inroepen (— *un saint*); 2 aanvoeren (— *un témoignage*).

invraisemblable *bn* onwaarschijnlijk.

invraisemblance *v* onwaarschijnlijkheid.

invulnérabilité *v* onkwetsbaarheid.

invulnérable *bn* onkwetsbaar.

iode *m* jodium.

ion *m* ion.

ionien, -enne, ionique *bn* Ionisch.

irasc/ibilité *v* prikkelbaarheid, lichtgeraaktheid. ~**ible** *bn* prikkelbaar, lichtgeraakt.

iridacées *v mv* lisbloemigen.

iris *m* 1 regenboog (*dicht.*); 2 regenboogvlies; 3 lis (*pl.k.*).

iris/ation *v* kleurspeling, regenboogkleuren. ~**é** *bn* regenboogkleurig.

iritis *v* regenboogvliesontsteking.

irlandais I *bn* Iers. II *zn m* Ierse taal. I~ *m*, -e *v* Ier(se).

ironie *v* ironie, bedekte spot.

ironique *bn* ironisch.

ironiser *on.w* op ironische wijze spreken.

ironiste *m* ironisch schrijver of spreker.

irradiation *v* uitstraling.

irradier *on.w* uitstralen.

irraisonnable *bn* redeloos.

irraisonné *bn* onverstandig, onberedeneerd.

irrational, -elle *bn* 1 onlogisch; 2 onmeetbaar, irrationeel.

irréalisable *bn* niet te verwezenlijken.

irréalisé *bn* onuitgevoerd.

irréalité *v* onwezenlijkheid.

irrecevabilité *v* niet-ontvankelijkheid.

irrecevable *bn* niet-ontvankelijk.

irréconciliable *bn* onverzoenlijk.

irrécouvrable *bn* oninbaar.
irrécusable *bn* onwraakbaar.
irréduct/ibilité *v* 1 onherleidbaarheid; 2 onmogelijkheid om te verlagen. ~**ible** *bn* 1 onherleidbaar, onvereenvoudigbaar (*fraction* —); 2 niet te verminderen.
irréel, -elle *bn* onwezenlijk.
irré/fléchi *bn* 1 onnadenkend, onbedachtzaam; 2 ondoordacht. ~**flexion** *v* onnadenkendheid, onbedachtzaamheid.
irréformable *bn* onveranderlijk, onherroepelijk (*arrêt* —).
irréfutable *bn* onweerlegbaar.
irrégularité *v* onregelmatigheid.
irrégulier, -ère *bn* 1 onregelmatig; *pouls* —, onregelmatige polsslag; *verbe* —, onregelmatig werkwoord; 2 ongeregeld.
irrégulièrement *bw* onregelmatig.
irréligieusement *bw* ongodsdienstig.
irréligieux, -euse *bn* ongodsdienstig.
irréligion *v* 1 ongodsdienstigheid; 2 ongeloof.
irréligiosité *v* ongodsdienstigheid.
irrémédiable *bn* onherstelbaar.
irrémissible *bn* onvergeeflijk.
irremplaçable *bn* onvervangbaar.
irréparable *bn* onherstelbaar.
irréprehensible *bn* onberispelijk.
irréprochable *bn* onberispelijk.
irrésistible *bn* onweerstaanbaar.
irrésol/u *bn* 1 besluiteloos, weifelend; 2 onopgelost. ~**ution** *v* besluiteloosheid.
irrespect *bn* oneerbiedigheid.
irrespectueux, -euse *bn* oneerbiedig.
irrespirable *bn* niet in te ademen.
irresponsabilité *v* onverantwoordelijkheid.
irresponsable *bn* onverantwoordelijk.
irrétrécissable *bn* krimpvrij.
irrévélé *bn* ongeopenbaard.
irrévérence *v* 1 oneerbiedigheid; 2 oneerbiedig woord, -e daad.
irrévérencieusement *bw* oneerbiedig.
irrévérencieux, -euse *bn* oneerbiedig.
irrévérent *bn* oneerbiedig.
irrévocabilité *v* onherroepelijkheid.
irrévocable *bn* onherroepelijk.
irrigable *bn* bevloeibaar.
irrigateur *m* 1 besproeier, spuit; 2 spuitje (*med.*).
irrigation *v* 1 bevloeiing, besproeiing; 2 inspuiting (*med.*).
irriguer *ov.w* besproeien, bevloeien.
irrit/abilité *v* prikkelbaarheid. ~**able** *bn* prikkelbaar. ~**ant** I *bn* 1 verbitterend, nijdig makend, lastig; 2 opwekkend, prikkelend. II *zn m* opwekkend, prikkelend middel. ~**ation** *v* 1 verbittering, geprikkeldheid; 2 prikkeling (v. zenuwen), opwekking. ~**er** I *ov.w* 1 verbitteren, nijdig maken; *flots irrités*, onstuimige golven; 2 opwekken, prikkelen. II s'~ boos worden, zich ergeren.
irruption *v* 1 inval; 2 overstroming.
ischion *m* zitbeen.
islam/ique *bn* mohammedaans. ~**isme** *m*

mohammedanisme. ~**ite** I *bn* mohammedaans. II *zn m* of *v* mohammedaan(se).
islandais I *bn* IJslands. II *zn m* IJslandse taal. III I ~ *m*, -e *v* IJslander(se).
isobare I *bn* van gelijke luchtdruk (*ligne* —). II *zn v* isobaar.
isocèle *bn* gelijkbenig (*triangle* —).
isocélie *v*, **isocélisme** *m* gelijkbenigheid.
isochrone, isochronique *bn* van gelijke duur.
isochronisme *m* gelijkheid van duur.
isogone *bn* gelijkhoekig.
isolable *bn* isoleerbaar.
isol/ant I *bn* isolerend. II *zn m* isolerend middel, isolerende stof. ~**ateur, -trice** I *bn* isolerend. II *zn m* isolator.
isolé *bn* 1 alleenstaand; 2 afgezonderd, eenzaam; 3 geïsoleerd; 4 apart, op zichzelf staand (*cas* —). ~**ement** *m* 1 afzondering, eenzaamheid; 2 isolatie.
isoler *ov.w* 1 afzonderen; 2 isoleren.
isoloir *m* 1 isoleerbankje; 2 stemhokje.
isotherme I *bn* van de zelfde gemiddelde maandelijkse warmtegraad (*régions* —*s*). II *zn v* lijn, die plaatsen van de zelfde gemiddelde maandelijkse warmtegraad verbindt.
israélite I *bn* Israëlitisch. II *zn* I ~ *m* of *v* Israëliet, Israëlitische.
Issel *m* IJsel.
issu *bn* afstammend, geboortig, afkomstig.
issue I *v* 1 het uitgaan; 2 uitgang, uitweg; 3 uitweg (*fig.*); 4 afloop. II ~s *mv* slachtafval.
isthme *m* landengte.
italianiser *ov.w* veritaliaansen.
itali/anisme *m* Italiaanse uitdrukking, - zegswijze. ~**en, -enne** I *bn* Italiaans. II *zn m* het Italiaans. III *zn* I ~ *m*, -enne *v* Italiaan(se).
italique *m* cursiefletter.
item I *bw* eveneens. II *zn m* post v. e. rekening.
itératif, -ive *bn* herhaald, herhalend.
itération *v* herhaling.
itinéraire I *bn* wat wegen betreft. II *zn m* 1 reisroute; 2 reisbeschrijving.
itinérant *bn* rondtrekkend.
itou *bw* (*pop.*) eveneens.
ivoire *m* 1 ivoor; *noir d'*—, ivoorzwart; 2 ivoren beeld; 3 schitterend witte kleur.
ivoir/erie *v* 1 ivoorbewerking, ivoordraaierij; 2 ivoren voorwerpen. ~**ier** *m* ivoorwerker. ~**in** *bn* ivoorkleurig.
ivraie *v* onkruid; *séparer le bon grain de l'*— het kaf van het koren scheiden.
ivre *bn* dronken; *ivre-mort*, stomdronken.
ivr/esse *v* 1 dronkenschap; 2 vervoering, bedwelming, roes. ~**ogne** I *bn* aan de drank verslaafd. II *zn m* dronkaard.
ivrogn/erie *v* dronkenschap, verslaafdheid aan de drank. ~**esse** *v* zuipster, vrouw die zich geregeld bedrinkt.

J

j *m* de letter j. **J.O.C.** = *Jeunesse Ouvrière Chrétienne*.
jabot *m* 1 krop v. e. vogel; *se remplir le* — (*fam.*), zijn buik vol eten; 2 kanten versiersel aan een hemd, aan een damesblouse.
jabot/age *m* het gebabbel, gekakel (*pop.*). ~**er** *on.w* babbelen, kakelen (*pop.*). ~**eur** *m*, -**euse** *v* (*pop.*) babbelaar(ster), kletser.
jacasse *v* kletskous.
jacass/ement *m* gebabbel, geklets. ~**er** *on.w* 1 babbelen, kletsen; 2 klappen v. e. ekster. ~**erie** *v* gebabbel, geklets.
jacent *bn* verlaten, onbeheerd (*recht*).
jach/ère *v* 1 het braak laten liggen; 2 braak-

land. ~**érer** *ov.w* braakland omploegen.
jacinthe *v* hyacint.
jack *m* Britse vlag.
jacobin I *bn* jacobijns. II *zn m* 1 dominicaan; 2 jacobijn.
jacobinisme *m* leer der jacobijnen.
jacquard *m* weefgetouw.
jacquerie *v* boerenopstand in de 14e eeuw. *Jacques* m Jacobus, Jacob; *faire le* —, zich van de domme houden.
jacquet *m* 1 soort triktrak-spel; 2 populaire naam v. d. eekhoorn.
jacquot *m*, **jacot** *m* lorre.
jactance *v* grootspraak, opschepperij.

jacter *ov.w* (*arg.*) spreken.
jaculatoire *bn: oraison* —, schietgebed.
jade *m* mooie groenachtige steen, jade.
jadis I *bw* vroeger, eertijds. II *bn: au temps* —, in de oude tijd.
jaguar *m* jaguar.
jaffe *v* (*pop.*) soep.
jaillir *on.w* opspringen, opspuiten, uitslaan van vlammen.
jaillissement *m* het opspringen, het opspuiten, het uitslaan v. vlammen.
jais *m* git; *noir comme du* —, gitzwart.
jaja *m* (*pop.*) wijn.
jale *v* grote kom of bak.
jalon *m* 1 bakenstok; 2 richtsnoer, baken. ~nement *m* afbakening. ~ner I *on.w* bakenstokken plaatsen. II *ov.w* afbakenen (ook *fig.*). ~neur *m* 1 man, die de bakenstokken plaatst; 2 guide (*mil.*).
jalous/ement *bw* jaloers. ~er *ov.w* jaloers zijn op. ~ie *v* 1 afgunst, naijver; — *de métier*, broodnijd; 2 zonneblind.
jaloux, -se *bn* 1 afgunstig, jaloers; 2 zeer gehecht aan (— *de la liberté*); 3 begerig te, verlangend te (— *de*).
jamais *bn* ooit, immer; *à* —, *pour* —, voor altijd; *ne*... *jamais*, nooit; *ne plus* —, nooit weer.
jambage *m* 1 deurpost, kozijn; 2 been-, neerhaal v. e. letter.
jambe *v* 1 been, poot (van paard en sommige andere dieren); *n'avoir plus de* —*s*, doodop zijn; — *de bois*, houten been; *courir à toutes* —*s*, zo hard lopen als men kan; *faire belle* —, (die mooie benen laten zien, pronken met zijn lichaamsvormen; *cela me fait une belle* —, daar schiet ik niet veel mee op; *jouer des* —*s*, *prendre ses* —*s à son cou*, er hard van door gaan; *passer la* — *à qn.*, iem. een beentje lichten; *les* —*s me rentrent dans le corps*, ik kan niet meer op mijn benen staan, ik ben doodmoe; 2 been v. e. passer; 3 schoor; 4 broekspijp.
jambé *bn: bien* —, *mal* —, met goed gevormde, met slecht gevormde benen.
jambette *v* 1 beentje; 2 zakmes.
jambier, -ère *I bn* tot het been behorend. II *zn m* beenspier. III *-ère v* beenstuk.
jambon *m* ham. ~neau [*mv* x] *m* hammetje.
jamboree *m* jamboree.
janissaire *m* soldaat der lijfwacht v. d. sultan.
jansén/isme *m* jansenisme. ~iste I *bn* 1 jansenistisch; 2 zonder versieringen (van leren band). II *zn m* of *v* jansenist(e).
jante *v* velg.
janvier *m* januari.
japon I *le J*—, *m* Japan. II *m* 1 Japans porselein; 2 Japans papier.
japon/ais I *bn* Japans. II *zn J*~ *m*, -e *v* Japanner (Japanse). III *m* het Japans. ~erie, ~aiserie *v* Japans kunstvoorwerp.
japonisme *m* voorliefde voor Japanse kunst.
japoniste *m* verzamelaar v. Japanse kunstvoorwerpen.
japp/ement *m* gekef. ~er *on.w* keffen.
jappeur *m* keffer.
jaqueline *v* wijdbuikige aarden kruik.
jaquette *v* 1 jacquet (lange jas); 2 kinderjurk.
jar *m*, jars *m* (*pop.*) bargoens, argot; *dévider le* — (*pop.*), bargoens spreken; *entendre le* — (*pop.*), erg handig zijn.
jard, *jar m* de riviergrint.
jardin *m* 1 tuin; — *fruitier*, oofttuin; *J*—*des Plantes*, Planten- en Dierentuin in Parijs; — *potager*, moestuin; *c'est une pierre dans mon* —, die zit!; 2 linkerkant v. h. toneel (vanuit de zaal gezien); 3 kinderbewaarplaats, bewaarschool.
jardin/age *m* 1 het tuinieren; 2 tuinbouw; 3 groente; 4 vlek in een diamant. ~er *on.w* (voor liefhebberij) tuinieren. ~et *m* tuintje.
jardinier, -ère I *bn* wat tuinen betreft; *culture* —*ère*, tuinbouw. II *zn m* tuinman, tuinier.
jardinière *v* 1 groentekar; 2 bloembakje, -korfje; 3 uit groenten bereid gerecht;

potage à la —, groentesoep.
jardiniste *m* tuinarchitect.
jargon *m* 1 bargoens, koeterwaals; 2 vaktaal.
jargonner *on.w* bargoens, koeterwaals spreken.
jarnibleu! jarnicoton! *tw* harrejennig!
jarre *v* aarden waterkruik; — *électrique*, Leidse fles.
jarret *m* kniebocg; *avoir dix lieues dans les* —*s*, tien uur gelopen hebben; *avoir du* —, stevige benen hebben.
jarretelle *v* kous-, sokophouder.
jarretière *v* kouseband.
jarrette *v* anklet.
jars *m* 1 gent (mannetjesgans); 2 (*arg.*) argot.
jasement *m* geklets, gebabbel.
jaser *on.w* 1 babbelen; 2 kletsen, kwaadspreken; 3 praten v. papegaai of ekster.
jaseran, jaseron *m* 1 maliënkolder; 2 gouden schakelkettinkje.
jaserie *v* (*fam.*) gebabbel, geklets.
jaseur, -euse I *bn* babbelziek. II *zn m*, -euse *v* babbelaar(ster), kletskous.
jasmin *m* 1 jasmijn; 2 parfum uit jasmijn.
jaspe *m* jaspis.
jasper *ov.w* van spikkels voorzien.
jaspiner, jaspiller *on.w* (*pop.*) praten, kletsen; — *bigorne* (*arg.*), argot spreken.
jatte *v* kommetje, nap.
jattée *v* napvol, komvol.
jauge *v* 1 voorgeschreven inhoudsmaat; 2 peilstok; *d'essence*, benzinemeter.
jaugeage *m* 1 het bepalen v. d. inhoud; 2 tonnemaat v. e. schip; 3 ijkloon; 4 het peilen.
jauger I *ov.w* 1 het bepalen v. d. inhoud; 2 peilen; 3 peilen (*fig.*), iem. naar waarde schatten. II *on.w* 1 een diepgang hebben van (*ce navire jauge cinq mètres*); 2 een tonnage hebben van (*ce navire jauge 5.000 tonnes*).
jaunâtre *bn* geelachtig.
jaune I *bn* geel; *toile* —, ongebleekt linnen. II *zn m* 1 gele kleur; *les* —*s*, de Chinezen, de Japanners; — *d'œuf*, eierdooier; 2 werkwillige, onderkruiper. III *bw: pleurer* —, krokodilletranen storten; *rire* —, lachen als een boer die kiespijn heeft.
jauneau *m* speenkruid.
jaunet, -ette I *bn* geelachtig. II *zn m* 1 (*pop.*) goudstuk; 2 gele plomp.
jaun/ir I *ov.w* geel maken. II *on.w* geel worden. ~isse *v* geelzucht. ~issement *m* 1 het geel maken; 2 het geel worden.
java *v* soort dans.
javanais I *bn* Javaans. II *zn J*~ *m*, -e *v* Javaan-Javel: *eau de* —, bleekwater. [(se).
javelé *bn* verregend (van graan).
javeler I *ov.w* graan in zwaden leggen, om het geel te laten worden. II *on.w* geel worden van in zwaden gelegd koren.
javeleur *m*, -euse *v* 1 hij, zij, die het koren in zwaden legt; 2 -euse *v* maaimachine, die het koren in zwaden legt.
javeline *v* lange dunne werpspies.
javelot *m* 1 werpspies; 2 speer (sport).
je *vnw* ik.
jeannette *v* 1 *J*~ Jansje; 2 gouden kruisje en hals; 3 strijkplank.
je-m'en-fichisme *m* (*pop.*) zorgeloosheid, onverschilligheid.
jenny *v* machine voor het spinnen v. katoen.
jérémiade *v* klaaglied, jammerklacht.
jerrycan *m* benzineblik van 20 liter.
jersey *m* damestrui.
jésuit/e I *bn* jezuïtisch. II *zn m* 1 jezuïet; 2 schijnheilig persoon. ~ique *bn* jezuïtisch. ~isme *m* 1 beginselen der jezuïeten; 2 schijnheiligheid, huichelachtigheid.
Jésus I *m* Jezus. II *bn* papierformaat v. 72 bij 55 cm (*papier* —).
jet *m* 1 worp; — *à la mer*, het overboord werpen v. d lading; — *de pierre*, steenworp; *d'un seul* —, in eens; 2 straal; — *d'eau*, waterstraal, springfontein; *laver au* —, schoonspuiten (auto); 3 het gieten;

4 loot, scheut (*pl.k.*).

jetage *m* snot (v. dieren).

jeté *m* 1 danspas; 2 tafel-, divankleed.

jetée *v* 1 havenhoofd, pier; 2 hoop zand of stenen ter verbetering v. e. weg.

jeter I *ov.w* 1 werpen, gooien; — *un coup d'œil*, een blik werpen; — *le faucon*, een valk oplaten; — *feu et flamme*, vuur en vlam spuwen; — *des feux*, schitteren; — *à la figure*, — *à la face*, — *au nez*, verwijten; — *un froid*, een pijnlijke stilte veroorzaken; — *en moule*, in een vorm gieten; — *un pont*, een brug slaan; — *de la poudre aux yeux*, zand in de ogen strooien; — *du pus*, etteren; — *du sang*, bloed opgeven — *des yeux sur qn.*, zijn oog op iem. laten vallen; 2 uitstoten (— *un cri*); 3 krijgen; voortbrengen; — *des bourgeons*, knoppen krijgen; — *des racines*, wortels schieten; 4 leggen; — *les fondements*, de fundamenten leggen; 5 brengen; — *dans l'embarras*, in verlegenheid brengen; — *dans la crainte*, bevreesd maken; 6 verspreiden; — *la discorde*, tweedracht zaaien. II *se* — zich werpen, zich storten; *se* — *au cou de qn.*, iem. om de hals vallen; *se* — *aux bras de qn.*, zich in iemands armen werpen; *le Rhin se jette dans la mer*, de Rijn mondt uit in zee.

jet/eur *m*, -**euse** *v* werper(ster); — *de sorts*, tovenaar. ~**on** *m* 1 fiche, speelpenning; *faux comme un* —, erg vals; 2 noodgeld; *vieux* —, (*fam.*) ouwe sok.

jeu [*mv* x] I *m* 1 spel; — *de cartes*, kaartspel; *ce n'est qu'un* — *pour lui*, dat is maar kinderspel voor hem; *cela n'est pas de* —, dat is niet volgens de regels, dat is niet eerlijk; — *de société*, gezelschapspel; — *de dames*, damspel; — *d'échecs*, schaakspel; *être en* —, op het spel staan; *faire son* —, inzetten; *faites votre* — !, inzetten!; *se faire un* —, ergens een speiletje van maken; *jouer gros* —, grof spelen, gevaarlijk spel spelen; — *de mots*, woordspeling; *le n'en vaut pas la chandelle*, 't sop is de kool niet waard; *vieux* —, ouderwets; 2 speelgelegenheid; — *de paume*, kaatsbaan; — *de quilles*, kegelbaan; 3 stel; *un* — *d'avirons*, een stel riemen; 4 werking; *mettre en* —, in beweging brengen, in het werk stellen; 5 speling. II ~**x** *m mv* spelen, wedstrijden; *les J—x Olympiques*, de Olympische Spelen.

jeudi *m* donderdag; *Jeudi absolu*, — *saint*, Witte Donderdag; *la semaine des quatre* —*s*, sint-jutmis.

jeun (à) *être à* —, nuchter zijn.

jeune *m* 1 jong; *les* —*s gens*, de jongelui; *les* —*s personnes*, de jongedames; 2 junior.

jeûn/e *m* het vasten. ~**er** *on.w* vasten.

jeunesse *v* jeugd, jongelingschap; — *dorée*, rijke jongelui.

jeunet, -**ette** *bn* (*fam.*) piepjong.

jeûneur *m*, -**euse** *v* vaster(ster).

joaillerie *v* 1 juweliersvak; 2 juwelierszaak; 3 juwelen.

joaillier *m*, ère *v* juwelier(ster).

job *m* (*arg.*) knul, suffer; *monter le* —, iem. om de tuin leiden, bedriegen.

jobard *m* (*fam.*) suffer, knul.

jobard/er *ov.w* (*fam.*) bedotten. ~**erie**, ~**ise** *v* stumperdigheid, sufheid.

jobelin *m* bedelaarsargot uit de 15e eeuw.

Jociste *m. v.* of *bn* (lid) van de *Jeunesse Ouvrière Chrétienne*.

jockey *m* jockey.

jocko *m* orang-oetan.

jocrisse *m* suffer, sul, onnozele hals.

jocrisserie *v* onnozelheid, sulligheid.

jodler *on.w* jodelen.

joie *v* vreugde, genot; *ne pas se tenir de* —, buiten zich zelve zijn van vreugde; *s'en donner à cœur* —, zijn hart ophalen.

joignant à *vz* naast.

joindre I *ov.w onr* 1 samenvoegen, bijeenvoegen, verbinden, verenigen; — *les deux bouts*, de eindjes aan elkaar knopen, rond-

komen; — *les mains*, de handen vouwen; — *l'utile à l'agréable*, het nuttige met het aangename verenigen; 2 zich voegen bij, inhalen. II *on.w* passen, sluiten.

joint I *bn* samengevoegd, gevouwen (*les mains —es*); *ci-joint*, hierbij, ingesloten. II *zn m* 1 gewricht; 2 voeg; *trouver le* —, de zaak op de goede manier aanpakken.

jointée *v* wat twee samengevouwen handen kunnen bevatten.

jointement *m* het voegen, het lassen.

jointif, -**ive** *bn* aaneensluitend.

jointoiement *m* het voegen.

jointoyer *ov.w* (stenen) voegen.

jointoyeur *m* voeger.

jointure *v* 1 gewricht; 2 voeg.

jojo *m* (*arg.*) lief.

joli I *bn* 1 mooi, aardig, lief; 2 leuk (*un — tour*). II *zn m* het mooie, het aardige. ~**esse** *v* mooiheid. ~**et**, -ette *bn* lief, vrij mooi.

joliment *bw* 1 aardig, knap; 2 erg (*il est — riche*).

joliveté *v* 1 liefheid; 2 snuisterij.

jonc *m* 1 bies; 2 riet.

joncacées *v mv* biesachtige planten.

joncer *ov.w* matten v. stoelen.

jonch/aie *v* biesbos. ~**ée** *v* 1 gestrooide bloemen of planten; 2 op de grond liggende voorwerpen, laag; 3 hangop. ~**ement** *m* het bedekken, bestrooien. ~**er** *ov.w* bedekken, bestrooien, bezaaien. ~**ère**, -**eraie** *v* biesbos.

jonction *v* vereniging, verbinding, samenkomst.

jongler *on.w* jongleren; — *avec des difficultés*, moeilijkheden spelend overwinnen.

jonglerie *v* 1 het jongleren; 2 handigheidje, gegoochel.

jongleur *m* 1 middeleeuws minstreel; 2 jongleur, goochelaar, kwakzalver.

jonque *v* oosters schip.

jonquille I *v* tijloos (*pl.k.*). II *m* geelwit.

jordonne: *Monsieur* —, Mijnheer de baasspeler; *Madame* —, Mevrouw Albedil.

jordonner *on.w* (*fam.*) bedillen.

joseph *m* 1 dunpapier. II *bn*: *du papier—*, dun papier.

jouable *bn* speelbaar.

jouailler *on.w* 1 om een kleine inzet spelen; 2 slecht spelen op een muziekinstrument.

joubarbe *v* huislook (*pl.k.*).

joue *v* wang; *mettre en* —, *coucher en* —, aanleggen v. e. vuurwapen; —*! of en* —!, legt aan!

jouée *v* muurdikte bij raam of deur.

jouer I *on.w* 1 spelen; *la brise joue*, de wind verandert voortdurend; — *sur les mots*, woordspelingen maken; 2 — *à*, (een spel) spelen; — *aux barres*, overlopertje spelen; — *aux billes*, knikkeren; — *à cache-cache*, verstoppertje spelen; — *aux dames*, dammen; — *aux échecs*, schaken; — *au football*, voetballen; — *au tennis*, tennissen; 3 — *de*, (op een muziekinstrument) spelen; — *du piano*, piano spelen; — *à première vue*, v. h. blad spelen; — *du bâton*, de stok hanteren; 4 in beweging brengen; *faire* — *une mine*, een mijn laten ontploffen; 5 spelling hebben, niet goed sluiten, werken v. hout e.d. (*boiserie qui joue*). II *ov.w* 1 spelen; — *une carte*, een kaart uitspelen; — *une valse*, een wals spelen; 2 inzetten bij het spel; — *un florin*, om een gulden spelen; 3 bedriegen, voor de gek houden; 4 wagen, in de waagschaal stellen (— *sa vie*); 5 voorwenden, nabootsen (*la douleur*); *cette étoffe joue la soie*, die stof lijkt bedrieglijk veel op zijde; 6 — *un tour à qn.*, iem. een poets bakken. III *se* ~ 1 zich vermaken, spelen, dartelen; 2 *se* — *à qn.*, het tegen iem. opnemen; 3 *se* — *de*, spotten, voor de gek houden; *se* — *des lois*, maling hebben aan de wetten; 4 gespeeld, bespeeld worden.

jou/et *m* 1 speelgoed; 2 speelbal; 3 voorwerp van spot. ~**eur** *m*, -**euse** *v* I *zn* speler(speelster); — *de bourse*, speculant; — *de gobe-*

lets, goochelaar. II *bn* speels.
joufflu *bn* met dikke wangen.
joug *m* 1 juk; 2 overheersing; 3 hefboom v. e. balans.
jouir *on.w* genieten, beschikken.
jouissance *v* 1 genot; 2 vruchtgebruik.
jouisseur *m*, -euse *v* genotzoeker(ster).
joujou [*mv* x] *m* kinderspeelgoed; *faire* —, spelen. v. e. kind.
joule *m* eenheid v. arbeid.
jour *m* 1 dag; *le — de l'An*, nieuwjaarsdag; *l'autre* —, onlangs; *d'un — à l'autre*, ieder ogenblik; *beauté d'un* —, kortstondige schoonheid; *les beaux —s*, de mooie tijd, de jeugd, de voorspoed; *du — au lendemain*, op staande voet; *de nos —s*, tegenwoordig; *au premier* —, zeer binnenkort; *vivre au — le* —, van de hand in de tand leven; *tenir les livres à* —, de boeken bijhouden; 2 daglicht, licht, schijnsel; *avant le* —, voor dag en dauw; *grand* —, klaarlichte dag, vol licht; *mettre un ouvrage au* —, een boek publiceren; *petit* —, schemering; 3 tegenwoordige tijd; *les hommes du* —, de mannen van het ogenblik; 4 dag, waarop een dame ontvangt (jour); 5 het leven; *donner le* —, het leven schenken; *ravir le* —, het leven ontnemen; 6 à —, opengewerkt; *percé à —*, onthuld, ontmaskerd.
journal [*mv* aux] *m* 1 dagblad, tijdschrift; 2 dagboek; — *du bord*, scheepsjournaal; 3 journaal. ~ier, -ère I *bn* 1 dagelijks; 2 onzeker, wisselvallig. II *zn m* dagloner. ~isme *m* 1 journalistiek; 2 pers. ~iste *m* journalist.
journée *v* 1 dag; 2 dagloon; 3 dagwerk; 4 dagreis; 5 veldslag; 6 belangrijke dag, veldslag; 7 dag, wat het wee betreft.
journellement *bw* dagelijks, geregeld.
joute *v* 1 steekspel; 2 debat.
jouteur *m* 1 steekspeler; 2 tegenstander.
jouvenc/e *v* jeugd (oud); *fontaine de* —, verjongingsbron. ~eau [*mv* x] *m* jongeling. ~elle *v* jong meisje.
jovial [*mv* aux] *bn* joviaal, opgeruimd.
jovialité *v* jovialiteit, opgeruimdheid.
jovien, -enne *bn* wat Jupiter betreft.
joyau [*mv* x] *m* juweel (ook *fig.*).
joyeusement *bw* vrolijk, opgeruimd.
joyeuseté *v* aardigheidje, grap.
joyeux, -euse *I bn* vrolijk, opgeruimd; —*se entrée*, blijde incomste. II *zn m* (*arg.*) Fr. soldaat in Afrika.
jubé *m* oksaal (*arch.*).
jubilaire I *bn* wat een jubileum betreft (*année* —). II *m* jubilaris.
jubilation *v* (*fam.*), gejubel, luide vreugde.
jubilé *m* 1 jubeljaar; 2 jubileum.
jubiler *on.w* (*fam.*) jubelen, veel schik hebben.
juch/er I *on.w* 1 zitten v. kippen, fazanten enz.; 2 hoog wonen. II *ov.w* hoog plaatsen; - zetten. III se ~ gaan zitten (van kippen, fazanten enz.). ~oir *m* kippenstok.
judaïque *bn* joods.
judaïser *on.w* leven volgens de joodse gebruiken, de joodse plechtigheden volgen.
judaïsme *m* joodse godsdienst.
judas I *m* luikje, kijkraampje in vloer of deur. II J~ *m* Judas; *baiser de* —, verraderskus.
judelle *v* meerkoet.
judiciaire I *bn* gerechtelijk, rechterlijk; *combat* —, *duel* —, gerechtelijk duel in de middeleeuwen; *astrologie* —, sterrenwichelarij. II *zn v* oordeelskracht.
judici/eusement *bw* verstandig, oordeelkundig. ~eux, -euse *bn* verstandig, oordeelkundig.
jugal [*mv* aux] *bn* wat de wang betreft.
juge *m* rechter, scheidsrechter; — *de paix*, kantonrechter.
jugeable *bn* voor het gerecht te betrekken.
jugement *m* 1 verstand; 2 oordeel; —*dernier*, laatste Oordeel; — *de Dieu*, godsoordeel; 3 vonnis.
jugeote *v* (*fam.*) gezond verstand.
jug/er *ov.w* 1 (be)oordelen; zich voorstellen.

2 recht spreken, vonnissen. ~eur *m*, -euse *v* (lichtvaardig) beoordelaar(-ster).
jugulaire I *bn* wat de keel betreft. II *zn v* stormband v. helm enz.
juguler *ov.w* worgen.
juif, -ive I *bn* joods. II *zn* J~ *m*, -ve *v* 1 jood, jodin; *le J— errant*, de wandelende jood; 2 woekeraar.
juillet *m* juli.
juin *m* juni.
juiverie *v* 1 jodenwijk; 2 (*fam.* en minachtend) de joden; 3 woekeraarszaak; 4 woekerhandel.
jujube *v* jujube. [kerhandel.
julep *m* kalmerende drank.
julien, -enne I *bn*: *calendrier* —, juliaanse tijdrekening. II -enne *v* groentesoep.
jumeau [*mv* x], -elle I *bn* tweeling-; *frères* —*x*, tweelingbroers; *villes* —*elles*, steden, die elkaar adopteren. II ~x *zn m mv* tweelingen; trois —, drielingen enz.
jumel/age *m* het in paren zetten. ~é *bn* paarsgewijze geplaatst (*fenêtres* —*es*). ~er *ov.w* paarsgewijs plaatsen.
jumelles *v* toneelkijker (ook *enk.*: — *de théâtre*), verrekijker.
jument *v* merrie.
jungle *v* rimboe, jungle.
junior *bn* en *zn m* junior.
jupe *v* 1 vrouwenrok; 2 pand v. e. herenjas.
jupière *v* rokkennaaister.
jupitérien, -enne *bn* wat Jupiter betreft.
jupon *m* 1 onderrok; 2 (*fam.*) vrouw, meisje.
jurançon *m* wijn uit de Pyreneeën.
jurassien, -enne *bn* van de Jura.
juratoire *bn*: *caution* —, borgtocht onder ede.
juré I *bn* beëdigd; *ennemi* —, gezworen vijand. II *zn m* jurylid, gezworene.
jurement *m* 1 onnodige eed; 2 vloek.
jurer I *ov.w* (be)zweren; — *ses grands dieux*, bij hoog en laag zweren; — *la perte, la ruine de* qn., iemands ondergang zweren. II *on.w* 1 zweren; *il ne faut — de rien*, je kunt nooit weten, wat er nog gebeuren kan; 2 vloeken; 3 vloeken van kleuren.
jureur *m* vloeker
juridiction *v* 1 rechtsbevoegdheid; 2 jurisdictie.
juridique *bn* juridisch, gerechtelijk.
juris/consulte *m* rechtsgeleerde. ~prudence *v* 1 rechtsgeleerdheid; 2 rechtspraak.
juriste *m* schrijver op het gebied der rechtsgeleerdheid.
juron *m* vloek.
jury *m* jury, examencommissie.
jus *m* 1 sap; — *de réglisse*, dropwater; — *de la treille*, — *de la vigne*, wijn; 2 (*mil. arg.*) zwarte koffie; 3 (*pop.*) water; 4 (*pop*) stroom (*elekt.*).
jusant *m* eb.
jusque I *vz* 1 tot; *jusqu'ici*, tot hier toe, tot nu toe; *jusque là*, tot op dat ogenblik; 2 zelfs; *il hait jusqu'à ses frères*, hij haat zelfs zijn broers. II *jusqu'à ce que* *vw* totdat.
juste I *bn* 1 rechtvaardig, billijk; — *orgueil*, gewettigde trots; 2 juist; *le — milieu*, het juiste midden; *voix* —, zuivere stem; 3 nauwsluitend (*habit* —). II *zn m* 1 rechtvaardige; 2 iem. die in staat v. genade verkeert; 3 het recht (*le — et l'injuste*). III *bw* 1 juist, precies; *chanter* —, zuiver zingen; *viser* —, zuiver mikken; *au* —, nauwkeurig, precies; *comme de* —, zoals het hoort.
juste-milieu *m* middenweg.
justesse *v* juistheid, nauwkeurigheid, zuiverheid (— *de la voix*); *de* —, op het kantje af.
justice *v* 1 rechtvaardigheid; 2 recht; *avoir la — de son côté*, het recht aan zijn kant hebben; *faire* — à, recht laten wedervaren; *faire* — *de*, afrekenen met; *se faire* —, zich recht verschaffen; zich zelf straffen; *rendre la* —, recht spreken; 3 gerecht, rechtspraak; *bois de* —, guillotine.
justiciable *bn* te berechten.
justicier I *ov.w* een lijfstraf doen ondergaan. II *zn m* handhaver v. h. recht; III *bn* die

het recht handhaaft (*un roi —*).
justifiable *bn* verdedigbaar.
justificateur, -trice *bn* rechtvaardigend.
justificatif, -ive *bn* rechtvaardigend; *pièces —ives*, bewijsstukken.
justification *v* 1 rechtvaardiging; 2 staving, bewijs; 3 regellengte.
justifier I *ov.w* 1 rechtvaardigen; 2 wettigen; 3 de onschuld bewijzen; 4 bewijzen, aantonen. II *on.w*: *— de*, bewijzen, aantonen (*— de son identité*). III *se ~* 1 zijn onschuld

bewijzen; 2 zich rechtvaardigen van, zich zuiveren van (*se — d'une calomnie*).
jute *m* jute.
jut/er *on.w* (*fam.*) druipen. **~eux, -euse** I *bn* sappig. II *zn m* (*mil. arg.*) adjudant.
juvénile *bn* jeugdig.
juvénilité *v* jeugdigheid.
juxtalinéaire *bn*: *traduction —*, vertaling naast de tekst.
juxtaposer *ov.w* naast elkaar plaatsen.
juxtaposition *v* het naast elkaar plaatsen.

K

k *m* de letter k.
kaléidoscope *m* caleidoscoop.
kangourou *m* kangoeroe.
kedale *bw* (*pop.*) veel.
képi *m* kepi.
kératite *v* hoornvliesontsteking.
kermès *m* kartuizer poeder.
kermesse *v* kermis in Nederland en Vlaanderen; *— d'été*, weldadigheidsfeest.
kilogramme *m* kilogram.
kilolitre *m* kiloliter.
kilo/mètre *m* kilometer. **~mètrer** *ov.w* (een weg) van kilometerpalen voorzien. **~métrique** *bn* wat een km betreft; *borne —*, kilometerpaal.
kilowatt *m* kilowatt.
kilowatt†-heure *m* kilowattuur.
kimono *m* kimono.
kiosque *m* kiosk; *— à musique*, muziektent.
kirsch *m* kersenbrandewijn.
klaxon *m* autotoeter.
klaxonner *on.w* toeteren.
klepper *m* soort Russisch paard.

kleptomane *m* of *v* iem. met een ziekelijke aanleg tot stelen.
kleptomanie *v* ziekelijke aanleg tot stelen.
knickerbocker *m* golfbroek.
knock-out (K.O.) *m* knock-out.
knout *m* knoet.
kodak *m* fototoestel.
komintern *m* de derde Internationale.
kommando *m* geparachuteerde of gelande troep soldaten met een bijzondere opdracht.
konzern *m* concern.
korrigan *m*, *-ane* *v* kwade geest, dwerg of fee in Bretagne.
koulak *m* rijke Russische boer.
kraal *m* Hottentottenhut.   [huis.
krach *m* beurscrisis; val v. e. groot handels-
kraft *m* sterk (pak)papier.
kroumir *m* leren klompsok.
kugelhof, kouglof, gouglof *m* soort Elzasser koek.
kummel *m* kummel.
kyrielle *v* reeks.
kyste *m* kapselgezwel.

L

l *m* of *v* de letter l; *l = litre* = liter; *l.c.* = *lieu cité* = op de aangehaalde plaats; *L.L.M.M. = Leurs Majestés* = Hunne Majesteiten; *L.Q.* = *lege quaeso* = lees a.u.b.
la I *lw* *v* de, het. II *vnw* haar, hem, het. III *zn m* de noot la (a).
là I *bw* daar, er; *— -bas*, daar ginds; *ce livre- —*, dat boek, celui-—, die, gene; *— -contre*, daartegenover; *de —*, van die plaats; *van- daar, daaruit (de — sa richesse)*; *—dedans*, daarin; *—dessous*, daaronder; *—dessus*, daarop; *par —*, daarheen, daarlangs. II *tw* 1 nou, zie je wel; 2 ziezo; 3 kom, kom (troost); 4 maar zo zo; 5 *oh — — !*, o jé!
labadens (*arg.*) *m* oude schoolkameraad.
label *m* etiket.
labeur I *m* (zware) arbeid; *cheval de —*, werkpaard, ploegpaard. II **~s** *m mv* barensweeën.
labi/al [*mv* aux] I *bn* wat de lippen betreft; *lecture —e*, liplezen. II **~e** *zn v* (*lettre —e*) lipletter. **~é** *bn* lipbloemig.
labile *bn* gemakkelijk afvallend (*feuilles —s*).
laborantine *v* laborante.
laboratoire *m* laboratorium.
labori/eusement *bw* werkzaam, met veel moeite. **~eux, -euse** *bn* 1 werkzaam, ijverig; 2 bewerkelijk, moeilijk; *les classes —euses*, de werkende stand.
labour *m* 1 het bewerken v. d. grond, het omploegen; 2 omgeploegde akker.
labour/age *m* het bewerken v. d. grond, het ploegen, de akkerbouw. **~er** I *ov.w* 1 (de grond) bewerken,

ploegen, omspitten; 2 omwoelen v. d. grond (b.v. door mollen); 3 openrijten, openkrabben (*— le visage*). II *on.w* zich afwerken, zich uitsloven.
laboureur *m* boer, landbouwer.
labre *m* bovenlip v. zoogdieren.
labyrinthe *m* 1 doolhof; 2 inwendige v. h. oor.
lac *m* meer; *— des quatre Cantons*, Vierwoudstedenmeer; *— Léman*, Meer v. Genève; *— Majeur*, Lago Maggiore.
lacédémonien, -enne I *bn* Spartaans. II *zn* L ~ *m*, -enne *v* Spartaan(se).
lacer *ov.w* dichtrijgen, vastsnoeren.
lacération *v* het verscheuren.
lacérer *ov.w* verscheuren.
lacerie, lasserie *v* bij vlechtwerk.
laceron *m* melkdistel.
lacet *m* 1 veter, rijgsnoer; 2 winding, (hairpin) v. e. bergweg; 3 strik voor hazen enz.
lâchage *m* 1 het loslaten, het oplaten (*— d'un ballon*); 2 het in de steek laten.
lâche I *bn* 1 laf; 2 laag, laf (*action —*); 3 slap, los; 4 vadsig, traag. II *zn m* lafaard.
lâché *bn* slordig, slap.
lâchement I *zn m* het losmaken. II *bw* 1 laf; 2 vadsig, traag.
lâcher I *ov.w* 1 losser maken, losrijgen (*— un corset*); *— la bride*, de teugels vieren; 2 loslaten; *— une écluse*, een sluis openzetten; *— pied*, vluchten, wijken; *— des pigeons*, duiven oplaten; *— prise*, loslaten; *— un vent, — un pet*, een wind laten; 3 lossen (*— un coup de fusil*); 4 in de steek

laten; 5 zeggen (— *une sottise*). II *zn m* het oplaten (van duiven).

ʻ **lâcheté** *v* 1 lafheid; 2 laagheid.

lâcheur *m*, -euse *v* iem. die zijn kameraden in de steek laat; spelbreker(-breekster).

lacis *m* maas-, netwerk.

laconique *bn* laconiek, kort en krachtig.

laconisme *m* kortheid, laconisme.

lacrym/al [*mv* aux] *bn* wat tranen betreft; *glande* —*e*, traanklier. ∼ogène *bn* traanverwekkend; *gaz* —, traangas.

lacs *m* 1 strik; 2 valstrik.

lact/aire I *zn m* melkzwam. II *bn* wat melk betreft. ∼ation *v* 1 melkgeving; 2 het zogen. ∼é *bn* melkachtig; *régime* —, melkdieet; *fièvre* —*e*, zogkoorts; *chocolat* —, melkchocolade; *voie* —*e*, melkweg. ∼escence *v* melkachtigheid. ∼escent *bn* melkachtig. ∼ine *v* melksuiker. ∼omètre *m* melkweger. ∼ose *m* of *v* melksuiker.

lacune *v* 1 leemte, lacune; *combler une* —, een leemte aanvullen; 2 opening, holte.

lacuneux, -euse *bn* leemten, holten vertonend.

lacustre *bn* op de oevers van of in een meer levend (*plante* —*e*).

ladre I *bn* 1 melaats; 2 gevoelloos; 3 vrekkig. II *zn m* of *v* 1 melaatse; 2 gierigaard.

ladrerie *v* 1 leprozeninrichting; 2 grote gierigheid.

lagune *v* lagune, haf.

lai I *bn* van een leek; *frère* —, lekebroeder; *sœur* —, lekezuster. II *zn m* 1 leek; 2 klein middeleeuws verhalend of lyrisch gedicht.

laïcisation *v* het verleken.

laïciser *ov.w* verleken.

laïcisme *m* verleking.

laïcité *v* laïciteit, neutraal karakter.

laid I *bn* 1 lelijk; — *à faire peur*, lelijk als de nacht; 2 lelijk = slecht. II *zn m*, -e *v* lelijke man, -vrouw. III *zn m* het lelijke. ∼eron *v* lelijk(e) vrouw of meisje. ∼eur *v* 1 lelijkheid; 2 afschuwelijkheid, slechtheid.

laie *v* 1 wijfje v. e. everzwijn; 2 smal bospad.

lainage *m* 1 wollen stof; 2 schaapsvacht; 3 kaarding.

laine *v* 1 wol, wollen stof; *bas de* —, wollen kous, sok met spaargeld; *se laisser manger la — sur le dos*, zich het vel over de oren laten halen; 2 kroeshaar v. negers.

lain/er I *ov.w* kaarden. II *zn m* het wollig aanzien. ∼erie *v* 1 wollen goed; 2 fabricage v. wollen stoffen.

laineur *m*, -euse *v* 1 kaarder(ster). II -euse *v* machine voor het kaarden.

laineux, -euse *bn* wollig.

lainier, -ère I *bn* wat wol betreft; *industrie* —*ère*, wolindustrie. II *zn m*, -ère *v* 1 wolhandelaar(ster). 2 wolwerker(ster).

laïque, (laïc), ïque I *bn* wereldlijk, van leken. II *zn m*, -ïque *v* leek.

lais *m* 1 jonge boom, die niet gekapt wordt; 2 aanslibbing.

laisse *v* 1 honderiem; *mener qn. en* —, iem. aan de leiband laten lopen; 2 strofe v. e. chanson de geste; 3 gedeelte v. h. strand, dat bij eb of vloed droog is; 4 aanslibbing.

laisser *ov.w* 1 laten; — *aller les choses*, de zaken haar beloop laten; *laissez dire*, laat de mensen maar kletsen; — *faire*, veroorloven, toestaan; *laissez faire, laissez passer*, laat de boel maar waaien; 2 vergeten, laten staan, laten liggen; — (*son parapluie*); 3 nalaten, overslaan, laten rusten; *ne pas — de faire qc.*, niet nalaten, iets te doen; 4 overlaten, toevertrouwen (*je vous laisse ce soin*); 5 nalaten, vermaken; — *une grande fortune*); 6 laten = verkopen; *c'est à prendre ou à* —, 't is kiezen of delen; — *qc. à 100 florins*, iets voor honderd gulden laten; 7 verlaten; *adieu, je vous laisse*, vaarwel, ik verlaat u; 8 overlaten; — *à désirer*, te wensen overlaten.

laisser-aller *m* zorgeloosheid.

laissez-passer *m* toegangsbewijs, geleidebiljet, vrijgeleide.

---

lait *m* 1 melk; *battre du* —, karnen; — *battu*, — *de beurre*, karnemelk; *boire du* — (*fam.*), voldaan-, zeer tevreden-, gelukkig zijn; — *maigre*, taptemelk; *petit* —, wei; *sucer avec le* —, met de moedermelk inzuigen; *vache à* —, melkkoe, melkkoetje (*fig.*); 2 op melk gelijkend vocht; — *de coco*, kokosmelk; 3 zog; *cochon de* —, speenvarken; *frère de* —, zoogbroeder.

laitage *m* 1 melkspijs; 2 zuivel.

laitance *v*, **laite** *v* hom.

laité *bn* met hom (*hareng* —).

laiterie *v* melkinrichting, zuivelfabriek, melkwinkel.

laiteux, -euse *bn* melkachtig.

laitier, -ère I *bn* wat melk betreft; *vache* —*ère*, melkkoe. II *zn m* 1 melkboer; 2 melker; 3 ijzerslakken. III -ère *v* 1 melkmeid; 2 melkkoe.

laiton *m* geel koper, messing.

laitonner *ov.w* opmaken met koperdraad.

laitue *v* latuw (*pl.k.*); — *pommée*, kropsla.

laïus *m* (*arg.*) toespraak, speech.

lama *m* 1 Thibetaans priester; 2 lama (dier).

laman/age *m* 1 het beroep v. loods; 2 het loodswezen. ∼eur *m* havenloods.

lambeau [*mv* x] *m* 1 lap, flard, stuk vel; 2 brokstuk.

lambic, lambick *m* zwaar Belgisch bier.

lambin I *bn* langzaam, treuzelig. II *zn m*, -e *v* treuzelaar(ster).

lambiner *on.w* treuzelen.

lambris *m* 1 lambrizering; 2 plafond; — *dorés*, prachtige kamers, rijke huizen. ∼sage *m* 1 lambrizering; 2 pleisterwerk.

lambrisser *ov.w* 1 lambrizeren; 2 bepleisteren.

lame *v* 1 lemmet; *une bonne* —, *une fine* —, iem. die goed met de degen kan omgaan; *friand de la* —, graag duellerend; *visage en* — *de couteau*, mager, scherp gezicht; 2 golf; — *de fond*, grondzee; 3 dun metalen plaatje.

lamé *bn* 1 belegd met metalen platen; 2 doorwerkt met goud- of zilverdraad.

lamelle *v* metaalplaatje, lamel.

lamellé, lamelleux, -euse *bn* schilferig.

lamelliforme *bn* bladvormig.

lament/able *bn* droevig, jammerlijk; deerniswekkend. ∼ation *v* jammerklacht, gejammer, weeklacht, klaaglied.

lamenter (se) jammeren, weeklagen.

lamier *m* dovenetel.

lamin/age *m* het pletten. ∼er *ov.w* pletten. ∼erie *v* pletterij. ∼eur *m* pletter. ∼eux, -euse *bn* bladerig, schilferig; *tissu* —, celweefsel. ∼oir *m* pletmachine; *passer au* —, een harde leerschool doorlopen.

lampadaire *m* 1 luchter, kandelaber; 2 lampevoet.

lampant *bn* helder brandend.

lampas *m* (*pop.*) keel; *s'arroser le* —, drinken.

lampe *v* lamp; — *à acétylène*, carbidlamp; — *à arc*, booglamp; — *à incandescence*, gloeilamp; — *de mineur*, mijnwerkerslamp; — *au néon*, neonlamp; — *du sanctuaire*, godslamp; — *à souder*, soldeerlamp; — *de sûreté*, veiligheidslamp.

lampée *v* (*pop.*) grote slok, - teug.

lamper *ov.w* gulzig (leeg)drinken.

lampion *m* 1 vetpotje; 2 (*pop.*) lampion; 3 (*arg.*) oog; 4 (*arg.*) fles.

lampiste *m* 1 lampenmaker; 2 lampenverkoper; 3 lampenist; 4 (*fam.*) lagere beambte.

lampisterie *v* 1 lampenmakerij, -fabricage; 2 lampenzaal; 3 lampenkamer.

lamproie *v* lamprei (soort vis).

lanç/age *m* = **lancement**.

lance *v* 1 lans; 2 lansier; 3 straalpijp, sproeier; 4 pelkstok voor bodemonderzoek; 5 ijzeren punt; 6 harpoen.

lance-bombes *m* mijnenwerper.

lancée *v* vaart.

lance-flammes *m* vlammenwerper.

lance-grenades *m* granaatwerper.

lancement *m* 1 het te water laten v. e. schip;

2 het voor het eerst uitgeven v. e. boek;
3 het slaan v. e. brug; 4 het op touw zetten;
5 het in de mode, brengen.

lance-mines m mijnenwerper.

lance-pierres m katapult.

lancer I on.w 1 werpen, schieten; 2 toedienen
(— un coup de pied); 3 te water laten (— un
vaisseau); 4 uitgeven (— un livre); 5 in de
mode brengen; 6 op touw zetten; — un
article, een artikel in de handel brengen;
7 voortjagen; départ lancé, vliegende start;
8 loslaten, laten vertrekken; — un cerf-
volant, een vlieger oplaten; 9 uitzenden per
radio. II se ~ 1 zich werpen, zich storten;
toeschieten; 2 erg vrolijk zijn, een tikje aangeschoten zijn, loskomen. III zn m het oplaten (v. e. ballon, v. duiven).

lanceron m jonge snoek.

lance-torpilles m torpedolanceerbuis.

lancette v lancet.

lanceur m, -euse v hij, zij, die iets op touw
zet, invoert; —euse de modes, vrouw die een
nieuwe mode inwijdt.

lanciforme bn lansvormig.

lancinant bn stekend, zich uitend door scheuten (douleur —e).

lanciner on.w steken (v. pijn).

landais I bn uit de Landes. II zn L~ m,
-e v bewoner (bewoonster) der Landes.

landau [mv s] m landauer.

landaulet m kleine landauer, auto met afneembare kap.

lande v dorre vlakte, heideveld.

landgrave m landgraaf.

landole v vliegende vis.

langage m taal, spraak; — chiffré, cijferschrift.

lang/e v luier; dans les —s, in de kinderschoe-
nen. ~er ov.w inbakeren.

langour/eusement bw smachtend, kwijnend,
verlangend. ~eux, -euse bn smachtend,
kwijnend, verlangend.

langouste v zeekreeft zonder scharen.

langoustier m, -ère v kreeftenet.

langoustine v kleine zeekreeft.

langue v 1 taal; — maternelle, moedertaal;
— verte, argot; 2 tong; avaler sa ~,
zwijgen, zich de tong afbijten; coup de —,
hatelijkheid; donner, jeter. sa — aux chats
(aux chiens), het opgeven (v. e raadsel);
avoir la — trop longue, geen geheim kunnen
bewaren; mauvaise —, — de vipère, kwaad-
spreker(-spreekster); se mordre la —, zich
op de lippen bijten; avoir la — bien pendue,
bien affilée, niet op zijn mondje gevallen
zijn; prendre —, ruggespraak houden; qui
— a, à Rome va (spr.w), wie vraagt, komt
overal terecht; tirer la — à qn., de tong
tegen iem. uitsteken; 3 tongvormig voorwerp; — de terre, landtong.

langue†-de-chat v kattetongetje (koekje).

languedocien, -enne I bn uit Languedoc.
II zn L~ m, -enne v bewoner (bewoonster)
van Languedoc.

languette v 1 tongetje; 2 tong v. e. balans;
3 klep v. e. blaasinstrument.

langueur v 1 kwijning, slapheid; 2 traagheid,
loomheid; 3 versmachting.

languide bn smachtend, kwijnend (oud).

languir on.w 1 kwijnen, wegkwijnen, versmachten; 2 verflauwen; cette affaire
languit, er zit geen schot in die zaak; la
conversation languit, het gesprek verslapte;
3 smachten; 4 zich dodelijk vervelen.

languiss/ament bw 1 kwijnend, langzaam;
2 smachtend. ~ant bn 1 kwijnend, krachteloos; 2 smachtend.

lanière v dunne lange riem.

lanifère, lanigère bn woldragend, donzig.

lansquenet m 1 landsknecht; 2 soort kaartspel.

lanterne v 1 lantaarn; — magique, toverlantaarn; mettre à la —, ophangen; oublier
d'éclairer sa —, de hoofdzaak vergeten;
prendre des vessies pour des —s, zich knollen

voor citroenen laten verkopen; — sourde,
dievenlantaarn; — vénitienne, lampion;
2 open torentje op gebouw.

lanterner I on.w treuzelen, lanterfanten.
II ov.w (fam.) aan het lijntje houden.

lanternier m 1 lantarenmaker; 2 lantaren-
opsteker; 3 lanterfanter.

lanugineux, -euse bn 1 wollig; 2 donzig.

lapereau [mv x] m jong konijn.

lapidaire m 1 diamantwerker; 2 bn: style —,
bondige, kernachtige stijl.

lapid/ation v steniging. ~er ov.w stenigen.
—ification v verstening. ~ifier ov.w doen
verstenen.

lapin m konijn; — de choux, — de clapier,
— domestique, tam konijn; c'est un fameux
—, het is een kranige kerel; — de garenne,
— sauvage, wild konijn; poser un — à qn.,
niet komen op een afgesproken plaats.

lapinière v konijnenberg, -hok.

lapis, lapis-lazuli m lazuursteen.

lapon, -e I bn Laplands. II zn L~ m, -e v Lap.

laps I zn m: — de temps, tijdsverloop. II m
ketter. III bn ketters, afvallig.

lapsus m vergissing.

laquage m het lakken.

laquais m lakei.

laqu/e I v lak. II m verlakt Chinees kunstvoorwerp. ~er ov.w lakken.

laqueux, -euse bn lakachtig.

larbin m (pop.) knecht.

larcin m 1 kleine diefstal; 2 het gestolene;
3 plagiaat.

lard m spek; faire du —, dik worden van het
niets doen. ~er ov.w 1 larderen, doorspekken; 2 doorspekken (fig.); 3 doorsteken.
—eux, -euse bn met veel spek.

lardoir m (pop.) mes.

lardon m 1 reepje spek; 2 steek onder water;
3 (pop.) kind.

lardonner ov.w 1 spek aan reepjes snijden;
2 voortdurend steken onder water geven.

lare I m huisgod. II ~s m mv huiselijke haard.

large I bn 1 breed; 2 groot, wijd; 3 ruim
(avoir la conscience —); 4 vrijgevig. II zn m
1 breedte; un mètre de —, een meter breed;
de long en —, heen en weer; au — !, au — !,
maak ruim baan!; 2 volle zee; prendre le —,
in zee steken; er van door gaan.

larg/ement bw ruimschoots, met ruime hand,
met ruime blik. ~esse v mildheid, vrijgevigheid; faire des —s, met milde hand geld
uitdelen. ~eur v 1 breedte; 2 brede blik,
onbekrompenheid.

largue bn slap, los; vent —, ruime wind.

larguer ov.w (scheepv.) vieren.

largot m soort oude fluit; boire à tire- —,
zuipen.

larix m lariks (boom).

larm/e v 1 être ému jusqu'aux —s, tot
schreiens toe bewogen zijn; fondre en —s,
pleurer à chaudes —s, hete tranen schreien;
rire aux —s, — jusqu'aux —s, tranen
lachen; avoir des —s dans la voix, met door
tranen verstikte stem spreken; 2 teugje,
druppeltje (— de vin). ~ier m 1 druiplijst
v. e. gebouw; 2 binnenste ooghoek.

larmoiement m het tranen der ogen.

larmoyant bn 1 badend in tranen; 2 huilerig.

larmoyer on.w huilen.

larron m 1 dief; le bon et le mauvais —, de
goede en de slechte moordenaar (bij de
kruisiging); — d'honneur, eerrover, ver-
leider.

larronneau [mv x] m diefje.

larvaire bn van de larve (forme —).

larve v larve.

laryngite v keelontsteking, strottehoofd-
ontsteking.

laryngo/logue m keelarts. ~scope m keel-
spiegel. ~scopie v onderzoek met de keel-
spiegel. ~tomie v strottehoofdsnede.

larynx m strottehoofd.

las I bn moe; je suis — de vivre, ik ben het
leven moe; de guerre —se, strijdens moe.

II *tw* helaas!
lascar *m* 1 Indisch matroos; 2 (*pop.*) flinke uitgeslapen kerel.
lascif, -ive *bn* wellustig, wulps.
lasciveté *v* wellustigheid, wulpsheid.
lassant *bn* 1 vermoeiend; 2 vervelend.
lasser I *ov.w* 1 vermoeien; 2 vervelen. II se ~ de moede worden, genoeg krijgen van.
lassitude *v* moeheid.
lasso *m* lasso.
latanier *m* waaierpalm.
latent *bn* verborgen.
latéral [*mv* aux] *bn* zij . . . ; *porte —e*, zijdeur.
latex *m* melksap.
lathyrus *m* lathyrus.
latin I *bn* Latijns; *quartier —*, Parijse studentenwijk. II *zn* L ~ *m* Latijn. III *m* het latijn; *bas —*, middeleeuws latijn; — *classique*, klassiek latijn; — *de cuisine*, potjeslatijn; *être au bout de son —*, geen raad meer weten, uitgepraat zijn; *Eglise —e*, Westerse Kath. Kerk; *j'y perds mon —*, ik snap er niets van; — *populaire*, volkslatijn.
latin/iser *ov.w* verlatiniseren. ~**isme** *m* eigenaardige latijnse uitdrukking.
latiniste *m* kenner van het latijn.
latitude *v* 1 breedte; — *nord*, — *boréale*, noorderbreedte; — *sud*, — *australe*, zuiderbreedte; 2 vrijheid v. handelen.
latitudinaire *bn* te breed v. opvatting.
latrines *v mv* w.c.
latt/age *m* 1 het voorzien v. latwerk; 2 latwerk. ~**e** *v* 1 lat; 2 cavaleriesabel.
latter *ov.w* van latten voorzien.
lattis *m* latwerk.
laudanum *m* laudanum (*med.*).
laudatif, -ive *bn* prijzend.
laudes *v mv* deel der kerkelijke getijden.
lauracées *v mv* laurierachtigen.
lauré *bn* gelauwerd.
lauréat, -ate I *bn* bekroond (*poète —*). II *zn* *m*, -e *v* bekroonde, prijswinnaar (-winnares).
lauréole *v* peperboompje.
laurier *m* 1 laurier; —*rose*, oleander; 2 lauwer; *se couvrir de —s*, zich met roem bedekken; *cueillir des —s*, lauweren plukken; *flétrir ses —s*, zijn roem bevlekken.
lavable *bn* afwasbaar.
lavabo *m* wastafel.
lavage *m* 1 het wassen; — *de cerveau*, hersenspoeling; 2 gootwater (b.v. van thee, soep); 3 (*arg.*) uitverkoop.
lavallière *v* soort dasstrik.
lavande *v* lavendel (*pl.k.*).
lavanderie *v* wasplaats.
lavandière *v* 1 wasvrouw; 2 kwikstaart.
lave *v* lava.
lave-mains *m* fonteintje.
lavement *m* 1 wassing, afwassing; 2 lavement.
laver I *ov.w* 1 wassen, afwassen, spoelen, uitspoelen; — *son linge sale en famille*, familieoneenigheden onder elkaar behandelen; — *la tête à qn...*, iem. een fikse uitbrander geven; *pierre à —*, gootsteen; 2 (*pop.*) iets verkopen, door geldnood gedwongen; 3 uitwissen, zuiveren. II se ~ zich wassen; *je m'en lave les mains*, ik was mijn handen in onschuld.
lav/erie *v* wasplaats. ~**ette** *v* vaatdoek. ~**eur** *m*, -euse *v* 1 wasser(ster). II -euse *v* wasmachine.
lavique *bn* lava-achtig.
lavis *m* het wassen v. e. tekening.
lavoir *m* 1 openbaar washuis; 2 pompstok v. e. geweer; 3 (*arg.*) biechtstoel.
lavure *v* 1 waswater; 2 dunne soep.
laxatif, -ive I *bn* ontlastend. II *zn m* ontlastingsmiddel.
layer *ov.w* 1 een smal bospad aanleggen; 2 bomen merken, die niet gekapt mogen worden.
layetier *m* koffermaker.
layette *v* 1 kistje; 2 luiermand.
layon *m* jagerspad.

lazaret *m* quarantainegebouw.
lazariste *m* lazarist (pater).
lazzi *m* 1 komische pantomime; 2 grap, geestigheid (dikwijls vermengd met spot).
le, la, les I *lw* de, het. II *vnw* hem, haar, het, lé *m* jaagpad.   [hen.
leader *m* 1 partijleider; 2 hoofdartikel.
lèche *v* 1 sneetje; 2 likkerij, vleierij.
léchement *m* het likken, aflikken.
lécher I *ov.w* likken, aflikken; *portrait léché*, gelikt portret; *ours mal léché*, ongelikte beer. II se ~ zich-, elkaar likken; *se — les doigts*, zijn vingers aflikken.
léch/erie *v* 1 vleierij; 2 snoeplust. ~**eur** *m*, -euse *v* 1 lekkerbek; 2 lage vleier(ster).
leçon *v* les; *faire la — à qn.*, iem. de les lezen; *faire réciter la —*, de les overhoren; *prendre des —s*, les nemen; — *particulière*, privaatles; *réciter la —*, de les opzeggen.
lecteur *m*, -trice *v* 1 lezer(es); 2 voorlezer(es); 3 lector (aan een niet-Franse universiteit).
lecture *v* 1 het lezen; 2 het voorlezen; *donner — de qc.*, iets op-, voorlezen; 3 belezenheid; *avoir de la —*, belezen zijn.
légal [*mv* aux] *bn* wettelijk, wettig.
légalisation *v* het bekrachtigen v. e. stuk -v. e. handtekening.
légaliser *ov.w* (een stuk, een handtekening) bekrachtigen.
légalité *v* wettigheid.
légat *m* pauselijk gezant.
légataire *m* of *v* erfgenaam(-gename); — *universel*, universeel erfgenaam.
légation *v* 1 gezantschap; 2 het personeel v. e. gezantschap; 3 gezantschapsgebouw.
lège *bn* niet geheel bevracht (*scheepv.*).
légendaire I *m* 1 legendenschrijver; 2 legendenverzameling. II *bn* legendarisch.
légende *v* 1 heiligenleven; 2 legende; 3 opschrift op munt; 4 verklaring v. tekens v. e. kaart enz.
léger, -ère I *bn* 1 licht; *avoir la main —ère*, gauw slaan; handig opereren v. e. chirurg; *terre —ère*, lichte grond; *thé —*, slappe thee; *vin —*, lichte wijn; 2 opgewekt; 3 levendig, vlug; 4 lichtzinnig; 5 gewaagd, pikant (*anecdote —ère*). II *bw*: *à la —ère*, lichtzinnig; oppervlakkig.
légèrement *bw* 1 licht; 2 vlug; 3 lichtzinnig.
légèreté *v* 1 lichtheid; 2 lichtzinnigheid, oppervlakkigheid; 3 vlugheid.
leghorn *m* leghorn (soort kip).
légiférer *on.w* wetten maken.
légion *v* 1 legioen; — *étrangère*, vreemdelingenlegioen; — *d'honneur*, legioen v. eer; 2 grote menigte, zwerm, horde; 3 gendarmeriekorps.
légionnaire *m* 1 soldaat v. h. vreemdelingenlegioen; 2 lid v. h. legioen v. eer.
législateur *m*, -trice *v* 1 wetgever(-geefster); 2 opsteller v. regels op het gebied v. wetenschap of kunst.
législatif, -ive *bn* wetgevend; *pouvoir —*, wetgevende macht. ~**ation** *v* 1 wetgeving; 2 rechtswetenschap.
législature *v* 1 wetgevende macht; 2 uitoefening van des macht; 3 zittingsduur v. e. wetgevend lichaam.
légiste I *bn* wat wetten of politie betreft; *médecin —*, politiedokter. II *zn m* rechtsgeleerde.
légitim/aire *bn* wettig. ~**ation** *v* echtverklaring, legitimatie. ~**e** I *bn* 1 wettig, rechtmatig; — *défense*, wettige zelfverdediging; 2 billijk, gegoloofd. II *zn v* wettig erfdeel. ~**er** *ov.w* 1 wettigen, echt verklaren; 2 rechtvaardigen. ~**iste** *m* 1 aanhanger der erfopvolging; 2 aanhanger der Bourbons. ~**ité** *v* 1 wettigheid; 2 echtheid.
legs *m* legaat.
léguer *ov.w* nalaten, vermaken.
légum/e I *m* groente. II *v: grosse —*, hoog ome. ~**ier, -ère** I *bn* wat groenten betreft; *jardin —*, groentetuin. II *zn m* groenteschaal.

légumineux, -euse bn peulvruchtdragend.
lendemain m volgende dag; le — matin, de volgende morgen; du jour au —, ineens.
lendore m of v suffer, dromer(droomster).
lénifiant bn verzachtend.
lénifier ov.w verzachten.
lénitif, -ive I bn verzachtend. II zn m 1 verzachtend middel; 2 verlichting, troost.
lent bn langzaam, traag.
lente v neet.
lenteur v 1 langzaamheid, traagheid.
lenticulaire, lenticulé bn lensvormig.
lentigo m sproet.
lentille v 1 lins; 2 lens; 3 sproet.
lentilleux, -euse bn sproetig.
léonin bn tot de leeuw behorend; contrat —, contract, waarbij een der partijen het grootste deel krijgt; part —e, leeuweaandeel.
léopard m luipaard.
léopardé bn gevlekt.
lèpre v 1 melaatsheid; 2 schandvlek.
lépr/eux, -euse I bn melaats. II zn m, -euse v melaatse. ~oserie v leprozenhuis.
lequel m, **laquelle** v, **lesquels** m mv, **lesquelles** v mv I betr.vnw die, welke. II vrag.vnw welke.
les I lw de. II vnw ze, hen, haar.
lèse geschonden; crime de lèse-majesté, majesteitsschennis.
léser ov.w 1 kwetsen, wonden; 2 schenden, krenken.
lésin/e v gierigheid. ~er on.w vrekkig zijn, uitzuinigen (— sur qc.). ~erie v gierigheid.
lésineur m, -euse v gierigaard.
lésion v kwetsing, beschadiging.
lessivage m het uitwassen met loog.
lessive v 1 waswater; 2 was (faire la —) 3 wasgoed; 4 groot geldverlies; 5 opruiming, zuivering.
lessivé bn (pop.) moe.
lessiver ov.w 1 in de was doen; 2 uitwassen.
lessiveuse v wasmachine.
lest m ballast; navire sur —, schip zonder lading; jeter du —, ballast uitwerpen; een groot offer brengen, om een zaak te redden.
lestage m het ballasten.
leste bn 1 vlug, rap; — en affaires, vlot in zaken; 2 gewaagd, schuin.
lester I ov.w ballasten. II se ~ versterkend eten of drinken gebruiken.
let bw let (bij tennis).
létalité v sterfte, dodelijkheid.
léthargie v 1 slaapziekte, verdoving; 2 ongevoeligheid, sufheid.
léthargique bn 1 tot de slaapziekte behorend; sommeil —, zeer langdurige slaap, die op de dood lijkt; 2 ongevoelig, onverschillig, dof.
lette, letton, -onne I bn Letlands. II zn L— m, -onne v Letlander, Letlandse.
lettre I v letter; à la —, stipt; letterlijk; avant la —, afgedrukt vóór het aanbrengen v. h. onderschrift; 2 brief; — de cachet, bevel tot inhechtenisneming (tijdens het Ancien Régime); — de change, wissel; —chargée, aangetekende brief (met aangegeven geldswaarde); les cinq —s! (in plaats van merde), stik, verrek enz.; — de crédit, kredietbrief; — de faire part, aankondiging v. huwelijk, overlijden enz.; — de mort, scheepspapieren; — de voiture, vrachtbrief; — recommandée, aangetekende brief (zonder aangegeven waarde); en toutes —s, voluit. II ~s v mv letteren, letterkunde; homme de —s, letterkundige.
lettré I bn geletterd. II zn m letterkundige.
lettrine v 1 verwijzingsletter; 2 (versierde) (hoofd)letter boven hoofdstuk.
leu m: à la queue leu leu, achter elkaar, op een rijtje.
leucocyte m wit bloedlichaampje.
leur I pers.vnw hun, haar. II ~, ~s bez.vnw hun, haar; le, la —, les —s, de (het) hunne(n), hare(n).
leurre m 1 lokvogel; 2 lokaas, bedrog.
leurrer I ov.w aanlokken, bedriegen. II se ~ de zich vleien met.

levage m 1 het oprichten; 2 het opheffen; 3 het rijzen (v. deeg).
levain m gist, zuurdesem; — de discorde, twistappel.
levant I bn opkomend, rijzend (soleil —). II zn m 1 het oosten; 2 de Levant.
levantin I bn Levantijns. II zn m Levantijn.
levé I bn opgeheven. II zn m 1 opslag bij het maatslaan; 2 voter par assis et —, stemmen bij zitten en opstaan; 3 meting.
lève-auto m autokrik.
levée v 1 het opnemen, het wegnemen (—d'un pansement); 2 sluiting v. e. vergadering; 3 heffing, inning; 4 lichting v. e. brievenbus; 5 lichting (mil.); 6 slag in het kaartspel; 7 opheffing; — des scellés, opheffing v. e. beslag; 8 dijk, wal; 9 inzameling, het binnenhalen (la — des grains).
lever I ov.w 1 opheffen, oplichten, ophalen; — l'ancre, het anker lichten; — les épaules, de schouders ophalen; — le coude, pimpelen; — la main sur qn., iem. slaan; en lever la main, er een eed op doen; — le masque, het masker afleggen (fig.); — un pont-levis, een ophaalbrug ophalen; 2 wegnemen, weghalen, afnemen; — les scellés, een beslag opheffen, de zegels verbreken; 3 sluiten (— une séance); 4 heffen, innen (lever des impôts); 5 lichten v. e. brievenbus; 6 lichten v. troepen; 7 opslaan (les yeux); 8 opheffen (— un siège); 9 tekenen (— un plan); 10 opjagen (v. wild); 11 inzamelen, oogsten. II on.w 1 opkomen v. gewassen; 2 rijzen (v. deeg). III se ~ 1 opstaan; 2 opkomen v. zon, maan enz.; 3 opsteken v. d. wind. IV zn m 1 het opstaan; le petit —, het opstaan v. d. Franse koning, waarbij alleen de hoogsten in rang tegenwoordig waren; le grand —, de audiëntie kort na het opstaan; 2 het opkomen v. d. zon enz.; 3 het ophalen v. h. scherm v. h. toneel; — de rideau, éénakter, waarmee een schouwburgvoorstelling begint; 4 het opmaken, het schetsen (— d'un plan).
lever-Dieu m het ogenblik v. h. opheffen der Hostie (oud).
levier m 1 hefboom; 2 handel aan machine; — de changement de vitesse, versnellingshandel; 3 zwengel v. e. pomp.
levis zie pont-levis.
lévite I m 1 leviet; 2 priester. II v lange jas.
levraut m jonge haas.
lèvre v 1 lip; avoir le cœur sur les —s, het hart op de tong hebben; misselijk zijn; sourire du bout des —s, flauwtjes lachen; 2 rand v. e. wond, - van sommige bloemen.
lev/ette v 1 wijfjeshazewind; 2 kleine It. hazewind. ~etté bn slank.
lévrier m windhond.
levron, -onne v 1 jonge hazewind; 2 soort kleine windhond.
levur/e v gist, biergist (— de bière). ~ier m 1 gistfabrikant; 2 handelaar in gist.
lexicographe m 1 maker v. e. woordenboek; 2 iem. die de oorsprong en de betekenis der woorden bestudeert.
lexicogra/phie v het samenstellen v. e. woordenboek. ~phique bn wat de lexicografie betreft.
lexicologie v studie, kennis der afleiding v. woorden en van hun betekenis.
lexicologique bn wat de lexicologie betreft.
lexicologue m lexicoloog.
lexique m 1 woordenlijst bij een bepaald schrijver; 2 klein woordenboek; 3 woordenschat v. e. taal.
lez, lès vz bij (oud; komt nog voor in aardr.-kundige namen (Plessis-lez-Tours).
lézard m hagedis; faire le —, prendre un bain de —, zich in de zon koesteren.
lézarde v 1 spleet, scheur in een muur; 2 galon v. Fr. onderofficieren.
lézarder I ov.w doen scheuren. II on.w slenteren, luieren in de zon. III se ~ splijten, scheuren.

liage *m* het binden.

liaison *v* 1 verbinding, verband; — *postale*, postverbinding *m* 2 verbinding (*mil.*); 3 metselkalk; 4 bindmiddel voor spijzen; 5 verbindingsstreepje, ophaal (*muz.*); *faire* —, verbinden; 6 het verbinden van twee woorden; 7 samenhang, verband (— *dans les idées*); 8 omgang, liefdesbetrekking.

liaisonner *ov.w* voegen v. stenen.

liane *v* slingerplant.

liant I *bn* 1 buigzaam, lenig; 2 vriendelijk, innemend. II *zn m* 1 veerkracht; 2 soepelheid bij dansen; 3 innemendheid.

liard *m* duit; *couper un* — *en quatre*, zeer gierig zijn.

liarder *on.w* (*fam.*) op een cent doodblijven.

liardeur *m*, -euse *v* iem. die op een cent doodblijft.

liasse *v* bundel, lias.

libation *v* 1 plengoffer; 2 het (veel) drinken; *faire d'amples* —*s*, 'm duchtig raken.

libelle *m* schotschrift.

libeller *ov.w* (een akte) opstellen.

libelliste *m* pamfletschrijver.

libellule *v* libel, waterjuffer, glazenmaker.

libera *m* gebed voor de doden (*R.K.*).

libéral [*mv aux*] I *bn* 1 vrijgevig, gul; 2 liberaal; 3 *arts* —*aux*, vrije kunsten. II *zn m* liberaal. ~isme *m* liberalisme.

libéralité *v* 1 vrijgevigheid, gulheid. II ~*s v mv* milde gaven.

libérateur *m*, -trice *v* bevrijder(ster).

libération *v* 1 delging v. e. schuld; 2 bevrijding, invrijheidstelling, ontslag uit de dienst (— *d'un soldat*); 3 bevrijding v. d. vijand.

libérer I *ov.w* 1 delgen v. e. schuld; 2 bevrijden, in vrijheid stellen, ontslaan uit de mil. dienst. II *se* ~ zijn schuld betalen.

libertaire I *bn* anarchistisch. II *zn m* anarchist.

liberté *v* 1 vrijheid; *mettre en* —, in vrijheid stellen; — *de la presse*, vrijheid v. drukpers; 2 vrijpostigheid (*prendre des* —*s*).

libertin I *bn* losbandig, zedeloos. II *zn m* 1 losbandig persoon; 2 (*oud*) vrijdenker. ~age *m* 1 losbandigheid, zedeloosheid; 2(*oud*) vrijdenkerij. ~er *on.w* een losbandig, zedeloos leven leiden.

libidineux, -euse *bn* wellustig, wulps.

libraire *m* boekhandelaar.

librairie *v* 1 boekhandel; 2 (*oud*) bibliotheek.

libre *bn* 1 vrij; — *arbitre*, vrije wil; *école* —, bijzondere school; *être* — *comme l'air*, zo vrij zijn als een vogel in de lucht; — *pensée*, vrijdenkerij; — *penseur*, vrijdenker; *à vous de*, het staat u vrij, te; 2 vrijpostig, vrijmoedig; 3 gewaagd, schuin.

libre-échange *m* vrijhandel.

libre-échangiste *m* voorstander v. vrijhandel.

librettiste *m* maker v. e. libretto.

libretto *m* operatekst.

lice *v* strijdperk; *entrer en* —, in het krijt treden.

licence *v* 1 vergunning; verlof; 2 vis-, tabak-, sterke drank- enz. vergunning; 3 misbruik v. vrijheid; *prendre des* —*s avec qn.*, zich te grote vrijheden tegenover iem. veroorloven; 4 vrijheid op kunstgebied; 5 losbandigheid, uitspatting; 6 graad, die ongeveer overeenkomt met het Ned. kandidaatsexamen (— *en droit*; — *ès lettres*).

licencié *m* -e, *v* 1 kandidaat (kandidate); 2 ontslagene.

licenci/ement *m* ontslag. ~er *ov.w* afdanken, ontslaan, naar huis zenden.

licencieusement *bw* losbandig, schuin.

licencieux, -euse *bn* losbandig, schuin.

licet *m* vergunning, verlof.

lichen *m* korstmos.

licher *ov.w* (*pop.*) likken, snoepen, drinken.

licite *bn* geoorloofd.

licorne *v* eenhoorn.

licou, licol *m* halster.

lie I *zn v* droesem, grondsop; *boire le calice jusqu'à la* —, de lijdensbeker tot de bodem

ledigen; *la* — *du peuple*, de heffe des volks. II lie-de-vin *bn* purperrood.

liège *m* 1 kurkeik; 2 kurk.

Liège Luik.

liégeois I *bn* Luiks. II *zn* L ~ *m*, -e *v* Luikenaar, Luikse.

liégé *bn* met kurk.

liégeux, -euse *bn* kurkachtig.

lien *m* 1 band; — *conjugal*, huwelijksband; 2 boei, kluister.

lier I *ov.w* 1 binden, verbinden, vastbinden; — *une sauce*, een saus binden; 2 sluiten (— *amitié avec qn.*). II *se* ~ zich verbinden; *se* — *avec qn.*, vriendschap met iem. sluiten.

liesse *v* (*oud*) vrolijkheid; *être en* —, vrolijk zijn.

lieu [*mv* x] I *zn m* 1 plaats, plek; —*x d'aisance*, w.c.; *au* — *de*, in plaats van; *avoir* —, plaats vinden; — *commun*, gemeenplaats; *sans feu ni* —, dakloos; *en premier* —, op de eerste plaats; *saint* —, heiligdom; *les saints* —*x*, de Heilige Plaatsen; *en temps et* —, te zijner tijd en plaatse; *tenir* — *de*, vervangen; 2 stand, familie; *sortir de haut* —, van deftigen huize zijn; 3 passage uit een boek; 4 oorzaak, reden; *avoir* — *de*, reden hebben om te; *donner* — *à*, aanleiding geven tot. II *vw*: *au* — *que*, terwijl.

lieue *v* mijl, klein uur gaans (4,444 km); — *kilométrique* = 4 km; — *de terre*, — *commune* = 4,444 km; — *marine*, zeemijl (5,555 km); *il est à cent (à mille)* — *s d'ici*, hij is er met zijn gedachten niet bij; *bottes de sept* — *s*, zevenmijlslaarzen.

lieur *m*, -euse *v* 1 schovenbinder(ster). II -euse *v* graanbinder (machine).

lieuten/ance *v* luitenantschap. ~ant *m* 1 eerste luitenant; — *de vaisseau*, luitenant ter zee 1ste klasse; 2 plaatsvervanger.

lieutenant†-colonel† *m* overste, luitenant-kolonel.

lieutenante *v* (*fam.*) luitenantsvrouw.

lièvre *m* haas; *il ne faut pas courir deux* —*s à la fois*, men moet niet twee verschillende doeleinden najagen; *courir le même* —, hetzelfde doel nastreven; *avoir une mémoire de* —, kort van memorie zijn; *être poltron comme un* —, een hazehart hebben.

liftier *m* liftboy.

ligament *m* gewrichtsband.

ligatur/e *v* 1 het afbinden; 2 band om boom; het opbinden v. planten; 3 sjorring; 4 dubbele letter. ~er *ov.w* afbinden.

lige *bn* 1 leenplichtig; 2 zeer toegewijd.

lignage *m* geslacht, afstamming.

lignager *m* stamverwant.

lignard *m* (*pop.*) liniesoldaat.

ligne *v* 1 lijn, linie; — *aérienne*, luchtlijn; — *de bataille*, gevechtslinie; — *de conduite*, gedragslijn; — *de démarcation*, scheidingslijn; — *équinoxale*, evennachtslijn; *navire de* —, linieschip; *passer la* —, de evenaar passeren; *troupes de* —, linietroepen; 2 regel; *hors* —, buitengewoon; 3 vissnoer; *pêcher à la* —, hengelen; 4 streep (¹/₁₂ duim)

lignée *v* geslacht, nakomelingschap.

ligner *ov.w* liniëren.

ligneul *m* pikdraad.

ligneux, -euse *bn* houtachtig.

lignification *v* houtvorming.

lignite *m* bruinkool.

ligot *m* vuurmaker.

ligotage *m* het knevelen, het binden.

ligoter *ov.w* knevelen, binden.

ligue *v* 1 bond, liga; 2 komplot.

liguer I *ov.w* in een verbond verenigen. II *se* ~ een verbond aangaan.

ligueur *m*, -euse *v* lid v. e. ligue.

lilas *I m* sering. II *bn* lila.

liliacées *v mv* lelieachtigen.

lilial *bn* lelieblank.

liliputien *m*, -enne *v* 1 lilliputter. II *bn* dwergachtig.

limace *v* 1 veldslak; 2 (*pop.*) hemd.

limaçon *m* 1 huisjesslak; *escalier en* —, wen-

teltrap; **2** slakkenhuis v. h. oor.
lim/age *m* het vijlen. ~**aille** *v* vijlsel.
liman *m* lagune.
limande *v* schar (vis).
limbe I *v* zoom, rand. II **—s** *v mv* voorgeborchte der hel.
limbourg I *m* Limburgse kaas. II **L~** *m* Limburg.
lime *v* vijl.
lim/er *ov.w* **1** vijlen; **2** afwerken, bijschaven (*fig.*). ~**eur** *m* vijlder.
limier *m* **1** speurhond (ook *fig.*); **2** spion.
liminaire *bn* als inleiding; *épître* —, voorrede in briefvorm aan het begin v. e. boek.
limitatif, -ive *bn* beperkend.
limitation *v* beperking.
limite I *v* grens; — *de charge*, laadvermogen. II *bn: prix* —, vastgestelde prijs; *vitesse* —, maximum snelheid.
limiter *ov.w* begrenzen, beperken.
limon *m* **1** slijk, slib; **2** lamoen.
limonade *v* **1** limonade; **2** cafébedrijf.
limonadier *m, -ère* *v* **1** limonadeverkoper, -verkoopster; **2** caféhouder(ster).
limonage *m* beslibbing.
limoneux, -euse *bn* slijkerig.
limonier *m* **1** lamoenpaard; **2** limoenboom.
limonière *v* lamoen.
limonite *v* ijzeroer.
limousin I *m* **1** uit Limoges of de oude provincie le Limousin. II *zn* **L~** *m*, **-e** *v* bewoner(bewoonster) v. Limoges of le Limousin. III *m* metselaarsknecht.
limousine *v* gesloten auto met zijruiten.
limousiner *ov.w* grof metselen.
limpide *bn* **1** helder, doorzichtig; *style* —, heldere stijl; **2** eenvoudig (*visage* —).
limpidité *v* helderheid, doorzichtigheid.
limure *v* **1** het vijlen; **2** vijlmeel.
lin *m* **1** vlas; *graine de* —, lijnzaad; *huile de* — lijnolie; **2** lijnwaad.
linacé *bn* vlasachtig.
linceul *m* lijkkleed, lijkwade.
linçoir, linsoir *m* draagbalk.
linéaire *bn* **1** van-, in lijnen; *dessin* —, lijntekening; **2** lijnvormig (*pl.k.*).
linéal [*mv aux*] *bn* wat de lijnen betreft v. e. tekening.
linéament *m* **1** trek v. h. gezicht; **2** schets, ontwerp.
linette *v* lijnzaad.
linge *m* linnen, linnengoed; *blanc comme un* —, zo wit als een doek; *changer de* —, zich verschonen; *il faut laver son* — *sale en famille* (*spr.w*), met moet familieonenigheden onder elkaar behandelen.
linger *m, -ère* *v* I linnenverkoper (-verkoopster); linnenwerker(ster). II **-ère** *v* **1** linnenjuffrouw; **2** linnenkast. ~**ie** *v* **1** linnenhandel; **2** linnenkamer; **3** ondergoed.
lingot *m* baar, staaf.
lingual [*mv aux*] *bn* wat de tong betreft; *consonne* —*e* (*linguale*), tongmedeklinker.
linguiforme *bn* tongvormig.
lingu/iste *m* taalkundige. ~**istique** I *bn* taalkundig. II *zn* *v* taalkunde.
linier, -ère I *bn* wat vlas betreft; *industrie* —*ère*, vlasindustrie. II **-ère** *v* vlasakker.
liniment *m* wrijfmiddel, smeersel.
links *m mv* golfvelden.
linoléum *m* linoleum.
linot *m, -onne* *v* vlasvink, kneu; *tête de* —*te* (*fam.*), wildzang.
linotype *v* zetmachine.
linotypie *v* het zetten met de linotype.
linotypiste *m* machinezetter.
linteau [*mv x*] *m* bovendorpel, latei.
lion *m, -onne* *v* **1** leeuw, leeuwin; **2** moedig man; **3** modegek, elegante vrouw; **4** — *de mer*, zeeleeuw.
lionceau [*mv x*] *m* leeuwenwelp.
lippe *v* dikke onderlip; *faire la* —, lelijk kijken.
lippée *v* mondvol; *franche* —, gratis maal.
lippu *bn* met een dikke onderlip.

liqué/facteur *bn* vloeibaar makend. ~**faction** *v* vloeibaarmaking, -wording. ~**fiable** *bn* vloeibaar te maken (*le gaz est* —).
liquéfier I *ov.w* vloeibaar maken. II **se** ~ vloeibaar worden.
liqueur *v* **1** vloeistof; **2** likeur.
liquidateur *m* vereffenaar; — *judiciaire*, curator.
liquidat/if, -ive *bn* liquidatie ten gevolge hebbend. ~**ion** *v* **1** vereffening, liquidatie, afwikkeling; **2** uitverkoop; — *de fin d'année*, balansopruiming; **3** — *judiciaire*, faillissement.
liquide I *bn* **1** vloeibaar; *l'élément* —, het vloeibare element, het water; **2** vrij v. schuld; *argent* —, gereed-, contant geld; **3** vloeiend (v. medeklinker: m, l, n, r). II *zn* *m* vloeistof.
liquider I *ov.w* **1** vereffenen, liquideren; **2** uitverkopen; **3** afdoen (— *une visite, une affaire*). II **se** ~ zijn zaken afwikkelen, zijn schulden betalen.
liquoreux, -euse *bn* zoet en krachtig tegelijk.
liquoriste *m* **1** likeurstoker; **2** likeurhandelaar.
lire *v* lire.
lire *ov.w onr.* **1** lezen; *avoir beaucoup lu*, belezen zijn; — *dans l'avenir*, de toekomst voorspellen; **2** doorlezen; **3** voorlezen.
lis *m* lelie; *fleurs de* —, wapen der Bourbons; *le royaume des* —, Frankrijk; *teint de* —, lelieblank; — *des vallées*, lelietje-van-dalen.
Lisbonne Lissabon.
lise *v* drijfzand.
lisérage *m* borduurrand.
liséré *m* **1** smal omboordsel; **2** zoom, rand.
lisérer *ov.w* omboorden, omzomen.
liseron *m* winde.
Lisette *v* **1** Liesje; **2** vrolijke en lichtzinnige jonge vrouw uit het volk.
liseur, -euse I *m* van lezen houdend. II *zn* *m, -euse* *v* (veel)lezer, lezeres. III **-euse** *v* **1** leeslamp; **2** leren boekomslag; **3** bedjasje; **4** boekentafeltje.
lisibilité *v* leesbaarheid.
lisible *bn* leesbaar.
lisière *v* I zoom, rand (*la* — *d'une forêt*). II **~s** *v mv* leiband.
lissage *m* het gladmaken, het polijsten, het glanzend maken.
lisse I *bn* glad. II *zn* *v* schering. ~**er** *ov.w* **1** glad maken, polijsten, glanzend maken; **2** met een dunne laag suiker bedekken.
lisseur, -euse *v* I glanzer(ster), polijster-(ster). II -euse *v* glansmachine.
liste *v* **1** lijst; — *électorale*, kiezerslijst; — *noire*, zwarte lijst; **2** bles.
lit *m* **1** bed, ledikant; —*bibliothèque*, opklapbed; — *de camp*, veldbed; —*clos*, bedstede; *faire le* —, het bed opmaken; *comme on fait son* —, *on se couche* (*spr.w*), de mens is gewoonlijk de oorzaak van zijn eigen ongeluk; — *de gazon*, grasveld; — *de parade*, praalbed; *prendre le* —, te bed gaan liggen (v. zieken); — *de travail*, kraambed; **2** huwelijk (*un enfant du premier* —); **3** bedding; **4** laag; **5** windstreek (— *du vent*); **6** leger v. e. haas.
litanie I *v* lange, vervelende opsomming. II **~s** *v mv* litanie.
litée *v* nestvol.
literie *v* beddegoed.
litho/chromie *v* kleurensteendruk. ~**graphe** *m* steendrukker. ~**graphie** *v* **1** steendruk; **2** steendrukkerij. ~**graphier** *ov.w* steendrukken. ~**graphique** *bn* wat steendruk betreft.
lithoïde *bn* steenachtig.
lithologie *v* steenkunde.
Lithuanie *v* Litouwen.
lithuanien, -enne I *bn* Litouws. II *zn* **L~** *m*, -enne *v* Litouwer (Litouwse). III *m* Lit. taal.
litière *v* **1** stalstro; *faire* —*de*, geringschatten, met voeten treden; *être sur la* —, bedlegerig zijn; **2** draagbaar, draagstoel.
litigant *bn* pleitend.

litige *m* geschil, geschilpunt.

litigieux, -euse *bn* betwistbaar.

litote *v* redekunstige figuur, waarbij men minder zegt dan men bedoelt (bv. *il n'est pas lâche*).

litr/e *m* liter, kan. — on 1 $1/_{16}$ schepel (oude maat); 2 (*pop.*) liter wijn.

littéraire *bn* letterkundig.

littéral [*mv aux*] *bn* letterlijk.

littérateur *m* letterkundige.

littérature *v* letterkunde.

littoral [*mv aux*] I *bn* tot de kust behorend (*montagnes —es*). II *zn m* kuststreek.

litorine *v* alikruik.

liturg/ie *v* liturgie. ~ique *bn* liturgisch. ~iste *m* liturgist.

liure *v* 1 dik touw om een wagenlading vast te binden; 2 sjorring (*scheepv.*).

livide *bn* loodkleurig, doodsbleek.

lividité *v* lijkkleur, doodsbleekheid.

Livonie *v* Lijfland.

livonien, -ienne I *bn* Lijflands. II *zn m* Lijflandse taal. III L ~ *m*, -ienne *v* Lijflander(se).

livr/able *bn* leverbaar. ~aison *v* 1 levering; *faire — de*, afleveren; *prendre — de*, in ontvangst nemen; 2 aflevering v. e. boek.

livre I *m* boek; — *de bord*, scheepsjournaal; — *de caisse*, kasboek; — *de cuisine*, kookboek; *grand* —, grootboek; — *d'heures*, getijdenboek; à — *ouvert*, à vue, voor de vuist; *teneur des —s*, boekhouder; *tenir les —s*, de boeken bijhouden. II *v* 1 franc; 2 pond sterling; 3 pond (gewicht).

livrée *v* 1 dienstkleding, livrei; *porter la —*, bediende zijn; 2 lakeien, bedienden; 3 kenteken; 4 nestveren; 5 gevlekte huid v. sommige jonge dieren.

livrer I *ov.w* 1 leveren, afleveren; — *bataille*, slag leveren; 2 overleveren, uitleveren, overgeven. II se ~ à 1 zich overleveren, zich overgeven aan; 2 zich wijden aan.

livresque *bn* schools.

livret *m* 1 boekje; — *de caisse d'épargne*, spaarbankboekje; — *de famille*, trouwboekje; — *individuel*, zakboekje (*mil.*); 2 libretto, operatekst.

livreur, -euse I *bn* leverend, bezorgend; *garçon* —, bezorger. II -euse *v* bestelwagen.

llano *m* grote grasvlakte in Z.Amerika.

lob *m* lob (tennis).

lobe *m* lob, kwab; — *de l'oreille*, oorlel.

lobé *bn* gelobd.

lobélie *v* lobelia (*pl.k.*).

lobulaire, lobulé *bn* lobvormig.

local [*mv aux*] I *bn* plaatselijk. II *zn m* lokaal.

localisation *v* lokalisatie, het beperken tot een bepaalde plaats.

localiser I *ov.w* tot een bepaalde plaats beperken (— *une maladie, un incendie*). II se ~ zich tot een bepaalde plaats beperken.

localité *v* plaats, plek.

locataire *m* of *v* huurder(ster).

locateur *m*, -trice *v* verhuurder(ster).

locat/if, -ive *bn* wat de huur betreft; *valeur —ive*, huurwaarde. ~ion *v* 1 het huren, het verhuren; 2 huurprijs; —*vente*, huurkoop.

locatis *m* (*fam.*) 1 huurpaard; 2 huurrijtuig; 3 gehuurde gemeubileerde kamer, gemeubileerd huurhuis.

loch *m* log (*scheepv.*); *filer le* —, loggen.

loche *m* modderkruiper.

lock-out *m* uitsluiting v. werklieden.

locomobile *v bn* verplaatsbaar. II *zn v* verplaatsbare stoommachine.

locomot/eur, -trice *bn* (voort)bewegend. ~if, -ive *bn* wat de voortbeweging betreft; *v.d. grote vaart*. II *zn v* locomotief.

locomotion *v* vervoer, voortbeweging.

locomotive *v* locomotief.

loculaire, loculé, loculeux, -euse *bn* in hokjes verdeeld (*pl.k.*).

locuste *v* 1 sprinkhaan; 2 garnaal.

locution *v* uitdrukking.

loden *m* loden (stof).

loess *m* löss.

lof *m* loef (*scheepv.*); *aller au* —, oploeven.

lofer *on.w* oploeven.

loffe *bn* (*arg.*) onnozel.

logarithme *m* logaritme.

logarithmique *bn* logaritmisch.

loge *v* 1 hutje, hok; 2 houthakkershut; 3 portierswoning; 4 kermistent; 5 schouwburgloge; 6 vrijmetselaarsloge; 7 loggia.

loge/able *bn* bewoonbaar, geriefelijk. ~ment *m* 1 (eenvoudige) woning; 2 huisvesting; 3 inkwartiering; 4 kwartiermakers.

loger I *on.w* 1 wonen; 2 logeren; verblijven. II *ov.w* 1 huisvesten; *nous voilà bien logés*, daar zitten we nu!; 2 logies verschaffen; *ici on loge à pied et à cheval* (boven een herberg), logement en uitspanning; 3 onderbrengen, plaatsen; — *une balle dans la tête*, een kogel door het hoofd jagen. III se ~ 1 gaan wonen; 2 (zich) plaatsen; *se — une balle dans la tête*, zich een kogel door het hoofd jagen.

logette *v* hutje, hokje, cel.

logeur *m*, -euse *v* verhuurder(ster) van gemeubileerde kamers.

logicien *m*, -enne *v* iem. die streng logisch redeneert; kenner(ster) der logica.

logique I *bn* logisch. II *zn v* logica.

logis *m* huis, woning; *corps de* —, hoofdgebouw; *maréchal des* —, foerier; *la folle du* —, de verbeelding.

logogriphe *m* 1 letterraadsel; 2 iets onbegrijpelijks.

loi *v* 1 wet; *se faire une — de*, zich tot plicht rekenen om te; *hors la* —, vogelvrij; — *martiale*, krijgswet; *homme de* —, rechtsgeleerde, advocaat; — *morale*, zedenwet; — *naturelle*, natuurwet; 2 macht, heerschappij, kracht; *être sous la — de qn.*, onder de heerschappij, onder de plak van iem. zitten; *la — du plus fort*, het recht v. d. sterkste; 3 gehalte v. e. munt.

loin *bw* 1 ver, veraf (*plaats*); *aller —*, het ver brengen; *cette arme porte —*, dat wapen draagt ver; *au —*, in de verte; *d'aussi — qu'il le vit*, zodra hij mij zag; — *des yeux, du cœur* (*spr.w*), uit het oog, uit het hart; *je suis — de*, het is verre van mij, te ...; *revenir de —*, van een gevaarlijke ziekte genezen, aan de dood ontsnappen; 2 ver (*tijd*).

lointain I *bn* ver, verwijderd (*plaats of tijd*). II *zn m* verschiet, verte.

loisible *bn* geoorloofd; *il vous est — de*, het staat u vrij te ...

loisir *m* vrije tijd; *à* —, op zijn gemak.

lolo *m* (*pop.*) melk.

lombaire *bn* van de lendenen (*douleur —*).

lombes *m mv* lendenen.

lombric *m* regenworm.

londonien, -enne I *bn* Londens. II *zn* L ~ *m*, -enne *v* Londenaar, inwoonster v. Londen.

Londres *m* Londen.

londrès *m* havannasigaar.

long, longue I *bn* 1 lang (*plaats*); — *de trois mètres*, drie meter lang; *avoir la vue —ue*, ver zien; 2 lang (*langdurig*); *être — à faire qc.*, dralen met iets te doen; *il ne fut pas — à comprendre que* ..., hij begreep spoedig, dat ...; 3 aangelengd (*sauce —ue*). II *bw* lang; *écrire* —, uitvoerig schrijven; *en savoir* —, er heel wat van weten. III *zn*: *au* —, uitvoerig; *à la* —*ue*, op de lange duur; *aller par le plus* —, de langste weg nemen; *deux mètres de* —, twee meter lang; *de — en large*, heen en weer; *le — de*, langs; *tomber de son* —, languit vallen.

longanimité *v* lankmoedigheid.

long-courrier† I *bn* v. d. grote vaart (*navire —*). II *zn m* iem. die leert voor kapitein v. d. grote vaart.

longe *v* 1 halster; 2 lendestuk.

longer *ov.w* varen, lopen, rijden langs.

longeron† *m* brugligger.

longévité *v* lang leven, hoge ouderdom.

longimétrie *v* lengtemeting.

longipenne *bn* langvleugelig.

longirostre *bn* langsnavelig.
longitude *v* geografische lengte; — *est*, oosterlengte; — *ouest*, westerlengte.
longitudinal [*mv* aux] *bn* in de lengte.
longtemps *bw* lang, lange tijd.
longuement *bw* 1 lang; 2 breedvoerig.
longuet I *m* lang broodje. II *bn* (wel) wat lang.
longueur *v* 1 lengte; — *d'onde*, golflengte; 2 lange duur, langdurigheid; *tirer en* —, rekken, op de lange baan schuiven; 3 langdradigheid, langdradig gedeelte v. e. boek enz.; 4 langzaamheid.
longue†-vue† *v* verrekijker.
looping *m* figuur uit de luchtacrobatiek.
lopin *m* stuk, lap (— *de terre*).
loquace *bn* praatziek, spraakzaam.
loquacité *v* praatzucht, spraakzaamheid.
loque *v* lomp, flard; — *humaine*, menselijk wrak.
loquet *m* klink v. e. deur.
loqueteau [*mv* x] *m* klinkje.
loqueter *ov.w* met de klink rammelen.
loqueteux, -euse *bn* in lompen gehuld.
lorgner *ov.w* 1 van ter zijde aanzien; 2 met een toneelkijker bekijken; 3 azen op, loeren op (*fi*x (— *une place*).
lorgn/ette *v* toneelkijker. ~eur *m*, -euse *v* (*fam.*) begluurder(ster). ~on *m* lorgnet.
lori *m* 1 lori (papegaai); 2 lorrie.
loriot *m* wielewaal.
lorrain I *bn* Lotharings. II *zn* L~ *m*, -e *v* Lotharinger(se).
lorry *m* lorrie.
lors I *bw* toen; *dès* —, vanaf die tijd; dientengevolge; *dès* — *que*, vanaf het ogenblik, dat; *pour* —, in dat geval. II *vz* — *de*, op het ogenblik van; — *même que*, zelfs wanneer.
lorsque *vw* toen, wanneer.
losange *v* ruit.
losanger *ov.w* in ruiten verdelen.
lot *m* 1 deel, aandeel, lot; 2 lot in loterij; *gagner le gros* —, de hoofdprijs winnen; 3 perceel, partij.
loterie *v* loterij; *mettre en* —, verloten.
loti *bn*: *être bien* —, *mal* —, goed-, slecht af zijn.
lotier *m* rolklaver.
lotion *v* 1 wassing, afwassing; 2.wasmiddel; — *capillaire*, haarmiddel.
lotir *ov.w* 1 verkavelen; 2 sorteren.
lotissement *m* verkaveling.
loto *m* lotto.
lotte *v* kwabaal
lotus *m* lotus (*pl.k.*).
louable *bn* prijzenswaard, loffelijk.
louage *m* 1 huur; 2 huurprijs.
louange *v* lof, loftuiting; *chanter, célébrer les* —*s de qn.*, iemands lof zingen.
louangeur *m*, -*euse* *v* lofredenaar(ster).
louche I *bn* 1 scheel; 2 verdacht; 3 dubbelzinnig. II *zn* *v* soeplepel. III *m* 1 scheel persoon; 2 iets verdachts.
loucher *on.w* scheel kijken.
loucherie *v* het scheel kijken.
loucheur *m*, -euse *v* schele.
louchir *on.w* troebel worden.
louchon *m* scheel kind.
louchoter *on.w* een beetje scheel kijken.
louée *v* bijeenkomst, waarop boerenknechten gehuurd worden.
louer I *ov.w* 1 prijzen; 2 huren; *à* —, te huur; 3 verhuren; 4 (plaats)bespreken. II *se* ~ *de* tevreden zijn met.
loueur *m*, -euse *v* 1 verhuurder(ster); 2 prijzer.
louf *bn* (*arg.*) gek.
loufoque *bn* (*pop.*) gek, niet goed snik.
loufoquerie *v* (*pop.*) gekke streek, gek woord.
lougre *m* logger (*scheepv.*).
louis *m* goudstuk van 20 francs (vóór 1928).
louise†-bonne† *v* bonne-louise (peer).
louis-quatorzien, -enne *bn* betrekking hebbend op de tijd v. Lodewijk XIV (*style* —).
loulou *m* 1 keeshond; 2 schatje, snoesje.

loup *m* 1 wolf; *entre chien et* —, in de schemering; *être connu comme le* —, bekend zijn als de bonte hond; *froid de* —, vinnige koude; *hurler avec les* —*s*, huilen met de wolven in het bos; *marcher à pas de* —*s*, geruisloos lopen, om iem. te verrassen; *tenir le* — *par les oreilles*, zich in een moeilijke toestand bevinden; 2 satijnen mom of halfmasker; 3 bok, fout; 4 — *de mer*, zeerob (dier en zeeman); 5 snoes; 6 *gueule de* —, leeuwebek (*pl.k.*).
loup†-cervier† *m* 1 lynx, los; 2 geldwolf.
loupe *v* 1 knoest; 2 loep; 3 vetgezwel; 4 (*arg.*) luilakkerij, lijntrekkerij.
louper (*arg.*) I *on.w* luilakken, de lijn trekken. II *ov.w* 1 verknoeien; 2 missen (— *le train*).
loupeur *m*, -euse *v* (*arg.*) luilak, lijntrekker(ster).
loup†-garou† *m* 1 weerwolf; 2 bullebak.
loupiot *m* (*arg.*) kind, kwajongen.
lourd *bn* 1 zwaar; *aliment* —, zware kost; 2 drukkend, loom (*temps* —); 3 lomp, plomp, langzaam (van geest); 4 grof (—*e faute*).
lourdaud *m*, -e *v* lompe vent; - vrouw.
lourderie, lourdise *v* bok, flater.
lourdeur *v* 1 zwaarte; 2 loomheid; 3 lompheid, logheid, langzaamheid; 4 grofheid.
loure *v* 1 doedelzak; 2 langzame dans.
loustic *m* grappenmaker, snaak.
loutre *v* 1 otter; 2 otterbont.
louvart, louvat *m* jonge wolf.
louve *v* 1 wolvin; 2 soort fuik; 3 (*pop.*) slet.
louvet, -ette *bn* wolfskleurig (van paard).
louveteau [*mv* x] *m* 1 jonge wolf; 2 welp bij de padvinders.
louveter *on.w* jongen werpen door een wolvin. ~ie *v* wolvenjacht.
louvoyer *on.w* laveren.
lover *ov. w* oprollen van touw.
loyal [*mv* aux] *bn* 1 rechtschapen, eerlijk; 2 trouw, toegewijd; 3 deugdelijk, onvervalst.
loyalisme *m* trouw aan het koningshuis.
loyaliste *m* aanhanger v. e. koningshuis.
loyauté *v* 1 rechtschapenheid; eerlijkheid; 2 trouw, toewijding; 3 deugdelijkheid.
loyer *m* huurprijs.
lubie *v* (*fam.*) kuur, gril.
lubricité *v* wulpsheid, geilheid, wellust.
lubrifiant *m* smeersel.
lubrification *v* smering, het oliën.
lubrifier *ov.w* smeren, oliën.
lubrique *bn* wulps, geil, wellustig.
lucane *m* vliegend hert.
lucarne *v* dakvenster, zolderraampje.
Lucerne *v* Luzern.
lucide *bn* helder, klaar, scherpzinnig; *somnambule* —, helderziende.
lucidité *v* 1 helderheid, scherpzinnigheid; 2 helderziendheid.
lucifuge *bn* lichtschuw.
luciole *v* glimworm.
lucratif, -ive *bn* winstgevend, voordelig.
lucre *m* winst, voordeel.
ludique *bn* wat het spel betreft.
luette *v* huig.
lueur *v* 1 schijnsel; 2 straal, vleugje; *une* — *d'espérance*, een straaltje hoop.
luge *v* kleine slede.
luger *on.w* sleeën.
lugeur *m*, -euse *v* sleder(sleedster).
lugubre *bn* akelig, somber, doods, naar.
lui *pers.vnw* v 1 hij, zich; 2 hem, haar.
luire *on.w* *onr.* 1 schijnen; 2 schitteren, blinken.
luisance *v* schittering, glans.
luisant I *bn* glanzend, schitterend; *ver* —, glimworm. II *zn* *m* glans (— *d'une étoffe*).
lumbago *m* spit (*med.*).
lumière I *v* 1 licht; *apportez de la* — !, maak eens wat licht!; *mettre en* —, in het licht stellen; *mettre la* — *sous le boisseau*, zijn licht onder de korenmaat zetten; *perdre la* —, sterven, blind worden; *voir la* —, ge-

boren worden; 2 zundgat; 3 kijkgat. II ~s
v mv kennis, inzicht; *le siècle des —*, de
verlichte eeuw.

lumignon *m* 1 brandende pit v. e. kaars;
2 eindje kaars.

lumin/aire *m* kerkkaars, toortsen voor verlichting. ~escent *bn* in het donker lichtend.
~eux, -euse *bn* 1 lichtgevend; *enseigne
—euse*, lichtreclame; *cortège —*, lichtstoet;
2 (*fig.*) klaar, helder (*esprit —*).

luministe *m* schilder v. h. licht.

luminosité *v* helderheid (*la — du ciel*).

lunaire I *bn* 1 wat de maan betreft; *paysage
—*, maanlandschap; 2 maanvormig. II *zn v*
judaspenning (*pl.k.*).

lunaison *v* tijd tussen twee nieuwe manen.

lunatique *bn* grillig.

lunch *m* koude, staande lunch.

luncher *on.w* lunchen.

lundi *m* maandag; *faire le —*, maandag
houden.

lune *v* 1 maan; *clair de —*, maneschijn; *être
dans la —*, dromen; *demander la —*, het
onmogelijke eisen; *faire un trou à la —*,
met de noorderzon vertrekken; *tomber de
la —*, zeer verwonderd staan kijken;
vouloir prendre la —, iets onmogelijks willen
doen; 2 maand; *— de miel*, wittebroodsweken; 3 kuur, gril; 4 (*pop.*) vollemaans-
gezicht; 5 (*pop.*) achterste; 6 *— d'eau*,
witte waterlelie; 7 *— de mer*, maanvis.

luné *bn* 1 halvemaanvormig; 2 (*fam.*) gehumeurd (*bien—, mal—*).

lunetier *m* 1 brillenmaker; 2 brillenverkoper.

lunett/e *v* 1 verrekijker; 2 horlogerand;
3 w.c.-bril; 4 vork bij het schaken; 5 gat
in de guillotine, waardoor de veroordeelde
zijn hoofd steekt; 6 lunet (*mil.*). II ~s *v mv*
une paire de —s, een bril; ~s *solaires*
zonnebril. ~erie *v* 1 vak v. d. brillenmaker;
2 brillenzaak.

lunule *v* 1 maan v. planeet; 2 figuur in de
vorm v. e. halve maan; 3 nagelvlek.

lupus *m* lupus (*med.*).

lurette *v* (*fam.*): *il y a belle —*, het is een hele
tijd geleden.

luron *m*, -onne *v* kordate kerel, -meid; *gai —*,
vrolijke frans.

lustrage *m* het glanzen v. stoffen.

lustr/al (*mv aux*) *bn* reinigend, de reiniging
betreffend. ~ation *v* reiniging.

lustre *m* 1 glans; 2 lichtkroon; 3 lustrum.

lustrer *ov.w* 1 glanzen v. stoffen; 2 glad

maken (v. stoffen door het gebruik).

lustrine *v* lustre (stof).

lut *m* kitlijm.

Lutèce *v* oude naam v. Parijs.

luth *m* 1 luit; 2 dichterlijke inspiratie.

luthéranisme *m* lutherse leer.

lutherie *v* 1 muziekinstrumentenhandel,
-winkel; 2 fabricage v. muziekinstrumenten.

luthérien, -enne I *bn* luthers. II *zn m*, -enne *v*
lutheraan(se).

luthier *m* 1 fabrikant v. muziekinstrumenten;
2 handelaar in muziekinstrumenten.

lutin I *bn* guitig. II *zn m* 1 kabouter; 2 kwelgeest; 3 guit.

lutrin *m* 1 koorlessenaar; 2 koorzangers.

lutt/e *v* worsteling, strijd; *de haute —*, met
geweld. ~er *on.w* 1 worstelen; 2 strijden;
3 wedijveren, concurreren.

lutteur *m* worstelaar.

luxation *v* ontwrichting, verrekking.

luxe *m* 1 weelde, luxe; 2 overvloed; *c'est du
—*, dat is overbodige weelde.

luxer *ov.w* ontwrichten, verstuiken.

luxueusement *bw* weelderig.

luxueux, -euse *bn* weelderig.

luxure *v* ontucht.

luxuri/ance *v* weelderigheid. ~ant *bn* te weelderig; *style —*, te beeldrijke stijl.

luxurieux, -euse *bn* ontuchtig.

luzerne *v* rupsklaver.

luzernière *v* klaverveld.

lycée *m* 1 rijksgymnasium en h.b.s.; 2
(*arg.*) gevangenis.

lycéen *m*, -enne *v* leerling v. e. lycée.

lychnide *v* koekoeksbloem.

lycopode *m* wolfsklauw (*pl.k.*).

lymphatique *bn* van de lymfe; *vaisseaux —s*,
lymfvaten.

lymphe *v* lymfe.

lynchage *m* het lynchen.

lyncher *ov.w* lynchen.

lynx *m* los, lynx; *yeux de —*, scherpe ogen.

lyonnais I *bn* uit Lyon. II *zn* L ~ *m*, -e *v* in-
inwoner(inwoonster) van Lyon.

lyre *v* lier; *suspendre, quitter sa —*, de lier
aan de wilgen hangen.

lyrique I *bn* lyrisch; *comédie —*, komische
opera; *tragédie —*, grote opera. II *zn m*
1 lyriek; 2 lyrisch dichter.

lyrisme *m* 1 lyrische stijl; 2 poëtische stijl;
3 geestvervoering, bezieling

lysimaque *v*: *— nummulaire*, penningkruid.

M

m *m* of *v* de letter m; M = *mille* = duizend;
M (Mr) = *monsieur* = mijnheer; Me =
Maître = Meester (advocaat, notaris);
Mgr = *Monseigneur*; Mis = *marquis* =
markies; Mise = *marquise* = markiezin;
MM = *Messieurs* = mijne heren; Mme =
Madame = mevrouw; Mlle = *Mademoisel-
le* = (me)juffrouw.

ma *bez.vnw v* mijn.

maboul (*pop.*) I *bn* gek, mal. II *zn m*, -e *v*
gek, halve gare.

maboulisme *m* (*pop.*) gekheid, stommiteit.

macabre *bn* 1 wat de dood of een lijk betreft; *danse —*, dodendans; 2 griezelig,
afschuwelijk.

macadam *m* macadam (soort steenslag).
~isage *m*, ~isation *v* het macadamiseren
v. e. weg. ~iser *ov.w* (een weg) macadamiseren.

macaque *m* 1 meerkat (soort aap); 2 lelijk
mens.

macaron *m* bitterkoekje.

macaroni *m* macaroni.

macaronique *bn* geschreven in potjeslatijn.

macchabée *m* (*pop.*) lijk.

macédoine *v* 1 huzarensla; vruchtensla;
2 mengelmoes.

macédonien, -enne I *bn* Macedonisch. II *zn* M
~ *m*, -enne *v* Macedoniër(ische).

macér/ation *v* 1 het in de week zetten; 2 zelf-
kastijding. ~er I *ov.w* 1 weken; 2 kastijden.
II se ~ zich kastijden.

macfarlane *m* regenmantel zonder mouwen.

machaon *m* koninginnepage (vlinder).

mâche *v* veldsla. ~fer *m* slakken.

mâchefer *m* slakken.

mâchelier, -ère I *bn* wat de kaak of de kiezen
betreft; *muscles —s*, kaakspieren. II *zn* -ère
v maaltand, kies.

mâcher *ov.w* kauwen, voorkauwen; *— la
besogne à qn.*, iem. het werk gemakkelijk
maken; voorkauwen; *ne pas — ses mots*,
er geen doekjes om winden.

mâcheur *m*, -euse *v* kauwer(ster).

machiavél/ique *bn* 1 machiavellistisch; 2 gewetenloos sluw. ~isme *m* 1 stelsel v. Ma-
chiavelli; 2 gewetenloosheid, sluwheid.

machin *m* (*pop.*) dinges.

machinal [*mv* aux] *bn* werktuiglijk.

machinateur *m* aanlegger, smeder (van komplotten).

machination *v* samenzwering, kuiperij.

machine *v* 1 werktuig, machine; toestel; — *à calculer*, rekenmachine; — *à coudre*, naaimachine; — *infernale*, helse machine; — *à vapeur*, stoommachine; 2 toneelmachine voor de decors; *pièce à —s*, spektakelstuk; 3 kunstgreep; 4 samenstelling, geheel (*la — du corps*).

machiner *ov.w* 1 aanleggen, smeden (*— une conspiration*); 2 de decors plaatsen.

machinerie *v* 1 machinerieën; 2 machine-kamer.

machinisme *m* 1 machinerie; 2 het gebruik van machines, machinale arbeid; 3 leer, die de dieren als machines beschouwt.

machiniste *m* 1 autobus-, trambestuurder; 2 toneelknecht; 3 machinist.

mâchoire *v* 1 kaak; — *inférieure*, onderkaak; *jouer, travailler des —s*, eten; — *supérieure*, bovenkaak; 2 bek van b.v. een nijptang; 3 (*pop.*) ezel, stommerik.

mâchon/nement *m* 1 het langzaam kauwen; 2 het prevelen. ~ner *ov.w* 1 langzaam kauwen; 2 prevelen.

mâchur/e/v 1 geplette plek v. fluweel; 2 kneuzing v. vrucht. ~er *ov.w* met zwart besmeren, bekladden.

macis *m* foelie.

mackintosh *m* waterdichte regenmantel.

macle *v* 1 waterkastanje; 2 soort kruisnet.

maçon *m* metselaar; *aide—*, opperman; *abeille —ne*, metselbij; *franc—*, (*maçon*), vrijmetselaar.

maçonnage *m* metselwerk.

maçonner *ov.w* metselen, dichtmetselen.

maçonnerie *v* 1 metselwerk; 2 vrijmetselarij.

maçonnique *bn* van de vrijmetselaars.

macrobe, macrobien, -enne, macrobite *bn* langlevend.

macrocéphale *bn* groothoofdig.

macrodactyle *bn* langvingerig, langtenig.

macropode I *bn* langpotig, met lange vinnen. II *zn m* paradijsvis.

macul/age, ~ation *v* het bevlekken, het bekladden. ~e *v* vlek.

maculer *ov.w* bevlekken, bekladden.

madame *v* 1 mevrouw; 2 M ~ schoonzuster v. d. Fr. koning.

madécasse *bn* uit Madagascar.

madéfaction *v* bevochtiging.

madéfier *ov.w* bevochtigen.

madeleine *v* 1 soort peer, - druif, - pruim, - perzik; 2 licht gebak.

mademoiselle *v* juffrouw.

madère *m* madeirawijn.

madone *v* madonnabeeld, Maria-afbeelding.

madras *m* 1 soort katoen; 2 hoofddoek van deze stof.

madré *bn* 1 gevlekt, geaderd (*bois —*); 2 slim, uitgeslapen.

madrier *m* zware plank of balk.

madrigal [*mv* aux] *m* madrigaal (*muz.*).

madrilène I *bn* Madrileens. II *zn* M ~m of v Madrileen(se).

maelstrom, malstrom *m* maalstroom.

maestria *v* meesterschap (*muz., schilder-kunst*).

mafflu *bn* (*fam.*) met dikke wangen.

magasin *m* 1 winkel; *commis de —*, winkel-bediende; 2 magazijn, pakhuis; 3 magazijn v. e. geweer.

magasinage *m* 1 het opslaan in een pakhuis; 2 bewaarloon.

magasinier *m* magazijnmeester.

magazine *m* geïllustreerd tijdschrift.

mage *m*: *les Trois M—s*, de Drie Koningen.

magicien *m*, -enne *v* tovenaar, tovenares.

magie *v* toverij, toverkracht; — *noire*, zwarte kunst.

magique *bn* 1 magisch, toverachtig; *lanterne —*, toverlantaarn; 2 betoverend.

magister (*spr:* ma-jis-tèr) *m* schoolmeester.

magistral [*mv* aux] *bn* 1 meesterlijk; 2 school-meesterachtig, verwaand; 3 volgens recept bereid (*remède —*).

magistrat *m* magistraat.

magistrature *v* 1 overheidsambt; 2 ambtstijd; 3 rechterlijke macht; — *assise*, de rechters; — *debout*, het openbaar ministerie.

magma *m* vloeibare vulkaanmassa.

magnan *m* zijderups.

magnanerie *v* zijderupskwekerij.

magnanier *m* zijderupskweker.

magnan/ime *bn* edelmoedig, verheven. ~imité *v* edelmoedigheid, verhevenheid.

magnat *m* magnaat; *les —s de la finance*, de groot-financiers.

magnés/ie *v* magnesia. ~ien, -enne *bn* magnesiahoudend. ~ite *v* meerschuim. ~ium *m* magnesium.

magnét/ique *bn* magnetisch; *bande —*, geluidsband. ~isation *v* magnetiseren. ~iser *ov.w* magnetiseren. ~iseur *m* magnetiseur. ~isme *m* magnetisme.

magnéto-électrique *bn* elektromagnetisch.

magnétophone *m* bandrecorder.

magnificat *m* lofzang voor de H. Maagd; *arriver à —*, te laat komen.

magnificence *v* 1 pracht, luister; 2 praalzucht, prachtlievendheid; 3 vrijgevigheid.

magnifique *bn* 1 prachtig; 2 praalziek, pracht-lievend; 3 vrijgevig, mild.

magnitude *v* grootte v. e. ster.

magnolia, magnolier *m* magnolia (*pl.k.*).

magnum *m* dubbele wijnfles.

magot *m* 1 spaarpot; verborgen geld (*fam.*); 2 staartloze aap; 3 lelijke man.

mahométan I *bn* mohammedaans. II *zn* M ~m, -e *v* Mohammedaan(se).

mahométisme *m* mohammedanisme.

mai *m* 1 mei; 2 meiboom (*planter le —*).

maigre I *bn* 1 mager; *faire —*, geen vlees eten; *jours —s*, onthoudingsdagen; *repas —*, maaltijd zonder vlees; 2 dun, karig, ondiep; — *soupe*, dunne soep; — *repas*, karig maal; 3 schraal (*terre —*); 4 (*arg.*) *du — !*, stilte! II *zn m* mager vlees.

maigr/elet, -ette *bn* een beetje mager. ~eur *v* 1 magerheid; 2 dunheid, karigheid; 3 schraalheid. ~ichon, -onne, maigriot, -otte *bn* (*pop.*) te mager. ~ir I *on.w* vermageren. II *ov.w* mager doen lijken.

mail *m* 1 kolf (bij kolfspel); 2 kolfspel; 3 maliebaan.

mail-coach *m* postwagen met vier paarden.

maille *v* 1 steek (b.v. bij breiwerk); 2 malie; *cotte de —s*, maliënkolder; 3 (*oud*) kleine munt van ½ penning; *av·ir — à partir*, een appeltje te schillen hebben.

mailler *ov.w* 1 knopen, netten breien; 2 v. e. maliënkolder voorzien.

maillet *m* houten hamer.

mailloche *bn* (*fam.*) groot, sterk.

maillon *m* 1 maasje; 2 schakel v. e. ketting.

maillot *m* 1 luier; 2 eerste kindergoed; 3 tricot-kostuum, trui; — *de bain*, badpak.

maillotin *m* olijfpers.

main *v* 1 hand; *à — armée*, gewapender hand; *battre des —*, in de handen klappen; applaudisseren; *avoir des —s de beurre*, alles laten vallen; *être en bonnes —s*, in goede handen zijn; *il a une canne à la —*, hij heeft een stok in de hand; *changer de —*, van eigenaar veranderen; *avoir le cœur sur la —*, mild zijn; *coup de —*, aanslag; *dans la —*, in de (gesloten) hand; *de — en —*, van hand tot hand; *donner à pleines —s*, met gulle hand geven; *avoir en —s*, in handen hebben; *donner en —s*, in handen geven; *entre les —s de*, in handen van, in de macht van; *faire —basse*, zich zeker meester maken, de hand leggen op; *fait à la —*, met de hand gemaakt; *forcer la —*, dwingen; *avoir la — haute*, de lakens uitdelen; *joindre les —s*, de handen vouwen; *lâcher la — à qn.*, iem. de vrije teugel laten; *se laver les* —*s d'une chose*, ergens geen schuld aan hebben; *lever la* — *sur qn.*, de hand tegen iem. opheffen; *il a les* —*s liées*, zijn handen zijn gebonden; *de longue* —, lang van tevoren, al lang; *avoir les* —*s longues*, grote invloed hebben; *mettre la dernière* —, de laatste hand leggen; *fait de* — *de maître*, met meesterhand gemaakt; *mettre la* — *à l'œuvre*, de hand aan het werk slaan; *mettre la* — *à la pâte*, de handen uit de mouwen steken; *n'y aller pas de* — *morte*, flink aanpakken; *porter la* — *sur*, de hand slaan aan; *prendre qn. la* — *dans le sac*, iem. op heterdaad op diefstal betrappen; *prêter la* —, helpen; *agir sous* —, heimelijk handelen; *tendre la* —, de hand uitsteken (voor een aalmoes); de hand uitsteken; *avoir sous la* —, bij de hand hebben; *tenir par la* —, bij de hand houden; *tenir qc. de première* —, iets uit de eerste hand hebben; *les* —*s me tombent*, daar sta ik paf van; *tomber sous la* —, in handen vallen; *en un tour de* —, in een handomdraaien; *en venir aux* —*s*, handgemeen worden; 2 slag in het kaartspel; *faire une* —, een slag maken; 3 boek papier (25 vel); 4 *petite* —, leerling-naaister; 5 — *courante*, trapleuning; 6 emmerhaak.

main/†-d'œuvre *v* 1 arbeid, handenarbeid; 2 arbeidsloon; 3 werkkrachten; — *non qualifiée*, ongeschoolde werkkrachten. ~*forte v* bijstand, hulp; *prêter* —, hulp verlenen.

mainlevée *v* opheffing v. beslag.

mainmise *v* 1 beslag; 2 vrijmaking v. e. slaaf.

mainmorte *v* dode hand.

maint *bn* menig; —*es fois*, menigmaal; *à* —*es reprises*, herhaaldelijk.

maintenant *bw* nu, thans.

maintenir I *ov.w onr.* 1 handhaven; 2 volhouden, staande houden. II se ~ gehandhaafd worden, zich handhaven, in goede staat blijven.

maintien *m* 1 handhaving; 2 houding; *perdre son* —, met zijn figuur verlegen zijn.

mair/e *m* burgemeester. ~*esse v* burgemeestersvrouw. ~*ie v* gemeentehuis.

mais I *v* maar; — *non*, — *oui*, wel nee, wel ja. II *bw* (*oud*): *il n'en peut* —, hij kan het niet helpen.

maïs *m* maïs.

maison *v* 1 huis; *à la* —, thuis; — *d'arrêt*, huis v. bewaring, gevangenis; — *de campagne*, landhuis; *faire* — *nette*, zijn bedienden wegsturen; *faire* — *neuve*, schoon schip maken, zijn knechten, bedienden door anderen vervangen; *garder la* —, thuis blijven; — *de maître*, herenhuis; — *mère*, moederhuis v. e. klooster; — *militaire*, militair tehuis; — *mortuaire*, sterfhuis; — *de rapport*, huurhuis; — *du roi*, hofhouding; — *de ville*, stadhuis; 2 personeel, bedienden; 3 huis = geslacht; 4 firma.

maisonnée *v* de huisgenoten.

maisonnette *v* huisje.

maître I *m* 1 meester, baas, patroon; *les bons* —*s font les bons valets* (*spr.w*), men krijgt goede knechten door ze goed te behandelen; — *de forges*, eigenaar v. ijzersmelterijen; — *d'hôtel*, ober, hofmeester; *l'œil du* — *engraisse le cheval* (*spr.w*), het oog v. d. meester maakt het paard vet; — *des hautes œuvres*, beul; *il est* — *de ses passions*, *de sa voix*, hij beheerst zijn hartstochten, zijn stem; *tel* —, *tel valet* (*spr.w*), zo heer, zo knecht; 2 eigenaar; *voiture de* —, eigen rijtuig; 3 onderwijzer; — *d'armes*, schermleraar; — *d'école*, schoolmeester; — *d'étude*, surveillant; — *de conférences*, lector; 4 advocaat; 5 meester in een gilde. II *bn* 1 eerste, voornaamste; — *clerc*, eerste klerk; 2 bekwaam, flink (— *homme*); 3 hoogste kaart v. e. kleur (*valet*).

maître†-**autel** *m* hoofdaltaar.

maîtresse I *zn v* 1meesteres; *la* — *de la maison*

de vrouw des huizes; 2 eigenares; 3 onderwijzeres; 4 minnares. II *bn* 1 verstandig, flink, degelijk (— *femme*); 2 eerste, voornaamste; — *ancre*, plecht-, hoofddanker.

maîtrise *v* 1 beheersing; — *de soi-même*, zelfbeheersing; 2 meesterschap; 3 de ploegbazen; 4 koornkapenschool; 5 de koorknapen dezer school.

maîtriser I *ov.w* bedwingen, beheersen (— *ses passions*). II se ~ zich beheersen.

majesté *v* 1 majesteit; *Sa M*— *Catholique*, de koning van Spanje; 2 deftigheid.

majestueusement *bw* verheven, statig.

majestueux, -euse *bn* verheven, statig.

majeur I *bn* 1 grootst (*la* —*e partie*); *force* —*e*, overmacht; 2 meerderjarig; 3 majeur (*muz.*). II *zn m* middelvinger. III ~*e v* major (in redenering).

majolique, **maïolique** *v* majolica.

major *m* 1 kapitein-kwartiermeester; 2 officier v. gezondheid (tot 1928).

majoration *v* prijsverhoging.

majordome *m* hofmeester.

major/er *ov.w* (de prijs) verhogen. ~*itaire bn* waarbij de meerderheid beslist (*système* —). ~*ité v* 1 meerderheid; meerderheid v. stemmen; 2 meerderjarigheid.

majuscule *v* hoofdletter.

mal [*mv* aux] I *zn m* 1 pijn, ziekte, kwaal; — *caduc*, vallende ziekte; — *de cœur*, misselijkheid; — *d'enfants*, barensweeën; *faire* —, pijn doen; — *du pays*, heimwee; 2 kwaad; *dire du* — *de qn.*, kwaadspreken van iem.; *faire du* — *à*, benadelen; — *lui en prit*, het bekwam hem slecht; 3 het kwade; het slechte, het erge; *le* — *est que*, het erge is, dat; 4 verdriet, leed, smart; 5 ramp (*les maux de la guerre*). II *bn* slecht, verkeerd; *de* — *en pis*, van kwaad tot erger; *prendre* —, kwalijk nemen; — *à propos*, te onpas; *se trouver* —, flauwvallen. III *bn*: *bon an*, —*an*, door elkaar; *bon gré*, —*gré*, goedschiks of kwaadschiks; *cette eau-forte n'est pas* —, die ets is niet kwaad; *elle n'est pas* —, ze ziet er aardig uit; *être* — *avec qn.*, kwade vrienden met iem. zijn.

malade I *bn* 1 ziek; *tomber* —, ziek worden; 2 niet goed meer, bedorven (*vin* —); 3 wrak (*chaise* —). II *zn m* of *v* zieke.

maladie *v* 1 ziekte, kwaal; *faire une* —, een ziekte doormaken; 2 woede, hartstocht, manie (*il a la* — *des tableaux*).

maladif, -ive *bn* ziekelijk, zwak.

maladrerie *v* leprozenhuis.

maladresse *v* onhandigheid.

maladroit *bn* onhandig, lomp.

malaga *m* malagawijn.

malais I *bn* Maleis. II *zn M* ~ *m*, -se *v* Maleier, Maleise. III *m* Maleise taal.

malaise *v* 1 gevoel v. onbehaaglijkheid, narigheid; 2 slapte in zaken.

malaisé *bn* moeilijk, ongemakkelijk.

malandrin *m* schooier, dief.

malappris I *bn* lomp, ongemanierd. II *zn m* lomperd.

malaria *v* malaria.

malavisé *bn* onberaden, onbezonnen.

malbâti *bn* mismaakt.

malchance *v* pech, tegenspoed.

malchanceux, -euse I *bn* ongelukkig. II *m* pechvogel.

malcontent *bn* ontevreden.

maldisant *bn* kwaadsprekend.

maldonne *v* het verkeerd geven bij kaarten.

mâle I *bn* 1 mannelijk; 2 krachtig, kloek, flink. II *zn m* 1 mannetje.

malédiction *v* 1 vervloeking, verwensing; 2 ongeluk, noodlot.

maléfice *m* betovering, hekserij.

maléficié *bn* betoverd, behekst.

maléfique *bn* noodlottig.

malemort *v* jammerlijke dood (*mourir de* —).

malencontr/e *v* ongeluk, tegenspoed. ~*eusement bw* ongelukkig, te kwader ure.

malencontreux, -euse bn ongelukkig, onheil-spellend.

malendurant bn driftig, ongeduldig.

mal-en-point bw er slecht aan toe; in slechte staat.

malentendu m misverstand.

malepeste tw verduiveld!

malévole bn kwaadwillig.

malfaçon v 1 fout, gebrek; 2 knoeierij.

malfaire ov.w onr. (oud) kwaad doen.

malfaisant bn 1 kwaadwillig, boosaardig; 2 schadelijk.

malfaiteur m, -trice v booswicht.

malfamé bn berucht.

malgracieux, -euse bn onheus, onbeleefd.

malgré vz ondanks, in weerwil van; niet-tegenstaande; le médecin — lui, dokter tegen wil en dank.

malhabile bn onhandig.

malhabileté v onhandigheid.

malheur m ongeluk, onheil, ramp; à qc. — est bon, er is altijd een geluk bij een ongeluk; malheur à..!, wee...!; faire un —, een ongeluk begaan; jouer de —, ongelukkig spelen; het ongelukkig treffen; le grand — !, zo erg is het niet!; par —, bij ongeluk; porter —, ongeluk aanbrengen.

malheureusement bw ongelukkig.

malheureux, -euse I bn 1 ongelukkig; avoir la main —se, ongelukkig zijn in het spel; alles breken, wat men aanraakt; 2 ellendig, bedroevend. II zn m, -euse v 1 ongelukkige; 2 lammeling, ellendeling.

malhonnêt/e bn 1 oneerlijk; 2 onbeleefd on-heus. ~eté v 1 oneerlijkheid; 2 onbeleefd-heid, onheusheid.

malici/eusement bw 1 boosaardig, kwaadwil-lig; 2 guitig. ~eux, -euse bn 1 boosaardig, kwaadwillig; 2 guitig.

malign/ement bw van malin; kwaadaardig, kwaadwillig. ~ité v 1 boosaardigheid; 2 schadelijkheid, kwaadaardigheid; 3 spot-zucht; 4 sluwheid.

malin, -igne bn 1 boosaardig; esprit —, dui-vel; 2 schadelijk, kwaadaardig (fièvre —igne); 3 spotziek; 4 slim, sluw; 5 (pop.) moeilijk.

Malines I v Mechelen. II v m—, Mechelse kant.

malingre bn zwak, sukkelend.

malinois m Belgische herdershond.

malintentionné bn kwaadwillig, met slechte bedoelingen.

malle v 1 reiskoffer; faire sa —, ses —s, zijn koffers pakken; 2 mail; 3 mailboot, postwagen.

malléabiliser ov.w smeedbaar maken.

malléabilité v smeedbaarheid.

malléable bn 1 smeedbaar; 2 soepel, buig-zaam, gedwee (caractère —).

malle-arrière v bagageruimte achter in auto, kofferbak.

malléole v enkel.

malle†-poste v 1 mail; 2 postwagen; mail-melletier m koffermaker. [boot.

malmener ov.w 1 ruw behandelen; 2 toe-takelen, mishandelen.

malodorant bn onwelriekend.

malotru I bn 1 lomp; 2 mismaakt. II zn m lomperd, vlegel.

malpeigné bn (pop.) 1 onzindelijk, onfris; 2 slecht gekamd.

malplaisant bn onaangenaam.

malpropr/e bn 1 onzindelijk, vuil; 2 onzede-lijk. ~eté v 1 onzindelijkheid, vuilheid; 2 onwelvoeglijkheid.

malsain bn 1 ongezond; 2 gevaarlijk (scheep-v.); côte —e, gevaarlijke kust.

malséance v ongepastheid, onbetamelijkheid.

malséant bn ongepast, onbetamelijk.

malsonnant bn aanstotelijk, onbetamelijk.

malt m mout; ~age m het mouten.

maltais I bn Maltezer. II zn M~ m, -e v Maltezer, bewoonster v. Malta.

malter ov.w mouten.

malterie v mouterij.

malteur m werkman in bierbrouwerij.

maltôte v 1 (oud) oorlogsbelasting; 2 on-rechtvaardig geheven belasting, afpersing; 3 belastingheffing. ~ier m belastingambte-naar (geringschattend).

maltraiter ov.w 1 mishandelen; hardvochtig behandelen; 2 schaden, benadelen.

malveillance v kwaadwilligheid.

malveillant I bn kwaadwillig. II zn m kwaad-willige.

malvenant bn slecht groeiend.

malversation v verduistering van gelden in de uitoefening v. e. ambt.

malverser on.w gelden verduisteren in de uit-oefening v. e. ambt.

maman v mama, moeder; bonne —, oma; grand —, oma.

mamelle v (moeder)borst; enfant à la —, zuigeling.

mamelon m 1 tepel; 2 ronde heuvel.

mamelonné bn: — de, bedekt met (heuvels).

mamelu bn met zware borsten.

mammalogie v kennis der zoogdieren.

mammifère I bn zogend. II zn ~s m mv zoogdieren.

mammouth m mammoet.

mamour m liefje; faire des —s, lief doen, vleien.

manant m boerenkinkel.

manche I m steel, heft, handvat, hals (v. viool); — à balai, bezemsteel; stuurknuppel v. e. vliegtuig; jeter le — après la cognée, het bijltje er bij neerleggen; être du côté du —, de sterkste partij steunen. II v 1 mouw; avoir qn. dans sa —, iem. achter de hand hebben; c'est une autre paire de —s, dat is heel wat anders; fausses —s, mors-mouwen; tirer qn. par la —, iem. aan de mouw trekken, iem. iets verzoeken; 2 man-che bij kaartspel; 3 game bij tennis; 4 buis, pijp; 5 bonne —, fooi, drinkgeld. III la M—, het Kanaal.

mancheron m ploegstaart.

manchette I v 1 manchet; 2 noot in de marge; 3 titel in grote letters aan het hoofd v. d. voorpagina v. e. dagblad. II ~s v mv boeien.

manchon m 1 mof; 2 gloeikousje.

manchot I bn éénhandig, éénarmig; n'être pas —, handig zijn. II zn m 1 éénhandig-, éénarmig persoon; 2 pinguïn.

mandant m lastgever, opdrachtgever.

mandarin m mandarijn.

mandarine v mandarijntje.

mandat m 1 mandaat, volmacht, opdracht; 2 bevelschrift; — d'arrêt, bevel tot inhech-tenisneming; 3 postwissel; — de poste, — postal, postwissel; — télégraphique, tele-grafische postwissel; — de virement, giro-biljet.

mandataire m gevolmachtigde, afgevaardigde.

mandat†-carte† m postwissel.

mandater ov.w per postwissel betalen.

mandchou bn uit Mantsjoerije.

mandement m herderlijke brief v. e. bisschop.

mander ov.w 1 melden, berichten; 2 ontbie-den; 3 bevelen.

mandibule v 1 onderkaak; 2 bovendeel v. snavel, benedendeel v. snavel.

mandolin/e v mandoline. ~iste m of v man-dolinespeler, -speelster.

mandore v oude luit.

mandrill m mandril (aap).

mandrin m 1 spil als as; 2 (fam.) schooier, dief.

manducation v 1 het eten; 2 het nuttigen der hostie.

manège m 1 het africhten v. paarden; 2 rij-baan, rijschool; 3 tredmolen; 4 manier v. doen, handelwijze, slimmigheid.

manéger ov.w africhten in de manege.

mânes m mv schimmen der doden.

manette v handvat, handel.

manganèse v mangaan.

mangeable bn eetbaar.

mange/aille *v* 1 voeder voor dieren; 2 eten (*fam.*). ~ant *bn* etend; *être bien buvant, bien* —, goed kunnen eten en drinken.

mangeoire *v* trog, ruif, etensbakje.

mangeotter, mangeotter *ov.w* 1 met lange tanden eten; 2 vaak bij kleine beetjes eten.

manger I *ov.w* 1 eten, opeten, vreten; *il y a à boire et à* —, die zaak heeft twee kanten, heeft zijn voor- en nadelen; — *qn. de caresses*, iem. met liefkozingen overladen; — *dans la main*, uit de hand eten, mak zijn; — *ses mots*, zijn woorden inslikken; — *sur le pouce*, uit het vuistje eten; — *de la vache enragée*, veel ontberingen lijden: — *des yeux*, met de ogen verslinden; 2 verslinden, verbruiken (*ce poêle mange beaucoup de charbon*); 3 verteren, verbrassen, verkwisten (— *son bien*); 4 uitvreten (*la rouille mange les métaux*); 5 doen verdwijnen; *ses cheveux lui mangent la figure*, zijn haren maken een gedeelte van zijn gelaat onzichtbaar. II *on.w* zijn maaltijden gebruiken (— *au restaurant*). III *zn m* het eten. IV *se* — 1 elkaar opeten, elkaar verslinden; 2 gegeten worden.

mangerie *v* (*fam.*) 1 het veel-, gulzig eten; 2 lange maaltijd.

mange-tout I *m* verkwister. II *pois* —, peulen.

mangeur *m*, -euse *v* 1 eter, eetster; veeleter, veeleetster; *gros* —, stevig eter; — *de grenouilles*, Fransman; — *de prêtres*, papenhater; — *de livres*, boekenverslinder; 2 verkwister(ster).

mangeure *v* aangevreten plek.

maniabilité *v* hanteerbaarheid.

maniable *bn* 1 gemakkelijk hanteerbaar; 2 lenige, handelbaar.

maniage *m* het hanteren, het omgaan.

maniaque *m* maniak.

manicure, manucure *m of v* verzorger(ster) der handen.

manie *v* 1 verstandsverbijstering; 2 zonderlinge hebbelijkheid, verzotheid; overdreven neiging; *avoir la* — *des tableaux*, verzot zijn op schilderijen.

mani/ement *m* 1 hantering, behandeling; bediening; 2 beheer. ~er *I ov.w* 1 hanteren, behandelen, bedienen; 2 bevoelen, betasten; 3 beheren. II *zr m* het aanvoelen.

manière I *v* 1 wijze, manier; *à sa* —, op zijn manier; *de cette* —, op die manier; *la* — *dont*, de wijze, waarop; 2 schilder-, compositie-, schrijfwijze enz. (*la* — *de Rembrandt*); 3 gekunsteldheid; 4 soort. II ~s *v mv* 1 manieren (beleefdheid); 2 complimenten. III *vw: de* — *que*, zodat. IV *vz: de* — *à* (met onb.wijs), zodat.

maniéré *bn* gekunsteld, aanstellerig, gemaakt.

maniérer I *ov.w* gekunsteld maken (— *son style*). II se — gekunsteld worden.

maniérisme *m* gekunsteldheid.

manieur *m* iem. die iets hanteert, met iets omgaat; — *d'argent*, geldman, bankier (geringschattend).

manifest/ant *m* manifestant, betoger. ~ation *v* 1 uiting, verkondiging; 2 manifestatie, betoging. ~e I *bn* duidelijk, klaarblijkelijk. II *zn m* manifest, openbare verklaring. ~er I *ov.w* uiten, tonen, openbaren. II *on.w* manifesteren, een betoging houden. III se ~ zich openbaren.

manigance *v* kuiperij, streek.

manigancer *ov.w* bedisselen, bekonkelen.

manille I *m* manillasigaar. II *v* 1 pandoerspel; 2 schakel.

manilleur *m* pandoerder.

manipul/ant *m* 1 bereider, bewerker; 2 seinsleutel. ~ion *v* 1 behandeling, bewerking; 2 geknoei.

manipule *m* manipel (v. d. priester).

manipuler *ov.w* 1 behandelen, bewerken; 2 knoeien.

manitou *m* 1 de Grote Geest der Indianen; 2 machtig persoon, hoge ome (*pop.*).

manivelle *v* kruk, handvat, slinger v. auto.

manne *v* 1 grote mand met twee handvatten; 2 manna; 3 overvloedig, goedkoop voedsel.

mannequin *m* 1 hoge nauwe mand; 2 ledepop, etalagepop; 3 onzelfstandig mens, stropop; 4 mannequin.

mannette *v* mandje, korfje.

mannezingue *m* (*pop.*) kroegbaas.

manœuvre I *m* 1 opperman, handwerksman; 2 slecht kunstenaar; 3 dagloner. II *v* 1 bediening, besturing; *fausse* —, verkeerde wending; misgreep; 2 want (*scheepv.*); 3 handelwijze, kunstgreep, kuiperij; 4 manœuvre v. troepen; *champ de* —*s*, exercitieveld.

manœuvr/er I *ov.w* hanteren, besturen. II *on.w* 1 manœuvreren, mil. oefeningen houden; 2 mil. oefeningen leiden; 3 handelen, sluwe middelen gebruiken. ~ier *m* 1 bekwaam zeeman, -officier; 2 polemist.

manoir *m* 1 (*oud*) burg; 2 landgoed; 3 (spottend) huis.

manomètre *m* manometer.

manouvrier *m*, -ère *v* dagloner, -loonster.

manquant *I m* afwezige. II *bn* ontbrekend.

manque I *m* gebrek, het ontbreken; — *de parole*, woordbreuk; — *de respect*, oneerbiedigheid; — *de*, bij gebrek aan. II *v* (*pop.*) 1 à la —, slecht, beschadigd; 2 niet; *avoir de la galette à la* —, geen cent hebben.

manqué *bn* gebrekkig, mislukt.

manquement *m* 1 misslag; 2 gebrek.

manquer I *on.w* 1 een fout-, een misslag begaan; 2 mislukken; 3 weigeren, ketsen v. geweer; 4 missen, gebrek hebben aan; *il manque de courage*, het ontbreekt hem aan moed; 5 verzuimen, nalaten (— *de*); *sans* —, zonder mankeren; *il ne manquera pas de venir*, hij komt zeker; 6 weinig schelen, of (— *de*); *il a manqué de tomber*, hij is bijna gevallen, het scheelde weinig, of hij was gevallen; 7 ontbreken, in de steek laten; *le temps me manque*, de tijd ontbreekt mij; *les forces lui ont manqué*, zijn krachten hebben hem begeven; *le pied lui a manqué*, hij is uitgegleden; 8 te kort schieten (— *à*); — *à sa parole*, zijn woord niet houden; *je n'y manquerai pas*, ik zal het niet verzuimen, - vergeten. II *ov.w* 1 laten voorbijgaan, verzuimen, missen; — *la classe*, spijbelen; — *une occasion*, een gelegenheid laten voorbijgaan; — *le train*, de trein missen; 2 slecht uitvoeren (— *un travail*). III *on.w* ontbreken, missen; *il lui manque dix florins*, hij komt tien gulden tekort; *il ne manquerait plus que ça*, dat moest er nog bij komen! IV ~s — ontbreken, schelen (*il s'en manque de beaucoup*).

mansarde *v* 1 dakvenster; 2 dak-, zolderkamertje.

mansuétude *v* zachtmoedigheid.

mante *v* wijde mantel.

manteau [*mv* x] *m* 1 mantel; *sous le* —, in het geheim; 2 dekmantel (*fig.*); 3 schoorsteenmantel.

mantel/é *bn* gemanteld. ~et *m* 1 manteltje; 2 patrijspoortdeksel. ~ure *v* haren v. d. rug v. e. hond, die anders gekleurd zijn dan de rest v. h. lichaam.

mantille *v* mantilla.

manucure — manicure.

manuel, -elle I *bn* wat de hand betreft (*travail* —). II *zn m* handleiding.

manuellement *bw* met de hand.

manufactur/able *bn* verwerkbaar. ~e *v* 1 fabriek; 2 de fabrieksarbeiders. ~er *ov.w* vervaardigen. ~ier, -ière I *bn* de industrie beoefenend. - betreffend (*peuple* —). II *zn m* fabrikant.

manumission *v* vrijlating v. slaaf of lijfeigene.

manuscrit I *m zn* handschrift. II *bn* met de hand geschreven.

manuten/tion *v* 1 beheer, administratie (*oud*); 2 mil. bakkerij; 3 bewerking, behaneling; 4 laden en lossen.

manutentionner *ov.w* verwerken, bereiden,

mappemonde v wereldkaart, de twee halfronden voorstellende; — *céleste*, sterrenkaart.

maqueraison v makreelvangst.

maquereau [*mv* x] *m* makreel.

maquerautier *m* makreelvisser.

maquette v verkleinde afbeelding v. e. beeldhouwwerk, v. e. toneeldecor.

maquignon *m* 1 paardenkoopman; 2 handige tussenpersoon.

maquignonnage *m* paardenhandel.

maquignonner *ov.w* 1 de gebreken v. e. paard op handige wijze verbergen; 2 knoeien.

maquillage *m* 1 het grimeren, schminken, opmaken v. gezicht; 2 vervalsing.

maquiller *ov.w* 1 grimeren, schminken, het gezicht opmaken; 2 vervalsen.

maquilleur *m*, -euse v I grimeur, -euse. II *m* boot voor de makreelvangst.

maquis *m* 1 dicht kreupelhout op Corsica; 2 warwinkel, warnet; 3 illegaliteit; *un —*, een illegale groep.

maquisard *m* onderduiker.

marabout *m* 1 heilig muzelman; 2 kleine moskee, bediend door een marabout; 3 dikbuikige metalen koffiekan; 4 maraboe (vogel); 5 lint van filtr. gaas; 6 kleine kegelvormige tent (*mil.*); 7 (*pop.*) lelijke, mismaakte man.

maraîcher, -ère *I bn* wat groente betreft (*culture —ère*); *jardin —*, moestuin. II *zn m* groentekweker.

marais *m* 1 moeras; — *salant*, zoutpan; 2 tuingrond, groentekwekerij.

marasme *m* 1 buitengewone magerheid; uittering; 2 inzinking, kwijning; 3 verval; *l'industrie est dans le —*, de industrie is in verval.

marasquin *m* maraskijn (soort fijne likeur).

marâtre v 1 stiefmoeder; 2 slechte moeder.

maraud/age *m*, ~e v 1 het stropen (*mil.*); 2 het stelen v. vruchten, groenten enz. ~er *on.w* 1 plunderen, roven; 2 vruchten, groenten enz. stelen. ~eur *m*, -euse v 1 plunderaar(ster), stroper; 2 snorder.

maravédis *m* kleine Spaanse munt; *n'avoir pas un —*, geen rooie cent hebben.

marbre *m* 1 marmer; *carrière de —*, marmergroeve; *de —*, *froid comme le —*, steenkoud, ongevoelig; 2 marmeren voorwerp, beeld; 3 wrijfsteen voor verf; 4 corrigeersteen.

marbré *bn* gemarmerd.

marbrer *ov.w* marmeren.

marbr/erie v 1 marmerbewerking; 2 het marmeren v. hout. ~eur *m*, -euse v marmeraar(ster) v. papier. ~ier, -ère *I bn* wat fabrieking heeft op marmer. II *zn m* marmerbewerker, maker v. grafstenen en monumenten. III -ère v marmergroeve. ~ure v marmering.

marc *m* 1 mark (munt); 2 droesem, bezinksel; — *de raisin*, druivenmoer; — *de café*, koffiedik.

marcescence v verwelking.

marcescent *bn* verwelkend.

marchand *I bn* 1 v. d. handel; *prix* —, fabrieksprijs; handelsprijs; *valeur —e*, handelswaarde; 2 handeldrijvend; *marine —e*, koopvaardijvloot; *navire —*, *vaisseau —*, koopvaardijschip; *ville —e*, handelsstad; 3 (gemakkelijk) verkoopbaar. II *zn m*, -*e* v 1 koopman, -vrouw; handelaar(ster); hankelier(ster); — *forain*, marktkoopman; — *d'habits*, uitdrager; *être le mauvais —*, het kind v. d. rekening zijn; — *de vin*, kroegbaas; 2 koper.

marchandage *m* 1 het afdingen; 2 het aannemen v. akkoordwerk.

marchandailler *ov.* en *on.w* pingelen.

marchand/er *I ov.w* 1 afdingen; 2 aannemen v. akkoordwerk; 3 karig zijn met (— *les éloges*). II *on.w* aarzelen; *il n'y a pas à —*, men moet een besluit nemen. ~eur *m*, -euse v afdinger(ster), pingelaar(ster).

marchandise v koopwaar; *faire valoir sa —*, iets in een gunstig daglicht plaatsen; *train de —s*, goederentrein.

marche v 1 het lopen; loop; *se mettre en —*, op weg gaan; 2 gang (*une — gracieuse*); 3 mil. mars; *en avant ! marche !*, voorwaarts mars! 4 mars (*muz.*); 5 loop v. sterren, het lopen v. e. machine enz.; *la — d'un navire*, de vaart v. e. schip; 6 optocht; 7 vooruitgang, ontwikkeling; verloop (*la — de la science*); 8 dagmars; 9 trede v. e. trap; 10 spoor v. e. hert; 11 mark, grensgebied; 12 trapper, pedaal.

marché *m* 1 markt; — *aux bestiaux*, veemarkt; — *couvert*, overdekte markt; — *noir*, zwarte markt; — *aux puces*, voddenmarkt, luizenmarkt; 2 stad die de hoofdmarkt is v. e. bepaald produkt; 3 koop, verkoop; (*à*) *bon —*, goedkoop; *être quitte à bon —*, er goedkoop afkomen; *faire bon — de qc.*, ergens niet veel om geven; *faire son —*, inkopen doen; *aller sur le — d'un autre*, meer bieden dan een ander; 4 contract, overeenkomst; *conclure un —*, een overeenkomst aangaan; — *d'ouvrage*, arbeidscontract; — *ouvrier*, arbeidsmarkt.

marchepied *m* 1 trede; 2 loopplank, treeplank- 3 trapje, voetbankje; *servir de —*, als middel dienen, om vooruit te komen; 4 voetpad langs een kanaal.

marcher *I on.w* 1 lopen, gaan; — *droit*, zich goed gedragen; — *au pas*, in de pas lopen; — *à quatre pattes*, op handen en voeten lopen; — *sur le pied à qn.*, iem. op de tenen trappen, kwetsen; 2 marcheren, optrekken; — *à l'ennemi*, tegen de vijand oprukken; 3 zeilen, rijden; 4 lopen = functioneren (*cette montre ne marche pas*); 5 voortschrijden v. d. tijd; 6 afgaan (op) (— *à*); — *à sa perte*, zijn ondergang tegemoet gaan; 7 voortgaan, opschieten (*cette affaire ne marche pas*); 8 (*fam.*) erin vliegen. II *ov.w* plattrappen, kneden. III *zn m* 1 het gaan, het lopen; 2 gang.

marcheur, -euse *I bn* wat lopen betreft. II *zn m*, -euse v loper, loopster, wandelaar(ster). III -euse v figurante.

mardi *m* dinsdag; — *gras*, vastenavond.

mare v poel, plas; — *de sang*, bloedplas.

marécage *m* moeras.

marécageux, -euse *bn* moerassig, drassig.

maréchal [*mv* aux] *m* 1 maarschalk; — *de camp*, veldmaarschalk; — *des logis*, wachtmeester; 2 hoefsmid (— *ferrant*).

maréchalat *m* maarschalksrang.

maréchalerie v 1 hoefsmederij; 2 het werk v. d. hoefsmid.

maréchaussée v marechaussee.

marée v 1 getij; — *basse*, eb; *grande —*, springvloed; — *haute*, vloed; 2 verse zeevis; *arriver comme — en carême*, juist van pas komen.

marelle v hinkelspel.

maremmatique *bn* eigen aan moerassen; *fièvre —*, moeraskoorts.

maremme v moeras aan zee.

mareyage *m* zeevishandel.

mareyeur *m*, -euse v handelaar(ster) in zeevis.

margarine v margarine.

marge v 1 rand, kant; *demeurer en,—* afzijdig blijven; 2 witte rand om een blad papier, kantlijn; 3 speling, speelruimte.

margelle v stenen rand v. e. put.

marger *ov.w* v. e. kantlijn voorzien.

marginal [*mv* aux] *bn* 1 aan de kant (*note —e*); *entreprise —e*, randbedrijf; 2 aan de oever.

margis *m* (*arg.*) wachtmeester.

margot v 1 ekster; 2 praatzieke vrouw.

margoulette v (*pop.*) smoel, bek.

margoulin *m* (*pop.*) klein koopmannetje.

margrave *m* markgraaf.

margraviat *m* markgraafschap.

marguerite v 1 madeliefje; 2 (*oud*) parel; *jeter des —s aux pourceaux*, parels voor de zwijnen werpen.

marguillier *m* kerkmeester, koster.

mári *m* man, echtgenoot.

mariable *bn* huwbaar.

mariage *m* 1 huwelijk; bruiloft; — *d'inclination*, huwelijk uit liefde; — *mixte*, gemengd huwelijk; — *de raison*, huwelijk uit berekening; 2 vereniging; 3 soort kaartspel.

marial *bn* van de H. Maagd.

Marianne *v* 1 Marianne; 2 de Fr. republiek.

marié *m*, -e *v* bruidegom, bruid; *les nouveaux —s, les jeunes —s*, de jonggehuwden.

marier I *ov.w* 1 in het huwelijk verbinden; 2 verbinden, vermengen; samenvoegen v. kleuren; 3 uithuwelijken. II se ~ 1 trouwen; 2 zich paren aan, zich vermengen.

marie†-salope† *v* 1 modderschuit; 2 baggermolen.

marieur *m*, -euse *v* koppelaar(ster).

marin I *m* zeeman, matroos. II -(e) *bn* wat de zee betreft; wat de zeeman betreft; *avoir le pied —*, zeemansbenen hebben.

marinade *v* 1 pekel; 2 kruidenazijn; 3 gemarineerd vlees.

marinage *m* het marineren.

marine *v* 1 zeewezen; 2 zeemacht, marine; — *marchande*, koopvaardijvloot; *infanterie de —*, de mariniers; 3 zeestuk v. e. schilder.

mariner *ov.w* marineren.

maringotte, maringote *v* 1 rijtuigje met losse banken; 2 woonwagen.

maringouin *m* muskiet.

marinier, -ère I *bn* van de scheepvaart. II *zn m* binnenschipper. III -ère *v* 1 het op een zijde zwemmen; 2 lichte uiensaus.

marionnette *v* 1 pop uit marionnettenspel; 2 willoos, karakterloos mens.

mariste, marianite *m* pater der maristencongregatie.

marital [*mv* aux] *bn* v. d. man of echtgenoot.

maritalement *bw* als man en vrouw (*vivre —*).

maritime *bn* wat zee of zeevaart betreft; *ville —*, zeehaven.

maritorne *v* (*fam.*) lelijk wijf, slons.

marivaudage *m* gezochte manier van spreken of complimenten maken.

marivauder *on.w* zie marivaudage.

marjolaine *v* marjolein (*pl.k.*).

mark *m* mark (munt).

marmaille *v* (*fam.*) troep kleine kinderen.

marmelade *v* vruchtenmoes; *viande en —*, te gaar vlees; *en —*, verbrijzeld, in elkaar geslagen (*figure en —*).

marmitage *m* (*fam.*) bombardement.

marmite *v* 1 kookketel, ijzeren pot; — *norvégienne*, hooikist; 2 eten; *cela fait bouillir la —*, daar moet de schoorsteen van roken; 3 (*fam.*) zware bom, - granaat.

marmitée *v* ketelvol.

marmiter *ov.w* (*fam.*) bombarderen.

marmiteux, -euse I *bn* armzalig, ellendig. II *zn m*, -euse *v* arme drommel.

marmiton *m* koksjongen.

marmonner *ov.w* (*pop.*) mompelen.

marmoréen, -enne *bn* 1 marmerachtig; 2 ongevoelig, ijskoud (*cœur —*).

marmot *m* 1 kleuter, jongetje, joggie, dreumes; 2 deurklopper met versiering; *croquer le —*, lang en ongeduldig staan of lopen te wachten.

marmotte *v* 1 marmot; *dormir comme une —*, vast slapen; 2 soort hoofddoekje; 3 stalendoos, -koffer v. handelsreiziger.

marmottement *m* gemompel, geprevel.

marmotter *ov.w* mompelen, prevelen.

marmouse *v* (*pop.*) baard.

marmouset *m* 1 klein mannetje; 2 jongetje; 3 soort haardijzer; 4 bespottelijk beeldje.

marn/e *v* mergel. ~er I *ov.w* mergelen v. grond. II *on.w* boven het gewone niveau v. h. hoogste getij stijgen.

marneux, -euse *bn* mergelachtig.

marnière *v* mergelgroeve.

Maroc *m* Marokko.

marocain I *bn* Marokkaans. II *zn* M ~ *m*, -e *v* Marokkaan(se).

marolles *m* soort kaas.

maronner *on.w* (*fam.*) mopperen, morren.

maroquin *m* 1 marokijnleer; 2 ministerportefeuille.

maroquin/er *ov.w* bewerken als echt marokijnleer. ~erie *v* 1 marokijnbereiding; 2 fabriek v. marokijnleer; 3 handel in marokijnleer; 4 voorwerp v. marokijnleer. ~ier *m* 1 lederbewerker; 2 handelaar in marokijnleer.

marotique *bn* volgens de manier v. Marot (*style —*).

marotte *v* 1 zotskap; 2 stokpaardje.

marouflage *m* het opplakken v. e. schilderij op linnen op ander linnen of paneel.

maroufle *m* fielt, vlegel, kaffer.

maroufler *ov.w* een schilderij op linnen op ander linnen of paneel plakken.

marquage *m* 1 het merken; 2 het opschrijven; 3 het brandmerken; 4 het stempelen; 5 het ringen.

marquant *bn* opvallend, van betekenis.

marque *v* 1 merk, teken; 2 indruk, afdruk; — *de pas*, voetafdruk; 3 brandmerk; 4 kenteken; 5 gewicht, betekenis (*personnage de —*); 6 fiche (bij spel); 7 kerfstok; 8 blijk, bewijs; *bonne —*, goedkeuring.

marqué *bn* 1 scherp getekend (*traits —s*); 2 vastgesteld, bepaald (*moment —*); *prix —*, vastgestelde prijs; 3 gemerkt.

marquer I *ov.w* 1 merken; 2 kenmerken; 3 aanwijzen, aangeven; — *le pas*, de pas aangeven; 4 verraden, tonen; *elle ne marque pas ses soixante ans*, men kan haar haar zestig jaren niet aanzien; 5 brandmerken; 6 prijzen (de prijs aangeven); 7 stempelen. II *on.w* 1 zich onderscheiden; uitmunten; 2 doelpunten; 3 *il marque mal*, hij ziet er slecht uit.

marqueter *ov.w* spikkelen.

marqueterie *v* 1 mozaïekwerk.

marqueteur *m* mozaïekwerker.

marqueur *m* 1 merker; 2 opschrijver, markeur, biljartjongen; 3 maker v. e. doelpunt.

marquis *m* markies. ~at *m* markizaat. ~e *v* 1 markiezin; 2 zonnescherm; 3 afdak; 4 soort peer.

marraine *v* 1 meter, petemoei; 2 dame, die een andere dame in een gezelschap voorstelt; 3 soldatenmoeder.

marrant *bn* (*arg.*) *bn* leuk.

marre (*arg.*) *j'en ai —*, ik heb er genoeg van.

marrer (se) (*arg.*) zich een bult lachen.

marri *bn* bedroefd.

marron I *m* 1 kastanje; —*s glacés*, gekonfijte kastanjes; 2 lichtkogel; 3 controlepenning v. werklieden of beambten; 4 met een lint samengebonden haarkroel; 5 klonter in deeg; 6 (*pop.*) opstopper; 7 kastanjebruin. II ~, -onne *bn* 1 weggelopen (v. slaaf), wild geworden (v. dier); 2 *cocher —*, snorder.

marronner *on.w* 1 voortvluchtig zijn; 2 beunhazen.

marronnier *m* 1 kastanjeboom; 2 kast voor de controlepenningen.

mars I *m* maart. II ~ *mv* voorjaarskoren. III M~ *m* Mars (krijgsgod, planeet).

marsault, marseau [*mv* x] *m* teenwilg.

marseillais I *bn* uit Marseille. II *zn* M~ *m*, -e *v* bewoner(bewonster) v. Marseille. Marseillaise *v* de Marseillaise (Fr. volkslied).

marsouin *m* 1 bruinvis; 2 (*fam.*) koloniaal; 3 lelijke of vuile man; 4 zeerob.

marsupial [*mv* aux] I *bn* buideldragend. II *zn m mv* les ~aux de buideldieren.

marte [*mv* x] = martre.

marteau [*mv* x] *m* 1 hamer; — *d'armes*, strijdhamer; *avoir un coup de —*, être —, een beetje getikt zijn; — *d'enclume*, voorhamer; *être entre l'enclume et le —*, tussen twee vuren zitten; — *pneumatique*, drilboor; 2 deurklopper; 3 pianohamertje; 4 hamerhaai.

marteau†-pilon† *m* stoomhamer.

martel *m* oude vorm van marteau; *avoir — en tête*, zorgen hebben.

martelage *m* 1 het hameren; 2 het met de hamer merken v. bomen, die geveld moeten worden of gespaard moeten blijven.

martèlement *m* 1 het hameren; 2 het duidelijk uitspreken v. lettergrepen.

marteler *ov.w* 1 hameren; 2 lettergrepen duidelijk uitspreken, toetsen duidelijk aanslaan; 3 met veel moeite vervaardigen.

martelet *m* hamertje.

marteleur *m* werkman, die hamert.

martial [*mv* aux] *bn* 1 krijgshaftig; *cour —e*, krijgsraad; *loi —e*, krijgswet; 2 ijzerhoudend.

martien, -enne I *bn* van Mars. **II M** *zn* ∼ *m* Marsbewoner.

martin *m* merel.

martin†-bâton† *m* (*fam.*) stok.

martinet *m* 1 gierzwaluw; 2 karwats; kleerklopper; 3 grote fabriekshamer, door stoom of water bewogen.

martin†-pêcheur† *m* ijsvogel.

martre, marte *v* 1 marter; *prendre — pour renard*, zich vergissen; *— blanche*, hermelijn; *— domestique*, steenmarter; *— mineure*, wezel; 2 marterbont.

martyr *m*, -e *v* martelaar, martelares.

martyre *m* marteldood, marteling.

martyriser *ov.w* martelen.

martyrologe *m* 1 lijst v. martelaren of heiligen; 2 lijst v. slachtoffers.

marx/isme *m* marxisme. ∼**iste** *m* marxist.

maryland *m* Marylandtabak.

mas *m* landhuis in het Z. van Frankrijk.

mascarade *v* 1 maskerade, vermomming; 2 groep gemaskerde mensen.

mascaret *m* springvloed.

mascaron *m* groteske kop aan gevels.

mascotte *v* mascotte, gelukspop, persoon, die geluk aanbrengt.

masculin I *bn* mannelijk. **II** *zn m* het mannelijk geslacht.

masculiniser *ov.w* mannelijk maken.

masculinité *v* mannelijkheid.

masqu/e I *m* 1 masker, mom; *arracher le — à qn.*, iem. ontmaskeren; *lever le —*, het masker afleggen; 2 (gas)masker; 3 (doden)-masker (*— mortuaire*); 4 gemaskerd persoon; 5 schermmasker; 6 uiterlijk, gelaatsuitdrukking, voorkomen. **II** (*pop.*) *v* ondeugd, olijk meisje. ∼**er** *ov.w* 1 maskeren, vermommen; 2 verbergen.

massacrant *bn* lastig, onuitstaanbaar.

massacre *m* 1 bloedbad, moord, slachting; 2 verknoeiing; 3 knoeier.

massacrer *ov.w* 1 vermoorden, doodslaan, slachten; 2 verknoeien, bederven.

massacreur *m* 1 moordenaar; 2 knoeier.

massage *m* massage.

masse I *v* 1 massa, menigte, hoop; *en —*, in groten getale, gezamenlijk; 2 vormloze massa; 3 totale hoeveelheid, totaal bedrag; 4 pot (in spel); kas; 5 kapitaal, fonds; *— active*, actief; *— passive*, passief; 6 steenlaag v. e. groeve; 7 moker. **II** ∼**s** *mv* 1 het volk, de volksmenigte; 2 *des —s*, veel.

massepain *m* 1 amandelkoekje; 2 marsepein.

masser I *ov.w* 1 masseren (v. spieren); 2 masseren (biljart); 3 samentrekken (*— des troupes*). **II se —** zich tot een grote menigte verenigen.

massette *v* 1 houten hamer; 2 lisdodde (*pl.k.*).

masseur *m*, -euse *v* masseur, masseuse.

massier *m* pedel.

massif, -ive I *bn* 1 massief, vol, dicht; 2 log, lomp. **II** *zn m* 1 bouwwerk; *— de maisons*, blok huizen; 2 dichte groep bomen; 3 berggroep.

massiveté *v* stevigheid, massiefheid.

massue *v* knots; *coup de —*, zware slag, ramp.

mastic *m* 1 stopverf, kit; 2 verwarring, warboel.

mastica/ge *m* het vullen met stopverf. ∼**teur** *bn* wat kauwen betreft; *muscle — ,*kauw-

---

spier. ∼**tion** *v* het kauwen.

masticatoire *m* kauwmiddel.

mastiff *m* bloedhond.

mastiquer *ov.w* 1 met stopverf stoppen; 2 kauwen; 3 (*pop.*) eten.

mastoc *bn* (*fam.*) lomp, grof, potig.

mastodonte *m* 1 mastodont; 2 zeer zwaar persoon.

mastroquet *m* (*pop.*) kroegbaas.

m'as-tu-vu *m* bijnaam voor verwaand toneelspeler.

masure *v* 1 ruïne; 2 krot.   [speler.

mat I *bn* 1 dof, mat; 2 te vast, ongerezen (*pain —*); 3 mat in schaakspel; *échec et —*, schaakmat. II *zn m* 1 mat in schaakspel; 2 dof gedeelte.

mât *m* mast; *— de beaupré*, evenwichtsbalk; *— de cocagne*, klimmast; *— de fortune*, noodmast; *— de misaine*, fokkemast.

matador *m* 1 stierendoder; 2 kopstuk.

matage *m* het mat-, dof maken.

matamore *m* pocher, snoever, grootspreker.

match *m* [*mv* es] wedstrijd; *faire — nul*, gelijk spelen.

matcher *on.w* een wedstrijd spelen.

matelas *m* 1 matras; 2 (*arg.*) portefeuille.

matelasser *ov.w* van matrassen-, van kussens voorzien; *porte matelassée*, tochtdeur.

matelas/ier *m*, -ère *v* matrassenmaker, -maakster. ∼**ure** *v* vulstof.

matelot *m* 1 matroos; 2 matrozenpak.

matelotage *m* 1 scheepswerk; 2 gage.

matelote *v* 1 vrouw v. e. matroos; 2 visschotel (vooral van paling) met wijn en uien bereid; 3 matrozendans; *à la —*, op matrozenmanier.

mater *ov.w* 1 mat zetten; 2 temmen, bedwingen, klein krijgen; 3 moffelen.

mâter *ov.w* van masten voorzien.

matérialis/ation *v* verstoffelijking. ∼**er** *ov.w* stoffelijk maken; - voorstellen.

matérial/isme *m* materialisme. ∼**iste I** *zn m* materialist. **II** *bn* materialistisch.

matérialité *v* stoffelijkheid.

matériaux *m mv* bouwstoffen, materiaal.

matériel, -elle I *bn* 1 stoffelijk, lichamelijk; 2 zwaar, log, lomp. **II** *zn m* 1 het stoffelijke; 2 materieel; in gebruik zijnde voorwerpen. *-elle v* het nodige om rond te komen.

maternel, -elle I *bn* 1 moederlijk; *école —elle*, bewaarschool; 2 van moederskant (*parents —s*). **II** *zn -elle v* bewaarschool.

maternellement *bw* moederlijk.

maternité *v* 1 moederschap; 2 inrichting voor kraamvrouwen.

math *v mv* (*arg.*) wiskunde.

math'élem *v mv* (*arg.*) elementaire wiskunde.

mathémati/cien *m*, -enne *v* wiskundige. ∼**que I** *bn* wiskundig. **II** ∼**s** *v mv* wiskunde.

mathurin *m* (*arg.*) matroos.

matière *v* 1 stof, grondstof; *—s fécales*, uitwerpselen; *— première*, grondstof; 2 onderwerp, stof; *entrer en —*, aan het eigenlijke onderwerp komen; *en — de*, op het stuk van; *table des —s*, inhoudsopgave; 3 leervak; 4 aanleiding, reden; *donner, être à*, aanleiding geven tot.

matin I *m* ochtend, morgen; *un beau —, un de ces —s*, op een goeie dag; *de bon — de grand —*, vroeg in de morgen; *ce —*, vanmorgen; *le —, 's morgens*; *le — de la vie*, de jeugd; *les portes du — (dicht.)*, het oosten; *rouge au soir, blanc au —*, c'est la journée du pèlerin, een rode avondhemel en een heldere ochtendlucht voorspellen een mooie dag. **II** *bw* vroeg (*se lever —*).

mâtin I *zn m* waakhond, bulhond. **II m**, -e *v* rakker. **III** *tw* drommels!

matinal [*mv* aux of als] *bn* wat de morgen betreft; *être —*, vroeg opgestaan zijn.

mâtiné *bn* bastaard-, gekruist.

matinée *v* 1 morgen; *dormir la grasse —*, een gat in de dag slapen; 2 ochtendjapon; 3 middagvoorstelling, -concert.

mâtiner *ov.w* 1 kruisen v. honden; 2 afsnauwen.

matines v mv Metten (R.K.).

matineux, -euse bn gewend vroeg op te staan.

matir ov.w dof-, mat maken.

matité v dofheid, matheid.

matois I bn slim, uitgeslapen, doortrapt. II zn m sluwe vos. ~erie v slimheid, doortraptheid.

maton m 1 klont; 2 veekoek.

matou m 1 kater; 2 onaangenaam mens; vilain ~, gemene kerel.

matraque v 1 knuppel; 2 gummistók.

matras m distilleerfles, -kolf.

matriarcat m matriarchaat.

matrice v 1 baarmoeder; 2 matrijs; 3 ijkmaat, ijkgewicht; 4 legger, belastingkohier.

matricide I m moedermoord. II m of v moedermoordenaar(-ares).

matriciel, -elle bn volgens het kohier.

matricule I v naamlijst, register. II m nummer v. e. register, stamboeknummer.

matriculer ov.w inschrijven in stamboek.

matrimonial [mv aux] bn wat huwelijk betreft.

matrone v deftige dame van zekere leeftijd.

matthiole v violier (pl.k.).

maturation v het rijpen.

mâture v mastwerk.

maturité v 1 rijpheid; 2 geestelijke rijpheid, volkomen ontwikkeling; avec —, bedachtzaam, na rijp overleg.

matutinal [mv aux] bn wat de morgen betreft.

maudire ov.w. vervloeken, verwensen.

maudissable bn verfoeilijk.

maudit I bn vervloekt, ellendig (temps —). II zn m 1 verdoemde; 2 duivel.

maugréer ov.w schelden, vloeken, uitvaren.

maure, more [v mauresque] I bn Moors. II zn M ~ m, -esque v Moor(se); tête de ~, donkerbruin; traiter qn. de Turc à ~, iem. zeer hardvochtig behandelen.

mausolée m praalgraf.

maussad/e bn 1 nors, humeurig; 2 somber, triest. ~erie v knorrigheid, gehumeurdheid.

mauvais I bn slecht, kwaad, verkeerd, ondeugend; les — anges, de duivels; — bruits, ongunstige praatjes; il fait —, het is slecht weer; — garnement, deugniet; —e herbe croît toujours (spr.w), onkruid vergaat niet; —e langue, boze tong; mer —e, woelige, onstuimige zee; avoir —e mine, er slecht uitzien; —e plaisanterie, lelijke poets; prendre en — part, kwalijk nemen; — sujet, losbol; trouver —, kwalijk nemen; faire — visage à qn., iem. onaangenaam ontvangen. II zn m 1 het slechte, het kwade; 2 slecht mens. III bw slecht, verkeerd; sentir —, stinken.

mauvaisement bw vals, gemeen.

mauvaiseté v slechtheid.

mauve I bn mauve (lichtpaars). II zn v 1 malva (pl.k.); 2 zeemeeuw.

mauviette v 1 leeuwerik voor consumptie; manger comme une —, zeer weinig eten; 2 teer, mager persoon.

maxillaire I bn wat de kaak betreft. II zn m

maxima I m mv van maximum. II bn v hoogste (température —).

maxime v grondstelling, stelregel, spreuk.

maximum I bn hoogste, maximum. II zn m het hoogste, het meeste, het grootste.

Mayence v Mainz.

mayonnaise v mayonaise.

mazette I v zn stumper, knul. II tw kolossaal!

mazurka v mazurka.

me vnw m of v me, mij.

méandre m 1 bocht v. e. rivier; 2 list.

méat m kanaal (med.).

mécanicien m 1 werktuigkundige; 2 machinist, autobestuurder.

mécanicienne v machinenaaister.

mécanique I bn 1 werktuigkundig; 2 werktuigelijk, mechanisch. II zn v 1 werktuigkunde; 2 boek over werktuigkunde; 3 mechanisme, raderwerk, toestel; 4 machine; fabriqué à la —, machinaal gemaakt.

mécanisation v mechanisatie.

mécan/iser ov.w 1 tot een werktuig maken; 2 vernederen; 3 (pop.) plagen. ~isme m 1 inrichting, samenstelling; 2 techniek v. e. kunst; le — des vers, het ritme.

mécano m (fam.) = mécanicien.

mécène m mecenas.

méch/amment bw 1 boosaardig; 2 ondeugend; 3 moedwillig. ~anceté v 1 boosaardigheid, slechtheid; 2 ondeugendheid; 3 gemene streek; 4 boosaardig woord.

méchant , I bn 1 boos, boosaardig, slecht; 2 onaangenaam, lelijk (une —e affaire); 3 ondeugend, stout. II zn m 1 slecht mens; faire le —, opspelen; 2 ondeugd.

mèche v 1 pit v. e. kaars; 2 kous v. e. lamp; 3 touw v. e. zweep; 4 lont; être de — avec qn., met iem. onder één hoedje spelen; éventer la —, een complot ontdekken; il n'y a pas —, er is geen middel; 5 haarlok; 6 touw v. e. zweep; 7 boorijzer v. kurketrekker, - v. e. boor.

mécher ov.w een vat zwavelen.

mécompte m 1 misrekening; 2 teleurstelling.

méconnais/able bn onkenbaar. ~ance v 1 miskenning; 2 ondankbaarheid.

méconnaître I ov.w onr. 1 miskennen; 2 niet willen kennen. II se ~ zijn afkomst, zijn verleden, hetgeen men aan anderen verschuldigd is, vergeten.

mécontent bn ontevreden.

mécontentement m ontevredenheid.

mécontenter ov.w ontevreden maken.

mécréant I bn ongelovig. II zn m, -e v ongelovige.

médaille v 1 medaille, gedenkpenning; 2 herkenningsplaatje voor sommige beroepen.

médaillé bn aan wie een medaille is toegekend (soldat —).

médailler ov.w een medaille toekennen aan.

médailleur m stempelsnijder voor medailles.

médaill/ier m 1 medailleverzameling; 2 medaillekast. ~on m 1 grote medaille; 2 medaillon; 3 bas-reliëf.

médecin m arts, geneesheer, dokter; — consultant, consulterend arts; — des âmes, priester, biechtvader; médecin-major, mil. arts; — ordinaire, huisarts.

médecine v 1 geneeskunde; docteur en —, doctor in de medicijnen; 2 medicijn, purgeermiddel; — de cheval, paardemiddel.

médeciner ov.w geneesmiddelen voorschrijven.

médial [mv aux] bn middelste (lettre —e).

médian I bn middelste, wat het midden betreft; ligne —e, zwaartelijn. II zn -e v zwaartelijn.

médiante v middeltoon.

médiat bn middellijk.

médiateur, -trice I bn bemiddelend. II zn m, -trice v bemiddelaar(ster).

médiation v bemiddeling.

médical [mv aux] bn geneeskundig.

médicament m geneesmiddel.

médicament/aire bn geneesmiddelen betreffend. ~ation zie médication.

médicamenter I ov.w geneesmiddelen toedienen, -voorschrijven. II se ~ geneesmiddelen innemen.

médicamenteux, -euse bn geneeskrachtig.

médicastre m pruldokter, kwakzalver.

médicateur, -trice bn genezend.

médication v geneeswijze.

médicinal [mv aux] bn geneeskrachtig.

médiéval [mv aux] bn middeleeuws.

médiéviste m kenner der middeleeuwen.

médiocr/e I bn middelmatig. II zn m het middelmatige. ~ité v 1 middelmatigheid; 2 matige welvaart.

médire on.w kwaadspreken.

médisance v kwaadsprekerij, laster.

médisant m kwaadspreker, lasteraar.

méditat/if, -ive bn peinzend. ~ion v overdenking, overweging, overpeinzing.

méditer I ov.w 1 overdenken; 2 beramen. II on.w (— sur), peinzen over, mediteren.

méditerrané *bn* midden in het land gelegen.
Méditerranée *v* Middellandse Zee.
méditerranéen *bn* mediterraan.
médium *m* 1 middelweg; 2 middelstem;
3 medium. ~**nique** *bn* van een medium.
médius *m* middelvinger.
médoc *m* beroemd soort bordeauxwijn.
médullaire *bn* mergachtig; *os* —, mergbeen.
médulleux, -euse *bn* merghoudend.
méduser *ov.w* doen verstijven v. schrik.
meeting *m* meeting.
méfaire *on.w onr.* kwaad doen.
méfait *m* misdrijf, wandaad.
méfiance *v* wantrouwen.
méfiant *bn* wantrouwend.
méfier (se ~ de) wantrouwen.
mégalo/mane *m* of *v* lijder(es) aan grootheidswaanzin. ~**manie** *v* grootheidswaanzin.
mégaphone *m* geluidsversterker.
mégarde *v* vergissing; *par* —, bij ongeluk.
mégère *v* furie, helleveeg.
mégot *m* peukje.
mégotier *m* (*pop.*) peukjesraper.
meilleur I *bn* 1 beter; *de* —*e heure*, vroeger;
— *marché*, goedkoper; 2 beste; *la* —*e
partie*, het grootste deel. II *zn m* het beste.
méjuger *ov.w* verkeerd beoordelen.
mélancolie *v* droefgeestigheid, zwaarmoedigheid; *ne pas engendrer la* — (*fam.*), erg
vrolijk, lollig zijn.
mélancolique *bn* droefgeestig, zwaarmoedig.
mélancoliser *ov.w* droefgeestig stemmen.
mélang/e I *m* 1 het mengen, mengsel; 2 kruising v. rassen. II ~s *m mv* litterair mengelwerk. ~**er** *ov.w* (ver)mengen.
mélangeur *m* mengmachine.
mélasse *v* suikerstroop.
mêlé *bn* gemengd (*société* —*e*).
mêle-cassis, mêle-cass *m* bessenbrandewijn;
mêle-cass (*voix de* —), grogstem.
mêlée *v* 1 strijdgewoel, handgemeen; 2 vechtende menigte; 3 heftige woordenstrijd;
4 strijd.
mêler I *ov.w* 1 mengen, vermengen; 2 (kaarten) schudden; 3 verwarren, in wanorde
brengen (— *ses cheveux*); 4 wikkelen in (—
dans). II se ~ 1 zich vermengen; 2 zich
voegen bij, zich begeven onder; 3 *se* — *de*,
zich bemoeien met.
mélèze *m* lork, lariks.
mélilot *m* honingklaver.
méli-mélo *m* mengelmoes, allegaartje.
mélinite *v* meliniet (ontploffingsmiddel).
mellifère *bn* honinggevend.
mellification *v* honingvorming.
mellifique *bn* honingvormend.
mellite *m* honingstroop.
mélodie *v* 1 wijs; 2 welluidendheid.
mélodieusement *bw* welluidend.
mélodieux, -euse *bn* welluidend.
mélodique *bn* melodisch.
mélodiste *m* componist, die aan de melodie
de voornaamste plaats toekent.
mélodramatique *bn* melodramatisch.
mélodramatiser *ov.w* melodramatisch maken.
mélodrame *m* 1 drama met instrumentale
begeleiding; 2 melodrama.
mélomane *m* of *v* hartstochtelijk muziekliefhebber(ster).
mélomanie *v* overdreven liefde voor muziek.
melon *m* 1 meloen; 2 dophoed (ook *chapeau*
—); 3 (*pop.*) stommeling, ezel.
melongène *v* aubergine (eierplant).
melonnière *v* meloenkwekerij.
mélopée *v* 1 ritmisch gezang ter begeleiding
v. declamatie; 2 recitatief.
membran/e *v* 1 vlies; 2 plaatje. ~**eux**, -euse *bn*
vliezig. ~**ule** *v* vliesje.
membre *m* lid; *les* —*s*, de ledematen.
membré *bn*: *bien* —, flink van lijf en leden.
membru *bn* grof gebouwd.
membrure *v* 1 de ledematen; 2 paneel.
même I *vnw* 1 zelfde; *la* — *chose*, hetzelfde;
en — *temps*, tegelijkertijd; 2 zelf; *moi-même*
enz., ik zelf enz.; *pour cela* —, daarom juist.

II *bw* zelfs; *à* — *de*, in staat te: *boire à* — *la
bouteille*, zo maar uit de fles drinken; *de* —,
eveneens; *de* — *que*, evenals; *quand* —,
toch; *tout de* —, toch. III *zn m*: *cela revient
au* —, dat komt op hetzelfde neer.
mémé *v* (*pop.*) grootmoeder.
mémento *m* 1 memento uit de mis; 2 aantekening; 3 agenda; 4 kort overzicht, beknopt handboek.
mémère *v* (*pop.*) bejaarde vrouw.
mémoire I *v* 1 geheugen; *de* —, uit het hoofd;
pour —, pro memorie; 2 herinnering; nagedachtenis; *de* — *d'homme*, sinds mensenheugenis; *en* — *de*, ter herinnering aan.
II *m* 1 rekening; 2 verslag, verhandeling.
III ~s *m mv* gedenkschriften.
mémorable *bn* gedenkwaardig.
mémorandum *m* 1 aantekening; 2 aantekenboekje; 3 bestelbriefje.
mémoratif, -ive *bn* wat het geheugen betreft.
mémorial *m* 1 aantekenboek; 2 gedenkboek.
mémorialiste *m* schrijver v. gedenkschriften.
mémorisation *v* het van buiten leren.
mémoriser *ov.w* van buiten leren.
menaçant *bn* dreigend.
menac/e *v* (be)dreiging. ~**er** *ov.w* (be)dreigen;
— *le ciel* (*dicht.*), zich zeer hoog verheffen;
— *ruine*, op invallen staan.
ménage *m* 1 huishouden; *faire le* —, het huishouden doen; *femme de* —, werkster; *pain
de* —, eigengebakken-, gewoon brood;
vivre de —, zuinig leven; 2 huisgezin; *faire
bon, mauvais* — *avec qn.*, goed, slecht met
iem. overwegkunnen; *querelle de* —, huiselijke twist; 3 inboedel, huisraad.
ménagement *m* omzichtigheid; *sans* —, zonder complimenten.
ménager I *ov.w* 1 regelen, inrichten, tot stand
brengen (— *un entretien*); 2 aanbrengen;
3 sparen, ontzien, voorzichtig omgaan met
(— *sa santé, sa voix*); — *ses paroles*, niet
erg spraakzaam zijn; — *le temps*, de tijd
goed gebruiken; 4 bezorgen, verschaffen.
II se ~ zich verschaffen.
ménager, -ère I *bn* 1 spaarzaam met, zuinig
met (— *de*); 2 huishoudelijk; *école* —*ère*,
huishoudschool. II -ère *v* 1 huisvrouw;
2 huishoudster; 3 etui voor tafelzilver.
ménagerie *v* 1 beestenspel, dierentuin.
mendi/ant I *bn* bedelend; *les ordres* —*s*, de
bedelorden. II *zn m*, -*e v* bedelaar, bedelares. ~**cité** *v* 1 bedelarij; *en être réduit à la*
—, tot de bedelstaf gebracht zijn; 2 de bedellaars. ~**er** *ov.w* bedelen. ~**got** *m* (*fam.*)
bedelaar. ~**goter** *ov.w* (*fam.*) bedelen.
ménechme *m* dubbelganger.
menée *v* 1 spoor v. vluchtend hert; 2 kuiperij,
streek.
mener I *ov.w* leiden, brengen, voeren; — *à
bien*, tot een goed einde brengen; — *grand
bruit*, een hels kabaal maken; *cela me mène
à rien*, dat loopt op niets uit; — *en terre*,
begraven; 2 behandelen; 3 aanvoeren,
leiden; 4 leiden, besturen. II *on.w* de leiding
hebben (*sport*) (*notre équipe mène par 3 à 1*).
ménestrel *m* minstreel.
ménétrier *m* speelman.
meneur *m*, -euse *v* leider(ster), aanvoerder
(ster); — *de jeu*, aanstichter.
menhir *m* staand rotsblok uit de prehistorische tijd.
méninge *v* hersenvlies.
méningite *v* hersenvliesontsteking.
ménisque *m* hol-bolle lens, meniscus.
mennonite *m* doopsgezinde.
menotte I *v* handje. II ~s *m mv* boeien.
menotter *ov.w* de handboeien aandoen.
mensonge *m* 1 leugen; 2 verbeelding, verdichtsel.
mensonger, -ère *bn* leugenachtig, bedrieglijk.
menstrues *v mv* menstruatie.
mensualité *v* 1 maandelijks salaris, maandelijkse bijdrage; 2 maandelijks karakter.
mensuel, -elle *bn* maandelijks.
mensuellement *bw* maandelijks.
mensurabilité *v* meetbaarheid.

mensurable *bn* meetbaar.

mensuration *v* het meten v. h. lichaam.

mental [*mv* aux] *bn* geestelijk, innerlijk; *aliénation —e*, krankzinnigheid; *calcul —*, hoofdrekenen; *restriction —e*, innerlijk voorbehoud.

mentalement *bw* in gedachten, uit het hoofd (*calculer —*).

mentalité *v* geestesgesteldheid.

menterie *v* (*fam.*) leugen.

menteur I *zn m*, -euse *v* leugenaar(ster). II *bn* leugenachtig.

menthe *v* munt (*pl.k.*); — *poivrée*, pepermunt.

menthol *m* menthol.

mention *v* vermelding; *faire — de*, vermelden.

mentionner *ov.w* vermelden.

mentir *on.w* onr. liegen; *bon sang ne peut — (spr.w)*, de appel valt niet ver van de boom.

menton *m* kin; *double —*, onderkin; *prendre par le —*, onder de kin strijken.

mentonnière *v* 1 kinband, stormband; 2 kinhouder voor viool.

mentor *m* leidsman, mentor.

menu I *bn* klein, dun; — *bétail*, klein vee; —*s frais*, kleine kosten; —*s grains*, kleine graansoorten (haver, gerst enz.); —*e monnaie*, kleingeld, zakgeld; — *peuple*, de gewone man; zakgeld; — *plomb*, fijne jachthagel. II *zn m* 1 menu; 2 bijzonderheden; *par le —*, in bijzonderheden. III *bw* fijn, klein, in kleine stukjes; *hacher —*, fijnhakken; *la gent trotte —*, de muizen.

menuet *m* soort dans, menuet.

menuisage *m* het schrijnwerken.

menuise, menuisaille *v* 1 fijne jachthagel; 2 kleine vis, katvis.

menuiser *on.w* schrijnwerken, timmeren.

menuiserie *v* 1 schrijnwerk, timmerwerk; 2 schrijnwerkersvak.

menuisier *m* timmerman, schrijnwerker.

méphistophélique *bn* duivelachtig.

méphit/ique *bn* verstikkend (*gaz —*). ~iser *ov.w* verstikkend maken, verpesten (— *l'air*). ~isme *m* verpestende lucht, stank.

méprendre (se) *onr* zich vergissen.

mépris *m* verachting, minachting; *au — de*, in weerwil van. ~able *bn* verachtelijk. ~ant *bn* minachtend.

méprise *v* vergissing; *par —*, bij vergissing.

mépriser *ov.w* minachten, verachten.

mer *v* zee; grote plas, grote oppervlakte; *basse —*, laag water; *c'est la — à boire*, dat is onbegonnen werk; *coup de —*, stortzee; *une goutte d'eau dans la —*, een druppel op en gloeiende plaat; *grosse —*, hoge zee; *un homme à la —*, man over boord; *homme de —*, *gens de —*, zeeman, zeelui; — *du Nord*, Noordzee; *par —*, op zee; *pleine —*, *haute —*, volle zee; *en haute —*, in volle zee; *prendre la —*, in zee steken; *de sable*, *zandzee*; — *de sang*, grote bloedplas.

mercanti *m* 1 koopman, die het leger volgt; 2 sjacheraar.

mercantile *bn* de handel betreft; *esprit —*, koopmansgeest.

mercantilisme *m* handelsgeest.

mercenaire I *bn* 1 bezoldigd, voor geld (*travail —*); *troupes —s*, huurtroepen; 2 omkoopbaar. II *zn m* 1 huurling (*mil.*); 2 bezoldigd persoon.

mercenariat *m* het huurling zijn.

mercerie *v* 1 garen- en bandhandel; 2 de handelaars in garen en band.

merceris/age *m* het glanzen van katoenen stoffen. ~er *ov.w* katoenen stoffen glanzen.

merceriseuse *v* glansmachine.

merci I *v* 1 genade; *sans —*, meedogenloos; 2 willekeur; *être à la — de qn.*, aan iem. overgeleverd zijn. II *bw* dank je wel; *Dieu —*, goddank; *grand —*, ik zou je danken! III *m* bedankje.

mercier *m*, -ère *v* koopman, koopvrouw in garen en band.

mercredi *m* woensdag; *le — des cendres* Aswoensdag.

mercure I *m* kwikzilver. II M~ Mercurius.

mercuriale *v* standje, uitbrander.

mercuriel, -elle *bn* kwik bevattend.

merde *v* poep; *d'oie*, geelgroen; —!, loop!, stik! (*zeer ruw*).

merdeux, -euse *bn* bevuild.

mère I *zn v* 1 moeder; — *branche*, hoofdtak, hoofdstroom; *la — des Fidèles*, de Kerk; *la — patrie*, het moederland; *la reine —*, de koningin-moeder; 2 vrouw, vrouwtje. II *bn la — laine*, de fijnste wol v. h. schaap.

mère†-grand (*fam.*) grootmoeder.

méridien *m* meridiaan.

méridien, -enne I *bn* wat de meridiaan, wat 12 uur 's middags betreft. II -enne *zn v* 1 middaglijn; 2 middagdutje; 3 luie stoel.

méridional [*mv* aux] I *bn* zuidelijk. II *zn M~ m* zuiderling.

mérinos I *zn m* 1 merinosschaap; 2 merinoswol. II *bn: une brebis —*, een m.schaap.

merise *v* wilde kers.

merisier *m* wilde kerseboom.

méritant *bn* verdienstelijk.

mérite *m* verdienste; *se faire un — de qc.*, zich op iets beroemen.

mériter I *ov.w* verdienen; *toute peine mérite salaire* (*spr.w*), de werkman is zijn loon waard. II *on.w: bien — de sa patrie*, zich verdienstelijk maken jegens zijn vaderland.

méritoire *bn* verdienstelijk.

merlan *m* 1 wijting (vis); 2 (*pop.*) kapper.

merle *m* merel; — *blanc*, witte raaf (*fig.*); *fin —*, slimme vos; *vilain* (*beau*) —, lelijk of onaangenaam mens.

merleau [*mv* x] *m* jonge merel.

merlette *v* wijfjesmerel.

merlin *m* 1 bijl, om hout te kloven; 2 slagershamer; 3 driedraadstouw (*scheepv.*).

merluche *v* stokvis.

mérovingien, -enne I *bn* Merovingisch. II *zn* M~ *m* Merovinger.

merveille *v* wonder; *à — uitstekend*, voortreffelijk; *faire —*, wonderen doen; *uitstekend staan*; *promettre monts et —s*, gouden bergen beloven; *les sept —s du monde*, de zeven wereldwonderen.

merveill/eusement *bw* wonderbaar, verbazend, uitstekend. ~eux, -euse I *bn* wonderbaar, verbazend, uitstekend. II *zn m* het wonderbare, het bovennatuurlijke.

mes *bez.vnw m* of *v mv* mijn.

mésalliance *v* huwelijk beneden zijn stand.

mésallier I *ov.w* een huwelijk beneden zijn stand doen sluiten (— *un enfant*). II se ~ beneden zijn stand trouwen.

mésange *v* mees; — *bleue*, pimpelmees; — *charbonnière*, koolmees.

mésangette *v* vogelknip.

mésarriver *onp. w* slecht gaan, slecht aflopen.

mésaventure *v* 1 tegenspoed; 2 ongeval.

mesdames, mesdemoiselles *v mv* van madame, mademoiselle.

mésentente *v* slechte verstandhouding.

mésestimation *v* te lage schatting der waarde.

mésestime *v* minachting, geringschatting.

mésestimer *ov.w* 1 minachten, geringschatten; 2 onderschatten.

mésintelligence *v* 1 misverstand; 2 slechte verstandhouding.

mesquin *bn* 1 gierig, karig, chamel; 2 eng, bekrompen, kleingeestig. ~erie *v* 1 gierigheid, karigheid, schamelheid; 2 bekrompenheid, kleingeestigheid.

mess *m* eetzaal voor officieren of onderofficieren.

message *m* zending, boodschap; — *de détresse*, noodsein, s.o.s. ~er *m* 1 bode, boodschapper; — *de malheur*, ongeluksbode; 2 bestuurder v. postwagen, v. vrachtwagen. ~ère *v* boodschapster, bode; *la — du jour*, Aurora; *les —s du printemps*, de lenteboden (zwaluwen). —erie *v* vervoersonderneming.

messe *v* 1 mis, misoffer; — *basse*, stille mis; — *haute* (*grand-messe*), hoogmis; 2 de muziek voor een mis.

messéant *bn* onwelvoeglijk, onbehoorlijk.

messeoir *on.w onr.* misstaan, niet passen.

messianique *bn* Messiaans.

messidor *m* oogstmaand (tiende maand v. d. republikeinse kalender van 20 juni tot 19 juli).

Messie *m* Messias, Verlosser.

messier *bn* wat de oogst betreft.

messieurs *m mv* van *monsieur*.

messin *bn* van Metz. M ~ *zn m*, -e *v* bewoner (bewoonster) van Metz.

messire *m* (*oud*) heer.

mestre *m* oude vorm van *maître;* — *de camp* (*oud*), regimentscommandant.

mesurable *bn* meetbaar.

mesurage *m* het meten.

mesure I *v* 1 maat (in versch. betekenissen); *à —, au fur et à —*, achtereenvolgens; *combler la —*, de maat doen overlopen; *donner sa —*, tonen, wat men kan; *faire bonne —*, een goede maat geven; *outre —*, bovenmate; *passer la —*, te ver gaan; *avoir deux poids et deux —s*, met twee maten meten; *prendre —*, de maat nemen; *sur —*, op naar maat; 2 maatregel; 3 matiging, omzichtigheid (*manquer de —*). II *vw: à — que*, naarmate.

mesur/é *bn* 1 afgemeten (*pas —*); 2 behoedzaam, omzichtig, gematigd. **~er** I *ov.w* 1 meten, afmeten; — *ses forces*, zijn krachten meten; — *ses paroles*, zijn woorden wikken; 2 afmeten naar, in overeenstemming brengen met. II se ~ 1 zich meten met (*se avec*); 2 gemeten worden.

mesureur *m* 1 meter; 2 meetwerktuig.

mésusage *m* verkeerd gebruik.

mésuser *on.w* misbruik maken van (— *de*).

méta/carpe *m* middelhand. **~gramme** *m* verandering v. e. letter in een woord.

métairie *v* boerderij, pachthoeve.

métal [*mv* aux] *m* metaal; — *jaune*, goud; — *aux précieux*, edele metalen.

métallifère *bn* metaal bevattend.

métallin *bn* metaalkleurig.

métallique *bn* metaalachtig.

métallisation *v* 1 het afscheiden v. metalen; 2 het bedekken met een metaallaagje.

métalliser *ov.w* 1 metalen afscheiden; 2 een metaalglans geven; 3 bedekken met een dun laagje metaal.

métallo *m* metaalwerker.

métallographie *v* metaalbeschrijving.

métalloïde *m* metalloïde.

métallurg/ie *v* 1 het afscheiden v. metalen; 2 metaalbewerking. **~ique** *bn* wat betrekking heeft op de metaalafscheiding of de metaalindustrie (*industrie —*).

métallurgiste *m* metaalbewerker.

métamorphose *v* gedaanteverwisseling.

métamorphoser I *ov.w* veranderen, omzetten. II se ~ van gedaante verwisselen.

métaphore *v* zinnebeeldige uitdrukking.

métaphorique *bn* figuurlijk; *style —*, bloemrijke stijl.

métaphys/icien *m* metafysicus. **~ique** I *zn v* metafysica. II *bn* metafysisch.

métatarse *m* middelvoet.

métathèse *v* letteromzetting.

métayage *m* huurcontract, waarbij de eigenaar v. d. grond en de pachter de opbrengst v. d. grond samen delen.

métayer *m*, **-ère** *v* 1 pachter(ster), die de helft v. d. opbrengst v. d. grond aan de eigenaar moet afstaan; 2 pachter(ster); 3 boerendagloner.

métempsycose *v* zielsverhuizing.

météo *v* (*fam.*) 1 weerkunde; 2 weerkundig instituut.

météore *m* 1 luchtverschijnsel (donder, regen, sneeuw enz.); 2 (*fig.*) kortstondige, maar schitterende verschijning.

météorique *bn* wat luchtverschijnselen betreft; *pierres —s*, meteoorstenen.

météorite *v* meteoorsteen.

météorologie *v* weerkunde.

météorologique *bn* weerkundig.

météorologiste, **météorologue** *m* weerkundige.

méthane *m* moerasgas.

méthode *v* 1 methode; 2 gewoonte.

méthodique *bn* methodisch, stelselmatig.

méthodisme *m* leer der methodisten.

méthodiste *m* methodist (aanhanger ener anglicaanse sekte).

méthodologie *v* methodenleer.

méthyle *m* methyl.

méticul/eusement *bw* angstvallig, pietluttig, zorgvuldig. **~eux, -euse** *bn* angstvallig, pietluttig, zorgvuldig.

méticulosité *v* angstvalligheid, pietluttigheid.

métier *m* 1 ambacht, handwerk, vak, beroep; *chacun son —, les vaches seront bien gardées*, (*spr.w*), schoenmaker, blijf bij je leest; *faire — de qc.*, gewoon zijn iets te doen; *jalousie de —*, broodnijd; *trente-six —s, quarante malheurs* (*spr.w*), twaalf ambachten, dertien ongelukken; 2 weefgetouw; *mettre sur le —*, ondernemen, op touw zetten.

métis, -isse *bn* van gemengd ras, gekruist.

métissage *m* kruising van rassen.

métisser *ov.w* (rassen) kruisen.

métonymie *v* retorische figuur, die een voorwerp noemt met een term, die een ander voorwerp aanduidt, dat met het eerste verbonden is door een betrekking van oorzaak en gevolg, van het gedeelte en het geheel (b.v. *cent voiles* in plaats van *cent navires*).

métrage *m* 1 het meten met een meter; 2 lengte v. e. stof; 3 lengte van een film; *court—* smalfilm.

mètre *m* 1 meter; — *courant*, strekkende meter; — *cube*, kubieke meter; — *pliant* duimstok; 2 metrum.

métré *m* het aantal meters.

métrer *ov.w* met de meter meten.

métreur *m* opmeter, landmeter.

métricien *m* kenner v. h. metrum.

métrique I *bn* 1 metriek; *quintal —*, gewicht v. 100 kg; *système —*, metriek stelsel; *tonne —*, gewicht v. 1000 kg; 2 metrisch, wat het metrum betreft. II *zn v* verzenleer.

métro *m* ondergrondse trein.

métrologie *v* leer v. maten en gewichten.

métrologiste, **métrologue** *m* kenner v. maten en gewichten.

métromane *m* rijmmaniak.

métromanie *v* dichtwoede.

métronome *m* metronoom (*muz.*).

métropole *v* 1 moederland; 2 aartsbisschoppelijke residentie; 3 hoofdstad, wereldstad.

métropolitain I *bn* 1 hoofdstedelijk; 2 het moederland betreffend; 3 aartsbisschoppelijk. II *zn m* ondergrondse spoorlijn te Parijs.

métropolite *m* metropoliet.

mets *m* gerecht.

mettable *bn* aan te trekken (*habit —*).

mett/age *m* het klaarzetten. **~eur** *m* steller, plaatser; — *en scène*, regisseur; — *en ondes*, radioregisseur.

mettre I *ov.w onr.* 1 plaatsen, leggen, zetten, doen, steken; — *bas*, neerleggen, afnemen (*un chapeau*), jongen; — *en bouteille(s)*, bottelen; — *de côté*, op zij leggen, sparen; — *qn. dedans*, iem. erin laten vliegen; — *dehors*, — *à la porte*, de deur uitzetten; — *en doute*, in twijfel trekken; — *à l'école*, op school doen; — *à l'épreuve*, op de proef stellen; — *à la terre*, aarden; — *le feu à*, in brand steken; — *fin à*, een eind maken aan; — *en joue*, aanleggen (v. geweer enz.); — *la dernière main à un travail*, de laatste hand aan een werk leggen; — *la main à la plume*, de pen opnemen; — *au net*, in het net schrijven; — *en peine*, ongerust maken; — *en pièces*, verbrijzelen; — *sur pied*, op de been brengen, tot stand brengen; — *en prison*, in de gevangenis zetten; — *à sec*, droogleggen; — *la table*, — *le couvert*, de tafel dekken; — *une terre en blé*, een akker

inzaaien; — en terre, begraven; — un
vaisseau à la mer, een schip te water laten;
— à la voile, onder zeil gaan; 2 aantrekken,
aandoen; bien mis, goed gekleed; 3 besteden, uitgeven; — de l'argent à, geld
besteden voor; 4 doen over (— à), besteden; — trois heures à faire ses devoirs,
drie uur over zijn huiswerk doen; 5 veronderstellen, aannemen; mettons qu'il ait
raison, laten we aannemen, dat hij gelijk
heeft; 6 vertalen, overzetten; 7 — sur, zijn
geld zetten op. II se ~ zich zetten, zich
plaatsen, gaan zitten; se — en colère, wo-
dend worden; se — au lit, naar bed gaan;
se — en route, zich op weg begeven; se —
à table, aan tafel gaan; se — en tête, zich
in het hoofd zetten, zich verbeelden.
meubl/ant bn voor meubilering dienend, goed
staand. ~e I bn roerend (biens —s). II zn
m 1 meubel; 2 ameublement.
meublé I bn gemeubeld. II zn m gemeubi-
leerd(e) kamer, appartement (habiter en —).
meubler I ov.w meubelen, stofferen. II se ~
zich meubels aanschaffen.
meugl/ement m geloei. ~er on.w loeien.
meulage m het slijpen.
meulard m grote molensteen.
meul/e v 1 molensteen; 2 slijpsteen; 3 grote
platte kaas; 4 hooischelf, hoop koren;
5 champignonbed; 6 hoop hout, bedekt
met gras, om te verkolen. ~er ov.w slijpen.
meuleuse v slijpmachine.
meulière v 1 soort vuursteen, waarvan men
molenstenen maakt en die ook gebruikt
wordt bij het bouwen; 2 molensteengroeve.
meulon m 1 schelf; 2 hoop zout uit de zout-
pannen.
meunerie v 1 molenaarsvak, meelfabricage;
2 de molenaars.
meunier m, -ère v 1 molenaar, molenaars-
vrouw; 2 (fam.) staartmees.
meurt-de-faim m of v hongerlijder(ster).
meurtr/e m moord; c'est un —, het is zonde,
het is een schandaal. ~ier, -ère I bn moord-
dadig. II zn m, -ère v moordenaar, moorde-
nares. III -ère v schietgat.
meurtrir ov.w kwetsen, kneuzen.
meurtrissure v 1 kwetsing, kneuzing; 2 ge-
kneusde plek bij vruchten.
Meuse v Maas.
meute v 1 koppel jachthonden; 2 menigte,
troep.
mévendre ov.w met verlies verkopen.
mévente v verkoop met verlies.
mexicain I bn Mexicaans. II zn M~ zn, -e v
Mexicaan(se).
mézière, **mézigo**, **mézigue**, **mézis** vnw (arg.) ik.
mi I bn of /bw half. II zn m mi (muz.).
miau! tw miauw!
miasme m ziekte verspreidende uitwaseming.
miaulement m gemiauw.
miauler on.w miauwen.
mica m mica, glimmer.
micacé bn mica-achtig.
mi-carême† v halfvasten.
miche v rond brood, mik.
micheline v trein op luchtbanden.
mi-chemin (à) halverwege.
mi-clos half dicht.
micmac m (fam.) geharrewar, gekonkel,
slinkse streek.
mi-corps (à) tot aan het middel.
mi-côte (à) halverwege de helling.
micro m (fam.) microfoon.
microbe m bacterie.
microbicide bn bacteriedodend.
microbien, -enne bn microbisch.
microbiologie v microbiologie.
micro/céphale bn kleinhoofdig. ~cosme m de
wereld in het klein. ~film m microfilm. ~
mètre m micrometer. ~phone m geluidver-
sterker. ~photographie v microfotografie.
~scope m microscoop. ~scopie v het bekijken door de microscoop. ~scopique bn
1 wat geschiedt door de microscoop; wat

slechts door de microscoop kan worden
waargenomen; 2 zeer klein.
microsillon bn en zn m langspeelplaat.
miction v het wateren.
midi I m 1 12 uur 's middags, middag; en
plein —, op klaarlichte dag; chercher — à
quatorze heures, spijkers op laag water zoeken; 2 zuiden. II le M~ m het Zuiden van
Frankrijk.
midinette v (fam.) Parijs ateliermeisje.
mie I v 1 kruim v. brood; 2 (fam.) vriendin.
II bw (oud) niet.
miel m honing; doux comme un —, honing-
zoet; lune de —, wittebroodsweken.
miellé bn 1 zoet gemaakt met honing (eau
—e); 2 eigen aan honing (odeur —e).
miell/eusement bw zoetsappig. ~eux, -euse bn
1 honingachtig; 2 zoetsappig.
mien, -enne vnw I bn: un mien parent, een
bloedverwant van mij. II zn de, het mijne;
les —s, —ennes, de mijne(n).
miette v 1 kruimel; 2 brokje, deeltje; stukje;
3 overblijfsel (les —s d'une fortune); mettre
en —s, in gruizelementen gooien.
mieux I bw 1 beter; aller, être, se porter —,
het beter maken; pour — dire, juister gezegd; valoir —, beter zijn; 2 liever; j'aime
— me promener, ik wandel liever. II zn
m het betere, het beste; aller de — en
—, vooruitgaan; à qui —, om strijd; au
—, opperbest; je ne demande pas —, ik wil,
ik heb niets liever; faire de son —, zijn best
doen; faute de —, bij gebrek aan beter;
qui — est, wat beter is.
mièvr/e bn 1 gekunsteld, popperig, zoetelijk;
2 tenger, teer. ~erie, ~eté v gekunsteldheid,
popperigheid, zoetelijkheid.
mignard bn gemaakt vriendelijk, lief.
mignarder ov.w 1 lief doen, vertroetelen;
2 zoetelijk maken, „likken" (— son style).
mignardise v popperigheid, aanstellerige
liefkozing.
mignon, -onne I bn lief, aardig; argent —,
zakgeld. II zn m, -onne v lieveling, schat.
mign/onnette v liefheid. ~onnette v 1 schatje;
2 fijne peper; 3 kleine anjelier; 4 fijn grint.
~oter ov.w (fam.) vertroetelen.
migrain/e v schele hoofdpijn. ~eux, -euse bn
aan schele hoofdpijn lijdend.
migrateur, -trice bn trekkend; oiseaux —s,
trekvogels.
migration v 1 landverhuizing; 2 vogeltrek.
mi-jambe (à) tot halverwege de benen.
mijaurée v nufje.
mijoter I ov.w 1 zacht stoven; 2 langzaam
voorbereiden. II on.w zacht koken.
mil I tlw duizend. II zn m 1 gierst; 2 soort
knots voor gymnastiek.
mi-laine v halfwol.
milan m kiekendief.
milice v 1 militie, lichting; 2 leger, troepen.
milicien m milicien.
milieu [mv x] m 1 midden; au beau —, juist
in het midden; pièce de —, middenstuk op
tafel; 2 omgeving, kring; 3 middenweg; le
juste —, de juiste middenweg; il n'y a pas de
—, er is geen middenweg; 4 (arg.) onderwereld, misdadigers.
militaire I bn militair, krijgskundig, wat
oorlog betreft; venir à l'heure —, precies op
tijd komen. II zn m militair.
militant bn strijdend.
militarisation v het op mil. wijze inrichten.
militariser ov.w op mil. wijze inrichten.
militarisme m militarisme.
militariste v 1 militarist. II bn militaristisch.
militer on.w strijden.
mille I tlw duizend; des — et des cent, zeer
veel. II zn m 1 mijl; 2 duizendtal.
mille-feuille† v duizendblad (pl.k.).
mille-fleurs v parfumgeur, ontstaan uit de
geuren v. allerlei bloemen.
millénaire I bn duizendjarig, uit duizend bestaande; nombre —, duizendtal. II zn m
duizend jaar.

mille-pattes, mille-pieds *m* duizendpoot.

millerie *v* (*pop.*) loting.

millésime *m* jaartal op munten, medailles enz.

millésimé *bn* v. e. jaartal voorzien.

millet *m* gierst.

milliaire I *bn* wat een mijl betreft; *borne* —, mijlpaal. II *zn m* mijlpaal.

milliard *m* miljard. ~**aire** *I bn* een miljard bezittend. II *zn m* miljardair.

milliasse *v* 1 enorme som, enorme hoeveelheid; 2 koek van maïsmeel.

milli/ème I *tlw* duizendste. II *zn m* duizendste deel. ~**er** *m* 1 duizendtal; 2 500 kg.

milligramme *m* milligram. ~**litre** *m* milliliter. ~**mètre** *m* millimeter.

million *m* miljoen. ~**ième** *tlw* miljoenste. ~**naire** I *bn* één of meer miljoenen bezittend. II *zn m* miljonair.

milouin *m* tafeleend.

mime *m* 1 klucht met gebarenspel bij de Grieken en Romeinen; 2 kluchtspeler; 3 pantomimespeler; 4 imitator.

mimer *ov.w* nabootsen, imiteren.

mimétisme *m* mimicry.

mimeuse *v* mimosa (*pl.k.*).

mimi I *bn* (*fam.*) lief, schattig. II *zn m* 1 poes; 2 schatje.

mimique I *bn* wat gebarenspel betreft. II *zn v* mimiek, gebarenspel.

mimologie *v* nabootsing v. stem en gebaren.

mimosa *m* mimosa (*pl.k.*).

minable *bn* 1 ondermijnbaar; 2 (*fam.*) sjofel, ellendig.

minaret *m* minaret.

minaud/er *on.w* overdreven lief doen, aanhalen. ~**erie** *v* liefdoenerij, aanhaligheid.

minaudier, -ère *bn* overdreven lief, aanhalig.

mince I *bn* 1 dun, smal, mager; 2 pover, gering. II *tw* nee maar!; — *de* (*pop.*), wat een!

minc/er *ov.w* in kleine stukjes-, in reepjes snijden. ~**et, -ette** *bn* tamelijk dun.

minceur *v* 1 dunheid, smalheid, magerheid; 2 poverheid, geringheid.

mine *v* 1 uiterlijk, gezicht, voorkomen; *avoir bonne, mauvaise* —, er goed, slecht uitzien; *faire bonne, mauvaise* — *à qn.*, iem. vriendelijk, onvriendelijk ontvangen; *faire* — *de,* net doen alsof; *faire des* —*s*, overdreven-, aanstellerig lief doen; *faire la* —, een lelijk gezicht trekken; 2 mijn; groeve; *puits de* —, mijnschacht; 3 mijn, springlading; — *anti-char,* antitankmijn; *chambre de* —, *fourneau de* —, mijnkamer; *champ de* —*s*, mijnenveld; *éventer la* —, lont ruiken; — *flottante,* drijvende mijn; — *magnétique,* magnetische mijn; 4 — *de plomb*, potlood (erts); *la* — *d'un crayon*, de stift v. e. potlood.

miner *ov.w* mijnen leggen, ondermijnen.

minerai *m* erts.

minéral [*mv* aux] I *bn* mineraal, wat delfstoffen betreft; *eau* — *e,* mineraalwater. II *zn m* mineraal, delfstof.

minéralisation *v* omzetting in erts.

minéraliser *ov.w* in erts omzetten.

minéralogie *v* delfstofkunde.

minéralogique *bn* delfstofkundig.

minéralogiste *m* delfstofkundige.

minet *m*, **-ette** *v* I poesje. II **-ette** *v* ijzererts uit Lotharingen.

mineur I *bn* 1 van de mijn (*ouvrier* —); 2 kleiner, minder; *l'Asie* —, Klein-Azië; *les Frères* —*s*, de minderbroeders, franciscanen; *les ordres* —*s*, de kleine wijdingen; 3 minderjarig; 4 mineur (*muz.*). II *zn m* 1 mijnwerker; 2 mineur (*mil.*); 3 minderjarige; 4 kleine tertstoonaard.

miniatur/e *v* 1 versierde hoofdletter aan het begin v. e. hoofdstuk in oude manuscripten; 2 gekleurde tekening in oude manuscripten; 3 kleine aquarel. 4 *en* —, in het klein. ~**iste** *m* miniatuurschilder.

minier, -ère I *bn* wat mijnen betreft (*industrie* —*ère*). II **-ère** *v* open mijn.

minima (à): *thermomètre à* —, minimumther-

mometer.

minimant *bn*: *vitesse* —*e*, minimumsnelheid.

minim/e *bn* zeer klein. ~**iser** *ov.w* tot het minimum terugbrengen. ~**ité** *v* uiterste kleinheid. ~**um** I *bn* minimum, het kleinste. II *zn m* het kleinste, het minimum; *au* —, op zijn minst.

ministère *m* 1 ambt, bediening; 2 tussenkomst; 3 ministerie.

ministériel, -elle *bn* ministerieel.

ministr/able *bn* die in aanmerking komt voor minister. ~**e** *m* 1 minister; — *plénipotentiaire*, gevolmachtigd minister; 2 bedienaar v. e. godsdienst; — *des autels,* — *de Dieu,* priester; 3 uitvoerder, werktuig.

ministresse *v* (*fam.*) 1 vrouw v. e. minister; 2 vrouwelijke minister.

minium *m* menie.

minois *m* (*fam.*) aardig gezichtje.

minon *m* katje (*pl.k.*).

minoritaire *bn* v. d. minderheid.

minorité *v* 1 minderjarigheid; 2 minderheid.

minoterie *v* meelfabriek.

minotier *m* meelfabrikant, molenaar.

minuit *m* middernacht, twaalf uur 's nachts; *messe de* —, nachtmis.

minuscule I *bn* zeer klein. II *zn v* kleine letter.

minute *v* 1 minuut; *je suis à la* —, ik ben precies op tijd; *je reviens dans une* —, ik kom onmiddellijk terug; — *!*, kalm wat!, wacht even!; 2 origineel, minuut v. e. akte.

minuter *ov.w* de minute v. e. akte opmaken.

minuterie *v* 1 wijzerwerk v. e. klok, v. e. horloge; 2 tijdschakelaar.

minutie *v* 1 kleinigheid, beuzelarij; 2 uiterste nauwkeurigheid.

minutieusement *bw* uiterst nauwkeurig.

minutieux, -euse *bn* uiterst nauwkeurig.

mioche *m* of *v* (*fam.*) kleuter.

mi-parti *bn* in tweeën verdeeld.

mi-partition *v* halvering.

mirabelle *v* kleine gele pruim (mirabel).

mirabellier *m* mirabellenboom.

miracle *m* 1 wonder; *à* —, uitstekend; *par* —, (als) door een wonder; 2 middeleeuws mirakelspel.

miracul/eusement *bw* op wonderbaarlijke wijze. ~**eux, -euse** *bn* 1 wonderbaarlijk; 2 bewonderenswaardig.

mirage *m* 1 luchtspiegeling; 2 zinsbedrog.

mire *v* 1 mikpunt; het mikken; *cran de* —, vizierkeep; *ligne de* —, vizierlijn; *point de* —, mikpunt (ook *fig.*); 2 slagtand v. e. everzwijn; 3 (*oud*) dokter; 4 baak.

mirepoix *v* soort uiensaus.

mirer I *ov.w* 1 mikken; 2 jagen naar, loeren op (— *une place*); 3 spiegelen. II *se* ~ 1 zich spiegelen, zich bekijken; 2 zich bewonderen.

mirifique *bn* (*fam.*) buitengewoon, verbazend, wonderbaarlijk.

mirliflore *m* (*fam.*) saletjonker.

mirliton *m* mirliton (*muz.*).

mirobolant *bn* (*fam.*) buitengewoon, verbazend, wonderbaarlijk.

miroir *m* 1 spiegel; — *ardent*, brandglas; *écriture en* —, spiegelschrift; *œufs au* —, spiegeleieren; 2 spiegel op vogelveren; 3 spiegel v. e. schip.

miroitement *m* (weer)spiegeling, flikkering.

miroiter *on.w* (weer)spiegelen, flikkeren; *faire* — *aux yeux de qn.*, voorspiegelen.

miroit/erie *v* 1 spiegelhandel; 2 spiegelfabriek. ~**ier** *m*, **-ère** *v* 1 spiegelhandelaar(-ster); 2 spiegelfabrikant(e).

mironton *m* mirontaine veel voorkomend refrein van volksliedjes.

miroton *m* soort vleesragoût met uien.

misaine *v*: *mât de* —, fokkemast; (*voile de*) *misaine*, fokkezeil.

misanthrope I *bn* misantropisch, mensenhatend. II *zn m* of *v* mensenhater, -haatster.

misanthrop/ie *v* mensenhaat. ~**ique** *bn* mensenhatend, misantropisch.

miscellanées *v mv* mengelwerk.

miscible *bn* mengbaar.
mise *v* 1 het leggen, zetten, stellen, plaatsen; — *à l'eau*, tewaterlating; — *bas*, het werpen v. jongen; — *en bouteilles*, het bottelen; — *en scène*, regie; — *au tombeau*, graflegging; — *en vente*, het in de handel brengen; het verschijnen v. e. boek; 2 inzet, pot; 3 kleding; *cela n'est pas de* —, dat past niet.
miser *ov.w en on.w* inzetten.
misérable I *bn* ellendig, ongelukkig, arm. II *zn m* of *v* 1 ongelukkige, arme; 2 ellendeling, schurk.
misère *v* 1 ellende, nood; *c'est une* —, het is erg vervelend; 2 kleinigheid, wissewasje; 3 misère bij het kaartspel; 4 plagerij (*faire des* —*s*).
misér/éré, miserere *m* 50e psalm; *colique de* —, darmkoliek. ~eux, -euse I *bn* arm, armoedig. II *zn m*, -euse *v* arme stakker.
miséricorde *v* barmhartigheid, goedertierenheid, onferming; *des œuvres de* —, werken v. barmhartigheid; *à tout péché* — (*spr.w*), er is vergiffenis voor iedere zonde.
miséricordi/eusement *bw* barmhartig, goedertieren. ~eux, -euse *bn* barmhartig, goedertieren.
misogyne I *bn* vrouwen hatend. II *zn m* vrouwenhater.
missel *m* missaal, misboek.
mission *v* 1 opdracht; 2 zending; 3 missie (*R.K.*). ~naire *m* 1 missionaris, zendeling-2 verbreider, propagandist v. bepaalde denkbeelden.
missive *v* brief, bericht.
mistelle *v* druivenmost met alcohol.
mistigri *m* (*fam.*) 1 poes; 2 soort kaartspel; 3 klaverenboer in sommige kaartspelen.
mistoufle *v* (*arg.*) ellende.
mistral *m* koude, droge noordenwind in het Z.O. v. Frankrijk.
mitain/e/*v* want (handschoen); *prendre des* —*s*, met fluwelen handschoenen aanpakken. ~erie *v* 1 handschoenen- en wantenfabricage; 2 handel in handschoenen en wanten. []wanten.
mite *v* 1 mijt; 2 mot.
mité *bw* waar de mot in zit.
mi-temps *v* half-time.
miteux, -euse *bn* (*fam.*) armzalig, sjofel.
mithridate *m* tegengif; *vendeur de*—, kwakzalver.
mitigatif, -ive *bn* verzachtend.
mitigeur *m* mengkraan.
mitigation *v* verzachting.
mitiger *ov.w* verzachten.
miton *m* polsmof.
mitonner I *ov.w* 1 langzaam laten koken, laten sudderen; 2 lang en voorzichtig voorbereiden (— *une affaire*). II *on.w* zachtjes koken, sudderen.
mitoyen, -enne *bn* in het midden liggend; *mur* —, mandelige (gemeenschappelijke) muur.
mitoyenneté *v* mandeligheid.
mitraill/ade *v* schroótvuur. ~e *v* schroot. ~er I *on.w* met schroot-, met een mitrailleur schieten. II *ov.w* met schroot-, met een mitrailleur beschieten.
mitraillette *v* draagbare mitrailleur, stengun.
mitrailleur *m* mitrailleurschutter.
mitrailleuse *v* mitrailleur.
mitr/al [*mv aux*] *bn* mijtervormig. ~e *v* 1 mijter; *recevoir la* —, bisschop worden; 2 schoorsteenkap. ~é *bn* gemijterd.
mitron *m* (*pop.*) bakkersjongen.
mi-voix (*A*) halfluid.
mixage *m* gelijktijdige opname op een film der verschillende geluiden.
mixte *bn* gemengd; *bain* —, gemengd bad; *jouer en* —, een mixed spelen (*tennis*).
mixtion *v* het mengen v. geneesmiddelen.
mixtionner *ov.w* mengen.
mixture *v* mengsel.
mnémonique I *bn* 1 wat het geheugen betreft; 2 wat het geheugen helpt. II *zn v* mnemotechniek, geheugenkunst.

mnémotechnie *v* geheugenkunst.
mnémotechnique I *bn* wat het geheugen helpt (*méthode* —). II *zn v* = *mnémonique*.
mobile I *bn* 1 beweeglijk, beweegbaar; *fête* —, veranderlijke feestdag (zoals Pasen); *garde* —, burgerwacht; 2 veranderlijk, onvast (*caractère* —). II *m* 1 lichaam in beweging; 2 beweegkracht; 3 drijfveer; 4 soldaat der garde mobile.
mobilier, -ère I *bn* roerend; *saisie* —*ère*, inbeslagname v. roerend goed; *vente* —*ère*, gerechtelijke verkoop v. roerend goed. II *zn m* huisraad.
mobilisable *bn* te mobiliseren.
mobilisation *v* mobilisatie.
mobiliser *ov.w* 1 mobiliseren; 2 een beroep doen op iemands diensten.
mobilité *v* 1 beweeglijkheid, beweegbaarheid; 2 veranderlijkheid, wispelturigheid.
mocassin *m* Indianenschoen.
moche I *zn v* streng. II *bn* (*pop.*) lelijk, sof.
modal [*mv aux*] *bn* 1 modaal, van wijze (*gramm.*); 2 van de toonsoort. ~ité *v* 1 modaliteit, wijze (*gramm.*); 2 toonsoort.
mode I *v* 1 mode; *à la* —, in de mode; *personnage à la* —, gevierd persoon; *passé de* —, uit de mode; 2 manier. II *zn v mv* modeartikelen; *magasin de* —*s*, dameshoedenwinkel. III *m* 1 wijze; 2 modaliteit; 3 wijs v. e. werkwoord; 4 toonaard.
modelage *m* modellering.
modèle *m* model, voorbeeld. ~er I *ov.w* 1 modelleren, boetseren; 2 regelen naar, navolgen. ~eur *m* 1 boetseerder; 2 beeldenfabrikant, -koopman.
modéliste, modelliste *m* modellenmaker.
modérantisme *m* stelsel v. politieke gematigdheid.
modérat/eur *m*, -trice *v* 1 bestuurder(ster), regelaar; *le* — *de l'univers*, God; 2 regulateur (toestel). ~ion *v* 1 gematigdheid; 2 verzachting v. e. straf.
modéré *bn* 1 gematigd; 2 matig (*prix* —).
modérer I *ov.w* matigen, verzachten, beteugelen, verlagen (— *ses prix*). II *se* — zich matigen, zich bedwingen.
moderne I *bn* modern, nieuw, nieuwerwets; *enseignement* —, M.O. zonder klassieke talen. II *zn m* 1 het moderne; 2 modern mens, modern schrijver.
modernis/ation *v* modernisering. ~er *ov.w* moderniseren, verjongen, vernieuwen.
modernisme *m* 1 smaak voor moderne dingen of opvattingen; 2 modernisme (*R.K.*).
modern/iste *m* 1 voorstander v. h. moderne; modernist (*R.K.*). ~ité *v* moderniteit.
modest/e *bn* 1 bescheiden, nederig; 2 zedig; 3 eenvoudig. ~ie *v* 1 bescheidenheid; 2 zedigheid; 3 eenvoud.
modicité *v* geringheid, billijkheid v. prijs.
modifiable *bn* veranderbaar.
modifiant *bn* wijzigend, veranderend.
modificateur, -trice *bn* wijzigend.
modificatif, -ive *bn* wijzigend.
modif/cation *v* wijziging. ~er I *ov.w* 1 wijzigen, veranderen; 2 (*gramm.*) bepalen. II *se* ~ veranderen, gewijzigd worden.
modique *bn* matig, gering, billijk v. prijs.
modiste *v* modiste.
modulation *v* 1 stembuiging; 2 overgang v. d. ene toonaard in de andere.
module *m* 1 maat, waarmee men de proportie's v. e. gebouw bepaalt; 2 eenheid v. maat voor stromende wateren; 3 middellijn v. medailles of munten; 4 modulus (*wisk.*); 5 maatstaf.
moduler I *ov.w* 1 met veel stembuiging voordragen; 2 zingen, dichten (*dicht.*). II *on.w* v. d. ene toonaard in de andere overgaan.
moelle *v* 1 merg; — *allongée*, verlengde merg; — *épinière*, ruggemerg; *os à* —, mergpijp; *jusqu'à la* — *des os*, door en door, geheel en al; 2 het beste; 3 plantenmerg, pit; — *de sureau*, vlierpit.

moell/eusement *bw* zacht, mollig. **~eux, -euse**
bn 1 mergachtig (*os* —); 2 zacht, mollig;
contours —, zacht afgeronde lijnen; *étoffe*
—euse, zachte stevige stof; *pinceau* —,
breed penseel; *vin* —, zachte wijn; *voix*
—euse, lieflijke en toch volle stem.

moellon *m* bloksteen.

mœurs *m mv* zeden, gewoonten, gebruiken;
avoir des —, een zedelijk leven lijden, goed
oppassen; *n'avoir point de* —, een onzedelijk
leven lijden, slecht oppassen.

mofette, moufette *v* 1 mijngas; 2 stinkdier.

mohair *m* stof v. haar der angorageit.

moi I *vnw m* of *v* mij, ik; *à* — !, help!; *de*
vous à —, onder ons gezegd en gezwegen.
II *zn m* het ik.

moindre *bn* 1 kleiner, minder, geringer;
2 kleinste, minste, geringste. **~ment** *bw*
minder; *pas le* —, volstrekt niet.

moine *m* 1 monnik; 2 monniksrob; 3 bedde-
warmer, beddepan; 4 wit gebleven gedeelte
v. e. gedrukt blad.

moineau [*mv* x] *m* 1 mus; *brûler, tirer sa*
poudre aux —*x*, veel kosten maken voor
onbelangrijke dingen; 2 (*pop.*) *un vilain* —,
een gemene kerel.

moinerie *v* (*fam.*) de monniken.

moinesse *v* (*geringschattend*) non.

moins I *bw* 1 minder; — *de*, minder dan;
de —, en —, hoe langer hoe minder; *en* —,
in mindering; *en* — *de rien*, in een oogwenk;
ne pas —, toch, niettemin; *rien* — *que*,
allesbehalve; 2 minst; *au* —, *tout au* —,
ten minste, minstens; *au* —, toch; *il n'est*
pas malade au —?, hij is toch niet ziek?;
du —, ten minste; *pas le* — *du monde*, volstrekt niet, in het minst niet. II *vz* min;
douze ~ *huit égale quatre*, 12 — 8 = 4;
huit heures — *dix*, tien vóór acht; *au* —,
— *cinq*, (*pop.*), op het nippertje. III *vw*:
à ~ *que* (met *subj.*), *à* — *de* (met *onb.wijs*)
tenzij. IV *zn m* het minteken.

moins-perçu† *m* het te weinig ontvangene.

moins-value† *v* 1 verminderde opbrengst;
2 waardevermindering.

moir/age *m* het gevlamd maken, het wateren
v. stoffen. **~e** *v* 1 gevlamde stof; 2 de weerschijn van die stof.

moiré I *bn* gewaterd, gevlamd (v. stoffen).
II *zn m* het „vlammen" v. gewaterde stof.

moirer *ov.w* wateren v. stoffen.

mois *m* 1 maand; *six* —, een half jaar;
2 maandloon.

moise *v* klamp.

Moïse *m* Mozes; *un m*—, een wiegemandje.

moiser *ov.w* met klampen vastmaken.

moisi I *bn* beschimmeld. II *zn m* schimmel;
sentir le —, muf ruiken.

moïsiaque *bn* Mozaïsch.

moisir I *ov.w* doen beschimmelen. II *on.w*
schimmelen; — *quelque part*, ergens lang
blijven. III *se* ~ schimmelen.

moisissure *v* schimmel.

moissine *v* wijngaardrank met druiventros.

moisson *v* 1 oogst; *faire la* —, oogsten;
2 oogsttijd; 3 oogst (*fig.*), grote hoeveelheid. **~nage** *m* het oogsten. **~ner** *ov.w* 1
oogsten; — *des lauriers*, lauweren oogsten;
2 wegmaaien, wegrukken. **~neur** *m*, *-euse* *v*
oogster. II *-euse* *v* maaimachine.

moissonneuse-batteuse *v* maai- en dorsmachine.

moissonneuse-lieuse *v* maai- en- bindmachine.

moit/e *bn* klam, vochtig. **~eur** *v* klamheid.

moitié *v* 1 helft; *à* —, half; *à* — *chemin*,
halverwege; *à* — *prix*, voor de halve prijs;
de —, voor de helft; 2 wederhelft.

moitir *ov.w* klam maken.

moka *m* mokkakoffie.

mol, molle zie mou.

molaire I *bn*: *dent* —, kies. II *v* kies.

molasse *v* zachte kalksteen.

môle *m* havenhoofd.

moléculaire *bn* moleculair.

molécule *v* molecule.

moleskine, molesquine *v* 1 soort voeringstof;
2 soort imitatieleer.

molestation *v* overlast, hinder.

molester *ov.w* overlast aandoen, hinderen.

molette *v* 1 kartelrad; 2 radertje.

moliér/esque *bn* betrekking hebbend op Mo-
lière. **~iste** *m* Molièrekenner.

Molinisme *m* leer v. Molina over de genade
en de vrije wil.

Moliniste *m* aanhanger der leer v. Molina.

mollass/e I *bn* week, slap. II *zn* *v* zachte
kalksteen. **~erie** *v* slapheid, weekheid.

mollasson, **-onne** *bn* erg slap, erg week.

mollement *bw* 1 zacht; 2 slap, week, verwijfd; 3 slapjes, niet hard, niet veel (*tra-*
vailler —).

mollesse *v* 1 zachtheid, weekheid; 2 slapheid,
verwijfdheid.

mollet I *m* kuit. II *bn m*, **-ette** *v* zacht, week;
œuf —, zacht gekookt ei; *pain* —, licht
wittebrood.

molleterie *v* runderleer voor zolen.

molletière *v* beenwindsel.

molleton *m* molton. **~ner** *ov.w* moltonneren.
~neux, -euse *bn* moltonachtig.

mollification *v* verzachting.

mollifier *ov.w* verzachten, week maken.

mollir *on.w* 1 week worden; 2 gaan liggen
v. d. wind; 3 wijken (b.v. v. troepen).

mollusque *m* 1 weekdier; 2 (*pop.*) suffer,
onnozele hals.

molosse *m* grote waakhond, dog.

môme I *m* 1 (*pop.*) klein kind. II *v* (*arg.*)
meisje.

moment I *m* ogenblik; *à tout* —, ieder ogenblik; *au* — *de*, op het ogenblik van, op het
punt van; *d'un* — *à l'autre*, ieder ogenblik;
à ce —, op dat ogenblik, toen; *en ce* —, op
dit ogenblik, nu; *un* — !, wacht eens even,
luister eens!; *par* —*s*, nu en dan. II *vw*:
au — *que*, *au* — *où*, op het ogenblik, dat;
du — *que*, sedert, zodra; daar.

momentané *bn* kortstondig. **~ment** *bw* gedurende een ogenblik, tijdelijk.

momerie *v* 1 aanstellerij; 2 belachelijke vertoning.

momie *v* 1 mummie; 2 schraal, mager persoon; 3 houten klaas.

momification *v* het tot mummie maken.

momifier I *ov.w* tot mummie maken. II *se* ~
1 tot mummie worden; 2 vermageren.

mon *m*, **ma** *v*, **mes** *m* en *v mv* mijn.

monacal [*mv* aux] *bn* wat monniken betreft
(*la vie* —*e*).

monachisme *m* monnikswezen.

monarch/ie *v* 1 éénhoofdig bestuur; 2 rijk,
door een alleenheerser bestuurd. **~ique** *bn*
éénhoofdig, monarchisch.

monarchiser *v* éénhoofdig maken.

monarchisme *m* stelsel, dat de alleenheerschappij verdedigt.

monarchiste I *bn* monarchistisch. II *zn m*
aanhanger v. h. monarchisme.

monarque *m* alleenheerser, vorst.

monastère *m* klooster.

monastique *bn* wat het klooster of de kloosterlingen betreft; *vie* —, kloosterleven.

monaut *bn* éénorig.

monceau [*mv* x] *m* stapel, hoop, opeenhoping.

mondain I *bn* werelds. II *zn m* werelds mens.

mondanité *v* wereldsgezindheid.

monde *m* 1 wereld; *aller, passer dans l'autre*
—, sterven; *loger au bout du* —, erg afgelegen wonen; *mettre au* —, ter wereld brengen; *le mieux du* —, best; *partie du* —,
werelddeel; *pas le moins du* —, in het minst
niet; *c'est le* — *renversé*, het is de omgekeerde wereld; 2 mensen; *avoir du* —, de omgangsvormen kennen, weten hoe het hoort;
nous avons du —, we hebben gasten; *le*
grand, le beau —, de chic, de grote lui;
homme du —, man v. d. wereld; *le petit* —,
de gewone lui; *tout le* —, iedereen; 3 bedienden; *congédier son* —, zijn bedienden

wegzenden.
monder *ov.w* 1 schoonmaken; 2 pellen, schillen; *orge mondé,* gepelde gerst.
mondial [*mv aux*] *bn* van de wereld.
mondifier *ov.w* reinigen.
monégasque I *bn* van Monaco. II *zn* M~ *m* of *v* bewoner, bewoonster v. Monaco.
monétaire *bn* wat munten betreft.
mongol I *bn* Mongools. II *zn* M~ *m,* -e *v* Mongool(se).
moniteur *m,* -**trice** *v* 1 raadgever, -geefster; 2 voorturner(ster); 3 goede leerling(e), die als repetitor optreedt bij zijn (haar) medeleerlingen; 4 (jeugd)leider,-ster.
monition *v* kerkelijke waarschuwing, die aan de ban vooraf dient te gaan.
monitor *m* monitor (*scheepv*.).
monnaie *v* 1 munt, geld; *battre —,* munt slaan (ook *fig.*); — *de compte,* rekenmunt; *payer qn. en — de singe,* zich met mooie praatjes van iem. afmaken; *rendre à qn. la — de sa pièce,* iem. met gelijke munt betalen; 2 —*du-pape,* judaspenning (*pl.k.*); 3 *la* M—, de Munt.
monnayage *m* het munten.
monnayer *ov.w* munten.
monnayeur *m* munter; *faux —,* valse munter
monobloc *bn* uit één stuk.
monochrome *bn* éénkleurig.
monocle *m* oogglas.
monocorde *bn* 1 éénsnarig; 2 ééntonig.
monocotylédone I *bn* éénzaadlobbig. II *v mv* éénzaadlobbigen.
monogame *bn* slechts één vrouw of één man hebbend.
monogamie *v* stelsel, waarbij de man slechts één vrouw of de vrouw één man heeft.
monogramme *m* naamcijfer.
monographie *v* verhandeling over één onderwerp of één persoon.
monographique *bn* over één onderwerp of één persoon (*thèse —*).
monoïque *bn* éénhuizig. (*pl.k.*).
monolithe I *bn* uit één steenblok gevormd. II *zn m* monument, uit één steenblok gemaakt.
monologue *m* 1 alleenspraak; 2 komische voordracht voor één persoon.
monologuer *qn.w* 1 in zich zelf praten; 2 een monoloog houden.
monologueur *m* 1 iem. die in zich zelf praat; 2 iem. die monologen voordraagt.
mono/mane, ~maniaque I *bn u* een geestelijke afwijking hebbend op één punt. II *zn m* of *v* iem. die een geestelijke afwijking heeft op één punt. ~**manie** *v* geestelijke afwijking op één punt; — *de la persécution,* achtervolgingswaanzin.
monomètre *bn* in één versmaat geschreven.
monomoteur *bn* éénmotorig.
monoplace *bn* met één plaats.
monoplan *m* ééndekker.
monopole *m* 1 monopolie, alleenverkoop, alleenhandel; 2 uitsluitend recht, alleenbezit.
monopolisation *v* het tot monopolie maken.
monopoliser *ov.w* de alleenverkoop hebben; tot en monopolie maken.
monorail *m* hangspoor (met één rail).
monorime *bn* met één rijm.
monosperme *bn* éénzadig.
monosyllabe I *bn* éénlettergrepig. II *zn m* éénlettergrepig woord.
monosyllabique *bn* éénlettergrepig.
monothéisme *m* éengodendom.
monothéiste *m* aanbidder v. één God.
monotone *bn* eentonig.
monotonie *v* eentonigheid.
monotype *v* zetmachine met afzonderlijke letters.
monovalent *bn* éénwaardig.
mons *m* afkorting v. *monsieur.*
Mons Bergen in Henegouwen.
monseigneur *m* 1 titel van bisschoppen of zeer hooggeplaatste personen; 2 breekijzer voor sloten. ~**iser** *ov.w* de titel v. mon-

seigneur geven.
monsieur [*mv* messieurs] *m* 1 mijnheer; 2 heer; *ces messieurs,* de heren; *faire le —, faire le gros —,* gewichtig doen, dik doen; 3 titel v. d. oudste broer v. d. Franse koning; *prune de —,* dikke paarse pruim.
monstrance *v* monstrans.
monstr/e I *m* monster, gedrocht. II *bn* geweldig (*un dîner* —). ~**ueusement** *bw* 1 monsterachtig; 2 verbazend, geweldig.
monstrueux, -euse *bn* 1 monsterachtig, gedrochtelijk; 2 geweldig, verbazend groot.
monstruosité *v* 1 monsterachtigheid, gedrochtelijkheid; 2 iets monsterachtigs.
mont *m* berg; — *Cervin,* Matterhorn; *promettre —s et merveilles,* gouden bergen beloven; *par —s et par vaux,* over bergen en dalen.
montage *m* 1 het naar boven brengen; 2 het omhoog komen (v. melk); 3 het in elkaar zetten, het monteren, montage v. e. film; *chaîne de —,* lopende band.
montagnard I *bn* in de bergen wonend. II *zn m,* -e *v* bergbewoner, -bewoonster.
montagne *v* 1 berg, gebergte; *chaîne de —s,* bergketen; 2 stapel, berg.
montagneux, -euse *bn* bergachtig.
montant I *zn m* 1 stijl v. e. ladder, v. e. deur; 2 totaal bedrag; 3 sterke, doordringende geur; 4 stijging v. d. vloed. II *bn* 1 stijgend, opkomend (*marée —e*); 2 stijgend, klimmend (*chemin —*).
mont†-de-piété *m* bank v. lening.
mont-dore *m* kaassoort uit Auvergne.
monte *v* dekking v. dieren.
monté *bn* 1 goed voorzien; *être —en habits,* goed in zijn kleren zitten; 2 bereden, te paard zittend; *être bien —,* een goed paard hebben; 3 ineengezet; *un coup —,* afgesproken werk; 4 nijdig, woedend; 5 — *en couleur,* hooggekleurd.
monte-charge † *m* goederenlift.
montée *v* 1 het (be-, in-, op)stijgen; 2 helling, steile weg.
monte-pentes *m* skilift.
monte-plats *m* bordenlift.
monter I *on.w* 1 klimmen, stijgen, naar boven gaan; — *à cheval,* te paard stijgen; — *sur les planches,* toneelspeler worden; — *en voiture,* in het rijtuig stappen; 2 opklimmen (*fig.*); — *en grade,* tot een hogere rang bevorderd worden; 3 duurder worden, stijgen (v. waren); 4 rijden; — *à bicyclette,* fietsen; 5 bedragen (*le prix monte à dix francs*). II *ov.w* 1 bestijgen, beklimmen, opgaan (— *un escalier*); 2 berijden (— *un cheval*); 3 naar boven brengen, ophijsen; 4 in elkaar zetten, monteren, zetten v. edelstenen; — *une montre,* een horloge opdraaien; 5 inrichten v. e. huis; 6 op touw zetten; — *une affaire,* een zaak op touw zetten; — *une affaire,* een zaak op touw zetten; 7 dekken (v. dieren); 8 betrekken (— *la garde,*); 9 opwinden; — *la tête à qn,* iem. het hoofd op hol brengen. III *se* ~ 1 zich aanschaffen, zich voorzien van; *se — en linge,* linnengoed aanschaffen; 2 zich opwinden (*se — la tête*); 3 *se — à,* bedragen.
monte-sac *m* zakkenlift.
monteur *m,* -euse *v* 1 monteur; 2 zetter v. edelstenen.
montgolfière *v* montgolfière.
monticole *bn* op de bergen levend of groeiend.
monticule *m* bergje, heuvel.
mont-joie *m* hoop stenen om de weg te wijzen, of als herinnering aan een belangrijk feit; *M— Saint-Denis* (*montjoie*), middeleeuwse krijgskreet der Fransen.
montmartrois *bn* uit Montmartre.
montrable *bn* toonbaar.
montre *v* 1 horloge; *montre-bracelet,* polshorloge; 2 uitstalling; 3 uitstalkast; *mettre en —,* uitstallen; 4 vertoon, pronk; *faire —de,* tentoonspreiden, pronken met.
montrer I *ov.w* tonen, vertonen, laten zien,

wijzen; ~ *la corde*, tot de draad versleten zijn; — *au doigt*, met de vinger nawijzen; ~ *les talons*, het hazepad kiezen. II *on.w* onderwijzen, leren. III se ~ 1 zich vertonen, verschijnen; 2 vertoond worden.

montreur *m*, -euse *v* vertoner, vertoonster; — *d'ours*, bereleider.

montueux, -euse *bn* bergachtig, heuvelachtig.

monture *v* 1 rijdier; 2 het monteren; 3 montuur.

monument *m* 1 gedenkteken; 2 groot of zeer mooi gebouw; 3 belangrijk kunstwerk uit een bepaald tijdvak. ~al [*mv* aux] *bn* monumentaal, groots.

moque *v* 1 maatje; 2 mok.

moquer (se ~ de) 1 spotten met, bespotten, uitlachen; 2 maling hebben aan.

moquerie *v* spotternij.

moquette *v* 1 lokvogel; 2 trijp.

moqueur, -euse I *bn* spottend; spotziek. II *zn m*, -euse *v* spotter(ster). III -euse *v* spotvogel.

moraine *v* moraine.

moral [*mv* aux] I *bn* 1 zedelijk, moreel; 2 geestelijk; *facultés —es*, geesteseigenschappen. II *zn m* geestkracht, moreel.

morale *v* 1 moraal, zedenleer; 2 werk over de moraal; 3 zedenpreek; *faire la — à qn.*, iem. de les lezen; 4 les, moraal.

moralisateur, -trice *bn* een goede invloed hebbend op de zedelijkheid.

moraliser I *ov.w* 1 zedelijk verheffen; 2 de ies lezen. II *on.w* zedenpreken houden.

moraliseur *m*, -euse *v* zedenpreker, -preekster.

moraliste *v* iem. die over zeden schrijft.

moralité *v* 1 zedelijkheid; 2 les, moraal; 3 moraliteit (middeleeuws spel).

moratoire *bn* wat uitstel betreft.

moratorium *m* uitstel v. betaling.

morbide *bn* 1 wat ziekte betreft; 2 mollig (v. vlees in de schilderkunst).

morbidesse *v* 1 molligheid v. vlees in schilderkunst; 2 lenigheid.

morbidité *v* 1 ziektetoestand; 2 ziektecijfer.

morbifique *bn* ziekteverwekkend.

morbilleux, -euse *bn* wat mazelen betreft.

morbleu! *tw* drommels!

morceau [*mv* x] *m* 1 stuk, brok, hap, mondvol; *aimer les bons —x*, van lekker eten en drinken houden; *mâcher les —x à qn.*, iem. iets voorkauwen, iem. het werk vergemakkelijken; *manger un —*, een stukje eten; *rogner les —x à qn.*, iem. kort houden; 2 stuk (wat gebroken is); *tomber en —x*, stukvallen; 3 stuk (kunstwerk).

morceler *ov.w* verbrokkelen.

morcellement *m* verbrokkeling.

mordacité *v* 1 inbijtende kracht; 2 bitsheid, scherpte.

mordançage *m* het beitsen.

mordancer *ov.w* beitsen.

mordant I *bn* 1 bijtend; 2 invretend; 3 bits, scherp; *voix —e*, schelle stem. II *zn m* 1 beits; 2 scherpte.

mordicant *bn* 1 bijtend; 2 scherp, vinnig.

mordicus *bw* hardnekkig.

mordienne, mordieu *tw* (*fam.*) verdorie.

mordillage *m* geknabbel.

mordiller *ov.w* knabbelen op.

mordoré *bn* goudbruin.

mordre I *ov.w* 1 bijten; — *la poussière*, in het stof bijten; 2 aantasten. II *on.w* 1 — *à*, — *dans*, bijten in; 2 — *à*, plezier hebben in, begrijpen (— *à la musique*); 3 uitbijten; 4 houden v. h. anker; 5 hekelen, aanmerken. III se ~: *se — les doigts*, hevig berouw hebben.

More = Maure.

moreau, -elle *bn* glimmend zwart.

morelle *v* nachtschade (*pl.k.*).

moresque = mauresque.

morfond/re I *ov.w* doen verkleumen. II se ~ 1 verkleumen; 2 tot vervelens toe staan te wachten. ~ure *v* droes.

morganatique *bn* morganatisch.

morgue *v* 1 laatdunkendheid, verwaandheid; 2 plaats, waar men ongeïdentificeerde lijken tentoonstelt.

morgué, morguenne, morguienne *tw* soort boerenvloek: verdorie enz.

moribond I *bn* stervend. II *zn m* stervende.

moricaud I *bn* donkerbruin. II *zn m* 1 mulat, neger; 2 (*pop.*) steenkool.

morigéner *ov.w* de les lezen.

morillon *m* soort blauwe druif.

morion *m* stormhelm.

mormon, -one I *bn* mormoons. II *zn* M ~ *m*, -one *v* mormoon, mormoonse.

mormonisme *m* leer der mormonen.

morne *bn* somber, doods.

mornifle *v* (*pop.*) muilpeer.

morose *bn* somber, knorrig.

morosité *v* somberheid, knorrigheid.

morphine *v* morfine.

morphinisme *m* morfinevergiftiging.

morphino/mane I *bn* verslaafd aan morfine. II *zn m* of *v* morfinist(e). ~manie *v* verslaafdheid aan morfine.

morpho/logie I *bn* vormenleer. ~logique *bn* betrekking hebbend op de vormenleer.

mors *m* bit v. e. paard; *prendre le — aux dents*, op hol slaan; driftig worden.

morse *m* 1 walrus; 2 morse-alfabet.

morsure *v* 1 beet; 2 wond (*fig.*), schade.

mort I *v* 1 dood, overlijden; — *à l*, weg met!; *avoir la — dans l'âme*, diep bedroefd zijn; *la — de l'âme*, la — *éternelle*, de eeuwige verdoemenis; — *civile*, verlies v. burgerrecht; *condamner à —*, ter dood veroordelen; *être à la ~*, *à deux doigts de la —*; *à l'article de —*, op sterven liggen; *haïr à la —*, dodelijk haten; *mourir de sa belle —*, een natuurlijke dood sterven; *à la vie, à la —*, voor eeuwig; 2 vergif; — *aux rats*, rattenkruit. II *m*, -e *v* 1 dode; — *z*, zich dood houden; *le Jour des M—s*, Allerzielen; 2 blinde in het kaartspel. III *bn* dood; *la chandelle est —e*, de kaars is uit; *eau —e*, stilstaand water; *langue —e*, dode taal; *lèvres —es*, bleke lippen; *nature —e*, stilleven; *point —*, 1 dode punt; 2 vrijloop (auto); *saison —e*, slappe tijd.

mortaise *v* keep, tapgat.

mortaiser *ov.w* een keep maken in.

mortalité *v* 1 sterfelijkheid; 2 sterftecijfer.

mort-bois *m* hout van weinig waarde.

mort†-eau† *v* dood tij.

mortel, -elle I *bn* 1 dodelijk; *coup —*, genadeslag, doodsteek; *ennemi —*, doodsvijand; *dépouilles —les*, *restes —s*, stoffelijk overschot; *péché —*, doodzonde; *secret —*, stoffelijk; 3 hevig, wreed (*douleur —elle*); 4 eindeloos, vervelend (*cinq —elles lieues*). II *zn m*, -elle *v* sterveling(e). III *m mv*: *les —s*, de mensen, de stervelingen.

mortellement *bw* 1 dodelijk; 2 erg, buitengewoon, vreselijk (— *ennuyeux*).

morte†-paye† *v* iem. die zijn belasting niet kan betalen.

morte†-saison† *v* slappe tijd.

mortiale *m* (*pop.*) arts.

mortier *m* 1 mortel; 2 vijzel; 3 mortier (*mil.*).

mortifère *bn* dodelijk.

mortifiant *bn* 1 verstervend; 2 vernederend, grievend.

mortification *v* 1 kastijding, versterving; 2 vernedering; 3 het besterven, het adellijk worden v. wild.

mortifier *ov.w* 1 kastijden, versterven; 2 besterven, malser maken v. vlees; 3 vernederen, grieven, veel verdriet aandoen.

mortinatalité *v* 1 het doodgeboren worden; 2 cijfer der doodgeborenen.

mort-né† I *bn* doodgeboren. II *zn m* doodgeborene.

mortuaire *bn* de doden of het lijk betreffend; *drap —*, lijkkleed; *domicile*, *maison —*, sterfhuis; *extrait —*, uittreksel uit de dodenregisters; *registre —*, dodenregister.

morue *v* kabeljauw.

morutier, moruyer *m* 1 kabeljauwvisser; 2 schip voor de kabeljauwvangst.

morve *v* 1 droes; 2 snot.

morveux, -euse I *bn* 1 droezig; 2 snotterig; *qui se sent — se mouche* (*spr.w*), wie de schoen past, trekke hem aan. II *zn m* (*fam.*) snotneus (*fig.*).

mosaïque I *zn v* 1 mozaïek; 2 kunst v. d. mozaïekwerker; 3 allerlei. II *bn* Mozaïsch.

mosaïquer *ov.w* met mozaïek versieren.

mosaïsme *m* wet v. Mozes.

mosaïste *m* mozaïekwerker.

moscovite I *bn* Moscovisch. II *zn m* of *v* Moscoviet(vische).

mosellan, -ane *bn* van de Moezel.

mosquée *v* moskee.

mosquito *m* lichte Amerik. bommenwerper gedurende de tweede wereldoorlog.

mot *m* 1 woord; gezegde; — *à* —, woord voor woord, woordelijk; *un* — *à* —, een woordelijke vertaling; *à* —*s couverts*, in bedekte termen; *au bas* —, minstens; *bon* —, geestige zet, kwinkslag; —*s croisés*, kruiswoordraadsel; *dernier* —, laagste prijs; *dire son* —, een woordje meespreken; *ne dire, ne souffler* —, geen woord zeggen; *se donner le* —, met elkaar afspreken; *en un* —, kortom; *le fin* — *de l'histoire*, het fijne v.d. zaak; *grands* —*s*, dikke woorden; *gros* —*s*, scheldwoorden; *jeu de* —*s*, geestigheid, woordspeling; *manger ses* —*s*, onduidelijk spreken; *d'ordre*, wachtwoord; — *propre*, het juiste woord; *qui ne dit* — *consent* (*spr.w*), wie zwijgt, stemt toe; *il n'en sait pas le premier* —, hij weet er geen steek van; *trancher le* —, het kind bij zijn naam noemen; 2 oplossing v. e. raadsel.

motard *m* motorrijder.

motel *m* motel.

motet *m* motet (*muz.*).

moteur, -trice I *bn* bewegend; *force* —*trice*, beweegkracht. II *zn m* 1 leider; 2 beweegkracht, drijfkracht; 3 motor; — *à deux temps*, tweetaktmotor; — *d'explosion*, explosiemotor; — *flottant*, zwevende motor. III -trice *v* motorwagen.

motif *m* 1 beweegreden, drijfveer; 2 thema v. e. kunstwerk.

motilité *v* beweeglijkheid.

motion *v* 1 voorstel, motie; 2 (*oud*) beweging.

motiver *ov.w* rechtvaardigen, wettigen.

moto *v* motorrijwiel. ~caméra *v* filmopnamecamera met veer. ~canot *m* motorboot. ~culture *v* landbouw met behulp v. machines. ~cycle *m* motorfiets. ~cycliste *v* motorfiets, ~cycliste *m* of *v* motorrijder(-ster). ~pompe *v* motorpomp. ~risation *v* motorisering. ~riser *ov.w* motoriseren. ~tracteur *m* motortractor. ~vélo *m* bromfiets.

mots-croisiste(†) *m* liefhebber v. kruiswoordraadsels.

motte *v* 1 aardklomp, kluit; 2 hoogte; 3 kluit; — *de beurre*, kluit boter.

mottereau [*mv* x] *m* oeverzwaluw.

motus! *tw* mondje dicht!

mou, molle (mol voor een *m* woord, dat met een klinker of de stomme h begint). I *bn* 1 week, zacht; 2 slap, willoos; 3 zwak (*cheval* —); 4 vochtig-warm (*temps* —). II *zn m* 1 long v. sommige geslachte dieren; 2 het weke, het slappe; *donner du* —, vieren.

mouchage *m* het snuiten.

mouch/ard *m* 1 stille agent; 2 verklikker. ~ardage *m* 1 spionage; 2 het klikken. ~arder *on.* en *ov.w* 1 spioneren; 2 klikken.

mouche *v* 1 vlieg; — *à bœufs*, horzel; *fine* —, slimmerd; — *à miel*, bij; *pattes de* —, hanepoten; *prendre la* —, om een kleinigheid opstuiven; *quelle* — *le pique?*, waarom wordt hij boos? 2 stille agent, politiespion; 3 klaploper; 4 schoonheidspleister; 5 moesje op stoffen; 6 sikje; 7 roos v. e. schietschijf; *faire* —, de roos treffen.

moucher I *ov.w* 1 snuiten (v. neus); 2 (een kaars) snuiten; 3 afrossen. II se ~ zijn neus snuiten.

moucheron *m* 1 mug, vliegje; 2 pit v. e. brandende kaars; 3 (*pop.*) ventje.

moucheronner *on.w* vliegen happen aan de oppervlakte v. h. water (v. vissen).

mouchet/é *bn* gevlekt, gespikkeld. ~er *ov.w* spikkelen, moesjes maken op stoffen.

mouchette *v* 1 druiplijst; 2 soort schaaf. II ~s *v mv* kaarsensnuiter.

moucheture *v* 1 vlek, stippel; 2 moesje.

mouchoir *m* zakdoek; — *de cou*, halsdoek; — *de tête*, hoofddoek.

moudre *ov.w onr.* malen; *être moulu*, geradbraakt zijn.

moue *v* lelijk gezicht, pruillip; *faire la* —, pruilen; *faire la* — *à qn.*, een lelijk gezicht tegen iem. trekken.

mouette *v* meeuw.

moufle I *v* want (soort handschoen). II *zn m* porseleinoven.

mouflon *m* mouflon (soort wild schaap).

mouillage *m* 1 het bevochtigen, het weken; 2 anker; 3 ankerplaats; 4 het toevoegen v. water aan drank.

mouillé *bn* 1 nat, vochtig; 2 *l* —, 1 uitgesproken als *j*; *n* —, n in de uitspraak gevolgd door een *j* (*agneau*); 3 vooranker.

mouille-bouche *v* juttepeer.

mouillement *m* het bevochtigen, het weken

mouiller I *ov.w* 1 nat maken, bevochtigen; — *l'ancre*, het anker uitwerpen; 2 water toevoegen aan drank (— *du vin*), aan spijzen, om saus te maken; 3 een l of n gemouilleerd uitspreken. II *on.w* ankeren. III se ~ nat worden.

mouilleur *m* bevochtiger (b.v. voor postzegels); — *de mines*, mijnenlegger.

mouillure *v* 1 bevochtiging; 2 vochtigheid; 3 vochtplek.

mouise *v* (*pop.*) misère, penarie.

moujik *m* Russische boer.

moul/age *m* 1 het gieten v. metalen; 2 afgietsel. ~e *e* I 1 gietvorm; *fait au* —, goed gebouwd; 2 model. II *v* 1 mossel; 2 (*pop.*) domoor, stomkuiken.

moulé I *bn* 1 goed gevormd; 2 gedrukt; *lettre* —*e*, drukletter. II *zn m* drukletters.

moul/er I 1 gieten, vormen; 2 de vormen doen uitkomen. II se ~ 1 goed passen, als gegoten zitten; 2 se ~ *sur qn.*, iem. tot voorbeeld nemen. ~eur *m* gieter.

moulière *v* mosselkwekerij.

moulin *m* molen; (*arg.*) mitrailleur; — *à eau*, watermolen; *on ne peut être à la fois au four et au* — (*spr.w*), men kan geen twee dingen tegelijk doen; — *à paroles*, babbelkous; — *à vent*, windmolen.

mouliner *ov.w* 1 tweernen v. zijde; 2 knagen v. houtwormen.

moulinet *m* 1 molentje; 2 tourniquet; 3 haspel; 4 draaiende beweging; *faire le* —, een ronddraaiende beweging maken (b.v. met wandelstok); 5 molen v. e. werphengel.

moulineur *m* 1 tweernder; 2 molenaar.

moult *bw* (*oud*) veel.

moulu *bn* gemalen; *or* —, stofgoud.

moulure *v* lijstwerk.

moulurer *ov.w* van lijstwerk voorzien.

mourant I *bn* 1 stervend; 2 wegstervend, kwijnend. II *zn m*, -e *v* stervende.

mourir I *on.w onr.* 1 sterven; *à* —, buitengewoon, zeer; — *de sa belle mort*, een natuurlijke dood sterven; *vous me faites* —, ik kan je niet meer zien, je bent onuitstaanbaar; — *de peur*, het besterven v. angst; — *de rire*, barsten v. h. lachen; 2 wegsterven v. geluid; 3 uitgaan v. vuur of licht; 4 ophouden, verdwijnen. II se ~ op sterven liggen.

mousquet *m* musket. ~ade *v* musketvuur. ~aire *m* musketier. ~erie *v* geweervuur. ~on *m* karabijn met korte loop.

moussante *v* (*pop.*) bier.

mousse I *zn m* scheepsjongen. II *v* 1 mos;
2 schuim; — *de caoutchouc* of — *de latex*,
schuimrubber; 3 slagroom. III *bn* bot,
stomp.

mousseline *v* neteldoek.

mousser *on.w* schuimen v. dranken; *faire —
qn.*, iem. roemen, ophemelen.

mousseux, -euse *bn* schuimend.

moussoir *m* schuimklopper.

mousson *v* moesson.

moussu *bn* 1 bemost; *rose —e*, mosroos;
2 (*pop.*) rijk, machtig.

moustache *v* snor, knevel; *vieille —*, oude
snorbaard (*mil.*).

moustachu *bn* met een grote snor.

moustiquaire *v* muskietennet.

moustique *m* muskiet, mug.

moût *m* most.

moutard *m* (*pop.*) dreumes, kleuter.

moutarde *v* mosterd; *de la —, après dîner*,
mosterd na de maaltijd; *la — lui monte au
nez*, hij begint boos te worden.

moutardier *m* 1 mosterdpotje; 2 mosterd-
fabrikant; 3 mosterdverkoper; *se croire le
premier — du pape*, een hoge dunk van

moutier *m* (*oud*) klooster. [zichzelf hebben.

mouton I *m* 1 schaap; *revenons à nos —s*,
laten we op ons onderwerp terugkomen;
2 schapevlees; 3 schapeleer; 4 iem. die
men z.g. als gevangene bij een andere gevangene in de cel zet, om hem uit te horen;
5 heiblok; 6 klokkenbalk. II ~s *mv* 1
schuimkoppen v. golven; 2 schapewolkjes.

mouton/né *bn* gekruld; wollig; *nuages —s*,
schapewolkjes. ~**ner** I *ov.w* krullen. II *on w*
schuimen v. golven.

moutonnier, -ère *bn* 1 v. e. schaap (*race
—ère*); 2 volgzaam als een schaap.

mouture *v* 1 het malen; 2 maalgeld; 3 meng-
koren: voor ¹/₃ tarwe, rogge en gerst
(*pain de —*); *tirer d'un sac deux —s*, het
mes aan twee kanten laten snijden; 4 het
te malen koren.

mouvant *bn* bewegend; *force —e*, beweegkracht; *sable —*, drijfzand.

mouvement I *m* 1 beweging; *mettre en —*,
in beweging brengen; — *perpétuel*, perpetuum mobile; 2 verkeer; 3 schommeling
v. prijzen; 4 loop, beweging der hemel-
lichamen; 5 gisting, opschudding; 6 aandoening, opwelling (*un — de pitié*) de son
propre —, uit eigen beweging; 7 verplaatsing; — *de troupes*, troepenverplaatsing;
8 tempo (*muz.*); 9 satz (*muz.*). 10 actie in
een kunstwerk; 11 mechanisme v. e. uurwerk enz. II ~s *mv* 1 krijgsbewegingen;
2 hartstochten. ~**é** *bn* levendig (*style —*);
veelbewogen (*vie —e*).

mouvementer *ov.w* levendig maken, afwisseling brengen in (— *un récit*).

mouvoir *onr.* I *ov.w* 1 in beweging brengen;
2 aanzetten. II *on.w* zich bewegen. III *se* ~
zich bewegen.

moyen, -enne I *bn* gemiddeld, middelmatig,
middelbaar; — *âge*, middeleeuwen; *cours
—*, middenkoers; middelbare cursus; *terme
—*, middelterm. II *zn m* 1 middel; *au — de*,
par le — de, door middel van; *il n'y a pas
— de*, het is onmogelijk, te . . .; 2 reden,
grond. III ~s *mv* 1 geldmiddelen; 2 aanleg; *perdre ses —s*, de kluts kwijt raken.

moyenne *v* gemiddelde; *en —*, gemiddeld.

moyennement *bw* gemiddeld.

moyeu [*mv* x] 1 naaf; 2 eierdooier; 3 inge-
maakte pruim.

muance *v* stemwisseling, stembreking.

mucosité *v* slijm. **mucus** *m* slijm.

mue *v* 1 het ruien, het verharen, het vervellen; 2 ruitijd, tijd v. verharen, v. vervellen; 3 het breken der stem, stemwisseling: 4 open kooi voor een kip en haar
kuikens; 5 mesthok.

muer *on.w* 1 ruien, verharen, vervellen;
2 breken v. stem, v. stem wisselen.

muet, -ette I *bn* 1 stom; *sourd-muet*, doof-

stom; 2 stil, zwijgend; sprakeloos; *film —*,
stomme film; *jeu —*, stil spel. II *zn m*, -ette *v*
stomme. III -ette *v* 1 stomme letter; 2 jachthuis; *à la —ette*, zwijgend.

muezzin *m* mohammedaanse gebedsomroeper.

mufle *m* 1 snuit; 2 lomperd.

muflerie *v* lompheid.

muflier *m* leeuwebek (pl.k.).

mufti, muphti *m* moh. geestelijke.

mugir *on.w* 1 loeien; 2 gieren v. d. wind,
bulderen v. d. zee.

mugissement *m* 1 geloei; 2 het gieren v. d,
wind; 3 het gebulder der golven.

muguet *m* lelietje-van-dalen. —er I *on.w* fatterig doen. II *ov.w* het hof maken.

muid *m* mud; vat v. 18 hl.

mulâtre *m* of *v* mulat, -tin.

mul/e *v* muiltje; muilezelin; *être têtu comme
une —*, erg koppig zijn. ~**et** *m* muilezel. ~**e-
tier** *m* muilezeldrijver.

mulot *m* veldmuis.

multicolore *bn* veelkleurig.

multiforme *bn* veelvormig.

multigraphier *ov.w* stencilen.

multimillionnaire *m* multimiljonair.

multipare *bn* veel jongen tegelijk werpend.

multiple I *bn* veelvoudig, menigvuldig. II *zn
m* 1 veelvoud; 2 schakelbord.

multipli/able *bn* vermenigvuldigbaar. ~**cande**
m vermenigvuldigtal. ~**cateur** *m* vermenig-
vuldiger. ~**catif, -ive** *bn* vermenigvuldigend.
~**cation** *v* 1 vermenigvuldiging; *table de —*,
tafel v. vermenigvuldiging; 2 versnelling
v. e. fiets. ~**cité** *v* menigvuldigheid. ~**er**
I *ov.w* vermenigvuldigen. II *on.w* zich vermenigvuldigen. III *se* ~ zich vermenigvuldigen.

multitude *v* menigte.

Munich *m* München.

munichois I *bn* uit München. II *zn* M ~ *m*,
-oise *v* Münchenaar, bewoonster v. München.

municipal [*mv* aux] *bn* gemeentelijk; *conseil
—*, gemeenteraad; *conseiller —*, gemeenteraadslid; *garde —*, gemeentelijke gendarmerie te Parijs; *garde —*, lid der garde
municipale. ~**ité** *v* 1 gemeenteraad; 2 ge-
meentebestuur; 3 raadhuis.

munificence *v* vrijgevigheid, mildheid.

munificent *bn* vrijgevig, mild.

munir (de) *on.w* voorzien (van).

munition *v* ammunitie; *pain de —*, kommiesbrood; —*s de bouche*, mondvoorraad.

muqueux, -euse *bn* slijmig; *membrane —euse*,
slijmvlies.

mur *m* muur; — *creux*, spouwmuur; —*d'airain*, scheidsmuur (*fig.*); *entre quatre —s*,
tussen vier kale muren, in de gevangenis;
mettre qn. au pied du —, iem. in het nauw
drijven; — *mitoyen*, mandelige (gemeenschappelijke) scheidingsmuur; — *de planches*, schutting; — *de soutènement*, steunmuur.

mûr *bn* 1 rijp; *habit —*, versleten kleed;
2 ervaren, ontwikkeld, rijp; *âge —*, rijpere
leeftijd; *projet —*, na rijp overleg opge-
maakt plan.

murage *m* het ommuren.

muraille *v* 1 zware, hoge muur; 2 huid v. e.
schip. ~**ment** *m* muurwerk, metselwerk.

murailler *ov.w* steunen door een muur.

mural [*mv* aux] *bn* van de muur; *carte —e*,
wandkaart; *peinture —e*, muurschildering.

mûre *v* moerbei; — *sauvage*, braambezie.

murer *ov.w* 1 ommuren; 2 dichtmetselen;
3 (iem.) inmetselen.

muret, muretin *m*, **murette** *v* muurtje.

mûrier *m* moerbeiboom; — *sauvage*, braamstruik.

mûrir I *ov.w* 1 doen rijpen; 2 rijpelijk overdenken (— *un projet*). II *on.w* rijp worden.

mûrissage *m*, **mûrissement** *m* het rijpen.

murmurant *bn* ruisend, murmelend.

murmurateur *m*, **-trice** *v* mopperaar(ster).

murmur/e *m* 1 gemurmel, geruis; 2 gemopper, gemor. ~er I *on.w* 1 murmelen, ruisen; 2 mopperen, mompelen; — *entre ses dents*, in zijn baard brommen, binnensmonds mompelen. II *ov.w* zachtjes mompelen.

mûron *m* braambes.

musaraigne *v* spitsmuis.

musard I *bn* zijn tijd verbeuzelend. II *zn m*, -e *v* lanterfanter(ster). ~er *on.w* lanterfanten, zijn tijd verbeuzelen.

musarderie, musardise *v* tijdverbeuzeling, lanterfanterij.

musc *m* 1 muskus; 2 muskusdier.

muscade *v* 1 muskaatnoot; 2 goochelballetje.

muscadelle *v* muskadelpeer.

muscadet *m* muskadelwijn.

muscadier *m* muskaatboom.

muscari *m* druifjeshyacint.

muscat *m* 1 muskaatdruif; 2 muskaatwijn.

muscidés *m mv* vliegen.

muscle *m* spier.

musclé *bn* gespierd.

muscler *ov.w* gespierd maken.

muscul/aire *bn* wat spieren betreft; *force —*, spierkracht. ~ature *v* spierstelsel. ~eux, -euse *bn* gespierd.

muse *v* muze; *cultiver les —s*, dichten; *nourrisson des —s*, dichter.

museau [*mv* x] *m* 1 snuit v. e. dier; 2 (*pop.*) gezicht, tronie.

musée *m* museum.

museler *ov.w* muilkorven (ook *fig.*).

muselière *v* muilband, muilkorf.

musellement *m* het muilkorven.

muser *on.w* beuzelen, lanterfanten; *qui refuse muse* (*spr.w*), wie een goede gelegenheid laat voorbijgaan, heeft daar later spijt over.

musette *v* 1 doedelzak; *bal —*, dansgelegenheid, waar men danste op de tonen v. e. doedelzak en tegenwoordig op harmonikamuziek; 2 eetzak voor paarden; 3 broodzak v. soldaten; 4 werktuigtas; 5 schooltas; 6 spitsmuis.

muséum *m* museum voor Nat. Hist.

musical [*mv* aux] *bn* muzikaal.

musicien, -enne I *bn* muzikaal. II *zn m*, -enne *v.* muzikant(e), musicus.

musico *m* (*pop.*) musicus.

musicographe *m* schrijver over muziek of muziekgeschiedenis.

musico/mane *m* of *v* iem. die op overdreven wijze v. muziek houdt, melomaan. ~manie *v* overdreven liefde voor muziek.

musique *v* 1 muziek; toonkunst; — *de chambre*, kamermuziek; — *enregistrée*, grammofoonmuziek; *faire de la —*, muziek maken; *mettre en —*, op muziek zetten; — *vocale*, vocale muziek; 2 muziekkorps; *chef de —*, dirigent v. fanfare- of harmoniekorps.

musiquer I *on.w* muziek maken. II *ov.w* op muziek zetten.

musiquette *v* lichte muziek.

musquer *ov.w* met muskus parfumeren.

musse-pot (à) heimelijk.

musulman I *bn* muzelmans. II *zn* M ~ *m* muzelman.

mutabilité *v* veranderlijkheid.

mutabiliteit

mut/able *bn* veranderlijk. ~ation *v* 1 verandering; 2 overplaatsing, verwisseling; *droits de —*, overschrijvingskosten.

mutilateur *m* verminker (— *d'œuvres d'art*).

mutilation *v* verminking.

mutil/é *m* verminkte; — *de guerre*, oorlogsinvalide. ~er *ov.w* verminken (ook *fig.* b.v. van kunstwerken).

mutin I *bn* 1 opstandig; 2 wakker, guitig. II *zn m* oproermaker, muiter. ~er I *ov.w* aanzetten tot muiterij. II se ~ muiten.

mutinerie *v* 1 oproer, muiterij; 2 guitigheid.

mutisme *m* 1 stomheid; 2 hardnekkig zwijgen.

mutualiste *m* lid v. e. vereniging voor onderlinge verzekering of steun.

mutualité *v* 1 wederkerigheid; 2 systeem v. onderlinge hulp, - v. onderlinge verzekering.

mutuel, -elle *bn* onderling, wederkerig; *assurance —elle*, onderlinge verzekering; *société d'assurance —elle*, onderlinge verzekeringsmaatschappij.

mycologie, mycétologie *v* leer der zwammen.

mycologue, mycétologue *m* kenner v. zwammen.

mycose *v* schimmelziekte.

myélite *v* ruggemergontsteking.

myocarde *m* hartspier.

myocardite *v* ontsteking v. d. hartspier.

myographie *v* spierbeschrijving.

myologie *v* spierleer.

myope I *bn* bijziende. II *zn m* of *v* bijziende.

myopie *v* bijziendheid.

myosotis *m* vergeet-mij-nietje.

myriade *v* 1 tienduizendtal; 2 ontelbare menigte.

myriapode *m* duizendpoot.

myrmidon *m* dwerg, dreumes.

myrrhe *v* mirre.

myrtille, myrtil *v* blauwe bosbes.

mystère *m* 1 geheim; *avec —*, geheimzinnig; *faire — de*, geheim houden; 2 middeleeuws mysteriespel.

mystérieux, -euse *bn* geheimzinnig.

mysticisme *m* mysticisme.

mystificat/eur, -trice I *bn* foppend, misleidend. II *zn m*, -trice *v* fopper(ster); bedotter(ster); grappenmaker(-maakster). ~ion *v* fopperij, bedotterij, misleiding.

mystifier *ov.w* foppen, bedotten.

mystique I *bn* geheimzinnig; verborgen. II *zn v* mystiek. III *m* of *v* mysticus(ca).

myth/e *m* mythe, fabel, verdichtsel, volksoverlevering. ~ique *bn* mythisch.

mytho/logie *v* mythologie, godenleer, fabelleer. ~logique *bn* mythologisch. ~logiste, ~logue *m* kenner der mythologie.

mythomane *m* of *v* iem. met een ziekelijke neiging tot liegen of verzinnen.

mytiliculture *v* mosselenteelt.

N

n *v* de letter n; N. = *nord* = noord; N.B. = *nota bene* = let wel; N.-D. = *Notre Dame* = Onze Lieve Vrouw; N.E. = *nord-est* = noordoost; N. F. = *nouveau franc*; Ngt, Nt = *négociant* = handelaar; N.O. = *nord-ouest* = noordwest; No = *numéro* = nummer; N.R.F. = *Nouvelle Revue française*; N.-S.J.-Chr. = *Notre Seigneur Jésus Christ* = Jezus Christus.

na! *tw* (kinderwoord) nou! enz.

nabab *m* rijkaard; *les —s de la finance*, de grote financiers.

nabot *m* dwerg.

nacelle *v* 1 bootje; 2 gondel v. e. ballon.

nacr/e *v* parelmoer. ~é *bn* parelmoerachtig ~er *ov.w* een parelmoerglans geven aan onechte parels.

nadir *m* voetpunt.

naevus *m* moedervlek.

nage *v* 1 het zwemmen; *à la —*, zwemmend; *être* (*tout*) *en —*, door en door bezweet zijn; *se jeter à la —*, in het water springen, om te zwemmen; 2 het roeien.

nagée *v* slag bij zwemmen.

nageoire *v* 1 vin; 2 zwemkurk, zwemblaas.

nag/er *on.w* 1 drijven; 2 zwemmen; — *entre*

deux eaux, de kool en de geit sparen; — *dans l'opulence*, zwemmen in het geld; baden in rijkdom; — *dans le sang*, baden in bloed; 3 roeien; 4 (*pop.*) niet begrijpen, niet weten, wat te doen. ~eur *m*, -euse *v* 1 zwemmer(ster); 2 roeier(ster).

naguère, naguères .*bw* onlangs.

naïade *v* waternimf.

naïf, -ïve I *bn* 1 ongekunsteld; 2 kinderlijk, argeloos; 3 onnozel. **II** *zn m* 1 onnozele hals; 2 het ongekunstelde.

nain I *bn* dwergachtig. **II** *zn m*, -e *v* dwerg.

naissance *v* 1 geboorte; *aveugle de* —, blind-geboren; 2 afkomstig; *de basse* —, van lage afkomst; 3 begin; *la — du jour*, het krieken v. d. dag; 4 ontstaan, wording, oorsprong; *prendre — dans*, ontstaan uit.

naître *on.w onr.* 1 geboren worden; 2 ontstaan; *le jour commence à* —, de dag breekt aan; *faire — l'idée*, op de gedachte brengen.

naïveté *v* 1 ongekunsteldheid; 2 kinderlijkheid, argeloosheid; 3 onnozelheid.

naja *m* brilslang.

nankin *m* geelachtige katoenen stof.

nantir I *ov.w* 1 onderpand geven bij schulden; 2 voorzien van (— *de*). **II** se ~ zich dekken, zich voorzien (van).

napalm *m* zeer ontbrandbare stof.

napel *m* monnikskap (*pl.k.*).

naphtaline, naphtalène *m* naftaline.

naphte *m* nafta.

napoléon *m* oud goudstuk v. 20 francs.

napoléonien, -enne I *bn* napoleontisch. **II** *zn m*, -enne *v* aanhanger(ster) v. Napoleon.

napolitain I *bn* Napolitaans. **II** *zn* N ~ m, -e *v* Napolitaan(se).

nappage *m* tafellinnen.

nappe *v* 1 tafellaken; — *d'autel*, altaardwaal; *mettre la* —, de tafel dekken; 2 brede vlakte; — *d'eau*, grote watervlakte; — *de feu*, vuurzee; 3 brede waterval.

napper *ov.w* met een tafellaken bedekken.

napperon *m* dekservet.

narcisse *m* 1 narcis; 2 man, die erg ingenomen is met zijn uiterlijk.

narcose *v* narcose, toestand v. verdoving.

narcot/ique I *bn* verdovend. **II** *zn m* verdovend middel, slaapmiddel. ~iser *ov.w* een verdovend middel doen.

nard *m* nardus.

nargue I *v: faire — à qc.*, maling aan iets hebben. **II** *tw: — de!*, ik heb maling aan!

narguer *ov.w* (*fam.*) honen, tarten.

narguilé, narghileh *m* Turkse waterpijp.

narine *v* neusgat.

narquois *m* spottend.

narrateur *m*, -trice *v* verteller(ster).

narratif, -ive *bn* verhalend.

narr/ation *v* 1 vertelling, verhaal; 2 opstel over een opgegeven onderwerp. ~é *m* verhaal. ~er *ov.w* verhalen, vertellen.

narthex *m* voorportaal v. e. basiliek in de oude Chr. kunst.

narval [*mv* als] *m* narwal.

nasal [*mv* aux] *bn* wat de neus betreft; *consonne* —*e*, neusmedeklinker; *fosse* —*e*, neusholte; *son* —, neusklank; *voyelle* —*e*, neusklinker. ~isation *v* het veranderen in een neusklank.

nasaliser *ov.w* in een neusklank veranderen.

nasalité *v* het karakter v. neusklank.

nasarde *v* 1 knip voor de neus; 2 uittarting, slag in het gezicht (*fig.*) (*recevoir une* —).

naseau [*mv* x] *m* neusgat v. sommige dieren.

nasillement *m* het door de neus spreken.

nasill/er *on.w* door de neus spreken. ~eur *m*, -euse *v* iem. die door de neus praat.

nasique *m* neusaap.

nasitort *m* tuinkers.

nasse *v* fuik; *tomber dans la* —, in de val lopen.

natal [*mv* als] *bn* v. d. geboorte; *jour* —, geboortedag; *lieu* —, geboorteplaats; *pays* —, *sol* —, geboorteland, geboortegrond.

natalité *v* geboortecijfer.

natat/ion *v* het zwemmen. ~oire *bn* wat zwemmen betreft; *vessie* —, zwemblaas.

natif, -ive I *bn* 1 geboortig (— *de Bordeaux*); *à l'état* —, in statu nascendi; 2 aangeboren (*vertu* —*ive*); 3 gedegen (*or* —). **II** *zn m* inboorling.

nation I *v* volk, natie; *la Société des Nations*, de Volkerenbond. **II** ~s *v mv* de heidenen.

national [*mv* aux] **I** *bn* nationaal, van het volk; *fête* —*e*, nationale feestdag (in Frankrijk 14 juli). **II** ~aux *zn m mv* bewoners v. e. land, landgenoten.

nationalisation *v* nationalisatie.

nationaliser *ov.w* nationaliseren.

national/isme *m* nationalisme, overdreven gevoel v. vaderlandsliefde. ~iste **I** *bn* nationalistisch. **II** *zn m* nationalist.

nationalité *v* 1 volksgroep van dezelfde afkomst of met dezelfde eigenschappen; 2 landaard, nationaliteit.

nativement *bw* van nature.

Nativité *v* 1 geboorte(dag) v. Christus, de H. Maagd en sommige heiligen; 2 Kerstmis.

natron, natrum *m* soda, natron.

nattage *m* het vlechten; 2 het vlechtwerk.

natte *v* 1 mat; 2 vlechtwerk; 3 haarvlecht.

natter *ov.w* 1 vlechten; 2 met matten beleggen.

nattier *m*, -ère *v* mattenvlechter(ster).

naturalisation *v* 1 naturalisatie; 2 het wennen aan een vreemd klimaat; 3 het opzetten v. dieren; het prepareren v. planten.

naturaliser *ov.w* 1 naturaliseren; 2 wennen aan een vreemd klimaat; 3 opzetten v. dieren, prepareren v. planten.

naturalisme *m* 1 natuurlijkheid; 2 naturalisme (kunstrichting, die zich tot doel stelt, de natuur getrouw weer te geven); 3 natuurleer.

naturaliste I *bn* naturalistisch. **II** *zn m* 1 bioloog; 2 opzetter v. dieren; 3 naturalist.

nature I *zn v* 1 natuur; *contre* —, onnatuurlijk, tegennatuurlijk; *le cri de la* —, de stem v. h. bloed; *état de* —, natuurstaat; *forcer la* —, meer willen doen dan men kan; —*morte*, stilleven; *payer le tribut à la* —, sterven; *peint d'après* —, naar de natuur geschilderd; 2 aard, inborst; *de sa* —, van nature; *être de — à*, geschikt, in staat zijn om; 3 en —, in natura. **II** *bn* natuurlijk; *un citron* —, een citroenkwast; *une personne* —, een natuurlijk mens.

naturel, -elle I *bn* natuurlijk; *enfant* —, onecht kind; *histoire* —*elle*, natuurlijke historie; *loi* —*elle*, natuurwet; *sciences* —*elles*, natuurwetenschappen; *vin* —, onvervalste wijn. **II** *zn m* 1 inboorling; 2 aard, inborst; 3 natuurlijkheid; *peindre au* —, naar de natuur schilderen.

naturellement *bw* 1 van nature; 2 natuurlijk; 3 eenvoudig, gemakkelijk.

natur/isme *m* 1 natuurgeneeswijze; 2 naturalisme. ~iste *m* natuurarts.

naufrag/e *m* schipbreuk (ook *fig.*); *faire* —, schipbreuk lijden. ~é **I** *bn* vergaan, gestrand. **II** *zn m* schipbreukeling.

naufrager *on.w* (*oud*) schipbreuk lijden.

naufrageur *m*, -euse *v* kustbewoner (-bewoonster), die door het geven van valse signalen schipbreuken veroorzaakte.

naumachie *v* 1 spiegelgevecht te water; 2 bassin in een circus, waar die spiegelgevechten in de oudheid gehouden werden.

nauséabond, nauséeux, -euse *bn* walglijk.

nausée *v* 1 misselijkheid; 2 walging (*fig.*); *cela me donne des* —*s*, daar walg ik van.

naute *m* (*oud*) zeevaarder.

nautique *bn* wat de scheepvaart betreft; *carte* —, zeekaart; *sport* —, watersport.

nautonier *m* schipper, bestuurder.

naval [*mv* als] *bn* wat het zeewezen betreft; *combat* —, zeeslag; *école* —*e*, zeevaartschool. **II** *zn* -e *v* zeevaartschool.

navarrais I *bn* uit Navarre. **II** *zn* N ~ m,

-aise *v* bewoner(bewoonster) van Navarre.

navarrin *bn* uit Navarre.

navet *m* 1 raap, knol; 2 (*fam.*) waardeloos kunstwerk, prul.

navette *v* 1 weversspoel; *faire la* —, heen en weer lopen, reizen enz.; 2 wierookschaaltje; 3 spoel v. naaimachine; 4 raapzaad; 5 raapolie.

navigabilité *v* bevaarbaarheid.

navigable *bn* bevaarbaar.

navigant *bn* varend, vliegend.

navigateur I *zn m* 1 zeevaarder; 2 bestuurder v. e. vliegtuig. II *bn* zeevarend.

navigation *v* scheepvaart; —*aérienne*, luchtvaart; — *fluviale*, riviervaart; — *maritime*, zeevaart; — *sous-marine*, onderzeevaart.

naviguer *on.w* 1 varen; 2 sturen.

navire *m* schip; — *citerne*, tankschip; — *transport*, transportschip.

navrant *bn* hartverscheurend.

navr/ement *m* groot leed. ~**er** *ov.w* diep bedroeven, het hart verscheuren.

Nazaréen *m*, -**enne** *v* Nazarener, Nazareense.

ne *bw* 1 niet (meestal in verbinding met woorden als *pas, point, rien, jamais, personne* enz.); 2 vaak onvertaald (b.v. na een vergrotende trap; *il est plus riche que vous ne pensez*).

néanmoins *bw* nochtans, niettemin.

néant *m* niet, niets; nietigheid; *homme de* —, vent van niets; *mettre à* —, nietig verklaren; *tirer du* —, scheppen; *tirer qn. du* —, iem. van niets tot iets laten komen.

nébuleuse *v* nevelvlek (v. sterren).

nébul/eux, -euse *bn* 1 bewolkt, nevelachtig; 2 somber, bezorgd; 3 onbegrijpelijk, duister. ~**osité** *v* 1 nevelachtigheid; 2 duisterheid, onbegrijpelijkheid.

nécessaire I *bn* nodig, noodzakelijk. II *zn m* 1 het nodige, het noodzakelijke (*manquer du* —); 2 doos, etui met benodigdheden (— *de toilette*).

nécessité I *v* 1 noodzaak, noodzakelijkheid; *faire de* — *vertu*, van de nood een deugd maken; 2 dwang; *par* —, noodgedwongen; 3 armoede, gebrek. II ~**s** *mv*; *faire ses* —*s*, zijn behoeften doen.

nécessiter *ov.w* noodzakelijk maken.

nécessiteux, -**euse** I *bn* behoeftig. II *les* —, de armen.

nécro/loge *m* dodenlijst. ~**logie** *v* levensgeschiedenis v. een of meer overledene(n). ~**logique** *bn* wat deze levensgeschiedenis betreft (*article* —). ~**logue** *m* schrijver v. necrologieën.

nécro/mancie *v* geestenbezwering, oproeping v. doden. ~**mancien** *m*, -**enne** *v* geestenbezweerder(ster).

nécropole *v* dodenstad; begraafplaats.

nectaire *m* honingnapje.

nectar *m* 1 honingsap; 2 godendrank.

néerlandais I *bn* Nederlands. II *zn m* het Nederlands. III N~ *m*, -**e** *v* Nederlander (se)

Néerlande (la) *v* Nederland.

nef *v* 1 schip v. e. kerk; — *principale*, hoofdbeuk; — *latérale*, zijbeuk; 2 (*dicht.*) schip.

néfaste *bn* noodlottig.

nèfle *v* mispel; *des* —*s*!(*fam.*) morgen brengen!, kun je denken!

néflier *m*, mispelboom

négateur *m*, -**trice** *v* I iem. die de gewoonte heeft te ontkennen. II *bn* ontkennend.

négatif, - **ive** I *bn* ontkennend. II *zn m* fot. negatief.

négation *v* 1 ontkenning, weigering; 2 ontkennend woord (zoals *ne*, enz.).

négligé I *bn* slordig, verwaarloosd. II *zn m* ochtendgewaad.

négligeable *bn* te verwaarlozen.

néglig/emment *bw* slordig, nalatig. ~**ence** *v* 1 slordigheid, nalatigheid; 2 zorgeloosheid. ~**ent** *bn* slordig, nalatig.

négliger I *ov.w* verwaarlozen, veronachtzamen; — *l'occasion*, de gelegenheid laten

voorbijgaan. II se ~ zijn kleding, zijn gezondheid, zijn werk verwaarlozen.

négoce *m* handel, groothandel.

négociabilité *v* verhandelbaarheid.

négociable *bn* verhandelbaar.

négociant *m* handelaar, groothandelaar.

négociateur *m*, -**trice** *v* onderhandelaar(ster).

négoci/ation *v* 1 onderhandeling; 2 het verhandelen v. wissels. ~**er** I *on.w* groothandel drijven. II *ov.w* 1 onderhandelen over; 2 verhandelen (v. e. wissel).

nègre I *bn* v. d. negers; *la race* —, het negerras. II *zn m*, **négresse** *v* 1 neger, negerin; *tête-de-nègre*, bruinzwart; *travailler comme un* —, werken als een paard; 2 iem. die een kunstwerk voor een ander maakt, die het dan voor het zijne laat doorgaan.

négrerie *v* slavenhok.

négrier I *bn* wat slaven betreft (*vaisseau* —). II *zn m* 1 slavenhandelaar; 2 slavenschip.

négrillon *m*, -**onne** *v* negertje, negerinnetje.

négro *m* (*pop.*) neger.

négroïde *bn* negerachtig.

négrophile *m* negervriend.

négus, négous *m* negus (keizer v. Abessinië).

neige *v* 1 sneeuw; onschuldig; *les* —*s éternelles, perpétuelles*, de eeuwige sneeuw; 2 grijze haren; 3 ijs met suiker en vruchtensap ; 4 (*pop.*) cocaïne.

neiger *onp.w* sneeuwen; *il a neigé sur lui*, hij wordt grijs.

neigeux, -**euse** *bn* besneeuwd.

némoral [*mv aux*] *bn* in de bossen levend of groeiend (*plante* —*e*).

nenni *bw* (*fam.*) neen.

nénuphar, nénufar *m* waterlelie.

néo-latin *bn* Romaans.

néologisme *m* nieuw woord.

néologiste, néologue *m* iem. die graag nieuwe woorden gebruikt.

néon *m* neon.

néo/phobe *m* iem. die tegen alles is, wat nieuw is. ~**phobie** *v* afkeer v. nieuwigheden.

néophyte *m* of *v* 1 nieuwbekeerde; 2 iem. die pas nieuwe denkbeelden heeft aangenomen.

néo-zélandais I *bn* Nieuwzeelands. II *zn* N~ *m*, -**e** *v* Nieuwzeelander(se).

néphrétique I *bn* wat de nieren betreft. II *zn m* of *v* nierlijder(es).

néphrite *v* nierontsteking.

népotisme *m* begunstiging van familieleden.

neptunien, -**enne** *v* door het water ontstaan.

néréide *v* zeenimf.

nerf *m* 1 zenuw; *attaque de* —*s*, zenuwtoeval; *avoir ses* —*s*, weer last van zijn zenuwen hebben; — *de bœuf*, bullepees; *donner sur les* —*s*, zenuwachtig maken; *se fouler un* —, een pees verrekken; *guerre des* —*s*, zenuwoorlog; 2 kracht; *avoir du* —, flink zijn.

nerf'f-foulure† *v* kneuzing v. d. achillespees.

Néron *m* Nero.

néronien, -enne *bn* eigen aan Nero.

nervation *v* nervatuur v. e. blad.

nerveux, -**euse** *bn* 1 wat de zenuwen betreft; 2 zenuwachtig; 3 krachtig, gespierd.

nervi *m* apache uit Marseille.

nervin I *bn* zenuwsterkend. II *zn m* zenuwsterkend middel.

nervosisme *m* zenuwziekte.

nervosité *v* zenuwachtigheid.

nervure *v* 1 ribbe v. e. gewelf; 2 bladnerf.

nervurer *ov.w* met ribben versieren.

net, nette I *bn* 1 schoon, zindelijk; *faire maison* —*te*, zijn bedienden wegsturen; *faire place* —*te*, schoon schip maken; 2 helder, zuiver; duidelijk; *esprit* —, heldere geest; *photo* —*te*, scherpe kiek; *réponse* —*te*, kort en duidelijk antwoord; *il veut en avoir le cœur* —, hij wil er het juiste van weten; 3 netto (*prix* —). II *zn m*; *mettre au* —, in het net schrijven. III *bw* 1 ronduit, duidelijk; *dire tout* —, ronduit zeggen; *refuser* —, vierkant weigeren; 2 plotseling, ineens; *trancher* —, er in eens een eind aan maken.

nettement *bw* 1 netjes, zindelijk; 2 helder, duidelijk; 3 ronduit; 4 ineens, kortaf.

netteté *v* 1 zindelijkheid, reinheid; 2 helderheid, duidelijkheid, scherpte (v. e. foto).

nett/oiement, ~oyage *m* schoonmaken, het schoonmaken. ~oyer *ov.w* 1 schoonmaken; 2 (*pop.*) tot de bodem leegdrinken (— *une bouteille*); 3 (*pop.*) verpatsen; 4 (*pop.*) ruïneren; 5 (*pop.*) stelen.

nettoy/eur *m*, -euse *v* schoonmaker, -maakster. ~ure *v* vuil.

neuf *tlw* negen.

neuf, neuve I *bn* 1 nieuw; *tout battant —, tout flambant —,* spiksplinternieuw; *remettre à —,* vernieuwen; 2 onervaren. II *zn: du —,* iets nieuws.

neurasthé/nie *v* zenuwzwakte. ~nique I *bn* zenuwzwak. II *zn m of v* zenuwzwakte.

neurologie *v* zenuwleer.

neurologiste, neurologue *m* zenuwarts.

neutralis/ation *v* 1 het onzijdig maken; 2 het neutraliseren (*scheik.*). — er *ov.w* 1 onzijdig verklaren; 2 verijdelen (— *un projet*); 3 tot zwijgen brengen v. artillerie enz.; 4 neutraliseren (*scheik.*).

neutraliste *m* voorstander v. neutraliteit.

neutralité *v* onzijdigheid.

neutre I *bn* 1 onzijdig; 2 onovergankelijk (werkwoord). II *zn m* onzijdig geslacht.

neuvain *m* negenregelig vers.

neuvaine *v* novene.

neuvième I *tlw* negende. II *zn m* negende deel.

neuvièmement *bw* ten negende.

névé *m* harde gletschersneeuw.

neveu *m* neef (oom- of tantezegger).

névralgie *v* zenuwpijn.

névralgique *bn* wat zenuwpijnen betreft.

névrite *v* zenuwontsteking.

névro/logie *v* zenuwleer. ~pathe *m of v* zenuwlijder(es). ~pathie *v* zenuwaandoening. ~se *v* zenuwziekte.

névrosique *bn* ten gevolge van zenuwziekte (*troubles —s*).

nez *m* neus; — *à* —, vlak tegenover elkaar; — *aquilin*, arendsneus; *avoir du* —, een fijne neus hebben; — *camard*, platte neus; *se casser le* —, de deur gesloten vinden; *donner sur le* — *à qn.*, iem. op zijn gezicht geven; *faire un pied de* —, een lange neus trekken; *mener qn. par le* —, *par le bout du* —, met iem. doen wat men wil; *mettre le* — *à la fenêtre*, naar buiten kijken; *mettre, fourrer son* — *quelque part*, ergens zijn neus in steken; *montrer le bout de son* —, zich even laten zien; *parler du* —, door de neus spreken; *se piquer le* — (*pop.*), zich bedrinken; *rire au* — *de qn.*, iem. in zijn gezicht uitlachen; *ne pas voir plus loin que le bout de son* —, niet verder kijken dan zijn neus lang is.

ni *vw* noch; *ni . . . ni . . .*, noch . . . noch . . .; *ni moi non plus*, ik ook niet.

niable *bn* te ontkennen, loochenbaar.

niais I *bn* onnozel, dom. II *zn m* sul, onnozele hals.

niaiser *on.w* zijn tijd verbeuzelen.

niaiserie *v* 1 onnozelheid; 2 beuzelarij.

nicaise *m* sul, suffer.

nich/e *v* 1 hondehok; 2 nis; 3 alkoof; 4 poets, guitenstreek. ~ée *v* nestvol.

nicher I *on.w* nestelen. II *ov.w* plaatsen. III se ~ 1 zich nestelen; 2 zich verbergen.

nichet *m* nestei.

nichoir *m* broedkooi, -mand.

nickel *m* nikkel. ~age *m* het vernikkelen. ~er *ov.w* vernikkelen; *les pieds nickelés*, rijke lui, die niet graag geven.

nickélifère *bn* nikkelhoudend.

nicodème *m* (*fam.*) suffer, sul.

nicotine *v* nicotine.

nicotinisme *m* nicotinevergiftiging.

nid *m* 1 nest; hol; *petit à petit l'oiseau fait son* — (*spr.w*), de vallende druppel holt de steen uit; *—de-poule*, kuil in de weg; 2 woning; *ne pas sortir de son* —, de deur

niet uitgaan. ~ification *v* nestbouw. ~ifier *on.w* een nest bouwen.

nièce *v* nicht (oom- of tantezegster); — *à la mode de Bretagne*, achternicht.

niell/e *v* 1 brand in koren; 2 niëllo (gegraveerde figuur, die men opvult met zwart email). ~er *ov.w* 1 graveren v. figuren, die men opvult met zwart emaille; 2 (koren) aantasten door brand.

niellure *v* 1 brand in koren; 2 niëllowerk.

nier *ov.w* ontkennen, loochenen; — *une dette*, ontkennen, dat men een schuld heeft.

nigaud I *bn* onnozel, dom. II *zn m*, -e *v* domoor, uilskuiken, suffer. ~er *on.w* 1 domme dingen doen; 2 beuzelen.

nigauderie *v* onnozelheid, stomme streek.

niguedouille, niguedouille *m of v* (*fam.*) sul, suffer.

nihil/isme *m* nihilisme. ~iste I *bn* nihilistisch. II *zn m of v* nihilist(e).

nilotique *bn* van de Nijl.

nimbe *m* stralenkrans, nimbus.

nimbé *bn* omgeven door een stralenkrans.

nimber *ov.w* met een stralenkrans omgeven.

nimbus *m* grote regenwolk.

ninas *m* klein sigaartje.

nippe *v* kledingstuk; *des —s*, (*pop.*) oude kleren, versleten linnengoed.

nipper I *ov.w* (*fam.*) van kleren voorzien. II se ~ zich in de kleren zetten.

nippon, -one *bn* Japans.

nique *v: faire la* — *à qn.*, iem. uitlachen.

nitouche I *v: Sainte* —, femelaarster, schijnheilige. II *bn: sainte nitouche*, schijnheilig.

nitrate *m* nitraat.

nitre *m* salpeter.

nitreux, -euse *bn* salpeterachtig.

nitrière *v* salpetergroeve.

nitrique *bn: acide* —, salpeterzuur.

nitrocellulose *v* schietkatoen.

nitrogène *m* stikstof.

nitroglycérine *v* nitroglycerine.

nivéal [*mv* aux] *bn* in de winter bloeiend.

niveau [*mv* x] *m* 1 waterpas; *de* —, waterpas; 2 peil, hoogte; *au* — *de*, even hoog als; — *de vie*, levensstandaard; 3 vloeistofspiegel.

niveen, -enne *bn* sneeuwwit.

niveler *ov.w* 1 waterpassen; 2 waterpas maken; 3 gelijk maken, nivelleren.

niveleur I *zn m* 1 waterpasser; 2 iem. die alle mensen, alle verdiensten enz. gelijk wil maken. II -euse *bn* gelijkmakend.

nivellement *m* 1 het waterpassen; 2 het even hoog maken; 3 het gelijk maken van standen, verdiensten enz.

nivéole *v* lenteklokje.

nivernais I *bn* uit Nevers of de landstreek le Nivernais. II *zn* N ~ *m*, -aise *v* bewoner (bewoonster) van Nevers of le Nivernais.

nivôse *m* sneeuwmaand (vierde maand v. d. republikeinse kalender, 21 dec.-19 jan.).

nobiliaire I *zn* adellijk. II *zn m* adelboek.

noblaillon *m* iem. uit de lage of vervallen adel.

noble I *bn* 1 adellijk; 2 edel, verheven; *les parties —s*, de edele delen. II *zn m of v* edelman, -vrouw.

noblesse *v* 1 adel, adeldom; — *de finance*, gekochte adel; — *oblige* (*spr.w*), hoge afkomst legt iem. verplichtingen op; — *vient de vertu* (*spr.w*), deugd adelt; 2 het edele, edelheid, verhevenheid; — *de cœur*, zieleadel; — *de style*, verhevenheid van stijl.

nobliau [*mv* x] *m* zie noblaillon.

noc/e I *v* bruiloft, bruiloftspartij; *faire la* —, fuiven, boemelen; *ne pas être de la* —, niet voor zijn plezier uit zijn. II ~s *m mv* huwelijk; — *s d'argent*, — *d'or*, zilveren, gouden bruiloft. ~er *on.w* fuiven, boemelen. ~eur *m*, -euse *v* fuiver (fuifster), boemelaar(ster).

nocif, -ive *bn* schadelijk.

nocivité *v* schadelijkheid.

noctambul/e I *bn* slaapwandelend. II *zn m of v* 1 slaapwandelaar(ster); 2 nachtbraker

(-braakster). ~isme *m* 1 het slaapwandelen;
2 nachtbrakerij.

noctiflore *bn* 's nachts ontluikend (*pl.k.*).

noct/uelle *v* nachtvlinder. ~urne I *bn* nachtelijk; *oiseau* —, nachtvogel. II *zn m* 1 noc-
turne (*muz.*); 2 nachtgetijde.

nocuité *v* schadelijkheid.

nodosité *v* knobbel, knoest.

nodulaire *bn* knobbelig, met knopen.

nodule *m* knoopje, knobbeltje.

noduleux, -euse *bn* knobbelig, knoesterig.

nodus *m* knobbel.

Noël I *m* 1 Kerstmis; *quand — a son pignon,
Pâques a son tison: quand à — on voit les
moucherons, à Pâques on voit les glaçons*
(*spr.w*) een groene Kerstmis geeft een witte
Pasen; 2 middeleeuwse vreugdekreet. **II** *n~*
m Kerstlied.

nœud *m* 1 knoop; — *de communication,
knooppunt v. wegen; — gordien, gordiaan-
se knoop; — de cravate*, dasstrik; — *de
vipères*, adderkluwen; 2 knoop = 1660
meter; *filer 12 —s à l'heure*, 12 knopen
per uur varen; *filer son —*, vertrekken;
sterven; 3 knobbel v. vinger en teen; 4
kronkeling v. slang; 5 knoop v. e. golf;
6 knoest, kwast v. e. boom; 7 band (*fig.*);
les —s de l'amitié, de banden der vriendschap; 8 verwikkeling b.v. van een toneelstuk; 9 — *de la gorge*, adamsappel.

noir I *bn* 1 zwart; — *de coups*, bont en blauw
geslagen; *rendre qn. —*, iem. zwart maken;
marché —, zwarte handel; 2 donker; *ciel —*,
betrokken lucht; *il fait nuit —e*, het is stikdonker; *froid —*, hevige koude; *pain —*,
roggebrood; *raisin —*, blauwe druif; 3 vuil
(*mains —es*); 4 bedroefd, somber, droefgeestig (*humeur —e*); 5 afschuwelijk, snood,
ongelukkig; *une —e destinée*, een afschuwelijk lot; *une —e trahison*, een snood verraad;
6 (*pop.*) dronken. **II** *zn m* 1 neger; 2 zwarte
kleur, donkere kleur, zwartsel; — *d'ivoire*,
ivoorzwart; *d'un — de jais*, gitzwart; *passer
du blanc au —*, v. h. ene uiterste in het andere vallen; *voir la —*, somber inzien; *être en
—*, in het zwart gekleed, rouwkleding
dragen; 3 blauwe plek; 4 roos v. e. schietschijf; *mettre dans le —*, in de roos schieten;
slagen; 5 schaduwpartij v. e. schilderij of
tekening; 6 *un petit — (pop.*), een kopje
koffie zonder melk.

noirâtre *bn* zwartachtig.

noiraud I *bn* met zwarte haren en donkere
huid. **II** *zn m, -e* *v* donker iemand.

noirceur *v* 1 zwartheid, donkerheid; 2 donkere vlek; 3 snoodheid, schandelijkheid;
4 schandelijke daad, schandelijk woord;
5 somberheid, zwartgalligheid.

noircir I *ov.w* zwart maken (ook *fig.*). **II** *on.w*
zwart worden. **III** *se* — zwart, donker
worden (*le temps se-noircit*).

noircissement *m* het zwart maken (ook *fig.*).

noircissure *v* zwarte vlek.

noire *v* 1 kwart noot; 2 negerin.

noise *v* ruzie, twist; *chercher —*, ruzie
zoeken.

noiseraie *v* hazelaarsbosje.

noisetier *m* hazelaar.

noisette *v* 1 hazelnoot; 2 rossig grijs.

noix *v* 1 noot; — *de coco*, kokosnoot; — *de
galle*, galnoot; 2 — *de veau*, schoudersuk
v. e. kalf; 3 *à la — (pop.*), *à la — de coco*
(*pop.*), waardeloos, nutteloos.

noli-me-tangere *m* springkruid, balsemien.

nolis *m* scheepsbevrachting.

nolisement *m* scheepsbevrachting.

noliser *ov.w* bevrachten v. e. schip.

nom *m* naam; — *de baptême*, doopnaam; —
d'un chien, verdikkie; — *commun*, gemeen
zn; *de —*, in naam; *du —de*, geheten; — *de
famille*, achternaam; — *de guerre*, schuilnaam, pseudoniem; *homme de —*, edelman;
— *de nombre*, telwoord; *petit —*, voornaam; — *propre*, eigennaam.

nomade I *bn* zwervend. **II** *zn m* nomade.

nombrable *bn* telbaar.

nombrant *bn*: *nombre —*, abstract getal.

nombre *m* 1 getal, aantal; — *de, bon — de*,
tal van; *au — de*, onder; *au — de 20*, ten
getale van 20; *en —*, in groten getale; —
entier, geheel getal; *faire —*, meetellen;
— *fractionnaire*, gebroken getal; — *premier*, ondeelbaar getal; — *rond*, rond getal;
sans —, talrijk, ontelbaar; 2 meerderheid,
overmacht; 3 getal v. e. woord (enkelvoud
of meervoud); 4 telwoord; — *cardinal*,
hoofdtelwoord; — *ordinal*, rangtelwoord;
5 harmonie, evenredigheid.

nombrer *ov.w* tellen, berekenen.

nombreux, -euse *bn* talrijk.

nombril *m* navel.

nomenclateur *m* naamgever in wetenschap.

nomenclature *v* naamlijst, woordenlijst.

nominal [*mv aux*] *bn* 1 van de naam; *appel —*,
het afroepen der namen; 2 in naam; *être
le chef —*, in naam het hoofd zijn; *valeur
—e*, nominale waarde.

nominatif, -ive I *bn* de naam bevattend; *état
—*, naamlijst. **II** *zn m* eerste naamval.

nomination *v* benoeming, aanstelling.

nominativement *bw* met name.

nommément *bw* met name.

nommer I *ov.w* 1 noemen; *un nommé Jean*,
een zekere Jan; *à jour nommé*, op de afgesproken dag; *à point nommé*, op het juiste
ogenblik, op de kop af; 2 een naam geven,
noemen; 3 benoemen; — *qn. maire*, iem.
tot burgemeester benoemen. **II** *se* — 1 zich
noemen; 2 heten.

nomographie *v* 1 wetskennis; 2 verhandeling
over wetten; 3 het maken v. grafische
berekeningen.

non I *bw* neen, niet; — *pas*, niet; — *plus*,
ook niet, evenmin; — *seulement*, niet alleen. **II** *vw*: — *que, — pas que* (met *subj.*),
niet, dat. **III** *zn m: répondre par un —*, ontkennen, weigeren.

non-activité *v* nonactiviteit.

nonagénaire I *bn* negentigjarig. **II** *zn m* of *v*
negentigjarige.

non-agression *v* het niet aanvallen.

nonante *tlw* negentig (dialect).

non-belligérence *v* het niet deelnemen aan
een oorlog.

nonce *m* nuntius.

nonchalamment *bw* slordig, onverschillig.

nonchalance *v* slordigheid, onverschilligheid.

nonchalant *bn* slordig, onverschillig.

nonciature *v* nuntiatuur.

non-combattant† *m* niet-strijder.

non/-comparant† I *bn* niet voor de rechtbank
verschijnend. **II** *zn m* iem. die niet voor de
rechtbank verschijnt. ~-conformité *v* gebrek aan overeenstemming.

none *v* none.

non-exécution *v* niet-uitvoering.

non-existence *v* het niet bestaan.

non/-intervention *v* het niet-tussenbeide komen. ~-interventionniste† *m* voorstander
v. d. non-interventiepolitiek.

non-lieu *m* ontslag v. rechtsvervolging.

nonne, nonnain *v* non.

nonnette *v* 1 nonnetje; 2 soort rond koekje.

nonobstant I *vz* niettegenstaande, ondanks.
II *bw* desondanks.

non-paiement *m* niet-betaling.

nonpareil, -eille I *bn* weergaloos, onvergelijkelijk. **II** *zn -eille* *v* kleine drukletter.

non/-résidence *v* verblijf buiten de woonplaats. ~-réussite† *v* mislukking.

non/-sens *m* onzin. ~-usage *m* het niet-
gebruiken. ~-valeur† *v* 1 waardeloos papier; 2 waardeloos persoon, prul. ~-vue *v*
slecht zicht (*scheepv.*).

noppe *v* nop.

nord I *m* 1 noorden; *cap —*, Noordkaap;
étoile du —, poolster; *perdre le —*, de kluts
kwijt raken; *pôle —*, noordpool; 2 noordenwind. ~-est *m* noordoost.

nordir *on.w* naar het noorden draaien v. d.

wind.
nord-ouest *m* noordwesten.
noria *v* jacobsladder.
normal [*mv* aux] I *bn* 1 gewoon, regelmatig; *école —e,* kweekschool; *école —e supérieure,* school ter opleiding voor leraar bij het M.O.; 2 loodrecht. II -e *v* 1 loodlijn op raaklijn of raakvlak; 2 kweekschool.
normalement *bw* in gewone omstandigheden.
normalien *m,* -enne *v* kwekeling(e), meestal leerling(e) v. d. école normale supérieure.
normand I *bn* Normandisch. II *zn* N ~ *m,* -e *v* Normandiër, -dische; *les N—s,* de Noormannen.
norme *v* maatstaf, regel.
noroît *m* noordwestenwind (*scheepv.*).
Norvège (la) *v* Noorwegen.
norvégien, -enne I *bn* Noors. II *zn* N ~ *m,* -enne *v* Noor(se). III n ~ *m* Noorse taal.
nos *vnw* meervoud van *notre.*
nosographie *v* ziektebeschrijving.
nostalg/ie *v* heimwee. ~**ique** *bn* vol heimwee, door heimwee veroorzaakt.
nota I *zn m* opmerking, noot. II let wel.
nota/bilité *v* 1 aanzienlijkheid; 2 aanzienlijk persoon. ~**ble** I *bn* opmerkelijk, aanzienlijk. II *zn m* of *v* aanzienlijk persoon.
notablement *bw* opmerkelijk, veel.
notair/e *m* notaris. ~**esse** *v* notarisvrouw.
notamment *bw* vooral, in 't bijzonder, bij voorbeeld.
notari/al [*mv* aux] *bn* notarieel. ~**at** *m* notariaat. ~**é** *bn* notarieel.
notat/eur *m,* -trice *v* iem. die aantekeningen maakt. ~**ion** *v* 1 schrijfwijze; 2 het geven v. cijfers; 3 notatie (— *musicale*).
note *v* 1 noot, toon; *changer de —,* uit een ander vaatje gaan tappen; 2 aantekening, notitie; *prendre des —s,* aantekeningen maken; *prendre — de,* nota van iets nemen; 3 cijfer; punt; *bonne —, mauvaise —,* goed, slecht cijfer; 4 nota (— *diplomatique*); 5 rekening, nota.
noter *ov.w* 1 optekenen, noteren; *notez bien ceci !,* let hier wel op!; *notez bien que,* merk op, vergeet niet, dat ...; 2 in noten opschrijven.
notice *v* 1 kort bericht.
notificatif, -ive *bn* aankondigend.
notification *v* aankondiging.
notifier *ov.w* aankondigen.
notion *v* begrip,- kennis.
notoire *bn* algemeen bekend.
notoirement *bw* klaarblijkelijk.
notoriété *v* algemene bekendheid; *il est de — publique,* het is algemeen bekend.
notre *vnw* ons, onze.
nôtre *m* of *v* [*mv* les ~s] de, het onze; *les —s,* onze bloedverwanten, onze partijgenoten; *il est des —s,* hij staat aan onze kant.
Notre-Dame *v* 1 Onze Lieve Vrouw; 2 beeld van O.L.V.; 3 kerk aan O.L.V. gewijd.
notule *v* korte noot.
nouage *m* het knopen.
nouba *v* (*fam.*) fuif; pret.
noue *v* 1 verbinding tussen twee schuine daken; 2 vochtige weide.
noué *bn* lijdend aan Engelse ziekte.
nouement *m* het knopen.
nouer I *ov.w* 1 knopen, binden, met een strik vastmaken; 2 aanknopen; — *amitié,* vriendschap aanknopen; 3 op touw zetten, smeden (v. e. komplot). II *on.w* zich zetten (v. vruchten). III se ~ 1 een knoop vormen, in de knoop gaan; 2 aangeknoopt worden; 3 gesmeed worden (v. e. komplot); 4 zich zetten v. vruchten.
noueux, -euse *bn* knoestig.
nougat *m* noga.
nouilles *v mv* noedels; *une — (fam.),* suffer, sukkel.
noulet *m* kielgoot.
nourrain *m* pootvis.
nourri *bn* 1 vol (*grain* —); 2 krachtig (*style* —).

nourrice *v* voedster, min; *mettre un enfant en —,* een kind bij een min doen.
nourricerie *v* vetweiderij.
nourricier 1 *zn m* man v. e. min. II *bn m,* -ère *v* voedend; *père —,* voedstervader; *sol —,* voedingsbodem.
nourrir *ov.w* 1 voeden, zogen; 2 opvoeden; 3 onderhouden, koesteren (— *l'espoir*).
nourriss/age *m* het fokken v. vee. ~**ant** *bn* voedzaam. ~**eur** *m* 1 melkveehouder; 2 vetweider. ~**on** *m* zuigeling.
nourriture *v* voedsel.
nous *vnw* wij, ons; *chez —,* thuis.
noure *v* 1 Engelse ziekte; 2 vruchtzetting.
nouveau [*mv* x] -elle (nouvel voor een mannel. woord, dat met een klinker of stomme h begint) I *bn* 1 nieuw, ander; *le Nouvel An,* nieuwjaar; *habit —,* nieuwmodisch kleed; *nouvel habit,* ander kleed; — *riche,* parvenu; *saison nouvelle,* lente; —*venu (nouvelle-venue),* nieuw gekomene; *à —,* van voren af aan; *de —,* opnieuw; 2 onervaren; *être — à, dans qc.,* onervaren, een nieuweling in iets zijn. II *zn m* 1 het nieuwe, nieuws; 2 nieuweling. ~**-né** I *bn* pasgeboren. II *zn m* of *v* pasgeborene.
nouveauté *v* 1 nieuwheid; 2 nieuwigheid; 3 pas uitgekomen boek; 4 pas uitgekomen artikel; modeartikel; *des —s,* modeartikelen, manufacturen; *magasin de —s,* modemagazijn, manufacturenwinkel.
nouvelle *v* 1 nieuws, bericht, tijding; *nous avons eu de ses —s,* wij hebben bericht van hem gekregen; *vous aurez de mes —s !,* wij spreken elkaar nog wel nader!; *point de —s, bonnes —s (spr.w),* geen tijding, goede tijding; 2 inlichting over iemands gezondheid, over iemands toestand; *demander, prendre des —s de qn.,* vragen hoe iemand het maakt; 3 novelle; —*s à la main,* korte anekdoten in een krant.
nouvellement *bw* onlangs, pas.
nouvelliste *m* 1 nieuwtjesjager; 2 novellenschrijver; 3 journalist.
novat/eur, -trice *v* 1 *bn* baanbrekend, hervormend. II *zn m,* -trice *v* hervormer(ster), baanbreker(-breekster). ~**ion** *v* vernieuwing v. e. schuldvordering. ~**oire** *bn* wat de schuldvordering vernieuwt.
novembre *m* november.
nover *ov.w* (een schuldvordering, een contract) vernieuwen.
novic/e I *bn* 1 onervaren, ongeschoold; 2 onschuldig. II *zn m* of *v* 1 novice; 2 beginneling(e); 3 lichtmatroos. ~**iat** *m* 1 noviciaat; 2 noviciaatshuis; 3 leertijd.
noyade *v* verdrinking.
noyau [*mv* x] *m* 1 pit, steen; 2 kern.
noyau/tage *m* cellenbouw (als propagandamiddel). ~**ter** *ov.w* cellen vormen (als propagandamiddel).
noyé *m,* -e *v* drenkeling(e).
noyer I *ov.w* 1 verdrinken; — *son chagrin,* zijn verdriet verdrinken; — *le poisson,* een vis met de kop boven water uit het water halen; een zaak in de doofpot stoppen; *qui veut — son chien, l'accuse de la rage (spr.w),* wie een hond wil slaan, kan gemakkelijk een stok vinden; 2 overstromen; *yeux noyés de larmes,* beschreide ogen; *noyé de dettes,* tot over de oren in de schuld. II se ~ verdrinken; *aller se —,* zich verdrinken; se — *dans un raisonnement,* niet uit een redenering kunnen komen; se — *dans le sang,* in bloed baden.
noyer *m* 1 noteboom; 2 notehout.
nu I *bn* naakt, bloot, kaal; *épée —,* blote degen; *muraille —e,* kale muur; *pays —,* kale, dorre streek; *nu-pieds, pieds nus,* blootsvoets; *nu-tête, tête nue,* blootshoofds; *vérité toute —e,* naakte waarheid. II *zn m* het naakt, het naakt model; *à —,* naakt, bloot; *mettre à —,* blootleggen; *monter un cheval à —,* een ongezadeld paard berijden.
nuag/e *m* wolk; *bonheur sans —s,* onver-

stoord geluk; *être dans les* —*s*, verstrooid zijn; — *de lait*, scheutje melk; — *de poussière*, stofwolk. ~*eux*, -*euse* bn 1 bewolkt; 2 onduidelijk, vaag.

nuaison v duur van hetzelfde weer of dezelfde wind (*scheepv*.).

nuance v (kleur)schakering, klein verschil.

nuancer ov.w nuanceren, schakeren.

nubile bn huwbaar.

nubilité v huwbaarheid, huwbare leeftijd.

nucléaire bn kern—; *fissure* —, kernsplitsing; *explosif* —, kernspringstof; *armes* —*s*, kernwapens.

nucléé bn één of meer kernen bezittend.

nudisme m naaktloperij.

nud/iste m of v naaktloper(-loopster). ~*ité* v 1 naaktheid, blootheid; 2 dorheid.

nu/e v wolk; *élever jusqu'aux* —*s*, hemelhoog prijzen; *tomber des* —*s*, kijken of men het in Keulen hoort donderen. ~*ée* v 1 dikke wolk; 2 zwerm; *une — de sauterelles*, een zwerm, een wolk sprinkhanen.

nue-propriété v bloot eigendom.

nuire on.w onr (— à) benadelen.

nuisance v schade, schadelijk karakter.

nuisible bn schadelijk.

nuit v 1 nacht; — *blanche*, slapeloze nacht; *de* —, 's nachts; *la* — *éternelle*, de dood; *les feux de la* —, de sterren; *le flambeau de la* —, de maan; *ni jour ni* —, nooit; — *et jour*, dag en nacht; 2 duisternis; *il fait* —, het is donker; *il fait* — *noire*, het is stikdonker; *la* — *tombe*, de avond valt.

nuitamment bw 's nachts.

nuitée v 1 nacht; 2 prijs v. e. nacht logies.

nul, nulle I vnw (met *ne*) geen, geen enkel(e); *ne . . nulle part*, nergens. II bn waardeloos, onbeduidend, nietig; *homme* —, onbeduidend persoon. III zn m (met *ne* vóór het werkwoord) niemand.

nullement bw geenszins, in het geheel niet.

nullification v nietigverklaring.

nulli/fier ov.w nietig verklaren. ~*té* v 1 nietigheid; 2 onbeduidendheid, onbenulligheid; 3 onbeduidend, onbenullig persoon.

nûment bw onbewimpeld.

numéraire I bn wat de wettelijke waarde v. geld betreft; *valeur* —, numerieke waarde. II zn m 1 klinkende munt; 2 het in omloop zijnde gemunte geld.

numéral [mv aux] bn wat een getal aanduidt; *adjectif* —, telwoord.

numérat/eur m teller v. e. breuk. ~*ion* v telling; — *décimale*, tientallig stelsel.

numérique bn het aantal betreffend; *supériorité* —, overmacht, numerieke meerderheid. ~*ment* bw in aantal, in getalsterkte.

numéro m 1 nummer (in versch. betekenissen); 2 prijskaartje; 3 rare kerel, nummer.

numérotage m nummering.

numéroter ov.w nummeren.

numéroteur m nummeraar (instrument).

numismate m munten- en medailleskenner.

numismatique v penningkunde.

nummulaire v penningkruid.

nuptial [mv aux] bn wat de bruiloft of het huwelijk betreft; *bénédiction* —*e*, huwelijksinzegening.

nuptialité v aantal huwelijken in een land.

nuque v nek.

nurse v 1 kindermeisje; 2 verpleegster.

nutri/cier, -ère bn voedend. ~*ment* m dadelijk opneembare voedingsstof. ~*tif*, -*ive* bn voedzaam, voedend. ~*tion* v voeding.

nylon m nylon.

nymphe v 1 nimf; 2 knap, welgevormd meisje; 3 lichte vrouw; 4 pop v. e. insekt.

nymphéa m witte waterlelie.

nymphéacées v mv waterlelieachtigen.

nymphée v nimfengrot, -tempel.

nymphose v verpopping v. e. insekt.

O

o m de letter o; *op.cit.* = *opere citato*, in het aangehaalde boek.

O.E.C.E. = *Organisation Européenne de Coordination Economique* = O.E.E.S.

O.M.S. = Organisation Mondiale de la Santé = Wereldgezondheidsraad. **O.N.U.** = Organisation des Nations Unies = Uno.

O.T.A.N. = Organisation du Traité de l'Atlantique Nord = N.A.T.O. **O.T.A.S.E.** = Organisation du Traité de l'Asie du Sud-Est = ZOAVO.

ô tw *o!*

oasien, -enne I bn van de oasen. II zn m, -enne v oasebewoner(-bewoonster).

oasis v oase.

obédience v 1 (klooster)gehoorzaamheid; 2 klooster, afhangend v. e. moederhuis.

obédientiel, -elle bn wat de kloostergehoorzaamheid betreft.

obé/ir (à) on.w 1 gehoorzamen; 2 zwichten (— *à la force*). ~*issance* v 1 gehoorzaamheid; 2 onderdanigheid, onderhorigheid. ~*issant* bn gehoorzaam.

obélisque m obelisk.

obérer ov.w bezwaren (met schuld).

obèse I bn zwaarlijvig. II zn m of v zwaarlijvige.

obésité v zwaarlijvigheid.

obier m sneeuwbal (*pl.k.*).

obit m jaargetijde v. e. dode.

obituaire m dodenregister (*R.K.*).

object/er ov.w tegenwerpen. ~*eur* m: — *de conscience*, principiëel dienstweigeraar.

objectif, -ive I bn objectief. II zn m 1 objectie fv. kijker enz.; 2 doel.

objection v tegenwerping, bedenking.

objectivement bw op objectieve wijze.

objectiver ov.w objectief voorstellen.

objectivité v objectiviteit.

objet m 1 voorwerp; 2 doel.

objurgat/eur, -trice bn afkeurend. ~*ion* v hevige uitbrander, scherp verwijt.

oblat m oblaat.

oblation v 1 offer, offerande; 2 oblatie (deel van de mis, waarin de priester vóór de consecratie het brood en de wijn aan God opdraagt).

oblataire m obligatiehouder.

obligation v 1 verplichting; 2 obligatie.

obligatoire bn 1 verplicht; *arrêt* —, vaste halte; *service* —, dienstplicht; 2 bindend.

obligé I bn verplicht; *je vous suis* —, ik ben u dankbaar. II zn m: *je suis votre* —, ik ben u zeer verplicht.

oblige/amment bw welwillend, gedienstig, voorkomend. ~*ance* v welwillendheid, gedienstigheid, voorkomendheid; *ayez l'*—*de*, wees zo vriendelijk te.

obligeant bn welwillend, vriendelijk, gedienstig, voorkomend.

obliger I ov.w 1 verplichten; 2 dwingen, noodzaken. II *s'*~ zich verplichten, een verplichting op zich nemen.

oblique I bn 1 schuin, scheef; 2 slinks, dubbelzinnig. II zn v schuine lijn.

obliquer on.w in schuine richting lopen.

obliquité v 1 schuinte, scheefheid; 2 slinksheid, dubbelzinnigheid.

oblitérat/eur, -trice I bn onbruikbaar makend; *timbre* —, vernietigingsstempel. II zn m stempel.

oblitér/ation v afstempeling. ~*er* ov.w 1 uitwissen; 2 onbruikbaar maken (— *un tim-bre*); 3 verstoppen b.v. van vaten.

oblong, -gue *bn* langwerpig.

obnubil/ation *v* gezichts-, geestesverduistering. ~er *ov.w* verduisteren, benevelen.

obole *v* 1 (*oud*) penning, duit; *cela ne vaut pas une —*, dat is geen cent waard; *l'— de la veuve,* het penningske der weduwe; 2 kleine gave, bijdrage.

obreptice *bn* door list verkregen.

obreption *v* verkrijging door list.

obscène *bn* onzedelijk, gemeen.

obscénité *v* onzedelijkheid, gemeenheid.

obscur *bn* 1 duister, donker; 2 onbekend, verborgen (*vie —e*); 3 onduidelijk.

obscurant/isme *m* systeem dat de massa dom wil houden. ~iste *m* iem. die voorstander is v. h. dom houden der massa.

obscuration *v* verduistering v. hemellichaam.

obscurc/ir I *ov.w* 1 verduisteren, donker maken; 2 onduidelijk maken. **II s' ~** donker, duister worden; *son front s'obscurcit,* zijn gelaat betrok; *sa gloire s'obscurcit,* zijn roem verduisterde. ~issement *m* verduistering, het donker worden.

obscurément *bw* 1 duister; 2 onduidelijk; 3 onbekend, verborgen.

obscurité *v* 1 duisternis; 2 onduidelijkheid; 3 verborgenheid, vergetelheid.

obsécration *v* aanroeping, bezwering.

obsédant *bn* kwellend, hinderlijk.

obséder *ov.w* lastig vallen, kwellen, hinderen.

obsèques *v mv* uitvaart, plechtige begrafenis.

obséquieusement *bw* kruiperig, overbeleefd.

obséquieux, -euse *bn* kruiperig, overbeleefd.

obséquiosité *v* kruiperigheid, overbeleefdheid.

observ/able *bn* waarneembaar. ~ance *v* 1 naleving v. godsdienstige plichten, v. klooster-regels, v. wetten; 2 kloosterregel.

observateur I *zn m,* -trice *v* 1 nalever(naleef-ster) v. regels; 2 waarnemer(waarneem-ster); onderzoeker(ster); 3 toeschouwer (toeschouwster); 4 mil. waarnemer. **II** *bn* onderzoekend.

observ/ation *v* 1 naleving v. regels; 2 waarneming; *poste d'—*, waarnemingspost; 3 opmerking, aanmerking; *faire des —s*, aanmerkingen maken. ~atoire *m* sterrenwacht, meteorologisch instituut.

observer I *ov.w* 1 naleven, nakomen; 2 waarnemen, gadeslaan; 3 in het oog, in de gaten houden; 4 opmerken; *je vous fais —*, ik maak er u opmerkzaam op, dat. **II s' ~** 1 zich in acht nemen; 2 elkaar gadeslaan; 3 zich zelf bestuderen.

obsession *v* 1 het kwellen, het hinderen; 2 kwellende gedachte, obsessie.

obstacle *m* hinderpaal, hindernis; *mettre — à,* verhinderen.

obstétrical [*mv aux*] *bn* verloskundig.

obstétrique *v* verloskunde.

obstination *v* koppigheid, hardnekkigheid.

obstiné I *bn* hardnekkig, koppig. **II** *zn m,* -e *v* stijfkop.

obstinément *bw* hardnekkig, koppig.

obstiner I *ov.w* koppig maken. **II s' ~** à hardnekkig volhouden.

obstructif, -ive *bn* stoppend (*med.*).

obstruction *v* 1 verstopping (*med.*); 2 obstructie; *faire de l'—*, obstructie voeren.

obstruer *ov.w* 1 verstoppen; 2 versperren.

obtempérer (à) *ov.w* gehoorzamen, nakomen.

obtenir *ov.w onr.* verkrijgen.

obtention *v* verkrijging, verwerving.

obturateur, -trice I *bn* sluitend. **II** *zn m* af-sluiter, v. sluiter. v. fototoestel.

obturation *v* 1 afsluiting; 2 vulling v. e. kies.

obturer *ov.w* 1 afsluiten; 2 vullen.

obtus *bn* stomp, bot; *angle —*, stompe hoek.

obtusangle *bn* stomphoekig.

obus *m* granaat; *— de rupture*, brisant-granaat.

obusier *m* houwitser, mortier.

obvers *m* voorzijde v. e. munt.

oc *m* (*oud*) ja in het Z. van Frankrijk; *langue d'oc,* Z.-Franse taal in de middeleeuwen.

ocarina *m* ocarina (*muz.*).

occasion *v* 1 gelegenheid; *à l'—*, bij gelegenheid; *avoir l'— de,* gelegenheid hebben om te; *d'—*, tweede hands (*livres d'—*); 2 om-standigheid; 3 oorzaak; 4 buitenkansje, koopje.

occasionnel, -elle *bn* 1 aanleidend (*cause —elle*); 2 toevallig.

occasionnellement *bw* bij gelegenheid.

occasionner *ov.w* veroorzaken.

occident *m* westen.

occidental [*mv aux*] **I** *bn* westers, westelijk. **II** *zn mv* les O ~aux de westerlingen.

occip/ital [*mv aux*] *bn* wat het achterhoofd betreft. ~ut *m* achterhoofd.

occlusif, -ive *bn* afsluitend.

occlusion *v* sluiting (*med.*).

occultation *v* verduistering v. e. hemel-lichaam.

occult/e *bn* verborgen, geheim; *sciences —s,* geheime wetenschappen (spiritisme, sterren-wichelarij enz.). ~isme *m* leer der geheime wetenschappen.

occultiste *m* of *v* beoefenaar(ster) der ge-heime wetenschappen.

occupant 1 bezitter; 2 bewoner; 3 inzittende; 4 bezetter.

occupation *v* 1 bezigheid, werk; 2 inbezit-neming, bezetting.

occupé *bn* (~ à) 1 bezig (met), druk; 2 bezet.

occuper 1 *ov.w* 1 beslaan, plaats innemen; 2 bewonen; 3 bezetten; 4 bekleden (— *un emploi*); 5 bezig houden, werk geven; 6 in beslag nemen (v. tijd). **II s' ~** 1 *s'— de,* zich bezig houden met, zorgen voor; 2 *s'— à,* bezig zijn met.

occurrence *v* gelegenheid, omstandigheid; *en cette —,* in dit geval; *dans l'—,* als het geval zich voordeed.

océan *m* oceaan; — *Antarctique,* — *glacial du sud,* Z. IJszee; — *Arctique,* — *glacial du nord,* N. IJszee; — *Atlantique,* Atl. Oceaan; — *Indien,* Indische Oceaan; — *Pacifique,* Stille Zuidzee.

océanide *v* zeenimf.

Océanie (l') *v* Australië (met de eilanden).

océan/ien, -enne **I** *bn* 1 Australisch; 2 v. d. oceaan. **II** *zn* O~ *m,* -enne *v* Australiër, -ische. ~ique *bn* v. d. oceaan.

océanograph/ie *v* oceaanstudie. ~ique *bn* wat de oceaanstudie betreft.

ocelot *m* Mexicaanse tijgerkat.

ocre v oker.

ocreux, -euse *bn* okerachtig, -kleurig.

octant *m* octant.

octante *tlw* tachtig (*oud* en *dial.*).

octav/e I *bn* 1 octaaf (*R.K.*); 2 octaaf (*muz.*); 3 achtregelig vers. ~in *m* octaaffluit.

octobre *m* oktober.

octogénaire I *bn* tachtigjarig. **II** *zn m* of *v* tachtigjarige.

octogone I *bn* achthoekig. **II** *zn m*: achthoek.

octosyllabe, octosyllabique *bn* achtletter-grepig.

octroi *m* 1 toekenning, verlening; 2 stede-lijke belasting op levensmiddelen; 3 ad-ministratie dezer rechten; 4 bureau, waar deze rechten betaald worden.

octroyer *ov.w* toekennen, verlenen.

octuple *bn* achtvoudig.

oculaire I *bn* v. d. ogen; *témoin —*, oog-getuige. **II** *zn m* oculair v. verrekijker enz.

oculist/e *m* of *v* oogarts. ~ique I *bn* oogheel-kundig. **II** *zn v* oogheelkunde.

ode *v* ode.

odéon *m* muziektempel.

odeur *v* 1 geur, reuk. 2 *les —s,* parfum.

odieusement *bw* afschuwelijk, schandelijk.

odieux, -euse I *bn* afschuwelijk, schandelijk, verfoeilijk. **II** *zn m* afschuwelijkheid, schan-delijkheid.

odomètre *m* afstandswijzer.

odontalgie *v* kies-, tandpijn.

odontologie *v* tandkunde.

odontologique *bn* tandheelkundig.

odorant *bn* geurig, welriekend.

odorat *m* reuk, reukzin.

odorer I *ov.w* ruiken (de reuk opnemen). II *on.w* geuren.

odoriférant *bn* welriekend, geurig.

odyssée *v* 1 Odyssee; 2 avontuurlijk reisverhaal; 3 opvolging v. verschillende buitengewone gebeurtenissen.

œcuménique *bn*: oecumenisch; *concile* —, kerkvergadering, waarvoor alle kath. bisschoppen worden uitgenodigd.

œdème *m* oedeem, soort gezwel.

œil [*mv* yeux] *m* 1 oog; — *pour* —, *dent pour dent*, oog om oog, tand om tand; *à l'*—, gratis, op de pof; *avoir l'* — *à tout*, overal op letten; *avoir l'* — *sur qn.*, een oogje op iemand houden; *avoir l'* — *américain*, doorzicht hebben, een practische kijk hebben; *avoir de l'* —, er goed uitzien; *avoir un bandeau sur les yeux*, met blindheid geslagen zijn; *se battre l'* — *de*, geen zier geven om; *pour les beaux yeux de qn.*, alleen om iem. plezier te doen; *en un clin d'*—, in een oogwenk; *avoir le compas dans l'*—, goed kunnen schatten; *jeter un coup d'*—, een blik werpen; *coûter les yeux de la tête*, erg duur zijn; *couver, dévorer des yeux*, met de ogen verslinden; *ne pas en croire ses yeux*, zijn ogen niet kunnen geloven; *ne dormir que d'un* —, licht slapen; *entre quatre yeux*, onder vier ogen; *être tout yeux*, één en al oog zijn; *faire de l'*—, een knipoogje geven; *fermer les yeux de qn.*, iem. in zijn laatste ogenblikken bijstaan; *fermer les yeux sur*, een oogje dichtdoen; *ne pouvoir fermer les yeux*, niet kunnen slapen; *n'avoir pas froid aux yeux*, voor geen klein geruchtje vervaard zijn; *loin des yeux, loin du cœur* (spr.w), uit het oog, uit het hart; *ôte-toi de devant mes yeux*, ga uit mijn ogen, verdwijn; *ouvrir de grands yeux*, grote ogen opzetten; *ouvrir l'*—, opletten, zijn ogen de kost geven; *poché*, blauw oog; *cela saute aux yeux*, *crève les yeux*, dat springt in het oog, dat is duidelijk; 2 oog = opening; *l'* — *d'une aiguille*, het oog v. e. naald; 3 oog = knop; 4 oog op veren; 5 oog op soep; 6 gat in kaas, brood enz.

œil-de-bœuf [*mv* œils de bœuf] *m* rond venster.

œil-de-chat [*mv* œils de chat] *m* soort kwarts.

œil-/de-perdrix [*mv* œils de perdrix] *m* eksteroog, likdoorn. ~de-serpent [*mv* œils-de-serpent] *m* soort edelsteen.

œillade *v* knipoogje.

œillère I *v* 1 oogklep; *avoir des* —*s*, de dingen slechts van één kant zien, bevooroordeeld zijn; 2 oogbadje. II *bn*: *dent* —, oogtand.

œillet *m* 1 anjelier; 2 vetergat; 3 metalen ringetje in vetergat; 4 (*pop.*) oog.

œillette *v* 1 tuinpapaver; 2 papaverolie.

œn/ologie *v* leer v. d. wijnbouw en de wijnbereiding. œno/phile *v* liefhebber v. wijn. ~technie, ~technique *v* techniek der wijnbereiding.

œsophage *m* slokdarm.

œstre *m* horzel.

œuf *m* 1 ei; *à la coque*, zacht ei; *donner un* — *pour avoir un bœuf*, een spierinkje uitwerpen, om een kabeljauw te vangen; — *dur*, hard ei; — *au plat*, — *sur le plat*, spiegelei; *plein comme un* —, eivol, mudvol; — *de Pâques*, paasei; *mettre tous ses* —*s dans le même panier*, alles op één kaart zetten; *se ressembler comme deux* —*s*, op elkaar lijken als twee druppels water; 2 kiem; *écraser, étouffer dans l'*—, in de kiem smoren; 3 maasbal.

œufrier *m* 1 eierstander; 2 eierkoker.

œuvé *bn* met kuit.

œuvre I *v* 1 werk; voortbrengsel; —*s d'art*, kunstwerken; *bois d'*—, timmerhout; *l'exécuteur des hautes* —*s*, de beul; *faire* — *de*, zich gedragen als; *mettre en* —, aan-

wenden, in het werk stellen; *se mettre à l'*—, aan het werk gaan; 2 kerkekas; 3 liefdadigheidsvereniging; 4 zetting, montuur; 5 romp v. e. schip. II *m* 1 gezamenlijke werken v. e. kunstenaar; 2 opus (*muz.*); 3 metselwerk; *hors d'*—, buitenwerks; 4 *le grand* —, de steen der wijzen.

offensant *bn* beledigend.

offense *v* 1 belediging; 2 zonde, schuld.

offenser I *ov.w* 1 beledigen; 2 beschadigen, kwetsen. II *s'* ~ 1 elkaar beledigen; 2 *s'*—*de*, zich beledigd achten door, boos worden over.

offenseur *m* belediger.

offensif, -ive I *bn* aanvallend. II -ive *v* offensief; *prendre l'*—, het offensief nemen.

offensivement *bw* aanvallend.

offertoire *m* Offertorium (*R.K.*).

office I *m* 1 ambt, betrekking; *d'*—, ambtshalve; 2 kantoor, bureau; — *de publicité*, advertentiebureau; — *du Tourisme*, vereniging voor vreemdelingenverkeer (V.V.V.); 3 dienst; 4 officie, kerkdienst (*R.K.*); — *des morts*, dodenmis. II *v* keuken, eetkamer voor bedienden.

official [*mv* aux] *m* kerkelijk rechter.

officiant *m* priester, die de mis opdraagt.

officiel, -elle *bn* officieel; (*Journal*) *officiel*, Staatscourant. ~lement *bw* officieel.

officier *ov.w* de mis opdragen.

offici/er *m* 1 officier; — *subalterne*, officier t/m kapitein; — *supérieur*, hoofdofficier (v. majoor t/m kolonel); — *s généraux*, opperofficieren (generaals); 2 ambtenaar; — *de paix*, vrederechter; — *de santé*, plattelandsdokter, die geneesk. praktijk mocht uitoefenen zonder dokterstitel; 3 officier in een ridderorde; — *d'académie*, universitaire onderscheiding; — *de l'instruction publique*, titel, die een graad hoger is dan die van officier d'Académie; — *de la Légion d'honneur*, officier in het legioen van eer. ~ière *v* vrouwel. officier v. h. Leger des Heils.

officieux, -euse *bn* 1 gediensтig; 2 officieus.

officinal [*mv* aux] *bn* wat behoort tot de artsenijbereidkunde; *plantes* —*es*, geneeskrachtige kruiden.

officine *v* 1 apotheek; 2 broeinest.

officiosité *v*. officieus karakter.

offrande *v* 1 offerande; 2 gave.

offrant *m* bieder; *le plus* —, de hoogste bieder.

offre *v* aanbod, bod; *l'* — *et la demande*, vraag en aanbod; — *ferme*, vaste offerte.

offrir I *ov.w* aanbieden, bieden; — *de*, bieden voor. II *s'* ~ 1 aangeboden worden; 2 zich voordoen (*l'occasion s'offre*); 3 *s'* ~ *qc.* zich op iets tracteren.

offusquer *ov.w* 1 verduisteren; 2 verblinden; 3 hinderen, ergeren, mishagen.

oflag *m* Duits gevangenkamp voor officieren gedurende de laatste wereldoorlog.

ogiv/al [*mv* aux] *bn* van de spitsbogen; *style* —, gotische stijl. ~e *v* spitsboog.

ogivette *v* kleine spitsboog.

ogre *m*, ogresse *v* menseneter(-eetster).

oh! *tw* o!, wel!, och!

ohé! *tw* heidaar!

ohm *m* ohm.

oie *v* 1 gans; — *blanche*, onschuldig meisje; *contes de ma mère l'*—, sprookjes v. moeder de Gans; — *ganzespel*, *-bord*; *pas de l'*—, Duitse paradepas; 2 domoor.

oignon *m* 1 ui; *en rang d'*—*s*, in een rij; 2 bloembol; 3 eeltknobbel aan de voeten; 4 knol (horloge). ~ade *v* uiengerecht. ~ière *v* uienbed.

oïl *m* ja in de langue d'oïl (Frans v. Noord-Frankrijk in de middeleeuwen).

oindre *ov.w onr.* zalven, oliën.

oing *m: vieux* —, wagensmeer.

oint *1 zn m* gezalfde. II *bn* gezalfd.

oiseau [*mv* x] *m* vogel; — *de bon, de mauvais augure*, geluks-, ongeluksbode; — *de pas-*

sage, trekvogel; *petit à petit l'— fait son nid* (*spr.w*), de vallende druppel holt de steen; *— de proie*, roofvogel; *— rare*, witte raaf (*fig.*); *tir à l'—*, vogelschieten; *vilain —*, akelige kerel; *vilain — que celui qui salit son nid* (*spr.w*), men moet geen kwaad zeggen over zijn land of over zijn familieleden; *à vol d'—*, in rechte lijn; *à vue d'—*, in vogelvlucht.

oiseau†-mouche† *m* kolibri.

oisel/er I *ov.w* vogels africhten. **II** *on.w* vogelnetten, -strikken zetten. ~**et** *m* vogeltje. ~**eur** *m* vogelaar. ~**ier** *m* vogelkoopman. ~**lerie** *v* 1 het kweken v. vogels; 2 vogelkwekerij; 3 vogelhandel.

oiseux, -euse *bn* onnut, ledig, beuzelachtig, ijdel (*paroles —euses*).

oisif, -ive *bn* 1 ledig; 2 renteloos.

oisillon *m* vogeltje.

oisivement *bw* ledig, nietsdoend.

oisiveté *v* ledigheid, nietsdoen.

oison *m*, -**onne** *v* 1 gansje; 2 stommeling, sukkel.

o.k! *tw* o.k!

oléacées *v mv* olijfachtigen.

oléagineux, -euse *bn* olieachtig.

oléandre *m* oleander.

oléiculteur *m* olijventeler.

oléiculture *v* olijventeelt.

oléifère *bn* oliehoudend.

olfactif, -ive *bn* wat de reuk betreft.

olibrius *m* opsnijder, branieschopper.

olifant *m* ivoren horen v. Roland.

oligar/chie *v* familieregering. ~**chique** *bn* bestuurd door een familieregering.

oligarque *m* lid v. e. familieregering.

oliv/acé *bn* olijfgroen. ~**aie** *v* olijventuin. ~**aire** *bn* olijfachtig, -vormig. ~**aison** *v* 1 olijvenoogst; 2 tijd v. d. olijvenoogst. ~**âtre** *bn* olijfkleurig. ~**e** *v* 1 olijf; 2 olijfvormig archit. ornement; 3 olijfgroen.

oliverie *v* olijfoliemolen.

oliv/ette *v* olijventuin. **II** ~**s** *v mv* dans na de olijvenoogst. ~**ier** *m* olijfboom; *mont des O—s*, Olijfberg.

olla-podrida *v* poespas, allegaartje.

olographe *bn* eigenhandig geschreven.

olympe *m* 1 olympus; 2 hemel.

olympiade *v* periode van vier jaar tussen twee olympische spelen.

olympien, -enne *bn* olympisch, majestueus.

olympique *bn* olympisch; *jeux —s*, olympische spelen. **II** *zn m* olympisch kampioen.

ombelle *v* scherm (*pl.k.*).

ombellé *bn*: *fleur —e*, schermbloem.

ombellifèracées *v mv* schermbloemigen.

ombell/ifère I *bn* schermbloemig. **II** *v* schermbloemige plant. ~**ule** *v* schermpje.

ombilic *m* navel. ~**ai** [*mv* aux] *bn* v. d. navel; *cordon —*, navelstreng.

ombrage *m* 1 lommer, gebladerte; 2 achterdocht, argwaan; *donner de l'—*, argwaan opwekken.

ombragé *bn* beschaduwd, lommerrijk.

ombrag/er *ov.w* 1 beschaduwen; 2 uitsteken boven, zitten op. ~**eux, -euse** *bn* 1 schichtig; 2 achterdochtig.

ombre I *v* 1 schaduw; 2 schaduwbeeld, schim; *l'empire des —s*, het schimmenrijk; 3 duisternis; *rester dans l'—*, verborgen blijven; 4 schijn, spoor; *— de doute*, spoor v. twijfel; 5 lommer; 6 omber (kleurstof; ook *terre d'—*). **II** *m* vlagzalm.

ombrelle *v* kleine parasol.

ombr/er *ov.w* schaduw aanbrengen in schilderij enz. ~**eux, -euse** *bn* schaduwrijk.

oméga *m* laatste letter v. h. Griekse alfabet; *l'alpha et l'—*, het begin en het einde.

omelette *v* omelet.

omettre *ov.w onr.* weg-, nalaten, verzuimen.

omission *v* 1 weglating; 2 verzuim.

omnibus *m* 1 omnibus; *train —*, boemeltrein; 2 (*pop.*) glas gewone wijn.

omni/potence *v* almacht. ~**potent** *bn* almachtig. ~**présence** *v* alomtegenwoordigheid.

~**présent** *bn* alomtegenwoordig. ~**science** *v* alwetendheid. ~**scient** *bn* alwetend.

omnium *m* wielerwedstrijd, uit verschillende nummers bestaande.

omnivore I *bn* allesetend. **II** *zn m* allesetend dier.

omoplate *v* schouderblad.

on *vnw* men (ook wel ik, jij, hij, wij, gij, zij); *le qu'en dira-t-on*, de openbare mening.

onagre *m* wilde ezel.

oncial *bn*: *lettre —e*, grote beginletter in handschrift.

oncle *m* oom; — *à la mode de Bretagne*, achterneef.

onction *v* zalving, wijding; *extrême —*, H. Oliesel.

onctu/eusement *bw* zalvend. ~**eux, -euse** *bn* 1 zalfachtig; 2 zalvend, stichtend.

onctuosité *v* vettigheid.

onde *v* 1 golf; *longueur d'—*, golflengte; —*s lumineuses*, lichtgolven; *mise à —*, microfoonbewerking; —*s sonores*, geluidsgolven; 2 water; *l'— amère* (*dicht.*), de zee.

ondé *bn* gegolfd.

ondée *v* stortbui.

ondin *m*, -**e** *v* watergeest, -nimf.

on-dit *m*: *les on-dit*, de praatjes v. d. mensen.

ondoiement *m* 1 golving; 2 nooddoop (*R.K.*).

ondoy/ant *bn* 1 golvend; *drapeaux —s*, wapperende vlaggen; 2 veranderlijk, wispelturig. ~**er I** *on.w* golven, wapperen. **II** *ov.w* de nooddoop toedienen.

ondul/ant *bn* golvend. ~**ation** *v* 1 golving; 2 haargolf. ~**atoire** *bn* golvend.

ondulé *bn* gegolfd.

ondul/er I *on.w* golven. **II** *ov.w* golven, onduleren. ~**eux, -euse** *bn* golvend.

onéraire *bn* werkelijk dienstdoend.

onéreux, -euse *bn* lastig, drukkend, bezwarend; *à titre —*, onder bezwarende voorwaarden.

onérosité *v* bezwarend karakter.

ongle *m* nagel, klauw; *donner sur les —s*, kastijden, berispen; *se faire les —s*, zijn nagels verzorgen; *jusqu'au bout des —s*, in hart en nieren, door en door; *rogner les —s à qn.*, iem. kortwieken; *savoir sur l'—*, op zijn duimpje kennen, - weten.

onglée *v* dode, tintelende vingers.

onglier I *m* nagelgarnituur. **II** *zn* ~**s** *m mv* nagelschaar.

onglon *m* hoef v. veelhoevigen.

onguent *m* zalf.

onguicule *m* klauwtje.

onguiculé *bn* met klauwen, met nagels.

onguiforme *bn* nagelvormig.

ongulé I *bn* met hoeven. **II** ~**s** *m mv* gehoefde dieren.

onomatologie *v* namenkunde.

onomatopée *v* klanknabootsing.

ontologie *v* leer v. h. zijn.

ontologiste *m* kenner der leer v. h. zijn.

onyx *m* onyx (fijne agaat).

onze *tlw* 1 elf; 2 elfde.

onzième I *tlw* elfde. **II** *zn m* of *v* de elfde. **III** *m le —*, het elfde deel.

onzièmement *bw* ten elfde.

opacifier I *ov.w* ondoorschijnend maken. **II** s'~ ondoorschijnend worden.

opacité *v* ondoorschijnendheid.

opal/e *v* opaal. ~**escence** *v* opaalweerschijn. ~**escent** *bn* opaalkleurig.

opalin *bn* opaalachtig.

opaliser *ov.w* opaalachtig maken.

opaque *bn* ondoorschijnend.

ope *m* muurgat.

opéra *m* 1 opera; *— bouffe*, komische opera; *— comique*, half-komische, half-komische opera, waarin de zang afwisselt met het gesproken woord; *— sérieux*, opera met tragisch onderwerp; 2 operagebouw.

opérable *bn* opereerbaar.

opérateur *m*, -**trice** *v* 1 operateur (*med.*); 2 filmoperateur.

opération *v* 1 werking (*— chimique*); 2 onderneming; 3 operatie (*med.*); 4 krijgsverrichting; 5 bewerking; les —s *fondamentales*, de hoofdbewerkingen der rekenkunde.

opératoire *bn* wat een operatie betreft; *médecine —*, operatieve geneeskunde.

opercule *m* deksel.

opérer I *ov.w* 1 teweegbrengen, doen, maken; — *des miracles*, wonderen doen; 2 opereren. II *on.w* werken, uitwerking hebben (*le remède commence à —*). III s'~ geschieden.

opérette *v* operette.

ophidien, -enne I *bn* slangachtig. II ~s *m mv* slangachtigen.

ophtalmie *v* oogontsteking.

ophtalmique *bn* wat de ogen betreft.

ophtalmologie *v* oogheelkunde.

ophtalmologique *bn* oogheelkundig.

ophtalmologiste, ophtalmologue *m* oogarts.

ophtalmoscope *m* oogspiegel.

ophtalmoscopie *v* oogonderzoek.

opiacé *bn* opium bevattend.

opiacer *ov.w* opium doen in.

opiat *m* likkepot.

opilation *v* verstopping (*med.*).

opiler *ov.w* verstoppen.

opimes *v mv* grote buit, grote winst.

opiner *on.w* zijn mening te kennen geven, van mening zijn; — *du bonnet*, een ja-broer zijn.

opiniâtre *bn* koppig, stijfhoofdig, hardnekkig; *rhume —*, hardnekkige verkoudheid.

opiniâtr/er (s') hardnekkig volhouden, volharden. ~**eté** *v* koppigheid, stijfhoofdigheid, hardnekkigheid.

opinion *v* 1 mening, opinie; 2 openbare mening; *braver l'—*, de openbare mening trotseren; — *publique*, openbare mening.

opiomane I *zn m of v* iem. die verslaafd is aan opium. II *bn* aan opium verslaafd.

opiomanie *v* verslaafdheid aan opium.

opium *m* opium.

opodeldoch *m* opodeldok.

opossum *m* buidelrat.

opportun *bn* gelegen, geschikt, van pas. ~**ément** *bw* op het juiste ogenblik, van pas.

opportunisme *m* politiek, die zich richt naar de omstandigheden.

opportun/iste I *bn* zich regelend naar de omstandigheden. II *zn m* iem. die zijn politiek regelt naar de omstandigheden. ~**ité** *v* 1 geschiktheid; 2 gunstig moment.

opposable *bn* tegenover elkaar te stellen (b.v. v. duim en vingers).

opposant I *bn* verwerend. II *zn m* opponent, bestrijder.

opposé I *bn* 1 tegenoverliggend, tegenoverstaand; *angles —s*, overstaande hoeken; 2 tegengesteld. II *zn m* tegendeel, tegenovergestelde; *à l'— de*, in tegenstelling met.

opposer I *ov.w* 1 tegenoverstellen; 2 tegenwerpen. II s'~ à zich verzetten tegen.

opposit/e m het tegendeel, het tegengestelde; *à l'— de*, tegenover. ~**ion** *v* 1 tegenstelling; verschil; 2 oppositie(partij); 3 tegenstand, verzet; *faire* — à, zich verzetten tegen, verzet aantekenen tegen.

oppress/er *ov.w* 1 benauwen, beklemmen (— *la poitrine*); 2 kwellen. ~**eur** I *bn* onderdrukkend. II *zn m* onderdrukker.

oppress/if, -ive *bn* onderdrukkend. ~**ion** *v* 1 benauwdheid; 2 onder-, verdrukking.

opprim/é I *bn* onder-, verdrukt. II *zn m* verdrukte. ~**er** *ov.w* onder-, verdrukken.

opprobre *m* schande, schandvlek.

optatif, -ive *bn* wensend.

opter *on.w* kiezen.

opticien *m* opticien.

optime *bw* (*fam.*) uitstekend.

optimisme *m* optimisme, blijmoedigheid.

optimiste I *bn* optimistisch. II *zn m of v* optimist(e).

optimum [*mv* vaak -a, evenals het vrouwelijk] I *bn* hoogste, maximum (*température —a*). II *zn m* het beste.

option *v* 1 keus; 2 recht v. voorkeur.

optique I *bn* optisch, v. h. licht, v. h. gezicht;

angle —, gezichtshoek; *nerf —*, oogzenuw. II *v* 1 leer v. h. licht; 2 perspectief.

optométrie *v* het meten v. d. afwijking der ooglenzen.

opulemment *bw* rijk, weelderig, overvloedig.

opulence *v* rijkdom, weelde, overvloed.

opulent *bn* rijk, weelderig, overvloedig.

opuscule *m* werkje.

or I *m* 1 goud; *cœur d'—*, hart v. goud; *être cousu d'—*, schatrijk zijn; — *en feuilles*, bladgoud; *payer au poids de l'—*, zeer duur betalen; *parler d'—*, wijze woorden spreken; *valeur —*, goudwaarde; *valoir son pesant d'—*, zijn gewicht in goud waard zijn; 2 goudgeld; 3 goudgeel; *cheveux d'—*, goudgele, blonde haren. II *bw* welnu. III *tw*: — *ça*, zeg eens, welaan.

oracle *m* orakel; *ton d'—*, besliste toon.

orage *m* 1 onweer; 2 storm (*fig.*); 3 ramp.

orageux, -euse *bn* 1 onweersachtig, stormachtig; *mer —euse*, woelige zee; 2 stormachtig (*fig.*), onrustig.

oraison *v* 1 gebed; — *dominicale*, Onze Vader; 2 rede; — *funèbre*, lijkrede.

oral [*mv aux*] I *bn* 1 mondeling; *examen —*, mondeling examen; *tradition —*, mondelinge overlevering; 2 tot de mond behorend; *cavité —e*, mondholte. II *zn m* mondeling examen.

orange I *v* sinaasappel. II *m* oranje kleur.

orangé I *bn* oranje, oranjeachtig. II *m* oranjekleur v. d. regenboog.

orangeade *v* ranja.

orangeat *m* gekonfijte sinaasappelschillen.

orang/er I *m* sinaasappelboom; *fleur d'—*, oranjebloesem. II *m*, -ère *v* sinaasappelkoopman, -koopvrouw. III *ov.w* een oranje kleur geven. ~**erie** *v* 1 winterkas; 2 sinaasappelplantage.

orangiste *m* 1 aanhanger v. koning Willem III v. Engeland; 2 aanhanger v. h. Oranjehuis gedurende de Belgische opstand van 1830.

orang-outan † *m* orang-oetan.

orant, -e *v* beeld v. iem. in biddende houding.

orat/eur *m*, -**trice** *v* redenaar(ster); — *sacré*, gewijd redenaar, kanselredenaar. ~**oire** I *zn* wat de redenaar betreft; *art —*, redenaarskunst. II *zn m* huiskapel, kapelletje. ~**orien** *m* lid der congregatie v. h. Oratorium. ~**orio** *m* oratorium (*muz.*).

orbe I *m* 1 kring, baan v. planeet; 2 hemellichaam. II *bn*: *mur —*, blinde muur.

orbiculaire I *bn* rond, rondgaand. II *zn m* kringspier.

orbit/al [*mv aux*] *bn* wat de planeetbaan betreft. ~**e** *v* 1 planeetbaan; 2 oogholte.

orchestique I *bn* wat de dans betreft. II *zn v* 1 danskunst; 2 pantomime.

orchestral [*mv aux*] *bn* van het orkest.

orchestration *v* orkestzetting.

orchestre *m* orkest; *chef d'—*, dirigent; *fauteuils d'—*, stalles.

orchestrer *ov.w* voor orkest bewerken.

orchidacées *v mv* orchideeachtigen.

orchidée *v* orchidee (*pl.k.*).

ordalie *v* godsgericht in de middeleeuwen.

ordinaire I *bn* gewoon, alledaags, middelmatig. II *zn m* 1 gewoonte, het gewone; *à l'—*, als gewoonlijk; *d'—*, *pour l'—*, gewoonlijk; 2 gewone kost; 3 soldatenmenage; 4 bisschop; 5 — *de la messe*, vaste gebeden der mis; 6 normale benzine.

ordinal [*mv aux*] *bn* rangschikkend; *nombre —*, rangtelwoord.

ordin/and *m* wijdeling. ~**ant** *m* wijbisschop. ~**ateur** *m* rekenmachine, computer. ~**ation** *v* priesterwijding.

ordonnance *v* 1 inrichting, regeling, schikking, samenstelling; 2 bevel, verordening, bevelschrift; 3 recept; 4 ordonnans (*mil.*); *officier d'—*, adjudant.

ordonnancement *m* machtiging tot betaling.

ordonnancer *ov.w* tot betalen machtigen (— *un payement*).

ordonnateur I *zn m*, **-trice** *v* regelaar(ster), bestuurder(ster). II *bn* ordenend, regelend.

ordonné *bn* geregeld, ordelievend, ordelijk.

ordonnée *v* ordinaat (*wisk*.).

ordonner *ov.w* 1 regelen, ordenen, inrichten, schikken; *maison bien ordonnée*, goed ingericht huis; 2 wijden; 3 bevelen, gelasten; 4 voorschrijven.

ordre *m* 1 orde; *avoir de l'—*, netjes zijn; *— du jour*, agenda, dagorder; *— monastique*, kloosterorde; *mot d'—*, wachtwoord; *porter un militaire à l'— du jour*, een militair eervol vermelden; 2 rang, rangschikking, volgorde; *de premier —*, eerste rangs; 3 bevel, order; *je suis à vos —s*, ik ben tot uw dienst; 4 order, bestelling; *billet à —*, orderbriefje; 5 gevechtsorde; 6 stijl (— *gothique*); 7 stand; *les trois —s*, de drie standen.

ordur/e *v* 1 vuil, vuilnis; 2 vuile woorden, daden, geschriften. **~ier, -ère** *bn* vuil; *écrivain —*, vuilschrijver.

orée *v* zoom, rand.

oreillard I *bn* langorig. II *zn m* grootoorvleermuis.

oreille *v* 1 oor; *avoir l'— de qn.*, graag door iem. aanhoord worden; *l'— basse*, met hangende pootjes; *dire à l'—*, influisteren; *dresser l'—*, de oren spitsen; *échauffer les —s*, ergeren, kwaad maken; *être tout —s*, geheel oor zijn; *faire la sourde —*, Oostindisch doof zijn; *frotter les —s à qn.*, iem. afranselen; *ouvrir les —s*, aandachtig luisteren; *prêter l'—*, luisteren; *se faire tirer l'—*, gemaand moeten worden; 2 gehoor; *avoir de l'—*, een zuiver gehoor hebben; *avoir l'— dure*, hardhorend zijn; 3 oor van kan enz.; ezelsoor v. e. boek; 4 (*pop*) centen.

oreille-de-souris *v* vergeet-mij-nietje.

oreiller *m* hoofdkussen.

oreillette *v* 1 boezem v. h. hart; 2 oorklep.

ores *bw* nu; *d'— et déjà*, nu reeds, van nu af aan.

orfèvre *m* goud- of zilversmid.

orfèvrerie *v* 1 goudsmidswerk; 2 goudsmidskunst; 3 goudsmidswinkel.

orfèvri *bn* door een goudsmid bewerkt.

orfraie *v* visarend.

orfroi *m* goudgalon.

organdi *m* soort lichte, stijve mousseline.

organe *m* 1 orgaan; 2 stem; 3 werktuig; 4 tolk, orgaan.

organeau [*mv* x] *m* ankerring, kabelring.

organier *m* orgelbouwer.

organique *bn* 1 wat de zintuigen betreft; 2 organisch; 3 organiek.

organisable *bn* te organiseren.

organisa/teur, -trice I *bn* organiserend. II *zn m* **-trice** *v* organisator, -trice.

organis/ation *v* 1 samenstelling, bouw, inrichting; 2 organisatie. **~é** *bn* 1 van organen voorzien, bewerktuigd; *tête bien —e*, helder hoofd; 2 geregeld, ingericht.

organiser *ov.w* organiseren, regelen, inrichten.

organisme *m* organisme, gestel.

organiste *m* organist.

orge I *zn v* gerst. II *m*: *— mondé*, gepelde gerst; *— perlé*, gepareelde gerst.

orgelet *m* strontje op het oog.

orgiaque *bn* als v. e. orgie (*débauches —s*).

orgie I *v* zwelgpartij, brasserij. II **~s** *v mv* plechtige Bacchusfeesten, bacchanalen.

orgue *m* orgel; *— de Barbarie*, draaiorgel; *point d'—*, orgelpunt.

orgueil *m* hoogmoed, trots; *faire l'— de*, trots zijn van.

orgueilleusement *bw* hoogmoedig, trots.

orgueilleux, -euse I *bn* hoogmoedig, trots. II *zn m*, **-euse** *v* hoogmoedige.

orient *m* 1 oosten; *Extrême —*, Het Verre Oosten; *Grand —*, Groot Oosten (vrijmetselaarsloge); 2 glans v. e. parel.

orient/able *bn* verstelbaar. **~al** [*mv* aux] I *bn* oosters. II *zn* O~ *m*, **-ale** *v* oosterling(e); *les O~aux*, de oosterlingen.

orientalisme *m* 1 kennis der oosterse volken, zeden, talen enz.; 2 liefde voor het Oosten, de oosterse volken enz.

orientaliste *m* 1 kenner der oosterse talen; 2 schilder v. oosterse taferelen.

orient/ateur, -trice *v* voorlichter(ster) bij beroepskeuze. **~ation** *v* 1 bepaling v. d. windstreken op een bepaald punt; 2 ligging v. e. punt ten opzichte der windstreken; 3 richting, koers; *— professionnelle*, beroepsvoorlichting.

orientement *m* het richten.

orienter I *ov.w* 1 richten ten opzichte v. h, oosten; 2 naar de wind zetten v. zeilen; 3 (*fig*.) leiden; *marché bien orienté*, willige markt. II **s'~** 1 het oosten en de andere windstreken zoeken; 2 de richting vaststellen; 3 zich op de hoogte stellen.

orifice *m* opening, mond, gat.

oriflamme *v* oude banier der Fr. koningen.

originaire *bn* 1 oorspronkelijk, aangeboren; 2 *— de*, afkomstig uit.

original [*mv* aux] I *bn* 1 oorspronkelijk, origineel; 2 zonderling, origineel. II *zn m* 1 oorspronkelijk manuscript, -e tekst, - schilderij enz.; 2 voorbeeld. III **-e** *v* origineel persoon.

originalement *bw* op oorspronkelijke wijze.

originalité *v* 1 oorspronkelijkheid; 2 zonderlingheid, originaliteit.

origine *v* oorsprong, afkomst; *à l'—, dans l'—*, oorspronkelijk, aanvankelijk.

originel, -elle *bn* oorspronkelijk, aangeboren; *péché —*, erfzonde.

originellement *bw* van het begin af.

oripeau [*mv* x] *m* 1 klatergoud; 2 valse tooi.

orl/e *m* zoom, rand. **~et** *m* omzoomd.

orléanais I *bn* uit Orléans. II *zn* O~*m*, **-e** *v* inwoner, inwoonster v. Orléans.

orléaniste *m* voorstander v. h. herstel v. h. huis Orléans.

ormaie, ormoie *v* iepenbos.

orme *m* iep, olm; *attendez-moi sous l'—*, daar kun je lang op wachten.

ormeau [*mv* x] *m* jonge iep, -olm.

orne *m* 1 soort es; 2 greppel tussen twee rijen wijnstokken.

ornemaniste *m* ornamentschilder, -beeldhouwer.

ornement *m* 1 versiersel; 2 sieraad; 3 ornament; 4 priestergewaad. **~al** [*mv* aux] *bn* versierend; *plante —e*, sierplant.

ornementation *v* versieringskunst, het aanbrengen v. versieringen.

ornementer *ov.w* versieren.

orner *ov.w* versieren, verfraaien.

ornière *v* 1 wagenspoor; 2 sleur.

ornithologie *v* vogelkunde.

ornithologiste, ornithologue *m* vogelkenner.

ornitho/mancie *v* het voorspellen der toekomst uit de vlucht of het gezang der vogels. **~rynque** *m* vogelbekdier.

oro/graphie *v* bergbeschrijving. **~graphique** *bn* wat de bergbeschrijving betreft.

orpaillage *m* het goud wassen.

orpailleur *m* goudwasser.

orphelia *m*, **-e** *v* wees.

orphelinat *m* weeshuis.

orphéon *m* zangvereniging. **~ique** *bn* v. zangverenigingen (*concours —s*).

orphéoniste *m of v* 1 lid v. e. zangvereniging.

orpin *m* smeerwortel (*pl.k.*).

ort *bn of bw* bruto.

orteil *m* teen; *gros —*, grote teen.

orthochromatique *bn* kleurgevoelig.

orthodox/e I *bn* rechtzinnig. II *zn m of v* rechtzinnige. **~ie** *v* rechtzinnigheid.

orthodromie *v* koers v. e. schip.

orthogonal [*mv* aux] *bn* rechthoekig.

ortho/graphe *v* spelling, schrijfwijze; *faute d'—*, spelfout. **~ie** *v* opstand v. e. gebouw; doorsnede. **~ier** *ov.w* volgens de spelregels schrijven. **~ique** *bn* volgens de spelling.

orthopéd/ie *v* heilgymnastiek. **~ique** *bn*

lichaamsgebreken herstellend.

orthopédiste I *bn* heilgymnastiek betreffend (*médecin* —). II *zn m* of *v* leraar, lerares in heilgymnastiek.

orthophonie *v* verbetering v. spraakgebreken.

orthoptères *m mv* rechtvleugelige insekten.

ortie *v* brandnetel; — *blanche*, witte dovenetel; — *jaune*, gele dovenetel; — *de mer*, zeenetel.

ortolan *m* ortolaan.

orvet *m* hazelworm.

oriétan *m* kwakzalversmiddel; *marchand d'*—, kwakzalver.

oryctologie *v* leer der fossielen.

os *m* been, bot; *avoir la peau collée aux* —, *n'avoir que les* — *et la peau*, broodmager zijn; *en chair et en* —, in levenden lijve; *donner un* — *à ronger à qn.*, iem. wat te kluiven geven; *mouillé jusqu'aux* —, doornat; *ne pas faire de vieux* —, jong sterven.

oscillant *bn* schommelend, slingerend.

oscillation *v* slingering, schommeling.

oscillatoire *bn* slingerend, schommelend.

osciller *on.w* 1 slingeren, schommelen; 2 weifelen, aarzelen.

osé *bn* gewaagd, gedurfd, vermetel.

oseille *v* 1 zuring; 2 (*arg.*) geld.

oser *on.* en *ov.w* durven, wagen.

oseraie *v* griend; met tenen beplante grond.

oseur, -euse I *bn* vermetel. II *zn m* waaghals.

osier *m* 1 teenwilg; 2 teen; *panier d'*—, tenen mand.

osmologie *v* leer der geuren.

osmonde *v* : — *royale*, koningsvaren.

osmose *v* osmose.

osmotique *bn* osmotisch.

oss/ature *v* 1 beenderenstelsel; 2 ribwerk v. e. gewelf. ~**elet** *m* 1 beentje, botje; 2 bikkel; *jouer aux* —**s**, bikkelen.

ossements *m mv* gebeente v. dode mensen of dieren.

osseux, -euse *bn* benig, beenderig.

ossification *v* 1 beenvorming; 2 verbening.

ossifier *ov.w* verbenen.

ossu *bn* benig, met grove benen.

ossuaire *m* 1 knekelhuis; 2 hoop beenderen.

ostensible *bn* in het oog lopend, uiterlijk, openlijk.

ostensoir *m* monstrans.

ostentateur, -trice *bn* pronkend, pralend.

ostentation *v* uiterlijk vertoon, pralerij, pronkzucht.

ostentatoire *bn* pronkerig, pralerig.

ostéologie *v* beenderenleer.

ostiole *m* kleine opening.

ostrac/é I *bn* schelpvormig, oesterachtig. II *zn* ~**s** *m mv* oesterachtigen. ~**isme** *m* 1 schervengerecht; 2 verbanning.

ostréicole *bn* wat de oesterteelt betreft.

ostréiculteur *m* oesterkweker.

ostréiculture *v* oesterteelt.

Ostrogoth, Ostrogot *m* Oostgot; *o*—, lomperd, ongelikte beer.

otage *m* gijzelaar.

otalgie *v* oorpijn.

otarie *v* zeeleeuw.

ôté *vz* uitgezonderd, behalve.

ôter I *ov.w* 1 wegnemen, afnemen, ontnemen; 2 uittrekken (— *un habit*); 3 verjagen (— *la fièvre*). II s'— *weggaan*; *ôte-toi de là*, ga daar weg; smeer 'm.

otite *v* oorontsteking.

otologie *v* oorheelkunde.

otoscope *m* oorspiegel.

ottoman I *bn* Turks. II *zn* O~ *m*, -e *v* Turk(se). III o~**e** *v* divan.

ou *vw* of.

où *bw* waar, waarheen, waarin, waarop enz.; — *que*, waar ... ook, waarheen ... ook; *d'*—, vanwaar, waaruit; *d'*— *vient que*, hoe komt het, dat; *le moment* —, het ogenblik dat, -waarop.

ouaille *v* (*oud*) schaap; *les* —**s**, parochianen, kerkelijke gemeente.

ouais! *tw* nee maar!, nou nou!

ouat/e *v* watten. ~**er** *ov.w* watteren.

ouatine *v* katoenen voeringstof.

ouatiner *ov.w* met ouatine voeren.

oubli *m* 1 het vergeten, vergetelheid; — *de soi-même*, zelfverloochening; 2 vergetelheid. ~**able** *bn* vergeetbaar.

oublie *v* opgerolde wafel, oblie.

oublier I *ov.w* vergeten. II s'~ 1 vergeten worden; 2 zich vergeten, zich te buiten gaan; 3 zijn belangen verwaarlozen; 4 de tijd vergeten; zich verlaten.

oubliette *v* onderaardse kerker, die vroeger diende voor levenslang veroordeelden.

oublieur *m* oblieverkoper.

oublieusement *bw* vergetelheid.

oublieux, -euse *bn* vergetelheid.

ouche *v* 1 boomgaard bij huis; 2 vruchtbare grond.

oued *m* (tijdelijk) stroompje in de Sahara.

ouest *m* westen.

ouf! *tw* he (drukt verlichting uit).

oui *bw* ja; *mais* —, wel zeker; *il dit que* —, hij zegt van ja.

ouiche! *tw* (*pop.*) dat kun je begrijpen!

oui-da *tw* nou en of.

ouï-dire *m*: *par* —, van horen zeggen.

ouïe *v* 1 gehoor; *à perte d'*—, zover het oor reikt; 2 kieuw; 3 klankgat op muz. instrument; 4 spleet op zij v. e. motorkap.

ouïr *ov.w* 1 horen; *j'ai ouï dire que*, ik heb gehoord, dat; 2 verhoren.

ouille *v* toorts.

ouragan *m* orkaan; *arriver comme un* —, aan komen rennen.

ouralien, -enne *bn* uit de Oeral.

ourdir *ov.w* 1 scheren; 2 smeden, beramen (— *une conspiration*).

ourdissage *m* het scheren.

ourdisseur *m*, -euse *v* scheerder(ster).

ourl/er *ov.w* zomen. ~**et** *m* zoom.

ours *m* 1 beer; — *blanc*, ijsbeer; — *mal léché*, ongelikte beer; 2 (*fam.*) toneelstuk of ander litt. werk, waarvoor de schrijver geen uitgever kan vinden. ~**e** *v* berin; *Grande* —, Grote Beer; *Petite* —, Kleine Beer. ~**in** *m* 1 berehuid; 2 zeeëgel. ~**on** *m* beertje.

oust! **ouste!** *tw* (*pop.*) er uit! vort!

out *bw* out (*tennis*).

outarde *v* trapgans.

outil *m* werktuig, gereedschap.

outil/age *m* werktuigen, machines, materiëel; — *national*, wegen, kanalen, spoorwegen, havens enz. v. e. land. ~**er** *ov.w* uitrusten, van gereedschap voorzien.

outrag/e *m* belediging, smaad; *les* —*s du temps*, de tand des tijds, de gebreken v. d. oude dag. ~**eant** *bn* beledigend.

outrager *ov.w* beledigen, smaden, kwetsen.

outrageusement *bw* 1 beledigend; 2 buitengewoon, verschrikkelijk.

outrageux, -euse *bn* beledigend, smadelijk.

outrance *v* het uiterste; *à* —, tot het uiterste.

outrancier, -ère *bn* overdreven.

outre I *zn v* zak voor vloeistoffen v. bokkeleer. II *vz* 1 aan de overzijde; 2 behalve. III *bw* verder; *passer* —, doorgaan; *en* —, bovendien, daarenboven; *d'*— *en* —, door en door; IV *vw*: — *que*, niet alleen dat ... maar ook.

outré *bn* 1 overdreven; 2 verontwaardigd.

outrecuidance *v* verwaandheid, aanmatiging.

outrecuidant *bn* verwaand, aanmatigend.

outremer *m* 1 lazuursteen; 2 ultramarijnblauw.

outre-mer *bw* over de zee.

outre-monts *bw* over de bergen (-de Alpen).

outrepasser *ov.w* overschrijden, tebuiten gaan.

outrer *ov.w* 1 overdrijven; 2 tot het uiterste drijven; 3 overbelasten.

outre-Rhin *bw* over de Rijn.

outre-tombe *bw* aan de overzijde v. h. graf.

ouvert *bn* open; openlijk; *à bras* —**s**, met open armen; *à force* —**e**, gewapenderhand;

guerre —e, verklaarde oorlog; à livre —, van het blad, onvoorbereid.

ouvertement bw openlijk.

ouverture v 1 opening, het openen; — d'esprit, ontvankelijkheid; 2 ouverture, voorspel; 3 opening = begin (— d'une séance); 4 voorslag, voorstel; —s de paix, vredesonderhandelingen; 5 uitweg, middel; je n'y vois pas d'—, ik zie er geen gat in.

ouvr/able bn 1 wat te bewerken is; 2 jour—, werkdag. ~age m 1 werk; se mettre à l'—, aan het werk gaan; 2 dameshandwerkje (ook — de femme); 3 verdedigingswerk.

ouvrager ov.w kunstig, fijn bewerken.

ouvrant bn: à jour —, voor dag en dauw; à porte(s) ouvrante(s), bij het openen der deur, - der poorten; zonder tegenstand.

ouvré bn 1 bewerkt; 2 met figuren, met ruiten.

ouvre-boîtes m blikopener.

ouvrer I on.w werken. II ov.w bewerken.

ouvreuse v vrouw, die de plaatsen aanwijst in schouwburg of bioscoop.

ouvrier, -ère I bn arbeidend, wat arbeiders betreft; classe —ère, arbeidersklasse; cheville —ère, spil, waar alles om draait. II zn m, arbeider, werkman. v -ère, arbeidster, ateliermeisje.

ouvrir onr I ov.w 1 openen, opendoen, openmaken enz.; — l'appétit, de eetlust opwekken; — de grands yeux, grote ogen opzetten; 2 een opening maken; 3 bovenaan staan, openen (ouvrir une liste); 4 beginnen, openen. II on.w 1 open zijn (maga-

sin qui ouvre le dimanche); 2 opengaan b.v. v. e. deur. III s'~ 1 opengaan; 2 (— sur) uitkomen op; 3 s'— à qn., iem. een geheim toevertrouwen; 4 een opening maken; s'— un passage, zich een doortocht banen.

ovaire m eierstok.

ovalaire bn ovaal.

ovale I bn ovaal. II zn m ovaal; en —, ovaal.

ovaliser ov.w ovaal maken.

ovation v ovatie.

ovationner ov.w toejuichen.

ové bn eivormig.

Ovide m Ovidius.

oviducte m eileider.

oviforme bn eivormig.

ovin bn wat schapen betreft.

ovoïde bn eivormig.

ovovivipare bn eierlevendbarend.

ovule m vrouwelijk ei.

oxalide v klaverzuring.

oxtail m ossestaartsoep.

oxyd/abilité v oxydeerbaarheid. ~able bn oxydeerbaar, roestbaar. ~e m zuurstofverbinding. ~er I ov.w oxyderen. II s'~ roesten.

oxyg/énation v verbinding met zuurstof. ~ène m zuurstof. ~éner ov.w met zuurstof verbinden, bleken v. haren.

oyat m helmgras.

ozone m ozon.

ozonisation v het omzetten in ozon.

ozoniser ov.w 1 in ozon omzetten; behandelen met ozon.

P

p m de letter p; P.C.C. = pour copie conforme = voor eensluidend afschrift; P.P. = port payé = porto betaald; p.p.c. = pour prendre congé = om afscheid te nemen; R.P. = Révérend Père = Eerw. pater; P.S. = postscriptum; p.r. = pour remercier = om te bedanken; P.T.T. = Postes, Télégraphes, Téléphones = post, telegrafie, telefoon.

pacage m weiland; droit de —, weiderecht.

pacager ov.w weiden.

pacha m pasja.

pachyderme m dikhuidig dier.

pacificateur, -trice I bn vrede brengend, verzoenend, bemiddelend. II zn m, -trice v vredestichter(ster).

pacification v vredestichting, bevrediging.

pacifier ov.w tot rust brengen, bevredigen.

pacifique I bn vreedzaam; vredelievend. II P ~ zn m Stille Zuidzee.

pacif/isme m beweging, die de wereldvrede voorstaat. ~iste I bn wat de vrede betreft. II zn m of v voorstander(ster) v. d. (wereld)vrede.

pack m pakijs.

pacotille v 1 vrijgoed v. matrozen of equipage; 2 rommelig, bocht.

package m het sorteren en pakken v. vis.

packer ov.w vis sorteren en pakken.

pacte m verdrag, overeenkomst.

pactiser on.w een verdrag sluiten; — avec sa conscience, het met zijn geweten op een akkoordje gooien.

pactole m (fig.) goudmijn.

paddock m paddock (paardensport).

paf! I tw klets!, pats!, poef! II bn (pop.) dronken.

pagaie v pagaai.

pagaïe, pagaille, pagaye v janboel, rommel; en —, in wanorde.

paganiser I on.w een heidens leven leiden. II ov.w heidens maken.

paganisme m heidendom.

pagayer on.w pagaaien.

page I v bladzijde; être à la —, bij zijn, op de hoogte zijn. II m page, edelknaap; hors de —, onafhankelijk.

pageot m (pop.) bed.

pagination v paginering.

paginer ov.w pagineren.

pagne m schaamteschort.

pagnoter (se) (pop.) naar bed gaan.

pagode I zn v 1 pagode; 2 afgod. II bn: manche —, mouw, die nauw is tot de elleboog en breed uit oopt naar de pols.

paie, paye v 1 het betalen; faire la —, betalen; 2 soldij, loon; haute —, toeslag op soldij; 3 schuldenaar.

paiement, payement m 1 betaling; 2 betaalde som.

païen, -enne I bn 1 heidens; 2 goddeloos. II zn m, -enne v heiden, heidin.

paillage m het inpakken, het afdekken met stro.

paillard m 1 bedelaar; 2 wellusteling.

paillardise v 1 ontucht, wellust; 2 schunnig verhaal, - woord.

paillasse I v stromatras. II m 1 paljas, hansworst; 2 mens zonder beginselen

paillasserie v potsenmakerij.

paillasson m 1 vloermat; 2 dekmat.

paillassonner ov.w afdekken met matten.

paille I v 1 stro; être sur la —, doodarm zijn; feu de —, strovuur (fig.); homme de —, stroman; karakterloos mens; rompre la —, een overeenkomst verbreken; in onmint geraken; tirer à la courte —, strootje trekken; 2 metaalschilfer; —s de fer, ijzerkrullen. II bn strogeel (onveranderlijk).

pailler I ov.w met stro bedekken of omwikkelen; — une chaise, een stoel matten; II zn m 1 plaats, waar men het stro legt, strozolder; 2 strohoop; être sur son —, zich thuis voelen, in zijn element zijn.

paillet I m 1 stootmat; 2 bleekrode wijn. II bn bleekrood (vin —).

pailletage m het versieren met lovertjes.

pailleter ov.w met lovertjes versieren.

pailleteur *m* goudwasser.
paillette *v* 1 lovertje; 2 korreltje goud in rivierzand.
pailleur *m*, -euse *v* 1 strohandelaar(ster); 2 stoelenmatter(ster).
pailleux, -euse *m* 1 broos; 2 van -, met stro.
paillis *m* strooisel.
paillon *m* 1 grote lover; 2 strohuls; 3 schalm v. stalen ketting; 4 dun koperen plaatje als onderlaag; 5 stuk soldeersel.
paillot *m* kleine strozak voor kinderbed.
paillote *v* strohut in tropische landen.
pain *m* 1 brood; — *des anges*, — *céleste*, de H. Eucharistie; *avoir du — cuit*, voorraad-, spaarduiten hebben; *avoir son — cuit*, zijn schaapjes op het droge hebben; — *bis*, bruin brood; — *à cacheter*, ouwel; — *à chanter*, niet geconsacreerde hostie; — *complet*, grof brood; — *d'épice*, peperkoek; *gagner son —*, zijn kost verdienen; — *de munition*, kommiesbrood; — *noir*, roggebrood; *ôter le — à qn.*, iem. het brood uit de mond stoten; *s'ôter le — de la bouche*, het brood uit de mond sparen; — *perdu*, wentelteefje; *petit —*, broodje; *pour un morceau de —*, voor een appel en een ei; — *riche*, — *de fantaisie*, luxe brood; — *de vie*, het woord Gods; 2 stuk, klomp; — *de savon*, stuk zeep; — *de sucre*, suikerbrood; 3 naam voor sommige gerechten; — *de poulet*, pâté.van kip; — *de perdrix*, pâté van patrijs; — *de veau*, kalfsgehakt; 4 *(arg.)* opstopper.
pair I *bn* even; — *ou impair*, even of oneven. II *zn m* 1 lid v. d. Chambre des Pairs (1815-1848); 2 paladijn v. Karel de Grote; 3 gelijke; *au —*, gevoed en gehuisvest zonder betaling; *de —*, op gelijke voet; *sans —*, *hors de —*, zonder weerga; 4 pari (koers); *au —*, à pari; 5 pariteit v. koersen.
paire *v* paar; *une — de ciseaux*, een schaar; *une — de lunettes*, een bril; *une — de pincettes*, een tang.
pairesse *v* vrouw v. e. pair.
pairie *v* pairschap.
paisible *bn* vreedzaam, rustig.
paissance *v* het laten grazen.
paissant *bn* grazend.
paisseau *[mv x] m* staak bij een wijnstok.
paisson *v* 1 het weiden; 2 het afgegraasde gras.
paître I *ov.w onr.* 1 laten grazen, weiden; 2 afgrazen. II *on.w onr.* grazen; *mener — qn.*, iem. wegsturen. III *se ~* zich voeden.
paix I *v* 1 vrede, rust, kalmte; *faire la —*, *signer la —*, vrede sluiten; *fichez-moi la —* *(pop.)*, laat me met rust; *laisser en —*, met rust laten; 2 pateen. II *tw: — donc!*, koest, stil!
pal *[mv pals] m* aan één eind gepunte paal, staak.
palabre *v* of *m (fam.)* langdurig, vervelend gepraat.
palabrer *on.w (fam.)* kletsen.
palace *m* groot, deftig hotel, bioscoop.
paladin *m* 1 paladijn v. Karel de Grote; 2 dolende ridder; 3 ridderlijke held.
palais *m* 1 paleis; 2 paleis v. justitie; 3 zeer deftig huis; 4 gehemelte; *avoir le — fin*, een fijne smaak hebben.
palan *m* takel.
palanche *v* emmerjuk.
palanguer *on.w* takelen.
palanque *v* versperring, bestaande uit naast elkaar gezette palen.
palanquer *ov.w* met palen versperren.
palanquin *m* draagstoel.
palatal *[mv aux] bn* v. h. verhemelte (*voyelle —e*, *consonne —e*).
palatin *bn* 1 v. h. paleis; 2 v. d. Pfalz; *comte —*, paltsgraaf; 3 v. h. verhemelte.
palatinat *m* 1 gebied v. e. paltsgraaf; 2 waardigheid v. e. paltsgraaf.
pale *v* 1 blad v. e. roeiriem; 2 schroefblad; 3 palla *(R.K.)*.

pâle *bn* bleek; *bleu —*, lichtblauw.
palée *v* paalwerk.
palefrenier *m* palfrenier, stalknecht.
palefroi *m* paradepaard in de middeleeuwen.
paléographe I *bn* wat de paleografie betreft. II *zn m* kenner der paleografie.
paléo/graphie *v* kunst v. h. ontcijferen v. oude manuscripten. ~**graphique** *bn* de paleografie betreffend.
paléolithique I *bn* uit het stenen tijdperk. II *zn m* het stenen tijdperk.
paléologue *m* kenner der oude talen.
paléontolog/ie *v* kennis v. fossielen. ~**iste**, ~**ue** *m* kenner v. fossielen.
palet *m* werpschijf.
paletot *m* 1 overjas, mantel; 2 *(pop.)* lijkkist.
palette *v* 1 schilderspalet; 2 raket; 3 boterspaan; 4 schoolmeestersplak.
pâleur *v* bleekheid.
pâlichon, -onne *bn (fam.)* een beetje bleek.
palier *m* 1 trapportaal, overloop; 2 vlak gedeelte v. weg, v. spoorbaan; 3 lager; — *à billes*, kogellager.
palière *bn v: marche —*, bovenste trede v. e. trap.
palimpseste I *zn m* manuscript, waarvan men de oorspronkelijke tekst heeft verwijderd en in plaats daarvan een nieuwe heeft aangebracht. II *bn* wat een palimpsest betreft.
pâlir I *on.w* bleek worden, verbleken; *son étoile pâlit*, zijn geluksster taant; II *ov.w* doen verbleken.
palis *m* 1 gepunte paal; 2 omheining v. palen.
palissade *v* omheining v. palen, paalwerk.
palissader *ov.w* met palen omheinen.
palissage *m* het opbinden v. e. leiboom.
palissandre *m* palissanderhout.
palissement *m* het opbinden v. e. leiboom.
palisser *ov.w* (een leiboom) opbinden.
palladium *m* hoeksteen, waarborg.
palliatif, -ive I *zn* pijnstillend, tijdelijk werkend (*remède —*). II *zn m* tijdelijk werkend, pijnstillend middel; lapmiddel.
pallier *ov.w* 1 bemantelen; 2 verzachten *(med.)*.
pallium *m* pallium *(R.K.)*.
palmaire *bn* van de palm v. d. hand.
palmarès *m* lijst der prijswinnaars.
palmarium *m* wintertuin.
palme *v* 1 palmtak; —*s académiques*, het onderscheidingsteken der officiers d'Académie of der Officiers de l'Instruction publique; *la — du martyre*, de martelaarskroon; *remporter la —*, de overwinning behalen; 2 palmboom; *huile de —*, palmolie.
palmé *bn* 1 handvormig; 2 met zwemvliezen; 3 gedecoreerd met de palmes académiques *(fam.)*.
palmeraie *v* palmbos.
palm/ette *v* 1 palmvormig sieraad; 2 vorm der leibomen. ~**ier** *m* palmboom.
palmilobé *bn* handlobbig *(pl.k.)*.
palmipèdes *m mv* zwemvogels.
palmure *v* zwemvlies.
palois *bn* uit Pau.
palombe *v*, **palonne** *v* ringduif.
palonnier *m* stuurpedaal v. vliegtuigen.
pâlot, -otte *bn* bleekjes.
palpa/bilité *v* tastbaarheid. ~**ble** *bn* 1 tastbaar; 2 tastbaar, duidelijk (*vérité —*).
palpation *v* betasting.
palpe *v* taster v. insekten.
palper *ov.w* 1 bevoelen, betasten; 2 *(fam.)* opstrijken v. geld.
palpitant *bn* 1 trillend, kloppend; 2 boeiend.
palpitation *v* trilling, (hart)klopping.
palpiter *on.w* trillen, kloppen (v. h. hart), lillen; — *de joie*, popelen v. vreugde.
palsambleu, **palsangué**, **palsanguienne** *tw* sakkerloot, verdorie.
paltoquet *m* lummel, mispunt, nietsnutter.
paludéen, -enne *bn* tot de moerassen behorend; *fièvre —enne*, moeraskoorts.
paludier *m* werker in een zoutpan.

paludisme m moeraskoorts.

palustre bn in moerassen levend of groeiend.

pâmer, se pâmer in zwijm-, flauw vallen; buiten zich zelve zijn (se — d'admiration).

pâmoison v bezwijming; tomber en —, in zwijm vallen.

pampa v pampa (Z.-Amerika).

pamphlet m schotschrift.

pamphlétaire m schrijver v. schotschriften.

pamplemousse v pompelmoes.

pamore m wijngaardrank met bladeren.

pan I zn m 1 pand v. kledingstuk; 2 muurvak. II tw pats!; pan! pan! pief paf!

panacée v geneesmiddel voor alle kwalen.

panach/e m 1 vederbos; 2 pluim; — de fumée, rookpluim; 3 zwierige dapperheid, vermengd met branie; 4 faire —, over de kop slaan (b.v. v. auto), over het stuur, over het paard slaan. ~é bn 1 met een pluim; 2 veelkleurig; 3 gemengd (glace —e, légumes —s). ~er I ov.w 1 met een pluim versieren; 2 veelkleurig maken; 3 mengen. II on.w veelkleurig worden. III se ~ veelkleurig worden.

panade v 1 broodsoep, -pap; 2 (pop.) ellende.

panaire bn wat brood betreft.

panama m panamahoed.

panaméricain bn panamerikaans.

panaméricanisme m monroeleer.

panard m (pop.) voet, poot.

panatella m lange havannasigaar.

pancarte v bordje, opschrift.

panchromatique bn panchromatisch (fot.).

pancréas m alvleesklier.

pandémonium m broeinest, plaats des verderfs.

pandore m 1 soort luit; 2 (fam.) gendarme.

pandour m plunderaar, vandaal, bruut.

panégyr/ique m lofrede. ~iste m lofredenaar, iem. die op overdreven wijze prijst.

paner ov.w paneren. ~é v mandvol.

paneterie v broodbewaarplaats.

panetier m 1 broodmeester; 2 grand —, opperbroodmeester aan het Franse hof.

panetière v 1 broodzak der herders; 2 broodkast; 3 gesloten dressoir.

paneton m mandje, waarin de bakkers het deeg leggen, dat nodig is voor een brood.

panicule v pluim (pl.k.).

panier m 1 mand; balle au —, basketball; le dessus du —, het beste; faire un —, een punt maken bij basketball; faire danser l'anse du —, aan zijn (haar) meester meer berekenen dan de waren gekost hebben (v. dienstpersoneel); — à ouvrage, werkmandje; — percier, verkwister; ~repas lunch-, dinerpakket; — à salade, dievenwagen; 2 soort hoepelrok.

panification v broodbereiding.

panifier ov.w brood maken van.

panique I bn panisch. II zn v paniek.

panne v 1 (oud) lomp; être dans la —, in de ellende zitten; 2 trijp; 3 onbeduidende, ondankbare rol v. toneelspeler; 4 motorpech, storing; — de courant, elektr. (licht) storing; laisser en —, in de steek laten; rester en —, blijven steken; 5 — de nuages, wolkenbank.

panneau [mv x] m 1 paneel; vak; 2 bord; —réclame, reclamebord; 3 luik (scheepv.); 4 konijne-, hazestrik; donner —, tomber dans le —, in de val lopen. ~tage m het netten spannen om wild te vangen.

panneauter ov.w wild vangen met netten.

panneauteur m strikkenzetter.

pannequet m opgerolde pannekoek.

panneton m baard v. e. sleutel.

panoplie v 1 wapenrek; 2 volledige wapenuitrusting.

panorama m panorama.   [dieren.

pansage m het roskammen, verzorgen v.

panse v 1 pens; 2 (fam.) buik; 3 buik v. e. vaas.

pansement m 1 het verbinden; 2 het verband.

panser ov.w 1 verbinden; 2 verzorgen, ros-

kammen v. dieren.

pansu bn dikbuikig.

pantagruél/ique bn aan Pantagruel herinnerend (reus uit de werken van Rabelais); repas —, overdadig maal. ~isme m epicuristische levensopvatting.

pantalon m lange broek.

pante m (arg.) man, vent.

pantelant bn 1 hijgend; 2 lillend.

panteler on.w 1 hijgen; 2 lillen.

pantenne v; en — (scheepv.) ontredderd.

panthéisme m pantheïsme.

panthéiste I m pantheïst. II bn pantheïstisch.

panthéon m 1 Gr. of Rom. tempel voor alle goden; 2 alle goden.

panthère v panter.

pantin m 1 beweegbare pop; 2 ledepop, mens zonder vaste overtuigingen.

pantographe v tekenaap.

pantois bn (fam.) stom verbaasd (rester —).

pantomètre m hoekmeter.

pantomime I zn v gebarenspel. II m gebarenspeler. III bn met gebarenspel (pièce —).

pantouflard m (fam.) huishen.

pantoufle v pantoffel; en —s, op zijn slofjes; et caetera —, enz. enz.; raisonner comme une —, redeneren als een kip zonder kop.

pantoufler on.w (fam.) redeneren als een kip zonder kop.

pantouflerie v (fam.) domme redenering.

panure v paneermeel.

paon m 1 pauw; 2 pauwoog (vlinder); 3 verwaand, trots man. ~ne v pauwin. ~neau [mv x] jonge pauw. ~ner on.w 1 pronken v. e. pauw; 2 trots rondlopen als een pauw.

papa m pa, papa, vader.

pap/able bn verkiesbaar tot paus. ~al [mv aux] bn pauselijk. ~alin m 1 aanhanger v. d. paus; 2 pauselijk soldaat.

papauté v 1 pausdom; 2 pauselijke regering; 3 de opeenvolgende pausen.

papaver m papaver.

papavéracées v mv papaverachtigen.

pape m paus.

papegai m (pop.) hoed.

papegai m 1 (oud) papegaai; 2 kunstmatige vogel bij het vogelschieten.

papelard bn schijnheilig, kwezelig. II zn m, -e v 1 schijnheilige, kwezel; 2 zn m (pop.) papier; —s, paperassen.

papelardise v schijnheiligheid, kwezelarij.

paperasse v onnut papier, waardeloos geschrift. ~er on.w papier bekladden. ~ier m verzamelaar van-, snuffelaar in oude papieren.

papet/erie v 1 papierfabriek; 2 papierhandel, -winkel; 3 schrijfmap. ~ier I zn m 1 papierfabrikant; 2 papierhandelaar. II bn wat papier betreft (marchand —).

papier I m 1 papier; — bible, zeer dun boekpapier; — de bois, houtpapier; — buvard, vloei; — à calquer, calque, calqueerpapier; — couché, geschept papier; — cuir, leerpapier; — émeri, schuurpapier; jeter sur le —, neerschrijven; — joseph, mailpapier; — journal, krantenpapier; — à lettre, postpapier; — parchemin, perkamentpapier; — peint, behangselpapier; être réglé comme du — à musique, slaafse gewoonten hebben; — sensible, fotopapier; — vélin, velijnpapier; 2 geschrift, stuk; 3 waardestuk, wissel. II ~s m mv 1 paspoort, papieren; 2 —s publics, kranten.

papier-monnaie m papieren (nood)geld.

papilionacé bn vlinderbloemig.

papilionacées v mv vlinderbloemigen.

papill/aire bn met papillen. ~e v papil. ~eux, -euse bn vol papillen.

papilliforme bn papilvormig.

papillon m 1 vlinder; 2 lichtzinnig, wuft mens; 3 klein aanplakbiljet; 4 vlinderstrik; 5 schuif v. kachelpijp; 6 vleermuisbrander.

papillonner on.w (fam.) van de hak op de tak springen, wispelturig zijn.

papillotage *m* 1 het maken v. papillotten; 2 het heen en weer bewegen v. d. ogen; 3 verblinding (door licht of kleuren); 4 stijloverlading.

papillote *v* 1 papillot; 2 bonbon in een papiertje; 3 geboterd of gegolied papier om vlees in te roosteren (*côtelettes en* —*s*).

papilloter I *ov.w* papillotten zetten. II *on.w* 1 de ogen geregeld heen en weer bewegen; 2 de ogen vermoeien door te felle kleuren (schilderkunst); 3 te bloemrijk zijn (v. stijl).

papion *m* baviaan.

pap/isme *m* papisme. ~**iste** *m* paap.

papotage *m* gebabbel, geklets.

papoter *on.w* babbelen.

papule *v* puistje.

papuleux, -euse *bn* vol puistjes.

papyrus *m* 1 papyrus; 2 manuscript op papyrus.

Pâque *v* (joods) Pasen.

paquebot *m* mailboot, pakketboot.

pâquerette *v* madeliefje.

Pâques *v mv* Pasen; *faire ses P—s*, Pasen houden; — *closes*, Beloken Pasen; — *fleuries*, Palmpasen.

paquet *m* 1 pak, pakket, bundel; *faire son* —, zijn boeltje bijeenpakken, vertrekken; *recevoir son* —, een uitbrander krijgen; 2 (*fam.*) slecht gekleed persoon; 3 mail; 4 pakketboot; 5 — *de mer*, stortzee.

paquet/age *m* 1 het inpakken; 2 soldatenplunje. ~**er** *ov.w* inpakken.

paqueteur *m*, **-euse** *v* pakker(ster).

pâquis *m* weide.

par *vz* door, bij, met, op, per, met, uit enz.; —*ci* —*là*, hier en daar, heen en weer; *commencer* —, beginnen met; *il finit* — *tomber*, tenslotte viel hij; — *conséquent*, bijgevolg; — *crainte*, uit vrees; —*delà*, aan gene zijde van; —*dessus*, over; —*derrière*, van achteren; —*devant*, in tegenwoordigheid van; *de* —, in naam van; — *hasard*, bij toeval; — *ici*, hierlangs; — *une belle journée*, op een mooie dag; — *là*, daarlangs.

parabole *v* 1 gelijkenis; 2 parabool (*wisk.*).

parabolique *bn* 1 figuurlijk, in de vorm v. e. gelijkenis; 2 parabolisch.

parachevable *bn* voltooibaar.

parachèvement *m* voltooiing.

parachever *ov.w* voltooien.

parachutage *m* dropping.

parachute *m* parachute, valscherm.

parachuter *ov.w* droppen.

parachut/isme *m* kunst, wijze v. parachutespringen. ~**iste** *m* parachutist.

Paraclet *m* de H. Geest.

parade *v* 1 plotseling tot stilstand brengen v. e. paard; 2 parade, wachtparade; 3 uiterlijk vertoon, pronk; *faire* — *de*, pronken met; *lit de* —, praalbed; 4 afweer v. e. stoot bij het schermen; 5 vertoning voor een kermistent, om het publiek te trekken.

parader *on.w* 1 paraderen, voorbijtrekken v. troepen; 2 pronken, opschepperig doen; 3 kruisen (*scheepv.*).

paradeur *m* pronker, praalhans.

paradigme *m* voorbeeld v. e. verbuiging, - v. e. vervoeging.

paradis *m* 1 paradijs; 2 hemel; 3 paradijsachtig land; 4 engelenbak.

paradisiaque *bn* paradijsachtig.

paradisier *m* paradijsvogel.

parados *m* (*mil.*) rugweer.

paradoxal (*mv* aux) *bn* in strijd met de algemene opvatting; schijnbaar ongerijmd.

paradoxe *m* schijnbare ongerijmdheid.

paradoxisme *m* retorische figuur, waarbij men twee eigenschappen verenigt, die schijnbaar met elkaar in strijd zijn (*un jeune vieillard*).

paraffin/age *m* het paraffineren. ~**e** *v* paraffine. ~**er** *ov.w* in paraffine drenken.

parafoudre *m* bliksemafleider ter bescherming v. elektrische apparaten.

parage *m* 1 afkomst (*de haut* —); 2 streek; 3 het polijsten, het gladmaken.

paragraphe *m* 1 paragraaf; 2 paragraafteken.

paraître I *on.w* onr. 1 verschijnen; *le livre a paru hier*, het boek is gisteren verschenen; 2 schijnen, lijken; 3 in het oog lopen, uitblinken, opvallen; 4 blijken. II *onp.*: *il paraît que*, het schijnt, dat; *il y paraît*, het blijkt; dat kun je nog zien.

parallèle I *bn*: — *à*, evenwijdig met. II *zn v* 1 evenwijdige lijn; 2 parallelloopgraaf. III *m* 1 breedtecirkel; 2 vergelijking.

parallélépipède *m* parallellepipedum.

parallélogramme *m* parallellogram.

paralyser *ov.w* verlammen, lam leggen.

paraly/sie *v* verlamming. ~**tique** I *bn* verlamd. II *zn m of v* lamme.

parangon *m* 1 voorbeeld, model; 2 vergelijking; 3 zuivere edelsteen, - parel.

paranymphe *m* 1 bruidsjonker; 2 begeleider bij het licentiaatsexamen (*oud*).

parapet *m* 1 borstwering; 2 leuning.

paraphe, parafe *m* 1 streep onder handtekening; 2 paraaf.

parapher, parafer *ov.w* paraferen.

paraphras/e *v* 1 parafrase; 2 langdradige tekst. ~**er** *ov.w* parafraseren.

parapluie *m* paraplu.

paras *m mv* parachutisten.

Parascève *v* Goede Vrijdag.

parasitaire *bn* van parasieten.

parasite I *m* 1 klaploper, tafelschuimer; 2 parasiet. II *bn* 1 woekerend; *plante* —, woekerplant; 2 overbodig, hinderlijk.

parasiticide *bn* parasieten dodend.

parasit/ique *bn* woekerend. ~**isme** *m* 1 klaploperij, tafelschuimerij; 2 het woekeren.

parasitologie *v* parasietenleer.

para/sol *m* parasol. ~**soleil** *m* zonnescherm. ~**solerie** *v* 1 fabriek v. paraplu's, - parasols; 2 paraplu-, parasolwinkel. ~**tonnerre** *m* bliksemafleider. ~**typhoïde** *v* paratyfus. ~**vent** *m* kamerscherm.

parbleu *tw* drommels!, verduiveld! enz.

parc *m* 1 park; — *à huîtres*, oesterbank; 2 door sloten omgeven weide; 3 opslagplaats; 4 parkeerplaats.

parcage *m* het afsluiten van vee in een weide

parcellaire *bn* in gedeelten, in percelen.

parcelle *v* 1 deeltje; 2 stuk bouwland, kavel.

parceller *ov.w* in percelen verdelen.

parce que *vw* omdat.

parchemin I *m* perkament. II ~**s** *m mv* adelbrieven. ~**é** *bn* perkamentachtig. ~**er** *ov.w* het uiterlijk geven v. perkament.

parcheminerie *v* 1 perkamentfabriek; 2 -handel; 3 -fabricage.

parchemineux, -euse *bn* perkamentachtig.

parcheminier *m* 1 perkamentfabrikant; 2 perkamenthandelaar.

parcimonie *v* schrielheid.

parcimonieusement *bw* karig, schriel.

parcimonieux, -euse *bn* karig, schriel.

parcourir *ov.w* onr. doorlopen, doorlezen.

parcours *m* traject, weg.

par-dessous *vz* onder.

pardessus *m* overjas.

par-dessus *vz* over; — *le marché*, op de koop toe.

par-devant *vz* in tegenwoordigheid van.

pardi! pardieu! pardienne! *tw* verdorie!

pardon I *m* 1 vergiffenis; 2 beleefdheidsformule (pardon!); 3 bedevaart in Bretagne. II *m mv* aflaten.

pardonn/able *bn* vergeeflijk. ~**er** I *ov.w* vergeven. II *on.w* 1 vergeven, vergiffenis schenken; 2 sparen, ontzien. III se ~ 1 zichzelf vergeven; 2 elkaar vergeven.

pare-balles *m* kogelvanger.

pare-boue *m* spatbord.

pare-brise *m* voorruit v. auto enz.

pare-chocs *m* bumper, schokbreker.

pare-feu *m* brandscherm, brandgang.

pareil, -eille I *bn* gelijk, dergelijk; *en* — *cas*, in een dergelijk geval. II *zn m*, **-eille** *v* gelijke, weerga; *rendre la —eille*, met gelijke munt betalen; *sans —*, weergaloos.

pareillement *bw* eveneens, ook.

parement *m* 1 altaarparement; 2 oplegsel, opslag v. mouw; 3 kantsteen v. e. straat; 4 buitenzijde v. e. muur.

parenchyme *m* celweefsel (*pl.k.*).

parent I *m*, -e *v* bloedverwant(e). II ~s *m mv* 1 ouders; 2 voorouders.

parentage *m* 1 bloedverwantschap; 2 bloedverwanten.

parenté *v* 1 verwantschap; 2 verwanten.

parentèle *v* 1 verwantschap; 2 verwanten.

parenthèse *v* 1 tussenzin; 2 uitweiding; *ouvrir une —*, uitweiden; 3 haakje; *entre —s, par —*, tussen twee haakjes.

parer I *ov.w* 1 versieren, opschikken; 2 opmaken (v. vlees); schoonmaken (v. groenten en fruit); 3 afweren, afwenden; 4 gereed houden, gereed leggen (*scheepv.: — un ancre*). II *on.w* — à verhelpen, maatregelen nemen tegen. III se — zich opschikken; *se — de*, zich beschermen tegen.

parésie *v* gedeeltelijke verlamming.

pare-soleil *m* zonneklep.

paresse *v* 1 luiheid; 2 langzaamheid, traagheid; *avec —*, langzaam.

paresser *on.w* luilakken.

paresseusement *bw* lui.

paresseux, -euse I *m* lui, langzaam. II *zn m*, -euse *v* luilak. III *m* luiaard (dier).

pareur *m* afwerker.

parfaire *ov.w onr.* 1 voltooien; 2 aanvullen.

parfait I *bn* volmaakt, uitmuntend. II *zn m* 1 het volmaakte; volmaaktheid; 2 volt. teg. tijd; 3 ijscrème met koffiesmaak.

parfaitement *bn* 1 volmaakt, volkomen; 2 ja; zeker.

parfilage *m* het uitrafelen.

parfois *bw* soms.

parfondre *ov.w* samensmelten v. kleuren met glas of email.

parfum *m* 1 geur, reuk; 2 odeur, reukwerk; 3 waas, vleugje.

parfumer *ov.w* geurig maken.

parfum/erie *v* 1 winkel voor reukwerk; 2 bereiding v. reukwerk; 3 reukwerk. ~**eur** *m*, -euse *v* 1 reukwerkmaker(-maakster); 2 reukwerkverkoper(-verkoopster).

pari *m* 1 weddenschap; *faire —, engager un —*, een weddenschap aangaan; — *mutuel*, totalisator; 2 inzet bij een weddenschap.

paria *m* paria, verschoppeling.

pariade *v* 1 paring v. vogels; 2 paartijd v. vogels; 3 vogelpaar.

parier *ov.w* wedden (om).

pariétal [*mv aux*] *bn* v. d. wand, v. d. muur; *dessin —*, holentekening, grottekening.

parieur *m*, -euse *v* wedder(ster).

Parigot *m*, -e *v* (*pop.*) Parijzenaar (Parijse).

Paris *m* Parijs; *articles de —*, luxeartikelen; *monsieur de —*, de beul.

parisianiser *ov.w* 'n Parijs' voorkomen geven.

parisianisme *m* 1 Parijse gewoonte, -manier; 2 Parijse uitdrukking.

parisien, -enne I *bn* Parijs'. II *zn* P ~ *m*, -enne *v* Parijzenaar, Parijse

parisyllabe, parisyllabique *bn* met hetzelfde aantal lettergrepen in de verschillende naamvallen als in de eerste naamval.

paritaire *bn* wordt gezegd v. e. commissie, waarin patroon en werknemers door het zelfde aantal leden vertegenwoordigd zijn.

parité *v* 1 gelijkheid; 2 pariteit.

parjur/e I *m* meineed. II *zn m* of *v* meinedige. III *bn* meinedig. ~er (se) 1 een meineed doen; 2 een eed schenden.

parlage *m* geklets.

parlant *bn* 1 sprekend; *film —*, sprekende film; 2 sprekend (gelijkend) (*portrait —*).

parlé I *bn* gesproken. II *zn m* het gesproken woord, parlando.

parlement *m* 1 parlement; 2 hooggerechtshof (vóór 1791).

parlementaire I *bn* parlementair; *drapeau —*,

---

pavillon —, witte vlag. II *zn m* lid v. h. parlement, volksvertegenwoordiger.

parlementarisme *m* parlementair stelsel.

parlementer *on.w* onderhandelen over overgave, wapenstilstand enz.

parler I *on.w* spreken, praten; — à *qn.*, met iem. spreken; — *d'abondance*, voor de vuist spreken; — *bien*, prijzen; *de qui voulez-vous —?*, wie bedoel je?; *faire — de soi*, van zich doen spreken; — *des grosses dents*, op dreigende toon spreken; — *en maître*, met gezag spreken; — *mal*, kwaad spreken; — *du nez*, door de neus spreken; — *d'or*, wijze woorden spreken; *trouver à qui —*, zijn man vinden. II *ov.w* — *anglais*, Engels spreken enz.; 2 — *affaires*, — *littérature, etc.*, over zaken, over literatuur spreken. III se — 1 gesproken worden; 2 elkaar spreken. IV *zn m* 1 uitspraak, wijze v. spreken; 2 dialect.

parleur *m*, -euse *v* veelprater(-praatster); *un beau —*, een praatjesmaker.

parl/oir *m* spreekkamer. ~**ote** *v* 1 babbelclub; 2 club, waar jonge advocaten zich oefenen in het spreken; 3 gewauwel.

parmesan *m* Parmesaanse kaas.

parmi *vz* onder, tussen, te midden van.

parnasse *m* 1 Parnassus; *nourrisson du —*, dichter; 2 dichtkunst; 3 groep realistische dichters uit het midden der 19e eeuw.

parnassien, -enne I *bn* 1 v. d. Parnassus; 2 wat een groep realistische dichters uit het midden der 19e eeuw betreft (*école —enne*). II *zn m* dichter uit deze school.

parodie *v* parodie.

parodier *ov.w* 1 een parodie maken op; 2 door nabootsing belachelijk maken.

parodiste *m* schrijver v. parodieën.

paroi *v* wand.

paroisse *v* 1 parochie; *n'être pas de la —*, vreemdeling zijn; *n'être pas de la même —*, van mening verschillen; 2 de parochianen; 3 parochiekerk.

paroissial [*mv aux*] *bn* parochieel.

paroissien I *m*, -enne *v* 1 parochiaan; 2 snuiter (*fam.*). II *m* misboek, gebedenboek.

parole *v* 1 woord, gezegde; *couper la —*, in de rede vallen; *la — de Dieu*, de H. Schrift; *le don de la —*, de gave des woords; *homme de —*, iem. die zijn woord houdt; *ma — !*, op mijn woord!; *ma — d'honneur !*, op mijn erewoord!; *porter la —* (voor verscheidene personen) het woord voeren; 2 spraak; *perdre la —*, stom worden; 3 voorstel (— *de paix*).

paroli *m* verdubbeling v. inzet bij spel.

parolier *m* librettist, tekstschrijver.

paronyme *m* 1 klankverwant woord; 2 stamverwant woord.

paroxysme *m* toppunt, hoogste graad.

paroxyton I *m* woord, dat de klemtoon heeft op de voorlaatste lettergreep. II *bn* de klemtoon op de voorlaatste lettergreep hebbend.

parpaillot *m* 1 oude scheldnaam voor de calvinisten; 2 (*fam.*) ongelovige.

Parque *v* de dood.

parquer I *ov.w* 1 in een omheinde ruimte opsluiten (— *des beufs*); 2 parkeren (v. artillerie, auto's). II *on.w* in een omheinde ruimte opgesloten zijn.

parquet *m* 1 vloer; 2 parket (deel v. e. rechtszaal); 3 Openbaar Ministerie; 4 ruimte op de beurs voor makelaars. ~**age** *m* 1 het inleggen v. e. vloer; 2 inlegwerk.

parqueter *ov.w* een parketvloer leggen in.

parqueterie *v* het maken v. parketvloeren.

parqueteur *m* legger v. parketvloeren.

parrain *m* 1 peter; 2 naamgever; 3 iem. die een ander als lid van een vereniging voorstelt. ~**age** *m* peterschap, meterschap.

parricide I *m* of *v* 1 vader-, moedermoord; 2 vader-, moedermoordenaar(-moordenares). II *bn* wat vader- of moedermoord betreft.

parsemer *ov.w* bezaaien, bestrooien, overal

verspreid zijn.

part I *m* 1 pasgeborene; 2 het jongen werpen. II *v* 1 aandeel, part, deel; *avoir — à*, deel hebben aan, delen in; *avoir — au gâteau*, delen in de winst; *faire — de*, meedelen; *lettre de faire —*, huwelijks-, verlovings-, doodsbericht; *la — du lion*, het leeuwedeel; *prendre — à*, deelnemen aan; *prendre en bonne —*, *prendre en mauvaise —*, goed-, verkeerd opnemen; *pour ma —*, voor mijn part; 2 plaats, kant; *à —*, apart, terzijde; *à — moi*, bij mij zelf; *autre —*, ergens anders; *de — en —*, door en door; *de — et d'autres*, van (aan) weerskanten; *de la — de*, uit naam van; *de toutes —*, van (aan) alle kanten; *ne . . . nulle —*, nergens; *quelque —*, ergens (ook *m fam. de w.c.*).

partage *m* 1 verdeling; *faire le — de*, verdelen; 2 deel; 3 gelijkheid, staking v. stemmen. **~able** *bn* verdeelbaar.

partageant *m* deelhebber.

partager I *ov.w* delen, verdelen, bedélen. II *on.w* deel hebben. III se ~ 1 verdeeld worden; 2 onder elkaar delen.

partance *v* ogenblik v. vertrek; *en —*, op het punt v. vertrekken.

partant I *bw* bijgevolg. II *zn m* vertrekkende.

partenaire *m of v* partner, maat.

parterre *m* 1 bloembed; 2 parterre in schouwburg; 3 de toeschouwers, die parterre zitten.

parti *m* 1 partij; *esprit de —*, partijgeest; *prendre le — de qn.*, iemands partij kiezen; 2 besluit; *— pris*, vooropgezette mening; *prendre son — de qc.*, zich bij iets neerleggen; 3 (huwelijks)partij; 4 voordeel, profijt; *tirer — de*, partij trekken van; 5 troep.

parti *bn* (*fam.*) dronken, aangeschoten.

partiaire *bn: colon —*, pachter, die de oogst moet delen met de eigenaar.

partial [*mv aux*] *bn* partijdig.

partialité *v* partijdigheid.

particip/ant I *bn* deelhebbend. II *zn m*, -e *v* deelhebber(ster). **~ation** *v* deelhebbing, deelneming, aandeel.

participe *m* deelwoord; *— passé*, verleden deelwoord; *— présent*, tegenwoordig d.w.

participer *on.w* 1 (~ à) deel hebben in, meedoen aan; 2 (~ de) iets hebben van.

participial [*mv aux*] *bn* v. h. deelwoord.

particularisation *v* 1 het afdalen in bijzonderheden; 2 het beperken tot één enkel geval.

particulariser *ov.w* 1 omstandig verhalen, in bijzonderheden afdalen; 2 tot één geval beperken.

particular/isme *m* het streven v. e. landstreek, om zijn eigen karakter, zijn zelfstandigheid te bewaren. **~iste** *m* voorstander v. h. particularisme.

particularité *v* bijzonderheid.

particule *v* 1 deeltje; 2 voor-, achtervoegsel; 3 het woord *de, du, des, de la, le of la* vóór een naam.

particulier, -ère I *bn* 1 bijzonder; *leçon —ère*, privaatles; 2 eigen, apart (*chambre —ère*); 3 bijzonder, vreemd, zonderling; 4 — *à*, eigen aan. II *zn m* 1 particulier persoon; 2 heerschap (*fam.*); 3 het bijzondere; *en —*, in het bijzonder; afzonderlijk; 4 particulier leven; *en son —*, in zijn particulier leven.

partie *v* 1 deel; *— du discours*, rededeel; *les —s nobles*, de edele delen; *tenue des livres en — simple*, en — *double*, enkel-, dubbel boekhouden; 2 partij (in spel, feest, muziekpartij); *— de chasse*, jachtpartij; *quitter la —*, iets opgeven; 3 partij(recht); *— adverse*, tegenpartij; 4 (strijdende) partij; *—s belligérantes*, strijdende partijen; 5 partij(waren); 6 vak.

partiel, -elle *bn* gedeeltelijk; *éclipse —elle*, gedeeltelijke verduistering (v. maan enz.).

partiellement *bw* gedeeltelijk.

partir I *on.w onr.* 1 vertrekken (naar) (*— pour*); *le coup part*, het schot gaat af; *— en guerre*, ten oorlog trekken; *— d'un éclat de rire*, uitbarsten in lachen; *faire — un*

lièvre, een haas opjagen; *faire — un moteur*, een motor starten; 2 uitgaan van, komen uit; *à — de*, vanaf; *cela part d'un bon cœur*, dat komt uit een goed hart. II *ov.w onr.* (*oud*) verdelen; *avoir maille à — avec qn.*, een appeltje met iem. te schillen hebben.

partisan *m* 1 aanhanger; 2 partisaan, lid v. e. ongeregelde troep (ook *v*: ~e).

partiteur *m* stroomverdeler.

partit/if, -ive *bn* delend. **~ion** *v* 1 verdeling v. e. wapenschild; 2 partituur.

partner *m* partner.

partout *bw* overal.

partur/iente *v* vrouw in barensweeën. **~ition** *v* 1 bevalling; 2 het werpen v. jongen.

parure *v* 1 sieraad, opschik, tooi; 2 garnituur v. parels of diamanten; 3 stel damesondergoed.

parution *v* verschijning (v. e. boek.)

parvenir *on.w onr.* 1 (na inspanning) bereiken, komen tot; 2 geworden v. e. brief; 3 fortuin maken, in de wereld slagen.

parvenu *m*, -e *v* parvenu(e).

parvis *m* kerkplein; *les — célestes* (*dichtk.*), de hemel, het paradijs.

pas I *m* 1 pas, schrède, stap; *— à —*, voetje voor voetje; *à — comptés*, met afgemeten tred; *à deux —*, zeer dichtbij; *à — de loup*, geluidloos, sluipend; *affaire qui ne fait — un —*, zaak, waar geen schot in zit; *avoir le —*, voorrang hebben; *de — clerc*, flater; *— de course*, looppas; *de — en —*, op staande voet; *— de géant*, zweefmolen; *faire les cent —*, heen en weer lopen; *faux —*, misstap; *marcher à — de géant*, snelle vorderingen maken; *marcher sur les — de qn.*, iem. navolgen; *marquer le —*, de pas aangeven; *marquer m. au —*, iem. tot rede brengen, mores leren; *— de l'oie*, Duitse paradepas; *porter ses —*, zich richten, zich begeven; 2 drempel; *franchir le —*, door de zure appel heenbijten; 3 zeeëngte; *le — de Calais*, het Nauw v. Calais; 4 bergpas; *mauvais —*, gevaarlijke plaats, hachelijke onderneming; 5 trede v. e. trap; 6 danspas. II *bw* (meestal voorafgegaan door *ne of non*); niet; *ce n'est pas que*, niet dat (met *subj.*); *— mal*, nogal wat.

pascal [*mv als of aux*] *bn* wat Pasen betreft; *l'agneau —*, het paaslam.

pas-d'âne *m* klein hoefblad.

pasquin *m* 1 grappenmaker, clown; 2 schotschrift.

passable *bn* redelijk, matig, wat er mee door kan. **~ment** *bw* tamelijk.

passacaille *v* passacaglia.

passade *v* 1 doortocht, doorreis, kort uitstapje; 2 gril, kortstondige verliefdheid; 3 onderdompeling v. e. zwemmer.

passage *m* 1 doortocht, voorbijgaan, overtocht; *oiseau de —*, trekvogel; 2 overtochtsprijs; 3 recht van doorgang; 4 gang, doorgang, overgang; *— clouté*, oversteekpunt voor voetgangers; *à niveau*, overweg; 5 overdekte straat; 6 smalle loper; 7 passage uit boek of muziekstuk; 8 overgang (*fig.*); *examen de —*, overgangsexamen; 9 loopje (*muz.*).

passag/er, -ère I *bn* kortstondig, voorbijgaand. II *zn m*, -ère *v* passagier op boot of vliegtuig. **~èrement** *bw* kortstondig, vluchtig.

passant I *bn* druk (*une rue —e*). II *zn m* voorbijganger.

passation *v* het passeren v. e. akte.

passavant *m* 1 gangboord (*scheepv.*); 2 geleibiljet.

passe I *v* 1 het doorgaan, doortrekken (v. vogels); *mot de —*, wachtwoord; 2 uitval bij schermen; 3 toeslag, opgeld; 4 vaargeul, nauwe doorgang; 5 lang voorstuk v. dameshoed (luifel); 6 pass, voorzet (voetbalspel); 7 inzet in het spel bij een nieuwe zet. II *m* vrijbiljet voor spoorwegen.

passé I *bn* 1 voorbij, verleden; *il est dix heures* —*es*, het is over tien; 2 volleerd. II *zn m* 1 verleden; 2 verleden tijd; — *indéfini*, voltooid teg. tijd; — *défini*, tweede verl. tijd; — *antérieur*, tweede volt. verl. tijd (*j'eus parlé*). III *vz* na.

passe-carreau† [*mv* x] *m* persplank.

passefilage *m* het stoppen v. kousen enz.

passefiler *ov.w* stoppen v. kousen.

passe-fleur† *v* anemoon.

passe-lacet† *m* rijgpen, veternaald.

passement *m* passement, franjewerk. ~*er on.w* versieren met passementwerk.

passementerie *v* 1 passementwerk; 2 passementhandel; 3 passementmakerij.

passementier *m*, -ère *v* 1 passement-, galonmaker(-maakster); 2 passement-, galonverkoper(-verkoopster).

passe/-montagne† *m* muts, die over nek en oren getrokken kan worden. ~**partout** *m* 1 loper (sleutel); 2 lijst, waarachter men tekeningen enz. kan schuiven.

passe-passe *m* 1 handige bedriegerij; 2 *tour de* —, goocheltruc.

passepoil *m* boordsel, galon.

passepoiler *ov.w* omboorden.

passeport *m* paspoort.

passer I *on.w* (vervoegd met *avoir* of *être*, naargelang men de handeling of de toestand wil uitdrukken); 1 gaan, overgaan, gaan door, gaan langs; doortrekken, voorbijgaan; *il passe un ange*, daar gaat een dominee voorbij; — *du blanc au noir*, van het ene uiterste in het andere vallen; — *chez qn.*, bij iem. aangaan; — *à l'ennemi*, naar de vijand overlopen; *il faut en — par là*, daar zit niets anders op; *on ne passe pas*, verboden toegang; — *en proverbe*, spreekwoordelijk worden; — *sur qc.*, niet aanrekenen; 2 verdwijnen, voorbijgaan, verlopen (v. tijd); 3 sterven; 4 bevorderd worden tot (— *capitaine*); 5 doorgaan voor (— *pour*); 6 verbleken, verschieten; 7 passen (bij het spel); 8 aangenomen worden (v. wetten); 9 uitsteken (*sa chemise passe*). II *ov.w* 1 oversteken, overtrekken, overlopen enz.; 2 passeren, voorbijgaan, te boven gaan; *cela passe mes forces*, dat gaat mijn krachten te boven; 3 overbrengen, overzetten; 4 overhandigen, aanreiken; 5 aantrekken, omslaan (— *un habit*); 6 passeren, afsluiten (— *contrat*); 7 ziften; 8 inschrijven; — *en compte*, boeken; 9 doorbrengen (— *le temps*); 10 afleggen (— *un examen*); 11 bevredigen, stillen (— *une envie*); 12 overslaan, overspringen; 13 vergeven (— *une faute*); 14 strijken, streken. III *se* ~ 1 gebeuren, plaatsvinden, geschieden; 2 verlopen, voorbijgaan; 3 verwelken, verschieten, verschalen; 4 *se* — *de*, zich onthouden van, missen, ontberen, buiten iets kunnen.

passereau [*mv* x] I *m* mus. II ~x *m mv* musachtigen.

passerelle *v* 1 vonder, loopplank; 2 commandobrug v. e. schip.

passerose *v* stokroos.

passe-temps *m* tijdverdrijf.

passe-thé *m* theezeefje. **passette** *v* zeefje.

passeur *m*, -euse *v* veerman, -vrouw.

passe-volant† *m* blinde passagier, binnengeslopen toeschouwer.

passible *bn* 1 gevoelig; 2 — *de*, strafbaar met.

passif, -ive I *bn* 1 lijdelijk; *obéissance* —*ive*, blinde gehoorzaamheid; 2 lijdend; *voix* —*ive*, lijdende vorm. II *zn m* 1 de schulden; 2 lijdende vorm.

passiflore *v* passiebloem.

passion *v* 1 hartstocht; *la* — *du vrai*, de zucht naar 't ware; *avoir la* — *des tableaux*, gek zijn op schilderijen; 2 lijden v. Christus; 3 passieverhaal; 4 passiepreek; 5 passiespel. ~**naire** *v* 1 passieboek; 2 martelarenboek. ~**né** *bn* hartstochtelijk. ~**nel, -elle** *bn* wat

de (liefdes)hartstocht betreft. ~**nément** *bw* hartstochtelijk. ~**ner** I *ov.w* in hartstocht brengen, begeesteren, opwinden. II se ~ *pour* in geestdrift geraken voor, hartstocht opvatten voor. ~**nette** *v* (*fam.*) kortstondige verliefdheid.

passivement *bw* lijdelijk.

passivité *v* lijdelijkheid.

passoire *v* zeef, vergiet.

pastel I *zn m* 1 pastel; 2 pasteltekening. II *bn* van pastel (*crayon* —).

pasteller *ov.w* met pastel tekenen.

pastelliste *m* of *v* pasteltekenaar(-tekenares).

pastèque *v* watermeloen.

pasteur I *zn m* 1 herder; *le bon Pasteur*, de Goede Herder; 2 dominee. II *bn*: *peuples* —*s*, herdersvolken.

pasteurisation *v* pasteurisering.

pasteuriser *ov.w* pasteuriseren.

pastiche *m* navolging v. e. kunstwerk. ~*er ov.w* navolgen, namaken.

pasticheur *m*, -euse *v* namaker(-maakster); nabootser(ster).

pastillage *m* 1 het maken v. figuren door suikerbakkers; 2 het maken v. figuren in gebakken klei.

pastille *v* pastille; — *de chocolat*, flikje.

pastilleur *m* 1 instrument om flikjes te maken, 2 flikjesmaker.

pastis *m* geknoei.

pastoral [*mv aux*] I *bn* 1 van de herders, landelijk; *poésie* —*e*, herdersdicht; 2 v. d. bisschop; *croix* —*e*, bisschopskruis; 3 geestelijk. II *zn m* het genre v. h. herdersdicht, v. d. herdersroman. III ~*e v* 1 herdersspel; 2 herdersdicht.

pastorat *m* 1 predikambt; 2 duur v. dit ambt

pastourelle *v* 1 herderinnetje; 2 herdersliedje uit de middeleeuwen.

pat *bn* of *zn m* pat (in schaakspel).

patache *v* (*fam.*) rammelkast, oude postwagen.

patapouf *m* (*pop.*) 1 dikke, zware man; 2 plof, zware val; 3 ploffend geluid.

pataquès *m* verkeerde woordverbinding (b.v. *ce n'est pas-t-à moi*).

patarafe *v* (*pop.*) krabbelschrift, hanepoten.

patard, patar *m* oud muntje; *n'avoir pas un* —, geen rooie cent hebben.

patate *v* (*fam.*) aardappel.

patati, patata enzovoort, enzovoort.

patatras! *tw* bons!, plof!

pataud *m* 1 jonge hond met dikke poten; 2 zware, dikke man; 3 (*fam.*) lomperd.

pataug/eage, pataug/ement *m* geploeter in de modder. ~*er on.w* 1 in de modder ploeteren; 2 zich vastpraten, niet uit een moeilijkheid weten te komen. ~*eur m*, -*euse v* ploeteraar(-ster).

pâte *v* 1 deeg, beslag; *mettre la main à la* —, de handen uit de mouwen steken; *vivre comme un coq en* —, een leven leiden als een prins; 2 deegachtige massa, pasta; — *d'amandes*, amandelpers; — *dentrifice*, tandpasta; 3 papierpap (— *de papier*); 4 gestel, karakter; 5 verflaag.

pâté *m* 1 pastei; — *de foie gras*, ganzeleverpastei; 2 inktvlek; 3 — *de maisons*, blok huizen.

pâtée *v* 1 vogelvoer; 2 voer voor dieren, bestaande uit brood, vlees enz.

patelin *m* 1 iem. die door het gebruik v. mooie woorden een ander bedriegt; 2 (*pop.*, negorij, gat. ~*age m*, ~*erie v* mooipraterij. flikflooierij.

patène *v* pateen (R.K.).

patenôtre *v* 1 Onze Vader; 2 (minachtend) elk ander gebed; 3 (*pop.*) kraal v. e. rozenkrans; 4 rozenkrans.

patent *bn* duidelijk, klaarblijkelijk; *lettre* —*e*, open brief v. d. koning, die voorzien was v. h. staatszegel.

patente *v* 1 gezondheidspas; 2 patentbelasting, bedrijfsbelasting; 3 bewijs, dat men deze belasting betaald heeft.

patenté *bn* voorzien v. e. patent.

patenter ov.w 1 aanslaan in de bedrijfs-, patentbelasting; 2 octrooi verlenen.

pater I m grote kraal v. d. rozenkrans, die het Onze Vader aangeeft. II P ~ m Onze Vader.

patère v 1 Romeinse offerschaal; 2 gordijnhaak, kapstokhaak.

patern/e bn vaderlijk (ton —). ~el, -elle bn 1 vaderlijk; 2 van vaders kant; 3 (pop.) vader, ouwe heer. ~ellement bw vaderlijk. ~ité v vaderschap.

pâteux, -euse bn deegachtig, klef, melig (v. peer), dik, troebel (v. inkt).

pathétique I bn roerend, aandoenlijk. II zn m het onroerende, het hartstochtelijke.

pathologie v ziektenleer.

pathologique bn wat de ziektenleer betreft.

pathologiste m ziektenkundige.

pathos m bombast, gezwollenheid.

patibulaire I bn van de galg; fourches —s, galg; mine —, galgentronie. II zn m (oud) galg.

patiemment bw geduldig.   [galg.

patience v 1 geduld; la — vient à bout de tout, geduld overwint alles; prendre —, geduld oefenen; prendre en —, gelaten dragen; 2 knopenschaar (mil.); 3 patiencespel.

patient I bn geduldig, lijdzaam. II zn m 1 iem. die een lijfstraf moet ondergaan; 2 patiënt, die geopereerd moet worden.

patienter on.w geduld oefenen.

patin m 1 schaats; — à roulettes, rolschaats; 2 grondbalk; 3 (pop.) voet.

patinage m het schaatsenrijden; — artistique, kunstrijden.

patine v 1 groenachtige laag op oud brons; 2 aanslag op oude schilderijen.

patin/er I on.w 1 schaatsenrijden; 2 doorslaan v. e. wiel. II ov.w 1 (fam.) bevoelen, betasten; 2 een groenachtige kleur geven aan brons; een schilderij patine geven om het oud te doen lijken. III se ~ (scheepv. fam.) zich haasten. ~ette v autoped. ~eur m -euse v schaatsenrijder(ster). ~oire v ijsbaan.

patio m getegelde binnenplaats.

pâtir on.w 1 lijden; 2 kwijnen.

patiras, patira m (fam.) zondebok.

pâtis m weidegrond.

pâtisser I ov.w kneden; bewerken. II on.w banketbakken. ~ie v 1 gebak; 2 banketbakkerswinkel; 3 banketbakkerij.

pâtissier m, -ère v banketbakker(ster).

pâtissoire v banketbakkerstafel.

patoche v (fam.) dikke hand.

patois m 1 dialect, tongval; 2 taal, eigen aan een bepaalde groep personen.

patoiser on.w „patois" spreken, plat praten.

patoiserie v taal, die het patois imiteert.

patouillard m (fam.) log schip.

patraque v 1 oude kast, rammelkast (b.v. v. horloge); 2 (menselijk) wrak.

pâtre m herder.

patriarc/al [mv aux] bn aartsvaderlijk; patriarchaal. ~at m 1 waardigheid v. e. patriarch; 2 ambtsduur v. d. patriarch; 3 gebied v. d. patriarch.

patriarche m 1 aartsvader; 2 eerbiedwaardige grijsaard; 3 patriarch.

patriciat m 1 waardigheid v. d. patriciër; 2 de gezamenlijke patriciërs.

patricien, -enne I bn patricisch. II zn m, -enne v patriciër, -cische; voorname man of vrouw, aristocraat(aristocrate).

patrie v 1 vaderland; 2 geboorteplaats; 3 bakermat; mère —, moederland.

patrimoine m ouderlijk erfdeel, erfgoed.

patrimonial [mv aux] bn van het ouderlijk erfdeel (terre —e).

patriotard bn met een overdreven vaderlandsliefde, chauvinistisch.

patriot/e I bn vaderlandslievend. II zn m of v vaderlander(se). ~ique bn vaderlandslievend. ~isme m vaderlandsliefde.

patristique v studie v. d. leer der Kerkvaders.

patrologie v 1 studie v. h. leven en de werken der Kerkvaders; 2 de verzamelde werken der Kerkvaders; 3 verhandeling over het leven en de werken der Kerkvaders.

patron m, -onne v 1 patroon(patrones), beschermheilige; 2 beschermer, beschermster; 3 patroon, werkgever(-geefster), baas(bazin); 4 schipper; 5 m patroon, model.

patronage m 1 bescherming door een patroonheilige; 2 beschermheerschap; 3 weldadigheidsvereniging; 4 patronaat; 5 patronaatsgebouw.

patronal [mv aux] bn 1 v. d. beschermheilige; fête —e, patroonsfeest; 2 v. werkgever(s).

patronat m 1 het patroon zijn; 2 de patroons.

patronner ov.w 1 steunen, begunstigen; 2 maken volgens een patroon (— une robe).

patronnesse v 1 beschermvrouwe v. e. liefdadigheidsfeest; 2 dame, die weldadigheidsvereniging of patronaat leidt.

patronymique bn: nom —, familienaam.

patrouille v 1 patrouille; 2 ronde.

patrouiller I on.w 1 patrouilleren; 2 (in de modder) ploeteren. II ov.w bemorsen, onhandig aanpakken.

patrouilleur m patrouilleschip, -vliegtuig, patrouillerend soldaat.

patte v 1 poot; — d'araignée, juffertje-in-'t-groen (pl.k.); —s de lapin, tochtlatjes (soort bakkebaard); —s de mouche, hanepoten; 2 (fam.) poot = voet, hand; à bas les —s, handen thuis!; à quatre —s, op handen en voeten; coup de —, venijnige zet, steek; faire — de velours, zich lief voordoen; graisser la — à qn. (fam.), iem. met geld omkopen; ne remuer ni pied ni —, geen vin verroeren; tomber sous la — de qn., in iemands handen vallen; 3 handigheid (ce peintre a de la —); 4 voet v. e. glas; 5 leertje, lus, klep; — d'épaule, schouderklep; 6 klauw (ijzer); 7 ankerhand.

patte†-d'oie v 1 kruispunt v. wegen; 2 kraaienpootje (bij oog).

pattu bn 1 met dikke of gevederde poten.

pâturable bn geschikt voor weiland.

pâturage m weiland, weide.

pâtur/e v 1 voedsel voor dieren; mettre en —, de wei insturen; vaine —, vrije weide; 2 (fam.) voedsel voor mensen; 3 prooi; livrer en —, overleveren. ~er I on.w weiden, grazen. II ov.w afgrazen. ~in m beemdgras.

paume v 1 palm v. d. hand; 2 kaatsspel; jeu de —, kaatsbaan.

paumelle v 1 tweerijige gerst; 2 deurhengsel.

paumer ov.w 1 met de platte hand slaan; 2 (fam.) grijpen, pakken; 3 (pop.) verliezen.

paumier m 1 houder v. e. kaatsbaan; 2 iem. die artikelen verkoopt of fabriceert voor het kaatsspel.

paumure v kroon v. e. hertegewei.

paupérisme m algemene armoede.

paupière v 1 ooglid; fermer la —, inslapen; sterven; fermer les —s à qn., iem. de ogen sluiten; ouvrir la —, ontwaken.

paupiette v poupiette, v blinde vink.

pause v 1 rust, tussenpauze; 2 hele maat rust (muz.); 3 teken voor een hele maat rust (muz.).

pauser ov.w een maat rust hebben (muz.)

pauvr/e I bn 1 arm, armoedig, armzalig; un — hère, een arme stumper; 2 ongelukkig, slecht; un — orateur, een slecht redenaar. II zn m arme. ~esse v arme vrouw, bedelares. ~et m, -ette v arme ziel. ~eté I v armoede, ellendige toestand; — n'est pas vice (spr.w.), armoede is geen schande. II ~s v mv onbeduidende dingen, - gezegden, gemeenplaatsen.

pavage m 1 plaveisel, bestrating; 2 bevloering; 3 het bestraten, het plaveien.

pavane v 1 oude langzame Spaanse dans; 2 melodie op deze dans.

pavaner (se) een hoge borst opzetten.

pavé m 1 straatsteen; 2 bestrating, plaveisel; 3 vloer; 4 straat; battre le —, straatslijpen;

être sur le —, op straat staan; *brûler le* —, erg hard rijden, rennen; *tenir le haut du* —, voorrang hebben.

pavement *m* 1 bestrating; 2 bevloering.

paver *ov.w* 1 bestraten; 2 bevloeren.

paveur *m* straatmaker.

pavillon *m* 1 ronde of vierkante tent; 2 hemel v. e. bed; 3 velum (*R.K.*); 4 paviljoen, tuinhuis, koepel, zomerhuis; — *de chasse*, jachthuis; 5 oorschelp; 6 grammofoon-hoorn; 7 vlag; *abaisser, amener le* —, de vlag strijken; 8 dak (auto).

pavois *m* (*oud*) groot schild; *élever sur le* —, op het schild zetten (v. iem., die tot vorst gekozen was); verheerlijken; 2 vlaggenver-siering v. e. schip.

pavoisement *m* het versieren met vlaggen.

pavoiser *ov.w* met vlaggen versieren.

pavot *m* papaver; —*rouge*, klaproos.

payable *bn* betaalbaar.

payant *bn* 1 betalend; 2 waarvoor men be-taalt. II *zn m* betalend bezoeker.

paye *v* zie paie.

payement *ml* zie paiement.

pay/er *ov.w* betalen; belonen; — *cher*, duur te staan komen; *il me le paiera*, ik zal het hem betaald zetten; — *qn. de belles paroles*, iem. met een kluitje in het riet sturen; — *de sa personne*, zijn leven wagen, zelf handelen; — *qn. de retour*, iem. met gelijke munt be-talen; een wederdienst bewijzen; — *pour les autres*, voor een ander opdraaien; — *le tribut à la nature*, sterven. II se ~ 1 betaald worden; beloond, gestraft worden; 2 geld afhouden; 3 zich zelf trakteren op (*se — un voyage*); 4 *se — de*, zich tevreden stellen met. ~*eur m*, -*euse v* 1 betaler(betaalster); 2 betaalmeester.

pays I *m* 1 land, vaderland, landstreek; *les gens du* —, de mensen uit de streek; — *perdu*, afgelegen streek; *voir du* —, reizen; 2 geboorteplaats; *mal du* —, heimwee. II *m*, -e *v* (*fam.*) plaatsgenoot, streekge-noot(-genote). ~*age m* landschap.

paysager, -*ère bn* als een landschap.

paysagiste I *zn m* landschapschilder. II *bn peintre* —, landschapschilder; (*ingénieur*) —, tuin- en landschaparchitect.

paysan I *bn* boers. II *zn m*, -*anne v* boer(in); *à la* —*anne*, op zijn boers. ~*nat m* boeren-stand. ~*nerie v* 1 boerenstand; 2 boeren-romannetje; schilderij met boers tafreel; boers toneelstuk.

péage *m* tol.

péager *m*, -*ère v* tolgaarder(ster).

péan, paean *m* 1 hymne ter ere v. Apollo; 2 krijgszang, overwinningszang.

peau [*mv x*] *v* 1 huid, vel; — *d'âne*, perka-ment; diploma; trom; *faire* — *neuve*, totaal v. gedrag veranderen, totaal omzwaaien; nieuwe spullen aantrekken; *il ne faut jamais vendre la* — *de l'ours qu'on ne l'ait mis par terre* (*spr.w.*), men moet de huid v. d. beer niet verkopen, voor men hem geschoten heeft; *risquer sa* —, zijn leven wagen; *vendre cher sa* —, zijn huid duur verkopen; 2 bereide huid, leer; *coudre la* — *du renard à celle du lion*, list met moed verenigen; 3 schil; 4 vel op melk.

peauss/erie *v* 1 huidenhandel; 2 lederbewer-king. ~*ier m* 1 leerbereider; 2 handelaar in leer.

pec *bn: hareng* —, pekelharing.

pécaïre! *tw* o wee!

pécari *m* muskuszwijn.

peccabilité *v* zondigheid.

peccable *bn* zondig.

peccadille *v* pekelzonde, klein vergrijp.

peccavi *m* belijdenis v. zonden, v. schuld; *faire son* —, zijn schuld belijden.

pêche *v* 1 perzik; 2 visvangst; — *à la ligne*, hengelen; *permis de* —, visakte; 3 vangst (het gevangene).

péché *m* zonde; — *d'Adam*, — *originel*, erf-zonde; *les sept* —*s capitaux*, de zeven

hoofdzonden; — *mortel*, doodzonde.

pécher *on.w* zondigen, een misslag begaan.

pêcher I *zn m* perzikboom. II *ov.w* vissen, op-vissen; — *à la ligne*, hengelen; — *en eau trouble*, in troebel water vissen (v. vis). III se ~ gevangen worden (v. vis).

pêcherie *v* visplaats, visgrond.

pêcheur I *v zn m*, -*eresse v* zondaar(zondares). II *bn* zondig; *femme pécheresse*, zondares.

pêcheur I *zn m*, -*euse v* visser(vissersvrouw); — *à la ligne*, hengelaar(ster). II *bn* vissend; *bateau* —, vissersboot.

décore *v* 1 (*oud*) dier; 2 onnozel schepsel, stommeling.

pectoral [*mv aux*] I *bn* 1 v. d. borst; *muscle* —, borstspier; 2 voor de borst; *fleurs* —*es*, hoestkruiden. II *zn m* 1 borstspier; 2 hoestmiddel.

pécule *v* spaarduitje.

pécune *v* (*oud*) geld.

pécuniaire *bn* geldelijk; *peine* —, geldstraf.

pécunieux, -*euse bn* (*fam.*) die er goed bijzit.

pédagog/ie *v* opvoedkunde. ~*ique* I *bn* op-voedkundig. II *zn v* opvoedkunde.

pédagogue *zn m* 1 opvoedkundige (meestal in ongunstige zin); 2 schoolvos, frik. II *bn* schoolmeesterachtig.

pédalage *m* het fietsen.

pédal/e *v* 1 pedaal v. auto, orgel enz.; 2 pe-daal, trapper v. e. fiets enz. ~*é bn* pedaal-vormig. ~*er on.w* 1 op een pedaal trappen; 2 fietsen.

pédalier *m* 1 voetklavier; 2 trapas.

pédant I *zn m* 1 (*oud*) schoolmeester; 2 schoolvos, betweter, wijsneus. II *bn* school-meesterachtig. ~*erie v* schoolmeesterach-tigheid, betweterij, waanwijsheid.

pédantesque *bn* schoolmeesterachtig.

pédantisme *m* schoolmeesterachtigheid.

pédard (*pop.*) *m* fietser.

pédestre *bn* te voet; *statue* —, standbeeld ten voeten uit; *voyage* —, voetreis.

pédiatre *m* kinderarts.

pédiatrie *v* kindergeneeskunde.

pédicelle *v* steeltje (*pl.k.*).

pédicule *m* steel (*pl.k.*).

pédiculé *bn* gesteeld

pédicure *m* of *v* voetverzorger(ster)

pedigree *m* stamboek v. rasdieren.

pédiluve *m* voetbad.

pédoncule *m* steel (*pl.k.*).

pédonculé *bn* gesteeld.

pedzouille *m* (*fam.*) boer.

Pégase *m* Pegasus.

pègre *v* (*arg.*) de onderwereld, de boeven.

peign/age *m* het kammen v. wol, het hekelen v. vlas. ~*e m* 1 kam; *sale comme un* —, erg vuil; 2 vlaskam, hekel.

peigné *m* kamwol.

peignée *v* 1 de wol, het vlas, dat men in één keer hekelt; 2 (*pop.*) pak slaag.

peigner I *ov.w* 1 kammen; 2 kammen v. wol, hekelen v. vlas; 3 netjes afwerken, in de puntjes verzorgen. II se ~ 1 zich kammen; 2 elkaar in de haren vliegen.

peignerie *v* wolkammerij.

peigneur I *zn m*, -*euse v* wolkammer(ster), hekelaar(ster). II -*euse v* kammachine.

peignier I *zn m* 1 kammenmaker; 2 kam-menverkoper. II *bn* wat kammen betreft.

peignoir *m* 1 kapmantel; 2 badmantel; 3 ochtendjapon.

peignures *v mv* haren, die men verliest bij het kammen.

peinard I *zn m* (*pop.*) zwoeger, slover. II *bn* (*pop.*) rustig.

peindre *ov.w onr.* 1 schilderen, beschilderen; *papier peint*, behangselpapier; 2 beschrijven.

peine *v* 1 straf; — *capitale*, doodstraf; *sous* — *de*, op straffe van te; *sous* — *de la mort, de la vie*, op straffe des doods; 2 moeite; *à gra d-peine*, met veel moeite; *à* —, nauwelijks, ter-nauwernood; *donnez-vous la* — *de*, wees zo goed te; *en être pour sa* —, vergeefse moeite gedaan hebben; *homme de* —, sjouwer; *mourir à la* —, zich dood werken; *perdre sa* —, vergeefse moeite doen; *c'est* — *perdue*, dat is vergeefse moeite; *toute* — *mérite salaire*, (spr.w) iedere moeite moet beloond worden; 3 smart, leed; *faire de la* — *à qn.*, iem. verdriet aandoen; 4 zorg, angst, onrust; *se mettre en* — *de*, zich bezorgd maken over.

peiné *bn* verdrietig.

peiner I *ov.w* 1 verdrieten, leed doen; 2 vermoeien. II *on.w* zwoegen, zich afbeulen. III *se* ~ zich afbeulen, zwoegen.

peintre *m* schilder; — *en bâtiments*, huisschilder; — *du dimanche*, zondagsschilder.

peintre† graveur† *m* maker v. originele gravures.

peintresse *v* schilderes.

peinture *v* 1 schilderkunst; — *à l'huile*, het schilderen met olieverf; 2 schildering, schilderij; — *murale*, muurschildering; 3 verf; 4 schildering, beschrijving; *en* —, in schijn.

peintur/er *ov.w* verven, schilderen. ~eur *m*, ~euse *v* verver(verfster), schilder(es).

peinturlur/age *m*, ~e *v* 1 het schilderen in schreeuwende kleuren; 2 schilderwerk in schreeuwende kleuren. ~er *ov.w* in schreeuwende kleuren schilderen.

péjorat/if, -ive *bn* wat aan een woord een ongunstige betekenis geeft (*terminaison* —*ive*). ~ion *v* verergering.

Pékin I *m* Peking. II p~ *m* 1 gekleurde zijden stof; 2 (*arg. mil.*) burger.

pékinois, -oise I *zn m* uit Peking. II *zn* P~ *m*, *-oise v* inwoner(inwoonster) van Peking. III p~ *m* pekinees (hond).

pelage *m* 1 haar, vacht v. dieren; 2 het schillen.

pélagien, -enne, pélagique *bn* wat de zee, de oceaan betreft.

pélargonium *m* soort geranium.

pelauder *ov.w* (*fam.*) afranselen.

pelé I *bn* 1 kaal; 2 geschild. II *zn m* kaalhoofdige.

pêle-mêle I *zn m* 1 verwarring, warboel; 2 grote lijst, waarachter men allerlei familiefoto's zet. II *bw* door elkaar, verward.

peler I *ov.w* 1 ontharen; 2 schillen, pellen. II *on.w* vervellen. III *se* ~ 1 kaal worden; 2 vervellen.

pèlerin *m* 1 pelgrim; *la pluie du matin réjouit le* — (spr.w), op een regenachtige morgen volgt vaak een mooie dag; *vent du soir et pluie du matin n'étonnent pas le* — (spr.w), als het 's avonds waait, regent het de volgende morgen; 2 (*am.*) reiziger; 3 grote haai. ~age *m* 1 pelgrimstocht; 2 bedevaartsplaats.

pèlerine *v* pelerine (soort mantel).

pèleriner *on.w* (*fam.*) op bedevaart gaan.

pélican *m* pelikaan.

pelisse *v* pels, pelsmantel, pelsjas.

pelle *v* 1 schop, spade; — *à beurre*, boterspaan; — *à tarte*, taartschep; *ramasser une* — (*pop.*), vallen; *remuer l'argent à la* —, schatrijk zijn; 2 riemblad.

pelletée *v* schopvol.

pelleter *ov.w* met de schop omwerken.

pelleterie *v* 1 pelterijen; 2 het bontwerken; 3 bontwerk; 4 pelterijenhandel.

pelletier I *zn m*, -ère *v* 1 bontwerker(ster); 2 bontverkoper(-verkoopster). II *bn* wat bont betreft (*marchand* —).

pelliculaire *bn* zeer dun (als een vlies).

pellicul/e *v* 1 vlies, velletje, schilfer; 2 fotofilm. ~eux, -euse *bn* schilferig.

pellucide *bn* doorzichtig.

pelotage *m* het ten kluwen winden.

pelotari *m* Baskisch pelotespeler.

pelote *v* 1 kluwen; *faire sa* —, geld vergaren; 2 bal (— *de neige*); 3 speldenkussen; 4 Baskisch kaatsspel; 5 bles v. e. paard.

peloter I *ov.w* 1 tot een kluwen maken, opwinden; 2 mishandelen; 3 (*pop.*) vleien,

---

flikflooien. II *on.w* met een bal spelen (kaatsen, biljart enz.).

peloteur *m*, -euse *v* kluwenwinder(ster).

peloton *m* 1 klein kluwen; 2 groep personen; groepje mensen enz. in een wedstrijd; — *de tête*, koppeloton; 3 peloton (*mil.*).

pelotonner I *ov.w* tot een kluwen maken, opwinden. II *se* ~ 1 een kluwen vormen; 2 ineenduiken, ineenkruipen.

pelouse *v* 1 grasperk; 2 middenveld v. d. renbaan.

pelu *bn* harig.

peluch/e *v* pluche, pluis. ~é *bn* pluizig, harig. ~er *ov.w* pluizen. ~eux, -euse *bn* pluizig.

pelure *v* 1 schil; 2 (*pop.*) kleren.

pemmican *m* gedroogd vlees.

pénal [*mv* aux] *bn* wat straffen betreft; *code* —, wetboek v. strafrecht; *loi* —*e*, strafwet.

pénalisation *v* strafpunten.

pénaliser *ov.w* straf opleggen.

pénalité *v* 1 straf; 2 strafschop.

pénates *m mv* 1 huisgoden; 2 huis.

penaud *bn* beteuterd, beschaamd.

penchant I *bn* 1 hellend; schuin; 2 wankelend, achteruitgaand; — *à*, geneigd tot. II *zn m* 1 helling; *le* — *de la vie*, de naderende ouderdom; 2 neiging.

pencher I *ov.w* buigen, doen overhellen (— *la tête*). II *on.w* 1 overhellen, scheef staan; 2 geneigd zijn; 3 *vers sa ruine*, zijn ondergang tegemoet gaan. III *se* ~ zich buigen, -bukken; *se* — *sur*, bestuderen.

pendable *bn* in aanmerking komend, omg e-hangen te worden; *cas* —, misdaad, waar de galg op staat; *tour* —, boevenstreek.

pend/aison *v* het (op)hangen. ~ant I *zn m* 1 (*oud*) draagriem; 2 tegenhanger, pendant. II *vz* gedurende. III *vw* — *que*, terwijl. IV *bn* hangend; *cause* —*e*, aanhangige zaak. ~ard *m* (*fam.*) galgeaas.

pendeloque *v* 1 peervormig juweel, als oorhanger gebruikt; 2 hanger aan een lichtkroon; 3 (*fam.*) flard.

pendentif *m* 1 hangboog v. gewelf; 2 hanger aan een halskettinkje.

penderie *v* klerenrek.

pendiller *on.w* bungelen, wapperen.

pendillon *m* onrust (die de slinger v. e. klok in beweging brengt).

pendoir *m* 1 vleeshaak; 2 waslijn.

pendre I *ov.w* (op)hangen; *dire pis que* — *de qn.*, veel kwaad van iem. vertellen, iem. zwart maken. II *on.w* hangen, afhangen; *cela lui pend au nez*, dat staat hem te wachten. III *se* ~ 1 zich vastklampen; 2 zich ophangen.

pendul/aire *bn* slingerend. ~e I *m* slinger. II *v* pendule, klok. ~ette *v* klokje. ~iste *m* wichelroedeloper.

pêne *m* tong v. e. slot.

pénétrabilité *v* doordringbaarheid.

pénétrable *bn* doordringbaar.

pénétr/ant *bn* 1 doordringend; 2 schrander. ~ation *v* 1 het doordringen; 2 schranderheid.

pénétrer I *ov.w* door-, binnen-, indringen; — *le cœur*, diep ontroeren. II *on.w* door-, binnen-, indringen. III *se* ~ 1 zich zelf onderzoeken; 2 *se* — *de*, zich doordringen van, zich in de geest prenten.

pénible *bn* 1 moeilijk, lastig; 2 smartelijk, pijnlijk, ongelukkig.

péniche *v* 1 lichte sloep; 2 (*douane*—, politieboot; 3 grote aak; 4 (*pop.*) voet.

pénicilline *v* penicilline.

péninsulaire *bn* v. e. schiereiland.

péninsule *v* groot schiereiland.

pénitence *v* boete, boetvaardigheid; berouw; *les psaumes de la* —, de boetpsalmen; *le tribunal de la* —, de biechtstoel; 2 penitentie; 3 straf; *mettre en* —, straffen.

pénitent I *bn* berouwvol, boetvaardig; *vie* —*e*, leven v. boete. II *zn m*, -e *v* boeteling(e), biechteling(e). ~iaire *bn*: *établissement* —, verbeteringsgesticht.

pénitentiaux *bn mv:psaumes* —, boetpsalmen.

penn/age *m* veren v. roofvogels. ~e *v* vleugel-, staartpen. ~é *bn* gevind (v. blad). ~iforme *bn* veervormig.

pennon *m* riddervaan.

pennonceau [*mv* x] *m* riddervaantje.

pénombre *v* halfdonker, schemering.

pensée *v* 1 gedachte, denkbeeld; 2 mening (*dire sa* —); 3 plan; 4 ontwerp (*la — d'un roman*); 5 driekleurig viooltje.

penser I *on.w* 1 denken, menen; geloven; *pensez donc!*, stel u eens voor!; 2 van plan zijn, zich voornemen (*il pense partir*); 3 — *à*, van plan zijn; 4 *pensez à vous!*, neem u in acht!; 5 op het punt zijn (*il a pensé mourir*). II *ov.w* denken, geloven. III *zn m* (*dicht.*) gedachte.

pens/eur, -euse I *bn* peinzend, dromend. II *zn m*, *-euse v* denker(ster); *libre* —, vrijdenker. ~if, -ive *bn* peinzend, nadenkend, dromend.

pension *v* 1 kostgeld; 2 pension, kosthuis; 3 kostschool; 4 kostgeld op school; 5 jaargeld, toelage; — *de retraite*, pensioen.

pensionnaire *m* of *v* 1 kostganger(ster); 2 kostleerling(e); 3 iem. die een jaargeld, een toelage ontvangt; 4 pensionaris; *grand-pensionnaire*, raadpensionaris.

pension/at *m* pensionaat. ~er *ov.w* een jaargeld, een toelage toekennen.

pensivement *bw* peinzend, dromend.

pensum (*spr:* pin-som) *m* 1 strafwerk; 2 vervelend schrijfwerk.

pentaèdre *m* vijfvlak.

pentagonal [*mv* aux] *bn* vijfhoekig.

pentagone I *zn m* vijfhoek. II *bn* vijfhoekig.

pentamètre *m* vijfvoetig vers.

pentateuque *m* Pentateuch.

pentathlon *m* vijfkamp.

pente *v* 1 helling, glooiing; *aller en* —, hellen; 2 neiging; 3 afhangende strook, val v. e. gordijn.

Pentecôte (la) *v* Pinksteren.

pénultième I *bn* voorlaatste. II *zn v* voorlaatste lettergreep.

pénurie *v* gebrek, schaarste, grote armoede.

pépé *m* (*pop.*) grootvader.

pépée *v* (*fam.*) pop (kindertaal).

pépère I *zn bn* (*fam.*) rustig. II *zn m* 1 vader (kindertaal); 2 man v. zekere leeftijd.

pépettes *v mv* (*pop.*) geld.

pépie *v* pip; *avoir la* — (*fam.*), een droge keel hebben.

pépiement *m* gepiep.

pépier *on.w* piepen van jonge vogels.

pépin *m* 1 pit; 2 (*fam.*) paraplu; 3 (*fam.*) minnarijtje; 4 (*arg.*) parachute. ~ière I zn jong boompje, dat nog verplant moet worden; 2 boomkwekerij; 3 oefen-, kweekschool. **pépiniériste** I *zn m* boomkweker. II *bn: jardinier* —, boomkweker.

pepsine *v* pepsine.

peptone *v* pepton.

percage *m* doorboring.

percal/e *v* zeer fijne katoenen stof. ~ine *v* dunne, gladde katoen voor voering.

perçant *bn* doordringend, scherp.

perce *v* 1 boor; 2 gat in blaasinstrument.

percé *bn* doorboord, met een gat of gaten; *pays mal* —, land met weinig wegen.

perce-bois *m* houtworm.

perce-cigare *m* sigarepunter.

percée, perce *v* 1 opening, gat; 2 doorbraak v. straten, doorkijk in een bos.

percement *m* 1 doorboring, doorgraving; 2 doorbraak, tunnel.

perce-neige *v* sneeuwklokje.

perce-oreille *m* oorworm.

percepteur, -trice I *bn* het geluid opvangende. II *zn m* ontvanger der belastingen.

percepti/bilité *v* 1 waarneembaarheid; 2 invorderbaarheid v. belastingen. ~ble *bn* 1 waarneembaar; 2 invorderbaar.

perceptif, -ive *bn* wat het waarnemen betreft.

perception *v* 1 waarneming, gewaarwording; 2 het innen v. belastingen; 3 ambt v. ontvanger.

percer I *ov.w* 1 doorboren; 2 doorbreken (b.v. v. straten); 3 doordringen; dringen door; — *la foule*, zich een weg banen door de menigte; 4 doorgronden (— *un mystère*); 5 — *le cœur*, het hart breken, -verscheuren. II *on.w* 1 doorbreken, open gaan (v. zweer); 2 doorschemeren, zich verraden; 3 opvallen, bekend worden.

perceur I *zn m*, **-euse** *v* boorder(ster). II **-euse** *v* boormachine.

percev/able *bn* 1 waarneembaar; 2 invorderbaar. — *ov.w* 1 waarnemen; 2 invorderen, innen.

perche *v* 1 baars; 2 staak, lange stok, roede, polsstok, hengelstok; *tendre la* — *à qn.*, iem. de reddende hand bieden; *saut à la* —, polsstoksprong; 3 bonestaak (lange man); 4 gewei.

percher *on.w*, se **percher** 1 zitten v. vogels; 2 wonen.

percheur, -euse *bn* zittend (v. vogels).

perchoir *m* vogelstok, kippenrek.

perclus *bn* verlamd, lam.

perçoir *m* handboor.

percolateur *m* perculator.

percussion *v* 1 stoot, schok; *instrument de* —, slaginstrument; 2 onderzoek v. h. lichaam door kloppen (*med.*).

percutant *bn* door een schok afgaand (*projectiles* —*s*).

percut/er *ov.w* 1 slaan tegen, stoten tegen; 2 bekloppen (*med.*). ~eur *m* slagpin.

perdable *bn* wat verloren kan worden.

perdant *m* 1 verliezer; 2 — *de la marée*, afgaand tij.

perdition *v* 1 nood, gevaar (*navire en* —); 2 verderf, ondergang; *lieu de* —, plaats des verderfs.

perdre I *ov.w* 1 verliezen; — *son chemin*, verdwalen; — *contenance*, van zijn stuk raken; — *haleine*, buiten adem raken; — *l'occasion*, de gelegenheid voorbij laten gaan; — *sa peine*, vergeefse moeite doen; — *pied*, geen grond meer voelen; — *le temps*, zijn tijd verknoeien; — *terre* (*scheepv.*), het vaste land niet meer zien; — *la tramontane*, *la carte*, de kluts kwijt raken; — *de vue*, uit het gezicht verliezen; 2 beschadigen, bederven; 3 in het verderf storten, te gronde richten; 4 doen verdwalen. II *on.w* 1 verliezen; 2 achteruitgaan. III se ~ 1 verdwalen; 2 verdwijnen, verloren gaan; se — *dans la foule*, in de menigte opgaan; 3 zich in het verderf storten; 4 schipbreuk lijden; vergaan; 5 wegsterven; 6 zich verdiepen (in).

perdreau [*mv* x] *m* jonge patrijs.

perdrix *v* patrijs.

perdu *bn* 1 verloren, verdwenen; *reprise* —*e*, onzichtbare stop; 2 afgelegen (*pays* —); 3 ongeneeslijk, opgegeven (*mal ide* —); 4 te gronde gericht.

père *m* 1 vader, stamvader; *de* — *en fils*, van vader op zoon; *Dieu le Père*, God de Vader: *Père de l'Eglise*, Kerkvader; *le Père éternel*, God; — *nourricier*, voedstervader; *le saint* —, de paus; — *spirituel*, geestelijk leidsman; 2 pater; 3 schepper, stichter.

pérégrination *v* omzwerving.

péremp/tion *v* verjaring. ~oire *bn* 1 beslissend, afdoend (*argument* —); 2 betrekking hebbend op verjaring.

pérenniser *ov.w* vereeuwigen.

pérennité *v* lange duur, het voortduren.

péréquation *v* gelijke verdeling.

perfectibilité *v* vatbaarheid voor vervolmaking.

perfectible *bn* vatbaar voor vervolmaking.

perfection *v* volmaakt, voortreffelijk; *dans la* —, en —, in de perfectie.

perfectionnement *m* vervolmaking.

perfectionner I *ov.w* vervolmaken. II se ~ volmaakter, verbeterd worden; *se — dans*, zich bekwamen in.

perfide I *bn* vals, trouweloos. II *zn m* of *v* trouweloze, valsaard.

perfidie *v* valsheid, trouweloosheid.

perforage *m* doorboring.

perforant *bn* doorborend.

perforateur, -trice I *bn* doorborend. II *zn -trice v* boormachine.

perforation *v* doorboring.

perforer *ov.w* doorboren.

perforeuse *v* perforeertoestel.

performance *v* prestatie v. renpaard, renner-kampioen enz.

perfuseur *m* kunstmatig hart.

pergole, pergola *v* pergola.

péricliter *on.w* in gevaar zijn, wankelen (*fig.*), op vallen staan (*fig.*).

périgourdin I *bn* uit de oude prov'ncie Le Périgord. II P ~ *m*, -e *v* bewoner (bewoonster) van de oude provincie Le Périgord.

péril *m* gevaar; *au — de*, op gevaar van; *à ses risques et —s*, op eigen risico.

périlleux, -euse *bn* gevaarlijk; *saut —*, salto mortale.

périmer *on.w* verjaren, vervallen, verlopen.

périmètre *m* omtrek.

périod/e-I *v* 1 omloop, omloopstijd; 2 tijdperk, tijdvak; 3 volzin; 4 herhalings-oefening. II *m* toppunt. ~icité *v* geregelde terugkeer. ~ique I *bn* geregeld terugkerend; *fraction — simple*, zuiver repeterende breuk; *fraction — mixte*, gemengd rep.-breuk. II *zn m* tijdschrift.

périoste *m* beenvlies.

périostite *v* beenvliesontsteking.

péripétie *v* 1 wederwaardigheid, verwikkeling; 2 ontknoping v. e. toneelstuk; 3 plotselinge verandering der situatie in een roman, gedicht enz.

péri/phérie *v* omtrek. ~phérique *bn* aan de buitenzijde gelegen. ~phrase *v* omschrijving. ~phraser *on.w* omschrijvingen bezigen. ~phrastique *bn* omschrijvend.

périple *m* omzeiling.

périr *on.w* (vervoegd met *avoir*) omkomen, sneuvelen, vergaan; — *corps et biens*, met man en muis vergaan; — *d'ennui*, zich dood vervelen.

périscope *m* periscoop.

périssable *bn* vergankelijk.

périssoire *v* kano.

péristaltique *bn* peristaltisch.

péristyle *m* zuilengalerij.

péritoine *m* buikvlies.

péritonite *v* buikvliesontsteking.

perle *v* 1 parel (ook *fig.*); — echte parel; 2 kraal; 3 gasbelletje; 4 vierpuntsletter; 5 (*dicht.*) zeer witte tand.

perlé *bn* 1 parelachtig, parelvormig; 2 versierd met parels; 3 zeer fijn bewerkt (*broderie —e*); 4 helder (*rire —*).

perl/er I *ov.w* 1 parelgerst maken; 2 zeer fijn bewerken; 3 een loopje (*muz.*) voortreffelijk uitvoeren. II *on.w* parelen (b.v. v. zweet). ~ier, -ère I *bn* parels bevattend (*huître —ère*). II *zn m*, -ère *v* handelaar(ster) in parels.

perlot *m* 1 soort kleine oester; 2 (*pop.*) tabak.

perman/ence *v* 1 duurzaamheid, onafgebroken duur; *en —*, voortdurend; 2 onafgebroken zitting, het aanblijven; 3 vaste dienst; 4 gebouw, dat steeds open is voor het publiek (— *de police*). ~ent I *bn* blijvend, duurzaam, onafgebroken. II *zn* ~e *v* blijvende golf (permanent).

perméabilité *v* doordringbaarheid.

perméable *bn* doordringbaar.

permettre I *ov.w* onr. toestaan, veroorloven, vergunnen; *permettez!*, met uw verlof! II se ~ 1 veroorloofd worden; 2 de vrijheid nemen, zich veroorloven.

permis *m* vergunning, akte, vervoerbiljet, verlof; — *de chasse*, jachtakte; — *de circulation*, vrijbiljet v. d. spoorwegen; — *de conduite*, rijbewijs; — *de séjour*, verblijfsvergunning.

permission *v* 1 toestemming, verlof, vergunning; 2 kort verlof (*mil.*).

permissionnaire *m* 1 houder v. e. vergunning, v. e. akte; 2 verlofganger.

permut/abilité *v* verwisselbaarheid. ~able *bn* verwisselbaar. ~er I *ov.w* verwisselen, ruilen, verplaatsen. II *on.w* — *avec qn.*, van ambt ruilen met iem. ~eur, ~ant *m* iem. die met een ander v. standplaats ruilt.

perni/ciosement *bw* op verderfelijke, schadelijke wijze. ~eux, -euse *bn* verderfelijk, schadelijk; *fièvre* —euse, kwaadaardige koorts. ~osité *v* schadelijkheid, kwaadaardigheid.

péroné *m* kuitbeen.

péroraison *v* slot v. e. rede, peroratie.

pérorer *on.w* lang en hoogdravend spreken.

Pérou (le) Peru.

perpendiculaire I *bn* loodrecht. II *v* loodlijn.

perpétr/ation *v* het bedrijven, het begaan (v. e. misdaad). ~er *ov.w* bedrijven, begaan (een misdaad).

perpette (à) *bw* (*fam.*) voor altijd.

perpétuation *v* instandhouding.

perpétuel, -elle *bn* 1 eeuwig; *mouvement —*; perpetuum mobile; 2 levenslang (*exil —*); 3 voortdurend, onophoudelijk, bestendig.

perpétuer I *ov.w* doen voortduren, vereeuwigen, in stand houden. II se ~ blijven bestaan, voortduren, zich voortplanten.

perpétuité *v* voortduring, eeuwigheid; *à —* levenslang.

perplexe *bn* verlegen, onthutst.

perplexité *v* verlegenheid, verslagenheid.

perquisition *v* huiszoeking, gerechtelijk onderzoek. ~er *on.w* huiszoeking doen.

perron *m* stoep, bordes.

perroquet *m* papegaai (ook *fig.*).

perruche *v* 1 wijfjespapegaai; 2 parkiet; 3 bovenkruiszeil (*scheepv.*).

perruque *v* pruik; *vieille —*, oude pruik (*fig.*).

perruquier *m* pruikenmaker, kapper.

pers *bn* blauwgroen.

persan I *bn* Perzisch. II *zn* P ~ *m*, -e *v* Pers, Perzische.

Perse (la) Perzië.

persécut/é *m*, -e *v* vervolgde. ~er *ov.w* 1 vervolgen; 2 lastig vallen, plagen.

persécuteur *m*, -trice *v* vervolger(ster).

persécution *v* vervolging.

persévérance *v* standvastigheid, volharding; *la — vient à bout de tout* (*spr.w*), de aanhouder wint.

persévérant *bn* standvastig, volhardend.

persévérer *on.w* 1 volharden, doorzetten, volhouden; 2 voortduren.

persicot *m* persico (likeur).

persienne *v* zonneblind.

persiflage *m* bespotting, spotternij.

persifler *ov.w* bespotten, belachelijk maken.

persifleur *m*, -euse *v* spotter(ster).

persil *m* peterselie.

persill/ade *v* sneden koud rundvlees met olie, azijn en peterselie. ~é *bn*: *fromage —*, kaas met groenachtige vlekken.

persist/ance *v* bestendigheid, duurzaamheid, volharding. ~ant *bn* bestendig, aanhoudend, volhardend. ~er *on.w* aanhouden, volharden, voortduren.

personnage *m* 1 persoon; 2 hoog, belangrijk persoon; 3 persoon in romans en toneelspelen; rol.

personnaliser *ov.w* verpersoonlijken.

personnalisme *m* egoïsme.

personnalité *v* 1 persoonlijkheid; 2 persoon; 3 persoonlijke belediging; 4 egoïsme.

personne I *v* persoon, mens; persoonlijkheid; *accident de —*, persoonlijk ongeval; *aimer sa —*, van zijn gemak houden; *il est bien fait de sa —*, hij heeft een knap uiterlijk; — *civile*, persoonlijk lichaam; *en —*, persoonlijk; *les grandes —s*, de volwassenen; *jeune —*, jong meisje; *payer de sa —*, meevechten, zelf meedoen. II *vn.w* 1 niemand (— . . . *ne*); 2 iemand.

personnel, -elle I bn 1 persoonlijk; *contribu-tion —elle*, personele belasting; *pronom —*, persoonlijk voornaamwoord; 2 egoïstisch. **II** zn m personeel.

personnellement bw persoonlijk.

personnification v verpersoonlijking.

personnifier ov.w verpersoonlijken.

perspectif, -ive bn perspectivisch.

perspective v 1 perspectief; 2 vergezicht; 3 vooruitzicht; *en —*, in het vooruitzicht.

perspicace bn scherpzinnig.

perspicacité v scherpzinnigheid.

perspicuité v helderheid, duidelijkheid.

perspiration v uitwaseming, licht zweet.

persuadant bn overtuigend.

persuader I ov.w overtuigen, overhalen. **II se ~** zich verbeelden, geloven.

persuasible bn voor overreding vatbaar.

persuasif, -ive bn overtuigend.

persuasion v overtuiging, overreding.

persuasivement bw op overtuigende wijze.

perte v 1 verlies; *à — d'haleine*, buiten adem; *— d'heures* verlet; *à — de vue*, zover het oog reikt; *en pure —*, geheel onnodig, vergeefs; *— sèche*, zuiver verlies; *vendre à —*, met verlies verkopen; 2 ondergang, verderf; *la — de l'âme*, de verdoemenis; 3 plaats, waar een rivier in de grond verdwijnt.

pertin/emment bw gepast, van pas, ter zake dienend. ~**ence** v gepastheid, juistheid. ~**ent** bn gepast, juist, afdoend.

pertuis m 1 (oud) gat, opening; 2 rivierengte, nauwe doorvaart; 3 zeegat.

perturbateur, -trice I bn verstorend. **II** zn m, -trice v verstoorder(ster).

perturbation v storing, verstoring.

péruvien, -enne I bn Peruviaans. **II** zn P~ m, -enne v Peruviaan(se).

pervenche v maagdenpalm (pl.k.).

pervers I bn pervers, verdorven. **II** zn m, -e v verdorven mens. ~**ement** bw verdorven, slecht, pervers. ~**ion** v ontaarding; *— des mœurs*, zedenbederf.

perversité v verdorvenheid, perversiteit.

pervertir ov.w 1 verderven, ontaarden; 2 ver-draaien, vervalsen (*— un texte*).

pervertissement m 1 verderf, ontaarding; 2 verdraaiing, vervalsing.

pervertisseur, -euse I bn verderfelijk. **II** zn m, -euse v bederver(bederfster).

pesage m 1 het wegen; 2 plaats, waar men de jockeys weegt.

pesamment bw zwaar, log.

pesant I bn 1 zwaar; 2 log; 3 moeilijk, druk-kend. **II** zn m gewicht; *valoir son — d'or*, zijn gewicht in goud waard zijn.

pesanteur v 1 zwaartekracht; 2 zwaarte, ge-wicht; 3 loomheid, gebrek aan sierlijkheid, gebrek aan doorzicht, -aan schranderheid; 4 drukkend gevoel (*— d'estomac*).

pèse-bébé† m babyweegschaal.

pesée v 1 het wegen; 2 wat men in één keer weegt; 3 het oplichten met een hefboom, druk.

pèse-lait† m melkweger.

pèse-lettre† m brievenweger.

peser I ov.w 1 wegen; 2 afwegen, wikken en wegen (*— ses paroles*). **II** on.w 1 wegen; 2 *— sur*, drukken op; *— sur l'estomac*, zwaar op de maag liggen; 3 zwaar vallen, tot last zijn.

peseur m, -euse v weger(weegster).

peson m unster.

pessimisme m pessimisme.

pessimiste m of v pessimist(e).

peste I bn 1 zwaar; 1 pest; *— bubonique*, builenpest; 2 plaag, verderf, verderfelijke leer; 3 (*fam.*) ondeugd; *peste de —!*, naar de duivel met...! **II** tw drommels! ~**er** on.w uitvaren. ~**eux, -euse** bn van de pest. ~**ifère†** I bn lijdend aan pest. **II** zn m, -e v pestlijder(es).

pestil/ence v pest; ~**entiel, -elle** bn aangetast door pest, besmettelijk.

pet m wind; *pet-de-loup*, schoolvos.

pétale v bloemblad.

pétarad/e v (ge)knal. ~**er** on.w knallen.

pétard m 1 springbus, voetzoeker; 2 sen-satoneel nieuws; 3 (*fam.*) lawaai.

pétaudière, petaudière v rumoerige vergade-ring, huishouden v. Jan Steen.

pet-en-l'air m kort huisjasje.

péter on.w 1 een wind laten; 2 knappen, knapperen, knetteren; 3 (*fam.*) springen, breken, knappen.

pétillant bn knetterend (v. vuur); fonkelend (v. geest); parelend (v. wijn); schitterend (v. ogen).

pétill/ement m het knetteren, fonkelen, pare-len, schitteren. ~**er** on.w knetteren, fonke-len, parelen, schitteren.

pétiol/e m bladsteel. ~**é** bn gesteeld.

petiot bn (*fam.*) klein, nietig.

petit I bn 1 klein, nietig; *au — bonheur*, op goed geluk af; *— à —*, langzamerhand, beetje voor beetje; *en —*, in het klein; *le — monde*, de lagere klassen; *— vin*, landwijn; 2 kleingeestig; 3 lief, aardig, best (*mon — ami*). **II** zn m of v 1 kind; 2 jong v. dieren. **III** *les petits*, de armen, de nederigen.

petit†-beurre m soort droog biscuitje.

petite†-fille† v, **petit†-fils†** m kleindochter, kleinzoon.

petitement bw 1 klein, bij kleine hoeveel-heden; 2 minstens; 3 kleingeestig; 4 laag.

petites-maisons v mv gekkenhuis.

petitesse v 1 kleinheid, geringheid; 2 klein-geestigheid; 3 kleingeestige of lage daad.

petit-gris m petit-gris (bontsoort).

pétition v verzoekschrift, petitie.

pétitionnaire m of v indiener(ster) v. e. ver-zoekschrift.

pétition/ement m het indienen v. e. verzoek-schrift. ~**er** on.w een verzoekschrift in-dienen.

petit/-lait m wei. ~**†-maître†** m, **petite†-maîtresse†** v behaagziek mens.

petit-nègre m negerfrans, negerengels.

petit†-neveu† [mv x] m, **petite†-nièce†** v ach-terneef, achternicht.

petits-enfants m mv kleinkinderen.

peton m (*fam.*) voetje.

pétré bn steenachtig.

pétreux, -euse bn van de rots; *os —*, rotsbeen.

pétrif/cation v verstening. ~**er** ov.w 1 ver-stenen; 2 doen verstijven (b.v. van schrik).

pétrin m bakkerstrog; *être dans le —*, in verlegenheid zijn; *mettre dans le —*, in het nauw brengen.

pétr/ir ov.w 1 kneden; 2 kneden (*fig.*), vor-men. ~**issable** bn kneedbaar.

pétrissage m, **pétrissement** m het kneden.

pétrisseur I m, -euse v kneder, kneedster. **II** -euse v kneedmachine.

pétrographie v leer der gesteenten.

pétrole m petroleum; *essence de —*, benzine.

pétroler ov.w in brand steken door middel v. petroleum.

pétrolerie v petroleumraffinaderij.

pétrolette v (*pop.*) 1 motorfiets; 2 brandewijn.

pétroleur m, -euse v brandstichter(ster), die zich bediende v. petroleum (tijdens de Commune).

pétroli/er, -ère I bn wat petroleum betreft (*navire —*). **II** zn m tanker. ~**fère** bn petro-leum houdend, -voortbrengend.

pétul/amment bw uitgelaten. ~**ance** v uitge-latenheid, dartelheid, wildheid.

pétulant bn uitgelaten, dartel, dol, wild.

pétunia m petunia (pl.k.).

peu I bw weinig; *— à —*, langzamerhand; *à — près*, ongeveer; *dans — , sous —*, bin-nenkort, weldra; *depuis —*, sinds kort; *quelque —*, een beetje; *tant soit —*, een weinig, enigszins. **II** vw: *pour — que* (met *subj.*), als . . . slechts. **III** *zn* m 1 *un —*, een beetje; *pour un —*, het scheelde maar weinig, of. . .; 2 even, eens; zeg; *attendez un —*, wacht even; *dites un —*, zeg eens.

peuh! tw kom nou!, het mocht wat!

peuplade *v* volksstam.

peuple I *m* 1 volk; *petit* —, de lagere volks-klassen; 2 populier. II *bn* ordinair.

peuplement *m* 1 het bevolken; 2 bevolking.

peupler I *ov.w* bevolken. II se ~ zich bevolken. III *on.w* zich vermenigvuldigen, zich voortplanten.

peupleraie *v* bos v. populieren.

peuplier *m* populier; — *argenté*, zilverpopu-lier; — *tremble*, ratelpopulier.

peur I *v* vrees, angst, schrik; *avoir* — *de*, bang zijn voor; *avoir* — *pour*, bezorgd zijn voor; *de* — *de*, uit vrees te; *en être quitte pour la* —, er met de schrik afkomen; *faire* — *à*, schrik aanjagen; *laid à faire* —, aarts-foeilelijk; *mourir de* —, omvallen van schrik. II *vw: de* — *que* (met *subj.*), uit vrees, dat.

peur/eusement *bw* bevreesd. ~eux, -euse I *bn* bang. II *zn m*, -euse *v* bangerd.

peut-être *bw* 1 misschien; 2 toch zeker; zou ik denken.

pèze *v* (*pop.*) geld.

phaéton *m* 1 koetsier; 2 licht open rijtuig voor vier personen (twee vóór, twee achter).

phalange *v* 1 falanx (slagorde bij Romeinen en Grieken); 2 (*dicht.*) leger; 3 naam van sommige politieke partijen (b.v. in Spanje); 4 kootje, lid v. vinger of teen.

phalangette *v* voorste lid v. vinger of teen.

phalangiste *m* lid der Spaanse falanx.

phalène I *v* spanrupsvlinder, nachtvlinder.

phantasme *m* gezichtsbedrog.

pharamineux, -euse *bn* (*pop.*) geweldig, dave-rend (*succès* —).

pharaon *m* 1 farao; 2 soort hazardspel.

phare *m* 1 vuurtoren; 2 autolamp; *baisser les* —*s*, dimmen; — *-code*, dimlicht; 3 leider, gids; 4 tuig (*scheepv.*); 5 — *de Messine*, straat van Messina.

pharillon *m* kleine vuurtoren

pharisa/ïque *bn* 1 farizees; 2 schijnheilig, huichelachtig. ~ïsme *m* 1 farizees karakter; 2 schijnheiligheid, huichelarij.

pharmaceutique I *bn* van de artsenijkunde. II *zn v* artsenijbereidkunde.

pharmacie *v* 1 artsenijbereidkunde; 2 apo-theek; — *de famille*, huisapotheek; — *de poche*, zakapotheek.

pharmacien *m*, -enne *v* apotheker(es).

pharmacologie *v* geneesmiddelenleer.

pharmacologique *bn* wat de geneesmiddelen-leer betreft.

pharmacopée *v* receptenhandboek voor apo-thekers.

pharyngite *v* keelontsteking.

pharynx *m* keelholte.

phase *v* 1 schijngestalte v. e. planeet; 2 sta-dium.

Phébus I *m* Apollo. II p~ *m* duistere hoog-dravende stijl; wartaal.

phénicien, -enne I *bn* Fenicisch. II *zn* P ~ *m*, -enne *v* Feniciër, Fenicische.

phénique *bn: acide* —, carbolzuur.

phéniqué *bn: ouates* —*es*, carbolwatten.

phénix *m* 1 wondervogel uit de fabelleer; 2 uitblinker, hoogvlieger.

phénol *m* carbolzuur.

phénoménal [*mv aux*] *bn* 1 wat verschijnselen betreft; 2 wonderbaarlijk, buitengewoon.

phénomène *m* 1 verschijnsel; 2 natuurver-schijnsel; 3 abnormaliteit, wonderdier, wondermens; 4 origineel-, eigenaardig mens.

philanthrope *m* mensenvriend, weldoener.

philanthropie *v* mensenliefde.

philanthropique *bn* menslievend.

philatél/ie *v* 1 postzegelkunde; 2 het ver-zamelen v. postzegels. ~iste *m* of *v* post-zegelverzamelaar(ster).

philharmonie *v* grote liefde voor muziek

philharmonique *bn* muziek minnend.

philhellène *m* vriend der Grieken.

philhellénisme *m* liefde tot de Grieken.

Philippe *m* Filips, Flip; — *le Bel*, Filips de Schone.

philippique *v* heftige rede, tegen een bepaald persoon gericht.

Philistin I *m* Filistijn. II p~ *m* prozaïsch burger, die zich niet voor geestelijke dingen interesseert.

philo *v* (*arg.*) wijsbegeerte.

philo/logie *v* taalwetenschap. ~logique *bn* taalkundig. ~logue *m* taalgeleerde.

philomatique *bn* de wetenschap beminnend.

philomèle *v* (*dicht.*) nachtegaal.

philosophailler *on.w* (*fam.*) over alles en nog wat op dwaze wijze filosoferen.

philosophal *bn: pierre* —*e*, steen der wijzen.

philosophe I *bn* wijsgerig. II *zn m* 1 wijsgeer, wijze; 2 (*pop.*) valsspeler.

philosopher *on.w* filosoferen.

philosophie *v* 1 wijsbegeerte; 2 wijsheid; 3 hoogste klasse v. e. lyceum

philosophique *bn* wijsgerig.

philotechnique *bn* kunstlievend (*société* —).

philtre *m* liefdesdrank, toverdrank.

phlébotomie *v* aderlating.

phlox *m* flox (*pl.k.*).

phobie *v* ziekelijke angst.

phonème *m* spraakklank.

phonéticien *m* foneticus.

phon/étique I *bn* wat de spraakklank betreft, fonetisch. II *zn v* klankleer. ~ique *bn* wat de klanken, wat de stem betreft.

phono *m* (*fam.*) grammofoon.

phonogénique *bn* wiens (wier) stem uit-stekend klinkt in geluidsfilms of op gram-mofoonplaten.

phonogramme *m* door een fonograaf weer-gegeven geluid of tekst.

phonograph/e *m* fonograaf. ~ie *v* klank-opname, klankweetgave.

phonographique *bn* fonografisch.

phonomètre *m* klankmeter.

phonométrie *v* klankmeting.

phoque *m* zeehond.

phosphatage *m* het bemesten met fosfaat.

phosphate *m* fosfaat.

phosphore *m* fosfor.

phosphoré *bn* fosforhoudend.

phosphorescence *v* fosforescentie, het lichten in het duister.

phosphorescent *bn* lichtend, fosforescerend.

phot *m* eenheid v. lichtsterkte.

photo *v* (*fam.*) kiek; *faire de la* —, kieken.

photo/calque *m* lichtdruk. ~chimie *v* foto-chemie. ~chromie *v* kleurenfotografie. ~copie *v* fot. afdruk.

photo-électrique *bn* fotoëlektrisch.

photogène *bn* lichtgevend.

photogénique *bn* zeer geschikt, om gefotogra-feerd of gefilmd te worden.

photogramme *m* 1 fotogr. afdruk; 2 beeldje v. e. bewegende film.

photo/graphe *m* fotograaf. ~graphie *v* 1 licht-beeldkunst; 2 foto(grafie).

photograph/ier *ov.w* 1 fotograferen; 2 zeer nauwkeurig beschrijven. ~ique *bn* fotogra-fisch; *papier* —, fotopapier.

photogravure *v* lichtdruk.

photolithographie *v* lichtsteendruk.

photomécanique *bn* fotomechanisch.

photomètre *m* fotometer.

photométrie *v* meting der lichtsterkte.

photométrique *bn* fotometrisch.

photophobe *bn* lichtschuw.

photophobie *v* lichtschuwheid.

photophore *m* lichtboei.

photothérapie *v* genezing door licht.

phototype *m* fot. cliché. ~ie *v* lichtdruk.

phrase *v* zin; *faire des* —*s*, fraaie, maar holle woorden gebruiken; *sans* —*s*, kort en goed.

phraséologie *v* 1 zinsbouw; 2 bombastisch, hol gepraat.

phraséologique *bn* wat de zinsbouw betreft.

phras/er *on.w* mooie, maar zinledige zinnen maken. ~eur *m*, -euse *v*; ~ier *m*, -ière *v* praatjesmaker(-maakster); iem. die mooie, maar zinledige zinnen vormt.

phrénique *bn* wat het middenrif betreft.
phrénolog/ie *v* schedelleer. **~iste**, **~ue** *m* kenner der schedelleer.
phrygien, **-enne** Frygisch; *bonnet* —, Frygische muts.
phtisi/e *v* tering. **~que I** *bn* teringachtig. **II** *zn m* of *v* teringlijder(es).
phylactère *m* amulet, talisman.
phyllie *v* wandelegd blad (insekt).
phylloxéra, **phylloxera** *m* druifluis.
phylloxéré *bn* aangetast door druifluis.
phylloxérien, **-enne** *bn* van de druifluis.
physicien *m* natuurkundige.
physico-chimie *v* fysische scheikunde.
physico-mathématique *bn* wis- en natuurkundig.
physio/crate *m* econoom, die de landbouw beschouwt als de enige bron van volkswelvaart. **~cratie** *v* leer der fysiocraten. **~cratique** *bn* wat betrekking heeft op de fysiocratie.
physiognomonie *v* gelaatkunde.
physiognomoniste *m* gelaatkundige.
physiographie *v* natuurbeschrijving.
physiologie *v* leer der levensverrichtingen.
physiologique *bn* wat de leer der levensverrichtingen betreft.
physiologiste *m* fysioloog.
physionomie *v* 1 gelaat, gelaatsuitdrukking, uiterlijk, voorkomen; 2 eigen aard.
physionomique *bn* wat het gelaat betreft.
physionomiste *m* gelaatkenner.
physique I *bn* 1 lichamelijk, stoffelijk; 2 natuurlijk, natuurkundig. **II** *zn v* 1 natuurkunde; 2 werk over natuurkunde. **III** *zn m* 1 lichaam, gestel; 2 uiterlijk.
phyto-pathologie *v* leer der plantenziekten.
piaculaire *bn* verzoenend; *sacrifice* —, zoenoffer.
piaf *m* (*pop.*) mus.   [offer.
piaffe *v* praal, poeha.
piaffement *m* getrappel v. paarden.
piaffer I *on.w* 1 trappelen v. paarden; 2 trappelen (*fig.*); — *d'impatience*, trappelen van ongeduld; 3 grootdoen, drukte maken. **II** *zn m* het trappelen v. paarden.
piaillard I *bn* huilerig, krijsend. **II** *zn m* krijser, schreeuwer.
piaillement *m* gekrijs, geschreeuw.
piaill/er *on.w* krijsen, schreeuwen. **~eur** *m*, **-euse** *v* schreeuwer(ster), huilebalk.
piane-piane *bw* (*fam.*) kalmpjes, zachtjes.
pianino *m* kleine piano.
pianissimo *bw* zeer zacht (*muz.*).
pian/iste *m* of *v* pianist(e). **~istique** *bn* wat de piano, het pianospelen betreft.
piano, **piano-forte** *m* piano; — *à queue*, vleugel.
piano *bw* zachtjes (*muz.*).
pianoter *on.w* (*fam.*) op een piano rammelen.
piaule *v* (*pop.*) 1 kamer, huis; 2 knol (paard).
piaulement *m* 1 gepiep v. kuikens; 2 geschreeuw.
piaul/er *on.w* 1 piepen v. kuikens; 2 schreeuwen. **~is** *m* gepiep.
pible (à —) *bw* uit één stuk (*mât à* —).
pibrock *m* 1 Schotse doedelzak; 2 doedelzakmuziek.
pic *m* 1 houweel; 2 pook; 3 bergtop, piek; *à* —, loodrecht; 4 specht.
picador *m* bereden stierenvechter, gewapend met een lans.
picard I *bn* Picardisch. **II** *zn* P ~ *m*, -e *v* Picardiër, Picardische.
picaresque *bn: roman* —, schelmenroman.
picaro *m* schelm.
pichenette *v* 1 knip met de vingers; 2 kunstkapertje (spel met mes).
picholine *v* groene olijf bij hors d'œuvre.
pickpocket *m* zakkenroller.
pick-up *m* pick-up.
picoler *on.w* (*pop.*) hijsen, zuipen.
picolo *m* 1 lichte wijn uit sommige provincies; 2 kaartspel, waarbij slechts één slag gehaald mag worden.
picorer *ov.w* 1 stropen; 2 pikken.

picot *m* 1 steenbrekershamer; 2 visnet voor platvis.
picotage *m* het pikken.
picotement *m* huidprikkeling, jeuk.
picoter *ov.w* 1 prikkelen; 2 pikken; 3 plagen.
picoterie *v* plagerij.
picoteux *m* vissersboot met twee masten in het Kanaal.
picotin *m* 1 havermaat voor een paard; 2 maat haver.
picter *ov.w* (*pop.*) drinken.
pictural [*mv* **aux**] *bn* van de schilderkunst.
pie I *zn v* ekster; *jaser comme une* —, erg kletsen; 2 (*fam.*) kletskous. **II** *bn* 1 bont (*vache* —); 2 vroom.
piéça *bw* sedert lang, allang.
pièce *v* 1 stuk (gedeelte v. e. geheel, dat zelf een geheel vormt); — *à* —, stuk voor stuk; *tout d'une* —, uit één stuk; *de toutes* —, geheel en al; van top tot teen; 2 stuk, dat een geheel vormt; *dix francs* (la) —, tien francs per stuk; — *d'eau*, vijver; — *de gibier*, stuk wild; — *de théâtre*, toneelstuk; *travailler à la* —, op stukloon werken; 3 stuk v. e. gebroken voorwerp; *mettre en* —*s*, verbrijzelen; *mettre*, *tailler en* —*s l'ennemi*, de vijand in de pan hakken; 4 (*fam.*) persoon; *une bonne* —, een mooie vent; 5 vuurmond; 6 kamer, vertrek; 7 geldstuk; 8 vat; 9 stuk in schaakspel; 10 toneelstuk; 11 document; 12 fooi (*donner la* —).
plécette *v* geldstukje.
pied *m* 1 voet v. e. mens; *à* —, te voet; — *à* —, voetje voor voetje; *au petit* —, in het klein, in miniatuur; *avoir toujours un* — *en l'air*, altijd in de weer zijn; *avoir un* — *dans la fosse*, met één been in het graf staan; *coup de* —, schop; *de* — *en cap*, *des* — *à la tête*, van top tot teen; *de* — *ferme*, standvastig; *lâcher* —, vluchten, terrein verliezen; *lever le* —, de hielen lichten, met de noorderzon vertrekken; *mettre* — *à terre*, afstijgen v. h. paard, uitstappen, voet aan wal zetten; *portrait en* —, portret ten voeten uit; *prendre* —, vaste voet krijgen; *ne savoir sur quel* — *danser*, niet weten, wat men doen moet; *sur* — —, op de been, te velde staand; 2 poot, voet (v. dieren, v. verschillende voorwerpen); *le* — *du lit*, het voeteneinde; —*s de mouche*, hanepoten; *de porc*, varkenspootje; *sécher sur* —, van verdriet verteren; — *de table*, tafelpoot; — *de veau*, kalfspoot; 3 voet (= maat); *sur un grand* —, op grote voet; *prendre au* — *de la lettre*, letterlijk opvatten; *faire un* — *de nez à qn.*, een lange neus tegen iem. trekken; 4 versvoet.
pied-à-terre *m* optrekje.
pied†-d'alouette *m* ridderspoor (*pl.k.*).
pied†-de-cheval *m* soort grote oester.
pied†-de-veau [*mv* **x**] *m* aronskelk.
pied†-droit† *m* 1 loodrechte muur ter ondersteuning v. e. gewelf; 2 post v. deur of venster.
piédestal [*mv* **aux**] *m* voetstuk.
pied†-fort† *m* proefmunt.
pied†-plat† *m* ploert, fielt.
piège *m* 1 strik, val; 2 valstrik (*fig.*).
piégeage *m* jacht met vallen of strikken.
piéger *ov.w* vangen met strikken of vallen.
piégeur *m* strikken-, vallenzetter.
pie†-grièche†, **pigrièche** *v* 1 bonte ekster; 2 helleveeg.
piéride *v* koolwitje.
pierraille *v* gruis, grint, puin.
pierre *v* 1 steen; — *à fusil*, vuursteen; — *angulaire*, hoeksteen; — *à plâtre*, gips; *c'est une* — *dans ton jardin!*, dat is een — *d'achoppement*, steen des aanstoots; *de touche*, toetssteen; *faire d'une* — *deux coups*, twee vliegen in één klap slaan; — *fondamentale*, grondslag; — *infernale*, helse steen; *ne pas laisser* — *sur* —, geen steen op de andere laten; — *qui roule n'amasse pas mousse* (*spr.w*), een rollende steen vergaart

geen mos; — *philosophale*, steen der wijzen; — *ponce*, puimsteen; 2 niersteen, galsteen; 3 harde plek in vruchten; 4 P~ Petrus, Piet.

pierreries *v mv* edelstenen.

pierrette *v* 1 steentje; 2 vrouwelijke pierrot.

pierreux, -euse *bn* vol stenen, steenachtig.

pierrier *m* (*oud*) steenmortier.

pierrot *m* 1 mus; 2 pierrot, hansworst.

piétaille, **piétraille** *v* (minachtend) infanterie.

piété *v* 1 vroomheid; 2 liefde, eerbied; — *filiale*, kinderliefde.

piéter I *on.w* 1 aan de meet staan; 2 hard lopen v. vogels. II *ov.w* opzetten, aanzetten tot tegenstand. III se ~ 1 op de tenen gaan staan; 2 zich schrap zetten.

piétinement *m* getrappel.

piétiner I *ov.w* vertrappen, trappen op. II *on.w* 1 trappelen, stampvoeten; 2 stilstaan, stagneren (*affaire qui piétine*).

piéton *m* voetganger.

piètre *bn* armzalig, pover.

pieu [*mv* x] *m* 1 (puntige) paal, heipaal; 2 (*pop.*) bed, „nest".

pieusement *bw* 1 vroom; 2 vol eerbiedige liefde.

pieuvre *v* inktvis.

pieux, -euse *v* 1 vroom; 2 eerbiedig en liefdevol.

pif *m* (*pop.*) 1 neus; 2 grote neus, kokker.

piffre *m*, -esse *v* (*pop.*) 1 dikzak; 2 vreetzak.

piffrer (se) (*pop.*) zich volproppen.

pigeon *m* 1 duif; *gorge-de-pigeon*, paarsachtige kleur met weerschijn; — *vole*, alle vogels vliegen! (kinderspel); — *voyageur*, postduif; 2 suffer, onnozele bloed.

pigeon/ne *v* wijfjesduif. ~neau [*mv* x] *m* 1 duifje; 2 suffer; onnozele bloed.

pigeonnier *m* duiventil.

piger *ov.w* (*pop.*) 1 bekijken, bewonderen; 2 begrijpen, snappen; 3 pakken, nemen, oplopen (— *un rhume*); 4 betrappen.

pigment *m* pigment, kleurstof.

pigmentaire *bn* wat het pigment betreft.

pigmentation *v* pigmentvorming.

pigmenter *ov.w* (met pigment) kleuren.

pignade *v* bos van zeedennen.

pigne *v* pijnappel.

pignocher *on.w* 1 kieskauwen; 2 schilderen met kleine streekjes.

pignon *m* 1 puntgevel; *avoir — sur rue*, een eigen huis hebben; 2 kamrad.

pignouf *m* (*pop.*) 1 vlegel; 2 vrek.

pilage *m* het stampen.

pilaire *bn* van de haren.

pilastre *m* pilaster.

pile I *v* 1 stapel, hoop; 2 pijler; 3 zuil, batterij; — *atomique*, atoomzuil, kernreactor; 4 pak slaag; 5 muntzijde v. e. geldstuk; — *ou face*, kruis of munt; *s'arrêter —*, (*pop.*) plotseling stoppen. II *bw à huit heures —*, precies om 8 uur.

piler *ov.w* fijnstampen.

pileux, -euse *bn* v. h. haar.

pilier *m* 1 pilaar, pijler; 2 steunpilaar (*fig.*), verdediger; 3 vaste bezoeker; — *de cabaret*, kroegloper.

pilifère *bn* haardragend.

pill/age *m* plundering. ~ard *m*, -e *v* 1 plunderaar(ster); 2 letterdief; 3 kwade hond. ~er *ov.w* 1 plunderen; 2 plagiaat plegen; 3 *pille !*, pak ze! (aanmoedigingskreet voor jachthonden). ~erie *v* plundering. ~eur *m*, -euse *v* plunderaar(ster).

pilon *m* 1 stamper; heiblok; *mettre au ouvrage au —*, de oplaag v. e. boek vernietigen; 2 vogelbout; 3 houten been. ~nage *m* 1 het stampen; 2 zwaar bombardement.

pilonner *ov.w* 1 stampen, vaststampen; 2 heftig beschieten of bombarderen.

pilori *m* schandpaal; *clouer au —*, aan de kaak stellen. ~er *ov.w* aan de kaak stellen, aan de schandpaal slaan.

pilot *m* heipaal.

pilotage *m* 1 hei-, paalwerk; 2 het loodsen, loodswezen; 3 het besturen (v. auto,

vliegtuig).

pilote I *m* 1 bestuurder v. vliegtuig, stuurman v. schip; 2 loods; 3 loodsmannetje (visje). II *bn* wat loods betreft: *bateau —*, loodsboot; *ballon —*, loodsballon.

piloter *ov.w* 1 van heipalen voorzien; 2 besturen; 3 rondleiden, als gids dienen.

pilotin *m* stuurmansleerling.

pilotis *m* heipaal, heiwerk.

pilulaire *bn* pilvormig.

pilule *v* pil; *dorer la —*, de pil vergulden.

pimbêche I *zn v* feeks, kat. II *bn* kattig, snibbig.

piment *m* spaanse peper.

pimenter *ov.w* 1 kruiden met spaanse peper; 2 kruiden (*fig.: — un récit*).

pimpant *bn* elegant, schitterend, keurig.

pimprenelle *v* pimpernel.

pin *m* den; — *maritime*, zeeden; — *sylvestre*, grove den.

pinace *v* grote sloep.

pinacle *m* tinne; *porter au —*, hemelhoog verheffen.

pinacothèque *v* schilderijenmuseum.

pinard (*arg. mil.*) *m* wijn.

pinasse *v* pinas, lichte boot.

pinastre *m* zeeden.

pinç/ade *v* kneep. ~age *m* het knijpen.

pince *v* 1 het knijpen; kneep; 2 tang, pincet (meestal *mv*); — *à linge*, wasknijper; — *de cycliste*, broekknijper; 3 koevoet; 4 snijtand van herbivoren; 5 schaar v. kreeft.

pincé *bn* stijf, effen.

pinceau [*mv* x] *m* 1 penseel; 2 wijze v. schilderen; 3 schilder; 4 lichtstreep.

pincée *v* wat men tussen duim en vinger kan pakken; — *de tabac*, snuifje.

pince-maille† *m* vrek.

pincement *m* 1 het knijpen, kneep; 2 het afknijpen v. jonge knoppen.

pince-nez *m* lorgnet.

pincer I *ov.w* 1 knijpen; 2 afknijpen v. jonge knoppen of v. h. uiteinde der takken; 3 (*fam.*) betrappen; 4 pakken, arresteren. II *on.w* 1 tokkelen (— *de la harpe*); 2 (*pop.*) *en — pour qn.*, verliefd op iem. zijn.

pince-sans-rire *m* of v droogkomiek.

pincette *v* 1 tangetje; 2 (meestal *mv*) vuurtang, tang; *il n'est pas à prendre avec des —s*, je zou hem met geen tang aanpakken.

pinchard *bn* ijzergrauw (v. e. paard).

pinçon *m* kneep, blauwe plek na een kneep.

pinçure *v* kneep.

pineau [*mv* x] *m* kleine Bourgondische druif.

pinède, **pineraie** *v* dennenbos.

pingouin *m* pinguïn.

ping-pong *m* tafeltennis.

pingre I *m* gierigaard. II *bn* gierig.

pingrerie *v* gierigheid, inhaligheid.

pinière *v* dennenbos.

pinson *m* vink. ~nière *v* koolmees.

pintad/e *v* parelhoen. ~ine *v* pareloester. ~on, *m* kleine parelhoen.

pinte (*v* pint). ~er I *on.w* (*pop.*) zuipen, pimpelen. II *ov.w* drinken.

piochage *m* het hakken met een houweel.

pioch/e *v* houweel. ~er I *ov.w* 1 openhakken met een houweel; 2 hard blokken op. II *on.w* blokken, vossen.

piocheur *m*, -euse *v* blokker(ster), vosser.

piochon *m* kleine houweel.

piolet *m* gletscherhouweel.

pion *m* 1 pion (schaakspel); 2 damsteen; 3 (*fam.*) surveillant op school.

pioncer *on.w* (*pop.*) maffen.

pionn/e *v* (*fam.*) surveillante. ~ier *m* 1 pionier (*mil.*); 2 pionier, baanbreker.

piot *m* (*pop.*) wijn.

pioupiou *m* (*pop.*) infanterist.

pipe *v* 1 tabakspijp; *casser sa —* (*pop.*), sterven; 2 groot wijnvat.

pipeau [*mv* x] *m* 1 schalmei, herdersfluit, lokfluit; 2 lijmstok.

pipée *v* 1 het vangen v. vogels met gebruikmaking der lokfluit; 2 boerenbedrog.

pipelet *m*, -ette *v* (*fam.*) concierge.

piper *ov.w* 1 vogels vangen met gebruik-making van een lokfluit; 2 (*oud*) bedriegen; *ne pas* —, geen woord zeggen; — *des dés*, — *des cartes*, dobbelstenen verzwaren, kaarten merken.

piperie *v* 1 vals spel; 2 bedrog.

pipette *v* pipet.

pipeur *m*, -euse, -eresse *v* 1 vogelvanger(ster); 2 valsspeler(-speelster), bedrieger(ster).

pipi *m* (kindertaal) urine; *faire* —, wateren.

pipi, pipit *m* pieper (vogel).

pipier *m*, -ère *v* pijpenmaker(-maakster).

pipo *m* (*arg.*) leerling v. d. école polytechnique.

piquant I *bn* 1 stekend, stekelig, scherp; 2 scherp, pikant; 3 scherp, vinnig (*mot* —); 4 geestig, aantrekkelijk. II *zn m* 1 stekel, prikkel, punt; 2 het geestige, het aantrekkelijke.

pique I *v* 1 spies, piek; *à la* — *du jour*, voor dag en dauw; 2 onenigheid, twist. II *m* schoppen in het kaartspel.

piqué I *m* 1 soort katoenen stof; 2 *en* —, in duikvlucht. II *bn* 1 gestoken door insekten; 2 zuur (v. wijn); 3 gepikeerd, kwaad; 4 (*fam.*) een beetje getikt.

pique-assiette *m* klaploper.

pique-feu *m* pook.

pique-nique† *m* picknick.

piquer I *ov.w* 1 steken (in), prikken (in), door-steken; *piqué des vers*, wormstekig; 2 stikken (naaien); 3 larderen v. vlees; 4 bijten v. e. slang; 5 kwetsen (*fig.*); 6 duiken, in duikvlucht dalen; — *une tête*, in het water duiken; 7 bijten, prikkelen; 8 pikeren bij biljartspel; 9 doen, maken, krijgen; — *un chien*; een uiltje knappen; — *une crise de nerfs*, een toeval krijgen; — *un soleil*, een kleur krijgen; 10 (*pop.*) stelen. II *on.w* 1 zuur worden (b. v. van wijn); 2 — *au vent*, in de wind opvaren; 3 — *des deux*, de sporen geven. III *se* — 1 zich prikken, zich steken; 2 zuur worden, verschalen; 3 boos worden; 4 *se* — *le nez*, zich bedrinken; 5 *se* — *de*, zich laten voorstaan op; *se* — *d'honneur*, iets niet op zich laten zitten.

piquet *m* 1 paaltje; tentpaal, haring; 2 piket (*mil.*); 3 piketspel. ~**age** *m* het afpalen, afzetting met paaltjes. ~**er** *ov.w* 1 afpalen; 2 spikkelen.

piquette *v* slechte wijn.

piqueur *m* 1 bereden jachtknecht, pikeur; 2 opzichter; 3 steenbikker; 4 wijnproever (—*de vin*); 5 machinestikker(ster, -euse).

piqûre *v* 1 steek, prik, beet v.e. slang; 2 gat, veroorzaakt door wormen of motten; 3 stik-sel; 4 kleine brochure; 5 inspuiting (*med.*).

pirat *m* 1 zeerover, kaper; 2 zeerovers-schip; 3 afzetter; 4 rover. ~**er** *on.w* zeeroof plegen. ~**erie** *v* zeeroverij.

pire I *bn* erger, slechter; *il n'est* — *eau que l'eau qui dort* (*spr.w*), stille waters hebben diepe gronden. II *zn m* het slechtste, het ergste.

piriforme *bn* peervormig.

pirogu/e *v* prauw. ~**ier** *m* prauwvoerder.

pirouet/te *v* 1 omzwenking op één been, draai op de tenen; 2 omzwaai (*fig.*); 3 draaitolletje. ~**ter** *on.w* ronddraaien op één been, — op de tenen.

pis I *zn m* uier. II *bw* erger, slechter; *au pis-aller*, in het ergste geval; *qui* — *est*, wat erger is; *tant* —, des te erger; wat kan het mij schelen. III *m*; *le* —, het ergste; *de mal en* —, *de* — *en* —, hoe langer hoe erger.

pisciculteur *m* viskweker.

pisciculture *v* viskweek.

pisciforme *bn* visvormig.

piscine *v* 1 zwembad; 2 doopbekken.

piscivore I *bn* visetend. II *zn m* visetend dier.

piser *ov.w* stampen v. aarde.

pissat *m*, pisse *v* urine.

pissement *m* het wateren, het lozen.

pissenlit *m* 1 paardebloem; *salade* —, mol-

---

sla; 2 (*fam.*) bedwateraar(ster).

piss/er *on*. en *ov.w* wateren. ~**eur** *m*, -euse *v* iem. die veel watert. ~**eux**, -euse *bn* urine-achtig, -kleurig. ~**oir** *m* urinoir.

pissoter *on.w* vaak wateren.

pissotière *v* (*fam.*) urinoir.

pistache *v* groene amandel.

piste *v* 1 spoor; *être à la* —, op het spoor zijn; 2 renbaan, ijsbaan; 3 dansvloer; 4 rijwielpad, ruiterpad; 5 — *sonore*, geluidsband.

pist/er *ov.w* volgen, nalopen. ~**eur** *m* hotelbediende, die reizigers aantrekt.

pistil *m* stamper (*pl.k.*).

pistole *v* pistool (oude munt).

pistolet *m* 1 pistool (vuurwapen); 2 kerel; *un singulier* —, een rare kerel; 3 mal; 4 broodje (Belgisch).

piston *m* 1 zuiger v. pomp, v. stoommachine, v. motor; 2 drukknop; 3 soort hoorn; 4 (*fam.*) kruiwagen (*fig.*).

piston/age *m* het vooruithelpen. ~**er** *ov.w* 1 vooruithelpen; 2 (*pop.*) vervelen.

pitance *v* rantsoen, portie.

pitchpin *m* hout v. Noordamerikaanse den.

piteusement *bw* erbarmelijk, treurig.

piteux, -euse *bn* erbarmelijk, treurig, beklagenswaardig.

pithécanthrope *m* aapmens.

pitié *v* medelijden; *à faire* —, erbarmelijk; *avoir* — *de*, medelijden hebben met; *faire* —, medelijden opwekken; *prendre* — *de*, *prendre en* —, medelijden krijgen met; *sans* —, meedogenloos; *il vaut mieux faire envie que* — (*spr.w*), beter benijd dan beklaagd.

piton *m* 1 ringbout, ringschroef; 2 hoge berg-top; 3 (*pop.*) grote neus, kokkerd.

pitoyable *bn* erbarmelijk, beklagenswaardig.

pitre *m* hansworst, pias.

pitrerie *v* hansworsterij.

pittoresque I *bn* 1 wat de schilderkunst betreft; 2 schilderachtig; 3 typisch. II *zn m* het schilderachtige.

pituite *v* snot, slijm.

pivert *m* groene specht.

pivoine I *v* pioenroos. II *m* bloedvink.

pivot *m* 1 spil, as; 2 drijfveer; datgene, waar alles om draait; 3 hartwortel (*pl.k.*).

pivotant *bn* draaiend.

pivoter *on.w* draaien (om of als om een spil, een as).

placage *m* het maken van fineerwerk.

placard *m* 1 muurkast; 2 plakkaat, aanplakbiljet; 3 schotschrift.

placarder *ov.w* 1 aanplakken; 2 belachelijk maken in een schotschrift.

place *v* 1 plaats; — *assise*, zitplaats; — *debout*, staanplaats; *ne pas tenir en* —, geen rust of duur hebben; 2 betrekking, ambt, post; 3 rangnummer; 4 plein (— *publique*); — *d'armes*, exercitieveld; *voiture de* —, huurrijtuig; 5 vesting (— *forte*); 6 beurs, markt, gezamenlijke bankiers, - handelaars. *lacement* *m* 1 het bezorgen v. e. betrekking, v. werk; *bureau de* —, verhuurkantoor; 2 verkoop; 3 geldbelegging; 4 plaatsing.

placenta *m* nageboorte.

placer I *ov.w* 1 plaatsen; 2 plaatsen (een rangnummer geven (sport)); 3 een betrekking bezorgen; 4 verkopen, afzetten; 5 beleggen v. geld. II *zn m* goudbedding.

placet *m* verzoekschrift, smeekschrift.

placeur *m*, -euse *v* 1 plaatsaanwijzer, -aan-wijsster (— *de spectateurs*); 2 dienstboden-verhuurder(ster).

placide *bn* kalm, bedaard, vreedzaam.

placidité *v* bedaardheid, kalmte.

placier *m*, -ère *v* 1 plaatsaanwijzer(-aanwijs-ster); 2 marktmeester.

plafond *m* 1 plafond; 2 plafondschildering; 3 maximum snelheid, -hoogte; 4 maximum uitgifte v. e. bank; 5 hoogte v. wolken.

plafonnage, plafonnement *m* plafonning.

plafonn/er I *ov.w* 1 plafonneren; 2 een pla-fondschildering aanbrengen. II *on.w* op

maximum hoogte vliegen, met maximum
snelheid rijden. ~eur *m* stukadoor. ~ier *m*
plafondlamp.
plage *v* 1 strand; 2 (*dicht.*) streek, klimaat;
3 hoofdstreek.
plagiaire I *zn m* letterdief. II *bn* die zich
schuldig maakt aan letterdieverij.
plagiat *m* letterdieverij.
plagier *ov.w* naschrijven.
plaid *m* 1 (*oud*) pleidooi, gerechtszitting;
2 reisdeken, plaid.
plaid/able *bn* verdedigbaar. ~ant *bn* pleitend.
~er I *ov.w* bepleiten, verdedigen. II *on.w*
1 een proces voeren; 2 pleiten.
plaid/eur *m*, -euse *v* 1 pleiter(ster); 2 iem. die
graag procedeert. ~oirie *v* pleidooi. ~oyer
m pleidooi.
plaie *v* 1 wond; 2 plaag, ramp, gesel (*les dix
—s d'Egypte*).
plaignant *m* aanklager.
plain *bn* vlak, effen, gelijk; *de —pied*, gelijk-
vloers.
plain-chant *m* gregoriaanse zang (*R.K.*).
plaindre I *ov.w onr.* 1 beklagen; 2 betreuren,
spijt hebben over. II *se ~* 1 klagen; 2 een
aanklacht indienen.
plaine *v* vlakte; *la — liquide* (*dicht.*), de zee.
plainte *v* 1 klacht; 2 verwijt; 3 aanklacht;
porter —, een aanklacht indienen.
plaintif, -ive *bn* klagend.
plaintivement *bw* op klagende toon.
plaire I *on.w onr.* bevallen, behagen, aanstaan. II *onp.w* behagen, bevallen; *plaise
à Dieu, plût à Dieu*, God geve . . . ; God
gave . . . ; *à Dieu ne plaise*, God verhoede;
plaît-il?, wat blief je?; *s'il vous plaît*, als 't u
belieft. III *se ~* 1 elkaar bevallen; 2 graag
iets doen; *le gibier se plaît dans les bois*,
wild leeft graag in bossen; 3 *se — à*, behagen scheppen in, graag ergens zijn, bevallen; *se — à la campagne*, graag buiten zijn.
plaisamment *bw* 1 aardig; 2 koddig, belachelijk.
plaisance *v* plezier; *bateau de —*, plezierboot.
plaisant I *bn* 1 aardig; 2 koddig; 3 belachelijk. II *zn m* 1 het grappige; 2 grappenmaker; *mauvais —*, iem. die zich vermaakt
ten koste van anderen.
plaisanter I *on.w* schertsen, grappen maken.
II *ov.w* voor de gek houden.
plaisanterie *v* grap, scherts; *— à part*, in
ernst gesproken; *entendre la —*, goed tegen
een grapje kunnen; *par —*, voor de grap.
plaisantin *m* flauwe grappenmaker.
plaisir *m* 1 plezier, pret, vermaak, genot;
à —, zonder reden, uit de duim gezogen;
par —, voor zijn genoegen; *partie de —*,
uitstapje; 2 welbehagen, wil; *tel est notre —*
(van vorsten), het behaagt ons; 3 oblie.
plan I *m* 1 plat vlak; *— incliné*, hellend vlak;
— de sustention, vleugel v. e. vliegmachine;
2 tekening, plattegrond; *lever un —*, een
schetsplan maken; 3 verwijdering; *premier
—*, voorgrond; *troisième —*, achtergrond;
4 ontwerp; 5 plan, voornemen; *laisser en
—*, in de steek laten. II *bn* vlak, plat; *angle
—*, vlakke hoek.
planage *m* het glad, effen maken.
planche I *v* 1 plank; *faire la —*, onbeweeglijk
op de rug drijven bij het zwemmen; 2 pa-
veerplaat; 3 gravure; 4 tuinbed. II ~s *mv*
1 de planken (het toneel); 2 *jour de —s*,
ligdag v. e. schip.
planchéiage *m* het bevloeren met planken.
planchéier *ov.w* met planken bevloeren.
plancher *m* 1 vloer; 2 dek; *le — des vaches*,
(*fam.*) de vaste wal.
planchette *v* plankje.
plançon, plantard *m* loot, stek.
plan-concave† *bn* plathol.
plan-convexe† *bn* platbol.
plancton *m* plankton.
plane *m* 1 plataan; 2 esdoorn.
plan/ement *m* het zweven. ~er *on.w* 1 zweven; *vol plané*, glijvlucht; 2 overzien.

planétaire I *bn* van de planeten. II *zn m*
planetarium.
planète *v* planeet.
planétoïde *v* kleine planeet.
planeur *m* 1 polijster; 2 zweefvliegtuig.
planifier *ov.w* leiden volgens een bepaald
plan; *économie planifiée*, geleide economie.
planimétrie *v* vlakke meetkunde.
planisphère *m* wereld- of hemelkaart der
beide halfronden.
planquer (se) (*arg.*) zich verbergen.
plant *m* 1 stek; 2 aanplanting.
plantage *m* het planten.
plantain *m* weegbree (*pl.k.*).
plantation *v* 1 het planten; 2 aanplanting;
3 plantage; 4 het plaatsen v. e. toneeldecor.
plante *v* 1 plant; 2 zool (*— du pied*).
planter *ov.w* 1 planten; *— là qn.*, iem. in de
steek laten; 2 oprichten, plaatsen (*— une
échelle*), planten (*— un drapeau*).
planteur *m* planter.
plantigrade *bn* zoolganger.
planton *m* (*mil.*) oppasser, ordonnans; *être
de —*, plantondienst hebben.
plantule *v* kiemplantje.
plantur/eusement *bw* overvloedig. ~eux,
-euse *bn* 1 overvloedig; 2 vruchtbaar.
planure *v* spaander, krul.
plaque *v* 1 plaat; *— d'auto*, nummerplaat; *—
commémorative*, gedenkplaat; *— photogra-
phique*, fotogr. plaat; *— tournante*, draaischijf; 2 plaatje, dat veldwachters, kruiers
dragen; 3 ster v. e. ridderorde.
plaqué *m* verguld of verzilverd metaal; *chaîne
—*, vergulde, verzilverde ketting.
plaquemine *v* dadelpruim.
plaquer *ov.w* 1 opleggen, vergulden, verzilveren; 2 (*pop.*) in de steek laten.
plaquette *v* 1 plaatje, schijfje; 2 dun boekje.
plaqueur *m*, -euse *v* maker(maakster) van
fineerwerk.
plasma *m* plasma.
plasticité *v* kneedbaarheid.
plastique *bn* 1 kneedbaar; 2 beeldend (*arts
—s*); 3 van plastic. II *zn v* beeldhouwkunst,
boetseerkunst. III *m* plastic.
plastron *m* 1 borstharnas; 2 borstlap voor
het schermen; 3 mikpunt; 4 groep soldaten,
die tijdens een oefening de vijand voorstelt;
5 borststuk v. e. hemd; frontje.
plastronner I *ov.w* voorzien v. e. borstlap
enz. II *on.w* een hoge borst zetten.
plat I *bn* 1 vlak, plat; *bourse —e*, lege beurs;
calme —, volkomen windstilte op zee;
cheveux —s, sluike haren; *mer —e*, stille
zee; *tomber à —*, languit vallen; mislukken;
tomber à — ventre, plat op de buik vallen;
vaisselle —e, zilveren vaatwerk; 2 onbeduidend, alledaags; 3 laag, gemeen. II *m* 1 plat,
het platte gedeelte (*le — d'un sabre*); 2
schaal, schotel; 3 gerecht; *servir à qn. un
— de son métier*, iem. een poets bakken.
platanaie *v* platanenlaan, -bos.
platane *m* plataan.
plat-bord† *m* dolboord (*scheepv.*).
plate *v* platboomde schuit.
plateau (*mv x*) *m* 1 theeblad, bierblad enz.;
2 schaal v. e. balans; 3 hoogvlakte; 4 zandplaat; 5 toneel; 6 deel v. e. filmstudio.
plate†-bande† *v* 1 smal tuinbed; 2 zoom,
rand, lijst.
platée *v* 1 schotelvol; 2 de fundamenten.
plate†-forme† *v* 1 plat dak; 2 platform, balkon; 3 verkiezingsprogramma.
plate†-longe† *v* spanriem.   [valt.
platin *m* deel v. e. strand, dat bij eb droog-
platin/age *m* het bedekken met een laag platina. ~e I *v* 1 geweerplaat; 2 horlogeplaat;
3 slotplaat; 4 (*pop.*) tong; *avoir une fameuse
—*, kunnen praten als Brugman. II *m*
platina.
platiner *ov.w* 1 met een laag platina bedekken; 2 blonderen v. haren.
platinifère *bn* platinahoudend.
platitude *v* 1 gemeenheid, laagheid; 2 onbe-

duidendheid, platheid, alledaagsheid.

platonicien, -enne I *bn* platonisch. **II** *zn m*, -enne *v* aanhanger(ster) van Plato.

platon/ique *bn* platonisch. ~**isme** *m* 1 leer v. Plato; 2 platonische liefde.

plâtrage *m* 1 pleisterwerk; 2 het bepleisteren.

plâtras *m* kalkpuin, afval van pleisterkalk.

plâtre I *m* 1 pleisterkalk; *battre comme* — afrossen; 2 pleister, gips; 3 gipsen beeld; 4 pleisterwerk. **II** ~**s** *m mv* nieuwe muren; *essuyer les* —*s*, in een nieuwe woning trekken, die nog vochtig is.

plâtrer *ov.w* 1 bepleisteren; 2 bemesten met kalk; 3 klaren met gips (v. wijn); 4 blankketten. ~**ie** *v* pleisterwerk.

plâtreux, -euse *bn* gipshoudend.

plâtrier *m* pleisterwerker, stucadoor.

plâtrière *v* 1 pleistergroeve; 2 kalkoven.

plausibilité *v* aannemelijkheid, geloofwaardigheid.

plausible *bn* aannemelijk, geloofwaardig.

pléban, plébain *m* plebaan.

plèbe *v* plebs.

plébéien, -enne I *bn* plebejisch. **II** *zn m* plebejer.

plébiscit/aire *bn* wat een volksstemming betreft. ~**e** *m* volksstemming.

plébisciter *ov.w* bij een volksstemming kiezen.

plectre *m* tokkelaar voor lier, mandoline.

pléiade *v* groep van zeven dichters uit de Franse Renaissance.

plein I *bn* 1 vol; volledig, geheel; *à* —*s bords*, boordevol; *à* — *gorge*, luidkeels; *en* — *air*, in de open lucht; *avoir le cœur* —, verdriet hebben; *en* — *jour*, midden op de dag; *un jour* —, een volle, gehele dag; *en* — *lune*, volle maan; —*e mer*, volle zee; — *pouvoir*, volmacht; — *de soi-même*, egoïstisch; — *de vin*, dronken; *en* — *visage*, vlak in het gezicht; *voix* —*e*, volle stem; 2 drachtig. **II** *zn m* volheid, volledigheid, gevulde ruimte; *battre son* —, in volle gang zijn; *faire son* — *d'essence*, benzine innemen.

plénier, -ère *bn* volledig; *cour* —*ère*, plechtige algemene vergadering, welke de koning uitschreef in de middeleeuwen; *indulgence* —*ère*, volle aflaat.

plénipotentiaire I *zn m* gevolmachtigde. **II** *bn*: *ministre* —, gevolmachtigd minister.

plénitude *v* volheid, volledigheid.

pléonasme *m* overtollig gebruikt woord.

pléonastique *bn* pleonastisch.

pleur *m* traan; *les* — *de l'aurore*, de morgendauw (*dicht.*); *essuyer les* —*s*, troosten.

pleural [*mv* **aux**] *bn* wat het borstvlies betreft.

pleurard I *zn m* huilebalk. **II** *bn* huilerig.

pleure-misère *m* of *v* iem. die altijd klaagt.

pleurer I *ov.w* wenen, schreien. **II** *ov.w* bewenen, betreuren.

pleuré/sie *v* pleuris. ~**tique** *bn* 1 pleurisachtig; 2 lijdend aan pleuris.

pleureur, -euse I *bn* 1 wenend; 2 vaak wenend; *saule* —, treurwilg. **II** *zn m*, -euse *v* huilebalk. **III** -euse *v* 1 lange hangende struisveer; 2 vrouw, die gehuurd werd om te treuren, te wenen bij begrafenissen.

pleurite *v* droge pleuris.

pleurnich/er *on.w* grienen. ~**erie** *v*, ~**ement** *m* gegrien. ~**eur, -euse I** *bn* grienerig. **II** *zn m*, -euse *v* griener, dreiner.

pleuronecte *m* platvis.

pleuropneumonie *v* longontsteking en pleuris.

pleutre *m* lafbek, lammeling, mispunt.

pleutrerie *v* laffe streek.

pleuvasser, pleuviner, pleuvoter *onp.w* (*fam.*) motregenen.

pleuvoir *on.w onr.* regenen; *il pleut à verse*, *il pleut à torrents*, het stortregent.

plèvre *v* borstvlies.

pli *m* 1 vouw, plooi; *cela ne fera pas un* —, dat loopt vanzelf; — *de terrain*, terreinplooi, inzinking, rimpel; 2 enveloppe; *sous ce* —, hierbij ingesloten; 3 brief; — *chargé*, aangetekende brief; 4 rimpel; 5 gewoonte

(prendre un bon —, *un mauvais* —); 6 water-golf (*mise en* —*s*); 7 slag bij kaartspel.

pliable *bn* 1 vouwbaar; 2 plooibaar, gedwee

pliage *m* het vouwen, het plooien.

pliant I *bn* 1 buigzaam; 2 plooibaar, gedwee. **II** *zn m* vouwstoeltje.

plie *v* 1 bot; 2 schol (— *franche*).

pli/é *m* doorbuiging der knieën bij het danden. ~**er I** *ov.w* 1 vouwen, dichtvouwen; — *bagage*, zijn biezen pakken; 2 buigen (— *les genoux*); 3 wennen, onderwerpen (— *qn. à la discipline*); 4 plooien. **II** *on.w* 1 buigen, doorbuigen; 2 zwichten, wijken, toegeven. **III** se ~ 1 buigen; 2 zich schikken, buigen. ~**eur I** *m*, -euse *v* vouwer(ster). **II** -euse *v* vouwmachine.

plinthe *v* plint.

plioir *m* 1 vouwbeen; 2 visplankje.

plissage *m* het plooien.

plissé *m* plooisel, plissé.

plissement *m* 1 aardplooiing; 2 het plooien.

plisser I *ov.w* plooien. **II** *on.w* plooien hebben, plooien.

pliss/eur I *m*, -euse *v* plooier(ster). **II** -euse *v* plooimachine. ~**ure** *v* plooisel.

pliure *v* 1 het vouwen van de bladen v. e. boek; 2 atelier, waar dit geschiedt.

ploc! *tw* plof!

plomb *m* 1 lood; *à* —, loodrecht; *avoir du* — *dans l'aile*, aan de rand v. h. graf staan; zijn ondergang nabij zijn; *fil à* —, schietlood; *mine de* —, potlood; *sommeil de* —, zeer zware slaap; 2 (jacht)hagel; 3 grootsteen v. lood of zink; 4 loodje (om te verzegelen); 5 peilloodje (v. vissers).

plombag/e *m* 1 het beleggen met lood, het solderen; 2 het plomberen; 3 het aanhechten v. e. loodje. ~**ine** *v* potlood.

plombé *bn* 1 voorzien v. lood; 2 loodkleurig.

plombée *v* 1 werpspies, van lood voorzien; 2 loodverzwaring v. e. hengel.

plomber *ov.w* 1 met lood beslaan, beleggen; 2 v. e. loodje voorzien; 3 plomberen; 4 met een schietlood controleren.

plomb/erie *v* 1 loodgieterswerk; loodgieterswerk; 3 loodgieterij. ~**eur** *m* 1 die iets voorziet v. loodjes. ~**ier** *m* loodgieter.

plombières *v* soort vruchtenijs.

plomb/ifère *bn* loodhoudend. ~**oir** *m* instrument, om tanden te plomberen.

plonge *v* het duiken.

plongée *v* 1 het onderduiken; duik; 2 helling v. e. borstwering; 3 filmopname van boven af.

plonge/oir *m* springplank (bij het duiken.) springtoren. ~**on** *m* 1 onderduiking, duik; *faire un* —, duiken; 2 duikeend.

plonger I *ov.w* 1 onderdompelen; *être plongé dans le sommeil*, in diepe slaap gedompeld zijn; 2 stoten; — *un poignard dans le cœur de qn.*, iem. een dolk in het hart stoten; iemands hart wonden (*fig.*); 3 werpen, slingeren — *qn. dans le cachot*). **II** *on.w* 1 duiken; 2 van boven naar beneden kijken; 3 verdwijnen. **III** se ~ 1 zich onderdompelen, duiken; 2 zich overgeven aan, zich verdiepen in.

plongeur *m*, -euse *v* 1 duiker(ster); 2 duikervogel; 3 bordenwasser in restaurant.

plouf! *tw* plof!

ploutocrat/e *m* man die machtig is door zijn rijkdom. ~**ie** *v* heerschappij v. h. geld.

ployable *bn* buigbaar.

ploy/age *m* het buigen. ~**er I** *ov.w* (door)-buigen. **II** *on.w* buigen, zwichten. **III** se ~ 1 zich buigen; 2 zich schikken.

pluie *v* regen; bui; *après la* — *le beau temps* (spr.w), na regen komt zonneschijn; — *de balles*, kogelregen; *ennuyeux comme la* —, doodvervelend; *faire la* — *et le beau temps*, invloedrijk, machtig zijn; *parler de la* — *et du beau temps*, over koetjes en kalfjes praten; — *d'orage*, onweersbui.

plumage *m* gevederte.

plumail *m* vederbos.

plumaison *v* het plukken v. veren.
plumard *m* 1 veren stoffer; 2 (*pop.*) bed.
plumasserie *v* handel in veren.
plumassier *m*, -ère *v* 1 verenverkoper(-verkoopster); 2 verenbereider(ster).
plume *v* 1 veer; *lit de* —; aangename toestand; 2 gevederte; 3 pen; *à la* —, pentekening; *la belle* — *fait le bel oiseau* (*spr.w*), de kleren maken de man; *guerre de* —, pennestrijd; *homme de* —, schrijver; *nom de* —, schuilnaam; 4 schrijver; 5 stijl; 6 (*pop.*) bed.
plumeau [*mv* x] *m* plumeau.
plumée *v* 1 het plukken v. e. vogel; 2 de geplukte veren; 3 penvol inkt.
plumer *ov.w* 1 (veren) plukken; 2 (iem.) plukken.
plumet *m* 1 vederbos; 2 (*pop.*) *avoir son* —, lichtelijk beschonken zijn.
plumeur *m*, -euse *v* vogelplukker(ster).
plumeux, -euse *bn* 1 vederachtig; 2 bedekt met veren.
plumier *m* pennebakje, penne-, griffelkoker.
plumitif *m* 1 protocol v. e. rechtszitting; 2 pennelikker, bureaucraat.
plumule *v* donsveertje.
plupart (la) de meesten, het merendeel; *la* — *du temps*, meestal; *pour la* —, merendeels.
plural [*mv* aux] *bn* veelvoudig.
pluraliser *ov.w* in het meervoud zetten.
pluralité *v* 1 veelheid; 2 meerderheid.
pluriel, -elle I *bn* meervoudig. II *zn m* meervoud.
plus *bw* 1 meer; *au* —, *tout au* —, hoogstens, ten hoogste; *d'autant* — (*que*), des te meer (omdat); *de* —, *qui* — *est*, bovendien; *de* — *en* —, hoe langer hoe meer; *on ne peut* — *heureux*, allergelukkigst; — *ou moins*, min of meer; *qui* — *qui moins*, de een minder, de ander meer; 2 (meestal met *ne*) .niet meer; (*ne pas*) *non* —, evenmin, ook niet; 3 plus.
plusieurs I *bn* verscheidene. II *vnw* velen.
plus-offrant *m* meestbiedende.
plus-que-parfait *m* voltooid verleden tijd.
plus-value *v* 1 waardevermeerdering; 2 toeslag op loon.
plutonien, -enne *bn* vulkanisch.
plutôt *bw* 1 eerder; 2 liever; *voyez* —, kijk maar eens.
pluvial [*mv* aux] *bn* van de regen; *eau* —*e*, regenwater.
pluvier *m* plevier.
pluvieux, -euse *bn* regenachtig.
pluviomètre *m* regenmeter.
pluvi/ôse *m* 5e maand v. d. republ. kalender (van 20, 21 of 23 januari tot 19, 20 of 21 februari). ~**osité** *v* regenachtigheid.
pneu [*mv* s] *m* luchtband.
pneumatique I *bn* van de lucht, door lucht gedreven; *bandage* —, luchtband; *carte* —, soort stadstelegram, verzonden door middel van luchtbuizen. II *zn m* 1 luchtband; 2 stadstelegram. III *v* leer der gassen.
pneumonie *v* longontsteking.
pneumonique *bn* lijdend aan longontsteking.
pochable *bn* wat men in de zak kan steken.
pochade *v* 1 met enkele penseelstreken uitgevoerd schilderstuk, vlotte schets; 2 vlug geschreven werk.
pochard I *bn* (*pop.*) dronken. II *zn m* (*pop.*) zuiplap. ~**er** I *ov.w* dronken maken. II *se* ~ zich bedrinken.
pochardise *v* (*pop.*) dronkenschap.
poche *v* 1 zak (in kleren); *acheter chat en* —, een kat in de zak kopen; 2 zak voor koren, haver enz.; 3 scheplepel, grote soeplepel; 4 krop; 5 zaknet, zakvormig gedeelte v. e. sleepnet; 6 wal onder de ogen.
poch/ée *v* zakvol. ~**er** I *ov.w* 1 pocheren (v. eieren); 2 een blauw oog slaan (— *l'œil à qn.*); 3 een ruwe schets maken. II *on.w* opbollen, valse plooien maken. ~**etée** *v* 1 zakvol; 2 (*pop.*) stommiteit, onnozelheid. ~**etter** *ov.w* in zijn zak dragen. ~**ette** *v* 1

zakje; 2 kleine zakviool; 3 klein netje; 4 lefdoekje; 5 plat passerdoosje.
pochon *m* 1 pollepel; 2 (*fam.*) stomp op het oog.
podrage I *m* of *v* lijder(es) aan het ,,pootje". II *v* voetjicht, het ,,pootje".
podium *m* podium.
poêle I *m* 1 kachel; 2 lijkkleed; 3 sluier, die men vroeger boven het bruidspaar hield gedurende de huwelijksinzegening. II *v* braad-, koekepan; *tenir la queue de la* —, het heft in handen hebben.
poêl/ée *v* panvol. ~**er** *ov.w* in een braad- of koekepan bakken.
poêlier *m* kachelsmid, kachelhandelaar.
poêlon *m* kleine braad- of koekepan. ~**née** *v* een kleine braad- of koekepanvol.
poème *m* gedicht.
poésie *v* 1 dichtkunst; 2 dichterlijkheid; 3 gedicht.
poète *m* dichter; *femme* —, dichteres.
poét/esse *v* dichteres. ~**ique** I *zn v* regels voor de verskunst. II *bn* dichterlijk.
poétiser I *on.w* dichten. II *v* dichterlijk maken.
pognon *m* (*pop.*) geld.
pogrom, pogrome *m* pogrom.
poids *m* 1 gewicht; — *de mouche*, (bokssport) vliegewicht; — *plume*, (bokssport) soortelijk gewicht; — *coq* (voor kogelslingeren); 3 last, gewicht (*le* — *des affaires*); 4 gewicht, aanzien; *donner du* — *à ses paroles*, zijn woorden klem bijzetten; 5 — *public*, waag.
poignant *bn* grievend, schrijnend.
poignard *m* dolk; *coup de* —, dolksteek; *le* — *sur la gorge*, met het mes op de keel.
poignarder *ov.w* doorsteken met een dolk.
poigne *v* 1 kracht in de handen; 2 energie.
poignée *v* 1 handvol; *de main*, handdruk; 2 handvat, greep, knop.
poignet *m* pols(gewricht).
poil *m* 1 haar, de haren (geen menselijk hoofdhaar); *à* —, spiernaakt; *brave à trois* —*s*, ijzervreter; *de tout* —, van allerlei slag; *être de mauvais* —, slecht gehumeurd zijn; — *follet*, vlashaar; *monter un cheval à* —, zonder zadel rijden; *reprendre du* — *de la bête*, de moed niet verliezen; opknappen na een ziekte; 2 haarkleur van dieren.
poilu I *bn* behaard. II *zn m* 1 ijzervreter; 2 soldaat v. d. oorlog van 1914-'18.
poinçon *m* 1 priem; 2 goud- of zilvermerk; 3 muntstempel; 4 vat; 5 pons.
poinçon/age, ~**ement** *m* 1 het stempelen; het merken; 2 het knippen v. kaartjes. ~**er** *ov.w* 1 merken, stempelen; 2 kaartjes knippen.
poinçonneuse *v* ponsmachine.
poindre I *ov.w* steken. II *on.w* aanbreken, gloren (v. d. dag).
poing *m* vuist; *coup de* —, vuistslag; *dormir à* —*s fermés*, slapen als een roos.
point I *m* 1 punt, stip; — *d'appui*, steunpunt; *caractère de 5* —*s*, 5-puntsletter; *deux-points*, dubbele punt; *être sur le* — *de*, op het punt staan te; — *d'exclamation*, uitroepteken; — *d'interrogation*, vraagteken; —*d'intersection*, snijpunt; *point-virgule*, puntkomma; — *de vue*, oogpunt; 2 punt, graad; *au dernier* —, in de hoogste mate; — *d'ébullition*, kookpunt; — *de fusion*, smeltpunt; 3 kantwerk, borduurwerk; 4 steek bij naaiwerk; 5 punt — onderwerp; *le* — *capital*, de hoofdzaak; 6 punt bij het spel; oog; *rendre des* —*s à qn.*, iem. iets voorgeven; 7 positie v. e. schip; *faire le* — *d'un navire*, het bestek opmaken; 8 punt, aantekening (*bon* —, *mauvais* —); 9 steek (pijn). — *de côté*, steek in de zij; 10 ogenblik, tijd; *le* — *du jour*, het begin v. d. dag, de dageraad; *être sur le* — *de*, op het punt zijn, staan te; *à* —, op tijd, van pas; *à* — *nommé*, precies, juist van pas; *le* — *du jour*, het aanbreken v. d. dag. II *bw* niet, geen (meestal met *ne*).

pointe v 1 punt, spits; *à la — de l'épée*, met geweld; *en —*, spits toelopend; *heure de —*, spitsuur; 2 draadnagel; 3 landtong; 4 graveernaald; 5 geestigheid, pointe; 6 het begin, het aan-, het doorbreken (*la — du jour*); 7 een weinigje, een beetje; *avoir une — de vin*, lichtelijk aangeschoten zijn.

pointer I *ov.w* 1 steken; 2 aanpunten; 3 opnemen, aantekenen; 4 richten (*— un canon*); 5 — *une note*, een noot voorzien v. e. punt, waardoor ze met de helft verlengd wordt; 6 — *les oreilles*, de oren spitsen. II *on.w* 1 opstijgen; 2 ontkiemen; 3 steigeren.

pointeur *m* 1 richter (v. kanon); 2 stemopnemer.

pointill/age *—ement, m* 1 het stippelen, stippelwerk; 2 gevit. *—e* v gevit. *—é m* 1 stippeltekening; 2 geperforeerde rand. *—er* I *ov.w* 1 stippelen; 2 bevitten. II *on.w* vitten, kibbelen.

pointillerie v geharrewar, gekibbel.

pointilleux, *-euse bn* pietluttig.

pointillisme *m* manier van schilderen, waarbij de kunstschilder zich bedient van stippeltjes, van kleine streekjes.

pointilliste *m* aanhanger v. h. pointillisme.

pointu *bn* 1 puntig, spits; 2 scherp (*fig.*).

pointure v maat v. schoenen, handschoenen, hoeden.

poire v 1 peer (vrucht); — *d'angoisse*, bittere pil; *entre la — et le fromage*, aan het dessert; *garder une — pour la soif*, een appeltje voor de dorst bewaren; — *tapée*, gedroogde peer; 2 peer (v. lamp); 3 kruithoorn; 4 (*pop.*) domoor, suffer; 5 (*pop.*) gezicht.

poireau [*mv* x] *m* prei.

poirée v snijbiet.

poirier *m* pereboom.

pois *m* 1 erwt; — *chiche*, grauwe erwt; *petits —*, doperwtjes; — *sans cosse*, peulen; — *de senteur*, lathyrus; 2 stip.

poison *m* 1 vergif; 2 (*pop.*) kreng, stuk vergif.

poissard I *bn* wat taal en gewoonten van het plebs betreft (*style —*). II *—e* v viswijf (ook *fig.*).

poisse v (*pop.*) pech.

poisser *ov.w* 1 met pek besmeren; 2 bevuilen.

poisseux, *-euse bn* 1 pekachtig, kleverig; 2 smerig.

poisson *m* 1 vis; — *d'avril*, makreel; april-mop; *comme un — dans l'eau*, op zijn gemak; *les gros — mangent les petits*, de machtige verdrukken de zwakken; — *rouge*, — *doré*, goudvis; — *sans boisson est poison*, vis wil zwemmen; 2 oude vloeistofmaat. *—nerie* v visafslag. *—neux, -euse bn* visrijk. *—nier m, -ère* v vishandelaar, visverkoopster.

poitevin I *bn* uit Poitou. II *zn* P *— m, -e* v bewoner, bewoonster van Poitou.

poitrail *m* 1 borst v. e. paard; 2 borstriem.

poitrin/aire I *bn* aan t.b.c. lijdend. II *zn m* of *v* t.b.c.lijder(es). *—e* v 1 borst; 2 longen. *—ière* v borstriem.

poivre *m* peper; *cher comme —*, peperduur; — *long*, spaanse peper; — *et sel* (*fam.*), peper- en zoutkleurig.

poivr/é *bn* 1 gepeperd; 2 „schuin"; 3 (*pop.*) peperduur. *—er ov.w* peperen.

poivrier *m* 1 peperboom; 2 peperbus.

poivrière v 1 peperplantage; 2 peperbus.

poix v pek.

polaire *bn* 1 van de polen; *cercle —*, poolcirkel; *étoile —*, poolster; *glace —*, poolijs; 2 wat elektr. of magn. polen betreft.

polarisateur, *-trice bn* het licht polariserend.

polaris/ation v polarisatie. *—er ov.w* polariseren. *—eur m* polarisator.

polder *m* polder.

pôle *m* 1 pool; 2 tegenstelling.

polémiqu/e I *zn* v polemiek, pennestrijd. II *bn* polemisch, strijdend. *—er, polémiser on.w* polemiseren, een pennestrijd voeren.

polémiste *m* polemicus, iem. die een penne-

strijd voert.

poli I *bn* 1 glad, glanzend; 2 beschaafd; 3 beleefd. II *zn m* glans.

police v 1 politie; *bonnet de —*, politiemuts; *salle de —*, (*mil.*) politiekamer; 2 polis.

policer *ov.w* beschaven.

polichinelle *m* 1 hansworst; *secret de —* geheim, dat iedereen kent; 2 wisselvallig mens, „weerhaan".

policier, *-ère* I *bn* van de politie; *roman —*, *film —*, detectiveroman, -film; *mesure —ère*, politiemaatregel. II *zn m* politiebeambte.

policlinique v gemeentelijke kliniek.

polio v kinderverlamming.

poliomyélite v kinderverlamming.

polir *ov.w* 1 polijsten; 2 beschaven; 3 afwerken, verfijnen, „bijschaven".

polissable *bn* te polijsten.

polissage, polissement *m* het polijsten.

polisseur *m*, *-euse* v polijster(ster).

polissoir *m* polijststeen, polijstbank.

polisson I *zn m*, *-onne* v 1 straatjongen, -meid; 2 kwajongen, snaak, rakker; 3 gemeen sujet. II *bn* gemeen, „schuin". *—ner on.w* kwajongensstreken uithalen.

polissonnerie v 1 straatjongens-, kwajongensstreek; 2 „schuine" taal, - mop.

polissure v 1 het polijsten; 2 glans.

politesse v beleefdheid, beschaafdheid; *brûler la —*, vertrekken zonder te groeten; een afspraak om iem. te ontmoeten niet nakomen.

politicien *m* politicus (in ongunstige zin).

politique I *zn* v 1 staatkunde; 2 handigheid, tact. II *m* 1 staatsman, politicus; 2 handig mens, tacticus. III *bn* 1 politiek, staatkundig; 2 handig, slim, tactisch.

politiser *ov.w* een politiek karakter geven.

polka v 1 polka (dans); 2 wijs op deze dans.

poll/en *m* stuifmeel. *—ineux, -euse bn* stuifmeelachtig. *—inique bn* van het stuifmeel. *—inisation* v bestuiving.

polluer *ov.w* bezoedelen, schenden.

pollution v bezoedeling, schending.

polo *m* polo (balspel).

polochon *m* (*fam.*) peluw.

Pologne (la) Polen.

polonais I *bn* Pools. II *zn m* de Poolse taal. III P *— m, -e* v Pool(se).

poltron, *-onne* I *bn* laf. II *zn m, -onne* v lafaard. *—nerie* v lafheid.

poly/anthe *bn* veelbloemig. *—chrome bn* veelkleurig. *—chromie* v veelkleurigheid. *—clinique* v polikliniek. *—copie* v gechotografeerde afdruk. *—copier ov.w* stencilen. *—culture* v gelijktijdige verbouw van verschillende gewassen. *—èdre m* veelvlak. *—game bn* veelwijvig. *—gamie* v veelwijverij. *—glotte* I *bn* veeltalig. II *zn m* of *v* kenner-(ster) van vele talen. *—gonal* [*mv* aux] *bn* veelhoekig. *—gone m* veelhoek. *—graphe m* veelschrijver. *—morphe bn* veelvormig. *—morphisme m* veelvormigheid. *—nôme m* veelterm. *—pe m* poliep. *—pétale bn* veelbladig. *—phage bn* allesetend. *—phone bn* veelstemmig. *—phonie* v veelstemmigheid. *—phonique bn* veelstemmig.

polysyllabe, polysyllabique *bn* meerlettergrepig.

polytechnicien *m* leerling der Ecole polytechnique.

polytechnique *bn* veel kunsten of wetenschappen omvattend; *Ecole —*, school ter opleiding v. ingenieurs en artillerie of genieofficieren.

polythéisme *m* veelgoderij.

polythéiste I *bn* veel goden dienend. II *zn m* of *v* veelgodendienaar(-dienares).

polyvalent *bn* veelwaardig.

pomiculteur *m* appel- en perenkweker.

pommade v pommade, haarzalf.

pommard *m* beroemde bourgognewijn.

pomme v 1 appel; — *de discorde*, twistappel; —*s frites*, in olie gebakken aardappels (in

reepjes;) — *de laitue*, kropsla; —*s nature*,
gekookte aardappels; — *de pin*, denappel;
— *de terre*, aardappel; *tomber dans les —s*
(pop.), flauw vallen; 2 knop.
pommé *bn* 1 rond; *chou —*, sluitkool;
2 *(fam.)* volkomen, volmaakt.
pommeau [*mv* x] *m* 1 degenknop; 2 zadelknop.
pommelé *bn* met grijze en witte vlekken;
cheval —, appelschimmel; *ciel —*, lucht
met schapewolkjes.
pommelle *v* rooster v. e. goot enz.
pommer *on.w* kroppen v. kool, sla.
pommeraie *v* appelboomgaard.
pommette *v* 1 knopje; 2 koon.
pommier *m* appelboom.
pomolog/ie *v* ooftkunde. ~**ique** *bn* van de
ooftkunde; *agriculture —*, ooftbouw.
pomologue, **pomologiste** *m* ooftkundige.
pompadour *m* 1 meubelstijl uit de tijd v.
Lodewijk XIV; 2 soort bonte stof.
pompe *v* 1 praal, pracht, luister; — *funèbre*,
lijkstaatsie; *les —s*, de ijdele, wereldse genoegens; 2 pomp; — *aspirante*, zuigpomp;
— *foulante*, perspomp; — *aspirante et
foulante*, zuigperspomp; — *à incendie*,
brandspuit; — *à pneumatique*, fietspomp.
pompelard *m* (pop.) brandweerman.
pomper I *ov.w* (op)pompen, opzuigen. II *on.w*
1 blokken, vossen; 2 (pop.) zuipen.
pompette *bn* (fam.) lichtelijk aangeschoten.
pomp/eusement *bw* 1 luisterrijk; statig; 2
hoogdravend. ~**eux**, -**euse** I *bn* 1 luisterrijk,
statig; 2 hoogdravend. II *zn m* het hoogdravende.
pompier *m* 1 pompen-, brandspuitenfabrikant; 2 verkoper v. pompen, v. brandspuiten; 3 brandweerman; 4 pompier
(kleermaker).
pompiste *m* houder v. e. benzinepomp.
pompon *m* kwastje, pompon; *avoir le —*,
(fam.) de kroon spannen; *avoir son —*,
lichtelijk aangeschoten zijn. ~**ner** I *ov.w*
1 met kwastjes versieren; 2 versieren, mooi
maken. II *se —* zich opdirken.
ponant *m* (oud) westen.
ponçage *m* het polijsten met puimsteen.
ponce: *pierre —*, puimsteen.
ponceau [*mv* x] I *zn m* 1 bruggetje; 2 klaproos.
II *bn* felrood.
poncer *ov.w* 1 met puimsteen polijsten; 2
plamuren.
ponceux, -**euse** I *bn* puimsteenachtig. II *zn*
-**euse** *v* polijstmachine.
poncif I *zn m* 1 doorgeprikte tekening; 2 banaal
litt. werk, schilderij enz. II ~, -**ive** *bn*
1 doorgeprikt (v. tekening); 2 banaal.
ponction *v* prik, punctie.
ponctionner *ov.w* een punctie verrichten bij.
ponctualité *v* stiptheid, nauwkeurigheid.
ponctuation *v* het zetten v. leestekens; *signe
de —*, leesteken.
ponctuel, -**elle** *bn* stipt, nauwkeurig, op tijd.
ponctuellement *bw* stipt, nauwkeurig, op tijd.
ponctuer *ov.w* 1 leestekens plaatsen (— *une
phrase*); 2 stippelen; 3 onderstrepen (fig:
— *un mot d'un geste*).
pondérabilité *v* weegbaarheid.
pondérable *bn* weegbaar.
pondérat/eur, -**trice** *bn* het evenwicht bewarend. ~**ion** *v* 1 evenwicht; 2 bezadigdheid, evenwichtigheid.
pondér/é *bn* bezadigd, evenwichtig. ~**er** *ov.w*
in evenwicht brengen; - houden.
pondéreux *bn* zwaar.
pond/eur, -**euse** *I bn* veel leggend (*poule
—euse*). II *zn* -**euse** *v* leghen. III *m* veelschrijver. ~**oir** *m* leghok, legmand.
pondre *ov.w* 1 leggen; 2 (pop.) maken.
poney *m* poney.
pont *m* 1 brug; —*s et chaussées*, dienst,
ongeveer overeenkomend met de Ned.
Waterstaat; *de bateaux*, schipbrug; *jeter
un —*, een brug slaan; — *suspendu*, hangbrug; — *tournant*, draaibrug; 2 scheepsdek;

3 dag tussen twee feestdagen; *faire le —*,
op een dag tussen twee feestdagen niet
werken; 4 klep v. e. broek.
ponte I *m* 1 speler tegen de bankier bij
roulette enz.; 2 *(fam.)* invloedrijk persoon,
hoge ome. II *v* 1 het eieren leggen; 2 legtijd;
3 de gelegde eieren.
ponté *bn* voorzien v. e. dek.
ponter I *on.w* tegen de bankier spelen (bij
roulette enz.). II *ov.w* v. e. dek voorzien.
pontier *m* brugwachter.
pontife *m* 1 priester; *souverain —*, paus;
2 *(fam.)* gewichtig doend leider, - kopstuk.
pontifi/cal [*mv* aux] I *bn* bisschoppelijk, pauselijk. II *zn m* ceremoniënboek v. pausen
en bisschoppen. ~**cat** *m* 1 pauselijke waardigheid; 2 pauselijke regering. ~**er** *on.w*
1 optreden als hogepriester; 2 gewichtig
doen, deftig-, hoogdravend praten.
pont-l'évêque *m* soort Fr. kaas.
pont†-levis *m* ophaalbrug.
ponton *m* 1 schipbrug, ponton; 2 gevangenisschip. ~**nier** *m* pontonnier (mil.).
pope *m* Russisch priester. ~**line** *v* popeline.
popote *v* (fam.) 1 keuken; *faire la —*, koken;
2 restaurant; 3 huishouden; 4 gemeenschappelijke tafel; — *d'officiers*, officierstafel.
populac/e *v* plebs, gepeupel. ~**ier**, -**ière** *bn*
v. h. plebs, gemeen, ordinair.
populaire I *bn* 1 v. h. volk, geschikt voor het
volk (*livre —*); 2 algemeen bemind, populair. II *zn m* het volk, de massa.
populariser *ov.w* 1 voor iedereen verstaanbaar maken; 2 algemeen bemind maken.
popularité *v* volksgunst, populariteit.
population *v* bevolking.
populeux, -**euse** *bn* volkrijk.
populo *m* (fam.) het lagere volk, de massa.
porc *m* 1 varken, zwijn; 2 varkensvlees;
3 vuilpoes, zwijn; 4 smeerlap, zwijn; 5
schrokker.
porcelaine *v* porselein.
porcelainier, -**ère** I *bn* wat porselein betreft
(*industrie —ère*). II *zn m*, -**ère** *v* 1 porseleinwerker(ster); 2 porseleinfabrikant(e).
porcelet *m* big.
porc†-épic† *m* stekelvarken.
porche *m* portaal.
porcher *m*, -**ère** *v* varkenshoeder(ster).
porcherie *v* varkensstal.
porcin *bn* v. d. varkens; *race —e*, varkensras.
por/e *m* porie. ~**eux**, -**euse** *bn* poreus.
porion *m* mijnopzichter.
pornographe *m* of *v* vuilschrijver (-schrijfster)
pornographie *v* vuilschrijverij
pornographique *bn* pornografisch.
porosité *v* poreusheid.
porphyre *m* porfier.
porphyrique *bn* porfierhoudend, -achtig.
porreau [*mv* x] *m* prei.
port *m* 1 haven; —*aérien*, luchthaven; *arriver
à bon —*, behouden en wel aankomen; *faire
naufrage au —*, in het zicht v. d. haven
stranden; 2 rustplaats, toevluchtsoord; —
de salut, uitkomst; 3 het dragen; 4 laadvermogen, tonnage (*scheepv.*); 5 porto;
franc de —, franco; 6 houding; 7 Pyreneeënpas.
port/able *bn* draagbaar. ~**age** *m* het dragen.
portail *m* hoofdingang v. e. kerk.
portant I *m* hengsel v. koffer. II *bn* 1 dragend;
tirer à bout —, van dichtbij schieten; 2 gezond; *bien —*, goed gezond; *mal —*, ziek.
portatif, -**ive** *bn* draagbaar.
porte *v* 1 deur; *à la —*, *aux —s de*, dichtbij;
— *brisée*, schuifdeur; *fausse —*, loze deur;
— *à glissière*, schuifdeur; — *matelassée*,
tochtdeur; *mettre à la —*, de deur uitzetten; *mettre la clef sous la —*, met de
noorderzon vertrekken; *ouvrir ses —s*,
zich overgeven; *prendre la —*, weggaan,
zijn biezen pakken; *refuser sa —*, weigeren
iem. te ontvangen; 2 poort; 3 bergpas,
-engte; 4 Porte (Turkije); 5 oog v. e. haak.

porte/-aéronefs *m* vliegtuigmoederschip. ~-affiches *m* aanplakbord. ~-aiguilles *m* naaldenkoker. ~-allumettes *m* lucifersdoos, -standaard. ~-assiette† *m* tafelmatje, onderlegger. ~-avions *m* vliegtuigmoederschip. ~-bagages *m* bagagedrager. ~-baïonnette *m* bajonetdrager.

porteballe *m* marskramer.

porte/-bannière *m* vaandeldrager. ~-billets *m* kleine portefeuille voor bankpapier. ~-bonheur *m* mascotte. ~-bouquet *m* bloemvaasje. ~-bourdon *m* pelgrim. ~-bouteille† *m* onderzetter voor flessen. ~-bouteilles *m* flessenrek. ~-cartes *m* portefeuille-, bakje voor visitekaartjes. ~-chapeaux *m* kapstok voor hoeden. ~-cigare† *m* sigarepijpje. ~-cigares *m* sigarenkoker. ~-cigarette† *m* sigarettepijpje. ~-cigarettes *m* sigarettenkoker. ~-clefs *m* 1 cipier; 2 sleutelring. ~-couteau *m* messelegger. ~-crayon *m* potloodhouder. ~-croix *m* kruisdrager *(R.K.)*. ~-dais *m* baldakijndrager. ~-drapeau *m* vaandeldrager.

portée *v* 1 dracht jongen, worp; 2 draagwijdte v. geweer enz.; 3 afstand, bereik; *à — de la main*, bereikbaar met de hand; 4 betekenis, belang; 5 dracht v. e. balk, boogwijdte; 6 notenbalk.

porte-enseigne *m* vaandeldrager.

porte-épée *m* degenriem.

portefaix *m* pakjesdrager.

porte†-fenêtre† *v* glazen deur (tot aan de grond).

portefeuille *m* 1 portefeuille, brieventas; 2 ministersambt; 3 aandelen, geldswaardig papier; *société de — *, beleggingsmaatschappij.

porte-jupe I *m* rokophouder. II *v* vrouw.

porte-lettres *m* brieventas.

porte-malheur *m* ongeluksbode.

portemanteau *[mv x] m* 1 kapstok; 2 valies.

portement *m* het dragen (v. h. Kruis).

porte/-menu *m* menuhouder. ~-mine, ~-mines *m* vulpotlood. ~-monnaie *m* portemonnaie. ~-montre *m* horlogestander. ~-musique *m* muziektas. ~-parapluies *m* paraplustandaard, -bak. ~-parole *m* woordvoerder. ~-pipes *m* pijpenstander. ~-plume *m* penhouder.

porter I *ov.w* 1 dragen; *— les armes*, soldaat zijn; *— envie*, benijden; *— des fers*, gevangen zijn, slaaf zijn (ook *fig.*); *— qn. aux nues*, iem. verheerlijken, ophemelen; 2 bij zich hebben; *— une somme d'argent*); 3 brengen; *— qc. au compte de qn.*, iem. iets in rekening brengen; *— à domicile*, aan huis bezorgen; *— plainte*, een klacht indienen; *— témoignage*, getuigen; 4 richten; *— la parole*, het woord voeren; *— ses pas*, zijn schreden richten; *— un toast*, een toast uitbrengen; 5 opbrengen; *— intérêt*, rente opbrengen; 6 aanzetten tot (*—à*); 7 verdragen (*bien — son vin*). II *on.w* 1 rusten (op), steunen (op); 2 dragen (v. e. vuurwapen); 3 dragen (drachtig zijn); 4 stevenen, varen; 5 betrekking hebben; 6 treffen, raken; 7 — *contre*, stoten tegen; 8 — *à la tête*, naar het hoofd stijgen. III se ~ 1 gedragen worden; 2 zich begeven; 3 *se — bien, se — mal*, het goed, het slecht maken; *comment vous portez-vous?*, hoe maakt u het?; 4 *se — candidat*, zich kandidaat stellen; *se — garant*, garant blijven.

porterie *v* portiersloge in een klooster.

porte-serviettes *m* handdoekenrek.

porteur I *m*, -euse *v* drager, draagster; *chaise à —s*, draagstoel. II 1 witkiel; 2 drager; *payable au —*, betaalbaar aan toonder; 3 brenger (*— de nouvelles*); 4 paard v. d. postiljon.

porte-veine *m* (*fam.*) geluksbrenger, amulet.

porte-vent *m* windpijp v. e. orgel.

porte-verge *m* pedel.

porte-voix *m* spreektrompet, scheepsroeper.

portier *m*, -ér *v* portier(ster).

portière *v* 1 portier v. e. rijtuig; 2 deurgordijn; 3 deel v. e. schipbrug.

portillon *m* deurtje.

portion *v* deel, portie. ~-cule *v* deeltje. ~-naire *m* of *v* deelhebber(-ster) in een erfenis.

portique *m* overdekte galerij.

porto *m* portwijn.

portrait *m* 1 portret; 2 karakterbeschrijving.

portraitiste *m* portretschilder.

portraiturer *ov.w* het portret maken.

port-salut *m* soort Fr. kaas.

portuaire *bn* v. e. haven.

portugais I *bn* Portugees. II *zn m* de Portugese taal. III P ~ *m*, -aise *v* portugees(-ese).

Portugal (le) *m* Portugal.

posage *m* het leggen, zetten, aanbrengen, plaatsen.

pose *v* 1 het leggen, zetten, plaatsen, aanbrengen enz.; 2 houding; 3 aanstellerij; 4 belichting (*fot.*); *temps de —*, belichtingstijd; 5 het poseren.

posé *bn* 1 rustig, bedaard, ernstig; 2 vast (v. stem). ~-ment *bw* rustig, bedaard.

posemètre *m* belichtingsmeter (*fot.*).

pos/er I *ov.w* 1 leggen, zetten, plaatsen, aanbrengen enz.; *— une dent*, een tand inzetten; *— une question*, een vraag stellen; *— des rideaux*, gordijnen ophangen; 2 neerleggen (*— les armes*); 3 bekendheid geven, aanzien verschaffen; 4 aannemen, onderstellen; *— en principe*, als beginsel aannemen; *posé que*, gesteld dat. II *on.w* 1 rusten, steunen; 2 poseren; 3 zich aanstellen; 4 (*pop.*) wachten; *faire — qn.*, iem. laten wachten. III se ~ 1 gaan zitten; 2 zich uitgeven voor, zich voordoen, opwerpen als (*se — en*). ~-eur *m* 1 plaatser, aanlegger enz.; 2 aansteller.

positif, -ive I *bn* 1 zeker, stellig, positief; *esprit —*, verstandsmens; 2 bevestigend, positief (*wisk., natuurk., fot.*); *épreuve —ive*, positief (*fot.*). II *zn m* 1 het zekere; 2 het praktische; 3 kamerorgel; 4 positief (*fot.*); 5 stellende trap. III -ive *v* positief (*fot.*).

position *v* 1 ligging, plaatsing; 2 houding; 3 stelling (*mil.*); 4 betrekking.

positivement *bw* stellig, vast.

positivisme *m* ervaringswijsbegeerte.

positiviste *m* aanhanger v. h. positivisme.

possédé I *bn* bezeten. II *m* of *v* 1 bezetene (door de duivel); (*crier comme un —*); 2 dolleman.

posséder I *ov.w* 1 bezitten; 2 beheersen (v. e. wetenschap); 3 beheersen, de baas zijn; *être possédé du démon*, van de duivel bezeten zijn. II se ~ zich beheersen.

possesseur *m* bezitter.

possessif, -ive *bn* bezittelijk (*pronom —*).

posses/sion *v* 1 bezit, bezitting; *entrer en —*, in bezit nemen; 2 bezetenheid. ~-soire I *bn* bezitrechtelijk. II *zn m* bezitrecht.

possibilité *v* mogelijkheid.

possible I *bn* mogelijk; *au —*, uiterst, aller-; *avare au —*, aartsgierig; *le mieux —*, zo goed mogelijk; *le moins de fautes —*, zo weinig mogelijk fouten. II *zn m* het mogelijke; *faire son —*, zijn best doen.

postal *[mv aux] bn* wat de post betreft; *carte —e*, briefkaart; *carte — e illustrée*, prentbriefkaart; *colis —*, postpakket.

postaliser *ov.w* per post verzenden.

postcommunion *v* gebed v. d. priester na de Communie.

postdate *v* latere dagtekening dan de ware.

postdater *ov.w* een latere dagtekening vermelden dan de ware.

post/e I *v* 1 het reizen met de postwagen; *maître de —*, postmeester; 2 afstand tussen twee pleisterplaatsen of ongeveer twee uren gaans; 3 brievenpost; 4 postkantoor; *jeter une lettre à la —*, een brief op de post doen. II *m* 1 post v. e. soldaat; 2 wachthuis; *— de police*, politiepost; 3 op post staande soldaat (soldaten); *relever un —*, een post aflossen; 4 betrekking, post; 5 radiostation; 6 radiotoestel. ~er *ov.w* 1 uitzetten, opstellen; 2 op de post doen.

postéri/eur I *bn* 1 later; 2 achterste. II *zn m (fam.)* achterste. ~orité *v* het later zijn. ~té *v* nageslacht.

postface *v* nabericht.

posthume *bn* 1 geboren na de dood v. d. vader; 2 uitgegeven na de dood v. d. schrijver, nagelaten.

postiche *bn* 1 vals, nagemaakt, voorgewend (*douleur* —); 2 bijgevoegd.

posticheur *m* haarwerker.

postier *m* 1 postpaard; 2 postbeambte (*fam.*).

postillon *m* postiljon; — *d'amour*, overbrenger v. liefdesbrieven.

postopératoire *bn* na de operatie.

postscolaire *bn* na de school.

post-scriptum *m* postscriptum.

postulant *m*, -e *v* 1 sollicitant(e); 2 iem. die in een klooster wil treden.

postulat *m* stelling, die men zonder bewijs aanneemt.

postulateur *m*, -trice *v* aanvrager(-vraagster).

postulation *v* sollicitatie.

postuler *ov.w* solliciteren naar.

posture *v* 1 houding; 2 toestand.

pot *m* 1 pot, kan; — *à fleurs*, bloempot; — *d'échappement*, knalpot; — *de vin*, kan wijn; *mettre la poule au* —, er goed bij zitten; *payer les* —*s cassés*, de schade, het gelag betalen; 2 vleespot; *à la fortune du* —, wat de pot schaft; *découvrir le* — *aux roses* het geheim ontdekken; *tourner autour du* —, er omheen draaien; 3 kan (oude maat); 4 papierformaat van 40 bij 31 cm.

potabilité *v* drinkbaarheid.

potable *bn* 1 drinkbaar; 2 middelmatig; 3 vloeibaar (*or* —).

potache *m (fam.)* leerling v. e. midd. school.

potage *m* soep; *pour tout* —, alles bij elkaar genomen.

potager I *m zn* 1 moestuin; 2 keukenfornuis. II *bn* 1 eetbaar (*plantes* —*ères*); 2 *jardin* —, moestuin.

potard *m (pop.)* apotheker.

potass/e *v* potas. ~er *ov.w (fam.)* blokken.

potassium *m* kalium.

pot-au-feu I *zn m* 1 soep v. rundvlees met wortels, prei enz.; 2 soepvlees; 3 soepketel. II *bn* huishoudelijk.

pot-bouille *v (pop.)* burgerpot.

pot†-de-vin *m* steekpenning. ~ier *m (fam.)* iem. die steekpenningen aanneemt of eist.

pote *m (pop.)* vriend.

poteau [*mv* x] *m* 1 paal; — *indicateur*, wegwijzer; — *télégraphique*, telegraafpaal; 2 eindpunt, vertrekpunt (paardesport); *se faire battre sur le* —, op de streep geklopt worden; 3 *(pop.)* kameraad.

potée *v* potvol, kanvol.

potelé *bn* mollig.

potelet *m* stijltje, paaltje.

potence *v* 1 galg; *gibier de* —, galgeaas; 2 kruk.

potentat *m* 1 absoluut vorst v. e. grote staat; 2 *(fig.)* potentaat, despoot, heerser.

potentiel, -elle I *bn* na enige tijd werkend. II *zn m* 1 voorwaardelijke wijs; 2 elektr. spanning.

potentille *v* ganzerik (*pl.k.*).

poterie *v* 1 aardewerk; 2 pottenbakkerij; 3 pottenbakkerskunst; 4 metalen vaatwerk.

poterne *v* sluippoort.

potiche *v* Japanse of Chinese vaas van versierd porselein.

potier *m* 1 pottenbakker; 2 verkoper van aardewerk.

potin *m* 1 mengsel v. koper, zink en lood; 2 *(fam.)* lawaai, herrie; 3 *(fam.)* kletspraatje.

potiner *on.w* 1 kletsen; 2 kwaadspreken.

potinier *m*, -ère *v* kletser, kletstante.

potion *v* drankje.

pot†-pourri† *m* 1 ragoût v. verschillende vleessoorten; 2 potpourri.

pou [*mv* x] *m* luis; *chercher des* —*x à qa.*, op iem. vitten.

pouacre *(fam.)* I *m* of *v* smeerpoets. II *bn* smerig.

pouah! ba!

poubelle *v* vuilnisemmer, -bak.

pouce *m* 1 duim; *manger sur le* —, staande uit het vuistje eten; *mettre les* —*s*, zich gewonnen geven; *se mordre les* —*s*, berouw hebben; 2 grote teen; 3 duim (maat); 4 klein beetje, klein stukje.

poucet *m* duimpje; *Petit P* —, kleinduimpje.

poucettes *v mv* duimschroeven; *mettre les* — *à*, de duimschroeven aanleggen.

pouding *m* pudding.

poudre *v* 1 stof; *jeter de la* — *aux yeux*, zand in de ogen strooien; *mettre, réduire en* —, verwoesten; 2 poeder; — *de perlimpinpin*, kwakzalversmiddel; *tabac en* —, snuif; 3 buskruit; *ne pas avoir inventé la* —, het buskruit niet uitgevonden hebben.

poudr/er *ov.w* bepoederen. ~erie *v* kruitfabriek. ~ette *v* mestpoeder. ~eux, -euse I *bn* stoffig. II *zn* -euse *v* 1 pulverisator; 2 kaptafel. ~ier *m* 1 buskruitfabrikant; 2 zandkoker; 3 poederdoos. ~ière *v* 1 kruitmagazijn; 2 poederdoos. ~in *m* jachtsneeuw.

poudroiement *m* het stuiven (v. e. weg).

poudroyer I *ov.w* met stof bedekken. II *on.w* stuiven, bedekt zijn met stof.

pouf! I *tw* plof!, boem! II *zn m* poef.

pouffer *on.w:* — *de rire*, stikken v. h. lachen.

pouillard *m* jonge patrijs, - fazant.

pouilles *v mv:* *chanter* — *à qn.*, iem. de huid vol schelden.

pouiller *ov.w* 1 luizen, vlooien; 2 de huid vol schelden. ~ie *v (pop.)* 1 grote armoede; 2 gierigheid; 3 smeerboel.

pouilleux, -euse I *bn* 1 vol luizen; 2 onvruchtbaar, kaal; 3 smerig. II *zn m*, -euse *v* arme drommel.

poulailler *m* 1 kippenhok; 2 poelier; 3 engelenbak.

poulain *m* 1 veulen onder 30 maanden; 2 iem. die onder leiding staat v. e. trainer.

poulaine *v* voorsteven; *souliers à la* —, schoenen met omhoogstaande spitse punten.

poularde *v* gemeste jonge kip. [ten.

poul/e *v* 1 kip, wijfje van sommige vogels; — *d'eau*, waterhoentje; — *faisane*, wijfjesfazant; — *d'Inde*, kalkoense hen; *avoir la chair de* —, kippevel hebben; — *mouillée*, besluiteloos persoon, bangerd; *tuer la* — *aux œufs d'or*, de kip met de gouden eieren slachten; 2 weddingsd. spel; 3 inzet v. e. speler; 4 pot bij spel; 5 dansfiguur uit de quadrille; 6 *(pop.)* vrouw v. lichte zeden, snol. ~et *m* 1 kuiken; 2 liefdesbriefje.

poulette *v* 1 jonge hen; 2 schatje, liefje.

pouliche *v* merrieveulen.

poulie *v* 1 katrol; 2 schijf.

poulier *m* kippenhok.

pouliner *on.w* werpen v. paarden.

poulinière *bn v: jument* —, fokmerrie.

poulot *m*, -otte *v* lieveling, schatje, snoesje.

poulpe *m* inktvis.

pouls *m* pols(slag); — *fréquent*, snelle pols; *tâter le* — *à qn.*, iem. de pols voelen.

poumon *m(pot)* —*s*, uit volle borst; — *d'acier*, ijzeren long.

poupard I *bn* dik en rond, met bolle wangen. II *zn m* 1 bakerkind; 2 bakerpop.

poupe *v* achtersteven; *avoir le vent en* —, de wind in de zeilen hebben.

poupée *v* 1 pop; 2 tuutumpop; 3 pop bij schieten; 4 *(fam.)* verbandje om een vinger.

poupin *bn* popperig.

poupon *m*, -onne *v* 1 baby; 2 mollig kind. ~nière *v* 1 zuigelingenafdeling; 2 looprek.

poupoule *v (fam.)* liefje, schatje.

pour I *vz* 1 voor = ten behoeve van; 2 bestemd voor; 3 voor = in plaats van; 4 naar (*partir* — *Paris*); 5 terwille van, uit liefde voor (— *l'amour de Dieu*); 6 om, teneinde (met onb. wijs: *il faut manger* — *vivre*);

7 voor = als (*laisser — mort*); 8 voor = voor de tijd van (— *un an*); 9 op het punt te (*fam.*), *être — partir*; 10 voor = om, wegens; 11 voor = tegen de prijs van (— *cinq francs*); 12 voor = tegen (*remède — la fièvre*); 13 wat betreft (— *moi, je ne partirai pas*); 14 al, hoewel, ofschoon (— *être riche, il n'en est pas moins malheureux*); 15 — *lors*, toen. II *vw — que* (met *subj.*), opdat; ont te; — *peu que* (met *subj.*), als slechts, als maar. III *zn m*: *le — et le contre*, het voor en het tegen.

pourboire *m* fooi, drinkgeld.

pourceau [*mv* x] *m* varken, zwijn.

pour-cent *m* percent.

pourcentage *m* percentage.

pourchas *m* jacht, streven. ~**ser** *ov.w* najagen. ~**seur** *m* najager.

pourfend/re *m* snoever, opschepper. ~**re** *ov.w* doorklieven, doormidden hakken.

pourlécher I *ov.w* (*fam.*) aflikken. II *se* ~ likkebaarden.

pourparler *m* onderhandeling.

pourpier *m* postelein.

pourpoint *m* wambuis.

pourpre I *zn v* 1 purperverf; 2 purperen stof; 3 purperen kleed, -mantel; 4 (*poët.*) bloed. II *m* 1 purperkleur; 2 netelroos. III *bn* purperrood, donkerrood (— *de colère*).

pourpré *bn* purperkleurig.

pourpris *m* 1 omheining; 2 woning.

pourquoi I *bw* waarom. II *vw* 1 waarom; 2 *c'est* —, daarom. III *zn m* het waarom, vraag.

pourr/i I *bn* verrot; *temps* —, vochtig, ongezond weer. II *zn m*; *sentir le* —, bedorven ruiken. ~**ir** I *on.w* verrotten, vergaan, bederven. II *ov.w* doen verrotten. ~**iture** *v* verrotting.

poursuite *v* 1 ver-, achtervolging; 2 het najagen (*fig.*).

poursuiv/ant *m* 1 aanklager, vervolger; 2 dinger, sollicitant. ~**re** *ov.w onr.* 1 achtervolgen; 2 vervolgen (recht); 3 dingen naar, najagen; 4 voortzetten.

pourtant *bw* toch, evenwel, echter.

pourvoi *m* beroep (recht).

pourvoir I *on.w onr.* voorzien in (— *à*). II *ov.w* 1 voorzien; 2 uithuwelijken, v. e. betrekking voorzien (*bien* — *ses enfants*). III *se* ~ 1 zich voorzien (van); 2 in hoger beroep gaan (*se — en cassation*).

pourvoyeur *m*, **-euse** *v* leverancier(ster).

pourvu *que vw* (met *subj.*) mits.

poussade *v* gedrang, geduw.

pousse *v* 1 het uitkomen, de groei; 2 loot; 3 wijnziekte, die de wijn troebel maakt.

pousse-café *m* (*fam.*) glaasje likeur of cognac na de koffie.

pousse-cailloux *m* (*fam.*) infanterist, zandhaas.

poussée *v* 1 duw, stoot; 2 aanval; 3 drang.

pousse-pied *m* licht bootje.

pousser I *ov.w* 1 (voort)duwen, drukken, stoten; 2 aandrijven, aanzetten; — *à bout*, tot het uiterste drijven; — *trop loin*, te ver drijven; — *le feu*, het vuur opporren; 3 doorzetten, voortzetten; 4 toebrengen (— *un coup d'épée*); 5 slaken, uitstoten (— *un cri*); 6 schieten (v. loten); 7 opdrijven (bij verkopingen); 8 voorthelpen (— *un écolier*); 9 zeggen; zingen (*pop.*) (— *une chanson*). II *on.w* 1 groeien; 2 duwen, stoten; — *à la roue*, meehelpen; 3 voorwaarts gaan, doorgaan, doorrijden; — *au large*, het ruime sop kiezen. III *se* ~ 1 elkaar duwen, stoten; 2 vooruit trachten te komen, zich vooruitwerken (*se — dans le monde*).

poussette *v* kinderwagen.

poussier *m* kolengruis, afval.

poussière *v* stof; *mordre la* —, in het zand bijten; *réduire en —*, vernietigen.

poussiéreux, **-euse** *bn* stoffig.

poussif, **-ive** *bn* kortademig, dampig.

poussin *m* 1 kuiken; 2 kindje.

poussinière *v* kuikenhok.

---

poussoir *m* knop, drukknop.

poutrage *m* balkwerk.

poutr/e *v* balk. ~**elle** *v* balkje.

pouvoir I *ov.w onr.* 1 kunnen; *je n'y puis rien*, ik kan er niets aan doen; *je n'en puis mais*, het is mijn schuld niet; *n'en — plus*, niet meer kunnen; 2 mogen; *puis-je entrer?*, mag ik binnenkomen?; *puisse-t-il réussir!*, moge hij slagen! II *se* ~ (met *subj.*), mogelijk zijn (*il se peut que . . .*). III *zn m* 1 macht; 2 volmacht; 3 invloed.

prairial *m* negende maand v. h. republikeinse jaar (20 mei tot 18 juni).

prairie *v* weide.

praline *v* suikeramandel.

praliner *ov.w* bakken in suiker.

prame *v* praam (*scheepv.*).

pratic/abilité *v* 1 uitvoerbaarheid; 2 begaanbaarheid. ~**able** *bn* 1 uitvoerbaar, bruikbaar; 2 begaanbaar.

praticien *m*, **-enne** *v* ervaren geneesheer, -advocaat(-ate).

pratiquant I *bn* zijn godsdienstige plichten vervullend. II *zn m* iem. die zijn godsdienstige plichten vervult.

pratique I *v* praktijk, manier v. doen; *mettre en* —, in praktijk brengen, toepassen; 2 gebruik, gewoonte; 3 omgang; 4 rechtspraktijk; 5 klant, klandizie; 6 (*fam.*) gewiekste kerel (*vieille* —). II *bn* praktisch.

pratiquer I *ov.w* 1 uitoefenen, betrachten; 2 aanleggen, maken, uitvoeren; 3 verwerven, voor zich winnen (— *des sympathies*); 4 omgaan met, verkeren in (een gezelschap); 5 toepassen. II *on.w* zijn godsdienstplichten vervullen.

pré *m* kleine weide; *aller sur le —*, gaan duelleren.

pré/achat *m* vooruitbetaling. ~**acheter** *ov.w* vooruitbetalen. ~**alable** *bn* voorafgaand; *au* —, vooraf, eerst. ~**ambule** *m* inleiding.

préau [*mv* x] *m* 1 overdekte speelplaats; 2 binnenplaats v. klooster, - v. gevangenis.

préavertir *ov.w* vooruit waarschuwen.

préavis *m* 1 preadvies; 2 opzegging.

prébende *v* prebende.

prébendé I *bn* een prebende genietend. II *zn m* geestelijke, die een prebende geniet.

précaire *bn* onzeker, onbestendig.

précarité *v* onzekerheid, onbestendigheid.

précaution *v* voorzorg, voorzorgsmaatregel.

précautionner I *ov.w* behoeden, waarschuwen. II *se* ~ voorzorgsmaatregelen nemen.

précautionneusement *bw* voorzichtig.

précautionneux, **-euse** *bn* voorzichtig.

précéd/emment *bw* van te voren. ~**ent** I *bn* voorafgaand. II *zn m* precedent; voorafgaand geval; *sans* —, zonder voorbeeld.

précéder *ov.w* 1 voorafgaan (tijd); 2 vooruitgaan, lopen vóór (plaats).

précepte *m* voorschrift; les.

précept/eur *m*, **-trice** *v* opvoeder(ster); gouverneur, gouvernante. ~**oral** [*mv* aux] *bn* v. d. leermeester. ~**orat** *m* ambt v. opvoeder, - v. gouverneur.

préchantre *m* voorzanger in een kerk.

prêche *m* 1 Prot. preek; 2 Prot. kerk; 3 Prot. godsdienst.

prêcher *ov.w* 1 prediken, verkondigen; 2 aanbevelen. II *on.w* preken; — *d'exemple*, een goed voorbeeld geven.

prêcheur *m*, **-euse** *v* iem. die graag vermaningen geeft; *frère* —, dominicaan.

précieuse *v* 1 elegante, beschaafde vrouw (*oud*); 2 vrouw met overdreven manieren en die aanstellerig spreekt.

précieusement *bw* 1 zorgvuldig; 2 aanstellerig.

précieux, **-euse** *bn* 1 kostbaar; 2 belangrijk; 3 aanstellerig, gezocht.

préciosité *v* aanstellerigheid, gemaaktheid.

précipice *m* 1 afgrond; 2 ondergang.

précipit/amment *bw* haastig, in allerijl. ~**ation** *v* 1 overhaasting; 2 neerslag (*scheik.*); 3 *les* ~*s*, de neerslag (regen, sneeuw enz.). ~**é** *m* neerslag (*scheik.*).

précipiter I *ov.w* 1 werpen, neerwerpen, neerslaan; 2 neerslaan (*scheik.*); 3 verhaasten, versnellen (— *les pas*). II se ~ 1 zich werpen, zich storten; 2 voortsnellen; 3 neerslaan (*scheik.*).

précis I *bn* 1 nauwkeurig, juist, precies; *à huit heures précises*, precies om acht uur; 2 beknopt (*style —*). II *zn m* beknopt overzicht. ~*ément bw* nauwkeurig, juist, precies. ~*er ov.w* nauwkeurig aangeven, - beschrijven.

précision *v* nauwkeurigheid, juistheid; *instrument de —*, precisie-instrument, zeer gevoelig, precies aangevend instrument.

précité *bn* voornoemd.

précoce *bn* 1 vroegrijp; 2 voortijdig, vroeg, vroeg ontwikkeld (*enfant —*).

précocité *v* 1 vroegrijpheid; 2 voortijdigheid, vroege ontwikkeling.

précompter *ov.w* vooruit aftrekken.

préconc/eption *v* van te voren gevormde mening, vooroordeel. ~*evoir ov.w* van te voren een mening vormen.

préconis/ation *v* bevoegdverklaring door de paus v. e. bisschop, die door de wereldlijke autoriteiten benoemd is. ~*er ov.w* 1 bevoegd verklaren v. e. bisschop; 2 aanprijzen. ~*eur m* iem. die ophemelt.

précordial [*mv aux*] *bn* van de hartstreek.

précurseur I *bn: signe —*, voorteken. II *zn m* voorloper, voorbode.

prédécès *m* vooroverlijden.

prédécesseur *m* voorganger.

prédestination *v* voorbeschikking.

prédestiner *ov.w* voorbeschikken, uitverkiezen, bestemmen.

prédéterminer *ov.w* vooruit bepalen.

prédicant *m* dominee.

prédicat *m* gezegde.

prédicat/eur *m*, -**trice** *v* predikant(e), prediker(ster). ~*ion v* prediking.

prédiction *v* voorspelling.

prédilection *v* voorliefde, voorkeur.

prédire *ov.w onr.* voorspéllen.

prédisposer (à) *ov.w* vatbaar maken voor.

prédisposition *v* vatbaarheid, aanleg.

prédominance *v* overheersing, overwicht.

prédominer *ov.w* overheersen, de overhand hebben.

prééminence *v* voorrang.

prééminent *bn* voornaamst.

préemption *v* voorkoop.

préétablir *ov.w* van te voren vaststellen.

préexistence *v* voorbestaan.

préexister *on.w* van te voren bestaan.

préfabriqué *bn: maison —*, huis, waarvan de verschillende onderdelen vóór de bouw zijn klaargemaakt.

préfac/e *v* 1 voorbericht, voorrede; 2 Prefatie (*R.K.*). ~*er ov.w: — un livre*, een voorbericht schrijven in een boek.

préfacier *m* schrijver v. e. voorbericht.

préfect/oral [*mv aux*] *bn* van de prefect. ~*ure v* 1 gebied, waarover een prefect gesteld is; 2 waardigheid v. d. prefect; 3 woonhuis v. d. prefect; 4 kantoren v. d. prefect; 5 stad, waar een prefect zetelt; 6 — *de police*, hoofdcommissariaat v. politie.

préférable *bn* verkieslijk.

préféré *bn* geliefkoosd, lievelings-.

préférence *v* voorkeur; *de —*, bij voorkeur.

préfér/entiel, -elle *bn* wat voorkeur betreft; *tarif —*, voorkeurstarief. ~*er (à) ov.w* verkiezen, de voorkeur geven boven; *il préfère rester*, hij blijft liever.

préfet *m* 1 prefect (hoofd v. e. departement); 2 — *de police*, hoofdcommissaris v. politie in het departement de Seine.

préfiguration *v* voorafbeelding.

préfigurer *ov.w* voorafbeelden.

préfixe *m* voorvoegsel.

préfixer *ov.w* van te voren vaststellen.

préfixion *v* vaststelling v. e. termijn.

préglaciaire *bn* van vóór de gletsjertijd.

prégnant *bn* drachtig.

préhens/eur *bn* grijpend. ~*ible bn* grijpbaar. ~*ion v* het grijpen.

préhistoire *v* voorhistorische tijd.

préhistorique *bn* voorhistorisch.

préjudice *m* schade, nadeel; *au — de*, ten nadele van; *sans — de*, onverminderd.

préjudiciable *bn* schadelijk, nadelig.

préjudicier *on.w* schaden, nadelig zijn.

préjugé *m* 1 vooroordeel; 2 vroeger vonnis in een overeenkomstige zaak.

préjuger *ov.w* 1 van te voren beoordelen, zonder grondig onderzoek; 2 voorlopig vonnissen.

prélasser (se) een gewichtige houding aannemen; zich gemakkelijk met een gewichtig gezicht neerzetten.

prélat *m* prelaat. ~*ure v* 1 waardigheid v. prelaat; 2 prelatencorps.

prélevé *m* pr•efje.

prélèvement *m* 1 het afhouden, heffing; 2 monster (om onderzocht te worden).

prélever *ov.w* afhouden, heffen.

préliminaire I *bn* inleidend, voorafgaand. II ~*s m mv* inleiding; —*s de paix*, vredeshandelingen.

prélude *m* 1 inleiding, voorspel; 2 voorbode.

préluder *on.w* een voorspel spelen.

prématuré *bn* te vroeg, vroegtijdig, voorbarig. ~*ment bw* te vroeg, vroegtijdig, voorbarig; *mourir —*, vóór zijn tijd sterven.

prémédit/ation *v* voorbedachten rade; het van te voren overdenken. ~*er ov.w* vooraf overdenken, beramen.

prémices *v mv* 1 eerstelingen; 2 eerste werken v. e. kunstenaar; 3 begin.

premier, -ère I *bn* eerste, beste; *matières —es*, grondstoffen; *nombre —*, oneedlbaar getal. II *zn m* 1 eerste verdieping; 2 eerste v. d. maand; 3 het eerst; *le — venu, la —ère venue*, de eerste de beste; 4 de eerste, III -*ère v* 1 eerste klas (v. trein enz.); 2 eerste uitvoering; 3 stalles; 4 hoogste klas v. e. school; 5 eerste verkoopster.

premièrement *bw* ten eerste, in de eerste plaats.

premier†-né† *m* eerstgeborene.

premier†-Paris *m* hoofdartikel uit Parijs' dagblad.

prémilitaire *bn: instruction —*, mil. vooropleiding.

prémisse *v* premisse.

prémonition *v* voorgevoel.

prémonitoire *bn* waarschuwend (*symptôme —*).

prémontré *m* premonstratenzer.

prémourant *m* hij, die het eerst sterft.

prémunir I *ov.w* beveiligen. II se ~ zich beveiligen, zich beschermen.

prenable *bn* 1 inneembaar; 2 omkoopbaar.

prenant *bn* 1 nemend, ontvangend; 2 grijpend; *queue —e*, grijpstaart.

prénatal [*mv als*] *bn* vóór de geboorte.

prendre I *ov.w onr.* 1 nemen, aannemen, pakken, aanpakken, grijpen; — *de l'âge*, oud worden; — *à cœur*, ter harte nemen; *c'est à — ou à laisser*, graag of niet; — *à témoin*, tot getuige nemen; — *congé*, afscheid nemen; — *le deuil*, de rouw aannemen; — *les devants*, vooruit lopen; — *femme*, trouwen; — *feu*, vlam vatten; — *la fuite*, vluchten; — *en grippe*, een hekel krijgen; — *le large*, het ruime sop kiezen; — *le haut*, een hoge toon aanslaan; — *mal*, kwalijk nemen; — *la mer*, zich inschepen, zee kiezen; — *qn. au mot*, iem. aan zijn woord houden; — *la mouche*, opstuiven; — *son parti*, berusten, zich schikken; — *en pitié*, medelijden krijgen; — *le volée*, non worden; — *son vol*, opstijgen, opvliegen; *à tout* —, alles wel beschouwd; 2 stelen; 3 aanvallen; 4 innemen, veroveren; 5 afhalen; 6 betrappen, vangen; *je vous y prends*, daar betrap ik je!; — *sur le fait*, op heter daad betrappen; — *en faute*, betrappen; 7 inslaan v. e. weg; 8 krijgen;

oplopen, vatten (v. e. ziekte); — *froid*, kou vatten; — *un rhume*, een verkoudheid oplopen; 9 aanzien voor, houden voor (— *pour*); 10 innemen, gebruiken, eten, drinken. II *on.w* 1 wortelen; 2 vlam vatten; *le feu a pris à la maison*, het huis is in brand gevlogen; 3 bevriezen, stollen, dik worden; 4 slagen, succes hebben (*un livre qui n'a pas pris*); 5 overkomen; bekomen; *il lui en prendra mal*, het zal hem slecht bekomen; *qu'est-ce qui vous prend?*, wat heb je?, wat scheelt je?; 6 prikkelen, bijten, aantasten (— *au nez*, — *à la gorge*); 7 indruk maken, inslaan, vat hebben; 8 afslaan; — *à travers champs*, door de velden gaan. III se ~ 1 elkaar nemen; *se — aux cheveux*, elkaar in de haren vliegen; 2 blijven haken (*se — à un clou*); 3 beklemd raken; 4 zich vastklampen; 5 bevriezen, stollen, dik worden; 6 gevangen worden; *se — au piège*, in de val lopen; 7 *se — d'amitié*, vriendschap opvatten; *se — de vin*, dronken worden; 8 *se — à qc., s'y —*, het aanleggen; *comment vous y êtes-vous pris?*, hoe hebt u dat aangelegd?; 9 *s'en — à qn.*, iem. iets verwijten; 10 *se — à*, beginnen te; 11 *e — pour*, zich houden voor.

preneur, -euse I *bn* nemend, vangend. II *zn m, -euse v* 1 nemer, neemster; 2 koper (koopster); 3 gebruiker(ster); — *de café*, koffiedrinker(ster); 4 huurder(ster).

prénom *m* vóórnaam. ~**mé** *bn* voornoemd.

prénommer *ov.w* een voornaam geven.

prénuptial [*mv aux*] *bn* vóór het huwelijk.

préoccup/ation v 1 bezorgdheid; 2 vooringenomenheid. ~**er** I *ov.w* bezorgd maken. II se ~ de zich bezorgd maken over; zich voortdurend bezig houden met.

préopinant *m* vorige spreker.

préopiner *on.w* vóór een ander zijn mening zeggen, - stemmen.

prépaiement *m* vooruitbetaling.

préparateur *m*, **-trice** v 1 opleider(ster), repetitor; 2 amanuensis.

préparatifs *m mv* toebereidselen, voorbereidende maatregelen.

préparation v 1 voorbereiding; opleiding; 2 (toe)bereiding; 3 preparaat.

préparatoire *bn* voorbereidend.

préparer *ov.w* 1 voorbereiden, opleiden; — *un examen*, studeren voor een examen; 2 gereedmaken; 3 bereiden, toebereiden.

prépondér/ance v overwicht. ~**ant** *bn* overwegend, beslissend; *la classe —e*, heersende klasse; *voix —e*, beslissende stem.

préposé I *m* beambte. II *bn* (— *à*) belast met.

préposer *ov.w* aanstellen.

préposition v voorzetsel.

prépositionnel, -elle *bn* van het voorzetsel.

prépotence v overwicht.

préraphaélite *m* aanhanger v. h. prerafaëlisme.

préraphaéli(ti)sme *m* schildersschool uit het midden der 19e eeuw, waarvan de aanhangers de werken v. d. voorgangers van Raphaël beschouwden als het hoogtepunt der schilderkunst.

prérogative v voorrecht.

près I *bw* dichtbij (plaats en tijd); *à beaucoup —*, op geen stukken na; *à cela —*, dat uitgezonderd; *à peu —*, ongeveer; *de —*, van nabij; *raser de —*, uitscheren; *il n'y regarde pas de si —*, hij kijkt zo nauw niet. II *vz* bij (ook — de); — *Paris*, bij Parijs; *ambassadeur — la cour*, gezant bij het hof. III — *de* 1 bij, dicht bij; 2 bijna, ongeveer (— *de 100 francs*); 3 op het punt te (*il est — de partir*).

présage *m* 1 voorspelling; 2 voorteken.

présager *ov.w* voorspellen.

présanctifié *bn* vooraf gewijd; *la Messe des —s*, de mis op Goede Vrijdag.

presbyt/e *bn* en *zn* verziend(e). ~**éral** [*mv aux*] *bn* priesterlijk. ~**ère** *m* pastorie.

presbytérianisme *m* leer der presbyterianen.

presbytérien, -enne I *bn* presbyteriaans. II *zn m*, -enne *v* volgeling(e) der presbyteriaanse leer.

presbytie v verziendheid.

prescience v voorkennis.

prescription v 1 voorschrift; 2 recept; 3 verjaring (recht).

prescrire I *ov.w* onr. 1 voorschrijven; 2 laten verjaren. II se ~ verjaren.

préséance v voorrang.

présence v tegenwoordigheid, aanwezigheid; *en — de*, in tegenwoordigheid van; met het oog op; *faire acte de —*, tegenwoordig zijn, zich laten zien.

présent I *m* 1 geschenk, gave; *faire — de*, schenken; —*s de Bacchus* (*dicht.*), wijn; —*s de Cérès* (*dicht.*), oogst; —*s de Flore* (*dicht.*) bloemen; —*s de Pomone* (*dicht.*), vruchten; 2 het tegenwoordige; *à —*, tegenwoordig; 3 tegenw. tijd. II *bn* 1 tegenwoordig; 2 aanwezig; *par la —e*, bij dezen.

présentable *bn* toonbaar.

présentateur *m* voorsteller, aanbieder.

présentation v 1 aanbieding; *P— de la Vierge*, Feest der Opdracht van O.L.V. (21 nov.); 2 verzorging, aankleding; 3 voorstelling; 4 voordracht.

présentement *bw* tegenwoordig.

présenter I *ov.w* 1 aanbieden; — *les armes*, het geweer presenteren; — *des difficultés*, moeilijkheden opleveren; 2 voorstellen; 3 voordragen. II se ~ 1 zich voorstellen; 2 zich voordoen (*une difficulté se présente*); 3 zich vertonen; *se — aux yeux*, in het oog vallen; 4 zich aanmelden; 5 zich laten aanzien (*cette affaire se présente bien*).

préservat/eur, -*trice bn* voorbehoedend, beschermend. ~**if, -ive** I *bn* voorbehoedend. II *zn m* voorbehoedmiddel.

préservation v bescherming, beveiliging.

préserver *ov.w* (— *de*) behoeden voor, beschermen tegen.

présidence v voorzitterschap, presidentschap.

président *m* voorzitter, president; — *du Conseil*, minister-president.

présidentiel/le v 1 voorzitster; 2 vrouw v. e. president. ~**iel, -elle** *bn* v. d. president, v.d, voorzitter.

présider I *ov.w* presideren. II *on.w* (— à) leiden, regelen.

présompt/if, -ive *bn* vermoedelijk. ~**ion** v 1 vermoeden; 2 eigenwaan, verwaandheid. ~**ueux, -euse** *bn* verwaand.

presque *bw* bijna.

presqu'île v schiereiland.

pressage *m* het persen.

pressant *bn* 1 aandringend; 2 dringend.

presse v 1 gedrang; *fendre la —*, zich een weg banen door de menigte; 2 pers (drukpers, wijnpers enz.); — *à copier*, kopieerpers; *sous —*, ter perse; 3 de kranten, de pers; 4 aandrang; 5 (*fam.*) haast.

pressé *bn* 1 haastig, gehaast; 2 uitgeperst; 3 dringend; 4 in het nauw gedreven, gekweld (— *de faim et de soif*); *être — d'argent*, dringend geld nodig hebben.

presse-citron *m* citroenpers.

presse-fruits *m* vruchtenpers.

pressent/iment *m* voorgevoel. ~**ir** *ov.w onr.* 1 een voorgevoel hebben van; 2 polsen.

presse-papiers *m* presse-papiers.

presser I *ov.w* 1 drukken, uitdrukken, persen, uitpersen; 2 bestoken, op de hielen zitten; 3 verhaasten, bespoedigen. II *on.w* dringen, haast hebben; *rien ne presse*, er is geen haast bij. III se ~ 1 zich haasten; 2 elkaar verdringen.

press/ier *m* drukker. ~**ion** v 1 druk, drukking; — *artérielle*, bloeddruk; 2 dwang. ~**oir** *m* 1 wijnpers, vruchtenpers, oliepers enz.; 2 perskamer, -huis.

pressurage *m* 1 het uitpersen; 2 perswijn.

pressurer *ov.w* 1 uitpersen; 2 uitzuigen (*fig.*), afpersen.

pressurisé *bn cabine —e*, luchtdrukcabine.

prestance v statig-, krijgshaftig uiterlijk.

prestant m hoofdregister v. e. orgel.

prestation v 1 levering, lening; 2 aflegging v. e. eed (— de serment); 3 prestatie.

preste I bn vlug, handig. II bw: —l, gauwl, schiet op !~ment bw vlug, snel.

prestesse v vlugheid, handigheid.

prestidigitateur m, -trice v goochelaar(ster).

prestidigitation v goochelarij.

prestig/e m 1 begoocheling, zinsbedrog; 2 invloed, gezag. ~ieux, -euse bn begoochelend, oogverblindend.

presto, prestissimo bw snel, zeer snel (muz.).

présum/able bn vermoedelijk. ~er ov.w 1 vermoeden; 2 geloven, denken; trop — de ses talents, zijn talenten overschatten.

présure v stremsel.

présurer ov.w doen stremmen.

prêt I zn m 1 het lenen; 2 geleende som; — d'honneur, renteloos voorschot aan een student. II (— à) bn klaar, gereed (om te).

pretantaine v (fam.) courir la —, rondzwerven.

prêté m (c'est un — pour un rendu), leer om leer.

prétendant m 1 troonpretendent; 2 vrijer, aanbidder v. e. vrouw.

prétend/re I ov.w 1 opeisen, aanspraak maken op; 2 eisen, willen, verlangen; 3 beweren. II on.w (~ à) dingen naar; ~u I bn zogenaamd. II zn m, -e v verloofde, aanstaande.

prête-nom m stroman.

prétenti/eusement bw 1 aanmatigend; 2 gezocht. ~eux, -euse bn 1 aanmatigend; 2 gezocht (style —).

prétention v 1 vordering, eis; 2 aanmatiging, verwaandheid, pretentie.

prêter I ov.w 1 lenen, verlenen; — le flanc, zich blootstellen; — l'oreille, luisteren; — secours, hulp verlenen; — serment, een eed afleggen; 2 toeschrijven. II on.w 1 geld lenen; 2 rekken; 3 aanleiding geven tot. III se ~ 1 geleend worden; 2 (se ~ à) toestemmen in.

prétérit m verleden tijd.

préteur m pretor.

prêteur, -euse I bn (graag) lenend. II zn m, -euse v lener, leenster.

prétexte m voorwendsel.

prétexter ov.w voorwenden.

prétoire m kantongerecht.

prétorien, -enne bn 1 v. d. pretor; 2 v. d. keizerlijke lijfwacht.

prétraille v de priesters (minachtend).

prêtr/e m priester; —ouvrier, priester, die in een fabriek werkt. ~esse v priesteres.

prêtrise v priesterschap.

préture v 1 ambt v. d. pretor; 2 ambtstijd v. d. pretor.

preuve v 1 bewijs; 2 proef; faire — de, blijk geven van; faire ses —s, zijn sporen verdienen.

preux m dappere.

prévaloir I on.w onr. de overhand hebben. II se ~ de zich laten voorstaan op.

prévaricat/eur, -trice I bn zijn (haar) plicht verzakend. II zn m, -trice v plichtverzaker (-verzaakster). ~ion v plichtverzuim.

prévariquer on.w zijn plicht verzuimen.

préven/ance v voorkomendheid, gedienstigheid. ~ant ov.w voorkomend, gedienstig.

prévenir ov.w.onr. 1 voorkómen; 2 waarschuwen; 3 être prévenu en faveur de qn., voor iem. ingenomen zijn.

préventif, -ive bn 1 voorbehoedend; détention —ive, voorlopige hechtenis. II m voorbehoedmiddel.

prévent/ion v 1 vooringenomenheid; 2 staat v. beschuldiging; 3 voorlopige hechtenis. ~ivement bw 1 voorlopig; 2 uit voorzorg.

prévenu I zn m 1 verwittigd; 2 vooringenomen; 3 beschuldigd. II zn m verdachte.

prévision v vooruitzicht, verwachting; en — de, met het oog op.

prévoir ov.w onr. voorzien.

prévôt m 1 (oud) titel v. verschillende officieren, provoost; 2 officier-commissaris bij een krijgsraad.

prévoyance v 1 het voorzien; 2 voorzorg, bedachtzaamheid.

prévoyant bn 1 vooruitziend, met vooruitziende blik; 2 bedachtzaam, zorgzaam.

prévu m het voorziene.

prié bn waarvoor men uitgenodigd is (dîner —).

prie-Dieu m bidstoel.

prier ov.w 1 bidden; 2 (— de) verzoeken; je vous prie, als 't u belieft; je vous en prie, als 't u belieft; ga uw gang; 3 smeken; 4 uitnodigen (prier à).

prière v 1 gebed; 2 verzoek; — de ne pas fumer, verzoeke niet te roken; 3 smeekbede.

prieur m, -e v prior(in). —é m 1 kloostergemeente, bestuurd door prior(in); 2 kerk of woonhuis van deze kloostergemeente; 3 waardigheid v. prior(in).

primaire bn eerste, laagste; école —, lagere school.

primat m primaat.

primatial [mv aux] bn v. e. primaat.

primatie v 1 primaatschap; 2 gebied v. e. primaat; 3 zetel v. e. primaat.

primauté v 1 voorrang; 2 voorhand (spel).

prime I v 1 premie (in versch. betekenissen); — aux enfants, kinderbijslag; 2 eerste getijde (R.K.); 3 prime (muz.); 4 soort halfdoorschijnend bergkristal. II bn eerste; de — abord, op het eerste gezicht; prime jeunesse, prille jeugd; de — saut, dadelijk.

primer ov.w 1 overtreffen, te boven gaan; sagesse prime richesse, (spr.w.), wijsheid gaat boven rijkdom; 2 een premie toekennen.

primerose v stokroos.

primesautier, -ère bn zijn eerste opwellingen volgend.

primeur v 1 eerste groente, eerste vrucht; 2 nieuwheid, versheid. ~iste m kweker v. jonge groenten en vruchten.

primevère v sleutelbloem.

primit/if, -ive I bn oorspronkelijk, oudste; couleurs —ives, hoofdkleuren; la —ive Eglise, de oudste christenkerk; langue —ive, oertaal; mot —, stamwoord; temps —, grondtijd. II zn m schilder of beeldhouwer uit de tijd, die de Renaissance onmiddellijk voorafgaat. ~ivement bw oorspronkelijk, aanvankelijk.

primo bw ten eerste. ~géniture v eerstgeboorte; droit de —, eerstgeboorterecht.

primordial [mv aux] bn oorspronkelijk, oudste.

primulacées v mv sleutelbloemachtigen.

prince m vorst, prins; le — des Apôtres, de H. Petrus; être bon —, een gemakkelijk, goedmoedig karakter hebben; — de l'Eglise, kerkvorst; — du sang, prins v. d. bloede; le — des ténèbres, de duivel.

princeps bn: édition —, eerste uitgave.

princesse v prinses, vorstin; faire la —, de deftige dame uithangen; aux frais de la —, op staatskosten; aux kosten v. d. baas; robe —, lange japon zonder ceintuur, nauw in het midden en wijd uithangend.

princier, -ère bn prinselijk, vorstelijk.

princièrement bw vorstelijk.

principal [mv aux] I bn voornaamste, hoofd-; proposition —e, hoofdzin. II zn m 1 de hoofdzaak; 2 hoofdsom; 3 directeur v. e. gemeentelijke middelb. school.

principalat m rectoraat, directeurschap v. e. gemeentelijke middelb. school.

principalement bw vooral, hoofdzakelijk.

principat m 1 vorstelijke waardigheid; 2 keizerlijke waardigheid bij de Romeinen.

principauté v 1 vorstendom, prinsdom; 2 vorstelijke, prinselijke waardigheid; 3 P~s v mv Vorsten (derde engelenkoor).

principe m 1 begin; dans le —, in den beginne; 2 oorsprong, bron; 3 beginsel; 4 grondslag, wet (— *d'Archimède*); 5 element, bestanddeel.

printanier, -ère *bn* 1 v. d. lente; *fleurs —ères*, lentebloemen; 2 jeugdig.

printemps *m* 1 lente; *au —*, in de lente; 2 (*dicht.*) jeugd.

priorat *m* 1 priorschap; 2 duur v. h. priorschap.

priorité *v* 1 voorrang; 2 het vroeger zijn.

pris *bn* 1 ontleend; 2 aangetast (— *de fièvre*); 3 bevangen; — *de vin*, aangeschoten; 4 bezet; 5 gevangen; 6 bevroren; 7 *taille bien —e*, welgevormde gestalte.

prise *v* 1 het nemen, grijpen, pakken enz.; — *d'air*, luchtmonster; — *d'armes*, parade; — *de bec*, twist; — *de corps*, hechtenis; — *de courant*, stopcontact; — *d'eau*, voedingsplaats voor waterleiding; — *directe*, rechtstreekse overbrenging; *lâcher —*, loslaten; — *de possession*, inbezitname; — *de son*, grammofoonopname; — *de tabac*, snuifje; — *de terre*, aarding; — *de vue*, filmopname; 2 buit, vangst; 3 het innemen v. e. stad; 4 vat; *donner —*, vat geven; 5 het stollen, het dichtvriezen.

prisée *v* schatting bij publieke verkoop.

priser I *ov.w* 1 schatten; 2 waarderen; 3 opsnuiven (— *du tabac*) II *on.w* snuiven.

priseur *m* 1 schatter; 2 snuiver.

prism/atique *bn* prismatisch. ~**e** *m* 1 prisma; 2 driezijdig glazen prisma.

prison *v* 1 gevangenis; 2 gevangenschap, gevangenisstraf. ~**nier** *m*, **-ère** *v* gevangene; *faire —*, gevangen nemen; — *de guerre*, krijgsgevangene.

privat/if, -ive *bn* ontkennend, de afwezigheid uitdrukkend (de *a* van *anormal* is een *a —*). ~**ion** *v* 1 verlies, beroving; 2 gemis; 3 ontbering.

privativement *bw* uitsluitend.   [bering.

privauté *v* te grote vrijheid, familiariteit.

privé I *bn* 1 particulier; 2 huiselijk, privaat (*vie —e*); 3 tam. II *zn m* particulier leven.

priver I *ov.w* 1 beroven; 2 temmen. II *se ~* de qc. zich iets ontzeggen.

privilège *m* privilege, voorrecht.

privilégié I *bn* bevoorrecht, preferent. II *zn m, -e v* bevoorrechte, rijke.

privilégier *ov.w* bevoorrechten.

prix *m* 1 prijs; *à — fixe*, tegen vaste prijs; *à tout —*, tot elke prijs; *au — de*, vergeleken met; ten koste van; *au — de sa vie*, ten koste van zijn leven; — *courant*, marktprijs; prijscourant; *de —*, van hoge waarde; *hors de —*, peperduur; 2 prijs = beloning; *distribution de —*, prijsuitdeling; *mettre à — la tête de qn.*, een prijs op iemands hoofd zetten; *Prix de Rome*, staatsprijs aan kunstenaars, die daardoor hun studie kunnen voltooien in Rome; 3 prijs = straf.

probabilité *v* waarschijnlijkheid.

probable *bn* waarschijnlijk.

probant *bn* overtuigend, afdoend (*preuve —e*).

probat/ion *v* 1 proeftijd vóór het noviciaat; 2 noviciaat. ~**oire** *bn* overtuigend; *acte —*, tentamen.

probe *bn* rechtschapen, eerlijk.

probité *v* rechtschapenheid, eerlijkheid.

problématique *bn* twijfelachtig.

problème *m* 1 vraagstuk; 2 (*fig.*) raadsel.

procédé *m* 1 handelwijze; *de bons —s*, goede bejegening; 2 bereidingswijze, manier v. werken; 3 pomerans v. e. biljartkeu.

procéder *on.w* 1 procederen; 2 voortkomen uit, het gevolg zijn van (— *de*); 3 te werk gaan, handelen; 4 overgaan tot (— *à*).

procédur/e *v* rechtspleging. ~**ier, -ère** *bn* 1 bedreven in de rechtspleging; 2 pleitziek.

procès *m* proces, rechtzaak.

processif, -ive *bn* pleitziek.

procession *v* 1 processie; 2 stoet, rij.

prosessionn/al *m* gezang- en gebedenboek voor processies. ~**el, -elle** *bn* wat een processie betreft.

processionnellement *bw* in processie.

processionner *on.w* een processie houden.

processus *m* 1 verlenging, voortzetting; 2 ontwikkeling.

procès-verbal (— *pl* aux) *m* 1 procesverbaal; *dresser —*, een procesverbaal opmaken; 2 verslag, notulen.

prochain I *zn m* naaste. II *bn* 1 naburig; 2 aanstaande, volgende (*la semaine —e*); 3 *cause —e*, directe oorzaak.

prochainement *bw* eerstdaags, binnenkort.

proche I *bn* 1 naburig, naast; 2 nabij (*l'heure est —*); 3 naaste verwant. II *bw* dichtbij. III *vz* (ook — *de*); dichtbij. IV *zn ~s m mv* naaste verwanten.

proclam/ateur *m*, **-trice** *v* uitroeper(ster), verkondiger(ster). ~**ation** *v* afkondiging, bekendmaking. ~**er** *ov.w* 1 afkondigen, bekendmaken; 2 uitroepen; *qn. roi*, iem. als koning uitroepen.

proclitique *bn* v. e. woord zonder klemtoon, dat een ander voorafgaat.

proconsul *m* proconsul.

procréateur, -trice I *bn* scheppend, voortbrengend. II *zn m*, **-trice** *v* verwekker(ster).

procréation *v* voortplanting.

procréer *ov.w* verwekken, voortbrengen.

procuration *v* volmacht.

procuratrice *v* gevolmachtigde.

procurer I *ov.w* bezorgen, verschaffen. II *se ~* aanschaffen.

procur/eur *m* gevolmachtigde; — *de la République*, officier van Justitie. ~**euse** *v* 1 vrouw v. e. procureur; 2 koppelaarster.

prodigalement *bw* verkwistend, kwistig.

prodigalité *v* verkwisting.

prodige I *zn m* 1 wonder; 2 wonderkind. II *bn* wonderlijk; *enfant —*, wonderkind.

prodigi/eusement *bw* verbazend, buitengewoon. ~**eux, -euse** *bn* 1 wonderlijk; 2 verbazend, buitengewoon.

prodigu/e I *bn* verkwistend, kwistig; *l'Enfant —*, de Verloren Zoon. II *zn m* of *v* verkwister(ster). ~**er** *ov.w* 1 verkwisten; 2 kwistig zijn met; — *des soins à qn.*, iem. buitengewoon goed verzorgen; 3 niet sparen, niet ontzien (— *sa santé*).

producer *m* filmproducer.

producteur, -trice I *bn* voortbrengend. II *zn m*, **-trice** *v* voortbrenger(ster), producent(e).

product/ible *bn* produceerbaar. ~**if, -ive** *bn* 1 winstgevend; 2 vruchtbaar.

production *v* 1 voortbrenging; 2 voortbrengsel, produkt; 3 vertoning v. e. toneelstuk; 4 filmproduktie; film; 5 overlegging.

productivité *v* 1 produktiviteit; 2 rentabiliteit.

produire I *ov.w onr.* 1 voortbrengen; 2 opbrengen; 3 veroorzaken; 4 vertonen, overleggen; 5 bijbrengen v. getuigen; 6 uiten (— *son opinion*). II *se ~* 1 zich vertonen, optreden; 2 overgelegd worden; 3 gebeuren.

produit *m* 1 produkt, voortbrengsel; 2 opbrengst; 3 afstamming; 4 produkt (= uitkomst).

proémin/ence *v* 1 het uitsteken; 2 verhevenheid. ~**ent** *bn* vooruitstekend.

prof *m* (*arg.*) leraar, professor.

profanateur, -trice I *bn* (heilig)schendend II *zn m*, **-trice** *v* heiligschenner(ster).

profanation *v* heiligschennis, ontwijding.

profan/e I *bn* 1 heiligschennend; 2 wereldlijk. II *zn m* 1 leek; 2 het wereldlijke. ~**er** *ov.w* 1 ontwijken, schenden; 2 misbruiken.

proférer *ov.w* uiten, uitspreken.

profès, -esse *bn* geprofest.

professer *ov.w* 1 openlijk belijden; 2 uitoefenen (— *un métier*); 3 onderwijzen.

professeur *m* leraar, professor; — *de faculté* buitengewoon hoogleraar; — *de faculté* gewoon hoogleraar.

profession *v* 1 belijdenis, bekentenis; — *de foi*, geloofsbelijdenis; 2 betrekking, beroep; 3 professie (v. kloosterling).

professionnel, -elle I *bn* v. h. vak, v. h. beroep; *école —elle*, ambachtschool; *en-*

seignement —, vakonderwijs; *devoirs* —*s*, beroepsplichten. II *zn m* beroepsspeler.
professoral [*mv aux*] *bn* v. d. hoogleraar, v. d. leraar; *ton* —, schoolmeesterachtige, verwaande toon.
professorat *m* leraarschap, professoraat.
profil *m* 1 gelaat van terzijde gezien; 2 doorprofilé.
profilé *m* profielijzer.   [snede.
profiler I *ov.w* van ter zijde-, in doorsnee tekenen. II se ~ zich aftekenen.
profit I *m* 1 voordeel, nut; *au — de*, ten bate van; *mettre à —*, benutten; 2 winst; *compte des —s et pertes*, winst- en verliesrekening. II ~*s m mv* verval (v. dienstboden enz.).
profitable *bn* 1 winstgevend; 2 nuttig, heilzaam.
profitant *bn* 1 inhalig; 2 (*pop.*) voordelig.
profiter *on.w* 1 verdienen op (— *sur*); 2 voordeel hebben van, zich ten nutte maken, profiteren van; 3 voordeel opleveren, nuttig zijn; *bien mal acquis ne profite pas* (*spr.w*), onrechtvaardig verkregen goed gedijt niet; 4 vorderingen maken, vooruitgaan; 5 groeien, aankomen.
profiteur *m*, -euse *v* iem. die profiteert; — *de guerre*, oweeër.
profond *bn* 1 diep; 2 diepzinnig; 3 zeer groot, hevig enz.; *nuit —e*, stikdonkere nacht; — *scélérat*, aartsschurk.
profond/ément *bw* diep, erg enz. ~eur *v* 1 diepte; 2 hoogte, dikte; 3 lengte; 4 diepzinnigheid; ondoorgrondelijkheid.
profus *bn* overvloedig.
profusément *bw* in overvloed, overdadig.
profusion *v* 1 overvloed, overdaad; *à —*, overvloedig; 2 verkwisting.
progéniture *v* kroost.
prognose *v* leer der ziekteverschijnselen.
prognostique *bn* een ziekte aanduidend.
programmation *v* programmering.
programme *m* 1 program(ma); 2 leerplan.
programmer *ov.w* programmeren, een programma samenstellen.
progrès *m* vooruitgang, vordering.
progress/er *on.w* vooruitgaan, vorderingen maken. ~if, -ive *bn* 1 vooruitgaand; 2 geleidelijk opklimmend.
progress/ion *v* 1 geleidelijke opklimming; 2 reeks (*wisk.*). ~iste *bn* vooruitstrevend. ~ivement *bw* geleidelijk.
prohiber *ov.w* verbieden; *armes prohibées*, verboden wapenen; *temps prohibé*, verboden tijd (voor jacht, visvangst).
prohibitif, -ive *bn* verbiedend.
prohibition *v* verbod; drankverbod.
prohibitionnisme *m* systeem v. beschermende rechten of verbodsbepalingen voor invoer v. buitenlandse goederen.
prohibitionniste *m* voorstander v. beschermende rechten, - van drankverbod.
proie *v* prooi, buit; *en — à*, ten prooi aan; *oiseau de —*, roofvogel.
projecteur *m* 1 schijnwerper, zoeklicht; — (*pour*) *virages*, bermlamp; 2 — *de flammes*, vlammenwerper.
projectile *m* werptuig, projectiel.
projection *v* 1 het werpen; 2 projectie; 3 het projecteren v. films enz.; *appareil à —*, projectietoestel; 4 lichtbeeld.
projet *m* plan, ontwerp, schets; — *de loi*, wetsontwerp. ~*er ov.w* 1 werpen; *l'auto fut projetée contre un arbre*, de auto werd tegen een boom geworpen, geslingerd; 2 projecteren; 3 projecteren v. beeld; 4 beramen, ontwerpen.
prolétaire I *m* proletariër. II *bn* proletarisch.
prolétariat *m* proletariaat.
prolétarien, -enne *bn* proletarisch.
prolétariser *ov.w* proletariseren.
prolifération *v* sterke toename.
prolixe *bn* langdradig, omslachtig.
prolixité *v* langdradigheid, omslachtigheid.
prologue *m* voorrede, voorspel, inleiding, proloog.
prolongation *v* verlenging.

prolongement *m* verlengde, verlengstuk.
prolonger *ov.w* verlengen.
promenade *v* 1 wandeling, tochtje (— *en bateau*, — *à bicyclette*), ritje (— *à cheval*); 2 wandelplaats, park.
promener I *ov.w* 1 wandelen met (— *un enfant*), uitlaten, rondleiden, laten lopen; 2 laten rondgaan (— *ses regards*). II se ~ 1 wandelen; *envoyer se — qn.*, iem. wegsturen; 2 een ritje maken (*se — à cheval*, — *en voiture*), een tochtje maken.
promeneur *m*, -euse *v* wandelaar(ster).
promenoir *m* 1 overdekte wandelplaats; 2 staanplaatsen in schouwburg.
promesse *v* belofte.
prometteur -euse I *bn* veelbelovend. II *zn m*, -euse *v* iem. die veel belooft.
promettre I *ov.w* *onr.* 1 beloven; — *monts et merveilles*, gouden bergen beloven; 2 voorspellen (*le ciel promet de la pluie*). II *on.w* beloven; *enfant qui promet*, veelbelovend kind. III se ~ 1 elkaar beloven; 2 zich voornemen; 3 verwachten, rekenen op.
promis *m*, -e *v* verloofde.
promiscuité *v* het samenhokken, afstotelijke vermenging v. personen.
promission *v*: *terre de —*, land v. belofte.
promo *v* = *promotion*, (*arg.*) de klas die door het eindexamen heen is.
promontoire *m* voorgebergte, hoge kaap.
promot/eur *m*, -trice *v* bevorderaar, stuwkracht. ~ion *v* 1 bevordering; 2 de bevorderen.
promouvoir *ov.w onr.* bevorderen; *être promu*, overgaan.
prompt *bn* 1 snel, vlug; 2 voorbijgaand, van korte duur; 3 voortvarend; 4 snel begrijpend, vlug v. verstand (*avoir l'esprit —*); 5 opvliegend, kort aangebonden. ~itude *v* 1 snelheid, vlugheid; 2 voortvarendheid; 3 vlugheid v. verstand, levendigheid v. geest (— *d'esprit*); 4 opvliegendheid, drift.
promulgation *v* uitvaardiging, afkondiging.
promulguer *ov.w* uitvaardigen, afkondigen.
prône *m* mispreek.
prôner I *ov.w* 1 een preek houden voor (— *les fidèles*); 2 aanprijzen, ophemelen. II *on.w* vervelende zedenpreken houden.
prôneur *m* 1 prediker; 2 vervelende zedenpreker.
pronom *m* voornaamwoord.
pronominal [*mv aux*] *bn* voornaamwoordelijk; *verbe —*, wederkerend werkwoord.
prononçable *bn* uit te spreken.
prononcé I *bn* 1 scherp; *traits —s*, scherpe trekken; 2 vast (*caractère —*). II *zn m* uitspraak (recht).
prononcer I *ov.w* uitspreken; — *un arrêt*, een vonnis vellen; — *un discours*, een redevoering houden. II se ~ 1 uitgesproken worden; 2 zijn mening zeggen.
prononciation *v* uitspraak.
pronostic *m* 1 prognose (*med.*); 2 voorteken.
pronostiquer *ov.w* voorspellen.
pronostiqueur *m*, -euse *v* voorspeller(ster).
propagande *v* propaganda.
propagandiste *m* of *v* propagandist(e).
propagat/eur, -trice I *bn* verbreidend. II *zn m* -trice *v* verbreider(ster).
propagation *v* 1 voortplanting; 2 verbreiding 3 voortplanting v. licht enz.
propager *ov.w* 1 voortplanten; 2 verbreiden 3 verbreiden (v. licht enz.).
propédeutique *bn* voorbereidend.
prophète *m*, prophétesse *v* profeet, profetes; — *de malheur*, ongeluksprofeet; *nul n'est — en son pays* (*spr.w*), een profeet wordt in zijn eigen land niet geëerd.
prophétie *v* 1 profetie; 2 voorspelling
prophétique *bn* profetisch.
prophétiser *ov.w* 1 profeteren; 2 voorspe en.
prophylactique *bn* voorbehoedend.
prophylaxie *v* deel der geneeskunde, dat zich bezighoudt met het voorkomen van bepaalde ziekten.

propice (à) bn 1 genadig; 2 gunstig.
propitiateur m, -trice v verzoener(ster).
propitiat/ion v verzoening; sacrifice de —, zoenoffer. ~oire bn verzoenend; sacrifice —, zoenoffer.
proportion I zn v 1 verhouding; 2 afmeting; 3 evenredigheid; à —, naar verhouding; à — de, en — de, in verhouding tot. II vw à — que, naarmate. ~nalité v onderlinge verhouding, evenredigheid.
proportionné bn goed gevormd, - gebouwd.
proportionnel, -elle bn evenredig.
proportionnellement bw naar evenredigheid.
proportionner ov.w in overeenstemming brengen met, afmeten naar.
propos m 1 (oud) besluit; 2 gesprek; — de table, tafelgesprekken; 3 praatje, kwaadsprekerij; 4 zaak, doel, onderwerp v. gesprek; à —, van pas, op de juiste tijd; à — de, naar aanleiding van; hors de —, mal à —, te onpas, ongelegen.
proposant m voorsteller.
propos/er I ov.w 1 voorstellen; 2 bieden; 3 opgeven v. e. onderwerp, uitschrijven v. e. prijsvraag; 4 uitloven v. e. prijs; 5 voordragen v. e. kandidaat. II se ~ 1 zich voornemen, van plan zijn; 2 zich aanbieden, solliciteren. ~ition v 1 voorstel; 2 voordracht; 3 stelling (wisk.); 4 volzin.
propre I bn 1 eigen; de sa — main, eigenhandig; nom —, eigennaam; 2 eigenlijk; sens —, eigenlijke betekenis; 3 geschikt (— à); propre-à-rien, nietsnut, deugniet; 4 zindelijk, schoon, rein, netjes. II zn m 1 eigendom; avoir en —, in eigendom hebben; 2 kenmerk, kenmerkende eigenschap; 3 het eigen (R.K.); le — du temps, het tijdeigen; le — des saints, het eigen der heiligen; 4 buiten de huwelijksgemeenschap vallend bezit; 5 eigenlijke betekenis; au —, in de eigenlijke betekenis; 6 c'est du —!, 't is wat moois! ~ment bw 1 netjes; 2 fatsoenlijk, keurig; 3 juist, precies; 4 eigenlijk, in eigenlijke betekenis; à — parler, eigenlijk gezegd; la France — dite, het eigenlijke Frankrijk.
propret bn keurig, netjes.
propreté v zindelijkheid.
propriétaire m of v eigenaar(eigenares), huiseigenaar(-eigenares); faire le tour du —, iem. zijn huis en landerijen (tuin) laten zien.
propriété v 1 eigendom; — littéraire, auteursrecht; 2 eigendom v. onroerend goed; — foncière, grondbezit; 3 eigenschap; 4 juist gebruik v. e. woord.
propulser ov.w voortdrijven.
propuls/eur m middel, om voort te drijven (schroef, propeller enz.). ~if, -ive bn voortbewegend; roue —ive, drijfrad.
propulsion v het voortdrijven; — par reaction, straalaandrijving.
prorogation v uitstel, verdaging, verlenging.
proroger ov.w uitstellen, verdagen, verlengen.
prosaïque bn prozaïsch, alledaags.
prosaïser ov.w prozaïsch, alledaags maken.
prosaïsme m 1 gebrek aan dichterlijkheid; 2 alledaagsheid, nuchterheid.
prosateur m prozaschrijver.
proscripteur m verbanner.
proscription v 1 vogelvrijverklaring; 2 verbanning; 3 afschaffing.
proscrire ov.w onr. 1 v. vogelvrij verklaren; 2 verbannen; 3 afschaffen.
proscrit I bn 1 vogelvrij verklaard; 2 verbannen; 3 afgeschaft, verboden. II zn m, -e v 1 vogelvrij verklaarde; 2 balling.
prose v 1 proza; 2 soort Lat. hymne (R.K.).
prosecteur m prosector.
prosélyte m of v pas bekeerde, bekeerling(e).
prosélytisme m zucht om te bekeren.
prosimiens m mv halfapen.
prosodie v prosodie.
prosodique bn wat prosodie betreft.
prospecter ov.w het onderzoeken v. e. terrein

naar metalen.
prospecteur m iem. die een terrein onderzoekt naar metalen; goudzoeker.
prospectus m prospectus.
prospère bn voorspoedig, bloeiend.
prospérer ov.w bloeien, voorspoed hebben.
prospérité v bloei, welvaart, voorspoed.
prosternation v, prosternement m voetval, het neerknielen.
prosterner I ov.w ter aarde werpen. II se ~ zich ter aarde werpen, neerknielen.
prosthèse v 1 toevoeging v. e. letter aan het begin v. e. woord; 2 de aldus toegevoegde letter.
prostituée v publieke vrouw.
protégé m, -e v beschermeling(e).
protège-col m halsdoek.
protéger ov.w 1 beschermen; 2 aanbevelen v. e. kandidaat.
protéine v eiwitstof.
protestant I bn hervormd. II zn m, -e v hervormde. ~isme m protestantisme.
protestataire I bn protesterend. II zn m of v iem. die protesteert.
protestation v 1 betuiging; 2 protest.
protester I ov.w 1 verzekeren, betuigen; 2 protesteren v. e. wissel. II on.w 1 — de, betuigen, de verzekering geven van; 2 — contre, opkomen, protesteren tegen.
protêt m protest v. e. wissel.
prothèse v aanzetting, inzetting v. e. kunstmatig lid; — auditive, gehoorapparaat; — dentaire, het inzetten v. e. gebit, v. kunstmatige tanden.
prothétique bn van de prothese.
protocol/aire bn volgens het protocol, - de etiquette. ~e m 1 verslag, notulen; 2 etiquette, protocol.
proton m proton (waterstofkern).
protonotaire m protonotarius (die de pauselijke akten registreert en verzendt).
protoplasme, protoplasma m vocht v. levende cel.
proto/type m 1 oervorm; 2 volmaakt voorbeeld. ~zoaire m laagste diervorm, infusiediertje.
protubérance v uitwas, knobbel.
protubérant bn uitstekend.
prou bw veel; ni peu ni —, in het geheel niet; peu ou —, meer of minder.
proue v voorsteven.
prouesse v 1 heldendaad; 2 moed.
prouv/able bn bewijsbaar. ~er ov.w bewijzen.
provenance v 1 oorsprong, herkomst; 2 uitgevoerd produkt.
provençal [mv aux] I bn Provençaals. II zn m de Provençaalse taal. III P ~ m, -e v Provençaal(se).
provende v 1 voorraad levensmiddelen, proviand; 2 gemengd veevoer.
provenir on.w onr. voortkomen, afkomstig zijn.
proverbe m 1 spreekwoord; 2 klein blijspel dat een spreekwoord tot grondslag heeft.
proverbial [mv aux] bn spreekwoordelijk.
providence v 1 voorzienigheid; 2 verzorgster, beschermengel.
providentiel, -elle bn door de Voorzienigheid bepaald. ~lement bw door de Voorzienigheid.
provignage, provignement m het vermenigvuldigen v. d. wijnstok door loten.
provigner I ov.w vermenigvuldigen v. d. wijnstok door loten. II on.w zich vermenigvuldigen door loten.
province v 1 provincie; 2 Frankrijk buiten Parijs; 3 de Fransen buiten Parijs.
provincial [mv aux] I bn 1 provinciaal; 2 kleinsteeds. II zn m, -e v bewoner (bewoonster) van Frankrijk buiten Parijs. III m provinciaal (overste van een regionale groep kloosters: kloosterprovincie).
provincialat m 1 waardigheid v. d. provinciaal; 2 ambtsduur v. d. provinciaal.
provincialisme m gewestelijke uitdrukking;

2 kleinsteedsheid.
proviseur *m* rector v. e. lycée.
provision *v* 1 voorraad; *faire ses* —*s*, inkopen doen; 2 dekkingssom, dekking; 3 voorlopige toewijzing (*recht*). ~**nel, -elle** *bn* voorlopig. ~**nellement** *bw* voorlopig.
provisoire I *bn* voorlopig. II *zn m* voorlopige toestand.
provisorat *m* rectoraat.
provocant *bn* 1 uitdagend; 2 prikkelend.
provocateur, -trice I *bn* uitdagend, tartend (*ton* —). II *zn m, -trice v* uitdager, uitdaagster; *agent* —, iem. die strafbare handelingen uitlokt, om de overtreder in de val te laten lopen.
provocation *v* het uitdagen, uitdaging.
provoquer *ov.w* 1 uitdagen; 2 ophitsen, aanzetten; 3 uitlokken; 4 veroorzaken.
proximité *v* nabijheid; *à — de*, in de buurt van.
prude I *bn* preuts. II *zn v* preutse vrouw.
prudemment *bw* voorzichtig, behoedzaam.
prud/ence *v* voorzichtigheid, behoedzaamheid. ~**ent** *bn* voorzichtig, behoedzaam.
pruderie *v* preutsheid.
prud'homie *v* rechtschapenheid.
prud'homme *m* 1 (*oud*) wijs en rechtschapen man; 2 lid v. d. raad v. overleg op een fabriek enz.
prudhommesque *bn* burgerlijk, banaal.
prune I *v* 1 pruim; 2 (*pop*.) blauwe boon; *pour des* —*s*, voor niets.
pruneau [*mv* x] *m* 1 gedroogde pruim; 2 (*pop*.) blauwe boon.
prunelaie *v* pruimeboomgaard.
prunelée *v* pruimenjam.
prunelle *v* 1 vrucht v. d. sleedoorn; 2 oogappel; 3 lichte wollen stof.
prunellier *m* sleedoorn.
prunier *m* pruimeboom.
prurigineux, -euse *bn* 1 jeukend; 2 jeuk veroorzakend.
prurigo *m* jeukende huiduitslag.
prussien, -enne I *bn* Pruisisch. II *zn* P ~ *m*, -**enne** *v* Pruis, Pruisische.
prussique *bn: acide* —, blauwzuur.
psallette *v* school voor koorknapen v. e. kerk (*R.K.*).
psalmique *bn* v. d. psalmen.
psalmiste *m* 1 psalmdichter; 2 koning David.
psalmodie *v* 1 psalmgezang; 2 het opdreunen.
psalmodier *ov.* en *on.w* 1 psalmzingen; 2 opdreunen.
psaume *m* psalm; —*s de la pénitence*, boetpsalmen.
psautier *m* 1 psalmboek; 2 rozenkrans; 3 boekpens.
pseudo- vals, onecht, zogenaamd.
pseudonyme I *bn* een schuilnaam voerend (*auteur* —). II *zn m* schuilnaam.
psitt! pst! *tw* pst!
psittac/isme *m* napraterij. ~**ose** *v* papegaaieziekte.
psora, psore *v* schurft.
psorique *bn* schurftachtig.
psyché *v* grote toiletspiegel.
psychiatre *m* arts voor zielsziekten.
psychiatrie *v* leer der zielsziekten.
psychique *bn* wat de ziel betreft.
psychologie *v* zielkunde.
psychologique *bn* zielkundig.
psychologue *m* zielkundige.
psychose *v* zielsziekte.
psychotechnique *v* psychotechniek.
psychromètre *m* vochtigheidsmeter.
psychrométrie *v* het bepalen v. d. vochtigheidsgraad.
pu/amment *bw* 1 stinkend; 2 brutaal, onbeschaamd (*mentir* —). ~**ant** I *bn* 1 stinkend; 2 onbeschaamd, brutaal (*mensonge* —). II *zn m* lage, gemene vent. ~**anteur** *v* stank ~**antise** *v* iets, dat stinkt.
pub/ère *m* of *v* puber. ~**erté** *v* puberteit.
pubescen/ce *v* donzigheid. ~**t** *bn* donzig.

pubis *m* schaambeen.
publiable *bn* wat gepubliceerd kan worden.
public, -ique I *bn* openbaar, publiek; *la chose* —*que*, de Staat; *droit* —, staatsrecht. II *zn m* publiek, de mensen; *en* —, in het openbaar; *rendre* —, openbaar maken.
publicain *m* 1 tollenaar, belastinggaarder; 2 (minachtend) financier, zakenman.
publication *v* 1 publikatie, bekendmaking; 2 uitgave; 3 uitgegeven werk.
publiciste *m* publicist, journalist, die over bepaalde onderwerpen schrijft, schrijver.
publicité *v* 1 openbaarheid; 2 reclame, het adverteren; — *lumineuse*, lichtreclame.
publier *ov.w* 1 bekend maken, openbaar maken; 2 adverteren; 3 uitgeven.
publiquement *bw* in het openbaar.
puce I *v* vlo; *avoir la* — *à l'oreille*, ongerust zijn, op zijn hoede zijn. II *bn* donkerbruin.
pucelle *v* maagd; *la P—*, Jeanne d'Arc.
puceron *m* bladluis.
puche *v* schepnet voor garnalen enz.
pucier *m* (*pop*.) bed, „nest".
pudeur *v* 1 schaamtegevoel; kuisheid; 2 bescheidenheid, schroomvalligheid; *sans* —, op onbeschaamde wijze.
pudibond *bn* 1 preuts; 2 bedeesd. ~**erie** *v* 1 preutsheid; 2 grote bedeesdheid.
pudi/cité *v* kuisheid. ~**que** *bn* kuis.
puer I *on.w* stinken. II *ov.w* stinken naar.
puériculture *v* kinderzorg.
puéril *bn* 1 kinderlijk; 2 kinderachtig.
puérilité *v* kinderachtigheid.
puff *m* bluf. ~**isme** *m* bluf, schaamteloze reclame. ~**iste** *m* bluffer.
pugilat *m* vuistgevecht.
pugiliste *m* bokser.
pugnace *bn* strijdlustig.
pugnacité *v* vechtlust.
puîné I *bn* later geboren (broer of zuster). II *zn m, -e v* jongere broer of zuster.
puis *bw* 1 daarna, vervolgens; 2 overigens, bovendien.
puisage *m* het putten.
puisard *m* zinkput.
puisatier I *bn* putten gravend (*ouvrier* —). II *zn m* puttengraver.
puisement *m* het putten, het scheppen.
puiser *ov.w* 1 scheppen, putten; — *aux sources*, tot de bron afdalen; 2 ontlenen; 3 halen.
puisoir *m* scheplepel.
puisque *vw* daar; immers.
puissamment *bw* verbazend, machtig; —*riche*, schatrijk.
puissance *v* 1 macht, vermogen; 2 macht, invloed; 3 mogendheid; 4 arbeidsvermogen; 5 macht (*wisk*.); 6 *les* —*s célestes*, de machten (engelenkoor); *les* —*s infernales*, — *des ténèbres*, de duivels.
puissant I *bn* 1 machtig; 2 krachtig; 3 invloedrijk, hooggeplaatst; 4 dik, zwaarlijvig. II *zn m* machtige; *le Tout-Puissant*, de Almachtige.
puits *m* 1 put; — *de science*, wonder v. geleerdheid; — *mijnschacht* (— *de mine*).
pullman *m* pullmanwagen.
pull-over† *m* pull-over.
pullulation *v, pullulement* *m* snelle voortplanting, voortwoekering.
pulluler *on.w* 1 voortwoekeren, zich snel vermenigvuldigen; 2 krioelen, wemelen.
pulmonaire *bn* van de long.
pulmonique I *bn* aan een longziekte lijdend. II *zn m* of *v* longlijder(es).
pulpation *v* het tot moes maken.
pulpe *v* 1 vruchtvlees; 2 moes; 3 pulp.
pulper *ov.w* tot moes maken.
pulpeux, -euse *bn* 1 moesachtig; 2 vlezig.
pulsat/eur, -trice *bn* kloppend. ~**if, -ive** *bn* (*med*.) kloppingen veroorzakend (*douleur* —*ive*). ~**ion** *v* polsslag.
pulvérin *m* 1 kruithoorn; 2 stofregen.
pulvéris/ateur *m* toestel, om een vloeistof te verstuiven, pulverisator. ~**ation** *v* verstui-

ving. ~er *ov.w* 1 tot stof verbrijzelen, vermalen; 2 verstuiven; 3 vernietigen; 4 ontzenuwen (— *une objection*). ~eur *m* 1 fijnmaker (v. verfstoffen, poeders); 2 kluitenbreker.
pulvérulence *v* poedervorm.
pulvérulent *bn* poedervormig.
puma *m* poema (Amerikaanse leeuw).
punaise *v* 1 wandluis; 2 punaise.
punch *m* punch.
puni I *bn* gestraft. II *zn m* gestrafte.
punique *bn* Punisch; *foi* —, trouweloosheid.
punir *ov.w* straffen.
punissable *bn* strafbaar.
punisseur, -euse I *bn* graag straffend. II *zn m*, -euse *v* iem. die straft, wreker(wreekster).
punitif, -ive *bn* straffend; *expédition —ive*, strafexpeditie.
punition *v* 1 het straffen; 2 straf.
pupe *v* pop v. e. insekt.
pupillaire *bn* 1 wat onmondigen betreft; 2 wat de pupillen v. d. ogen betreft.
pupillarité *v* minderjarigheid.
pupille I *m* of *v* minderjarige wees, bestedeling(e). II *v* oogappel.
pupitre *m* lessenaar, tafel.
pur *bn* zuiver, rein; *en —e perte*, vruchteloos; — *sang*, volbloed.
purée *v* 1 brei, purée; — *de pois*, erwtensoep; 2 (*arg.*) armoe.
purement *bw* 1 zuiver, rein; 2 alleen, enkel; — *et simplement*, enkel en alleen.
pureté *v* reinheid, zuiverheid.
purgatif, -ive I *bn* purgerend. II *zn m* purgeermiddel.
purgation *v* 1 purgering; 2 purgeermiddel.
purgatoire *m* vagevuur.
purg/e *v* 1 purgering; 2 purgeermiddel. ~er *ov.w* 1 een purgeermiddel toedienen; 2 reinigen, zuiveren; 3 bevrijden; 4 aflossen (— *une hypothèque*); 5 uitzitten (— *sa peine*).
purifiant *bn* reinigend, zuiverend.
purificateur, -trice I *bn* reinigend. II *zn m*, -trice *v* zuiveraar(ster).
purification *v* 1 reiniging, zuivering; 2 la P ~ Maria Lichtmis (R.K. feestdag).
purificatoire *m* kelkdoekje (*R.K.*).
purifier *ov.w* reinigen, zuiveren.
puriforme *bn* etterachtig.
purin *m* gier (mest).
pur/isme *m* overdreven zucht naar taalzuiverheid. ~iste *m* taalzuiveraar.
purit/ain I *bn* puriteins, overdreven streng. II *zn m* 1 puritein, streng protestant; 2 iem. van (overdreven) strenge levensopvatting. ~anisme *m* 1 leer der puriteinen; 2 (te) strenge levensopvatting.

purotin *m* (*arg.*) arme drommel.
purpurin *bn* purperkleurig.
purpurine *v* meekraprood.
pur-sang *m* raspaard, volbloed.
purul/ence *v* ettering. ~ent *bn* etterend.
pus *m* etter.
pusillanime *bn* kleinmoedig, laf.
pusillanimité *v* kleinmoedigheid, lafhartigh.
pustule *v* zweertje, puistje.
pustulé, pustuleux, -euse *bn* puistig.
putain I *v* vrouw van lichte zeden. II *tw* verdraaid (of sterker).
putatif, -ive *bn* vermeend.
putois *m* bunzing.
putréfactif, -ive *bn* de rotting bevorderend.
putréfaction *v* rotting.
putréfiable *bn* spoedig rottend.
putréfier I *ov.w* doen rotten. II se ~ rotten.
putresc/ence *v* rotting. ~ent *bn* rottend.
putrescibilité *v* vatbaarheid voor rotting.
putrescible *bn* spoedig rottend.
putride *bn* rottend, bedorven.
putridité *v* rotting, bederf.
puy *m* 1 bergtop (vooral in Auvergne); 2 letterkundige kring in de middeleeuwen.
puzzle *m* legpuzzel.
pygargue *m* visarend.
pygmée *m* 1 dwerg, pygmee; 2 talentloos, onbeduidend mens. ~en, -enne *bn* 1 dwergachtig; 2 onbeduidend, onbelangrijk.
pyjama *m* pyjama.
pylone *m* mast, toren.
pyramidal [*mv* aux] *bn* 1 piramidevormig; 2 kolossaal, enorm (*succès —*).
pyramide *v* piramide.
pyramider *on.w* 1 een piramidevorm hebben; 2 trots doen, opscheppen.
pyrénéen, -enne *bn* uit de Pyreneeën.
pyrex *m* de—, vuurvast.
pyrique *bn* wat vuur of vuurwerk betreft.
pyrite *v* pyriet.
pyriteux, -euse *bn* pyrietachtig.
pyrograver *ov.w* in hout branden.
pyrogravure *v* het branden v. figuren in hout.
pyromètre *m* pyrometer (instrument voor het meten v. zeer hoge temperaturen).
pyrotechnie *v* het maken v. vuurwerk.
pyrotechnique *bn* wat het maken v. vuurwerk betreft.
pyrrhonisme *m* twijfelzucht, scepticisme.
Pythagore *m* Pythagoras.
pythagoricien, -enne I *bn* van Pythagoras (*philosophie —enne*). II *zn m*, -enne *v* volgeling(e) v. Pythagoras.
pythagorique *bn* van Pythagoras.
pythagorisme *m* leer v. Pythagoras.
python *m* python (slang).

Q

q *m* de letter q; Q.G. = *quartier général* = hoofdkwartier.
quadra/génaire I *bn* veertigjarig. II *zn m* of *v* veertigjarige. ~gésimal [*mv* aux] *bn* v. d. veertigdaagse vasten.
quadragésime *v* veertigdaagse vasten; *dimanche de la Q—*, eerste zondag in de Vasten.
quadrangle *m* vierhoek.
quadrangulaire *bn* vierhoekig.
quadrant *m* kwadrant.
quadratique *bn* kwadratisch.
quadrature *v* kwadratuur.
quadriennal [*mv* aux] *bn* 1 vierjarig; 2 vierjaarlijks.
quadrilatéral [*mv* aux] *bn* vierzijdig.
quadrilatère *m* vierhoek.
quadrillage *m* geruit patroon.
quadrille I *v* troep ruiters, troep stierenvechters. II *m* 1 quadrille (soort dans); 2 muziek bij deze dans; 3 quadrille (kaartspel).

quadrillé *bn* geruit.
quadriller *ov.w* in ruiten verdelen.
quadrimoteur *bn* viermotorig.
quadrisyllabique *bn* vierlettergrepig.
quadrivium *m* de vier hogere kunsten in de middeleeuwen (rekenkunde, muziek, meetkunde en sterrenkunde).
quadru/mane I *bn* vierhandig. II ~s *m* vierhandig. ~pède I *bn* viervoetig. II ~s *m mv* viervoeters.
quadruple I *bn* viervoudig. II *zn m* viervoud.
quadrupler *on*. en *ov.w* verviervoudigen.
quai *m* 1 kade; 2 perron.
quaker *m*, -esse *v* kwaker(es) (Prot. sekte).
qualifiable *bn* bepaalbaar, te betitelen.
qualificatif, -ive I *bn* bepalend. II *zn m* bepalend woord.
qualification *v* benoeming, betiteling.
qualifié *bn* 1 bevoegd, geschikt (— *pour*); 2 *vol* —, diefstal onder verzwarende om-

standigheden; 3 adellijk, invloedrijk.
qualifier *ov.w* bepalen, benoemen, betitelen.
qualitat/if, -ive *bn* wat de hoedanigheid betreft. ~**ivement** *bw* wat de hoedanigheid betreft.
qualité *v* 1 hoedanigheid, kwaliteit; *en — de*, als, in de hoedanigheid van; *personne de —*, voorname, adellijke man; 2 aanleg, talent; 3 titel; 4 bevoegdheid.
quand I *vw* 1 als, wanneer; 2 (*— même*) zelfs als, al (met *cond.*). II *bw* wanneer; *à —*, *pour —*, wanneer.
quant (à) *vz* wat betreft.
quant-à-soi, quant-à-moi *m: tenir son —*, *se tenir sur son —*, zich groot houden, zich op een afstand houden.
quantième *m* hoeveelste, zoveelste.
quantitat/if, -ive *bn* wat de hoeveelheid betreft. ~**ivement** *bw* wat de hoeveelheid betreft.
quantité *v* 1 hoeveelheid, aantal, menigte; 2 een groot aantal (*— de gens*); 3 lengte v. e. lettergreep.
quantum *m* 1 hoeveelheid, bedrag; 2 deel.
quarantaine *v* 1 veertigtal; 2 veertigjarige leeftijd; 3 veertigdaagse vasten; 4 quarantaine (afzondering voor reizigers of goederen uit besmette landen).
quarante *tlw* veertig; *les Q—*, de leden der Franse Academie. ~**naire** *bn* 1 veertigjarig; 2 wat de quarantaine betreft.
quarantième I *tlw* veertigste. II *zn m* veertigste deel. III *m of v* de veertigste.
quart I *tlw* vierde; *fièvre — e*, derdendaagse koorts. II *zn m* 1 vierde deel, kwart; *— de cercle*, kwadrant; *aux trois —s vive*, stomdronken; 2 kwart liter, -pond, -vat, -okshoofd; 3 kwartier; *— d'heure*, kwartier; *il est deux heures et (un) —*, het is kwart over twee; *il est deux heures moins un —*, het is kwart vóór twee; *passer un mauvais — d'heure*, een benauwd ogenblik doormaken; *pour le — d'heure*, voor het ogenblik; *le — d'heure de Rabelais*, het ogenblik van betalen; onaangenaam ogenblik; 4 wacht (*scheepv.*); *être de —*, de wacht hebben; 5 (*pop.*) *quart-d'œil*, commissaris v. politie.
quartaut *m* 1 (*oud*) ¹/₄ okshoofd (70 liter); 2 klein vat van 57 à 137 liter.
quarte *v* 1 (*oud*) maat v. twee pinten; 2 kwart (*muz.*); 3 vierde parade bij het schermen.
quarteron *m* 1 (*oud*) kwart pond; 2 25 of 26 stuks (*un — de noix*).
quartier *m* 1 vierde deel; 2 stuk, brok enz.; *— de terre*, stuk land; 3 wijk; *bas —*, achterbuurt; *— latin*, Parijse studentenwijk; 4 kwartier v. d. maan (*premier —*); 5 kwartaal; 6 kwartier (*wapenk.*); 7 genade, pardon; *faire —*, kwartier geven; 8 kwartier (*mil.*); *— général*, hoofdkwartier.
quartier†-maître† *m* kwartiermeester.
quarto *bw* ten vierde.
quartz *m* kwarts.
quartzeux, -euse *bn* kwartsachtig.
quartzifère *bn* kwartshoudend.
quasi, quasiment *bw* bijna, ongeveer.
quasi-contrat† *m* stilzwijgende overeenkomst.
quasi-délit† *m* onopzettelijk vergrijp.
quasimodo *v* de eerste zondag na Pasen.
quater *bw* ten vierde.
quaternaire *bn* 1 vierdelig; 2 door vier deelbaar; 3 van het quaternaire tijdvak.
quaterne *m* serie v. vier tegelijk genomen nummers in loterij.
quaternion *m* katern.
quatorze I *tlw* 1 veertien; 2 veertiende (*Louis quatorze*). II *zn m of v* de veertiende.
quatorzième I *tlw* veertiende. II *zn m of v* de veertiende. III *m* veertiende deel.
quatorzièmement *bw* ten veertiende.
quatrain *m* vierregelig vers.
quatre *tlw* 1 vier; *à — pas*, vlak bij; *descendre —*, *monter l'escalier — à —*, de trap af-

opvliegen; *dire à qn. ses — vérités* ,iem. ongezouten de waarheid zeggen; *se mettre en —*, zijn uiterste best doen, zich inspannen; *se tenir à —*, zich inhouden; 2 vierde (*Henri —*; *le — mai*).
quatre-huit *m* ⁴/₈ maat.
quatre-mâts *m* viermaster.
quatre-saisons *v marchand des —*, groenteventer, -boer.
quatre-temps *m mv* quatertemperdagen.
quatre-vingtième I *tlw* tachtigste. II *zn m of v* tachtigste. III *m* tachtigste deel.
quatre-vingt(s) *tlw* tachtig.
quatrième I *tlw* vierde. II *zn m of v* vierde. III *m* 1 vierde deel; 2 vierde verdieping. IV *v* vierde klas. ~**ment** *bw* ten vierde.
quatriennal [*mv* aux] *bn* 1 vierjarig; 2 vierjaarlijks.
quatuor *m* kwartet (*muz.*); *— à cordes*, strijkkwartet.
quayage *m* kaaigeld.
que I *betr.vnw* die, dat, wat, welke; *advienne — pourra*, er moge gebeuren wat er wil; *ce —*, wat, hetgeen. II *vragend vnw* wat. III *vw* 1 dat, dan; 2 drukt bevel of wens uit; *qu'il parte tout de suite !*, hij moet onmiddellijk vertrekken; *— je meure, si . . .*, ik moge sterven, als . . . ; 3 vervangt een ander voegwoord; *venez ici — je te voie mieux*, kom hier, opdat ik je beter kan zien; *qu'il appelle, tout le monde accourt*, als hij roept, komt iedereen aanrennen; *ne sortez pas — je ne sois de retour*, ga niet uit, voor ik terug ben; 4 ter herhaling v. e. ander voegwoord; *quand on est intelligent et qu'on a de l'énergie, on peut aller loin*, wanneer men een goed verstand heeft en energiek is, kan men het ver brengen; 5 als stopwoord gebruikt; *c'est un beau pays — la France*, Frankrijk is een mooi land; *je dis — non*, ik zeg neen; *qu'est-ce — la vie?*, wat is het leven? IV *bw* 1 waarom; *— n'êtes-vous venu à temps?* waarom bent u niet op tijd gekomen?; 2 wat; *— de monde !*, wat een mensen!; *je suis heureux !*, wat ben ik blij!
quel, quelle *vnw* 1 welk, welke, wat, wie; *quelle heure est-il?*, hoe laat is het?; *— est cet homme*, wie is die man?; 2 (uitroepend) wat een!, welk een!; *quelle déveine !*, wat een pech!; 3 *quel que* (met *subj.*), welke ook, wie ook, wat ook; *— qu'il soit*, wie hij ook is; *quels que soient vos projets*, wat ook, welke ook van plannen mogen zijn.
quelconque *vnw* 1 een of ander, welke ook, wie ook; *un livre —*, een of ander boek; 2 banaal, alledaags, middelmatig.
quelque I *vnw* 1 enig, enige, een of ander — *chose*, iets; *— part*, ergens; 2 enige, enkele, weinige (*mv*); 3 *— que*, welke ook; *—s intentions que vous ayez*, welke bedoelingen ge ook hebt. II *bw* 1 ongeveer (*il a — huit ans*); *— peu*, enigszins; 2 - . . . *que*, hoe ook: *— bon qu'il soit*, hoe goed hij ook is. ~**fois** *bw* soms.
quelqu'un *vnw* 1 iemand; 2 belangrijk persoon; 3 *—s un(e)s mv* enige(n), sommige(n).
quémander *ov.w en on.w* bedelen, bedelen om.
quémandeur *m*, **-euse** *v* bedelaar (bedelares).
qu'en dira-t-on *m mv* praatjes der mensen.
quenelle *v* balletje kalfsvlees, vis of gevogelte ter opvulling v. e. pastei of gevogelte.
quenotte *v* (*fam.*) tand.
quenouille *v* 1 spinrokken; *tomber en —*, vervallen v. e. troon aan de vrouwelijke linie; 2 het snoeien in de vorm v. e. spinrokken (*arbre en —*).
querelle *v* twist, onenigheid.
quereller I *ov.w* twisten met. II *se ~* twisten.
querelleur, -euse I *bn* twistziek. II *zn m*, **-euse** *v* twistzoeker(ster).
quérir *ov.w* halen; *envoyer —*, laten halen.
questeur *m* 1 quaestor; 2 met financieel beheer en administratie belast lid der Kamer.
question *v* 1 vraag; 2 kwestie, vraagpunt; *— brûlante*, brandende vraag; *— de con-*

fiance, — *de cabinet*, vertrouwenskwestie; *de quoi est-il* —?, waar gaat het over?; *mettre en* —, in twijfel trekken; in bespreking brengen; 3 foltering, pijnbank; *mettre*, *soumettre à la* —, op de pijnbank leggen; *la* — *du feu*, de vuurproef.

question/aire *m* 1 folteraar; 2 vragenlijst, vragenboekje. ~er *ov.w* ondervragen. ~eur *m*, -euse *v* iem. die graag en veel vraagt.

questure *v* ambt v. d. quaestor.

quête *v* 1 het zoeken; *se mettre en* —, op zoek gaan; 2 geldinzameling, collecte; 3 het ingezamelde geld.

quêter I *ov.w* 1 zoeken; 2 opsporen v. wild; 3 bedelen om, hengelen naar (— *des louanges*). II *on.w* collecteren.

quêteur, -euse I *bn* 1 zoekend, opsporend (*chien* —); 2 bedelend; *moine* —, bedelmonnik. II *zn m*, -euse *v* collectant(e).

quetsche *v* kwets (pruim).

queue *v* 1 staart; *finir en* — *de poisson*, op niets uitlopen; 2 steel (*pl.k.*); 3 handvat, steel; 4 staartje (b.v. v. winter, v. onweer); 5 sleep v. e. japon; 6 rij; *faire la* —, in een rij gaan staan; *à la* — *leu leu*, achter elkaar op een rij; *prendre la* —, achteraan gaan staan; 7 biljartkeu.

queue/†d'aronde *v* zwaluwstaart. ~†-de-morue *v* 1 breed plat penseel; 2 (*fam.*) rokkostuum. ~†-de-pie *v* (*fam.*) rokkostuum. ~†-rouge† *m* paljas.

qui I *betr.vnw* 1 die; 2 wat; — *pis est*, wat erger is. II *vr.vnw* wie.

quia (à) *bw: être à*—, met de mond vol tanden staan; *mettre qn. à* —, iem. de mond snoeren.

quibus *m* (*pop.*) geld, duiten.

quiconque *vnw* wie ook, al wie.

quidam *m: un* —, een zeker iemand.

quiet, -ète *bn* (*oud*) rustig, stil, kalm.

quiétude *v* rust, gemoedsrust.

quignon *m* homp brood.

quille *v* 1 kiel v. e. schip; 2 kegel; *jouer aux* —*s*, kegelen.

quillé *bn* met een kiel (*scheepv.*).

quiller *on.w* de kegels opzetten.

quillier *m* 1 kegelplaat; 2 de negen kegels.

quinaud *bn* beschaamd (*rester* —).

quinauderie *v* zoetelijke, gezochte stijl.

quincaill/e *v* 1 ijzer-, koperwerk; 2 (*fam.*) koperen munt. ~erie *v* 1 ijzer-, koperwaren; 2 ijzer-, blikwinkel. ~ier *m* verkoper v. ijzer-, blik- en koperwaren.

quine *bw* (*arg.*) genoeg.

quinine *v* kinine.

quinconce *v* en —, schaakbordsgewijze.

quinquagénaire I *bn* vijftigjarig. II *zn m* of *v* vijftigjarige.

Quinquagésime *v* zondag vóór de Vasten (zondag Quinquagesima).

quinquennal (*mv* aux) *bn* 1 vijfjarig; *plan* —, vijfjarenplan; 2 vijfjaarlijks.

quinquet *m* 1 soort petroleumlamp; 2 (*pop.*) [oog.

quinquina *m* kina.

quint *tlw* vijfde (in *Charles* —, en *Sixte* —).

quintal (*mv* aux) *m* centenaar (50 kg).

quinte *v* 1 kwint (*muz.*); 2 (*oud*) altviool; 3 vijfkaart; 4 hevige hoestbui; 5 kuur, gril.

quintessence *v* het voornaamste, het beste.

quintette *v* kwintet.

quinteux, -euse *bn* grillig, humeurig.

quinto *bw* ten vijfde.

quintuple I *bn* vijfvoudig. II *zn m* vijfvoud.

quintuplés *m mv* vijfling.

quinzaine *v* 1 vijftiental; 2 veertien dagen.

quinze *tlw* 1 vijftien; —*jours*, veertien dagen; *aujourd'hui en* —, vandaag over veertien dagen; 2 vijftiende (*Louis* —, *le — janvier*).

quinze-vingts *m* (*fam.*) blinde.

quinzième I *tlw* vijftiende. II *zn m* vijftiende deel. ~ment *bw* op de vijftiende plaats.

quiproquo *m* vergissing, misverstand.

quittance *v* kwitantie; *donner* —, kwiteren.

quittancer *ov.w* kwiteren.

quitte *bn* 1 quitte; 2 vrij, ontslagen; *en être* — *pour la peur*, er met de schrik afkomen; 3 — *à*, op gevaar af van.

quitter *ov.w* 1 verlaten; — *le monde*, in het klooster gaan; 2 afstaan (— *ses droits*); 3 kwijtschelden; 4 afleggen, uittrekken (— *ses habits*); 5 opgeven (— *ses études*).

quitus *m: donner* —, decharge verlenen.

qui-vive? I *tw* werda? II *zn: être, se tenir sur le* —, op zijn hoede zijn.

quoi I *vr.vnw* wat; — *de plus utile que l'étude*, wat is er nuttiger dan de studie? II *betr.vnw* (met *voorzetsel*) wat; *à* —, waaraan; *après* —, waarna; *de* —, het nodige om, voldoende om; *pas de* —, niet te danken; *avoir de* — *vivre*, voldoende hebben, om te kunnen leven; *avoir de* —, er warmpjes bijzitten; *donnez-moi de* — *écrire*, geef mij schrijfgereedschap; *il n'y a pas de* — *vous fâcher*, er is geen reden om kwaad te worden. III *onb.vnw: — que*, wat ook; — *que vous disiez*, wat gij ook zegt; — *qu'il en soit*, hoe het ook zij. IV *tw* wat?, hoe?

quoique *vw* (met *subj.*) hoewel, ofschoon.

quolibet *m* kwinkslag, flauwe mop.

quorum *m* vereiste aantal leden om te kunnen stemmen.

quote-part† *v* aandeel, bijdrage.

quotidien, -enne I *bn* dagelijks. II *zn m* dagblad. ~nement *bw* dagelijks.

quotient *m* quotiënt.

quotité *v* bedrag.

R

r *m* of *v* de letter r; R.A.T.P. = *Régie Autonome des transports parisiens* = gemeentelijke dienst voor openbaar vervoer te Parijs. R.F. = *République française.* R.P. 1 *réponse payée*, betaald antwoord; 2 *Révérend Père*, Eerwaarde Pater. R.T.F. = *Radiodiffusion — Télévision française.*

ra *m* roffelslag.

rabâch/age *m* (*fam.*) vervelende herhaling; *tomber dans le* —, voortdurend in herhaling vervallen. ~er *ov.w* en *on.w* 1 telkens in herhaling vervallen; 2 zaniken. ~erie *v* (*fam.*) vervelende herhaling, gezanik.

rabâcheur *m*, -euse *v* zeurkous, zanikpot.

rabais *m* korting, afslag, prijsvermindering (*vendre au* —); *adjuger au* —, aan de laagste inschrijver gunnen. ~sement *m* 1 prijsverlaging; 2 vernedering, kleinering.

rabaisser I *ov.w* 1 lager plaatsen, neerhalen;

— *la voix*, zachter spreken; 2 afslaan, de prijs verlagen van; 3 vernederen. II *se* ~ zich vernederen, zich verlagen.

rabat *m* 1 bef; 2 klopjacht, drijfjacht.

rabat-eau, rabat-l'eau *m* spatlap.

rabat-joie *m* spelbreker, vreugdeverstoorder.

rabattage *m* het opdrijven v. h. wild.

rabattement *m* 1 het neerslaan; 2 het neerslaan v. e. vlak (*wisk.*).

rabatteur *m* drijver (bij drijfjacht).

rabattre I *ov.w* 1 neerslaan; *col rabattu*, liggende kraag; 2 neerslaan v. e. vlak; 3 gladstrijken; 4 afdoen v. d. prijs, verminderen; 5 verkorten; — *un arbre*, de takken afkappen tot aan de stam; 6 vernederen, fnuiken (— *l'orgueil*); 7 opdrijven v. wild. II *on.w* verminderen, matigen (— *de*). III *se* ~ 1 van richting veranderen, een andere weg inslaan; 2 plotseling v. onderwerp v.

gesprek veranderen.
rabbi(n) *m* rabbijn.
rabbin/at *m* ambt v. rabbijn. ~ique *bn* v. e.
rabbijn. ~isme *m* leer der rabbijnen. ~iste
m aanhanger der rabbijnse leer.
rabdomancie, rhabdomancie *v* het wichel-
roedelopen.
rabdomancien *m*, -enne *v* wichelroedeloper
(-loopster).
rabelaiserie *v* scherts in de geest v. Rabelais.
rabelaisien, -enne *bn* (als) v. Rabelais.
rabêtir I *ov.w* dom maken. II *on.w* dom
worden.
rabibocher *ov.w* (*pop.*) 1 oplappen, herstellen; 2 verzoenen.
rabiot, rabiau [*mv aux*] *m* (*arg. mil.*) 1 wat
er na het eten uitdelen overblijft; 2 tijd, die
een soldaat moet nadienen, om de wegens
straf verzuimde dagen in te halen.
rabique *bn* wat hondsdolheid betreft.
râble *m* 1 rugstuk v. haas of konijn; 2 vuur-
haak.
râblé *bn* met een brede rug (*lièvre —*).
rabonnir I *ov.w* verbeteren. II *on.w* beter
worden.
rabot *m* schaaf. ~age, ~ement *m* het schaven. ~er *ov.w* 1 schaven; 2 bijschaven (*fig.*),
polijsten (*— son style*). ~eur *m* schaver.
~eux, -euse *bn* ruw, ongelijk, hobbelig.
~euse *v* schaafmachine.
rabougri *bn* klein, verschrompeld, mismaakt.
rabougr/ir I *on.w* verschrompelen, kwijnen,
niet groeien. II *ov.w* doen verschrompelen.
III se ~ als *on.w*. ~issement *m* verschrompeling, het niet groeien.
rabouillère *v* konijnenhol.
rabouter, raboutir *ov.w* aan elkaar zetten.
raboutissage *m* het aan elkaar zetten.
rabrou/er *ov.w* afsnauwen. ~eur *m* snauwer.
racage *m* rak (*scheepv.*).
racaille *v* grauw, uitvaagsel.
raccommodage *m* het herstellen, verstellen.
raccommod/ement *m* verzoening. ~er I *ov.w*
1 verstellen, herstellen; 2 verzoenen. II se ~
zich met elkaar verzoenen.
raccommodeur *m*, -euse *v* versteller(ster).
raccord *m* 1 samenvoeging, aaneenhechting;
2 verbindingsstuk.
raccordement *m* samenvoeging, verbinding;
voie de —, verbindingslijn.
raccorder *ov.w* samenvoegen, verbinden.
raccourci I *bn*: *à bras —(s)*, uit alle macht.
II *zn m* 1 verkorting; *en —*, in het klein;
2 uittreksel, samenvatting; 3 kortere weg.
raccourc/ir I *ov.w* verkorten. II *on.w* korter
worden. ~issement *m* verkorting.
raccoutrer *ov.w* verstellen.
raccoutumer (se) zich weer wennen.
raccroc *m* 1 geluksstoot (bij biljarten); 2
meevaller.
raccrochage *m* 1 het weer ophangen; 2 het
aanklampen v. voorbijgangers.
raccrocher I *ov.w* 1 weer ophangen; 2 aanklampen. II *on.w* een „beest" maken (bij
biljarten). III se ~ à zich vastklampen aan.
raccrocheur *m* geluksspeler (bij biljarten).
race *v* 1 ras; *chien de —*, rashond; 2 geslacht.
racé *bn* rasecht.
racer *m* 1 racepaard; 2 raceauto; 3 racejacht.
rachat *m* 1 terugkoop; 2 het vrijkopen;
3 aflossing.
rachetable *bn* 1 wat teruggekocht kan worden; 2 aflosbaar; 3 afkoopbaar.
rachet/er I *ov.w* 1 terugkopen; 2 vrijkopen;
3 aflossen; 4 goedmaken; *— ses péchés*,
zijn zonden uitboeten. II se ~ 1 teruggekocht worden; 2 zich vrijkopen. ~eur *m*,
-euse *v* terugkoper, terugkoopster.
rachidien, enne *bn* v. d. ruggegraat.
rachis *m* ruggegraat.
rachitique I *bn* lijdend aan engelse ziekte. II
zn m of *v* lijder(es) aan eng. ziekte.
rachitisme *m* engelse ziekte.
racial [*mv aux*] *bn* wat het ras betreft.
racinal *m* [*mv aux*] grondbalk.

racine *v* 1 wortel; — *carrée*, vierkantswortel;
— *cubique*, derde machtswortel; *prendre —*,
wortel schieten; ergens lang blijven; 2 oorsprong; 3 stamwoord.
racinement *m* het wortelen.
raciner *on.w* wortel schieten.
raciste *m* voorstander van raszuiverheid.
raclage *m* het afschrapen.
racle *v* krabber, schraapijzer.
raclée *v* (*pop.*) pak slaag.
racler I *ov.w* afschrapen, afkrabben; II *on.w*:
— *du violon*, op de viool krassen.
racl/ette *v* schraapijzer. ~eur *m* 1 schraapijzer; 2 krasser op een viool. ~oir *m*
schraapijzer. ~ure *v* schraapsel.
racolage *m* het ronselen.
racoler *ov.w* ronselen, (aan)werven.
racoleur *m* ronselaar.
racontable *bn* te vertellen.
racontar *m* praatje.
raconter *ov.* en *on.w* vertellen, verhalen.
raconteur *m*, -euse *v* iem. die veel vertelt.
racorn/ir I *ov.w* verhoornen, hard maken.
II se ~ 1 hard worden; 2 vermageren (*fam.*).
~issement *m* verharding.
racquitter (se) terugwinnen wat men verloren had.
radar *m* radar.
radariste *m* radarspecialist.
rade *v* rede (haven).
radeau [*mv x*] *m* vlot.
rader *ov.w* 1 op de rede brengen; 2 gladstrijken met een strijkbout (*— du blé*).
radi/aire *bn* straalvormig. ~al [*mv aux*] *bn*
1 gestraald; *couronne —e*, stralenkroon;
2 v. h. spaakbeen; 3 v. d. straal. ~ance *v*
straling. ~ant *bn* stralend.
radiateur *m* radiator.
radiation *v* 1 doorhaling; 2 uitstraling.
radical [*mv aux*] *bn* 1 wortel; 2 de kern
v. d. zaak betreffend, grondig, volstrekt;
3 radicaal (vooruitstrevend). II *zn m* 1 stam
v. e. woord; 2 aanhanger der radicale
partij; 3 wortelteken.
radicalisme *m* stelsel der radicalen.
radié *bn* straalvormig.
radier I *ov.w* schrappen. II *on.w* stralen.
radiesthésie *v* gave om bronnen te vinden.
radiesthésique *bn* pendule —, wichelroede.
radieux, -euse *bn* stralend.
radifère *bn* radiumhoudend.
radin *bn* (*pop.*) gierig.
radio I *zn v* 1 radio; 2 radiotoestel. II *m*
1 radiogram; 2 marconist. ~actif, -ive *bn*
radioactief. ~activité *v* radioactiviteit. ~
communication *v* 1 verbinding per radio;
2 draadloos telegram. ~concert *m* radio-
concert. ~diffusion *v* radio-uitzending. ~gramme *m* draadloos telegram.
~graphe *m* röntgenoloog. ~graphie *v* rönt-
genfotografie. ~graphier *ov.w* een röntgen-
opname maken, doorlichten. ~guidage *m*
draadloze besturing. ~journal *m* nieuwsbe-
richten per radio. ~logie *v* het bestralen
(*med.*). ~logue, ~logiste *m* röntgenoloog.
~phare *m* radiobaken. ~phonie *v* het draadloos telefoneren. ~phonique *bn* radio—;
jeu —, luisterspel. ~reportage *m* radiover-
slag. ~scopie *v* onderzoek met X-stralen.
~signalisation *v* het aangeven der route aan
schepen en vliegtuigen door middel v. d.
radio. ~télégramme *m* draadloos telegram.
~télégraphie *v* draadloze telegrafie. ~télé-
phonie *v* draadloze telefonie. ~thérapie *v*
genezing door bestraling.
radis *m* 1 radijs; 2 (*pop.*) geld; *n'avoir plus
un —*, geen rooie cent meer hebben.
radium *m* radium. ~thérapie *v* geneeswijze
door middel v. radium.
radius *m* spaakbeen.
radotage *m* gebazel.
radot/er *on.w* bazelen, leuteren. ~eur *m*,
-euse *v* kletskous, raaskaller(-ster).
radoub *m* kalfatering; *bassin de —*, droogdok. ~er *ov.w* kalfateren.

radoucir I ov.w verzachten. **II se** ~ zachter worden (le temps se radoucit).

radoucissement m verzachting, leniging.

rafale v rukwind.

raffermir ov.w steviger maken, versterken.

raffermissement m versterking, het steviger worden.

raffinage m het raffineren.

raffiné I bn 1 geraffineerd; 2 verfijnd; 3 doortrapt. **II** zn m 1 iem. met een verfijnde smaak; 2 doortrapte vent.

raffinement m 1 verfijning; 2 gekunsteldheid, gezochtheid; 3 doortraptheid.

raffin/er ov.w 1 zuiveren; raffineren; 2 verfijnen. ~erie v raffinaderij. ~eur m raffinadeur.

raffoler on.w: — de musique, verzot zijn op muziek.

raffut m (fam.) lawaai.

raffûter ov.w weer slijpen.

rafistolage m het oplappen.

rafistoler ov.w oplappen.

rafle v 1 afgeritse tros druiven of bessen; 2 plundering; 3 razzia; 4 soort net.

rafler ov.w plunderen, wegkapen.

rafraîchir I ov.w 1 verfrissen, koelen v. dranken; 2 bijwerken, herstellen, ophalen (— un tableau); 3 punten, bijknippen v. haar; 4 — la mémoire, het geheugen opfrissen. **II** on.w koelen, afkoelen v. dranken. **III se** ~ 1 fris worden (le temps se rafraîchit); 2 zich verfrissen, iets drinken; 3 opfrissen, uitrusten.

rafraîchiss/ant I bn verfrissend. **II** zn m verfrissend middel. ~ement I m 1 afkoeling, opfrissing; 2 het ophalen v. kleuren. **II** ~s m mv verversingen.

rafraîchiss/oir, ~eur m koelvat, koeler.

ragaillardir ov.w opvrolijken.

rage v 1 hondsdolheid; 2 woede; faire —, woeden; 3 pijn; — de dents, hevige kiespijn; 4 zucht, manie; avoir la — de faire des vers, verzot zijn op verzen maken.

rageant bn (fam.) vervelend, beroerd.

rager on.w razen, tieren.

rageur, -euse (fam.) I bn opvliegend, driftig. **II** zn m, -euse v driftkop.

ragot I bn kort en dik. **II** zn m　　　dikkerd; 2 (pop.) kletspraatje.

ragoter ov.w brommen op.

ragoût m 1 ragoût; 2 lekkere smaak; 3 bekoring, aantrekkingskracht. ~ant bn 1 smakelijk; 2 (fam.) aanlokkelijk.

ragoûter ov.w de eetlust opwekken van.

ragréer ov.w opknappen, herstellen.

raguer ov. en on.w stukschuren.

rai m 1 straal; 2 spaak.

raid m 1 inval; 2 afstandsrit, -tocht; 3 — aérien, luchtaanval.

raidard bn (arg.) blut.

raide I bn 1 stijf, strak; 2 steil; 3 onbuigzaam (caractère —); 4 kras (c'est — !); 5 (arg.) blut. **II** bw: — mort, morsdood.

raideur v 1 stijfheid, strakheid; 2 steilheid; 3 onverzettelijkheid, onbuigzaamheid.

raidillon m steil paadje.

raidir I ov.w stijf-, strak maken, spannen. **II** on.w en se ~; stijf worden. **III se** ~ zich schrap zetten.

raidissement, raidissage m verstijving.

raidisseur m draadspanner.

raie v 1 rog; 2 haarscheiding; 3 streep, lijn; 4 ondiepe vore.

raiguiser ov.w opnieuw slijpen.

rail m rail.

railler I ov.w bespotten, voor de gek houden. **II** on.w gekscheren. **III se** ~ de spotten met, maling hebben aan.

raill/erie v scherts, spotternij; — à part, alle gekheid op een stokje; entendre —, goed tegen scherts kunnen; entendre la —, goed kunnen schertsen. ~eur, -euse I bn spottend. **II** zn m, -euse v spotter(ster).

railleusement bw spottend.

rainette v 1 boomkikvors; 2 reinetappel.

rainure v sponning, reet, groef.

raire on.w schreeuwen v. e. hert.

rais m spaak.

raisin m 1 druif; — de Corinthe, krent; — noir, blauwe druif; — sec, rozijn; 2 papierformaat (65 bij 50 cm).

raison v 1 rede; verstand; âge de —, jaren v. verstand; entendre —, naar rede luisteren; comme de —, zoals billijk is; ménage de —, huwelijk uit berekening; 2 reden; oorzaak; à plus forte —, reden te meer om; en — de, wegens; 3 rekenschap; rendre —, rekenschap geven; 4 verhouding; à — de, tegen; 5 gelijk; avoir —, gelijk hebben; 6 firmanaam (— sociale).

raisonnable bn 1 redelijk, verstandig; 2 billijk, schappelijk (prix —).

raisonnement m redenering.

raisonn/er I on.w redeneren. **II** ov.w 1 beredeneren; 2 redeneren over; 3 tot rede-, tot andere gedachten brengen. ~eur, -euse I bn tegenstribbelend. **II** zn m, -euse v 1 redeneerder(ster); 2 tegenstribbelaar(ster).

rajeunir I ov.w verjongen, jonger maken. **II** on.w jonger worden. **III se** ~ zich voor jonger uitgeven dan men is.

rajeunissement m verjonging.

rajouter ov.w weer bijvoegen.

rajustement m het weer in orde brengen, herstel, herziening.

rajuster I ov.w weer in orde brengen, herzien, herstellen. **II se** ~ zich verzoenen.

râle m 1 gerochel; 2 ral (vogel).

ralentir I ov.w vertragen; film au ralenti, vertraagde film. **II** on.w langzamer gaan. **III se** ~ langzamer gaan, afnemen.

ralentissement m vertraging.

râler on.w 1 rochelen; 2 schreeuwen v. e. pauw; 3 (pop.) mopperen; 4 (pop.) pingelen.

râleur m, -euse v; râleux m, -euse v (pop.) pingelaar(ster).

ralliement m het opnieuw verzamelen, hereniging; mot de —, wachtwoord.

rallier I ov.w 1 weer verzamelen, weer verenigen; 2 tot overeenstemming brengen; 3 weer gaan naar (— son poste). **II se** ~ zich herenigen.

rallonge v 1 verlengstuk; 2 (pop.) steekpenning. ~ment m verlenging.

rallonger ov.w verlengen, uittrekken (— une table).

rallumer ov.w 1 weer aansteken; 2 weer doen opvlammen (— une guerre).

rallye m rally; —automobile, autorally.

ramage m 1 loofwerk, bloemwerk op stoffen; 2 gekweel v. vogels in de bomen; 3 gebabbel v. kinderen.

ramager ov.w stoffen versieren met loof- of bloemwerk. **II** on.w kwelen van vogels.

ramas m 1 hoop; 2 bende.

ramassage m het sprokkelen.

ramasse v bergslede.

ramassé bn ineengedrongen.

ramasser I ov.w 1 oprapen; 2 verzamelen, bijeenbrengen; — ses forces, zijn krachten verzamelen. **II se** ~ ineenduiken, ineenkrimpen.

ramasseur m, -euse v opraper(opraapster).

ramassis m samenraapsel, zootje.

rame v 1 staak, rijshout; 2 roeiriem; 3 riem papier; 4 stoep boten; 5 rij-, koppel wagons.

ramé bn voorzien v. staken (pois —s).

rameau [mv x] m 1 twijg, tak; dimanche des R—x, Palmzondag; 2 vertakking, zijlinie.

ramée v loof, groen.

ramender ov.w 1 opnieuw bemesten; 2 opnieuw vergulden; 3 afslaan v. waren.

ramener ov.w terugbrengen, terugvoeren; — l'ordre, de orde herstellen.

ramer I ov.w rijshout, stokken zetten bij; il s'y entend comme à — des choux, hij kent er niets van. **II** on.w 1 roeien; 2 (pop.) niets doen.

ramereau [mv x], ramerot m jonge houtduif.

rameur m, -euse v roeier(ster).

rameux, -euse *bn* met veel takken.
ramier *m* hout-, ringduif (ook *pigeon* —).
ramification *v* vertakking.
ramifier (se) zich vertakken.
ramille *v* takje.
ramoindrir *ov.* en *on.w* weer verminderen.
ramolli I *bn* kinds, stompzinnig. II *zn m* kinds-, stompzinnig mens.
ramollir I *ov.w* 1 week maken; 2 verslappen (*fig.*). II se ~ 1 verslappen; 2 week worden.
ramollissant I *bn* verzachtend. II *zn m* verzachtend middel.
ramollissement *m* verslapping, verweking.
ramonage *m* het schoorsteenvegen.
ramoner *ov.w* schoorsteenvegen.
ramoneur *m* schoorsteenveger.
rampant *bn* 1 kruipend; 2 kruiperig; 3 *personnel* —, (*arg.*) grondpersoneel (*luchtv.*).
rampe *v* 1 trapleuning; 2 helling; 3 voetlicht; *fièvre de la* —, plankenkoorts.
rampement *m* het kruipen.
ramper *on.w* 1 kruipen (ook *fig.*); 2 hellen.
ramure *v* 1 loof; 2 gewei.
rancart *m: mettre au* —, afdanken.
rance I *bn* ranzig. II *zn m* ranzige lucht; *sentir le* —, ranzig smaken, -ruiken.
ranc/idité *v* ranzigheid. ~ir *on.w* ranzig worden. ~issement *m* het ranzig worden. ~issure *v* ranzigheid.
rancœur *m* wrok, wrevel.
rançon *v* 1 losgeld; 2 prijs, boete.
rançonnement *m* 1 vrijlating tegen losgeld; 1 afpersing, afzetterij.
rançonner *ov.w* 1 brandschatten; 2 afzetten.
rançonneur *m* afzetter.
rancune *v* wrok; *sans* —, even goeie vrienden!
rancuneux, -euse *bn* wrevelig, haatdragend.
rancunier *bn* haatdragend.
randonnée *v* zwerftocht, lange tocht.
rang *m* 1 rij; 2 gelid; 3 rang, plaats; 4 stand.
rangée *v* reeks, rij.
rangement *m* rangschikking.
ranger I *ov.w* 1 rangschikken, op een rij zetten; 2 op zij zetten; 3 opruimen; 4 onderwerpen; 5 varen langs. II se ~ 1 zich scharen; *se* — *du parti de qn.*, iemands partij kiezen; 2 op zij gaan; 3 zich onderwerpen; 4 een solied leven gaan leiden.
ranimer *ov.w* 1 doen herleven, bijbrengen (— *un noyé*); 2 nieuwe moed geven.
raout *m* avondreceptie.
rapace *bn* 1 roofzuchtig; 2 inhalig.
rapacité *v* 1 roofzucht; 2 hebzucht.
râpage *m* het raspen.
rapatriement *m* 1 terugzending, terugkeer naar het vaderland; 2 verzoening.
rapatrier I *ov.w* 1 naar het vaderland terugzenden; 2 verzoenen. II se ~ naar het vaderland terugkeren.
râpe *v* 1 rasp; 2 afgeriste druiventros.
râpé *bn* tot op de draad versleten.
râper *ov.w* 1 raspen, vijlen; 2 tot op de draad verslijten. ~ie *v* rasperij.
rapetassage *m* het oplappen, het verstellen.
rapetasser *ov.w* oplappen, verstellen.
rapetasseur *m*, -euse *v* oplapper(ster).
rapetiss/ement *m* verkleining. ~er I *ov.w* verkleinen. II *on.w* kleiner-, korter worden.
râpeux, -euse *bn* ruw.
raphia *m* raffia.
rapide I *bn* 1 vlug, snel; 2 steil. II *zn m* 1 stroomversnelling; 2 sneltrein.
rapidité *v* 1 snelheid; 2 steilheid.
rapié/cage *m* het verstellen, het inzetten v. e. stuk. ~cer *ov.w* verstellen, oplappen.
rapière *v* 1 rapier; 2 (*pop.*) mes.
rapin *m* 1 schildersleerling; 2 kladschilder.
rapine *v* roof, plundering.
rapiner *on.* en *ov.w* plunderen, roven.
rapio *bn* (*arg.*) vlug.
raplatir *ov.w* opnieuw plat maken.
rapointir *ov.w* weer aanpunten.
rappareiller *ov.w* (een stel) aanvullen.
rappel *m* 1 terugroeping; 2 het herzamelen; *sonner le* —, herzamelen blazen; 3 betaling

v. achterstallig loon; 4 terugloop v. e. werktuig; 5 herroeping.
rappeler I *ov.w* 1 terugroepen; — *à l'ordre*, tot de orde roepen; 2 herhaaldelijk roepen; 3 herinneren; 4 gelijken op. II se ~ zich herinneren.
rapport *m* 1 opbrengst; *en plein* —, veel vruchten gevend; 2 rapport, verslag; 3 overeenkomst; 4 verhouding; 5 betrekking; *par* — *à*, met betrekking tot; *sous le* — *de*, wat betreft; *sous ce* —, in dat opzicht; *sous tous les* —*s*, in alle opzichten; 6 betrekking, omgang; —*s d'amitié*, vriendschapsbetrekkingen.
rapporter I *ov.w* 1 terugbrengen; 2 meebrengen; 3 opbrengen; 4 apporteren; 5 verhalen, vermelden; 6 doen teruggaan tot (— *un fait au moyen âge*); 7 verklikken; 8 herroepen. II se ~ 1 met elkaar overeenstemmen; 2 *se* — *à*, betrekking hebben op; 3 *s'en* — *à*, zich verlaten op.
rapporteur I *zn m*, -euse *v* 1 klikspaan. II *m* 1 rapporteur; 2 graadboog.
rapprendre *ov.w onr.* weer leren.
rapprochement *m* 1 het bij elkaar brengen; 2 vergelijking; 3 verzoening.
rapprocher I *ov.w* 1 bij elkaar brengen; 2 verzoenen; 3 naderbij brengen; 4 vergelijken; 5 naderbij halen (door middel v. e. kijker). II se ~ 1 naderbij komen; 2 tot elkaar komen.
rapproprier *ov.w* weer in orde maken.
rapprovisionner *ov.w* opnieuw bevoorraden.
rapt *m* schaking, ontvoering.
râpure *v* schraapsel.
raquer *ov.w* (*pop.*) betalen.
raquette *v* 1 racket; 2 sneeuwschoen.
rare *bn* 1 zeldzaam; *devenir* —, weinig op bezoek komen; 2 buitengewoon, zeer verdienstelijk (*homme* —); 3 dun (*barbe* —); 4 ijl.
raré/faction *v* verdunning. ~fiable *bn* verdunbaar. ~fiant *bn* verdunnend. ~fier *ov.w* verdunnen.
rareté *v* 1 zeldzaamheid; 2 zeldzaam voorwerp; 3 ijlheid, dunheid.
rarissime *bn* (*lat.*) uiterst zeldzaam.
ras I *bn* 1 kort geknipt (*barbe* —*e*), korthatig; 2 vlak; *en* — *campagne*, in het open veld; *faire table* —, schoon schip maken. II *zn m* 1 *au* — *de*, gelijk met; 2 schietstroom; — *de marée*, vloedgolf.
rasade *v* glasvol.
rasage *m* het scheren.
rasant *bn* 1 even rakend, scherend langs; *vol* —, scheervlucht; 2 (*pop.*) vervelend.
rase-mottes: *voler en* —, vlak langs de grond vliegen.
raser I *ov.w* 1 scheren; — *de près*, glad scheren; 2 met de grond gelijk maken; — *un navire*, de masten v. e. schip kappen; 3 scheren langs; 4 (*fam.*) vervelen. II se ~ 1 zich scheren; 2 (*fam.*) zich vervelen.
raseur *m*, -euse *v* 1 scheerder(ster); 2 (*pop.*) vervelende vent, - vrouw.
rasoir *m* 1 scheermes; 2 (*fam.*) vervelende vent; 3 (*fam.*) vervelende zaak.
rassasiant *bn* voedzaam.
rassasier *ov.w* verzadigen (ook *fig.*).
rassembl/ement *m* verzameling, het verzamelen; *sonner le* —, verzamelen blazen; 2 oploop, standje. ~er *ov.w* 1 opnieuw verzamelen, weer bijeenbrengen; 2 verzamelen, bijeenbrengen; — *ses forces*, al zijn krachten verzamelen.
rasseoir I *ov.w onr.* 1 weer neerzetten, weer plaatsen; 2 geruststellen, kalmeren. II se ~ 1 weer gaan zitten; 2 tot kalmte komen.
rasséréner I *ov.w* 1 weer helder maken; 2 weer kalm maken. II se ~ 1 weer helder worden; 2 weer kalm worden.
rassis *bn* 1 oudbakken; 2 rustig, bezadigd.
rassortiment *m* hersortering.
rassortir, réassortir *ov.w* opnieuw sorteren.
rassoter *ov.w* verzot maken.

rassur/ant bn geruststellend. ~er ov.w 1 weer vastmaken, versterken; 2 geruststellen.

rat m 1 rat; — de bibliothèque, boekenwurm; — d'église, kerkloper; — d'hôtel, hoteldief; 2 gril; 3 gierigaard.

rata m 1 (pop.) ratjetoe; 2 eten, portie.

ratage m mislukking.

rataplan m tromgeroffel.

ratatiné bn gerimpeld, verschrompeld.

ratatouille v ratjetoe.

rate v 1 milt; dilater la —, aan het lachen brengen; ne pas se fouler la —, zich niet dood werken; 2 wijfjesrat.

raté m 1 het ketsen v. e. geweer; 2 het niet aanslaan v. e. motor; 3 mislukkeling.

râteau [mv x] m 1 hark; 2 harkje v. croupier; 3 (pop.) kam.

râtelage m het aanharken.

râtel/ée v harkvol. ~er ov.w harken.

râteleur m, -euse v hooiharker(ster).

râtelier m 1 ruif; manger à deux (plusieurs) —s, van twee wallen eten; 2 geweerrek, rek voor gereedschappen; 3 (kunst)gebit.

ratelle v miltvuur.

râtelures v mv bijeengeharkt hooi.

rater I on.w 1 ketsen v. e. vuurwapen; 2 mislukken. II ov.w 1 missen (— une perdrix); 2 niet krijgen (— une place).

ratier m rattenvanger. ~ère v rattenval.

ratification v bekrachtiging.

ratifier ov.w bekrachtigen.

ratiner ov.w krullig maken.

ration v rantsoen, portie.

rationalisme m rationalisme.

rationaliste I bn rationalistisch. II zn m of v rationalist(e).

rationalité v meetbaarheid.

rationnel, -elle bn 1 op de rede gegrond; 2 meetbaar; 3 theoretisch; mécanique —elle, theoretische mechanica.

rationnellement bw verstandig.

rationnement m rantsoenering.

rationner ov.w op rantsoen stellen.

ratissage m het aanharken, het schoffelen.

ratisser ov.w 1 aanharken; 2 schoffelen; 3 afschrapen.

ratiss/oire v schoffel. ~ure v schraapsel.

raton m 1 ratje; 2 schatje; 3 wasbeer; 4 kaaskoekje.

rattachage, rattachement m 1 het verbinden, aanhechten, aanhechting; 2 verbinding, aanhechting.

rattacher ov.w 1 weer (ver)binden, weer vastmaken, weer aanhechten; 2 verbinden, vastknopen; 3 in verband brengen.

rattraper I ov.w 1 (weer) inhalen; 2 weer vangen, terugkrijgen; on ne m'y rattrapera plus, dat zal me niet weer overkomen. II se ~ zijn schade inhalen.

ratur/age m het doorhalen. ~e v doorhaling. ~er ov.w doorhalen.

raucité v schorheid. rauque bn schor.

rauquer on.w brullen v. e. tijger.

ravag/e m verwoesting. ~er ov.w verwoesten. ~eur m, -euse v verwoester(ster).

raval/ement m 1 bepleistering; 2 uitholling v. e. muur; 3 het afkrabben; 4 vernedering, verkleining. ~er ov.w 1 weer inslikken; 2 bepleisteren; 3 uithollen v. e. muur; 4 afkrabben; 5 vernederen, verkleinen.

ravaud/age m 1 het oplappen; 2 knoeierwerk, lapwerk; 3 geklets. ~er I ov.w oplappen. II on.w (fam.) zeuren, wauwelen.

ravauderie v = ravaudage.

ravaudeur m, -euse v 1 versteller(ster); 2 wauwelaar, zeurkous.

rave v raap. **ravière** v veld met rapen.

ravigote v soort pikante saus.

ravigoter ov.w (fam.) opknappen.

ravilir ov.w verlagen.

ravin m ravijn.

ravine v 1 bergbeekje; 2 bergkloof.

ravinée v kloof gevormd door bergstroom.

ravinement m wegspoeling, ondergraving.

raviner ov.w wegspoelen, ondergraven.

ravioli m mv gekruide deegkoekjes met ge-

hakt vlees en geraspte kaas.

ravir ov.w 1 ontrukken, ontroven, ontvoeren; 2 verrukken, vervoeren; à —, verrukkelijk.

ravis/ement m het zich bedenken. ~er (se) zich bedenken, van mening veranderen.

ravissant bn 1 rovend, verscheurend; 2 bekoorlijk, verrukkelijk.

ravissement m 1 schaking, ontvoering; 2 verrukking, vervoering.

ravisseur, -euse I bn rovend. II zn m rover, schaker, ontvoerder.

ravitaillement m proviandering.

ravitailler ov.w provianderen.

ravitailleur m leverancier.

raviver ov.w verlevendigen (— l'espérance); aanwakkeren (— le feu).

ravoir ov.w terugkrijgen.

rayage m trek (v. e. vuurwapen).

rayé bn 1 gestreept; 2 getrokken (v. d. loop v. e. vuurwapen).

rayement m het doorhalen.

rayer ov.w 1 strepen trekken; 2 bekrassen; 3 doorhalen; 4 trekken aanbrengen in de loop v. e. vuurwapen.

ray-grass m Eng. raaigras.

rayon m 1 lichtstraal, straal; — d'espérance, straal van hoop; — X, X-straal; 2 straal (wisk.); 3 spaak; 4 voor; 5 plank v. e. boekenkast; 6 honingraat; 7 afdeling v. e. grote winkel.

rayonnage m 1 het trekken v. ondiepe voren; 2 gezamenlijke planken v. e. boekenkast.

rayonnant bn 1 stralend; pouvoir —, uitstralingsvermogen; style —, gotische stijl na het begin der dertiende eeuw; 2 stervormig.

rayon/ne v rayon (kunstzijde). ~nement m 1 (uit)straling; 2 opgetogenheid.

rayonner on.w 1 (uit)stralen, schitteren

rayure v 1 streping (— d'une étoffe); 2 doorhaling; 3 trek v. d. loop v. e. vuurwapen.

raz, ras m sterke stroom in zeeëngte; — de marée, vloedgolf.

razzia v razzia, strooptocht.

razzier ov.w uitplunderen.

ré m de noot re.

réa m katrolschijf.

réaccoutumer ov.w weer gewennen.

réacteur, -trice I bn reactionair. II zn m 1 straalmotor; 2 reactor; — nucléaire, kernreactor.

réact/if, -ive I bn reagerend. II zn m reageermiddel. ~ion v reactie.

réadjuger ov.w opnieuw toewijzen.

réaffirmer ov.w opnieuw verzekeren.

réagir on.w 1 terugwerken, reageren; 2 — contre, ingaan tegen, strijden tegen (— contre ses passions).

réal [mv aux] m reaal (Spaanse munt).

réalisable bn te verwezenlijken.

réalisateur, -trice I bn verwezenlijkend. II zn m, -trice v 1 uitvoerder; 2 cineast.

réalis/ation v 1 uitvoering, verwezenlijking; 2 te gelde making. ~er ov.w 1 uitvoeren, verwezenlijken; 2 te gelde maken.

réalisme m realisme.

réaliste I bn realistisch. II zn m realist, realistisch kunstenaar.

réalité v werkelijkheid; en —, werkelijk, inderdaad.

réapparaître on.w onr. weer verschijnen.

réapparition v wederverschijning.

réappeler ov.w weer oproepen.

réapprovisionnement m herbevoorrading.

réapprovisionner ov.w opnieuw bevoorraden.

réarmement m herbewapening.

réarmer ov.w herbewapenen.

réassigner ov.w opnieuw dagvaarden.

réassurance v herverzekering.

réassurer ov.w herverzekeren.

réatteler ov.w opnieuw aanspannen.

rebaptiser ov.w herdopen.

rébarbatif, -ive bn stuurs, nors.

rebâtir ov.w herbouwen.

rebattre *ov.w* 1 opnieuw uitkloppen; 2 opnieuw doorlopen; *chemin rabattu*, veel begane weg; 3 herhalen; — *les oreilles*, tot vervelens toe herhalen.

rebec *m* oude viool met drie snaren, gebruikt door de minstrelen.

rebell/e *bn* 1 weerspannig, opstandig; *les esprits —s*, de gevallen engelen; 2 hardnekkig (*maladie —*). ~er (se) in opstand komen, zich verzetten.

rébellion *v* 1 oproer, muiterij; 2 verzet.

rebiffer (se) (*pop.*) tegenspartelen, het vertikken.

rebindaines (*fam.*): *tomber à jambes —*, achterovervallen met de benen in de lucht.

rebois/ement *m* rebossing. ~er *ov.w* bebossen.

rebond *m* terugsprong, opsprong v. e. bal.

rebondi *bn* dik, rond, bol (*joues —es*).

rebond/ir *on.w* 1 terugstuiten, opspringen v. e. bal; 2 weer ter sprake komen. ~issement *m* het terugstuiten, opspringen.

rebord *m* 1 opstaande rand; 2 kant; 3 kraag.

rebours I *bn* onhandelbaar, stug. II *zn m* het tegen de draad ingaan; het omgekeerde; *à —, au —*, tegen de draad in, averechts; *à — de, au — de*, in tegenstelling met.

rebouter *ov.w* (een gebroken lichaamsdeel) zetten.

reboutonner *ov.w* weer dichtknopen.

rebras *m* omslag v. e. mouw.

rebroussement *m* 1 het tegen de draad op kammen, opstrijken enz.; 2 terugkeer.

rebuffade *v* 1 ruwe afwijzing; 2 onheuse ontvangst. [vangst.

rébus *m* rebus.

rebut *m* 1 afwijzing, weigering; 2 uitschot, uitvaagsel.

rebuter I *ov.w* 1 afwijzen, ruw bejegenen; 2 ontmoedigen. II *on.w* mishagen, afstoten.

recacheter *ov.w* weer verzegelen.

récalcitrant *bn* weerspannig.

récalcitrer *on.w* tegenstribbelen.

recaler *ov.w* (*fam.*) afwijzen op een examen.

récapitulatif, -ive *bn* herhalend.

récapituler *ov.w* herhalen, samenvatten.

recel, recélé, recèlement *m* heling, verduistering.

recéler, receler *ov.w* helen, verbergen, verduisteren.

receleur *m*, -euse *v*; recéleur *m*, -euse *v* heler (heelster).

récemment *bw* onlangs.

recens/ement *m* 1 volkstelling; 2 telling. ~er *ov.w* tellen. ~eur *m* volksteller.

recension *v* vergelijking v. e. oude tekst met de handschriften.

récent *bn* pas gebeurd, kort geleden, nieuw.

receper, recéper *ov.w* kort afsnoeien.

récépissé *m* reçu.

récept/acle *m* 1 verzamelplaats; 2 bloembodem. ~eur *m* 1 ontvangtoestel; 2 telefoonhoorn; 3 radiotoestel.

réceptif, -ive *bn* ontvankelijk, vatbaar.

réception *v* 1 ontvangst; *accuser —*, de ontvangst berichten; 2 receptie; 3 het toelaten v. e. kandidaat.

réceptivité *v* ontvankelijkheid, vatbaarheid.

recette *v* 1 ontvangst; *garçon de —*, wisselloper; 2 ontvangerskantoor; 3 het ambt van ontvanger; 4 recept.

recevabilité *v* ontvankelijkheid.

recevable *bn* ontvankelijk.

receveur *m* 1 ontvanger; 2 tram- of busconducteur; 3 controleur v. schouwburg- en bioscoopbiljetten.

receveuse *v* 1 vrouwelijke tram- of buscontroleur; 2 controleuse in schouwburgen en bioscopen; 3 vrouw v. e. ontvanger.

recevoir I *ov.w* 1 ontvangen, krijgen; 2 toelaten v. e. kandidaat; 3 aannemen (— *toutes les formes*); 4 ontvangen, onthalen, begroeten. II *on.w* bezoekers ontvangen.

rechang/e *m* het verwisselen; *partie de —*, reservedeel. ~er *ov.w* weer wisselen.

rechanter *ov.w* 1 nog eens zingen; 2 (*fam.*) herhalen.

réchapper *on.w* ontkomen, ontsnappen.

recharge *v*, rechargement *m* 1 hernieuwde aanval; 2 nieuwe lading; 3 nieuwe bestrating.

recharger *ov.w* 1 opnieuw laden; 2 opnieuw be-, opladen; 3 opnieuw begrinten, -bestraten; 4 opnieuw aanvallen.

rechasser *ov.w* 1 terugjagen; 2 terugslaan.

réchaud *m* komfoor; — *à pétrole*, petroleumstel.

réchauff/age *m* het opwarmen. ~é *m* 1 opgewarmd eten; 2 oude kost, oud nieuws.

réchauffement *m* het opwarmen.

réchauffer I *ov.w* 1 opwarmen; 2 aanvuren, opwekken. II se — zich warmen.

réchauffoir *m* bordenwarmer.

rechausser *ov.w* 1 weer schoeien; 2 aanaarden.

rêche *bn* 1 ruig, ruw; 2 scherp, wrang; 3 stug, nors.

recherche *v* 1 onderzoek, nasporing, navorsing; *partir à la —* de, op zoek gaan naar; 2 het zoeken, streven naar (*la — de*); 3 aanzoek; 4 verfijning; 5 gezochtheid.

recherché *bn* 1 gezocht, zeldzaam; 2 gemaakt, gekunsteld.

rechercher *ov.w* 1 opnieuw zoeken; 2 ijverig zoeken; 3 onderzoeken, nasporen; 4 najagen, dingen naar (— *l'amitié*); 5 ten huwelijk vragen (— *en mariage*).

rechigné *bn* gemelijk.

rechigner *on.w* een zuur gezicht trekken.

rechute *v* wederinstorting v. e. zieke; herval in zonde enz.

récidiv/e *v* 1 herhaling v. e. misdrijf; 2 nieuwe aanval v. e. ziekte. ~er *on.w* 1 in dezelfde misdaad of fout hervallen; 2 zich herhalen (v. ziekte). ~iste *m* of *v* iem. die in dezelfde misdaad hervalt.

récidivité *v* het opnieuw plegen v. e. misdaad.

récif *m* rif, klip.

récipé *m* recept.

récipi/endaire *m* nieuw lid, dat plechtig ontvangen wordt. ~ent *m* ontvanger, vat.

réciprocité *v* wederkerigheid.

réciproque I *bn* wederkerig (*verbe —*). II *zn v* 1 het zelfde; *rendre la —*, met gelijke munt betalen; 2 het omgekeerde (*wisk.*).

récit *m* 1 verhaald; 2 recitatief (*muz.*). ~al *m* [*mv* als] solo-uitvoering. ~ateur *m* voordrager. ~atif *m* recitatief (*muz.*). ~ation *v* voordracht, het opzeggen. ~er *ov.w* 1 opzeggen, voordragen; 2 verhalen.

réclamation *v* 1 eis; 2 klacht, protest.

réclame *v* aanprijzing, reclame.

réclamer I *ov.w* 1 eisen; 2 vereisen; 3 dringend verzoeken, afsmeken. II *on.w* 1 protesteren; 2 tussen beide komen.

reclassement *m* herclassificatie.

reclasser *ov.w* opnieuw indelen.

reclus I *bn* 1 opgesloten; 2 afgezonderd. II *zn m*, -e *v* kluizenaar(ster).

réclusion, reclusion *v* 1 opsluiting; 2 afzondering. [ring.

récognition *v* erkenning.

recoiffer *ov.w* opnieuw kappen.

recoin *m* uithoek, verborgen hoek; *coins et —s*, hoekjes en gaatjes.

récollection *v* vrome overpeinzing, meditatie.

recollement *m* het weer vastplakken.

recoller *ov.w* weer vastplakken.

recolorer *ov.w* opnieuw kleuren.

récoltable *bn* geschikt om te oogsten.

récolt/e *v* oogst; *faire la —*, oogsten. ~er *ov.w* oogsten.

recommandable *bn* aanbevelenswaardig.

recommandation *v* 1 aanbeveling; 2 het aantekenen v. e. brief.

recommander I *ov.w* 1 aanbevelen; 2 op het hart drukken, opdragen; 3 aantekenen v. brieven enz. II se — zich zelf aanbevelen; *se — de*, zich beroepen op.

recommenc/ement *m* wederaanvang, herhaling. ~er *ov.w* en *on.w* opnieuw beginnen.

récompens/e *v* beloning; *en — de*, als beloning voor. ~er *ov.w* 1 belonen; 2 schade-

loosstellen; 3 straffen.
recomposer *ov.w* opnieuw samenstellen.
recompter *ov.w* overtellen.
réconciliable *bn* verzoenbaar, verenigbaar.
réconciliateur, -trice I *bn* verzoenend. II *zn m, -trice* *v* vredestichter(ster).
réconcili/ation *v* verzoening. ~er I *ov.w* verzoenen. II se ~ zich verzoenen; se — *avec Dieu,* zich bekeren, gaan biechten.
recondamner *ov.w* opnieuw veroordelen.
reconduire *ov.w onr.* 1 uitgeleide doen; 2 naar huis brengen; 3 (*spottend*) de deur uit- **reconduite** *v* uitgeleide. [jagen.
réconfort *m* troost, steun. ~ant I *bn* verster- kend. II *zn m* versterkend middel.
réconforter *ov.w* 1 versterken; 2 troosten.
reconnaissable *bn* herkenbaar.
reconnaissance *v.* 1 herkenning; 2 erkenning; 3 erkentelijkheid, dankbaarheid; 4 ver- kenningstocht; *aller en —,* op verkenning uitgaan; 5 onderzoek; 6 reçu, schuldbewijs.
reconnaissant *bn* dankbaar, erkentelijk.
reconnaître I *ov.w onr.* 1 herkennen; 2 erken- nen; 3 verkennen; 4 dankbaar zijn voor (— *un service).* II se ~ 1 zich zelf herkennen; 2 zich oriënteren; 3 berouw hebben.
reconquérir *ov.w onr,* heroveren, herkrijgen.
reconquête *v* herovering.
reconstitu/ant I *bn* versterkend. II *zn m* ver- sterkend middel. ~er *ov.w* herstellen.
reconstitution *v* herstel.
reconstruction *v* wederopbouw.
reconstruire *ov.w onr.* weder opbouwen.
recontinuer *ov.w* weer vervolgen.
recopier *ov.w* overschrijven.
record *m* record; *battre un —,* een record slaan; *établir un —,* een record vestigen.
recorder I *ov.w* 1 doen overleren; 2 opnieuw bespannen (v. tennisracket). II se ~ 1 zich herinneren; 2 (*fam.*) overleggen.
recordman *m,* **recordwoman** *v* (*mv* recordmen, recordwomen) recordhouder(ster).
recorriger *ov.w* opnieuw verbeteren.
recoucher I *ov.w* weer naar bed brengen. II se ~ weer naar bed gaan.
recoudre *ov.w onr.* weer (aan)naaien.
recouler *ov.w* opnieuw gieten.
recoupe *v* 1 steengruis; 2 afknipsels v. stof.
recouper *ov.w* 1 weer snijden; 2 versnijden v. wijn.
recourb/ement *m* 1 het ombuigen; 2 ombui- ging. ~er *ov.w* om-, opnieuw buigen.
recourbure *v* kromming. [tot.
recourir *on.w* (à) zijn toevlucht nemen
recours *m* 1 toevlucht; *avoir — à,* zijn toe- vlucht nemen tot; 2 eis tot schadeloosstel- ling; 3 beroep (— *en cassation*); 4 verzoek; — *en grâce,* gratieverzoek.
recour/able *bn* inbaar. ~ement *m* 1 het terugkrijgen; herstel (— *des forces,* herstel van krachten; 2 inning; 3 het overtrekken (— *d'un parapluie*); 4 bedekking, overtrek.
recouvrer *ov.w* 1 terugkrijgen; 2 innen.
recouvrir *ov.w onr.* 1 opnieuw bedekken; 2 weer bedekken; 3 bemantelen.
recracher *ov.w* uitspuwen.
récréatif, -ive *bn* genoeglijk, vermakelijk.
récréation *v* 1 uit-, ontspanning; 2 speeltijd.
recréer *ov.w* herscheppen.
récréer I *ov.w* ontspannen, vermaken. II se ~ zich ontspannen.
recrépir *ov.w* 1 opnieuw bepleisteren; 2 blan- ketten (*fam.*).
recrépissage *m* het overpleisteren.
recreuser *ov.w* uitdiepen.
récrier (se) 1 luidkeels protesteren; 2 kreten slaken v. verwondering enz.
récrimination *v* verwijt, tegenbeschuldiging.
récriminer *on.w* verwijten-, tegenbeschuldi- gingen uiten.
récrire *ov.w onr.* overschrijven.
recroître *on.w* opnieuw groeien, -wassen.
recroqueviller (se) 1 krimpen, ineenschrom- pelen; 2 ineenkruipen.
recru *bn* uitgeput. **recrû** *m* nieuwe loot.

recrudescence *v* verergering.
recrudescent *bn* toenemend.
recru/e *v* 1 lichting (*mil.*); 2 recruut; 3 nieuw lid. ~tement *m* aanwerving.
recruter I *ov.w* aanwerven, aanvullen. II se ~ aangevuld worden, nieuwel eden krijgen.
recruteur *m* werver.
recta *bw* (*fam.*) stipt, juist.
rectal [*mv* aux] *bn* rectaal.
rectangle I *zn m* rechthoek; II rechthoekig.
rectangulaire *bn* rechthoekig.
recteur *m* 1 voorzitter v. e. Academie; 2 rector v. e. door geestelijke geleide school; 3 pastoor (in Bretagne).
recteur, -trice I *bn* besturend. II *les rectrices,* de stuurpennen.
rectifiable *bn* verbeterbaar.
rectificatif, -ive *bn* verbeterend.
rectification *v* 1 verbetering; 2 zuivering.
rectifier *ov.w* 1 recht maken; 2 verbeteren, herstellen; 3 zuiveren.
rectiligne *bn* rechtlijnig.
rectitude *v* 1 rechtheid; 2 juistheid.
recto *m* voorzijde v. e. blad papier.
rectoral [*mv* aux] *bn* v. d. rector.
rectorat *m* 1 waardigheid v. d. rector; 2 ambtsduur v. d. rector.
rectum *m* endeldarm.
reçu *m* ontvangstbewijs.
recueil *m* verzameling.
recueillement *m* overpeinzing.
recueilli *bn* stemmig, in overpeinzing.
recueillir I *ov.w onr.* 1 oogsten, verzamelen; 2 ontvangen, aanvaarden; 3 opnemen. II se ~ zich aan gepeins overgeven, medi- teren.
recuire *ov.w onr.* 1 opnieuw koken, opkoken; 2 ontlaten (v. metaal).
recul *m* 1 het teruglopen; 2 terugstoot (v. e. kanon). ~ade *v* 1 het teruglopen, het -gaan; 2 (*fig.*) terugtocht.
reculé *bn* 1 afgelegen; 2 verwijderd (tijd), vroeg (*époque —*).
reculement *m* het teruglopen, -gaan.
reculer I *ov.w* 1 achteruitschuiven, terug- plaatsen (— *une chaise*); 2 uitstellen; 3 uit- breiden, verleggen (— *les bornes*). II *on.w* 1 achteruitgaan, -lopen; 2 terugdeinzen (*fig.*), aarzelen; terugkrabbelen (*fig.*).
reculons (à) achteruit.
récupération *v* het herkrijgen.
récupérer *ov.w* 1 terugkrijgen; 2 een afge- keurd soldaat in dienst roepen. II se ~ zich schadeloosstellen.
récurage *m* het schoonmaken, schuren.
récurer *ov.w* schoonmaken, schuren.
récus/able *bn* wraakbaar. ~ation *v* wraking. ~er I *ov.w* wraken (— *un témoin*). II se ~ zich onbevoegd verklaren.
rédact/eur *m,* **-trice** *v* redacteur(trice). ~ion *v* 1 het opstellen; 2 redactie; 3 redactie- bureau. ~ionnel, -elle *bn* redactioneel.
reddition *v* 1 overgave; 2 overlegging.
redemander *ov.w* 1 opnieuw vragen; 2 terug- vragen.
Rédempteur *m* Verlosser, Zaligmaker.
Rédemption *v* Verlossing.
rédemptoriste *m* redemptorist.
redescendre I *on.w* weer naar beneden ko- men, dalen. II *ov.w* weer neerlaten, weer naar beneden brengen.
redevable *bn* schuldig (— *de*).
redevance *v* op vaste tijd te betalen som.
redevenir *on.w* weer worden.
redevoir *ov.w* nog schuldig zijn.
rédhibition *v* vernietiging v. e. koop.
rédiger *ov.w* opstellen, redigeren.
rédimer *ov.w* vrij-, afkopen.
redingote *v* gekleed jas.
redire I *ov.w* 1 herhalen; 2 oververtellen. II *on.w* afkeuren, aanmerkingen maken; *il n'y a rien à — à sa conduite,* er valt op zijn gedrag niets aan te merken.
rediseur *m,* **-euse** *v* herhaler, herhaalster.
redite *v* nodeloze herhaling.

redondance v wijdlopigheid.

redond/ant bn wijdlopig (style —). ~er on.w overtollig zijn; — de, (te) vol zijn van.

redonner I ov.w hergeven. II on.w 1 — dans, weer vervallen in; 2 opnieuw beginnen (la chaleur redonne); 3 opnieuw aanvallen.

redorer ov.w opnieuw vergulden; — son blason, een rijke burgersdochter trouwen (v. e. arm edelman).

redoubl/é bn versneld (pas —). ~ement m 1 verdubbeling; 2 verergering.

redoubler I ov.w 1 verdubbelen; 2 vermeerderen; 3 overmaken (— une classe); 4 opnieuw voeren. II on.w 1 toenemen, sterker worden; 2 — de, verdubbelen.

redoutable bn geducht, verschrikkelijk.

redoute v 1 kleine schans (mil.); 2 openbare plaats, waar men danst, speelt, muziek maakt; — costumée, gemaskerd bal.

redouter ov.w vrezen, duchten.

redressement, redressage m 1 het weer recht maken; 2 wederoprichting; 3 herstel; maison de —ment, verbeteringsgesticht.

redresser I ov.w 1 weer recht maken; 2 weer recht zetten; 3 verbeteren, herstellen; 4 een uitbrander geven. II se ~ 1 zich weer oprichten; 2 een trotse houding aannemen.

redresseur m 1 dolend ridder (— de torts); 2 gelijkrichter (elektr.).

redû m het nog verschuldigde.

réducteur, -trice I bn reducerend. II zn m 1 reductiemiddel; 2 verkleiningstoestel (fot.).

réductibilité v herleidbaarheid.

réductible bn herleidbaar.

réduct/if, -ive bn reducerend. ~ion v 1 vermindering, verkleining; échelle de —, verkleinde schaal; 2 reductie; 3 onderwerping; 4 herleiding; 5 korting; 6 zetting (med.).

réduire I ov.w onr. 1 verminderen, verkleinen; 2 omzetten; 3 herleiden; 4 reduceren; 5 zetten (med.); 6 onderwerpen; 7 — à, brengen tot, nopen tot; — à besace, tot de bedelstaf brengen. II se ~ 1 verminderd worden; 2 uitlopen (op) neerkomen (op).

réduit m 1 eenzaam plekje; 2 hokje; 3 verdedigingswerk; 4 gevechtstoren op oorlogsschip.

réduplicatif, -ive bn verdubbelend.

réduplication v verdubbeling.

réédifi/cation v wederoprichting. ~er ov.w 1 weer oprichten, -opbouwen; 2 herstellen.

rééditer ov.w weer uitgeven.

réédition v nieuwe uitgave.

réédu/cation v heropvoeding. ~quer ov.w opnieuw opvoeden, herscholen.

réel, -elle I bn wezenlijk, werkelijk. II zn m de werkelijkheid.

réélection v herkiezing.

rééligibilité v herkiesbaarheid.

rééligible bn herkiesbaar.

réélire ov.w onr. herkiezen.

réellement bw werkelijk, wezenlijk.

réensemencer ov.w opnieuw bezaaien.

réescompte m herdiscontering.

réévaluer ov.w herwaarderen.

réexpédier ov.w 1 weer verzenden; 2 doorzenden.

réexportation v wederuitvoer. [zenden.

réexporter ov.w weder uitvoeren.

refaire I ov.w onr. 1 overdoen, overmaken; c'est à —, dat moet nog eens overgedaan-, overgemaakt worden; 2 herstellen, opknappen, in orde brengen; 3 (pop.) bedriegen. II se ~ 1 overgedaan-, overgemaakt worden; 2 eten of drinken; 3 nieuw kracht opdoen; 4 zijn zaken weer op orde brengen.

refaucher ov.w opnieuw maaien.

réfection v 1 herstel; 2 het opdoen v. nieuwe kracht. réfectoire m eetzaal, refter.

refend m: mur de —, binnenmuur.

refendre ov.w 1 weer kloven; 2 in de lengte doorzagen.

référé m kort geding. [doorzagen.

référence I v melding, verwijzing; ouvrage de —, werk om na te slaan. II ~s v mv getuigschriften.

référendaire m referendaris.

référendum m volksstemming.

référent m inleider.

référer I ov.w toeschrijven. II on.w: en — à, verslag uitbrengen aan. III se ~: s'en — à, zich beroepen op.

refermer ov.w weer sluiten.

réfléch/i bn 1 bedachtzaam; 2 doordacht; 3 wederkerend (verbe —). ~ir I ov.w terugkaatsen. II on.w nadenken, overpeinzen. III se ~ zich weerspiegelen.

réfléchissant bn weerkaatsend.

réfléchissement m terugkaatsing.

réflecteur I bn weerkaatsend. II zn m reflector m weerschijn. [flector.

refléter I ov.w weerspiegelen. II on.w en se ~ zich weerspiegelen.

refleurir on.w weer bloeien.

refleurissement m tweede bloei.

réflexe I bn: mouvement —, reflexbeweging. II zn m reflexbeweging.

réflex/ibilité v terugkaatsbaarheid. ~ible bn terugkaatsbaar. ~ion v 1 terugkaatsing; 2 overdenking.

refluer on.w 1 terugvloeien; 2 terugkeren van

reflux m eb. [grote menigten.

refondre ov.w 1 opnieuw gieten; 2 omwerken.

refonte v 1 hergieting; 2 omwerking.

réformable bn verbeterbaar, herstelbaar.

réformateur, -trice I bn hervormend. II zn m, -trice v hervormer(ster).

réformation v hervorming, Hervorming.

réforme v 1 hervorming, verbetering, afschaffing v. misbruiken; 2 ontslag, afkeuring; mettre à la —, ontslaan, afkeuren.

réformer I ov.w hervormen, afschaffen v. e. misbruik. II se ~ 1 zijn leven beteren; 2 zich verzamelen (v. verspreide troepen).

réformiste I bn hervorming eisend. II zn m voorstander v. hervorming.

refouill/ement m uitholling. ~er ov.w 1 opnieuw doorzoeken; 2 uithollen.

refoulement m het terugdrijven.

refouler ov.w 1 terugdrijven; 2 aanstampen; 3 onderdrukken, inhouden (— sa colère).

réfractaire I bn 1 vuurvast; 2 weerspannig. II zn m dienstweigeraar.

réfracter ov.w breken v. stralen.

réfracteur bn straalbrekend.

réfraction v straalbreking.

refrain m refrein; c'est toujours le même —, het is altijd hetzelfde deuntje. [len.

réfrangibilité v breekbaarheid (v. lichtstralen).

réfrangible bn breekbaar (v. lichtstralen).

refrènement m beteugeling.

refréner ov.w beteugelen.

réfrigérant I bn afkoelend; mélange —, verkoelend mengsel. II zn m 1 verkoelend geneesmiddel; 2 koelvat.

réfrigér/ateur, -trice I bn verkoelend. II zn m ijskast, koelcel. ~atif, -ive I bn verkoelend. II zn m verkoelend geneesmiddel. ~ation v afkoeling. ~er ov.w afkoelen.

refriser I ov.w weer krullen. II on.w weer gekruld zijn.

refrognement m stuursheid, norsheid.

refrogner ov.w stuurs-, nors maken.

refroidir I ov.w afkoelen, bekoelen. II on.w en se ~ koud worden, bekoelen.

refroidissement m 1 afkoeling, verkoeling; 2 koudheid; attraper un —, een kou vatten; 3 verflauwing, bekoeling.

refroidisseur m koeler.

refuge m 1 toevluchtsoord; 2 toevlucht; 3 armenhuis; 4 vluchtheuvel.

réfugié m 1 vluchteling, uitgewekene; 2 protestant, die uitgeweken was na de herroeping v. h. edict v. Nantes.

réfugier (se) uitwijken.

refuite v uitvlucht.

refus m weigering. ~able bn weigerbaar.

refuser I ov.w 1 weigeren; 2 ontzeggen; 3 afwijzen v. e. kandidaat. II on.w krimpen v. d. wind. III se ~ zich ontzeggen. IV se ~ à weigeren, niet toestemmen in.

réfut/able bn weerlegbaar. ~ation v weerlegging. ~er *ov.w* weerleggen.

regagner *ov.w* 1 terugwinnen; 2 terugkeren in, -naar, weer bereiken, zich weer voegen bij; 3 inhalen (— *le temps perdu*); 4 her-, terugkrijgen.

regain *m* 1 nagras; 2 wederopleving.

régal [*mv* als] *m* 1 feestmaal; 2 lievelings-gerecht, traktatie.

régalade *v* 1 onthaal; 2 houtvuurtje.

régalant *bn* prettig.

régalement, régalage *m* egalisatie v. e. terrein.

régal/er *ov.w* (— *de*) onthalen op; 2 egali-seren. ~ien, -enne *bn* koninklijk.

regard *m* 1 blik; *au* — *de*, ten opzichte van; *en* —, tegenover; 2 mangat; — *d'égoût*, rioolmond.

regardant *bn* precies, zuinig.

regarder I *ov.w* 1 kijken naar, bekijken; 2 uitzien op (*ma maison regarde le nord*); 3 aangaan; *ça ne vous regarde pas*, dat gaat je niet aan; 4 —— *comme*, houden voor. II *on.w* 1 — *à*, letten op; *y* — *à deux fois*, zich twee maal bedenken; — *à un franc*, op een franc kijken; 2 kijken; 3 — *sur*, uitzien op. III se ~ 1 elkaar aankijken; 2 tegenover elkaar liggen, -staan; 3 zich houden (voor).

regarnir *ov.w* opnieuw voorzien, -garneren, -stofferen.   [strikker.

regate *v* 1 roei- of zeilwedstrijd; 2 zelf-

regazonner *ov.w* weer v. e. grasmat voorzien.

regel *m* het opnieuw invallen v. d. vorst.

regeler *on.w* opnieuw vriezen.

régence *v* regentschap.

régénérateur, -trice I *bn* herstellend. II *zn m, -trice v* hersteller(ster).

régénération *v* herstel, wedergeboorte.

régénérer *ov.w* herstellen, weer doen op-leven, hervormen.

régent *m* 1 regent; 2 beroemde Fr. kroon-diamant; 3 klasseleraar.

régenter *ov.w* 1 les geven in (— *une classe*); 2 bevelen, de baas spelen over.

régicide *m* 1 koningsmoord; 2 koningsmoor-denaar.

régie *v* 1 goederenbeheer; 2 dienst voor het innen der indirecte belastingen; 3 tabaks-regie; 4 lucifersregie.

régimbement *m* 1 het achteruitslaan v. e. paard; 2 het tegenstribbelen.

régimber *on.w* 1 achteruitslaan v. e. paard; 2 tegenstribbelen.

régime *m* 1 stelsel; 2 leefregel; 3 beheer, be-stuur; — *des prisons*, gevangeniswezen; 4 huwelijksvoorwaarde; — *dotal*, huwe-lijksvoorwaarden; — *de communauté*, hu-welijk in gemeenschap v. goederen; 5 ris, tros; 6 normale snelheid, normaal toeren-tal; 7 voorwerp (*taalk.*).

régiment *m* regiment.

régimentaire *bn* v. h. regiment.

région *v* 1 (land)streek; 2 hemelstreek; 3 luchtlaag. ~al [*mv* aux] I *bn* gewestelijk. II *zn m* 1 provincieblad; 2 gewestelijk tele-foonnet. ~alisme *m* streven naar gewestelijke vrijheid of cultuur.

régionaliste *m* aanhanger v. h. regionalisme.

régir *ov.w* 1 regeren, besturen; 2 beheren; 3 regelen (— *le mouvement*); 4 regeren, gevolgd worden door (*taalk.*).

régisseur *m* 1 beheerder; 2 regisseur.

registre *m* 1 inschrijvingsboek, register; 2 (stem)register; 3 (orgel)register; 4 (kachel)schuif.

registrer *ov.w* registreren.

réglage *m* 1 regeling; 2 liniëring.

règle *v* 1 liniaal; 2 regel, voorschrift; *il est de* — *que*, het is regel dat; *dans les* —*s*, volgens voorschrift; 3 orde; 4 voorbeeld.

réglé *bn* 1 gelinieerd; 2 ordelijk; 3 regel-matig (*pouls* —).

règlement *m* 1 bepaling, regeling; 2 regle-ment; 3 afrekening; *en* — *de*, ter voldoe-ning van.

réglementaire *bn* reglementair.

réglementation *v* regeling, reglementering.

réglementer *ov.w* reglementeren.

régler I *ov.w* 1 liniëren; 2 regelen; 3 bepalen, vaststellen; 4 beslechten, schikken (— *un différend*); 5 gelijk zetten (— *une pendule*); 6 beperken (— *sa dépense*); 7 vereffenen; — *son compte à qn.*, met iem. afrekenen. II se ~ *sur*, een voorbeeld nemen aan.

réglet *m* 1 duimstok; 2 lijstje.

réglisse *v* zoethout.

régio *bn* (*fam.*) correct.

réglure *v* liniëring.

régnant *bn* 1 heersend; 2 overheersend.

règne *m* 1 regering; 2 regeringstijd; 3 heer-schappij, macht; 4 rijk; — *animal*, dieren-rijk; — *végétal*, plantenrijk.

regonflement *m* 1 het weer vullen; 2 het stijgen (v. water).

regonfler I *ov.w* weer vullen, weer oppom-pen. II *on.w* weer zwellen, weer stijgen.

regorgement *m* het overlopen, overvloeien.

regorger I *ov.w* 1 teruggeven; uitbraken. II *on.w* 1 overlopen, overvloeien; 2 — *de*, overvol zijn met, rijkelijk bedeeld zijn met.

regratter I *ov.w* afkrabben. II *on.w* pingelen.

regrattier *m*, -ère *v* 1 sjacheraar(ster); 2 (*fam.*) pingelaar(ster).

regréer *ov.w* weer optuigen (*scheepv.*).

régressif, -ive *bn* teruggaand, achteruitgaand.

régression *v* achteruitgaande beweging.

regret *m* 1 verdriet, smart, leed; *à* —, met tegenzin; 2 spijt; 3 klacht; 4 berouw.

regrettable *bn* betreurenswaardig.

regretter *ov.w* betreuren, spijt hebben over; *je regrette que* (met *subj.*), het spijt mij, dat.

regrèvement *m* belastingverhoging.

regrimper I *on.w* weer klimmen. II *ov.w* weer beklimmen, - bestijgen.

régulariser *ov.w* regelmatig maken.

régularité *v* 1 regelmatigheid, geregeldheid; 2 trouwe nakoming, strenge naleving.

régulateur, -trice I *bn* regelend. II *zn m, -trice v* regelaar, regulator.

régulation *v* regeling.

régulier, -ère *bn* regelmatig, geregeld; *clergé* —, ordegeestelijken.

régulièrement *bw* regelmatig.

réhabilitation *v* eerherstel.

réhabiliter *ov.w* in rechten-, in eer herstellen.

rehauss/ement *m* verhoging. ~er *ov.w* 1 ver-hogen, vergroten; 2 sterker doen uitkomen.

réimporter *ov.w* weer invoeren.

réimposer *ov.w* opnieuw belasten.

réimposition *v* nieuwe belasting.

réimpression *v* herdruk.

réimprimable herdrukbaar

réimprimer *ov.w* herdrukken.

rein *m* 1 nier; 2 les —*s*, de lendenen; *avoir les* —*s solides*, rijk, machtig zijn.

réincarcérer *ov.w* weer in de gevangenis zetten.

réincarnation *v* wedervleeswording.

reine *v* 1 koningin; 2 koningin, dame in het schaakspel. reine†-claude† *v* reine-claude.

reinette *v* renetappel.

réinscrire *ov.w onr.* weer inschrijven.

réinstallation *v* herstel in een ambt.

réinstaller *ov.w* in een ambt herstellen.

réintégration *v* het weer in bezit stellen van, wederbenoeming.

réintégrer *ov.w* 1 weer in bezit stellen van, weer benoemen; 2 weer op zijn plaats brengen; 3 zich weer vestigen in.

réinviter *ov.w* opnieuw uitnodigen.

réitér/able *bn* herhaalbaar. ~atif, -ive *bn* her-halend. ~ation *v* herhaling. ~er *ov.w* her-halen.

reitre *m* Duits ruiter in Franse dienst (in de middeleeuwen); *vieux* —, ouwe rot.

rejaillir *on.w* 1 terugkaatsen; 2 opspatten; 3 neerkomen (v. schande).

rejailliss/ant *bn* opspattend, opspuitend. ~ement *m* 1 het terugkaatsen; 2 het op-spatten.

rejet *m* 1 verwerping (— *d'une loi*); 2 over-

brenging op een andere rekening; 3 uit-
gegraven aarde; 4 loot.

rejeter *ov.w* opnieuw werpen; 2 terugwerpen;
— *la faute sur*, de schuld werpen op; 3
terugslaan; 4 verwerpen, afwijzen; 5 opnieuw schieten (— *des branches*).

rejeton *m* 1 loot 2 afstammeling, telg.

rejoindre *ov.w onr.* 1 weer bij elkaar brengen,
herenigen; 2 zich voegen bij, gaan naar;
3 inhalen.

rejouer *ov.w* overspelen.

réjoui I *bn* opgeruimd. II *zn m* opgeruimde
kerel.

réjouir I *ov.w* opvrolijken, verheugen; — *la
vue*, het oog strelen. II *se* ~ zich verheugen.

réjouis/ance *v* vreugde, vrolijkheid; *des* —*s*,
feestelijkheden. —*ant bn* vermakelijk.

relâchant *m* laxeermiddel.

relâche I *m* 1 het ophouden, ontspanning;
sans —, onophoudelijk; 2 *faire* —, niet
spelen (v. toneelgezelschap). II *v* 1 onderbreking v. e. reis; *faire* —, aandoen; 2 ver-
versingsplaats v. schepen, noodhaven.

relâché *bn* los, losbandig (*mœurs* —*es*).

relâchement *m* 1 ontspanning; 2 diarree;
3 verslapping; 4 rust, ontspanning.

relâcher I *ov.w* 1 slap maken, ontspannen;
2 vrijlaten (— *un prisonnier*); 3 iets laten
vallen van (— *de*). II *on.w* 1 binnenlopen
(*scheepv.*); 2 verslappen, verflauwen. III *se*
~ 1 verslappen, verflauwen; 2 zachter
worden (v. h. weer).

relais *m* 1 heruitzending (radio); 2 pleisterplaats; 3 verse paarden; 4 *course par* (*de*)
—, estafetteloop.

relancer *ov.w* 1 opnieuw werpen; 2 weer
opjagen (jacht); 3 lastig vallen; 4 een uitbrander geven.

relaps I *bn* weer afvallig. II *zn m*, -*e v* afvallige, ketter(se).

rélargir *ov.w* verwijden.

rélargissement *m* verwijding.

relater *ov.w* vermelden, verhalen.

relatif -*ive bn* 1 betrekkelijk; *pronom* —,
betrekkelijk voornaamwoord; 2 — *à*, betrekking hebbend op.

relation *v* 1 betrekking, verhouding; 2 omgang, betrekking; 3 kennis, bekende; 4 verslag, verhaal.

relativement *bw* betrekkelijk.

relativité *v* betrekkelijkheid.

relax/ation *v* 1 ontspanning, verslapping;
2 invrijheidstelling. ~*er ov.w* 1 doen verslappen, ontspannen; 2 in vrijheid stellen.

relayer I *ov.w* 1 aflossen; 2 heruitzenden.
II *on.w* v. paarden verwisselen. III *se* ~
elkaar aflossen.

relégation *v* uitwijzing, levenslange verbanning naar een Fr. kolonie.

reléguer *ov.w* 1 uitwijzen, levenslang verbannen naar een Fr. kolonie; 2 terzijde
leggen, verwijderen; — *au second plan*, op
de achtergrond schuiven.

relent *m* muffe smaak, - geur.

relevailles *v* 1 kerkgang na een bevalling;
2 feest bij die gelegenheid.

relève *v* aflossing.

relevé I *bn* 1 hoog, hooggeplaatst; 2 edel;
3 pikant. II *zn m* 1 overzicht, staat; 2 tussengerecht; 3 plooi in japon.

relevée *v* namiddag.

relèvement *m* 1 het wederoprichten; 2 het
lichten v. e. schip; 3 het opmaken v. e.
staat; 4 bepaling v. e. plaats; 5 opheffing;
6 verhoging (— *de salaire*).

relever I *ov.w* 1 weer rechtop zetten, weer
opbeuren, weer oprichten enz.; 2 weer tot
welvaart brengen; 3 verheffen (*fig.*); 4 doen
herleven, aanwakkeren (— *le courage*);
5 berispen; 6 de aandacht vestigen op;
7 aflossen; 8 ontslaan; — *d'un vœu*, v. e.
gelofte ontslaan; 9 verhogen, doen uitkomen (— *la beauté*); 10 de plaats bepalen
van; opmeten; 11 kruiden; 12 opslaan,
oplichten, opheffen (— *la tête*); 13 roemen,

prijzen. II *on.w* 1 genezen, weer opknappen;
2 — *de*, afhangen van, ondergeschikt zijn
aan. III *se* ~ 1 weer opstaan; 2 weer op
krachten komen, genezen; 3 elkaar aflossen; 4 *s'en* —, er weer bovenop komen.

relief *m* 1 reliëf, uitspringend gedeelte;
2 aanzien, glans; *mettre en* —, doen uitkomen; 3 *les* —*s*, de etensresten.

relier I *ov.w* 1 opnieuw (ver)binden; 2 verbinden, de verbinding vormen; 3 inbinden.
II *se* ~ *à* in verbinding staan met, samen-
hangen.

relieur *m*, -*euse v* I boekbinder(ster). II
-*euse v* bindmachine.

religi/eusement *bw* 1 godsdienstig; 2 nauwgezet, stipt. ~*eux*, -*euse* I *bn* 1 godsdienstig, vroom; 2 stipt, nauwgezet; 3 v. d.
geestelijke orden; *l'habit* —, het klooster-
kleed. II *zn m*, -*euse v* ordesgeestelijke,
kloosterling(e), monnik, non.

religion *v* 1 godsdienst, geloof; *avoir de la* —,
godsdienstig zijn; *entrer en* —, in het klooster gaan; *se faire une* — *d'une chose*, zich
iets tot plicht rekenen; *surprendre la* — *de
qn.*, misbruik maken v. iemands goede
trouw, iem. om de tuin leiden; 2 protestan-

religiosité *v* vage godsdienstzin.   [tisme.

reliquat *m* 1 overschot v. e. rekening; 2 hetgeen men uit een ziekte overhoudt.

relique *v* relikwie.

relire *ov.w onr.* her-, overlezen.

reliure *v* 1 boekbindersvak; 2 boekband.

relocation *v* 1 wederverhuring; 2 onderver-
huring.

relouer *ov.w* 1 weder verhuren; 2 onderverhuren.

reluire *on.w onr.* schitteren, blinken; *tout ce
qui reluit, n'est pas or* (*spr.w*), het is niet
alles goud, wat blinkt.

reluisant *bn* blinkend, schitterend.

relustrer *ov.w* opnieuw glanzen.

remâcher *ov.w* 1 herkauwen; 2 overdenken.

remaniable *bn* veranderbaar.

remaniement *m* omwerking.

remanier *ov.w* omwerken, veranderen.

remanieur *m*, -*euse v* omwerker(ster).

remari/age *m* hertrouw. ~*er* I *ov.w* weer
uithuwelijken. II *se* ~ hertrouwen.

remarquable *bn* opmerkelijk, merkwaardig.

remarque *v* aan-, opmerking.

remarquer *ov.w* 1 opnieuw merken; 2 opmerken, bemerken, onderscheiden; *faire* —
qc. à qn., iemands aandacht vestigen op; *se
faire* —, uitblinken, zich onderscheiden.

remballage *m* het opnieuw inpakken.

remballer *ov.w* opnieuw inpakken.

rembarquement *m* wederinscheping.

rembarquer I *ov.w* weer inschepen. II *on.w*
en *se* ~ zich weer inschepen.

rembarrer *ov.w* 1 krachtig terugdringen (—
l'ennemi); 2 de mond snoeren.

remblai *m* ophoging, opgebrachte aarde.

remblaver *ov.w* opnieuw inzaaien.

remblayer *ov.w* ophogen.

remboît/age, -*ement m* 1 het weer in het lid
zetten (*med.*); 2 het weer in de band zetten
v. e. boek. ~*er ov.w* 1 weer in het lid zetten;
2 weer in de band zetten.

rembour/rage, -*rement m* 1 het opvullen;
2 opvulsel. ~*er ov.w* opvullen.

rembourrure *v* opvulsel.

remboursable *bn* terug te betalen.

remboursement *m* 1 terugbetaling; aflossing;
2 terug te betalen som.

rembourser *ov.w* terugbetalen, aflossen.

rembranesque *bn* rembrandtiek.

rembrunir I *ov.w* 1 donkerbruin maken;
2 versomberen, bedroeven. II *on.w* donkerbruin worden. III *se* ~ somber worden;
le temps se rembrunit, de lucht betrekt.

rembucher I *ov.w* wild met speurhonden volgen. II *se* ~ terugkeren naar het leger of
het woud (v. wild).

remède *m* 1 geneesmiddel; *porter* — *à*,
genezen, verhelpen; 2 middel.

remédiable *bn* te verhelpen.

remédier (à) *on.w* 1 verhelpen; 2 uit de weg ruimen, afschaffen.

remembrance *v* (*oud*) herinnering.

remembrement *m* ruilverkaveling.

remémor/atif, -ive *bn* ter herdenking. ~er I *ov.w* herdenken. II se ~ zich herinneren.

remener *ov.w* terugbrengen.

remerci/ement *m* dank, dankbetuiging. ~er *ov.w* 1 bedanken; 2 ontslaan, afdanken.

réméré *m*: à —, met recht van terugkoop.

remettre I *ov.w onr.* 1 weer zetten, weer plaatsen, weer leggen enz.; 2 weer aantrekken (— *un habit*); 3 weer in het lid brengen; 4 overhandigen; 5 neerleggen v. e. betrekking; 6 overmaken, remitteren; 7 geruststellen; 8 toevertrouwen; 9 opknappen, herstellen; 10 herkennen; 11 vergeven; 12 uitstellen, verschuiven; 13 kwijtschelden v. straf. II se ~ 1 weer gaan zitten, weer gaan liggen; 2 bekomen; 3 zich herinneren; 4 *se — à*, weer beginnen met; 5 *s'en — à qn.*, zich op iem. verlaten.

remeubler *ov.w* opnieuw meubelen.

réminiscence *v* flauwe herinnering.

remisage *m* stalling.

remise *v* 1 het weer zetten, -leggen, -plaatsen; 2 overhandiging, overmaking; 3 wissel; 4 korting; 5 courtage; 6 kwijtschelding v. schuld, - van straf; 7 uitstel; 8 kreupelhout, waar het wild zich verschuilt; 9 koetshuis, remise; *voiture de —*, huurrijtuig.

remiser I *ov.w* stallen. II *on.w* 1 (een rijtuig) stallen; 2 opnieuw inzetten (bij spel). III se ~ neerstrijken v. gevleugeld wild.

remisier *m* beursagent.

rémissible *bn* vergeeflijk.

rémission *v* vergeving, kwijtschelding.

rémittent *bn* van tijd tot tijd bedarend (*fièvre —e*).

remmaillage *m* het mazen, het ophalen v. e. ladder in een kous.

remmailler *ov.w* mazen, ophalen v. e. ladder.

remmener *ov.w* weer meenemen.

rémois I *bn* uit Reims. II *zn* R ~ *m* inwoner van Reims.

remontage *m* opwinden v. uurwerk.

remontant I *bn* klimmend. II *zn m* opwekkende drank, borrel.

remonte *v* 1 het stroomopwaarts varen; 2 aanvulling v. paarden (*mil.*).

remontée *v* het weer opstijgen, - opvliegen.

remonter I *on.w* 1 weer naar boven gaan, weer opstijgen enz.; 2 omhoog staan (*collet qui remonte*); 3 weer beklimmen (— *sur le trône*); 4 teruggaan, opklimmen; 5 stroomopwaarts varen. II *ov.w* 1 weer naar boven brengen; 2 hoger optrekken (— *un mur*); 3 stroomopwaarts varen (— *un fleuve*); 4 weer bestijgen (— *un cheval*); 5 weer inrichten (— *une maison*); 6 weer ineenzetten; 7 een ander paard geven aan (— *un cavalier*); 8 opmonteren; — *le courage*, weer nieuwe moed geven; 9 opnieuw monteren v. e. toneelstuk. III se ~ 1 een nieuw paard kopen; 2 zich weer inrichten; 3 opknappen, op verhaal komen.

remontoir *m* 1 opwindwerk; 2 remontoir.

remontrance *v* vermaning, berisping.

remontrer I *ov.w* 1 weer vertonen; 2 aantonen, onder het oog brengen. II *on.w*: *en — à qn.*, iem. een lesje geven.

remordre I *ov.w* weer bijten. II *on.w* weer morden.

remords *m* wroeging. [beginnen.]

remorquage *m* het slepen (*scheepv.*).

remorqu/e *v* 1 het slepen; *prendre à la —*, op sleeptouw nemen; 2 sleeptouw; 3 aanhangwagen. ~er *ov.w* slepen.

remorqueur *m* sleepboot.

remoudre *ov.w* weer malen.

rémoudre *ov.w onr.* (opnieuw) slijpen.

rémoulade *v* kruidensaus.

rémouleur *m* scharenslijper.

remous *m* 1 zog; 2 tegenstroom, neer.

rempaillage *m* het stoelenmatten.

rempailler *ov.w* (stoelen) matten.

rempailleur *m*, **-euse** *v* stoelenmatter(ster).

remparer *ov.w* omwallen.

rempart *m* wal, schans.

rempiler *ov.w* opnieuw opstapelen.

rempla/çable *bn* vervangbaar. ~çant *m* plaatsvervanger. ~cement *m* vervanging. ~cer *ov.w* vervangen.

rempli *m* opnaaisel.

remplir I *ov.w* 1 weer vullen, vullen, aanvullen, opvullen; 2 invullen; 3 vervullen; 4 beantwoorden aan (— *l'attente*); 5 gebruiken, besteden (— *son temps*). II se ~ 1 vol worden, zich vullen; 2 (*pop.*) zich verrijken.

remplissage *m* het vullen, het aan-, opvullen.

remployer *ov.w* weer gebruiken.

remplumer (se) 1 nieuwe veren krijgen; 2 weer dik worden; 3 er weer bovenop komen (in zaken).

rempocher *ov.w* weer in de zak steken.

remporter *ov.w* 1 weer meenemen, weer terugbrengen; 2 behalen (— *la victoire*).

rempoter *ov.w* verpotten.

remuable *bn* verplaatsbaar, beweegbaar.

remuant *bn* beweeglijk, onrustig.

remue/-ménage *m* 1 verhuisdrukte; 2 wanorde, drukte. ~ment *m* 1 beweging, verplaatsing; 2 opschudding, verwarring.

remuer I *on.w* 1 bewegen; 2 verplaatsen; 3 ontroeren; — *ciel et terre*, hemel en aarde bewegen; 4 omwerken, omspitten; 5 omroeren; 6 — *la queue*, kwispelstaarten. II *on.w* 1 zich bewegen; 2 onrustig zijn, woelig zijn. III se ~ 1 zich bewegen; 2 de handen uit de mouwen steken.

remugle *m* muffe lucht.

rémunérat/eur, -trice I *bn* voordelig, winstgevend. II *zn m*, -trice *v* beloner, beloonster. ~ion *v* beloning, loon.

rémunérer *ov.w* belonen, vergelden.

renâcler *on.w* 1 snuiven; 2 (*pop.*) —à, de neus ophalen voor, geen zin hebben in.

renaissance *v* 1 wedergeboorte; 2 R—, Renaissance.

renaître *on.w onr.* 1 herboren worden; 2 weer verschijnen (*le jour renaît*); 3 herleven, weer op krachten komen.

rénal [*mv* aux] *bn* van de nieren.

renard *m* 1 vos; — *argenté*, zilvervos; — *polaire*, poolvos; 2 pels v. e. vos; 3 geslepen kerel, sluwe vos; 4 (*pop.*) onderkruiper.

renard/e *v* wijfjesvos. ~eau [*mv x*] *m* jonge vos. ~er *on.w* 1 sluw handelen; 2 (*pop.*) braken. ~ier *m* vossejager.~ière *v* vossehol.

renauser *ov.w* (*pop.*) mopperen, brommen.

renchér/ir I *on.w* 1 duurder worden; 2 overdrijven (— *sur*). II *ov.w* opslaan, in prijs verhogen. ~issement *m* prijsverhoging.

rencogner *ov.w* (*fam.*) I in een hoek duwen. II se ~ zich in een hoek verbergen.

rencontre *v* 1 ontmoeting; *aller à la — de*, tegemoet gaan; 2 botsing; 3 duel; 4 geval, toeval; *de —*, toevallig gekocht, toevallig.

rencontrer I *ov.w* 1 ontmoeten; 2 treffen; 3 vinden (*mot bien rencontré*); 4 raden. II se ~ 1 elkaar ontmoeten; 2 gevonden worden, voorkomen; 3 met elkaar duelleren; 4 dezelfde gedachte hebben.

rendement *m* 1 opbrengst; 2 arbeidsvermogen.

rendez-vous *m* 1 afspraak; *donner —*, afspreken; 2 plaats v. samenkomst.

rendormir I *ov.w onr.* weer in slaap maken. II se ~ weer inslapen.

rendosser *ov.w* weer aantrekken.

rendre I *ov.w* 1 teruggeven; — *l'âme, l'esprit*, de geest geven; — *les armes*, de wapens neerleggen; — *le bien pour le mal*, kwaad met goed vergelden; — *compte*, rekenschap geven; — *grâce*, dank zeggen; 2 bezorgen; *à domicile*, aan huis bezorgen; 3 braken; 4 opbrengen; 5 bewijzen; — *les derniers devoirs*, de laatste eer bewijzen; — *hommage*, hulde brengen; 6 uitwasemen; 7 weergeven; uitdrukken, vertalen; 8 uitspreken (— *un arrêt*); 9 maken (met een bijv. naamwoord); — *heureux*, gelukkig maken; 10 voortbrengen (— *des sons*). II *on.w* veel opbrengen, renderen. III se ~ 1 zich overgeven; 2 zich begeven; 3 zich maken; *se* — *maître*, zich meester maken; 4 gevolg-, gehoor geven aan.

rendu I *bn* 1 doodaf; 2 aangekomen; *nous voilà* —*s*, we zijn er. II *zn m* 1 ruil, het met gelijke munt betalen; 2 weergave v. e. kunstwerk.

renduire *ov.w onr*. weer insmeren.

rendurcir *ov.w* verharden.

rendurcissement *m* verharding.

rêne *v* teugel.

renégat *m*, -e *v* afvallige.

rêner *ov.w* de teugels aanleggen.

renfermé *m* mufheid; *sentir le* —, muf ruiken.

renfermer I *ov.w* 1 opsluiten; 2 bevatten; 3 verbergen. II se ~ opgesloten worden, zich hullen (*fig.*), zich begraven (*fig.*); *se* — *dans le silence*, het stilzwijgen bewaren.

renflammer *ov.w* weer doen ontvlammen.

renfl/é *bn* opgezwollen, dik. ~ement *m* opzwelling, verdikking. ~er I *ov.w* doen zwellen, weer vullen. II *on.w* zwellen.

renflouer *ov.w* weer vlot maken (*scheepv.*).

renfonc/ement *m* 1 uitholling, deuk; 2 (*pop.*) vuistslag. ~er *ov.w* 1 dieper inslaan; (— *son chapeau*, zijn hoed dieper in de ogen trekken; 2 terugdringen; — *ses larmes*, zijn tranen bedwingen.

renforç/ateur *m* versterker (*fot.*).

renforcé *bn* versterkt; *sot* —, driedubbele gek.

renforcement, renforçage *m* versterking.

renforc/er *ov.w* versterken. ~ir I *on.w* (*pop.*) versterken. II *on.w* sterker worden.

renfort *m* versterking; *à grand* — *de*, met behulp van veel.

renfrogn/ement, refrognement *m* stuursheid, norsheid. ~é *bn* stuurs, nors. ~er, refrogner (se) een stuurs gezicht zetten.

rengagement *m* het bijtekenen (*mil.*).

rengager I *ov.w* opnieuw in dienst nemen. II se ~ weer dienst nemen.

rengaine *v* (*pop.*): *c'est toujours la même* —, het is altijd hetzelfde liedje.

rengainer *ov.w* weer in de schede steken.

rengorgement *m* verwaande houding.

rengorger (se) een hoge borst opzetten.

rengréner, rengrener *ov.w* in elkaar doen grijpen van raderen.

reniement *m* verloochening.

renier *ov.w* 1 verloochenen; 2 afzweren.

renieur *m*, -euse *v* (ver)loochenaar(ster).

reniflement *m* gesnuif.

renifl/er I *on.w* 1 snuiven; 2 (*pop.*) tegenzin hebben, de neus ophalen ~. II *ov.w* opsnuiven (— *du tabac*).

renifleur *m*, -euse *v* (*fam.*) snuiver, snuifster.

rénitent *bn* 1 gespannen; 2 weerspannig.

renne *m* rendier.

renom *m* bekendheid, beroemdheid; *mauvais* —, slechte naam.

renommé *bn* bekend, vermaard.

renommée *v* 1 naam, vermaardheid, beroemdheid; *bonne* — *vaut mieux que ceinture dorée* (*spr.w*), een goede naam is meer waard dan rijkdom; 2 openbare mening.

renommer *ov.w* 1 herbenoemen; 2 roemen.

renonce *v* het niet hebben v. e. bepaalde kleur in het kaartspel.

renonc/ement *m* het afstand doen, verzaking; — *à soi-même*, — de zelfverzaking, zelfverloochening. ~er (à) I *on.w* afstand doen van, afzien van. II *ov.w* verloochenen.

renonciat/aire *m* of *v* persoon, te wiens behoeve men afstand doet. ~eur *m*, -trice *v* degene, die afstand doet.

renonciation *v* 1 afstand; 2 zelfverloochening.

renoncule *v* ranonkel, boterbloem.

renouement *m* het weer aanknopen.

renouer I *ov.w* 1 weer knopen; 2 weer aan-

knopen, hervatten. II *on.w*: — *avec qn.*, de vriendschap met iem. hernieuwen.

renouveau *m* lente, voorjaar.

renouvelable *bn* hernieuwbaar.

renouveler *ov.w* her-, vernieuwen.

renouvellement *m* her-, vernieuwing.

rénovateur, -trice I *bn* vernieuwend. II *zn m*, -trice *v* vernieuwer(ster), hervormer (ster).

rénovation *v* her-, vernieuwing.

rénover *ov.w* vernieuwen.

renseignement *m* inlichting.

renseigner *ov.w* inlichten.

rentable *bn* voldoende rente gevend.

rent/e *v* 1 rente; — *viagère*, lijfrente; 2 inkomen. ~er *ov.w* 1 een jaarlijkse bijdrage toekennen; 2 aanbreien.

rentier *m*, -ère *v* rentenier(ster).

rentoil/age *m* verdoeking. ~er *ov.w* verdoeken. ~eur *m* verdoeker.

rentrage *m* het binnenhalen.

rentrant I *zn m* plaatsvervanger voor verliezende speler. II *bn*: *angle* —, inspringende hoek.

rentrayage *m* het onzichtbaar stoppen.

rentré *bn* 1 naar binnen geslagen; 2 ingehouden (*colère* —*e*); 3 diepliggend (*yeux* —*s*).

rentrée *v* 1 terugkeer; *la* — *des classes*, het begin v. h. nieuwe schooljaar; 2 het binnenhalen v. d. oogst; 3 het innen v. gelden.

rentrer I *on.w* 1 weer binnenkomen, thuiskomen; 2 in elkaar passen; 3 behoren bij; 4 binnenkomen v. geld; 5 terugkeren, naar huis gaan; — *en soi-même*, in zich zelve keren. II *ov.w* 1 binnenhalen v. d. oogst, binnenbrengen; 2 inhouden (— *ses larmes*).

renversant *bn* (*fam.*) verbazingwekkend.

renvers/e *v*: *à la* —, achterover (*tomber à la* —). ~é *bn* omgekeerd; *c'est le monde* —, het is de omgekeerde wereld.

renversement *m* 1 omverwerping; 2 omkering; — *de l'esprit*, geestesverwarring.

renverser I *ov.w* 1 omverwerpen; 2 omkeren; 3 versteld doen staan (*fam.*). II *on.w* omvallen. III se ~ 1 achterovervallen; 2 zich achterover buigen; 3 omgeworpen worden.

renvoi *m* 1 terugzending; 2 afdanking; 3 verwijzing; 4 verdaging; 5 oprisping; 6 terugkaatsing; 7 het terugslaan v. e. bal.

renvoyer *ov.w* 1 terugzenden; 2 ontslaan; 3 vrijspreken; 4 verwijzen; 5 verdagen; 6 terugkaatsen; 7 terugslaan v. e. bal.

réoccuper *ov.w* weer bezetten.

réorganisation *v* reorganisatie.

réorganiser *ov.w* reorganiseren.

réouverture *v* heropening.

repaire *m* hol.

repaître I *ov.w onr*. eten, grazen. II *ov.w* 1 voeden; 2 bezig houden. III se ~ zich voeden; *se* — *de sang*, in bloed baden.

répandre I *ov.w* 1 verspreiden; verbreiden; 2 storten, vergieten (— *des larmes*, — *du sang*); 3 verdelen, uitdelen. II se ~ 1 verspreid-, verbreid worden; 2 gestort-, vergoten worden; 3 uitgedeeld worden; 4 veel uitgaan (*se* — *dans le monde*).

répandu *bn* verbreid; *être* — *dans le monde*, veel in deftige kringen verkeren.

réparable *bn* herstelbaar.

reparaître *on.w* weer verschijnen.

réparateur, -trice I *bn* herstellend. II *zn m*, -trice *v* hersteller(ster).

répar/ation *v* 1 herstel; 2 genoegdoening; — *d'honneur*, eerherstel. ~er *ov.w* 1 herstellen; 2 weer goed maken, vergoeden; — *e temps perdu*, de verloren tijd inhalen; 3 voldoening geven voor (— *une injure*).

reparler *on.w* opnieuw spreken.

repart/ie *v* snedig antwoord. ~ir I *on.w onr*. 1 weer vertrekken. II *ov.w* antwoorden.

répartir *ov.w* verdelen, omslaan.

répartition *v* verdeling, omslag.

repas *m* maaltijd.

repassage *m* 1 het opnieuw overtrekken; 2 het slijpen; 3 het strijken v. linnengoed.

repass/er I *on.w* **1** weer gaan door, -over enz.; **2** weer aanlopen. **II** *ov.w* **1** weer overtrekken; **2** weer overzetten; **3** weer nagaan, weer denken aan, herhalen; **4** slijpen; **5** nazien v. e. horloge; **6** strijken v. linnengoed. ~eur *m*, -euse *v* slijper(ster).

repasseuse *v* strijkster.

repêch/age *m* het weer opvissen; het opnieuw laten lopen, rijden enz. van in hun serie uitgevallen kandidaten (*sport.*). ~er *ov.w* **1** (weer) opvissen; **2** uit het water halen (— *un noyé*); **3** uit de moeilijkheid redden; **4** (een kandidaat) nog een kans geven.

repeindre *ov.w onr.* opnieuw schilderen, overschilderen.

repent/ant *bn* berouwvol. ~ir (se) *onr.* berouw-, spijt hebben. ~ir *m* berouw.

repérage *m* **1** het aanbrengen v. herkenningstekens; **2** opsporing; **3** afstemming.

répercussif, -ive *bn* naar binnen slaand (*med.*).

réper/cussion *v* **1** terugkaatsing; **2** het verplaatsen v. e. ziekte. ~cuter *ov.w* **1** terugkaatsen; **2** een zieкte verplaatsen.

reperdre *ov.w* weer verliezen.

repère *m* merk, merkteken; *point de —*, herkenningsteken, richtpunt.

repérer *ov.w* **1** merken, herkenningstekens plaatsen; **2** vinden, ontdekken.

répertoire *m* **1** overzicht, register, tabel; **2** repertoire (*kunst*).

répertorier *ov.w* in een register inschrijven.

repeser *ov.w* **1** opnieuw wegen; **2** wikken en wegen.

répétailler *ov.w* (*fam.*) tot in den treure herhalen.

répét/er *ov.w* **1** herhalen; **2** repeteren; **3** weerkaatsen; **4** terugvorderen. ~iteur *m*, -trice *v* **1** repetitor; **2** studiemeester(es) (in een lyceum). ~ition *v* **1** herhaling; *montre à —*, repetitiehorloge; **2** repetitie.

repeuplement *m* wederbevolking, het weer voorzien van vis, van wild.

repeupler *ov.w* weer bevolken (ook v. e. vijver met vis, v. e. woud met wild).

repiquage, repiquement *m* **1** verspening; **2** verbetering der bestrating.

repiquer *ov.w* **1** verspenen; **2** verbeteren der bestrating; **3** (*pop.*) weer beginnen.

répit *m* uitstel, rust.

replac/ement *m* herplaatsing. ~er *ov.w* **1** weer plaatsen; **2** weer aanstellen.

replanter *ov.w* **1** verplanten; **2** weer planten.

replâtrage *m* **1** overpleistering; **2** schijnbare verzoening.

replâtrer *ov.w* **1** overpleisteren; **2** vergoelijken.

repl/et, -ète *bn* zwaarlijvig. ~étif, -ive *bn* vullend. ~étion *v* zwaarlijvigheid.

repli *m* **1** plooi, vouw; **2** bocht, kronkel; *— de terrain*, terreinplooi; **3** verborgenheid; **4** ordelijke terugtocht (*mil.*). ~able *bn* opvouwbaar. ~ement *m* **1** het opvouwen; **2** het ordelijk terugtrekken.

replier I *ov.w* **1** weer opvouwen; **2** buigen v. h. lichaam. **II** se ~ **1** zich kronkelen; **2** zich ordelijk terugtrekken.

réplique *v* **1** antwoord; tegenspraak; *avoir la — prompte*, slagvaardig zijn (*fig.*); *sans —*, onweerlegbaar; **2** laatste woord v. e. toneelspeler, dat aan het antwoord van zijn tegenspeler voorafgaat; **3** tweede exemplaar v. e. kunstwerk.

répliquer *ov.* en *on.w* antwoorden.

reploiement *m* = repliement.

replonger I *ov.w* **1** weer dompelen; **2** weer brengen, weer storten. **II** *on.w* weer onderduiken.

reployer = replier. [onderduiken.

repolir *ov.w* **1** overpolijsten; **2** weer verbeteren, weer bijschaven (— *un écrit*).

répondant *m* **1** misdienaar; **2** kandidaat op een openbaar examen; **3** borg.

répondre *ov.w* **1** antwoorden. **II** *on.w* **1** antwoorden (— *à*), beantwoorden (— *à*); **2** beantwoorden aan, in overeenstemming zijn met (— *à*); **3** verzekeren; **4** in verbinding staan (met = *à, dans*); *la sonnette répond*

dans la cuisine, de bel komt in de keuken uit; **5** instaan (voor), borg blijven (voor).

repondre *ov.* en *on.w* weer leggen (v. vogels).

répons *m* responsorium (R.K. gezang).

réponse *v* antwoord.

repopulation *v* wederbevolking.

report *m* **1** transport (bij boekhouden); **2** getransporteerde som; **3** het overbrengen v. e. tekening. ~age *m* reportage. ~er *m* reporter, verslaggever.

reporter I *ov.w* **1** terugbrengen; **2** transporteren v. e. som. **II** se ~ **1** terugdenken aan (*se — à*); **2** verwijzen naar (*se — à*).

repos *m* **1** rust; *repos !*, rust! (*mil.*); *champ du —*, kerkhof; **2** rustplaats; **3** slaap; **4** rust, rustpunt (bij muz. en lezen).

reposant *bn* rust gevend, verkwikkend.

reposé *bn* uitgerust; *à tête —e*, rustig, bij kalm nadenken. reposée *v* leger v. wild.

reposer I *ov.w* **1** weer zetten, weer plaatsen enz.; **2** neerleggen, laten rusten (— *la tête*); **3** rust verschaffen, ontspannen (*cela repose l'esprit*). **II** *on.w* **1** (uit)rusten, slapen; **2** rusten, liggen, begraven zijn; *ici repose ...*, hier rust ...; **3** bezinken (*laisser — du vin*); **4** gebouwd zijn (op); **5** gegrond zijn op (— *sur*). **III** se ~ **1** (uit)rusten; **2** *se — sur* iem., op iem. vertrouwen, zich op iem. verlaten.

reposoir *m* rustaltaar.

repoussant *bn* terugstotend, afzichtelijk.

repoussement *m* het terugstoten, terugstoot (— *d'une arme à feu*).

repousser I *ov.w* **1** terugstoten, terugduwen, weer dichtschuiven; — *l'ennemi*, de vijand terugwerpen; **2** afslaan (v. e. aanval), afweren (v. e. slag); **3** verwerpen; **4** afstoten, afschrikken; **5** weer voortbrengen, weer krijgen (— *des branches*). **II** *on.w* **1** terugstoten v. e. vuurwapen; **2** aangroeien.

repoussoir *m* drevel.

répréhensible *bn* laakbaar, afkeurenswaardig.

répréhension *v* afkeuring, berisping.

reprendre I *ov.* *onr.* **1** weer nemen, hernemen, terugnemen, weer aannemen, weer aantrekken enz.; **2** weer krijgen; — *ses sens*, bijkomen; **3** weer gevangen nemen; **4** verstellen, herstellen; **5** berispen. **II** *on.w* **1** weer wortel schieten; **2** zich herstellen (*sa santé reprend*); **3** weer beginnen, terugkomen (*la chaleur reprend*); **4** dichtvriezen. **III** se ~ **1** zich zelf weer meester worden; **2** zijn woorden verbeteren.

représaille(s) *v* vergelding, wraak; *user de —s*, wraak nemen.

représentable *bn* vertoonbaar.

représentant *m*, -e *v* vertegenwoordiger(ster).

représentatif, -ive *bn* vertegenwoordigend.

représentation *v* **1** voorlegging, vertoning; **2** voorstelling, opvoering; **3** vertegenwoordiging; *frais de —*, representatiekosten; **4** vertoon, het ophouden v. stand; **5** afbeelding, voorstelling; **6** vermaning.

représenter I *ov.w* **1** opnieuw voorstellen; **2** voor de geest brengen; **3** voorstellen, afbeelden; **4** opvoeren, vertonen; **5** de rol spelen van; **6** vertegenwoordigen; **7** voorhouden. **II** *on.w* **1** een goed voorkomen hebben; **2** zijn stand ophouden. **III** se ~ zich voorstellen, zich verbeelden.

répressif, -ive *bn* beteugelend.

répression *v* beteugeling, bestraffing.

réprimand/e *v* berisping. ~er *ov.w* berispen.

réprimer *ov.w* **1** onderdrukken, beteugelen; **2** bestraffen.

repris *m*: — *de justice*, recidivist.

repris/age *m* het stoppen. ~e *v* **1** het terugnemen, herovering; **2** herhaling; *à plusieurs —s*, herhaaldelijk; **3** verstelling; **4** stop, verstelling; **5** ronde (bij boksen enz.); **6** heropvoering; **7** partij, die herhaald moet worden (*muz.*); **8** herstel in zaken.

repriseuse *v* stopster, verstelster.

réprobation *v* **1** verwerping; **2** afkeuring; **3** verdoemenis.

reproch/able bn afkeurenswaardig. ~e m verwijt; sans —, onberispelijk, smetteloos.
reprocher ov.w verwijten.
reproduct/eur, -trice I bn voortplantend. II zn m fokdier. ~if, -ive bn 1 voortplantend; 2 nabootsend.
reproduction v 1 voortplanting; 2 nabootsing, reproduktie; kopie.
reproduire I ov.w onr. 1 weer voortplanten, weer voortbrengen; 2 namaken, reproduceren; 3 weergeven. II se~ 1 zich voortplanten; 2 zich herhalen.
réprouvé m verdoemde.
reprouver ov.w weer bewijzen.
réprouver ov.w 1 afkeuren, verwerpen; reps m rips. [2 verdoemen.
rept/ation v het kruipen. ~atoire bn kruipend. ~ile m reptiel.
repu bn verzadigd. [republikein(se).
républicain I bn republikeins. II zn m, -e v
republier ov.w opnieuw uitgeven.
répudi/ation v 1 het verstoten; 2 verloochening. ~er ov.w 1 verstoten; 2 afwijzen.
repue v eten; — franche, gratis maal.
répugnance v afkeer, weerzin.
répugnant bn weerzinwekkend, afstotend.
répugner on.w 1 een afkeer hebben van (— à); 2 afstoten; 3 strijdig zijn met.
répulsif, -ive bn afstotend.
répulsion v 1 afstotingskracht; 2 afkeer.
réputation v 1 naam, bekendheid; 2 goede naam; être en —, een goede naam hebben.
réputé bn 1 bekend als; 2 vermaard.
réputer ov.w achten, houden voor (— pour).
requérant m eiser.
requérir ov.w onr. 1 verzoeken; 2 eisen.
requête v 1 verzoek; 2 rekest, smeekschrift.
requiem m requiem (R.K.).
requin m haai.
requinquer I ov.w (pop.) opdirken. II se ~; 1 zich opdirken; 2 opknappen na een ziekte; 3 een hoge borst opzetten, trots doen.
requis bn vereist.
réquisition v 1 verzoek; 2 oproeping; 3 gedwongen levering.
réquisitionnaire m opgeroepen soldaat.
réquisitionner ov.w beslag leggen op.
réquisitoire m eis v. h. Openbaar Ministerie.
réquisitorial [mv aux] bn wat de eis v. h. Openbaar Ministerie betreft.
rescapé m geredde; iem. die aan een ramp, een gevaar ontsnapt is.
resc/indant bn vernietigend (recht). ~inder ov.w nietigverklaren. ~ision v nietigverklaring. ~isoire bn nietigverklarend.
rescousse v herovering; à la — !, help!; venir à la —, helpen.
réseau [mv x] m 1 net; 2 wegennet, spoorwegnet, telefoonnet enz.
résection v afsnijding, wegneming (med.).
réséquer ov.w afsnijden, verwijderen (med.).
réserv/ation v 1 voorbehoud; 2 het bespreken v. plaatsen. ~e v 1 voorbehoud; 2 reservetroepen, reserveleger; 3 gedeelte v. e. woud, waarvan men de bomen nog laat groeien, om later gekapt te worden; 4 wettelijk portie v. e. erfenis; 5 terughouding, bescheidenheid; avec —, behoedzaam.
réservé bn 1 behoedzaam, terughoudend, gereserveerd; 2 voorbehouden, apart; tous droits —s, alle rechten voorbehouden.
réserver I ov.w 1 bewaren, besparen; 2 — à, bestemmen voor; 3 (plaatsen) bespreken. II se ~ wachten; se — pour une autre occasion, een betere gelegenheid afwachten.
réserv/iste m reservist (mil.). ~oir m vergaarbak, reservoir; — (à essence), benzinetank.
résidant bn woonachtig.
résid/ence v 1 verblijf, verblijfplaats, zetel; 2 ambt v. resident. ~ent m 1 zaakgelastigde (met lagere rang dan gezant); 2 resident.
résider on.w verblijf houden, zetelen; voilà où réside la difficulté, dáár ligt de moeilijkheid.
résidu m 1 overblijfsel; 2 bezinksel.

résiduaire bn wat het overblijfsel, het bezinksel betreft; eau —, afvalwater.
résign/ation v 1 berusting; 2 afstand. ~é bn berustend. ~er I ov.w 1 afstand doen van; 2 overgeven (— son âme à Dieu). II se ~ zich onderwerpen, berusten.
résiliation v opzegging, nietigverklaring.
résilier ov.w opzeggen, nietig verklaren.
résille v haarnetje.
résin/e v hars. ~er ov.w 1 hars halen uit; 2 met hars instrijken.
résineux, -euse bn harsachtig, -houdend.
résipiscence v berouw, inkeer.
résistance v 1 weerstand, tegenstand; 2 weerstandsvermogen; pièce de —, hoofdschotel; 3 uithoudingsvermogen; 4 tegenstand, verzet; 5 het Verzet (v. 1940-1945).
résistant I bn tegenstand biedend, hard, taai. II zn m verzetsman (1940-1945).
résister on.w (~ à) weer-, tegenstand bieden, weerstaan.
résolu bn vastberaden, flink.
résoluble bn 1 oplosbaar; 2 ontbindbaar.
résolument bw vastberaden.
résolution v 1 oplossing, omzetting; 2 oplossing (v. e. vraagstuk); 3 opheffing, ontbinding; 4 besluit, beslissing; 5 vastberadenheid; manque de —, besluiteloosheid.
résolvant I bn oplossend. II zn m oplossend middel.
résonance v weer-, nagalm, resonantie.
résonnant bn weerklinkend.
résonnement m het weerklinken, akoestiek.
résonner on.w weerklinken; cette salle résonne bien, deze zaal heeft een goede akoestiek.
résorber ov.w 1 opslorpen; 2 wegmoffelen.
résorption v 1 opslorping; 2 wegmoffeling.
résoudre I ov.w onr. 1 oplossen, ontbinden; 2 omzetten; 3 oplossen (v. e. vraagstuk); 4 opheffen, nietig verklaren; 5 doen slinken (med.); 6 beslissen (— une guerre); 7 — qn. à, iem. bewegen te; 8 — de, besluiten te, beslissen (— de). II se ~ 1 oplossen, zich ontbinden; 2 se — à, besluiten tot, - te.
respect I m eerbied, hoogachting, ontzag; — humain, menselijk opzicht; sauf votre —, met uw verlof; tenir en —, op een afstand houden. II ~s m mv complimenten, groeten.
respectabilité v achtenswaardigheid.
respect/able bn 1 achtenswaardig; 2 aanzienlijk, groot (quantité —). ~er I ov.w 1 eerbiedigen, eren, achten; 2 sparen, verschonen. II se ~ de vormen in acht nemen, gevoel v. eigenwaarde hebben.
respectif, -ive bn 1 wederzijds; 2 van ieder afzonderlijk.
respectivement bw respectievelijk.
respectueusement bw eerbiedig.
respectueux, -euse bn eerbiedig.
respirable bn inadembaar.
respirateur bn van de ademhaling.
respirat/ion v ademhaling. ~oire bn voor de ademhaling; voies —s, luchtwegen.
respirer I on.w 1 ademen; 2 weer op adem komen; 3 levend lijken (portrait qui respire). II ov.w 1 inademen; 2 uitademen; 3 getuigen van; ademen; 4 dorsten naar.
resplend/ir on.w schitteren. ~issant bn schitterend. ~issement m schittering.
responsa/bilité v verantwoordelijkheid, aansprakelijkheid. ~ble (de) bn verantwoordelijk-, aansprakelijk zijn.
responsif, -ive bn een antwoord bevattend.
ressac m branding.
ressaigner I ov.w weer aderlaten. II on.w weer bloeden.
ressaisir I ov.w 1 weer grijpen, - pakken; 2 weer onder zijn macht brengen. II se ~ zich zelf weer meester worden.
ressaut m 1 uitsteeksel v. e. kroonlijst; 2 oneffenheid (— de terrain).
ressayer ov.w opnieuw proberen.
ressembl/ance v gelijkenis. ~ant bn gelijkend. ~er I on.w gelijken op (— à). II se ~ op

eikaar lijken; *qui se ressemble, s'assemble* (spr.w), soort zoekt soort.

ressemel/age *m* verzoling. ~er *ov.w* verzolen.

ressentiment *m* wrok.

ressentir I *ov,w* onr. 1 diep gevoelen; 2 wrok koesteren over (— *une injure*). II se ~ 1 merkbaar-, voelbaar zijn; 2 de gevolgen ondervinden van (se — *d'un maladie*).

resserre *v* bergplaats.

resserré *bn* eng, nauw.

resserrement *m* bekrompenheid.

resserrer I *ov.w* 1 nauwer toehalen; 2 opnieuw-, enger opsluiten (— *un prisonnier*); 3 weer wegbergen; 4 beperken, verminderen. II se ~ 1 nauwer, enger worden; inkrimpen; 2 ineenkrimpen (*fig.*); 3 zich bekrimpen, bezuinigen.

resservir I *on.w* onr. weer dienst doen, weer bruikbaar zijn. II *ov.w* weer (op)dienen.

ressort *m* 1 veerkracht; 2 veer; 3 middel; *faire jouer tous les —s*, alle middelen aanwenden; 4 instantie, rechtsgebied; *en dernier —*, in laatste instantie; 5 bevoegdheid.

ressortir *on.w* 1 weer uitgaan; 2 uitkomen; *faire —*, doen uitkomen; 3 (— *de*) volgen uit, voortvloeien uit.

ressortir (à) *on.w reg.* behoren tot een rechtsgebied.

ressortissant *m* onderdaan.

ressouder *ov.w* weer aaneenhechten, -solderen.

ressource I *v* 1 toevlucht, uitweg, redmiddel; *homme de —*, vindingrijk man; *sans —*, onherroepelijk; 2 het optrekken v. e. vliegmachine na een duikvlucht. II ~s *v mv* geldmiddelen, hulpbronnen.

ressouvenir (se) *onr.* zich weer herinneren.

ressusciter *ov.w* 1 uit den dode opwekken; 2 doen herleven (*fig.*). II *on.w* uit den dode opstaan.

restant I *bn* (over)blijvend; *poste —*, brieven die op het postkantoor blijven om afgehaald te worden. II *zn m* overschot.

restaurant I *bn* versterkend, verkwikkend. II *zn m* 1 versterkend middel; 2 restaurant.

restaurateur I *m*, -trice *v* 1 hersteller(ster); 2 restauratiehouder(ster). II *bn* versterkend.

restauration *v* 1 herstel, restauratie; 2 herstel op de troon; 3 versterking, verkwikking; 4 restaurant (in Zwitserland).

restaurer *ov.w* 1 herstellen, restaureren; 2 versterken; 3 op de troon herstellen.

reste I *m* 1 overschot, rest; *au —, du —*, overigens; *de —*, te over; *être en —*, nog schuldig zijn. II ~s *m mv* 1 stoffelijk overschot; 2 kliekjes.

rester *on.w* 1 blijven, overblijven; *en — là*, het daarbij laten; — *court*, blijven steken; *où en sommes-nous restés*, waar zijn we gebleven? *reste à savoir si*, het is de vraag, of; 2 er over doen om te (— *à*).

restituable *bn* terug te geven, - te betalen.

restituer *ov.w* 1 teruggeven, -betalen; 2 in de oorspronkelijke staat herstellen.

restitution *v* teruggave.

restreindre I *ov.w* onr. beperken. II se ~ zich beperken, zich bekrimpen.

restrictif, -ive *bn* beperkend.

restriction *v* beperking.

restringent I *bn* samentrekkend. II *zn m* samentrekkend middel.

résult/ant I *bn* volgend (uit), voortvloeiend (uit). II *zn* -e *v* resultante. ~at *m* 1 resultaat, uitslag; 2 uitkomst v. e. bewerking. ~er (de) *onp.w* voortvloeien uit.

résumé *m* samenvatting; *en —*, kortom.

résumer *ov.w* samenvatten.

résurrection *v* opstanding, verrijzenis.

retable *m* altaarblad.

rétabl/ir I *ov.w* herstellen. II se ~ herstellen v. e. ziekte. ~issement *m* 1 herstelling; 2 genezing, herstel.

rétameur *m* ketellapper.

retaper I *ov.w* 1 opknappen, herstellen; 2 slordig opmaken (— *un lit*). II se ~ op-

knappen.

retard *m* 1 uitstel, vertraging; *être en —*, te laat zijn; 2 het achterlopen v. e. uurwerk.

retardataire I *bn* te laat komend. II *zn m* laatkomer, achterblijver.

retard/ateur, -trice *bn* vertragend. ~ement *m* vertraging; *bombe à —*, tijdbom.

retarder I *ov.w* 1 uitstellen, vertragen; 2 ophouden; 3 tegenhouden; — *une pendule*, een klok achteruitzetten. II *on.w* 1 achterlopen v. e. uurwerk; 2 — *sur*, achter zijn op.

reteindre *ov.w* onr. oververven.

retendre *ov.w* weer spannen.

retenir I *ov.w* onr. 1 tegenhouden, weerhouden, ophouden; 2 inhouden (— *ses larmes*), bedwingen (— *sa colère*); 3 onthouden; 4 terughebben, -krijgen; 5 behouden; 6 bespreken v. plaatsen; 7 afhouden; 8 onthouden (v. e. cijfer bij het optellen). II se ~ 1 zich vasthouden, zich vastklampen; 2 zich inhouden.

rétention *v* 1 voorbehoud; 2 opstopping (*med.*). ~naire *m* houder v. e. pand.

retent/ir *on.w* 1 weerklinken; 2 een terugslag hebben. ~issant *bn* weerklinkend, luid, schel. ~issement *m* 1 weerklank; 2 terugslag; 3 opzien, opschudding.

retenue *v* 1 het achterhouden, het tegenhouden; 2 aftrek, pensioenbijdrage; 3 bescheidenheid; 4 het schoolblijven; *mettre en —*, school laten blijven.

rétic/ence *v* verzwijging; *faire une —*, iets verzwijgen. ~ent *bn* terughoudend.

réticulaire *bn* netvormig.

réticule *m* soort damestasje.

réticulé *bn* netvormig; met ruitjes.

rétif, -ive *bn* koppig, weerspannig.

rétine *v* netvlies.

retiré *bn* 1 afgelegen; 2 teruggetrokken.

retirement *m* samentrekking.

retirer I *ov.w* 1 terugtrekken, naar zich toe trekken; 2 halen uit; 3 ontnemen; afnemen; 4 intrekken (— *sa parole*); 5 onderdak verlenen; 6 trekken, ontvangen. II se ~ 1 zich terugtrekken; naar huis gaan; 2 krimpen, -samentrekken.

rétiveté, rétivité *v* koppigheid.

retomber *on.w* 1 weer vallen; neervallen; neerkomen; 2 afhangen; 3 instorten (v. zieke); 4 — *sur*, neerkomen op.

retord/ement, ~age *m* het twijnen. ~erie *v* twijnderij. ~eur *m*, -euse *v* twijnder(ster). ~re *ov.w* twijnen; *donner du fil à —*, heel wat te stellen geven.

rétorquer *ov.w* iem. met zijn eigen argumenten weerleggen.

retors I *bn* 1 getwijnd; 2 slim, geslepen. II *zn m* slimmerd. [strijdend.

rétorsif, -ive *bn* met eigen argumenten berétorsion *v* bestrijding met eigen argumenten.

retouche *v* retouche, het retoucheren.

retoucher *ov.w* 1 verbeteren, retoucheren; 2 afwerken, de laatste hand leggen aan.

retoucheur *m*, -euse *v* retoucheur (*fot.*).

retour *m* 1 terugkeer, terugreis, terugkomst; — *d'âge*, kritieke leeftijd; *être sur le —*, oud worden, aftakelen; *être de —*, terug zijn; *par — du courrier*, per omgaande; *sans —*, onherstelbaar; 2 wisselvalligheid, ommekeer; 3 bocht, hoek; 4 vergelding, wederliefde, wederdienst; *en — de*, in ruil voor; 5 terugzending.

retournage *m* het keren v. kleren enz.

retourne *v* gekeerde kaart.

retournement *m* omkering.

retourner I *ov.w* 1 omkeren, omdraaien; — *un habit*, een jas keren; — *une page*, een blad omslaan; — *le sol*, de grond omspitten; 2 van alle kanten bekijken (— *un projet*); 3 hevig aangrijpen; 4 van mening doen veranderen; 5 terugzenden. II *on.w* 1 terugkeren (van de spreker af); 2 terugvallen op (*fig.*) (— *sur*). III se ~ 1 zich omdraaien; 2 zich ergens doorheen slaan; 3 omslaan. IV s'en ~ weggaan, heengaan.

retracer I *ov.w* 1 overtrekken, overtekenen; 2 opnieuw ontwerpen; 3 beschrijven. II se ~ 1 zich herinneren, zich voor de geest halen; 2 voor de geest komen.

rétract/able *bn* herroepbaar. ~ation *v* herroeping, intrekking. ~er *ov.w* 1 herroepen, intrekken (*fig.*); 2 intrekken (*lett.*). ~if, -ive *bn* samentrekkend. ~ile *bn* intrekbaar. ~ilité *v* intrekbaarheid. ~ion *v* samentrekking.

retrait *m* 1 intrekking, samentrekking; 2 intrekking (*fig.*); — *d'emploi*, ontslag.

retrait/ant *m*, -e *v* deelnemer, deelneemster aan een retraite (*R.K.*). ~e *v* 1 het terugtrekken, terugtocht; *battre en* —, terugtrekken (ook *fig.*); 2 taptoe (*sonner la* —); 3 afzondering, plaats v. afzondering, rustplaats; 4 pensioen; *prendre sa* —, ontslag nemen; *caisse de* —, pensioenfonds; 5 retraite (*R.K.*). ~é I *bn* gepensioneerd. II *zn m* gepensioneerde. ~er *ov.w* 1 pensioneren; 2 opnieuw behandelen.

retranchement *m* 1 vermindering, afsnijding, inkorting; 2 weglating; 3 verschansing.

retrancher I *ov.w* 1 verminderen, afsnijden, inkorten; 2 weglaten; 3 verschansen. II se ~ zich verschansen (ook *fig.*).

retransmettre *ov.w onr.* heruitzenden.

retransmission *v* heruitzending.

rétréci *bn* bekrompen.

rétréc/ir I *ov.w* vernauwen, doen krimpen. II *on.w* en se ~ 1 krimpen; 2 bekrompen worden. ~issement *m* 1 inkrimping; 2 bekrompenheid.

retremper I *ov.w* 1 opnieuw indompelen; 2 opnieuw harden; 3 harden (*fig.*); iem. nieuwe kracht geven. II se ~ nieuwe energie, nieuwe kracht opdoen.

rétribuer *ov.w* bezoldigen. [gie opdoen.

rétribution *v* bezoldiging, loon.

rétro *m* trekbal.

rétro/actif, -ive *bn* terugwerkend; *effet* —, terugwerkende kracht. ~action, ~activité *v* terugwerkende kracht. ~céder *ov.w* doorverkopen. ~gradation *v* achteruitgang. ~grade *bn* 1 achterwaarts; 2 reactionair, ouderwets.

rétrograder I *on.w* 1 achteruit lopen; terugtrekken. II *ov.w* verlagen in rang (*mil.*).

rétrogression *v* teruggang.

rétrospectif, -ive *bn* terugblikkend.

rétrospection *v* terugblik.

rétrospectivement *bw* terugblikkend.

retroussé *bn* opgestroopt; *nez* —, wipneus.

retrouss/ement *m* het oplichten, het opstropen. ~er I *ov.w* oplichten, opstropen. II se ~ zijn rokken enz. opnemen.

retrouver I *ov.w* 1 terugvinden; 2 weer opzoeken; 3 herkennen. II se ~ 1 teruggevonden worden; 2 elkaar weervinden; 3 de weg terugvinden; 4 zich weer bevinden.

rétroviseur *m* achteruitkijkspiegel.

rets *m* 1 net; 2 valstrik.

réun/ification *v* hereniging. ~ifier *ov.w* herenigen. ~ion *v* 1 hereniging, vereniging, samenkomst; 2 vergadering. ~ir I *ov.w* 1 herenigen, verenigen; 2 verzamelen; 3 verbinden; 4 verzoenen. II se ~ 1 zich her-, verenigen; 2 samenwerken, samenspannen.

réuss/ir I *on.w* 1 slagen, lukken; *j'ai réussi à*, het is mij gelukt te. II *ov.w* goed uitvoeren, goed treffen (— *un portrait*); *réussi*, goed gelukt. ~ite *v* 1 afloop, uitslag; 2 goede uitslag; 3 soort patiencespel.

revaccination *v* herinenting.

revacciner *ov.w* herinenten.

revalider *ov.w* weer geldig verklaren.

revaloir *ov.w onr.* betaald zetten.

revanch/e *v* 1 vergelding, wraak; *en* —, daarentegen; 2 revanchepartij. ~er *ov.w* (*pop.*) verdedigen, helpen bij een aanval. II se ~ zich wreken, betaald zetten.

rêvasser *on.w* dromen, suffen.

rêvasserie *v* (*fam.*) 1 dromerij; 2 hersenschim.

rêvasseur *m*, -euse *v* dromer, droomster.

rêve *m* 1 droom; 2 illusie, hersenschim.

revêche *bn* 1 wrang; 2 onhandelbaar, nors.

réveil *m* 1 het ontwaken; 2 reveille (*mil.*); 3 wekker.

réveill/e-matin *m* wekker. ~er *ov.w* 1 wekken; 2 bijbrengen v. e. bewusteloze; 3 weer opwekken, aanvuren (— *le courage*). ~eur *m* porder.

réveillon *m* nachtelijk diner (vooral in de kerstnacht). ~ner *on.w* (*fam.*) een réveillon houden.

révélateur, -trice I *bn* openbarend, wat opheldert. II *zn m*, -trice *v* openbaarder(ster). III *m* ontwikkelingsbad (*fot.*).

révélation *v* onthulling, openbaring.

révéler *ov.w* 1 openbaren, onthullen, doen kennen; 2 ontwikkelen (*fot.*).

revenant I *bn* innemend, aangenaam. II *zn m* revenant†-bon† *m* buitenkansje. [spook.

revendeur *m*, -euse *v* wederverkoper, -verkoopster; opkoper, -koopster.

revendication *v* terugvordering, eis.

revendiquer *ov.w* 1 terugvorderen, eisen; 2 — *la responsabilité*, de verantwoordelijkheid op zich nemen.

revendre *ov.w* weer verkopen; *en* — *à qn.*, iem. te slim af zijn.

revenez-y *m* terugkeer; *ce plat a un goût de* —, die schotel smaakt naar meer.

revenir I *on.w onr.* 1 terugkomen, terugkeren; *en* — *à*, terugkomen op; — *à ses moutons*, op zijn onderwerp terugkomen; — *à soi*, weer bijkomen (na flauwte); *cela revient au même*, dat komt op hetzelfde neer; — *d'une erreur*, zijn dwaling inzien; *en* —, genezen; *je n'en reviens pas*, ik sta er versteld van; *il n'en reviendra pas*, hij haalt het niet, hij zal niet genezen; — *sur ce qu'on a dit*, terugkomen op hetgeen men gezegd heeft; 2 verschijnen v. geesten; 3 oprispen (v. spijzen); 4 zich verzoenen, toegeven; 5 behagen, bevallen; 6 kosten; 7 toekomen, ten goede komen. II s'en ~ terugkeren.

revente *v* wederverkoop.

revenu I *m* inkomen. II ~ s *m mv* inkomsten.

rêver I *on.w* dromen, mijmeren. II *ov.w* 1 dromen over; 2 bedenken; 3 vurig verlangen naar; haken naar.

réverbération *v* terugkaatsing.

réverbère *m* 1 reflector; 2 straatlantaarn.

réverbérer *ov.w* terugkaatsen.

reverdir I *on.w* 1 weer groen worden; 2 weer jong worden. II *ov.w* 1 weer groen schilderen; 2 weer groen maken.

reverdissement *m* het weer groen worden.

révéremment *bw* eerbiedig.

révérenc/e *v* 1 eerbied; *sauf* —; — *parler*, met uw verlof; 2 buiging; 3 *R—*, weleerwaarde. ~iel, -elle *bn* eerbiedig.

révérencieux *bn* eerbiedig.

révérend *bn* eerwaarde.

révérendissime *bn* hoogeerwaarde.

révérer *ov.w* vereren, eerbiedigen.

rêverie *v* 1 dromerij; 2 hersenschim.

revers *m* 1 achterzijde, rugzijde (*le* — *de la main*); 2 tegenspoed; — *de fortune*, tegenspoed, klap.

reverser *ov.w* 1 opnieuw inschenken; 2 overschrijven. [baarheid.

réversibilité *v* veranderlijkheid, overdraag-

réversible *bn* overdraagbaar, veranderlijk.

reversoir *m* stuwdam.

revêtement *m* bekleding, bedekking.

revêtir *ov.w onr.* 1 bekleden, bedekken; 2 aantrekken (— *un habit*); 3 — *de*, bedekken, bestrijken met.

rêveur, -euse I *bn* dromerig, mijmerend. II *zn m*, -euse *v* dromer, droomster.

rêveusement *bw* dromerig.

revient *m*: *prix de* —, kostprijs.

revigorer *ov.w* nieuwe kracht geven.

revir/ement *m* zwenking, omkeer. ~er *on.w* zwenken; 2 overstag gaan (ook *fig.*).

revis/able, révis/able *bn* te herzien. ~er, ~er *ov.w* 1 herzien; 2 reviseren (v. e. motor)

reviseur, réviseur *m* herziener, revisor.
revision, révision *v* herziening; *conseil de —,* keuringsraad (*mil.*).
revisionniste *m* voorstander v. herziening.
revivification *v* herleving, verlevendiging.
revivifier *ov.w* weer doen opleven, verlevendigen.
revivre I *on.w onr.* herleven, nieuwe kracht krijgen. II *ov.w* opnieuw doorleven.
révocabilité *v* 1 herroepbaarheid; 2 afzetbaarheid.
révocable *bn* 1 herroepbaar; 2 afzetbaar.
révocation *v* 1 herroeping; 2 afzetting.
révocatoire *bn* herroepend.
revoici, revoilà hier-, daar is opnieuw.
revoir I *on.w onr.* 1 opnieuw zien, terugzien; 2 herzien. II *zn* het weerzien; *au —, jusqu'au —,* tot ziens.   [keren.
revoler *on.w* terugvliegen, met spoed terug-
révoltant *bn* weerzinwekkend, schandelijk.
révolt/e *v* opstand, oproer; *—é m,* -e *v* opstandeling(e), oproerling(e).
révolter I *ov.w* 1 in opstand brengen; 2 weerzin verwekken, tegen de borst stuiten. II se ~ in opstand komen.
révolu *bn* verlopen; *avoir vingt ans —s,* volle twintig jaar zijn.
révolutif, -ive *bn* 1 omwentelend; 2 naar buiten omgekruld (*pl.k.*).
révolution *v* 1 omwenteling, omloop; 2 omwenteling, revolutie.
révolutionnaire I *bn* revolutionair. II *zn m* of *v* revolutionair, omwentelingsgezinde.
révolutionner *ov.w* 1 in opstand brengen; 2 in de war-, van streek brengen.
revolver *m* revolver.   [slaan.
révoquer *ov.w* 1 herroepen, intrekken; 2 ont-
revue *v* 1 het nauwkeurig nazien; *faire la — de,* nauwkeurig nagaan; parade, inspectie afnemen (*mil.*); *passer en —,* parade afnemen; 2 tijdschrift; 3 revue (*toneel*).
revuiste *m* revueschrijver.
révulser *ov.w* doen ontstellen.
rez *vz* gelijk met; — (de) *terre,* gelijk met de grond; *à — de,* gelijk met.
rez-de-chaussée *m* 1 begane grond; 2 gelijkvloerse verdieping.
rhabillage, rhabillement *m* (*fam.*) het herstellen, het opknappen.
rhabill/er *ov.w* 1 opnieuw aankleden; 2 herstellen, opknappen. ~eur *m,* -euse *v* hersteller(ster), oplapper(ster).
rhapsodie, rapsodie *v* rapsodie.
rhénan *bn* van de Rijn.
rhéteur *m* 1 retor; 2 bombastisch redenaar.
rhétorique *v* 1 leer der welsprekendheid; redekunst; 2 boek over de welsprekendheid; 3 hoogste afdeling v. h. gymnasium.
rhingrave *m* Rijngraaf.
rhinocéros *m* neushoorn.
rhizophora, rizophore *m* wortelboom.
rhodanien, -enne *bn* v. d. Rhône.
rhombe *m* ruit.
rhomboïdal [*mv* aux] *bn* ruitvormig.
rhubarbe *v* rabarber.
rhum *m* rhum (*spr.: rom*) rum.
rhumatisant I *bn* lijdend aan reumatiek. II *zn m,* -e *v* reumatieklijder(es).
rhumatism/al [*mv* aux] *bn* reumatisch (*douleur —e*). ~e *m* reumatiek; — *articulaire,* gewrichtsreumatiek.
rhume *m* verkoudheid; *attraper un —,* verkouden worden; — *de cerveau,* neusverkoudheid; — *des foins,* hooikoorts.
rhum/é *bn* met rum. ~erie *v* rumstokerij.
riant *bn* 1 lachend, vrolijk; 2 bekoorlijk, lieflijk.
ribambelle *v* lange rij, sleep (— *d'enfants*).
ribaud *m* losbandig persoon.
riblage *m* losbandig-, zedeloos leven.
ribleur *m* boemelaar, straatslijper.
ribordage *m* 1 schade tengevolge v. e. aanvaring; 2 schadeloosstelling bij een aanvaring.
ribote *v* 1 schranspartij; 2 zuippartij.

riboter *on.w* schransen, zwelgen, zuipen.
riboteur *m,* -euse *v* zwelger(ster), zuiper(ster).
ribouis *m* (*pop.*) schoen.
ribouldingue *v* (*arg.*) fuif.
ricanement *m* grijnslach, hoongelach.
ricaner *on.w* grijnzen; honend lachen.
ricaneur, -euse I *bn* honend, grijnzend. II *zn m,* -euse *v* grijnzer(ster).
ric-à-rac, ric-à-ric prompt, tot op de laatste cent (*payer —*).
richard *m,* e- *v* rijkaard, schatrijke vrouw.
riche I *bn* 1 rijk; 2 overvloedig; 3 prachtig, kostbaar. II *zn m* of *v* rijke man, - vrouw; *un nouveau —,* een oweeër.
richelieu *m* lage veterschoen.
richesse *v* 1 rijkdom; *contentement passe —* (*spr.w*), tevredenheid gaat boven rijkdom; 2 vruchtbaarheid (— *du sol*); 3 pracht; 4 *les —s,* schatten, kostbare goederen.
richissime *bn* (*fam.*) schatrijk.
ricin *m: huile de —,* wonderolie.
ricocher *on.w* terugspringen.
ricochet *m* het opspringen v. e. steen, die over het water scheert; *faire des —s,* een steen over het water scheren.
rictus *m* grijns.
ride *v* rimpel, plooi. ridé *bn* gerimpeld.
rideau [*mv* x] *m* 1 gordijn; *tirer le —,* het gordijn openen of dichttrekken; 2 een rij bomen enz., die het uitzicht belemmeren; 3 toneelscherm; — *à vingt heures,* begin der voorstelling om 8 uur.
ridelle *v* wagenladder.
rid/ement *m* rimpeling. ~er *ov.w* rimpelen.
ridicule I *bn* belachelijk. II *zn m* 1 het belachelijke, spot; *tourner en —,* belachelijk maken; *le — tue,* als men zich belachelijk maakt, wordt men onmogelijk; 2 belachelijke toestand, belachelijke hoedanigheid.
ridiculiser *ov.w* belachelijk maken.
rien I *m* 1 het niet; 2 kleinigheid; de minste kleinigheid. II *onb.vnw* 1 niets (meestal met ne); *comme si de — n'était,* alsof er niets gebeurd was; *cela ne fait —,* dat geeft niets; *il n'en est —,* er is geen woord van waar; *ne pas — que,* niet alleen; *pour —,* voor niets; — *du tout,* volstrekt niets, helemaal niets; 2 iets; *sans — dire,* zonder iets te zeggen.
rieur, -euse I *bn* lachend, lacherig. II *zn m,* -euse *v* lacher(ster); *avoir les —s de son côté,* de lachers op zijn hand hebben.
rififi *m* 1 ruzie; 2 schietpartij.
riflard *m* 1 grove vijl; 2 (*pop.*) grote paraplu.
rifler *ov.w* bewerken met een grove vijl.
rigaudon, rigodon *m* dans uit de 17e en 18e eeuw.
rigide *bn* 1 stijf, strak; 2 onwrikbaar, streng.
rigidifier *ov.w* stijf-, strak maken.
rigidité *v* 1 stijfheid, strakheid; 2 onwrikbaarheid, strengheid.
rigolade *v* pret, grap (*pop.*).
rigole *v* geultje, gootje, greppel.
rigol/er *on.w* (*pop.*) pret maken, lachen. ~eur *m,* -euse *v* (*pop.*) pretmaker(-maakster). ~o, -ote I *bn* (*pop.*) grappig, lollig. II *zn m* (*pop.*) revolver.
rigor/isme *m* grote strengheid. ~iste *m* persoon, die al te streng is van opvatting.
rigoureusement *bw* 1 streng; 2 stipt.
rigoureux, -euse *bn* 1 streng, hard; *hiver —,* strenge winter; 2 stipt; 3 onweerlegbaar.
rigueur *v* strengheid, hardheid, stiptheid; *à la —,* desnoods; *de —,* noodzakelijk.
rimaill/er *on.w* rijmelen. ~erie *v* rijmelarij (*oud.*). ~eur *m* rijmelaar. rime *v* rijm.
rimer *on.w* rijmen; *cela ne rime à rien,* dat heeft geen zin, dat lijkt nergens naar; — *ensemble,* op elkaar rijmen.
rimeur *m* rijmer.
rinçage *m* het omspoelen.
rince-doigts *m* vingerkom.
rinc/ée *v* (*pop.*) pak slaag; 2 (*fam.*) stortbui. ~er *ov.w* 1 (uit-, om-)spoelen; 2 (*pop.*) een pak slaag geven. ~eur *m,* -euse *v* spoeler-

(ster).

rinç/oir *m* spoelkom. ~ure *v* spoelwater.

ringard *m* pook.

ripaille *v* (*pop.*) braspartij (*faire —*).

ripailler (*pop.*) *on.w* brassen.

riper *ov.w* afkrabben.

riposte *v* 1 gevat antwoord; *être prompt à la* —, *avoir la* — *prompte*, gevat zijn; 2 tegenstoot bij het schermen.

riposter *on.w* 1 gevat antwoorden; 2 een tegenstoot geven bij het schermen.

riquiqui *m* 1 sterke drank (*pop.*); 2 klein pietluttig persoon.

rire I *on.w* *me*, 1 lachen; — *dans sa barbe*, — *sous cape*, in zijn vuistje lachen; *rira bien qui rira le dernier* (*spr.w*), wie het laatst lacht, lacht het best; — *du bout des dents*, — *des lèvres*, flauwtjes lachen; — *aux éclats*, *éclater de* —, schaterlachen; *vous me faites* —, dat is belachelijk; — *jaune*, lachen als een boer, die kiespijn heeft; — *aux larmes*, tranen in de ogen krijgen van het lachen; — *à gorge déployée*, luidkeels lachen; *mourir de* —, *étouffer de* —, stikken v. h. lachen; *pour* —, voor de grap; — *sous cape*, in zijn vuistje lachen; *tel qui rit vendredi, dimanche pleurera* (*spr.w*), 't kan verkeren; *vous voulez* —!, dat meent u niet!; 2 toelachen; 3 uitlachen, lachen om. mailing hebben aan (— *de*). II *se* ~ de spotten met. III *zn m* lach, gelach.

ris *m* 1 lach, gelach; 2 zwezerik.

risée *v* 1 luid algemeen gelach; 2 spotlach, spot, voorwerp v. spot; *être la — de*, tot spot zijn van; 3 windstoot (*scheepv.*).

ris/ette *v* 1 lachje, kinderlachje; 2 rimpeling v. h. zeewater. ~ible *bn* lachwekkend.

risque *m* risico, gevaar, kans; *au — de*, op gevaar af, -van; *à tout* —, op goed geluk; *à ses —s et périls*, op eigen risico; *une police tous* —, A-Z-polis.

risqu/er *ov.w* wagen, op het spel zetten; *le tout pour le tout*, alles op het spel zetten; *qui ne risque rien, n'a rien* (*spr.w*), wie niet waagt, wie niet wint; — *de*, gevaar lopen, om. ~e-tout *m* (*fam.*) waaghals.

rissoier *ov.w* bruin bakken.

rite *m* ritus, kerkgebruik.

ritournelle *v* herhalingsthema.

ritualiste *m* kenner v. kerkgebruiken.

rituel, -elle I *bn* ritueel. II *zn m* ritueel.

rivage *m* oever, strand.

rival [*mv* aux] I *bn* concurrerend, wedijverend. II *zn m*, -e *v* mededinger(ster); *sans* —, weergaloos, ongeëvenaard.

rivaliser *on.w* wedijveren in (— *de*).

rivalité *v* concurrentie, wedijver.

rive *v* oever.

river *ov.w* vastklinken; — *son clou à qn.*, iem. de mond snoeren.

riverain I *bn* langs de oever gelegen. II *zn m*, -e *v* 1 oeverbewoner(-bewoonster); 2 iem. die langs een weg-, een spoorweg woont.

rivet *m* klinknagel.

riveter *ov.w* vastslaan met klinknagels.

rivière *v* rivier; — (*de diamants*), diamanten halssnoer; *les petits ruisseaux font les grandes —s* (*spr.w*), vele kleintjes maken een grote. rivierette *v* riviertje.

rivoir *m* klinkhamer, -machine.

rixdale *m* rijksdaalder.

rixe *v* heftige twist, kloppartij.

riz *m* rijst; — *au lait*, rijstebrij.

rizerie *v* rijstpellerij.

riz/iculture rijstcultuur. ~ière *v* rijstveld.

rob *m* ingekookt vruchtensap.

rob, robber, robre *m* robber (bridge).

robe *v* 1 japon, jurk; — *de chambre*, kamerjapon; *pommes de terre en — de chambre*, aardappelen in de schil gekookt; *ventre de son*, — *de velours* (*spr.w*), wordt gezegd van iem., die zich alles, tot het eten toe, ontzegt, om maar mooi gekleed te zijn; 2 toga; *noblesse de* —, adel, verkregen door het bekleden van sommige functies als

magistraat; 3 huid v. e. dier; 4 dekblad v. e. sigaar; 5 schil van sommige vruchten.

rober *ov.w* een dekblad om sigaren doen.

robinet *m* kraan(tje); — *d'eau tiède*, leuteraar. ~ier *m* kranenmaker.

roboratif, -ive *v* versterkend.

robot *m* robot.

robre *m* robber (bridge).

robust/e *bn* 1 sterk, krachtig; 2 onwankelbaar (*foi* —). ~esse *v* kracht, stevigheid.

roc *m* rots, klip; *ferme comme un* —, onwrikbaar.

rocade *v* spoorweg of strategische weg, evenwijdig met de vuurlinie.

rocaill/e *v* schelpen, kiezelstenen, die een grot versieren. ~eux, -euse *bn* 1 rotsachtig; 2 stroef (*fig.*: *style* —).

rocambole *v* mop met een ,,baard".

roche *v* 1 rots, klip; *cœur de* —, hart v. steen; 2 gesteente; *homme de la vieille* —, *de l'ancienne* —, man v. d. oude stempel.

rocher *m* 1 hoge rots; 2 rotsbeen.

rochet *m* 1 koorhemd v. bisschoppen e.d.

rocheux, -euse *bn* rotsachtig.

rocking-chair† *m* schommelstoel.

rococo I *zn m* rococostijl. II *bn*: *style* —.

rodage *m* het inrijden v. auto's; *en* —, deze wagen wordt ingereden.

rôdailler *on.w* slenteren.

roder *ov.w* inrijden.

rôder *on.w* rondzwerven, sluipen.

rôderie *v* het rondzwerven, het sluipen.

rôdeur, -euse I *bn* zwervend, sluipend. II *zn m*, -euse *v* zwerver, zwerfster.

rodomont *m* zwetser, opsnijder.

rodomontade *v* zwetserij, opsnijderij.

rogations *v mv* kruisdagen (*R.K.*).

rogatoire *bn* wat een vraag betreft.

rogaton *m* vod, kliekje.

rognage, rognement *m* het besnoeien, het afsnijden.

rogne *v* 1 schurft; 2 slecht humeur.

rogne-pied *m* veegmes v. e. hoefsmid.

rognonnade *v* kalfsnierstuk.

rognonner *on.w* (*pop.*) mopperen, brommen.

rognure *v* afknipsel, snipper, spaander.

rogomme *m* (*pop.*) sterke drank; *voix de* —, grogstem.

rogue *bn* hooghartig, bars (*ton* —).

roi *m* 1 koning; *le R— du ciel*, God; *le —des dieux*, Jupiter; *le Grand* —, Lodewijk XIV; *le jour* —, *la fête des Rois*, Driekoningen; *les R—s Mages*, de Wijzen uit het Oosten; *le — Très Chrétien*, de koning v. Frankrijk; 2 koning (schaken); 3 heer (kaartspel).

roide *bn*, roideur *v*, roidir *ov.w* = raide enz.

roitelet *m* 1 koninkje; 2 goudhaantje.

rôle *m* 1 rol, lijst, register; *à tour de* —, om beurten; 2 kohier der belastingen; 3 rol v. toneelstuk; *créer un* —, een rol het eerst spelen; 4 rol pruimtabak.

rôler *on.w* geschreven lijsten maken.

rôlet *m* rolletje.

romain I *bn* Romeins; *l'Eglise —e*, de kath. Kerk. II *zn* R~ *m*, -e *v* Romein(se). III *m* Romeinse letter.

romaine *v* 1 unster; 2 soort kropsla.

romaïque I *bn* nieuw-Grieks. II *zn m* het nieuw-Grieks.

roman I *bn* Romaans. II *zn m* 1 verhaal in de oude Romaanse taal; 2 roman; *roman-fleuve*, roman in verschillende delen; — *historique*, historische roman; — *-photo*, beeldroman; — *policier*, detectiveroman; 3 de oude Romaanse taal.

romanc/e *v* romance. ~er *ov.w* in romanvorm gieten (*vie romancée*).

romanche *m* Rheto-Romaans. [ster].

romancier *m*, -ère *v* romanschrijver-schrijf

romand *bn*: *la Suisse —e*, Frans Zwitserland.

romanée *v* bekende bourgondische wijn.

romanesque I *bn* romantisch, romanesk. II *zn m* het romantische, het avontuurlijke.

roman†-feuilleton† *m* roman als feuilleton.

romani *m*, romanichel *m*, -elle *v* zigeuner(in).

roman/iser I *ov.w* verlatijnsen. II *on.w* rooms worden. ~**iste** *m* romanist.

romantique I *bn* romantisch. II *zn m* romantisch schrijver uit het begin der 19e eeuw.

romantisme *m* romantisme.

romarin *m* rosmarijn *(pl.k.)*.

rombière *v* (*pop.*): *une vieille —*, een ouwe „tante''.   [breken.

rompement *m* het breken; — *de tête*, hoofd-

rompre I *ov.w* 1 breken, verbreken, doorbreken; *à tout —*, daverend, uitbundig (*applaudir à tout —*); — *le caractère de qn.*, iem. gedwee maken; *rompu de fatigue*, doodop; — *la paille*, vriendschap sluiten; — *le silence*, het stilzwijgen verbreken; — *la tête à qn.*, iem. aan het hoofd zeuren; — *vif*, radbraken; 2 afbreken, onderbreken, storen; — *le sommeil*, in de slaap storen; 3 onbruikbaar maken (*la pluie a rompu les chemins*); 4 doen uiteengaan; — *les rangs*, uit het gelid gaan; *rompez !*, ingerukt (*mil.*); 5 wennen aan (— *à*). II *on.w* 1 breken; 2 met iemand breken; 3 wijken bij het schermen. III *se* ~ 1 breken, gebroken worden; *se* — *le cou*, zijn nek breken; 2 *se* — *à*, zich wennen aan.

rompu *bn* 1 doodop; 2 bedreven in (— *à*); 3 *à bâtons —s*, te hooi en te gras.

ronc/e *v* 1 braam, braamstruik; — *artificelle*, prikkeldraad; 2 moeilijkheid. ~**eraie** *v* braambos. ~**eux**, -**euse** *bn* 1 vol braamstruiken; 2 gevlamd (v. hout).

ronchonnement *m* (*pop.*) gemopper, gebrom.

ronchonner *on.w* (*pop.*) brommen, mopperen.

ronchonneur *m*, -**euse** *v* brompot.

roncier *m*, **roncière** *v* braambosje.

rond I *bn* 1 rond; *bourse* —, goed gevulde beurs; *nombre* —, heel getal (zonder breuken); *tourner* —, regelmatig lopen v. e. motor; 2 kort en dik (v. personen) 3 rondborstig, eerlijk (*être — en affaires*); 4 (*pop.*) dronken. II *zn m* 1 kring; 2 ring; —†-*de-cuir*†, ambtenaar, pennelikker; — *de serviette*, servetring; *en* —, in het rond; 3 (*pop.*) geldstuk; *il n'a pas le* —, hij heeft geen rooie cent.

ronde *v* 1 ronde, patrouille; *la R— de Nuit*, de Nachtwacht v. Rembrandt; 2 beurtzang; 3 rondedans; 4 rondschrift; 5 hele noot (*muz.*); 6 omtrek; *à la* —, in de omtrek; om beurten.

rondeau [*mv* x] *m* 1 rondo (*muz.*); 2 rondeel.

rondelet, -**ette** *bn* tamelijk rond en dik; *bourse* —*ette*, goedgevulde beurs.

rondelle *v* 1 rond schild; 2 schijfje.

rondement *bw* 1 vlug (*marcher* —); 2 recht door zee.

rond/eur *v* 1 rondheid; 2 rondborstigheid, openhartigheid. ~**in** *m* 1 rond brandhout; 2 gepelde sparrestam; 3 knuppel.

rondouillard *bn* (*fam.*) te rond (v. lichaamsvormen op schilderij enz.).

rond†-point† *m* rond plein.

ronéotyper *ov.w* stencilen.

ronflant *bn* 1 snorkend, snorrend; 2 hoogdravend; 3 schoonklinkend (*promesses—es*).

ronflement *m* gesnork, het snorren.

ronfler *on.w* snorken, snorren, dreunen.

ronfleur *m*, -**euse** *v* snorker(ster).

rong/ement *m* geknaag. ~**er** *ov.w* 1 knagen, afknagen; 2 verteren, aantasten, ondermijnen; 3 bijten op; — *son frein*, zich verbijten.

rongeur, -**euse** I *bn* knagend; *animal* —, knaagdier. II ~**s** *m mv* knaagdieren.

ronron, **ronronnement** *m* het spinnen v. e. kat. ~**ner** *on.w* spinnen, snorren enz.

roquefort *m* bekende Fr. schapekaas.

roquentin *m* 1 gepensioneerd veteraan; 2 ouwe gek.

roquer *on.w* rokeren bij het schaakspel.

roquette *v* raket.

rosace *v* 1 rozet; 2 roosvenster.

rosaire *m* rozenkrans.

rosat *bn* van (rode) rozen; *huile* —, rozenolie.

rosâtre *bn* rozekleurig.

rosbif *m* roastbeef.

rose I *v* 1 roos; *découvrir le pot aux —s*, een geheim ontdekken; *être sur des —s*, op rozen wandelen; *il n'y a pas de —s sans épines* (*spr.w*), geen roos zonder doornen; — *de Noël*, kerstroos; — *trémière*, stokroos; *voir tout couleur de —*, alles rooskleurig inzien; *teint de —*, frisse rode kleur; 2 rozet; 3 roosvenster; 4 windroos, kompasroos. II *m* roze kleur. III *bn* roze.

rosé I *bn* bleekrood. II *zn m* lichtrode wijn.

roseau [*mv* x] *m* riet.

rosée *v* dauw; *une — de larmes*, een regen v. tranen.

roselier, -**ère** *bn* begroeid met riet.

roselière *v* rietveld.

roser *ov.w* een roze tint geven.

roseraie *v* rozentuin.

rosette *v* 1 rozet; — *de la Légion d'Honneur*, rozet v. h. legioen v. eer; 2 soort rode inkt; 3 rood krijt; 4 rood koper.

rosier *m* rozestruik.

rosiériste *m* rozenkweker.

rosir *on.w* roze worden.

rossard *m* (*pop.*) 1 knol (paard); 2 luilak; 3 deugniet, mispunt.

rosse I *zn v* 1 knol (paard); 2 mispunt. II *bn* scherp, ironisch.

rossée *v* (*fam.*) pak slaag.

rosser *ov.w* (*fam.*) afrossen.

rosserie *v* (*fam.*) 1 gemene streek; 2 scherp, ironisch woord - liedje.

rossignol *m* 1 nachtegaal; — *d'Arcadie*, ezel; 2 loper (sleutel); 3 verlegen, moeilijk te verkopen waren.

rossinante *v* knol (paard).

rot *m* boer, oprisping.

rôt *m* gebraad.

rotacé *bn* radvormig.

rotang *m* rotan.

rotat/eur, -**trice** *bn* draaiend. ~**if**, -**ive** I *bn* draaiend. II *zn* -**ive** *v* rotatiepers.

rotation *v* 1 draaiing; 2 wisselbouw.

rotatoire *bn* draaiend.

rote *v* 1 oud Fr. muziekinstrument; 2 rota (pauselijke rechtbank).

roter *on.w* boeren.

rôti, **rôt** *m* gebraad. **rôtie** *v* toast.

rotin *m* rotting.

rôtir I *ov.w* 1 braden, roosteren; 2 verzengen. II *on.w* braden; *on rôtit ici*, het is hier om te stikken. III *se* ~ gebraden, geroosterd worden; braden (in de zon).

rôtiss/age *m* het braden, het roosteren. ~**erie** *v* winkel, waar gebraad verkocht wordt.

rôtisseur *m*, -**euse** *v* gaarkok, verkoper (verkoopster) v. gebraad.

rôtissoire *v* braadpan.

rotonde *v* 1 rond gebouw met koepel; 2 ronde of half-ronde locomotievenstal; 3 koepeltje (in tuinen enz.); 4 bak v. e. diligence; 5 wijde mantel.

rotondité *v* 1 rondheid; 2 (*fam.*) gezetheid.

rotule *v* knieschijf.

roture *v* 1 burgerstand; 2 de burgermensen.

roturier, -**ère** I *bn* burgerlijk. II *zn m*, -**ère** *v* burgerman, burgerjuffrouw.

rouage *m* raderwerk.

rouan I *bn*: *cheval* —, rode schimmel. II *zn m* rode schimmel.

roublard *bn* (*pop.*) uitgeslapen, gewiekst.

roublardise *v* (*pop.*) uitgeslapenheid.

rouble *m* roebel.

roucoulade *v*, **roucoulement** *m* gekir.

roucouler I *on.w* 1 kirren; 2 kirren, smachten v. geliefden. II *ov.w* sentimenteel zingen.

roue *v* 1 rad, wiel; — *dentée*, tandrad; — *hydraulique*, waterrad; — *libre*, freewheel; *faire la* —, pronken v. e. pauw; pronken, geuren; 2 het radbraken, het rad.

roué I *bn* 1 geradbraakt; 2 doodop; 3 uitgeslapen, gewiekst. II *zn m* 1 losbol; 2 gewiekst persoon.

rouelle *v* (schijfje).

rouer *ov.w* radbraken; — *de coups*, een flink pak slaag geven.

rouerie *v* doortraptheid.

rouet *m* 1 spinnewiel; 2 schijf v. e. katrol.

rouf *m* roef v. e. schuit.

rouflaquette *v* (*pop.*) 1 spuwlok; 2 tochtlatje, bakkebaardje.

rouge I *bn* rood; *fer* —, roodgloeiend ijzer; — *et noir*, hazardspel; *Peau-Rouge*, roodhuid. II *zn m* 1 rode kleur; 2 rouge, rood blanketsel, lippenstift; 3 rode wijn; 4 revolutionair (rode). rougeâtre *bn* roodachtig.

rougeaud *bn* (*fam.*) hoogrood (v. gezicht).

rouge†-gorge† *m* roodborstje.

rougeole *v* mazelen.

rougeoleux, -euse *bn* lijdend aan mazelen.

rougeoyer *on.w* zich rood kleuren.

rouge†-queue† *m* roodstaartje.

rougeur I *v* 1 rode kleur; 2 blos. II ~s *v mv* rode huidvlekken.

rougir I *ov.w* rood maken, doen gloeien (— *du fer au feu*); — *son eau*, wat wijn bij water doen. II *on.w* rood worden, blozen.

roui *m* het roten v. vlas; *sentir le* —, bedorven ruiken.

rouill/e *v* 1 roest; 2 het roesten; 3 brand in het koren. ~er I *ov.w* 1 doen roesten; 2 verstompen (— *l'esprit*). II *on.w* en se ~ roesten. ~eux, -euse *bn* roestkleurig. ~ure *v* roest, roestigheid.

rouir *ov.w* en *on.w* roten, weken.

rouissage *m* het roten, het weken.

rouissoir *m* rootplaats.

roulade *v* 1 tuimeling, het naar beneden rollen; 2 loopje (*muz.*).

roulage *m* 1 het rollen; 2 vrachtvervoer (met paardentractie); 3 vrachtrijderij.

roul/ant *m* 1 rollend, rijdend; *matériel* —, rollend materieel; *tapis* —, *escalier* —, roltrap; *feu* —, trommelvuur; 2 goed berijdbaar (*chemin* —). ~ante *v* (*pop.*) wagen. ~e *m* houten cilinder.

rouleau [*mv* x] *m* rol, rolletje, wals; *être au bout de un* —, uitgepraat zijn.

roulement *m* 1 het rollen, het rijden, gerol, het ratelen enz.; — *à billes*, kogellager; *le* — *du tonnerre*, het rommelen v. d. donder; 2 tromgeroffel; 3 afwisseling, toerbeurt.

rouler I *ov.w* 1 voortrollen; — *sa bosse*, (*fam*) zwerven; — *carosse*, een eigen rijtuig hebben; 2 overdenken (in zijn hoofd hebben) (— *des projets dans sa tête*); 3 oprollen; — *une cigarette*, een sigaret rollen; 4 (*fam.*) beetnemen, bedriegen; 5 pletten met een rol (— *un champ*). II *on.w* 1 rollen, lopen (v. trein enz.), rijden; — *sur l'or*, bulken v. h. geld; *tout roule là-dessus*, daar draait alles om; 2 rondzwerven; 3 rommelen (v. d. donder), roffelen (v. e. trom); 4 slingeren v. e. schip; 5 — *sur*, betrekking hebben op, gaan over. III se ~ zich omrollen, zich omwentelen.

roulette *v* 1 rolletje; *aller comme sur des* —*s*, v. e. leien dakje gaan, op rolletjes lopen; 2 soort hazardspel.

roul/eur *m* 1 werkman die (krui)wagens voortbeweegt; 2 los werkman; 3 werkman die dikwijls van baas verandert. ~ier *m* e vrachtrijder. ~ière *v* vrachtrijdersklei.

roulis *m* het slingeren v. e. schip, v. e. vliegtuig.

roulotte *v* woonwagen; — *de camping*, caravan.

roulure *v* het ineenrollen.

roumain I *bn* Roemeens. II *zn* R~ *m*, -e *v* Roemeen(se). III *m* het Roemeens.

round *m* ronde bij het boksen.

roupie *v* drup aan de neus, snot.

roupiller *on.w* (*pop.*) dutten.

roupillon *m* (*pop.*) dutje. [ren.

rouspéter *on.w* (*pop.*) tegenpraten, protesteren.

rouspéteur *m*, -euse *v* (*pop.*) kankeraar(ster).

roussâtre *bn* rossig.

rousse *v* (*arg.*) politie.

rousselet *m* suikerpeer.

rousserolle *v* rietzanger. [sproeten.

rousseur *v* rossigheid; *taches de* —, zomer-

roussi *m* branderige lucht; *sentir le* —, branderig ruiken; naar de mutsaard rieken.

roussin *m* 1 zwaar paard; — *d'Arcadie*, ezel; 2 (*arg.*) politieagent.

roussir I *ov.w* 1 rossig maken; 2 schroeien. II *on.w* 1 rossig worden; 2 schroeien.

roussissement *m*, roussissure *v* het schroeien.

routage *m* het sorteren v. post.

routailler *ov.w* wild volgen met speurhond.

route *v* 1 weg; *faire fausse* —, verdwalen, op een dwaalspoor geraken (*fig.*); 2 weg, richting, koers; *en cours de* —, onderweg; *feuille de* —, verlofpas; *se mettre en* —, zich op weg begeven; 3 loop (— *d'un fleuve*), baan (— *du soleil*).

routier, -ère I *bn* wat wegen betreft; *carte* —*ère*, wegenkaart; *cycliste* —, wegrenner. II *zn m* 1 reisboek; 2 wegrenner; 3 ongeregeld, plunderend soldaat.

routin/e *v* 1 routine, oefening, gewoonte; 2 sleur. ~ier, -ière *bn* uit gewoonte handelend (*esprit* —).

rouvieux, -euse *bn* schurftig. II *zn m* schurft.

rouvre, roure *m* steeneik.

rouvrir *ov.w* en *onr.* weer-, heropenen.

roux, rousse *bn* rossig. II *zn m* 1 rossige kleur; 2 roodharig persoon; 3 bruine botersaus.

royal [*mv* aux] *bn* koninklijk, vorstelijk; *aigle* —, koningsarend; *prince* —, kroonprins; *tigre* —, koningstijger. royale *v* sikje.

royal/isme *m* koningsgezindheid. ~iste I *bn* koningsgezind. II *zn m* koningsgezinde.

royaume *m* koninkrijk; *le* — *des morts*, het dodenrijk; *au* — *des aveugles les borgnes sont rois* (*spr.w*), in het land der blinden is éénoog koning. royauté *v* koningschap.

ruade *v* het achteruitslaan v. e. paard enz.

ruban *m* lint, band; *le* — *rouge*, decoratie v. h. Legioen v. Eer; *scie à* —, lintzaag.

rubané *bn* met linten versierd.

rubaner *ov.w* 1 met linten versieren; 2 pletten.

rubanerie *v* 1 handel in lint; 2 lintweverij.

rubanier, -ère I *bn* wat lint betreft (*industrie* —*ère*). II *zn m*, -ère *v* 1 lintfabrikant(e); 2 handelaar(ster) in lint.

rubé/faction *v* rode plek op de huid, huid uitslag. ~fiant *bn* rood makend. ~fier *ov.w* rood maken. ~ole *v* rodehond.

rubescent *bn* roodachtig, rood wordend.

rubicond *bn* hoogrood (v. gezicht).

rubiette *v* roodborstje.

rubigineux, -euse *bn* 1 roestkleurig; 2 roestig.

rubis *m* robijn; *payer* — *sur l'ongle*, tot op de laatste cent betalen.

rubrique I *v* 1 rood krijt, rode oker; 2 in rood geschreven titel; 3 rubriek, afdeling. II ~s *v mv* streken, kneepjes.

ruche *v* 1 bijenkorf; 2 plooisel.

ruché *m* geplooide strook.

ruch/ée *v* bevolking v. e. bijenkorf. ~er I *m* bijenstal. II *ov.w* afzetten met plooisel.

rude *bn* 1 ruw, stroef, grof; 2 hobbelig (*chemin* —); 3 moeilijk, vermoeiend, zwaar (— *travail*); 4 ruw, guur (*saison* —); 5 wrang, scherp (*vin* —); 6 bars, streng; 7 geducht, moeilijk te overwinnen (-*adversaire*); 8 verbazend (*un* — *appétit*).

rudesse *v* 1 ruwheid, stroefheid, grofheid; 2 moeilijkheid; 3 guurheid, ruwheid; 4 wrangheid, scherpheid; 5 barsheid.

rudiment *m* 1 grondbeginsel; 2 boekje, dat de eerste beginselen v. e. wetenschap (vooral v. h. Latijn) bevat. ~aire *bn* 1 wat de grondbeginselen betreft; 2 onontwikkeld, nog niet ontwikkeld.

rudoiement, rudoyement *m* ruwe bejegening.

rudoyer *ov.w* ruw bejegenen.

rue *v* straat; *la grande* —, de hoofdstraat; *être vieux comme les* —*s*, stokoud zijn.

ruée *v* stormloop, wilde jacht.

ruelle *v* 1 steegje; 2 ruimte tussen ledikant

en muur; 3 in de 17e eeuw alkoof in dames-slaapkamer.

ruer I *on*.w achteruitslaan v. paarden en ezels. II se ~ zich werpen, zich storten.

rufian, ruffian *m* gemene kerel, verlopen sujet.

rugby *m* rugby.

rugir I *on*.w 1 brullen; 2 loeien v. d. wind. II *ov*.w brullen. **rugissement** *m* 1 gebrul v. leeuw enz.; 2 geloei v. d. storm.

rug/osité v ruwheid. ~ueux, -euse *bn* ruw.

ruine v 1 bouwval, ruïne; 2 verval, instorting; *tomber en* —, instorten; *menacer* —, dreigen in te storten; 3 ondergang, verval (*fig.*), verderf; *courir à sa* —, zijn ondergang tegemoet gaan; 4 oorzaak v. ondergang, v. verderf; 5 verlies v. fortuin, v. goede naam enz.

ruine-maison *m* of v verkwister(ster).

ruiner I *ov*.w 1 verwoesten, tot puin maken; 2 ruïneren; 3 bederven, verwoesten (*fig.*) (— *sa santé*). II se ~ 1 in puin vallen; 2 zich ruïneren.

ruineux, -euse *m* verderfelijk, ruïnerend.

ruisseau [*mv* x] *m* 1 beek; 2 straatgoot; 3 stroom (*des* —*x de larmes*, — *de vin*).

ruissel/ant *bn* druipend. ~er *on*.w druipen, stromen. ~et *m* beekje.

ruissellement *m* het stromen, het druipen.

rumen *m* pens.

rumeur v gedruis, rumoer.

rumin/ant I *bn* herkauwend. II *zn m* herkauwend dier. ~ation, ~ement *m* het herkauwen. ~er I *ov*.w 1 herkauwen; 2 wikken en

wegen. II *on*.w 1 herkauwen; 2 peinzen, ernstig nadenken.

runes v *mv* runen.

rupestre *bn* op rotsen groeiend (*plantes* —*s*).

rupin *bn* (*pop*.) rijk, weelderig.

rupteur *m* stroomverbreker.

ruptile *bn* openspringend (*pl.k*.).

rupture v 1 breuk, het breken; doorbraak (— *d'une digue*); 2 breuk (*fig*.), onenigheid; 3 verbreking, ontbinding (— *de mariage*).

rural [*mv* aux] *bn* landelijk.

ruse v list. rusé *bn* listig, sluw.

ruser *on*.w gebruik maken v. list.

russe I *bn* Russisch. II *zn* R~ *m* of v Rus-(sin). III *m* de Russische taal.

Russie (la) v Rusland.

russifier *ov*.w Russisch maken.

rustaud I *bn* boers, lomp. II *zn m*, -e v lomperd, kinkel, boerendeern.

rusti/cité v 1 landelijkheid; 2 boersheid, lompheid. ~que I *bn* 1 landelijk; 2 lomp, boers; 3 gemaakt uit ruw hout of ruwe steen; ongekunsteld; 4 gehard (v. planten of dieren). II *zn m* 1 het landelijke; 2 boersheid, lompheid.

rustre I *zn m* lomperd. II *bn* lomp, boers.

rut *m* bronstigheid.

rutilant *bn* helrood.

rutiler *on*.w schitteren, glanzen.

rythm/e *m* ritme. ~é *bn* ritmisch. ~er *ov*.w in de maat brengen. ~ique *bn* ritmisch.

S

s *m* of v de letter s; S of St, Ste = *Saint, Sainte*, heilige; S.A. = *Son Altesse* = Zijne of Hare Hoogheid; S.D.N. = *Société des Nations* = Volkerenbond; S. Em. = *Son Eminence* = Zijne Eminentie; S. Exc. = *Son Excellence* = Zijne Excellentie; S.F. = *sans frais* = kosteloos; s.g.d.g. = *sans garantie du gouvernement* = zonder waarborg der regering; S.G. = *Sa Grandeur* = Zijne Hoogwaardige Excellentie (bisschop); S.M. = *Sa Majesté* = Zijne, Hare Majesteit; S.N.C.F. = *Société nationale des Chemins de fer français* = Nationale Franse Spoorwegmaatschappij; SS = *Saints* = heilige; S.S. = *Sa Sainteté* = Zijne Heiligheid; s.v.p. = *s'il vous plaît*, als 't u belieft.

sa zie son.

Saardam *m* Zaandam.

sabbat *m* 1 sabbat; 2 heksenketel.

sabbatique *bn* v. d. sabbat.

Sabin *m*, -e v Sabijn(se); *l'enlèvemement de* —*es*, de Sabijnse maagdenroof.

sable *m* 1 zand; *des* —*s*, zandgronden, duinen; *le marchand de* —, Klaas Vaak; — *mouvant*, drijfzand; 2 sabeldier; 3 sabelbont; 4 sabel (zwart).

sablé I *bn* met zand bedekt. II *zn m* zand-taartje.

sabler *ov*.w 1 met zand bedekken; 2 in zand gieten; 3 zandstralen; 4 ineens leegdrinken.

sabl/erie v zandvormerij. ~eur *m* zandvormer. ~eux, -euse *bn* zandig, zanderig.

sablier *m* 1 zandloper; 2 zandkoker.

sablière v 1 zandgroeve; 2 rib bij timmerwerk; 3 zandkist, zandstrooiwagen.

sablon *m* fijn zand.

sablon/ner *ov*.w met schuurzand reinigen. ~neux, -euse *bn* zandig. ~nier *m* zandverkoper. ~nière v zandgroeve.

sabord *m* de geschutpoort. ~er *ov*.w doorboren v. e. schip onder de waterlinie.

sabot *m* 1 klomp; *en* —*s*, op klompen; 2 hoef; 3 remschoen; 4 drijftol; *dormir comme un* —, slapen als een roos; 5 alge-

mene naam voor iets, wat slecht is (biljart, muziekinstrument, schip enz.).

sabot/age *m* 1 het klompen maken; 2 sabotage. ~er I *on*.w klossen (met klompen). II *ov*.w 1 saboteren; 2 aframmelen (— *un morceau de musique*). ~erie v klompenmakerij. ~eur *m*, -euse v 1 knoeier(ster); 2 saboteur.

sabotier *m*, -ère v klompenmaker(-maakster).

sabotière v klompendans.

saboul/ée v (*fam*.) 1 het door elkaar schudden; 2 uitbrander. ~er *ov*.w 1 door elkaar schudden; 2 afsnauwen, doorhalen.

sabre *m* 1 sabel; *coup de* —, sabelhouw; 2 het sabelschermen; *faire du* —, sabelschermen.

sabrer *ov*.w 1 neersabelen; 2 afroffelen (— *un travail*); 3 doorhalen.

sabretache v sabeltas.

sabreur *m* 1 houwdegen; 2 iem. die zijn werk aframelt.

sac *m* 1 zak; *l'affaire est dans le* —, de zaak is beklonken; — *à papier!*, (*fam*.) drommels!; — *à vin*, dronkaard; *homme de* — *et de corde*, galgeaas; *prendre la main dans le* —, op heterdaad betrappen; 2 ransel; 3 tas; — *à main*, damestasje; — *de voyage*, reistas; *avoir le* — *bien garni*, *avoir le* — (*pop*.), er goed bij zitten; 4 boetekleed; 5 maag, buik, (*pop*.); 6 plundering, vermoording v. d. inwoners v. e. stad (*le* — *d'une ville*); *mettre à* —, plunderen.

saccade v schok, ruk, stoot.

saccadé *bn* hortend, stotend.

saccader *ov*.w aan de teugel rukken.

saccager *ov*.w 1 plunderen; 2 omverhalen.

saccageur *m* plunderaar.

sacchareux, -euse *bn* suikerachtig.

saccharifère *bn* suikerhoudend.

saccharification v omzetting in suiker.

saccharifier *ov*.w in suiker omzetten.

sacchar/ine v sacharine. ~ose v rietsuiker.

sacerdo/ce *m* 1 priesterschap; 2 de geestelijkheid. ~tal [*mv* aux] *bn* priesterlijk.

sachée v zakvol.

sachet *m* 1 zakje; 2. reukkussentje.

sacoche *v* 1 leren geldtas; 2 fietstas; 3 zadeltas; 4 damestasje.

sacramentaire *m* sacramentarium (*R.K.*).

sacramentel, -elle *bn* sacramenteel.

sacre *m* 1 wijding, zalving, inhuldiging; 2 gewetenloze schurk (*pop.*).

sacré I *bn* 1 gewijd, gezalfd; 2 heilig; *histoire sainte*, -e gewijde geschiedenis; *le collège*, het college der kardinalen; *feu —*, geestdrift; 3 (*pop.*) vervloekt, doortrapt (*— menteur*). II *zn m* het heilige.

sacrement *m* 1 sacrament; *fréquenter les —s*, vaak biechten en communiceren; *le saint —*, de H. Eucharistie; 2 huwelijk.

sacrer I *ov.w* wijden, zalven. II *on.w* vloeken.

sacrificateur *m* offerpriester.

sacrificatoire *bn* v. h. offer.

sacrifice *m* 1 offer; *— humain*, mensenoffer; *le saint —*, de heilige mis; 2 opoffering.

sacrifier I *ov.w* offeren, opofferen. II *on.w* offeren. III *se ~* zich opofferen.

sacrilège I *zn m* heiligschennis. II *m* of *v* heiligschenner(ster). III *bn* heiligschennend.

sacripant *m* deugniet, schurk.

sacristain *m* koster.

sacristi!, sapristi! *tw* sakkerloot!, drommels!

sacristie *v* sacristie.

sacro-saint *bn* (dikwijls *ironisch*) zeer heilig.

sacrum *m* heiligbeen.

sadique I *bn* sadistisch. II *zn m* sadist.

sadisme *m* sadisme.

safran *m* 1 saffraanplant; 2 saffraangeel.

safrané *bn* saffraankleurig.

safraner *ov.w* 1 toebereiden met saffraan (*— du riz*); 2 kleuren met saffraan.

safranière *v* saffraankwekerij.

saga *v* Noorse sage.

sagace *bn* scherpzinnig.

sagacité *v* scherpzinnigheid.

sagaie *v* assegaai.

sage I *bn* 1 wijs, verstandig; 2 wijs, gematigd, voorzichtig; 3 kuis, eerbaar; 4 zoet (*enfant —*); *— comme une image*, erg zoet. II *zn m* wijze.

sage†-femme† *v* vroedvrouw.

sagesse *v* 1 wijsheid; 2 wijsheid, gematigdheid, voorzichtigheid; 3 kuisheid, eerbaarheid; 4 zoetheid, gedweeheid.

sagitt/aire I *m* schutter (sterrenbeeld). II *v* pijlkruid. ~al [*mv aux*] *bn* pijlvormig. ~é *bn* pijlvormig (*pl.k.*).

sagou *m* sago. ~ier, ~tier *m* sagopalm.

saignant *bn* bloedend.

saignée *v* 1 aderlating; 2 greppel, geultje; 3 plooi tussen opper- en benedenarm.

saignement *m* (neus)bloeding.

saigner I *ov.w* 1 aderlaten (ook *fig.*); 2 slachten, doden; 3 droog laten lopen. II *on.w* bloeden. III *se ~* zich veel opofferingen getroosten (*se — pour ses enfants*).

saigneur *m* slachter.

saigneux, -euse *bn* bebloed, bloederig.

saillant I *bn* 1 vooruitspringend, uitstekend (*angle —*); 2 treffend, in het oog vallend. II *zn m* uitspringende hoek.

saillie *v* 1 sprong; 2 dekking, paring; 3 uitsteeksel; *faire —*, uitsteken; 4 uitstek, erker; *en —*, vooruitspringend; 5 gril, kuur; 6 geestige zet.

saillir I *on.w* 1 opspatten, opborrelen; 2 uitsteken, vooruitspringen. II *ov.w* dekken.

sain *bn* 1 gezond; *— et sauf*, gezond en wel, heelhuids; 2 gezond, onbeschadigd.

saindoux *m* reuzel.

saint I *bn* heilig; *à la Saint-Glinglin*, met sint-juttemis; *les Lieux —s*, la *Terre —e*, het H. Land; *mercredi —*, *jeudi —*, *vendredi —*, *samedi —*, woensdag enz. in de Goede Week; *la semaine —e*, de Goede Week; *terre —e*, gewijde aarde; *la Sainte-Touche* (*pop.*), de betaaldag. II *zn m*, -e *v* heilige; *la communion des —s*, de gemeenschap der Heiligen; *les —s de glace*, de ijsheiligen; *lasser la patience d'un —*, iem. tureluurs

maken; *les litanies des —s*, de litanie van alle heiligen; *ne savoir à quel — se vouer*, geen raad meer weten; ten einde raad zijn; *il vaut mieux avoir affaire au bon Dieu qu'à ses —s*, men kan zich beter rechtstreeks tot de baas wenden dan tot zijn ondergeschikten. [meusnacht.

Saint-Barthélemie *m*: *la —*, de Bartholo-Saint-Cyrien *m* leerling v. Saint-Cyr (Fr. mil. Academie).

saint-julien *m* bekende bordeauxwijn.

Saint/-Office *m* inquisitierechtbank. ~Père *m* H. Vader. ~-Siège *m* Heilige Stoel.

Saint-Sylvestre *m*: *la —*, oudejaar(-savond).

saisi *m* schuldenaar, wiens bezittingen in beslag genomen zijn.

saisie *v* beslaglegging.

saisie†-exécution† *v* verkoop bij executie.

saisir I *ov.w* 1 grijpen, pakken, vatten; *— au collet*, bij de kraag grijpen; *— l'occasion*, de gelegenheid aangrijpen; 2 aangrijpen, bevangen; 3 in beslag nemen; 4 begrijpen, vatten; 5 zich meester maken van (*— le pouvoir*); 6 *— de*, in het bezit stellen van; 7 *— un tribunal d'une affaire*, een zaak aanhangig maken bij een rechtbank. II *se ~ de* zich meester maken van.

saisiss/able *bn* wat in beslag kan worden genomen. ~ant I *bn* aangrijpend. II *zn m* beslaglegger.

saisissement *m* 1 het bevangen worden door de kou; 2 ontroering, schrik.

saison *v* 1 jaargetijde, seizoen; *— nouvelle*, lente; 2 tijd, waarin iets groeit, waarin men bepaalde bezigheden verricht; 3 kuurtijd; 4 geschikte tijd; *hors de —*, te onpas, ontijdig; *n'être plus de —*, afgedaan Lebben.

saisonnier *bn* seizoen—.

saké, saki, *m* rijstwijn.

salace *bn* wellustig.

salade *v* 1 sla; 2 rommeltje, zootje (*fam.*); 3 ronde helm (*oud*).

saladier *m* 1 slabak; 2 slavergiet.

salage *m* 1 het zouten; 2 (*oud*) zoutbelasting.

salaire *m* 1 loon (vooral v. werklieden); *toute peine mérite —*, de werkman is zijn loon waard; *— à la pièce*, stukloon; 2 beloning; 3 straf.

salamalec *m* diepe buiging, overdreven groet.

salamandre *v* 1 salamander; 2 salamanderkachel.

salami *m* knoflookworst.

salangane *v* zwaluw, die eetbare nesten [maakt.

salanque *v* zoutmoeras.

salant *I bn* zout voortbrengend; *marais —*, zoutmoeras. II *zn m* zoutmoeras.

salari/at *m* loondienst. ~er *ov.w* bezoldigen.

salaud *m*, -e *v* (*pop.*) 1 vuilpoes; 2 gemene vent, gemeen wijf.

salauderie *v* gemeenheid, vuile streek.

sale *bn* 1 vuil; 2 gemeen (*une — affaire*).

salé I *zn m* gezouten varkensvlees; *petit —*, vers pekelvlees. II *bn* 1 gezouten; 2 zout; 3 "schuin", pikant; 4 overdreven (*prix —*); 5 (*fam.*) duur.

saler *ov.w* 1 zouten, inzouten; 2 te duur verkopen; 3 (*fam.*) een uitbrander geven.

saleté *v* 1 vuilheid; 2 gemeenheid; 3 gemeen woord, gemene grap.

saleur *m*, -euse *v* inzouter(ster).

salicole *bn* zout voortbrengend (*industrie —*).

sali/corne *v* zeekraal. ~culture *v* zoutwinning.

salien, -enne I *bn* Salisch; *loi —enne*, Salische wet. II S ~ *zn m*, -enne *v* Saliër, Salische.

sali/ère *v* zoutvat, -vaatje; *— double*, peper-en-zoutvaatje. ~fication *v* zoutvorming. ~fier *ov.w* in zout omzetten.

saligaud *m* (*pop.*) vuilak, smeerpoets, zwijn.

salignon *m* zoutklomp.

salin I *bn* zoutachtig, zilt. II *zn m* zoutmoeras. ~e *v* zoutmijn, zoutpan.

salinier *m* 1 zoutfabrikant; 2 zoutverkoper.

salinité *v* zoutgehalte.

salir *ov.w* vuil maken, bezoedelen.

salissant *bn* 1 vuil makend (*travail —*);

2 besmettelijk (*couleur —e*).

salisson v (*fam.*) vuil meisje.

salissure v vuil, vuiligheid.

salivaire bn wat speeksel betreft.

salivation v speekselvorming.

saliv/e v speeksel; *dépenser beaucoup de —,* veel praten. ~er *on.w* veel speeksel afscheiden, kwijlen.

salle v zaal, groot vertrek; — *des actes,* aula; — *d'armes,* schermzaal; — *d'asile,* kinderbewaarplaats; — *d'audience,* rechtszaal; — *de bains,* badkamer; — à *manger,* eetkamer; — *de police,* politiekamer.

salmigondis m 1 ragoût v. allerlei soorten opgewarmd vlees; 2 allegaartje, poespas.

salmis m ragoût van gebraden wild.

saloir m vleeskuip, zoutvat.

salon m 1 ontvangvertrek; 2 jaarlijkse schilderijen- en beeldhouwtentoonstelling te Parijs; 3 naam v. verschillende tentoonstellingen (*le — de l'automobile enz.*); 4 naam voor verschillende zaken; — *de coiffure,* kapsalon; — *de thé,* tearoom.

salop/ard m (*pop.*) 1 smeerpoes; 2 gemene kerel, schoft. ~e v (*pop.*) smerig wijf. ~er *ov.w* (*pop.*) afknoeien. ~erie (*pop.*) 1 vuiligheid, vuile boel; 2 gemeen praatje; 3 bocht. ~ette v morsjurk, schort, werkbroek, overall.

salpêtre m 1 salpeter; 2 (*dicht.*) buskruit; 3 opgewonden standje.

salpêtrerie v salpeterfabriek.

salpêtreux, -euse bn salpeterhoudend.

salpêtrière v salpeterfabriek.

salpicon m ragoût, bestaande uit verschillende vleessoorten, truffels en champignons.

salsifis m schorseneer (*— d'Espagne, — noir*).

saltimbanque m 1 kunstenmaker; 2 kwakzalver.

salubr/e bn gezond. ~ité v gezondheid; — *publique,* gezondheidsdienst.

saluer *ov.w* 1 (be)groeten; 2 uitroepen tot.

salure v zoutheid.

salut m 1 heil, redding; *Armée du —,* Leger des Heils; 2 eeuwig heil, zaligheid; 3 groet; 4 lof (*R.K.*).

salut/aire bn heilzaam. ~ation v groet, begroeting; *la — angélique,* de Engel des Heren. ~iste m of v heilsoldaat.

salvage m: *droit de —,* strandrecht.

salvateur, -trice bn reddend, heilzaam.

salve v salvo; — *d'applaudissements,* donderende toejuichingen.

salvé m gebed tot de H. Maagd (*R.K.*).

samaritain I bn Samaritaans. II zn m Samaritaan (*le bon —*).

samedi m zaterdag; *le — saint,* zaterdag vóór Pasen.

samovar m Russische theeketel.

sana m afkorting voor sanatorium.

sanatorium m sanatorium.

sanctificat/eur I bn heiligmakend. II zn S~ m H. Geest. ~ion v heiliging.

sanctifier *ov.w* heiligen.

sanction v 1 bekrachtiging; 2 goedkeuring; 3 beloning; 4 straf.

sanctionner *ov.w* 1 bekrachtigen; 2 goedkeuren; 3 bevestigen, staven.

sanctissime bn zeer heilig.

sanctuaire m 1 het Heilige der Heiligen; 2 priesterkoor; 3 heiligdom, kerk.

sanctus m Sanctus (*R.K.*).

sandale v 1 sandaal; 2 schermschoen.

sandalier m sandalenmaker.

sandre v zander, snoekbaars.   [man.

sandwich m sandwich; *homme—*, sandwichman.

sang m 1 bloed; *avoir du — dans les veines,* moedig zijn; *avoir le — chaud,* driftig zijn; *coup de —,* beroerte; *se faire du mauvais —,* zich ergeren; *mettre à feu et à —,* te vuur en te zwaard verwoesten; *pur —,* volbloed; *répandre, verser le —,* bloed vergieten; 2 bloed, leven; *donner son —,* zijn leven geven; *payer de son —,* met zijn leven betalen; 3 bloed, afkomst, geslacht, familie;

les liens du —, de banden des bloeds; *prince du —,* prins van den bloede.

sang-froid m koelbloedigheid; *de —,* in koelen bloede.

sanglant bn 1 bloedig; 2 bloedend; *mort —e,* gewelddadige dood; 3 bloedrood; 4 fel, wreed, grievend (*affront —*).

sangle v riem, singel.

sangler *ov.w* 1 singelen, rijgen, een riem strak aanhalen om; 2 striemen; — *un coup de fouet à qn.,* iem. een zweepslag geven.

sanglier m wild zwijn.

sanglot m snik. ~er *on.w* snikken.

sang-mêlé m halfbloed.

sangsue v 1 bloedzuiger; 2 uitzuiger.

sanguification v bloedvorming.

sanguin bn 1 wat bloed betreft; *vaisseaux —s,* bloedvaten; 2 volbloedig, sanguinisch; 3 bloedrood. ~aire bn bloeddorstig.

sanguine v 1 rood krijt; 2 roodkrijttekening; 3 soort rode edelsteen; 4 bloedsinaasappel.

sanieux, -euse bn etterachtig.

sanitaire I bn wat het behoud v. d. gezondheid betreft. II zn m hospitaalsoldaat.

sans I vz zonder; — *cela, — quoi,* anders; — *cesse,* onophoudelijk; — *doute,* ongetwijfeld, zeker. II — *que* vw zonder dat.

sans-cœur m (*fam.*) lafaard.

sanscrit m Sanskriet.

sans-/culotte m republikein in Frankrijk omstreeks 1792. ~-fil m draadloze telefonie, - telegrafie, radio. ~-filiste m radioluisteraar. ~-gêne m ongegeneerdheid. ~-le-sou m (*fam.*) arme drommel.

sansonnet m 1 spreeuw; 2 (*fam.*) gendarme.

sans-souci I zn m (*fam.*) 1 zieltje zonder zorg; 2 zorgeloosheid. II bn zorgeloos.

santal m sandelhout.

santé v 1 gezondheid; à *votre —,* op uw gezondheid! *maison de —,* inrichting voor zenuwlijders; verpleeginrichting; *officier de —,* iem., die vóór 1892 dokterspraktijk mocht uitoefenen zonder titel; 2 toast, dronk; *porter une —,* een dronk uitbrengen; 3 *la —,* bekende gevangenis in Parijs.

santonine v wormkruid.

saoul zie **soûl**; **saouler** zie **soûler**.

sapajou m mormel.

sape v 1 soort loopgraaf; 2 (*fig.*) ondermijning. ~ment m ondermijning.

saper *ov.w* 1 ondermijnen (ook *fig.*); 2 maaien met een kleine zicht.

sapeur m sapeur, geniesoldaat.

sapeur†-pompier† m brandweerman.

saphir m saffier. ~ine v blauwe agaat.

sapide bn smakelijk.

sapidité v smakelijkheid.

sapience v (*oud*) wijsheid; *livre de la S~,* boek der Wijsheid.

sapientiaux m mv boeken der Wijsheid.

sapin m 1 spar; —*blanc,* zilverspar; *— de Noël,* kerstboom; 2 vurenhout; 3 (*pop.*) doodkist; 4 (*pop.*) huurrijtuig.

sapine v 1 vuren plank of balk; 2 tobbe v. vurenhout; 3 hijstoestel voor het omhoogbrengen v. bouwmaterialen.

sapinière v sparrenbos.

sapon/acé bn zeepachtig. ~ification v verzeping. ~ifier *ov.w* verzepen.

sapristi tw drommels, sakkerloot.

sar, sart m zeewier.

sarabande v 1 langzame dans uit de 17e en 18e eeuw; 2 muziek bij deze dans; 3 (*fam.*) wilde dans, luidruchtig spel.

sarbacane v blaasroer, proppeschieter.

sarcasme m sarcasme, bijtende spot.

sarcastique bn sarcastisch, bijtend.

sarcelle v taling.

sarcl/age m het wieden. ~er *ov.w* wieden. ~eur m, -euse v wieder(ster). ~oir m schoffel. ~ure v uitgewied onkruid.

sarcome m vleesgezwel, sarcoom.

sarcophage m 1 stenen doodkist; 2 gedeelte v. grafmonument dat doodkist voorstelt.

sarde I bn Sardinisch. II zn S~ m of v Sardiniër, Sardinische.

sardin/e v 1 sardientje; 2 (fam.) sergeants-streep. ~**erie** v sardineninmakerij.

sardinier m 1 sardinenvisser; 2 werkman in sardineninmakerij; 3 sardinenet; 4 boot voor de sardinenvangst.

sardonien, -enne, sardonique bn schamper (rire —).

sarigue m of v buidelrat.

sarment m houtachtige rank, wijngaardrank.

sarmenteux, -euse bn rijk aan ranken.

sarracénique bn Saraceens.

sarrasin I zn m 1 boekweit; 2 S ~ Saraceen. **II** bn Saraceens. ~**e** v valpoort.

sarrau m 1 lange boerenkiel; 2 morsschort.

sarrois I bn uit het Saargebied. **II** S ~ m, -e v bewoner, bewoonster v. h. Saargebied.

sas m 1 zeef; 2 sluiskolk.

sasse v hoosvat.

sassement m het zeven.

sassenage m bekende Fr. kaassoort.

sasser ov.w 1 zeven; — et ressasser, wikken en wegen; 2 schutten v. e. schip.

sasseur m, -euse v I zifter(ster). **II** m zeeftoestel.

satané bn duivels, drommels.

satan/ique bn duivels, satanisch. ~**isme** m 1 duivels karakter; 2 satansdienst.

satellite m 1 handlanger, trawant; 2 bijplaneet, maan; 3 kunstmaan.

satiété v verzadiging, walging.

satif, -ive bn wat het zaaien betreft; plante —ive, zaaiplant.

satin m satijn; peau de —, zachte huid.

satinage m het satineren, het glanzen.

satiné I bn glanzend, zacht (peau —e). **II** zn m satijnglans.

satin/er ov.w satineren, glanzen. ~**ette** v satinet. ~**eur** m satineerder.

satire v satire, hekeldicht.

satirique I bn satirisch, hekelend, spottend. **II** zn m hekeldichter.

satiriser ov.w hekelen.

satisfact/ion v voldoening; donner —, genoegdoening geven. ~**oire** bn dat uitboet, dat genoegdoening geeft.

satisfaire I ov.w onr. voldoen, bevredigen (— ses passions); — l'attente, aan de verwachtingen voldoen. **II** on.w — à, voldoen aan.

satisfaisant bn voldoend, bevredigend.

satisfait bn voldaan, tevreden.

satrape m 1 satraap; 2 despotisch rijk heer.

saturabilité v verzadigbaarheid.

saturable bn verzadigbaar.

saturant bn verzadigd (vapeur —e).

satur/ation v verzadiging. ~**é** bn verzadigd. ~**er** ov.w verzadigen.

saturnales v mv saturnaliën.

saturnien, -enne bn van Saturnus.

saturnisme m loodvergiftiging.

satyre m 1 sater, bosgod; 2 cynisch wellusteling.

satyrique bn van de saters (danse —).

sauce v 1 saus; il n'est — que d'appétit, (spr. w), honger is de beste saus; 2 doezelkrijt.

saucée v (pop.) 1 regenbui; 2 pak ransel.

sauc/er ov.w 1 sausen; 2 (fam.) doornat maken (la pluie l'a saucé); 3 (fam.) een uitbrander geven. ~**ier** m sausenbereider.

saucière v sauskom.

sauciss/e v 1 worst; ne pas attacher ses chiens avec des —s, erg gierig zijn; 2 kabelballon (mil.). ~**on** m 1 dikke, sterk gekruide worst; 2 vuurpijl.

sauf, -ve bn veilig, behouden; avoir la vie —ve, er heelhuids afkomen; l'honneur est —, de eer is gered; sain et —, gezond en wel, heelhuids.

sauf vz 1 uitgezonderd, behalve; — votre respect, met permissie; 2 behoudens; — erreur, vergissing voorbehouden.

sauf-conduit† m vrijgeleide.

sauge v salie (pl.k.).

saugrenu bn ongerijmd, zot.

saulaie, saussaie v wilgenbosje.

saule m wilg; — pleureur, treurwilg.

saulée v rij wilgen.

saumon I zn m zalm. **II** bn zalmkleurig.

saumoné bn met zalmkleurig vlees; truit —e, zalmforel.

saumur/age m het pekelen. ~**e** v pekel.

saun/age m, —aison v 1 zoutwinning; 2 zoutverkoop. ~**er** on.w zout winnen. ~**erie** v zoutziederij.

saunier m 1 zoutzieder; 2 zouthandelaar.

saunière v zoutbak.

saupiquet m soort pikante saus.

saupoudr/er ov.w 1 bestrooien; 2 (fig.) doorspekken. ~**oir** m strooier.

saur, sor bn: hareng —, bokking.

saurer, saurir ov.w roken.

saurin m verse bokking.

saurissage m het bokking roken.

saurisserie, saurerie v bokkingrokerij.

saurisseur m bokkingroker.

saussaie v zie saulaie.

saut m 1 sprong; au — du lit, bij het opstaan; — périlleux, salto mortale; de plein —, ineens; 2 waterval in een rivier.

saute v: — de vent, het uitschieten v. d. wind; — d'humeur, plotselinge verandering [v. humeur.

sauté m gebakken vlees.

sautée v sprong(wijdte).

saute-mouton m haasje-over.

sauter I on.w 1 springen; — aux nues, driftig worden; faire — qn., iem. van zijn betrekking beroven; faire — un poulet, een kip braden, terwijl men ze geregeld omkeert; — d'un sujet à l'autre, van de hak op de tak springen; — aux yeux, in het oog springen, duidelijk zijn; 2 in de lucht vliegen; faire — la cervelle à qn., iem. door zijn hoofd schieten; 3 een klas overspringen. **II** ov.w 1 springen over (— un fossé); 2 overslaan.

sauterelle v sprinkhaan.

sauterie v huiselijk dansavondje.

sauternes m bekende witte bordeauxwijn.

saute-ruisseau m loopjongen bij advocaat, notaris enz.

sauteur, -euse I bn springend. **II** zn m 1 springer; 2 springpaard; 3 weerhaan (fig.). **III** -euse v 1 huppeldans; 2 braadpan.

sautill/ement m gehuppel. ~**er** on.w huppelen.

sautoir m 1 springplaats; 2 braadpan; 3 over de borst gekruist halsdoekje.

sauvage I zn m 1 wilde; 2 mensenschuw persoon. **II** bn 1 wild; 2 woest, onbebouwd; 3 mensenschuw.

sauvageon m wilde, ongeënte vruchtboom.

sauvag/erie v 1 wildheid; 2 (mensen)schuwheid. ~**esse** v wilde (vrouw). ~**in** bn met een wildsmaak, met een wildlucht.

sauvegarde v 1 bescherming; 2 vrijgeleide.

sauvegarder ov.w beschermen, waarborgen.

sauve-qui-peut m wilde vlucht.

sauver I ov.w 1 redden; — les apparences, de schijn redden; 2 redden, zaligmaken, verlossen. **II** se ~ 1 zich redden; 2 er vandoor gaan; 3 zalig worden.

sauvet/age m redding; bateau de —, reddingsboot. ~**eur I** m redder. **II** bn reddend; bateau —, reddingsboot.

sauveur m 1 redder; 2 S ~, Heiland.

savamment bw op geleerde wijze, als een [kenner.

savane v savanne.

savant I bn 1 geleerd; 2 knap, kundig; chien —, hond, die kunstjes kent. **II** zn m, -e v geleerde. ~**asse** m (fam.) schijngeleerde.

savantissime bn (fam.) erg geleerd.

savarin m soort ronde taart.

savate v 1 oude schoen, slof; traîner la —, arm zijn; 2 onhandig mens, knoeier.

saveter ov.w verknoeien.

savetier m 1 schoenlapper; 2 (pop.) knoeier.

saveur v smaak.

savoir I ov.w onr. 1 weten; (à) —, namelijk; que je sache, voor zover ik weet; 2 kennen; — par cœur, van buiten kennen, 3 kunnen; *je ne saurais vous le dire,* ik kan het u niet zeggen; 4 vernemen. II *on.w* weten. III se ~ bekend worden. IV *zn m* wetenschap, kennis.

savoir-faire *m* bekwaamheid, handigheid.

savoir-vivre *m* kunst van zich gemakkelijk bewegen; beschaving.

savoisien, -enne I *bn* uit Savoye. II *zn* S ~ m, **-enne** *v* bewoner, bewoonster v. Savoye.

savon *m* 1 zeep; — *dentrifice,* tandpasta; 2 stuk zeep (*ook pain de —*); 3 het wassen met zeep; 4 (*fam.*) flinke uitbrander.

savonnage *m* het wassen met zeep.

savonner *ov.w* 1 met zeep wassen; 2 inzepen; 3 (*fam.*) een flinke uitbrander geven.

savon/nerie *v* 1 zeepfabriek; 2 zeepfabricage; 3 soort tapijt. ~**nette** *v* toiletzeep. ~**neux, -euse** *bn* zeepachtig. ~**nier, -ère** I *bn* wat zeep betreft. II *zn m* zeepzieder.

savour/er *ov.w* smaken, langzaam genieten van, langzaam proeven. ~**eux, -euse** *bn* smakelijk, heerlijk, aangenaam.

savoyard I *bn* uit Savoye. II *zn* S ~ m, -e *v* bewoner, bewoonster v. Savoye.

saxatile *bn* op rotsen levend, groeiend.

Saxe (la) *v* Saksen.

saxe *m* Saksisch porselein.

saxifrage *v* steenbreek (*pl.k.*).

saxon, -onne I *bn* Saksisch. II S ~ m, -**onne** *v* Sakser, Saksische.

saxophone *m* saxofoon.

sayette *v* sajet.

scabieuse *v* scabiosa (*pl.k.*).

scabieux, -euse *bn* schurftachtig.

scabreux, -euse *bn* 1 ruw, hobbelig (*chemin —*); 2 gevaarlijk; 3 gewaagd, ,,schuin".

scalde *m* skald.

scalène *bn* ongelijkzijdig (*triangle —*).

scalp, scalpe *m* scalp.

scalpel *m* ontleedmes.

scalper *ov.w* scalperen.

scandale *m* 1 ergernis; 2 schandaal.

scandaleusement *bw* ergerlijk.

scandaleux, -euse *bn* ergerlijk, schandalig.

scandaliser I *ov.w* ergeren, aanstoot geven aan. II se ~ zich ergeren.

scander *ov.w* scanderen.

Scandinavie (la) *v* Scandinavië.

scandinave I *bn* Scandinavisch. II *zn* S ~ m of *v* Scandinaviër, Scandinavische.

scaphandre *m* 1 duikerpak; 2 zwemvest.

scaphandrier *m* duiker.

scapulaire I *zn m* 1 scapulier; 2 schouderband. II *bn* van de schouder.

scarabée *v* mestkever.

scarification *v* insnijding, inkerving.

scarifier *ov.w* kerven, insnijdingen maken.

scarlatine I *zn v* roodvonk. II *bn*: *fièvre —,* roodvonk.

scatolog/ie *v* vuilschrijverij. ~**ique** *bn* vuil.

sceau [*mv* x] *m,* scel *m* 1 stempel, zegel; *garde des —x,* grootzegelbewaarder; *sceau-de-Salomon,* Salomonszegel (*pl.k.*); 2 stempel, kenmerk.

scélérat I *bn* snood, schelmachtig, schurkachtig. II *zn m,* -**e** *v* 1 schelm, schurk, snodaard; 2 deugniet.

scélératesse *v* schanddaad, schurkachtigheid.

scellage *m* verzegeling.

scell/é *m* zegel; *apposer les —s,* gerechtelijk verzegelen. ~**ement** *m* inmetseling.

sceller *ov.w* 1 (ver)zegelen; 2 in-, vastmetselen; 3 vastgieten.

scénario *m* scenario.

scénariste *m* scenarioschrijver.

scène *v* 1 toneel (waar gespeeld wordt); *entrer en —,* opkomen; *mettre en —,* ten tonele voeren; *metteur en —,* regisseur; 2 plaats v. handeling; *la — se passe à Paris,* het stuk speelt te Parijs; 3 toneel als onderdeel v. e. bedrijf; 4 toneelkunst; 5 standje; 6 schouwspel; 7 twist.

scénique *bn* v. h. toneel; *art —,* toneelkunst.

scepticisme *m* twijfelzucht.

sceptique I *bn* sceptisch, twijfelend. II *zn m*

of *v* scepticus, twijfelaar(ster).

sceptre *m* 1 scepter; 2 koningschap.

schah, shah, chah *m* sjah v. Perzië.

schako *m* sjako.

schelem *m* slem.

schéma, schème *m* schema.

schématique *bn* schematisch.

schématiser *ov.w* schematisch voorstellen.

schématisme *m* schematisch karakter.

schiedam *m* Hollandse jenever.

schism/atique I *bn* schismatisch. II *zn m* of *v* scheurmaker(-maakster). ~**e** *m* 1 schisma; 2 verschil v. mening, tweespalt.

schlittage *m* het vervoeren v. hout per slee.

schlitt/e *v* houtslee. ~**er** *ov.w* hout langs een helling vervoeren per houtslee.

schlitteur *m* houtsleder.

schnaps *m* (*fam.*) brandewijn, cognac.

schnick *m* (*pop.*) slechte brandewijn, -cognac.

schooner *m* schoener (*scheepv.*).

sciage *m* het zagen; *bois de —,* zaaghout.

sciatique I *bn* van de heup. II *zn v* heupjicht.

scie *v* 1 zaag; — *à bras,* handzaag; — *anglaise,* figuurzaag; — *à ruban,* lintzaag; 2 zaagvis; 3 iets, dat verveelt, doordat het telkens terugkomt; afgezaagde mop, afgezaagd deuntje.

sciemment *bw* willens en wetens.

science *v* wetenschap, kennis; *de — certaine,* uit zekere bron; *les —s exactes,* de wis- en natuurkundige wetenschappen.

sci/er *ov.w* 1 zagen, doorzagen; 2 — (*le dos à*) *qn.,* iem. ,,doorzagen". ~**erie** *v* zagerij. ~**eur** *m* zager. ~**euse** *v* zaagmachine.

scind/ement *m* splitsing. ~**er** *ov.w* splitsen.

scintill/ant *bn* schitterend, fonkelend. ~**ation** *v,* ~**ement** *m* fonkeling, schittering.

scintiller *on.w* fonkelen, flikkeren.

sciographie *v* verticale doorsnede.

scion *m* 1 twijg, loot; 2 ontluikende knop; 3 hengeltop.

scissile *bn* splijtbaar.

scission *v* scheuring, verdeeldheid, splitsing.

scissure *v* kloof, spleet, scheur.

sciure *v* zaagsel.

sclérose *v* verharding, verkalking (*med.*).

sclérosé *m,* -e *v* lijder(es) aan verkalking.

sclérotique *v* hard oogvlies, oogwit.

scolaire *bn* v. d. school; *année —,* schooljaar.

scolarité *v* schoolcursus, schoolbezoek.

scolastique I *bn* 1 schools; 2 betrekking hebbend op middeleeuwse universiteiten. II *zn m* scholastisch wijsgeer. III *v* scholastiek, middeleeuwse wijsbegeerte.

scoliose *v* zijdelingse ruggegraatsvergroeiing.

scombre *m* makreel.

sconse *m,* sconce *m,* skunks *m* skunk.

scops *m* ransuil.

scorbut *m* scheurbuik.

scorbutique I *bn* wat scheurbuik betreft. II *m* of *v* scheurbuiklijder(es).

score *m* score.

scorie *v* metaalslak(ken).

scorpion *m* schorpioen.

scorsonère *v* schorseneer (*pl.k.*).

scout *m* padvinder, verkenner.

scoutisme *m* padvinderij, verkennerij.

scribe *m* afschrijver.

scribouillard *m* (*pop.*) pennelikker.

scriptur/aire *bn* wat schrift of de H. Schrift betreft. ~**al** [*mv* aux] *bn* wat de H. Schrift betreft.

scrofule *v* kliergezwel.

scrofuleux, -euse I *bn* klierachtig. II *zn m,* -**euse** *v* klierachtig persoon.

scrupule *m* 1 gewetensbezwaar; *sans —s,* gewetenloos; 2 nauwgezetheid.

scrupuleusement *bw* nauwgezet, angstvallig.

scrupuleux, -euse *bn* nauwgezet, angstvallig.

scrutateur I *bn* (na)vorsend. II *zn m* navorser. III ~s *m mv* stemopnemers.

scruter *ov.w* onderzoeken, navorsen, doorgronden.

scrutin *m* 1 stemming; *second tour de —,* herstemming; 2 stembus.

scrutiner *on.w* stemmen.

sculpter *ov.w* beeldhouwen, beelden snijden.

sculpteur *m* beeldhouwer; beeldensnijder.

sculptur/al [*mv aux*] *bn* 1 van de beeldhouw-kunst; 2 waard, gebeeldhouwd te worden (*beauté* —*e*). ~e *v* 1 beeldhouwkunst; 2 beeldhouwwerk.

scutiforme *bn* schildvormig.

se *vnw* 1 zich, elkaar; 2 in lijdende zinnen (onvertaald): *la porte s'ouvre*, de deur wordt geopend.

séance *v* 1 zitting; — *tenante*, op staande voet; 2 tijd, gedurende welke men poseert voor een schilder enz.; 3 tijd, gedurende welke men ergens mee bezig is, les, uitvoering enz.; *faire une longue — à table*, lang tafelen.

séant I *bn* 1 behoorlijk, passend; 2 zitting-houdend. II *zn m* achterste; *se mettre sur son* —, overeind gaan zitten.

seau [*mv x*] *m* emmer; *il pleut à —x*, het regent, dat het giet.

sébile *v* centenbakje.

sec, sèche I *bn* 1 droog; *fruit* —; leerling, die zijn eindexamen niet heeft gehaald; *perte sèche*, zuiver verlies; 2 dor; *bois* —, dood hout; 3 schraal, mager (*homme* —); 4 on-gevoelig (*cœur* —); 5 kort, bars (*réponse sèche*); *bruit* —, kort, knappend geluid; 6 niet zoet (*vin* —). II *bw* 1 kortaf, bars (*répondre* —); 2 onaangelengd; *boire* —, wijn zonder water drinken; er niet in spu-wen. III *zn m* het droge, droogte; *être à* —, platzak zijn; *mettre à* —, droogleggen.

sécable *bn* snijdbaar, deelbaar.

sécant I *bn* snijdend. II -e *zn v* snijlijn.

sécateur *m* snoeischaar.

sécession *v* afscheiding.

séchage *m* droging.

sèche *v* 1 zandplaat; 2 (*pop.*) sigaret. ~ment *bw* 1 droog; 2 bars, koel, kortaf (*répondre* —).

sécher I *ov.w* 1 drogen, uitdrogen, afdrogen; 2 droogleggen; 3 verdorren. II *on.w* 1 droog worden, uitdrogen; 2 verdorren; 3 verteren v. verdriet enz.; 4 (*arg.*) spijbe-len. III *se ~* 1 droog worden; 2 verdorren; 3 ophouden te vloeien (*la pluie sécha*).

sécheresse *v* 1 droogte; 2 dorheid; 3 bars-heid; 4 koelheid, ongevoeligheid.

sécherie *v* droogplaats.

sécheur *m*, sécheuse *v* droogtoestel.

séchoir *m* droogplaats, droogrek enz.

second I *bn* tweede; —*e vue*, helderziendheid. II *zn m* 1 tweede; 2 secondant; 3 tweede ver-dieping; 4 tweede stem; 5 eerste stuurman.

secondaire *bn* 1 bijkomstig, ondergeschikt; 2 secundair (*aardr.k.*); 3 *enseignement* —, middelbaar onderwijs.

seconde *v* 1 op één na hoogste klasse; 2 se-conde; 3 secunde (*muz.*); 4 revisie (tweede drukproef). ~*ment bw* ten tweede.

seconder *ov.w* helpen, bijstaan.

sécot, -e *bn* (*fam.*) mager, schraal.

secouage *m* het (uit)schudden.

secouer I *ov.w* 1 schudden, afschudden, uit-schudden; 2 aangrijpen (*fig.*); 3 wakker schudden. II *se ~* aanpakken, zich ver-mannen.

secourable *bn* behulpzaam, dienstig.

secourir *ov.w onr.* helpen, bijstaan.

secours I *m* hulp, bijstand, ondersteuning; *au —!*, help!; *aller au —, venir au —*, te hulp komen. II *les ~ m mv* hulptroepen.

secousse *v* schok; *par —s*, met horten en stoten.

secret, -ète I *bn* 1 geheim, verborgen; 2 stil-zwijgend, gesloten. II *zn m* 1 geheim; *en —*, heimelijk; — *de polichinelle*, geheim, dat iedereen kent; 2 geheimhouding; 3 een-zame opsluiting (*mettre un prisonnier au —*).

secrétair/e I *m* of *v* secretaris(-esse); — *d'Etat*, staatssecretaris; — *de mairie*, gemeentesecretaris. II *m* secrétaire, schrijf-kast. ~*erie v* secretariaat, kanselarij.

secrétariat *m* 1 secretarisschap, secretariaat;

2 secretarie.

secrètement *bw* heimelijk.

sécréter *ov.w* af-, uitscheiden.

sécréteur, -euse, -rice *bn* af-, uitscheidend.

sécrétion *v* uit-, afscheiding.

sécrétoire *bn* afscheidend (*organe* —).

sectaire I *bn* dwepend. II *zn m* dweper.

sect/ateur *m* aanhanger. ~*e v* sekte.

secteur *m* 1 sector; 2 elektr. net.

section *v* 1 het snijden; 2 doorsnede, snij-vlak; 3 afdeling; 4 sectie (*mil.*).

sectionnement *m* het in secties verdelen.

sectionner *ov.w* in secties verdelen.

séculaire *bn* 1 eeuwenoud, zeer oud; 2 iedere eeuw plaats vindend; *fête* —, eeuwfeest.

séculairement *bw* sinds eeuwen.

séculari/sation *v* het in handen brengen van leken. ~*ser ov.w* in handen van leken bren-gen. ~*té v* 1 stand der wereldheren.

séculier, -ière I *bn* 1 in de wereld (v. geeste-lijken); 2 werelds; 3 wereldlijk; *le bras* —, de wereldlijke macht. II *zn m* leek.

secundo *bw* ten tweede. [veilig.

sécurité *v* veiligheid, gerustheid; *en toute* —,

sédatif, -ive I *bn* pijnstillend. II *zn m* pijn-stillend middel.

sédation *v* bedaring (*med.*).

sédentaire *bn* 1 zittend; 2 huiselijk; 3 blij-vend, aan vaste plaats gebonden.

sédentarité *v* zittend leven.

sédiment *m* neerslag, bezinksel.

sédimentaire *bn* wat bezinking betreft.

sédimentation *v* bezinking.

séditi/eusement *bw* oproerig. ~*eux, -euse I bn* oproerig. II *zn m* oproerling.

sédition *v* oproer, opstand.

séducteur, -trice I *bn* verleidend, verleidelijk. II *zn m*, -trice *v* verleider(ster).

séduction *v* verleiding, verleidelijkheid.

séduire *ov.w onr.* verleiden, bekoren.

séduisant *bn* verleidelijk, aantrekkelijk.

sédum *m* vetkruid.

segment *m* 1 segment; —*s de piston*, zuiger-veren; 2 lid v. e. insekt.

segmentaire *bn* uit segmenten bestaand.

segmentation *v* verdeling in segmenten.

segmenter *ov.w* in segmenten verdelen.

ségrégatif, -ive *bn* afscheidend.

ségrégation *v* afscheiding, afzondering.

seiche, sèche *v* inktvis.

seigle *m* rogge.

seigneur *m* 1 heer, edelman; *à tout — tout honneur* (spr.w) ere, wie ere toekomt; *faire le* —, de grote heer uithangen; *être maître et* — *chez soi*, thuis de baas zijn; 2 S~: *le* —,God, de Heer; *Notre* —, Jesus Christus.

seigneuri/age *m* muntrecht. ~*al* [*mv aux*] *bn* heerlijk; *droits —aux*, heerlijke rechten.

seigneurerie *v* 1 heerlijkheid; 2 *Votre S* —, Uwe Heerlijkheid.

seille *v* houten emmer, - vat.

sein *m* 1 borst; 2 moederschoot, schoot; *le — de l'Eglise*, de schoot der Kerk; 3 bin-nenste (*le — de la terre*); 4 hart, ziel.

seing *m* handtekening.

séisme *m* aardschok.

seiz/aine *v* zestiental. ~*e tlw* 1 zestien; 2 zes-tiende. ~*ième I tlw* zestiende. II *zn m* of *v* zestiende. III *m* zestiende deel. ~*ièmement bw* ten zestiende.

séjour *m* 1 verblijf; 2 verblijfplaats; *céleste* —, hemel; *infernal* —, *noir* —, *sombre* —, *ténébreux* —, hel.

séjourner *on.w* 1 verblijven, vertoeven, loge-ren; 2 stilstaan v. water.

sel *m* 1 zout; — *gris*, — *de cuisine*, grof zout; 2 geestigheid, pit; *gros* —, grove aardig-heid; 3 *les —s*, het vlugzout.

sélect *bn* (*fam.*) uitgezocht, fijn.

sélecteur *m* — *de canaux*, kanaalkiezer.

sélectif, -ive *bn* selectief (radio).

sélection *v* 1 keus; 2 teeltkeus.

sélectionner *ov.w* uitkiezen.

sélectivité *v* selectiviteit (radio).

sellage *m* zadeling.

selle v 1 zadel; *cheval de* —, rijpaard; *être bien en* —, stevig te paard zitten, een vaste betrekking hebben; 2 ontlasting; stoelgang; 3 wasplank; 4 rugstuk (— *de mouton,* — *d'agneau).*

seller I *ov.w* zadelen. II *on.w* ~ hard en brokkelig worden van kleigrond.

sellerie v 1 zadelmakerij; 2 zadelhandel; 3 bergplaats voor zadels en tuig.

sellette v 1 beklaagdenbank; 2 schoenpoetserskistje.

sellier *m* zadelmaker.

selon I *vz* volgens, naar; *c'est* —, dat hangt ervan af. II *vw:* — *que,* naar gelang.

semailles *v.mv* het zaaien; *temps des* —s, zaaitijd.

semaine v 1 week; *être de* —, de week hebben; — *sainte,* Goede Week; 2 weekloon; 3 zakgeld v. e. week; 4 armband bestaande uit zeven schakels.

semaison v zaaitijd.

sémantique I v leer der woordbetekenissen. II *bn* wat op deze leer betrekking heeft.

sémaphore *m* 1 seinpaal; 2 kusttelegraaf.

sémaphorique *bn* wat seinpaal, wat kusttelegraaf betreft (*signal* —).

semblable I *bn* dergelijk, zulk, gelijkvormig. II *zn m* of v weerga, gelijke. III *m* evenmens. ~**ment** *bw* insgelijks, evenzo.

semblant *m* schijn; *faire* — *de,* doen alsof, voorwenden; *ne faire* — *de rien,* niets laten merken.

sembler *on.w* en *onp.* schijnen, lijken; *que vous en semble?,* wat dunkt u er van?; *si bon vous semble,* als u het goed vindt.

séméiologie v leer der ziektesymptomen.

semelle v 1 zool; 2 voetbreedte; *ne pas avancer d'une* —, geen steek opschieten; *ne pas reculer d'une* —, geen duimbreed wijken; 3 onderlaag.

sem/ence v 1 zaad; *blé de* —, zaaikoren; 2 kopspijkertje; 3 zeer klein pareltje; 4 zaad, oorzaak. ~**er** *ov.w* 1 zaaien; bezaaien; *il faut* — *pour récolter* (*spr.w*), voor wat hoort wat; 2 strooien; bestrooien; 3 verspreiden (— *de faux bruits*); 4 (*pop.*) wegsturen, zich handig afmaken van.

semestre *m* 1 tijdvak v. zes maanden; 2 halfjaarlijks salaris; 3 verlof v. e. half jaar.

semestriel, -elle *bn* 1 halfjaarlijks; 2 voor de duur van een half jaar.

semeur I *m*, **-euse** v 1 zaaier(ster); 2 verspreider(ster); II **-euse** v zaaimachine.

sémillant *bn* levendig, dartel.

semi-lunaire *bn* in de vorm v. e. halve maan.

semi-mensuel *bn* halfmaandelijks.

séminaire *m* 1 seminarie; 2 seminarietijd.

séminal [*mv aux*] *bn* van het zaad.

séminariste *m* seminarist.

sémination v zaadverstuiving.

semi-rigide *bn* half-stijf (v. luchtschip).

semis *m* 1 het zaaien; 2 zaaibed.

sémit/e *m* Semiet. ~**ique** *bn* Semitisch. ~**isme** *m* semitisme.

semoir *m* 1 zaaizak; 2 zaaimachine.

semonc/e v vermaning. ~**er** *ov.w* vermanen.

semoule v griesmeel.

sempiternel, -elle *bn* eeuwig.

sempiternellement *bw* uit den treure.

sénat *m* 1 senaat; 2 Eerste Kamer.

sénateur *m* 1 senator; 2 Eerste- Kamerlid.

sénatorial [*mv aux*] *bn* v. d. senaat.

séné *m* sennebladen.

sénéchal [*mv aux*] *m* drost, hofmaarschalk.

sénégalais I *bn* Senegalees. II *zn* S ~ *m,* -e v Senegalees(-lese).

sénégalien, -enne *bn* Senegalees.

sénestre, sénestré *bn* links.

sénevé *m* zwart mosterdzaad.

sénile *bn* v. d. ouderdom.

sénilité v ouderdomszwakte.

sens *m* 1 zintuig; *plaisirs des* —, zingenot; 2 zin, gevoel; 3 verstand; *bon* —, gezond verstand; — *commun,* gezond verstand; 4 mening, oordeel; *à mon* —, naar mijn

mening; 5 betekenis; *vide de* —, zinloos; 6 kant, zijde; — *dessus dessous,* onderstoboven; — *devant derrière,* achterstevoren; 7 richting; *dans tous les* —, in alle richtingen; — *unique,* éénrichtingsverkeer.

sensass' *bn se* (*arg.*) geweldig.

sensation v 1 gewaarwording; 2 opschudding; *faire* —, opzien baren.

sensationnel, -elle *bn* opzienbarend.

sensé *bn* verstandig.

sensibilisateur, -trice *bn* gevoelig makend (b.v. van fotografisch bad).

sensibilisation v het gevoelig maken.

sensibiliser *ov.w* gevoelig maken.

sensibilité v gevoeligheid.

sensible *bn* 1 gevoelig; 2 waarneembaar; *! e monde* —, de stoffelijke wereld; 3 merkbaar, duidelijk (*amélioration* —); 4 levendig (*plaisir* —); smartelijk (*chagrin* —).

sensiblement *bw* 1 merkbaar, duidelijk; 2 levendig, diep (*être* — *ému*).

sensiblerie v (*fam.*) overgevoeligheid.

sensitif, -ive *bn* 1 zinnelijk; 2 v. h. gevoel.

sensitive v kruidje-roer-mij-niet (ook *fig.*).

sensoriel, -elle *bn* zintuiglijk.

sensorium *m* zetel der gewaarwordingen.

sensu/alisme *m* zinnelijkheid. ~**alité** v zinnelijkheid. ~**el, -elle** *bn* zinnelijk.

sente v pad.

sentenc/e v 1 vonnis; uitspraak; — *de mort,* doodvonnis; 2 (zin)spreuk. ~**ieusement** *bw* deftig; als iem. die de wijsheid in pacht heeft. ~**ieux, -euse** *bn* vol spreuken; deftig, schoolmeesterachtig (*ton* —).

senteur v reuk, geur; *pois de* —, lathyrus.

sentier *m* voetpad.

sentiment *m* 1 gevoel, bewustzijn, gewaarwording; *avoir* — *de sa force,* zich zijn kracht bewust zijn; 2 mening, gevoelen (*changer de* —); 3 liefde.

sentimental [*mv aux*] *bn* sentimenteel.

sentimentalité v sentimentaliteit.

sentine v poel (*fig.*), broeinest.

sentinelle v schildwacht; — *perdue,* verloren, afgelegen post.

sentir I *ov.w onr.* 1 voelen; 2 gevoelen; 3 ruiken, ruiken aan; 4 ruiken naar, smaken naar; 5 zwemen naar, lijken op; 6 inzien, bemerken. II *ov.w* ruiken, rieken; — *bon,* lekker ruiken. III se ~ 1 zich voelen; *ne pas se* — *de joie,* buiten zich zelve zijn van vreugde; 2 *se* — *de,* de invloed, de gevolgen voelen van; *on se sent toujours d'une bonne éducation,* een goede opvoeding laat altijd haar sporen na.

seoir I *on.w onr.* 1 zitten; 2 passen, betamen; *il vous sied mal de . . . ,* het staat u lelijk om . . II se ~ (*fam.*) gaan zitten.

sépale v kelkblad.

sépar/able *bn* scheidbaar. ~**ateur, -trice** ~**atif, -ive** *bn* scheidend; *mur séparatif,* scheidingsmuur. ~**ation** v scheiding.

séparat/isme *m* geest v. afscheiding. ~**iste** *m* voorstander voor afscheiding.

séparément *bw* afzonderlijk.

séparer I *ov.w* 1 scheiden, delen; 2 onderscheiden. II se ~ scheiden, uit elkaar gaan.

sépia v 1 inktvis; 2 sepia-inkt; 3 sepiatekening.

sept *tlw* 1 zeven; 2 zevende.

septain *m* 1 zevenregelige strofe of gedicht; 2 belasting op zout (*oud*).

septante *tlw* zeventig (*dial.* en in België); *les S*—, de Septuaginta.

septembr/al [*mv aux*] *bn* van september; *purée* —e, wijn. ~**e** *m* september.

septembrisades v *mv* septembermoorden op de politieke gevangenen in Parijs (2-6 september 1792).

septemvir *m* zevenman.

septemvirat *m* zevenmanschap.

septénaire *bn* 1 zeventallig; 2 zevendaags, zevenjarig.

septen/nal [*mv aux*] *bn* 1 zevenjaarlijks; 2 zevenjarig. ~**nalité** v zevenjarige duur.

~nat *m* zevenjarige regering (in Frankrijk na 1873).

septentrion *m* noorden.

septentrional [*mv* aux] *bn* noordelijk.

septième I *tlw* zevende. II *zn m* of *v* zevende. III *m* 1 zevende verdieping; 2 zevende deel. IV *v* 1 zevende klas; 2 septime (*muz.*).

septièmement *bw* ten zevende.

septimo *bw* ten zevende.

septique *bn* bederf veroorzakend (*med.*).

septuagé/naire I *bn* zeventigjarig. II *zn m* of *v* zeventigjarige. ~sime *v* Septuagesima (derde zondag vóór de Vasten).

septuor *m* septet.

septupl/e I *bn* zevenvoudig. II *zn m* zevenvoud. ~er I *ov.w* verzevenvoudigen. II *on.w* verzevenvoudigd worden.

sépulcral [*mv* aux] *bn* v. h. graf; *voix* —*e*, grafstem.

sépulcre *m* graf; *le saint* —, het H. Graf.

sépulture *v* 1 begrafenis; 2 graf, begraafplaats.

séquanais *bn* van de Seine.

séquelle *v* 1 aanhang, gevolg (*ongunstig*); 2 nasleep, nadelig gevolg.

séquence *v* 1 sequentia (*R.K.*); 2 roem bij kaarten.

séquestration *v* 1 vrijheidsberoving, onwettige opsluiting; 2 beslag op goederen.

séquestr/e *m* 1 bewaring v. betwiste goederen; 2 bewaarder dezer goederen. ~er I *ov.w* 1 betwiste goederen in bewaring geven; 2 op onwettige wijze opsluiten, van de vrijheid beroven. II se ~ zich uit de wereld terugtrekken, eenzaam gaan leven.

sérac *m* 1 gletsjerblok; 2 witte alpenkaas.

sérail *m* 1 paleis v. d. sultan; 2 harem.

séran *m* (vlas)hekel. ~cer *on.w* (vlas) hekelen. ~ceur *m* (vlas)hekelaar.

séraphin *m* serafijn.

séraphique *bn* v. d. serafijnen, engelachtig; *le Docteur* —, de H. Bonaventura.

serbe I *bn* Servisch. II *zn m* de Servische taal.. III S — *m* of *v* Serviër, Servische.

Serbie (la) *v* Servië.

serein I *zn m* avonddauw, avonddamp. II *bn* 1 helder (*temps* —); 2 kalm, rustig; 3 vrolijk, gelukkig.

sérénade *v* serenade.

sérénissime *bn* doorluchtig.

sérénité *v* 1 helderheid v. d. lucht; 2 kalmte, rust; 3 vrolijkheid, blijheid, geluk; 4 *Sa S* —, Zijn Doorluchtige Hoogheid.

séreux, -euse *bn* waterachtig.

serf, serve I *bn* horig, lijfeigen. II *zn m*, -e *v* lijfeigene.

serge *v* serge.

sergent *m* 1 (*oud*) gerechtsbode, deurwaarder; 2 sergeant; — *de ville*, politieagent.

serger, sergier *m* sergewever.

sergerie *v* sergefabriek.

sergot *m* (*pop.*) politieagent.

sériciculteur *m* zijderupsenteler.

sériciculture *v* zijderupsenteelt.

série *v* 1 rij, reeks; *hors* —, v. e. bijzondere maat, - model, waarvan de serie onvolledig is; 2 loonschaal.

sérier *ov.w* volgens reeksen indelen.

sérieusement *bw* ernstig, in ernst.

sérieux, -euse *bn* 1 ernstig. II *zn m* ernst, ernstig gezicht; *prendre au* —, ernstig, in ernst opvatten.

serin *m* 1 kanarievogel; 2 sijsje (— *vert*); 3 (*pop.*) uilskuiken. ~er *ov.w* 1 een wijsje leren aan een vogel met een voorgeltje; 2 voorkauwen, inpompen (*fig.*).

seringa(t) *m* wilde jasmijn.

seringage *m* besputting, besproeiing.

seringue *v* spuit, klisteerspuit.

seringuer *ov.w* in-, besputten.

serment *m* eed; *faux* —, valse eed; — *d'ivrogne*, ijdele eed; *prêter* —, een eed afleggen.

sermon *m* 1 preek; 2 vervelende zedenpreek. ~naire I *m* 1 schrijver v. preken; 2 boek met preken. ~ner I *ov.w* vermanen. II *on.w* preken. ~neur *m*, -euse *v* vervelende zeden-

---

preker(-preekster).

sérothérapie *v* behandeling met een serum.

serpe *v* snoeimes.

serpent *m* 1 slang; — *à sonnettes*, ratelslang; 2 duivel; 3 helleveeg, boosaardig mens; 4 serpent (soort blaasinstrument); 5 kronkeling.

serpent/aire I *v* slangekruid. II *m* secretarisvogel. ~eau [*mv* x] *m* 1 slangetje; 2 soort serpentement *m* gekronkel.   [vuurpijl.

serpenter *on.w* kronkelen.

serpentin *m* 1 distilleerbuis; 2 serpentine.

serpentine *v* zeer bochtige weg.

serpette *v* snoeimesje.

serpillière *v* 1 paklinnen; 2 voorschoot v. grof linnen.

serpolet *m* wilde tijm (*pl.k.*).

serrage *m* het aandrukken, het vastzetten.

serran *m* zeebaars.

serre *v* 1 het persen, het drukken; 2 roofvogelklauw; 3 kas; — *chaude*, broeikas.

serre I *bn* 1 nauw, bedrukt, ineengedrongen, opeengedrongen; *avoir le cœur* —, diep bedroefd zijn; *avoir un jeu* —, niets wagen; *en rangs* —*s*, in gesloten gelederen; 2 bondig (*style* —); 3 streng (*logique* —*e*); 4 gierig. II *bw*: *jouer* —, voorzichtig spelen.

serre/-bouchon *m* beugel v. e. fles. ~file *m* 1 heksluiter; 2 gelidsluiter, opsluitend gelid. ~fils *m* draadklem. -frein(s) *m* remmer. ~joint *m* klemschroef. ~livres *m* boekensteun.

serrement *m* 1 het drukken; — *de mains*, handdruk; 2 het klemmen; — *de cœur*, grote droefheid.

serre-nez *m* neusknijper voor paarden.

serre-papiers *m* papierkastje.

serrer I *ov.w* 1 klemmen, persen, drukken; — *les dents*, de tanden op elkaar klemmen; — *la main*, de hand drukken; 2 aanhalen (— *un nœud*), aandraaien, toetrekken; 3 weg-, opbergen; 4 — *de près*, op de hielen zitten; — *à gauche*, links aanhouden; voorsorteren; — *à droite*, rechts aanhouden; 5 aaneensluiten; — *les rangs*, de gelederen sluiten. II se ~ 1 dicht op elkaar gaan zitten, opschikken; 2 ineenkrimpen (*mon cœur se serre*).

serre-tête *m* 1 hoofddoek; 2 valhelm.

serrure *v* slot; — *à combinaison*, letterslot.

serrur/erie *v* 1 slotenmakersvak, -werk; 2 slotenmakerij. ~ier *m* slotenmaker.

serte *v* het vatten, zetten v. edelstenen.

sertir *ov.w* vatten, zetten v. edelstenen.

sertissage *m* het zetten, het vatten.

sertisseur *m* zetter.

sertissure *v* zetting, vatting.

sérum *m* serum.

servage *m* horigheid, lijfeigenschap.

serval [*mv* als] *m* tijgerkat.

servant I *zn m* kanonnier. II *bn* dienend; *frère* —, lekebroeder. ~e *v* 1 dienstbode; 2 dienares; 3 dientafel.

serveur *m*, -euse *v* 1 tafeldienaar(-dienares); keiner(in); 2 serveerder (bij tennis-, kaatsserviabilité *v* gedienstigheid.   [spel).

serviable *bn* gedienstig.

service *m* 1 dienst; *être de* —, dienst hebben; *mise* —, ingebruikneming; *prendre du* —, dienst doen; *rendre* —, een dienst bewijzen; 2 servies, bestek; 3 gang bij diner; 4 godsdienstoefening, lijkmis; 5 dienstgebouw; 6 het serveren (*sport*).

serviette *v* 1 servet; 2 handdoek; 3 aktentas, grote portefeuille.

servil/e *bn* 1 slaafs; *imitation* —, slaafse navolging; *œuvres* —*s*, slafelijke werken; 2 gemeen, laag. ~ité *v* slaafsheid.

servir I *ov.w onr.* 1 dienen, in dienst zijn van; 2 bedienen; 3 helpen, diensten bewijzen; 4 opdienen (— *le potage*); 5 serveren (*sport*); 6 doden v. wild; 7 dekken (— *la table*); 8 geven v. kaarten. II *on.w* 1 dienen; dienst doen; 2 — *à*, dienen tot, voor; *à quoi sert cela?*, waartoe dient dat?; 3 — *de*, dienen tot, als; *faire — d'exemple*, als voorbeeld stellen. III se ~ zich bedienen.

serviteur *m* dienaar, bediende; knecht; *je suis votre —*, ik ben uw dienaar, ik dank je wel! (*ironisch*).

servitude *v* 1 dienstbaarheid, onderworpenheid, slavernij; 2 servituut.

ses *vnw* zie son.

sessile *bn* ongesteeld, zittend (*pl.k.*).

session *v* 1 zitting; 2 zittingstijd.

sétacé *bn* borstelig.

setter *m* Eng. jachthond.

seuil *m* 1 drempel; 2 begin (*le — de la vie*).

seul I *bn* 1 enig(e), enkel; 2 alleen, eenzaam. II *zn m*, -e *v* de enige; *un*(e) —(e), één enkel persoon. ∼*ement bw* 1 slechts, maar; *non — mais encore*, niet alleen... maar ook. .; 2 pas, eerst; 3 wel: *sait-il —*...?, weet hij wel. .?; 4 echter, maar, evenwel.

seulet, -ette *bn* heel alleen.

sève *v* 1 plantesap; 2 pit, kracht.

sévère *bn* 1 streng; 2 ernstig; *architecture —*, sobere architectuur.

sévérité *v* 1 strengheid; 2 ernst, soberheid.

sév/ices *m mv* slechte behandeling, mishandeling. ∼*ir on.w* 1 streng optreden (— *contre qn.*); 2 heersen, woeden.

sevrage *m* het spenen.

sevrer *ov.w* 1 spenen; 2 beroven.

sèvres *m* sèvresporselein.

sexa/génaire I *bn* zestigjarig. II *zn m* of *v* zestigjarige. ∼*gésime v* Sexagesima.

sexe *m* geslacht.

sexennal [*mv aux*] *bn* 1 zesjarig; 2 zesjaarlijks.

sextant *m* 1 het zesde deel v. e. cirkel; 2 sextant (*scheepv*).

sexte *v* bep. getijde (*R.K.*), middaguur.

sextuor *m* sextet (*muz.*).

sextuple I *bn* zesvoudig. II *zn m* zesvoud.

sextupler *ov.w* verzesvoudigen.

sexualité *v* geslachtelijkheid.

sexuel, -elle *bn* geslachtelijk.

sézigue *vnw* (*pop.*) zich.

seyant *bn* goed passend, - staand, - zittend.

shaker *m* cocktailshaker.

shakespearien, -enne *bn* van Shakespeare.

shako, **schako** *m* sjako.   [middel.

shampooing *m* 1 haarwassing; 2 haarwasshooter *ov.w* schieten (voetbal).

short *m* 1 korte sportbroek; 2 korte film, die minder dan 200 meter lang is.

shrapnel(l) *m* granaatkartets.

si I *vw* 1 als, indien, zo, wanneer; — *ce n'est, behalve*; 2 als eens; *si nous allions dîner en ville*, als we eens buitenshuis gingen eten?; 3 of; *je ne sais pas s'il est venu*, ik weet niet, of hij gekomen is; 4 al; *s'il est riche, il n'en est pas moins malheureux*, al is hij rijk, hij is toch ongelukkig; 5 *comme —*, alsof. II *bw* 1 ja, jawel; — *fait*, wel zeker; 2 zo; — *bien que*, zodat; 3 — *que*, hoe . . . ook (met *subj.*); — *riche qu'il soit*, hoe rijk hij ook is. III *zn m* de noot si.

siamois I *bn* Siamees; *frères —*, *sœurs —es*, Siamese tweelingen. II *zn* S ∼ *m*, -e *v* Siamees, Siamese.

Sibérie (la) *v* Siberië.

sibérien, -enne I *bn* Siberisch. II *zn* S ∼ *m*, -enne *v* Siberiër, Siberische.

sibilant *bn* fluitend.

sibyll/e *v* sibille, waarzegster. ∼*in bn* 1 sibillijns; 2 onbegrijpelijk, raadselachtig.

sicaire *m* gehuurde moordenaar.

sicc/atif, -ive I *bn* sneldrogend. II *zn m* sneldrogend middel. ∼*ité v* droogheid.

Sicile (la) *v* Sicilië. sicilien, -enne I *bn* Siciliaans. II *zn* S∼ *m*, -enne *v* Siciliaan(se).

side-car, **sidecar** *m* zijspan.

sidéral [*mv aux*] *bn* van de sterren.

sidération *v* 1 invloed der sterren op de mensen; 2 zenuwschok; 3 verval v. krachten.

sidéré *bn* 1 plotseling gedood; 2 verstomd, aan de grond genageld, verlamd v. schrik.

sidérer *ov.w* verlammen door schrik.

sidérographie *v* staal-, ijzergraveerkunst.

---

sidi *m* (*fam.*) in Frankrijk wonende Noordafrikaner.

siècle *m* 1 eeuw; *être de son —*, met zijn tijd meegaan; *les —s futurs*, de toekomst, het nageslacht; *le grand —*, tijd v. Lodewijk XIV; 2 werelds leven; *quitter le —*, in een klooster treden.

siège *m* 1 zetel; *le saint —*, de H. Stoel; — *social*, hoofdkantoor; 2 zetel, stoel, zitplaats, bok; — *arrière*, duozitting; *bain de —*, zitbad; 3 beleg; *lever le —*, het beleg opbreken; 4 haard v. ziekte.

siéger *on.w* zetelen, zitting hebben.

sien, -enne I *bez.vnw bijv.* zijn, haar; *une —ne cousine*, een van zijn nichten. II *bez.vnw zelfst.* de (het) zijne; de (het) hare. III *zn mv les —s*, de zijnen. IV *faire des —nes*, (dolle) streken uithalen.

sieste *v* middagslaapje.

sieur *m* heer.

sifflant *bn* fluitend, sissend.

sifflement *m* gefluit, gesis, gehuil v. d. wind.

siffler I *on.w* fluiten, sissen, huilen v. d. wind. II *ov.w* 1 fluiten; 2 uitfluiten; 3 (*fam.*) drinken.

siffl/et *m* 1 fluitje; *coup de —*, gefluit; *en —*, schuin; 2 (*fam.*) keel, strot; *couper le — à qn.*, iem. de keel afsnijden; iemands mond snoeren; 3 (*pop.*) (heren)rok; 4 *les —s*, het gefluit. ∼*eur*, -euse I *bn* fluitend. II *zn m*, -euse *v* fluiter(ster).

sifflotement *m* het zachtjes fluiten.

siffloter *on.* en *ov.w* zachtjes fluiten.

sigillaire *bn* wat zegels betreft.

sigillé *bn* verzegeld.

sigillographie *v* zegelkunde.

sigle *m* beginletter ter afkorting v. e. woord.

signal [*mv aux*] *m* signaal, sein, teken; — *avertisseur*, stopsein; — *horaire*, tijdsein.

signalé *bn* uitstekend, buitengewoon.

signalement *m* signalement.

signaler I *ov.w* 1 seinen, aankondigen; 2 het signalement geven van; 3 opmerkzaam maken op, aanduiden, aanwijzen; 4 in het oog doen vallen, beroemd maken. II se ∼ zich onderscheiden.

signaleur *m* seiner, seinwachter.

signalisation *v* 1 het geven v. seinen, v. signalen; 2 seinstelsel.

signat/aire *m* of *v* ondertekenaar(ster). ∼*ure v* 1 handtekening; 2 het ondertekenen.

signe *m* 1 teken, merkteken; — *de croix*, kruisteken; *ne pas donner — de vie*, geen teken v. leven meer geven; niets van zich laten horen; 2 wenk; — *de tête*, hoofdknik.

signer I *ov.w* 1 ondertekenen; 2 merken. II se ∼ een kruisteken maken.

signet *m* bladwijzer.

signific/atif, -ive *bn* veelbetekenend. ∼*ion v* 1 betekenis; 2 betekening (*recht*).

signifier *ov.w* 1 betekenen; 2 te kennen geven (— *sa volonté*); 3 betekenen (*recht*).

silence *m* 1 stilte, stilzwijgen; *garder le —*, zich stil houden, het stilzwijgen bewaren; *imposer — à qn.*, iem. het zwijgen opleggen; 2 *passer sous —*, stilzwijgend voorbijgaan; 3 rust (*muz.*).

silenci/eusement *bw* stil, in stilte. ∼*eux*, -euse I *bn* stil, stilzwijgend. II *zn m* knalpot, geluiddemper.

silex *m* vuursteen.

silhouett/e *v* schaduwbeeld. ∼*er ov.w* als een schaduwbeeld tekenen.

silicate *m* silicaat.

silic/e *v* kiezelaarde. ∼*eux*, -euse *bn* 1 kiezelachtig; 2 kiezelhoudend.

siliqueux, -euse *bn* hauwdragend.

sillage *m* kielwater, zog.

siller *on.w* de golven klieven.

sillon *m* 1 voor; — *de feu*, streep v. vuur; 2 rimpel; 3 (*dicht.*) *les —s*, de velden.

sillonner *ov.w* 1 voren trekken door; 2 doorklieven; 3 rimpels veroorzaken in.

silo *m* 1 ondergrondse bergplaats voor granen enz.; 2 (graan)silo.

siloter *ov.w* opslaan in een silo.
silure *v* meerval.
silurien, -enne *bn* silurisch (geologie).
simagrée I *v* gemaaktheid, geveinsde houding; *(faire la — de refuser).* II ~s *v mv* aanstellerige manieren.
simiesque *bn* aapachtig.
similaire *bn* dergelijk, gelijksoortig.
similarité *v* gelijksoortigheid.
simili I *vz* nagemaakt. II *zn m (fam.): en —,* nagemaakt. ~gravure *v* autotypie.
similitude *v* gelijkvormigheid, gelijkenis.
similor *m* halfgoud.
simoniaque I *bn* door simonie verkregen, schuldig aan simonie. II *zn m* iem. die schuldig is aan simonie.
simonie *v* simonie.
simoun *m* hete woestijnwind, samoem.
simple I *bn* 1 eenvoudig, simpel; gewoon; *c'est — comme bonjour,* het is doodeenvoudig; *croire qn. sur sa — parole,* iem. op zijn woord geloven; 2 enkelvoudig; *billet —,* enkelereis-biljet; 3 onnozel. II *zn m* 1 het eenvoudige; 2 single (tennis); 3 eenvoudig mens. III ~s *m mv* geneeskrachtige kruiden.
simplicité *v* 1 eenvoud, eenvoudigheid; 2 onnozelheid.
simplifiable *bn* vereenvoudigbaar.
simplificateur, -trice I *bn* vereenvoudigend. II *zn m,* -trice *v* vereenvoudiger(ster).
simplification *v* vereenvoudiging.
simplifier *ov.w* vereenvoudigen.
simplisme *m* 1 eenzijdige wijze v. redeneren; 2 het gebruiken v. eenvoudige middelen.
simpliste I *bn* eenzijdig. II *zn m* iem. die eenzijdig redeneert.
simulacre *m* 1 beeld; 2 schijn, schijnbeeld; *— de combat,* spiegelgevecht.
simulateur, -trice *v* iem. die iets (vooral ziekte) voorwendt.
simulation *v* voorwending (vooral v. ziekte).
simuler *ov.w* 1 voorwenden, fingeren; 2 nabootsen; *— un combat,* een spiegelgevecht simultané *bn* gelijktijdig. [houden.
simultanéité *v* gelijktijdigheid.
simultanément *bw* gelijktijdig.
sinapisme *m* mosterdpap, -pleister.
sincère *bn* 1 oprecht, ongeveinsd; 2 echt.
sincérité *v* 1 oprechtheid, ongeveinsdheid; 2 echtheid.
sinciput *m* kruin.
sindon *m* lijkwade v. Christus.
sinécure *v* gesalarieerde betrekking, waarvoor men weinig of geen werk te doen heeft.
singe *m* 1 aap; *payer en monnaie de —,* zich v. iemand met mooie woorden en beloften afmaken, zonder hem te betalen; 2 lelijk mens; 3 naäper; 4 *(pop.)* patroon; 5 geconserveerd vlees (*arg. mil.*).
singer *ov.w* naäpen.
singerie *v* 1 grimas; 2 belachelijke naäperij.
sing/esque *bn* aapachtig. ~esse *v* apin.
singeur, -euse I *bn* naäpend. II *zn m,* -euse *v* naäper, naäpster.
single *m* single (tennis).
singleton *m* singleton (bridge enz.).
singulariser I *ov.w* onderscheiden, zonderling maken. II se ~ zich zonderling gedragen.
singularité *v* bijzonderheid, zonderlingheid, eigenaardigheid.
singulier, -ère I *bn* 1 zonderling, eigenaardig, vreemd; 2 enkelvoudig *(forme — ère); combat —,* duel. II *zn m* enkelvoud.
sinistre I *bn* 1 somber, onheilspellend, noodlottig; 2 ongunstig. II *zn m* ramp, onheil.
sinistré I *bn* door een ramp getroffen, verongelukt. II *zn m,* -e *v* slachtoffer.
sino-japonais *bn* Chinees-Japans.
sinologie *v* kennis v. h. Chinees, de Chin. beschaving, geschiedenis enz.
sinologue *m* kenner v. h. Chinees, v. d. Chinese geschiedenis enz.
sinon *vw* zo niet, anders, tenzij.
sinople *m* groen.
sinu/é *bn* gegolfd. ~er *on.w* zich slingeren

(b.v. van rivier). ~eux, -euse *bn* bochtig. ~osité *v* bocht, kronkeling.
sinus *m* sinus (*wisk.*).
sionisme *m* zionisme.
sioniste I *m* of *v* zionist. II *bn* zionistisch.
siphon *m* 1 hevel; 2 sifon; 3 waterhoos.
siphonner *ov.w* hevelen.
sire *m* 1 (*oud*) heer; *pauvre —,* stakker; 2 Sire.
sirène *v* 1 meermin, zeer schone, verleidelijke vrouw; 2 sirene, misthoorn.
sirocco, siroco *m* zeer hete Z.O.-wind (Middell. Zee).
sirop *m* siroop, stroop.
siroter *ov.* en *on.w* met kleine teugen drinken.
sirupeux, -euse *bn* stroopachtig.
sirvente, sirventès *m* soort oud-Provençaals gedicht der troubadours.
sis *bn* gelegen.
sismique, séismique *bn* v. aardbevingen.
sismographe *m* seismograaf.
sismologie *v* kennis der aardbevingen.
site *m* plekje, oord, ligging; *angle de —,* schootshoek.
sitôt *bn* zo gauw; *de —,* zo spoedig; *— que,* zodra; *ne pas — que,* nauwelijks of.
sittelle *v* boomklever.
situ/ation *v* 1 ligging, houding; 2 toestand; 3 betrekking. ~é *bn* gelegen; *être —,* liggen.
~er *ov.w* plaatsen.
six *tlw* 1 zes; 2 zesde. ~ain *m* zie sizain.
sixième I *tlw* zesde. II *zn m* zesde deel. III *v* zesde klas (op een lyceum enz. de laagste).
sixièmement *bw* ten zesde.
six-quatre-deux (à la) *bw (pop.)* in een vloek en een zucht.
sixte I *m: Sixte Quint,* Paus Sixtus de Vijfde.
II *v* sext (*muz.*).
sizain, sixain *m* zesregelig vers.
sizerin *m* barmsijsje.
skating *m* 1 het rolschaatsen; 2 rolschaatsski *m* 1 ski; 2 het skiloper. [baan.
skieur *m,* -euse *v* skiloper(-loopster).
skiff *m* skiff.
skunks *m* skunk.
slalom *m* slalom.
slav/e I *bn* Slavisch. II *zn* S~ *m* of *v* Slaaf, Slavische. ~iser *ov.w* Slavisch maken.
slavophile I *bn* Slavischgezind. II *zn m* of *v* Slavischgezinde.
sleeping-car, sleeping *m* slaapwagen.
slip *m* korte onderbroek.
sloughi *m* Afrikaanse windhond.
smaragdin *bn* smaragdgroen.
smart *bn* (*arg.*) chic, elegant.
smash *m* smash (tennis).
snob *v* iem. die op de hoogte wil zijn, die alles, wat nieuw en in de mode is, bewondert; aansteller. ~isme *v* snobisme; aanstellerige bewondering voor alles, wat nieuw en in de mode is.
sobre *bn* matig, sober.
sobriété *v* matigheid, soberheid.
sobriquet *m* bijnaam.
soc *m* ploegijzer.
socia/bilité *v* gezelligheid, zin voor het maatschappelijk leven. ~ble *bn* gezellig; aangenaam in de omgang; een natuurlijke aanleg bezittend om in de maatschappij te leven (*l'homme est —*).
social [*mv* aux] *bn* 1 maatschappelijk; 2 een firma betreffend; *raison —e,* firma.
socialisation *v* socialisatie.
socialiser *ov.w* socialiseren.
social/isme *m* socialisme. ~iste I *bn* socialistisch. II *zn m* of *v* socialist(e).
société *v* 1 maatschappij; gemeenschap; *— anonyme,* naamloze vennootschap; 2 vereniging; *— des Nations,* Volkerenbond; 3 omgang; 4 gezelschap; *la (haute) —,* de hogere standen; 5 genootschap.
sociologie *v* maatschappijkunde.
socket *m* fitting.
socle *m* voetstuk.
socque *m* 1 houten schoen, als overschoen

gebruikt; 2 toneellaars (*oud*); 3 blijspel.

socquette, sockette *v* damessokje, anklet.

socratique *bn* Socratisch.

sodé *bn* sodahoudend. **sodium** *m* natrium.

sœur *v* 1 zuster; 2 kloosterzuster, non; — *de charité*, verpleegster.

sœurette *v* (*fam.*) zusje.

sofa *m* sofa.

soi *vnw* zich, zichzelf; *amour de* —, eigenliefde; *ca va de* —, dat spreekt, dat gaat vanzelf.

soi-disant *bn en bw* zogenaamd.

soie *v* 1 zijde; *papier de* —, vloeipapier; *peau de* —, zachte huid; 2 borstel v. e. varken enz.; 3 spinrag. ~*rie* *v* 1 zijden stof; 2 zijdefabriek; 3 zijdefabricage; 4 zijdehandel.

soif *v* dorst; — *de l'or*, gouddorst.

soigner I *ov.w* zorgen voor, verzorgen; verplegen. II *se* — I zorg dragen voor zijn gezondheid; 2 zich soigneren, veel zorg aan zijn uiterlijk besteden.

soigneur *m* verzorger, soigneur (*sport*).

soign/eusement *bw* zorgvuldig, stipt. ~*eux, -euse* *bn* zorgzaam, nauwgezet, zorgvuldig.

soin *m* 1 zorg, zorgvuldigheid; *avoir* —, *prendre* — *de*, zorgen voor; 2 *petits* —*s*, attenties.

soir *m* 1 avond; *à ce* —, tot vanavond; 2 middag (*trois heures du* —).

soirée *v* 1 avond; 2 avondpartij.

soiriste *m* journalist, die schrijft over de bezoekers enz. der premières v. toneelstukken.

soit I *vw* 1 —, hetzij . . . hetzij; 2 — *que* (met *subj.*), hetzij (dat). II *tw* — !, het zij zo!, nou goed dan! III *ww*: *ainsi soit-il*, amen. IV *bw*: *tant* — *peu*, een beetje, zeer weinig.

soixantaine *v* 1 zestigtal; 2 zestig jaar.

soixante *tlw* 1 zestig; 2 zestigste (*page* —).

soixantième *tlw* zestigste.

soja, soya *m* soja.

sol *m* 1 grond, bodem; 2 sol (*muz.*); 3 oude vorm v. *sou*.

solaire *bn* van de zon; *cadran* —, zonnewijzer.

solarium *m* 1 inrichting voor zonnekuren; 2 zonnedek.

soldanelle *v* alpenklokje.

soldat *m* 1 soldaat, militair; 2 strijder.

soldatesque I *bn* van soldaten. II *zn* *v* tuchteloze soldatentroep.

sold/e I *v* soldij; *être à la* — *de*, in dienst zijn van en betaald worden door. II *m* 1 saldo; 2 overschot, restant; 3 goederen, bestemd voor uitverkoop. ~*er* *ov.w* 1 voldoen, betalen; 2 uitverkopen, opruimen; 3 soldij uitbetalen aan.

soldeur *m*, -*euse* *v* koopman, koopvrouw in ongeregelde goederen.

sole *v* 1 hoornzool v. e. dier; 2 tong (vis).

soléaire *bn: muscle* —, kuitspier.

soleil *m* 1 zon; *coup de* —, zonnesteek; *il fait du* —, de zon schijnt; *le* — *luit pour tout le monde*, alle mensen hebben dezelfde rechten; *piquer un* —, blozen; 2 monstrans; 3 zonvormige decoratie; 4 zonnebloem. 5 zon (vuurwerk).

solennel, -elle *bn* plechtig, hoogdravend.

solennellement *bw* plechtig.

solenn/iser *ov.w* plechtig vieren. ~*ité* *v* 1 plechtigheid; 2 hoogdravendheid.

solfatare *m* terrein, waaruit zwaveldampen opstijgen.

solfège *m* het zingen waarbij men alleen de namen v. d. noten uitspreekt.

solfier *ov.w* een muziekstuk zingen, terwijl men alleen de namen v. d. noten uitspreekt.

solidaire *bn* 1 ieder afzonderlijk aansprakelijk voor allen en voor het geheel (*obligation* —); 2 saamhorig.

solidar/iser *ov.w* solidair maken. ~*ité* *v* 1 aansprakelijkheid v. ieder afzonderlijk voor allen en voor het geheel; 2 saamhorigheid.

solide I *bn* 1 vast (tegenstelling met vloeibaar: *corps* —); 2 sterk, stevig, hecht;

---

3 gegrond (*raison* —); 4 trouw, echt (*ami* —). II *zn* *m* vast lichaam.

solidification *v* het vast worden, het stollen.

solidifier *ov.w* vast maken, doen stollen.

solidité *v* 1 vastheid; 2 stevigheid, hechtheid; 3 degelijkheid, betrouwbaarheid.

soliloque *m* het in zich zelf praten.

soliloquer *on.w* in zich zelf praten.

solipède I *bn* eenhoevig. II ~*s* *m mv* eenhoevigen.

soliste I *m* of *v* solist(e). II *bn* solistisch, solo-.

soli/taire I *bn* 1 eenzaam; *ver* —, lintworm; 2 verlaten, afgelegen. II *zn* *m* 1 kluizenaar; 2 eenzaam levend mens; 3 oud everzwijn; 4 soort patiencespel; 5 diamant, die alleen gezet is. ~*tude* *v* 1 eenzaamheid; 2 woestenij, eenzame plaats.

solive *v* dwarsbalk, bint.

soliveau [*mv* **x**] *m* kleine dwarsbalk.

sollicitation *v* aanvraag, dringend verzoek.

solliciter *ov.w* 1 aanvragen, dingen naar, dringend verzoeken; 2 aanzetten, ophitsen; 3 trekken (aandacht); 4 gaande maken, prikkelen.

solliciteur *m*, -*euse* *v* sollicitant(e), verzoeker(ster).

solstice *m* zonnestilstand.

sollicitude *v* zorg, bezorgdheid.

solubiliser *ov.w* oplosbaar maken.

solubilité *v* oplosbaarheid.

soluble *bn* oplosbaar.

solution *v* oplossing. ~*ner* *ov.w* oplossen.

solvabilité *v* vermogen, om te betalen.

solvable *bn* in staat te betalen, solvent.

solvant *m* oplosmiddel.

sombr/e *bn* 1 donker, somber; 2 somber, droevig. ~*er* *on.w* zinken, vergaan (*schpv.*).

sommaire I *bn* beknopt, kort. II *zn* *m* overzicht, korte inhoud.

sommation *v* dagvaarding, aanmaning.

somme I *v* 1 som; *en toute* —, — *toute*, alles te zamen genomen; 2 grindbank vóór haven, vóór mond v. rivier; 3 S ~ kort begrip v. e. leer, v. e. wetenschap; 4 last; *bête de* —, lastdier. II *m* slaap, dutje.

sommeil *m* slaap; *le* — *éternel*, de dood; *maladie du* —, slaapziekte; — *de plomb*, zware slaap.

sommeiller *on.w* dutten, sluimeren.

sommel/ier *m*, -*ère* *v* spijsverzorger(ster), linnenmeesteres, keldermeester(es), wijnkelner. ~*lerie* *v* 1 ambt v. de sommelier of sommelière; 2 spijskamer, wijnkelder, linnenbewaarplaats.

sommer *ov.w* 1 optellen; 2 dagvaarden, aansommet *m* top, kruin, toppunt. [manen.

sommier *m* 1 lastdier, pakpaard; 2 ondermatras; 3 dwars-, schoorbalk; 4 hoofdregister.

sommité *v* 1 top, spits; 2 *les* —*s*, de kopstukken.

somnambule *m* of *v* 1 somnabule; 2 slaapwandelaar(ster).

somnifère I *bn* 1 slaapverwekkend; 2 zeer vervelend. II *zn* *m* slaapmiddel.

somnolence *v* 1 slaperigheid; 2 traagheid.

somnolent *bn* slaperig.

somnoler *on.w* dommelen.

somptuaire *bn* wat uitgaven betreft.

somptu/eusement *bw* weelderig. ~*eux, -euse* *bn* weelderig, prachtig, weids.

somptuosité *v* weelde, pracht.

son, sa, ses *bez.vnw* zijn, haar.

son *m* 1 klank, toon; 2 zemelen; *taches de* — zomersproeten.

sonat/e *v* sonate. ~*ine* *v* sonatine.

sond/age *m* peiling, boring. ~*e* *v* 1 sonde (*med.*); 2 peillood, dieplood; 3 soort peiltoestel, om de inhoud v. kisten te onderzoeken bij de douane, om de kwaliteit v. waren te onderzoeken; — *à fromage*, kaasboor. ~*er* *ov.w* 1 peilen v. e. wonde; 2 peilen; 3 de inhoud v. kisten enz., de kwaliteit v. waren met de sonde onderzoeken; 4 polsen, uithoren. ~*eur* *m* peiler, onderzoeker.

songe *m* droom. ~-creux *m* dromer.

song/er *on.w* 1 mijmeren; 2 denken. ~erie *v* mijmering, dromerij. ~eur, -euse I *bn* mijmerend, peinzend. II *zn m*, -euse *v* dromer (droomster), mijmeraar(ster).

sonique *bn* v. h. geluid (*vitesse* —).

sonnaille *v* belletje aan de hals v. dieren.

sonnailler I *on.w* vaak en onnodig bellen. II *zn m* belhamel.

sonn/ant *bn* klinkend, slaand; *espèces —es,* klinkende munt; *à dix heures —es,* klokslag tien. ~é *bn* 1 klokslag (*il est midi* —); 2 voleindigd; *il a cinquante ans —s,* hij is over de vijftig; 3 (*fam.*) gek.

sonner I *on.w* 1 luiden, klinken; 2 blazen; — *de,* blazen op; 3 slaan v. e. klok. II *ov.w* 1 luiden (— *les cloches*); 2 bellen; 3 opbellen; 4 blazen; — *la diane,* de reveille blazen; *ne — mot,* geen woord zeggen; 5 (*pop.*) *iem.* een flinke klap om zijn oren geven.

sonnerie *v* 1 klokgelui, gebeier; *la grosse* —, het gelui v. alle klokken; 2 slagwerk; 3 trompetsignaal (*mil.*); 4 — *électrique* elektrische bel.

sonnet *m* sonnet.

sonn/ette *v* 1 bel, schel; *serpent à —s,* ratelslang; 2 heimachine. ~eur *m* 1 klokkeluider; 2 speelman; 3 heier.

sonomètre *m* klankmeter.

sonor/e *bn* 1 klank gevend, geluid voortbrengend; *film* —, geluidsfilm; 2 klankrijk; helder klinkend; 3 met een goede akoestiek (*salle* —). ~iser *ov.w* een klankfilm maken v. e. stomme film.

sonorité *v* 1 klankrijkheid; 2 goede akoestiek.

sophisme *m* drogrede.

sophist/e *m* drogredenaar. ~ication *v* vervalsing. ~ique *bn* sofistisch. ~iquer *ov.w* vervalsen.

sopor/atif, -ive I *bn* slaapverwekkend. II *zn m* slaapmiddel. ~eux, -euse *bn* een gevaarlijke zware slaap veroorzakend.

soporifique I *bn* 1 slaapverwekkend; 2 zeer vervelend (*livre* —). II *zn m* slaapmiddel.

soprano *m* [*mv* soprani] 1 sopraanstem; 2 sopraanzangeres.

sorbe *v* lijsterbes.

sorbet *m* drank, bestaande uit vruchtensap en likeur met ijs.

sorbier *m* lijsterbesseboom.

sorbonique *bn* van de Sorbonne.

sorbonnard *m* (*fam.*) student v. d. Sorbonne.

sorcellerie *v* hekserij, toverij.

sorcier *m*, -ère *v* tovenaar(tovenares), heks.

sordide *bn* 1 vuil, vies, armzalig; 2 afzichtelijk, weerzinwekkend.

sordidité *v* 1 vuilheid, armzaligheid; 2 afzichtelijkheid, weerzinwekkendheid.

sornette *v* kletspraatje.

sort *m* 1 lot, noodlot; *le — en est jeté,* de teerling is geworpen; *tirer au* —, loten; 2 toverij; *jeter un* —, beheksen.

sortable *bn* passend, geschikt (*mariage* —).

sortant *m* vertrekkende.

sorte I *v* 1 soort; *toutes —s de,* allerlei; 2 manier, wijze; *de la* —, op die manier; *en* — *de,* zo, dat; *en quelque* —, als het ware. II *de* — *que, en* — *que vw* zodat.

sortie *v* 1 het uitgaan, uitkomen; *à la* — *de,* bij het verlaten van; *examen de* —, eindexamen; *sortie-de-bain,* badmantel; 2 uitgang; 3 uitval v. belegerden; 4 uitbarsting; *droits de* —, uitvoerrechten; 5 het verlaten v. h. toneel; 6 uitval (*fig.*).

sortilège *m* hekserij, toverij.

sortir I *on.w onr.* 1 uitgaan, weggaan, komen uit, -van; — *des bornes,* te ver gaan; — *des gonds,* woedend worden; — *d'une maladie,* pas hersteld zijn; *ne pas — de là,* bij zijn mening blijven; 2 afdwalen (— *du sujet*); 3 uitsteken; 4 voortkomen, afstammen. II *ov.w* 1 halen uit; 2 (een nieuw artikel) in de handel brengen; 3 naar buiten brengen, laten wandelen (— *un enfant*); 4 wegsturen (*fam.*); 5 — *son effet,* effect sorteren.

sosie *m* dubbelganger.

sot, sotte I *bn* 1 dwaas, gek; 2 onthutst, overbluft, sprakeloos (*rester* —); 3 dom, onnozel. II *zn m*, sotte *v* dwaas, zot(tin), gek.

sotie *v* sotternij (14e en 15e eeuw).

sottis/e *v* 1 dwaasheid, domheid, gekke streek, onnozel gezegde; 2 lompheid, grofheid, belediging. ~ier *m* moppenboek.

sou *m* ^{1}/$_{20}$ franc; *n'avoir pas le* —, *être sans le* —, *être sans un* — *vaillant,* geen rooie duit bezitten; *n'avoir pas pour un* — *de talent,* totaal geen talent hebben; *être près de ses* —*s,* zuinig zijn; *gros* —, tweestuiverstuk; *propre comme un* — *neuf,* kraakzindelijk.

soubassement *m* onderbouw.

soubresaut *m* 1 onverwachte sprong; 2 luchtsprong; 2 stuiptrekking.

soubrette *v* 1 kamenier in blijspel; 2 kamermeisje.

souche *v* 1 boomstronk; *dormir comme une* —, slapen als een roos; 2 stamvader; 3 stam (*fig.*); *faire* —, nakomelingen hebben; 4 stok v. geperforeerd boekje; 5 suffer, nietsnut.

souci *m* 1 zorg, bezorgdheid; *c'est là le moindre de mes —s,* daar maak ik me nu helemaal geen zorgen over; *prendre* — *de,* zorgen voor; 2 voorwerp v. zorg; 3 goudsbloem. ~er (se —) zich bekommeren. ~eusement *bw* vol zorgen. ~eux, -euse *bn* (~ *de*) bezorgd, bekommerd.

soucoupe *v* schotel onder een kop; — *volante,* vliegende schotel.

soud/able *bn* soldeerbaar. ~age *m* soldering.

soudain I *bn* plotseling, snel; *mort —e,* plotselinge dood. II *bw* eensklaps, plotseling.

soudainement *bw* plotseling, eensklaps.

soudaineté *v* het plotselinge, onverwachtheid.

soudanais, soudanaise, -enne I *bn* Soedanees. II *zn* S~ *m*, -e *v*; S~ *m*, -enne *v* Soedanees(-ese).

soude *v* 1 soda; 2 natrium (in samenst.).

soud/er I *ov.w* solderen, lassen. II *se* ~ samengroeien. ~eur *m* soldeerder.

soudier *m* sodafabrikant.

soudière *v* sodafabriek.

soudoyer *ov.w* 1 bezoldigen; 2 omkopen, huren (— *un assassin*).

soudure *v* 1 soldeersel; 2 soldeerwerk; 3 gesoldeerde, gelaste plaats; 4 vergroeiing.

soufflage *m* het glasblazen. [(*med.*).

souffle *m* 1 uitademing, adem, het blazen; *n'avoir plus que le* —, op sterven liggen; 2 ingeving, bezieling (*le* — *du génie*); 3 windje, zuchtje. ~é *bn* gerezen (*omelette* —*e*). II *zn m* socs. ~ement *m* geblaas.

souffler I *on.w* 1 blazen; 2 adem halen; 3 waaien; 4 spreken; 5 voorzeggen; 6 snuiven. II *ov.w* 1 blazen, aanblazen (— *le feu*); opblazen (— *la discorde,* tweedracht zaaien; — *le verre,* glas blazen; 2 uitblazen (— *une chandelle*); 3 wegblazen; 4 blazen bij het damspel; 5 voorzeggen, souffleren; 6 voor de neus wegkapen (— *un emploi*).

soufflet *m* 1 blaasbalg; 2 oorvijg; 3 balg v. fototoestel, harmonika v. trein; 4 belediging. ~er *ov.w* 1 een oorvijg geven aan; 2 beledigen.

souffleur *m*, -euse *v* 1 blazer; *die aan de blaasbalg trekt; — d'orgue,* orgeltrapper; 2 hijger; 3 souffleur.

soufflure *v* blaas in glas en metaal.

souffrance *v* smart, leed, lijden; *laisser en* —, onafgedaan laten, verwaarlozen.

souffrant *bn* 1 lijdend, ongesteld; 2 geduldig, verdraagzaam.

souffre-douleur *m* zondebok.

souffr/eteux, -euse *bn* 1 behoeftig; 2 ziekelijk, sukkelend. ~ir I *ov.w onr.* 1 dulden, uitstaan, verdragen; 2 veroorloven, toestaan; vergunnen; 3 lijden (*la faim*). II *on.w* 1 lijden; 2 kwijnen (*le commerce souffre*).

soufr/age *m* zwaveling. ~e *m* zwavel. ~er *ov.w* zwavelen.

285

soufreur I *m*, -euse *v* zwavelaar(ster). II -euse *v* toestel voor het zwavelen van gewassen.

soufrière *v* zwavelgroeve.

souhait *m* wens; *à —*, naar wens; *—s de bonne année*, nieuwjaarswensen.

souhaitable bn wenselijk.

souhaiter *ov.w* (toe)wensen; *je vous en sou-haite !*, ik help het je wensen!

souillard *m* 1 gat in een steen voor afwate-ring; 2 gootsteen.

souille *v* modderige plek, waarin de wilde zwijnen zich wentelen.

souiller *ov.w* bevuilen, bezoedelen (ook *fig.*).

souillon *m* vuilpoets, smeerpoets.

souill/onner *ov.w* bevuilen. ~ure *v* 1 vuile vlek, bezoedeling; 2 smet (*fig.*).

soûl I *bn* 1 verzadigd, zat (ook *fig.*); 2 (*pop.*) dronken, zat. II *zn m* (*fam.*): *en avoir tout son —*, er zijn bekomst van hebben.

soulag/ement *m* verzachting, verlichting, leni-ging. ~er I *ov.w* verzachten, verlichten, leni-gen. II se ~ 1 zijn hart luchten; 2 zijn behoeften doen.

soûlard, soûlaud *m*, -e *v* (*pop.*) dronkaard.

soûler I *ov.w* 1 dronken maken; 2 volstoppen met eten. II se ~ 1 zich bedrinken; 2 zich overeten. ~ie *v* dronkemanspartij.

soulèvement *m* 1 het opheffen, het oplichten, het stijgen; *— de cœur*, misselijkheid; 2 ver-ontwaardiging; 3 opstand, oproer.

soulever I *ov.w* 1 (niet hoog of met moeite) opbeuren, opheffen; *— le cœur*, misselijk maken; 2 doen opwaaien; 3 verontwaardigd maken, in beroering brengen; 4 opruien; 5 opwerpen (*— une question*). II se ~ 1 zich oprichten; 2 in opstand komen; 3 ver-ontwaardigd worden; 4 *son cœur se soule-vait*, hij werd misselijk (ook *fig.*).

soulier *m* schoen; *être dans ses petits —s*, in de knel zitten, niet op zijn gemak zijn.

soulignement *m* onderstreping.

souligner *ov.w* 1 onderstrepen; 2 goed doen uitkomen, onderstrepen (*fig.*).

soumettre I *ov.w onr.* 1 onderwerpen; 2 (een vraag) voorleggen. II se ~ zich onderwer-pen; *se — se démettre*, buigen of barsten.

soumis *bn* onderdanig, volgzaam, gedwee.

soumission *v* 1 onderwerping; 2 onderwor-penheid, onderdanigheid; 3 inschrijving bij aanbesteding. ~naire *m* inschrijver. ~ner *ov.w* inschrijven. [heidsklep.

soupape *v* ventiel, klep; *— de sûreté*, veilig-

soupçon *m* 1 achterdocht, verdenking; ver-moeden; 2 een beetje (*un — de vin*).

soupçonner *ov.w* 1 verdenken; 2 vermoeden.

soupçonneux, -euse *bn* achterdochtig, wan-trouwend.

soupe *v* 1 soep, broodsoep; *s'emporter com-me une — au lait*, opvliegend zijn; 2 snede brood, geweekt in bouillon (*trempé comme une —*), doornat.

soupente *v* vliering. [maaltijd.

souper, soupé *m* 1 avondmaaltijd; 2 nacht-

souper *on.w* souperen; *avoir soupé d'une chose*, ergens genoeg van hebben.

soupeser *ov.w* iets oplichten om te voelen hoe zwaar het is.

soupeur *m*, -euse *v* iem. die soupeert, of ge-woon is te souperen.

soupier, -ère *bn* (*pop.*) veel v. soep houdend.

soupière *v* soepterrine.

soupir *m* 1 zucht; *jusqu'au dernier —*, tot aan de dood; *rendre le dernier —*, de laatste adem uitblazen; 2 het ruisen v. d. wind; 3 kwart rust (*muz.*).

soupirail [*mv* aux] *m* keldergat.

soupir/ant *v* minnaar. ~er I *on.w* zuchten; *— après, — pour, — vers*, smachten naar, verlangen naar. II *ov.w* uitzuchten (*— ses peines, — des vers*).

soupl/e *bn* 1 lenig, buigzaam, soepel; 2 ge-dwee, volgzaam, handelbaar. ~esse *v* 1 buigzaamheid, lenigheid, soepelheid; 2 ge-dweeheid, volgzaamheid, plooibaarheid.

souquenille *v* 1 kiel v. grof linnen; 2 versleten

kledingstuk, lomp.

souquer I *ov.w* stevig aantrekken. II *on.w*: *— sur les avirons*, hard aan de riemen trekken.

source *v* bron (ook *fig.*); *de bonne —*, uit goede bron; *prendre sa —*, ontspringen.

sourcier *m*, -ère *v* wichelroedeloper, -loop-ster.

sourcil *m* wenkbrauw; *froncer le(s) —(s)*, de wenkbrauwen fronsen.

sourcilier, -ère *bn* van de wenkbrauwen.

sourciller *on.w* de wenkbrauwen fronsen; *sans —*, zonder een spier te vertrekken.

sourcilleux, -euse *bn* trots.

sourd I *bn* 1 doof; *faire la —e oreille*, Oost-indisch doof zijn; *sourd-muet*, doofstom; *— comme un pot*, stokdoof; 2 ongevoelig voor, doof voor (*— aux prières*); 3 dof; *lanterne —e*, dievenlantaarn; 4 vaag (*bruit —*); 5 heimelijk. II *zn m*, -e *v* dove; *crier comme un —*, hard schreeuwen; *frapper comme un —*, er op los slaan.

sourdement *bw* 1 dof; 2 heimelijk.

sourdine *v* demper; *en —*, zachtjes.

sourd†-muet† I *bn* doofstom. II *zn m*, ~e-~e *v* doofstomme.

sourdre *on.w* 1 opwellen; 2 ontstaan.

souriceau [*mv* x] *m* muisje.

souri/cier *m* muizenvanger, -eter. ~ière *v* 1 muizenval; 2 valstrik v. d. politie; *se mettre, se jeter dans la —*, in de val lopen.

souriquois *bn* v. d. muizen (*le peuple —*).

sourire I *ov.w onr.* 1 glimlachen; 2 toelachen (*— à*). II *zn m* glimlach.

souris I *m* glimlach. II *v* muis; *on entendrait trotter une —*, het is muisstil.

sournois I *bn* gluiperig, geniepig. II *zn m* gluiperd. ~erie *v* geniepigheid, gluiperig-heid, geniepige streek.

sous *vz* onder; *— clef*, achter slot; *— huit jours*, binnen acht dagen; *— main*, in het geheim; *— peu*, binnenkort; *— ce rapport*, in dat opzicht.

sous-aide† *m* medehelper.

sous-alimentation *v* ondervoeding.

sous-alimenter *ov.w* ondervoeden.

sous-arbrisseau [*mv* x] *m* halfstruik.

sous-bail [*mv* aux] *m* onderhuur-contract.

sous-bailleur† *m*, -euse† *v* onderverhuurder-(ster).

sous-bois *m* 1 onderhout; 2 bosgezicht (schilderij, tekening).

sous-chef† *m* onderchef.

sous-commission† *v* subcommissie.

sous-consommation *v* onderconsumptie.

sous/cripteur *m* 1 ondertekenaar; 2 inteke-naar. ~cription *v* 1 intekening; 2 inteken-som; 3 ondertekening.

souscrire I *ov.w onr.* 1 ondertekenen; 2 in-tekenen. II *on.w* 1 intekenen; 2 goedkeuren, onderschrijven (*— à*).

sous-cutané† *bn* onderhuids.

sous-diaconat *m* subdiaconaat (*R.K.*).

sous-diacre† *m* subdiaken (*R.K.*).

sous-directeur† *m*, -trice† *v* onderdirecteur, onderdirectrice.

sous-entendre *ov.w* stilzwijgend bedoelen.

sous-entendu† *m* bijbedoeling.

sous-entente† *v* listige bijbedoeling.

sous-épidermique† *bn* onder de opperhuid.

sous-estimer, sous-évaluer *ov.w* onderschat-ten.

sous-exposer *ov.w* onderbelichten (*fot.*).

sous-ferme† *v* onderpacht.

sous-fermier† *m*, -ère† *v* onderpachter(ster).

sous-fifre† *m* (*fam.*) iem. met een zeer onder-geschikt baantje.

sous-fréter *ov.w* onderverhuren v. e. schip.

sous-gorge *v* halsriem v. e. paard.

sous-intendance† *v* betrekking, bureau v. e. onderintendant.

sous-intendant† *m* onderintendant.

sous-jacent† *bn* onderliggend.

sous-jupe† *v* onderjurk.

sous-lieutenant† *m* tweede luitenant.

sous-locataire† *m* of *v* onderhuurder(ster).
sous-location† *v* onderhuur.
sous-louer *ov.w* 1 onderhuren; 2 onderverhuren.
sous-main *m* onderlegger.
sous-maître† *m*, sous-maîtresse† *v* hulponderwijzer(es), surveillant(e).
sous-/marin† I *bn* onderzees. II *zn m* onderzeeër. ~marinier† *m* matroos op een onderzeeboot.
sous-nappe† *v* onderkleed (onder het tafellaken).
sous-oﬀ† *m* (*fam.*) onderoﬃcier.
sous-oﬃcier† *m* onderoﬃcier.
sous-ordre† *m* 1 ondergeschikte; 2 onderorde (*pl.*- en *dierk.*).
sous-pied† *m*, soupied *m*, voetriem, souspied.
sous-préfect/oral [*mv* aux] *bn* v. d. onderprefect. ~ure† *v* 1 onderprefectuur (onderafdeling v. e. department); 2 hoofdplaats v. d. onderprefectuur; 3 ambt, woning, bureau v. d. onderprefect.
sous-préfet† *m* onderprefect.
sous-préfète† *v* vrouw v. d. onderprefect.
sous-production *v* onderproduktie.
sous-produit† *m* bijprodukt.
sous-secret/aire† *m* 2e secretaris; — d'Etat, secretaris-generaal v. e. ministerie. ~ariat *m* ambt, bureau v. e. 2e secretaris.
sous-seing† *m* onderhandse akte.
soussigné *bn* 1 die ondertekend heeft (hebben); 2 ondergetekende (*je* —).
soussigner *ov.w* ondertekenen.
sous-sol† *m* souterrain v. e. huis.
sous-titre† *m* ondertitel.
sous/tractif, -ive *bn* wat afgetrokken moet worden (*nombre* —). ~traction *v* 1 aftrekking; 2 verduistering, ontvreemding.
soustraire *ov.w.*1 aftrekken; 2 onttrekken; 3 verduisteren, ontvreemden.
sous-traitant† *m* onderaannemer.
sous-traité† *m* onderaanneming.
sous-traiter *ov.w* onderaannemen.
sous-ventrière† *v* buikriem v. paard.
sous-vêtements *m mv* ondergoed.
sout/ache *v* oplegsel, galon. ~acher *ov.w* versieren met oplegsels, galonneren.
soutane *v* 1 priesterrok; 2 priesterstand.
soutanelle *v* lange priesterjas.
soute *v* bergplaats in een schip; — aux poudres, kruitkamer.
soutenable *bn* 1 te dragen, te verdragen; 2 houdbaar, verdedigbaar (*opinion* —).
soutenance *v* verdediging v. e. proefschrift.
soutenir I *ov.w onr.*1 steunen (— une attaque); 2 uithouden, weerstaan (— une attaque) verdragen; 3 verdedigen (— ses droits); 4 beweren, staande houden; 5 steunen, helpen, bijstaan; 6 gaande houden (— la conversation); 7 ophouden (— son rang, zijn stand ophouden; — sa réputation, zijn naam ophouden; 8 moedig dragen (— une épreuve); 9 verdedigen (— une thèse). II se ~ 1 zich staande houden, blijven staan; 2 elkaar steunen; 3 elkaar helpen.
soutenu *bn* 1 gebonden (v. stijl); gedragen (*muz.*); 2 aanhoudend, niet verslappend (b.v. belangstelling), vast.
souterrain I *bn* 1 ondergronds; 2 slinks. II *zn m* onderaards(e) gang, gewelf.
soutien *m* steun, stut; — de famille, kostwinner. ~†-gorge *m* bustehouder.
soutier *m* tremmer.
soutirage *m* 1 het aftappen; 2 tapwijn.
soutirer *ov.w* 1 aftappen; 2 afpersen.
souvenance *v* (*oud*) vage herinnering.
souvenir I (se ~ de) *onr.* zich herinneren. II *onr.ww*: il me souvient, ik herinner mij. III *zn m* 1 herinnering; 2 aandenken.
souvent *bw* dikwijls, vaak; le plus —, meestal.
souverain I *bn* hoogst, opperst, soeverein; cour —e, opperste gerechtshof; — pontife, paus; remède —, onfeilbaar middel. II *zn m* 1 soeverein; 2 sovereign (Engelse gouden munt). ~ement *bw* 1 uiterst, in de hoogste

mate; Dieu est — bon, God is oneindig goed; 2 zonder appèl.
souveraineté *v* 1 oppermacht; 2 soevereiniteit; 3 gebied v. e. vorst.
soviet *m* raad v. soldaten en arbeiders.
soviétique *bn* van de sovjets.
soya *m* soja.
soy/er, -ère *bn* v. d. zijde; industrie —ère, zijde-industrie. ~eux, -euse I *bn* zijdeachtig, zacht. II *zn m* 1 zijdefabrikant; 2 zijdehandelaar (te Lyon).
spacieusement *bw* ruim.
spacieux, -euse *bn* ruim, uitgestrekt.
spaciosité *v* ruimheid.
spadassin *m* vechtersbaas; gehuurd moordenaar (— à gages).
spadille *v* schoppenaas. [N.-Afrika.
spahi *m* inlands of Frans cavalerist in
spalt *m* 1 soort asfalt; 2 vloeispaat.
sparadrap *m* hechtpleister.
sparte I *m* spartogras. II *v* S~ Sparta.
sparterie *v* matten enz. v. spartogras.
spartiate† I *bn* Spartaans. II *zn* S~ *m* of *v* Spartaan(se).
spasme *m* kramp.
spasmodique *bn* krampachtig.
spath *m* spaat.
spatial [*mv* aux] *bn* ruimtelijk.
spatul/e *v* 1 spatel; 2 voegmes; 3 lepelaar (vogel). ~é *bn* spatelvormig.
speaker *m* 1 voorzitter v. h. Lagerhuis; 2 radio-omroeper.
spécial [*mv* aux] *bn* bijzonder, speciaal.
spécialisation *v* specialisatie.
spécialiser I *ov.w* in bijzonderheden aangeven. II se ~ zich specialiseren.
spécial/iste I *bn* specialistisch. II *zn m* of *v* specialist(e). ~ité *v* 1 specialiteit; 2 specialist; 3 patentmiddel.
spécieusement *bw* schoonschijnend.
spécieux, -euse *bn* schoonschijnend.
spécific/ation *v* specificatie. ~ité *v* bijzonder karakter, karakter der soort.
spécifier *ov.w* nauwkeurig-, afzonderlijk opnoemen.
spécifique I *bn* v. d. soort, soortelijk; poids —, soortelijk gewicht. II *zn m* geneesmiddel voor een bepaalde ziekte.
spécimen I *m* staal, model, exemplaar. II *bn* als proef; numéro —, proefnummer.
spéciosité *v* het schoonschijnende, gezochte.
spectacle *m* 1 schouwspel; 2 toneelvoorstelling, opvoering; se donner en —, zich aanstellen, de aandacht willen trekken; salle de —, schouwburgzaal.
spectaculaire *bn* opzienbarend, wat trekt.
spectateur *m*, -trice *v* toeschouwer(ster).
spectr/al [*mv* aux] *bn* 1 spookachtig; 2 v. h. spectrum. ~e *m* 1 spook; 2 spectrum.
spectroscope *m* spectroscoop.
spectroscopique *bn* spectroscopisch.
spéculaire *bn* spiegelend; pierre —, mica.
spéculateur *m*, -trice *v* speculant(e).
spécul/atif, -ive I *bn* beschouwend, theoretisch. II *zn m* theoreticus. ~ion *v* 1 theoretische beschouwing; 2 speculatie.
spéculativement *bw* theoretisch.
speech *m* speech.
spéléologie *v* studie der natuurlijke holen.
spéléologique *bn* wat de spéléologie betreft.
spéléologue, spéléologiste *m* beoefenaar v. d. studie der natuurlijke holen.
sperguie *v* spurrie (*pl.k.*).
spermatique *bn* v. h. sperma.
spermatozoïde *m* zaaddiertje.
sperme *m* sperma.
sphacèle *m* koudvuur.
sphère *v* 1 bol; — céleste, hemel; 2 invloedssfeer, werkkring.
sphéricité *v* bolrondheid.
sphérique *bn* bolvormig.
sphéroïde *m* bijna bolrond lichaam.
sphincter *m* sluitspier.
sphinx *m* 1 sfinx; 2 raadselachtig persoon.
spic *m* grote lavendel (*pl.k.*); huile de —,

lavendelolie.
spiciforme *bn* aarvormig.
spicilège *m* verzameling v. stukken, akten, gedachten enz.
spider *m* dickey-seat.
spinal [*mv* aux] *bn* v; d. ruggegraat.
spinelle *v* 1 lichtrode robijn; 2 stekelhaar.
spinule *v* doorntje.
spiral [*mv* aux] I *bn* spiraalvormig. II *zn m* horlogeveer.
spiral/e *v* spiraal, schroeflijn; *en* —, spiraalvormig. ~é *bn* spiraal-, schroefvormig.
spire *v* schroefwinding, schroefgang.
spirit/e I *bn* spiritistisch. II *zn m* of *v* spiritist(e). ~isme *m* spiritisme.
spiritual/isation *v* vergeestelijking. ~iser *ov.w* vergeestelijken. ~ité *v* 1 onstoffelijkheid; 2 geestelijk leven.
spirituel, -elle I *bn* 1 geestelijk, onstoffelijk; *concert* —, concert v. gewijde muziek; 2 geestig. II *zn m* het geestelijke.
spirituellement *bw* 1 in de geest; 2 geestig.
spiritueux, -euse I *bn* alcoholisch, geestrijk. II *zn m mv* alcoholische dranken.
spiroïdal [*mv* aux] *bn* spiraalvormig.
Spitzberg *m* Spitsbergen.
spleen *m* lusteloosheid, levensmoeheid.
splendeur *v* glans, luister, pracht.
splendide *bn* schitterend, prachtig.
splénétique, splénique *bn* v. d. milt.
splénite *v* miltontsteking.
spoliateur, -trice I *bn* berovend, afzettend. II *zn m*, -trice *v* rover, afzetter(ster), plunderaar(ster).
spoliation *v* beroving, plundering.
spolier *ov.w* beroven, plunderen.
spondaïque *bn* spondeïsch.
spondée *m* spondeus.
spongiculture *v* sponsenkwekerij.
spongieux, -euse *bn* sponsachtig.
spongiosité *v* sponsachtigheid.
spontané *bn* spontaan, van zelf.
spontanéité *v* spontaneïteit, vrijwilligheid.
spontanément *bw* spontaan, van zelf.
sporadicité *v* sporadisch karakter.
sporadique *bn* sporadisch.
sporange *m* sporenhouder.
spore *v* spoor (*pl.k.*).
sporozaiers *m mv* sporediertjes.
sport I *zn m* sport. II *bn*: *costume* —, sportkostuum, -if, -ive I *bn* v. d. sport, sportief. II *zn m*, -ive *v* sportbeoefenaar(ster).
sportivité *v* sportiviteit.
sport(s)man[*mv* sportsmen] *m* sportliefhebber.
sport(s)woman [*mv* sportswomen] *v* sportliefhebster.
sporul/ation *v* voortplanting door middel v. sporen. ~e *v* spoor (*pl.k.*).
sprat *m* sprot.
sprint *m* sprint. ~er *m* sprinter.
spumescent *bn* schuimachtig, schuimend.
spumeux, -euse *bn* schuimachtig, schuimend.
sputation *v* het spuwen.
squale *v* haai.
squam/e *v* schilfer. ~eux, -euse *bn* schilferig. ~ifère *bn* geschubd. ~ule *v* schubje.
square *m* plein met groen, - met bomen.
squelette *m* geraamte.
squelettique *bn* skeletachtig; *maigreur* —, buitengewone magerheid.
stabilisat/eur *m* richtstuur. ~ion *v* stabilisatie, het vaster doen liggen.
stabiliser *ov.w* stabiliseren, vaster maken.
stabilité *v* stabiliteit, vastheid.
stable *bn* vast, blijvend, duurzaam.
stabulation *v* het stallen -, stalling v. vee.
stade *m* 1 stadium; 2 stadion.
stag/e *m* proeftijd, voorbereidingstijd, volontairschap. ~iaire I *bn* een proeftijd doorbrengend; de proeftijd betreffend. II *zn m* volontair, kwekeling, hospitant.
stagn/ant *bn* stilstaand (*eau* —e). ~ation *v* stilstand. ~er *on.w* stilstaan.
stalactite *v* druipsteen aan het gewelf v. grotten.

stalag *m* gevangenkamp in Duitsland tijdens de tweede wereldoorlog.
stalagmite *v* druipsteen op bodem v. grotten.
stalle *v* 1 koorstoel (in kerkkoor); 2 zitplaats in schouwburg; 3 box in paardestal.
staminal [*mv* aux] *bn* v. d. meeldraden.
stance *v* strofe, couplet.
stand *m* 1 tribune op renbaan; 2 schietbaan; 3 stand op tentoonstelling.
standard *m* 1 model; 2 telefoonpost.
standardisation *v* standaardisering.
standardiser *ov.w* standaardiseren.
stannifère *bn* tinhoudend.
star *v* filmster.
starie *v* ligtijd v. e. schip.
starter *m* 1 starter (*sport*); 2 autostarter.
stathouder *m* stadhouder.
stathoudérat *m* stadhouderschap.
station *v* 1 oponthoud; 2 stand; 3 station; 4 statie; 5 pleisterplaats, standplaats, ligplaats, tijdelijke rustplaats; — *balnéaire*, badplaats; — *thermale*, badplaats met geneeskrachtige bronnen; 6 (schijnbare) stilstand v. e. planeet; 7 reeks advents- of passiepreken. ~naire *bn* stilstaand, bestendig. II *zn m* waschplaats. ~nement *m* het stationeren; *endroit de* —, parkeerplaats. ~ner *on.w* stationeren, parkeren, zich ophouden.
statique I *bn* statisch. II *zn v* statica.
statisticien *m* statisticus.
statistique I *zn v* 1 statistiek (wetenschap); 2 statistiek (tabel). II *bn* statistisch.
statuaire I *zn m* beeldhouwer. II *v* beeldhouwkunst. III *bn* geschikt om beelden te maken (*marbre* —).
statue *v* 1 (stand)beeld; 2 koel wezen.
statuer I *ov.w* verordenen, vaststellen. II *on.w*: — *sur*, een uitspraak doen over.
statu/ette *v* beeldje. ~fier *ov.w* (*fam.*) een standbeeld oprichten voor.
stature *v* lichaamsgrootte.
statut *m* statuut, verordening, wet, reglement.
statutaire *bn* volgens de statuten.
stayer *m* stayer (*sport*).
steam-boat *m* steamboat, steamer *m* stoomstéarine *v* stearine.   [boot.
stéarinerie *v* stearinefabriek.
stéarique *bn*: *bougie* —, stearinekaars.
stéatite *v* speksteen. **stéatose** *v* vervetting.
steeple-chas/e† *m* wedren, paardenren met hindernissen. ~er† *m* paard voor de hinderstèle *v* zuil.   [nisrennen.
stellaire *bn* 1 v. d. sterren; 2 stervormig.
stencil *m* stencil.
sténodactylo, sténodactylographe *m* of *v* stenomachineschrijver(-schrijfster).
sténogramme *m* stenogram.
sténographe *m* of *v* stenograaf(-grafe).
sténographie *v* snelschrift, stenografie.
sténographique *bn* stenografisch.
sténose *v* vernauwing.
sténotype *v* machine voor kortschrift.
sténotypie *v* mechanisch kortschrift.
sténotypiste *m* of *v* machinestenograaf (-grafe).
stentor *m* iem. met een machtige stem; *voix de* —, stentorstem.
steppe *v* steppe.
stérage *m* het meten v. hout met een stère.
stercoraire *m* mestkever.   [hout.
stère *m* kubieke meter voor het meten v.
stéréo/métrie *v* stereometrie. ~métrique *bn* stereometrisch. ~phonie *v* stereofonie. ~phonique *bn* stereofonisch; *disque* —, stereoplaat. ~photographie *v* stereofotografie. ~scope *m* stereoscoop. ~scopique *bn* stereoscopisch. ~type *bn* 1 gedrukt met vaste letters; 2 gegalt, onveranderlijk. ~typer *ov.w* met vaste letters drukken. ~typie *v* het drukken met vaste letters.
stérer *ov.w* de inhoud bepalen met de stère.
stérile *bn* 1 onvruchtbaar, kinderloos; 2 vruchteloos, nutteloos.
stérilisateur *m* toestel om kiemen te doden.

stérilisation *v* 1 het onvruchtbaar maken; 2 het doden v. ziektekiemen.
stériliser *ov.w* 1 onvruchtbaar maken; 2 ziektekiemvrij maken.
stérilité *v* onvruchtbaarheid.
sterlet *m* kleine steur.
sterling *m* (livre —): pond sterling.
sternum *m* borstbeen.
sternutat/ion *v* het niezen. ~oire *bn* niezen veroorzakend; *poudre* —, niespoeder.
stétho/scope *m* stethoscoop (voor borstonderzoek). ~scopie *v* onderzoek v. d. borstholte met de stethoscoop.
steward *m* steward.
stigmate *m* 1 brandmerk; 2 litteken; 3 litteken v.d. vijf wonden v. Christus; 4 schandvlek, merkteken; 5 stempel (*pl.k.*).
stigmatisation *v* 1 brandmerking; 2 vorming v. littekens; 3 vorming van wonden, gelijk aan die v. Christus, bij sommige personen.
stigmatiser *ov.w* 1 brandmerken; 2 littekens vormen op; 3 schandvlekken.
stillation *v* het druppelen.
stilligoutte *m* druppelteller.
stimulant I *bn* prikkelend, opwekkend (*med.*). II *zn m* 1 prikkel; 2 opwekkend-, prikkelend middel.
stimulateur, -trice *bn* opwekkend, prikkelend.
stimulation *v* opwekking, prikkeling.
stimuler *ov.w* aansporen, prikkelen.
stipe *m* stam, stengel (— *de palmier*).
stipendiaire *bn* bezoldigd.
stipendier *ov.w* bezoldigen.
stipulation *v* beding, bepaling.
stipuler *ov.w* bedingen, bepalen.
stock *m* voorraad. ~age *m* het opslaan.
stockfish *m* stokvis. [*ov.w* opslaan.
stockiste *m* depothouder.
stoïcien, -enne I *bn* stoïcijns. II *zn m* 1 stoïcijn; 2 onverstoorbaar mens.
stoïcisme *m* 1 stoïcijnse leer; 2 onbewogenheid, onverstoorbaarheid.
stoïque I *bn* stoïcijns, onbewogen. II *zn m* of *v* 1 stoïcijn; 2 onverstoorbaar, onbewogen mens.
stomacal [*mv aux*] *bn* 1 van de maag; 2 goed voor de maag (*vin* —).
stomachique I *bn* goed voor de maag. II *zn m* maagversterkend middel.
stomatite *v* ontsteking v. h. mondslijmvlies.
stomato/logie *v* leer der mond- en tandziekten. ~logiste *m* specialist voor mondziekten. ~scope *m* mondklem.
stop *tw* 1 stop (*scheepv.*); 2 stop (in telegrammen); 3 (*fam.*) halt!
stoppage *m* het stoppen, stop (v. goed).
stopper I *on.w* stilstaan. II *ov.w* 1 doen stilstaan; 2 stoppen (v. goed).
stoppeur *m*, -euse *v* stopper(ster).
store *m* rolgordijn, zonnescherm.
strabisme *m* loensheid.
strangulation *v* worging.
strapontin *m* klapstoeltje.
strass, stras *m* valse diamant.
Strasbourg *m* Straatsburg.
stratagème *m* (krijgs)list.
stratège *m* strateeg, krijgskundige.
stratégie *v* krijgskunde, strategie.
stratégique *bn* strategisch, krijgskundig.
stratégiste *m* strateeg, krijgskundige.
stratifier *ov.w* laagsgewijs schikken.
stratosphère *v* stratosfeer.
stratus *m* streepvormige wolk.
streptocoque *m* soort bacterie.
strict *bn* stipt, nauwkeurig, streng.
stridence *v* schril geluid.
strident *bn* schril, scherp.
stridulant *bn* schel piepend (*insecte* —).
stridulation *v* schel gepiep.
striduler *on.w* schel piepen.
striduleux, -euse *bn* piepend (*bruit* —).
strie *v* kras, groef.
strier *ov.w* krassen, groeven.
striure *v* gestreeptheid, streep, kras, groef.
strix *m* kerkuil.

strophe *v* strofe, couplet.
structural [*mv aux*] *bn* wat de bouw betreft.
structuraliste *bn* van de taalbouw.
structure *v* bouw, structuur.
strumeux, -euse *bn* klierachtig.
stuc *m* pleisterkalk. ~age *m* pleisterwerk. ~ateur *m* stukadoor.
studieusement *bw* ijverig, vlijtig.
studieux, -euse *bn* vlijtig, ijverig.
studio *m* 1 atelier; 2 werkkamer; 3 filmstudio; 4 vertrek, dat tegelijk als salon, eetkamer en slaapkamer dient.
stupéfaction *v* stomme verbazing.
stupé/fait *bn* stom verbaasd. ~fiant I *bn* 1 verbazingwekkend; 2 verdovend. II *zn m* verdovend -, bedwelmend middel.
stupéfier *ov.w* 1 stom verbazen, verstomd doen staan; 2 verdoven, bedwelmen.
stupeur *v* 1 ontsteltenis, ontzetting; 2 verdoving, bedwelming.
stupid/e *bn* 1 verstomd, ontzet; 2 dom, stompzinnig. ~ité *v* 1 domheid; 2 dom woord, domme daad.
stupre *m* 1 schanddaad; 2 verkrachting.
stuquer *ov.w* pleisteren, stukadoren.
style *m* 1 stijl, trant; 2 schrijfstift; 3 wijzer v. e. zonnewijzer; 4 stijl (*pl.k.*).
styler *ov.w* africhten, drillen.
stylet *m* kleine scherpe dolk.
stylis/ation *v* het styleren. ~er *ov.w* styleren. ~te *m* of *v* schrijver(schrijfster) met goede stijl, stylist(e). ~tique *v* stijlleer.
stylite *m* zuilheilige.
stylo *m*, stylographe *m* vulpenhouder; — *à bille*, balpen.
su *m* het weten; *au vu et au — de tout le monde*, openlijk.
suaire *m* lijkwade, zweetdoek.
suav/e *bn* zacht, lieflijk, zoet. ~ité *v* zachtheid, lieflijkheid, zoetheid, fijne geur.
subalpin *bn* aan de voet der Alpen.
subalterne I *bn* ondergeschikt. II *zn m* ondergeschikte.
subconsci/ence *v* onderbewustzijn. ~ent I *bn* onderbewust. II *zn m* het onderbewuste.
subcutané *bn* onderhuids.
subdiviser *ov.w* onderverdelen.
subdivision *v* 1 onderverdeling; 2 onderafdeling.
subéreux, -euse *bn* kurkachtig.
subir *ov.w* ondergaan, lijden, verduren; — *un examen*, een examen afleggen.
subit *bn* plotseling. ~ement *bw* plotseling.
subito *bw* (*fam.*) plotseling.
subjectif, -ive *bn* 1 persoonlijk; 2 wat het onderwerp betreft; *proposition —ive*, onderwerpszin.
subjectivité *v* persoonlijk karakter.
subjonctif, -ive I *bn* aanvoegend (*proposition —ive*). II *zn m* aanvoegende wijs.
subjugation *v* onderwerping.
subjuguer *ov.w* onderwerpen, beheersen.
sublimation *v* overhaling, vervluchtiging.
sublime I *bn* verheven, hoogstaand, edel. II *zn m* het verhevene, het edele.
sublimé *m* sublimaat.
sublimer *ov.w* vluchtig maken.
subliminal *bn* onderbewust.
sublimité *v* verhevenheid.
sublunaire *bn* ondermaans. [stromen.
submerger *ov.w* 1 onderdompelen; 2 overstromen.
submers/ible I *bn* overstroombaar. II *zn m* duikboot. ~ion *v* 1 onderdompeling; 2 overstroming.
subordination *v* ondergeschiktheid.
subordonn/é I *bn* ondergeschikt. II *zn m* ondergeschikte. ~er *ov.w* ondergeschikt -, afhankelijk maken.
suborn/ation *v* verleiding, omkoping. ~er *ov.w* verleiden, omkopen. ~eur *m*, -euse *v* omkoper(omkoopster), verleider(ster).
subreptice *bn* slinks, bedrieglijk.
subreption *v* bedrog.
subrogation *v* plaatsvervanging (*recht*).
subrogé *bn*: — *tuteur*, toeziende voogd.

subroger *ov.w* in de plaats stellen, overdragen.
subséquemment *bw* vervolgens, daarna.
subséquent *bn* volgend.
subside *v* bijdrage, subsidie, ondersteuning.
subsidiaire *bn* ondersteunend, helpend, hulp-.
subsist/ance *v* levensonderhoud, bestaan; les —s, leeftocht. ~er *on.w* 1 nog bestaan, over zijn; 2 — *de*, bestaan van.
subsolaire *bn* onder de zon.
substance *v* 1 substantie, zelfstandigheid; 2 het beste, de hoofdzaak.
substantiel, -elle *bn* 1 wezenlijk; 2 voedzaam.
substantif, -ive I *bn* zelfstandig. II *zn m* zelfst. naamwoord.
substantivement *bw* zelfstandig.
substituer I *ov.w* in de plaats stellen. II se ~ in de plaats gesteld worden.
substitut *m* plaatsvervanger.
substitution *v* plaatsvervanging, vervanging.
substruction *v* onderbouw.
subterfuge *m* uitvlucht.
subtil *bn* 1 fijn; 2 snel werkend (*venin* —); 3 scherp, doordringend (*vue* —e); 4 scherpzinnig, vernuftig.
subtiliser I *ov.w* 1 vervluchtigen, verdunnen; 2 verfijnen; 3 (*pop.*) bedotten; 4 (*pop.*) rollen, afhandig maken. II *on.w* — *sur*, scherpzinnig redeneren, muggeziften.
subtilité *v* 1 fijnheid, ijlheid; 2 snelle werking; 3 doordringendheid, scherpte; 4 scherpzinnigheid; 5 spitsvondigheid; 6 geslepenheid, sluwheid.
subtropical [*mv aux*] *bn* subtropisch.
suburbain *bn* nabij de stad gelegen; *quartiers* —s, voorsteden.
subvenir (à) *on.w onr.* voorzien (in), bijstaan.
subvention *v* bijdrage, subsidie. ~ner *ov.w* een bijdrage, een subsidie geven aan.
subversif, -ive *bn* omverwerpend, oproerig.
subversion *v* omverwerping.
subvertir *ov.w* omverwerpen.
suc *m* 1 sap (*fig.*); 2 kern, merg (*fig.*).
succédané I *bn* vervangend. II *zn m* surrogaat.
succéder (à) I *ov.w* opvolgen, volgen op. II se ~ elkaar opvolgen.
succès *m* 1 afloop; 2 goede afloop, succes.
successeur *m* opvolger.
successi/bilité *v* recht - volgorde van opvolging. ~ble *bn* tot opvolgen bevoegd.
success/if, -ive *bn* 1 achtereenvolgend, opeenvolgend; 2 wat erfenis of opvolging betreft; *droit* —, erfrecht; *droits* —s, successierechten. ~ion *v* 1 opeenvolging; 2 opvolging, erfrecht; 3 erfenis.
successivement *bw* achtereenvolgens.
successoral [*mv aux*] *bn* wat erfrecht betreft.
succin *m* barnsteen.
succinct *bn* 1 beknopt; 2 (*fam.*) niet uitgebreid, sober (*repas* –).
succion *v* het in-, uit-, opzuigen.
succomber *on.w* 1 bezwijken; 2 sterven.
succulence *v* 1 sappigheid; 2 smakelijkheid.
succulent *bn* 1 sappig; 2 smakelijk.
succursale *v* 1 hulpkerk; 2 bijkantoor, filiaal.
suc/er *ov.w* I in-, uit-, opzuigen; 2 uitzuigen (*fig.*). ~ette *v* 1 speen; 2 lolly.
suceur *m*, -euse *v* zuiger(ster).
suçoir *m* zuigspriet, zuignapje.
suçoter *ov.w* sabbelen op.
sucrage *m* het suikeren.
sucr/e *m* suiker; — *candi*, kandijsuiker; — *de canne*, rietsuiker; *casser du* — (*fam.*), kwaadspreken; — *de lait*, melksuiker; *pain de* —, suikerbrood; *en pain de* —, kegelvormig; — *d'orge*, suikerstang. ~é *bn* 1 gesuikerd, zoet; 2 zoetsappig, overdreven lief.
sucrée *v*: *faire la* —, preuts doen.
sucr/er *ov.w* suikeren, zoeten. ~erie I *v* suikerfabriek, -raffinaderij. II ~s *v mv* suikergoed. ~ier, -ère I *bn* wat de suikerfabricage betreft. II *zn m* suikerpot.
sucrin *m* suikermeloen.
sud I *m* zuiden. II *bn* zuidelijk.
sudation *v* het zweten.

sudatoire *bn* vergezeld van zweten.
snd-est I *m* zuidoosten. II *bn* zuidoostelijk.
sudorifique I *bn* zweetverwekkend. II *zn m* zweetmiddel.
sudoripare, sudorifère *bn* zweetafscheidend.
sud-ouest I *m* zuidwesten. II *bn* zuidwestelijk.
Suède (la) I *v* Zweden. II s ~ *v* soort handschoenenleer.
suédois I *bn* Zweeds. II *zn* S ~ *m*, -e *v* Zweed(se). III s ~ *m* Zweedse taal.
su/ée *v* 1 zweet, het zweten; 2 (*pop.*) grote angst, schrik, rats. ~er I *on.w* 1 zweten; *faire* — *qn*. (*pop.*), iem. het leven zuur maken; 2 uitslaan (b.v. van muren). II *ov.w* zweten; — *sang et eau*, water en bloed zweten; — *l'ennui*, zich dodelijk vervelen; — *la peur*, in dodelijke angst zitten.
sueur *v* zweet; *être en* —, bezweet zijn; *à la* — *de son front*, in het zweet zijns aanschijns.
suffire I *on.w onr.* voldoen. voldoende zijn; *à chaque jour suffit sa peine* (*spr.w*), elke dag heeft genoeg aan zijn eigen leed. II *onp.w*: *il suffit que*, het is voldoende, dat; *cela suffit*, het is genoeg. III se ~ in zijn eigen onderhoud voorzien.
suffis/amment *bw* voldoende, genoeg. ~ance *v* 1 voldoende hoeveelheid; *à* —, *en* —, voldoende; 2 verwaandheid, inbeelding.
suffisant I *bn* 1 voldoende; 2 verwaand, zelfgenoegzaam. II *zn m* verwaande kerel.
suffixe *m* achtervoegsel.
suffocant *bn* verstikkend (*chaleur* —e).
suffocation *v* verstikking.
suffoquer I *ov.w* verstikken. II *on.w* 1 stikken; 2 buiten zich zelve zijn.
suffragant *m* wijbisschop.
suffrage *m* 1 stem; 2 stemrecht; 3 bijval, goedkeuring.
suggérer *ov.w* suggereren, inblazen.
suggestibilité *v* vatbaarheid voor suggestie.
suggest/if, -ive *bn* suggestief, gedachten opwekkend. ~ion *v* suggestie, ingeving.
suicide *m* i zelfmoord; 2 zelfmoordenaar.
suicid/é *m*, -e *v* zelfmoordenaar(-moordenares). ~er (se) zelfmoord plegen.
suie *v* roet.
suif *m* 1 talk, kaarsvet; 2 (*pop.*) uitbrander.
suiffer *ov.w* met vet -, met talk insmeren.
suiffeux, -euse *bn* talkachtig.
suintement *m* doorsijpeling, het uitslaan.
suinter *on.w* doorsijpelen, uitslaan.
suisse I *bn* Zwitsers. II *zn* Suisse *m*, Suissesse *v* Zwitser, Zwitserse. III la S ~ *v* Zwitserland. IV s ~ *m* 1 portier, kerkknecht; 2 Zwitsers kaasje.
suite *v* 1 gevolg, stoet; 2 rij, reeks, aaneenschakeling; *de* —, daarna, achtereenvolgens; *tout de* —, dadelijk; 3 gevolg, uitvloeisel; *à la* — *de*, ten gevolge van; *donner* — *à*, gevolg geven aan; *par* —, bijgevolg; *par* — *de*, tengevolge van; 4 vervolg; 5 suite (*muz*.); *esprit de* —, doorzettingsvermogen.
suitée *bn* (merrie) met haar veulen.
suivant I *zn m* volgeling. II *bn* volgend. III *vz* volgens, naar. IV *vw* — *que*, naarmate, naar gelang. ~e *v* kamenier.
suivi *bn* 1 samenhangend, logisch; 2 druk bezocht (*théâtre* —); 3 aanhoudend, geregeld.
suivre I *ov.w onr.* 1 volgen, volgen op; 2 achtervolgen; 3 nagaan; 4 bijwonen. II *on.w*: *à suivre*, wordt vervolgd; *il suit de là*, daaruit volgt. IV se ~ 1 elkaar opvolgen; 2 achter elkaar lopen; 3 een logisch verband vormen.
sujet, -ette I *bn* (~ à) 1 onderworpen-, onderhevig aan; 2 geneigd tot (~ à): verslaafd aan; 3 blootgesteld aan, lijdend aan (~ *à la goutte*). II *zn m* 1 onderdaan; 2 reden, oorzaak, aanleiding; *avoir* — *de*, reden hebben om; 3 onderwerp; 4 patiënt; 5 persoon, sujet; *mauvais* —, losbol; 6 voorwerp.
sujétion *v* 1 onderworpenheid; 2 gebondenheid, afhankelijkheid.
sulf/ate *m* sulfaat. ~hydrique *bn*: *acide* —,

zwavelwaterstof. ~ite *m* sulfiet. ~urage *m* het zwavelen. ~ure *m* sulfide. ~ureux, -euse *bn* zwavelachtig. ~urique *bn: acide —,* zwavelzuur.

sultan *m* 1 sultan; 2 met zijde bedekt mandje; 3 reukkussentje voor een inktkoffer.

sultane *v* 1 sultane; 2 lang, rijk gewaad, dat van voren open is.

summum *m* toppunt.

supé *bn* vastzittend in de modder (*navire —*).

super *m* superbenzine.

superbe I *bn* 1 prachtig, schitterend, groots, verheven; 2 fier, hoogmoedig. II *zn m* hoogmoedige.

supercherie *v* list, bedrog.   [herhaling.

superfétation *v* overbodigheid, nodeloze

superfic/ie *v* 1 oppervlakte; 2 oppervlakkigheid. ~iel, -ielle *bn* 1 aan de oppervlakte gelegen; 2 (*fig.*) oppervlakkig.

superficiellement *bw* oppervlakkig.

superfin *bn* zeer fijn.

superflu I *bn* overbodig, overtollig. II *zn m* het overtollige, overvloed.

superfluité *v* overbodigheid, overtolligheid.

supérieur I *bn* 1 hoger, bovenste; *officier —,* hoofdofficier; 2 beter, groter; 3 uitstekend, voortreffelijk. II *zn m,* -e *v* 1 meerdere; 2 kloosteroverste.

supériorité *v* 1 meerderheid, overwicht, overmacht; 2 de grotere voortreffelijkheid; 3 waardigheid v. kloosteroverste.

superlatif, -ive I *bn* overtreffend, in de hoogste mate. II *zn m* overtreffende trap; *au —,* buitengewoon.

superlativement *bw* buitengewoon.

supermarché *m* supermarkt.

superphosphate *m* superfosfaat.

superposer *ov.w* op elkaar plaatsen.

superposition *v* het op elkaar plaatsen.

superproduction *v* superfilm.

supersonique *bn* sneller dan het geluid.

superstitieusement *bw* 1 bijgelovig; 2 al te nauwgezet.

superstitieux, -euse I *bn* 1 bijgelovig; 2 al te nauwgezet. II *zn m,* -euse *v* bijgelovig mens.

superstition *v* 1 bijgeloof; 2 al te grote nauwgezetheid; *avoir la — du passé,* te veel aan het verleden gehecht zijn.

superstructure *v* bovenbouw.

supplanter *ov.w* verdringen, onderkruipen.

suppléance *v* plaatsvervanging.

suppléant I *bn* plaatsvervangend. II *zn m,* -e *v* plaatsvervanger(-ster).

suppléer I *ov.w* 1 vervangen; 2 aanvullen. II *on.w* (~ *à*) vergoeden, goed maken.

supplément *m* aanvulling, toeslag, supplement. ~aire *bn* aanvullend; *heures —s,* overuren.

supplétif, -ive, supplétoire *bn* aanvullend.

supplication *v* smeekbede.

supplice *m* 1 doodstraf, lijfstraf, marteling; *le dernier —,* de doodstraf; *les —s éternels,* de straffen der hel; 2 marteling (*fig.*), kwelling; *il est au —,* dat is een marteling voor hem; hij zit op hete kolen.

supplicié *m* terechtgestelde.

supplicier *ov.w* 1 terechtstellen; 2 folteren.

supplier *ov.w* smeken; *je vous en supplie,* ik smeek het je; toe nou!

supplique *v* verzoekschrift.

support *m* steun (ook *fig.*). ~able *bn* 1 draaglijk, te verdragen; 2 vergeeflijk.

upporter *ov.w* 1 steunen; 2 dragen; (*les frais*); 3 verdragen, verduren; — *l'eau,* waterdicht zijn; — *le feu,* vuurvast zijn; 4 dulden.

suppos/able *bn* veronderstelbaar. ~é I *bn* verzonnen, vals. II *vw: — que,* gesteld dat.

supposer *ov.w* 1 onderstellen; 2 verzinnen, uitdenken, vervalsen.

supposit/if, -ive *bn* veronderstellend. ~ion *v* 1 onderstelling; 2 verzinsel, vervalsing.

suppositoire *m* zetpil.

suppôt *m* 1 suppoost; 2 handlanger.

suppression *v* 1 onderdrukking; 2 opheffing,

afschaffing; 3 weglating.

supprimer *ov.w* 1 onderdrukken; 2 opheffen, afschaffen; 3 weglaten; 4 verzwijgen.

suppur/atif, -ive I *bn* de ettering bevorderend. II *zn m* ettervormend middel. ~ation *v* ettering. ~er *on.w* etteren.

suppuration *v* raming, schatting.

supputer *ov.w* ramen, schatten, berekenen.

supranaturalisme *m* 1 geloof aan het bovennatuurlijke; 2 bovennatuurlijk karakter.

suprasensible *bn* bovenzinnelijk.

supraterrestre *bn* bovenaards.

suprématie *v* voorrang, meerderheid.

suprême *bn* 1 hoogste, opperste; *au — degré,* in de hoogste mate; *l'Etre —,* God; 2 laatste, uiterste; *heure —, moment —,* het uur v. d. dood; *honneurs —s,* laatste eer; *volonté —,* uiterste wil.

sur *vz* 1 op; bovenop; 2 boven, over; 3 van (*prendre — la table*); 4 aan (*cette ville est située — la Seine*); 5 bij (*avoir dix florins — soi*); 6 over; 7 naar, volgens; *juger — les apparences,* naar de schijn oordelen; 8 tegen (*— le soir*); 9 op (*tijd*); — *le coup de midi,* klokslag twaalf.

sur *bn* zuur.

sûr *bn* 1 zeker, betrouwbaar (*ami —*); *à coup —,* ongetwijfeld; *avoir la main —e,* een vaste hand hebben; *goût —,* fijne smaak; 2 veilig; *mettre qn. en lieu —,* iem. op een veilige plaats brengen; iem. achter slot en grendel zetten.

surabondamment *bw* meer dan voldoende.

surabond/ance *v* overmaat. ~ant *bn* 1 grote overvloed. ~ant *bn* 1 zeer overvloedig; 2 overtollig, overbodig. ~er *on.w* zeer overvloedig voorkomen.

suraigu *bn* krijsend, schril.

suralimenter *ov.w* overvoeden.

suranné *bn* verouderd.

surcharge *v* 1 overbelasting, overwicht, overlading; 2 opdruk (het postzegels); 3 woord, dat over een ander heen geschreven is.

surcharger *ov.w* 1 overladen, overbelasten; 2 een woord over een ander schrijven.

surchauffe *v* oververhitting.

surchauffer *ov.w* oververhitten.

surchoix *m* eerste kwaliteit (*viande de —*).

surclasser *ov.w* verpletteren (*sport*).

surcontrer *ov.w* redoubleren (*bridge*).

surcot *m* middeleeuws bovenkleed.

surcouper *ov.w* overtroeven.

surcroît *m: par —,* de —, bovendien; *pour — de malheur,* tot overmaat v. ramp.

surdent *v* overtand.

surdi-mutité *v* doofstomheid.

surdité *v* doofheid.

sureau [*mv* x] *m* vlier.

surélévation *v* 1 verhoging, bovenbouw; 2 prijsverhoging.

surélever *ov.w* 1 hoger optrekken (— *un mur*); 2 erg (in prijs) verhogen (— *les prix*).

surelle *v* klaverzuring.

sûrement *bw* zeker, veilig.

surenchère *v* hoger bod, opbod.

surenchérir *on.w* hoger bieden.

surenchériss/ement *m* het hoger bieden. ~eur *m,* -euse *v* iem. die hoger biedt.

surentraîner *ov.w* overtrainen.

surestim/ation *v* te hoge schatting. ~er *ov.w* overschatten, te hoog schatten.

suret, -ette *bn* iets zuur.

sûreté *v* 1 zekerheid, betrouwbaarheid; 2 veiligheid; *en —, in veiligheid; en — de conscience,* met een zuiver geweten; *serrure de —,* veiligheidsslot; 3 waarborg, veiligheidsmaatregel; 4 S ~ Veiligheidsdienst; *agent de la —,* rechercheur.

surévaluer *ov.w* te hoog schatten.

surexcit/ation *v* overprikkeling, zeer grote opwinding. ~er *ov.w* overprikkelen.

surexposer *ov.w* overbelichten (*fot.*).

surexposition *v* overbelichting (*fot.*).

surface *v* 1 oppervlakte; *faire —,* naar boven komen v. e. onderzeeboot; 2 schijn;

3 krediet.

surfaire *ov.* en *on.w onr.* 1 overvragen; 2 overschatten, te zeer prijzen.

surfiler *ov.w* rijgen.

surfin *bn* zeer fijn.

surgeon *m* wortelscheut.

surgir *on.w* opwellen, opkomen, opdoemen; *des difficultés surgissent,* er doen zich plotseling moeilijkheden voor.

surhausser *ov.w* 1 ophogen, verhogen; 2 opslaan v. (reeds hoge) prijzen.

surhomme *m* ,,Uebermensch".

surhumain *bn* bovenmenselijk.

surimposer *ov.w* te hoog belasten.

surin *m (fam.)* mes.

surineur *m* messteker.

suriner *ov.w* doodsteken.

surir *on.w* zuur worden.

sur-le-champ *bw* dadelijk, terstond, onmiddellijk.

surlendemain *m* de tweede dag daarna.

surlouer *ov.w* voor een te hoge prijs (ver)huren.

surmen/age *m* overspanning. ~er I *ov.w* overladen, afbeulen. II se ~ zich overwerken.

surmontable *bn* te overkomen *(difficulté —).*

surmonter *ov.w* 1 stijgen boven; 2 staan op; 3 te boven komen, overwinnen *(— des difficultés).*

surmouler *ov.w* een afgietsel maken naar een ander afgietsel.

surnager *ov.w* 1 drijven; 2 voortleven, overblijven.

surnaturel, -elle I *bn* 1 bovennatuurlijk; 2 ongelooflijk, buitengewoon. II *zn m* het bovennatuurlijke.

surnom *m* bijnaam.

surnombre *m* overtal; *en —,* te veel.

surnommer *ov.w* een bijnaam geven.

surnuméraire I *bn* boventallig. II *zn m* surnumerair.

suroffre *v* hoger bod.

suroffrir *ov.w* een hoger bod doen.

suroît *m* 1 Z.W. wind; 2 zuidwester (zeemanskap); 3 wollen zeemanstrui met kap.

surpassable *bn* overtrefbaar.

surpasser *ov.w* 1 overtreffen; 2 uitsteken boven; 3 te boven gaan *(cela dépasse mes moyens);* 4 *(fam.)* sterk verwonderen.

surpay/e *v* toeslag. ~er *ov.w* te veel betalen voor, te duur kopen.

surpeuplé *bn* overbevolkt.

surpeuplement *m* overbevolking.

surplis *m* superplie *(R.K.).*

surplomb *m* overhelling.

surplombement *m* overhelling.

surplomber I *on.w* overhellen. II *ov.w* hangen over *(rocher qui surplombe un ravin).*

surplus *m* overschot; *au —,* overigens, bovendien.

surprenant *bn* verrassend.

surprendre *ov.w onr.* 1 verrassen; 2 betrappen; 3 verwonderen; 4 bedriegen; 5 onderscheppen *(— une lettre).*

surprise *v* 1 verrassing; 2 verwondering.

surproduction *v* overproduktie.

surproduire *ov.w onr.* te veel produceren.

surréalisme *m* surrealisme.

surréaliste *m* aanhanger v. h. surrealisme.

sursaturation *v* oververzadiging.

sursaturer *ov.w* oververzadigen.

sursaut *m* plotselinge (op)sprong; *se réveiller en —,* wakker schrikken.

sursauter *on.w* plotseling opspringen.

surséance *v* uitstel, opschorting.

sursemer *ov.w* opnieuw inzaaien.

surseoir *on.* en *ov.w onr.* uitstellen.

sursis *m* uitstel.

surtaux *m* te hoge belasting.

surtaxe *v* 1 verhoogde belasting; 2 toeslag, strafport.

surtaxer *ov.w* een extra belasting leggen op.

surtout I *zn m* overjas. II *bw* vooral.

survaleur *v* overwaarde.

surveillance *v* toezicht.

surveille *v* dag vóór de vorige dag.

surveiller *ov.w* toezicht houden op, bewaken.

survenance *v* onvoorziene komst.

survenue *v* onverwachte komst.

survenir *on.w onr.* onverwachts komen.

survi/e *v* 1 het 't langst leven; 2 het voortbestaan na de dood. ~vance *v* 1 het overleven; 2 het voortbestaan na de dood; 3 recht tot opvolging na overlijden.

survivancier *m,* -ère *v* iem. die het recht tot opvolging na overlijden heeft.

survivant *m,* -e *v* overlevende.

survivre *on.w onr.* (à) overleven.

survol *m* vlucht boven.

survoler *ov.w* vliegen boven.

sus I *vz* op; *courir — à qn.,* op iem. aanstormen; *en —,* daarenboven; *en — de,* behalve. II *tw* vooruit!

suscepti/bilité *v* 1 vatbaarheid; 2 lichtgeraaktheid. ~ble *bn* 1 vatbaar voor *(— de);* 2 gevoelig; 3 lichtgeraakt.

susception *v* het ontvangen.

suscitation *v* aansporing.

susciter *ov.w* 1 verwekken; 2 doen ontstaan *(— une querelle);* 3 opruien.

suscription *v* adres.

susdit *bn* voornoemd.

susmentionné *bn* bovengemeld.

susnommé *bn* of m of v bovengenoemd(e).

suspect I *bn* verdacht. II *zn m* verdachte.

suspecter *ov.w* verdenken.

suspend/re *ov.w* 1 ophangen; 2 in spanning-, in onzekerheid houden; 3 opschorten, uitstellen; 4 onderbreken *(— sa marche);* 5 schorsen. ~u *bn* 1 hangend, zwevend; *pont —,* hangbrug; 2 besluiteloos; 3 uitgesteld; 4 geschorst.

suspens *bn* geschorst; *en —,* in onzekerheid, in spanning, onbeslist.

suspense *v* kerkelijke schorsing.

suspensif, -ive *bn* schorsend, uitstellend.

suspension *v* 1 het ophangen, het hangen; *en —,* hangend, zwevend; 2 hanglamp; 3 schorsing; 4 uitstel, opschorting; *— d'armes,* tijdelijke wapenstilstand.

suspensoir *m* draagband.

suspicion *v* verdenking; *tenir en —,* verdenken.

sustentation *v* 1 voeding, onderhoud; 2 het in evenwicht houden v. e. vliegtuig.

sustenter *ov.w* voeden, onderhouden.

susurration *v,* susurrement *m* geruis, geritsel.

susurrer *on.* en *ov.w* ruisen, gonzen, fluisteren.

suture *v* 1 hechting *(med.);* 2 naad.

suturer *ov.w* hechten *(med.).*

suzerain I *zn m* opperleenheer. II *bn* v. d. opperleenheer.

svelt/e *bn* slank. ~esse *v* slankheid.

sycomore *m* esdoorn.

sycophante *m* verklikker, aanbrenger.

syllabaire *m* spelboekje.

syllabe *v* lettergreep; *ne pas répondre une —,* geen antwoord geven.

syllabique *bn* v. d. lettergrepen.

syllabiser *ov.w* in lettergrepen verdelen.

syllabus *m* lijst met door de paus veroordeelde dwalingen.

syllogisme *m* sluitrede.

sylphe *m* luchtgeest.

sylphide *v* 1 vrouwelijke luchtgeest; 2 slanke, bevallige vrouw.

sylvains *m mv* bosgeesten.

sylvestre *bn* in de bossen groeiend.

sylvi/cole *bn* 1 van de bosbouw; 2 in de bossen levend. ~culteur *m* bosbouwkundige. ~culture *v* bosbouw.

symbol/e *m* 1 symbool, zinnebeeld; 2 *le — des Apôtres,* de twaalf artikelen des geloofs; 3 scheikundig teken. ~ique I *bn* symbolisch. II *zn v* symboliek.

symbolisation *v* zinnebeeldige voorstelling.

symboliser *ov.w* zinnebeeldig voorstellen.

symbol/isme *m* symbolisme (stroming in litteratuur en beeldende kunsten uit het einde

der 19e eeuw). ~iste I *bn* symbolistisch.
II *zn m* of *v* symbolist.

symétrie *v* symmetrie.

symétrique *bn* symmetrisch.

sympa *bn* (*fam.*) sympathiek.

sympathie *v* sympathie, medegevoel.

sympathique *bn* sympathiek, innemend.

sympathiser *on.w* sympathiseren.

symphon/ie *v* symfonie. ~ique *bn* symfonisch. ~iste *m* 1 componist; 2 uitvoerder v. e. symfonie.

symptomatique *bn* symptomatisch, de kentekenen v. e. ziekte vertonend.

symptomatologie *v* leer der symptomen.

symptôme *m* 1 symptoom, ziekteverschijnsel; 2 kenteken, verschijnsel.

synagogue *v* 1 synagoge; 2 joodse godsdienst, - wet.

synchron/e *bn* gelijktijdig. ~ique *bn* gelijktijdig; *tableau* —, tabel, waarop gelijktijdige feiten zijn aangegeven.

synchronis/ation *v* synchronisatie (het met elkaar in overeenstemming brengen v. d. beelden en klanken v. e. film). ~er *ov.w* 1 gelijktijdig maken; 2 beelden en muziek op elkaar afstemmen.

synchronisme *m* gelijktijdigheid.

syncopal [*mv aux*] *bn* v. e. flauwte betreft.

syncope *v* 1 flauwte (*somber en* —); 2 het weglaten v. e. letter of deel v. e. woord; 3 syncope (*muz.*).

syncoper *ov.w* 1 een letter of deel v. e. woord weglaten; 2 syncoperen (*muz.*).

syndic *m* 1 bestuurder, gildemeester; *les ~ des drapiers*, de Staalmeesters v. Rembrandt; 2 curator in een faillissement.

syndical [*mv aux*] *bn* v. e. (vak)vereniging.

syndicalisme *m* vakverenigingsbeweging.

syndicaliste I *zn m* voorstander-, lid der vak-

beweging. II *bn* v. e. vakbeweging.

syndicat *m* 1 waardigheid v. d. gildemeester of curator; 2 duur van zijn ambtsperiode; 3 syndicaat; 4 vakvereniging; — *d'initiative*, vereniging tot bevordering v. h. vreemdelingenverkeer.

syndicataire I *bn* wat de (vak)vereniging betreft. II *zn m* lid v. e. vakvereniging.

syndiqué *m* lid v. e. vakvereniging.

syndiquer I *ov.w* verenigen tot een syndicaat of vakvereniging. II *se ~* een syndicaat -, een vakvereniging vormen.

synod/al [*mv aux*] *bn* een synode betreffend. ~e *m* synode. ~ique *bn* v. e. synode.

synonym/e *m* synoniem. ~ie *v* gelijke betekenis, zinverwantschap.

synoptique *bn* overzichtelijk.

syntactique, syntaxique *bn* syntactisch.

syntaxe *v* syntaxis.

synthèse *v* samenstelling, opbouw, samenvatting tot een geheel.

synthétique *bn* synthetisch.

synthétiser *ov.w* samenvatten.

syntonisation *v* afstemming (*radio*).

syntoniser *ov.w* afstemmen (*radio*).

syphilis *v* syfilis.

syphilitique I *bn* syfilitisch. II *zn m* of *v* lijder(es) aan syfilis.

syrien, -enne I *bn* Syrisch. II *zn* S ~ *m*, -enne *v* Syriër, Syrische.

syringe, syrinx *v* pansfluit.

systématique *bn* stelselmatig.

systématiser *ov.w* systematiseren.

système *m* systeem, stelsel; *le* — *D*, (*fam.*) (*d = débrouille-toi*), het zich zelf ergens doorheen slaan, het zich zelf zien te redden — *féodal*, leenstelsel.

systole *v* samentrekking v. hart en slagaderen.

T

t *m* de letter t; *en T*, T-vormig; T.C.F. = *Touringclub de France*, Fr. automobilisten- en wielrijdersvereniging; T.S.F. = *télégraphie* (*téléphonie*) *sans fil*, draadloze telegrafie, telefonie; t.s.v.pl. = *tournez s'il vous plaît* = z.o.z.

ta *vnw* zie ton.

tabac *m* 1 tabak; *bureau de* —, (staats)tabakswinkel; *c'est le même* —, (*pop.*) het is hetzelfde; *prendre du* —, snuiven; — *à priser*, — *râpé*, snuif; 2 (*pop.*) (staats)tabakswinkel; 3 (*fam.*) *pot à* —, klein en dik persoon; 4 *passer à* —, (*pop.*) afranselen; 5 tabakskleurig; 6 *les* —s, de administratie der tabaksregie.

taba/gie *v* rookkamer, rookhol. ~gisme *m* nicotinevergiftiging. ~tière *v* snuifdoos; *fenêtre à* —, klapvenster.

tabellaire *bn* tabellarisch.

tabellion *m* 1 (*oud*) soort notaris; 2 (*schertsend*) notaris.

tabernacle *m* 1 tent; *fête des* —s, Loofhuttenfeest; 2 tabernakel.

table *v* 1 tafel, dis; — *d'hôte*, open tafel; *mettre*, *dresser la* —, de tafel dekken; *se mettre à* —, aan tafel gaan; — *de nuit*, nachtkastje; *la sainte* —, de H. Communie; *s'approcher de la sainte* —, ter communie gaan; 2 tafel, vlak, steen of metaal; — *d'autel*, altaarblad; — *de communion*, communiebank; *les* —s *de la loi*, de tafelen der Wet; 3 tabel, lijst; — *des matières*, inhoudsopgave; — *de multiplication*, tafel v. vermenigvuldiging; *faire* — *rase*, schoon schip maken.

tableau [*mv x*] *m* 1 schilderij, tafereel; toneel; 2 tabel, lijst; 3 schoolbord (— *noir*); 4 tafreel (toneel); —*x vivants*, levende beel-

den; 5 spiegel (*scheepv.*); 6 het geschoten wild; 7 — *de dessin*, tekentafel; 8 bord, paneel; — *indicateur*, nummerbord. ~tin *m* schilderijtje.

tabler (**sur**) *on.w* rekenen op.

tablette *v* 1 plank; blad (— *de cheminée*); 2 plak, tablet (— *de chocolat*). II —s *v mv* wastafeltje, om op te schrijven; *rayez cela de vos* —s, reken daar niet op.

tablier *m* 1 voorschoot, schort; — *de cuisine*, keukenschort; 2 dashbord; 3 brugdek.

tabou *bn* heilig, onschendbaar.

tabouret *m* 1 taboeret, krukje; 2 voetenbankje; 3 voorrecht der hertoginnen, om op een taboeret te mogen zitten in het bijzijn v. d. koning of koningin; 4 (*pop.*) tand.

tabourin *m* draaibare schoorsteenkap.

tabulaire *bn* tafel-, tabelvormig.

tabulateur *m* tabulator (v. schrijfmachine).

tac *m* tik v. e. degen; *riposter du* — *au* —, een aanval bij het schermen met een tegenaanval beantwoorden; iem. een venijnig antwoord teruggeven.

tacet *m* rust (*muz.*).

tache *v* 1 vlek; — *de rousseur*, — *de son*, sproet; — *du soleil*, — *solaire*, zonnevlek; 2 smet (*fig.*); — *originelle*, erfzonde.

tâche *v* taak; *à chaque jour suffit sa* — (*spr. w.*) men moet niet te veel hooi op de vork nemen; *prendre à* — *de*, zich tot taak stellen te; *travailler à la* —, tegen stukloon werken.

tacher *ov.w* bevlekken, bezoedelen.

tâcher (**met à of de**) *on.w* trachten, pogen, proberen.

tâcheron *m* stukwerker.

tacheter *ov.w* vlekken.

tachymètre *m* snelheidsmeter, toerenteller.

tacite *bn* stilzwijgend.

taciturne *bn* stilzwijgend; *Guillaume le T—*, Willem de Zwijger.

taciturnité *v* stilzwijgendheid.

tacot *m* (*fam.*) rammelkast (auto enz.).

tact *m* 1 gevoel; 2 tact, fijn gevoel, handigheid in de omgang. ~**icien** *m* tacticus.

tactile *bn* 1 v. h. gevoel; 2 tastbaar.

tactique I *zn* *v* tactiek. II *bn* tactisch.

taf *m* (*pop.*) angst, rats; *avoir le* —, in de rats zitten.

taffetas *m* tafzijde.

tafia *m* suikerbrandewijn.

taie *v* 1 sloop; 2 witte vlek op het oog.

taillable *bn* belastingplichtig.

taillade *v* 1 snee; 2 split.

taillader *ov.w* kerven, snijden in.

tailladin *m* schijfje sinaasappel of citroen.

taillanderie *v* gereedschapswinkel, handel in gereedschappen.

taillandier *m* gereedschapmaker.

taillant *m* scherp, snede.

taille *v* 1 hakken, het houwen; 2 het snijden; 3 het slijpen v. diamanten; 4 het snoeien v. bomen; 5 scherp v. e. degen; *frapper d'estoc et de* —, er flink op losslaan; 6 afmeting, grootte; 7 gestalte; figuur; *sortir une* —, zonder mantel of overjas uitgaan; 8 middel; 9 hout, dat na het hakken weer uitloopt; 10 belasting van vóór de Fr. Revolutie; 11 kerfstok; 12 insnijding met de graveerstift; *gravure en — douce*, kopergravure; *gravure en — dure*, staalgravure; 13 blaassteenoperatie.

taille-crayon(s) *m* potloodslijper.

taille†-douce† *v* kopergravure.

taille-pain *m* broodmes.

tailler *ov.w* 1 hakken, houwen; *— en pièces*, in de pan hakken; *— de la besogne, — des croupières à qn.*, iem. de handen vol werk geven; 2 snijden; 3 slijpen v. diamanten; 4 snoeien; 5 knippen; 6 belasting opleggen aan (*oud*). ~**ie** *v* 1 het slijpen v. diamanten; 2 diamantslijperij.

tailleur *m* 1 slijper, houwer, snijder, snoeier; 2 kleermaker; (*costume*) *tailleur*, dameskostuum, bestaande uit jasje en rok.

tailleuse *v* kleermaakster.

taill/is I *zn* *m* hakhout, kreupelhout. II *bn: bois* —, kreupelhout, hakhout. ~**oir** *m* 1 hakbord; 2 bovenstuk v. e. kapiteel.

tain *m* verfoeliesel.

taire I *ov.w* *onr.* verzwijgen; *faire* —, het zwijgen opleggen; *faire — le canon*, het kanon tot zwijgen brengen. II *se* ~ zwijgen.

talc *m* talk. ~**ique** *bn* talksteenachtig.

talent *m* 1 oud Grieks gewicht; 2 oude Gr. munt; 3 talent, gave; 4 begaafd mens.

talentueux, -euse *bn* (*fam.*) begaafd, talentvol.

taler *ov.w* (vruchten) kneuzen.

talion *m* wedervergelding.

talisman *m* talisman.

tallage *m* 1 het uitstoelen v. planten; 2 de scheuten.

tall/e *v* wortelscheut. ~**er** *on.w* uitstoelen.

talmouse *v* 1 soort taartje; 2 (*pop.*) stomp.

talmudique *bn* v. d. talmud. [stomp.

taloche *v* oorvijg.

talocher *ov.w* een oorvijg geven aan.

talon *m* 1 hiel, hak; *marcher sur les —s de qn.*, iem. op de hielen zitten; *montrer les —s*, de hielen lichten; 2 hiel v. schoen of kous; 3 achterstuk, uiteinde (*— de pain*); 4 stok (kaartspel); 5 talon (v. effect enz.).

talonner *ov.w* 1 aanzetten v. e. paard met de hielen of de sporen; 2 op de hielen zitten (*— un ennemi*); 3 vervolgen, nazetten (*fig.*).

talon/ette *v* 1 hielstuk v. kous; 2 stootband v. broek. ~**ier** *m* hakkenmaker.

talpack *m* kolbak.

talqueux, -euse *bn* talkachtig.

talus *m* talud, glooiing.

talutage *m* het doen glooien.

taluter *ov.w* glooiend maken.

tamarin *m* tamarinde(boom).

tamarinier *m* tamarindeboom.

tambouille *v* (*pop.*) keuken.

tambour *m* 1 trom; *— battant*, met slaande trom; *battre du* —, de trom roeren; *ce qui vient de la flûte s'en va par le* — (*spr.w*), zo gewonnen, zo geronnen; *partir sans* — *ni trompette*, met stille trom vertrekken; 2 trommelslager; 3 trommelholte v. h. oor; 4 cilinder v. e. horloge; 5 borduurraam; 6 tochtportaal; 7 raderkast (*scheepv.*).

tambourin *m* tamboerijn, hoge, smalle trom.

tambourinage, tambourinement *m* getrommel.

tambourin/aire *m* Provençaalse tamboerijnslager. ~**er** I *on.w* trommelen. II *ov.w* 1 trommelen; 2 door de omroeper laten rondtrommelen; 3 (*fig.*) rondbazuinen.

tambourineur *m* trommelslager.

tambour†-major† *m* tamboer-majoor.

tamier *m* smeerwortel.

tamis *m* zeef; *passer au* —, ziften, zeer nauwkeurig onderzoeken.

tamisage *m* het zeven.

Tamise *v* Theems.

tamiser I *ov.w* ziften, zeven. II *on.w* wind doorlaten (*voile qui tamise*).

tamiseur *m* zever.

tampon *m* 1 stop, prop; 2 inktrol, inktkussen; 3 buffer; 4 (*fam.*) ronde platte pet; 5 (*fam.*) ordonnans, oppasser; 6 (*pop.*) *coup de* —, vuistslag. ~**nement** *m* 1 het dichtstoppen met een prop; 2 het insmeren met een prop; 3 botsing v. treinen.

tamponner *ov.w* 1 dichtstoppen met een prop; 2 insmeren met een prop; 3 botsen tegen (v. treinen).

tam-tam† *m* 1 gong, keteltrom; 2 (*fam.*) drukte, ophef (*faire du* —).

tan *m* run.

tancer *ov.w* berispen, een uitbrander geven [aan.

tanche *v* zeelt.

tandem *m* tandem.

tandis que *vw* terwijl. [vliegtuig.

tangage *m* het stampen v. e. schip, v. e.

tang/ence *v* aanraking; *point de* —, raakpunt. ~**ent** *bn* rakend. ~**ente** *v* raaklijn, tangens. ~**entiel, -elle** *bn* wat de raaklijn betreft.

tangibilité *v* tastbaarheid.

tangible *bn* voelbaar, tastbaar.

tango *m* tango.

tanguer *on.w* 1 stampen v. e. schip; 2 (*fam.*) de tango dansen.

tanière *v* 1 dierenhol; 2 krot.

tanin *m* looistof.

tank *m* gevechtswagen. ~**iste** *m* tanksoldaat.

tann/age *m* het looien. ~**ant** *bn* 1 geschikt voor het looien; 2 (*pop.*) vervelend.

tanne *v* vetpuistje.

tann/é I *zn* *m* gelooid; 2 gebruind, tanig. II *zn m* taankleur. ~**er** *ov.w* 1 looien; 2 bruinen; 3 (*pop.*) erg vervelen, plagen.

tann/erie *v* leerlooierij. ~**eur** *m* leerlooier.

tannin = tanin.

tannique *bn* looistof bevattend.

tant *bw* zoveel, zo; zolang; *— bien que mal*, zo goed en kwaad als het gaat (ging); *en — que*, voor zover; *— mieux*, des te beter; *— que*, zo lang, zo ver; *— pis*, des te erger; *s'en faut que*, het scheelt heel wat, dat; *si — est que*, als het waar is, dat; verondersteld, dat; (*un*) *— soit peu*, enigszins, een weinig.

tante *v* 1 tante; *grand'* —, oud-tante; 2 (*pop.*) *ma* —, ome Jan, lommerd.

tantet, tantinet *m* een klein beetje.

tantième *bn* en *zn m* 1 zoveelste; 2 aandeel in de winst.

tantine *v* (*fam.*) tantetje.

tantôt I *bn* zo meteen, straks; *à* —, tot straks; *— ... —*, nu eens, dan weer. II *zn m* middag.

taon *m* horzel. [dag.

tapage *m* geraas, lawaai; *faire du* —, herrie maken; opschudding verwekken.

tapageur, -euse I *bn* 1 luidruchtig; 2 opzichtig. II *zn m*, **-euse** *v* herrieschopper(ster).

tapant *bn* klokslag (*midi* —).

tape *v* 1 tik, klapje; 2 tap, prop.

tapé *bn* 1 plat en gedroogd (*poire —e, pomme —e*); 2 (*fam.*) *c'est —, die zit!*

tape-à-l'œil *bn* (*fam.*) opvallend.

tapecu, tapecul, tape-cul *m* hotsend rijtuig.

tapée *v* groot aantal (*— d'enfants*).

taper I *ov.w* 1 slaan, tikken, kloppen; 2 dichtstoppen; 3 tikken op schrijfmachine; 4 op een piano rammelen; 5 (*fam.*) geld lenen. II *on.w* kloppen, slaan, tikken.

tapette *v* 1 klapje, tikje; 2 kleerklopper; 3 soort knikkerspel; 4 (*pop.*) tong.

tapeur *m*, -euse *v* 1 (*fam.*) iem. die veel leent; 2 iem. die op de piano rammelt.

tapin *m* 1 tamboer; 2 (*pop.*) slecht tamboer; 3 (*arg.*) trottoir.

tapinois: *en —*, stilletjes, heimelijk.

tapioca *m* 1 tapioca; 2 tapiocasoep.

tapir *m* tapir.

tapir (se) zich verbergen, neerhurken.

tapis *m* vloerkleed, tapijt, tafelkleed; *mettre sur le —*, te berde-, op het tapijt brengen; *— roulant*, lopende band, roltrap; *— vert*, het groene laken, speeltafel; *— de table*, tafelloper.

tapis-brosse *m* ruige mat.

tapis-franc† *m* beruchte kroeg.

tapisser *ov.w* 1 behangen, stofferen; 2 bekleden, bedekken. ~ie *v* 1 tapisserie, wandtapijt; 2 borduurwerk; 3 behang; *faire —*, muurbloempje zijn.

tapiss/ier *m*, -ière *v* 1 tapijtwever(-weefster); 2 meubel- en tapijtverkoper(-verkoopster); 3 behanger. ~ière *v* 1 meubelwagen, verhuiswagen; 2 touringcar.

tapon *m* prop.

taponner *ov.w* in dotten krullen v. h. haar.

tapotage *m*, tapotement *m* het trommelen.

tapoter *ov.w* 1 tikken; 2 op het piano trommelen.

taque *v* haardplaat.

taquin I *bn* plaagziek. II *zn m* plaaggeest.

taquiner *ov.w* plagen.

taquinerie *v* 1 plaagzucht; 2 plagerij.

tarabuster *ov.w* (*fam.*) hinderen, vervelen.

tarare *tw* och kom!, loop heen!

tarasconnade *v* opsnijderij.

taraud *m* houtschroef. ~er *ov.w* uitboren in een schroefdraad maken.

tard *bw* laat; *au plus —*, op zijn laatst; *il se fait —*, het wordt laat; *sur le —*, op de late avond; op het nippertje.

tarde *v* (*fam.*) nacht.

tarder I *on.w* dralen; *il ne —a pas à venir*, hij zal spoedig komen. II *onp.w*: *il me tarde de*, ik verlang er naar, om te.

tardif, -ive *bn* 1 laat; 2 langzaam; 3 achterlijk.

tardillon *m*, -onne *v* (*fam.*) nakomertje.

tardive/ment *bw* 1 laat; 2 langzaam. ~té *v* 1 late ontwikkeling; 2 achterlijkheid.

tare *v* 1 tarra; 2 gebrek, fout, smet (*fig.*).

taré *bn* bedorven, berucht.

tarentelle *v* 1 Zuiditaliaanse dans; 2 muziek bij die dans.

tarentule *v* soort grote spin.

tarer *ov.w* 1 beschadigen; 2 bezoedelen, een smet werpen op; 3 de tarra bepalen.

taret *m* paal-, houtworm.

targuer (se — de) prat gaan op, zich laten voorstaan op.

tarière *v* 1 avegaar; 2 legboor v. insekt.

tarif *m* tarief. ~aire *bn* volgens het tarief. ~er *ov.w* de prijs vaststellen van.

tarin *m* sijsje.

tarir I *ov.w* doen opdrogen, uitputten. II *on.w* 1 uitdrogen; 2 ophouden (*pleurs qui ne tarissent pas*); *il ne —ssait pas sur —*, niet uitgepraat raken over een onderwerp.

tarse *m* 1 voetwortel; 2 tars v. e. insekt.

tartan *m* 1 Schotse geruite stof; 2 kledingstuk, sjaal van die stof.

tartarinade *v* (*fam.*) opsnijderij, pocherij.

tarte *v* taart. ~lette *v* taartje.

tartine *v* 1 boterham; 2 (*fam.*) lang artikel, lang vertoog. [steen.

tartre *m* 1 wijnsteen; 2 tandsteen; 3 ketel-

tartufe *m* huichelaar, schijnheilige.

tartuferie *v* 1 schijnheiligheid, huichelarij; 2 schijnheilige daad.

tas *m* 1 hoop, stapel; *grève sur le —*, sitdownstaking; 2 troep, hoop; 3 klein draagbaar aambeeld.

tasse *v* kopje; *demi-tasse*, kleintje koffie; *la grande —* (*fam.*) de zee.

Tasse (le) *m* Tasso.

tasseau [*mv* x] *m* klamp.

tasser I *ov.w* 1 opstapelen; 2 opeendringen. II *se —* verzakken.

tâter I *ov.w* 1 betasten, bevoelen; *— le pavé*, aarzelend voorwaarts gaan; *— le pouls*, de pols voelen; aan de tand voelen; *— le terrain*, het terrein verkennen; 2 onderzoeken, polsen. II *on.w* 1 voelen, tasten; 2 proeven (*— de — à*); beproeven, proberen (*— de*).

tâte-vin *m* hevel voor het proeven v. wijn.

tâtillon, -onne I *bn* pietluttig. II *zn m*, -onne *v* pietluttig mens. ~er *on.w* zich pietluttig gedragen, over kleinigheden vallen.

tâtonnement *m* 1 het tasten, het zoeken; 2 weifeling.

tâtonner *on.w* 1 zoeken, tasten; 2 weifelen.

tâtons (à) *bw* al tastend, in den blinde.

tatou/age *m* tatoeëring. ~er *ov.w* tatoeëren.

taube *m* Duits vliegtuig uit de eerste wereldoorlog.

taudis *m* krot.

taul/e *v* (*pop.*) 1 kamer; 2 gevangenis. ~ier *m* hospes. ~ière *v* hospita.

taup/e *v* 1 mol; *aller au royaume des —s*, sterven; *guerre de —s*, loopgravenoorlog; 2 mollevel. ~é *bn* op mollevel lijkend. ~e†-grillon† *m* veenmol. ~ier *m* mollevanger. ~ière *v* molleval.

taupin *m* 1 kniptor; 2 (*arg.*) kandidaat voor de École polytechnique.

taupinière, taupinée *v* 1 molshoop; 2 kleine hoogte; 3 laag gebouwtje.

taur/e *v* vaars. ~eau [*mv* x] *m* 1 stier; *cou de —*, stierennek; *course de —s*, stierengevecht; *prendre le — par les cornes*, de koe bij de horens vatten; 2 sterke man (stier).

taurillon *m* jonge stier.

tauromachie *v* stierengevecht.

tauromachique *bn* v. e. stierengevecht.

tautologie *v* het uitdrukken van dezelfde gedachte in een andere vorm, nodeloze herhaling.

taux *m* 1 vastgestelde prijs; 2 rentevoet; 3 aanslag in de belasting; 4 maatstaf, peil; *— de travail*, toelaatbare spanning.

taveler *ov.w* spikkelen.

taverne *v* herberg.

tavernier *m*, -ère *v* herbergier(ster).

taxateur *m* I *bn* schattend. II *zn m* schatter.

taxation *v* schatting.

taxe *v* 1 belasting, aanslag; 2 officieel vastgestelde prijs, tarief; *— de séjour*, verblijfsbelasting, die een hôtel moet heffen.

taxer *ov.w* 1 een prijs officieel vaststellen; 2 schatten, taxeren; 3 belasting vaststellen voor; 4 *— de*, beschuldigen van.

taxi *m* taxi.

taxidermie *v* kunst v. h. opzetten v. dieren.

taximètre *m* taximeter.

tchécoslovaque I *bn* Tsjechoslowaaks. II *zn* T~ *m* of *v* Tsjechoslowaak(se).

Tchécoslovaquie (la) *v* Tsjecho-Slowakije.

tchèque I *bn* Tsjechisch. II *zn* T~ *m* het Tsjechisch. III *m* of *v* T~, Tsjech, Tsjechische.

te *vnw* je, u.

té *m* hé!, kijk! in (Z.-Frankrijk).

té *m* T-vormig voorwerp (b.v. tekenhaak).

technicien *m* technicus, vakman.

technicité *v* technisch karakter.

technique I *bn* technisch. II *zn v* techniek.

technologie *v* technologie, bedrijfsleer.

technologique *bn* technologisch.

tectrice *bn v*: *plumes —s*, dekveren.

tégument *m* bedekking, bekleedsel.

tégumentaire *bn* bedekkend.

teigne *v* 1 mot; 2 hoofdzeer; 3 boomkanker.

teigneux, -euse *bn* zeerhoofdig.

teill/age, till/age *m* het schillen v. vlas of hennep. ~e *v* 1 hennepschil; 2 vooronder; 3 plecht. ~er, ~eur *ov.w* (vlas of hennep) schillen. ~eur, ~eur *m*, -euse *v* vlas- of hennepschiller(ster).

teindre *ov.w onr.* verven.

teint *m* 1 gelaatskleur; 2 kleur v. geverfde stoffen; *bon* —, wasecht. ~e *v* 1 kleur, tint; 2 een weinig, zweem (*une — d'ironie*).

teinter *ov.w* met één kleur verven; *papier teinté*, getint papier.

teintur/e *v* 1 kleurstof; 2 het verven; 3 kleur; 4 oppervlakkige kennis; vernis (*fig.*); 5 tinctuur. ~erie *v* ververij.

teinturier, -ère I *bn* vervend (*ouvrier* —). II *zn m*, -ère *v* verver, verfster.

tel, telle *bn* zulk, zo, zodanig, dergelijk; *un — homme*, zo'n man; —*père, —fils* (*spr.w*), de appel valt niet ver van de boom; — *que, zoals, evenals;* — *qui*, menigeen, die (— *rit aujourd'hui qui pleurera demain*); — *quel*, onveranderd, in dezelfde toestand; middelmatig (*un vin* —); *monsieur un* —, mijnheer die en die.

télé/commande *v* het besturen op een afstand. ~férique (~phérique) *m* luchtkabelspoorweg. ~gramme *m* telegram. ~graphe *m* telegraaf. ~graphie *v* telegrafie; — *sans fil, draadloze.* ~graphier *ov.w* telegraferen. ~graphique *bn* telegrafisch. ~graphiste I *zn m* 1 telegrafist; 2 telegrambesteller. II *bn* (*officier* —). ~mètre *m* afstandsmeter. ~objectif *m* telelens. ~pathie *v* telepathie. ~pathique *bn* telepathisch. ~phérage *m* vervoer per luchtkabelbaan. ~phérique (~férique) *v* luchtkabelspoorweg. ~phonage *m* getelefoneer. ~phone *m* telefoon; *coup de* —, telefoontje. ~phoner *ov.* en *on.w* telefoneren. ~phonie *v* telefonie; — *sans fil, draadloze.* ~phonique *bn* telefonisch. ~phoniste *m* of *v* telefoonbeambte, -juffrouw. ~photographie *v* telefotografie.

télé/scopage *m* het ineenschuiven v. voertuigen bij een botsing. ~scope *m* telescoop. ~scoper I *ov.w* in elkaar drukken (v. voertuigen bij een botsing). II se ~ in elkaar schuiven v. voertuigen bij een botsing. ~scopique *bn* 1 telescopisch; 2 alleen door een telescoop waar te nemen.

téléviseur *m* televisietoestel.

télévision *v* televisie.

tellement *bw* zo, zodanig, zozeer; — *quellement,* zo, zo zo.

tellière *m* papierformaat (44 bij 34 cm).

tellur/ien, -enne *bn* v. d. aarde. ~ique *bn* v. d. aarde. ~isme *m* invloed v. d. bodem op karakter enz. de bewoners.

téméraire I *bn* stoutmoedig, vermetel, roekeloos; *Charles le T*—, Karel de Stoute. II *zn m* of *v* waaghals.

témérité *v* stoutmoedigheid, vermetelheid, roekeloosheid.

témoign/age *m* getuigenis, blijk; *porter* —, getuigenis afleggen. ~er I *ov.w* bewijzen, betuigen. II *on.w* 1 getuigenis afleggen; 2 — *de*, betuigen, blijk geven van.

témoin *m* 1 getuige; — *oculaire*, ooggetuige; *prendre à* —, ten getuige roepen; 2 getuigenis, bewijs; 3 secondant.

tempe *v* slaap (aan het hoofd).

tempérament *m* 1 temperament, gestel, neiging; 2 gematigdheid; 3 bemiddeling, middenweg; 4 *vente à* —, verkoop op afbetaling.

tempéranc/ee *v* gematigdheid, matigheid; *société de* —, vereniging tot bestrijding v. drankmisbruik. ~t *bn* matig, sober.

température *v* temperatuur; *avoir de la* — verhoging hebben.

tempéré *bn* gematigd.

tempérer *ov.w* matigen, temperen.

tempête *v* 1 storm; 2 gekijf.

tempêter *on.w* uitvaren.

tempétueusement *bw* stormachtig, onstuimig.

tempétueux, -euse *bn* stormachtig, onstuimig.

tempie *m* 1 tempel; 2 R.K. kerk (verheven stijl); 3 Protestantse kerk.

templier *m* tempelier.

temporaire *bn* tijdelijk.

temporal [*mv* aux] *bn* van de slapen.

tempor/alité *v* (*oud*) wereldlijke macht v. bisschoppen enz. ~el, -elle I *bn* 1 tijdelijk; 2 wereldlijk. II *zn m* 1 het tijdelijke; 2 de wereldlijke macht.

temporisateur, -trice *bn* dralend, talmend.

temporisation *v* het talmen, uitstel.

temporiser *on.w* dralen, talmen, uitstellen.

temps *m* 1 tijd; *à* —, op tijd; *avoir le* —, tijd hebben; *ces derniers* —, in de laatste tijd; *dans le* —, indertijd; *de* — *à autre*, *de* — *en* —, van tijd tot tijd; *de tout* —, te allen tijd; *en même* —, te zelfder tijd; *en* — *et lieu*, bij gelegenheid; *entre* —, ondertussen; *en* — *utile*, tijdig; *faire son* —, zijn tijd uitdienen; *prendre bien son* —, het goede ogenblik kiezen; *prendre du bon* —, het er van nemen; *réparer le* — *perdu*, de verloren tijd inhalen; 2 weer; *il fait beau* (*temps*), *le* — *est beau*, het is mooi weer; *chien de* —, — *de chien*, hondeweer; *gros* —, zwaar weer (op zee); 3 tempo, maat; *mesure à trois* —, driekwartsmaat.

tenable *bn* houdbaar.

tenace *bn* 1 taai; 2 vasthoudend, taai (*fig.*), koppig; *mémoire* —, sterk geheugen.

ténacité *v* 1 taaiheid; 2 vasthoudendheid, taaiheid (*fig.*), koppigheid.

tenaill/e(s) *v* (*mv*) nijptang. ~er *ov.w* 1 (*oud*) een misdadiger met gloeiende tangen folteren; 2 kwellen, folteren. [(ster).

tenancier *m*, -ère *v* 1 houder(ster); 2 pachter-tenant I *bn*: *séance* —e, staande de vergadering, op staande voet. II *zn m* 1 voorstander, verdediger; 2 *les* —*s et les aboutissants*, de aangrenzende erven; 3 *tout d'un* — *tout en un* —, aan een stuk.

tendance *v* neiging, strekking, streven.

tendancieux, -euse *bn* met een bepaalde strekking, tendentieus.

tendant (à) *bn* met de bedoeling, strekkend.

tender *m* tender.

tend/erie *v* het zetten v. strikken. ~eur *m* 1 spanner; 2 — *de pièges*, strikkenzetter.

tendineux, -euse *bn* peesachtig.

tendoir *m* droogrek, waslijn.

tendon *m* pees.

tendre I *ov.w* 1 spannen, strekken, rekken; — *une tente*, een tent opslaan; 2 toesteken, uitstrekken (— *la main*); 3 inspannen (— *son esprit*); 4 behangen. II *on.w* 1 gaan (naar), gericht zijn (naar); 2 leiden (tot), strekken (tot). III *bn* 1 zacht, week; *pain* — vers brood; 2 teder, gevoelig, zacht; *dès l'âge le plus* —, vanaf de prilste jeugd; 3 licht (v. kleuren).

tendr/esse I *v* tederheid, liefde. II —*s v mv* liefkozingen. ~eté *v* malsheid, zachtheid.

tendron *m* 1 loot; 2 (*fam.*) zeer jong meisje.

tendue *v* 1 het plaatsen v. netten of strikken; 2 de geplaatste netten of strikken; 3 plaats, waar de netten of strikken gezet zijn.

ténèbres *v mv* 1 duisternis; *l'empire des* —, de hel; 2 onwetendheid, onzekerheid.

ténébreux, -euse *bn* 1 donker, duister; 2 donker, somber; 3 duister, wat het daglicht niet kan verdragen (*des projets* —); 4 duister, moeilijk te begrijpen.

teneur I *zn v* 1 inhoud; 2 gehalte. II *m*, -euse *v* houder(ster); — *de livres*, boekhouder.

ténia *m* lintworm.

tenir I *ov.w onr.* 1 houden; vasthouden; *tiens !*, kijk !, pak aan !, hier !; — *conseil*, raad houden; — *tête*, het hoofd bieden; 2 houden — onderhouden; — *en bon état*, in goede staat houden; 3 inhouden, bevatten (*cette bouteille tient un demi-litre*); 4 houden voor, beschouwen; 5 hebben, bezitten; *je vous tiens*, daar heb ik je; — *boutique*, een winkel houden; 6 houden, besturen (—

une classe) **7** vasthouden, tegenhouden; — *la route*, vast op de weg liggen; **8** ophouden (— *son rang*); **9** innemen, beslaan; **10** vernomen hebben van (*je tiens cela de mon frère*); **11** (be)spelen; *tenir l'orgue*, de orgelpartij spelen. II *on.w* **1** grenzen aan (*ma maison tient à la sienne*); **2** vastzitten (aan); —*bien sur la route*, goed op de weg liggen. **3** zitting houden; **4** het uithouden; — *ferme*, standhouden; **5** aanhouden (*la pluie ne tiendra pas*); **6** — à, gesteld zijn op; **7** — à ,afhanger van; **8** — de aarden naar, lijken op; **9** *en* — *pour*, verliefd zijn op. III *se ~* **1** zich vasthouden; **2** zich ophouden, zich bevinden; **3** zich houden, blijven; *se — droit*, rechtop blijven staan; **4** verband houden; **5** gehouden worden, plaats vinden; **6** zich houden aan, blijven bij; *il ne sait pas à quoi s'en tenir*, hij weet niet, waaraan hij zich houden moet; **7** zich achten, zich rekenen. IV *onp.w*: *qu'à cela ne tienne*, laat dat geen bezwaar zijn; *il ne tient qu'à moi*, het hangt slechts van mij af.

tennis *m* tennis; *cour(t) de* —, tennisbaan; *jouer au* —, tennissen.

tenon *m* pin.

ténor *m* **1** tenorstem; **2** tenorzanger.

tension *v* **1** spanning; — (*artérielle*), bloeddruk; **2** inspanning (— *d'esprit*).

tentacule *m* vangarm, voelhoorn.

tentant *bn* aanlokkelijk.

tentateur, -*trice* I *bn* verleidend; *l'esprit* —, de duivel. II *zn m*, -*trice v* verleider(ster).

tentation *v* verleiding, bekoring.

tentative *v* poging.

tente *v* tent. tente†-abri† *v* kleine tent.

tenter *ov.w* **1** beproeven, proberen; **2** verlokken, verleiden; **3** aanlokken, aantrekken; **4** met een tent bedekken.

tenture *v* behang, behangsel.

tenu *bn* **1** verzorgd, onderhouden; **2** vast v. koers; **3** *être* — *à of de*, verplicht zijn tot.

ténu *bn* dun, fijn.

tenue *v* **1** het houden; — *des livres*, boekhouden; **2** verzorging, onderhoud; **3** houding, manieren; **4** kleding, uiterlijke verzorging, tenue; **5** aangehouden toon.

ténuité *v* dunheid, fijnheid.

ter *bw* **1** driemaal; **2** voor de derde maal.

tercer, **terser** *ov.w* zie tiercer.

térébrant *bn w* doorborend. ~ation *v* doorboring. [boring.

Térence *m* Terentius.

tergal [*mv aux*] *bn w* wat de rug betreft.

tergivers/ation *v* uitvlucht. ~*er on.w* **1** uitvluchten zoeken; **2** dralen, aarzelen.

terme *m* **1** eind, eindpaal, eindpunt (*le — de la vie*); **2** termijn, vervaltijd, huur voor drie maanden; **3** driemaandelijkse huursom (*payer son* —); **4** tijdstip der bevalling; **5** term, uitdrukking; *le — propre*, het juiste woord; **6** term v. e. vergelijking, lid v. e. zin; **7** *les* —*s*, betrekking, verstandhouding; *en bons* —*s*, op goede voet.

terminaison *v* **1** afloop, einde; **2** uitgang.

terminal [*mv aux*] *bn* aan het eind, aan de top.

terminer I *ov.w* eindigen, beëindigen, afmaken, voltooien, afwerken; *en* — *avec qc*, een eind aan iets maken II *se ~ par*, *en* eindigen op.

terminologie *v* terminologie, vaktermen.

terminologique *bn* terminologisch.

terminus I *m* eindpunt. II *bn* eind- (*gare* —).

termite *m* witte mier.

ternaire *bn* drietallig.

terne I *zn m* buitenkansje, bof. II *bn* mat, dof.

ternir *ov.w* **1** dof maken; **2** (*fig.*) bezoedelen.

ternissement *m* het mat of dof maken.

ternissure *v* **1** dofheid, matheid; **2** smet.

terrain *m* **1** terrein, grond, veld; *être sur son* —, op zijn terrein zijn; *gagner du* — veld winnen; *sonder le* — poolshoogte nemen; — *vague*, onbebouwde grond in een stad; **2** slagveld, duelleerplaats; *aller sur le* —, gaan duelleren.

terral *m* landwind (*scheepv.*).

terrasse *v* **1** terras; **2** platdak; **3** deel v. h. trottoir, waarop de cafébezoekers zitten.

terrassement *m* grondwerk.

terrasser *ov.w* **1** met een aarden wal versterken; **2** op de grond werpen, neerslaan, verslaan; **3** terneerslaan (*fig.*), verpletteren

terrassier *m* grondwerker. [(*fig.*).

terre *v* **1** aarde; — *cuite*, terra cotta; — *de pipe*, pijpaarde; **2** grond, land; à — *par* —, op de grond; à —, laag bij de grond; *armée de* —, landleger; — *ferme*, vaste wal; *mettre en* —, *porter en* —, begraven; *perdre* —, het land uit het oog verliezen, vaste grond verliezen; *prendre* —, aanlanden; *reprendre* —, weer op zijn verhaal komen; *qui* — *a*, *guerre a* (*spr.w*), eigendom brengt twist en oorlog met zich mede; **3** landgoed, stuk land.

terreau *m* teelaarde. ~*ter*, ~*der ov.w* met teelaarde bedekken.

terre-neuvas *m* zie terre-neuvien.

Terre-Neuve I *v* New-Foundland. II *m* New-Foundlander (hond).

terre-neuvien *m* **1** visser, die op de kabeljauwvangst gaat bij New-Foundland; **2** boot van zulk een visser.

terrer I *ov.w* **1** grond brengen bij een plant; **2** met grond bedekken; **3** bleken v. suiker. II *on.w* in een hol leven (v. dieren). III *se ~* onder de grond even, zich ingraven.

terrestre *bn* aards.

terreur *v* **1** schrik, angst; **2** T ~ schrikbewind (tijdens de Fr. Revolutie).

terreux, -*euse bn* aardachtig, aardkleurig; *couleur* —*euse*, doffe kleur; *visage* — grauw gezicht.

terrible *bn* verschrikkelijk; *enfant* —, kind, dat door zijn gezegden grote mensen in verlegenheid brengt.

terrien, -*enne I bn* **1** aards; **2** landerijen bezittend. II *zn m* **1** grootgrondbezitter; **2** (*fam.*) landrot.

terrier *m* **1** hol v. e. dier; **2** terrier.

terrifiant *bn* schrikwekkend.

terrifier *ov.w* verschrikken.

terril *m* steenberg (v. e. mijn).

terrine *v* aarden schotel, metalen pannetje.

terri/toire *m* grondgebied. ~*torial* [*mv aux*] I *bn* v. h. grondgebied; *armée* —*e*, landweer, landstorm. II *zn m* landweerman.

terroir *m* grond, bodem.

terror/iser *ov.w* een schrikbewind voeren over, verdrukken. ~*isme m* schrikbewind. ~*iste* I *zn m* voorstander v. e. schrikbewind. II *bn* terroristisch.

tertiaire I *bn* van de derde rang, van de derde aardformatie; *période* —, tertiair tijdvak. II *zn m* tertiair tijdvak.

tertre *m* heuveltje; — *funéraire*, grafheuvel.

tes zie ton.

tesson *m* scherf.

test *m* **1** schaal v. dieren; **2** test.

testament *m* **1** testament; **2** Testament.

testamentaire *bn* v. h. testament; *exécuteur* —, uitvoerder v. e. testament.

testateur *m*, -*trice v* erflater (erflaatster).

tester *on.w* een testament maken.

testimonial [*mv aux*] *bn* door getuigenis verkregen (*preuve* —*e*).

tétanie *v* samentrekking der ledematen.

tétanique *bn* wat tetanus betreft.

tétanos *m* tetanus, stijfkramp.

têtard *m* **1** dikkop (jonge kikvors); **2** afgeknotte boom (vooral knotwilg).

tête *v* **1** hoofd, kop; à — *reposée*, rustig; *autant de* —*s*, *autant d'avis* (*spr.w*), zoveel hoofden, zoveel zinnen; *avoir la* — *près du bonnet*, kort aangebonden zijn; *avoir la* — *dure*, hardleers zijn; *avoir toute sa* —, bij zijn volle verstand zijn; *coup de* —, onberaden stap, ondoordachte streek; *courber la* —, zich onderwerpen; *crier à tue-tête*, luidkeels schreeuwen; *de* —, uit het hoofd; *faire sa* —, lastig zijn, zich gewichtig voelen; *en avoir par-dessus la —,* meer dan genoeg van iets hebben; *— forte,* knappe kop; *mauvaise —,* driftkop; *j'y mettrais ma —,* ik durf er mijn hoofd onder verwedden; *— de mort,* doodskop, rond Hollands kaasje; *perdre la —,* de kluts kwijt raken; *piquer une —,* duiken; *ne savoir où donner de la —,* ten einde raad zijn; *tenir —,* het hoofd bieden; 2 top, bovenste deel; 3 gewei; 4 voorste deel; *en —,* vooraan, aan het hoofd; *— de ligne,* kopstation; *— de liste,* lijstaanvoerder; *— de pont,* bruggehoofd.

tête/-à-tête *m* 1 gesprek onder vier ogen; 2 canapé met twee plaatsen; 3 theeservies voor twee personen. ~bêche *bw* kop aan staart (b.v. van twee postzegels).

têtebleu! *tw* drommels!

tête/†-de-loup *v* ragebol. ~-de-nègre I *zn m* donkerbruine kleur. II *bn* donkerbruin.

téter *ov.w* zuigen.

têtière *v* 1 hoofdstel v. e. paard; 2 mutsje voor pasgeboren kinderen.

tét/in *m* tepel. ~ine *v* 1 uier; 2 speen v. zuigfles. ~on *m* borst.

tétra/dactyle *bn* viertenig. ~èdre *m* viervlak. ~gone *bn* viervlakkig. ~pode *bn* vierpotig. ~ptère *bn* viervleugelig.

tétrarque *m* viervorst.

tétras *m* korhaan.

tétrasyllabe, tétrasyllabique *bn* vierlettertette *v* tepel (v. dier). [grepig.

têtu *bn* koppig.

teuf-teuf *m* 1 tuf-tuf; 2 auto *(oud).*

Teuton *m,* -onne *v* Teutoon, mof(fin).

teutonique *bn* Teutonisch.

texte *m* tekst; *revenir à son —,* op zijn onderwerp terugkomen.

textile I *bn* spinbaar, weefbaar; *industrie —,* textielindustrie. II *zn m* 1 geweven stof; 2 textielindustrie.

textuaire *bn* bij de tekst *(note —).*

textuel, -elle *bn* letterlijk.

textuellement *bw* letterlijk.

texture *v* 1 weefsel; 2 samenstel, bouw.

tézigue *vnw (pop.)* jij.

thaler *m* daalder.

thaumaturge *m* wonderdoener.

thaumaturgie *v* wonderkracht.

thé *m* 1 thee; 2 theepartij *(— dansant).*

théatral *[mv aux] bn* 1 v. h. toneel; *représentation —e,* toneelvoorstelling; 2 overdreven, gemaakt.

théâtre *m* 1 schouwburg; *coup de —,* onverwachte wending; 2 toneel in een schouwburg; 3 beroep v. toneelspeler; 4 toneelkunst; 5 de werken v. e. toneelschrijver; 6 terrein, schouwplaats.

théâtricule *m* zeer klein schouwburgje.

thébaïde *v* diepe eenzaamheid.

thébain I *bn* Thebaans. II *zn m,* -e *v* Thebaan.

thébaïque *bn* van opium. [baan(se).

théière *v* theepot.

théisme *m* 1 geloof aan het bestaan v. e. persoonlijke God; 2 theevergiftiging.

théiste I *zn m* theïst. II *bn* theïstisch.

thématique *bn* thematisch.

thème *m* thema (in versch. betekenissen).

théocrate *v* theocraat.

théocratie *v* theocratie, Godsregering.

théocratique *bn* theocratisch.

théolog/al *[mv aux] bn* op de theologie betrekking hebbend; *vertus —es,* deugden van geloof, hoop en liefde. ~ie *v* 1 godgeleerdheid; 2 theologisch werk; 3 theologische cursus. ~ien *m* theoloog. ~ique *bn* theologisch.

théorème *m* stelling. [gisch.

théor/icien *m* theoreticus. ~ie *v* 1 theorie; 2 optocht. ~ique *bn* theoretisch.

théosoph/e *m* theosoof. ~ie *v* theosofie.

thérapeutique I *bn* wat de behandeling der zieken betreft. II *zn v* therapie.

therm/al *[mv aux] bn* wat warme bronnen betreft; *station —e,* badplaats met warme bronnen. ~es *m mv* warme baden.

thermidor *m* elfde maand v. h. republikeinse jaar (20 juli tot 18 augustus).

thermique *bn* van de warmte.

thermo-/électricité *v* elektriciteit, die door warmte wordt opgewekt. ~électrique *bn* van de thermo-elektriciteit.

thermo/gène *bn* warmte gevend. ~mètre *m* thermometer. ~métrie *v* warmtemeting. ~métrique *bn* thermometrisch.

hermos *v* thermosfles.

thermostat *m* thermostaat.

thermothérapie *v* geneeswijze door warmte.

thésaurisation *v* het oppotten v. geld.

thésauriser *on.w* geld potten.

thèse *v* 1 stelling; 2 proefschrift; *soutenir sa —,* passer sa —, promoveren.

Thierry *m* Dirk.

thom/isme *m* wijsbegeerte v. d. H. Thomas v. Aquino. ~iste *m* wijsgeer uit de school v. d. H. Thomas v. Aquino.

thon *m* tonijn (vis). ~(n)aire *m* tonijnenet. ~ier *m* boot voor tonijnevangst. ~ine *v* tonijn uit de Middell. Zee.

thoracique *bn* van de borst.

thorax *m* 1 borst; 2 borststuk v. insekten.

thrène *m* lijkzang, klaagzang.

thrombose *v* trombose.

thuriféraire *m* 1 wierookvatdrager; 2 vleier.

thuya *m* thuja *(pl.k.).*

thym *m* tijm *(pl.k.).*

thyrse *m* 1 Bacchusstaf; 2 bloemtuil.

tiare *v* 1 pauselijke kroon; 2 pauselijke waardigheid.

tibi *m* boordeknoopje. [waardigheid.

tibia *m* scheenbeen.

tibial *[mv aux] bn* v. h. scheenbeen.

tic *m* bespottelijke gewoonte.

ticket *m* kaartje.

tic-tac *m* getik; *faire —,* tikken.

tictaquer *on.w* tikken.

tiède *bn* 1 lauw, zoel; 2 koel *(fig.) (ami —).*

tiédeur *v* 1 lauwheid, zoelheid; 2 lauwheid, koelheid *(fig.).*

tiédir I *on.w* 1 lauw worden; 2 verflauwen. II *ov.w* 1 lauw maken; 2 verflauwen, verkoelen *(fig.).*

tien, tienne *vnw* I *zelfst.* 1 het jouwe, het uwe; 2 *les —s,* de uwen. II *bn* van jou, van u.

tierce *v* 1 terts *(muz.);* 2 driekaart; 3 60e deel v. e. seconde; 4 liturgisch getijde (9 uur 's morgens). ~let *m* mannetje v. e. valk, v. e. sperwer.

tierc/ement *m* het voor de derde maal bewerken v. e. akker. ~er *ov.w* een akker voor de derde maal bewerken.

tierciaire *m* of *v* lid ener derde orde.

tiers, tierce *bn* derde; *tiers état,* derde stand; *tiers ordre,* derde orde *(R.K.); fièvre tierce,* derdendaagse koorts.

tiers *m* 1 derde stand; 2 derde deel; 3 derde man; *le — et le quart,* jan-en-alleman.

tiers-points *m* 1 kruispunt v. twee spitsbogen; 2 driekantige vijl.

tige *v* 1 stengel, steel; 2 stamvader; 3 schacht v. e. laars, v. e. veer.

tignasse *v (fam.)* ragebol (haardos).

tignon *m (fam.)* toet.

tigr/e I *zn m,* -esse *v* 1 tijger(in); *jaloux comme un —,* erg jaloers; 2 wreedaard. II *bn* getijgerd *(cheval —).* ~é *bn* getijgerd *(cheval —).* ~idie *v* tijgerlelie.

tilbury *m* tilbury (rijtuig).

tillac *m* bovendek.

tillage *m* zie teillage.

tille *v* zie teille.

tiller *ov.w* zie teiller.

tilleul *m* 1 linde; 2 lindebloesem.

timbale *v* 1 pauk; 2 beker, kroes; *décrocher la —,* de prijs winnen.

timbalier *m* paukenist.

timbr/age *m* het zegelen, het stempelen. ~e *m* 1 stempel, zegel; 2 schel, bel; 3 hersenen; *avoir le — fêlé,* niet goed bij zijn hoofd zijn; 4 klankkleur, timbre. ~é *bn* 1 gestempeld, gezegeld; 2 *(fam.)* getikt.

timbr/e†-poste *m* postzegel. ~e†-quittan :e†

m plakzegel. ~er *ov.w* zegelen, stempelen. ~eur *m* stempelaar, zegelaar. ~ologie *v* postzegelkunde.

timide *bn* verlegen, bedeesd, beschroomd.

timidité *v* verlegenheid, bedeesdheid, beschroomdheid.

timon *m* 1 lamoen; 2 roerpen; 3 bewind, roer *(fig.)*; 4 dissel. ~erie *v* 1 stuurhut; 2 stuur- en reminrichting v. treinen en auto's.

timonier *m* roerganger.

timoré *bn* angstvallig, scrupuleus.

tinctorial [*mv* aux] *bn* wat verven betreft; *matière —e*, verfstof.

tintamarre *m* spektakel, rumoer.

tint/ement *m* het luiden, het kleppen; —*s d'oreilles*, oorsuizingen. ~er I *ov.w* luiden. II *on.w* 1 luiden, klinken; 2 suizen v. d. oren. ~innabuler *on.w* klingelen.

tintouin *m* hoofdbreken, moeite, last *(donner du —).*

tique *v* teek.

tique/té *bn* gespikkeld. ~ture *v* spikkeling.

tir *m* 1 het schieten; — *de barrage*, spervuur; *salon de —*, schiettent; 2 schietterrein, schietbaan.

tirade *v* reeks zinnen of verzen.

tirage *m* 1 het voorttrekken; 2 het trekken v. e. schoorsteen; 3 trekking v. e. loterij; — *au sort*, loting; 4 het drukken v. e. boek; de oplage; 5 jaagpad; 6 moeilijkheid *(fam.).*

tiraillement *m* 1 het heen en weer trekken, geruk; 2 kramp, scheut; 3 oneenigheid.

tirailler I *ov.w* 1 heen en weer trekken, rukken; 2 lastig vallen. II *on.w* vaak en ongeregeld vuren.

tirailleur *m* 1 inlands soldaat; 2 naar voren gezonden soldaat, die door voortdurend te schieten, de vijand verontrust.

tirant *m* 1 koord v. e. beurs; 2 trekker v. e. laars; 3 — *d'eau*, diepgang.

tirasse *v* tiras, treknet.

tire *v* het trekken; *vol à la —*, zakkenrollerij.

tiré I *bn* 1 vermoeid, vermagerd; 2 — *à quatre épingles*, om door een ringetje te halen. II *zn m* 1 betrokkene (v. wissel); 2 jacht met het geweer; 3 hakhout op manshoogte; 4 trekbal.

tire/-au-flanc *m* lijntrekker. ~-botte†*m* laarstrekker. ~-bouchon† *m* kurketrekker. ~-braise *m* kolenkrabber. ~-cartouche† *m* patroontrekker. ~-d'aile *m : à —*, pijlsnel, klapwiekend. ~-laine *m (oud)* manteldief. ~-larigot (à): *boire à —*, met volle teugen drinken. ~-ligne† *m* trekpen.

tirelire *v* spaarpot.

tire-point *m* priem.

tirer I *ov.w* 1 trekken, halen, aanhalen; — *une affaire au clair*, een zaak ophelderen; — *les cartes*, l'*horoscope*, de toekomst voorspellen; — *la langue*, de tong uitsteken; — l'*œil*, de aandacht trekken; — *un portrait (pop.)*, een foto maken; — *sa révérence*, groeten, een buiging maken; 2 uittrekken, uithalen; — *d'affaire*, *d'embarras*, uit de verlegenheid redden; — *une épine du pied*, uit een grote verlegenheid redden; — *d'erreur*, uit de droom helpen; — *les larmes des yeux*, ontroeren; — *son origine de*, afkomstig zijn van; — *parti*, voordeel trekken; — *du sang*, aderlaten; — *vengeance*, zich wreken; 3 aftroggelen — *de l'argent*); 4 (af)tappen; 5 afschieten, aftrekken (— *le canon*); 6 — *de*, ontleenen aan (— *un mot du grec*); 7 (af)drukken; 8 verkrijgen (— *satisfaction*); 9 een diepgang hebben van (— *quinze pieds d'eau*); 10 *(pop.)* ondergaan, uitzitten (— *un an de prison*); 11 een trekking houden (— *une loterie*). II *on.w* 1 trekken; — *sur*, trekken aan; 2 trekken v. schoorsteen; 3 schermen; 4 vuren, schieten; 5 — *sur*, een wissel trekken op; 6 — *sur*, zwemen naar, lijken op *(couleur qui tire sur le rouge)*; 7 — *à sa fin*, op zijn einde lopen; — *au large*, in zee steken; 8 loten.

tire-sou† *m* 1 woekeraar; 2 duitendief.

tiret *m* koppelteken.

tirette *v* 1 gordijnkoord; 2 schuif aan tafel.

tireur *m*, -euse *v* I 1 schutter; 2 schermer(ster); 3 trekker(ster) v. e. wissel; 4 houtvlotter; 5 — *de cartes*, kaartlegger(ster). II -euse *v* afdrukinrichting *(fot.).*

tire-vieille *v* valreeptouw.

tiroir *m* 1 lade; 2 stoomschuif.

tisane *v* drankje, aftreksel v. kruiden; — *de champagne*, licht soort champagne.

tison *m* 1 verkoold stuk hout; — *de discorde*, stokebrand; 2 windlucifer. ~ner *ov.w* oppoken. ~nier *m* pook.

tiss/age *m* 1 het weven; 2 weverij. ~er *ov.w* weven. ~erand *m* wever. ~eranderie *v* 1 weversbedrijf; 2 handel in geweven goederen. ~erin *m* wevervogel. ~eur *I zn m* wever. II *bn* wevend. ~u *I zn m* 1 weefsel; 2 aaneenschakeling (— *de mensonges)*. II *ww* (alleen veri. deelwoord) geweven. ~u-éponge† *m* badstof.

tissure *v* weefsel.

titan *I zn m* reus. II *bn* geweldig. ~esque *bn* reusachtig. ~ique *bn* reusachtig.

Tite-Live *m* Livius.

titi *m (pop.)* Parijse straatjongen.

titillation *v* kitteling, prikkeling.

titiller *ov.w* kittelen, prikkelen.

titrage *m* gehaltebepaling.

titre *m* 1 titel; 2 — *, vast benoemd; *professeur en —*, gewoon hoogleraar; 3 benoeming, hoedanigheid; *à — de*, in de hoedanigheid van; *à — exceptionnel*, bij wijze v. uitzondering; *à — gratuit*, voor niets; *à juste —*, met recht; 3 oorkonde, bewijsstuk, diploma; 4 effect; 5 gehalte; 6 aanspraak.

titr/é *bn* met een titel. ~er *ov.w* 1 een titel geven; 2 het gehalte bepalen van. ~euse *v* titelapparaat.

titubant *bn* wankelend, waggelend.

titubation *v* het wankelen, het waggelen.

tituber *on.w* wankelen, waggelen.

titulaire *I bn* titulair; *membre —*, werkend lid. II *zn m* titularis.

titulariser *ov.w* voor vast benoemen.

toast *m* 1 heildronk; *porter un —*, een heildronk uitbrengen; 2 geroosterd brood.

toaster *on.w* een heildronk uitbrengen.

tobogan *m* bobslee.

toc I *m* 1 klop, klop *(faire — —)*; 2 *(fam.)* namaak (*bijou en —).* II *bn (pop.)* lelijk.

tocante *v (pop.)* horloge.

tocsin *m* brandklok, alarmklok.

toge *v* toga.

tohu-bohu *m* warboel, verwarring.

toi *vnw* 1 je, u; *(voorwerp)*; 2 jij, gij, u.

toile *v* 1 weefsel v. vlas (linnen), hennep of katoen; — *cirée*, wasdoek; — *d'emballage*, paklinnen; 2 weefsel; — *d'araignée*, spinneweb; 3 toneelgordijn; 4 doek (schilderij); 5 soldatentent; 6 zeil; 7 zeil v. e. molenwiek.

toilerie *v* 1 linnenfabriek; 2 linnenhandel; 3 linnen stof.

toilet/te *v* 1 toilet; 2 toilettafel; 3 overtrek, doek, om iets in te pakken. ~ter *ov.w* opknappen, wassen, verzorgen (— *un chien).*

toilier, -ère I *bn* v. h. linnen *(industrie —ère).* II *zn m*, -ère *v* 1 linnenfabrikant(e); 2 handelaar(ster) in linnen.

toise *v* 1 oude lengtemaat (1,949 meter); *long d'une —*, erg lang; 2 meetlat.

toisé *m* meting, schatting (bij bouwwerken).

tois/er *ov.w* 1 opmeten, schatten; 2 iem. v. h. hoofd tot de voeten (vaak minachtend) opnemen. ~eur *m* opmeter.

toison *v* 1 vacht; 2 *(fam.)* haardos.

toit *m* 1 dak; crier, *publier sur les —s*, van de daken verkondigen; 2 huis; 3 stal, kot.

toiture *v* dak, dakbedekking.

tokai, tokay *m* tokayer wijn.

tôle *v* 1 plaatijzer; 2 *(pop.)* gevangenis.

tolérable *bn* draaglijk, te verdragen.

tolérance *v* verdraagzaamheid; toegevendheid; *maison de* —, bordeel.

tolérant *bn* verdraagzaam, toegevend.

tolérer *ov.w* dulden, verdragen, toelaten.

tôlerie *v* 1 fabriek v. plaatijzer; 2 het smeden [v. plaatijzer.

tolet *m* dol, roeipin.

tôlier *m* smeder v. plaatijzer.

tomahawk *m* strijdbijl der roodhuiden.

tomate *v* 1 tomatenplant; 2 tomaat.

tombal *bn* v. h. graf; *pierre —e,* grafsteen.

tombant *bn* 1 vallend, afhangend (*cheveux —s*); *à la nuit —e,* bij het vallen v. d. nacht; 2 verzwakkend, wegstervend (v. klank).

tomb/e *v* 1 graf; 2 grafsteen; 3 dood. **~eau** [*mv* x] *m* 1 graftombe; 2 graf; *rouler à — ouvert,* op levensgevaarlijke manier rijden.

tombée *v* het vallen; *à la — du jour, — de la nuit,* bij het vallen v. d. avond.

tombelle *v* grafheuvel.

tomber I *on.w* 1 vallen, neervallen, neerstorten; — *à plat,* volledig mislukken; — *à la renverse,* omvallen; *bien —,* juist van pas komen; *cela tombe bien,* dat treft goed; *la conversation tombe,* het gesprek vlot niet meer; — *dans l'erreur,* zich vergissen; — *dans l'oubli,* in vergetelheid raken; — *dans un piège,* er in vliegen; — *des nues,* verbaasd zijn; — *en disgrâce,* in ongenade vallen; — *en ruine,* vervallen; — *entre les mains,* in handen vallen; *la foudre est tombée sur la maison,* de bliksem is in het huis geslagen; 2 zwakker worden, verflauwen; *le vent est tombé,* de wind is gaan liggen; *laisser —* la *voix,* de stem laten dalen; 3 worden; — *d'accord,* het eens worden; — *amoureux,* verliefd worden; — *malade,* ziek worden; 4 vallen v. e. toneelstuk; 5 vallen op (*cette fête tombe le 3 mai*); 6 neerhangen; afzakken v. kleren; 7 — *sur qn.,* iem. onverwachts ontmoeten. II *ov.w* neerwerpen, overwinnen. III *onp.w: il tombe de la neige,* er valt sneeuw.

tombereau [*mv* x] *m* vuilniskar; stortkar.

tombola *v* tombola.

tome *m* deel v. e. boek.

tomer *ov.w* in boekdelen verdelen.

tom-pouce *m* (*fam.*) 1 dwerg; 2 korte dameston, ta, tes *bez.vnw* je, uw. [paraplu.

ton *m* 1 toon (muz.); *donner le —,* de toon aangeven; 2 toonaard; 3 toonsafstand; 4 toon (wijze v. spreken); *bon —,* goede manieren; *se donner un —,* gewichtig doen; 5 kracht, veerkracht; 6 toon in de schilderkunst.

tonal [*mv* als] *bn* v. d. toon, v. d. toonaard.

tonalité *v* 1 klankgehalte; 2 toon v. e. schilderij.

tond/age *m* het scheren v. laken. **~aille** *v* 1 het scheren v. schapen; 2 feest bij die gelegenheid. **~aison** *zie* tonte. **~eur** *m,* -**euse** *v* 1 scheerder, scheerster. II *v* grasmachine; tondeuse voor het knippen v. haren.

tondre *ov.w* 1 scheren (b.v. van schapen); *il tondrait un œuf,* hij is buitengewoon gierig; 2 kort knippen v. haren, v. gras; *le Petit Tondu,* bijnaam aan Napoleon gegeven door zijn soldaten.

tonifi/ant *bn* versterkend. **~cation** *v* versterking. **~er** *ov.w* (*med.*) versterken.

tonique I *bn* 1 betoond; 2 versterkend (*med.*). II *zn m* versterkend middel. III *v* 1 grondtoon; 2 geaccentueerde lettergreep of klinker.

tonitruant *bn* donderend.

tonkinois I *bn* Tonkinees. II *zn m,* -**e** *v* Tonkinees(ese).

tonlieu *m* marktgeld.

tonnage *m* tonnemaat.

tonnant *bn* donderend.

tonne *v* 1 ton; 2 ton = 1000 kg.

tonneau [*mv* x] *m* 1 ton, vat; — *d'arrosage,* sproeiwagen; 2 ton = 1,44 m³; 3 licht tweewielig rijtuigje; 4 figuur uit de luchtacrobatiek, het over de kop slaan.

tonnel/et *m* vaatje, tonnetje. **~ier** *m* kuiper. **~le** *v* 1 prieel; 2 rondboog; 3 patrijzenet.

~lerie *v* 1 kuipersvak; 2 kuiperswerkplaats.

tonn/er I *onp.w* donderen. II *on.w* 1 donderen; 2 uitvaren. **~erre** *m* donder; *un — d'applaudissements,* een donderend applaus; *un coup de —,* een donderslag; *voix de —,* donderende stem; —!, donders!

tonsure *v* kruinschering.

tonsurer *ov.w* de kruinschering geven.

tonte, tondaison *v* 1 het scheren v. schapen; 2 scheertijd; 3 afgeschoren wol.

tonton (ook foutief: toton) (*fam.*) oom.

tonture *v* 1 het scheren v. laken; 2 scheerwol; 3 kromming v. e. schip tussen voor- en achtersteven.

tonus *m* = tonicité.

topaze *v* topaas.

tope/! *tw* top! **~er** *on.w* de handslag geven, als bewijs, dat een koop gesloten is; toestemmen; *topez-là,* de hand er op!

topette *v* lange, nauwe fles.

topique I *bn* 1 plaatselijk (*med.*); 2 ter zake dienend (*argument —*). II *zn m* 1 plaatselijk geneesmiddel; 2 gemeenplaats.

topographe *m* plaatsbeschrijver, landmeter.

topographie *v* plaatsbeschrijving, landmeetkunde.

topographique *bn* topografisch.

toquade, tocade *v* gril, kuur.

toquante *v* (*pop.*) horloge.

toquard = tocard.

toque *v* 1 baret; 2 jockeypet.

toqué *bn* getikt, niet goed snik.

toquer *ov.w* het hoofd op hol brengen.

toquet *m* kleine baret, mutsje.

torche *v* toorts, fakkel.

torcher *ov.w* 1 afvegen; 2 (*pop.*) afknoeien.

torch/ette *v* 1 wrijflapje; 2 strowis. **~on** *m* dweil, vaatdoek; *papier-torchon,* aquarelpapier.

torchonner *ov.w* 1 met een vaatdoek schoonmaken (— *la vaisselle*); 2 (*fam.*) afknoeien.

tordage *m* het twijnen.

tordant *bn* (*fam.*) koddig, grappig.

tord-boyaux *m* (*pop.*) sterke of slechte brandewijn of cognac.

tord/eur I *m,* -**euse** *v* twijner(ster). II *v* twijnmachine. **~re** I *ov.w* wringen; — *le cou,* de nek omdraaien; II *se* — *: se* — *de rire, rire à se* — (*les côtes*), stikken v. h. lachen; 2 zich wringen, zich draaien.

tordu *m* (*pop.*) idioot.

toréador *m* stierenvechter.

toréer *on.w* stieren bevechten.

torgniole, torgnole *v* (*pop.*) vuistslag.

tornade *v* wervelstorm.

toron *m* streng.

torpédo *v* open auto.

torpeur *v* verdoving, verstijving.

torpide *bn* gevoelloos, verdoofd.

torpillage *m* het torpederen.

torpille *v* 1 sidderrog; 2 torpedo.

torpiller *ov.w* torpederen (ook *fig.*).

torpilleur I *zn m* 1 torpedist; 2 torpedoboot. II *bn*: *bateau —,* torpedoboot.

torréfaction *v* het branden (b.v. van koffie).

torréfier *ov.w* roosteren, branden.

torrent *m* 1 bergstroom; 2 stortvloed (*il pleut à —s*). **~iel,-elle** *bn* op een bergstroom, op een stortvloed gelijkend; *une pluie —elle,* een stortbui.

torrentueux,-euse *bn* woest, onstuimig.

torride *bn* gloeiend, brandend; *zone —,* hete luchtstreek.

tors I *bn* gedraaid. II *zn m* het twijnen.

torse *m* romp. [kel.

torsion *v* 1 het wringen, het draaien; 2 krontort *m* 1 ongelijk; *à —,* ten onrechte; *à — et à travers,* door dik en dun; 2 onrecht; *faire — à qn.,* iem. onrecht aandoen; *faire (du) — à qn.,* iem. benadelen; 3 fout, gebrek.

torticolis *m* stijve nek.

tortillage *m* 1 het ineendraaien; 2 verwarde manier van zich uit te drukken; 3 draaierij.

tortille *v* slingerpaadje.

tortillement *m* 1 het ineendraaien; 2 draaierij.

tortill/er I *ov.w* ineendraaien. II *on.w* uitvluchten zoeken, draaien. III se ~ heen en weer draaien, wiebelen (*se — sur sa chaise*). ~on *m* 1 wrong; 2 doezelaar.

tortionnaire I *bn* folterend. II *zn m* folteraar.

tortis *m* streng, snoer.

tortu *bn* krom, verdraaid, scheef; *bois —, (fam.)* wijnstok.

tortue *v* schildpad; *à pas de —*, in een slakkegang.

tortu/eux, -euse *bn* 1 bochtig; 2 onoprecht, slinks. ~osité *v* 1 bochtigheid; 2 onoprechtheid, slinksheid.

tortur/e *v* foltering; *mettre à la —*, folteren, pijnigen. ~er *ov.w* 1 folteren, pijnigen, kwellen; 2 verdraaien (*—un texte*).

tôt *bw* vroeg; *— ou tard*, vroeg of laat.

total [*mv aux*] I *bn* geheel, totaal. II *zn m* geheel, totaal bedrag; *au —*, alles bijeen.

totalisateur *m* 1 telmachine; 2 totalisator.

totalisation *v* samentelling.

totaliser *ov.w* 1 samentellen; 2 scoren.

totaliseur *m* = totalisateur.

totalitaire *bn* totalitair.

totalitarisme *m* totalitair systeem.

totalité *v* geheel; *en —*, in zijn geheel.

toto *m* (*pop.*) 1 luis; 2 optelling.

touage *m* 1 sleepdienst; 2 sleeploon.

toubib *m* (*arg.*) dokter.

touchant I *bn* ontroerend, treffend. II *zn m* het aandoenlijke. III *vz* omtrent, aangaande.

touche *v* 1 toets v. piano, orgel; 2 toets (v. goud); *pierre de —*, toetssteen (ook *fig.*); 3 toets v. schilder, streek; 4 stok, om ossen voort te drijven; 5 troep vette ossen (die naar de markt geleid worden; 6 (*pop.*) gezicht, uiterlijk; 7 *la Sainte-Touche* (*pop.*), de betaaldag; 8 beet bij het vissen.

touche-à-tout *m* 1 iem. die overal aanzit; 2 bemoeial.

toucher I *ov.w* 1 (aan)raken; 2 innen (*— de l'argent*); 3 aangaan, raken; *cela ne me touche en rien*, dat raakt me niet; 4 treffen; 5 treffen, ontroeren; 6 opdrijven v. vee; 7 zeggen (*— un mot*); 8 verwant zijn; *— qn. de près*, nauwe relaties met iem. hebben. II *on.w* 1 aanraken; *— au but*, zijn doel nabij zijn; *— à sa fin*, zijn einde nabij zijn; 2 wijzigen (*— à une loi*); 3 grenzen aan (*— à*); 4 aandoen v. e. haven; 5 aan de grond lopen (*scheepv.*); 6 *— de*, spelen op (*— du piano*). III *zn m* 1 het gevoel; 2 aanslag (*op piano*).

tou/e *v* 1 soort veerpont; 2 het slepen met een kettingsleepboot. ~ée *v* 1 het slepen met een sleepketting; 2 sleepketting. ~er *ov.w* slepen met een sleepketting. ~eur *m* 1 kettingsleepboot; 2 schipper op een kettingsleepboot.

touffe *v* dot, bos, bundel.

touffu *bn* dicht (begroeid).

toujours *bw* 1 altijd; 2 nog altijd; 3 toch, tenminste.

toupet *m* 1 kuif; 2 (*pop.*) durf, brutaliteit.

toup/ie *v* 1 tol; *— d'Allemagne*, bromtol; *jouer à la —*, tollen; 2 (*pop.*) kop; 3 (*pop.*) slet. ~iller *on.w* rondtollen.

toupillon *m* kuifje.

tour I *v* 1 toren; 2 kasteel in het schaakspel. II *m* 1 ronddraaiing, slag; *à — de bras*, uit alle macht; *fermer à double —*, op het nachtslot doen; *de un — de bras*, in een ommezien; 2 draaibank; 3 omtrek, omvang; *— de cou*, halswijdte; 4 rondreis; *faire le — du cadran*, de klok rondslapen; *faire le — du monde*, een reis om de wereld maken; *faire le — du propriétaire*, de gasten zijn huis en landerijen laten zien; *mon sang ne fit qu'un —*, het bloed vloog mij naar het hoofd; 5 uitstapje, reis, wandeling; 6 beurt; *à — de rôle*, ieder op zijn beurt; 7 streek; *jouer un — à qn.*, iem. een poets bakken; *mauvais —*, gemene streek; 8 kunstje, toer; *avoir le — de main*, handig

zijn; *— d'adresse*, handige toer; *— de force*, krachttoer; 9 kronkeling, bocht; 10 wending, vorm; *— de plume*, schrijfwijze; *— de phrase*, zinswending.

tourangeau [*mv x*], -elle *v bn* uit Tours of la Touraine. II *zn* T ~ *m*, -elle *v* inwoner(inwoonster) v. Tours of la Touraine.

tourb/e *v* 1 turf; 2 menigte, volkshoop, rapalje. ~e I *on.w* turf steken. II *ov.w* uitvenen. ~eux, -euse *bn* veenrijk. ~ier *m* 1 turfsteker; 2 eigenaar v. e. veenderij. ~ière *v* veenderij.

tourbillon *m* 1 wervelwind; 2 draaikolk; 3 maalstroom (*fig.*).

tourbillonnement *m* dwarreling.

tourbillonner *on.w* dwarrelen, ronddraaien.

tourelle *v* 1 torentje; 2 revolverkop.

touret *m* 1 wieltje, spinnewiel; 2 molen v. e. werphengel.

tourier, -ère *bn* van de toren; *frère —, sœur —ère*, kloosterportier(ster).

tourillon *m* spil, tap.

Touring-club (de France) *m* Fr. toeristenbond voor auto- en wielrijders, te vergelijken met de A.N.W.B.

tour/isme *m* toerisme. ~iste I *zn m* of *v* toerist(e). II *bn: classe —*, toeristenklasse. ~istique *bn* toeristisch.

tourlourou *m* (*pop.*) infanterist, ,,zandhaas''.

tourmaline *v* toermalijn.

tourment *m* kwelling, foltering, pijn, smart. tourmente *v* (korte) storm (ook *fig.*); *— de neige*, sneeuwlacht.

tourment/er I *ov.w* 1 pijnigen, folteren, martelen; 2 kwellen, verontrusten, plagen; 3 lastig vallen, achtervolgen. II se ~ 1 zich afbeulen; 2 zich erg ongerust maken; 3 kromtrekken v. hout. ~eur, -euse *bn* kwellend. ~eux, -euse *bn* stormachtig. ~in *m* stormfok.

tournage *m* 1 het draaien op een draaibank; 2 het draaien v. e. film. [lopen.

tornailler *on.w* (*fam.*) onrustig heen en weer tournant I *bn* draaiend; *allée —e*, bochtige laan; *mouvement —*, omtrekkende beweging; *pont —*, draaibrug. II *zn m* 1 hoek v. e. straat, bocht; 2 keerpunt; 3 draai; 4 draaikolk; 5 omweg (*fig.*), list.

tourné *bn* 1 op een draaibank gedraaid; *homme bien —, mal —*, goed-, slecht gebouwd mens; *vers bien —*, goed lopend vers; 2 zuur (*vin —*), gestremd (*lait —*).

tournebouler *ov.w* (*fam.*) iem. het hoofd op hol brengen.

tournebride *v* (*oud*) herberg bij kasteel, om knechten en paarden onder dak te brengen.

tournebroche *m* 1 draaispit; 2 koksjongen, die het spit bedient.

tournedos *m* snede ossehaas.

tournée *v* 1 inspectiereis, zakenreis; 2 tournee v. e. toneelgezelschap enz.; 3 rondje.

tournemain *m; en un —*, in een wip, in een ommezien.

tournement *m* draaiing; *— de tête*, duizeling.

tourner I *ov.w* 1 draaien op een draaibank; 2 draaien, omdraaien, omkeren, wenden; *— le feuillet*, het blad omslaan; *— le dos à qn.*, iem. de rug toekeren; *— bride*, de teugel wenden; *— casaque*, van partij veranderen; *— qc. en ridicule*, iets belachelijk maken; *— le sang à qn.*, iem. geheel van streek maken; *— les talons*, de hielen lichten; *— la tête à qn.*, iem. het hoofd op hol brengen; 3 omtrekken, omvaren; 4 omzeilen, vermijden (*— une difficulté*); 5 scheeflopen (schoenen); 6 opstellen, redigeren (*bien — une lettre*); 7 opnemen, draaien (*film*). II *on.w* 1 draaien; *la tête lui tourne*, hij is duizelig; het hoofd loopt hem om; *— rond*, regelmatig lopen v. e. motor; 2 draaien, omslaan v. d. wind (*le vent a tourné au sud*); *— à tout vent*, met alle winden meedraaien; 3 een wending nemen (*l'affaire a mal tourné*); 4 *— à*, geneigd zijn tot; 5 zuur worden, stremmen;

6 kleuren, rijpen v. vruchten; 7 een filmopname maken; in een film spelen.
tournerie v draaierswerkplaats.
tournesol m zonnebloem.
tournette v 1 draaikooi v. e. eekhoorn;
2 glassnijder (met raadje).
tourneur I zn m draaier. II bn draaiend.
tournevent m gek op een schoorsteen.
tournevis m schroevedraaier.
tourniquer on.w onrustig heen en weer lopen.
tourniquet m 1 draaihek (tôurniquet); 2
draaischijf, rad v. avontuur.
tournoi m 1 toernooi; 2 wedstrijd. ~ement m
draaiing; — de tête, duizeligheid.
tournoyant bn draaiend.
tournoyer on.w draaien, dwarrelen.
tournure v 1 wending, keer; 2 houding,
voorkomen; 3 zinswending.
touron m amandelkoekje.
tourte v 1 pastei; 2 (pop.) stommeling.
tourteau [mv x] m 1 rond grof brood; 2 veekoek.
tourtereau [mv x] I m jonge tortelduif.
II ~x mv dol verliefd paartje.
tourterelle v tortelduif.
tourtière v pasteipan.
tous zie tout.
Toussaint (la) v Allerheiligen.
touss/er on.w hoesten. ~erie v gehoest, langdurig gehoest. ~eur m, -euse v (fam.)
kucher(ster); iem. die vaak hoest.
toussoter on.w veel kuchen.
tout I bijv.vnw 1 al, geheel; — le monde,
iedereen; à — vitesse, in volle vaart;
2 alle, ieder; — e autre ville, iedere andere
stad; en tous sens, in alle richtingen; tous
les hommes, alle mensen. II zelfst.vnw
1 alles; à — prendre, après —, alles wel
beschouwd; 2 geheel; point du —, in het
geheel niet; 3 allen (tous, toutes). III bw
(veranderlijk voor vrouwelijk bn, dat begint met medeklinker of aangeblazen h)
1 geheel, helemaal, erg, zeer (elle était
tout heureuse; elle était toute honteuse); —
à coup, plotseling; — à fait, geheel en al;
— de même, toch; — de suite, dadelijk;
2 — ... que, hoe ook (gevolgd door de
aantonende wijs); — riche qu'il est, hoe
rijk hij ook is; 3 — bij een gérondif;
tout en dormant, terwijl hij sliep; hoewel hij
sliep. IV zn m 1 het geheel; risquer le —
pour le —, alles op alles zetten; 2 het belangrijkste, het voornaamste; le — est de
bien employer son temps.
toutefois bw echter, evenwel, toch.
toute-puissance v almacht, hoogste macht.
toutou m hond (kindertaal).
tout(e)-puissant(e) I bn almachtig. II le Tout-
Puissant, de Almachtige.
toux v hoest; accès de —, hoestbui.
toxic/ité v giftigheid. ~ologie v vergiftenleer.
~ologique bn wat de vergiftenleer betreft.
~ologue m vergifkundige.
toxique I bn vergiftig. II zn m vergif.
trabe v vlaggestok.
trac m 1 gang v. e. lastdier; 2 spoor; tout à
—, zo maar, zonder na te denken; 3 (pop.)
angst, vrees; avoir le —, in de rats zitten.
traçant bn: racine — e, spreidende wortel;
balle — e lichtkogel.
tracas m drukte, herrie, zorg. ~ser ov.w
kwellen, verontrusten. ~serie v 1 drukte,
last, herrie; 2 geplaag. ~seur, -euse v ~sier,
-ère bn plaagziek, lastig.
tracassin m (fam.) onrustgheid.
trace v spoor, teken; marcher sur les —s de
qn., iemands voetsporen drukken.
tracé m 1 ontwerp, schets, plan; 2 lijn (v.
spoorweg e.d.).
trac/ement m het ontwerpen. ~er I ov.w
1 tekenen, trekken; 2 schetsen, ontwerpen;
3 aangeven, afbakenen; 4 beschrijven.
II on.w 1 horizontale wortels hebben; 2 ondiepe gangen hebben (v. dieren).
traché/a [mv aux] bn van de luchtpijp. ~e v

1 luchtpijp; 2 trachee. ~e†-artère† v luchtpijp. ~en, -enne bn 1 v. d. luchtpijp; 2 v. d.
tracheeën. ~ite v luchtpijpontsteking.
tract m vlugschrift.
tractation v wijze v. onderhandelen (vaak
ongunstig).
tract/eur m tractor. ~ion v het trekken,
voortbeweging, tractie; — avant, voorwiel-
aandrijving.
tradition v overlevering, traditie.
traditionalisme m geloof, dat gegrond is op
overlevering.
traditionnel, -elle bn overgeleverd, tradi-
tioneel. ~lement bw volgens de overlevering, - de traditie.
traducteur m, -trice v vertaler, vertaalster.
traduction v 1 vertaling; 2 vertaald werk;
3 weergave.
traduire I ov.w onr. 1 dagen (— en justice);
2 vertalen; 3 weergeven. II se ~ 1 vertaald
worden; 2 se ~ par, zich uiten in.
traduisible bn vertaalbaar.
trafic m 1 handel; 2 verkeer.
trafiquant m handelaar.
trafiquer on.w 1 handelen; 2 sjacheren.
trafiqueur m, -euse v sjacheraar(ster).
tragéd/ie v 1 treurspel; 2 tragische kunst;
3 tragische gebeurtenis. ~ien m, -enne v
treurspelspeler(-speelster).
tragi-comédie† v 1 treurspel met komische
elementen; 2 mengeling v. ernstige en
komische dingen.
tragi-comique† I bn tragisch en komisch tegelijk. II zn m het tragi-komische genre.
tragique I bn 1 v. h. treurspel; auteur —,
treurspelschrijver; 2 tragisch. II zn m 1 het
tragische genre; 2 treurspelschrijver; 3 het
tragisch karakter; prendre qc. au —, iets
al te somber inzien.
trahir ov.w verraden; — la confiance de qn
iemands vertrouwen beschamen.
trahison v verraad; haute —, hoogverraad.
traille v 1 gierpont; 2 sleepnet.
train m 1 gang, vaart; à fond de —, in volle
vaart; aller grand —, snel rijden; aller son
—, zijn gang gaan; — d'enfer, vliegende
vaart; être en —, op dreef zijn; être en-
de, bezig zijn met; mener qn. bon —, iem.
niet sparen; mettre en —, aan de gang
brengen; tout d'un —, aan één stuk door;
2 lawaai, drukte (faire du —); 3 troep (un
— de bœufs); 4 trein; — d'artillerie, artille-
rietrein; — de ceinture, ceintuurbaan; —
de combat, gevechtstrein; — express, — direct, sneltrein; — omnibus, boemeltrein; —
rapide, bliksemtrein; 5 houtvlot; 6 gang v.
zaken; — de vie, levenswijze; 7 stel, onderstel; — arrière, achterbrug; — d'atterrissage, landingsgestel; — d'atterrissage
escamotable, intrekbaar landingsgestel; —
de pneus, stel banden.
train/age m 1 het slepen; 2 het vervoer per
slede. ~ailer ov.w voortslepen.
trainant bn 1 slepend; 2 langdradig.
trainard m 1 achterblijver (ook v. soldaten);
2 treuzelaar.
trainasse v sleepnet voor vogels.
trainasser I ov.w (fam.) 1 slepende houden;
2 (een vervelend leven) leiden (— une vie
monotone). II on.w slenteren.
traine v 1 het slepen; à la —, op sleep;
2 sleep v. e. japon; 3 sleepnet.
traineau [mv x] m 1 slede; 2 sleepnet.
trainée v 1 streep, sliert; 2 slet.
traine-malheur, traine-misère m (fam.) hongerlijder, arme stumper.
trainer I ov.w 1 trekken, voortslepen; —
en longueur, op de lange baan schuiven; —
ses paroles, langzaam, lijmerig spreken;
2 leiden (— une vie misérable). II on.w
1 slepen; 2 sukkelen; 3 slingeren, slordig
verspreid zijn. III se ~ 1 kruipen; 2 zich
voortslepen.
trainerie v gerektheid, getreuzel.
traineur m 1 sleper; — d'épée, — de sabre,

bluffering soldaat; 2 achterblijver, treuzelaar.
train-train m routine, sleur, dagelijkse gang
traire ov.w onr. melken. [v. zaken.
trait m 1 pijl; *partir comme un* —, als een
pijl uit de boog vertrekken; 2 leidsel; 3
teug; 4 het trekken, het voorttrekken;
cheval de —, trekpaard; 5 lijn, streep;
(*tout*) *d'un* —, ineens, aan één stuk; —
d'union, verbindingsstreepje; band (*fig.*);
6 gelaatstrek; 7 karaktertrek; 8 pit, levendige stijl; 9 loopje (*muz.*); 10 steek, hatelijkheid; 11 daad, blijk; 12 — *de lumière*,
lichtstraal; *un* — *de lumière m'éblouit*, er
ging mij plotseling een licht op; 13 betrekking; *avoir* — *à*, betrekking hebben op,
slaan op.
trait/able bn handelbaar, gedwee (*caractère*
—). ~**ant** I bn die (aan huis) behandelt
(*médecin* —). II zn m 1 (*oud*) belastingpach-
ter; 2 slavenhandelaar.
traite v 1 het melken; 2 getrokken wissel;
3 handel, ruilhandel; — *des nègres*, — *des
noirs*, slavenhandel; 4 tocht; *d'une seule* —,
ot *tout d'une* —, aan één stuk.
traité m 1 handboek; 2 verdrag, overeenkomst (*passer un* —); — *de paix*, vredes-
verdrag; 3 verhandeling.
traitement m 1 behandeling; 2 traktement.
traiter I ov.w 1 behandelen; 2 ontvangen,
onthalen; 3 onderhandelen over (— *la
paix*); 4 — *de*, uitmaken voor. II ov.w
1 onderhandelen (— *de la paix*); 2 een
verhandeling houden, - schrijven.
traiteur m restaurateur.
traître, -esse I bn verraderlijk; *ne pas dire
un — mot*, geen stom woord zeggen. II zn m,
-esse v verrader, verraadster.
traîtreusement bw verraderlijk.
traîtrise v 1 verraad; 2 verraderlijk karakter.
trajectoire v kogelbaan.
trajet m 1 afstand; 2 reis, overtocht.
tralala m: *faire du* —, drukte, poeha maken.
tram m (*fam.*) tram.
trame v 1 inslag v. e. weefsel; *la — de nos
jours*, het leven; 2 komplot; *ourdir une* —,
een komplot smeden; 3 opzet v. toneelstuk.
tramontane v 1 noordzijde; 2 poolster;
perdre la —, de weg kwijt raken; de kluts
kwijt zijn; 3 noordenwind op de Middell.
tramway m tram. [Zee.
tranchage m het snijden.
tranchant I bn 1 snijdend, scherp; 2 beslist
(*ton* —); 3 scherp, schreeuwend (*couleurs
—es*). II zn m scherp v. mes, v. zwaard enz.
tranche v 1 plak, snede (— *de viande*);
2 harde, dunne plaat (— *de marbre*);
3 snede v. e. boek; *doré sur* —, verguld op
snee; 4 serie opvolgende cijfers v. e. getal;
5 rand v. e. munt; 6 gedeelte v. e. fi anciële
uitgifte; 7 bilstuk v. runderen.
tranchée v 1 loopgraaf; 2 uitgraving, gat
voor het planten v. e. boom; 3 ~s snijdende pijn, kramp.
tranche-montagne m opsnijder.
trancher ov.w 1 snijden, doorsnijden, afsnijden, afhakken; 2 in dunne platen zagen;
3 oplossen, beslissen, „doorhakken" —
le mot, zeggen, waar het op staat; 4 scherp
doen afsteken. II ov.w 1 op besliste wijze
spreken; 2 scherp afsteken; 3 — *du grand
seigneur*, de grote heer uithangen.
tranchet m 1 ledersnijmes; 2 snijbeitel.
tranch/eur m snijder. ~**oir** m 1 vleesp ank;
2 hakmes; 3 maanvis.
tranquille bn rustig, gerust, kalm, bedaard.
tranquillisant bn geruststellend.
tranquilliser ov.w geruststellen, kalmeren.
tranquillité v rust, gerustheid, kalmte, stilte.
transaction v 1 schikking; 2 verdrag.
transalpin bn I en N. v. d. Alpen.
transatlantique I bn aan de overzijde v. d.
Atl. Oceaan. II zn m 1 stoomboot voor
transatlantisch verkeer; 2 dekstoel.
transbordement m het overladen.
transbord/er ov.w óverladen. ~**eur** I zn m

pont. II bn: pont —, zweefbrug.
transcendance v voortreffelijkheid.
transcendant bn voortreffelijk.
transcontinental [*mv* aux] bn dwars over het
vasteland.
transcript/eur m overschrijver. ~**ion** v 1 het
overschrijven, afschrift; 2 bewerking (*muz.*).
transcrire ov.w onr. 1 overschrijven; 2 bewerken (*muz.*).
transe v 1 (vaak *mv*) grote angst (*vivre dans
les* —s); 2 trance v. medium.
transept m dwarsschip.
transfèrement m overdracht, overbrenging.
transférer ov.w 1 overbrengen; 2 overdragen.
transfert m 1 overbrenging; 2 overdracht.
transfiguration v 1 verandering v. gestalte;
2 verheerlijking v. Christus op de berg
Thabor (*la T—*).
transfigurer I ov.w veranderen, vervormen,
II se ~ verheerlijkt worden (v. Christus).
transform/able m vervormbaar. ~**ateur** I bn
vervormend. II zn m transformator. ~**ation**
v gedaanteverwisseling, vormverandering.
~**er** ov.w veranderen, vervormen.
transfuge m overloper.
transfus/er ov.w 1 overgieten; 2 bloedtransfusie toepassen. ~**ion** v bloedtransfusie.
transgresser ov.w overtreden (— *la loi*).
transgressif, -ive bn overtredend.
transgression v overtreding.
transhumance v het overbrengen van en naar
de bergweiden v. vee.
transhumer I ov.w (vee) overbrengen naar de
bergweiden. II on.w naar de bergweiden
trekken om te grazen.
transi bn verkleumd.
transiger on.w een schikking treffen; — *avec
sa conscience*, het op een akkoordje gooien
met zijn geweten.
transir I ov.w doen verkleumen, doen verstijven. II on.w verkleumd zijn; — *de peur*,
beven, ineenkrimpen v. angst.
transit m transito.
transit/aire I bn v. d. doorvoer (*commerce*
—); *pays* —, land van doorvoer. II zn m
expediteur. ~**er** I ov.w doorvoeren. II on.w
doorgevoerd worden.
transitif, -ive bn overgankelijk.
transition v overgang.
transitivement bw overgankelijk.
transitoire bn voorbijgaand, voorlopig.
translation v 1 overbrenging; 2 overdracht
translucide bn doorschijnend.
translucidité v doorschijnendheid.
transmett/eur I bn overbrengend. II zn m
seingever. ~**re** ov.w onr. 1 overbrengen;
2 overdragen; 3 voortplanten.
transmigr/ation v landverhuizing; ~**er** on.w
verhuizen, zielsverhuizing. ~**er** on.w verhuizen.
transmissi/bilité v overdraagbaarheid, erfelijkheid. ~**ble** bn overdraagbaar, overerfe-
lijk.
transmission v 1 overbrenging; *serv ce des
—s*, verbindingsdienst (*mil.*); 2 overdracht.
transmuable, **transmutable** bn omzetbaar,
veranderbaar.
transmuer ov.w omzetten, veranderen.
transmutabilité v veranderbaarheid.
transmutation v omzetting, verandering.
transmuter ov.w omzetten.
transparaître on.w onr. doorschemeren.
transpar/ence v doorzichtigheid. ~**ent** I bn
doorzichtig. II zn m transparantpapier.
transpercer ov.w doorboren, dringen door.
transpir/ation v zweting, zweet; *être en* —,
zweten. ~**er** on.w 1 zweten, uitwasemen;
2 uitlekken (*fig.*).
transplantation v over-, verplanting.
transplanter ov.w over-, verplanten.
transport m 1 vervoer; 2 verrukking;
3 mil. transportschip; 4 vervoering, opwelling, geestdrift (— *de joie*).
transportable bn vervoerbaar.
transportation v overbrenging, deportatie.
transport/é m, -e v gedeporteerde. ~**er** I ov.w

1 vervoeren; 2 deporteren; 3 overdragen (*recht*); 4 in vervoering brengen, buiten zich zelve brengen; 5 — *sur la scène*, opvoeren. II se ~ 1 zich begeven; 2 zich verplaatsen. ~eur *m* 1 vervoerondernemer, bode; 2 aanvoerdoek, glijgoot.

transposable *bn* 1 verplaatsbaar; 2 transponeerbaar (*muz.*).

transpos/er *ov.w* 1 verplaatsen; 2 transponeren (*muz.*). ~ition *v* 1 verplaatsing; 2 transponering.

transpyréen, -enne *bn* over de Pyreneeën.

trans/rhénan *bn* over de Rijn. ~saharien, -enne *bn* dwars door de Sahara.

transsibérien, -enne I *bn* transsiberisch. II *zn m: le T—*, de transsiberische spoorweg.

transsubstantiation *v* verandering v. brood en wijn in het vlees en bloed v. Christus.

transsubstantier *ov.w* veranderen in het vlees en bloed v. Christus.

transsud/ation *v* het doorzweten. ~er I *ov.w* uitzweten. II se ~ doorzweten.

transvasement *m* overgieting.

transvaser *ov.w* overgieten.

transversal [*mv aux*] *bn* dwars.

transverse I *bn* schuin. II *zn m* dwarsspier.

transvider *ov.w* overschenken.

transsylvain I *bn* Zevenbergs. II *zn T~ m*, -e *v* bewoner(bewoonster) v. Zevenbergen. **Transsylvanie** *v* Zevenbergen.

tran-tran = train-train.

trapèze *m* 1 trapezium; — *isocèle*, gelijkbenig trapezium; 2 zweefrek.

trapéziste *m* trapezewerker.

trapézoïdal [*mv aux*], **trapézoïde, trapéziforme** *bn* trapeziumvormig.

trappe *v* 1 valluik; 2 luikgat; 3 schuifdeur; 4 valstrik, wolfskuil; 5 valstrik (*fig.*); 6 T—, trappistenklooster, trappistenorde.

trappeur *m* Noordamerikaanse pelsjager.

trappiste *m* trappist.

trapu *bn* gedrongen.

traque *v* klopjacht.

traquenard *m* val, valstrik (ook *fig.*).

traq/uer *ov.w* een bos doorzoeken en het wild opjagen; vervolgen. ~uet *m* bunzingval.

traqueur *m* drijver.

traumatisme *m* trauma.

traumatique *bn* traumatisch, wond—.

travail *m* 1 [*mv aux*] werk; arbeid; *homme de —*, werker; *maison de —*, werkinrichting; *travaux forcés*, dwangarbeid; *sans —*, werkeloos, werkeloze; — *à la pièce*, stukwerk; — *à prix fait*, aangenomen werk; *travaux d'approche*, voorbereidende werkzaamheden; 2 bewerking; 3 werkwijze; 4 het werken (b.v. van hout); 5 barensnood; 6 werk, studie, geschrift; 7 [*mv s*] hoefstal.

travaill/er I *on.w* 1 werken; — *dur*, hard werken; — *comme un nègre*, werken als een paard; 2 werken (b.v. van hout); 3 gisten (*le vin travaille*). II *ov.w* 1 bewerken; 2 goed verzorgen, zorgvuldig bewerken (*son style*); 3 kwellen, pijnigen. III se ~ zich kwellen, zich inspannen. ~eur, -euse I *bn* ijverig. II *zn m*, -euse *v* werker(ster), werkman. III -euse *v* werktafeltje.

travailliste I *bn* v. d. Labourpartij. II *zn m* lid der Labourpartij.

travée *v* 1 ruimte tussen twee balken; 2 bovengalerij.

travers *m* 1 dwarste; 2 kuur, gebrek; 3 dwarshout, dwarsstuk; 4 zijde v. e. schip; 5 *à —*, dwars door; *au —*, dwars door; *à tort et à —*, door dik en dun; *de —*, scheef, schuin, dwars, verkeerd; *avaler de —*, zich verslikken; *avoir mis son bonnet de —*, slecht gemutst zijn; *en —*, over dwars.

traversable *bn* over te steken.

traverse *v* 1 zijweg, binnenweg; 2 dwarsbalk, dwarsligger; 3 tegenspoed, hinderpaal.

travers/ée *v* 1 overtocht; 2 oversteekplaats. ~er *ov.w* 1 oversteken, gaan door; — *l'esprit*, voor de geest komen; 2 doorsnijden, doorklieven; 3 doordringen (*la*

pluie traverse mes habits); 4 dwarsbomen.

traversier, -ère *bn: barque —ère*, overzetboot; *flûte —ère*, dwarsfluit.

traversin *m* peluw. —ine *v* dwarsbalk.

travest/i I *bn* verkleed; *bal —*, gekostumeerd bal; *rôle —*, verklede rol. II *zn m* 1 verklede rol; 2 verkleding. ~ir I *ov.w* 1 verkleden; 2 verdraaien; 3 een parodie maken op. II se ~ zich verkleden.

travestiss/ement *m* verkleding. ~eur *m*, -euse *v* maker(maakster) v. parodieën.

traviole (de) (*pop.*) scheef, verkeerd.

travon *m* draagbalk.

trayeur *m*, -euse *v* melker(ster).

trayon *m* tepel v. e. uier.

tréb/uch/age *m* het wegen v. munten op een goudschaal. ~ant *bn* volwichtig.

trébucher I *on.w* 1 struikelen (ook *fig.*); 2 doorslaan v. e. balans. II *ov.w* wegen op een goudschaal.

trébuchet *m* 1 goudschaal; 2 blijde (middeleeuws werptuig voor projectielen).

trèfle *m* 1 klaver; 2 klaveren bij het kaartspel.

tréflé *bn* in de vorm v. e. klaverblad.

tréflière *v* klaverveld.

tréfonds *m* ondergrond (ook *fig.*).

treill/age *m* traliewerk, latwerk. ~ager *ov.w* van tralie- of latwerk voorzien.

treille *v* 1 omhoog klimmende wingerd; *le jus de la —*, de wijn; 2 wingerdprieel.

treillis *m* 1 traliewerk, latwerk; 2 grof linnen.

treillisser *ov.w* traliën.

treizaine *v* dertiental.

treize *tlw* 1 dertien; 2 dertiende (*le — mai.*

treizième I *tlw* dertiende. II *zn m* dertiende

tréma *m* deelteken. [*deel.*

trémail = tramail.

tremblaie *v* bos v. ratelpopulieren.

tremble *m* 1 ratelpopulier; 2 espehout.

tremblé *bn* beverig (*écriture —e*).

trembl/ement *m* 1 beving, trilling; — *de terre*, aardbeving; 2 (*fam.*) *tout le —*, de hele rommel, de hele zooi. ~er I *on.w* 1 beven, sidderen, trillen, bang zijn. II *ov.w: — la fièvre*, rillen v. koorts. ~eur *m*, -euse *v* 1 lafaard, bangerd; 2 kwaker; 3 zoemer.

tremblotant *bn* trillend, beverig.

tremblote *v: avoir la —* (*pop.*), bibberen.

tremblotement *m* gebibber.

trembloter *on.w* bibberen.

trémie *v* molentrechter.

trémière *bn: rose —*, stokroos.

tremolo *m* triller (*muz.*). [*schudden.*

trémoussement *m* 1 het klapwieken; 2 het

trémousser I *on.w* klapwieken. II se ~ zich heen en weer bewegen, dansen en springen; — *d'impatience*, trappelen v. ongeduld.

trempage *m* bevochtiging.

tremper I *ov.w* 1 indompelen, weken, bevochtigen; — *la soupe*, bouillon op het brood gieten; — *son vin*, water in zijn wijn doen; *être trempé*, doornat zijn; 2 harden (v. staal). II *on.w* weken; — *dans un crime*, medeplichtig zijn aan een misdaad.

trempeur *m* harder (v. staal).

tremplin *m* springplank, springschans.

trémulation *v* trilling, beving.

trémulement *ov.w* doen trillen, doen beven.

trentaine *v* 1 dertigtal; 2 dertigtal jaren.

trente *tlw* 1 dertig; 2 dertigste; *être sur son — et un*, er piekfijn uitzien, in gala zijn.

trente-et-quarante *m* hazardspel met kaarten.

trent/enaire *bn* dertigjarig. ~ième I *tlw* dertigste. II *zn m* dertigste deel.

trépan *m* 1 (schedel-)boor; 2 schedelboring.

trépanation *v* schedelboring.

trépaner *ov.w* een schedelboring verrichten.

trépas *m* overlijden; *passer de vie à —*, (*fam.*) overlijden. ~sé *m*, -e *v* overledene; *le jour —, la fête des —s*, Allerzielen.

trépasser *on.w* overlijden.

trépidation *v* trilling, beving.

trépider *on.w* trillen, beven, schudden.
trépied *m* drievoet.
trépignée *v* (*pop.*) pak slaag.
trépignement *m* getrappel, gestamp.
trépigner *on.w* trappelen, stampvoeten (— *de joie, d'impatience* etc.).
très *bw* zeer, heel, erg.
trésor *m* 1 schat; 2 de kerkschatten; 3 schatkamer, schatkist (ook — *public*).
trésorerie *v* 1 schatkamer; 2 beheer der schatkist, ministerie v. Financiën (Engeland).
trésorier *m* schatmeester, penningmeester.
trésorière *v* penningmeesteres.
tressage *m* het vlechten.
tressaillement *m* rilling, trilling, schrik.
tressaillir *on.w.* 1 rillen; 2 opspringen.
tressaut *m* opsprong. ~er *on.w* opspringen.
tresse *v* 1 vlecht; 2 tres; 3 grof grauw papier.
tresser *ov.w* vlechten.
tresseur *m*, -euse *v* vlechter(ster).
tréteau [*mv* x] *m* 1 schraag; 2 toneel v. kermisklanten enz.
treuil *m* windas, lier.
trêve *v* 1 wapenstilstand; — *de Dieu*, godsvrede; 2 bestand; 3 rust, pauze.
tri *m* het uitzoeken, het sorteren.
triade *v* drietal.
triage *m* het uitzoeken, het sorteren.
triangle *m* 1 driehoek; — *isocèle*, gelijkbenige driehoek; — *équilatéral*, gelijkzijdige driehoek; — *rectangle*, rechthoekige driehoek; — *de présignalisation*, gevarendriehoek; 2 triangel.
triangulaire *bn* driehoekig.
triangul/ation *v* driehoeksmeting. ~er *ov.w* opmeten door driehoeksmeting.
trias *m* trias (*geologie*).
tribord *m* stuurboord.
tribu *v* (volks)stam.
tribulation *v* beproeving, tegenspoed.
tribun *m* 1 tribuun; 2 volksredenaar.
tribun/al [*mv aux*] *m* rechtbank; — *de commerce*, handelsrechtbank; — *de la pénitence*, biechtstoel. ~e *v* 1 spreekgestoelte; — *sacrée*, preekstoel; 2 tribune; 3 zangkoor, orgelkoor.
tribut *m* schatting, cijns; *payer le* — *à la nature*, sterven. ~aire *bn* 1 schatplichtig; 2 onderworpen aan (— *de*).
tricéphale *bn* driehoofdig.
triceps *m* driehoofdige spier.
triche *v* (*fam.*) bedrog; *obtenir à la* —, door bedrog verkrijgen. ~er I *on.w* vals spelen, spieken. II *ov.w* bedriegen. ~erie *v* bedrog bij het spel. ~eur *m*, -euse *v* bedrieger(ster), valsspeler(-speelster).
trichine *v* trichine.
trichrome *bn* driekleurig.
trichromie *v* driekleurendruk.
trick, tri *m* 1 soort kaartspel; 2 iedere slag boven de eerste zes (*bridge*).
tricolore *bn* driekleurig.
tricorne I *bn* driekantig. II *zn m* steek.
tricot *m* 1 breiwerk; 2 gebreid goed, tricot, borstrok; — *stérile*, hansaplast; 3 (*oud*) knuppel. ~age *m* 1 het breien; 2 breiwerk, gebreid goed.
tricoter I *ov.w* breien. II *on.w* 1 breien; 2 (*pop.*) lopen, trippelen met de voeten tegen elkaar slaat; 3 (*pop.*) rennen, vluchten.
tricoteur I *m*, -euse *v* breier(ster). II -euse 1 breimachine; 2 vrouw, die tijdens de Fr. Revolutie de zittingen der Conventie al breiend bijwoonde.
trictrac *m* 1 triktrak; 2 triktrakbord.
tri/cycle *m* driewieler. ~dactyle *bn* drievingerig, drietenig. ~dent *m* drietand. ~denté *bn* met drie tanden. ~duum *m* driedaagse godsdienstoefening (*R.K.*). ~èdre *bn* drievlakkig. ~ennal [*mv aux*] *bn* driejarig. ~ennalité *v* 1 driejarigheid; 2 het om de drie jaar terugkomen. ~ennat *m* 1 tijdvak v. drie jaar; 2 ambtsbekleding gedurende drie jaar. ~er *ov.w* uitzoeken, sorteren. ~eur I *m*, -euse *v* sorteerder(sorteerster). II *v* sorteer-

machine. ~flore *bn* driebloemig. ~folié *bn* driebladig. ~fouiller *on.w* (*fam.*) rommelen. ~gone *bn* driehoekig. ~gonométrie *v* driehoeksmeting. ~gonométrique *bn* trigonometrisch. ~latéral [*my aux*] *bn* driezijdig. ~lingue *bn* drietallig.
trille *v* triller (*muz.*).
triller *ov.w* van trillers voorzien (*muz.*).
trillion *m* miljoen maal miljoen.
trilogie *v* serie v. drie letterk. werken.
trimard *m* (*arg.*) 1 weg, straat; 2 zwerver.
trimarder *m* (*arg.*) zwerven.
trimardeur *m* (*arg.*) zwerver, vagebond.
trimbaler *ov.w* (*pop.*) meeslepen.
trimer *on.w* (*pop.*) zwoegen.
trimestr/e *m* 1 kwartaal; 2 driemaandelijks loon. ~iel, -elle *bn* driemaandelijks.
trimoteur I *bn* driemotorig. II *zn m* driemotorig vliegtuig.
tringle *v* roede, stang, lat, lijst.
tringlette *v* roetje, latje.
Trinité *v* 1 Drievuldigheid; 2 Feest der H. Drievuldigheid.
trinquart *m* haringboot.
trinquer *on.w* 1 klinken; 2 (*fam.*) drinken; 3 (*pop.*) schade lijden, erin vliegen.
trinquet *m* fokkemast.
trinqueur *m* drinkebroer.
trio *m* 1 trio (*muz.*); 2 drietal. ~let *m* 1 triool (*muz.*); 2 soort achtregelig couplet.
triomphal [*mv aux*] *bn* van de zege, zegepralend; *char* —, zegewagen.
triomphant *bn* 1 zegevierend; 2 triomfantelijk (*air* —); 3 overtuigend (*argument* —).
triomphateur, -trice *v* overwinnaar(overwinnares).
triomphe *m* zegepraal, triomf.
triompher *on.w* 1 zegevieren, overwinnen; 2 uitblinken; 3 verheugd zijn, juichen.
tripaille *v* dierlijke ingewanden.
triparti(e), tripartite *bn* in drieën verdeeld.
tripartition *v* het verdelen in drieën.
tripe *v* 1 darm; 2 binnenwerk v. sigaar; 3 pens als gerecht; 4 — *de velours*, trijp.
tripette *v* kleine pens; *cela ne vaut pas* — (*pop.*), dat is geen cent waard.
triphtongue *v* drieklank.
tripier *m*, -ère *v* verkoper(verkoopster) van darmen, van pensen.
triplan *m* driedekker.
triple I *bn* drievoudig; — *fou*, driedubbele gek. II *zn m* drievoud.
tripler *I ov.w* verdrievoudigen. II *on w* drie keer zo groot worden.
triplicité *v* drievoudigheid.
tri-porteur, triporteur *m* bakfiets met drie wielen.
tripot *m* speelhuis.
tripotage *m* 1 vieze rommel, mengelmoes; 2 knoeierij, zwendel; 3 gekonkel.
tripotée *v* (*pop.*) 1 pak slaag; 2 hoop, groot aantal (— *d'enfants*).
tripot/er I *ov.w* speculeren met. II *on.w* 1 knoeien, kliederen; 2 knoeien, zwendelen, speculeren; 3 konkelen. ~eur *m*, -euse *v* knoeier(ster), zwendelaar(ster).
triptyque *m* 1 drieluik; 2 in drieën gevouwen document, autotriptiek.
trique *v* (*pop.*) knuppel.
triqueballe *v* 1 geschutswagen; 2 mallejan.
triquer *ov.w* 1 afranselen; 2 (hout) sorteren.
triquet *m* 1 smal slaghout voor het kaatsen; 2 soort dubbele ladder.
trirème *v* galei met drie rijen roeiers.
trisaïeul *m*, -e *v* bet-overgrootvader, betovergrootmoeder.
trisannuel, -elle *bn* driejaarlijks.
trissyllabe *m* drielettergrepig woord.
trissyllabique *bn* drielettergrepig.
triste *bn* 1 droevig, bedroefd, treurig; 2 donker, somber (*couleur* —); 3 naar, armzalig.
tristesse *v* droefheid, treurigheid. [tonen.
triton *m* 1 triton; 2 (*oud*) interval v. drie
tritur/ation *v* het fijn wrijven. ~er *ov.w* 1 fijn-

wrijven, vermalen; 2 (fig.) voorkauwen.

triumvir m drieman. ~al [mv aux] bn v. d. driemannen. ~at m driemanschap.

trivial [mv aux] I bn 1 plat, ordinair; 2 alledaags, afgezaagd. II zn m 1 het platte; 2 het alledaagse, het afgezaagde.

trivialiser ov.w 1 plat, alledaags maken.

trivialité v 1 platheid, gemeenheid; 2 alledaagsheid, afgezaagdheid.

troc m ruil, ruilhandel.

trochée v trocheus.

trochet m tros.

trochile m kolibrie.

troène m liguster.

troglodyt/e m 1 holbewoner; 2 tuinkoninkje; — mignon, winterkoninkje. ~ique bn v. d. holbewoners (habitation —).

trogne v tronie, dronkemansgezicht.

trognon m 1 stronk; 2 klokhuis; 3 (pop.) tronie.

troïka v met drie paarden bespannen Russische slede.

trois tlw 1 drie; 2 derde (le — mai, Henri —).

trois-étoiles: Monsieur —, mijnheer X.

trois-huit m 3/8 maat.

troisième I tlw derde. II zn m 1 de derde; 2 het derde deel; 3 derde verdieping. III v derde klas. ~ment bw ten derde.

trois/-mâts m driemaster. ~-pieds m drievoet. ~-ponts m driedekker (scheepv.). ~-quarts m 3/4 viool. ~-quatre m 3/4 maat.

trôler I ov.w 1 (fam.) overal met zich meeslepen (— ses enfants); 2 (met meubels) venten. II on.w (fam.) rondslenteren.

trôleur m 1 venter; 2 zwerver.

trolleybus m trolleybus.

trombe v windhoos, waterhoos.

trombine v (pop.) gezicht.

tromblon m donderbus.

trombone m 1 trombone; — à coulisse, schuiftrombone; 2 trombonist.

tromboniste m trombonist.

trompe v 1 jachthoorn; 2 snuit, slurf; signaalhoren; autohoren; 3 — d'Eustache, buis v. Eustachius.

trompe/-la-mort m of v 1 iem. die genezen is v. e. schijnbaar ongeneeslijke ziekte; 2 iem. van hoge ouderdom, die maar niet dood gaat. ~-l'œil m 1 schilderij, waarop de voorwerpen op zeer natuurgetrouwe wijze zijn weergegeven; 2 gezichtsbedrog. II bn met dieptewerking.

tromper I ov.w 1 bedriegen; 2 teleurstellen; 3 tijdelijk stillen (— la faim). II se ~ zich vergissen. ~ie v bedrog, misleiding.

trompeter I ov.w 1 rondbazuinen; 2 rond laten roepen door de omroeper. II on.w 1 op de trompet blazen; 2 krijsen enz. v. e. arend, een kraanvogel, een zwaan.

trompett/e I v 1 trompet; déloger sans —, met stille trom vertrekken; nez en —, wipneus; 2 uitbazuiner, nieuwtjesverteller; 3 trompetvogel; 4 (pop.) gezicht, smoel. II m trompetter. ~iste m trompetblazer.

trompeur, -euse I bn bedrieglijk, misleidend. II zn m, -euse v bedrieger(ster).

tronc m 1 stam; 2 romp; 3 offerbus.

tronche v (pop.) hoofd.

tronçon m stomp, afgebroken stuk hout

tronçonner ov.w in moten -, in stukken snijden.

trôn/e m troon. ~er on.w 1 tronen; 2 de gewichtige persoon uithangen.

tronquer ov.w verminken, afknotten.

trop bw te, te veel; de —, en —, te veel, over; par —, al te veel.

trope m troop.   [rek.

trophée v 1 zegeteken, krijgsbuit; 2 wapentrophique bn wat de voeding betreft.

trophologie v voedingsleer.

tropical [mv aux] bn tropisch.

tropique I zn m keerkring; baptême des —s, Neptunusdoop. II bn tropisch.

trop-perçu m het te veel geheven bedrag.

troqu/er ov.w ruilen; — son cheval borgne

contre un aveugle, v. d. regen in de drup komen. ~eur m, -euse v (fam.) ruiler(ster), iem. die graag ruilt.

trot m draf; aller au —, draven; mener une affaire au —, vlug met een zaak opschieten. ~tade v ritje te paard of per rijtuig. ~te v eindweegs; tout d'une —, ineens door.

trotte-menu bn: la gent —, de muizen.

trotter I on.w 1 draven, trippelen; — par (dans) la cervelle, — par la tête, door het hoofd spelen, iemands gedachten in beslag nemen; 2 lopen, tippelen. II se ~ (pop.) er van door gaan. **trotteur** I m, -euse v draver, draafster. II -euse v secondenwijzer. III bn: costume —, wandelkostuum.

trottin m loopmeisje.

trottinement m getrippel.

trottiner on.w trippelen.

trottinette v autoped, step.

trotting m het fokken v. dravers.

trottoir m trottoir; — cyclable, fietspad.

trou m 1 gat; boucher un —, een schuld betalen; faire un — à la lune, met de noorderzon vertrekken; — de loup, wolfskuil; 2 hol; faire son —, zich een positie verwerven; 3 slechte woning; 4 negorij, nest, gat; 5 (arg.) nor.

troubadour m Provençaals lyrisch dichter uit de middeleeuwen.   [rend.

troublant bn storend, verwarrend, ontroe-

trouble I m 1 verwarring; 2 onrust, onenigheid; 3 ontroering, onrust. II ~s m mv onlusten. III bn troebel, dof; pêcher en eau —, in troebel water vissen.

trouée v 1 wijde doorgang, opening (v. bos, heg enz.); 2 doorbraak (mil.), gat in vijandelijke stelling.

troubler I ov.w 1 troebel maken; 2 in beroering brengen v. water; 3 verstoren; 4 verontrusten, ontstellen, bang maken; 5 benevelen (— la raison). II se ~ 1 troebel worden; 2 in de war raken.

trouer ov.w doorboren, een gat maken in.

troufion m (pop.) soldaat zonder rang.

trouille v (pop.) angst.

troupe v 1 troep, bende; 2 toneeltroep.

troupeau [mv x] m kudde.

troupier m (fam.) soldaat.

trousse I v 1 bundel, pak; 2 etui, instrumententas. II ~s m mv broek v. e. page; avoir les gendarmes à sa —, achterna gezeten worden door de gendarmen.

troussé bn (fam.) uitgevoerd, gebouwd (jeune homme bien —).

trousseau [mv x] m 1 bos (— de clefs); 2 uitzet.

trousser I ov.w 1 opbinden; bij elkaar pakken; — bagage, zich uit de voeten maken; 2 oplichten; 3 snel uitvoeren (— une affaire); 4 uit het leven wegrukken; 5 klaarmaken v. wild. II se ~ zijn kleren opnemen.

trouvable bn vindbaar.

trouvaille v vondst, buitenkansje.

trouvé bn: enfant —, vondeling.

trouver ov.w 1 vinden; aller — qn., iem. opzoeken, iem. afhalen; — bon, goedkeuren; — mauvais, afkeuren; — à dire, — à redire, iets aan te merken hebben; 2 betrappen (— en faute); 3 verschaffen. II se ~ 1 gevonden worden; 2 zich bevinden; 3 zich voelen (se — mieux, se — mal), flauw vallen, onpasselijk worden); 4 il se trouvait que, het gebeurde, dat; het bleek, dat.

trouv/ère m middeleeuws lyrisch dichter uit N. Frankrijk. ~eur m, -euse v vinder(ster).

troyen, -enne I bn Trojaans; uit Troyes (in Champagne). II T ~ m, -enne v Trojaan(se).

truand m middeleeuws vagebond, -bedelaar. ~erie v 1 bedelarij; 2 de bedelaars.

truble, trouble v schepnet.

trubleau [mv x] m schepnetje.

trublion m onrustzaaier.

truc m 1 handigheid, kunstgreep, foefje;

2 soort biljart; 3 woord, om zaak of persoon aan te wijzen, waarvan men zich de naam niet herinnert; 4 open goederenwagen; 5 mechanisme om toneeldecors te verwisselen. ~age, truquage *m* 1 namaak v. oude voorwerpen; 2 het gebruiken v. trucs bij filmopnamen.

trucheman, truchement, *m* tolk.

trucider *ov.w* (*fam.*) vermoorden.

truck *m* truck.

trucul/ence v woestheid. ~ent *bn* woest.

truelle v 1 troffel; 2 visschep.

truff/e v 1 truffel; 2 hondesnuit. ~er *ov.w* met truffels vullen, met truffels toebereiden.

truffier, -ère *bn* van de truffels; waar truffels te vinden zijn (*région* — *ère*).

truffière v vindplaats v. truffels.

truie v zeug.

truite v forel; — *saumonée*, zalmforel.

truité *bn* gevlekt (*chien* —).

trumeau [*mv* x] *m* 1 schenkel v. runderen; 2 penant; 3 penantspiegel.

truquage *m* zie trucage.

truqu/er I *ov.w* (*fam.*) namaken, vervalsen. II *on.w* trucs gebruiken. ~eur *m* vervalser.

trust *m* trust.

tsar *m*, -ine v tsaar, tsarina.

tsarévitch *m* tsarevitsj.

tsarien, -enne *bn* v. d. tsaar.

tsé-tsé v tseetseevlieg.

tu *vnw* jij, je, gij, ge, u.

tuable *bn* slachtbaar.

tuant *bn* dodelijk, vermoeiend.

tub *m* bad, sponsbad.

tuba *m* tuba (*muz.*).

tube *m* 1 buis, pijp; — *digestif*, darmkanaal; —*image*, beeldbuis; 2 (*pop.*) hoge hoed; 3 (*pop.*) métro.

tuber *ov.w* van buizen voorzien.

tubercul/e *m* 1 tuberkel; 2 wortelknol. ~eux, -euse *I bn* tuberculeus. II *zn m*, -euse v t.b.c.-lijder(es). ~ose v tuberculose.

tubéreux, -euse *bn* knolvormig.

tubérosité v knobbel, gezwel.

tubulaire, tubulé, tubuleux, -euse *bn* buisvormig.

tudesque *bn* oud-Duits.

tue-mouche *m* 1 vliegenzwam; 2 ~s vliegenmepper; *papier* —, vliegenpapier.

tuer I *ov.w* 1 doden; — *le temps*, de tijd doden; 2 erg vervelen; hinderen; 3 vernietigen; 4 slachten. II *on.w* slachten. III se ~ 1 doodgaan, doodvallen; 2 zelfmoord plegen; 3 zich afbeulen.

tuerie v 1 slachting, bloedbad; 2 slachtbank.

tue-tête, (à) *bw: crier à* —, luidkeels schreeuwen.

tueur *m* 1 doder; 2 slachter.

tuf *m* tufsteen. ~acé *bn* tufsteenachtig.

tuile v 1 dakpan, tegel; 2 (*fam.*) tegenvaller.

tuil/erie v pannen-, tegelfabriek; *les T—s*, het vroegere paleis der Fr. koningen in Parijs. ~ier *m* pannenbakker.

tulip/e v tulp. ~ier *m* tulpenboom.

tulle *m* tule.

tullerie v 1 tulefabriek; 2 tulehandel.

tullier, -ère *bn* wat tule betreft.

tulliste *m* of v 1 tulefabrikant(e); 2 tuverkoper(-verkoopster).

tuméfaction v opzwelling.

tuméfier *ov.w* doen opzwellen (*med.*).

tumescence v opzwelling, gezwel.

tumeur v tumor, gezwel.

tumulaire *bn* v. h. graf (*pierre* —).

tumult/e *m* opschudding, lawaai, rumoer; *le* — *du monde*, het gewoel der wereld; *le* — *des passions*, de storm der hartstochten. ~uaire *bn* rumoerig, oproerig.

tumultueusement *bw* rumoerig, druk.

tumultueux, -euse *bn* rumoerig, druk.

tumulus *m* hoop grond, grafheuvel.

tungstène *m* wolfram.

tunique v 1 tunica; 2 tuniek, korte uniformjas; 3 vlies, omhulsel.

Tunisie (la) v Tunis (land).

tunisien, -enne I *bn* Tunesisch. II *zn T~ m*, -enne v Tunesiër, Tunesische.

tunnel *m* tunnel.

turban *m* tulband.

turbidité v troebelheid.

turbine v turbine. **turbiné** *bn* tolvormig.

turbiner *on.w* (*pop.*) zwoegen.

turbot *m* tarbot. [gelatenheid.

turbulence v woeligheid, lastigheid, uitturbulent *bn* woelig, lastig, uitgelaten.

turc, turque I *bn* Turks. II *zn m* 1 de Turkse taal; 2 engerling. III T ~ *m*, -que v Turk(se); *fort comme un T—*, sterk als een paard; *tête de T—*, kop v. Jut; zondebok.

turco *m* (*fam.*) Algerijns infanterist.

turelure v refrein; *c'est toujours la même —*, 't is altijd hetzelfde liedje.

turf *m* 1 paardenrenbaan; 2 paardesport.

turfiste *m* liefhebber, geregeld bezoeker v. paardenrennen.

turgescence v opzwelling (*med.*).

turgescent *bn* gezwollen (*med.*).

turlupin v flauwe grappenmaker.

turlupinade v flauwe -, platte grap.

turlupiner I *ov.w* bespotten, hinderen. II *on.w* flauwe -, platte aardigheden vertellen.

turlutaine v (*fam.*) stokpaardje. [brengen!

turlututu I *zn m* (*fam.*) fluit. II *tw* morgen

turne v (*pop.*) 1 vervallen huis, krot; 2 kamer.

turpitude v 1 verdorvenheid; 2 schanddaad.

turquerie v (*fam.*) 1 wreedheid, hardvochtigheid; 2 schraapzucht.

turquet *m* maïs.

Turquie (la) v Turkije.

turquin *bn: bleu* —, donkerblauw.

turquoise v turkoois.

tussilage *m* klein hoefblad.

tussor *m* tussorzijde. [schermengel.

tutélaire *bn* beschermend; *ange* —, betutelle v 1 bescherming; 2 voogdij.

tuteur I *m*, -trice v voogd, voogdes. II *m* leistok. ~age *m* het plaatsen v. e. stok bij planten.

tutoiement *m* het aanspreken v. iemand met *tu*. tutoyer *ov.w* iem. met *tu* aanspreken.

tutoyeur *m*, -euse v iem. die een ander spoedig met *tu* aanspreekt.

tuyau [*mv* x] *m* 1 buis, pijp, koker; — *d'arrosage*, tuinslang; — *d'échappement*, uitlaatpijp; *dire qc. dans le* — *de l'oreille*, iets influisteren; — *de poêle*, kachelpijp; 2 (*arg.*) vertrouwelijke mededeling, tip; 3 schacht v. e. vleugel; 4 holle stengel.

tuyaut/age *m* de gezamelijke buizen v. e. machine. ~er *on.w* 1 van pijpplooien voorzien; 2 (*arg.*) vertrouwelijke mededeling geven, een tip geven.

tuyauterie v 1 fabriek v. metalen buizen; 2 de gezamelijke buizen v. e. stoommachine, v. e. gasleiding enz.

tuyère v blaasgat.

tympan *m* 1 trommelholte; *membrane du* —, trommelvlies; *briser le* — *à qn.*, iemands oren doof schreeuwen; 2 timpaan (*arch.*).

tympanal [*mv* aux] *bn* v. h. trommelvlies.

tympan/ique *bn* van de trommelholte; *membrane* —, trommelvlies. ~iser *ov.w* 1 uitjouwen; 2 sarren, plagen.

type *m* 1 gietvorm, model; 2 type, karakteristiek voorbeeld; 3 type, origineel persoon; 4 kerel, vent; *quel est ce type-là?*, wie is dat? 5 drukletter.

typesse v (*pop.*) vrouw.

typhique I *bn* tyfusachtig. II *zn m* of v tyfuslijder(es).

typhlite v blindedarmontsteking.

typhoïde *bn* tyfusachtig; *fièvre* —, tyfus.

typhoïque, typhoïdique *bn* v. d. tyfus.

typhon *m* taifoen.

typhus *m* vlektyfus. [neel.

typique *bn* 1 typisch, kenmerkend; 2 origintypo I *m* (*fam.*) typograaf. II v (*fam.*) drukkunst. ~chromie v kleurendruk. ~graphe *m* drukker. ~graphie v drukkunst.

tyran *m* dwingeland.

tyran/neau [*mv* x] *m* dwingelandje. ~icide *m* 1 tirannenmoord; 2 tirannenmoordenaar.

~ie v dwingelandij. ~ique bn tiranniek.
~iser ov.w tiranniseren.
tyrolien, -enne I bn Tirools. II zn T ~ m,

-enne v Tiroler, Tiroolse.
tzigane, tsigane m of v 1 zigeuner(in); 2 lid
v. e. zigeunerorkest.

U

u m de letter u.
U.E.O. = Union de l'Europe occidentale,
Westeuropese Unie; U.R.S.S. = Union
des Républiques Socialistes Soviétiques
(U.S.S.R.).
ubiquité v alomtegenwoordigheid.
udomètre m regenmeter.
uhlan m ulaan.
ukase, oukase m keizerlijk decreet in Rus-
Ukraine (l') v de Oekraine.   [land.
ukrainien, -enne, ukranien, -enne I bn
Oekrains. II zn U ~ m, -enne v Oekrainer,
Oekrainse.
ulcération v verzwering, zweer.
ulcère m zweer.   [ging (cœur —).
ulcéré bn 1 zwerend; 2 gekweld door wroe-
ulcér/er ov.w 1 doen zweren; 2 verbitteren,
grieven, wonden (fig.). ~eux, -euse bn
1 zweerachtig; 2 vol zweren.
ultérieur bn 1 aan gene zijde; 2 later.
ultérieurement bw later.
ultimatum m ultimatum.
ultime bn laatste. ~o bw ten laatste.
ultra (1') vv (in samenstellingen), uiterst.
II zn m extremist.
ultra-court† bn ultrakort.
ultramontain bn 1 aan gene zijde der Alpen
(van Frankrijk uit); 2 ultramontaans.
ultra-rouge† bn ultra-rood.
ultra-sensible† bn hypergevoelig.
ultraviolet, -ette† bn ultraviolet.
ululation v, ululement m gehuil, gekrijs der
nachtvogels.
ulul/er on.w huilen, krijsen der nachtvogels.
un, une I tlw een; -- à --, één voor één.
II lw een. III vnw: l'un l'autre, elkaar; l'un
et l'autre, beide(n). IV bn een, een geheel
vormend; la vérité est une, er is maar één
waarheid. V zn m (het getal) een.
unanim/e bn eenstemmig. ~ité v eenstemmigheid; à l'—, met algemene stemmen.
unciforme bn haakvormig.
uni I bn 1 effen, vlak, glad; 2 gelijkmatig
(vie —e); 3 zonder versieringen (du linge
—); 4 verenigd, eensgezind (les Etats
Unis). II zn m effen stof.
uni/cellulaire bn eencellig. ~colore bn een-
kleurig. ~corne bn eenhoornig.
unième tlw (le vingt et —).
unification v vereniging, éénwording.
unifier ov.w verenigen, één maken.
uni/flore bn eenbloemig. ~folié bn eenbladig.
uniforme I bn eenvormig, gelijkmatig, eenparig. II zn m uniform; endosser l'—, soldaat worden; quitter l'—, de mil. dienst
verlaten.
uniformément bw eenvormig, eenparig.
uniformiser ov.w eenvormig maken.
uniformité v eenvormigheid, eenparigheid.
unilatéral [mv aux] bn eenzijdig.
uninominal [mv aux] bn met één naam.
union v 1 verbinding, samenvoeging; trait
d'—, verbindingsstreepje; 2 verbond, genootschap; — postale, postunie; 3 huwelijk; 4 eendracht; l'— fait la force (spr.w),
eendracht maakt macht.
unioniste m lid v. e. werkliedenvereniging.
unipolaire bn eenpolig.
uniprix m eenheidsprijs.
unique bn 1 enig; sens —, eenrichtingsver-
keer; 2 onvergelijkelijk (talent —).
unir I ov.w 1 verenigen, verbinden; 2 effen
maken. II s'~ 1 zich verenigen, trouwen;
2 vlak worden.

unisson m 1 eenstemmigheid; à l'—, eenstemmig; 2 overeenstemming; se mettre à
l'— des circonstances, zich aan de omstandigheden aanpassen.
unit/aire I bn wat politieke eenheid betreft.
II zn m 1 voorstander v. politieke eenheid;
2 iem. die maar één goddelijke persoon
erkent. ~é v eenheid; les trois —s, de drie
eenheden (de lieu, de temps, d'action).
univers m heelal, wereld.
universaliser ov.w algemeen maken.
universalisme m stelsel, dat alleen de algemene mening als gezaghebbend erkent.
universaliste m aanhanger v.h. universalisme.
universalité v algemeenheid.
universel, -elle bn algemeen; esprit —, al-
zijdig ontwikkeld persoon; exposition
—elle, wereldtentoonstelling.
universellement bw algemeen.
universit/aire I bn v. de universiteit. II zn m
hoogleraar. ~é v 1 universiteit; 2 (ook —
de France), het onderwijzend personeel bij
het openbaar onderwijs.
uran/e m uraniumoxyde. ~ique bn van
uranium. ~ium m uranium.
uranographie v beschrijving v. d hemel.
urbain I bn v. d. stad. II zn m stedeling.
urbanisation v verstedelijking.
urbanisme m stedenbouwkunde.
urbaniste m stedenbouwkundige.
urbanité v hoffelijkheid, beleefdheid.
urbicole bn in een stad wonend.
urée v ureum.
uretère m urineleider.
urètre m urethra.
urgence v dringende noodzakelijkheid; cas
d'—, spoedgeval; d'—, met spoed.
urgent bn dringend.
urin/aire bn wat de urine betreft. ~al [mv
aux] m urineerfles. ~e v urine. ~er on.w
urineren. ~eux, -euse bn urineachtig. ~oir
m waterplaats.
urne v 1 urn; 2 stembus, loterijbus.
urilithe m blaassteen.
uroscopie v urineonderzoek.
ursin bn v. e. beer.
ursuline v non v. d. orde der ursulinen.
urticaire bn netelroos.
urus m oeros.
us I het achtervoegsel us; savant en —,
schijngeleerde, "schoolmeester". II zn m
mv zeden, gewoonten.
usag/e m 1 gebruik, het besteden; faire — de,
gebruiken; hors d'—, in onbruik geraakt;
mettre en —, in het werk stellen; 2 gebruik,
gewoonte; — du monde, het zich gemakkelijk bewegen; d'— gebruikelijk. ~é bn
gebruikt.
usager, -ère I bn voor gewoon gebruik bestemd. II zn m, -ère v gebruiker(ster).
usance v dertig dagen zicht.
usé bn 1 versleten; 2 afgeleefd; 3 afgezaagd.
user I on.w (— de); 2 gebruiken, gebruik
maken van; — mal, misbruiken; en — bien,
en — mal avec qn., iem. slecht —, goed behandelen. II ov.w 1 ge-, verbruiken; 2 verslijten, bederven, verwoesten (— sa santé).
III zn m gebruik.
usinage m machinale bewerking.
usin/e v grote fabriek. ~er ov.w 1 bewerken;
2 fabriceren. ~ier I bn wat een fabriek
betreft. II zn m fabrikant.
usité bn gebruikelijk.   [schap.
ustensile m huishoudelijk artikel, gereed-

usuel, -elle *bn* gebruikelijk.

usufruit *m* vruchtgebruik.

usufruitier *m*, -ère *v* vruchtgebruiker(ster).

usur/aire *bn* met woeker; *prêt* —, lening tegen woekerrente. ~e *v* 1 woeker; 2 slijtage; *guerre d'*—, uitputtingsoorlog.

usurier *m*, -ère *v* woekeraar(ster).

usurpateur *m*, -trice *v* overweldiger(ster).

usurpat/ion *v* overweldiging, wederrechtelijke inbezitneming. ~oire *bn* wederrechtelijk.

usurper I *ov.w* zich wederrechtelijk toe-eigenen. II *on.w:* — *sur*, inbreuk maken op.

ut *m* de toon do.

utérus *m* baarmoeder.

utile I *bn* nuttig, bruikbaar; dienstig; *en temps* —, te gelegener tijd. II *zn m* het [nuttige.

utilisable *bn* bruikbaar.

utilisation *v* gebruikmaking, aanwending.

utiliser *ov.w* gebruiken, aanwenden.

utilitaire I *bn* het nut beogend. II *zn m* voorstander v. h. nuttigheidsbeginsel.

utilitarisme *m* leer, die het nuttigheidsbeginsel als drijfveer der menselijke handelingen voorstaat.

utilité *v* 1 nut, voordeel; 2 bijrol; 3 speler (speelster) v. bijrollen.

utopie *v* utopie, hersenschim.

utopique *bn* hersenschimmig.

utopiste *m* of *v* utopist(e).

utriculaire *bn* blaasvormig.

uv/aire *bn* druifvormig. ~al [*mv* aux] *bn* van druiven; *cure* —*e*, druivenkuur. ~iforme *bn* druifvormig.

uvul/aire *bn* van de huig. ~e *v* huig.

V

v de letter v. V.A. = *Votre Altesse* = Uwe Hoogheid; V.E. = *Votre Eminence* = Uwe Eminentie; Ve, Vve = *Veuve* = weduwe; V.Exc. = *Votre Excellence* = Uwe Excellentie; V.M. = *Votre Majesté* = Uwe Majesteit; Vte V tesse = *Vicomte, Vicomtesse* = burggraaf, burggravin.

va! *tw* zeg!, ga je gang!, nou!, hoor!; — *donc !*, loop heen!; — *pour*, vooruit dan maar!; goed dan!

vacance I *v* vacature. II ~s *v mv* vakantie; *partir en* ~s, met vakantie gaan.

vacant *bn* onbezet, vacant.

vacarme *m* lawaai, leven.

vacation I *v* vacatie. II ~s *v mv* vacatiegelden.

vaccin *m* entstof, pokstof.

vaccinal [*mv* aux] *bn* wat inenting betreft.

vaccinat/eur *m* inenter. ~ion *v* inenting.

vaccine I *v* 1 koepokken; 2 koepokinenting.

vacciner *ov.w* inenten (vooral tegen pokken).

vaccinique *bn* wat koepokken betreft.

vache I *v* 1 koe; — *à lait*, melkkoe (ook *fig.*); *manger de la* — *enragée*, gebrek lijden; 2 koevlees; 3 runderleer. II *bn* (*pop.*) gemeen, ploertig.

vacher *m*, -ère *v* 1 koehoeder(-ster); 2 (*pop.*) politieagent.

vacherie *v* 1 koestal; 2 melkerij; 3 melkzaak.

vaciet *m* bosbes.

vacill/ant *bn* 1 wankelend; 2 besluiteloos; 3 flikkerend (*flamme* —*e*). ~ation *v* 1 het wankelen, het schommelen (b.v. van een schip); 2 het flikkeren; 3 besluiteloosheid.

vacillatoire *bn* besluiteloos, onzeker.

vaciller *on.w* 1 wankelen, waggelen; 2 weifelen; 3 flikkeren.

vacu/ité *v* leegheid. ~um *m* leegte.

vade-mecum *m* zakboekje, vraagbaak.

vadrouille *v* 1 zwabber; 2 het zwabberen (*fig.*).

vadrouiller *on.w* (*pop.*) aan de zwabber gaan.

vadrouilleur *m* (*pop.*) zwabberaar, boemelaar.

va-et-vient *m* 1 het heen en weer gaan, - lopen; 2 kleine veerpont; 3 reddingslijn.

vagabond I *bn* 1 zwervend; 2 onbestendig, onrustig. II *zn m*, -e *v* vagebond, zwerver (zwerfster). ~age *m* landloperij.

vagabonder *on.w* 1 rondzwerven, landlopen; 2 overspringen (*fig.*) (— *d'un sujet à l'autre*).

vagin *m* schede, vagina.

vaginal [*mv* aux] *bn* v. d. schede.

vagir *on.w* 1 schreien v. pasgeboren kind; 2 schreeuwen v. e. haas.

vagissement *m* 1 geschrei v. pasgeboren kind; 2 geschreeuw v. e. haas.

vague I *v* golf; — *de chaleur*, hittegolf; — *de froid*, koudegolf. II *m* 1 lege ruimte; 2 het onzekere. III *bn* 1 onzeker, vaag; 2 onbebouwd (*terrain* —, *terre* —).

vaguemestre *m* 1 officier, belast met het toezicht op mil. voertuigen; 2 facteur (*mil.*).

vaguer *on.w* ronddolen, zwerven.

vaillamment *bw* dapper.

vaillance *v* dapperheid.

vaillant *bn* 1 dapper; 2 in bezit; *n'avoir pas un sou* —, geen rooie cent bezitten.

vain *bn* vergeefs, nutteloos, ijdel; *en* —, tevergeefs.

vain/cre I *ov.w onr.* overwinnen. II *se* ~ zich zelf overwinnen, zich beheersen. ~cu I *bn* overwonnen. II *zn m* overwonnene.

vainement *bw* tevergeefs.

vainqueur I *zn m* overwinnaar. II *bn* zegevierend, triomfantelijk (*air* —).

vair *m* 1 wit en grijs bont; 2 wit en blauw gespikkeld bont (*wapenkunde*).

vaisseau [*mv* x] *m* 1 vat; 2 (groot) schip; 3 schip v. e. kerk; 4 bloedvat, kanaal.

vaisselier *m* kast voor vaatwerk.

vaissell/e *v* vaatwerk, vaa ~erie *v* 1 fabricage v. vaatwerk, emmers enz.; 2 vaatwerk.

val [*mv* aux] *m* (*oud*) dal, *par monts et par vaux*, overal, langs bergen en dalen.

valable *bn* geldig.

valenciennes *v* kant uit Valenciennes.

valériane *v* valeriaan (*pl.k.*).

valérianelle *v* veldsla.

valet *m* 1 knecht; — *de chambre*, kamerdienaar; — *de pied*, lakei; *tel maître, tel* — (*spr.w*) zo heer, zo knecht; 2 boer in het kaartspel; 3 klemhaak. ~aille *v* de bedienden (in ongunstige betekenis).

valeter *on.w* kruiperig doen.

valétudinaire I *bn* ziekelijk, sukkelend. II *zn m* of *v* ziekelijk persoon.

valeur *v* 1 waarde; — *or*, goudwaarde; 2 geldswaardig papier; —*s mobilières*, effecten; 3 voorwerp v. waarde; 4 dapperheid, moed; 5 lengte v. e. toon.

valeureusement *bw* dapper, moedig.

valeureux, -euse *bn* dapper, moedig.

validation *v* bekrachtiging, geldigverklaring.

valid/e *bn* 1 geldig; 2 sterk, gezond. ~er *ov.w* geldig verklaren. ~ité *v* geldigheid.

valise *v* handkoffer.

Valkyrie *v* walkure.

vall/ée *v* dal; — *de larmes*, — *de misère*, tranendal. ~on *m* klein dal.

vallonn/ement *m* golving. ~er *ov.w* golvend aanleggen (— *une pelouse*).

valoche *v* (*pop.*) valies.

valoir I *on.w onr.* 1 waard zijn; deugen; *gelden; à* —, *op afrekening; faire* —, *doen uitkomen; ne rien faire qui vaille*, niets goeds uitvoeren; — *mieux*, beter zijn; — *la peine*, de moeite waard zijn. II *ov.w* verschaffen, bezorgen.

valorisation *v* waardevermeerdering.

vals/e *v* wals. ~er *on.* en *ov.w* walsen.

valseur *m*, -euse *v* walser.

value *v* waarde; *moins-value*, waardevermindering; *plus-value*, waardevermeerdering, overwaarde.

valv/e v 1 schaal v. e. schelp; 2 klep v. vrucht; 3 ventiel. ~ule v kleine schaal.

vampir/e m 1 vampier; 2 vleermuis; 3 uitzuiger. ~isme m uitzuigerij.

van m 1 wan; 2 gesloten wagen voor vervoer v. renpaarden.

vandale m barbaar, vernieler.

vandalisme m vandalisme.

vanesse v schoenlapper (vlinder).

vanille v vanille. vanillé bn met vanille.

vanillier m vanilleplant.

vanité v 1 ijdelheid, nietigheid; 2 ijdelheid, verwaandheid; *tirer — de*, zich op iets beroemen.

vaniteusement bw op ijdele, verwaande wijze.

vaniteux, -euse bn ijdel, verwaand, ingebeeld.

vannage m het wannen.

vanne v sluisdeur (— *d'écluse*).

vanné bn (pop.) moe.

vanneau [mv x] m kievit.

vanner ov.w 1 wannen; 2 (pop.) vermoeien, uitputten.

vannerie v 1 het beroep v. mandenmaker; 2 mandwerk.

vanneur m, -euse v wanner(ster).

vannier m mandenmaker.

vannure v, vannée v kaf.

vantail [mv aux] m deurvleugel.

vantard I bn snoevend, opschepperig. **II** zn m, -e v snoever(snoefster), grootspreker(-spreekster).

vantardise v grootspraak, snoeverij.

vanter I ov.w prijzen, roemen. **II** se ~ de zich beroemen op.

vanterie v snoeverij, grootspraak.

va-nu-pieds m schooier, bedelaar.

vapeur v 1 stoom; *à la —, à toute —*, met volle stoom; *bateau à —*, stoomboot; 2 damp; — *d'eau*, waterdamp. **II** ~s v mv 1 zenuwaandoening; 2 opstijging naar het hoofd. **III** m stoomboot.

vaporeux, -euse bn 1 wazig, nevelachtig; 2 duister (*style —*); 3 aan zenuwaandoeningen lijdend, aan flauwten lijdend.

vaporisateur m verstuivingstoestel.

vaporisation v verstuiving.

vaporiser I ov.w doen verdampen, doen verstuiven. **II** se ~ verdampen, verstuiven.

vaquer on.w 1 vacant zijn; 2 tijdelijk de werkzaamheden staken; 3 ~ à zich toeleggen op.

varech m zeewier.   [leggen op.

varenne v 1 (oud) konijnenberg; 2 onbebouwd land, waarin het wild zich graag ophoudt.

vareuse v trui, jekker.   [schuilhoudt.

variabilité v veranderlijkheid.

variable bn veranderlijk.

variant bn veranderlijk, wispelturig.

variante v variant.

variation v verandering, afwisseling, variatie.

varicelle v waterpokken.

varié bn afwisselend, bont.

vari/er I ov.w veranderen, afwisseling brengen in. **II** on.w 1 veranderen; 2 van mening verschillen. ~été v 1 afwisseling, verandering; 2 variëteit.

variol/e v pokken. ~é bn mottig.

varioleux, -euse I bn v van de pokken. **II** zn m, -euse v pokkenlijder(es).

variolique bn wat de pokken betreft.

varlope v rijschaaf.

varloper ov.w met de rijschaaf bewerken.

varlopeuse v schaafmachine.

Varsovie v Warschau.

varsovienne v soort Poolse dans.

vasard I zn m modderbank. **II** bn modderig.

vase I v slijk, modder op de bodem v. wateren. **II** m 1 vaas, pot; — *de nuit*, waterpot; *les — s sacrés*, de heilige vaten

vaseline v vaseline.   [(R.K.).

vas/eux, -euse bn 1 modderig; 2 (pop.) suf, slap (*fig.*). ~ière v modderpoel.

vasistas m klepraampje, bovenraampje.

vasque v 1 bekken v. e. fontein; 2 brede

schaal op poot voor tafelversiering.

vassal [mv aux] m leenman. ~iser ov.w leenplichtig maken. ~ité v leenplicht. ~lage m leenmanschap.

vaste bn uitgestrekt, groot.

vastité v uitgestrektheid.

Vatican m Vaticaan. vaticane I bn v v. h. Vaticaan. **II** zn V~ v Vaticaanse bibliotheek.

vaticinat/eur m, -trice v waarzegger(ster), ziener(es). ~ion v toekomstvoorspelling.

vaticiner on.w waarzeggen, de toekomst voorspellen (vaak in ongunstige zin).

va-tout m de hele inzet; *jouer son —*, alles op alles zetten.

vau-de-route, (à) in verwarring, hals over kop.

vaudeville m 1 toneelstukje met zang; 2 licht toneelstuk, klucht.

vaudevillesque bn zoals (uit) een vaudeville.

vaudevilliste m schrijver v. vaudevilles.

vau-l'eau (à) bw 1 met de stroom mee, stroomafwaarts; 2 *aller à —*, mislukken, in duigen vallen.

vaurien, -enne I bn schalks. **II** zn m, -enne v 1 deugniet; 2 pretmaker(-maakster).

vautour m 1 gier; 2 vrek; 3 woekeraar.

vautrer I on.w met honden op wilde zwijnen jagen. **II** se ~ zich wentelen.

vau-vent, (à) bw: *aller à —, chasser à —*, vluchten met de wind in de rug (v. wild), jagen met de wind in de rug.   [man.

vavasseur [mv aux], vavasseur m achterleenveau [mv x] m 1 kalf; *s'étendre comme un —, faire le —*, er lui bij (gaan) liggen; *tuer le — gras*, een groot feestmaal aanrichten; 2 kalfsvlees; 3 kalfsleer.

vedette v 1 ruiterwacht; 2 wachtscheepje; 3 snelle motorboot; 4 kopstuk, ,,ster"; 5 *en —*, alleenstaand of bovenaan met vette letters gedrukt.

végétabilité v groeikracht.

végétal [mv aux] m plant. **II** bn plantaardig; *règne —*, plantenrijk.

végétalisme m = végétarisme.

végétarien m, -enne v vegetariër.

végétarisme m vegetarisme, het uitsluitend eten v. plantaardig voedsel.

végétatif, -ive bn 1 wat de groei betreft; 2 wat de levensverschijnselen betreft.

végétation v 1 (planten)groei; 2 uitwas.

végéter on.w 1 groeien v. planten; 2 een kommervol, een lui of een verborgen bestaan leiden.

veglione [mv veglioni] m nachtfeest (vooral in de kersttijd).

véhém/ence v hevigheid, heftigheid, onstuimigheid. ~ent bn hevig, heftig, onstuimig.

véhicul/e m 1 voertuig; 2 voortplantingsmiddel. ~er ov.w vervoeren.

veill/e v 1 het (nacht)waken; 2 nachtwacht; 3 vorige dag, vorige avond; dag-, avond van te voren; *être à la — de*, op het punt staan te; 4 *les —s*, slapeloze nachten, harde arbeid. ~ée v 1 avondbijeenkomst; 2 avond tussen het eten en het naar bed gaan. ~er **I** on.w waken; — *à, — sur*, zorgen voor, oppassen voor. **II** ov.w waken bij (— *un malade*). ~eur m, -euse v waker, waakster; — *de nuit*, nachtwaker.

veilleuse v nachtlichtje; nachtpitje; *mettre en —*, het licht temperen; het tempo vertragen, de werkzaamheid verminderen.

veillotte v opper.

vein/ard I bn (pop.) gelukkig (*un joueur —*). **II** zn m boffer. ~e v 1 ader; 2 geluk, bof; *avoir de la —*, geluk hebben, boffen. ~é bn geaderd. ~er ov.w aderen. ~eux, -euse bn geaderd, van de aderen; *sang —*, aderlijk bloed. ~ule v adertje.

vélaire I bn wat medeklinker of klinker betreft, die uitgesproken wordt met behulp v. h. zacht gehemelte. **II** zn v een dergelijke klinker of medeklinker.

vêlement, vêlage m het kalven.

vêler on.w kalven.

vélin I *zn m* 1 bereid kalfsvel; 2 soort kant; 3 velijnpapier. II *bn: papier* —, velijnpapier.

vélique *bn* wat de zeilen betreft.

velléité *v* zwakke wil, bevlieging.

vélo *m (fam.)* fiets. ~cipède *m* fiets. ~cipédie *v* alles wat rijwielen betreft (techniek, fabricage, sport).

vélocipédique *bn* wat rijwielen betreft.

vélo/cité *v* snelheid. ~drome *m* wielerbaan. ~moteur *m* bromfiets.

velours *m* 1 fluweel; — *de laine*, — *d'Utrecht*, trijp; 2 zachte oppervlakte (*le* — *d'une pêche*); 3 (*fam.*)oncorrecte woordverbinding.

velout/é I *bn* fluwelachtig, fluwelig (*voix* —*e*). II *zn m* het fluwelachtige. ~er *ov.w* 1 fluwelig maken; 2 verzachten.

velouteux, -euse *bn* fluwelachtig.

velu *bn* harig, ruig.

vélum *m* groot zeil, tentzeil.

velvet, velvantine, velventine *v* velvet.

venaison *v* wildbraad.

vénal [*mv aux*] *bn* 1 koopbaar, te koop; 2 omkoopbaar, veil.

vénalité *v* veilheid, omkoopbaarheid.

venant I *bn: enfant bien* —, flink opgroeiend, goed aankomend kind; *six mille francs de rente bien* —*s*, zes duizend francs rente, die regelmatig betaald worden. II *zn m* de komende man; *les allants et* —*s*, de gaande en komende man; *à tout* —, aan iedereen, aan jan en alleman.

vendable *bn* verkoopbaar.

vendange *v* 1 wijnoogst; 2 de geoogste druiven; 3 ~*s* tijd v. d. wijnoogst; *adieu paniers*, —*s sont faites*, 't is afgelopen.

vendangeoir *m* druivenmand.

vendanger I *ov.w* de wijn oogsten van (— *une vigne*). II *on.w* de druiven plukken.

vendangette *v* lijster.

vendangeur *m*, -euse *v* druivenplukker(ster).

vendéen, -enne I *bn* uit de Vendee. II V~ *zn m*, -enne *v* bewoner, bewoonster der Vendee.

vendémiaire *m* eerste maand v. h. republikeinse jaar (22 september—21 oktober).

vendetta *v* bloedwraak (op Corsica).

vendeur *m*, -euse *v* verkoper, verkoopster.

vendre *ov.w* 1 verkopen; *à* —, te koop; 2 verraden (— *un secret*).

vendredi *v* vrijdag; — *saint*, Goede Vrijdag.

venelle *v* steegje; *enfiler la* —, er haastig vandoor gaan.

vénén/eux, -euse *bn* giftig (*animaux* —). ~ifique, ~ipare *bn* gif vormend, gif houdend.

vener *ov.w: faire* —, laten bestorven.

vénérable I *bn* eerwaardig, eerbiedwaardig. II *zn m* voorzitter ener vrijmetselaarsloge.

vénér/ation *v* verering. ~er *ov.w* vereren.

vénerie *v* jacht met jachthonden.

vénérien, -enne *bn* venerisch.

venette *v* (*fam.*) angst, schrik.

veneur *m* jager, die jaagt met jachthonden.

vénézuélien, -enne I *bn* Venezolaans. II V~ ~ *m*, -enne *v* Venezolaan(se).

veng/eance *v* 1 wraak; *tirer* —, wraak nemen; 2 wraakzucht. ~er I *ov.w* wreken. II se ~ de zich wreken over, - op.

vengeur, -resse I *bn* wrekend. II *zn m* -eresse *v* wreker, wreekster.

véniel, -elle *bn* licht; *péché* —, dagelijkse zonde.

venimeux, -euse *bn* 1 giftig; 2 (*fig.*) venijnig.

venimosité *v* 1 giftigheid; 2 venijnigheid.

venin *m* 1 vergif; 2 (*fig.*) venijn.

venir *on.w onr.* 1 komen; *à* —, toekomstig; *s'il vient à mourir*, als hij komt te sterven; *il vient de mourir*, hij is zo juist, pas, kort geleden gestorven; *d'où vient que?*, hoe komt het, dat?; *en — à bout de qc.*, iets klaarspelen; *en* — *aux mains*, handgemeen worden; — *à ses fins*, zijn doel bereiken; *voir* — *qn.*, begrijpen, wat iem. wil; *voir qn.*, iem. komen bezoeken; 2 groeien (*cet arbre vient bien*); 3 opkomen; *l'idée lui vint*, de gedachte kwam bij hem op.

Venise *v* Venetië.

vénitien, -enne *bn* Venetiaans; *lanterne* —*enne*, lampion.

vent *m* 1 wind, lucht; *aller comme le* —, voorwaarts vliegen; — *arrière*, de wind achter; — *debout*, tegenwind; *avoir bon* —, de wind mee hebben; *coup de* —, windstoot; *il fait du* —, het waait; *instruments à* —, blaasinstrumenten; *mettre flamberge au* —, de degen trekken; *des quatre* —*s*, van overal, uit alle landen; *tourner à* —, met alle winden meewaaien; 2 *laisser échapper un* —, een wind laten; 3 reuk, die het wild achterlaat; *avoir* — *de qc.*, de lucht van iets krijgen.

vente *v* 1 verkoop, verkoping; — *à la criée*, — *aux enchères*, openbare verkoping; *mettre en* —, te koop aanbieden; *la mise en* —, het te koop aanbieden, (uit)verkoop; *de bonne* —, veel aftrek vindend; 2 houthak, houtveiling.

vent/er *onp.w* waaien. ~eux, -euse *bn* 1 winderig; 2 winden veroorzakend.

ventilat/eur *m* ventilator. ~ion *v* ventilatie.

ventiler *ov.w* ventileren.

ventiller *onp.w* zachtjes waaien.

ventis *m mv* omgewaaide bomen.

ventôse *m* zesde maand v. d. republikeinse kalender (19 februari—20 maart).

ventouse *v* 1 kopglas; 2 zuignap v. bloedzuiger enz.; 3 zich vastzuigend caoutchoucdopje; 4 trekgat, luchtgat.

ventral [*mv aux*] *bn* v. d. buik.

ventre *m* 1 buik, lijf; *aller* — *à terre*, in vliegende vaart rijden; *à plat* —, plat op zijn buik; *prendre du* —, een buikje krijgen; *rire à* — *déboutonné*, zijn buik vasthouden van het lachen; 2 buik van vaas enz.

ventrebleu! *tw* drommels!

ventrée *v* 1 worp, geworpen jongen; 2 (*pop.*) buikvol.

ventre-saint-gris! *tw* drommels e. d. (gewone vloek van Henri IV).

ventri/cule *m* lichaamsholte, hartkamer. ~ère *v* buikriem. ~loque *m* buikspreker. ~loquie *v* de kunst v. h. buikspreken. ~potent *bn* (*fam.*) dikbuikig.

ventru *bn* dikbuikig.

venu I *bn* 1 gekomen; *être bien* —, welkom zijn; 2 geslaagd (*dessin bien* —). II *zn m* -e *v: nouveau*, *nouvelle* —*e*, pas aangekomene; *le premier* —, *la première* —*e*, de eerste de beste.

venue *v* 1 komst; 2 groei; 3 *les allées et* —*s*, heen en weerlopen.

vêpres *v mv* Vespers (*R.K.*).

ver *m* worm, pier; — *blanc*, engerling; — *luisant*, glimworm; — *à soie*, zijderups; — *solitaire*, lintworm; *avoir le* — *solitaire*, veel eten; *tuer le* —, een glaasje drinken op de nuchtere maag.

véracité *v* waarheidszin, waarheid.

véraison *v* het kleuren v. vruchten (vooral v. druiven) bij het rijpen.

véranda *v* veranda.

vératre *m* nieskruid.

verbal [*mv aux*] *bn* 1 mondeling; 2 werkwoordelijk (*forme* —*e*).

verbalis/ation *v* het opmaken v. e. procesverbaal. ~er *on.w* proces-verbaal opmaken (— *contre*).

verbe *m* 1 werkwoord; — *intransitif*, onvergankelijk werkwoord; — *transitif*, overgankelijk werkwoord; — *pronominal*, wederkerend werkwoord; 2 woord; *avoir le* — *haut*, op deftige toon, uit de hoogte spreken; 3 het Woord (tweede persoon der H. Drievuldigheid).

verbération *v* lucht-, geluidstrilling.

verbeux, -euse *bn* wordt gezegd v. iem., die zich schuldig maakt aan woordenpraal.

verbiage *m* woordenpraal, het gebruik van veel, maar vaak overbodige woorden.

verbosité *v* woordenvloed, omhaal, woordenpraal.

ver-coquin *m* draaiziekte, kolder.

verdâtre *bn* groenachtig.

verdelet, -ette *bn* 1 een beetje zuur (*vin* —); 2 kras (*vieillard* —).

verdeur *v* 1 groenheid, vochtigheid v. hout; 2 onrijpheid; 3 jeugdige kracht; 4 vrijheid, gewaagdheid (*la — d'un propos*).

verdict *m* uitspraak.

verdier *m* groenvink.

verd/ir I *ov.w* groen maken. II *on.w* groen worden. ~issage *m* het groen maken. ~issant *bn* groen wordend. ~issement *m* het groen worden. ~ouse *v* (*fam.*) tuin, groen. ~oyant *bn* groenend. ~oyer *on.w* groenen.

verd/ure *v* 1 groen; 2 groen gebladerte; 3 gras; 4 groente; 5 wandtapijt, waarop veel bomen en gras staan. ~urier *m*, -ère *v* groenteverkoper, -verkoopster.

véreux, -euse *bn* 1 wormstekig; 2 verdacht; 3 oneerlijk.

verg/e *v* 1 roede, staf; 2 roede (maat); 3 ~s *v* *my* roe. ~é *bn* geribd (*papier* —).

vergée *v* roede (maat).

verger I *ov.w* met de roede meten. II *zn m* [boomgaard.

vergeron *m* kleine roede.

verg/eter *ov.w* met een kleerborstel schoonmaken. ~ette *v* kleerborstel.

verglas *m* ijzel.

vergne, verne *m* els (*pl.k.*).

vergogne *v* schaamte; *sans* —, schaamteloos.

vergue *v* ra.

véridicité *v* 1 geloofwaardigheid; 2 waarheid.

véridique *bn* 1 waarheidslievend; 2 waar

vérifiable *bn* te controleren.

vérificateur *m* verificateur, controleur.

vérificatif, -ive *bn* ter verificatie dienend.

vérification *v* verificatie, controle.

vérifier *ov.w* 1 verifiëren, controleren, nazien; 2 bevestigen.

vérin *m* vijzelschroef.

véritable *bn* werkelijk, waar, echt.

vérité *v* waarheid, werkelijkheid; *à la* —, weliswaar; *dire à qn. ses* —*s*, iem. ongezouten de waarheid zeggen; *en* —, inderdaad, waarlijk; *toutes* —*s ne sont pas bonnes à dire* (spr.w), de waarheid wil niet altijd gezegd zijn.

verjuté *bn* toebereid met verjus (*sauce* —*e*).

vermée *v* peur.

vermeil, -eille I *bn* hoogrood (*lèvres* —*eilles*). II *zn m* verguld zilver.

vermicelle *m* 1 vermicelli; 2 vermicellisoep.

vermicelerie *v* vermicellifabriek.

vermicide I *bn* de wormen dodend. II *zn m* middel tegen wormen.

vermiculaire, vermiforme *bn* wormvormig.

vermifuge I *bn* wormen verdrijvend. II *zn m* middel tegen wormen.

vermiller *on.w* wroeten.

vermillon *m* vermiljoen.

vermillonner *ov.w* vermiljoen kleuren.

vermine *v* 1 ongedierte; 2 gespuis.

vermineux, -euse *bn* vol ongedierte.

vermisseau [*mv* x] *m* wormpje.

vermivore *bn* zich met wormen voedend.

vermoul/er, (se) wormstekig worden, vermolmen. ~u *bn* wormstekig.

vermoulure *v* 1 wormstekige plek; 2 vermolmde plek; 3 molm.

vermout, vermouth *m* vermout.

vernaculaire I *bn* inheems. II *zn m* landstaal.

vernal [*mv* aux] *bn* v. d. lente.

verne *m* = vergne.

vernir *ov.w* vernissen, lakken; *être verni*, (*pop.*) boffen.

vernis *m* vernis, lak. ~sage *m* 1 het vernissen, het lakken; 2 dag vóór de opening v. e. schilderijententoonstelling.

vernissé *bn* gevernist, glanzend.

vernisser *ov.w* glazuren v. aardewerk.

vernisseur *m* vernisser, glazuurder.

vernissure *v* het vernissen, glazuren.

vérole (petite) *v* pokken.

véronique *v* ereprijs (*pl.k.*).

verrat *m* beer (mannetjesvarken).

verre *m*: *boire dans un* —, uit een glas drinken; — *double*, dubbeldik glas; *petit* —, borreltje, likeurtje.

verré *bn*: *papier* —, schuurpapier.

verrerie *v* 1 glasblazerskunst; 2 glaswerk; 3 glasblazerij.

verrier *m* 1 glasblazer; 2 glasfabrikant; 3 glasverkoper; 4 mandje voor drinkglazen.

verrière *v* 1 kerkraam; 2 glas voor schilderij enz.; 3 raam v. geschilderd glas; 4 kom voor het wassen v. glazen.

verroterie *v* snuisterijen v. glas (kralen enz.).

verrou *m* grendel; *sous les* —*s*, achter slot en grendel. ~iller *ov.w* 1 grendelen; 2 achter slot en grendel zetten.

verrue *v* wrat.

verruqueux, -euse *bn* vol wratten.

vers I *zn m* vers; — *blancs*, rijmloze verzen; —*s libres*, vrije verzen. II *vz* 1 naar, in de richting van; 2 tegen, omstreeks (*tijd*).

versant I *zn m* helling. II *bn* topzwaar.

versatile *bn* veranderlijk, wispelturig.

versatilité *v* veranderlijkheid, wispelturigheid.

verse *v* het tegen de grond slaan v. koren; *il pleut à* —, het stortregent.

versé *bn* ervaren, bedreven, knap.

Verseau *m* Waterman (in de dierenriem).

vers/ement *m* storting. ~er I *ov.w* 1 gieten, storten, inschenken; — *des larmes*, tranen storten; — *son sang*, zijn bloed vergieten; 2 storten v. geld; 3 omverwerpen v. e. rijtuig; 3 neerslaan v. h. koren. II *on.w* 1 omslaan v. e. rijtuig; 2 neerslaan v. koren.

verset *m* bijbelvers.

verseur *m* schenker.

versicolore *bn* veelkleurig, v. kleur wisselend.

versi/culet *m* versje. ~ficateur *m* verzenmaker. ~fication *v* verskunst, versbouw. ~fier I *on.w* verzen maken. II *ov.w* in versvorm omzetten.

version *v* 1 vertaling uit vreemde taal in moedertaal; 2 lezing, versie.

verso *m* keerzijde v. e. bladzijde.

versoir *m* strijkbord v. ploeg.

verste *v* werst (1.067 m).

vert *bn* 1 groen; 2 vers, nieuw (*légume* —); 3 onrijp; 4 kras; 5 geducht (—*e réprimande*); 6 schuin (v. moppen). II *zn m* 1 groene kleur; — *émeraude*, smaragdgroen; 2 groenvoer; *mettre un cheval au* —, een paard in de weide sturen; *prendre sans* —, snappen, betrappen.

vert-de-gris *m* kopergroen.

vert-de-grisé *bn* bedekt met kopergroen.

vert/ébral [*mv* aux] *bn* van de wervels; *colonne* —*e*, wervelkolom. ~èbre *v* wervel. ~èbré I *zn* gewerveld. II *zn m* gewerveld dier.

vertement *bw* duchtig, hevig.

vertex *m* kruin.

vertical [*mv* aux] I *bn* loodrecht. II *zn* ~e *v* loodlijn. ~ité *v* loodrechte stand.

verticill/e *m* krans v. bloemen, bladeren, takken. ~é *bn* kransgewijs geplaatst.

vertig/e *m* duizeling. ~ineux, -euse *bn* 1 duizelingwekkend; 2 wat duizeligheid betreft (*affection* —*euse*).

vertigo *m* 1 kolder (v. paarden); 2 gril.

vertu *v* 1 deugd; 2 kuisheid, reinheid v. vrouwen; 3 kracht, werking; *en* —, krachtens.

vertubleu, vertudieu, verduchou! *tw* drommels! (*oud*).

vertueux, -euse *bn* deugdzaam.

verve *v* vuur, gloed (*fig.*).

verveine *v* verbena (*pl.k.*).

verveux I *zn m* fuik. II *bn* vurig, meeslepend.

vésanie *v* waanzin, zielsziekte.

vesce *v* wikke, vesceron *m* vogelwikke.

vésic/al [*mv* aux] *bn* v. d. blaas; *calcul* —, blaassteen. ~ant *bn* blaartrekkend. ~atoire *bn* blaasvormig. ~ule *v* blaasje, blaartje.

vespasienne *v* openbaar urinoir.

vespéral [*mv* aux] I *bn* v. d. avond. II *zn m* vesperboek.

vesse v zachte wind.

vesser on.w een zachte wind laten.

vesseur m, **-euse** v windenlater(-laatster).

vessie v blaas; — natatoire, zwemblaas.

vestale v 1 Vestaalse maagd; 2 zeer kuis meisje.

veste v 1 kort jasje, buis; 2 (pop.) echec, mislukking (ramasser une —).

vesti/aire m kleedkamer. ~**bule** m 1 voorportaal; 2 voorhof v. h. oor.

vestige m spoor, overblijfsel.

vestimentaire bn wat kleren betreft.

veston m colbertjasje.

vêtement m kledingstuk.

vétéran m 1 veteraan; 2 leerling, die een klas overmaakt.

vétérinaire I bn veeartsenijkundig. II zn m veearts.

vétillard, vétilleux m, **-euse** v I bn vitterig, pietluttig. II zn vitter(ster), pietlut.

vétille v kleinigheid, beuzelarij.

vêtir I ov.w onr. (aan)kleden. II se ~ zich [aankleden.

veto m veto.

vêture v inkleding (R.K.).

vêtust/e bn oud, versleten. ~**é** v ouderdom.

veuf, veuve I bn beroofd van, verstoken van (— de). II veuf zn m, **veuve** v 1 weduwnaar, weduwe; 2 guillotine (pop.).

veule bn krachteloos, slap.

veulerie v krachteloosheid, slapheid.

veuvage m weduwstaat, weduwnaarschap.

vexant bn lastig, ergerlijk.

vexateur, -trice bn lastig, plagend.

vexat/ion v plagerij. ~**oire** bn lastig, plagerig, drukkend (impôt —).

vexer I ov.w plagen, kwellen, hinderen. II se —, kwaad worden.

via vz via.

viabilité v 1 levensvatbaarheid; 2 begaanbaarheid.

viable bn 1 levensvatbaar; 2 begaanbaar.

viaduct m viaduct. [berijdbaar.

viager, -ère I bn levenslang; rente —ère, lijfrente. II zn m lijfrente.

viagèrement bw levenslang.

viande v vlees.

viander on.w grazen v. wilde dieren.

viandis m plaats, waar wilde dieren grazen.

viatique m 1 reisgeld; 2 sacramenten der stervenden.

vibr/ateur m trilapparaat. ~**atile** bn in staat te trillen. ~**ation** v trilling. ~**atoire** bn trillend. ~**er** on.w trillen. ~**eur** m zoemer. ~**isse** v neushaartje.

vicair/e m 1 plaatsvervanger; grand —, — général, vicaris-generaal (plaatsvervanger v. bisschop); le — de Jésus Christ, de Paus; 2 kapelaan. ~**ie** v, **vicariat** m 1 vicariaat; 2 kapelaanschap; 3 woning v. kapelaan of vicaris; 4 bijkerk.

vicarial [mv aux] bn een vicaris, een kapelaan betreffend.

vice m 1 ondeugd; 2 gebrek.

vice/-amiral† [mv aux] m vice-admiraal. ~**chancelier†** m onderkanselier. ~**consul†** m vice-consul. ~**consulat†** m vice-consulaat.

vicennal [mv aux] bn 1 twintigjarig; 2 om de twintig jaar.

vice-président† m vice-president.

vice-roi† m onderkoning.

vicésimal [mv aux] bn twintigtallig.

vice versa bw vice versa.

vici/able bn vatbaar voor bederf. ~**ation** v bederf. ~**er** ov.w se vicier bederven.

vicieusement bw gebrekkig, onjuist.

vicieux, -euse bn 1 gebrekkig; 2 verdorven, slecht; 3 koppig, weerspannig (v. paard).

vicinal [mv aux] bn van de buurt; chemin de fer —, buurtspoorweg.

vicinalité v buurtverbinding; chemin de grande —, verbindingsweg tussen twee gemeenten, tussen gemeente en hoofdweg.

vicissitude v wederwaardigheid, wisselvalligheid.

vicomtal [mv aux] bn v. e. burggraaf.

vicomte m, **-esse** v burggraaf, burggravin.

vicomté m burggraafschap.

victime v slachtoffer. [kraaien.

victoire v overwinning; chanter —, koning

victoria v soort open rijtuig met vier wielen.

victorien, -enne bn wat koningin Victoria v. Engeland en haar tijd betreft.

victorieusement bw zegevierend.

victorieux, -euse bn zegevierend; preuve —euse, overtuigend bewijs.

victuailles v mv (fam.) levensmiddelen, mondvidage m het ledigen. [voorraad.

vidange I v het ledigen; tonneau en —, gedeeltelijk ledige vat. II ~s v mv fecaliën.

vidanger ov.w legen.

vidangeur m putjesschepper.

vide I bn leeg; cœur —, ongevoelig hart; — de, zonder, vrij van; — de sens, zinledig; tête —, leeghoofd. II zn m 1 leegte, leemte, luchtledige; 2 afdoen, beslissen, beslechten (— un différend); 3 ontruimen (— les lieux).

vide-bouteille† m landhuisje. [heid.

vide-citron† m citroenpers.

vide-ordures m vuilnistrechter.

vide-pommes m appelboor.

vider ov.w 1 ledigen; — les arçons, uit het zadel vallen; — un poisson, une volaille, een vis, gevogelte uithalen, schoonmaken; 2 afdoen, beslissen, beslechten (— un différend); 3 ontruimen (— les lieux).

videur m, **-euse** v schoonmaker(-maakster) v. wild of gevogelte.

viduité v weduwstaat, weduwnaarschap.

vidure v wat men ergens uithaalt bij het schoonmaken (van b.v. gevogelte, vis).

vie v 1 leven; à —, levenslang; à la —, à la mort, voor altijd; faire la —, een losbandig leven lijden; jamais de la —, nooit van mijn leven; refaire sa —, hertrouwen; sa — ne tient qu'à un fil, zijn leven hangt aan een zijden draadje; 2 kost, levensonderhoud; gagner sa —, de kost verdienen; la — a triplé, de kosten v. h. levensonderhoud zijn verdrievoudigd; 3 lawaai, leven.

vieil bn vorm van vieux voor mannelijk enkelvoudig woord, dat begint met klinker of stomme h. ~**lard** m grijsaard.

vieillerie v 1 antiquiteit, oude rommel; 2 ~s v mv ouderwetse denkbeelden.

vieill/esse v ouderdom. ~**ir** I on.w oud(er) worden; verouderen. II ov.w oud maken. III se ~ zich ouder voordoen -, zich voor ouder uitgeven dan men is.

vieillissement m veroudering.

vieillot, -otte bn ouwelijk.

vielle v middeleeuwse lier.

vieller on.w op de vielle spelen.

vielleur m, **-euse** v vielle-speler(-speelster).

vierge I v maagd. II bn 1 maagdelijk; 2 gaaf, ongerept; film —, onbelichte film; forêt —, oerwoud; vigne —, wilde wingerd; 3 gedegen (argent —).

vieux (zie ook vieil), **vieille** I bn oud; — comme le monde, zo oud als de weg naar Rome; se faire —, oud worden; faire de — os, oud worden; se faire —, oud worden; vieille fille, ouwe vrijster; — garçon, vrijgezel; — jeu, ouderwets. II zn m 1 oude, oudje; mon —, oude jongen, ventje; 2 het oude. III vieille v oude vrouw, oudje.

vif, vive I bn 1 levend; de vive voix, mondeling; 2 levendig; chaux vive, ongebluste kalk; eau vive, bronwater; 3 driftig; 4 helder (couleur vive); 5 hevig, vlug. II zn m 1 levend vlees; trancher dans le —, in het levende vlees snijden; 2 levend aasvisje; 3 kern; entrer dans le — de la question, op de kern der zaak komen; 4 pris sur le —, naar het leven getekend.

vif-argent m kwikzilver; avoir du — dans les veines, erg levendig zijn.

vigie v uitkijk (scheepv.).

vigil/amment bw waakzaam. ~**ance** v waakzaamheid. ~**ant** bn waakzaam. ~**e** v vigilie (R.K.).

vigne v 1 wijnstok, wingerd; — vierge, wilde

wingerd; 2 wijngaard; *être dans les* —*s du Seigneur*, dronken zijn.

vigneau [*mv* x], vignot *m* alikₐuik.

vigneron *m*, -onne *v* wijngaardenier(ster).

vignette *v* vignet.

vignettiste *m* vignettentekenaar, -graveur.

vignoble I *m* wijngaard, wijnberg. II *bn* waar veel wijndruiven groeien (*pays* —).

vigoureusement *bw* sterk, krachtig.

vigoureux, -euse *bn* sterk, krachtig.

vigueur *v* kracht; *être en* —, van kracht zijn; *entrer en* —, in werking treden.

vil *bn* 1 laag (*à* — *prix*); 2 laag, gemeen.

vilain I *bn* 1 lelijk; 2 gemeen, laag; 3 burgerlijk. II *zn m* 1 (*oud*) boer, burger; 2 gemeen mens, schurk; 3 vrek; 4 ruzie.

vilebrequin *m* 1 drilboor; 2 krukas.

vile/nie *v* 1 gemeenheid, laagheid; 2 gierigheid. ~té *v* 1 goedkoopte; 2 gemeenheid, laagheid.

vilipender *ov.w* minachten, door het slijk [sleuren.

villa *v* villa.

village *m* dorp. ~ois I *bn* dorps. II *zn m*, ~e *v* dorpeling(e).

ville *v* stad; *dîner en* —, buitenshuis eten; *la* — *éternelle*, Rome; *la ville-lumière*, Parijs; *la V—*— *sainte*, Jerusalem.

villégiat/eur *m* (*fam.*) vakantieganger. ~ure *v* verblijf buiten. ~urer *ov.w* de vakantie buiten op het land doorbrengen.

vill/eux, -euse *bn* harig. ~osité *v* 1 harigheid

vimaire *v* 1 (wind)schade; 2 belediging.

vin *m* wijn; *à bon* — *point d'enseigne*, (*spr.w*), goede wijn behoeft geen krans; *chaque* — *a sa lie* (*spr.w*), iedere zaak heeft zijn onaangename zijde; *cuver son* —, zijn roes uitslapen; *être entre deux* —*s*, lichtelijk aangeschoten zijn; — *de palme*, palmwijn; *être fin de* —, dronken zijn; *quand le* — *est tiré, il faut le boire*, (*spr.w*.) wie a zegt, moet b zeggen; *sac à* —, dronkelap.

vinage *m* het toevoegen v. alcohol a. d. wijn.

vinaigre *m* azijn; *donner du* —, sneller draaien bij het touwtje springen; zich haasten.

vinaigrer *ov.w* met azijn toebereiden.

vinaigrerie *v* azijnfabriek.

vinaigrette *v* saus van azijn, olie, zout enz.

vinaigrier *m* 1 azijnfabrikant; 2 azijnverkoper; 3 azijnflesje.

vinaire *bn* v. d. wijn.

vinasse *v* 1 slap wijntje; 2 droesem.

vindas *m* windas.

vindicatif, -*ive bn* wraakzuchtig.

vindicte *v* strafvervolging, veroordeling.

vinée *v* wijnoogst.

viner *ov.w* alcohol toevoegen aan de wijn.

vineux, -euse *bn* 1 wijnachtig; 2 rijk aan wijn; 3 krachtig, vol (v. wijn).

ˉingt *tlw* 1 twintig; 2 twintigste. ~aine *v* twintigtal, twintigtal jaren. ~ième I *tlw* twintigste. II *zn m* twintigste deel.

vingtupl/e I *bn* twintigvoudig. II *zn m* twintigvoud. ~er *ov.w* vertwintigvoudigen.

vinicole *bn* wat de wijnbouw betreft.

viniculture *v* wijnbouw.

vinifère *bn* wijn voortbrengend.

vinification *v* wijnbereiding.

vinocité *v* wijngehalte.

viol *m* verkrachting, schending.

violacé *bn* paarsachtig.

violat/eur *m*, -trice *v* schender(ster), verkrachter. ~ion *v* schending, verkrachting.

violâtre *bn* paarsachtig.

viole *v* viola (*muz.*): — *d'amour*, viola d'amore.

violemment *bw* hevig, heftig, gewelddadig.

violence *v* hevigheid, heftigheid; *employer la* —, geweld gebruiken; *faire* — *à un texte*, een tekst verdraaien; *se faire* —, zich bedwingen.

violent *bn* hevig, heftig, gewelddadig.

violenter *ov.w* geweld aandoen.

violer *ov.w* schenden, overtreden, verkrachten.

violet, -ette *bn* violet, paar [ten.

violette *v* viooltje.

violeur *m*, -euse *v* (*fam.*) verkrachter, schenning.

violier *m* violier (*pl.k.*). [der(ster).

violiste *m* of *v* violabespeler(-bespeelster).

violon *m* 1 viool; *jouer du* —, viool spelen; 2 vioolspeler; *payer les* —*s*, de kosten betalen; 3 nor.

violoncelle *m* 1 violoncel; 2 cellist.

violoncelliste *m* cellist.

violoneur, violoneux *m* krasser, speelman.

violoniste *m* of *v* violist(e).

viorne *v* sneeuwbal (*pl.k.*).

vipère *v* adder; *langue de* —, lastertong.

virage *m* 1 het draaien, het keren; 2 bocht.

virago *v* manwijf. [draai.

virée *v* 1 draai; 2 (*fam.*) uitstapje.

virement *m* 1 draaiing, wending; 2 overboeking, overschrijving; *service des* —*s postaux*, postgirodienst.

virer I *on.w* 1 draaien, zwenken; — *de bord*, overstag gaan; van partij veranderen; 2 verkleuren. II *ov.w* 1 doen draaien; 2 overschrijven, overboeken.

vireux, -euse *bn* 1 giftig; 2 stinkend.

virevolte *v* snelle wending en terugzwenking v. e. paard in de manege.

virginal [*mv* aux] *bn* maagdelijk.

virginité *v* maagdelijkheid, ongereptheid.

virgule *v* komma.

viril *bn* 1 mannelijk; *âge* —, mannelijke leeftijd; 2 mannhaftig, moedig. ~iser *ov.w* tot een man maken. ~ité *v* 1 mannelijkheid; 2 flinkheid, moed; 3 mannelijke leeftijd.

virtuel, -elle *bn* waarvan het vermogen aanwezig is, maar dat zich niet uit.

virtuos/e *m* of *v* virtuoos. ~ité *v* virtuositeit.

virul/ence *v* 1 kwaadaardigheid; 2 felheid, heftigheid. ~ent *bn* 1 kwaadaardig; 2 fel, heftig.

virus *m* smetstof. [heftig.

vis *v* schroef; *escalier à* —, wenteltrap.

vis-à-vis I *vz* (— *de*), tegenover. II *zn m* 1 iem. die tegenover iem. zit of staat; 2 canapé voor twee personen; 3 soort vierwielig rijtuig.

visc/éral [*mv* aux] *bn* wat de ingewanden betreft. ~ère *m* ingewand.

viscose *v* grondstof voor de kunstzijde.

viscosité *v* slijmerigheid, kleverigheid.

vis/é *m* het mikken. ~ée *v* 1 het mikken; 2 bedoeling, doel. ~er I *on.w* 1 mikken op; 2 streven naar (— *les honneurs*). II *on.w* 1 mikken; 2 streven naar (— *à*); 3 (*pop.*) kijken.

viseur *m* 1 vizier; 2 zoeker (*fot.*).

visibilité *v* zichtbaarheid.

visible *bn* 1 zichtbaar; 2 duidelijk; 3 te spreken (*Monsieur est-il* —?).

visière *v* vizier v. helm, klep v. pet.

vision *v* 1 visioen; 2 gezicht, gezichtsvermogen. ~naire I *bn* hersenschimmig. II *zn m* of *v* geestenziener(ster).

Visitation *v* 1 bezoek v. Maria aan de H. Elisabeth; 2 het Feest v. Maria Visitatie.

visit/e *v* 1 bezoek; bezichtiging; *rendre* — *à*, bezoeken; 2 onderzoek, visitatie (— *de la douane*); 3 bezoeker(s), bezoek. ~er *ov.w* 1 bezoeken, bezichtigen; 2 onderzoeken, visiteren. ~eur *m*, -euse *v* 1 bezoeker(ster); 2 visiteur, visiteuse bij de douane.

vison *m* Amerikaanse marter.

vis/queux, -euse *bn* slijmerig, kleverig.

vissage *m* het aan-, het vastschroeven.

visser *ov.w* aan-, vastschroeven.

visserie *v* 1 schroeven, moeren enz.; 2 fabriek v. schroeven, moeren enz.

Vistule *v* Weichsel.

visuel, -elle *bn* wat het gezicht betreft.

vital [*mv* aux] *bn* wat het leven betreft (*fonctions* —*es*); *question* —*e*, levenskwestie.

vitalité *v* levenskracht.

vitamine v vitamine.
vite bw vlug, snel.
vitement bw (fam.) snel, vlug, gauw.
vitesse v 1 snelheid, vlugheid; en petite —, als vrachtgoed; en grande —, als ijlgoed; à toute —, in volle vaart; 2 versnelling (v. auto's enz.).
viti/cole bn wat wijnbouw betreft. ~culteur m wijnbouwer. ~culture v wijnbouw.
vitrage m 1 het inzetten v. ruiten; 2 de ruiten v. e. gebouw; 3 glazen wand; 4 glazen deur; 5 vitrage.
vitrail [mv aux] m gekleurd (kerk)raam.
vitre v glasruit; casser les —s, schandaal maken, opschudding veroorzaken.
vitré bn 1 van -, met glas; 2 doorschijnend.
vitrer ov.w van ruiten voorzien. ~ie v 1 ruitenfabricage; 2 handel in ruiten.
vitreux, -euse bn glasachtig, glazig (yeux —).
vitrier m 1 ruitenzetter; 2 (fam.) jager te voet.
vitrifier ov.w in glas omzetten (— du sable).
vitrine v uitstalkast.
vitriol m vitriool, zwavelzuur.
vitrosité v glasachtigheid.
vitupérer ov.w (oud) laken, afkeuren.
vivace bn 1 vol levenskracht; préjugé —, ingeworteld vooroordeel; 2 overblijvend (plantes —s); 3 levendig, snel (muz.).
vivacité v 1 levendigheid, beweeglijkheid; 2 schranderheid, helderheid (— d'esprit); ~s v mv drift(bui).
vivandier m, -ère v zoetelaar, marketentster.
vivant I bn 1 levend; une bibliothèque —e, een geleerde; 2 goed gelijkend (portrait —); 3 druk (quartier —). II zn m 1 levende; bon —, pretmaker; 2 leven; du —, de bij het leven van; de son —, tijdens zijn leven.
vivat I tw hoera! lang zal hij leven! II zn m juichkreet.
vive v pieterman (vis).
vivement bw 1 levendig, snel; 2 diep (— ému).
viveur m boemelaar, pretmaker.
vivier m visvijver.
vivifi/ant bn bezielend, levenwekkend. ~cateur, -trice bn bezielend, levenwekkend. ~cation v verlevendiging.
vivifier ov.w verlevendigen, bezielen, tot grotere bloei doen komen.
vivipare I bn levendbarend. II zn m of v levendbarend dier.
vivisecteur m iem. die vivisectie toepast.
vivisection v vivisectie.
vivoter on.w armoedig leven.
vivre I on.w onr. leven; vive ...!, vivent ...!, leve!; être facile à —, een gemakkelijk humeur hebben; — au jour le jour, van de hand in de tand leven; savoir —, zich gemakkelijk bewegen; qui vivra verra, de tijd zal het leren. II ov.w doorleven, beleven. III zn m kost, onderhoud; le — et le couvert, kost en inwoning. IV ~s m mv levensmiddelen.
vivrier, -ère bn van levensmiddelen.
vizir m vizier; grand —, grootvizier.
vlan! tw v'lan! pats!, klets!
vli! vlan! tw klits klats!
vocable m woord; église sous le — de saint Pierre, kerk onder bescherming v. d. H. Petrus.
vocabulaire m woordenlijst, woordenschat.
vocal [mv aux] bn v. d. stem; musique —e, vocale -, zangmuziek. ~ique bn wat de klinkers betreft. ~isation v 1 klinkervorming; 2 het zingen op één klinker.
vocal/ise v het zingen op één klinker. ~iser on.w of ov.w klinkers zingen. ~isme m 1 klinkersysteem; 2 de klinkers v. e. woord.
vocatif m de naamval v. d. aangesproken persoon.
vocation v roeping, aanleg. [persoon.
vociférations v mv getier, geschreeuw, gescheld. ~er I on.w tieren, schreeuwen, schelden. II ov.w uitbraken (— des injures).
vœu [mv x] m 1 gelofte; faire — de, een gelofte afleggen van; —x monastiques, —x de la religion, de drie kloostergeloften; 2 wens.

vogue v opgang, mode; être en —, veel opgang maken; livre en —, succesboek.
voguer on.w 1 varen; vogue la galère !, er moge van komen wat er wil; 2 zwerven.
voici vz 1 ziehier, hier is, - zijn; la —, daar is ze; le livre que —, dit boek hier; le — qui vient, daar komt hij aan; 2 alstublieft; 3 geleden.
voie v 1 weg; être en — de, bezig zijn te, met; —s de fait, geweld; — ferrée, spoorweg; mettre sur la —, op weg helpen; 2 vervoermiddel; 3 middel; 4 lek in een schip (— d'eau); 5 karvol; 6 twee volle emmers v. e. waterdrager; 7 spoorbaan, spoorlijn; 8 spoorwijdte van wagen.
voilà vz 1 ziedaar, daar is, daar zijn; le —, daar is hij; le livre que —, dat boek daar; — qu'on sonne, daar wordt gebeld; le — qui vient, daar komt hij; nous y —, daar hebben we het nu; 2 geleden; — deux ans, twee jaar geleden.
voile I m 1 sluier; sous le — de l'amitié, onder het mom v. vriendschap; 2 sluier op foto's; 3 le — du palais, het zacht verhemelte; 4 zeil. II v 1 zeil v. schip; mettre à la —, onder zeil gaan; mettre les —s, (pop.) weggaan; 2 zeilschip.
voilé bn 1 gesluierd, bedekt; 2 gesluierd (fot.); 3 verbogen (roue —e).
voiler I ov.w 1 met een sluier bedekken, bedekken; 2 geheim houden, verbergen; 3 optuigen v. e. schip; 4 verbuigen. II on.w of se ~ krom trekken.
voil/erie v zeilmakerij. ~ette v voile.
voilier I zn m 1 zeilmaker; 2 zeilschip; 3 vlieger (vogel). II bn: oiseau —, vlieger (vogel).
voilure v 1 zeilen; 2 de vleugels v. e. vliegmachine; 3 het kromtrekken v. e. plank enz.
voir I ov.w zien; — page 10, zie pag. 10; voyons !, kom, kom! laten we eens zien!; dis — (fam.), zeg eens; faire —, tonen, bewijzen; je n'y vois pas, ik kan niet zien; — le jour, het levenslicht aanschouwen; — de loin, ver vooruitzien; 2 bezoeken (aller — qn.); 3 kijken (— au microscope); 4 omgaan met (— beaucoup de monde). II on.w letten op, zorgen voor (— à ce que). III se ~ 1 te zien zijn, gebeuren (cela se voit régulièrement); 2 met elkaar omgaan.
voire bw (ook — même) zelfs, ja.
voirie v 1 mestvaalt, asbelt; 2 toezicht op de openbare wegen.
voisin I bn naburig. II zn m, ~e v buurman, buurvrouw.
voisinage m 1 buurt, nabijheid; 2 de buren.
voisiner on.w met zijn buren omgaan.
voitur/age m vervoer per as. ~e v 1 rijtuig, wagen, auto; — découverte, open rijtuig; — de maître, eigen rijtuig; en —!, instappen!; 2 vervoer; 3 vervoerskosten; 4 vracht. ~ée v wagenvol. ~er ov.w per as vervoeren. ~ette v klein wagentje, kleine auto. ~ier m voerman. ~in m 1 huurkoetsier; 2 huurrijtuig.
voix v 1 stem, stemgeluid; à — basse, zachtjes; à deux —, tweestemmig; à pleine —, uit volle borst; avoir — au chapitre, een stem in het kapittel hebben; être en —, goed bij stem zijn; parler à haute —, luid, hardop spreken; la — du peuple, de stem des volks, de openbare mening; de vive —, mondeling; 2 gevoelen, mening; 3 stem, stemming; aller aux —, stemmen; 4 de bedrijvende of lijdende vorm (— active; — passive); 5 la — des chiens, het geblaf der honden, die wild op het spoor zijn.
vol m 1 het vliegen, de vlucht; à — d'oiseau, in vogelvlucht; de nuit, nachtvlucht; — plané, het dalen v. e. vliegtuig met afgezette motor; prendre son —, opvliegen; — à voile, zweefvliegen; 2 vlucht (vleugelwijdte); 3 zwerm, troep; 4 diefstal; — à la tire, zakkenrollerij; 5 het gestolene.
volage bn wispelturig, veranderlijk.

volaill/e *v* gevogelte. ~ier *m* 1 koopman in gevogelte; 2 hoenderpark.

volant I *bn* 1 vliegend; 2 gemakkelijk verplaatsbaar, zich snel bewegend, los; *brigade —e*, vliegende brigade; *feuille —e*, los blaadje; *fusée —e*, vuurpijl; *pont —*, gierpont; *table —*, licht tafeltje. II *zn m* 1 pluimbal; 2 raketspel; 3 stuur, stuurwiel, vliegwiel; 4 molenwiek; 5 strook.

volatil *bn* vluchtig.

volatil/e *m* vliegend dier. ~isable *bn* vluchtig. ~isation *v* vervluchtiging. ~iser I *ov.w* vervluchtigen, indampen. II se ~ vervliegen, vervluchtigen. ~ité *v* vluchtigheid.

vol-au-vent *m* pastei van bladerdeeg met vlees of vis, champignons enz.

volcan *m* vulkaan. ~icité = volcanisme. ~ique *bn* vulkanisch.

volcanisé *bn* van vulkanische aard.

volcanisme *m* vulkanisme.

vole *v* groot slem (kaartspel).

volée *v* 1 het vliegen; *prendre sa —*, opvliegen; *à la —*, in de vlucht, onbesuisd, in het wilde weg; 3 zwerm, troep; 4 stand, rang (*personne de haute —*); 5 salvo, laag; 6 pak slaag; 7 slingering v. e. klok; *sonner à toute —*, uit alle macht luiden; 8 volley.

voler I *on.w* vliegen; — *de ses propres ailes*, op eigen wieken drijven. II *ov.w* 1 jacht maken met behulp van vogels; 2 stelen; *il ne l'a pas volé*, hij heeft het verdiend; 3 bestelen; 4 volleren (tennis).

volereau [*mv* x] *m* (*fam.*) diefje.

volerie *v* 1 diefstal; 2 jacht met vogels.

volet *m* 1 luik; 2 houten zeef voor graan enz.; *trier sur le —*, nauwkeurig uitzoeken.

voleter *on.w* fladderen.

voleur I *m*, -euse *v* dief, di<i>evegge; *au —!*, houdt de dief! II ~, -euse *bn* diefachtig.

volière *v* volière.

volige *v* panlat.

volitif, -ive *bn* wat de wil betreft.

volition *v* wilsuiting.

volontaire I *bn* 1 vrijwillig; 2 eigenzinnig, ongezeglijk. II *zn m* vrijwilliger.

volontairement *bw* 1 vrijwillig; 2 opzettelijk.

volonté *v* wil, wilskracht, wilsuiting; *à —*, naar verkiezing; zoveel men wil; *les dernières —s*, de uiterste wilsbeschikking; *faire ses —s*, zijn eigen zin volgen; *de la mauvaise —*, kwaadwilligheid.

volontiers *bw* 1 graag; 2 licht, gemakkelijk.

volt *m* volt. ~age *m* voltage.

voltaire *m* diepe leunstoel.   [(*fig.*).

volte *v* 1 het ronddraaien v. e. paard; 2 draai.

volte-face *v* halve draai; *faire —*, zich omdraaien, plotseling v. mening veranderen.

volter *on.w* zwenken.

voltig/e *v* 1 slap koord voor acrobaten; 2 oefeningen hierop; 3 kunstje op het paard. ~ement *m* het fladderen. ~er *on.w* 1 fladderen; 2 kunsten maken op een paard; 3 kunsten maken op het slappe koord.

voltigeur *m*, -euse *v* 1 acrobaat, acrobate kunstrijder(ster); 2 verkenner (*mil.*).

volubile *bn* 1 rad v. tong; 2 slingerend (*pl k.*).

volubilis *m* winde (*pl.k.*).

volubilité *v* radheid v. tong.

volume *m* 1 (boek)deel; 2 volume, inhoud; 3 stemomvang, kracht v. h. geluid.

volumineux, -euse *bn* omvangrijk.

volupté *v* wellust, groot genot.

voluptueux, -euse I *bn* wellustig, weelderig. II *zn m* wellusteling.

volute *v* 1 krul (*arch.*); 2 spiraal (— *de fumée*).

voluter *on.w* spiralen vormen.

vomi *m* 1 het braken; 2 braaksel.

vomir *ov.w* braken, uitbraken.

vomissement *m* 1 het braken; 2 braaksel.

vom/issure *v* braaksel. ~itif, -ive *bn* braking veroorzakend. II *zn m* braakmiddel.

vorac/e *bn* vraatzuchtig. ~ité *v* vraatzucht.

vos *vnw m of v mv* vorm van *votre*.

Vosges *m mv*.

vosgien, -enne *bn* uit de Vogezen.

vot/ant I *bn* stemmend, stemgerechtigd. II *zn m*; -e *v* stemmer(ster), stemgerechtigde. ~ation *v* stemming. -e *v* stem, stemming. ~er I *on.w* stemmen. II *ov.w* bij stemming aannemen (— *une loi*). ~if, -ive *bn* gemaakt of geschonken krachtens een gelofte; *fête —ive*, patroonsfeest.

votre *bez.vnw* uw, jullie.

vôtre *bez.vnw* van u; *je suis tout —*, ik ben geheel de uwe; *le —*, *la —*, *les —s*, het, de uwe, de uwen.

vouer I *ov.w* 1 toewijden, opdragen; 2 plechtig beloven (— *obéissance*); 3 wijden. II se ~ 1 zich toewijden; *ne savoir à quel saint se —*, geen raad meer weten; 2 zich wijden (*se — à l'étude*).

vouloir I *ov.w* *onr.* willen, eisen, vereisen; *je veux bien, het is goed*; *que voulez-vous?*, wat zul je er aan doen?; *Dieu le veuille*, God geve het; *veuillez me dire*, gelieve, heb de goedheid mij te zeggen; — *dire*, bedoelen; *en — à*, boos zijn op, het gemunt hebben op, kwalijk nemen. II *zn m* wil.

vous *pers.vnw* u, gij, jullie.

vousseau [*mv* x], voussoir *m* gewelfsteen.

voûte *v* gewelf; — *du crâne*, schedelgewelf; — *azurée*, *céleste*, *étoilée*, hemelgewelf; — *du palais*, hard verhemelte.

voût/é *bn* gewelfd, gebogen. ~er I *ov.w* 1 overwelven; 2 doen krommen. II se ~ 1 zich welven; 2 een kromme rug krijgen.

vou/voiement, vou/soiement, vous/soiement *m* het aanspreken met vous. ~voyer, ~soyer, ~soyer *ov.w* met vous aanspreken.

voyage *m* 1 reis; — *d'agrément*, pleizierreisje; 2 gang, tocht.

voyager *on.w* reizen, trekken (b.v. v. wolken).

voyageur I *zn m*, -euse *v* reiziger(ster). II *bn* reizend; *commis —*, handelsreiziger.

voyant I *bn* 1 ziende; 2 opzichtig. II *zn m*, -e *v* helderziende. II *zn m* waarschuwingslamp.

voyelle *v* klinker.

voyer I *bn* van de wegen; *agent —*, wegopzichter. II *zn m* wegopzichter.

voyou *m* (soms -oute *v*) straatjongen (-meid); baliekluiver, ploert, schurk.

vozigue *vnw* (*pop.*) U.

vrac *m*: *en —*, onverpakt.

vrai I *bn* 1 waar; *il est —*, weliswaar; 2 echt. II *zn m* waarheid; *au —*, eerlijk gezegd; *à — dire*, eerlijk gezegd; *pour de —*, werkelijk. III *bw*: *dire —*, de waarheid zeggen.

vraiment *bw* werkelijk, waarlijk.

vraisemblable *bn* waarschijnlijk.

vraisemblance *v* waarschijnlijkheid.

vrille *v* 1 hechtrankje; 2 fretboor; 3 spiraalvlucht v. e. vliegmachine.

vrillée *v* akkerwinde (*pl.k.*).

vriller I *ov.w* doorboren met een fretboor. II *on.w* in spiraalvlucht opstijgen.

vrillon *m* 1 boortje; 2 houtkrul.

vrombir *on.w* gonzen, zoemen, ronken.

vrombissement *m* gegons, gezoem, geronk.

vu I *bn* gezien. II *zn m* het zien; *au — et au su de tout le monde*, openlijk, in het openbaar. III *vz* gezien, gelet op. IV *vw*: — *que*, aangezien.

vue *v* 1 het gezicht, het zien; *à (la) première —*, op het eerste gezicht; *à la —*, bij het zien van; *à — d'œil*, zienderogen; *à perte de —*, zover het oog reikt; *au point de — de*, uit het oogpunt van; *avoir la — basse*, bijziende zijn; *à première —*, het blad spelen; *payable à —*, betaalbaar op zicht; *perdre de —*, uit het oog verliezen; *prise de —s*, opname (film); *tourner la —*, de blik wenden; 2 uitzicht; 3 plaat, schilderij, foto; 4 inzicht; 5 bestudering, inzage; 6 plan, bedoeling; 7 venster.

vulcanisateur *m* vulcaniseur.

vulcanisation *v* vulcanisering.

vulcaniser *ov.w* vulcaniseren.

vulgaire I *bn* plat, alledaags, gemeen, gewoon; *langue* —, volkstaal. II *zn m* het plebs, de massa.

vulgarisat/eur *m*, -trice *v* schrijver(schrijfster) die wetenschappelijke zaken op populaire wijze behandelt. ~ion *v* verspreiding onder het volk v. wetenschappelijke zaken.

vulgariser *ov.w* wetenschappelijke zaken onder het volk verspreiden.

vulgarité *v* platheid, alledaagsheid, gemeen-heid.

vulgate *v* Vulgata (Latijnse bijbelvertaling).

vulnérabilité *v* kwetsbaarheid.

vulnérable *bn* kwetsbaar.

vulnéraire I *bn* helend. II *zn m* wondmiddel.

vulnération *v* verwonding door lancet van chirurg.

vultueux, -euse *bn* rood en gezwollen, opgezet (v. gelaat).

vultuosité *v* opgezetheid v. gelaat.

W

w *m* de letter w.

wagnérien, -enne *bn* Wagneriaans.

wagon *m* wagon.

wagon†-citerne† *m* tankwagen.

wagon†-couloir† *m* D-wagen.

wagon†-lit† *m* slaapwagen.

wagonnet *m* kipkarretje.

wagon réfrigérant *m* koelwagen.

wagonnier *m* wagenvoerder.

Wahal *m* Waal (rivier).

wallon, -onne I *bn* Waals. II *zn* W ~ *m*, -onne *v* Waal(se).

Wallonie (la) *v* Wallonië.

warrant *m* ontvangstbewijs voor in maga-zijnen, vemen enz. opgeslagen goederen.

warranter *ov.w* waarborgen door afgifte. v. e. warrant.

water-closet† (water) *m* W.C.

waterproof *m* regenmantel.

watt *m* watt.

wattman *m* bestuurder (v. elektr. tram).

Westphalie (la) *v* Westfalen.

westphalien, -enne I *bn* Westfaals. II *zn* W ~ *m*, -enne *v* Westfaler(Westfaalse).

wharf *m* laad- en lospier.

Wisigoths *m mv* Westgoten.

wurtembergeois I *bn* Wurtembergs. II *zn* W ~ *m*, -e *v* Wurtemberger(se).

X

x *m* 1 de letter x; 2 onbekende grootheid (*wisk.*); 3 onbekende persoon of zaak; 4 vouwstoeltje met gekruiste poten; 5 *rayons* —, X-stralen; *jambes en* —, X-benen; l'X *v* = l' *Ecole Polytechnique*, Technische Hogeschool.

xénophile *bn* van vreemdelingen houdend.

xénophilie *v* sympathie voor vreemdelingen.

xénophobe *bn* vreemdelingen hatend.

xénophobie *v* vreemdelingenhaat.

xéranthème *m* strobloem.

xérès *m* sherry.

xylophage *m* houtworm.

xylophone *m* xylofoon (*muz.*).

Y

y I *zn m* de letter y; II *bw* of *vnw* er in, er aan, er op enz.

yacht *m* jacht (*scheepv.*). ~ing *m* zeilsport.

yachtman [*mv* yachtmen] *m*, yachtwoman [*mv* yachtwomen] *v* zeiler, zeilster.

yack, yak *m* jak (Tibetaanse buffel).

yankee I *zn m* Yankee. II *bn* Amerikaans.

yaourt *m* yoghurt.

yeuse *v* steeneik.

yeux *m mv* van *œil* (oog).

yodler *on.w* jodelen.

yogourt *m* yoghurt.

yole *v* jol (*scheepv.*).

yougoslave I *bn* Joegoslavisch. II *zn m* Joego-slavische taal. III J ~ *m* of *v* Joegoslaviër (-ische).

youpin (*pop.*) I *bn* joods. II *zn m* jood.

youtre *m* (*pop.*) jood.

youyou *m* lichte roeiboot aan boord v. e. [schip. **yo-yo** *m* jojo (spel).

ypérite *v* mosterdgas.

ypréau [*mv* x] *m* witte populier.

Ypres *m* Ieperen.

ysopet *m* middeleeuwse fabelverzameling.

Z

z *m* de letter z.

zagal *m* postiljon.

zazou *m* nozem.

zèbre *m* 1 zebra; *courir comme un* — (*fam.*), rennen, hollen; 2 (*fam.*) paard; 3 (*pop.*) vent, kerel.

zébr/é *bn* gestreept. ~er *ov.w* strepen. ~ure *v* streep op de huid.

zébu *m* zeboe.

zélandais I *bn* Zeeuws. II *zn* Z ~ *m*, -e *v* Zeeuw(se).

zélateur *m*, -trice *v* ijveraar(ster).

zèle *m* ijver, vlijt, geloofsijver; *faire du* — (*fam.*), overdreven ijverig zijn, „dienst kloppen".

zélé I *bn* ijverig, vlijtig. II *zn m* ijverig man.

zélote *m* ijveraar.

zénith *m* zenit, toppunt. ~al [*mv* aux] *bn* v. h. zenit, v. h. toppunt.

zéphire *bn: laine* —, zeer fijne wol

zéphyr, zéphire, zéphyre m 1 koeltje; 2 (arg.) soldaat v. e. Algerijnse tuchtklasse.

zéphyrien, -enne bn zo licht als een zefier.

zeppelin m bestuurbaar luchtschip.

zéro m 1 nul; 2 nulpunt; — absolu, het absolute nulpunt; 3 nul (persoon); c'est un — en chiffre, het is een grote nul.

zérotage m bepaling v. h. nulpunt.

zest I tw snel!, floep! II zn m: entre le zist et le —, noch goed noch slecht.

zest/e m 1 binnenschot v. noot; 2 rasp van sinaasappel-, citroenschil; 3 iets v. weinig waarde; cela ne vaut pas un —, dat is geen cent waard. ~er ov.w (een sinaasappel, een citroen) schillen.

zézaiement, zézayement m de j en g als z uitspreken, en de ch als s (zuzube, pizon, sien voor jujube, pigeon, chien).

zézayer on.w zie zézaiement.

zibeline v 1 sabeldier; 2 sabelbont.

zieuter ov.w (pop.) aankijken.

zig, zigue m (pop.), vent, kerel.

zigouiller ov.w (pop.) doodsteken.

zigué (arg.) bn: être —, geen cent meer hebben.

zigzag m zigzaglijn; en —, zigzagsgewijze. ~uer on.w slingeren, zigzagsgewijze lopen.

zinc m 1 zink; 2 toonbank in een kroeg; 3 (arg.) vliegtuig.

zincifère bn zinkhoudend.

zingage m bekleding met zink.

zingaro [mv zingari] m zigeuner.

zinguer ov.w verzinken, met zink bedekken.

zinguerie v 1 zinkhandel; 2 zinkfabriek.

zingueur m zinkwerker.

zist zie zest.

zizanie v onenigheid, tweedracht.

zizi m heggevink.

zodiacal [mv aux] bn van de dierenriem.

zodiaque m dierenriem.

zona m gordelroos.   [strepen.

zonal [mv aux] bn met gekleurde dwars-

zone v 1 zone, luchtstreek; — glaciale, pool-streek; — résidentielle, woonwijk; — tempérée, gematigde luchtstreek; — torride, warme luchtstreek; 2 zone, gebied, streek; — des armées, oorlogszone; — frontière, grensstreek; — de salaire, loonklasse.

zoo m (fam.) dierentuin.

zoo/graphe m dierenbeschrijver. ~graphie v dierenbeschrijving. ~lâtre m dierenaanbid-der. lâtrie v dierenaanbidding. ~lithe, ~lite m versteend gedeelte v. e. dier. ~lithique bn versteningen v. dieren bevattend (roches —s). ~logie v dierkunde. ~logique bn zoölogisch; jardin —, dierentuin. ~logiste, ~logue m dierkundige. ~technie v leer der dierenteelt en van het africhten v. dieren. ~thérapie v diergeneeskunde. ~tomie v dierontleedkunde.

zouave m 1 pauselijk soldaat; 2 Frans soldaat in Afrika.

zouzou m (arg.) zouaaf.

zut! tw (pop.) loop!, stik!, enz.

zyeuter = zieuter.

zygoma m jukbeen.

zygomatique bn v. h. jukbeen.

zymologie v leer der gisting.

MEER POCKETS VOOR U

P = Prisma / A = Aula

Woordenboeken moderne talen

Weijnen, Prof. dr. A.	Nederlands woordenboek P131
Kolsteren, A.	Vreemde woordenboek P132
Maas, Dr. P. M.	Frans-Nederlands P133
Gudde, Drs. H. W.	Nederlands-Frans P134
Gemert, Drs. J. van	Duits-Nederlands P135
Linden, Drs. G. v. d.	Nederlands-Duits P136
Baars / v. d. Schoot	Engels-Nederlands P137
Visser, Dr. G. J.	Nederlands-Engels P138
Vosters, Dr. S.	Spaans-Nederlands A47
Vosters, Dr. S.	Nederlands-Spaans A48
Baar, Dr. A. v. d.	Russisch-Nederlands A210

Speciale woordenboeken

Reimer, Dr. O.	Woordenboek der klassieke oudheid P454
Winden, P. van	Engels vademecum voor wetenschap en techniek P918
Ballot, A.	Prisma-rijmwoordenboek P1135
Bartelink, Dr. G. J. M.	Mythologisch woordenboek P1346
Vries, J. de	Etymologisch woordenboek A6
Schaar, Dr. J. v. d.	Woordenboek van voornamen A176
Diverse medewerkers	Bijbels historisch woordenboek A391-396 (zes delen)

Spraakkunsten voor beginners

Gudde, Drs. H.	Zo leer je Frans P932
Luurs, J.	Zo leer je Spaans P901
Snelleman, Dr. W.	Zo leer je Duits P900

Spraakkunsten voor gevorderden

Bellen, Dr. E. van	Franse spraakkunst P488
Dam, Dr. C. van	Spaanse spraakkunst P626
Stoks, Drs. F.	Duitse spraakkunst P489
Tacx, Drs. J.	Nederlandse spraakkunst P557
Zutphen, Dr. J. van	Engelse spraakkunst P496

Spraakkunsten voor op reis

Gemert, Drs. J. van	Duits onderweg P1088
Loof, B. H.	Engels onderweg P828

P = Prisma

Verhalen

Bates, H. E.	De wereld is ons teveel P1086
	De charmeuse en andere verhalen P1227
Blixen, K. e. a.	Moderne Scandinavische verhalen P1277
Bradshaw, G.	Verhalen van leugen en misleiding P1218
Fallon, Tom	Over zware jongens en zo P1315
Joshi, S. J. e.a.	Moderne verhalen uit India P1259
Kersh, Gerald	Macabere verhalen P1286
Landgrebe, E.	Het duivelsklooster P1052
Macken, W.	Ierse verhalen P1075
Maugham, W. S.	Regen en andere verhalen P878
	Verhalen P1154
Serling, R.	Verhalen uit het schemerdonker P1194
Tolstoj, L. N.	Verhalen P1307
Tsjechow, A. P.	Verhalen P1145
	Verhalen P1268

Verhalenbundels

Nieuwe verhalen die Hitchcock koos P686
Keur van Nederlandse verhalen P717
Vlaamse verhalen van deze tijd P888
Klassieke Russische verhalen P1050
Poolse verhalen P1055
Fantastische verhalen P1070
Negerverhalen P1092
Nederlandse verhalen van deze tijd P1103
Moderne Aziatische verhalen P1115
Japanse verhalen P1128
Moderne Franse verhalen P1242
Italiaanse verhalen P1365